DANIEL KUHN

Binnenkonflikte unabhängiger Stellen der Verwaltung im Regulierungs- und Kartellrecht

Schriften zum Deutschen
und Europäischen Infrastrukturrecht

Herausgegeben von
Ralf Brinktrine und Markus Ludwigs

Band 21

Binnenkonflikte unabhängiger Stellen der Verwaltung im Regulierungs- und Kartellrecht

Ursachen, Erscheinungsformen, Lösungsansätze

Von

Daniel Kuhn

Duncker & Humblot · Berlin

Die Juristische Fakultät der Julius-Maximilians-Universität Würzburg
hat diese Arbeit im Jahre 2021 als Dissertation angenommen.

Bibliografische Information der Deutschen Nationalbibliothek

Die Deutsche Nationalbibliothek verzeichnet diese Publikation in der Deutschen Nationalbibliografie; detaillierte bibliografische Daten sind im Internet über http://dnb.d-nb.de abrufbar.

Satz: L101 Mediengestaltung, Fürstenwalde
Druck: CPI buchbücher.de gmbh, Ulm
Printed in Germany

ISSN 2198-0632
ISBN 978-3-428-18576-4 (Print)
ISBN 978-3-428-58576-2 (E-Book)
Gedruckt auf alterungsbeständigem (säurefreiem) Papier
entsprechend ISO 9706 ♾

Internet: http://www.duncker-humblot.de

Vorwort

Die vorliegende Untersuchung wurde im Sommersemester 2021 von der Juristischen Fakultät der Julius-Maximilians-Universität Würzburg als Dissertationsschrift angenommen. Das im April 2021 zum Abschluss gebrachte Manuskript wurde für die Drucklegung überarbeitet und berücksichtigt nunmehr auch die weiteren Rechtsentwicklungen einschließlich Literatur und Rechtsprechung bis Januar 2022.

An erster Stelle möchte ich meinem geschätzten Doktorvater Herrn Prof. Dr. Markus Ludwigs besonders danken. Er hat die Arbeit nicht nur in allen Phasen der Entstehung hervorragend betreut, sondern mich kontinuierlich gefördert und gefordert. Sein fürsorgliches Engagement und die inspirierenden Impulse haben maßgeblich zum Gelingen der Arbeit beigetragen. Dem Lehrstuhl und seinem Team bin ich auch über die vierjährige Beschäftigung dort hinaus, die mich fachlich wie persönlich bereichert hat, verbunden geblieben.

Mein herzlicher Dank gilt darüber hinaus Herrn Prof. Dr. Florian Bien, Maître en Droit, für die ausgesprochen zügige Erstellung des Zweitgutachtens, das viele wertvolle Hinweise enthielt und ein tiefgehendes Interesse an dem Untersuchungsgegenstand erkennen ließ.

Dankbar bin ich ferner für die großzügige ideelle und materielle Förderung durch die Hanns-Seidel-Stiftung e.V. Ihre Unterstützung hat mir die nötigen Freiräume geschaffen, ohne die das Dissertationsprojekt in dieser Form nur schwerlich denkbar gewesen wäre. Herrn Dr. Andreas Burtscheidt als Leiter der Promotionsförderung spreche ich hierfür stellvertretend meinen Dank aus.

Stets verlassen konnte ich mich auf die große Unterstützung durch meine Kollegen und Freunde, die hier nicht alle Erwähnung finden können. Eine namentliche Hervorhebung verdienen aber Maximilian Beck, Zoë Beckmann, Bastian Full, David Retzmann, Karen Ungerer, David Vogel, Juliane Weber, Martina Weber und – nicht zuletzt auch für den fachlichen Austausch – Maximilian Köstler.

Schließlich schulde ich meiner Familie und insbesondere meinen Eltern Dieter und Elisabeth Kuhn tief empfundenen Dank. Ihr bedingungsloser Rückhalt schuf überhaupt erst die Voraussetzungen, um den Weg durch Studium und Promotion meistern zu können. Ihnen sei diese Arbeit gewidmet.

Würzburg, im Februar 2022 *Daniel Kuhn*

Inhaltsübersicht

Inhaltsverzeichnis

Kapitel 3

Erscheinungsformen von Binnenkonflikten unabhängiger Stellen im Regulierungs- und Kartellrecht 131

Abkürzungsverzeichnis

a.A.	andere Ansicht
a.a.O.	am angegebenen Ort
ABl.	Amtsblatt
Abs.	Absatz
ACER	Agency for the Cooperation of Energy Regulators
a.E.	am Ende
AEG	Allgemeines Eisenbahngesetz
AEUV	Vertrag über die Arbeitsweise der Europäischen Union
a.F.	alte Fassung
AFS	Ausschuss für Finanzstabilität
AG	Aktiengesellschaft
AGVwGO	Gesetz zur Ausführung der Verwaltungsgerichtsordnung
Alt.	Alternative
ÄndRL	Änderungsrichtlinie
Anm.	Anmerkung
AnwBl.	Anwaltsblatt
AöR	Archiv des öffentlichen Rechts
ARegV	Anreizregulierungsverordnung
Art.	Artikel
Aufl.	Auflage
AVR	Archiv des Völkerrechts
BaFin	Bundesanstalt für Finanzdienstleistungsaufsicht
BauGB	Baugesetzbuch
BayDSG	Bayerisches Datenschutzgesetz
BayGO	Bayerische Gemeindeordnung
Bay. GVBl.	Bayerisches Gesetz- und Verordnungsblatt
BayVBl.	Bayerische Verwaltungsblätter
BayVGH	Bayerischer Verwaltungsgerichtshof
BB	Betriebs-Berater
BBankG	Bundesbankgesetz
BBG	Bundesbeamtengesetz
Bd.	Band
BDG	Bundesdisziplinargesetz

BDSG	Bundesdatenschutzgesetz
BeamtStG	Beamtenstatusgesetz
BeckOK	Beck'scher Online-Kommentar
BeckRS	Beck-Rechtsprechung
Beschl.	Beschluss
BEVVG	Bundeseisenbahnverkehrsverwaltungsgesetz
BFH	Bundesfinanzhof
BGB	Bürgerliches Gesetzbuch
BGBl.	Bundesgesetzblatt
BGH	Bundesgerichtshof
BImSchG	Bundesimmissionsschutzgesetz
BKartA	Bundeskartellamt
BKR	Zeitschrift für Bank- und Kapitalmarktrecht
BMF	Bundesministerium der Finanzen
BMVI	Bundesministerium für Verkehr und digitale Infrastruktur (nunmehr: Bundesministerium für Digitales und Verkehr)
BMWi	Bundesministerium für Wirtschaft und Energie (nunmehr: Bundesministerium für Wirtschaft und Klimaschutz)
BNetzA	Bundesnetzagentur
BörsG	Börsengesetz
BPjM	Bundesprüfstelle für jugendgefährdende Medien
BR-Drs.	Bundesrats-Drucksache
BRH	Bundesrechnungshof
BRHG	Bundesrechnungshofgesetz
BT-Drs.	Bundestags-Drucksache
BV	Bayerische Verfassung/Belgische Verfassung
BVerfG	Bundesverfassungsgericht
BVerfGE	Entscheidungen des Bundesverfassungsgerichts
BVerfGG	Bundesverfassungsgerichtsgesetz
BVerwG	Bundesverwaltungsgericht
BVerwGE	Entscheidungen des Bundesverwaltungsgerichts
bzw.	beziehungsweise
CDU	Christlich Demokratische Union Deutschlands
CMLR	Common Market Law Review
CR	Computer und Recht
CRD	Capital Requirements Directive
CREG	Commission for Electricity and Gas Regulation
CRR	Capital Requirements Regulation
CSU	Christlich-Soziale Union in Bayern

DFB	Deutscher Fußball-Bund
DFL	Deutsche Fußball Liga
d.h.	das heißt
D'Kart	Düsseldorf und Kartellrecht (Antitrust Blog)
DMA	Digital Markets Act
DÖD	Der Öffentliche Dienst
DÖV	Die Öffentliche Verwaltung
DRiG	Deutsches Richtergesetz
DRiZ	Deutsche Richterzeitung
DSGVO	Datenschutz-Grundverordnung
DVBl.	Deutsches Verwaltungsblatt
DZPhil	Deutsche Zeitschrift für Philosophie
E	Entwurf/Entscheidung
EBA	European Banking Authority
ECN	European Competition Network
EEG	Erneuerbare-Energien-Gesetz
EEWärmeG	Erneuerbare-Energien-Wärmegesetz
EG	Europäische Gemeinschaft
e.g.	exempli gratia (= zum Beispiel)
EGB	Energiegesetzbuch
EGZPO	Gesetz, betreffend die Einführung der Zivilprozessordnung
Einl.	Einleitung
EIOPA	European Insurance and Occupational Pensions Authority
EL	Ergänzungslieferung
ELJ	European Law Journal
EMRK	Europäische Menschenrechtskonvention
endg.	endgültig
EnEG	Energieeinsparungsgesetz
EnEV	Energieeinsparverordnung
EnWG	Energiewirtschaftsgesetz
EnWZ	Zeitschrift für das gesamte Recht der Energiewirtschaft
ERegG	Eisenbahnregulierungsgesetz
ESA	European Supervisory Authority
ESFS	European System of Financial Supervision
ESMA	European Securities and Markets Authority
ESRB	European Systemic Risk Board
ESZB	Europäisches System der Zentralbanken
et	Energiewirtschaftliche Tagesfragen

et al.	et alii (= und andere)
etc.	et cetera
EU	Europäische Union
EuG	Gericht der Europäischen Union
EuGH	Europäischer Gerichtshof
EuR	Europarecht
Euratom	Europäische Atomgemeinschaft
EUV	Vertrag über die Europäische Union
EuZW	Europäische Zeitschrift für Wirtschaftsrecht
e. V.	eingetragener Verein
EWG	Europäische Wirtschaftsgemeinschaft
EWS	Europäisches Wirtschafts- und Steuerrecht
EZB	Europäische Zentralbank
f.	folgende (Singular)
ff.	folgende (Plural)
FAZ	Frankfurter Allgemeine Zeitung
FDP	Freie Demokratische Partei
FinDAG	Finanzdienstleistungsaufsichtsgesetz
FinStabG	Finanzstabilitätsgesetz
FKVO	EG-Fusionskontrollverordnung
Fn.	Fußnote
G	Gesetz
GA	Generalanwalt
GD	Generaldirektion
GEREK	Gremium Europäischer Regulierungsstellen für elektronische Kommunikation
GewA	Gewerbearchiv
GG	Grundgesetz
GmbH	Gesellschaft mit beschränkter Haftung
GO	Gemeindeordnung
GOBReg	Geschäftsordnung der Bundesregierung
GRCh	Charta der Grundrechte der Europäischen Union
GSZ	Zeitschrift für das Gesamte Sicherheitsrecht
GVG	Gerichtsverfassungsgesetz
GV. NRW.	Gesetz- und Verordnungsblatt für das Land Nordrhein-Westfalen
GWB	Gesetz gegen Wettbewerbsbeschränkungen
Hb.	Halbband
Hervorh.	Hervorhebung

h. M.	herrschende Meinung
Hrsg.	Herausgeber
Hs.	Halbsatz
HwO	Handwerksordnung
HwOSchlichtVO	Verordnung über das Schlichtungsverfahren nach § 16 der Handwerksordnung
IFG	Informationsfreiheitsgesetz
IHK	Industrie- und Handelskammer
insb.	insbesondere
i. S. d.	im Sinne des/der
JA	Juristische Arbeitsblätter
Jura	Juristische Ausbildung
JuS	Juristische Schulung
JZ	Juristenzeitung
Kap.	Kapitel
KfW	Kreditanstalt für Wiederaufbau
KommZG	Gesetz über die kommunale Zusammenarbeit
K&R	Kommunikation & Recht
KWG	Kreditwesengesetz
LastG	Lastentragungsgesetz
Lfg.	Lieferung
Lit.	Literatur
lit.	litera (= Buchstabe)
LKRZ	Zeitschrift für Landes- und Kommunalrecht Hessen, Rheinland-Pfalz, Saarland
m.	mit
MAH	Münchener Anwaltshandbuch
MAR	Market Abuse Regulation
MaRisk (BA)	Mindestanforderungen an das Risikomanagement (Bankenaufsicht)
MediationsG	Mediationsgesetz
MMR	Multimedia und Recht
MStV	Medienstaatsvertrag
m. w. N.	mit weiteren Nachweisen
NEV	Netzentgeltverordnung
n. F.	neue Fassung
NGO	Non-Governmental Organisation
NJW	Neue Juristische Wochenschrift
NJW-RR	NJW Rechtsprechungs-Report Zivilrecht

NordÖR	Zeitschrift für Öffentliches Recht in Norddeutschland
Nr.	Nummer
NRB	nationale Regulierungsbehörde
NuR	Natur und Recht
N&R	Netzwirtschaften und Recht
NVwZ	Neue Zeitschrift für Verwaltungsrecht
NVwZ-RR	Neue Zeitschrift für Verwaltungsrecht Rechtsprechungs-Report
NZKart	Neue Zeitschrift für Kartellrecht
NZV	Netzzugangsverordnung
OLAF	Office Européen de Lutte Anti-Fraude
OLG	Oberlandesgericht
OMT	Outright Monetary Transactions
OVG	Oberverwaltungsgericht
OVGE	Entscheidungen der Oberverwaltungsgerichte
PostG	Postgesetz
PSPP	Public Sector Purchase Programme
RdE	Recht der Energiewirtschaft
RegKG NRW	Gesetz über die Regulierungskammer Nordrhein-Westfalen
RegTP	Regulierungsbehörde für Telekommunikation und Post
RFDA	Revue Française de Droit Administratif
RL	Richtlinie
Rn.	Randnummer
Rs.	Rechtssache
Rspr.	Rechtsprechung
RW	Rechtswissenschaft
S.	Satz/Seite
s.	siehe
SAG	Sanierungs- und Abwicklungsgesetz
Slg.	Sammlung
sog.	sogenannte(-r,-s)
SPD	Sozialdemokratische Partei Deutschlands
Spstr.	Spiegelstrich
SRM	Single Resolution Mechanism
SSM	Single Supervisory Mechanism
StandAG	Standortauswahlgesetz
StGB	Strafgesetzbuch
st. Rspr.	ständige Rechtsprechung
StWiss	Staatswissenschaften und Staatspraxis

TK	Telekommunikation
TKG	Telekommunikationsgesetz
Tz.	Teilziffer
u. a.	unter anderem
UAbs.	Unterabsatz
UGB	Umweltgesetzbuch
UPR	Umwelt und Planungsrecht
Urt.	Urteil
USA	United States of America
UVP	Umweltverträglichkeitsprüfung
UWG	Gesetz gegen den unlauteren Wettbewerb
v.	vom/von
VAG	Versicherungsaufsichtsgesetz
Var.	Variante
VBlBW	Verwaltungsblätter für Baden-Württemberg
verb. Rs.	verbundene Rechtssachen
VerfBlog	Verfassungsblog
VerwArch	Verwaltungsarchiv
VG	Verwaltungsgericht
VGH	Verwaltungsgerichtshof
vgl.	vergleiche
VO	Verordnung
Vorb.	Vorbemerkung
VSSR	Vierteljahresschrift für Sozialrecht
VVDStRL	Veröffentlichungen der Vereinigung der Deutschen Staatsrechtslehrer
VwGO	Verwaltungsgerichtsordnung
VwVfG	Verwaltungsverfahrensgesetz
WaStrG	Bundeswasserstraßengesetz
wistra	Zeitschrift für Wirtschafts- und Steuerstrafrecht
WM	Wertpapiermitteilungen
WpHG	Wertpapierhandelsgesetz
WuW	Wirtschaft und Wettbewerb
ZAG	Zahlungsdiensteaufsichtsgesetz
ZaöRV	Zeitschrift für ausländisches öffentliches Recht und Völkerrecht
z. B.	zum Beispiel
ZBB	Zeitschrift für Bankrecht und Bankwirtschaft
ZD	Zeitschrift für Datenschutz

ZEuP	Zeitschrift für Europäisches Privatrecht
ZfRSoz	Zeitschrift für Rechtssoziologie
ZG	Zeitschrift für Gesetzgebung
ZHR	Zeitschrift für das gesamte Handels- und Wirtschaftsrecht
ZJS	Zeitschrift für das Juristische Studium
ZKM	Zeitschrift für Konfliktmanagement
ZNER	Zeitschrift für Neues Energierecht
ZÖR	Zeitschrift für öffentliches Recht
ZPO	Zivilprozessordnung
ZRP	Zeitschrift für Rechtspolitik
ZUR	Zeitschrift für Umweltrecht
ZustWiG	Gesetz über die Zuständigkeiten zum Vollzug wirtschaftsrechtlicher Vorschriften
ZWeR	Zeitschrift für Wettbewerbsrecht
ZZP	Zeitschrift für Zivilprozess

Problemaufriss und Gang der Untersuchung

Dass sich die Rechtswissenschaft seit jeher mit Konflikten beschäftigt, ist nichts Neues. Es ist geradezu ihre Aufgabe, Antworten auf die durch das menschliche Zusammenleben entstehenden Spannungen zu formulieren. In erster Linie wird man bei rechtlichen Auseinandersetzungen an solche zwischen zwei Bürgern denken oder – aus der Perspektive des Verwaltungsprozessrechts – zwischen einem Bürger und öffentlichen Stellen. Diese Betrachtungsweise verkennt indes, dass auch innerhalb „des Staates“ und seiner Verwaltung Konflikte zwischen den handelnden Akteuren auftreten können. Schließlich tritt die öffentliche Hand nicht einheitlich in Erscheinung, sondern vielmehr als stark verzweigtes Gebilde.

Wie derartige interne Konflikte zu handhaben sind, ist in weiten Teilen noch ungeklärt. Es drängen sich Fragen auf wie: Wer entscheidet im Streitfall? Inwieweit lässt sich der Entstehung von Konflikten vorbeugen? Welche Lösungen bieten sich an, um solche Streitigkeiten zu entschärfen oder beizulegen?

Der Fokus soll im hiesigen Zusammenhang speziell auf unabhängigen Behörden liegen. Aufgrund ihrer atypischen, nicht dem tradierten Muster entsprechenden Stellung im Staatsaufbau begegnen dort neue Konfliktfelder, deren genaue Ursachen und Lösungsmöglichkeiten nachfolgend näher herauszuarbeiten sein werden. Insbesondere stellt sich die Frage, ob und inwieweit herkömmliche Strategien des Konfliktmanagements hier Anwendung finden können oder ob es neuer Modelle zur Bewältigung von Binnenstreitigkeiten bedarf.

Um der Beantwortung dieser drängenden Fragen auf den Grund zu gehen, werden in *Kapitel 1* zunächst die grundlegenden Begrifflichkeiten geklärt. Hierzu werden die Bestandteile des Titels der Arbeit im Einzelnen erläutert. Nach einer kurzen Analyse des Verwaltungsbegriffs gilt es, den Terminus der Unabhängigkeit in seinen Facetten näher zu beleuchten. Daraufhin wird dargelegt, was vorliegend unter einem Binnenkonflikt zu verstehen sein soll. Schließlich erfolgt eine Skizzierung und Abgrenzung der beiden Rechtsgebiete, die Gegenstand der Betrachtung sind: das Regulierungs- sowie das Kartellrecht.

In *Kapitel 2* werden die Ursachen für die Entstehung von Binnenkonflikten erforscht. Namentlich tritt das Phänomen bei unabhängigen Behörden auf, die nicht an Weisungen einer höheren Instanz gebunden sind. Dort existiert keine übergeordnete Stelle, die zur Ausräumung von Konflikten berufen ist. Durch Impulse aus dem Unionsrecht finden sich in der nationalen und europäischen Verwaltungsarchitektur vermehrt von anderen Institutionen entkoppelte Behörden. Den Rechtsgebieten des Regulierungs- und des Kartellrechts kommt dabei gewissermaßen eine Pionierfunktion zu. Die in diesen Bereichen normierte Unabhängigkeit ist zum einen besonders stark ausgeprägt. Zum anderen besteht hier ein neuartiges, multidimensionales Konfliktpotenzial, welches aus der Sicht des Verwaltungsrechts der Bundesrepublik Deutschland seinesgleichen sucht. Regulierungs- und Kartellrecht eignen sich daher in besonderem Maße als Referenzgebiete für die Untersuchung von Binnenkonflikten. Dessen ungeachtet wird versucht, über diese beiden Bereiche hinaus allgemeine Lösungen zu entwickeln, die generell für verwaltungsinterne Streitigkeiten fruchtbar gemacht werden können.

Nach Klärung der Ursachen rücken in *Kapitel 3* die Erscheinungsformen von Binnenkonflikten im Regulierungs- und Kartellverwaltungsrecht in den Vordergrund. Hierzu werden zunächst die unabhängigen Stellen auf diesen Gebieten identifiziert. Anschließend gilt es, die gefundenen Beispiele zu kategorisieren und die Voraussetzungen für ihr Entstehen zu analysieren. Einerseits lassen sich nach der Art des Konflikts Kompetenzstreitigkeiten und Auseinandersetzungen inhaltlicher Natur unterscheiden. Andererseits ist die jeweilige Ebene des Konflikts darzustellen. Zu differenzieren ist zwischen dem vertikalen und dem horizontalen Verhältnis, wobei wiederum behördeninterne und -externe Konstellationen gesondert betrachtet werden müssen.

Mit dieser Systematisierung ist der Nährboden für die in *Kapitel 4* zu entwickelnden Lösungsansätze bereitet. Hierbei wird dichotom vorgegangen: Während sich der erste große Block der Beilegung bereits entstandener Kontroversen widmet, befasst sich der zweite Abschnitt mit der Prävention und Eindämmung von Streitigkeiten im Vorfeld. Im Rahmen des ersten Komplexes werden ausgehend vom geltenden Recht zwei konträre Konfliktlösungsstrategien diskutiert und verglichen: die gerichtliche Austragung sowie die außergerichtliche Streitbeilegung. Die Lösungsvorschläge, die im zweiten Komplex erarbeitet werden, reichen von der Beseitigung der unabhängigen Stellung über die Änderung von Zuständigkeiten bis hin zur Modifikation der verwaltungsinternen Kontrolle.

Die Beschränkung auf das Regulierungs- und Kartellrecht ist dabei nicht als „Einbahnstraße" misszuverstehen. Vielmehr stellt sich stets die Frage, ob Modelle aus anderen Rechtsgebieten wie dem Handwerks- oder Datenschutzrecht im vorliegenden Kontext herangezogen werden können oder ob umgekehrt regulierungs- und kartellrechtliche Ansätze Vorbildcharakter mit Strahlkraft besitzen. So kommt es möglicherweise zu Synergieeffekten, die auch in der Praxis dem verwaltungsinternen Konfliktmanagement zuträglich sein können. Wo gegenwärtig Defizite diagnostiziert werden, folgen jeweils Alternativvorschläge *de lege ferenda*.

Im *Schlussabschnitt* werden die gewonnenen Ergebnisse zusammengefasst und in Form von Schlussthesen gebündelt.

Kapitel 1

Begrifflich-konzeptionelle Grundlagen

Bevor die Untersuchung sich den Ursachen, Erscheinungsformen und Lösungsansätzen von Binnenkonflikten unabhängiger Stellen der Verwaltung im Regulierungs- und Kartellrecht widmen kann, müssen zunächst die grundlegenden Begriffe definiert werden. Nach Klärung des Begriffs der Verwaltung (A.) wird der Terminus der Unabhängigkeit skizziert (B.). Sodann ist darzulegen, was unter einem Binnenkonflikt im vorliegenden Kontext zu verstehen ist (C.). Schließlich werden die beleuchteten Rechtsgebiete – das Regulierungs- sowie das Kartellrecht – abgegrenzt (D.). Am Ende des Abschnitts folgt eine Zusammenfassung (E.).

A. Verwaltung

Zunächst gilt es, den Begriff der Verwaltung (I.) sowie denjenigen der Behörde (II.) zu erörtern.

I. Begriff der Verwaltung

Wird der Begriff der Verwaltung im Rahmen dieser Untersuchung verwendet, so meint er ausschließlich die *öffentliche Verwaltung* im Sinne der Verwaltung des Staates.[1] Gegenüber dem allgemeinen Sprachgebrauch fallen somit etwa die eigene Vermögensverwaltung oder die Unternehmensverwaltung nicht hierunter. Ferner soll nur die Verwaltung im materiellen Sinne zum Gegenstand gemacht werden, also die Staatstätigkeit, die mit der Wahrnehmung der Verwaltungsangelegenheiten betraut ist.[2] Diese Eingrenzung ist indes noch nicht ausreichend, um der Mannigfaltigkeit des Begriffs der Verwaltung gerecht zu werden. Aus deren Vielschichtigkeit zieht Ernst Forsthoff sogar den Schluss, Verwaltung lasse sich nicht definieren, sondern nur be-

---

[1] *Maurer/Waldhoff*, Allgemeines Verwaltungsrecht, 20. Aufl. 2020, § 1 Rn. 1.

[2] *Maurer/Waldhoff*, Allgemeines Verwaltungsrecht, 20. Aufl. 2020, § 1 Rn. 2, dort auch zur Verwaltung im organisatorischen und im formellen Sinne; vgl. auch zu den unterschiedlichen Verwaltungsbegriffen *Ehlers*, in: Ehlers/Pünder (Hrsg.), Allgemeines Verwaltungsrecht, 15. Aufl. 2016, § 1 Rn. 3 ff.

schreiben.[3] So überrascht es nicht, dass sich die Wissenschaft herkömmlicherweise mit einer Negativdefinition dem Verwaltungsbegriff zu nähern versucht hat: Er umfasse alles, was nicht zur Sphäre der Gesetzgebung oder Gerichtsbarkeit gehört.[4] Zum einen erweist sich die im Wege der „Subtraktionsmethode" ermittelte Definition allerdings als inhaltsleer und damit letztlich für die Beantwortung der Frage nach dem Wesen der Verwaltung kaum hilfreich. Zum anderen leidet sie daran, keine Abgrenzung der differenzierungsbedürftigen Teilbereiche Gubernative und Administrative vorzunehmen. *Gubernative* beschreibt die politisch-gestaltende, staatsleitende Verwaltungstätigkeit, die den exekutiven Verfassungsorganen der Staatsleitung (Bundesregierung und Bundespräsident), gegebenenfalls gemeinsam mit dem Parlament, anvertraut ist.[5] Als Verwaltung im engeren Sinne umfasst die *Administrative* demgegenüber die rein gesetzesausführende und -vollziehende Verwaltungstätigkeit.[6] In Anbetracht der funktionellen Unterschiede der beiden Teilbereiche müssen sie trennscharf voneinander unterschieden werden.

Angesichts der berechtigten Kritik an der Negativdefinition wurden immer wieder positive Bestimmungsansätze in Stellung gebracht. Ein bekanntes Beispiel ist etwa die von Hans Julius Wolff und Otto Bachof entwickelte Formel, wonach „[ö]ffentliche Verwaltung im materiellen Sinne [...] die mannigfaltige, konditional oder nur zweck-bestimmte, also insofern fremdbestimmte, nur teilplanende, selbstbeteiligt entscheidend ausführende und gestaltende Wahrnehmung der Angelegenheiten von Gemeinwesen und ihrer Mitglieder als solcher durch die dafür bestellten Sachwalter des Gemeinwesens [ist]".[7] Einer solchen überkomplexen Definition haftet allerdings der Makel an, derart abstrakt zu sein, dass ihr Erkenntnisgewinn überschaubar ist. Währenddessen neigen andere positive Bestimmungsversuche[8] dazu, nur

---

[3] *Forsthoff*, Lehrbuch des Verwaltungsrechts, Bd. I, 10. Aufl. 1973, S. 1; dem folgend z. B. *Maurer/Waldhoff*, Allgemeines Verwaltungsrecht, 20. Aufl. 2020, § 1 Rn. 8.

[4] So schon *Mayer*, Deutsches Verwaltungsrecht, Bd. I, 3. Aufl. 1924, S. 7; *Maurer/Waldhoff*, Allgemeines Verwaltungsrecht, 20. Aufl. 2020, § 1 Rn. 6; *M. Schröder*, in: Isensee/Kirchhof (Hrsg.), Handbuch des Staatsrechts, Bd. V, 3. Aufl. 2007, § 106 Rn. 19.

[5] *F. Kirchhof*, in: Dürig/Herzog/Scholz (Hrsg.), GG, 95. EL 2021, Art. 83 Rn. 57; *Schönenbroicher*, in: Mann/Sennekamp/Uechtritz (Hrsg.), VwVfG, 2. Aufl. 2019, § 1 Rn. 38; vgl. zur Abgrenzung der Regierung von der Verwaltung näher *Stern*, Das Staatsrecht der Bundesrepublik Deutschland, Bd. II, 1980, S. 693 ff.

[6] *F. Kirchhof*, in: Dürig/Herzog/Scholz (Hrsg.), GG, 95. EL 2021, Art. 83 Rn. 58, der synonym den Begriff Administration verwendet; *Schönenbroicher*, in: Mann/Sennekamp/Uechtritz (Hrsg.), VwVfG, 2. Aufl. 2019, § 1 Rn. 37.

[7] *Wolff/Bachof*, Verwaltungsrecht I, 9. Aufl. 1974, § 2 III; inzwischen verkürzt bei *Wolff/Bachof/Stober/Kluth*, Verwaltungsrecht I, 13. Aufl. 2017, § 3 Rn. 9.

[8] Ein Überblick über positive Bestimmungsansätze findet sich bei *Maurer/Waldhoff*, Allgemeines Verwaltungsrecht, 20. Aufl. 2020, § 1 Rn. 7.

einen Teilbereich zu umfassen und somit unvollständig zu sein. Die aufgezeigten Defizite vermag auch der Vorschlag, die negative mit positiven Methoden zu kombinieren,[9] nicht auszumerzen. Die Verknüpfung beider Ansätze kann im Ergebnis ebenfalls keine handhabbare Definition der Verwaltung hervorbringen.

Zweckmäßig erscheint es deshalb, ergänzend auf charakteristische verwaltungstypische Merkmale abzustellen: Gestaltung der menschlichen Koexistenz, Verpflichtung auf das öffentliche Interesse, Gegenwartsorientierung, Regelung von Einzelfällen.[10] Anhand dieser Kriterien lassen sich Bereiche und Stellen dem Gebiet der Verwaltung relativ verlässlich zuordnen und von den anderen Staatsgewalten sowie der Gubernative abgrenzen. Die dadurch vorgenommene Eingrenzung des Verwaltungsbegriffs dient als hinreichende Grundlage der vorliegenden Untersuchung. Einer tiefergehenden dogmatischen Betrachtung bedarf es für die Zwecke der hiesigen Analyse nicht.

Keine Rolle für die Verwaltungseigenschaft spielt es, ob es sich bei der in Rede stehenden Stelle um unmittelbare oder mittelbare Staatsverwaltung handelt. Von *unmittelbarer Staatsverwaltung* spricht man, wenn die Aufgabenerledigung durch den Staat selbst, also durch eigene Behörden erfolgt.[11] Im Rahmen der *mittelbaren Staatsverwaltung* hingegen vollzieht der Staat die Verwaltungsaufgaben nicht selbst, sondern bedient sich für deren Erledigung rechtlich selbständiger, aber in die Staatsorganisation integrierter Verwaltungsträger. Zu ihnen gehören insbesondere Körperschaften, Anstalten und Stiftungen.[12] Bei beiden Formen der Bewältigung öffentlicher Aufgaben handelt es sich indes um Verwaltung im Sinne der vorstehenden Ausführungen, sodass sie gleichermaßen Gegenstand der sich anschließenden Untersuchung sind.

II. Behördenbegriff

Nachdem der Terminus der Verwaltung vorgestellt worden ist, muss ferner der Begriff der Behörde als handelnde Akteurin bestimmt werden. Nach § 1 Abs. 4 VwVfG ist „Behörde im Sinne dieses Gesetzes […] jede Stelle[13], die Aufgaben der öffentlichen Verwaltung wahrnimmt.“ Das Verwaltungsverfah-

---

[9] Insbesondere *Stern*, Das Staatsrecht der Bundesrepublik Deutschland, Bd. II, 1980, S. 738.

[10] Überblick bei *Maurer/Waldhoff*, Allgemeines Verwaltungsrecht, 20. Aufl. 2020, § 1 Rn. 9 ff.

[11] *Maurer/Waldhoff*, Allgemeines Verwaltungsrecht, 20. Aufl. 2020, § 22 Rn. 1.

[12] *Maurer/Waldhoff*, Allgemeines Verwaltungsrecht, 20. Aufl. 2020, § 23 Rn. 1.

[13] Zum Begriff der Stelle als „Grundeinheit der Aufbauorganisation“ s. etwa *Bull/Mehde*, Allgemeines Verwaltungsrecht mit Verwaltungslehre, 9. Aufl. 2015, Rn. 379.

rensgesetz (VwVfG) legt demnach eine funktionelle Betrachtung zugrunde, die primär auf den Aufgabenbezug bzw. die Rechtsnatur der Verwaltungstätigkeit abstellt, weshalb man auch vom *verwaltungsverfahrensrechtlichen Behördenbegriff* spricht.[14] Da auch noch Fachverwaltungen jenseits des VwVfG mit unterschiedlichen Regelungsgehalten existieren, lässt sich diese spezifische Legaldefinition nicht auf alle Bereiche übertragen, wenngleich sich jene Stellen regelmäßig unter das allgemeine Verständnis des § 1 Abs. 4 VwVfG subsumieren lassen werden.

Im Gegensatz zu dem verwaltungsverfahrensrechtlichen Behördenbegriff erfordert der *organisationsrechtliche* eine gewisse organisatorische Eigenständigkeit, für welche die Unabhängigkeit vom Wechsel des Amtsinhabers, die Selbständigkeit der Aufgabenerledigung sowie die Möglichkeit der Eigengestaltung der Angelegenheiten innerhalb des zugewiesenen Zuständigkeitsbereichs charakteristisch ist. Umfasst ist also jedes Organ eines Verwaltungsträgers, das berechtigt ist, außenwirksam Aufgaben öffentlicher Verwaltung wahrzunehmen.[15] An das organisationsrechtliche Verständnis anknüpfend hat sich eine präzisierte Definition entwickelt, die nicht selten als *allgemeiner Behördenbegriff* bezeichnet wird: Behörde sei zu verstehen als „die in den Organismus der Staatsverwaltung eingeordnete, organisatorische Einheit von Personen und sächlichen Mitteln, die mit einer gewissen Selbständigkeit ausgestattet und dazu berufen ist, unter öffentlicher Autorität für die Erreichung der Zwecke des Staates oder von ihm geförderter Zwecke tätig zu sein".[16] Die Bezeichnung als Behörde spielt dabei ebenso wenig eine Rolle wie die Organisationsstruktur im Einzelnen oder das Zurechnungsendsubjekt.[17] Vielmehr ist auf den Zweck des Gesetzes bzw. den Regelungszusammenhang abzustellen. Da sich die vorliegende Untersuchung nicht (ausschließlich) mit Stellen im Anwendungsbereich des VwVfG auseinandersetzt, soll ihr der allgemeine Behördenbegriff zugrunde gelegt werden.

---

[14] *Ronellenfitsch*, in: Bader/Ronellenfitsch (Hrsg.), BeckOK VwVfG, 53. Edition 2021, § 1 Rn. 65, 67; *Schmitz*, in: Stelkens/Bonk/Sachs (Hrsg.), VwVfG, 9. Aufl. 2018, § 1 Rn. 226 f.

[15] BVerwG, NVwZ 1985, 577 (579); BVerwG, ZUR 2012, 183 (184); *Ronellenfitsch*, in: Bader/Ronellenfitsch (Hrsg.), BeckOK VwVfG, 53. Edition 2021, § 1 Rn. 66.

[16] BVerwG, NJW 1991, 2980 (2980) unter Rekurs auf BVerfGE 10, 20 (48) – Preußischer Kulturbesitz; *Schmitz*, in: Stelkens/Bonk/Sachs (Hrsg.), VwVfG, 9. Aufl. 2018, § 1 Rn. 227.

[17] *Schmitz*, in: Stelkens/Bonk/Sachs (Hrsg.), VwVfG, 9. Aufl. 2018, § 1 Rn. 227 f.

B. Unabhängigkeit

Eine weitere Einschränkung des Untersuchungsgegenstandes erfolgt durch die Fokussierung auf unabhängige Behörden. Hierzu bedarf es der grundlegenden Klärung, was unter dem abstrakten Begriff der Unabhängigkeit zu verstehen ist. Zunächst ist klarzustellen, was Unabhängigkeit im Kontext dieser Arbeit nicht meint (I.). Sodann werden die einzelnen Komponenten der Unabhängigkeit beleuchtet (II.) und im Anschluss unabhängige Stellen im Staatsaufbau verortet (III.), bevor geklärt wird, gegenüber wem Unabhängigkeit bestehen kann (IV.). Ein erstes Zwischenfazit fasst die Ergebnisse zusammen (V.).

I. Voraussetzung: Rechtlich sichergestellte Unabhängigkeit – Absage an faktische Unabhängigkeit

Damit von „echter" Unabhängigkeit gesprochen werden kann, muss diese auch auf einer rechtlichen Grundlage beruhen. Es genügt nicht, dass zur Kontrolle berufene Stellen lediglich auf die Ausübung ihres vorhandenen Einflusses verzichten. So mischt sich etwa das Bundesministerium der Finanzen grundsätzlich nicht in Aufsichtsentscheidungen der Bundesanstalt für Finanzdienstleistungsaufsicht (BaFin) im Einzelfall ein.[18] Demgegenüber stellt § 2 FinDAG unmissverständlich klar, dass die BaFin der Rechts- und Fachaufsicht des Bundesfinanzministeriums untersteht. Bloße Beteuerungen, man werde die unabhängige Stellung respektieren, sind nicht nur juristisch unverbindlich, sie können auch jederzeit wieder aufgegeben werden.[19] Daher reicht eine rein faktische Unabhängigkeit nicht aus. Stattdessen muss sie rechtlich abgesichert, also positiv normiert sein.

II. Komponenten der Unabhängigkeit

Unabhängigkeit kommt in verschiedenen und unterschiedlich starken Ausprägungen vor. „Die" Unabhängigkeit gibt es nicht. Allgemein kann mit ihr etwa das Fehlen einer Fremdbestimmtheit, eine Selbständigkeit oder Souveränität zum Ausdruck gebracht werden.[20] In Bezug auf Behörden wird eine unabhängige Position angenommen, wenn sie zu einem gewissen Grad von anderen inter-, supra- oder nationalen Einrichtungen distanziert bzw. entkop-

---

[18] Vgl. BT-Drs. 16/7078, S. 7; vgl. auch *Döhler*, Die politische Steuerung der Verwaltung, 2007, S. 249 ff.

[19] So auch *Döhler*, Die politische Steuerung der Verwaltung, 2007, S. 270; s. noch näher unter Kapitel 2, B.III.2.

[20] Vgl. Duden, Deutsches Universal-Wörterbuch, 9. Aufl. 2019, S. 1864 f.

pelt sind.[21] Bei näherer Betrachtung lassen sich mehrere Facetten einer unabhängigen Stellung differenzieren: die institutionelle (1.), funktionelle (2.), politische (3.), persönliche (4.) und finanzielle Unabhängigkeit (5.).[22]

1. Institutionell

Der Begriff der institutionellen Unabhängigkeit wird im Schrifttum uneinheitlich und mit unterschiedlicher Reichweite, teilweise auch in Kombination mit anderen Unabhängigkeitsdimensionen, verwendet.[23] Zur besseren Konturierung und Abgrenzbarkeit gegenüber den anderen Komponenten sei im vorliegenden Kontext ein enges Verständnis zugrunde zu legen. Es betont die rechtlich begründete Eigenständigkeit der jeweiligen Einrichtung, was nicht mit der Verleihung eigener Rechtspersönlichkeit verbunden sein muss.[24] Die Zuordnung zu einem Rechtsträger stellt im Bereich der staatsunmittelbaren Verwaltung vielmehr den Regelfall dar. Zur institutionellen Unabhängigkeit gehört insbesondere die Frage, wie der unabhängige Status in seinem Bestand geschützt ist und ob bzw. unter welchen Voraussetzungen er geändert werden kann.[25] Diese restriktive Lesart erinnert an die institutionelle Rechtssubjektsgarantie (mit beschränkt individueller Wirkung), welche die Institution Gemeinde gemäß Art. 28 Abs. 2 Satz 1 GG in ihrer Existenz schützt.[26] Anders als bei der kommunalen Selbstverwaltungsgarantie werden hier indes unabhängige Behörden durch die institutionelle Unabhängigkeit grundsätzlich nicht nur als „Spezies" geschützt, sondern die einzelne Behörde auch uneingeschränkt individuell in ihrem Bestand.

---

[21] *Kröger*, in: Kröger/Pilniok (Hrsg.), Unabhängiges Verwalten in der Europäischen Union, 2016, S. 1 (3).

[22] Kategorisierung des Unabhängigkeitsbegriffs in Anlehnung an *Kröger*, in: Kröger/Pilniok (Hrsg.), Unabhängiges Verwalten in der Europäischen Union, 2016, S. 1 (5); *Bredt*, Die demokratische Legitimation unabhängiger Institutionen, 2006, S. 29 ff.; *Ludwigs/Sikora*, in: Dauses/Ludwigs (Hrsg.), Handbuch des EU-Wirtschaftsrechts, 53. EL 2021, A.II. Rn. 385 ff. m. w. N.; *Oertel*, Die Unabhängigkeit der Regulierungsbehörde nach §§ 66 ff. TKG, 2000, S. 154 ff. ordnet die institutionelle als Teil der funktionellen Unabhängigkeit ein.

[23] Darauf hinweisend für die Datenschutzaufsicht *Schneider*, in: Wolff/Brink (Hrsg.), BeckOK Datenschutzrecht, 38. Edition 2021, Art. 52 DSGVO Rn. 9; *Ludwigs/Sikora*, in: Dauses/Ludwigs (Hrsg.), Handbuch des EU-Wirtschaftsrechts, 53. EL 2021, A.II. Rn. 386 sprechen von „sachlich-institutionelle[r] Unabhängigkeit".

[24] *Bredt*, Die demokratische Legitimation unabhängiger Institutionen, 2006, S. 29.

[25] *Kröger*, in: Kröger/Pilniok (Hrsg.), Unabhängiges Verwalten in der Europäischen Union, 2016, S. 1 (5).

[26] Vgl. *Engels*, in: Sachs (Hrsg.), GG, 9. Aufl. 2021, Art. 28 Rn. 41 f.; *Dreier*, in: Dreier (Hrsg.), GG, Bd. II, 3. Aufl. 2015, Art. 28 Rn. 91 f.

2. Funktionell

Obwohl die Begriffe der funktionellen (bzw. funktionalen) und politischen Unabhängigkeit im Schrifttum teilweise nicht trennscharf unterschieden oder gar synonym verwendet werden[27], lässt sich eine sachliche Differenzierung vornehmen. Nach Klaus Oertel meint funktionelle Unabhängigkeit die Entkopplung einer Stelle als Funktionsträger von anderen Verwaltungsfunktionen, sodass „organisatorische[...] Identitäten" entstehen.[28] Anknüpfungspunkt ist mithin die Funktionsweise der Verwaltung.[29] Vor dem Hintergrund einer *unvoreingenommenen Entscheidungsfindung* bezweckt die funktionale Unabhängigkeit die Schaffung der Rahmenbedingungen, um von anderen betroffenen Akteuren – insbesondere regulierten Marktteilnehmern – die erforderliche Distanz zu wahren.[30] Namentlich in den Netzsektoren Telekommunikation, Post, Energie und Eisenbahnen ist es besonders bedeutsam, die staatliche Aufsicht von den Anbietern strikt zu trennen, da dort früher gesetzliche Monopole vorherrschten und heute noch staatlich beherrschte (Nachfolge-)Unternehmen eine federführende Stellung am Markt einnehmen. Daher dient die funktionelle Komponente auch und vor allem der Sicherstellung unparteiischer Entscheidungen, die andere, nicht-öffentliche Marktteilnehmer nicht diskriminieren.[31] Sie geht mithin über eine rein institutionelle Bestandssicherung hinaus und legt den Fokus auf die Abgrenzung gegenüber denjenigen, die von der behördlichen Tätigkeit betroffen sind. Die politische Unabhängigkeit hingegen rückt die *Autonomie* im Hinblick auf die Sachentscheidung in den Vordergrund, was sich regelmäßig durch die Anerkennung einer Weisungsfreiheit widerspiegelt.[32] Plakativ formuliert akzentuiert die politische Dimension die Unabhängigkeit einer Behörde gegenüber dem Staat im vertikalen Verhältnis, während die funktionelle Komponente die Distanz zu

---

[27] Vgl. *Kröger*, in: Kröger/Pilniok (Hrsg.), Unabhängiges Verwalten in der Europäischen Union, 2016, S. 1 (5), der nicht zwischen den beiden Begriffen differenziert.

[28] *Oertel*, Die Unabhängigkeit der Regulierungsbehörde nach §§ 66ff. TKG, 2000, S. 102, dort auch das Zitat.

[29] *Lee*, Demokratische Legitimation der Vollzugsstruktur der sektorspezifischen Regulierungsverwaltung, 2017, S. 148; als Beispiel rekurriert er auf den Telekommunikationssektor, in dem die Trennung von hoheitlich-regulierender und betrieblicher Funktion zur Leistungserbringung sowie Unternehmensverwaltung Ausdruck der funktionalen Unabhängigkeit der Regulierungsbehörde ist.

[30] Vgl. exemplarisch für den Telekommunikationssektor *Attendorn/Geppert*, in: Geppert/Schütz (Hrsg.), Beck'scher TKG-Kommentar, 4. Aufl. 2013, § 116 Rn. 17f.; näher unter Kapitel 2, B.III.1.

[31] Vgl. *Burgi*, in: Festschrift für U. Battis, 2014, S. 329 (338); *Gundel*, EWS 2017, 301 (302f.) m.w.N.; *Korte*, Die Verwaltung 51 (2018), 187 (210).

[32] *Oertel*, Die Unabhängigkeit der Regulierungsbehörde nach §§ 66ff. TKG, 2000, S. 102; zur politischen Unabhängigkeit näher sogleich unter Kapitel 1, B.II.3.

den im jeweiligen Markt tätigen Unternehmen bzw. sonstigen Beteiligten ausdrückt.[33]

3. Politisch

Die politische oder auch sachliche Komponente bildet gewissermaßen das Herzstück der Unabhängigkeit. Sie beschreibt das Freisein eines Entscheidungsprozesses von äußerer Einflussnahme.[34] Zum Ausdruck kommt die politische Unabhängigkeit maßgeblich durch den Ausschluss der üblichen Steuerungsmechanismen, mit denen übergeordnete Instanzen – an der Spitze das zuständige Ministerium – entlang der Hierarchiekette ihre Kontrolle ausüben können. Sowohl im Bereich des aufsichtlichen Instrumentariums (a)) als auch der verfahrensrechtlichen Ausgestaltung (b)) kann eine unabhängige Ausrichtung vorgenommen werden.[35]

a) Aufsichtliches Instrumentarium

Unter den Instrumenten der staatlichen Aufsicht[36] nimmt das Weisungsrecht eine herausgehobene Position ein. Durch die Weisungsunterworfenheit kann eine effektive Feinsteuerung der Verwaltung „von oben herab" entlang der Behördenhierarchie erfolgen.[37] Neben konkreten Einzelfallweisungen besteht auch die Möglichkeit, allgemeine Weisungen in Form von Verwaltungsvorschriften zu erlassen.[38] Bereits das Wissen um die Existenz eines Weisungsrechts vermag eine verhaltenssteuernde Wirkung zu entfalten,[39] sodass der Aufsicht ein „scharfes Schwert" zur Verfügung steht. Politische Unabhängigkeit zeichnet sich dementsprechend in erster Linie durch das Fehlen oder die Beschränkung von Weisungsbefugnissen aus.

---

33 In diese Richtung auch *Gundel*, EWS 2017, 301 (302 f.).

34 *Bredt*, Die demokratische Legitimation unabhängiger Institutionen, 2006, S. 32.

35 Zum Einfluss der untergesetzlichen Normsetzung durch die Exekutive auf die politische Unabhängigkeit s. noch unter Kapitel 1, B.IV.3.

36 Zum Begriff der Aufsicht grundlegend *Kahl*, Die Staatsaufsicht, 2000, S. 349 ff.; *P. M. Huber*, in: Hoffmann-Riem/Schmidt-Aßmann/Voßkuhle (Hrsg.), Grundlagen des Verwaltungsrechts, Bd. III, 2. Aufl. 2013, § 45 Rn. 14 ff.; s. ferner *Schröder*, JuS 1986, 371 ff.; *Schuppert*, DÖV 1998, 831 ff.; *Groß*, DVBl. 2002, 793 ff.; zur Abgrenzung zu den Begriffen Kontrolle, Prüfung und Überwachung vgl. etwa *Blumer*, Bankenaufsicht und Bankenprüfung, 1996, S. 43 ff.

37 *Jestaedt*, Demokratieprinzip und Kondominialverwaltung, 1993, S. 323 ff.; *Bredt*, Die demokratische Legitimation unabhängiger Institutionen, 2006, S. 32 ff.

38 *Groß*, DVBl. 2002, 793 (798).

39 *Döhler*, Die Verwaltung 34 (2001), 59 (76); vgl. näher unter Kapitel 2, B.III.2.

Zwischen einer strikten Weisungsgebundenheit und völliger Weisungsfreiheit existieren Schattierungen, die Ausdruck unterschiedlich starker Ausprägungen der Aufsicht sind.[40] Für die Klassifizierung der Aufsichtsformen hat sich in Deutschland folgende Dichotomie eingebürgert: Die *Rechtsaufsicht* beschränkt sich auf eine reine Rechtmäßigkeitskontrolle des Verwaltungshandelns.[41] Im Rahmen der weitreichenderen *Fachaufsicht* hingegen kann sowohl die Recht- als auch die Zweckmäßigkeit der Aufgabenerledigung überprüft und gegebenenfalls mittels Weisungen korrigiert werden.[42] Während im Bereich der unmittelbaren Staatsverwaltung die Fachaufsicht vorherrscht, unterliegen die oft mit Selbstverwaltungsrechten ausgestatteten Funktionseinheiten der mittelbaren Staatsverwaltung in der Regel nur der Rechtsaufsicht.[43]

Je nach gesetzlicher Ausgestaltung sind jenseits der Erteilung einer Weisung weitere Steuerungsmittel bekannt. Ebenfalls in Betracht kommen etwa Informations-, Beanstandungs-, Kassations-, Widerspruchs-, Genehmigungs- oder Selbsteintrittsrechte[44].[45] Durch sie lässt sich ein abgestuftes Maß an sog. Ministerialfreiheit[46] erreichen. Je weiter das aufsichtliche Instrumentarium eingeschränkt ist, desto freier ist eine Institution bei ihren Handlungen und Entscheidungen. Die Kontroll- und Interventionsmöglichkeiten der Aufsichtsbehörden werden mithin zum entscheidenden Gradmesser für die sachliche Unabhängigkeit.

---

[40] *Krebs*, in: Isensee/Kirchhof (Hrsg.), Handbuch des Staatsrechts, Bd. V, 3. Aufl. 2007, § 108 Rn. 47.

[41] *Maurer/Waldhoff*, Allgemeines Verwaltungsrecht, 20. Aufl. 2020, § 23 Rn. 19.

[42] *Groß*, DVBl. 2002, 793 (793 ff.); *Schröder*, JuS 1986, 371 (373).

[43] Vgl. *Groß*, in: Hoffmann-Riem/Schmidt-Aßmann/Voßkuhle (Hrsg.), Grundlagen des Verwaltungsrechts, Bd. I, 2. Aufl. 2012, § 13 Rn. 100, 102.

[44] Zum Selbsteintritt als *ultima ratio* der Aufsichtsbehörde vgl. *B. Becker*, Öffentliche Verwaltung, 1989, S. 876; *Jestaedt*, Demokratieprinzip und Kondominialverwaltung, 1993, S. 108 mit Fn. 359.

[45] *Jestaedt*, Demokratieprinzip und Kondominialverwaltung, 1993, S. 108 f., 342 ff. m. w. N. und Beispielen; s. auch *Füßlein*, Ministerialfreie Verwaltung, 1972, S. 121 ff.; *Groß*, in: Hoffmann-Riem/Schmidt-Aßmann/Voßkuhle (Hrsg.), Grundlagen des Verwaltungsrechts, Bd. I, 2. Aufl. 2012, § 13 Rn. 102; *P. M. Huber*, a. a. O., Bd. III, 2. Aufl. 2013, § 45 Rn. 18; *Bredt*, Die demokratische Legitimation unabhängiger Institutionen, 2006, S. 33.

[46] Den Begriff der Ministerialfreiheit prägend *Loening*, DVBl. 1954, 173 ff.; s. auch grundlegend *E. Klein*, Die verfassungsrechtliche Problematik des ministerialfreien Raumes, 1974; *Füßlein*, Ministerialfreie Verwaltung, 1972; ausführlich zur Terminologie *Jestaedt*, Demokratieprinzip und Kondominialverwaltung, 1993, S. 102 ff.

b) *Verfahrensrechtliche Ausgestaltung*

Auch die Ausgestaltung des (Verwaltungs-)Verfahrensrechts kann ihren Beitrag zur Unabhängigstellung von Behörden leisten. Ziel ist es, die finale administrative Entscheidung möglichst bei der unabhängigen Stelle zu konzentrieren und von externen Einflüssen weitestgehend abzuschirmen. Erreichen lässt sich dies etwa durch die Einschränkung oder den vollständigen Ausschluss des – grundsätzlich obligatorischen – Vorverfahrens, indem der Gesetzgeber von den Ausgestaltungsmöglichkeiten des § 68 Abs. 1 Satz 2 VwGO Gebrauch macht.[47] Als Verwaltungsakte erlassene Entscheidungen der unabhängigen Institution können dadurch nicht mehr im Wege des verwaltungsrechtlichen Widerspruchsverfahrens durch eine höhere Instanz überprüft werden.

Darüber hinaus zeichnet sich eine starke Unabhängigkeit auch durch eine umfassend gebündelte Zuständigkeit zugunsten einer einzigen Behörde aus. Dadurch sinkt die Gefahr, dass andere Stellen im Rahmen ihrer Aufgabenkompetenz an (Teilaspekten) der Entscheidung mitwirken und so mittelbar die unabhängige Einrichtung in ihrem Handeln unterminieren können. Zu denken ist insoweit beispielsweise an die sog. Legalisierungs- oder Konzentrationswirkung von Genehmigungen.[48] Je stärker und umfassender eine Sachentscheidung alleine einer Instanz zugewiesen ist, desto höher ist das Maß ihrer Eigenständigkeit.

Ferner kann die Unabhängigkeit auch durch eine besondere interne Ausgestaltung der behördlichen Organisationsstruktur eine Stärkung erfahren. Paradigmatisch sind hier justizähnliche Beschlusskammerverfahren der Bundesnetzagentur (BNetzA) zu nennen, wie sie im Telekommunikationsrecht in §§ 211 ff. TKG (= §§ 132 ff. TKG a. F.) zu finden sind.[49] In den übrigen

---

[47] Zur konkreten Ausgestaltung im Telekommunikationssektor nach § 217 Abs. 2 TKG (= § 137 Abs. 2 TKG a. F.); s. *Lee*, Demokratische Legitimation der Vollzugsstruktur der sektorspezifischen Regulierungsverwaltung, 2017, S. 229 ff.; *Paulweber*, Regulierungszuständigkeiten in der Telekommunikation, 1999, S. 106 f.; *Berringer*, Regulierung als Erscheinungsform der Wirtschaftsaufsicht, 2004, S. 117; *Gonsior*, Die Verfassungsmäßigkeit administrativer Letztentscheidungsbefugnisse, 2018, S. 326 ff.; *von Lewinski*, DVBl. 2013, 339 (342) spricht sogar allgemein davon, dass „das Widerspruchsverfahren bei unabhängigen Behörden bereits konzeptionell ausscheidet".

[48] Vgl. nur § 13 BImSchG und § 75 VwVfG; *von Lewinski*, DVBl. 2013, 339 (342 f.); zu Konflikten, die aus der Beteiligung mehrerer Stellen resultieren, s. demgegenüber Kapitel 3, B.II.2.b)bb).

[49] Näher zu diesem Aspekt s. *Lee*, Demokratische Legitimation der Vollzugsstruktur der sektorspezifischen Regulierungsverwaltung, 2017, S. 155, 158 ff. m. w. N.; als allgemeine Möglichkeit einer unabhängigen Ausgestaltung des Verfahrens erwägend *von Lewinski*, DVBl. 2013, 339 (342).

Netzsektoren Post (§ 46 PostG), Energie (§ 59 EnWG) und Eisenbahnen (§ 77 ERegG) kommen sie ebenfalls zum Einsatz. Auch beim Bundeskartellamt (BKartA) werden die Entscheidungen gemäß § 51 Abs. 2 Satz 1 GWB von Beschlussabteilungen, auf dem Gebiet des Vergaberechts von Vergabekammern nach §§ 155 ff. GWB getroffen. Indem der Gesetzgeber die Entscheidungsfindung einem Kollegialorgan überlässt, wird die externe Einflussnahme infolge wechselseitiger Kontrolle der Kammermitglieder erschwert.[50] Potenziert werden kann dieser Effekt durch öffentliche mündliche Verhandlungen der entscheidenden Stellen, die angesichts einer möglicherweise breiteren Aufmerksamkeit in der Öffentlichkeit argumentativ stichhaltige Sachentscheidungen erwarten lassen.[51] Durch die in der Folge geschaffene Transparenz erscheint eine externe Beeinflussung unwahrscheinlich, weshalb die Unabhängigkeit der entscheidenden Instanz steigt.

4. Persönlich

Während die politische Unabhängigkeit die Freiheit von einer Einflussnahme in der Sache betrifft, knüpft die persönliche[52] Komponente der Unabhängigkeit an das Personal einer Behörde an. In Rede stehen diejenigen Einflussfaktoren, denen die Bediensteten der unabhängigen Einrichtung ausgesetzt sind.[53] Dies beginnt bereits bei der Besetzung von Planstellen und reicht von der Regelung des rechtlichen Status der Beschäftigten über die Amtsdauer bis hin zur Frage einer Wiederwahl oder der Abberufungsmöglichkeiten.[54] Da hinter jeder Entscheidung letztlich der zuständige Amtswalter steht, wäre die sachliche Unabhängigkeit wenig wert, wenn dieser individuelle Nachteile als Konsequenz für unpopuläre Maßnahmen zu befürchten hätte.[55] Daher zeichnet sich die persönliche Unabhängigkeit gerade auch

[50] Vgl. *Groß*, Das Kollegialprinzip in der Verwaltungsorganisation, 1999, S. 152; allgemein zu Wesen, Erscheinungsformen und Funktionen von Kollegialspruchkörpern *Groß*, a. a. O., S. 45 ff., 105 ff.; *Döhler*, Die politische Steuerung der Verwaltung, 2007, S. 107 ff. bezeichnet Kollegialorgane als „Hierarchie-Exklaven".

[51] Für den Telekommunikationssektor exemplarisch vgl. § 215 Abs. 3 S. 1 TKG (= § 135 Abs. 3 S. 1 TKG a. F.); *Attendorn/Geppert*, in: Geppert/Schütz (Hrsg.), Beck'scher TKG-Kommentar, 4. Aufl. 2013, § 135 Rn. 1.

[52] Die Terminologie variiert im Schrifttum zwischen persönlicher und personeller Unabhängigkeit. Ein Unterschied in der Sache ergibt sich daraus nicht.

[53] *Kröger*, in: Kröger/Pilniok (Hrsg.), Unabhängiges Verwalten in der Europäischen Union, 2016, S. 1 (5).

[54] *Bredt*, Die demokratische Legitimation unabhängiger Institutionen, 2006, S. 30.

[55] Vgl. in Bezug auf die richterliche Unabhängigkeit (Art. 97 Abs. 1 GG) *Hillgruber*, in: Dürig/Herzog/Scholz (Hrsg.), GG, 95. EL 2021, Art. 97 Rn. 98.

durch eine restriktive Dienstaufsicht[56] aus. Die Abberufung von Leitungspersonal setzt insoweit etwa grundsätzlich voraus, dass die Voraussetzungen für das Amt nicht mehr vorliegen oder der Betroffene sich einer schweren Verfehlung schuldig gemacht hat.[57]

5. Finanziell

Schließlich stellt auch die finanzielle Komponente einen nicht zu unterschätzenden Faktor der Unabhängigkeit dar. Hier rückt die Frage ins Zentrum, woher und in welcher Höhe die jeweilige Einrichtung ihre Mittel bezieht.[58] Ein hoher Grad an finanzieller Unabhängigkeit sichert nicht nur eine ordnungsgemäße Aufgabenerfüllung durch die Behörde, sondern beugt auch einer mittelbaren Einflussnahme durch den Geldgeber vor. Bereits die Nichtgewährung zusätzlicher Mittel oder die (Ankündigung der) Streichung von Geldern kann zur Relativierung der Unabhängigkeit führen.[59] Mehr Autarkie gewinnt eine Institution hingegen, wenn sie mit Finanzautonomie ausgestattet ist, sodass sie eigene Einnahmen erheben kann.[60] Alternativ können einer Behörde auch direkt Mittel aus dem Staatshaushalt zugewiesen werden oder die Budgetierung erfolgt durch die übergeordnete Behörde.[61] Jedenfalls muss aber sichergestellt sein, dass ausreichend finanzielle Ressourcen zur Verfügung stehen für eine ordnungsgemäße Aufgabenerledigung, ohne dass stets die latente Gefahr einer Kürzung von Geldern droht. Mit Blick auf die Haushaltshoheit des Parlaments wird man indes annehmen müssen, dass die fi-

---

56 Die Dienstaufsicht umfasst Fragen der inneren Ordnung, allgemeinen Geschäftsführung sowie des Personals einer Behörde, vgl. *Maurer/Waldhoff*, Allgemeines Verwaltungsrecht, 20. Aufl. 2020, § 22 Rn. 31.

57 Vgl. exemplarisch für den Präsidenten der BNetzA § 4 Abs. 5 S. 3 BEGTPG; für das EZB-Direktorium und die Präsidenten der nationalen Zentralbanken vgl. Art. 11.4 bzw. 14.2 ESZB-Satzung, näher zu Letzteren *Häde*, in: Calliess/Ruffert, EUV/AEUV, 6. Aufl. 2022, Art. 130 Rn. 30 ff.

58 Vgl. *Bredt*, Die demokratische Legitimation unabhängiger Institutionen, 2006, S. 34.

59 *Gundel*, EWS 2017, 301 (307), der in diesem Zusammenhang von „goldener Zügel" spricht; deutlich *von Lewinski*, DVBl. 2013, 339 (343): „Der höchste Grad sachlicher Unabhängigkeit kann bei mangelhafter Ausstattung in einem engen finanziellen Korsett ein- und abgeschnürt sein.".

60 Freilich müssen die Voraussetzungen für eine Finanzierung durch Gebühren oder Beiträge vorliegen, insbesondere auch eine angemessene hoheitliche Gegenleistung; s. hierzu *von Lewinski*, DVBl. 2013, 339 (343) mit Fn. 61, der zudem in der Abhängigkeit von eigenen Finanzierungsquellen die Gefahr einer „Aufsicht nach Kassenlage" sieht.

61 Vgl. *Frenzel*, in: Kröger/Pilniok (Hrsg.), Unabhängiges Verwalten in der Europäischen Union, 2016, S. 45 (46 f.).

nanzielle Unabhängigkeit erst dann verletzt ist, wenn sich eine (Spar-)Maßnahme final gegen die Behörde richtet oder ihre Funktionsfähigkeit unmittelbar gefährdet ist.[62] Exemplarisch erscheint die Grenze des Zulässigen etwa dann überschritten, wenn die Datenschutzaufsichtsbehörden, deren finanzielle Unabhängigkeit ausdrücklich in Art. 52 Abs. 6 DSGVO normiert ist, bewusst personell und materiell „ausgehungert" werden, um sich im föderalen oder internationalen Vergleich durch eine laxe Verfolgung von Datenschutzverstößen einen Wettbewerbsvorteil zu verschaffen.

III. Unabhängige Behörden im Staatsaufbau

Nicht gänzlich frei von Zweifeln gelingt die Einordnung unabhängiger Behörden in den Staatsaufbau. Aufgrund des Elements der Unabhängigkeit wird teilweise eine Nähe zur rechtsprechenden Gewalt assoziiert, für welche die richterliche Unabhängigkeit des Art. 97 Abs. 1 GG ein prägendes Charakteristikum darstellt[63]. Auch wenn Parallelen zwischen beiden Phänomenen nicht von der Hand zu weisen sind, handelt es sich dennoch bei der richterlichen und der exekutiven Unabhängigkeit um ein *aliud*.[64] Insbesondere ist die Rechtsprechung im Gegensatz zur Verwaltung durch (jedenfalls in der Schlussinstanz) letztverbindliche und rechtskraftfähige Entscheidungen gekennzeichnet.[65] Auch sind Behörden nicht als Gerichte, welche die typischen Funktionseinheiten der Judikative darstellen, zu qualifizieren. Es scheitert bereits daran, dass sie nicht als Gerichte bezeichnet werden.[66] Dass bisweilen justiz*ähnliche* Aspekte vorhanden sind, rechtfertigt noch keine Zuordnung zur Rechtsprechung. Trotz unkonventioneller Eigenschaften handelt es sich bei den unabhängigen Stellen letztlich um Behörden(teile), die im Kern mit Verwaltungsaufgaben betraut sind. Folgerichtig gehören sie der Exekutive an. Für die Annahme einer Gewalt *sui generis*, wofür manche im Hinblick auf die Bundesbank und den Bundesrechnungshof angesichts der

---

62 *Gundel*, EWS 2017, 301 (307); vgl. auch EuGH, Urt. v. 28.7.2016, Rs. C-240/15, ECLI:EU:C:2016:608, Rn. 36 ff. – Autorità per le Garanzie nelle Communicazioni.

63 Vgl. nur exemplarisch *Morgenthaler*, in: Epping/Hillgruber (Hrsg.), BeckOK GG, 49. Edition 2021, Art. 92 Rn. 20 ff.; *Hillgruber*, in: Dürig/Herzog/Scholz (Hrsg.), GG, 95. EL 2021, Art. 92 Rn. 37 f.; s. auch *Papier*, NJW 2001, 1089 ff.; monografisch z.B. *Kiener*, Richterliche Unabhängigkeit, 2001, passim; die richterliche Unabhängigkeit in den historischen Kontext einordnend etwa *Simon*, Die Unabhängigkeit des Richters, 1975, S. 1 ff.

64 Vgl. *Terhechte*, in: Kröger/Pilniok (Hrsg.), Unabhängiges Verwalten in der Europäischen Union, 2016, S. 35 (44).

65 *Hillgruber*, in: Dürig/Herzog/Scholz (Hrsg.), GG, 95. EL 2021, Art. 92 Rn. 63.

66 *Detterbeck*, in: Sachs (Hrsg.), GG, 9. Aufl. 2021, Art. 100 Rn. 4.

atypischen Stellung im Staatsaufbau plädieren,[67] bleibt daher grundsätzlich kein Raum.

Innerhalb der Exekutive ist ferner zu klären, ob die unabhängigen Behörden der Regierung oder der Administrative zuzurechnen sind. Die Bundesbank etwa nimmt zumindest auch gubernative Aufgaben wahr, weshalb sie unter Zugrundelegung eines funktionalen Verständnisses teilweise im Bereich der Regierung angesiedelt wird.[68] Während die Staatsleitung die Ziele und Zwecke vorgibt, ist die Verwaltung – abgesichert durch die Weisungsabhängigkeit – dazu angehalten, selbige umzusetzen.[69] Ungeachtet der Tatsache, dass die Abgrenzung zwischen Regierung einerseits und Verwaltung andererseits ohnehin im Einzelfall schwierig ist und beide Bereiche ineinander übergehen,[70] führt eine funktionale Betrachtungsweise kaum weiter.[71] Solange der in Betreff stehenden Institution nicht eindeutig der Status eines Verfassungsorgans[72] zukommt und (kumulativ) solange ihr Kerngeschäft aus administrativen Aufgaben besteht, soll es sich im vorliegenden Kontext um eine Stelle der Verwaltung handeln. Erst recht muss dies für solche Einrichtungen gelten, die keine eigenständigen politischen Ziele verfolgen, sondern sich lediglich als „verlängerter Arm" der Regierung erweisen.

IV. Adressaten der Unabhängigkeit

Wird einer Stelle Unabhängigkeit attestiert, stellt sich notwendigerweise die Frage, gegenüber wem die Eigenständigkeit besteht. Im komplexen Gefüge der Staatsorganisation treten verschiedene Akteure auf, mit denen die zu betrachtenden Behörden in Interaktion treten können. Ausgehend von den Staatsgewalten lassen sich grundsätzlich drei Adressaten der Unabhängigkeit unterscheiden: Legislative (1.), Judikative (2.) und Exekutive (3.).

---

[67] Für die Bundesbank *Samm*, Die Stellung der Deutschen Bundesbank im Verfassungsgefüge, 1967, S. 122 ff.; für den Bundesrechnungshof vgl. die Nachweise in Fn. 337.

[68] S. bereits BVerwG, NJW 1975, 275 (275); *Starke*, DÖV 1957, 606 (608 f.); in diese Richtung auch *Herdegen*, in: Dürig/Herzog/Scholz (Hrsg.), GG, 95. EL 2021, Art. 88 Rn. 1, 56; zu Recht ablehnend *Heun*, in: Dreier (Hrsg.), GG, Bd. III, 3. Aufl. 2018, Art. 88 Rn. 19.

[69] *M. Schröder*, in: Isensee/Kirchhof (Hrsg.), Handbuch des Staatsrechts, Bd. V, 3. Aufl. 2007, § 106 Rn. 30.

[70] *M. Schröder*, in: Isensee/Kirchhof (Hrsg.), Handbuch des Staatsrechts, Bd. V, 3. Aufl. 2007, § 106 Rn. 30.

[71] So auch exemplarisch für die Bundesbank *Siekmann*, in: Sachs (Hrsg.), GG, 9. Aufl. 2021, Art. 88 Rn. 8.

[72] Vgl. etwa die Aufzählung in Art. 93 Abs. 1 Nr. 1 GG sowie § 63 BVerfGG; näher zum Begriff *Bethge*, in: Schmidt-Bleibtreu/Klein/Bethge (Hrsg.), BVerfGG, 61. EL 2021, § 63 Rn. 14 ff.

1. Legislative

Der Legislative kommt im Zusammenhang mit unabhängigen Behörden gewissermaßen eine *Zwitterstellung* zu. Einerseits schafft sie überhaupt erst die rechtliche Grundlage der Unabhängigkeit, sei es aus Eigeninitiative oder durch die Ausgestaltung verfassungs- oder unionsrechtlicher Vorgaben im einfachen Recht. Darüber hinaus werden die Parlamente auch als Korrektiv aufgefasst, um die durch die Unabhängigkeit entstehende Schwächung der demokratischen Legitimation aufzuwiegen.[73]

Andererseits kann es auch zu Eingriffen seitens des Gesetzgebers in unabhängige Behörden kommen, beispielsweise durch eine *Modifizierung des Aufgabenumfangs*. Namentlich ist es möglich, dass die Legislative eine Entscheidung an sich zieht, die qua Unionsrecht einer autonomen Stelle zugewiesen wurde.[74] Wäre dies ohne Weiteres zulässig, könnte der Gesetzgeber unabhängigen Behörden Kompetenzen entziehen, wenn die Gefahr einer unpopulären, politisch nicht mehrheitsfähigen Entscheidung bestünde. Spiegelbildlich erscheint auch eine Übertragung zusätzlicher, bisher nicht vorgesehener Aufgaben denkbar.[75] Durch eine Überfrachtung des Zuständigkeitskatalogs wäre eine ordnungsgemäße Erledigung des Pensums möglicherweise nicht mehr gewährleistet.

Darüber hinaus betrifft die Unabhängigkeit der Umstand, wie engmaschig der Handlungsrahmen der zuständigen Stelle legislativ bzw. normativ vorstrukturiert wird.[76] Je detaillierter die gesetzlichen Vorgaben sind, desto weniger Spielraum verbleibt der Administrative bei einer Entscheidung. Im Sinne einer starken Unabhängigkeit müssen die betreffenden Behörden durch entsprechende Absicherungen – insbesondere europa- oder verfassungsrechtliche Garantien – gegen derartige legislative Eingriffe „immunisiert“ werden,

---

[73] Ausführlich *Ludwigs*, Die Verwaltung 44 (2011), 41 (47ff.); zur janusköpfigen Rolle der Legislative vgl. auch *Ruthig*, in: Kahl/Ludwigs (Hrsg.), Handbuch des Verwaltungsrechts, Bd. I, 2021, § 22 Rn. 25f.; eingehend zum Spannungsverhältnis zwischen Unabhängigkeit und Demokratieprinzip siehe Kapitel 2, B.II.1.

[74] *Gundel*, EWS 2017, 301 (307), als Beispielsfall rekurrierend auf EuGH, Urt. v. 26.7.2017, Rs. C-560/15, ECLI:EU:C:2017:593 – Europa Way.

[75] Am Beispiel der Datenschutzbehörden *Dix*, in: Kröger/Pilniok (Hrsg.), Unabhängiges Verwalten in der Europäischen Union, 2016, S. 121 (128).

[76] Vgl. *Steinbach*, Die Verwaltung 50 (2017), 507 (510); *Ludwigs*, Die Verwaltung 44 (2011), 41 (68f.), dort auch zur „Fortpflanzung“ der Unabhängigkeit gegenüber der Legislative im Sinne einer reduzierten gerichtlichen Kontrolldichte; nach der *Wesentlichkeitstheorie* ist es geradezu geboten, dass der Gesetzgeber die wesentlichen Entscheidungen selbst trifft und dabei das Bestimmtheitsgebot beachtet, vgl. BVerfGE 56, 1 (13); 120, 378 (407f.) – Automatisierte Kennzeichenerfassung; s. eingehend zum Problem der normativen Vorstrukturierung im Lichte der Unabhängigkeit am Beispiel des Energierechts unter Kapitel 3, A.I.1.b)bb).

was allerdings zugleich auf Kosten ihrer demokratischen Legitimation geht und insoweit zu einem Spannungsverhältnis führt[77].

Gerade in der Regulierungsverwaltung nimmt das Maß der unionsrechtlich zulässigen normativen Vorprogrammierung eine zentrale Rolle ein und ist Gegenstand einer aktuell intensiv geführten Debatte. Im Wesentlichen stehen sich hier ein normierender und ein administrativer Ansatz gegenüber. Während nach dem Konzept des *normierenden* Ansatzes die Entscheidungen der Regulierungsbehörden weitgehend durch formelle und materielle Gesetze vorstrukturiert sind, verlagert die *administrative* Lösung die Entscheidungskompetenzen uneingeschränkt auf die zuständigen Behörden.[78] Die Bundesrepublik Deutschland präferiert(e) in der Tendenz das normierende Modell, wie es im Post- und Energiesektor nach wie vor vorzufinden ist.[79] Deutlich tritt die ausgeprägte normative Vorstrukturierung zum Vorschein, wenn man sich die hohe Normdichte im für den Energiesektor einschlägigen EnWG und dessen Begleitverordnungen vor Augen führt.[80] Durch die Europäische Union veranlasst vollzieht sich indes allmählich ein Wandel hin zum administrativen, die behördliche Unabhängigkeit stärker betonenden Ansatz. In der 2009 ergangenen „Neue Märkte"-Entscheidung des Europäischen Gerichtshofs (EuGH) zu § 3 Nr. 12b a.F. und § 9a TKG a.F. betonten die Luxemburger Richter für den Telekommunikationssektor, dass die Beurteilung der Regulierungsbedürftigkeit von Märkten anstelle des nationalen Gesetzgebers – wie sekundärrechtlich vorgesehen – der zuständigen Regulierungsbehörde obliege.[81] Hierauf reagierend hat der nationale Gesetzgeber 2012 die entsprechenden Vorschriften des TKG zugunsten des administrativen Ansatzes angepasst.

Die Wende zu einem rein administrativen Ansatz im nationalen Recht wird weiter von der Europäischen Kommission forciert. Mit Nachdruck stellt sie

---

77 S. hierzu noch eingehend unter Kapitel 2, B.II.1.b)aa).

78 Vgl. *Ludwigs*, in: Schmidt/Wollenschläger (Hrsg.), Kompendium Öffentliches Wirtschaftsrecht, 5. Aufl. 2019, § 12 Rn. 15 ff.; *Franke*, Die Verwaltung 49 (2016), 25 (32 ff.).

79 *Ludwigs*, in: Schmidt/Wollenschläger (Hrsg.), Kompendium Öffentliches Wirtschaftsrecht, 5. Aufl. 2019, § 12 Rn. 16 ff., der dort noch das im Eisenbahnsektor vorherrschende Konzept der unabhängigkeitswahrenden Regulierung nennt; *Ludwigs*, N&R 2018, 262 (263); zum normierenden Regulierungskonzept im Energierecht näher *Schmidt-Preuß*, in: Säcker (Hrsg.), Berliner Kommentar zum Energierecht, Bd. 1/Hb. 1, 4. Aufl. 2019, Einl. C. Rn. 1 ff.; *Mengering*, Die Entgeltregulierung im Telekommunikations- und Energierecht, 2017, S. 224 ff. (insb. 227 ff.).

80 *Ludwigs*, in: Schmidt/Wollenschläger (Hrsg.), Kompendium Öffentliches Wirtschaftsrecht, 5. Aufl. 2019, § 12 Rn. 17; *Ludwigs*, N&R 2018, 262 (263).

81 EuGH, Urt. v. 3.12.2009, Rs. C-424/07, ECLI:EU:C:2009:749, Rn. 53 ff. – Kommission/Deutschland.

klar, jede überschießende Richtlinienumsetzung im Hinblick auf eine stärkere normative Vorstrukturierung für unzulässig zu halten.[82] Der EuGH hat inzwischen die Auffassung der Kommission bestätigt, dass die Bundesrepublik im Energiesektor die Vorschriften der (inzwischen abgelösten[83]) Elektrizitätsrichtlinie 2009/72/EG[84] sowie der Erdgasrichtlinie 2009/73/EG[85] zur Unabhängigkeit der Regulierungsbehörde nur unzureichend umgesetzt hat, da jene bei der Festlegung der Bedingungen für den Zugang zu Netzen und Regelenergiedienstleistungen über keine uneingeschränkte Ermessensfreiheit verfügt.[86] Stattdessen sind in diesem Bereich detaillierte Regelungen in Rechtsverordnungen der Bundesregierung vorhanden. Während das OLG Düsseldorf ebenso wenig wie der den Beschluss im Ergebnis bestätigende Bundesgerichtshof[87] in den normativen Regelungen der Energieregulierung noch keinen unzulässigen Eingriff in die Unabhängigkeit der Regulierungsbehörde erkennen konnte und im Hinblick auf die abstrakt-generelle Methodenregulierung gar den in Art. 4 Abs. 2 Satz 1 EUV verankerten Schutz der nationalen Identität in Stellung brachte,[88] ist diese Sichtweise nach dem Urteil des EuGH nunmehr überholt. Da er den Mitgliedstaaten keinen gewissen Spielraum zur normativen Vorstrukturierung zuerkennt,[89] werden umfangreiche rechtliche Anpassungen im Energiesektor notwendig, welche die Unab-

---

[82] Ausführlich hierzu und mit eingehender rechtlicher Würdigung *Ludwigs*, Die Verwaltung 44 (2011), 41 (57ff.) m.w.N.

[83] Die Richtlinie wurde ersetzt durch die RL (EU) 2019/944 des Europäischen Parlaments und des Rates v. 5.6.2019 mit gemeinsamen Vorschriften für den Elektrizitätsbinnenmarkt und zur Änderung der RL 2012/27/EU, ABl. 2019, L 158/125.

[84] RL 2009/72/EG des Europäischen Parlaments und des Rates v. 13.7.2009 über gemeinsame Vorschriften für den Elektrizitätsbinnenmarkt und zur Aufhebung der RL 2003/54/EG, ABl. 2009, L 211/55; zuletzt geändert durch Art. 72 Abs. 1 RL (EU) 2019/944 mit gemeinsamen Vorschriften für den Elektrizitätsbinnenmarkt v. 5.6.2019, ABl. 2019, L 158/125.

[85] RL 2009/73/EG des Europäischen Parlaments und des Rates v. 13.7.2009 über gemeinsame Vorschriften für den Erdgasbinnenmarkt und zur Aufhebung der RL 2003/55/EG, ABl. 2009, L 211/94; zuletzt geändert durch Art. 1 ÄndRL (EU) 2019/692 v. 17.4.2019, ABl. 2019, L 11/1.

[86] Vertragsverletzungs-Nr. 2014/2285; EuGH, Urt. v. 2.9.2021, Rs. C-718/18, ECLI:EU:C:2021:662, Rn. 85ff. – Kommission/Deutschland; vgl. auch die Pressemitteilung der Kommission IP/18/4487 v. 19.7.2018.

[87] BGH, EnWZ 2020, 61ff. (Beschluss v. 8.10.2019 – EnVR 58/18) m. Anm. *Hahn*.

[88] OLG Düsseldorf, EnWZ 2018, 267 (270) Rn. 67 (Beschluss v. 26.4.2018 – VI-5 Kart 2/16 [V]); kritisch zur Zuordnung zum Schutz der nationalen Identität *Ludwigs*, N&R 2018, 262 (263).

[89] Einen solchen Spielraum unter Rekurs auf Art. 32 RL 2009/72/EG bzw. RL 2009/73/EG und die mitgliedstaatliche Verfahrensautonomie zumindest erwägend *Ludwigs*, N&R 2018, 262 (263f.); s. auch OLG Düsseldorf, EnWZ 2018, 267 (269) Rn. 62.

hängigkeit der Regulierungsbehörde gegenüber der Legislative voraussichtlich weiter stärken werden.[90]

2. Judikative

Die Frage der Unabhängigkeit von Institutionen gegenüber der Judikative wird unter dem Stichwort der *gerichtlichen Kontrolldichte* diskutiert.[91] Sind administrative Entscheidungen durch die Gerichte nur noch eingeschränkt überprüfbar, korrespondiert damit ein höheres Maß an Unabhängigkeit für exekutive Stellen. Während auf der Tatbestandsseite einer Norm die letztverbindliche Auslegungs- bzw. Subsumtionshoheit im Fokus steht und der Verwaltung im Einzelfall ein Beurteilungsspielraum eingeräumt wird, kann ein „Kontrollvakuum" auf Rechtsfolgenseite in Form von administrativem Ermessen auftreten.[92] Im Ausgangspunkt ist aufgrund des Art. 19 Abs. 4 Satz 1 GG, der das Grundrecht auf effektiven Rechtsschutz beinhaltet, von einem Regel-Ausnahme-Verhältnis zugunsten voller Justiziabilität auszugehen.[93] Demzufolge bedarf die Schaffung von exekutiven Spielräumen stets einer normativen Grundlage, wobei der Gesetzgeber nicht beliebig und ohne hinreichend gewichtige sachliche Rechtfertigung administrative Letztentscheidungsbefugnisse einräumen darf[94]. Für die Bestimmung, wann die gerichtliche Kontrolle zulässigerweise eingeschränkt wird, ist nach der herrschenden normativen Ermächtigungslehre das materielle Recht maßgeblich.[95]

---

[90] S. noch eingehend zum Vertragsverletzungsverfahren im Energiesektor unter Kapitel 3, A.I.1.b)bb); einen etwaigen umfangreichen Reformbedarf erkennend auch bereits im Vorfeld der Entscheidung *Ludwigs*, in: Schmidt/Wollenschläger (Hrsg.), Kompendium Öffentliches Wirtschaftsrecht, 5. Aufl. 2019, § 12 Rn. 17 m. w. N.

[91] Vgl. ausführlich *Hoffmann-Riem*, in: Hoffmann-Riem/Schmidt-Aßmann/Voßkuhle (Hrsg.), Grundlagen des Verwaltungsrechts, Bd. I, 2. Aufl. 2012, § 10 Rn. 70 ff.; *Eifert*, ZHR 174 (2010), 449 (455): „Unabhängigkeit der Regulierungsbehörde als bloße Parallelfrage zur Kontrolldichte".

[92] *Maurer/Waldhoff*, Allgemeines Verwaltungsrecht, 20. Aufl. 2020, § 7 Rn. 26.

[93] St. Rspr., vgl. nur BVerfGE 15, 275 (282) – Rechtsweg; 103, 142 (156 f.) – Wohnungsdurchsuchung; aus der Lit. statt vieler *Schmidt-Aßmann*, in: Dürig/Herzog/Scholz (Hrsg.), GG, 95. EL 2021, Art. 19 Abs. 4 Rn. 183 m. w. N.

[94] Deutlich BVerfGE 129, 1 (22 f.); zu administrativen Letztentscheidungsbefugnissen ausführlich *Gonsior*, Die Verfassungsmäßigkeit administrativer Letztentscheidungsbefugnisse, 2018, S. 89 ff., 146 ff.

[95] Fundamental *Schmidt-Aßmann*, in: Dürig/Herzog/Scholz (Hrsg.), GG, 95. EL 2021, Art. 19 Abs. 4 Rn. 186 ff. m. w. N.; *Pache*, Tatbestandliche Abwägung und Beurteilungsspielraum, 2001, S. 69 ff., dort auch zu anderen dogmatischen Ansätzen; s. zudem die zahlreichen Nachweise bei *Ludwigs*, RdE 2013, 297 (299); eingehend zur normativen Ermächtigungslehre auch *Gonsior*, Die Verfassungsmäßigkeit administrativer Letztentscheidungsbefugnisse, 2018, S. 104 ff.

Hiernach muss sich aus der streitentscheidenden Norm selbst – ausdrücklich oder im Wege der Auslegung – ein Letztentscheidungsspielraum zugunsten der Verwaltung ergeben.[96] Dieser Methode steht ein funktionell-rechtlicher Ansatz gegenüber, der auf die spezifische Leistungsfähigkeit von Gerichten und Behörden im Hinblick auf die Rechtsanwendung abstellt.[97] Ihm zufolge hätten Behörden die Letztentscheidungskompetenz inne, wenn sie zur Normkonkretisierung funktionell geeigneter erscheinen bzw. die Gerichte – mit anderen Worten – an ihre Funktionsgrenzen stoßen.[98] Ungeachtet der bevorzugten dogmatischen Herleitung[99] haben sich anerkannte Fallgruppen behördlicher Letztentscheidungsspielräume herausgebildet, zu denen u.a. das allgemeine Verwaltungsermessen, prüfungsrechtliche Beurteilungen, Einschätzungsprärogativen, Prognoseentscheidungen und das Planungsermessen gehören.[100]

Im Kartell- und Regulierungsrecht ergibt sich im Hinblick auf die Reichweite der gerichtlichen Kontrolle ein disparater Befund. Kartellbehördliche Verfügungen sind gemäß § 76 Abs. 5 Satz 1 GWB einer umfassenden Überprüfung durch die Gerichte zugänglich.[101] Der dieser Vorschrift zugrunde liegende Begriff des Ermessens ist (vorbehaltlich der Ausklammerung der Würdigung der gesamtwirtschaftlichen Lage und Entwicklung in Satz 2) extensiv zu verstehen und umfasst neben der Justiziabilität von Zweckmäßigkeitsgesichtspunkten auch unbestimmte Rechtsbegriffe auf Tatbestandsebene.[102]

---

96 *Maurer/Waldhoff*, Allgemeines Verwaltungsrecht, 20. Aufl. 2020, § 7 Rn. 34.

97 *Jestaedt*, in: Ehlers/Pünder (Hrsg.), Allgemeines Verwaltungsrecht, 15. Aufl. 2016, § 11 Rn. 35; eingehend zu funktionell-rechtlichen Ansätzen *Pache*, Tatbestandliche Abwägung und Beurteilungsspielraum, 2001, S. 76ff.

98 Teilweise wird der funktionell-rechtliche Ansatz auf evidente Fälle eingeschränkt. Das BVerfG lässt die Frage offen, vgl. BVerfGE 129, 1 (23); BVerfG, NVwZ 2012, 694 Rn. 26; den Ansatz der Evidenzkontrolle ebenfalls aufgreifend *Steinbach*, Die Verwaltung 50 (2017), 507 (518ff.).

99 Zur Kritik an den jeweiligen Ansätzen vgl. *Ludwigs*, RdE 2013, 297 (299); ausführlich zum dogmatischen Streitstand s. *Schmidt-Aßmann*, in: Dürig/Herzog/Scholz (Hrsg.), GG, 95. EL 2021, Art. 19 Abs. 4 Rn. 185ff.

100 Typologie nach *Schmidt-Aßmann*, in: Dürig/Herzog/Scholz (Hrsg.), GG, 95. EL 2021, Art. 19 Abs. 4 Rn. 188ff., dort auch ausführlich zu den o.g. und weiteren Fallgruppen; ferner *Hoffmann-Riem*, in: Hoffmann-Riem/Schmidt-Aßmann/Voßkuhle (Hrsg.), Grundlagen des Verwaltungsrechts, Bd. I, 2. Aufl. 2012, § 10 Rn. 92; ausführlich *Pache*, Tatbestandliche Abwägung und Beurteilungsspielraum, 2001, S. 120ff.; speziell zum Regulierungsermessen *Ludwigs*, RdE 2013, 297ff.

101 Vgl. *Kühnen*, in: Loewenheim/Meessen/Riesenkampff/Kersting/Meyer-Lindemann (Hrsg.), Kartellrecht, 4. Aufl. 2020, § 71 GWB Rn. 48, 50; *K. Schmidt*, in: Immenga/Mestmäcker (Hrsg.), Wettbewerbsrecht, 6. Aufl. 2020, § 71 GWB Rn. 37 m.w.N.

102 BGH, NJW 1968, 1037 (1039f.); *K. Schmidt*, in: Immenga/Mestmäcker (Hrsg.), Wettbewerbsrecht, 6. Aufl. 2020, § 71 Rn. 37f. m.w.N.; *Pielow*, in: Baur/

Demgegenüber räumt das insoweit zuständige BVerwG der BNetzA im Telekommunikationsrecht bei bestimmten Entscheidungen ein sog. *Regulierungsermessen* ein, das mit einer spürbaren Reduzierung der gerichtlichen Kontrolldichte einhergeht.[103] Dieses vereint sowohl Beurteilungsspielräume auf Tatbestandsebene als auch die Ermessensausübung auf der Rechtsfolgenseite einer Norm, sodass im Ergebnis der Regulierungsbehörde ein weitreichender Gestaltungsrahmen zugestanden wird.[104] In Anerkennung des Erfordernisses einer komplexen Abwägungsentscheidung, die hochgradig unbestimmte Rechtsbegriffe mit normativen und prognostischen Elementen sowie Zielkonflikte und multipolare Problemstellungen berücksichtigen muss, begnügt sich das BVerwG mit einer dem Planungsrecht nachgebildeten Abwägungsfehlerlehre im Sinne einer nachvollziehenden Vertretbarkeitskontrolle.[105] Für das Energierecht schließlich legt § 83 Abs. 5 EnWG, der nach Wortlaut und Syntax unübersehbar § 76 Abs. 5 Satz 1 GWB nachgebildet ist, vordergründig einen Gleichlauf mit der umfassenden gerichtlichen Kontrolle im Kartellrecht nahe.[106] Auch die ältere – für das Energierecht maßgebliche – BGH-Rechtspre-

---

Salje/Schmidt-Preuß (Hrsg.), Regulierung in der Energiewirtschaft, 2. Aufl. 2016, Kap. 57 Rn. 19; *Ludwigs*, Die Verwaltung 44 (2011), 41 (70) m.w.N.; s. auch noch die Nachweise in Fn. 328.

[103] Grundlegend BVerwGE 130, 39 Rn. 28 ff. = NVwZ 2008, 575 (577 f.) Rn. 28 ff.; aus der Lit. etwa *Schneider*, in: Fehling/Ruffert (Hrsg.), Regulierungsrecht, 2010, § 22 Rn. 19; *Pielow*, in: Baur/Salje/Schmidt-Preuß (Hrsg.), Regulierung in der Energiewirtschaft, 2. Aufl. 2016, Kap. 57 Rn. 7 ff.; instruktiv *Ludwigs*, RdE 2013, 297 (301 ff.), dort auch auf S. 303 f. ein Seitenblick auf den Eisenbahn- und Postsektor; *Gonsior*, Die Verfassungsmäßigkeit administrativer Letztentscheidungsbefugnisse, 2018, S. 112 ff.; *Mengering*, Die Entgeltregulierung im Telekommunikations- und Energierecht, 2017, S. 358 ff.; *Riese*, in: Schoch/Schneider (Hrsg.), VwGO, 41. EL 2021, § 114 Rn. 78 ff.

[104] Vgl. *Riese*, in: Schoch/Schneider (Hrsg.), VwGO, 41. EL 2021, § 114 Rn. 78 f.; *Schneider*, in: Fehling/Ruffert (Hrsg.), Regulierungsrecht, 2010, § 22 Rn. 19; *Pielow*, in: Baur/Salje/Schmidt-Preuß (Hrsg.), Regulierung in der Energiewirtschaft, 2. Aufl. 2016, Kap. 57 Rn. 9; zur dogmatischen Einordnung des Regulierungsermessens s. *Ludwigs*, RdE 2013, 297 (303).

[105] Vgl. BVerwG, NVwZ 2008, 1359 (1364) Rn. 47; BVerwG, NVwZ 2014, 942 (949) Rn. 43; BVerwG, NVwZ 2017, 1466 (1471) Rn. 32; aus der Lit. *Pielow*, in: Baur/Salje/Schmidt-Preuß (Hrsg.), Regulierung in der Energiewirtschaft, 2. Aufl. 2016, Kap. 57 Rn. 9; *Riese*, in: Schoch/Schneider (Hrsg.), VwGO, 41. EL 2021, § 114 Rn. 87 m.w.N.

[106] Vgl. ausführlich *Mengering*, Die Entgeltregulierung im Telekommunikations- und Energierecht, 2017, S. 367 ff.; *Pielow*, in: Baur/Salje/Schmidt-Preuß (Hrsg.), Regulierung in der Energiewirtschaft, 2. Aufl. 2016, Kap. 57 Rn. 19; *Ludwigs*, RdE 2013, 297 (304) m.w.N., der unter Rekurs auf BT-Drs. 15/3917, S. 72 (zu § 83 EnWG-E) auch die Entstehungsgeschichte als Argument für die Bedeutungsgleichheit der beiden Vorschriften anführt; vorher bereits *Ludwigs*, Die Verwaltung 44 (2011), 41 (70) m.w.N.; anders dagegen *Britz*, in: Fehling/Ruffert (Hrsg.), Regulierungsrecht, 2010, § 9 Rn. 156; *Franzius*, DÖV 2013, 714 (719).

chung folgte dieser Sichtweise.[107] In der jüngeren Judikatur billigt der BGH der Regulierungsbehörde indes größere Entscheidungsfreiheiten im Energiesektor zu. Insbesondere im Zusammenhang mit vielschichtigen Teilbereichen der Anreizregulierung rezipierte das Gericht die Figur des Regulierungsermessens und sprach sich verstärkt für Beurteilungsspielräume aus.[108] Demnach ist im Energierecht eine Abkehr von einer uneingeschränkten gerichtlichen Kontrolle nach dem Vorbild des Kartellrechts zugunsten einer Annäherung an den stark zurückgedrängten Prüfungsmaßstab, der aus dem Telekommunikationsrecht bekannt ist, zu beobachten. Mithin unterscheiden sich Regulierungs- und Kartellrecht hinsichtlich des Umfangs der judikativen Kontrolle voneinander nicht unerheblich.

Die Gegenüberstellung der unterschiedlichen Justiziabilität anhand der vorstehenden Beispiele – umfassende versus restriktive gerichtliche Nachprüfung – verdeutlicht, welche Folgewirkungen die normative Vorstrukturierung auf die judikative Kontrolle zeitigt. Während der im TKG gewählte administrative Ansatz mit seinen finalen Normstrukturen eine stärker ausgeprägte behördliche Letztentscheidungskompetenz nahelegt,[109] tendiert der Rechtsschutz im dem normierenden Regulierungskonzept (noch) folgenden Energiesektor zu einer gesteigerten Überprüfbarkeit durch die Gerichte. Mithin wirkt sich der Grad der gesetzlichen Vorprogrammierung auch spürbar auf die gerichtliche Kontrolldichte aus.[110] Inwieweit der sich möglicherweise vollziehende Paradigmenwechsel hin zum administrativen Ansatz[111] zu einem höheren Maß an Unabhängigkeit der Exekutive gegenüber der Judikative führen wird, bleibt abzuwarten. Die aufgezeigten Entwicklungen lassen indes vermuten, dass die Bedeutung administrativer Letztentscheidungsbe-

---

[107] Vgl. BGH, NVwZ-RR 2008, 315 (318) Rn. 42; *Pielow*, in: Baur/Salje/Schmidt-Preuß (Hrsg.), Regulierung in der Energiewirtschaft, 2. Aufl. 2016, Kap. 57 Rn. 19; *Ludwigs*, RdE 2013, 297 (304 f.); ähnlich *Schneider*, in: Fehling/Ruffert (Hrsg.), Regulierungsrecht, 2010, § 22 Rn. 20.

[108] Vgl. BGH, EnWZ 2014, 378 (380 ff.) Rn. 24 ff.; BGH, BeckRS 2014, 16725 Rn. 19 ff.; BGH, EnWZ 2015, 273 (273 f.), Rn. 16 ff.; BGH, BeckRS 2016, 13537 Rn. 17; aus der Lit. *Boos*, in: Theobald/Kühling (Hrsg.), Energierecht, 112. EL 2021, § 83 EnWG Rn. 16 f. m. w. N.; *Pielow*, in: Baur/Salje/Schmidt-Preuß (Hrsg.), Regulierung in der Energiewirtschaft, 2. Aufl. 2016, Kap. 57 Rn. 50 ff., 61 ff.

[109] Vgl. *Schneider*, in: Fehling/Ruffert (Hrsg.), Regulierungsrecht, 2010, § 22 Rn. 19; *Pielow*, in: Baur/Salje/Schmidt-Preuß (Hrsg.), Regulierung in der Energiewirtschaft, 2. Aufl. 2016, Kap. 57 Rn. 6.

[110] So auch *Ludwigs*, RdE 2013, 297 (304); *Pielow*, in: Baur/Salje/Schmidt-Preuß (Hrsg.), Regulierung in der Energiewirtschaft, 2. Aufl. 2016, Kap. 57 Rn. 18; *Steinbach*, Die Verwaltung 50 (2017), 507 (510) m. w. N.; Beurteilungsspielräume als der Sicherstellung der administrativen Unabhängigkeit dienendes Kennzeichen hervorhebend *Schneider*, in: Fehling/Ruffert (Hrsg.), Regulierungsrecht, 2010, § 22 Rn. 23 Spstr. 3.

[111] S. unter Kapitel 1, B.IV.1.

fugnisse künftig wachsen wird. Jedenfalls muss aber auch darauf geachtet werden, die rechtsstaatlichen und verfassungsrechtlichen Parameter einzuhalten, um nicht Demokratiedefizite herzustellen sowie behördlicher Willkür Tür und Tor zu öffnen. Diese Gefahr besteht, wenn die materiell-rechtliche Steuerung zurückgenommen wird, während gleichzeitig eine Reduktion der gerichtlichen Kontrolle erfolgt.[112]

3. Exekutive

In erster Linie ist das Verhältnis unabhängiger Behörden gegenüber anderen exekutiven Stellen von Bedeutung. Denn die Legislative ist insbesondere nur dafür zuständig, die für eine unabhängige Aufgabenerledigung notwendigen rechtlichen Rahmenbedingungen zu schaffen. Die Judikative wird in der Regel nur auf Initiative eines rechtsschutzsuchenden Bürgers tätig und ist darauf beschränkt, von den jeweiligen Institutionen erlassene Entscheidungen retrospektiv auf ihre Rechtmäßigkeit zu überprüfen. Demgegenüber können Instanzen der Exekutive bereits auf die Entscheidungs*findung* einer unabhängigen Behörde einwirken.

In horizontaler Hinsicht verhindern beispielsweise Einvernehmenserfordernisse mit sachnahen Behörden autonome Entscheidungen.[113] Auf vertikaler Ebene kommt eine Steuerung der Verwaltung auf zweierlei Wegen in Betracht. Zum einen ist eine Einwirkung mittels der zuvor bereits erörterten Aufsichtsmaßnahmen[114] seitens einer übergeordneten Instanz denkbar. Zum anderen darf nicht außer Acht gelassen werden, dass die *Exekutive auf untergesetzlicher Ebene auch als Normsetzerin* in Erscheinung treten kann. Besonders Rechtsverordnungen sind als Instrument zur Feinsteuerung der Verwaltung in der Praxis – vor allem auch in quantitativer Hinsicht – von erheblicher Bedeutung.[115] Auch und gerade in der Regulierungs- und Kartell-

---

[112] Pointiert *Ludwigs*, RdE 2013, 297 (306); instruktiv und unter Berücksichtigung der verfassungs- und europarechtlichen Grenzen *Ludwigs*, Die Verwaltung 44 (2011), 41 (65 ff.); *Pielow*, in: Baur/Salje/Schmidt-Preuß (Hrsg.), Regulierung in der Energiewirtschaft, 2. Aufl. 2016, Kap. 57 Rn. 20 ff.; für eine Intensivierung des Rechtsschutzes gegen Entscheidungen der Regulierungsbehörde im Lichte der Unionsrechtswidrigkeit der Verordnungsermächtigung des § 24 S. 1 EnWG plädierend *Meinzenbach/Klein/Uwer*, N&R 2021, 304 (307 f.).

[113] Näher zu horizontalen Konflikten s. unter Kapitel 3, B.II.2.

[114] Zum Instrumentarium der Aufsichtsbehörden s. bereits oben unter Kapitel 1, B.II.3.a).

[115] Vgl. *Remmert*, in: Dürig/Herzog/Scholz (Hrsg.), GG, 95. EL 2021, Art. 80 Rn. 1 ff. m. w. N.; *Ruffert*, in: Hoffmann-Riem/Schmidt-Aßmann/Voßkuhle (Hrsg.), Grundlagen des Verwaltungsrechts, Bd. I, 2. Aufl. 2012, § 17 Rn. 60; *Ruthig*, in: Kahl/Ludwigs (Hrsg.), Handbuch des Verwaltungsrechts, Bd. I, 2021, § 22 Rn. 40 f. mit Beispielen aus dem Bereich Bankenaufsicht und Netzregulierung.

verwaltung hat sich die Normsetzung aufgrund von Praktikabilitätsgesichtspunkten (höherer Sachverstand, Problemnähe, schnellere Verfahren) weitreichend auf die Regierung verlagert.[116] Da es sich bei der Rechtsverordnung um eine derivative Rechtsquelle handelt, die gemäß Art. 80 Abs. 1 Satz 1 GG stets einer formell-gesetzlichen Ermächtigung bedarf, treten hier die gleichen Überlegungen zur Unabhängigkeit wie gegenüber der Legislative in anderem Gewande auf. Ungeachtet der verfassungsrechtlich zu beachtenden Vorgaben[117] sowie der spezifischen Anforderungen der jeweiligen Ermächtigungsgrundlage, welche die Handlungsspielräume des Verordnungsgebers gegenüber dem parlamentarischen Gesetzgeber zusätzlich einschränken, kann auch bei rein materiellen Gesetzen der Grad der normativen Vorstrukturierung unterschiedlich stark ausgeprägt sein. Je höher die für eine Behörde zu beachtende normative Dichte ist, desto weniger eigenständig kann sie eine Sachentscheidung fällen. Soweit die Regierung im Wege der exekutiven Normsetzung als „verkappter Gesetzgeber" agiert, kann demnach auf die Ausführungen zur normativen Vorstrukturierung verwiesen werden.[118] Vergleichbares gilt für die Handlungsform der Verwaltungsvorschrift, welcher zwar grundsätzlich keine Außenwirkung zukommt, die aber dennoch Gesetze konkretisiert und deren behördliche Einhaltung gerichtlich überprüfbar ist.[119]

Sachliche Unstimmigkeiten zwischen den beteiligten Akteuren auf horizontaler und vertikaler Ebene münden in Binnenkonflikte, deren Auflösung oder Entschärfung einer tiefgründigen Untersuchung bedarf. Deshalb konzentriert sich die nachfolgende Analyse auf das Verhältnis unabhängiger Einrichtungen innerhalb der Exekutive.

V. Zwischenfazit

Die vorstehenden Ausführungen zeigen, dass Unabhängigkeit ein vielschichtiger, multidimensionaler Begriff ist. Je nach Blickwinkel beschreibt er

[116] *Eifert*, in: Hoffmann-Riem/Schmidt-Aßmann/Voßkuhle (Hrsg.), Grundlagen des Verwaltungsrechts, Bd. I, 2. Aufl. 2012, § 19 Rn. 45; exemplarisch für den sich durch eine besonders hohe untergesetzliche Normdichte auszeichnenden Energiesektor *Pielow*, in: Baur/Salje/Schmidt-Preuß (Hrsg.), Regulierung in der Energiewirtschaft, 2. Aufl. 2016, Kap. 45 Rn. 1.

[117] Näher zu den verfassungsrechtlichen Anforderungen *Ruffert*, in: Hoffmann-Riem/Schmidt-Aßmann/Voßkuhle (Hrsg.), Grundlagen des Verwaltungsrechts, Bd. I, 2. Aufl. 2012, § 17 Rn. 60 ff.; *Remmert*, in: Dürig/Herzog/Scholz (Hrsg.), GG, 95. EL 2021, Art. 80 Rn. 33 ff.

[118] S. bereits unter Kapitel 1, B.IV.1.

[119] Vgl. ausführlich statt vieler *Ruffert*, in: Hoffmann-Riem/Schmidt-Aßmann/Voßkuhle (Hrsg.), Grundlagen des Verwaltungsrechts, Bd. I, 2. Aufl. 2012, § 17 Rn. 67 ff. m. w. N.

verschiedene Phänomene und Beziehungen. Ausgangspunkt der Betrachtung soll eine rechtlich abgesicherte, keine rein faktische Unabhängigkeit sein. Diese setzt sich aus verschiedenen Komponenten zusammen: Institutionen können – kumulativ oder alternativ – in institutioneller, funktioneller, politisch-sachlicher, persönlicher und finanzieller Hinsicht eigenständig sein. Trotz atypischer Elemente, namentlich der Weisungsfreiheit, sind sie als Behörden genuin der Exekutive zuzuordnen. Ihre unabhängige Stellung kann gegenüber verschiedenen Akteuren und Staatsgewalten bestehen. Während die Legislative durch Gesetz den Aufgabenumfang einer unabhängigen Behörde verändern sowie mittels einer engmaschigen normativen Vorstrukturierung behördliche Spielräume einengen kann, ist die Unabhängigkeit gegenüber der Judikative eine Frage des gerichtlichen Kontrollumfangs. Die vorliegend im Hinblick auf administrative Binnenkonflikte insbesondere relevante Selbständigkeit im Verhältnis zu anderen Stellen der Exekutive spiegelt sich in einer möglichst freien Entscheidungsfindung wider, ohne Rücksicht auf über- oder nebengeordnete Instanzen nehmen zu müssen. Angesichts des aufgezeigten Facettenreichtums beschreibt der Begriff der Unabhängigkeit mithin ein relatives und kontextabhängiges Phänomen,[120] das einer differenzierten Betrachtung bedarf.[121]

C. Binnenkonflikt

Nach Klärung der Termini Verwaltung und Unabhängigkeit stellt sich des Weiteren die Frage, was „Binnenkonflikt“ im vorliegenden Kontext bedeutet. Hierzu erfolgt zunächst eine Auseinandersetzung mit dem Konfliktbegriff an sich (I.). Daraufhin widmet sich die Arbeit der Frage, was unter einer internen Streitigkeit zu verstehen ist (II.).

I. Konfliktbegriff

Der schillernde Terminus des Konflikts ist sowohl im allgemeinen Sprachgebrauch als auch speziell in der Jurisprudenz omnipräsent.[122] Es erstaunt

---

[120] So auch *Frenzel*, in: Kröger/Pilniok (Hrsg.), Unabhängiges Verwalten in der Europäischen Union, 2016, S. 45 (46 ff.).

[121] Insoweit ist der Ausdruck „völlige Unabhängigkeit“, wie er etwa in Art. 52 Abs. 1 der Datenschutz-Grundverordnung (DSGVO) gebraucht wird, in Relation zu setzen und danach zu fragen, in Bezug worauf bzw. wem gegenüber eine Behörde völlig unabhängig gestellt ist; *von Lewinski*, DVBl. 2013, 339 (342) stellt zutreffend fest, dass eine kategorische Unabhängigkeit praktisch ausgeschlossen ist.

[122] Überblick über die Verwendung des Begriffs bei *Pfetsch*, in: Pfetsch (Hrsg.), Konflikt, 2005, S. 1 (1 ff.).

daher, dass sich weder eine Legaldefinition noch im rechtswissenschaftlichen Schrifttum eine allgemeingültige Erörterung des Begriffs vorfinden lässt.[123] Im Wörterbuch wird ein Konflikt als eine „durch das Aufeinanderprallen widerstreitender Auffassungen, Interessen o. Ä. entstandene schwierige Situation, die zum Zerwürfnis führen kann",[124] bezeichnet. In politischen Zusammenhängen wird etwa als Definition vorgeschlagen, ein Konflikt sei ein „Spannungszustand […], der dadurch gekennzeichnet ist, dass mindestens zwei Parteien unvereinbare Gegensätze in Bezug auf ein und dasselbe Gut haben und dieses in ähnlichem Maße begehren".[125]

Im vorliegenden juristischen Kontext erscheint es zugunsten einer praktikablen Handhabe opportun, für die Bejahung eines Konflikts kumulativ drei Voraussetzungen zu verlangen. Zunächst müssen *mindestens zwei voneinander strukturell abgrenzbare Stellen* an einer Sache beteiligt sein. Umfasst sind somit Auseinandersetzungen verschiedener Behörden unabhängig vom Rechtsträger, aber auch Unstimmigkeiten eigenständiger Funktionseinheiten innerhalb einer Institution. Hingegen scheiden etwa (persönliche) Streitigkeiten zwischen Kollegen innerhalb einer Abteilung von vornherein aus. Zweitens bedarf es für die Annahme eines Konflikts einer *Meinungsverschiedenheit*. Mithin müssen mindestens zwei konträre Meinungen in Bezug auf dieselbe Sache vorliegen, wobei eine *sachliche* Differenz zu fordern ist.[126] Keine Rolle spielt es, ob der Dissens auf einer gegensätzlichen Bewertung von Tatsachen oder unterschiedlichen rechtlichen Bewertungen beruht. Rein persönliche Dissonanzen bleiben indes außer Betracht. Drittens schließlich erfährt der Konfliktbegriff eine weitere Einschränkung, indem sich die betroffene Einrichtung bei rechtlich *verbindlichen* Entscheidungen mit der divergierenden Auffassung der anderen Institution *auseinandersetzen muss*. Zum einen fallen dadurch bloß informelle oder tatsächliche Handlungsformen der Verwaltung heraus. Zum anderen reicht es nicht aus, wenn das Gesetz lediglich schwache Beteiligungsmodi wie reine Informations- oder lose Zusammenarbeitspflichten statuiert. Stattdessen ist Mindestvoraussetzung, dass sich die zuständige Stelle mit einer (abweichenden) Position auch inhaltlich zu beschäftigen hat. Denkbar sind Berücksichtigungspflichten mit

---

123 Beispielsweise ist in § 1 Abs. 1 MediationsG von der „Beilegung [eines] Konflikts" die Rede, ohne dass eine (Legal-)Definition erfolgt. Auch die einschlägige Kommentarliteratur sieht – soweit ersichtlich – den Begriff offenbar als derart selbsterklärend an, dass sie auf weitere Ausführungen hierzu verzichtet.

124 Duden, Deutsches Universal-Wörterbuch, 9. Aufl. 2019, S. 1049.

125 *Pfetsch*, in: Pfetsch (Hrsg.), Konflikt, 2005, S. 1 (2 f.).

126 Vgl. auch *Rozek*, in: Schmidt-Bleibtreu/Klein/Bethge (Hrsg.), BVerfGG, 61. EL 2021, § 76 Rn. 44 m. w. N., dort im Zusammenhang mit den Anforderungen an den Antragsgrund der abstrakten Normenkontrolle nach Art. 93 Abs. 1 Nr. 2 GG („Meinungsverschiedenheiten oder Zweifel").

gradueller Abstufung.[127] In Betracht kommen etwa Stellungnahme- und Benehmenserfordernisse[128]. Erst recht ist das Kriterium erfüllt, wenn die Pflicht zur Erzielung eines Einvernehmens[129] besteht bzw. das rechtliche Schicksal einer Entscheidung von der Genehmigung oder dem Widerspruch einer anderen Stelle abhängt[130]. Gleiches gilt für die zugespitzte Situation, dass eine Instanz einen fremden Willen gänzlich umsetzen muss, wie es etwa bei einer Weisung der Aufsichtsbehörde der Fall ist.

II. Interne Streitigkeit

Unter Zugrundelegung der soeben entwickelten Merkmale des Konfliktbegriffs ist klärungsbedürftig, wann eine interne Streitigkeit – ein *Binnenkonflikt* – angenommen werden kann. Aus der negativen Perspektive liegt jedenfalls dann kein Binnenkonflikt vor, wenn eine öffentliche Stelle im Außenverhältnis zum Bürger interagiert. Erlässt eine Behörde in diesem Fall beispielsweise einen belastenden Verwaltungsakt, handelt es sich nicht um eine interne Auseinandersetzung. Der betroffene Adressat kann sich im üblichen Verfahrensgang – gerichtliche Klage, der gegebenenfalls ein Widerspruchsverfahren vorausgeht – dagegen zur Wehr setzen. Ein Binnenkonflikt im hier behandelten Sinne setzt voraus, dass bei allen Konfliktparteien ein Träger öffentlicher Verwaltung, also eine juristische Person des öffentlichen Rechts (einschließlich der EU), das Zurechnungsendsubjekt darstellt.

---

127 Z.B. Art. 23 Abs. 5 S. 1 GG: „berücksichtigt die Bundesregierung die Stellungnahme des Bundesrates"; Art. 23 Abs. 5 S. 2 GG: „maßgeblich zu berücksichtigen"; § 10 Abs. 2 S. 1 TKG: „[…] trägt die Bundesnetzagentur folgenden Veröffentlichungen der Kommission […] weitestgehend Rechnung"; s. noch näher unter Kapitel 3, B.I.2.

128 Z.B. § 74 Abs. 6 S. 1 Nr. 2 VwVfG; Benehmen meint dabei nur die Gelegenheit zur gutachtlichen Stellungnahme im Sinne einer Anhörung ohne das Erfordernis einer Willensübereinstimmung, vgl. BVerwG, NVwZ 1993, 890 (891); *Neumann/Külpmann*, in: Stelkens/Bonk/Sachs (Hrsg.), VwVfG, 9. Aufl. 2018, § 74 Rn. 242; näher s. noch unter Kapitel 3, B.I.2.

129 Prominentes Beispiel ist das gemeindliche Einvernehmen nach § 36 Abs. 1 BauGB; Einvernehmen versteht sich als Zustimmung und stellt daher ein echtes Mitentscheidungsrecht dar, vgl. *Groß*, in: Hoffmann-Riem/Schmidt-Aßmann/Voßkuhle (Hrsg.), Grundlagen des Verwaltungsrechts, Bd. I, 2. Aufl. 2012, § 13 Rn. 106.

130 Genehmigungserfordernisse der Aufsichtsbehörde begegnen zuweilen im Kommunalrecht, beispielsweise beim Erlass bestimmter Satzungen, vgl. § 10 Abs. 2 S. 1 BauGB (Bebauungspläne ohne vorherigen Flächennutzungsplan, sog. selbständige Bebauungspläne) und Art. 20 Abs. 1 KommZG (Verbandssatzungen von Zweckverbänden in Bayern).

Mithin lassen sich darunter im Wesentlichen zwei Konstellationen subsumieren.[131] Umfasst sind einerseits im engeren Verständnis Streitigkeiten innerhalb ein und derselben Stelle, etwa wenn es zu Unstimmigkeiten zwischen zwei organisatorisch selbständigen Abteilungen einer Behörde oder zwischen einem zuständigen Referat und dem Behördenleiter kommt. Andererseits sind auch Kontroversen mit Institutionen außerhalb des eigenen Hauses einzubeziehen. Zu denken ist an Differenzen mit der Aufsichtsbehörde ebenso wie an solche mit einer gleichgeordneten Behörde, zu der ein gewisses Austauschverhältnis besteht. Nicht ausschlaggebend ist insoweit, ob die streitenden Stellen dem gleichen Rechtsträger unterstehen oder gar im selben Geschäftsbereich angesiedelt sind. Daher kann auch ein Binnenkonflikt zu bejahen sein, wenn eine mit eigener Rechtspersönlichkeit ausgestattete Einrichtung, wie es im Bereich der mittelbaren Staatsverwaltung die Regel ist, mit einer (Aufsichts-)Behörde in derselben Sache uneins ist.

D. Regulierungs- und Kartellrecht

Zum Abschluss der grundlegenden Begriffsbestimmungen ist das hiesige Verständnis der beiden untersuchten Rechtsgebiete zu erörtern. Zunächst soll der Fokus auf das Regulierungsrecht gelegt werden (I.), bevor das Kartellrecht näher beleuchtet wird (II.). Sodann wird noch das Verhältnis von Regulierungs- und Kartellrecht zueinander in den Blick genommen (III.).

I. Regulierungsrecht

Dem Begriff der Regulierung wird im allgemeinen Sprachgebrauch sowie in der Rechtswissenschaft eine Vielzahl unterschiedlicher Bedeutungen beigemessen. Angesichts seiner Verwendung in verschiedenen Zusammenhängen fehlt es an einer allgemeingültigen Legaldefinition, sodass die Reichweite des Begriffs je nach Lesart variiert und der Regulierungs(rechts)begriff umstritten ist.[132] Nach einer gängigen, wenngleich extensiven Definition von Martin Eifert sei Regulierung „jede gewollte staatliche Beeinflussung gesellschaftlicher Prozesse […], die einen spezifischen, aber über den Einzelfall hinausgehenden Ordnungszweck verfolgt und dabei im Recht zentrales Me-

---

[131] Ausführlich zur genauen Kategorisierung von Binnenkonflikten im Regulierungs- und Kartellrecht s. noch unter Kapitel 3, B.II.

[132] *Ziekow*, Öffentliches Wirtschaftsrecht, 5. Aufl. 2020, § 13 Rn. 1 f., 5; *Ruffert*, AöR 124 (1999), 237 (241); umfassend *Ruffert*, in: Fehling/Ruffert (Hrsg.), Regulierungsrecht, 2010, § 7; *Storr*, DVBl. 2006, 1017 (1017); *Ruthig*, in: Kahl/Ludwigs (Hrsg.), Handbuch des Verwaltungsrechts, Bd. I, 2021, § 22 Rn. 1.

dium und Grenze findet."[133] Ein derart weites und abstraktes Verständnis wird zwar einerseits der Komplexität und Mannigfaltigkeit dieses Begriffs gerecht. Andererseits birgt es zugleich die Gefahr der Uferlosigkeit, die eine vertiefte wissenschaftliche Auseinandersetzung mit Regulierung in ihrer Gesamtheit nahezu unmöglich macht. So ließen sich beispielsweise auch Bereiche des Arbeits-, Steuer- und Umweltrechts darunter subsumieren[134], die jeweils für sich genommen eigenständige Rechtsgebiete darstellen.

Es ist das Verdienst von Matthias Schmidt-Preuß, eine Kategorisierung nach drei Bedeutungsdimensionen vorzunehmen, um den jeweils in den Blick genommenen Umfang einzugrenzen.[135] Demgemäß umfasst „Regulierung I" im engeren Sinne die netzgebundene, sektorspezifische Regulierung, die sich durch ein natürliches Monopol[136] auszeichnet. Zu ihr gehören als wesentliche (Referenz-)Gebiete diejenigen, die der Zuständigkeit der BNetzA unterliegen: Post, Telekommunikation, Energie und Eisenbahnen.[137] Der „Regulierung II" liegt eine mittelweite Definition zugrunde, indem sie den „systemisch-infrastrukturellen Ordnungsrahmen einer Volkswirtschaft" einbezieht. Hierzu zählen neben den Netzwirtschaften weitere elementare – oft auch als systemrelevant bezeichnete – Sektoren, insbesondere Banken, Versicherungen und Börsen. Sie nehmen Querschnittsfunktionen wahr und „[entfalten] als Geschäftsgrundlage für eine Volkswirtschaft ordnungsrelevante Breitenwirkung".[138] Schließlich meint „Regulierung III" denkbar extensiv jeden Eingriff in den Markt seitens des Staates zur Verwirklichung öffentlicher Interessen.

Für die vorliegende Untersuchung soll das mittlere Begriffsverständnis gelten, wie es in der Bezeichnung „Regulierung II" zum Ausdruck kommt. Hierdurch wird zum einen gegenüber der weit gefassten Lesart vermieden, dass die Analyse ihre Konturen völlig verliert und schwierige Abgrenzungsfragen entstehen, welches (Teil-)Rechtsgebiet im Einzelnen überhaupt zu

---

133 *Eifert*, in: Hoffmann-Riem/Schmidt-Aßmann/Voßkuhle (Hrsg.), Grundlagen des Verwaltungsrechts, Bd. I, 2. Aufl. 2012, § 19 Rn. 5.

134 So auch *Schmidt-Preuß*, in: Festschrift für G. Kühne, 2009, S. 329 (329 f.).

135 Vgl. *Schmidt-Preuß*, in: Festschrift für G. Kühne, 2009, S. 329 (330); hierauf beziehen sich auch die nachfolgenden Ausführungen.

136 Zum Begriff des natürlichen Monopols s. z. B. *Schmidt-Preuß*, in: Festschrift für G. Kühne, 2009, S. 329 (330 f.) m. w. N.; *Windisch*, in: Windisch (Hrsg.), Privatisierung natürlicher Monopole im Bereich von Bahn, Post und Telekommunikationsbereich, 1987, S. 1 (41 ff.); *Krakowski*, in: Krakowski (Hrsg.), Regulierung in der Bundesrepublik Deutschland, 1988, S. 19 (27 ff.).

137 *Ludwigs*, in: Schmidt/Wollenschläger (Hrsg.), Kompendium Öffentliches Wirtschaftsrecht, 5. Aufl. 2019, § 12 Rn. 1.

138 *Ludwigs*, in: Schmidt/Wollenschläger (Hrsg.), Kompendium Öffentliches Wirtschaftsrecht, 5. Aufl. 2019, § 12 Rn. 1.

thematisieren ist. Zum anderen ist gegenüber der engen Sichtweise von „Regulierung I" der Gegenstand der Betrachtung hinreichend groß. So lässt er allgemeine Aussagen zu Binnenkonflikten unabhängiger Stellen der Verwaltung zu, ohne dass die Gefahr besteht, es handle sich bei den Netzsektoren um einen Sonderfall.

II. Kartellrecht

Im Kartellrecht findet sich ein zweites Referenzgebiet für Binnenkonflikte unabhängiger Verwaltungsbehörden. Während zunächst das „allgemeine" Kartellrecht definiert werden soll (1.), wird sodann das Vergaberecht als Sonderkartellrecht klassifiziert (2.) und somit in die Untersuchung einbezogen.

1. Allgemeines Kartellrecht

Das Kartellrecht umschließt diejenigen Rechtsnormen, die der Bekämpfung von Beschränkungen des Wettbewerbs dienen. Synonym wird daher auch vom Recht gegen Wettbewerbsbeschränkungen gesprochen.[139] Die maßgeblichen Rechtsquellen finden sich auf europäischer Primärebene in den Art. 101 ff. AEUV, auf nationaler im Gesetz gegen Wettbewerbsbeschränkungen (GWB).

Aufgabe und Ziel des Kartellrechts ist es, den Wettbewerb umfassend vor privat veranlassten Beschränkungen zu schützen.[140] Eine genaue Definition dessen, was Wettbewerb ist, stellt sich indes als, wenn überhaupt möglich, schwierig dar.[141] Jedenfalls entsteht er dort, wo Wirtschaftsteilnehmer von ihren im Rahmen der ihnen durch die Wirtschafts- und Rechtsordnung gewährten Handlungsfreiheiten im Wirtschaftsverkehr Gebrauch machen.[142] Ohne dass es einer tiefergehenden wissenschaftlichen Betrachtung des Wett-

---

[139] *Dreher/Kulka*, Wettbewerbs- und Kartellrecht, 11. Aufl. 2021, § 5 Rn. 585.

[140] *Lange/Pries*, Einführung in das europäische und deutsche Kartellrecht, 2. Aufl. 2011, Kap. 1, § 1 Rn. 1; *Emmerich/Lange*, Kartellrecht, 15. Aufl. 2021, § 1 Rn. 1; *Meessen/Kersting*, in: Loewenheim/Meessen/Riesenkampff/Kersting/Meyer-Lindemann (Hrsg.), Kartellrecht, 4. Aufl. 2020, Einführung in das europäische und deutsche Kartellrecht, Rn. 5; *Wiedemann*, in: Wiedemann (Hrsg.), Handbuch des Kartellrechts, 4. Aufl. 2020, § 1 Rn. 1.

[141] *Emmerich/Lange*, Kartellrecht, 15. Aufl. 2021, § 1 Rn. 1; zu einzelnen, in Ermangelung einer Legaldefinition entwickelten, wissenschaftlichen Konzepten zum Wettbewerbsbegriff s. *Wiedemann*, in: Wiedemann (Hrsg.), Handbuch des Kartellrechts, 4. Aufl. 2020, § 1 Rn. 3; instruktiv *Kling/Thomas*, Kartellrecht, 2. Aufl. 2016, § 2 Rn. 2 ff. m. w. N.; s. auch zu einem Definitionsversuch *Meessen*, JZ 2009, 697 ff.

[142] *Mestmäcker/Schweitzer*, Europäisches Wettbewerbsrecht, 3. Aufl. 2014, § 3 Rn. 4; *Emmerich/Lange*, Kartellrecht, 15. Aufl. 2021, § 1 Rn. 1 f.

bewerbsbegriffs im Einzelnen bedarf, ist diese Erkenntnis ausreichend, um zu verstehen, worin Wesen und Zweck des Kartellrechts bestehen: Beim Wettbewerb handelt es sich um ein schützenswertes Rechtsgut,[143] sodass Beschränkungen möglichst entgegenzuwirken ist. Im Vordergrund steht dabei die Abwehr von Gefahren, die durch die Ausübung der Privatautonomie (in Gestalt der Vertrags- und Vereinigungsfreiheit der Wettbewerber) – etwa durch die Vereinbarung von Preiskartellen zwischen konkurrierenden Unternehmen zulasten der Kunden – ausgehen,[144] während Wettbewerbsbeschränkungen seitens des Staates nur eingeschränkt dem Kartellrecht unterliegen.[145] Mithin reicht der sachliche Umfang des Rechtsgebiets weit. Es richtet sich gegen sämtliche Arten von Wettbewerbsbeschränkungen durch Wettbewerber bzw. sonstige Adressaten.[146] Neben der genuinen Aufgabe, Verträge mit wettbewerbsbeschränkendem Charakter zu überprüfen, müssen die Kartellbehörden die Organisation von Unternehmen ebenso im Blick behalten wie solche Verhaltensweisen, bei denen der Vorwurf des Missbrauchs einer marktbeherrschenden Stellung im Raum steht.[147] Erreicht wird der Schutz des Wettbewerbs durch ein Sanktionensystem, das die Privatautonomie ihrerseits einschränkt. In Betracht kommen exemplarisch zivilrechtliche Verbotstatbestände, Unterlassungs- und Schadensersatzansprüche sowie Geldbußen.[148]

Kein Gegenstand des Kartellrechts ist das *Recht gegen unlauteren Wettbewerb* oder kurzum Lauterkeitsrecht, das im Gesetz gegen den unlauteren Wettbewerb (UWG) normiert ist.[149] Dieses verfolgt in Abgrenzung zu ersterem nur mittelbar den Schutz des Wettbewerbs und dient stattdessen primär dem Schutz *im* Wettbewerb, indem es unlauterem Verhalten gegenüber Mitwettbewerbern, Verbrauchern und sonstigen Marktteilnehmern entgegensteuert.[150]

---

143 Vgl. *Emmerich/Lange*, Kartellrecht, 15. Aufl. 2021, § 1 Rn. 5 ff.

144 *Wiedemann*, in: Wiedemann (Hrsg.), Handbuch des Kartellrechts, 4. Aufl. 2020, § 1 Rn. 1.

145 *Dreher/Kulka*, Wettbewerbs- und Kartellrecht, 11. Aufl. 2021, § 5 Rn. 587, 589.

146 Vgl. *Meessen/Kersting*, in: Loewenheim/Meessen/Riesenkampff/Kersting/Meyer-Lindemann (Hrsg.), Kartellrecht, 4. Aufl. 2020, Einführung in das europäische und deutsche Kartellrecht, Rn. 4.

147 *Dreher/Kulka*, Wettbewerbs- und Kartellrecht, 11. Aufl. 2021, § 5 Rn. 588.

148 *Wiedemann*, in: Wiedemann (Hrsg.), Handbuch des Kartellrechts, 4. Aufl. 2020, § 1 Rn. 6.

149 *Wiedemann*, in: Wiedemann (Hrsg.), Handbuch des Kartellrechts, 4. Aufl. 2020, § 1 Rn. 5.

150 *Meessen/Kersting*, in: Loewenheim/Meessen/Riesenkampff/Kersting/Meyer-Lindemann (Hrsg.), Kartellrecht, 4. Aufl. 2020, Einführung in das europäische und deutsche Kartellrecht, Rn. 132; *Dreher/Kulka*, Wettbewerbs- und Kartellrecht, 11. Aufl. 2021, § 5 Rn. 586, die zugleich hervorheben, dass Kartellrecht und das Recht gegen

2. Vergaberecht als Sonderkartellrecht

Der Begriff Vergaberecht beschreibt das Recht, das die Vergabe öffentlicher Aufträge zum Inhalt hat. Konkret ist damit die Gesamtheit der Normen gemeint, die ein Träger öffentlicher Verwaltung bei der Beschaffung von sachlichen Mitteln und Leistungen, die er zur Erfüllung von Verwaltungsaufgaben benötigt, beachten muss.[151] Vor dem Hintergrund der Schonung öffentlicher Haushalte sowie der Korruptionsbekämpfung werden öffentliche Auftraggeber dazu verpflichtet, in einem bestimmten Verfahren das wirtschaftlichste Angebot im Rahmen eines fairen Wettbewerbs auszuwählen.[152]

Auch wenn das *Vergaberecht* als eigenständiges Rechtsgebiet qualifiziert werden kann, lässt es sich *im weiteren Sinne dem Kartellrecht zuordnen.*[153] Hierfür sprechen vier Gründe: Erstens finden sich in systematischer Hinsicht die allgemeinen vergaberechtlichen Bestimmungen auf nationaler Ebene in den §§ 97 ff. GWB, womit sie in demselben Gesetz wie die wesentlichen Normen des Kartellrechts kodifiziert sind.[154] Darüber hinaus sind zweitens die Vergabekammern des Bundes gemäß § 158 Abs. 1 GWB beim BKartA angesiedelt, dessen Präsident auch die Geschäftsverteilung obliegt. Drittens besteht im Hinblick auf die Finalität eine Nähe zwischen den Rechtsgebieten. Das Kartellrecht bezweckt die Bekämpfung von Wettbewerbsbeschränkungen zur Herstellung und Sicherung eines fairen Wettbewerbs. Das Vergaberecht ist insoweit spezieller, als es den Staat als öffentlichen Auftraggeber bei der Vergabe von Aufträgen bindet. Ausweislich des in § 97 Abs. 1 GWB normierten Wettbewerbsgrundsatzes gilt es auch dort, einen fairen, unverfälschten und möglichst unbeschränkten Wettbewerb unter den Bietern zu gewährleisten.[155] Dies ist umso bedeutender, als der Staat als marktmächtiger

---

unlauteren Wettbewerb miteinander verwoben sind und es daher Überschneidungen zwischen den beiden Rechtsgebieten gibt.

[151] Vgl. BVerfGE 116, 135 (136) – Vergaberecht.

[152] *Diederichsen/Renner*, in: Schmidt/Wollenschläger (Hrsg.), Kompendium Öffentliches Wirtschaftsrecht, 5. Aufl. 2019, § 7 Rn. 2; *Ziekow*, Öffentliches Wirtschaftsrecht, 5. Aufl. 2020, § 9 Rn. 1.

[153] So auch für das nationale Vergaberecht *Meessen/Kersting*, in: Loewenheim/Meessen/Riesenkampff/Kersting/Meyer-Lindemann (Hrsg.), Kartellrecht, 4. Aufl. 2020, Einführung in das europäische und deutsche Kartellrecht, Rn. 4, die darauf hinweisen, dass im Gegensatz hierzu das europäische Vergaberecht nicht als Teil des europäischen Kartellrechts angesehen wird.

[154] Hinzu tritt freilich eine Vielzahl weiterer unionaler und nationaler Rechtsquellen mit unterschiedlichem Anwendungsbereich; für einen guten Überblick s. *Ziekow*, Öffentliches Wirtschaftsrecht, 5. Aufl. 2020, § 9 Rn. 2 ff.

[155] Prägnant *Dörr*, in: Burgi/Dreher (Hrsg.), Beck'scher Vergaberechtskommentar, Bd. 1, 3. Aufl. 2017, § 97 Abs. 1 GWB Rn. 3, der auch vom „Kartellvergaberecht" spricht.

Akteur erheblichen Einfluss auf das Wirtschaftsleben ausüben kann. Schließlich werden viertens auch in der (Ausbildungs-)Literatur Kartell- und Vergaberecht angesichts ihrer thematischen Verwandtschaft bisweilen gemeinsam dargestellt.[156] Das vorliegend zugrunde gelegte weite Kartellrechtsverständnis schließt deshalb das Vergaberecht mit ein.

III. Verhältnis von Regulierungs- und Kartellrecht

Kartell- und Regulierungsrecht stellen keine Materien dar, die völlig zusammenhanglos nebeneinander koexistieren. Vielmehr stehen sie in wechselvoller Beziehung zueinander,[157] die es rechtfertigt und sinnvoll erscheinen lässt, beide Rechtsgebiete gemeinsam zu betrachten. Mit der Ausrichtung auf die Herstellung eines fairen, vor Missbrauch abgesicherten privatautonomen Interessenausgleichs im *Wettbewerb* ist ihnen ein wesentliches Ziel gemein, das die Regime zu „Zwillingsschwestern" verbindet.[158] Die Ansätze zur Erreichung dieses übergeordneten Ziels unterscheiden sich indes. Während die Kartellaufsicht jedenfalls herkömmlicherweise[159] grundsätzlich nur *ex post* korrigierend in den Markt eingreift und keine präventive Missbrauchskontrolle betreibt, vertraut das Regulierungsrecht weniger auf die selbststeuernden Kräfte am Markt (sog. „invisible hand"). Letzterem liegt das Konzept einer hoheitlichen Steuerung zugrunde, die bereits *ex ante* beginnt und somit

---

156 Vgl. etwa *Bunte/Stancke*, Kartellrecht, 4. Aufl. 2022, die im Untertitel explizit das Vergaberecht (und Beihilfenrecht) einschließen.

157 *Ackermann/Petzold*, in: Baur/Salje/Schmidt-Preuß (Hrsg.), Regulierung in der Energiewirtschaft, 2. Aufl. 2016, Kap. 8 Rn. 3: „Wechselspiel".

158 So wörtlich *Säcker*, AöR 130 (2005), 180 (189), konkret in Bezug auf die Netzinfrastrukturregulierung (hier also den „Regulierungsbegriff I"); *Säcker*, in: Oberender (Hrsg.), Wettbewerb in der Energiewirtschaft, 2009, S. 65 (74); *Kühne*, in: Bartsch/Röhling/Salje/Scholz (Hrsg.), Stromwirtschaft, 2. Aufl. 2008, Kap. 21 Rn. 1.

159 Neuere Entwicklungstendenzen weisen allerdings in Richtung einer „kartellrechtsnahen" Regulierung mit ex ante-Elementen, um den veränderten Rahmenbedingungen – nicht zuletzt im Zusammenhang mit der Digitalisierung – Rechnung zu tragen: Dies kommt deutlich in dem im Zuge der 10. GWB-Novelle (s. hierzu noch unter Kapitel 3, A.II.2.) eingefügten § 19a GWB zum Ausdruck, der als Element einer besonderen Missbrauchsaufsicht gegenüber dem „missbräuchliche[n] Verhalten von Unternehmen mit überragender marktübergreifender Bedeutung für den Wettbewerb" eine effektivere Kontrolle über große Digitalkonzerne ermöglichen soll; vgl. hierzu etwa *Paal*, in: Gersdorf/Paal (Hrsg.), BeckOK Informations- und Medienrecht, 34. Edition 2021, § 19a GWB Rn. 1 ff. Darüber hinaus hat die Europäische Kommission den Entwurf eines „Digital Markets Act" auf den Weg gebracht (Verordnung des Europäischen Parlaments und des Rates über bestreitbare und faire Märkte im digitalen Sektor [Gesetz über digitale Märkte], COM [2020] 842 endg.), der die Grenze zwischen Regulierungs- und Wettbewerbsrecht insoweit weiter nivelliert; vgl. hierzu im Überblick *Gielen/Uphues*, EuZW 2021, 627 (627 ff.), dort auch zur dogmatischen Einordnung des DMA-Entwurfs (628) und zum Verhältnis zu § 19a GWB (631 f.).

Fehlentwicklungen vorzubeugen sucht.[160] Regulierung versteht sich insoweit als (pro)aktive und umfassendere Wettbewerbsgestaltung, die über ein bloß repressives Einschreiten hinausgeht.[161] Ungeachtet der divergierenden Methoden und Instrumente gelingt eine trennscharfe Abgrenzung der beiden Regelungskomplexe nicht immer,[162] zumal eine übergreifende Kodifikation von Regulierungs- und Kartellrecht bereits in der Diskussion stand.[163] Letztlich sind es vornehmlich Erwägungen des Pragmatismus und der Zweckmäßigkeit, die eine Differenzierung der Rechtsgebiete nahelegen.[164]

E. Zusammenfassung

Bei der Lektüre dieser Arbeit wird der Leser mit einer Vielzahl abstrakter Begriffe konfrontiert, deren inhaltliche Konturierung von zentraler Bedeutung ist. Daher ist es wichtig, sich vor dem „eigentlichen" Einstieg in die Untersuchung zu vergegenwärtigen, in welchem Kontext die wesentlichen Termini hier verwendet werden. Mit *Verwaltung* ist im hiesigen Zusammenhang ausschließlich die öffentliche Verwaltung, also diejenige des Staates einschließlich der mittelbaren Staatsverwaltung, gemeint. Aufgrund der Defizite negativer wie positiver Definitionsversuche bedarf es ergänzender Kriterien – etwa Ausrichtung am Gemeinwohl, Regelung von Einzelfällen –, um Stellen und (Rechts-)Gebiete als solche der Verwaltung zu qualifizieren. *Behörde* bezeichnet, vereinfacht ausgedrückt, eine in den Verwaltungsaufbau des Staates integrierte und mit einer gewissen Selbständigkeit ausgestattete Organisationseinheit, die dazu berufen ist, unter öffentlicher Autorität für die Erreichung öffentlicher Zwecke zu agieren. Unter *Unabhängigkeit* soll hier nur jene zu verstehen sein, die normativ Niederschlag gefunden hat, keine

---

160 Vgl. *Säcker*, AöR 130 (2005), 180 (189); ausführlich *Ackermann/Petzold*, in: Baur/Salje/Schmidt-Preuß (Hrsg.), Regulierung in der Energiewirtschaft, 2. Aufl. 2016, Kap. 8 Rn. 6 f.; *Ludwigs*, in: Baur/Salje/Schmidt-Preuß (Hrsg.), Regulierung in der Energiewirtschaft, 2. Aufl. 2016, Kap. 42 Rn. 5 ff.

161 *Storr*, DVBl. 2006, 1017 (1018) m. w. N.

162 Näher *Ackermann/Petzold*, in: Baur/Salje/Schmidt-Preuß (Hrsg.), Regulierung in der Energiewirtschaft, 2. Aufl. 2016, Kap. 8 Rn. 8 ff.; s. auch *Ludwigs*, WuW 2008, 534 ff.; eingehend zur schwierigen Abgrenzung regulierungs- und kartellbehördlicher Zuständigkeiten unter Kapitel 3, B.II.2.b)aa)(1); s. ferner die zuvor in Fn. 159 dargestellten neueren Entwicklungstendenzen hin zu einer „kartellrechtsnahen" Regulierung.

163 Vgl. stellvertretend *Storr*, DVBl. 2006, 1017 (1019 ff.); eine gemeinsame Kodifikation ablehnend *Säcker*, AöR 130 (2005), 180 (189 ff.); s. ausführlich zur Diskussion um eine übergreifende Kodifikation der Netzregulierung und darüber hinaus unter Kapitel 4, B.II.4.a)dd).

164 Vgl. *Ackermann/Petzold*, in: Baur/Salje/Schmidt-Preuß (Hrsg.), Regulierung in der Energiewirtschaft, 2. Aufl. 2016, Kap. 8 Rn. 3, 13 ff.

rein tatsächliche. Angesichts ihrer vielfältigen und unterschiedlich starken Ausprägungen (institutionell, funktionell, politisch, persönlich, finanziell) kann stets nur von einer relativen Unabhängigkeit die Rede sein. Als Gegenüber unabhängiger Behörden, die in aller Regel zur exekutiven Staatsgewalt zu zählen sind, kommen Legislative, Judikative und – worauf vorliegend der Schwerpunkt liegen wird – Exekutive in Betracht. Ferner definiert sich *Konflikt* als sachbezogene Meinungsverschiedenheit mindestens zweier voneinander strukturell abgrenzbarer Institutionen, wobei sich die jeweils zuständige Institution in Bezug auf verbindliche Entscheidungen mit der abweichenden Auffassung der anderen Stelle(n) inhaltlich auseinandersetzen muss. Einschränkend ist von einer internen Streitigkeit bzw. einem Binnenkonflikt die Rede, wenn die disputierenden Parteien dem Staat zugerechnet werden. Umfasst sind sowohl rein behördeninterne als auch -externe Konstellationen. Betrachtet werden im Rahmen dieser Arbeit als Referenz zwei Rechtsgebiete: Beim *Regulierungsrecht* wird von einem mittleren Begriffsverständnis ausgegangen, welches die fundamentalen Infrastrukturen einer Volkswirtschaft umfasst. Hierzu gehören neben den Netzsektoren Post, Telekommunikation, Energie und Eisenbahnen auch „systemrelevante" Bereiche wie Banken und Versicherungen. Das *Kartellrecht* beinhaltet den normativen Rahmen, der die Bekämpfung privat veranlasster Wettbewerbsbeschränkungen zum Gegenstand hat. Im weiteren Sinne gehört dazu auch das Vergaberecht, welches die Vergabe öffentlicher Aufträge regelt. Mit dem Schutz des Wettbewerbs verbindet Regulierungs- und Kartellrecht, die in einer Wechselbeziehung zueinanderstehen, ein gemeinsames Ziel, wenngleich sich die Ansätze und Mittel zu dessen Verwirklichung in den beiden Rechtsgebieten unterscheiden. Diese vorstehend im Einzelnen erörterten Begrifflichkeiten bilden in ihrem Zusammenspiel den Gegenstand der weiteren Ausführungen: Binnenkonflikte unabhängiger Stellen der Verwaltung im Regulierungs- und Kartellrecht.

Kapitel 2

Ursachen für die Entstehung von Binnenkonflikten unabhängiger Stellen im Regulierungs- und Kartellrecht

Auf Basis der im vorherigen Abschnitt erörterten Terminologie widmet sich das nachfolgende Kapitel den Ursachen, die für die Entstehung von Binnenkonflikten der Verwaltung im Regulierungs- und Kartellrecht verantwortlich zeichnen. Nur wer die Hintergründe von Streitigkeiten kennt, ist in der Lage, sie zu verstehen und beizulegen. Um sich der Frage nach den Auslösern solcher Auseinandersetzungen anzunähern, wird in einem ersten Schritt die Modifikation des klassisch-hierarchischen Verwaltungsaufbaus zugunsten der Einrichtung unabhängiger Stellen als Problemursache diagnostiziert (A.). Danach untersucht der zweite Block des Kapitels, warum im Regulierungs- und Kartellrecht dennoch – trotz der drohenden Konflikte – unabhängige Institutionen geschaffen wurden bzw. werden mussten (B.). Die Ergebnisse werden schließlich zusammengefasst (C.).

A. Entstehung von Binnenkonflikten durch Modifikation des klassisch-hierarchischen Verwaltungsaufbaus hin zu unabhängigen Stellen

Zu Beginn der Ursachenforschung lohnt es, den „klassischen" deutschen Verwaltungsaufbau einschließlich des Demokratieprinzips als seinen verfassungsrechtlichen Hintergrund zu skizzieren (I.). Wie darzulegen sein wird, bereiten dort interne Streitigkeiten in der Regel keine Schwierigkeiten. Ausgehend von diesem prototypischen Modell kann anschließend erörtert werden, warum die hergebrachten Mechanismen hinsichtlich des Umgangs mit Konflikten bei unabhängigen Stellen versagen (II.). Resümierend zieht ein Zwischenfazit den Schluss, dass eine unabhängige Position im Verwaltungsgefüge den Auslöser für etwaige Binnenkonflikte darstellt (III.).

I. Klassischer Verwaltungsaufbau: Hierarchiemodell als Ausfluss des Demokratieprinzips

Eine hierarchische Grundstruktur gilt als das „natürliche Bauprinzip der Exekutive schlechthin".[165] Das Hierarchiemodell zeichnet sich aus durch ein pyramidales, vertikales Über-/Unterordnungsverhältnis, in dem die jeweils höhere Instanz gegenüber nachgeordneten Stellen ein Weisungs- und Aufsichtsrecht innehat.[166] Anknüpfend an die wegweisenden Ausführungen Max Webers versteht sich der Staat insoweit idealiter als streng hierarchisch-zentralistischer Bürokratieapparat bzw. Betrieb, in dem die monokratisch verfasste Verwaltung eine dienende Funktion einnimmt.[167] Dieser besonders rationale Organisationstypus soll aufgrund seiner geradezu „gnadenlosen" Effizienz, vergleichbar einer Maschine, der Vorstellung nach anderen Organisationsformen überlegen sein.[168] Auch wenn gegen das hergebrachte Bürokratiemodell mit dem Vorwurf der Dysfunktionalität Kritik angemeldet

---

[165] *Schuppert*, in: Hoffmann-Riem/Schmidt-Aßmann/Voßkuhle (Hrsg.), Grundlagen des Verwaltungsrechts, Bd. I, 2. Aufl. 2012, § 16 Rn. 41, dort auch das wörtliche Zitat; *Jestaedt*, Demokratieprinzip und Kondominialverwaltung, 1993, S. 305; grundlegend *Dreier*, Hierarchische Verwaltung im demokratischen Staat, 1991, S. 141 ff.; *Loschelder*, in: Isensee/Kirchhof (Hrsg.), Handbuch des Staatsrechts, Bd. V, 3. Aufl. 2007, § 107 Rn. 3 ff. m. w. N.

[166] Vgl. *Dreier*, Hierarchische Verwaltung im demokratischen Staat, 1991, S. 137; *Loschelder*, in: Isensee/Kirchhof (Hrsg.), Handbuch des Staatsrechts, Bd. V, 3. Aufl. 2007, § 107 Rn. 3.

[167] Grundlegend *M. Weber*, Wirtschaft und Gesellschaft, 5. Aufl. 1972 (die Erstauflage erschien 1922), S. 124 ff., 551 ff., 825 ff.; hierzu aus der umfangreichen Sekundärliteratur exemplarisch *B. Becker*, Öffentliche Verwaltung, 1989, S. 58 f., 555 ff.; *Dreier*, Hierarchische Verwaltung im demokratischen Staat, 1991, S. 44 ff., 144; *Kahl*, Die Staatsaufsicht, 2000, S. 186, 437 f.; *Scherzberg*, Die Öffentlichkeit der Verwaltung, 2000, S. 89 ff.; *Schuppert*, Verwaltungswissenschaft, 2000, S. 66 ff.; *Hoffmann-Riem*, in: Hoffmann-Riem/Schmidt-Aßmann/Voßkuhle (Hrsg.), Grundlagen des Verwaltungsrechts, Bd. I, 2. Aufl. 2012, § 10 Rn. 3; *Groß*, a. a. O., § 13 Rn. 51, 99; *Schuppert*, a. a. O., § 16 Rn. 43; im wirtschaftswissenschaftlichen Kontext z. B. *Jacoby*, Die Bürokratisierung der Welt, 2. Aufl. 1984, S. 279 ff.

[168] Vgl. *M. Weber*, Wirtschaft und Gesellschaft, 5. Aufl. 1972, S. 561 f.: „Der entscheidende Grund für das Vordringen der bürokratischen Organisation war von jeher ihre rein technische Überlegenheit über jede andere Form. Ein voll entwickelter bürokratischer Mechanismus verhält sich zu diesen genau wie eine Maschine zu den nicht mechanischen Arten der Gütererzeugung. Präzision, Schnelligkeit, Eindeutigkeit, Aktenkundigkeit, Kontinuierlichkeit, Diskretion, Einheitlichkeit, straffe Unterordnung, Ersparnisse an Reibungen, sachlichen und persönlichen Kosten sind bei streng bürokratischer, speziell: monokratischer Verwaltung durch geschulte Einzelbeamte gegenüber allen kollegialen oder ehren- und nebenamtlichen Formen auf das Optimum gesteigert."; hierzu auch *Dreier*, Hierarchische Verwaltung im demokratischen Staat, 1991, S. 36 ff. m. w. N.; *Kahl*, Die Staatsaufsicht, 2000, S. 186.

wird[169] und es heute in Reinform nicht mehr vorzufinden ist, sondern neben seinem Gegenentwurf der Pluralität der Verwaltung nur noch eines unter mehreren Idealvorstellungen darstellt,[170] prägte und prägt das Konzept nach wie vor als Leitbild die nationale Verwaltungsarchitektur.

In der konkreten Umsetzung ist das moderne Hierarchieprinzip typischerweise zumeist durch einen dreistufigen Behördenaufbau realisiert: An der Spitze eines Ressorts steht ein Ministerium als oberste Behörde, der mehrere Mittelbehörden zugewiesen sind. Diesen wiederum obliegt die Aufsicht über die auf der niedrigsten Stufe angesiedelten Unterbehörden. Je nach Zweckmäßigkeit kann auch eine nur zweistufige Struktur aus Ober- und Unterinstanz aufgebaut worden sein oder es existiert eine oberste Behörde ohne Verwaltungsunterbau. Als Beispiel für eine zweiteilige Organisation dienen Bundes- bzw. Landesoberbehörden. Sie sind grundsätzlich einer obersten Behörde, insbesondere einem Ministerium, nachgeordnet und insoweit weisungsunterworfen. Ihrerseits unterhalten sie allerdings keinen eigenen Mittel- und Unterbau, sondern sind als einzige Instanz für das gesamte Bundes- respektive Landesgebiet zuständig.[171] Jedenfalls eint aber alle Aufbauvarianten die hierarchische Abhängigkeit der konkret tätig werdenden Verwaltung von einer politisch verantwortlichen Spitze.

Geschuldet ist die hierarchische Ordnung aus verfassungsrechtlicher Perspektive dem in Art. 20 Abs. 1 und 2 GG wurzelnden Demokratieprinzip. Es verlangt einen hinreichenden Legitimationszusammenhang zwischen dem Volk und den Organen, denen die Ausübung der Staatsgewalt obliegt.[172] In Rechtsprechung und Schrifttum wurden die Anforderungen, die im Einzelnen an die Vermittlung demokratischer Legitimation zu stellen sind, detailliert

---

169 Zur Kritik am Bürokratie- und Hierarchiemodell s. *Kahl*, in: Hoffmann-Riem/Schmidt-Aßmann/Voßkuhle (Hrsg.), Grundlagen des Verwaltungsrechts, Bd. III, 2. Aufl. 2013, § 47 Rn. 171 m. w. N., der die Kritik mit den Aspekten „Ineffizienz, mangelnde Anpassungsfähigkeit und geringe Innovationsbereitschaft, kurzum Dysfunktionalität“ zusammenfasst; *Groß*, Das Kollegialprinzip in der Verwaltungsorganisation, 1999, S. 122 ff.; *Jarass*, Politik und Bürokratie als Elemente der Gewaltenteilung, 1975, S. 105 ff.; *Döhler*, Die politische Steuerung der Verwaltung, 2007, S. 126 ff., 184 ff., 214 ff.

170 Vgl. nur *Groß*, in: Hoffmann-Riem/Schmidt-Aßmann/Voßkuhle (Hrsg.), Grundlagen des Verwaltungsrechts, Bd. I, 2. Aufl. 2012, § 13 Rn. 60 ff.; *Kahl*, a. a. O., Bd. III, 2. Aufl. 2013, § 47 Rn. 168, jeweils m. w. N.

171 In Bezug auf Bundesoberbehörden *Ibler*, in: Dürig/Herzog/Scholz (Hrsg.), GG, 95. EL 2021, Art. 87 Rn. 250 f.; *Suerbaum*, in: Epping/Hillgruber (Hrsg.), BeckOK GG, 49. Edition 2021, Art. 87 Rn. 28.

172 Vgl. nur BVerfGE 77, 1 (40) – Neue Heimat; 107, 59 (87) – Lippeverband; aus der Lit. statt vieler *Grzeszick*, in: Dürig/Herzog/Scholz (Hrsg.), GG, 95. EL 2021, Art. 20 Rn. 117.

herausgearbeitet. Nach dem jedenfalls in Deutschland (noch[173]) herrschenden Demokratieverständnis[174] können im Wesentlichen zwei Legitimationsstränge unterschieden werden, die in ihrem Zusammenwirken die erforderliche demokratische Legitimation herstellen. Die *personelle Komponente* setzt eine lückenlose Legitimationskette zwischen dem Volk als Legitimationssubjekt und dem handelnden Organ bzw. Amtswalter voraus.[175] Demgegenüber stellt die *sachlich-inhaltliche Komponente* sicher, dass dem Volk auch inhaltlich ein Mindestmaß an Einfluss bei der Ausübung von Staatsgewalt zuteilwird.[176] Hierzu wird dem – unmittelbar und am stärksten legitimierten – parlamentarischen Gesetzgeber erstens das Recht zum Erlass von Gesetzen eingeräumt, die das Handeln der Exekutive materiell vorstrukturieren und an welche die Exekutive nach Art. 20 Abs. 3 GG gebunden ist. Darüber hinaus obliegt dem Parlament zweitens die Kontrolle über die Regierung. Spiegelbildlich gesprochen ist jene für ihr Tätigwerden gegenüber der Volksvertretung verantwortlich. Insgesamt kommt es weniger auf die Form der Vermittlung demokratischer Legitimation an, sondern deren Effektivität. Beide Legitimationsstränge müssen also nicht gleichermaßen stark ausgeprägt sein, vielmehr kann eine stärkere Komponente Defizite der anderen kompensieren. Notwendig, aber auch hinreichend ist mithin die Herstellung eines „bestimmten Legitimationsniveaus".[177]

---

173 Das BVerfG scheint in jüngerer Zeit einen dynamischeren Maßstab anzulegen mit Blick auf das Erreichen eines hinreichenden Legitimationsniveaus und billigt Modifikationen der Legitimationsvermittlung in gewissem Umfang, vgl. BVerfGE 151, 202 (291) Rn. 130 – Europäische Bankenunion. Ob sich die Dogmatik des Demokratieprinzips hieran anknüpfend grundlegend verändern wird, bleibt zu beobachten.

174 Ausführlich zu den verschiedenen Legitimationsmodi *Böckenförde*, in: Isensee/Kirchhof (Hrsg.), Handbuch des Staatsrechts, Bd. II, 3. Aufl. 2004, § 24 Rn. 14 ff. m. w. N., dort auch zur funktionellen und institutionellen demokratischen Legitimation; *Jestaedt*, Demokratieprinzip und Kondominialverwaltung, 1993, S. 265 ff.; zu – im Ergebnis abzulehnenden – output-orientierten Ansätzen als alternativem Demokratiemodell s. noch unter Kapitel 2, B.II.1.b)bb); zu weiteren Legitimationsarten s. *Schmidt-Aßmann*, AöR 116 (1991), 329 (368 ff.); *Classen*, Demokratische Legitimation im offenen Rechtsstaat, 2009, S. 24 ff.; *Schliesky*, Souveränität und Legitimität von Herrschaftsgewalt, 2004, S. 588 ff.

175 BVerfGE 52, 95 (130) – Schleswig-Holsteinische Ämter; 77, 1 (40) – Neue Heimat; 83, 60 (72 f.) – Ausländerwahlrecht II; *Grzeszick*, in: Dürig/Herzog/Scholz (Hrsg.), GG, 95. EL 2021, Art. 20 Rn. 121; *Jestaedt*, Demokratieprinzip und Kondominialverwaltung, 1993, S. 267 ff.

176 Vgl. zu den nachfolgenden Ausführungen zur sachlich-inhaltlichen Komponente *Jestaedt*, Demokratieprinzip und Kondominialverwaltung, 1993, S. 270 ff., der gleichbedeutend von „materielle[r] demokratische[r] Legitimation" spricht; *Grzeszick*, in: Dürig/Herzog/Scholz (Hrsg.), GG, 95. EL 2021, Art. 20 Rn. 122.

177 St. Rspr.: BVerfGE 83, 60 (72) – Ausländerwahlrecht II; 93, 37 (67) – Mitbestimmungsgesetz Schleswig-Holstein; 107, 59 (87) – Lippeverband; dem folgt auch,

Die verfassungsrechtliche Brücke zur demokratischen Legitimation der Administrative schlägt die *„Scharniernorm" des Art. 65 GG*. Nach dessen Satz 1 bestimmt der Bundeskanzler die Richtlinien der Politik und trägt dafür die Verantwortung. Für die einzelnen Bundesminister bestimmt Satz 2, dass diese ihre Geschäftsbereiche selbständig und unter eigener Verantwortung führen. Das Innehaben der politischen Verantwortung setzt indes voraus, dass deren Träger auch die Möglichkeit hat, auf die im Einzelfall konkret handelnden Akteure der Verwaltung Einfluss zu nehmen. Aus diesem Grund räumt die ganz herrschende Meinung dem einzelnen Minister im Rahmen seiner *Ressortkompetenz* erschöpfende Leitungs- und Kontrollbefugnisse ein.[178] Da zum ministerialen Geschäftsbereich sämtliche nachgeordneten einschlägigen Behörden gehören, erstrecken sich die Leitungsrechte konsequenterweise auf den gesamten Verwaltungsunterbau. Die beim Minister an der Spitze wurzelnde Letztentscheidungsbefugnis wird über ununterbrochene Weisungsketten entlang des Dienstwegs bis zur zuständigen untersten Einheit gewährleistet. Vor diesem Hintergrund erklärt sich das zuvor beschriebene, prototypische Hierarchiemodell, welches sich als besonders geeignet erweist, die Verbindung der agierenden Verwaltung über die Regierung zum demokratischen Souverän herzustellen.[179] Zugleich bewirkt die Verzahnung von Gubernative und Administrative, an deren Schnittstelle der Minister steht, eine einheitliche Verwaltungspraxis.[180]

---

soweit ersichtlich, einhellig das Schrifttum, vgl. nur *Sachs*, in: Sachs (Hrsg.), GG, 9. Aufl. 2021, Art. 20 Rn. 35; *Grzeszick*, in: Dürig/Herzog/Scholz (Hrsg.), GG, 95. EL 2021, Art. 20 Rn. 126; *Schliesky*, Souveränität und Legitimität von Herrschaftsgewalt, 2004, S. 717 ff.; s. auch noch die Nachweise in Fn. 273.

178 Eingehende dogmatische Herleitung bei *Stern*, Das Staatsrecht der Bundesrepublik Deutschland, Bd. II, 1980, S. 308 ff.; *Emde*, Die demokratische Legitimation der funktionalen Selbstverwaltung, 1991, S. 344 ff.; *Jestaedt*, Demokratieprinzip und Kondominialverwaltung, 1993, S. 319 ff.; *Dreier*, Hierarchische Verwaltung im demokratischen Staat, 1991, S. 134 ff. m. w. N.; *Detterbeck*, in: Isensee/Kirchhof (Hrsg.), Handbuch des Staatsrechts, Bd. III, 3. Aufl. 2005, § 66 Rn. 28 ff.; deutlich auch *Herzog*, in: Dürig/Herzog/Scholz (Hrsg.), GG, 95. EL 2021, Art. 65 Rn. 59 ff.: „Damit ist zunächst einmal mit aller nur wünschenswerten Deutlichkeit zum Ausdruck gebracht, dass der Bundesminister an der Spitze einer Weisungspyramide steht, als die man ein Ressort rechtlich qualifizieren kann."; *Hermes*, in: Dreier (Hrsg.), GG, Bd. II, 3. Aufl. 2015, Art. 65 Rn. 30.

179 So auch dezidiert *Dreier*, Hierarchische Verwaltung im demokratischen Staat, 1991, S. 136; *Emde*, Die demokratische Legitimation der funktionalen Selbstverwaltung, 1991, S. 338 ff.; *Jestaedt*, Demokratieprinzip und Kondominialverwaltung, 1993, S. 305 stellt klar, dass das Grundgesetz keine ausdrückliche Verwaltungsorganisation vorschreibt. Dessen ungeachtet suggeriere die Verfassung das Prinzip der Ministerialverwaltung als „Regeltypus administrativer Organisation".

180 *Jestaedt*, Demokratieprinzip und Kondominialverwaltung, 1993, S. 318 f.; *Kahl*, Die Staatsaufsicht, 2000, S. 437 f.

II. Systemgrenzen der Konfliktlösung bei unabhängigen Stellen

Nachdem der klassisch-hierarchische Verwaltungsaufbau nun dargestellt worden ist, kann nachfolgend erörtert werden, wie dort die Beilegung von Konflikten funktioniert (1.). In der Folge ist herauszuarbeiten, warum dieses System bei unabhängigen Stellen an seine Grenzen stößt (2.).

1. Konfliktlösung im klassischen Staatsmodell

Die vorstehenden Ausführungen verdeutlichen, warum interne Auseinandersetzungen bei Stellen, die in das hierarchische Korsett eingebunden sind, grundsätzlich keinen Problemen begegnen. Kommt es zu Streitigkeiten, entscheidet die höhere Instanz verbindlich – erforderlichenfalls der Minister selbst.[181] Die Asymmetrie zwischen beaufsichtigender und beaufsichtigter Stelle lässt für Binnenkonflikte innerhalb eines Ressorts keinen Raum, da die Entscheidungskompetenzen klar zulasten der Behörde auf der jeweils unteren Ebene verteilt sind. Ebenso vermag die Aufsichtsbehörde Unstimmigkeiten zwischen gleichgeordneten Stellen desselben Geschäftsbereichs aufzulösen.

Bei Fragen der Zuständigkeit jenseits eines einzigen Ressorts diktiert Art. 65 Satz 3 GG die Vorgehensweise. Ihm zufolge entscheidet über Meinungsverschiedenheiten zwischen den Bundesministern die Bundesregierung. Voraussetzung ist das Vorliegen einer tatsächlichen Meinungsverschiedenheit zwischen Bundesministern, die weder unter die Richtlinienkompetenz des Bundeskanzlers nach Art. 65 Satz 1 GG noch eindeutig in die singuläre Ressortzuständigkeit eines Ministers nach Art. 65 Satz 2 GG fällt.[182] In den Anwendungsbereich der Vorschrift fallen somit zwei Konstellationen: Zum einen umfasst sind typische Kompetenzkonflikte, bei denen Uneinigkeit darüber herrscht, ob und inwieweit ein bestimmtes Ministerium zuständig ist. Zum anderen werden sachliche Differenzen zwischen zwei oder mehr Ministern nach Art. 65 Satz 3 GG abgewickelt, sofern mehrere Ressorts an derselben Sache beteiligt sind.[183] Das Verfahren der Konfliktbeilegung wird in § 17 Abs. 1 der Geschäftsordnung der Bundesregierung (GOBReg) konkreti-

---

181 Für Zuständigkeitskonflikte ausdrücklich *Hermes*, in: Dreier (Hrsg.), GG, Bd. II, 3. Aufl. 2015, Art. 65 Rn. 30 in Fn. 138: „Von dieser Weisungsbefugnis umfaßt ist auch die Entscheidung von Kompetenzkonflikten zwischen unmittelbar nachgeordneten Behörden.“.

182 Vgl. *Detterbeck*, in: Isensee/Kirchhof (Hrsg.), Handbuch des Staatsrechts, Bd. III, 3. Aufl. 2005, § 66 Rn. 45 f.; *Brinktrine*, in: Sachs (Hrsg.), GG, 9. Aufl. 2021, Art. 65 Rn. 26; *Epping*, in: Epping/Hillgruber (Hrsg.), BeckOK GG, 49. Edition 2021, Art. 65 Rn. 11.

183 Plastisch *Herzog*, in: Dürig/Herzog/Scholz (Hrsg.), GG, 95. EL 2021, Art. 65 Rn. 75.

siert. Demnach hat eine Befassung des Kabinetts erst zu erfolgen, wenn ein persönlicher Verständigungsversuch zwischen den beteiligten Ministern gescheitert ist. § 17 Abs. 2 GOBReg ergänzt, dass der Beratung im Regierungskollegium auch eine Ministerbesprechung unter Vorsitz des Bundeskanzlers vorausgehen kann. Die Entscheidung am Kabinettstisch ist mithin *ultima ratio*.[184] Zusammenfassend betrachtet ist das auf Einheitlichkeit und klare Verantwortlichkeiten angelegte Ministerialprinzip seinem Wesen nach kein fruchtbarer Boden, auf dem Binnenkonflikte gedeihen können. Sollte es in diesem System zu Differenzen zwischen den handelnden Akteuren kommen, obliegt die Entscheidung einer gemeinsamen Spitze.

2. Unmöglichkeit der überkommenen Konfliktlösung bei unabhängigen Stellen

Dass und warum der Mechanismus der Streitschlichtung in der hierarchischen Verwaltung bei unabhängigen Stellen an seine Grenzen stößt, liegt auf der Hand. So eindeutig die Machtverhältnisse in der Ministerialbürokratie geregelt sind, so ungeklärt sind sie es im Zusammenhang mit autonomen Einrichtungen. Einerseits ist denkbar, dass schon gar keine übergeordnete Instanz existiert, die bei auftretenden Streitigkeiten das letzte Wort hat. Andererseits mag es zwar eine Aufsichtsinstanz geben. Ihr fehlen dann aber entsprechende Ingerenzmöglichkeiten, um eine verbindliche Streitbeilegung herbeiführen zu können. Gerade das Nichtvorhandensein von Weisungs- und sonstigen Eingriffsbefugnissen verleiht einer Behörde schließlich – neben anderen Faktoren[185] – überhaupt erst das Prädikat „unabhängig“. Würde man einer externen Institution eine entsprechende Konfliktbeilegungskompetenz mit den erforderlichen Instrumenten zubilligen, müsste dies zugleich als Eingriff in die Unabhängigkeit qualifiziert werden. Vor diesem Hintergrund bedarf es neuer Strategien jenseits des auf Weisungen fokussierten Hierarchiemodells, um dem neuralgischen Konfliktpotenzial im Zusammenhang mit unabhängigen Stellen Rechnung zu tragen. Der Spagat wird darin bestehen, einerseits die Unabhängigkeit zu bewahren und andererseits europa- und verfassungsrechtlich tragfähige, effiziente Lösungsmechanismen zu entwickeln.

---

184 *Herzog*, in: Dürig/Herzog/Scholz (Hrsg.), GG, 95. EL 2021, Art. 65 Rn. 76; *Busse*, Geschäftsordnung Bundesregierung, 3. Online-Aufl. 2018, § 17 Rn. 1.

185 S. zu den einzelnen Komponenten der Unabhängigkeit bereits unter Kapitel 1, B.II.

III. Zwischenfazit

Durch eine Gegenüberstellung mit den klassisch-hierarchischen Verwaltungsstrukturen konnte das Charakteristikum der Unabhängigkeit von Institutionen als Auslöser administrativer Binnenstreitigkeiten identifiziert werden. Denn im herkömmlichen System bleibt angesichts strikter, vertikal verlaufender Weisungsketten naturgemäß für interne Auseinandersetzungen kein Raum: eine (gemeinsame) Spitze sorgt gegebenenfalls für deren Ausräumung. Dieses vom Grundgesetz nahegelegte Modell verwirklicht die Anforderungen des Demokratieprinzips, welches eine klare parlamentarische Verantwortlichkeit der Regierung vorsieht. Über Art. 65 Satz 2 GG mit der dort statuierten Leitungsbefugnis des Ressortministers erstreckt sich die demokratische Kontrolle auch auf die Ebene der Verwaltung. Im Gegensatz dazu sind – ungeachtet demokratischer Bedenken, auf die noch zurückzukommen sein wird – unabhängige Stellen nicht in diese starre Konstruktion integriert, sodass es an einer Instanz mit Entscheidungskompetenz für interne Streitigkeiten mangelt. Mithin fördert bzw. ermöglicht die Unabhängigkeit einer Einrichtung überhaupt erst die Entstehung problematischer Binnenkonflikte.

B. Ursachen für die Einrichtung unabhängiger Verwaltungseinheiten im Regulierungs- und Kartellrecht

Vergegenwärtigt man sich den Umstand, dass unabhängigen Stellen ein Konfliktpotenzial innewohnt, stellt sich die Frage, warum auf den untersuchten Feldern des Regulierungs- und des Kartellrechts gleichwohl unabhängige Verwaltungseinheiten etabliert wurden. Das Recht der Europäischen Union wird sich dabei als Triebfeder für deren Schaffung herausstellen (I.). Demgegenüber zeigt sich das nationale Recht verhalten, soweit es um Einrichtungen außerhalb des hierarchischen Rasters geht (II.). Schließlich wird überprüft, ob die vorgefundene Verselbständigung auch der Sache nach gerechtfertigt ist, indem die Gründe für die Unabhängigstellung von Behörden kritisch beleuchtet werden (III.).

I. Unionsrecht als Motor

Nachfolgend wird herausgearbeitet, dass das Unionsrecht regelmäßig für die Unabhängigkeit von Verwaltungsstellen verantwortlich zeichnet. Zunächst ist eine unabhängige Verwaltung als allgemeines unionsrechtliches Prinzip einzuordnen (1.). Sodann wird geklärt, inwieweit dieser Leitgedanke auf die Mitgliedstaaten ausstrahlt (2.).

1. Unionsrechtliches Prinzip der unabhängigen Verwaltung

Das Ideal einer unabhängigen Verwaltung in der Europäischen Union genießt Primärrechtsrang. Gemäß Art. 298 Abs. 1 AEUV „stützen sich die Organe, Einrichtungen oder sonstigen Stellen der Union [zur Ausübung ihrer Aufgaben] auf eine offene, effiziente und *unabhängige* europäische Verwaltung". Die Norm stellt allgemeine Mindestanforderungen an die unionseigene Verwaltung[186] auf, um dem in Art. 41 GRCh verankerten „Recht auf eine gute Verwaltung" gerecht zu werden. Das in Art. 17 Abs. 3 UAbs. 3 EUV formulierte Unabhängigkeitspostulat der Europäischen Kommission, wonach deren Mitglieder Weisungen weder einholen noch entgegennehmen dürfen, findet in Art. 298 Abs. 1 AEUV eine Entsprechung für die Verwaltung.[187] Einigkeit besteht im Ausgangspunkt dahingehend, dass unter Unabhängigkeit im Sinne dieser Vorschrift jedenfalls die Funktionengliederung in Legislative, Exekutive und Judikative kodifiziert ist, die mit einem Mindestmaß an Trennung der Funktionen untereinander einhergeht.[188] Hierdurch wird der in Art. 13 Abs. 2 EUV verankerte Grundsatz des institutionellen Gleichgewichts konkretisiert.[189] Auch steht außer Streit, dass die EU-Eigenverwaltung gegenüber einzelstaatlichen Interessen und mithin vor einer einseitigen Einflussnahme durch die Mitgliedstaaten abgeschirmt werden soll.[190]

Welche Aussagen darüber hinaus über das Verhältnis innerhalb der Exekutive getroffen werden, erscheint noch nicht abschließend geklärt. Zum Teil wird weitergehend für eine gewisse Trennung von Regierung und Admi-

---

[186] *Streinz*, in: Streinz (Hrsg.), EUV/AEUV, 3. Aufl. 2018, Art. 298 AEUV Rn. 4; anders wohl *Kotzur*, in: Geiger/Khan/Kotzur (Hrsg.), EUV/AEUV, 6. Aufl. 2017, Art. 298 AEUV Rn. 2 f., dem zufolge die Kriterien des Art. 298 Abs. 1 AEUV „letztlich nicht nur für die unionale Verwaltung, sondern [darüber hinaus] für den Europäischen Verwaltungsverbund als solchen Geltung beanspruchen und in diesem auf nationaler wie unionaler Ebene vielfachen normativen Niederschlag gefunden haben".

[187] *Reithmann*, in: von der Groeben/Schwarze/Hatje (Hrsg.), Europäisches Unionsrecht, 7. Aufl. 2015, Art. 298 AEUV Rn. 14.

[188] *Streinz*, in: Streinz (Hrsg.), EUV/AEUV, 3. Aufl. 2018, Art. 298 AEUV Rn. 8; *Reithmann*, in: von der Groeben/Schwarze/Hatje (Hrsg.), Europäisches Unionsrecht, 7. Aufl. 2015, Art. 298 AEUV Rn. 15; *Kotzur*, in: Geiger/Khan/Kotzur (Hrsg.), EUV/AEUV, 6. Aufl. 2017, Art. 298 AEUV Rn. 3.

[189] *Hatje*, in: Schwarze/Becker/Hatje/Schoo (Hrsg.), EU-Kommentar, 4. Aufl. 2019, Art. 298 AEUV Rn. 19.

[190] *Reithmann*, in: von der Groeben/Schwarze/Hatje (Hrsg.), Europäisches Unionsrecht, 7. Aufl. 2015, Art. 298 AEUV Rn. 16; *Hatje*, in: Schwarze/Becker/Hatje/Schoo (Hrsg.), EU-Kommentar, 4. Aufl. 2019, Art. 298 AEUV Rn. 19; *Krajewski/Rösslein*, in: Grabitz/Hilf/Nettesheim (Hrsg.), Das Recht der Europäischen Union, 74. EL 2021, Art. 298 Rn. 24.

nistrative plädiert.[191] Darauf Bezug nehmend hebt Rudolf Streinz ebenfalls die Funktionengliederung zwischen Administration und Gubernative hervor, schränkt aber – ohne nähere Konkretisierung oder Begründung – ein, dass die Bindung an rechtmäßige Vorgaben der verantwortlichen Organe davon unberührt bleibt.[192] Möglicherweise offenbart sich hier ein bislang weitgehend unerforschtes Konfliktfeld zwischen hierarchischen Strukturen einerseits und einer unabhängigen Verwaltung, sollte es etwa zu rechtswidrigen Weisungen kommen.[193] Der karge Wortlaut des Art. 298 AEUV liefert insoweit keine verwertbaren Erkenntnisse.[194] In Ermangelung einer Einschränkung des Unabhängigkeitsbegriffs sowie in Anbetracht der bisherigen verwaltungsrechtlichen Praxis spricht indes bereits *prima facie* einiges dafür, dass (auch) die weitreichende politische Unabhängigkeit damit gemeint ist.[195] In dieses Bild passt, dass die Vorschrift auf skandinavisches Hinwirken im Verfassungskonvent zurückzuführen ist und offenbar die in der schwedischen Verfassung tradierte Weisungsunabhängigkeit verkörpert.[196] Dessen ungeachtet bedarf die bemerkenswert stiefmütterlich behandelte Frage nach dem Aussagegehalt des Art. 298 Abs. 1 AEUV hinsichtlich des Merkmals der

---

[191] *Kotzur*, in: Geiger/Khan/Kotzur (Hrsg.), EUV/AEUV, 6. Aufl. 2017, Art. 298 AEUV Rn. 3, der allerdings unpräzise von einer Trennung zwischen „Exekutive und Administrative" spricht. Nach hiesigem Verständnis stellt die Exekutive den Oberbegriff für die ausführende Staatsgewalt dar, zu der die Gubernative (Regierung) sowie die Administrative (Verwaltung) gehören; a.A. *Reithmann*, in: von der Groeben/Schwarze/Hatje (Hrsg.), Europäisches Unionsrecht, 7. Aufl. 2015, Art. 298 AEUV Rn. 15, der zwar auf *Kotzur* Bezug nimmt und dessen Begriffspaar „Exekutive und Administrative" übernimmt, allerdings zu dem Ergebnis gelangt, dass in diesem Verhältnis „[das Konzept der Unabhängigkeit] [n]och unklar ist".

[192] *Streinz*, in: Streinz (Hrsg.), EUV/AEUV, 3. Aufl. 2018, Art. 298 AEUV Rn. 8, dort ungeachtet des Rekurses auf *Kotzur* mit der begrifflich korrekten Unterscheidung.

[193] So auch *Krajewski/Rösslein*, in: Grabitz/Hilf/Nettesheim (Hrsg.), Das Recht der Europäischen Union, 74. EL 2021, Art. 298 AEUV Rn. 24.

[194] *Ladenburger*, in: Trute/Groß/Röhl/Möllers (Hrsg.), Allgemeines Verwaltungsrecht – zur Tragfähigkeit eines Konzepts, 2008, S. 107 (118f.) hält die Formulierung für „gelinde gesagt erläuterungsbedürftig".

[195] Vgl. *Gärditz*, DÖV 2010, 453 (461); *Saurer*, in: Pechstein/Nowak/Häde (Hrsg.), EUV/GRC/AEUV, Bd. IV, 2017, Art. 298 AEUV Rn. 14; *Züll*, Regulierung im politischen Gemeinwesen, 2014, S. 105ff., der zugleich die verschiedenen Deutungsvarianten des Begriffs der Unabhängigkeit im hiesigen Kontext darstellt; in diese Richtung auch *Kröger*, Unabhängigkeitsregime im europäischen Verwaltungsverbund, 2020, S. 80ff.

[196] So *Groß*, Die Verwaltung 47 (2014), 197 (208) unter Rekurs auf *Ladenburger*, in: Trute/Groß/Röhl/Möllers (Hrsg.), Allgemeines Verwaltungsrecht – zur Tragfähigkeit eines Konzepts, 2008, S. 109 (118); *Ruffert*, in: Calliess/Ruffert (Hrsg.), EUV/AEUV, 6. Aufl. 2022, Art. 298 AEUV Rn. 13: „Die Hervorhebung der Unabhängigkeit geht zurück auf skandinavische Vorstellungen der Verwaltung als gleichsam vierter Gewalt.".

Unabhängigkeit einer differenzierteren, nachfolgend vorzunehmenden Betrachtung.

Konkret soll bei Art. 298 Abs. 1 AEUV insbesondere die Organisationsform der Agentur angesprochen sein.[197] Die in diesem Zusammenhang maßgeblichen Regulierungsagenturen sind Organisationseinheiten der EU-eigenen Verwaltung, die selbständig mit der permanenten Wahrnehmung bestimmter Sachaufgaben betraut und rechtlich, politisch sowie finanziell verselbständigt sind.[198] Die Reichweite der Unabhängigkeit der Agenturen ist aber häufig im Einzelnen nicht geregelt, sodass Rechtsunsicherheit dahingehend besteht, inwieweit die Agenturen innerhalb der Exekutive im Allgemeinen und gegenüber der EU-Kommission im Besonderen verselbständigt sind.[199] Richtigerweise wird man jedenfalls den allgemein formulierten Art. 298 AEUV nicht als Freifahrtschein dafür ansehen können, sich unter dem Deckmantel der Unabhängigkeit rechtlicher Bindungen zu entledigen. Wo der Unionsgesetzgeber es für besonders geboten hält, eine starke unabhängige Behörde zu etablieren, hat er es auch eigens normiert. Dies zeigt sich etwa im Bereich des Datenschutzes mit Art. 16 Abs. 2 UAbs. 1 Satz 2 AEUV und bei der Europäischen Zentralbank in Art. 130 AEUV.

In Anlehnung an die deutsche Verwaltungsrechtsdogmatik erscheint zudem die Dichotomie von Rechts- und Fachaufsicht auf das unionsrechtliche Verhältnis von Kommission und Regulierungsagenturen fruchtbar gemacht werden zu können. Unter Rekurs auf die Rolle der Kommission als „Hüterin des Unionsrechts“ (vgl. Art. 17 Abs. 1 Sätze 2 und 3 EUV) plädiert Matthias Ruffert zugunsten einer rechtsaufsichtlichen Kontrolle, während fachaufsichtliche Weisungsrechte die Unabhängigkeit der Agenturen beeinträchtigen würden.[200] Dem ist zuzustimmen: Eine generelle Entsendung der kompletten

---

[197] *Ruffert*, in: Calliess/Ruffert (Hrsg.), EUV/AEUV, 6. Aufl. 2022, Art. 298 AEUV Rn. 13; *Ruffert*, in: Schwarze/Hatje (Hrsg.), Der Reformvertrag von Lissabon, 2009, S. 31 (45); tendenziell auch *Gärditz*, DÖV 2010, 453 (461).

[198] *Ruffert*, in: Calliess/Ruffert (Hrsg.), EUV/AEUV, 6. Aufl. 2022, Art. 298 AEUV Rn. 5; im Gegensatz dazu nehmen *Exekutivagenturen* (nur) punktuelle Unterstützungs- und Managementaufgaben wahr und sind lediglich partiell verselbständigt, vgl. a. a. O., Rn. 11 f.; ausführlich zur Unabhängigkeit der Unionsagenturen *Kröger*, Unabhängigkeitsregime im europäischen Verwaltungsverbund, 2020, S. 62 ff.

[199] Vgl. *Ruffert*, in: Calliess/Ruffert (Hrsg.), EUV/AEUV, 6. Aufl. 2022, Art. 298 AEUV Rn. 6, der auf Berichtspflichten sowie die Verpflichtung zu externer Evaluation als Instrumente der Sicherstellung der Aufsicht durch die EU-Kommission hinweist.

[200] *Ruffert*, in: Calliess/Ruffert (Hrsg.), EUV/AEUV, 6. Aufl. 2022, Art. 17 EUV Rn. 7 f. (dort auch das wörtliche Zitat) sowie Art. 298 AEUV Rn. 6; großzügiger noch in der 5. Aufl. 2016 (unter Art. 298 AEUV Rn. 5a, wonach fachaufsichtliche Weisungen im Einzelfall zulässig sein könnten: „Zu fachaufsichtlichen Weisungsrechten müßte hingegen der Gründungsakt insbesondere im Licht der Gründungsintention

EU-Eigenverwaltung in den rechtsfreien Raum, zumal durch einen spärlichen Hinweis an wenig prominenter Stelle im Vertragstext (im Abschnitt „Annahmeverfahren und sonstige Vorschriften"), ist nicht nur nicht gewollt, sondern wäre, ganz abgesehen von demokratischen Defiziten,[201] auch schwerlich mit dem in Art. 2 Satz 1 EUV verankerten Prinzip der Rechtsstaatlichkeit[202] zu vereinbaren. Vor dem Hintergrund dieser Erkenntnisse kann die *allgemeine* unionsrechtliche Unabhängigkeit nur so weit reichen, wie sie sich im Rahmen des geltenden Rechts bewegt. Für das Binnenverhältnis der Exekutive bedeutet dies, dass Art. 298 AEUV zumindest einer Rechtskontrolle von Stellen der unionseigenen Verwaltung durch die Kommission nicht entgegensteht, solange und soweit nicht ausnahmsweise spezialgesetzlich ein weitreichenderes Maß an Unabhängigkeit gefordert wird. Andernfalls verlören die oben genannten, expliziten Unabhängigkeitsgebote ihren (eigenständigen) Sinn, wenn ohnehin jede exekutive Stelle der Union insoweit unabhängig gestellt wäre. Eine Überprüfung der Zweckmäßigkeit im Wege der Fachaufsicht schließt Art. 298 AEUV demgegenüber richtigerweise aus. Denn würde man den Bedeutungsgehalt der Norm lediglich auf das Element der ebenfalls rechtsstaatlich verbürgten Gewaltenteilung reduzieren, hätte es einer derart kryptischen Absicherung dieses Grundsatzes gar nicht bedurft. Auch bei dieser Lesart erschlösse sich der Mehrwert der Normierung einer „unabhängige[n] europäische[n] Verwaltung" nicht, wenn damit nicht gerade die im Lichte sachfremder Einflussnahmen besonders intrikate politische Unabhängigkeit ebenfalls angesprochen wäre.

Ungeachtet einzelner Streitfragen zur Reichweite der Verselbständigung in der EU-Eigenverwaltung im Einzelfall konnte eine unabhängige Verwaltung jedenfalls als *allgemeines Prinzip der Europäischen Union* herausdestilliert werden. Die Unabhängigkeit wird primärrechtlich zum Regelfall erhoben, die strikte organisatorische Einbettung in eine Weisungsstruktur scheint die rechtfertigungsbedürftige Ausnahme zu sein.[203] Somit verfolgt die EU ein anderes verwaltungsorganisatorisches Grundkonzept, als es dem hierarchischen Modell in der Bundesrepublik entspricht. Im Vordergrund steht anstelle

---

ausgelegt werden."; *Ruffert*, in: Festschrift für E. Klein, 2013, S. 643 (652 f.); eingehend *Kröger*, Unabhängigkeitsregime im europäischen Verwaltungsverbund, 2020, S. 68 ff.; zu unterschiedlichen Aufsichtsintensitäten im Europäischen Agenturwesen vgl. ausführlich *Görisch*, Demokratische Verwaltung durch Unionsagenturen, 2009, S. 210 ff., der nach Einrichtungen ohne Aufsichtsregelungen, Einrichtungen mit Rechts- und solchen mit Fachaufsicht differenziert.

[201] S. hierzu noch eingehend unter Kapitel 2, B.II.1.

[202] Vgl. nur *Pechstein*, in: Streinz (Hrsg.), EUV/AEUV, 3. Aufl. 2018, Art. 2 EUV Rn. 6; *Calliess*, in: Calliess/Ruffert (Hrsg.), EUV/AEUV, 6. Aufl. 2022, Art. 2 EUV Rn. 26 f.

[203] *Gärditz*, DÖV 2010, 453 (461).

einer politischen Rückkopplung ein expertokratisches Grundverständnis als Leitbild einer guten Verwaltung.[204]

2. Verpflichtung der Mitgliedstaaten zur Einrichtung unabhängiger Behörden

Während sich die vorstehenden Ausführungen auf die unionsrechtliche Eigenverwaltung beziehen, bedeutet dies keineswegs, dass das der EU zugrunde liegende Unabhängigkeitskonzept die mitgliedstaatliche Verwaltungsorganisation unberührt lässt. Vor dem Hintergrund, dass der indirekte Vollzug des Unionsrechts durch die Mitgliedstaaten den Regelfall darstellt,[205] ist die Frage nach EU-rechtlichen Vorgaben zum Verwaltungsvollzug als umso bedeutender einzustufen. In der Tat trägt der EU-Gesetzgeber im Regulierungs- und Kartellrecht vielfach sekundärrechtlich die Installation unabhängiger Behörden auf.[206] Paradigmatisch und stellvertretend sei an dieser Stelle der Telekommunikationssektor mit Art. 8 Abs. 1 Satz 1 Kodex-RL (EU) 2018/1972[207] hervorgehoben: Demnach „handeln die nationalen Regulierungsbehörden […] *unabhängig* und objektiv […] und holen im Zusammenhang mit der laufenden Erfüllung der ihnen […] übertragenen Aufgaben weder Weisungen einer anderen Stelle ein noch nehmen sie solche entgegen.“ Die einschlägigen Richtlinien enthalten also nicht nur, wie es Art. 288 Abs. 3 AEUV

---

204 Vgl. *Gärditz*, DÖV 2010, 453 (461) m.w.N.; zur sachlichen Bewertung des Unabhängigkeitskonzepts s. noch unter Kapitel 2, B.III.

205 *Ruffert*, in: Calliess/Ruffert (Hrsg.), EUV/AEUV, 6. Aufl. 2022, Art. 291 AEUV Rn. 2.

206 Vgl. für den *Energiesektor* Art. 57 Abs. 4 und 5 Elektrizitätsbinnenmarkt-RL (EU) 2019/944 (Fn. 83); parallel Art. 39 Abs. 4 und 5 Erdgasbinnenmarkt-RL 2009/73/EG (Fn. 85); für den *Eisenbahnsektor* Art. 55 Abs. 1 und 3 Eisenbahnraum-RL 2012/34/EU des Europäischen Parlaments und des Rates vom 21.11.2012 zur Schaffung eines einheitlichen europäischen Eisenbahnraums, ABl. 2012, L 343/32; zuletzt geändert durch Beschl. (EU) 2017/2075 der Kommission v. 4.9.2017, ABl. 2017, L 295/69; zur weitgehenden Konvergenz einer Weisungsunabhängigkeit in den Netzwirtschaften *Ludwigs*, in: Festschrift für M. Schmidt-Preuß, 2018, S. 689 ff.; für die Bankenaufsicht Art. 19 SSM-VO (EU) 1024/2013 des Rates v. 15.10.2013 zur Übertragung besonderer Aufgaben im Zusammenhang mit der Aufsicht über Kreditinstitute auf die Europäische Zentralbank, ABl. 2013, L 287/63; für das *Kartellrecht* Art. 4 RL (EU) 2019/1 des Europäischen Parlaments und des Rates v. 11.12.2018 zur Stärkung der Wettbewerbsbehörden der Mitgliedstaaten im Hinblick auf eine wirksamere Durchsetzung der Wettbewerbsvorschriften und zur Gewährleistung des reibungslosen Funktionierens des Binnenmarkts, ABl. 2019, L 11/3 (= ECN+-RL); ausführlich zur unionsrechtlichen Verpflichtung, unabhängige Behörden zu installieren, s. noch im Einzelnen mit den entsprechenden Nachweisen unter Kapitel 3, A.

207 RL (EU) 2018/1972 des Europäischen Parlaments und des Rates v. 11.12.2018 über den europäischen Kodex für die elektronische Kommunikation, ABl. 2018, L 321/36.

vorsieht, verbindliche Zielvorgaben. Oftmals wird den Mitgliedstaaten zugleich die Schaffung einer bestimmten – hier unabhängigen – Verwaltungsstruktur auferlegt, die aus Sicht des Unionsgesetzgebers zur Verwirklichung der Richtlinienziele erforderlich ist.

Fraglich ist allerdings die Vereinbarkeit der sekundärrechtlichen Anforderungen an die Verwaltungsstrukturen der Mitgliedstaaten mit primärem Unionsrecht. Ob und inwieweit die „Übergriffe" in die Verwaltungsorganisation rechtlich zulässig sind, wird vor allem[208] unter zwei Gesichtspunkten diskutiert: der mitgliedstaatlichen Verfahrensautonomie (a)) sowie der nationalen Identität (b)).

a) Mitgliedstaatliche Verfahrensautonomie

Verfahrensautonomie meint neben dem Verwaltungsverfahren auch die Verwaltungsorganisation sowie den Verwaltungsprozess.[209] In seiner noch auf Basis der alten Rechtslage nach dem EG-Vertrag ergangenen Entscheidung zur Unabhängigkeit der Datenschutzbehörden aus dem Jahr 2010 hat der EuGH den Einwand der Bundesrepublik Deutschland zurückgewiesen, es verstoße gegen die primärrechtlich verankerten Grundsätze der Subsidiarität, Verhältnismäßigkeit und der loyalen Zusammenarbeit, wenn ein Mitgliedstaat aufgrund sekundärrechtlicher Verpflichtungen zur Aufgabe seines effektiven und seit langem bewährten Verwaltungssystems genötigt würde.[210] Mit dem Vertrag von Lissabon wurde der Grundsatz der institutionellen Autonomie in Art. 291 Abs. 1 AEUV indes ausdrücklich festgeschrieben: „Die Mitgliedstaaten ergreifen alle zur Durchführung der verbindlichen Rechtsakte der Union erforderlichen Maßnahmen *nach innerstaatlichem Recht*." Infolge dieser Neuregelung sehen einige Stimmen im Schrifttum die bisherige EuGH-Rechtsprechung als überholt an, indem sie die Norm als „harte" Kompetenzschranke qualifizieren.[211]

---

208 *Kröger*, Unabhängigkeitsregime im europäischen Verwaltungsverbund, 2020, S. 242 ff. bezieht in seine Überlegungen noch den Subsidiaritäts- (Art. 5 Abs. 3 EUV) und den kompetenzrechtlichen Verhältnismäßigkeitsgrundsatz (Art. 5 Abs. 4 EUV) mit ein.

209 *Kahl*, in: Calliess/Ruffert (Hrsg.), EUV/AEUV, 6. Aufl. 2022, Art. 4 EUV Rn. 127; *Ludwigs*, in: Kahl/Ludwigs (Hrsg.), Handbuch des Verwaltungsrechts, Bd. I, 2021, § 8 Rn. 18.

210 EuGH, Urt. v. 9.3.2010, Rs. C-518/07, ECLI:EU:C:2010:125, Rn. 52 ff. – Kommission/Deutschland.

211 Vgl. statt vieler *Kahl*, in: Calliess/Ruffert (Hrsg.), EUV/AEUV, 6. Aufl. 2022, Art. 4 Rn. 127 m. w. N., die im Einklang mit der h. M. vertreten, dass „die Natur des Grundsatzes als Rechtsgrundsatz des Unionsrechts jedenfalls seitdem weithin anerkannt ist".

Zu konzedieren ist, dass die *nationale Verfahrensautonomie* durch Art. 291 Abs. 1 AEUV gegenüber der vorher nur vagen Ableitung aus den allgemeinen Grundsätzen gestärkt wurde. Ob den Mitgliedstaaten damit allerdings ein justiziables Recht auf Wahrung ihrer alleinigen Kompetenz bei Fragen der Verwaltungsorganisation an die Hand gegeben wurde und es sich daher um wesentlich mehr als eine „euphemistische[...] Beschreibung ohne normative Relevanz" handelt, darf zumindest angezweifelt werden.[212] Auch in einer jüngeren Entscheidung hat der EuGH den Mitgliedstaaten einen Spielraum bei der Ausgestaltung ungeachtet ihrer institutionellen Autonomie nur insoweit eingeräumt, als die organisatorischen und funktionellen Anforderungen aus dem Sekundärrecht sowie die dort formulierten Ziele und Pflichten eingehalten werden können.[213] Ergänzend legen systematische Überlegungen nahe, dass die Vorschrift des Art. 291 AEUV keine tragfähige Kompetenzgrenze zugunsten der Mitgliedstaaten bereithält: Sie befindet sich – eher unscheinbar – im technischen Abschnitt des AEUV über die Rechtsakte der EU, während die Zuständigkeitsverteilung innerhalb der Union bereits in den ersten Abschnitten der Verträge geregelt wird.[214] Wenngleich der Grundsatz der mitgliedstaatlichen Verfahrensautonomie nunmehr anerkannt ist, sein selbständiger kompetenzieller Schutzgehalt bleibt daher begrenzt.[215] Jedenfalls solange der Unionsgesetzgeber sich nicht von offensichtlich sachwidrigen Erwägungen leiten lässt, erscheint eine Intervention des EuGH in Bezug auf Bestimmungen, welche verwal-

---

212 Ausführlich zur Bedeutung der mitgliedstaatlichen Verfahrensautonomie *Ludwigs*, NVwZ 2018, 1417 ff. m. w. N., dort auch auf S. 1417 das wörtliche Zitat; Überblick zum Meinungsstand bei *Ludwigs*, in: Kahl/Ludwigs (Hrsg.), Handbuch des Verwaltungsrechts, Bd. I, 2021, § 8 Rn. 18.; s. auch *Streinz*, a. a. O., § 45 Rn. 44.

213 EuGH, Urt. v. 19.10.2016, Rs. C-424/15, ECLI:EU:C:2016:780, Rn. 30 f. – Ormaetxea Garai; bereits lange vor Inkrafttreten des Lissabon-Vertrags hat der EuGH seine populär gewordene „Soweit-Formel" für das Verwaltungsverfahren aufgestellt (EuGH, Urt. v. 21.9.1983, verb. Rs. 205–215/82, ECLI:EU:C:1983:233, Ls. 2 und Rn. 17 – Deutsche Milchkontor GmbH): „Soweit das Gemeinschaftsrecht [...] keine gemeinsamen Vorschriften enthält, gehen die nationalen Behörden bei dieser Durchführung der Gemeinschaftsregelungen nach den formellen und materiellen Bestimmungen ihres nationalen Rechts vor [...]".

214 *Gundel*, EWS 2017, 301 (304); s. auch *Kröger*, Unabhängigkeitsregime im europäischen Verwaltungsverbund, 2020, S. 268 ff.

215 So auch *Nettesheim*, in: Grabitz/Hilf/Nettesheim (Hrsg.), Das Recht der Europäischen Union, 74. EL 2021, Art. 291 AEUV Rn. 18; *Gärditz*, AöR 135 (2010), 251 (283); *Gundel*, EWS 2017, 301 (304); *Kröger*, Unabhängigkeitsregime im europäischen Verwaltungsverbund, 2020, S. 262 ff., 276 f.; kritisch *Ludwigs*, in: Kahl/Ludwigs (Hrsg.), Handbuch des Verwaltungsrechts, Bd. I, 2021, § 8 Rn. 18: „[...] nicht (mehr) dahingehend verstanden werden kann, dass die Verfahrensautonomie unter einem pauschalen Vorbehalt des Vorliegens abweichender unionsrechtlicher Vorschriften steht".

tungs(organisations)rechtliche Anforderungen an die Mitgliedstaaten statuieren, unwahrscheinlich.[216]

Somit ist festzuhalten: Grundsätzlich garantiert Art. 291 Abs. 1 AEUV normativ den Mitgliedstaaten der Europäischen Union, über die Ausgestaltung ihrer Verwaltung eigenständig zu entscheiden. Sollte eine spezifische Organisation wie die Unabhängigkeit zur Erreichung primär- oder sekundärrechtlicher Ziele und Verpflichtungen indiziert sein, rechtfertigt dies dennoch eine Ausnahme vom Grundsatz der institutionellen Autonomie. Zu der gleichen Lesart passt auch Art. 291 Abs. 2 AEUV, wonach – falls erforderlich – zur Herstellung einheitlicher Bedingungen für die Durchführung von Unionsrechtsakten der Kommission (oder ausnahmsweise dem Rat) entsprechende Befugnisse übertragen werden.[217] Trotz der Möglichkeit, Verfahrensvorschriften zu erlassen, sind dem Unionsgesetzgeber gleichwohl Grenzen gesetzt. Einwirkungen auf den indirekten Vollzug müssen sich auf die Grundsätze der Effektivität und Äquivalenz zurückführen lassen. Der *Äquivalenzgrundsatz* statuiert, dass nationale Verfahren für den Unionsrechtsvollzug nicht ungünstiger ausgestaltet sein dürfen, als es bei nach rein innerstaatlichem Recht zu beurteilenden Sachverhalten der Fall ist.[218] Darüber hinaus besagt der *Effektivitätsgrundsatz*, nationales Verfahrensrecht dürfe die Verwirklichung des Unionsrechts nicht praktisch unmöglich machen oder übermäßig erschweren.[219] Soweit einer dieser Grundsätze aus Sicht des EU-Gesetzgebers im Hinblick auf verwaltungsorganisationsrechtliche Vorschriften normativen Handlungsbedarf erfordert, kann er daher mit Erfolg der mitgliedstaatlichen Verfahrensautonomie entgegengehalten werden. Letztere erweist sich mithin als abwägungsfähig im Sinne der Herstellung eines schonenden Ausgleichs.[220] Ein pauschaler Verstoß gegen die mitgliedstaatliche

---

216 *Nettesheim*, in: Grabitz/Hilf/Nettesheim (Hrsg.), Das Recht der Europäischen Union, 74. EL 2021, Art. 291 AEUV Rn. 18; auch *Gärditz*, AöR 135 (2010), 251 (283) hält „[a]kzessorische sektorale Organisationsregelungen“ für „wohl grundsätzlich […] zulässig“.

217 S. aber *Ludwigs*, NVwZ 2018, 1417 (1419), der auf die in Art. 291 AEUV zum Ausdruck kommende Regel-Ausnahme-Systematik hinweist und dies zugunsten einer stärkeren Wirkmacht der mitgliedstaatlichen Verfahrensautonomie in Stellung bringt.

218 EuGH, Urt. v. 16.12.1976, Rs. C-33/76, ECLI:EU:C:1976:188, Rn. 5 – Rewe; *Classen*, in: Grabitz/Hilf/Nettesheim (Hrsg.), Das Recht der Europäischen Union, 74. EL 2021, Art. 197 AEUV Rn. 23 f.

219 EuGH, Urt. v. 16.12.1976, Rs. C-45/76, ECLI:EU:C:1976:191, Rn. 11/18 – Comet; aus der Lit. statt vieler *Classen*, in: Grabitz/Hilf/Nettesheim (Hrsg.), Das Recht der Europäischen Union, 74. EL 2021, Art. 197 Rn. 23, 25 f.

220 So auch *Ludwigs*, NVwZ 2018, 1417 (1420) m. w. N.; s. auch *von Danwitz*, Europäisches Verwaltungsrecht, 2008, S. 306; zum Verhältnis zur nationalen Identität s. *Streinz*, in: Kahl/Ludwigs (Hrsg.), Handbuch des Verwaltungsrechts, Bd. II, 2021, § 45 Rn. 51.

Verfahrensautonomie durch die Regelungen zur behördlichen Unabhängigkeit ist mithin nicht feststellbar.

b) Nationale Identität

Diskutiert wird schließlich eine Verletzung der *nationalen Identität* seitens der EU. Nach Art. 4 Abs. 2 Satz 1 EUV achtet die Union u. a. die jeweilige nationale Identität der Mitgliedstaaten, die in ihren grundlegenden politischen und verfassungsmäßigen Strukturen zum Ausdruck kommt. Zwar handelt es sich bei der nationalen Identität um einen unionsrechtlich autonom auszulegenden Begriff, allerdings ist bei dessen Bestimmung das mitgliedstaatliche Selbstverständnis von maßgeblicher Bedeutung.[221] Jedenfalls lässt sich aber der Formulierung „grundlegenden […] Strukturen" entnehmen, dass nicht jede nationale verfassungsrechtliche Eigenheit durch Art. 4 Abs. 2 Satz 1 EUV geschützt wird, sondern sich die Garantie allein auf wesentliche Grundentscheidungen erstreckt.[222] Klärungsbedürftig ist allerdings, was genau als eine solche wesentliche Grundentscheidung einzustufen ist bzw. ob konkret auch die überkommene mitgliedstaatliche Verwaltungsarchitektur unter den Schutz der nationalen Identität fällt. *Prima facie* erschien ein Rekurs auf Art. 79 Abs. 3 GG zweckmäßig, der über die Integrationsklausel des Art. 23 Abs. 1 Satz 3 GG bei der Übertragung von Hoheitsrechten auf die Europäische Union zu beachten ist. So stellte auch das Bundesverfassungsgericht (BVerfG) im *Lissabon-Urteil* fest, die grundgesetzliche Ewigkeitsgarantie und die unionsrechtliche Gewährleistung der nationalen Verfassungsidentität im europäischen Rechtsraum gingen „Hand in Hand".[223] Als verfassungsrechtliches Pendant sei der Schutzgehalt von Art. 79 Abs. 3 GG mit demjenigen des Art. 4 Abs. 2 EUV deckungsgleich.[224] An dieser zunächst plausibel anmutenden Aussage werden gleichwohl zunehmend Zweifel laut.[225] Das

---

221 Vgl. *Schill/Krenn*, in: Grabitz/Hilf/Nettesheim (Hrsg.), Das Recht der Europäischen Union, 74. EL 2021, Art. 4 EUV Rn. 15.

222 *Schill/Krenn*, in: Grabitz/Hilf/Nettesheim (Hrsg.), Das Recht der Europäischen Union, 74. EL 2021, Art. 4 EUV Rn. 18; *Calliess*, in: Calliess/Ruffert (Hrsg.), EUV/AEUV, 6. Aufl. 2022, Art. 4 EUV Rn. 42; *Ludwigs*, in: Kahl/Ludwigs (Hrsg.), Handbuch des Verwaltungsrechts, Bd. II, 2021, § 44 Rn. 11.

223 BVerfGE 123, 267 (354) – Lissabon.

224 So noch *Puttler*, in: Calliess/Ruffert (Hrsg.), EUV/AEUV, 5. Aufl. 2016, Art. 4 EUV Rn. 17; vgl. nunmehr – auch die Entwicklung nachzeichnend – *Calliess*, a. a. O., 6. Aufl. 2022, Art. 4 EUV Rn. 22 ff.; ausführlich *Pernice*, AöR 136 (2011), 186 ff.

225 Näher hierzu unter Einbeziehung der nachfolgend analysierten Judikate *Ludwigs*, in: Hilgendorf (Hrsg.), Festgabe für F.-L. Knemeyer, 2019, S. 63 (70 ff.), dort im Kontext der kommunalen Selbstverwaltung; *Ludwigs*, in: Kahl/Ludwigs (Hrsg.), Handbuch des Verwaltungsrechts, Bd. II, 2021, § 44 Rn. 5 f.; zum Streitstand in

BVerfG selbst ist in seinem *OMT-Vorlagebeschluss* von seiner Rechtsprechung wieder abgerückt und attestiert den beiden Garantien wesentliche Unterschiede.[226] Einerseits reiche der Begriff der nationalen Identität in Art. 4 Abs. 2 Satz 1 EUV inhaltlich weit über die Verfassungsidentität der Ewigkeitsgarantie hinaus.[227] Andererseits qualifiziere der EuGH die nationale Identität „nur" als legitimes Ziel, das einer Abwägung mit gegenläufigen legitimen Interessen zugänglich und in deren Rahmen zu berücksichtigen sei.[228] Demgegenüber enthalte Art. 79 Abs. 3 GG einen unantastbaren, änderungsfesten Kern ohne die Möglichkeit der Geltendmachung anderer Belange.[229] Mithin sei der Anwendungsbereich des Art. 4 Abs. 2 Satz 1 GG insoweit umfassender, zugleich entfalte Art. 79 Abs. 3 GG in der Tiefe eine intensivere Schutzwirkung.

Bei der Abkehr vom bisherigen Verständnis im Sinne eines Gleichlaufs der Gewährleistungen kann sich das BVerfG auf die Judikatur des EuGH berufen. In der Rechtssache *Sayn-Wittgenstein*, in der die Vereinbarkeit des österreichischen Adelsaufhebungsgesetzes mit der Freizügigkeit von Unionsbürgern gemäß Art. 21 AEUV auf dem Prüfstand stand, machte die österreichische Regierung die formelle Gleichbehandlung aller Staatsbürger vor dem Gesetz als fundamentale Wertentscheidung geltend. Zugleich erkannte sie allerdings an, es handele sich dabei nicht um einen Teil des „republikanischen Baugesetzes des Bundes-Verfassungsgesetzes".[230] Gleichwohl erachteten die Luxemburger Richter die Argumentation der österreichischen Regierung als ausreichend für eine Zuordnung zur nationalen Identität.[231] Ähnlich verhält es sich in der Rechtssache *Remondis*.[232] Dort stellte der Gerichtshof fest, dass die Aufteilung der Zuständigkeiten innerhalb eines Mitgliedstaats einschließlich der innerstaatlichen Neuordnung von Kompetenzen vom

---

Rechtsprechung und Literatur vgl. insgesamt *Calliess*, in: Calliess/Ruffert (Hrsg.), EUV/AEUV, 6. Aufl. 2022, Art. 4 EUV Rn. 20 ff.

[226] BVerfGE 134, 366 (386) – OMT-Beschluss.

[227] BVerfGE 134, 366 (386) – OMT-Beschluss; ähnlich *Gärditz*, AöR 135 (2010), 251 (286), dem zufolge Art. 4 Abs. 2 EUV über die reine Änderungsfestigkeit des Art. 79 Abs. 3 GG hinaus „alle tragenden Pfeiler des Staatsorganisationsrechts" erfasst.

[228] Ebenso bereits zuvor *von Bogdandy/Schill*, ZaöRV 2010, 701 (725 f.).

[229] BVerfGE 134, 366 (386) – OMT-Beschluss.

[230] EuGH, Urt. v. 22.12.2010, Rs. C-208/09, ECLI:EU:C:2010:806, Rn. 74 – Sayn-Wittgenstein; vgl. auch *Ludwigs*, in: Kahl/Ludwigs (Hrsg.), Handbuch des Verwaltungsrechts, Bd. II, 2021, § 44 Rn. 7.

[231] EuGH, Urt. v. 22.12.2010, Rs. C-208/09, ECLI:EU:C:2010:806, Rn. 83 – Sayn-Wittgenstein.

[232] EuGH, Urt. v. 21.12.2016, Rs. C-51/15, ECLI:EU:C:2016:985 – Remondis; hierzu *Ludwigs*, in: Kahl/Ludwigs (Hrsg.), Handbuch des Verwaltungsrechts, Bd. II, 2021, § 44 Rn. 49.

Schutzbereich der Vorschrift umfasst ist.[233] Im Gegensatz dazu schützt Art. 79 Abs. 3 GG nur die Gliederung des Bundes in Länder an sich, also die Existenz von Ländern überhaupt und somit das Bekenntnis zum Föderalismus.[234] Offenbar plädiert demnach auch der EuGH für einen Schutzgehalt des Art. 4 Abs. 2 Satz 1 EUV jenseits der wesentlichen verfassungsrechtlichen (Staatsstruktur-)Prinzipien. Bei der konkreten Ausfüllung des Begriffs der grundlegenden politischen und verfassungsmäßigen Strukturen zeichnet sich insoweit ein gewisser Spielraum der Mitgliedstaaten ab, den der Gerichtshof nur eingeschränkt zu überprüfen scheint.[235] Wenn aber der EuGH hier gewissermaßen großzügig verfährt, ist es nur konsequent, spiegelbildlich die Intensität des Schutzes zu verkürzen. Andernfalls könnte sich jeder Mitgliedstaat unter Rekurs auf sein Verständnis nationaler Identität unionsrechtlichen Verpflichtungen entziehen. Es ist daher zu begrüßen, wenn im Lichte dieser Lesart Art. 4 Abs. 2 Satz 1 EUV „lediglich“ als abwägungsfähiges, legitimes Ziel angesehen wird, das mit anderen berechtigten Belangen in einen schonenden Ausgleich zu bringen ist.[236]

Übertragen auf die in Rede stehenden Regelungen zur mitgliedstaatlichen Verpflichtung, unabhängige Behörden zu errichten, ergibt sich kein durchgreifender Unterschied gegenüber dem Gesichtspunkt der nationalen Verfahrensautonomie. Unabhängig von der Frage, ob die überkommene Organisationsstruktur der Verwaltung von Art. 79 Abs. 3 GG geschützt wird, ist vorliegend jedenfalls kein genereller Verstoß gegen Art. 4 Abs. 2 Satz 1 EUV ersichtlich. Zwar mag vor dem Hintergrund eines weiten Anwendungsbereichs das Hierarchieprinzip zur nationalen Identität der Bundesrepublik Deutschland zu rechnen sein.[237] Auch im Hinblick auf die Europarechts-

---

233 EuGH, Urt. v. 21.12.2016, Rs. C-51/15, ECLI:EU:C:2016:985, Rn. 40f. – Remondis.

234 *Dietlein*, in: Epping/Hillgruber (Hrsg.), BeckOK GG, 49. Edition 2021, Art. 79 Rn. 23f.; *Sachs*, in: Sachs (Hrsg.), GG, 9. Aufl. 2021, Art. 79 Rn. 42.

235 Diese Tendenz bestätigend die Schlussanträge des GA *Maduro*, Rs. C-213/07, ECLI:EU:C:2008:544, Rn. 31ff. – Michaniki; für eine Art Plausibilitätsprüfung GA *Bot*, Rs. C-42/17, ECLI:EU:C:2017:564, Rn. 169ff. – M.A.S. und M.B.; s. auch *Burchardt*, EuR 2018, 248 (261ff.).

236 Zum Erfordernis der Herstellung eines schonenden Ausgleichs statt vieler *Calliess*, in: Dürig/Herzog/Scholz (Hrsg.), GG, 95. EL 2021, Art. 24 Abs. 1 Rn. 211 m.w.N.; *Schill/Krenn*, in: Grabitz/Hilf/Nettesheim (Hrsg.), Das Recht der Europäischen Union, 74. EL 2021, Art. 4 Rn. 43 m.w.N.; vgl. ferner *Ludwigs*, in: Kahl/Ludwigs (Hrsg.), Handbuch des Verwaltungsrechts, Bd. II, 2021, § 44 Rn. 13, dort auch zu einer möglichen Differenzierung zwischen Kern- und Randbereich.

237 Differenzierend zwischen mitgliedstaatlicher Verwaltungsorganisation und Demokratieprinzip *Kröger*, Unabhängigkeitsregime im europäischen Verwaltungsverbund, 2020, S. 258ff., der insgesamt zu dem Ergebnis gelangt, die nationale Verwaltungsorganisation sei „nicht per se […] Bestandteil der nationalen Identität i.S.d. Art. 4 Abs. 2 EUV“ (S. 259); eine Zuordnung zur nationalen Verfassungsidentität

freundlichkeit des Grundgesetzes (vgl. dessen Präambel sowie Art. 23 Abs. 1 GG) dürfte sich dieser Einwand aber wohl kaum durchsetzen, sollte der Unionsgesetzgeber eine unabhängige Ausgestaltung von Behörden im Einzelfall für erforderlich halten.[238] Dies gilt umso mehr, als und solange das Unionsrecht nur punktuelle Regelungen trifft, ohne das deutsche Organisationskonzept flächendeckend infrage zu stellen (wobei nicht zu verkennen ist, dass offenbar immer mehr Rechtsgebiete von Unabhängigkeitsvorgaben erfasst werden)[239]. Mithin liegt keine Verletzung der nationalen Identität vor. Folgerichtig wird sich ein Mitgliedstaat in der Regel auch nicht unter Berufung hierauf der Umsetzung europäischer Unabhängigkeitsvorgaben verweigern können.

II. Zurückhaltung im nationalen Recht

Ausweislich der vorstehenden Ausführungen wird deutlich, dass das Unionsrecht der Unabhängigkeit nicht nur aufgeschlossen gegenübersteht, sondern sie sogar als Leitprinzip der Verwaltung begreift und teilweise die Mitgliedstaaten zur Übernahme dieses Konzepts verpflichtet. Demgegenüber begegnet das deutsche Recht der Einrichtung unabhängiger Institutionen mit einer bemerkenswerten Zurückhaltung. Das Demokratieprinzip erweist sich als Ursache für die nationale Skepsis (1.). Dessen ungeachtet ist die Unabhängigkeit von Verwaltungseinheiten auf den Gebieten des Regulierungs- und Kartellrechts dem Grundgesetz (2.) und dem einfachen Recht (3.) nicht gänzlich unbekannt. Ein Zwischenergebnis fasst das Spannungsverhältnis zwischen weisungsfreien Stellen – gleich, ob deren Schaffung unions- oder nationalrechtlich bedingt ist – zusammen (4.).

---

ablehnend *Holznagel/Schumacher*, in: Gramlich/Manger-Nestler (Hrsg.), Europäisierte Regulierungsstrukturen und -netzwerke, 2011, S. 37 (48); vgl. im Überblick *Ludwigs*, in: Kahl/Ludwigs (Hrsg.), Handbuch des Verwaltungsrechts, Bd. II, 2021, § 44 Rn. 39.

[238] *Pernice*, AöR 136 (2011), 185 (216) spricht gar davon, die „Berufung auf die Identität komm[e] nur als *ultima ratio* in Betracht“ (Hervorh. im Original); a.A. *Gärditz*, AöR 135 (2010), 251 (285 f.), welcher der nationalen Identität den Vorrang einräumt, da die politische Unabhängigstellung von Verwaltungsinstanzen das besonders gewichtige und durch Art. 79 Abs. 3 GG geschützte Demokratieprinzip verletze; zur Vereinbarkeit der einschlägigen Regelungen mit dem Demokratieprinzip s. sogleich unter Kapitel 2, B.II.1.

[239] Vgl. Kapitel 3, A.; s. auch *Kahl*, in: Kahl/Ludwigs (Hrsg.), Handbuch des Verwaltungsrechts, Bd. I, 2021, § 30 Rn. 22.

1. Bedenken gegen die Unabhängigstellung von Behörden aufgrund des Demokratieprinzips

Es wurde bereits dargelegt, dass das nationale Demokratieprinzip eine weisungsgesteuerte, hierarchische Verwaltungsgliederung intendiert.[240] Nun stellt sich die Frage, inwieweit es konkret der Einrichtung unabhängiger Behörden entgegensteht. Mit anderen Worten: Sind die demokratietheoretischen Zweifel begründet? Nach einer kurzen Auseinandersetzung mit dem unionsrechtlichen Demokratieverständnis (a)) wird sodann die verfassungsrechtliche Sichtweise (b)) erörtert.

a) Europäisches Demokratieprinzip

Dass die Vereinbarkeit unabhängiger Instanzen mit dem Demokratieprinzip kein rein national diskussionswürdiger Aspekt ist, leuchtet ein. Schließlich gehört die Demokratie nach Art. 2 und 10 EUV ebenfalls zu den grundlegenden Werten der Europäischen Union. Indes hat der EuGH in seiner 2010 ergangenen, bereits zuvor angesprochenen Datenschutz-Entscheidung keinen grundsätzlichen Widerspruch zwischen der Weisungsfreiheit bestimmter Stellen und dem Demokratieprinzip erkennen können.[241] Die Existenz öffentlicher Stellen jenseits des klassisch-hierarchischen Modells sei für die Aufgabenerfüllung bisweilen unabdingbar und bedeute nicht, dass kontroll- bzw. rechtsfreie Räume entstünden. Für ein – unstreitig erforderliches – Mindestmaß an parlamentarischem Einfluss genüge es beispielsweise, wenn Parlament oder Regierung an der Bestellung von Spitzenpositionen beteiligt werden, der Gesetzgeber Kompetenzfragen regelt oder Rechenschaftspflichten gegenüber dem demokratisch legitimierten Souverän bestehen.[242] Der EuGH erklärt die Weisungsabhängigkeit also nicht zur indisponiblen Voraussetzung für ein zu forderndes Demokratieniveau, sondern lässt eine gewisse, gegebenenfalls auch nur rudimentäre Rückkopplung an Parlament oder Regierung ausreichen.

Folgt man dem – vom BVerfG zuletzt gebilligten[243] – Standpunkt des EuGH, der letztverbindlich über die Auslegung unionsrechtlicher Begriffe

---

[240] S. ausführlich unter Kapitel 2, A.I.

[241] EuGH, Urt. v. 9.3.2010, Rs. C-518/07, ECLI:EU:C:2010:125, Rn. 39ff. – Kommission/Deutschland; zustimmend *Roßnagel*, EuZW 2010, 299 (300f.); kritisch aber *Gärditz*, AöR 135 (2010), 251 (280ff.); *Bull*, EuZW 2010, 488 (489ff.); *Frenzel*, DÖV 2010, 925 (927ff.).

[242] EuGH, Urt. v. 9.3.2010, Rs. C-518/07, ECLI:EU:C:2010:125, Rn. 42ff. – Kommission/Deutschland.

[243] BVerfGE 151, 202 (294f.) Rn. 135ff. – Europäische Bankenunion.

entscheidet, ist ein Unabhängigkeitserfordernis im Hinblick auf das europäische Demokratieprinzip nicht zu beanstanden.[244] Auch der Unionsgesetzgeber selbst nimmt in den Erwägungsgründen einschlägiger Richtlinien an, dass die Unabhängigkeit „weder gerichtlichen Überprüfungen noch der parlamentarischen Kontrolle nach dem Verfassungsrecht der Mitgliedstaaten entgegen[steht]".[245] Zudem geht das Primärrecht in Art. 298 Abs. 1 AEUV, wie bereits näher untersucht, vom Modell einer unabhängigen Verwaltung aus.[246] Ein darüber hinausgehendes, strengeres Anforderungsprofil im Sinne einer Weisungsunterworfenheit tritt auf europäischer Ebene nicht derart deutlich hervor, wie es im nationalen Recht der Fall ist.

b) Demokratieverständnis des Grundgesetzes

Die grundsätzliche Vereinbarkeit unabhängiger Behörden mit dem europäischen Demokratieprinzip bedeutet nicht, dass damit automatisch die Bedenken der deutschen Jurisprudenz obsolet geworden sind. Nationales und unionales Verständnis von Demokratie müssen nicht zwangsläufig kongruent sein, vielmehr obliegt jeder Rechtsordnung autonom die Deutungshoheit über ihre Rechtsbegriffe.[247] In der Literatur findet sich bereits eine beachtliche Zahl an Beiträgen, die sich eingehend mit dem Spannungsverhältnis zwischen Demokratieprinzip und Unabhängigkeit auseinandergesetzt haben.[248] Um nachzuvollziehen, warum sich durch die besondere Ausgestaltung

244 Zustimmend *Roßnagel*, EuZW 2010, 299 (300 f.); kritisch zur Rechtsprechung des EuGH hingegen *Gärditz*, AöR 135 (2010), 251 (280 ff.), der insbesondere eine hinreichende sachlich-inhaltliche Legitimation vermisst und deshalb „deutliche demokratische Defizite" (S. 282) feststellt; s. auch neben den Nachweisen in Fn. 241 *Holznagel/Schumacher*, in: Gramlich/Manger-Nestler (Hrsg.), Europäisierte Regulierungsstrukturen und -netzwerke, 2011, S. 37 (48 ff.).

245 So wörtlich Erwägungsgrund Nr. 80 S. 2 Elektrizitäts-RL (EU) 2019/944; fast identisch Erwägungsgrund Nr. 30 S. 2 Gas-RL 2009/73/EG; Erwägungsgrund Nr. 22 ECN+-RL (EU).

246 S. oben unter Kapitel 2, B.I.1.

247 *Calliess*, in: Calliess/Ruffert (Hrsg.), EUV/AEUV, 6. Aufl. 2022, Art. 2 EUV Rn. 21.

248 Aus der Vielzahl wissenschaftlicher Abhandlungen ohne Anspruch auf Vollständigkeit vgl. nur monografisch *Bredt*, Die demokratische Legitimation unabhängiger Institutionen, 2006, S. 9 ff., 47 ff., 317 ff., 378 ff.; *Wiedemann*, in: Masing/Marcou (Hrsg.), Unabhängige Regulierungsbehörden, 2010, S. 39 ff.; am Beispiel des Telekommunikationssektors *Oertel*, Die Unabhängigkeit der Regulierungsbehörde nach §§ 66 ff. TKG, 2000, S. 238 ff.; *Lee*, Demokratische Legitimation der Vollzugsstruktur der sektorspezifischen Regulierungsverwaltung, 2017, S. 27 ff., 55 ff., 163 ff., 380 ff.; *Gonsior*, Die Verfassungsmäßigkeit administrativer Letztentscheidungsbefugnisse, 2018, insb. S. 178 ff.; *Kröger*, Unabhängigkeitsregime im europäischen Verwaltungsverbund, 2020, S. 107 ff., 339 ff., 351 ff.; *Mayen*, DÖV 2004, 45 (46 ff.); *Pöcker*,

einer unabhängigen Verwaltung demokratietheoretische Probleme ergeben, wird die Diskrepanz zwischen den verfassungsrechtlichen Anforderungen und den einschlägigen Organisationsregelungen kurz erörtert (aa)). Es folgen Rechtfertigungsansätze, mithilfe derer die geäußerten Bedenken ausgeräumt werden sollen (bb)).

aa) Spannungsverhältnis zwischen Unabhängigkeit und Demokratieprinzip

Wie bereits herausgearbeitet, verlangt das in Art. 20 Abs. 1 und 2 GG wurzelnde demokratische Prinzip im Wesentlichen einen personellen und einen sachlich-inhaltlichen Legitimationsstrang für staatliches Handeln, wobei im Zusammenwirken der beiden Komponenten ein hinreichendes Legitimationsniveau erreicht werden muss.[249] Fraglich ist nun, ob eine unionsrechtliche Unabhängigkeitsvorgabe diesen Anforderungen entspricht. Als weniger pathologisch erweist sich noch die *personelle Komponente*, die eine ununterbrochene Legitimationskette zwischen dem Staatsvolk als Souverän und dem *in concreto* handelnden Amtsträger voraussetzt. Denn das Leitungspersonal unabhängiger Behörden genießt grundsätzlich eine besonders stark ausgeprägte demokratische Rückkopplung, indem bei der Besetzung von Spitzenposten Verfassungsorgane unmittelbar beteiligt werden. Exemplarisch wird nach § 3 Abs. 3 Satz 1 BEGTPG[250] das Präsidium der BNetzA auf Vorschlag des Beirates von der Bundesregierung benannt und nach Abs. 4 durch den Bundespräsidenten ernannt. Ähnliches gilt für den Vorstand der Bundesbank, dessen Mitglieder nach § 7 Abs. 3 BBankG vom Bundespräsidenten teils auf Vorschlag der Bundesregierung und teils auf Vorschlag des Bundesrates bestellt werden. Für den Präsidenten des BKartA, dessen Ernennung und rechtlicher Status sich nach dem Bundesbeamtengesetz richtet, ergeben sich diesbezüglich ebenfalls keine Probleme. Seine demokratische Legitimation ist stark ausgeprägt, da er auf Vorschlag des Bundeswirtschaftsministers nach Zustimmung der Bundesregierung durch den Bundespräsidenten ernannt wird.[251] Bestimmt ihrerseits die Behördenleitung unabhängiger Institutionen

---

VerwArch 99 (2008), 380 ff.; *Gärditz*, AöR 135 (2010), 251 (283 ff.); *Franzius*, DÖV 2013, 714 (715 ff.); instruktiv *Ludwigs*, Die Verwaltung 44 (2011), 41 (46 ff.) m. w. N.

[249] S. oben unter Kapitel 2, A.I., dort auch zu den nachfolgenden allgemeinen Ausführungen zum Demokratieprinzip.

[250] Gesetz über die Bundesnetzagentur für Elektrizität, Gas, Telekommunikation, Post und Eisenbahnen v. 7.7.2005, BGBl. I S. 1970, 2009 (=BEGTPG); zuletzt geändert durch Art. 3 G zur Umsetzung unionsrechtlicher Vorgaben und zur Regelung reiner Wasserstoffnetze im Energiewirtschaftsrecht v. 16.7.2021 (BGBl. I S. 3026); zum Teil finden sich auch andere geläufige Abkürzungen wie BNetzAG und BNAG.

[251] Vgl. die Pressemitteilung des Forschungsinstituts für Wirtschaftsverfassung und Wettbewerb e. V. zur Besetzung des amtierenden Präsidenten des Bundeskartell-

ihr Personal, ergibt sich derivativ auch die personelle Legitimation für jeden einzelnen Amtswalter.

Zu Recht wird daher der Fokus der wissenschaftlichen Betrachtung auf die *sachlich-inhaltliche Komponente* gelegt. Im Vordergrund steht hier das Erfordernis eines effektiven Einflusses auf die Ausübung der Staatsgewalt durch das Volk.[252] Nachdem jenes unmittelbar nur auf die Zusammensetzung des Parlaments über den Wahlakt einwirken kann, ist von zentraler Bedeutung, inwieweit das Parlament die Exekutive zu kontrollieren vermag. Dies geschieht einerseits über die Bindung der Verwaltung an formelle Gesetze (vgl. Art. 20 Abs. 3 GG), andererseits durch die parlamentarische Überwachung der Regierung.[253] Ihrerseits wiederum steuert die Regierung das Handeln der Administrative regulär über Weisungsbefugnisse.[254] Werden Behörden aber nun gesetzlich weitreichende (Beurteilungs-)Spielräume eingeräumt und die Weisungsketten gekappt, entstehen infolge des Defizits an sachlich-inhaltlicher Legitimation *ministerialfreie Räume*. Die Frage keimt auf, wie solche Friktionen mit dem Demokratieprinzip des Grundgesetzes zu rechtfertigen sind.

bb) Rechtfertigungsansätze

Bei der Erkundung potenzieller Rechtfertigungsmöglichkeiten ist es *a priori* ausgeschlossen, im Falle eines Vorliegens ministerialfreier Räume den Anforderungen des Demokratieprinzips ihren verbindlichen Charakter abzusprechen. Eckart Klein schlägt dahingehend in der von ihm entwickelten *Verzichtstheorie* vor, die Kontrollbefugnisse des Parlaments für dispositiv zu erachten.[255] Dem Bundestag zuzugestehen, auf die Überwachung der Exekutive freiwillig verzichten zu können, muss freilich ausscheiden. Sie ist verfassungsrechtlich zwingend und wichtige Säule der demokratischen Legiti-

amts v. 12.1.2010, https://www.fiw-online.de/de/aktuelles/archiv-2010/bkarta-ernennung-von-andreas-mundt-zum-praesidenten-des-bundeskartellamts [zuletzt aufgerufen am 31.1.2022]; von der Delegationsbefugnis des Bundespräsidenten bezüglich der Ernennung gemäß Art. 60 Abs. 1 GG, § 12 Abs. 1 BBG wurde insoweit kein Gebrauch gemacht.

252 BVerfGE 93, 37 (67) – Mitbestimmungsgesetz Schleswig-Holstein; s. bereits näher unter Kapitel 2, A.I.

253 Prägnant *Mayen*, DÖV 2004, 45 (47); ausführlich *Jestaedt*, Demokratieprinzip und Kondominialverwaltung, 1993, S. 334 ff.

254 Vorzüglicher Überblick über die hierarchischen Steuerungs- und Kontrollmöglichkeiten der Regierung bei *Jestaedt*, Demokratieprinzip und Kondominialverwaltung, 1993, S. 340 ff.

255 Grundlegend *E. Klein*, Die verfassungsrechtliche Problematik des ministerialfreien Raumes, 1974, S. 190 ff.

mation. Es steht nicht im Ermessen des Parlaments, von der Ausübung seiner Kontrollkompetenzen Gebrauch zu machen.[256]

Nachdem das Demokratieprinzip richtigerweise nicht dispositiv ist, erscheint zunächst ein Rückgriff auf alternative Modelle der Legitimationsvermittlung zur Rechtfertigung unabhängiger Stellen erwägenswert. Hierbei rücken insbesondere output-orientierte Ansätze in den Mittelpunkt. Jene zielen – anknüpfend an Fritz Scharpf sowie die politische Systemtheorie – auf eine wünschbare Qualität von Entscheidungen ab und folgern aus einem legitimen Ergebnis deduktiv die demokratische Legitimation.[257] Während bei einer auf „Inputs" ausgerichteten Betrachtung der Fokus auf den Beteiligungsmodi des Volkes zur Artikulation von Interessen liegt, stellen sich Vertreter der *Output-Theorien* die Frage, wie Entscheidungszusammenhänge auszugestalten sind, damit eine bestimmte Qualität erreicht werden kann.[258] Letztere nehmen also das Ergebnis eines demokratischen Prozesses als Ausgangspunkt ihrer Überlegungen, erstere den Weg dahin. Mit anderen Worten: Diejenigen Verfahren sind den output-basierten Ansätzen zufolge demokratisch legitim, welche eine gewisse Qualität der Entscheidungen im Hinblick auf deren „inhaltliche Rationalität" und „effektive Gemeinwohldienlichkeit" erwarten lassen.[259] Soweit man die Output-Legitimation lediglich im Sinne eines Kontroll- und Verantwortungszusammenhangs dahingehend versteht, dass sie die Gründe vermittelt, Entscheidungssysteme so zu konzipieren, dass legitime Gemeinwohlziele erreichbar sind,[260] ist dem zuzustimmen. Denn wie noch zu zeigen sein wird, erlauben Sachgründe im Einzelfall ohnehin eine Modifikation des tradierten Legitimationsmodells. Nach dieser Lesart

---

256 *Dreier*, Hierarchische Verwaltung im demokratischen Staat, 1991, S. 135 f. unter Fn. 54; ausführlich *Jestaedt*, Demokratieprinzip und Kondominialverwaltung, 1993, S. 348 ff.; ablehnend auch *Ludwigs*, Die Verwaltung 44 (2011), 41 (47); *Kröger*, Unabhängigkeitsregime im europäischen Verwaltungsverbund, 2020, S. 114 f.

257 Wegweisend *Scharpf*, Demokratietheorie zwischen Utopie und Anpassung, 1970, S. 21 ff.

258 Ausführlich *Scharpf*, Demokratietheorie zwischen Utopie und Anpassung, 1970, S. 21 ff.; *Trute*, in: Hoffmann-Riem/Schmidt-Aßmann/Voßkuhle (Hrsg.), Grundlagen des Verwaltungsrechts, Bd. I, 2. Aufl. 2012, § 6 Rn. 53 m.w.N.; *Schliesky*, Souveränität und Legitimität von Herrschaftsgewalt, 2004, S. 659 ff. m.w.N.; zur Gegenüberstellung von input- und output-orientierten Demokratietheorien *Züll*, Regulierung im politischen Gemeinwesen, 2014, S. 116 ff.; s. auch *Czybulka*, Die Legitimation der öffentlichen Verwaltung, 1989, S. 77 f.; *Classen*, Demokratische Legitimation im offenen Rechtsstaat, 2009, S. 27 f.

259 Vgl. *Züll*, Regulierung im politischen Gemeinwesen, 2014, S. 120, dort auch die wörtlich wiedergegebenen Schlagworte; s. auch *Höreth*, Die Europäische Union im Legitimationstrilemma, 1999, S. 85.

260 *Trute*, in: Hoffmann-Riem/Schmidt-Aßmann/Voßkuhle (Hrsg.), Grundlagen des Verwaltungsrechts, Bd. I, 2. Aufl. 2012, § 6 Rn. 53; *Schliesky*, Souveränität und Legitimität von Herrschaftsgewalt, 2004, S. 667.

können sie die durch Input-Konzepte hergestellte Legitimation zumindest ergänzen und dadurch für ein insgesamt höheres Legitimationsniveau sorgen. Hingegen können es Output-Ansätze nicht leisten, *anstelle* des überkommenen Modells eigenständig Legitimation zu *erzeugen*. Insoweit ist darauf hinzuweisen, dass „gute Gründe […] keine Legitimation [schaffen].[261] In Reinkultur liefe dies auf eine Expertokratie hinaus, die schwerlich mit der Vorstellung des Grundgesetzes in Einklang zu bringen scheint.[262] Dafür, dass staatliches Handeln stattdessen *ex ante* auf das Staatsvolk rückführbar sein muss und somit das verfassungsrechtliche Demokratieverständnis input-bezogen ist, spricht bereits der eindeutige Wortlaut des Art. 20 Abs. 2 Satz 1 GG: „Alle Staatsgewalt *geht vom Volke aus*." Darüber hinaus wird der denkbar unscharfe Beurteilungsmaßstab, was ein wünschenswertes Ergebnis ist, dem exakten Anspruch der Rechtswissenschaft nicht gerecht, zumal es – nimmt man Demokratie als Herrschaft des Volkes ernst – nicht auf das sachlich beste Resultat ankommen kann, sondern allein darauf, was von einer Mehrheit als richtig empfunden wird. Einer Rechtfertigung über den demokratischen Output ist daher eine Absage zu erteilen.[263]

Ebenfalls als von vornherein nicht zielführend wird man Ansätze bewerten müssen, die eine Rechtfertigung in Fällen *geringer politischer Tragweite* oder *niedriger Eingriffsintensität* diskutieren.[264] Ungeachtet ihrer möglichen Validität erweisen sie sich für das Regulierungs- und Kartellrecht als grund-

---

261 Prägnant *Möllers*, Demokratie – Zumutungen und Versprechen, 3. Aufl. 2012, S. 43 f. (These 54).

262 Im Kontext des Regulierungsrechts ebenso kritisch *Gärditz*, NVwZ 2009, 1005 (1009): „Die Rechtsprechung hat hier bislang vorschnell vor der Komplexität regulierungsspezifischer Verwaltungsaufgaben kapituliert und damit dem Entstehen einer weitgehend kontrollfreien Expertokratie den Weg geebnet."; *Gärditz*, DVBl. 2009, 69 (71 f., 77); auf das Rechtsstaatsprinzip bezogen *Schorkopf*, JZ 2008, 20 (24): „Bei der Thematik des Rechtsschutzes offenbart sich insoweit die hinter dem Regulierungsmodell stehende szientistische Grundhaltung eines wissenschaftlich angeleiteten Rationalismus."; zur Bewertung eines technokratischen Staatsmodells s. unter Kapitel 2, B.III.

263 Zur Kritik auch *Unger*, Das Verfassungsprinzip der Demokratie, 2008, S. 278 ff.; *Gärditz*, AöR 135 (2010), 251 (278 f.); *Ludwigs*, Die Verwaltung 44 (2011), 41 (49); *Dreier*, in: Dreier (Hrsg.), GG, Bd. II, 3. Aufl. 2015, Art. 20 (Demokratie) Rn. 83 m. w. N.: „Die Demokratievorstellung des Grundgesetzes ist dezidiert inputorientiert."; *Lee*, Demokratische Legitimation der Vollzugsstruktur der sektorspezifischen Regulierungsverwaltung, 2017, S. 195 ff.; *Züll*, Regulierung im politischen Gemeinwesen, 2014, S. 119 ff., der allerdings darauf hinweist, dass gute Sachgründe jedenfalls dann bedeutsam sein können, „wenn sie ihrerseits in demokratischen Entscheidungsverfahren vorgebracht werden und dort als Ergebnis eine Anpassung jener Entscheidungsverfahren bewirken." (S. 121); *U. Schröder*, JA 2017, 809 (813), dort auch zu anderen Formen demokratischer Legitimation.

264 Vgl. *Mayen*, DÖV 2004, 45 (47 ff.); näher zu diesem „Bagatellvorbehalt" *Schliesky*, Souveränität und Legitimität von Herrschaftsgewalt, 2004, S. 259 ff.

sätzlich ungeeignet, da Entscheidungen in diesen Rechtsgebieten sich regelmäßig als politisch bedeutsam sowie eingriffsintensiv darstellen[265]. Ähnlich gestaltet sich der Befund für den Fall, ministerialfreie Räume bei *zwingender Erforderlichkeit* anzuerkennen. Ernst-Wolfgang Böckenförde lässt eine Rechtfertigung nur insoweit zu, „als die gesetzlich übertragene und umschriebene Aufgabe nach ihrer spezifischen Eigenart solche Weisungsfreiheit notwendig erfordert", und nennt exemplarisch das Prüfungswesen sowie verwaltungsinterne Kontrollinstanzen.[266] Jedenfalls bisher blieben im Regulierungs- und Kartellrecht ministerielle Weisungen die absolute Ausnahme, sodass trotz vorhandener Weisungsgebundenheit die Unabhängigkeit der einschlägigen nationalen Behörden nie ernsthaft gefährdet schien, sieht man von der latenten Gefahr einer informellen Einflussnahme ab[267]. Ebenso fielen die deutschen Regulierungs- und Kartellbehörden in der Vergangenheit keineswegs durch Ineffektivität auf.[268] Es mag möglicherweise im Einzelfall oder in Zukunft punktuell Stellen geben, für die eine Rechtfertigung aus zwingenden Sachgründen in Betracht kommt. Grundsätzlich ist allerdings zweifelhaft, ob sich in den untersuchten Rechtsgebieten eine solche Begründungsschiene flächendeckend als tragfähig erweist.[269]

Ins Zentrum rückt deshalb die Frage, ob trotz des Mangels an sachlich-inhaltlicher Legitimation ein *hinreichendes Legitimationsniveau* hergestellt werden kann. Zum einen ist diskussionswürdig, ob nicht eine *verstärkte personelle Legitimation* für sich genommen bereits das sachlich-inhaltliche Defizit tilgt. Gerade die Beteiligung mehrerer Verfassungsorgane an der Besetzung von Führungspositionen in unabhängigen Behörden verleiht dem personellen Legitimationsstrang eine besondere Stärke, welche fehlende Weisungsrechte relativiert.[270] Ergänzend soll ein zeitlich befristetes, widerrufliches, öffentlich-rechtliches Amtsverhältnis, wie es etwa für den Präsi-

---

[265] Deutlich *Ruffert*, AöR 124 (1999), 237 (278).

[266] *Böckenförde*, in: Isensee/Kirchhof (Hrsg.), Handbuch des Staatsrechts, Bd. II, 3. Aufl. 2004, § 24 Rn. 24; dem folgend *Ludwigs*, Die Verwaltung 44 (2011), 41 (48); noch restriktiver *Mayen*, DÖV 2004, 45 (50), der nur in „gleichrangigen verfassungsrechtlichen Strukturelementen" als zwingende verfassungsrechtliche Gegengründe eine Rechtfertigung für die Weisungsfreiheit erblickt, wenngleich eine Unabhängigkeit nicht ausdrücklich im Grundgesetz normiert sein müsse.

[267] Vor diesem Hintergrund zurückhaltender in der Bewertung der Effektivität und faktischen Unabhängigkeit der Regulierung *Böllhoff*, in: Jann/Döhler (Hrsg.), Agencies in Westeuropa, 2007, S. 79 (90 ff.); zur informellen Einflussnahme s. auch *Döhler*, Die Verwaltung 34 (2001), 59 (76 f.) sowie noch näher unter Kapitel 2, B.III.2.

[268] Vgl. auch *Ludwigs*, Die Verwaltung 44 (2011), 41 (48) m. w. N.

[269] In diese Richtung auch *Mayen*, DÖV 2004, 45 (49 f.); dezidiert ablehnend *Ludwigs*, Die Verwaltung 44 (2011), 41 (48 f.).

[270] S. hierzu bereits zuvor unter Kapitel 2, B.II.1.b)aa); vgl. auch *Kröger*, Unabhängigkeitsregime im europäischen Verwaltungsverbund, 2020, S. 368 f.

denten der BNetzA in § 4 Abs. 1 BEGTPG normiert ist, durch die damit verbundene einfachere Abberufungsmöglichkeit den Grad der personellen Legitimation zusätzlich erhöhen.[271] Selbst wenn man aber die im Einzelfall umstrittene Frage nach einem innerbehördlichen Weisungsrecht des Präsidenten einer unabhängigen Institution und somit eine durchgängig starke Legitimationskette bejaht,[272] vermag eine gesteigerte personelle Legitimation die nur rudimentär über Gesetze vorhandene sachlich-inhaltliche Komponente nicht umfassend aufzuwiegen.[273] Andernfalls ließe sich kaum ein effektiver Einfluss des Staatsvolks auf die Ausübung der Staatsgewalt konstruieren. Daher reicht es nicht aus, unter Verzicht auf einen Legitimationsstrang den anderen entsprechend aufzuladen – jedenfalls dann, wenn nicht weitere kompensierende Faktoren hinzutreten. Allein ein demokratisch gewichtig mandatiertes (Leitungs-)Personal schafft mithin keine hinreichende Substitution.

Zum anderen erscheint eine *intensivere parlamentarische Kontrolle* zur Kompensation des skizzierten Legitimationsdefizits grundsätzlich geeignet. Denkbar wäre einerseits eine *detaillierte gesetzliche Vorstrukturierung* in Form klarer Tatbestände und nur eingeschränkter Spielräume für die Verwaltung, sodass dieser letztlich in erster Linie die Aufgabe der Subsumtion verbliebe. Insoweit verlangt das BVerfG derart ausdifferenzierte Regelungen, dass sich die behördlichen Kompetenzen „etwa auf die meßbar richtige Plan- oder Gesetzesdurchführung beschränken“.[274] Für das Regulierungs- und das Kartellrecht wird eine Rechtfertigung über eine derart strikte Gesetzesbindung ausscheiden müssen. Man denke nur an die Vielzahl der dort vorkommenden unbestimmten Rechtsbegriffe wie „Missbrauch“, „marktbeherrschende Stellung“ oder „wirksamer Wettbewerb“.[275] Dass sich hier auch keine Trendwende abzeichnet, zeigt ein Blick auf die aktuelle Debatte zum

---

[271] *Oertel*, Die Unabhängigkeit der Regulierungsbehörde nach §§ 66ff. TKG, 2000, S. 322ff., 331; kritisch *Mayen*, DÖV 2004, 45 (52f.), der insgesamt eine Substitution der verringerten sachlichen Legitimation durch eine gesteigerte personelle nur unter engen Grenzen, insbesondere einer hinreichend klaren gesetzlichen Vorstrukturierung, zulassen will.

[272] Vgl. zum Streitstand bei BNetzA und BKartA noch ausführlich Kapitel 3, B.II.1.a).

[273] *Böckenförde*, in: Isensee/Kirchhof (Hrsg.), Handbuch des Staatsrechts, Bd. II, 3. Aufl. 2004, § 24 Rn. 22f.; *Emde*, Die demokratische Legitimation der funktionalen Selbstverwaltung, 1991, S. 329ff.; *Mayen*, DÖV 2004, 45 (48); die Möglichkeit einer Totalsubstitution (mit beachtlichen Argumenten) dagegen bejahend *Jestaedt*, Demokratieprinzip und Kondominialverwaltung, 1993, S. 283ff.; *Kahl*, Die Staatsaufsicht, 2000, S. 481.

[274] BVerfGE 83, 60 (74) – Ausländerwahlrecht II.

[275] Vgl. z.B. Art. 102 AEUV und § 11 TKG; *Mayen*, DÖV 2004, 45 (52); *Ludwigs*, Die Verwaltung 44 (2011), 41 (51f.); *Gonsior*, Die Verfassungsmäßigkeit admi-

normierenden und administrativen Ansatz.[276] Bei konsequenter Anwendung der normierenden Lösung im Sinne einer starken gesetzlichen Vorstrukturierung wie im Energiesektor ließe sich eine Rechtfertigung kraft besonders ausgeprägter sachlich-inhaltlicher Legitimation noch vertreten. Wird hingegen wie im Telekommunikationsbereich der administrative Ansatz gewählt, bei dem die Entscheidungskompetenzen im Wesentlichen genuin der zuständigen Behörde obliegen, muss ein solcher Rechtfertigungsvorschlag ausscheiden. In Anbetracht des zunehmenden Drucks der EU-Kommission, das administrative, unabhängigkeitsfreundliche Modell auszubauen, erscheint der Kompensationsweg über eine erhöhte materielle Legitimation auch künftig versperrt.

Andererseits ist auch eine ausgeprägte *direkte parlamentarische Kontrolle* in Erwägung zu ziehen. Eigens dafür installierte Ausschüsse könnten – anknüpfend an die bereits bestehende beiratliche Aufsicht über die BNetzA (vgl. §§ 5 ff. BEGTPG)[277] – mit einer ständigen begleitenden Kontrolle unabhängiger Behörden betraut werden.[278] In der Tat steht dem Bundestag ein mannigfaltiges Instrumentarium an Kontrollmitteln zur Verfügung. Denkbar wäre neben einer Einwirkung durch das parlamentarische Haushaltsrecht (vorbehaltlich der Wahrung einer gegebenenfalls bestehenden finanziellen Unabhängigkeit)[279] die Einrichtung von Ausschüssen, die mit umfangreichen Ingerenzmöglichkeiten ausgestattet werden. Zu ihnen gehören etwa Untersuchungs-, Frage-, Zitier-, Anhörungs- und Auskunftsrechte bis hin zu Abberufungsrechten und echten Mitwirkungsbefugnissen.[280] Zwar sieht das Grundgesetz grundsätzlich nur eine direkte parlamentarische Kontrolle der Regie-

---

nistrativer Letztentscheidungsbefugnisse, 2018, S. 28 ff.; *Terhechte*, in: Ehlers/Fehling/Pünder (Hrsg.), Besonderes Verwaltungsrecht, Bd. 1, 4. Aufl. 2019, § 37 Rn. 12.

276 S. hierzu bereits unter Kapitel 1, B.IV.1.; kritisch zur demokratischen Legitimation beim administrativen Ansatz angesichts der eingeschränkten materiellrechtlichen Steuerung auch *Kröger*, Unabhängigkeitsregime im europäischen Verwaltungsverbund, 2020, S. 371 f.; eingehend zum Vertragsverletzungsverfahren (Rs. C-718/18) bezüglich des normativen Regulierungskonzepts im Energiesektor s. unter Kapitel 3, A.I.1.b)bb)(1).

277 Ausführlich hierzu *Oertel*, Die Unabhängigkeit der Regulierungsbehörde nach §§ 66 ff. TKG, 2000, S. 331 ff.; s. noch näher unter Kapitel 4, B.III.2.b)aa)(1).

278 Vgl. *Kröger*, Unabhängigkeitsregime im europäischen Verwaltungsverbund, 2020, S. 374 f.; ein weiterer Anknüpfungspunkt könnte in der parlamentarischen Kontrolle der Nachrichtendienste erblickt werden; *Gärditz*, AöR 135 (2010), 251 (281) mit Fn. 154 geht indes davon aus, dass diese „sich freilich durch so viele Besonderheiten auszeichnet, dass [sie] sich kaum als Vorbild für andere Regelungsbereiche eignet".

279 Dazu sogleich sowie bereits unter Kapitel 1, B.II.5.

280 *Jestaedt*, Demokratieprinzip und Kondominialverwaltung, 1993, S. 334 f.; *Ludwigs*, Die Verwaltung 44 (2011), 41 (52); *Ludwigs*, in: Festschrift für M. Schmidt-Preuß, 2018, S. 689 (694); *Franzius*, DÖV 2013, 714 (716); *Kröger*, Unabhängig-

rung vor.[281] Wo aber der Regierung infolge fehlender Weisungsbefugnis die Hände gebunden sind, muss bzw. müsste sich die Kontrolle (zumindest *de lege ferenda*) unmittelbar auf unabhängige Behörden erstrecken, will man eine hinreichende Legitimation erreichen.

Dass die erforderliche demokratische Legitimation über eine starke Rolle der nationalen Parlamente herstellbar ist, scheint im Unionsrecht ebenfalls Anklang zu finden. Zum einen konzediert der EuGH in seiner Entscheidung zu unabhängigen Datenschutzaufsichtsbehörden, dass ein Vakuum an parlamentarischem Einfluss in jedem Fall ausgeschlossen sein muss.[282] Zum anderen geht auch der Unionsgesetzgeber davon aus, dass die Unabhängigkeit „weder gerichtlichen Überprüfungen noch der parlamentarischen Kontrolle nach dem Verfassungsrecht der Mitgliedstaaten entgegen[steht]".[283] Gegen eine hinlängliche Kompensationsmöglichkeit der fehlenden sachlich-inhaltlichen Legitimation ließen sich mithin allenfalls noch die *Grenzen* des Budgetrechts sowie die geringere Effektivität des parlamentarischen Einflusses gegenüber ministeriellen Weisungen einwenden. Erstere wären überschritten, wenn die finanzielle Unabhängigkeit der Behörde nicht mehr gewahrt ist. Aufgrund des dem Parlament genuin zustehenden Haushaltsrechts ist allerdings hier von einem weiten Spielraum auszugehen. Eine Verletzung besteht erst dann, wenn mit einer Sparmaßnahme gezielt gegen die Behörde vorgegangen wird oder deren Funktionsfähigkeit unmittelbar gefährdet erscheint.[284] Indem die Haushaltshoheit insoweit nur durch eine „Missbrauchskontrolle" beschränkt wird, scheidet eine Kompensation nicht unter diesem Gesichtspunkt aus. Im Hinblick auf den zweiten Einwand der geringeren Effektivität des Einflusses ist zunächst festzustellen, dass der Grundsatz der Gewaltenteilung es gebietet, seitens der Legislative nicht in den Kernbereich exekutiver Eigenverantwortung[285] einzudringen.[286] Dass an die Stelle eines Weisungs-

---

keitsregime im europäischen Verwaltungsverbund, 2020, S. 367ff.; s. auch unten Kapitel 4, B.III.2.b)aa)(1).

281 Vgl. exemplarisch Art. 43 Abs. 1 GG; zutreffend *Jestaedt*, Demokratieprinzip und Kondominialverwaltung, 1993, S. 334f.; s. auch noch näher unter Kapitel 4, B.III.2.b)aa)(1).

282 EuGH, Urt. v. 9.3.2010, Rs. C-518/07, ECLI:EU:C:2010:125, Rn. 43 – Kommission/Deutschland; s. auch bereits die Ausführungen zum europäischen Demokratieprinzip unter Kapitel 2, B.II.1.a).

283 Vgl. die Nachweise in Fn. 245.

284 S. hierzu bereits unter Kapitel 1, B.II.5. mit den Nachweisen in Fn. 62; s. auch *Kröger*, Unabhängigkeitsregime im europäischen Verwaltungsverbund, 2020, S. 372f.

285 Zum Kernbereich im Lichte des Gewaltenteilungsgrundsatzes vgl. BVerfGE 22, 106 (111) – Steuerausschüsse; 30, 1 (27f.) – Abhörurteil; 34, 52 (59) – Hessisches Richtergesetz; 67, 100 (139) – Flick-Untersuchungsausschuss; begriffsprägend *Scholz*, AöR 105 (1980), 564 (598); vgl. ferner *Jestaedt*, Demokratieprinzip und Kondominialverwaltung, 1993, S. 336f.; *Schmidt-Aßmann*, Das allgemeine Verwaltungs-

rechts des Ressortministers ein solches eines Bundestagsausschusses tritt, ist deshalb ebenso ausgeschlossen wie die Etablierung eines Vetorechts im Hinblick auf administrative Entscheidungen. Gewiss stellt daher die parlamentarische Kontrolle ein Minus gegenüber der exekutiven dar. Entscheidend ist in diesem Zusammenhang aber lediglich die Frage, ob ein hinreichendes Legitimationsniveau erreicht werden kann. Gewährt man dem Gesetzgeber bei der Ausgestaltung des Demokratieprinzips einen Gestaltungsspielraum,[287] ist das erforderliche Legitimationslevel herstellbar, zumal bei unionsrechtlichem Impetus der Grundsatz der Europarechtsfreundlichkeit des Grundgesetzes nach Art. 23 Abs. 1 GG in Stellung gebracht werden kann.[288] Die Notwendigkeit überhöhter Anforderungen ergibt sich jedenfalls nicht aus Art. 20 Abs. 2 Satz 1 GG, der lediglich eine Rückführbarkeit der Staatsgewalt auf den Souverän postuliert und dem keine zu fordernde Stärke eines bestimmten Legitimationsstrangs zu entnehmen ist.

Soweit im Schrifttum strengere Maßstäbe zugrunde gelegt und erhöhte Anforderungen an das zu erreichende Legitimationsniveau gestellt werden,[289] käme noch in Betracht, das nationale Demokratieprinzip selbst zu relativieren und seine Anwendung bzw. Anwendbarkeit in bestimmten Konstellationen einzuschränken, will man dennoch zur Verfassungsmäßigkeit der Bestimmungen zur Unabhängigkeit gelangen. In diesem Zusammenhang verdient der Lösungsansatz über den – allgemein anerkannten – *unionsrechtlichen Anwendungsvorrang*, gewürdigt zu werden. Demnach hat das Recht der Europäischen Union, gleich welcher Rangstufe, Vorrang vor entgegenstehendem nationalen Recht.[290] Normiert das Unionsrecht also eine im Hinblick

recht als Ordnungsidee, 2. Aufl. 2006, 4. Kapitel, Rn. 43 f.; *Schwarz*, BayVBl. 2012, 161 (164 ff.).

[286] *Ludwigs*, Die Verwaltung 44 (2011), 41 (54). Dort wird unter S. 52 ff. auch noch das sog. *Traditionsargument* diskutiert und richtigerweise abgelehnt, da es ersichtlich nicht verfängt: Allein aus der Tatsache, dass eine bisherige entsprechende Praxis nicht existiert, kann nicht gefolgert werden, dass *pro futuro* eine solche auch nicht etabliert werden kann.

[287] *Böckenförde*, in: Isensee/Kirchhof (Hrsg.), Handbuch des Staatsrechts, Bd. II, 3. Aufl. 2004, § 24 Rn. 23.

[288] So auch *Ludwigs*, Die Verwaltung 44 (2011), 41 (54 f.); deutlich auch *Kersten*, DVBl. 2011, 585 (590 f.).

[289] Dezidiert *Gärditz*, AöR 135 (2010), 251 (284 f.); ferner *Kahl*, in: Festschrift für U. Spellenberg, 2010, S. 697 (711 f.); am Beispiel der BNetzA *Lee*, Demokratische Legitimation der Vollzugsstruktur der sektorspezifischen Regulierungsverwaltung, 2017, S. 197 ff.

[290] Grundlegend EuGH, Urt. v. 15.7.1964, Rs. 6/64, ECLI:EU:C:1964:66 = Slg. 1964, 1259 (1269 ff.) – Costa/E.N.E.L.; aus der Lit. vgl. nur *Streinz*, in: Streinz (Hrsg.), EUV/AEUV, 3. Aufl. 2018, Art. 4 EUV Rn. 35; zum Spannungsverhältnis des Verständnisses von EuGH und BVerfG im Hinblick auf die Reichweite des An-

auf das deutsche Demokratieprinzip fragliche Unabhängigkeit, könnte dieser Sichtweise zufolge ein mögliches Defizit für die Mitgliedstaaten hinzunehmen sein. Vom nationalen Standpunkt aus betrachtet, wonach sich der Anwendungsvorrang dogmatisch aus der verfassungsrechtlich zugelassenen Übertragung von Hoheitsrechten ergibt, besteht der Vorrang notwendigerweise nur, solange und soweit sich die europäische Rechtsvorschrift innerhalb des nationalen Anwendungsbefehls bewegt.[291] Für die Bundesrepublik ist insoweit Art. 23 Abs. 1 Satz 3 GG einschlägig. Die Bestimmung setzt der Übertragung von Hoheitsrechten materielle Grenzen, indem sie auf Art. 79 Abs. 3 GG verweist. Nach der dort enthaltenen „Ewigkeitsgarantie" dürfen u.a. die in den Artikeln 1 und 20 niedergelegten Grundsätze nicht berührt werden. Das in Art. 20 Abs. 1 und 2 GG verankerte Demokratieprinzip genießt folglich einen besonderen Identitäts- bzw. Änderungsschutz. Dessen ungeachtet tangiert nicht jede Abweichung vom verfassungsrechtlichen Standard die materielle Änderungssperre des Grundgesetzes. Vielmehr verlangt Art. 79 Abs. 3 GG dem Gesetzgeber ein Mindestmaß an Beachtung elementarer Grundsätze ab, innerhalb derer er über einen bestimmten Gestaltungsspielraum verfügt.[292] Übertragen auf das Demokratieprinzip ist insoweit ein gewisses, im Einzelfall zu bestimmendes Legitimationsniveau notwendig, aber auch hinreichend.[293] Insbesondere der Grundsatz der *Volkssouveränität* ist an sich gegen Änderungen immun.[294] Dass unabhängige Stellen nicht *per se* gegen das Demokratieprinzip verstoßen, zeigt die Verfassung selbst, in-

---

wendungsvorrangs und den Kontrollvorbehalt des BVerfG instruktiv *Ludwigs/Sikora*, EWS 2016, 121 ff.; s. noch näher unter Kapitel 4, B.I.1.b)cc).

291 Vgl. *Ruffert*, in: Calliess/Ruffert (Hrsg.), EUV/AEUV, 6. Aufl. 2022, Art. 1 AEUV Rn. 17; zur im Lissabon-Urteil (BVerfGE 123, 267) entwickelten Kontrollvorbehalte-Judikatur des BVerfG s. *Streinz*, in: Streinz (Hrsg.), EUV/AEUV, 3. Aufl. 2018, Art. 4 EUV Rn. 21 ff.

292 Wie hoch das Maß an Gestaltungsfreiheit des verfassungsändernden Gesetzgebers ist, wird uneinheitlich bewertet und formuliert: Das BVerfG spricht im Abhörurteil (BVerfGE 30, 1 [24 f.]) einerseits von einem Schutz vor „prinzipielle[r] Preisgabe" der in Art. 79 Abs. 3 GG genannten Grundsätze, andererseits von einer „systemimmanent[en]" Modifizierbarkeit bzw. einer Änderbarkeit „aus evident sachgerechten Gründen"; *Herdegen*, in: Dürig/Herzog/Scholz (Hrsg.), GG, 95. EL 2021, Art. 79 Rn. 63 leitet daraus einen „Korridor" respektive eine „Zone" ab, in der Verfassungsänderungen zulässig sind. In diesen Bereich sollen sogar „völlige Systemwechsel in der Staatsorganisation, die weiterhin den Prinzipien des Art. 20 GG verhaftet bleiben", fallen; *Sachs*, in: Sachs (Hrsg.), GG, 9. Aufl. 2021, Art. 79 Rn. 39 m. w. N. hält „Änderungen der Art. 1 und 20 [für] nicht ausgeschlossen", soweit die „ursprünglichen Grundsätze in der grundgesetzl. Ordnung substanziell bewahrt bleiben".

293 *Herdegen*, in: Dürig/Herzog/Scholz (Hrsg.), GG, 95. EL 2021, Art. 79 Rn. 130; s. auch *U. Schröder*, JA 2017, 809 (816).

294 *P. Kirchhof*, in: Isensee/Kirchhof (Hrsg.), Handbuch des Staatsrechts, Bd. II, 3. Aufl. 2004, § 21 Rn. 89.

dem sie – wie in Art. 97 Abs. 1 GG für Richter und in (dem zwar nachträglich ins Grundgesetz eingefügten, aber verfassungsrechtlich nicht zu beanstandenden) Art. 88 Satz 2 GG für die Europäische Zentralbank[295] – die Unabhängigkeit nicht nur duldet, sondern sogar teilweise fordert. Durchbrechungen des Demokratieprinzips sind demnach nicht *a priori* ausgeschlossen, sodass Instanzen „jenseits politischer Steuerung von außen und abseits politischer Verantwortlichkeit" nicht von vornherein unzulässig sind.[296] Dem steht nicht entgegen, dass die Grundsätze ausweislich des Wortlauts der Garantie nicht „berührt" werden dürfen. Zwar bringt der Verfassungsgeber damit zum Ausdruck, dass der Verfassungskern unangetastet bleiben muss. Relativiert wird dieses strikte Änderungsverbot aber dadurch, dass der Passus „in den Artikeln 1 und 20 niedergelegten Grundsätze" einer Interpretation zugänglich ist und nicht jede Abweichung von tradierten Vorstellungen einen nicht zu rechtfertigenden Eingriff in Art. 79 Abs. 3 GG darstellt.[297] Aus sachgerechten Gründen kommt daher grundsätzlich eine Modifikation der konkreten Ausprägungen dieser Grundsätze in Betracht.[298]

Auch das BVerfG räumt ausdrücklich eine gewisse *Entwicklungsoffenheit des Demokratieprinzips* ein.[299] Nicht notwendig erscheint dabei ein Erreichen über das Zusammenspiel von personeller und sachlich-inhaltlicher Legitimationskomponente. Vielmehr liegt jedenfalls dann kein Verstoß gegen den unverrückbaren Kern des Art. 79 Abs. 3 GG vor, wenn eine Legitimation

---

295 S. hierzu noch unter Kapitel 2, B.II.2.a) einschließlich der Diskussion, ob es sich insoweit um verfassungswidriges Verfassungsrecht handelt; zur Frage, ob Art. 88 S. 2 GG auch die Errichtung einer unabhängigen Bundesbank erfordert, s. unter Kapitel 2, B.II.2.b).

296 Im Kontext der Unabhängigkeit von Zentralbanken BVerfGE 89, 155 (208 f.); *Herdegen*, in: Dürig/Herzog/Scholz (Hrsg.), GG, 95. EL 2021, Art. 79 Rn. 142, dort auch das wörtliche Zitat; explizit die Einrichtung unabhängiger Stellen aufgrund Unionsrechts für möglich haltend *Sachs*, in: Sachs (Hrsg.), GG, 9. Aufl. 2021, Art. 79 Rn. 71.

297 Vgl. *Dietlein*, in: Epping/Hillgruber (Hrsg.), BeckOK GG, 49. Edition 2021, Art. 79 Rn. 21; *Sachs*, in: Sachs (Hrsg.), GG, 9. Aufl. 2021, Art. 79 Rn. 36; s. auch *Kröger*, Unabhängigkeitsregime im europäischen Verwaltungsverbund, 2020, S. 340 ff., der Aufsichts- und Weisungsrechte nicht pauschal der Verfassungsidentität des Grundgesetzes zuordnet.

298 Im Kontext von Art. 91e GG BVerfGE 137, 108 (145) unter Rekurs auf BVerfGE 109, 279 (310) und 132, 195 (244); *Sachs*, in: Sachs (Hrsg.), GG, 9. Aufl. 2021, Art. 79 Rn. 36; im Einzelnen sind die Anforderungen und Grenzen an eine zulässige Modifikation freilich streitig.

299 BVerfGE 107, 59 (91) – Lippeverband; bestätigend zuletzt BVerfGE 151, 202 (291) Rn. 130 – Europäische Bankenunion; vgl. zur Fortentwicklung des Demokratieprinzips im Kontext unabhängiger Regulierungsbehörden eingehend *Pöcker*, VerwArch 99 (2008), 380 ff.; zuvor bereits *Hermes*, in: Festschrift für M. Zuleeg, 2005, S. 410 (423 ff.).

durch kompensatorische Elemente, namentlich eine erhöhte parlamentarische und gerichtliche Kontrolle, herstellbar ist.[300] Trotz des Mangels an politischer Verantwortlichkeit stehen unabhängige Stellen nicht im rechtsfreien Raum, solange eine Überprüfung bzw. Überprüfbarkeit durch Parlament und Judikative unberührt bleibt. Zudem spricht die Vielzahl unterschiedlicher Stimmen im Schrifttum zur Frage der Vereinbarkeit unabhängiger Behörden in den vorliegend untersuchten Bereichen mit dem Demokratieprinzip[301] dagegen, einen evidenten oder pauschalen Verstoß gegen die deutsche Verfassungsidentität zu konstruieren. Eine solche Evidenz scheint das BVerfG für die Aktivierung des Identitätsvorbehalts allerdings zu verlangen.[302] Hierfür kann nicht zuletzt die in der Präambel und in Art. 23 Abs. 1 GG zum Ausdruck kommende Europarechtsfreundlichkeit des Grundgesetzes angeführt werden, sodass im Ergebnis auch die Anerkennung alternativer europäischer Legitimationskonzepte denkbar ist. Wenngleich bestimmte Behörden schwächer demokratisch legitimiert sind, wird richtigerweise zumindest der Identitätskern des Art. 79 Abs. 3 GG nicht verletzt, da insoweit das Hierarchieprinzip als solches mit seinem immanenten Weisungsrecht nicht an der Änderungsfestigkeit des Demokratiegebots teilhat.[303] Eine Grenze wäre etwa erst dann zu ziehen, wenn die hierarchische Verwaltung generell durch die EU missachtet und stattdessen die Unabhängigkeit die überkommene Ministerialverwaltung vollständig verdrängen würde. Selbst wenn man also vom Nichterreichen der für nationale Konstellationen grundsätzlich geltenden Anforde-

---

300 Ähnlich *Ludwigs*, Die Verwaltung 44 (2011), 41 (51 ff.).

301 Vgl. die zahlreichen Nachweise in Fn. 248, die das Spannungsverhältnis zwischen Unabhängigkeit und Demokratieprinzip disparat bewerten.

302 Vgl. BVerfGE 129, 124 (182) – EFS; zuletzt offenbar auch BVerfGE 151, 202 (361 f.) Rn. 291 f. – Europäische Bankenunion, wo das Verfassungsgericht zwar Demokratiedefizite feststellte, einen Verstoß gegen die durch Art. 20 Abs. 1, 2 i. V. m. Art. 79 Abs. 3 GG geschützten Grundsätze aber verneinte (dazu sogleich näher); aus der Lit. *Sauer*, ZRP 2009, 195 (196); *Ludwigs/Pascher/Sikora*, EWS 2020, 1 (3); zur zurückhaltenden Ausübung der Identitätskontrolle (und der insoweit bestehenden Nähe zur Ultra-vires-Kontrolle) s. auch *Streinz/Ohler/Herrmann*, Der Vertrag von Lissabon zur Reform der EU, 3. Aufl. 2010, Teil 1, § 2 V.3.c).

303 So auch *Gundel*, EWS 2017, 301 (305) m. w. N.; *Ruffert*, in: Festschrift für D. Scheuing, 2011, S. 399 (414); *Holznagel/Schumacher*, in: Gramlich/Manger-Nestler (Hrsg.), Europäisierte Regulierungsstrukturen und -netzwerke, 2011, S. 37 (42 ff.); s. aber auch *Ludwigs*, Die Verwaltung 44 (2011), 41 (47 f.), der – unabhängig davon, ob das Hierarchieprinzip durch Art. 79 Abs. 3 GG geschützt wird – vor einer Relativierung der „grundgesetzlichen Mindestanforderungen an die demokratische Legitimation staatlichen Handelns" warnt; anders *Gärditz*, AöR 135 (2010), 251 (286): „Die hierarchische Eingliederung nationaler Verwaltungsbehörden unter einen parlamentarisch verantwortlichen Ressortminister ist in diesem Kontext dem Kernbestand der nationalen Identität zuzurechnen, schon weil andere Legitimationsmodelle nicht zur Verfügung stehen und das Demokratieprinzip als solches qua Art. 79 Abs. 3 GG indisponibel ist und daher eine besondere Wertigkeit besitzt.".

rungen ausgeht, zwingt der Anwendungsvorrang des Unionsrechts zur Anlegung modifizierter Maßstäbe. Die von der Ewigkeitsgarantie gesetzten äußersten Grenzen werden jedenfalls bei hinreichender Kompensation, für die der deutsche Gesetzgeber Sorge zu tragen hat, *de constitutione lata* nicht überschritten.

Zu begrüßen ist, dass das BVerfG in seinem *Urteil zur Europäischen Bankenunion* vom 30. Juli 2019[304] die Gelegenheit genutzt hat, die Anforderungen des Demokratieprinzips an die Errichtung unabhängiger Einrichtungen zu konturieren und – die soeben dargestellten Ansätze fortentwickelnd – neue, grundlegende Maßstäbe zu setzen. Zwar hält der mit der Entscheidung befasste Zweite Senat ein Mindestmaß an demokratischer Legitimation im Sinne eines bestimmten Legitimationsniveaus für unabdingbar.[305] Gleichwohl bescheinigt er Art. 20 Abs. 1 und 2 GG eine Offenheit gegenüber begrenzten Modifikationen der Legitimationsvermittlung, wodurch die mit der Unabhängigstellung einhergehenden „Einflussknicke"[306] kompensierbar sind.[307] Die Karlsruher Richter rekurrieren insoweit namentlich auf eine effektive gerichtliche Kontrolle[308] sowie die zur Verfügung stehenden parlamentarischen Kontrollrechte. Ergänzend zu den bereits angesprochenen Ingerenzmöglichkeiten des Bundestages betonen sie den Aspekt, dass es entscheidend ist, dem Parlament die „Letztkontrolle durch eine Änderung oder Aufhebung der Rechtsgrundlagen" einzuräumen.[309] Der Gesetzgeber dürfe „nicht in eine bloß nachvollziehende Rolle" geraten.[310] Der Senat zieht mithin eine Untergrenze für die Absenkung des demokratischen Legitimationsniveaus und stellt zugleich klar, dass Abstriche bei der Legitimationsvermittlung stets ei-

---

[304] BVerfGE 151, 202 – Europäische Bankenunion; zur Rezeption der Entscheidung im Schrifttum s. z.B. die Urteilsanmerkungen von *Gentzsch/Brade*, EuR 2019, 602 ff.; *Ludwigs/Pascher/Sikora*, EWS 2020, 1 ff., 85 ff.; *Karpenstein/Langner*, EuZW 2020, 270 ff.; *Wehmhörner*, NVwZ 2020, 342 ff.

[305] BVerfGE 151, 202 (291) Rn. 129 – Europäische Bankenunion, m. w. N. aus der eigenen Rechtsprechung.

[306] Zum Begriff *Wagener*, in: Wagener (Hrsg.), Verselbständigung von Verwaltungsträgern, 1976, S. 31 (40 ff.); in der rechtswissenschaftlichen Debatte erstmals aufgreifend *P. M. Huber*, StWiss 1997, 423 (424); *P. M. Huber*, EuR 2003, 574 (593).

[307] BVerfGE 151, 202 (291) Rn. 130 – Europäische Bankenunion.

[308] Die legitimationsstiftende Wirkung der (ihrerseits unabhängigen) gerichtlichen Kontrolle in sachlich-inhaltlicher Hinsicht resultiert aus der Effektuierung der Gesetzesbindung, vgl. *Di Fabio*, in: Isensee/Kirchhof (Hrsg.), Handbuch des Staatsrechts, Bd. II, 3. Aufl. 2004, § 27 Rn. 25; *Gentzsch/Brade*, EuR 2019, 602 (625); *Ludwigs/Pascher/Sikora*, EWS 2020, 1 (5) unter Fn. 55; s. auch zur Legitimation der Judikative *Classen*, Demokratische Legitimation im offenen Rechtsstaat, 2009, S. 19 ff.

[309] BVerfGE 151, 202 (291 ff., 328 f.) Rn. 130 (dort das Zitat), 134, 211 – Europäische Bankenunion, unter Rekurs auf *Epron*, RFDA 2011, 1007 (1017 f.); *Groß*, JZ 2012, 1087 (1092).

[310] BVerfGE 151, 202 (356 f.) Rn. 273 – Europäische Bankenunion.

ner Rechtfertigung bedürfen.[311] Solange nur das Prinzip der Volkssouveränität nicht unterlaufen wird, lässt er allerdings als Rechtfertigung bereits „verfassungsrechtlich legitime Gründe“ ausreichen.[312] Ob diese jeweils tragfähig sind, hänge vom Einzelfall ab.[313] Bemerkenswerterweise gelangen die Richter selbst dann nicht zwingend zu einer Verfassungswidrigkeit, wenn eine vollständige Kompensation des Legitimationsdefizits ausbleibt. Jedenfalls wenn die bestehenden legitimationsstiftenden Faktoren „im Lichte des Demokratieprinzips ausgelegt und angewandt und die Möglichkeiten für eine demokratische Rückkopplung an den Deutschen Bundestag ausgeschöpft werden“, sei der integrations- und änderungsfeste Kern des Art. 20 Abs. 1, 2 i. V. m. Art. 79 Abs. 3 GG bei gesamtheitlicher Betrachtung nicht berührt.[314]

Dogmatisch aufbereitet prüft das BVerfG nach alledem das Erreichen einer demokratischen Mindestlegitimation in zwei Schritten, nimmt ergo einen *„Zwei-Stufen-Test“* vor.[315] Auf erster Stufe prüft das Gericht, ob durch verfassungsrechtlich legitime Gründe eine „spezifische Rechtfertigung“ unter Beachtung des Prinzips der Volkssouveränität für ein festgestelltes Demokratiedefizit vorliegt. Zweitens ist danach zu fragen, ob eine gegebenenfalls[316] erforderliche, hinreichende Kompensation[317] des Defizits vorhanden ist. Die Karlsruher Richter formulieren insoweit eine „Kompensationstrias“, bestehend aus gerichtlicher Kontrolle, besonderen Kontrollrechten des Europäi-

---

311 BVerfGE 151, 202 (292) Rn. 131 – Europäische Bankenunion.

312 BVerfGE 151, 202 (292) Rn. 131 m. w. N. – Europäische Bankenunion; vgl. ferner *Loschelder*, in: Isensee/Kirchhof (Hrsg.), Handbuch des Staatsrechts, Bd. V, 3. Aufl. 2007, § 107 Rn. 22; im Schrifttum werden verschiedene Anforderungen an das zu fordernde Gewicht der Rechtfertigungsgründe gestellt, vgl. im Überblick *Mayen*, DÖV 2004, 45 (50) m. w. N., der „überragend sachliche Gründe“, „gewichtige sachliche Gründe“, „zwingende Gründe“ sowie die Ableitbarkeit aus „gleichrangigen verfassungsrechtlichen Strukturelementen“ aus der Bandbreite der hierzu vertretenen Auffassungen zitiert.

313 BVerfGE 151, 202 (292 f.) Rn. 133 – Europäische Bankenunion.

314 BVerfGE 151, 202 (361 f.) Rn. 291 f. – Europäische Bankenunion.

315 BVerfGE 151, 202 (293) Rn. 134 – Europäische Bankenunion; instruktiv und begriffsprägend *Ludwigs/Pascher/Sikora*, EWS 2020, 1 (4 ff.).

316 Unklar bleibt, in welchen Fällen es nicht einmal einer Kompensation bedarf. Hier wird aber zur Vermeidung einer Aushöhlung des Demokratieprinzips ein restriktives Verständnis anzulegen sein in dem Sinne, dass sich die Notwendigkeit der Unabhängigstellung – wie im währungspolitischen Bereich der Zentralbank – geradezu aufdrängt bzw. aus der Natur der Sache ergibt; ähnlich *Ludwigs/Pascher/Sikora*, EWS 2020, 1 (5) in Fn. 54 unter Rekurs auf *Böckenförde*, in: Isensee/Kirchhof (Hrsg.), Handbuch des Staatsrechts, Bd. II, 3. Aufl. 2004, § 24 Rn. 24.

317 Grundlegend und allgemein zum Kompensationsgedanken und den Voraussetzungen einer Kompensation *Voßkuhle*, Das Kompensationsprinzip, 1999, S. 16 ff., 46 ff.; vgl. auch *Gonsior*, Die Verfassungsmäßigkeit administrativer Letztentscheidungsbefugnisse, 2018, S. 204 ff.

schen Parlaments und des Bundestages sowie Rechenschaftspflichten, die die gesetzgebenden Institutionen dazu befähigen, die einschlägigen Rechtsgrundlagen zu ändern.[318] Die im vorherigen Absatz beschriebene „Gesamtschau"[319] legt aber zugleich nahe, dass die Stufen nicht starr, sondern flexibel zu verstehen und einem tendenziell großzügigen Bewertungsmaßstab zugänglich sind.[320] Anhand dieser Kriterien ist daher die Vereinbarkeit der unabhängigen Stellen in den *untersuchten Rechtsgebieten* konkret zu überprüfen. Für den Bereich der Bankenaufsicht hat das Bankenunion-Urteil die erforderliche Subsumtionsarbeit bereits differenziert geleistet und im Ergebnis die hinreichende Kompensation des Legitimationsmangels bejaht.[321] Für den Bereich der Netzregulierung sind die geforderten verfassungsrechtlich legitimen Gründe in erster Linie in der Abschirmung der Regulierer vor (sachfremder) politischer Einflussnahme zu erblicken, die dort aufgrund der erheblichen volkswirtschaftlichen Bedeutung der Netzsektoren in besonderem Maße droht.[322] Als vom BVerfG ausdrücklich genannte kompensierende Faktoren[323] existieren im geltenden Recht zum einen eine direkte parlamentarische Kontrolle in Form des in diesem Abschnitt bereits erwähnten Beirats der BNetzA,[324] zum anderen verschiedene Rechenschafts- und Berichtspflichten (vgl. nur §§ 195 f. TKG [= §§ 121 f. TKG a. F.], 63 Abs. 3 EnWG, 71 ERegG)[325].[326] Auch im Kartellrecht scheint die konkrete Ausgestaltung der Verwaltungsarchitektur den „Zwei-Stufen-Test" erfolgreich zu bestehen. Während die kartellbehördliche Unabhängigkeit ihre Rechtfertigung in der institutionellen Grundsicherung der mitgliedstaatlichen Wettbewerbsbehörden sowie der – durch unbestimmte Rechtsbegriffe, prognostische Elemente und die Eigenheiten des Wettbewerbs verschärften – Gefahr von Wettbe-

---

318 BVerfGE 151, 202 (293) Rn. 134 – Europäische Bankenunion; zusammenfassend *Ludwigs/Pascher/Sikora*, EWS 2020, 1 (5); *Gentzsch/Brade*, EuR 2019, 602 (624).

319 Vgl. BVerfGE 151, 202 (361 f.) Rn. 291 f. – Europäische Bankenunion.

320 In diese Richtung auch *Ludwigs/Pascher/Sikora*, EWS 2020, 1 (7); deutlicher *Ludwigs*, NZKart 2020, 576 (581).

321 Vgl. im Einzelnen *Ludwigs/Pascher/Sikora*, EWS 2020, 1 (6 f.) m. w. N. und den entsprechenden Belegen aus dem Urteil; *Gentzsch/Brade*, EuR 2019, 602 (626 ff.); s. hierzu noch unter Kapitel 3, A.I.2.b)aa).

322 S. insbesondere unter Kapitel 2, B.III.1.

323 Zu weiteren Kontrollmöglichkeiten unabhängiger Stellen zur Herstellung des erforderlichen demokratischen Legitimationsniveaus s. eingehend unter Kapitel 4, B.III.2.a) (behördeninterne Kontrolle) und B.III.2.b) (behördenexterne Kontrolle, z. B. durch Medien, Öffentlichkeit und andere öffentliche Institutionen).

324 Hierzu noch näher unter Kapitel 4, B.III.2.b)aa)(1).

325 Vgl. ausführlich unter Kapitel 4, B.III.2.b)aa)(3).

326 Ebenso im Kontext des TK-Sektors *Eifert*, in: Ehlers/Fehling/Pünder (Hrsg.), Besonderes Verwaltungsrecht, Bd. 1, 4. Aufl. 2019, § 24 Rn. 142.

werbsverzerrungen durch sachwidrige politische Interventionen findet,[327] gelingt die Kompensation über eine ausgeprägte gerichtliche Kontrolle (vgl. § 76 Abs. 5 GWB)[328] sowie die Berichterstattung des BKartA im Sinne des § 53 GWB.[329] Vor diesem Hintergrund dürfte die Bundesrepublik im Lichte der neuen Judikatur des BVerfG in den untersuchten Rechtsgebieten mit Blick auf die demokratischen Anforderungen[330] grundsätzlich gut aufgestellt sein; lediglich auf Detailebene ist gelegentlich Optimierungspotenzial vorhanden, um im Rahmen der gesetzgeberischen Möglichkeiten die demokratische Legitimation weitestmöglich zu stärken[331]. Zu betonen ist allerdings, dass im Gegensatz eine weitere Rücknahme der Kontrolle über unabhängige Institutionen – sei es durch eine Reduzierung der gerichtlichen Kontrolldichte,[332] sei es durch eine „Entschlackung" der gesetzlichen Grundlagen[333] – jedenfalls ohne ausgleichende Faktoren nicht mehr mit dem verfassungsrechtlichen Demokratieprinzip vereinbar zu sein scheint.[334]

---

[327] S. näher zu diesen Hintergründen einer unabhängigen Ausgestaltung im Kartellrecht unter Kapitel 2, B.III.1.

[328] Vgl. zum Umfang der gerichtlichen Kontrolle nach § 76 Abs. 5 GWB (= § 71 Abs. 5 GWB a.F.) die Nachweise in Fn. 102; s. daneben *Kühnen*, in: Loewenheim/Meessen/Riesenkampff/Kersting/Meyer-Lindemann (Hrsg.), Kartellrecht, 4. Aufl. 2020, § 71 GWB Rn. 48ff.; *Johanns/Roesen*, in: Säcker et al. (Hrsg.), Münchener Kommentar zum Wettbewerbsrecht, Bd. 2, 3. Aufl. 2020, § 71 GWB Rn. 25ff., die unter Rn. 26 den Sinn der Vorschrift in der Ermöglichung einer „umfassende[n] Kontrolle der rechtlichen Grenzen kartellbehördlicher Entscheidungsspielräume" sehen.

[329] Überzeugend *Ludwigs*, NZKart 2020, 576 (581).

[330] In anderer Hinsicht, namentlich der Verwirklichung der Unabhängigkeitsvorgaben, ist die Bundesrepublik hingegen alles andere als gut aufgestellt. Zum (eklatanten) Umsetzungsdefizit im Bereich der Weisungsfreiheit s. noch für die jeweiligen Rechtsgebiete unter Kapitel 3, A.I.1.b)aa), A.I.2.b)cc) und A.II.2.c).

[331] Vgl. beispielsweise den Vorschlag zur Intensivierung der parlamentarischen Kontrolle durch einen „Regulierungsausschuss" im Bundestag *Gonsior*, Die Verfassungsmäßigkeit administrativer Letztentscheidungsbefugnisse, 2018, S. 311ff.; zu Verbesserungsmöglichkeiten bei der Öffentlichkeitsarbeit der unabhängigen Behörde s. unter Kapitel 4, B.III.2.b)aa)(3).

[332] Vgl. hierzu unter Kapitel 1, B.IV.2., dort u.a. zur Figur des Regulierungsermessens.

[333] S. insoweit vom Übergang einer normengeleiteten zur administrativen Regulierung unter Kapitel 1, B.IV.1. und zur aktuellen Entwicklung Kapitel 3, A.I.1.b)bb).

[334] In diese Richtung auch *Ludwigs*, in: Kühling/Zimmer (Hrsg.), Neue Gemeinwohlherausforderungen – Konsequenzen für Wettbewerbsrecht und Regulierung, 2020, S. 11 (16f.), der allerdings zu Recht darauf hinweist, dass es dem nationalen Gesetzgeber unionsrechtlich unbenommen bleibt, zusätzliche Kompensationen wie eine intensivere parlamentarische Kontrolle oder eine „Verschärfung der prozessualen Vorgaben für die gerichtliche Überprüfbarkeit behördlicher Entscheidungsspielräume" zu schaffen.

Bei zusammenfassender Würdigung ist festzustellen, dass die Zweifel an der Vereinbarkeit europäischer Unabhängigkeitsvorgaben mit dem Demokratieprinzip zwar durchaus beachtlich sind, im Ergebnis allerdings nicht durchzugreifen vermögen. So scheint bereits am Maßstab der überkommenen Anforderungen ein hinreichendes Legitimationsniveau über kompensierende Faktoren erreichbar. Selbst bei restriktiverem Verständnis wird die Bundesrepublik Deutschland die unionsrechtlichen Vorgaben kaum außer Acht lassen können, befinden sie sich doch noch im (weiten) Rahmen des Art. 79 Abs. 3 GG. Jedenfalls darf angezweifelt werden, dass das nationale Demokratieprinzip vor dem EuGH einer entsprechenden Regelung mit Erfolg entgegengehalten werden kann. Ebenso ist es – trotz einer zunehmend beobachtbaren Verschärfung des Tons – eher unwahrscheinlich, dass das BVerfG auf Konfrontationskurs gehen und bisher beispiellos seine Identitätskontrolle aktivieren wird.[335] Mithin ist den europarechtlichen Anforderungen im nationalen Recht Folge zu leisten.

2. Sonderfall: Verfassungsrechtliches Gebot der Unabhängigkeit?

Ungeachtet unionsrechtlicher Einschläge findet sich – wenn auch zurückhaltend – im nationalen Verfassungsrecht ebenfalls vereinzelt das Phänomen unabhängiger Einrichtungen. Art. 97 GG statuiert bekanntermaßen die richterliche Unabhängigkeit, deren Garantie in Rechtsstaaten gemeinhin als Selbstverständlichkeit gilt. Darüber hinaus erstreckt Art. 114 Abs. 2 Satz 1 GG die richterliche Unabhängigkeit auch auf die Mitglieder des Bundesrechnungshofs. Die prominenten Garantien bleiben bei der weiteren Bearbeitung außer Betracht.[336] Für die Unabhängigkeit der Gerichte ergibt sich dies bereits daraus, dass jene nicht der Verwaltung, sondern der Judikative angehö-

---

[335] Zur Identitätskontrolle als prozessuales Instrument der Geltendmachung eines Verstoßes gegen Art. 23 Abs. 1 S. 3 GG i. V. m. Art. 79 Abs. 3 GG s. BVerfGE 123, 267 (353) – Lissabon; aus der Lit. allgemein *Calliess*, in: Dürig/Herzog/Scholz (Hrsg.), GG, 95. EL 2021, Art. 24 Abs. 1 Rn. 123 ff., 129 ff.; zur Diskussion einer Aktivierung der Identitätskontrolle im Rahmen des unbegrenzten Ankaufs europäischer Staatsanleihen durch die EZB (sog. OMT-Programm) s. BVerfGE 134, 366 (Vorlagebeschluss an den EuGH) und BVerfGE 142, 123 (abschließendes Urteil, in dem auf die Ausübung der Identitätskontrolle verzichtet wurde); *Ludwigs/Sikora*, EWS 2016, 121 (128 f.); zu den neuesten Entwicklungen in der Kontrollvorbehalte-Judikatur des BVerfG im Rahmen des sog. PSPP-Programms der EZB s. noch eingehend unter Kapitel 4, B.I.1.b)cc).

[336] Näher zur richterlichen Unabhängigkeit s. *Hillgruber*, in: Dürig/Herzog/Scholz (Hrsg.), GG, 95. EL 2021, Art. 97 Rn. 1 ff.; *Detterbeck*, in: Sachs (Hrsg.), GG, 9. Aufl. 2021, Art. 97 Rn. 1 ff.; zur Unabhängigkeit am Bundesrechnungshof s. *Siekmann*, in: Sachs (Hrsg.), GG, 9. Aufl. 2021, Art. 114 Rn. 35 ff.; *Kube*, in: Dürig/Herzog/Scholz (Hrsg.), GG, 95. EL 2021, Art. 114 Rn. 52 ff.

ren. Die Stellung des Bundesrechnungshofs im Gewaltenteilungsschema ist demgegenüber zwar streitig.[337] Jedenfalls ist er, der allgemein mit der Kontrolle der Haushalts- und Wirtschaftsführung der Exekutive betraut ist,[338] nicht spezifisch dem Regulierungs- bzw. Kartellrecht zuzuordnen. Als einschlägige Institutionen in den Themenfeldern der hiesigen Untersuchung, bei denen ein verfassungsrechtliches Gebot der Unabhängigkeit zumindest diskutiert wird bzw. diskussionswürdig erscheint, verbleiben die Europäische Zentralbank (a)), die Bundesbank (b)) sowie selbständige Bundesoberbehörden (c)). Hier ist jeweils fraglich, ob das Grundgesetz überhaupt ein echtes Unabhängigkeitsgebot enthält und somit die eigenen Maßstäbe an die demokratische Legitimation relativiert. Sollte dies zu bejahen sein, bleibt zu klären, ob ein solches Gebot seinerseits verfassungskonform ist.

a) Europäische Zentralbank

Am deutlichsten formuliert das Grundgesetz ein Unabhängigkeitsgebot für die Europäische Zentralbank (EZB). Gemäß Art. 88 Satz 2 GG können der EZB, die *unabhängig* und dem vorrangigen Ziel der Sicherung der Preisstabilität verpflichtet ist, im Rahmen der EU Aufgaben und Befugnisse der Bundesbank übertragen werden. Freilich ist die Unabhängigkeit der EZB auch im primären Unionsrecht abgesichert. Art. 130 Satz 1 AEUV ist das Verbot für die EZB zu entnehmen, bei der Wahrnehmung der ihnen durch die Verträge und die E(S)ZB-Satzung übertragenen Befugnisse, Aufgaben und Pflichten externe Weisungen einzuholen oder entgegenzunehmen. Art. 130 Satz 2 AEUV verpflichtet zudem die Stellen der Union sowie die Regierungen der Mitgliedstaaten zur Beachtung dieses Grundsatzes und zum Unterlassen jedweder Beeinflussungsversuche. Auch ohne die explizite Absicherung in Art. 88 Satz 2 GG erweist sich die unabhängige Ausgestaltung der EZB daher bereits von Unions wegen als zwingend. Mithin betont die Verfassung die Unabhängigkeit der EZB zwar zusätzlich. Durch die unmittelbar anwendbare europarechtliche Garantie des Art. 130 AEUV relativiert sich indes die Bedeutung des Art. 88 Satz 2 GG im Hinblick auf die Autonomie der EZB.

---

[337] Die Vorschläge zur Einordnung des Bundesrechnungshofs in das Staatsgefüge reichen von einer Zuteilung zur Exekutive über Legislative und Judikative bis hin zur Annahme einer Vierten Gewalt bzw. Stellung *sui generis* oder einer Zwitterstellung zwischen mehreren Gewalten; vgl. zum Streitstand *Kube*, in: Dürig/Herzog/Scholz (Hrsg.), GG, 95. EL 2021, Art. 114 Rn. 60ff.; *Butzer*, in: Epping/Hillgruber (Hrsg.), BeckOK GG, 49. Edition 2020, Art. 114 Rn. 1f.; *Siekmann*, in: Sachs (Hrsg.), GG, 9. Aufl. 2021, Art. 114 Rn. 24f.; *Schwarz*, in: v. Mangoldt/Klein/Starck (Hrsg.), GG, Bd. 3, 7. Aufl. 2018, Art. 114 Rn. 75f., jeweils m.w.N.

[338] *Butzer*, in: Epping/Hillgruber (Hrsg.), BeckOK GG, 49. Edition 2021, Art. 114 Rn. 6.

Selbst wenn man die verfassungsrechtliche Verankerung einer unabhängigen EZB zum lediglich deklaratorischen Hinweis auf die ohnehin geltende europäische Rechtslage degradiert, könnte sich Art. 88 Satz 2 GG gar als *verfassungswidriges Verfassungsrecht* herausstellen, wenn dessen Einfügung im Jahr 1992 einen Verstoß gegen Art. 79 Abs. 3 GG in Verbindung mit dem Demokratieprinzip aus Art. 20 Abs. 1, 2 GG darstellt.[339] Was über Art. 23 Abs. 1 Satz 3 GG für das Unionsrecht zu beachten ist, gilt auch für den verfassungsändernden Gesetzgeber: Eine Preisgabe der durch die Ewigkeitsgarantie geschützten Prinzipien ist unzulässig. Wenn aber, wie bereits festgestellt, selbst einfachgesetzlich Friktionen des Demokratieprinzips nicht von vornherein ausgeschlossen sind, kann sich für die Verfassung (erst recht) nichts anderes ergeben. Zu Recht hat das BVerfG – unter großer Zustimmung des Schrifttums[340] – die Verfassungsmäßigkeit von Art. 88 Satz 2 GG bestätigt. Insofern sei die „Modifikation des Demokratieprinzips im Dienste der Sicherung des in eine Währung gesetzten Einlösungsvertrauens [...] vertretbar, weil es der [...] Besonderheit Rechnung trägt, daß eine unabhängige Zentralbank den Geldwert und damit die allgemeine ökonomische Grundlage für die staatliche Haushaltspolitik [...] eher sichert als Hoheitsorgane, die ihrerseits in ihren Handlungsmöglichkeiten und Handlungsmitteln wesentlich von Geldwert und Geldmenge abhängen und auf die kurzfristige Zustimmung politischer Kräfte angewiesen sind".[341] Die Verselbständigung der Währungspolitik genüge daher „den verfassungsrechtlichen Anforderungen, nach denen das Demokratieprinzip modifiziert werden darf".[342] Resümierend kann festgehalten werden, dass sich Art. 88 Satz 2 GG seinerseits an den Mindestanforderungen des Art. 79 Abs. 3 GG messen lassen muss und das Unabhängigkeitsgebot deshalb aus deutscher Sicht zu einer rechtfertigungsbedürftigen Ausnahme wird. Da der Nachweis der Verfassungsmäßigkeit gelungen ist, bindet die Vorschrift zwar den einfachen Gesetzgeber. Angesichts der primärrechtlichen Normierung einer unabhängigen EZB sowie des überkommenen Hierarchiemodells als Regel handelt es sich aber vorliegend um einen Sonderfall, der keine generalisierungsfähige Aussage

---

339 Hierzu näher *Waigel*, Die Unabhängigkeit der Europäischen Zentralbank, 1999, S. 215 ff.

340 Statt vieler vgl. nur *Siekmann*, in: Sachs (Hrsg.), GG, 9. Aufl. 2021, Art. 88 Rn. 113 ff. mit den Nachweisen in Fn. 377; *Heun*, in: Dreier (Hrsg.), GG, Bd. III, 3. Aufl. 2018, Art. 88 Rn. 43.

341 BVerfGE 89, 155 (208 f.) – Maastricht.

342 BVerfGE 89, 155 (209) – Maastricht, unter Rekurs auf BVerfGE 30, 1 (24) und 84, 90 (121); zur dogmatischen Kritik am Begründungsansatz einer Modifikation des Demokratieprinzips *Siekmann*, in: Sachs (Hrsg.), GG, 9. Aufl. 2021, Art. 88 Rn. 113 m. w. N.

zu verfassungsrechtlichen Unabhängigkeitsgeboten in anderen Bereichen beinhaltet.[343]

b) Bundesbank?

Für die Bundesbank ergibt sich ein weniger eindeutiges Bild. Art. 88 Satz 1 GG erteilt dem Bund lediglich den Auftrag, eine Währungs- und Notenbank als Bundesbank zu errichten. Erst Art. 88 Satz 2 GG sieht die Möglichkeit vor, deren Aufgaben und Befugnisse auf die unabhängige EZB zu übertragen. Jedenfalls besteht weitestgehend Einigkeit, dass die Verfassung einer einfachgesetzlichen Normierung der Unabhängigkeit – wie sie § 12 Satz 1 BBankG für die Bundesbank vorsieht – nicht entgegensteht.[344] Ob darüber hinaus Art. 88 GG auch ein verfassungsrechtliches Gebot zur Errichtung einer unabhängigen Notenbank enthält, wird uneinheitlich beurteilt. Die herrschende Meinung entnimmt Art. 88 Satz 1 GG *kein entsprechendes Unabhängigkeitspostulat.*[345] Weder könne dem Wortlaut noch Sinn und Zweck sowie der Entstehungsgeschichte ein solches entnommen werden. Unter Verweis auf den untrennbaren Zusammenhang zwischen der Aufgabe der Währungssicherung und der organisatorischen Verselbständigung sowie Autonomie gegenüber politischen Organen hält die Gegenansicht die Unabhängigkeit der Bundesbank bereits nach Art. 88 Satz 1 GG für verfassungsrechtlich zwingend.[346] Mit der Einfügung von Satz 2 wurde der hierzu bislang geführte Streit weitgehend akademischer Natur. Zwar bezieht sich die Unabhängigkeitsvorgabe dort ausdrücklich nur auf die EZB. Aufgrund der engen Verflechtung von Bundesbank und EZB im Europäischen System der Zentralbanken (ESZB) hat die Bundesbank mittelbar an der grundgesetzlichen Unabhängigkeitsgarantie richtigerweise jedenfalls solange teil, wie sie in das

---

[343] In diese Richtung auch BVerfGE 89, 155 (209) – Maastricht: „nicht auf andere Politikbereiche übertrag[bar]".

[344] BVerwGE 41, 334 (354 ff.); *Herdegen*, in: Dürig/Herzog/Scholz (Hrsg.), GG, 95. EL 2021, Art. 88 Rn. 77 ff. m. w. N., auch zur Gegenansicht; *Remmert*, in: Epping/Hillgruber (Hrsg.), BeckOK GG, 49. Edition 2021, Art. 88 Rn. 16.

[345] BVerwGE 41, 334 (354 ff.); aus der Lit. *Remmert*, in: Epping/Hillgruber (Hrsg.), BeckOK GG, 49. Edition 2021, Art. 88 Rn. 14; *Ohler*, in: Schmidt-Bleibtreu/Hofmann/Henneke (Hrsg.), GG, 15. Aufl. 2022, Art. 88 Rn. 5; *Jestaedt*, Demokratieprinzip und Kondominialverwaltung, 1993, S. 428 f. mit zahlreichen weiteren Nachweisen zum Streitstand; *Weikart*, NVwZ 1993, 834 (840).

[346] *Herdegen*, in: Dürig/Herzog/Scholz (Hrsg.), GG, 95. EL 2021, Art. 88 Rn. 77; zuvor bereits *Samm*, Die Stellung der Deutschen Bundesbank im Verfassungsgefüge, 1967, S. 185 f.; *Uhlenbruck*, Die verfassungsmäßige Unabhängigkeit der Deutschen Bundesbank und ihre Grenzen, 1968, S. 22 ff., 24 ff., 30 f. und (im Kontext der persönlichen Unabhängigkeit) 50 f.; ausführlich *Brosius-Gersdorf*, Deutsche Bundesbank und Demokratieprinzip, 1997, S. 192 ff., 227.

ESZB integriert ist.[347] Da die nationalen Zentralbanken ebenfalls vom weiterreichenden Art. 130 AEUV umfasst werden, geht der Garantiegehalt des Art. 88 GG vollständig darin auf.[348] Ihm kommt derzeit keine eigenständige Bedeutung zu.

c) *Selbständige Bundesoberbehörden?*

Ferner können gemäß Art. 87 Abs. 3 Satz 1 GG für Angelegenheiten, für die dem Bund die Gesetzgebung zusteht, *selbständige* Bundesoberbehörden errichtet werden. Es bedarf der Klärung, ob die Vorschrift als Ermächtigung zur Einrichtung unabhängiger Behörden verstanden werden kann. Der Begriff der Selbständigkeit eröffnet insoweit Spielraum für verschiedene Interpretationen.[349] Die Deutungsvariante, Selbständigkeit bedeute Weisungsfreiheit,[350] vermochte sich nicht durchzusetzen.[351] Statt der Ausstattung mit einem sachlichen Autonomiebereich drückt Selbständigkeit vielmehr lediglich eine organisatorische Eigenständigkeit aus, ohne zur Frage der Ministerialfreiheit Stellung zu beziehen.[352] Im Gegenteil sind Bundesoberbehörden grundsätzlich dem Geschäftsbereich eines Ministeriums oder einer anderen obersten Bundesbehörde hierarchisch nachgeordnet und an entsprechende Weisungen gebunden.[353] Das Merkmal der Selbständigkeit bezieht sich daher auf die Organisationsform der Behörde, begründet demgegenüber keine (politische) Unabhängigkeit.[354] Mit anderen Worten: Es mag selbständige Bun-

---

[347] *Remmert*, in: Epping/Hillgruber (Hrsg.), BeckOK GG, 49. Edition 2021, Art. 88 Rn. 15; *Herdegen*, in: Dürig/Herzog/Scholz (Hrsg.), GG, 95. EL 2021, Art. 88 Rn. 78; *Siekmann*, in: Sachs (Hrsg.), GG, 9. Aufl. 2021, Art. 88 Rn. 69 f.; *Berger/Rübsamen*, Bundesbankgesetz, 2. Aufl. 2014, § 12 Rn. 6; differenzierend *Brosius-Gersdorf*, Deutsche Bundesbank und Demokratieprinzip, 1997, S. 387 f.

[348] *Herdegen*, in: Dürig/Herzog/Scholz (Hrsg.), GG, 95. EL 2021, Art. 88 Rn. 78: „völlige[r] Gleichlauf von verfassungsrechtlicher Unabhängigkeitsgarantie und dem strengeren unionsrechtlichen Standard".

[349] Vgl. beispielsweise den Überblick bei *Burgsmüller*, Die Errichtung selbständiger Bundesoberbehörden gemäß Art. 87 Abs. 3 Satz 1 GG, 1967, S. 17 ff.

[350] In diese Richtung wohl *Gramlich*, CR 1998, 463 (464), allerdings ohne eine Begründung.

[351] Eingehend *Jestaedt*, Demokratieprinzip und Kondominialverwaltung, 1993, S. 468 ff.; *Oertel*, Die Unabhängigkeit der Regulierungsbehörde nach §§ 66 ff. TKG, 2000, S. 203 f.

[352] *Suerbaum*, in: Epping/Hillgruber (Hrsg.), BeckOK GG, 49. Edition 2021, Art. 87 Rn. 29; *Sachs*, in: Sachs (Hrsg.), GG, 9. Aufl. 2021, Art. 87 Rn. 66; *Ibler*, in: Dürig/Herzog/Scholz (Hrsg.), GG, 95. EL 2021, Art. 87 Rn. 254; *Jestaedt*, Demokratieprinzip und Kondominialverwaltung, 1993, S. 468 ff., jeweils m. w. N.

[353] *Ibler*, in: Dürig/Herzog/Scholz (Hrsg.), GG, 95. EL 2021, Art. 87 Rn. 251.

[354] *Jestaedt*, Demokratieprinzip und Kondominialverwaltung, 1993, S. 469; *Kühling*, Sektorspezifische Regulierung in den Netzwirtschaften, 2004, S. 405 f.; so auch

desoberbehörden geben, die unabhängig sind. Dies ist aber keine Frage des Art. 87 Abs. 3 Satz 1 GG. Zugespitzt könnte man formulieren, dass im Einzelfall unabhängige selbständige Bundesoberbehörden trotz und nicht wegen ihrer organisatorischen Ausgestaltung unabhängig sind, da sie jedenfalls institutionell einer höheren Instanz zugewiesen sind. Auch hier enthält das Grundgesetz also kein Bekenntnis zur Schaffung unabhängiger Einrichtungen.

d) Zwischenergebnis

Verfassungsrechtliche Unabhängigkeitsgarantien sind im Grundgesetz nur rudimentär ausgeprägt. Neben der hier nicht weiter zu betrachtenden richterlichen Unabhängigkeit (Art. 97 GG) sowie derjenigen der Mitglieder des Bundesrechnungshofs (Art. 114 Abs. 2 Satz 1 GG) ist *expressis verbis* lediglich die Unabhängigkeit der EZB in Art. 88 Satz 2 GG normiert. Der Bundesbank wird immerhin mittelbar diese Garantie zuteil. Beide Unabhängigkeitspostulate finden sich allerdings bereits im primären Unionsrecht (Art. 130 AEUV), sodass die verfassungsrechtliche Absicherung keine eigenständige Bedeutung erlangt, solange die Währungs- und Notenbanken in das ESZB integriert sind. Darüber hinaus stellt Art. 87 Abs. 3 Satz 1 GG keine Ermächtigung zur Installation unabhängiger Einrichtungen dar, da sich die Bezeichnung als selbständige Bundesoberbehörden ausschließlich auf die Organisationsform bezieht. Zusammenfassend existieren im Grundgesetz für das Regulierungs- und Kartellrecht keine genuinen Aussagen über unabhängige Behörden, sondern allenfalls zusätzlich zu europäischen Vorgaben. Vielmehr muss sich die Schaffung unabhängiger Stellen ihrerseits an der Verfassung, die hierzu weder ausdrückliche Ge- noch Verbote enthält, messen lassen.

3. Einfachrechtlich normierte Unabhängigkeit

Soweit unabhängige Institutionen nicht aus Unions- oder Verfassungsrecht resultieren, entstehen sie durch einfaches Recht. Bei der einfachrechtlich normierten Unabhängigkeit kann weiter differenziert werden, warum die Entscheidung des Gesetzgebers zugunsten einer unabhängigen Ausgestaltung

---

einhellig die Monografien zu selbständigen Bundesoberbehörden: *Niermann*, Die Errichtung selbständiger Bundesoberbehörden und ihr Verhältnis zu Landesbehörden nach Art. 87 Abs. III Satz 1 des Grundgesetzes, 1961, S. 31 ff.; *Ball*, Die Errichtung von Bundesoberbehörden, 1964, S. 38 ff.; *Burgsmüller*, Die Errichtung selbständiger Bundesoberbehörden gemäß Art. 87 Abs. 3 Satz 1 GG, 1967, S. 17 ff.; *Rump*, Die Errichtung selbständiger Bundesoberbehörden und des ihnen unterstellten Verwaltungsunterbaus nach Art. 87 Abs. 3 GG, 1978, S. 18 ff.

erfolgte. Die Unterscheidung wird später an Relevanz gewinnen bei der Frage, welche Handlungsspielräume in der nationalen Rechtsordnung bei der Lösung von Binnenkonflikten unabhängiger Stellen überhaupt bestehen.

Konkret können zwei Konstellationen voneinander abgegrenzt werden. Erstens ist denkbar, dass *rein sachliche oder politische Erwägungen des nationalen Gesetzgebers* für die Entscheidung zugunsten der Unabhängigkeit ausschlaggebend gewesen sind, ohne dass er qua Unions- oder Verfassungsrecht zu einer solchen Organisation veranlasst wurde. Für eine vollständig unabhängige Ausgestaltung „aus freien Stücken" ermangelt es indes im Regulierungs- und Kartellrecht *de lege lata* eines Exempels. Als Beispiele aus anderen Rechtsgebieten können etwa staatliche Prüfungsämter und -ausschüsse, der Bundespersonalausschuss im Beamtenrecht (§ 119 Abs. 2 BBG) sowie unabhängige Widerspruchsausschüsse im Rahmen des verwaltungsrechtlichen Vorverfahrens (§ 73 Abs. 2 VwGO)[355] dienen.[356]

Bisweilen ist allerdings zu hinterfragen, ob nicht doch höherrangiges Recht eine unabhängige Stellung latent vorschreibt bzw. intendiert. Beispielsweise sind die Mitglieder der Bundesprüfstelle für jugendgefährdende Medien (BPjM) gemäß § 19 Abs. 4 JuSchG einfachgesetzlich nicht an Weisungen gebunden. Ähnlich verhält es sich im Bereich der Medienaufsicht, bei der die Mitglieder der zuständigen Gremien gemäß § 104 Abs. 8 Satz 1 MStV bei der Erfüllung ihrer Aufgaben nach dem Medienstaatsvertrag weisungsfrei gestellt sind. Für den letzteren Fall ist die Weisungsfreiheit der zuständigen Regulierungsstellen inzwischen unionsrechtlich vorgeschrieben.[357] Doch auch schon vor Änderung der Rechtslage bezüglich der Medienaufsicht legten dort, wie bei der BPjM, ohnehin verfassungsrechtliche Parameter eine staatsferne Ausgestaltung mit einem Mindestmaß an Pluralität

---

[355] Näher *Hüttenbrink*, in: Posser/Wolff (Hrsg.), BeckOK VwGO, 59. Edition 2021, § 73 Rn. 7; *Rennert*, in: Eyermann (Hrsg.), VwGO, 15. Aufl. 2019, § 73 Rn. 7; zur Möglichkeit der Aufsichtsklage gegen Entscheidungen der Widerspruchsausschüsse *von Oertzen*, DVBl. 1961, 650 ff.; *Kintz*, LKRZ 2009, 5 ff.; *Guckelberger/Heimpel*, LKRZ 2012, 6 ff.

[356] Umfangreiche Übersichten zu unabhängigen Stellen bei *Vorbrugg*, Unabhängige Organe der Bundesverwaltung, 1965, S. 126 ff.; *Füßlein*, Ministerialfreie Verwaltung, 1972, S. 155 ff.; *E. Klein*, Die verfassungsrechtliche Problematik des ministerialfreien Raumes, 1974, S. 74 ff.; *Oebbecke*, Weisungs- und unterrichtungsfreie Räume in der Verwaltung, 1986, S. 169 ff.; *Jestaedt*, Demokratieprinzip und Kondominialverwaltung, 1993, S. 114 f. m. w. N.

[357] Vgl. Art. 30 Abs. 2 UAbs. 2 S. 1 RL 2010/13/EU des Europäischen Parlaments und des Rates v. 10.3.2010 zur Koordinierung bestimmter Rechts- und Verwaltungsvorschriften der Mitgliedstaaten über die Bereitstellung audiovisueller Mediendienste (Richtlinie über audiovisuelle Mediendienste), ABl. 2010, L 95/1; zuletzt geändert durch Art. 1 ÄndRL (EU) 2018/1808 v. 14.11.2018, ABl. 2018, L 303/69.

nahe,[358] sodass der Gesetzgeber insoweit jedenfalls hinsichtlich des „Ob" nur über einen eingeschränkten Handlungsspielraum verfügt.

Jenseits von zwingenden Vorgaben kann er sich demgegenüber von Sachgründen leiten lassen.[359] Ungeachtet der Zweckmäßigkeit gilt aber stets zu beachten, dass die Normierung einer Unabhängigkeit sich an höherrangigem, insbesondere an Verfassungs- und Unionsrecht, messen lassen muss, wodurch die Gestaltungsfreiheit des Gesetzgebers beschnitten wird. Letzteres wird den Mitgliedstaaten bei der Einrichtung unabhängiger Behörden grundsätzlich keine Schwierigkeiten bereiten. Im Gegenteil: Eine unabhängige Verwaltung ist ein europäisches Grundkonzept und das EU-Sekundärrecht meist geradezu die Initialzündung für die Entstehung unabhängiger Stellen.[360] Wie zuvor herausgearbeitet wurde, verlangt die deutsche Verfassung hingegen grundsätzlich eine Rechtfertigung, wenn vom überkommenen demokratischen Legitimationsmodell zulasten der hierarchischen Weisungsstruktur abgewichen wird.[361] Im Ergebnis zeigt sich, dass sich der einfache Gesetzgeber in dieser ersten Konstellation bei der autonomen Entscheidung zugunsten einer unabhängigen Verwaltungsorganisation letztlich in einem Korridor zwischen Sachgründen und Vorgaben aus dem Verfassungsrecht befindet, welche die Unabhängigkeit zu einer rechtfertigungsbedürftigen Ausnahme machen.

Als zweite und in der Praxis zunehmend an Bedeutung gewinnende Option kommt in Betracht, dass die Legislative *ausschließlich in Umsetzung bestehender verfassungs- bzw. unionsrechtlicher Vorgaben* handelt. Während das Grundgesetz im für diese Arbeit relevanten Bereich grundsätzlich keinen entsprechenden Auftrag enthält,[362] sind insbesondere die Direktiven der europäischen Richtlinien bedeutsam. Zwar sind Richtlinien für die Mitgliedstaaten, an die sie gerichtet werden, gemäß Art. 288 Abs. 3 AEUV nur hinsichtlich des zu erreichenden Ziels verbindlich und überlassen den innerstaatlichen Stellen die Wahl der Form und der Mittel. Oftmals sind die Regelungen

[358] Für die Bundesprüfstelle für jugendgefährdende Medien vgl. *Liesching*, Jugendschutzgesetz, 1. Online-Aufl. 2018, § 19 Rn. 4 unter Rekurs auf BVerfGE 83, 130 (150) – Josefine Mutzenbacher; *Knupfer*, JuSchG, 2017, § 19 Rn. 5; für den Rundfunk ergibt sich dies aus Art. 5 Abs. 1 S. 2 GG, vgl. BVerfGE 90, 60 (87) – 8. Rundfunkentscheidung; 136, 9 (28 ff.) – Aufsichtsgremien Rundfunkanstalten; *Schemmer*, in: Epping/Hillgruber (Hrsg.), BeckOK GG, 49. Edition 2021, Art. 5 Rn. 78.

[359] Zum Gestaltungsspielraum des Gesetzgebers bei der Organisation des Rundfunks BVerfGE 83, 238 (296) – 6. Rundfunkentscheidung; *Schemmer*, in: Epping/Hillgruber (Hrsg.), BeckOK GG, 49. Edition 2021, Art. 5 Rn. 78; *Schuler-Harms*, in: Binder/Vesting (Hrsg.), Beck'scher Kommentar zum Rundfunkrecht, 4. Aufl. 2018, § 35 RStV Rn. 34 ff. (noch zur Vorgängernorm des § 104 MStV).

[360] S. bereits oben unter Kapitel 2, B.I.1 und 2.

[361] S. bereits oben unter Kapitel 2, B.II.1.b).

[362] S. unter Kapitel 2, B.II.2.

allerdings derart detailliert, dass den Mitgliedstaaten kaum ein Spielraum bei der Umsetzung verbleibt.[363] Soweit einschlägige Richtlinien – grundsätzlich zulässigerweise – die Errichtung unabhängiger nationaler Behörden vorsehen, obliegt dem deutschen Gesetzgeber lediglich die Umformung in das innerstaatliche Recht.[364] Bei unionsrechtskonformem Verhalten kann er sich, soweit verfassungsrechtlich nicht zu beanstanden, allenfalls dazu entschließen, über die Mindestvorgaben hinaus zu gehen im Sinne einer überschießenden Umsetzung.[365] Für den Gesetzgeber bedeutet dies: Ohne Rücksicht auf sachliche Erwägungen oder eigene politische Überzeugungen ist er dazu angehalten, die europäische Rechtslage auf nationaler Ebene zu vollziehen. Hier verfügt er über wenig bis keinen Spielraum bei der Ausgestaltung der Verwaltungsorganisation.

Als zusammenfassender Befund ergibt sich, dass eine einfachgesetzlich normierte Unabhängigkeit immer im Kontext höherrangigen Rechts zu sehen ist. Existiert kein unionsrechtlicher Auftrag zur Einrichtung unabhängiger Stellen, muss der Gesetzgeber bei seinen Überlegungen berücksichtigen, ob deren Schaffung in Eigeninitiative einer verfassungsrechtlichen Prüfung standhält. Zumindest hat er aber insoweit eine eingeschränkte Gestaltungsfreiheit, die Sachgründen zugänglich ist. Im Gegensatz dazu fehlt eine solche Freiheit, wenn die Unabhängigkeit durch die EU veranlasst ist.[366] Diesen Umstand gilt es, im Zuge der weiteren Untersuchung zu bedenken, um die nationalen Handlungsmöglichkeiten bei der Lösung und Vorbeugung von Binnenkonflikten im Einzelfall ausloten zu können.

4. Zwischenergebnis

Anders als dem Unionsrecht fällt dem nationalen Recht der Umgang mit unabhängigen Behörden regelmäßig schwer. Der EuGH erachtet eine gewisse Kontrolle durch Parlament und Gerichte als ausreichend, ohne im Fehlen einer exekutiven Weisungshierarchie einen Verstoß gegen das europäische

---

[363] *Ruffert*, in: Calliess/Ruffert (Hrsg.), EUV/AEUV, 6. Aufl. 2022, Art. 288 Rn. 26 m.w.N.; *Nettesheim*, in: Grabitz/Hilf/Nettesheim (Hrsg.), Das Recht der Europäischen Union, 74. EL 2021, Art. 288 Rn. 113; *Schroeder*, in: Streinz (Hrsg.), EUV/AEUV, 3. Aufl. 2018, Art. 288 Rn. 74.

[364] Zur unionsrechtlichen Unbedenklichkeit flankierender Verfahrensregelungen s. bereits unter Kapitel 2, B.I.2.; für einen Überblick über unabhängige Stellen im Regulierungs- und Kartellrecht, deren Errichtung unionsrechtlich gefordert wird, s. noch unter Kapitel 3, A.

[365] Vgl. in Bezug auf verfassungsrechtliche Vorgaben *Frenzel*, in: Kröger/Pilniok (Hrsg.), Unabhängiges Verwalten in der Europäischen Union, 2016, S. 45 (54).

[366] Freilich sind bei unionsrechtlichem Zwang dann aber die verfassungsrechtlichen Anforderungen gelockert, vgl. unter Kapitel 2, B.II.1.b)bb).

Demokratieprinzip erkennen zu können. Indessen wird die Diskussion um die Vereinbarkeit unabhängiger Einrichtungen mit dem Demokratieverständnis des Grundgesetzes deutlich kontroverser geführt, woraus sich die nationale Zurückhaltung ihnen gegenüber erklärt. Letztlich erscheint ihre Errichtung im Regulierungs- und Kartellrecht allerdings einer Rechtfertigung insgesamt zugänglich. Jedenfalls wird man deutsche Standards der Verwaltungsorganisation europäischen Vorgaben auch nicht mit Erfolg entgegenhalten können. Dass die Verfassung selbst ein Unabhängigkeitsgebot in den untersuchten Rechtsgebieten enthält, ist die Ausnahme. Lediglich für die Europäische Zentralbank und mittelbar für die Bundesbank findet sich eine entsprechende Normierung, die aber gegenüber der ohnehin bestehenden Garantie des primären Unionsrechts keinen Mehrwert besitzt. Positivierte Unabhängigkeit im einfachen nationalen Recht dient zumeist eher der konkreten Umsetzung höherrangiger, insbesondere unionsrechtlicher Direktiven, als dass sie eine genuin freiwillige rechtspolitische Entscheidung des deutschen Gesetzgebers zum Ausdruck bringt.

III. Gründe für die Unabhängigstellung von Behörden im Regulierungs- und Kartellrecht

Zu Beginn des Kapitels wurde die Unabhängigkeit von Institutionen als Ursache und potenzieller Auslöser von Binnenkonflikten der Verwaltung im Regulierungs- und Kartellrecht festgestellt, da es an einer übergeordneten Instanz mit Streitbeilegungskompetenz fehlt. Losgelöst von den normativen Grundlagen, wonach der nationale Gesetzgeber unabhängige Behörden schafft oder schaffen muss, drängt sich angesichts des aufgezeigten Konfliktpotenzials die Frage auf, warum *rechtspolitisch* die Wahl zugunsten der Unabhängigkeit erfolgte. Jenseits unions- und verfassungsrechtlicher Direktiven[367] rücken deshalb nun funktionale Gesichtspunkte in den Fokus, die für oder gegen eine Verselbständigung von Verwaltungseinheiten streiten. Ohne Rücksicht auf den Normgeber – EU oder die Bundesrepublik einschließlich ihrer Untergliederungen – wird nachfolgend eine Bewertung der unabhängigen Ausrichtung von Regulierungs- und Kartellbehörden unter Einbeziehung soziologischer, politikwissenschaftlicher und ökonomischer Erwägungen vorgenommen. Hierzu sind zunächst die Gründe darzulegen, mit denen die Vorzüge der Unabhängigkeit beworben werden (1.). Sodann folgt eine kritische Auseinandersetzung, aus der zugleich die Grenzen dieses Modells deut-

---

367 S. hierzu zusammenfassend unter Kapitel 2, B.II.3.; ausführlich zum unionsrechtlichen Unabhängigkeitsgebot s. Kapitel 2, B.I.; zur Diskussion verfassungsrechtlicher Unabhängigkeitsgebote s. Kapitel 2, B.II.2.

lich werden (2.). Das sich anschließende Zwischenergebnis enthält eine zusammenfassende Stellungnahme (3.).

1. Beweggründe für eine unabhängige Ausgestaltung

Allgemein lassen sich verschiedenste Ziele und Erwartungen formulieren, die durch eine Unabhängigstellung von Organisationsstrukturen erfüllt werden sollen.[368] Schon allein aufgrund der Mannigfaltigkeit der Verwaltungslandschaft und des zu bewältigenden Aufgabenkanons kann es nicht einen einzigen Grund geben, der eine behördliche Unabhängigkeit nahelegt.[369] Um nicht den Überblick im unübersichtlichen Geflecht autonomer Institutionen zu verlieren und sich stattdessen den Motiven für ihre Errichtung kasuistisch anzunähern, sollte man nach wiederkehrenden und typischen Ursachen für die Abkoppelung von der Ministerialbürokratie Ausschau halten. Frido Wagener hat in einem Systematisierungsversuch, ohne Anspruch auf Vollständigkeit zu erheben, bereichsspezifisch 13 Gründe für organisatorische Verselbständigungen aufgelistet, die u.a. Stellen mit technisch komplexen, grundrechtssensiblen, sozialen oder planerischen Aufgaben sowie weisungsunabhängigen Entscheidungsstrukturen umfassen.[370] In einer gerafftteren Darstellung trägt Paul Kirchhof als Motive insbesondere den Selbstverwaltungsgedanken, die Einbeziehung einer besonderen Sachkunde als Kontrapunkt zu politischen Leitentscheidungen, die Verwirklichung grundrechtlich geschützter Freiräume und die bessere Möglichkeit einer Betroffenenpartizipation vor.[371] Walter Krebs konzentriert sich im Wesentlichen auf die Aspekte der Selbstverwaltung, Entpolitisierung, Staatsferne und der Abschottung grundrechtlicher Freiräume.[372]

Zur besseren Durchdringung und Verknüpfung dieser einzelnen Beweggründe empfiehlt sich indes eine noch generalisierendere Betrachtungsweise.

---

368 Vorzüglicher Überblick bei *Dreier*, Hierarchische Verwaltung im demokratischen Staat, 1991, S. 270ff., dort auch zu den nachfolgenden Systematisierungsansätzen.

369 Treffend *Dreier*, Hierarchische Verwaltung im demokratischen Staat, 1991, S. 272; ähnlich *P. Kirchhof*, in: Isensee/Kirchhof (Hrsg.), Handbuch des Staatsrechts, Bd. V, 3. Aufl. 2007, § 99 Rn. 130.

370 *Wagener*, in: Wagener (Hrsg.), Verselbständigung von Verwaltungsträgern, 1976, S. 31 (45f.).

371 *P. Kirchhof*, in: Isensee/Kirchhof (Hrsg.), Handbuch des Staatsrechts, Bd. V, 3. Aufl. 2007, § 99 Rn. 130ff.

372 *Krebs*, in: Isensee/Kirchhof (Hrsg.), Handbuch des Staatsrechts, Bd. V, 3. Aufl. 2007, § 108 Rn. 23f., dort auch noch der Hinweis auf die größere Flexibilität privatrechtlicher Organisationsformen sowie darauf, dass „Verselbständigung als organisatorische Ausdifferenzierung […] auch Reaktion auf die anwachsende Komplexität von Verwaltungsaufgaben [ist]".

Eberhard Schmidt-Aßmann abstrahiert als Intentionen für die Verselbständigung von Verwaltungseinheiten distanzschaffende Entkopplungen, die Einbeziehung externen Sachverstandes sowie – im Bereich der kommunalen Selbstverwaltung vorherrschend – die Organisation lokaler Interessen.[373] Ähnlich unterscheidet Horst Dreier zur Kategorisierung möglichst vieler Erscheinungsformen im Kern drei „Funktionsbündel“: Kooperations-, Distanzierungs- und Praktikabilitätsfunktion.[374] Auf die für die staatsunmittelbare Verwaltung und das Regulierungs- bzw. Kartellrecht nur eine untergeordnete Rolle spielende Kooperationsfunktion soll an dieser Stelle nicht weiter eingegangen werden. Sie betrifft in erster Linie Selbstverwaltungskörperschaften und anstaltlich verfasste Verbandsstrukturen.[375] Der Gesichtspunkt der Distanzschaffung verfolgt den Zweck, einem Entscheidungsträger den erforderlichen Abstand gegenüber einer Einflussnahme der (Tages-)Politik zu sichern, die den ausgewogenen Interessenausgleich negativ beeinträchtigen könnte, und dient in dieser Hinsicht der „inneradministrativen Gewaltenteilung“.[376] Um eine bestmögliche Erfüllung seiner Aufgaben – etwa in den Bereichen Rundfunk, Hochschulen und Währungspolitik – zu erreichen, sucht der Staat gewissermaßen Abstand zu sich selbst.[377] Im Gegensatz zur Ministerialbürokratie handeln verselbständigte Verwaltungseinheiten wie Bundesoberbehörden ihrem Selbstverständnis zufolge eher nach fachlich-wissenschaftlichen Maßstäben, ohne den Drang zu verspüren, politisch opportune Ergebnisse erzielen zu müssen.[378] Das Ziel einer optimalen Aufgabenbewältigung steht letztlich auch hinter dem Praktikabilitätsgedanken. Ihm liegt die Vorstellung zugrunde, andere als die überkommenen Verwaltungsstrukturen seien zur Erreichung eines Ziels dienlicher.[379] Im Einzelnen lassen sich unter den Gesichtspunkt der Praktikabilität mehrere Teilaspekte

---

[373] *Schmidt-Aßmann*, Das allgemeine Verwaltungsrecht als Ordnungsidee, 2. Aufl. 2006, 5. Kapitel, Rn. 36 ff.; s. auch *von Lewinski*, DVBl. 2013, 339 (340 f.), der als zusätzlichen Grund die „Sicherung von (grundrechtlich gewährleisteten) Freiräumen“ anführt und als Beispiele den Hochschul- und Rundfunkbereich nennt.

[374] *Dreier*, Hierarchische Verwaltung im demokratischen Staat, 1991, S. 278 ff.

[375] *Dreier*, Hierarchische Verwaltung im demokratischen Staat, 1991, S. 278 ff.

[376] *Schmidt-Aßmann*, Das allgemeine Verwaltungsrecht als Ordnungsidee, 2. Aufl. 2006, 5. Kapitel, Rn. 37 f., dort auch das wörtliche Zitat im Kontext einer grundrechtlichen Veranlassung distanzschaffender Entkopplungen.

[377] *Dreier*, Hierarchische Verwaltung im demokratischen Staat, 1991, S. 280 f.; *Döhler*, Die Verwaltung 34 (2001), 59 (89 f.) weist zutreffend darauf hin, dass politische Zugriffsrechte für die Staatsleitung eine signifikante Bedeutung haben, was daran zu erkennen sei, dass die Opposition im Gegensatz zur Regierung tendenziell für ein höheres Maß an Unabhängigkeit plädiert.

[378] Vgl. *Döhler*, Die Verwaltung 34 (2001), 59 (86 f.).

[379] *Dreier*, Hierarchische Verwaltung im demokratischen Staat, 1991, S. 281 ff.; anders als bei *Dreier* umfasst die Praktikabilitätsfunktion im hiesigen Zusammenhang allerdings nicht nur eine Auslagerung auf Verwaltungsformen außerhalb der staatsun-

subsumieren. Zunächst werden mit dem Hinweis auf externen Sachverstand die gesteigerten und vereinfachten Mitwirkungsmöglichkeiten fachkundiger Dritter zum Ausdruck gebracht. Expertengremien sehen sich bei der Bewertung von Sachverhalten insofern nicht Weisungen und Kontrollen der staatlichen Aufsicht ausgesetzt.[380] Auch verfügen die hierarchisch unterhalb der Ministerien angesiedelten Fachbehörden aufgrund ihrer Spezialisierung vielfach über die besseren Kenntnisse und Möglichkeiten zur Beurteilung komplexer Fragen, was eine höhere Qualität administrativer Entscheidungen erwarten lässt[381] und zugleich zu einer Entlastung der Ministerien beiträgt.[382] Allgemein sollen sich unabhängige Behörden durch eine effizientere, schnellere, flexiblere und unparteiliche(re) Aufgabenerledigung auszeichnen.[383] Zum einen kommt Stellen außerhalb der Ministerialverwaltung hierbei zugute, dass ihr Handeln von einer in hohem Maße ausgeprägten Kontinuität gekennzeichnet ist, da sie sich an einem langfristigen Zeithorizont orientieren können und nicht von wechselnden politischen Kräfteverhältnissen abhängig sind.[384] Zum anderen besticht die Administrative durch ihre Nähe zur Umwelt, die ihr gegenüber Legislative und Judikative, aber auch gegenüber der Regierung einen nicht unerheblichen Informations- und Wissensvorsprung verschafft.[385]

Vor dem Hintergrund der genannten Erwägungen verwundert es nicht, wenn das Prädikat Unabhängigkeit regelrecht „zu einem neuen Qualitäts-

mittelbaren Verwaltung, sondern auch auf unabhängige Stellen innerhalb der unmittelbaren Staatsverwaltung.

380 *Schmidt-Aßmann*, Das allgemeine Verwaltungsrecht als Ordnungsidee, 2. Aufl. 2006, 5. Kapitel, Rn. 39; im Kontext der BNetzA *Franzius*, DÖV 2013, 714 (718 f.); ausführlich zu expertokratischen Modellen s. *Münkler*, Expertokratie, 2020, passim.

381 Vgl. *von Lewinski*, DVBl. 2013, 339 (340 f.); s. auch *Dreier*, Hierarchische Verwaltung im demokratischen Staat, 1991, S. 153 ff.

382 Vgl. *Döhler*, Die Verwaltung 34 (2001), 59 (87 f.).

383 Vgl. *Masing*, in: Masing/Marcou (Hrsg.), Unabhängige Regulierungsbehörden, 2010, S. 181 (211 ff.) unter Rekurs auf die Konzeption des französischen Rechts; eingehend zu unabhängigen Verwaltungsbehörden in Frankreich und ihren Hintergründen *Masing*, in: Trute/Groß/Röhl/Möllers (Hrsg.), Allgemeines Verwaltungsrecht – zur Tragfähigkeit eines Konzepts, 2008, S. 399 ff.

384 Vgl. *Döhler*, Die Verwaltung 34 (2001), 59 (87); *Döhler*, in: Bogumil/Jann/Nullmeier (Hrsg.), Politik und Verwaltung, 2006, S. 208 (218) m. w. N.; *Majone*, Journal of Public Policy 1997, 139 (153).

385 Vgl. *Dreier*, Hierarchische Verwaltung im demokratischen Staat, 1991, S. 198 m. w. N., der einen „[p]rivilegierte[n] Umweltkontakt" attestiert: „Es ist keine neue, aber bleibend richtige Erkenntnis, daß die Verwaltung durch ihre organisatorische Dauerexistenz, ihre fachliche Kompetenz, das Privileg des Außenkontaktes und vor allem ihre ubiquitäre Präsenz einen Bestand an Wissen und Information erwirbt, über den in dieser Form weder Legislative noch Judikative verfügen können."; *Majone*, Journal of Public Policy, 1997, 139 (154).

bzw. Modernitätsmerkmal avanciert".[386] Ob die Euphorie für die Verselbständigung von Behörden allerdings berechtigt ist, wird man kaum pauschal beantworten können.[387] Erforderlich ist vielmehr ein argumentativer Zuschnitt auf die untersuchten Felder des Regulierungs- und Kartellrechts, der den dortigen Besonderheiten Rechnung trägt.

Im Regulierungsrecht im weiteren Sinne, also jenseits der netzgebundenen Regulierung, wird die Gemengelage im Bereich der *Geldpolitik* besonders deutlich. Hier soll die Unabhängigkeit der EZB die erhebliche Gefahr einer Einflussnahme durch politische Partikularinteressen unterbinden. Der Auftrag an Europas Währungshüter, Preisniveaustabilität sicherzustellen, soll gerade einem Interessenausgleich mit sozialen und wirtschaftspolitischen Belangen entzogen werden, um Fehlanreizen und eigennützigen Manipulationsversuchen wirksam zu begegnen.[388] Ein instrumentalisierbares Weisungsrecht der Regierung wäre geeignet, die effektive Mandatserfüllung der Zentralbank infrage zu stellen und das Vertrauen in die Währung zu erschüttern.[389] Parallel verhält es sich bei der (in das ESZB integrierten) Bundesbank. Sie soll ungeachtet des politischen Tagesgeschäfts ihre Entscheidungen weitsichtig treffen können, indem sie sich ausschließlich von wirtschaftlichen und finanzpolitischen Erfordernissen leiten lässt.[390] Mithin dient die Unabhängigkeit im Finanzsektor[391] der Sicherstellung einer rein wirtschaftsbasierten und langfristig orientierten Entscheidungsfindung.

Ebenfalls einleuchtend erscheint das Erfordernis unabhängiger Regulierungsbehörden in den *Infrastruktursektoren*. Diese waren früher von Staatsmonopolen beherrscht und auch heute, nach der Marktliberalisierung, treten

---

386 Diese Beobachtung äußert wörtlich *Döhler*, in: Bogumil/Jann/Nullmeier (Hrsg.), Politik und Verwaltung, 2006, S. 208 (218).

387 S. auch *Masing*, in: Masing/Marcou (Hrsg.), Unabhängige Regulierungsbehörden, 2010, S. 181 (203): „Schematische Antworten verbieten sich schon deshalb, weil zwischen abhängigen und unabhängigen Behörden unendliche Stufengrade liegen können."; *Majone*, Journal of Public Policy 1997, 139 (152): „Advocates of the agency model sometimes argue as if the model were unconditionally superior to traditional methods of making and implementing policy. This is not true, of course. [...] The agency model is only applicable in limited, but important, areas [...]".

388 *Steinbach*, Die Verwaltung 50 (2017), 507 (524).

389 BVerfGE 89, 155 (208) – Maastricht; *Waigel*, Die Unabhängigkeit der Europäischen Zentralbank, 1999, S. 246; allgemein zum Spannungsverhältnis zwischen Gemeinwohl und Partikularinteressen *von Arnim*, Gemeinwohl und Gruppeninteressen, 1977, S. 130 ff.

390 *Masing*, in: Masing/Marcou (Hrsg.), Unabhängige Regulierungsbehörden, 2010, S. 181 (193 f.); vgl. auch *Brosius-Gersdorf*, Deutsche Bundesbank und Demokratieprinzip, 1997, S. 179.

391 S. zu den (zur Geldpolitik Parallelen aufweisenden) Gründen, die für eine unabhängige Bankenaufsicht streiten, auch noch näher unter Kapitel 3, A.I.2.b)aa).

noch öffentliche Unternehmen als Anbieter auf. Die nur formell privatisierte Deutsche Bahn AG etwa steht nach wie vor vollständig im Eigentum des Staates.[392] Die Deutsche Telekom AG und die Deutsche Post AG sind gleichfalls immerhin teilweise in öffentlicher Hand.[393] Mit den ehemaligen staatlichen Monopolisten und Oligopolisten (im Energiesektor) konkurrieren nunmehr aber privatwirtschaftliche Wettbewerber und öffentliche Unternehmen aus anderen Mitgliedstaaten.[394] Um eine Diskriminierung der nichtstaatlichen bzw. nichtdeutschen Konkurrenten oder auch nur deren Anschein zu verhindern, lag es auf der Hand, eine unabhängige Stelle mit der Regulierungsaufsicht zu betrauen – heute gebündelt in der BNetzA.[395] Hierdurch soll innerstaatlichen Interessenkonflikten begegnet werden, die aus der „Schizophrenie" der öffentlichen Hand im Regulierungsbereich resultieren: einerseits als Marktteilnehmerin mit wirtschaftlichen Interessen, andererseits als jene, der eine unparteiische Aufsicht obliegt.[396] Was sich zunächst als rein funktionale Entflechtung von Marktteilnahme und Regulierung verstand, entwickelte sich, initiiert durch unionsrechtliche Sekundärrechtsakte,[397] zu-

---

[392] Vgl. *Knauff*, in: Schmidt/Wollenschläger (Hrsg.), Kompendium Öffentliches Wirtschaftsrecht, 5. Aufl. 2019, § 6 Rn. 11; *Kämmerer*, in: Ehlers/Fehling/Pünder (Hrsg.), Besonderes Verwaltungsrecht, Bd. 1, 4. Aufl. 2019, § 14 Rn. 87.

[393] Die Anteile an der Deutschen Telekom AG sind zu 30,4 Prozent (Stand: 30.9.2021) in deutschem Staatsbesitz, vgl. https://www.telekom.com/de/investor-relations/unternehmen/aktionaersstruktur; die Förderbank KfW, eine Anstalt des öffentlichen Rechts, unterhält etwa 20,5 Prozent der Anteile an der Deutschen Post AG, vgl. https://www.dpdhl.com/de/investoren/aktie/aktionaersstruktur.html [beide zuletzt aufgerufen am 31.1.2022]; zur besonderen Bedeutung der Nachfolgeunternehmen der ehemaligen Staatsmonopolisten s. *Suerbaum*, in: Ehlers/Fehling/Pünder (Hrsg.), Besonderes Verwaltungsrecht, Bd. 1, 4. Aufl. 2019, § 16 Rn. 12; ausführlich zur Privatisierung, insbesondere in den Netzsektoren, s. *Kämmerer*, a. a. O., § 13 Rn. 30 ff., 87 ff.

[394] *Burgi*, in: Festschrift für U. Battis, 2014, S. 329 (333); *Ludwigs*, in: Schmidt/Wollenschläger (Hrsg.), Kompendium Öffentliches Wirtschaftsrecht, 5. Aufl. 2019, § 12 Rn. 2 m. w. N.

[395] Vgl. *Ruffert*, in: Ehlers/Fehling/Pünder (Hrsg.), Besonderes Verwaltungsrecht, Bd. 1, 4. Aufl. 2019, § 21 Rn. 27; *Burgi*, in: Festschrift für U. Battis, 2014, S. 329 (333, 338); *Gundel*, EWS 2017, 301 (302 f.); *Steinbach*, Die Verwaltung 50 (2017), 507 (523); ferner *Kühling*, Sektorspezifische Regulierung in den Netzwirtschaften, 2004, S. 381 ff. (zur RegTP als Vorgängerin der BNetzA).

[396] *Masing*, in: Masing/Marcou (Hrsg.), Unabhängige Regulierungsbehörden, 2010, S. 181 (197 f.); plastisch *Burgi*, in: Festschrift für U. Battis, 2014, S. 329 (338): „Wenn der Staat mit eigenen Unternehmen im betreffenden Markt tätig ist, kann er nicht mit gleichsam einer Hand Leistungen erbringen und regulieren, d. h. Mitspieler und gestaltender Schiedsrichter in einer Person sein."; s. auch *Ludwigs*, in: Schmidt/Wollenschläger (Hrsg.), Kompendium Öffentliches Wirtschaftsrecht, 5. Aufl. 2019, § 12 Rn. 2; *Kröger*, Unabhängigkeitsregime im europäischen Verwaltungsverbund, 2020, S. 105 f., 136 f.

[397] S. hierzu bereits unter Kapitel 2, B.I.2; zu den einzelnen Vorgaben s. noch Kapitel 3, A.I.1.

nehmend hin zu einer auch politischen Unabhängigkeit ohne Rücksicht darauf, ob der Staat tatsächlich im betreffenden Sektor am Markt agiert oder nicht. Dahinter steht die Intention, den Fokus auf die Realisierung eines gerechten und ausgeglichenen Wettbewerbs zu legen, dessen Regulierung nicht vom politischen Tagesgeschäft überschattet werden soll.[398] Bezweckt ist die Ausblendung sachfremder Einflüsse und Gruppeninteressen wie etwa regional-, sozial- und arbeitsmarktpolitischer Erwägungen zugunsten einer Globalbetrachtung.[399] Durch die Entkoppelung von der Politik könne die BNetzA sachorientierte und insbesondere auch langfristige bzw. weitsichtige Entscheidungen treffen, ohne dem Druck bevorstehender Wahlen oder mächtiger Unternehmen ausgesetzt zu sein.[400] Gerade dem administrativen Ansatz, der die Entscheidungsfindung im Wesentlichen der Behörde überlässt und durch eine Vielzahl ausfüllungsbedürftiger Rechtsbegriffe geprägt ist,[401] wohne ein Missbrauchspotenzial durch die Politik inne, dem durch eine Unabhängigstellung der Verwaltung begegnet werden soll.[402] Mit Verweis auf US-amerikanische Agencies bezeichnet Giandomenico Majone die Verquickung aus Fachkompetenz und Renommee (im Sinne der Fähigkeit zu glaubwürdigem politischen Handeln) als entscheidend für Effizienzsteigerungen gegenüber dem traditionellen Modell.[403] Folglich wird durch die Unabhängigkeitsvorgabe auch in den Infrastruktursektoren versucht, die Tätigkeit der Regulierungsbehörden nicht zu gefährden, sondern stattdessen zu optimieren.

Ähnliche Überlegungen wurden auch im Kartellrecht angestellt. Bei der Schaffung des *Bundeskartellamts* stand die Gewährleistung von Neutralität und Einzelentscheidungen jenseits politischer Beeinflussung im Vordergrund.[404]

---

398 *Masing*, in: Masing/Marcou (Hrsg.), Unabhängige Regulierungsbehörden, 2010, S. 181 (199 ff.); *Masing*, in: Festschrift für R. Schmidt, 2006, S. 521 (530); *Eifert*, ZHR 174 (2010), 449 (467); *Gundel*, EWS 2017, 301 (303); *Steinbach*, Die Verwaltung 50 (2017), 507 (523), der den „situative[n]“ und „apolitischen Charakter“ der Entscheidungsfindung im Regulierungsrecht betont.

399 Vgl. *Masing*, in: Masing/Marcou (Hrsg.), Unabhängige Regulierungsbehörden, 2010, S. 181 (199 ff.); *Steinbach*, Die Verwaltung 50 (2017), 507 (523).

400 *Masing*, in: Masing/Marcou (Hrsg.), Unabhängige Regulierungsbehörden, 2010, S. 181 (201); *Majone*, Journal of Public Policy 1997, 139 (153); *Paulweber*, Regulierungszuständigkeiten in der Telekommunikation, 1999, S. 84 ff.

401 Zum administrativen Ansatz s. näher unter Kapitel 1, B.IV.1.

402 In diese Richtung am Beispiel des Bundeskartellamts *Masing*, in: Masing/Marcou (Hrsg.), Unabhängige Regulierungsbehörden, 2010, S. 181 (190 ff.).

403 *Majone*, Journal of Public Policy, 1997, 139 (152); eingehend zur Annäherung der BNetzA an das US-amerikanische Independent Agency-Modell *Ludwigs*, Die Verwaltung 44 (2011), 41 ff.

404 *Masing*, in: Masing/Marcou (Hrsg.), Unabhängige Regulierungsbehörden, 2010, S. 181 (190 f.); *Steinbach*, Die Verwaltung 50 (2017), 507 (522); s. auch *Rittner*, WuW 1969, 65 (69 ff.).

Während kartellpolitische Gesamtkonzepte dem an die Politik gekoppelten Wirtschaftsministerium vorbehalten bleiben sollen, gebührt dem BKartA – mit Ausnahme der Ministererlaubnis[405] nach § 42 GWB im Rahmen der Fusionskontrolle – nach der Vorstellung des Gesetzgebers die technische Dimension der Kartellverwaltung.[406] Ziel ist es, dadurch Verzerrungen des Wettbewerbs durch eine sachwidrige politische Intervention zu unterbinden.[407] Auch hier verfängt das Argument, die Kartellaufsicht sei aufgrund der Vielzahl unbestimmter Rechtsbegriffe insoweit besonders anfällig.[408] Dem als selbständige Bundesoberbehörde organisierten Amt wird auf dem Bereich des Kartellrechts der Status eines von der Politik und der Ministerialverwaltung emanzipierten Akteurs zuteil, der es gewissermaßen als exklusiven „Hüter des Wettbewerbs" erscheinen lässt.[409] Innerhalb der Behörde obliegt die Beurteilung der konkreten Wettbewerbsverhältnisse kollegial verfassten und in einem justizförmig ausgestalteten Verfahren entscheidenden Beschlussabteilungen, wodurch Glaubwürdigkeit im Hinblick auf eine objektive und sachlich bzw. ökonomisch fundierte Entscheidungsfindung ausgestrahlt werden soll.[410] Die – freilich seit jeher von kontroversen Diskussionen begleitete – Auslagerung des BKartA aus dem hierarchischen System ist daher als Reaktion auf die Eigenheiten des Wettbewerbsrechts zu verstehen, das aufgrund seiner Konkretisie-

---

[405] Zur Ministererlaubnis allgemein und möglichen Reformvorschlägen zuletzt monografisch *Fries*, Die Berücksichtigung außerwettbewerblicher Interessen in der Fusionskontrolle, 2020.

[406] So *Möschel*, WuW 1999, 5 (7); den Ausnahmecharakter der Ministererlaubnis betonend *Masing*, in: Masing/Marcou (Hrsg.), Unabhängige Regulierungsbehörden, 2010, S. 181 (190) unter Fn. 31; vgl. ferner *Steinbach*, Die Verwaltung 50 (2017), 507 (522); kritisch zur Trennbarkeit von politischer und juristischer Ebene *Döhler*, Die Verwaltung 34 (2001), 59 (80) m.w.N.: „Die Vorstellung allerdings, daß es eine reine, politisch ‚unverschmutzte' Rechtsanwendung geben könne, ist schon beim Vollzug des GWB fraglich, bei anderen Aufgaben kaum haltbar.".

[407] *Günther*, Zehn Jahre Bundeskartellamt, 1968, S. 11 (34): „Sobald Weisungen des zuständigen Ministers über den […] allgemeinen Rahmen hinausgehen und einzelne Unternehmen […] gegenüber anderen Unternehmen begünstigen würden, wäre nicht nur die Rechtsstaatlichkeit des Kartellverfahrens infrage gestellt, sondern auch die Glaubwürdigkeit einer dem allgemeinen Interesse dienenden Wettbewerbspolitik gefährdet."; *Masing*, in: Masing/Marcou (Hrsg.), Unabhängige Regulierungsbehörden, 2010, S. 181 (190 ff.); *Steinbach*, Die Verwaltung 50 (2017), 507 (522).

[408] Deutlich *Rittner*, WuW 1969, 65 (70), der die Auslegung der „schwindelerregende[n]" unbestimmten Begriffe „vornehmlich bei den Kartellbehörden und den Gerichten" sieht; anschaulich *Masing*, in: Masing/Marcou (Hrsg.), Unabhängige Regulierungsbehörden, 2010, S. 181 (190 f.).

[409] Vgl. *Döhler*, in: Bogumil/Jann/Nullmeier (Hrsg.), Politik und Verwaltung, 2006, S. 208 (216), dort auch das direkte Zitat.

[410] Vgl. *Dreier*, Hierarchische Verwaltung im demokratischen Staat, 1991, S. 247; ausführlich zu den Beschlussabteilungen des BKartA und der umstrittenen Frage ihrer Unabhängigkeit s. unter Kapitel 3, A.II.1.b)aa).

rungsbedürftigkeit, der notwendigen Unschärfe einer prognostischen Einschätzung der Kräfteverhältnisse des Marktes und der Macht marktbeherrschender Unternehmen vor (sozial)politisch motivierten Eingriffen einer besonderen Abschirmung bedarf.[411]

Ein zusätzliches und weiter an Bedeutung gewinnendes Argument für eine unabhängige Verwaltung resultiert aus der zunehmenden Internationalisierung der Wirtschaft – der Globalisierung im Allgemeinen und der Europäisierung im Besonderen. Hintergrund ist, dass Regierungen einzelner Länder sich schon allein kraft ihrer Aufgabe an nationalen Interessen zu orientieren haben. Durch eine Entkoppelung von Politik und Wirtschaftsaufsicht ließe sich gerade in strukturrelevanten Branchen die Gefahr bändigen, heimische Marktakteure zu bevorzugen.[412] Der Gesichtspunkt einer unparteilichen Regulierung wird bei diesem Begründungsansatz folglich konsequent fortgeführt und um eine internationale Dimension angereichert. Durch die Reduzierung auf eine sachlich-gesetzesbezogene, politikunabhängige Aufsicht sollen ausländische Unternehmen geschützt und es soll fremden Investoren (mehr) Glaubwürdigkeit signalisiert werden. Gleiches gilt für die unionsrechtliche Perspektive. Regierungen von EU-Mitgliedstaaten könnten dazu tendieren, nationale Wirtschaftsinteressen über gemeinschaftliche oder diejenigen anderer europäischer Länder zu stellen, weshalb unabhängige Behörden zu „Verfechter[innen] gesamteuropäischer Interessen“ würden.[413]

2. Kritik und Grenzen

Die Argumente, die zugunsten einer behördlichen Unabhängigkeit streiten, sind keineswegs unangreifbar. Ungeachtet der bereits zuvor geltend gemachten verfassungs- und unions*rechtlichen* Bedenken[414] wird vielfach auch die Zweckmäßigkeit einer unabhängigen Verwaltung kritisch hinterfragt. Zunächst behaupten Stimmen im Schrifttum, eine explizite Festschreibung

---

411 Ebenso *Masing*, in: Masing/Marcou (Hrsg.), Unabhängige Regulierungsbehörden, 2010, S. 181 (192 f.).

412 Vgl. *Masing*, in: Masing/Marcou (Hrsg.), Unabhängige Regulierungsbehörden, 2010, S. 181 (214 f.); *Steinbach*, Die Verwaltung 50 (2017), 507 (525 f.) spricht prägnant von „national-egoistischer Interessenverfolgung“.

413 So wörtlich *Steinbach*, Die Verwaltung 50 (2017), 507 (526) unter Rekurs auf die EuGH-Entscheidung zur unabhängigen Datenschutzaufsicht, Urt. v. 9.3.2010, Rs. C-518/07, ECLI:EU:C:2010:125, Rn. 35 – Kommission/Deutschland; diesen Gedanken zu Ende gedacht, müsste man streng genommen die Zuständigkeit für die Wirtschaftsaufsicht über insoweit „gefährdete“ Sektoren konsequent auf die EU-Kommission sowie die europäischen Agenturen verlagern.

414 S. hierzu ausführlich unter Kapitel 2, B.I.2. (Unionsrecht) und B.II.1. (nationales Recht).

des ministeriellen Weisungsrechts sei nicht erforderlich, da in der Praxis die Zahl der Einzelweisungen bislang vernachlässigbar gering war und das Recht daher ohnehin nur ein Reserveinstrument darstelle.[415] Der Befund einer rein tatsächlichen Unabhängigkeit vermag indes nicht nachhaltig dahingehend zu überzeugen, dass die Normierung einer rechtlichen Unabhängigkeit obsolet ist. Auf die Ausübung von Weisungsbefugnissen in der Vergangenheit weitestgehend verzichtet zu haben, liefert keinen Beleg dafür, dass auch künftig von Weisungen abgesehen werden wird und hat überdies keine rechtserhebliche Relevanz im Sinne einer verbindlichen Erklärung.[416] So wurde die eingangs dieser Arbeit genannte faktische Unabhängigkeit der BaFin im 2005 vereinbarten Koalitionsvertrag zwischen CDU, CSU und SPD offen infrage gestellt und dafür plädiert, die (nach § 2 FinDAG normierte) „Rechts- und Fachaufsicht des Bundesministeriums der Finanzen über die BaFin […] zu verstärken".[417] In der Vergangenheit wurde zudem auf die Regulierungsbehörde für Telekommunikation und Post (als Vorgängerin der BNetzA) trotz der kurz zuvor geäußerten Beteuerung seitens des Bundeswirtschaftsministeriums, die Behörde entscheide völlig unabhängig, im Wege einer schriftlichen Weisung Einfluss genommen.[418] Wird also einer Institution das praktische

---

[415] Vgl. *Kersten*, VVDStRL 69 (2010), 288 (331 f.); *Masing*, in: Festschrift für R. Schmidt, 2006, S. 521 (533); *Döhler*, in: Bogumil/Jann/Nullmeier (Hrsg.), Politik und Verwaltung, 2006, S. 208 (218); zum bisher ausgesprochen zurückhaltenden Gebrauch in den untersuchten Rechtsgebieten vgl. exemplarisch *Windthorst*, Der Universaldienst im Bereich der Telekommunikation, 1997, S. 444 f.; *Attendorn/Geppert*, in: Geppert/Schütz (Hrsg.), Beck'scher TKG-Kommentar, 4. Aufl. 2013, § 117 TKG Rn. 2 (TK- und Postsektor) sowie *Stockmann*, in: Immenga/Mestmäcker (Hrsg.), Wettbewerbsrecht, 6. Aufl. 2020, § 52 GWB Rn. 5 f. (Kartellrecht); s. auch im Kontext der Datenschutzaufsicht *Bull*, EuZW 2010, 488 (493): „Selbst wenn man […] auf einem fachlichen Weisungsrecht beharren wollte, wäre einzuräumen, dass ein solches in der nunmehr über dreißigjährigen Praxis – soweit erkennbar – niemals ausgeübt wurde […]".

[416] Vgl. hierzu bereits unter Kapitel 1, B.I.; kritisch auch *Döhler*, Die politische Steuerung der Verwaltung, 2007, S. 206 f., 229: „De facto begründet das Argument von der fachlichen Unabhängigkeit aber gerade keine Interventionsschranke, sondern eine Sollbruchstelle für das Gegenteil, nämlich ministerielle Korrekturen."; a. a. O., S. 270: „Auf der einen Seite ließe sich das Spielen mit der Möglichkeit von Weisungen so interpretieren, dass sich die Unabhängigkeit des [Bundeskartell-]Amtes lediglich der freiwilligen Zurückhaltung des BMWi verdankt, die im ‚Ernstfall' ohne weiteres aufgegeben werden kann.".

[417] Koalitionsvertrag von CDU, CSU und SPD v. 11.11.2005 „Gemeinsam für Deutschland. Mit Mut und Menschlichkeit.", S. 87 (zuletzt aufgerufen am 31.1.2022 unter https://www.cdu.de/artikel/gemeinsam-fuer-deutschland-mit-mut-und-menschlichkeit-koalitionsvertrag-2005); hierzu *Döhler*, in: Bogumil/Jann/Nullmeier (Hrsg.), Politik und Verwaltung, 2006, S. 208 (217).

[418] Der seinerzeit amtierende Staatssekretär Bünger untersagte der Regulierungsbehörde im Jahr 1998 den Erlass einer Verfügung, welche die Sicherung des Wettbewerbsschutzes der Mobilfunkbetreiber auf ihren Netzen beinhaltete, obwohl Wirt-

Nichtvorhandensein von Weisungen attestiert, handelt es sich stets nur um eine Momentaufnahme, die über den Fortbestand dieses Zustands keine Aussage zu treffen vermag. Die Reduktion auf die bloße Reservefunktion staatlicher Einflussnahme verfängt vor diesem Hintergrund nicht.

Dass Weisungen in der Praxis eine Rarität sind, könnte stattdessen weniger am Respekt der Politik vor „starken“ Behörden liegen als vielmehr an einer subtileren Einwirkung durch *informelle Beeinflussung*[419]. Zum einen ist im Einzelfall oft überhaupt schwer zu erkennen, ob schon eine Weisung oder nur eine schlichte Kontaktaufnahme des übergeordneten Ministeriums vorliegt. Dem handelnden Amtswalter zuzumuten, zwischen einer umzusetzenden Weisung und einer unzulässigen Einflussnahme zu differenzieren mit der Konsequenz, „jene zu befolgen, dieser dagegen zu widerstehen“,[420] erscheint kaum praxistauglich.[421] Zum anderen bedingt das traditionelle Selbstverständnis der deutschen Verwaltung, dass es meist nicht bis zur letzten Eskalationsstufe der Erteilung einer Weisung kommt. Bereits die Drohung damit, dieses Instrument einzusetzen, oder gar das schiere Wissen um die bestehende Möglichkeit führt zu einem spürbaren Steuerungseffekt.[422] In der Folge ist nicht selten die Herausbildung eines „antizipative[n] Gespür[s] für die Präferenzen des vorgesetzten Ministeriums“ im Sinne eines vorauseilenden Gehorsams zu beobachten, an die Stelle unmittelbarer Weisungen tritt „eine Art koordinativer Willensbildungsprozeß“.[423] Eine wirklich faktische

---

schaftsminister Rexrodt kurz zuvor in einer Rede die unabhängige Entscheidungsfindung der Behörde betonte; vgl. zum Ganzen *Döhler*, Die Verwaltung 34 (2001), 59 (79) mit den Nachweisen im Original.

[419] Allgemein zu informellem Handeln des Staates s. *Schoch*, in: Isensee/Kirchhof (Hrsg.), Handbuch des Staatsrechts, Bd. III, 3. Aufl. 2005, § 37, passim.

[420] So *Loschelder*, in: Isensee/Kirchhof (Hrsg.), Handbuch des Staatsrechts, Bd. V, 3. Aufl. 2007, § 107 Rn. 44.

[421] Zutreffend *Döhler*, Die Verwaltung 34 (2001), 59 (76) mit Fn. 88, der erkennt, dass „von politischem oder lobbyistischem Druck ausgelöste Weisungen nicht als solche kenntlich gemacht werden dürften, sondern im Gewand fachlicher Argumente auftreten und überdies nicht per se unsinnig sein müssen“; *Döhler*, Die politische Steuerung der Verwaltung, 2007, S. 235 ff., 310; vgl. ferner *Ellwein*, Regieren und Verwalten, 1976, S. 123: „‚Der Minister wünscht‘ – die Formel ist, sofern man tatsächlich förmliche Weisungen scheut, eines Rechtsstaates unwürdig und an ihr orientierte Handlungen halten im Zweifel rechtlicher Nachprüfung nicht stand. Mit ihr arbeitet man aber in dem Ministerium nahestehenden Bereichen gern, gleichgültig, ob jener Wunsch nur gelegentlich [in] einer Rede oder gar nicht zum Ausdruck gekommen ist.“.

[422] Vgl. *Döhler*, Die Verwaltung 34 (2001), 59 (76); *Döhler*, Die politische Steuerung der Verwaltung, 2007, S. 224: „Überspitzt formuliert ist das ministerielle Weisungsrecht also nur so lange unproblematisch, wie es nicht ausgeübt wird, sondern in einer Drohposition verharrt.“.

[423] So wörtlich *Döhler*, Die Verwaltung 34 (2001), 59 (76).

Unabhängigkeit der Verwaltung wurzelt eher im Verzicht auf Einmischung, sei es aus Desinteresse oder Kapazitätsgründen, und kann ansonsten bestenfalls durch eine selbstbewusst agierende Behördenspitze und Beharrlichkeit erzwungen werden.[424] Das Begriffspaar der „kooperativen Autonomie", mit dem der frühere Wirtschaftsminister Hans Friderichs das Verhältnis zwischen Bundeswirtschaftsministerium (BMWi) und BKartA umschrieb,[425] ist aus der Sicht einer ihrer Selbstdefinition nach unabhängigen Behörde wohlwollend gesehen ein Euphemismus, böswillig ein Oxymoron. Zur zusammenfassenden Abbildung der beobachtbaren Beziehung zwischen Ministerium und nachgeordneter Behörde bemüht Marian Döhler treffend das Bild einer „Steuerung ‚an der langen Leine', die im Bedarfsfall aber sehr rasch angezogen werden kann".[426] In der Praxis faktisch kaum vorhandene Weisungen und Unabhängigkeit sind daher keine deckungsgleichen Phänomene,[427] sodass sich der Verweis auf die zurückhaltende Ausübung von Weisungsrechten als Trugschluss darstellt. Um am Erfordernis einer Normierung der Unabhängigkeit aufgrund der bloßen Reservefunktion direkter ministerieller Einflussnahme zu zweifeln, besteht deshalb kein Anlass.

Gravierender sind die Einwände in Bezug auf den *Verlust politischer bzw. demokratischer Verantwortlichkeit*. Ungeachtet der aufgezeigten verfassungsrechtlichen Schwierigkeiten stellt sich die Frage, ob es überhaupt wünschenswert ist, wenn der Verwaltung „der politische Kopf verloren [geht]".[428] Die hierauf rekurrierende Kritik hat zwei Stoßrichtungen. Zum einen würde die Verwaltung technokratisiert, sodass nicht nur die Politik Einfluss einbüßt, sondern auch die Verantwortlichkeit vor dem Volk verschwimmt.[429] Für die

---

424 *Döhler*, Die Verwaltung 34 (2001), 59 (76f., 79f.); zur Bedeutung der Behördenspitze vgl. auch *Döhler*, Die politische Steuerung der Verwaltung, 2007, S. 231: „Zumindest für die Figur des Präsidenten drängt sich die Vermutung auf, dass seine Ernennung mit der Absicht verbunden sein kann, einen ‚pflegeleichten', für die Wünsche des Ministeriums aufgeschlossenen Behördenleiter zu installieren.".

425 S. *Ortwein*, Das Bundeskartellamt, 1998, S. 126; *Döhler*, Die Verwaltung 34 (2001), 59 (88); ähnlich verhält es sich mit dem bei *Döhler* a.a.O. wiedergegebenen Zitat des ehemaligen BMWi-Staatssekretärs Otto Schlecht, der „ein ‚ordnungspolitisches Gewohnheitsrecht' der Nichtanwendung von Einzelweisungen" für gegeben erachtet; vgl. hierzu auch *Möschel*, ORDO 48 (1997), 241 (242).

426 *Döhler*, Die Verwaltung 34 (2001), 59 (81).

427 So auch *Döhler*, Die Verwaltung 34 (2001), 59 (79): „Unabhängigkeit [ist] in der Praxis nicht mit Weisungsfreiheit gleichzusetzen"; *Ortwein*, Das Bundeskartellamt, 1998, S. 87: „Das Problem der Weisungsgebundenheit ist weitgehend theoretischer Natur, viel wichtiger sind die informellen Einwirkungsmöglichkeiten […]."; s. auch *Döhler*, Die politische Steuerung der Verwaltung, 2007, S. 263ff.

428 *Masing*, in: Masing/Marcou (Hrsg.), Unabhängige Regulierungsbehörden, 2010, S. 181 (218).

429 *Döhler*, Die Verwaltung 34 (2001), 59 (88) spricht von einer drohenden Zerstäubung der politischen Verantwortlichkeit; *Lepsius*, in: Fehling/Ruffert (Hrsg.), Re-

Wähler bliebe so beispielsweise kaum eine Möglichkeit, eine missliebige Regulierungspraxis über eine Änderung politischer Mehrheitsverhältnisse zu sanktionieren. Jedenfalls dürfe das „Primat einer demokratisch zurechenbar legitimierten Politik" nicht preisgegeben werden.[430] Zugespitzt könne es gar zu einer „bürokratischen Sabotage" kommen, bei der die Verwaltung (grundsätzliche) politische Entscheidungen durch ihr Handeln unterminiert.[431] Zum anderen wird angezweifelt, ob die Unabhängigkeit für die in Betreff stehende Behörde selbst ein Segen ist. Zu befürchten sei, dass die fehlende Verantwortlichkeit sowie Möglichkeit einer Einflussnahme in Desinteresse umschlägt und deshalb die handelnde Stelle nicht auf externe Hilfe zählen kann.[432] Gerade bei der Aufsicht über einflussreiche bzw. finanzkräftige Unternehmen könne politischer Rückenwind zuträglich sein. Im Extremfall mutiere die verselbständigte Stelle gar zum „Sündenbock" der Politik, die für unpopuläre Maßnahmen gegeißelt wird.[433] Einer effektiven Regulierung wäre dies abträglich.

---

gulierungsrecht, 2010, § 19 Rn. 70: „[...] darf nicht übersehen werden, daß in dieser Grundidee eine Flucht vor der politischen Verantwortung enthalten ist, die in einer demokratischen Rechtskultur auch fragwürdige Elemente enthält. Es mutet merkwürdig an, wenn gerade diejenigen Fragen, die erhebliche Verteilungsentscheidungen voraussetzen, die von weittragender sozialer und zeitübergreifender Bedeutung sind und über die traditionell politische Auseinandersetzungen geführt werden (Wahlkämpfe)[,] einem Regelungsregime übertragen werden, das politische Zielkonflikte enthält, diese aber nicht politisch bewältigen soll.".

430 *Masing*, in: Masing/Marcou (Hrsg.), Unabhängige Regulierungsbehörden, 2010, S. 181 (219); kritisch zum „administrative turn" auch *Gärditz*, NVwZ 2009, 1005 (1010).

431 Vgl. *Dreier*, Hierarchische Verwaltung im demokratischen Staat, 1991, S. 195 ff., der als Beispiele die Rolle der Verwaltung bei der Gesetzgebung sowie die Klientelisierung der Verwaltung als Kehrseite ihres privilegierten Umweltkontaktes anführt; weitere Konstellationen am Beispiel des russischen Staatsapparats bei *Jacoby*, Die Bürokratisierung der Welt, 2. Aufl. 1984, S. 245 ff.; s. ferner *Steinberg*, Die Verwaltung 11 (1978), 309 (312 ff.) mit dem vielsagenden Aufsatztitel „Faktoren bürokratischer Macht".

432 Pointiert *Bull*, EuZW 2010, 488 (492): „Wenn die Regierung sich jeglicher Äußerungen zu aktuellen Fragen [...] enthalten soll, muss sie uninteressiert und tatenlos zusehen, während die Kontrollbehörde – boshaft gesagt – ‚im eigenen Saft schmort'. Es ist unwahrscheinlich, dass eine so auf sich gestellte Behörde – in schwierigen Fällen wie David gegen Goliath – energischer und erfolgreicher gegen mächtige Unternehmen soll vorgehen können als eine Stelle, für deren Handeln sich die Regierung vor dem Parlament verantworten muss.".

433 Vgl. *Döhler*, Die Verwaltung 34 (2001), 59 (87) mit der Treuhandanstalt als „wohl krasseste [...] Ausprägung"; näher zur Rolle der Treuhandanstalt im hier betrachteten Kontext sowie zu ihrer Verselbständigung *Czada*, Aus Politik und Zeitgeschichte B 43–44/1994, 31 (31 ff., 40 ff.); als aktuelles Beispiel könnte an die Standortauswahl für die Endlagerung von hochradioaktivem Atommüll gedacht werden, bei

Eine drohende Konsequenz des politischen Steuerungsverlusts ist nicht zuletzt auch die Gefahr, dass die *Einheit der Verwaltung* abhandenkommt.[434] Frido Wagener etwa warnt insoweit vor einer „Atomisierung der öffentlichen Verwaltung in eine Unzahl spezialisierter Nebeneinheiten".[435] Andere Stimmen in der Literatur befürchten bei einer zu weitreichenden Abnabelung von Verwaltungsträgern vom überkommenen hierarchischen Bürokratiesystem den Zerfall des „staatlichen Gesamtzusammenhanges", mit dem erhebliche Einbußen an Transparenz einhergingen sowie Problemkomplexe zerpflückt und ausgelagert würden.[436] Die „Verantwortung des Muttergemeinwesens für die Funktionsfähigkeit seiner Subsysteme" dürfe nicht zur Disposition stehen, will man nicht die Möglichkeit zum schnellen und effektiven Treffen bedeutender Entscheidungen im gesamtstaatlichen Interesse preisgeben.[437] Dass der Schaffung unabhängiger Institutionen die Gefahr des Einheitsverlustes immanent ist, leuchtet unmittelbar ein. Schließlich fehlt es an einer gemeinsamen Spitze, die mit der Autorität zur Koordination thematisch und örtlich übergreifender Belange ausgestattet ist. Gleichwohl erscheint ein Ausfransen des Staates eher unwahrscheinlich angesichts diverser „[e]inheitsstiftende[r] Faktoren": weitestgehend einheitliche Verwaltungsverfahrensgesetze, Strukturanalogien in den Verwaltungsorganisationen von Bund und Ländern, ein homogener öffentlicher Dienst, eine gesicherte Verwaltungsrechtsdogmatik sowie harmonisierte Studiengänge und Ausbildungszweige.[438] Letzten Endes wird man gewisse Abstriche im Hinblick auf die Einheit der Verwaltung in Kauf nehmen müssen, wobei dies vor dem Hintergrund der zugleich zu erwartenden Vorzüge unabhängiger Stellen zu verschmerzen sein dürfte. Ziel wird es sein, die für den jeweiligen Bereich optimale Balance zwischen Einheit und Selbständigkeit zu finden, was neben den soeben

---

dem die Politik bewusst die brisante Suche nach einem geeigneten Standort der Wissenschaft überlässt, vgl. § 1 Abs. 2 S. 1 StandAG.

434 Zur einheitssichernden Funktion des klassischen Verwaltungsaufbaus s. bereits unter Kapitel 2, A.I.

435 *Wagener*, in: Wagener (Hrsg.), Verselbständigung von Verwaltungsträgern, 1976, S. 31 (50); ähnlich auch *Leisner*, in: Festgabe für T. Maunz zum 70. Geburtstag, 1971, S. 267 (283), wonach in der „Subdivision der Staatsmacht, in deren Vielköpfigkeit heute, […] die Hydra der Anarchie lauert".

436 Vgl. *Dreier*, Hierarchische Verwaltung im demokratischen Staat, 1991, S. 283 f.; allgemein zum „Zerfall der vollziehenden Gewalt" *Leisner*, Die undefinierbare Verwaltung, 2002, passim; im Kontext juristischer Personen des öffentlichen Rechts *W. Weber*, Staats- und Selbstverwaltung in der Gegenwart, 2. Aufl. 1967, S. 25.

437 *Kisker*, in: Wagener (Hrsg.), Verselbständigung von Verwaltungsträgern, 1976, S. 73 (82); ähnlich *Dreier*, Hierarchische Verwaltung im demokratischen Staat, 1991, S. 285.

438 *Dreier*, Hierarchische Verwaltung im demokratischen Staat, 1991, S. 291 f. m. w. N.; vgl. auch *Häußermann*, Die Politik der Bürokratie, 1977, S. 91 ff.

genannten einheitsstiftenden Faktoren durch eine zweckmäßige Rahmengesetzgebung und Behördennetzwerke gelingen kann.[439]

Darüber hinaus werden die erwarteten Effizienzvorteile zum Teil in Abrede gestellt. So zieht etwa Hans Peter Bull einen Vergleich zu anderen Überwachungsbehörden und stellt dabei fest, dass mitunter hochsensible, grundrechtsrelevante Bereiche wie die Finanzverwaltung, Atomaufsicht oder die Lebensmittelkontrolle streng hierarchisch gegliedert sind.[440] Er spricht hiermit die *Inkohärenz des bestehenden nationalen Aufsichtssystems* an, in dem scheinbar zufällig abhängige und unabhängige Behörden nebeneinander die Kontrolle ausüben. Es sei nicht erkennbar, dass das eine Organisationsmodell gegenüber dem anderen wirkungsvoller arbeite und die „besseren" Ergebnisse erziele.[441] Johannes Masing weist darauf hin, dass im Hinblick auf mehr Effizienz, Flexibilität und Schnelligkeit vielmehr fachliche Spezialisierung und eine institutionelle Ausgliederung ausschlaggebend sein dürften, ohne dass es einer Weisungsfreiheit zwingend bedarf.[442]

Inwieweit die Unabhängigstellung von Regulierungsbehörden auf deren Effizienz niederschlägt, ist aus *wirtschaftswissenschaftlicher Perspektive* im Lichte der sog. positiven Theorie der Regulierung zu beurteilen. Im Gegensatz zur normativen Theorie, welche nach den zu regulierenden Bereichen Ausschau hält, beschäftigt sich die positive Theorie mit den Motiven, die zur tatsächlichen Regulierung eines bestimmten Bereichs führen.[443] Anders als die normative Theorie geht Letztere im Ausgangspunkt nicht davon aus, dass die Regulierer (ausschließlich) zur Korrektur eines Marktversagens ohne die Verfolgung eigener Interessen gemeinwohlorientiert in Märkte intervenieren („Public-Interest-Ansatz"), sondern ihr liegt vielmehr die Vorstellung eines an maximalem Eigennutz ausgerichteten Handelns der beteiligten staatlichen Stellen zugrunde.[444] Marver H. Bernsteins Lebenszyklustheorie zufolge ist

---

439 Vgl. *Dreier*, Hierarchische Verwaltung im demokratischen Staat, 1991, S. 290 f.; s. auch *Bryde*, VVDStRL 46 (1987), 181 ff.; aus soziologischer Perspektive *Häußermann*, Die Politik der Bürokratie, 1977, S. 111.

440 *Bull*, EuZW 2010, 488 (494).

441 Deutlich *Bull*, EuZW 2010, 488 (492, 494); gleichwohl erkennt *Bull*, dass in der Zukunft möglicherweise weitere Bereiche – dem unionsrechtlichen Trend entsprechend – unabhängig gestellt werden.

442 *Masing*, in: Masing/Marcou (Hrsg.), Unabhängige Regulierungsbehörden, 2010, S. 181 (213) unter Verweis auf Bundesoberbehörden und Anstalten.

443 *Viscusi/Harrington/Vernon*, Economics of Regulation and Antitrust, 4. Aufl. 2005, S. 376 ff.; *Ludwigs*, Unternehmensbezogene Effizienzanforderungen im Öffentlichen Recht, 2013, S. 67, dort im Anschluss ausführlich zu den Theorien der Regulierung; *Knieps*, Netzökonomie, 2007, S. 181 ff.; *Krakowski*, in: Krakowski (Hrsg.), Regulierung in der Bundesrepublik Deutschland, 1988, S. 19 (95 ff.).

444 *Ludwigs*, Unternehmensbezogene Effizienzanforderungen im Öffentlichen Recht, 2013, S. 67, 74 m.w.N.; *Peltzman*, Political participation and government

das Dasein einer Regulierungsbehörde mit den Entwicklungsstufen der menschlichen Existenz zu vergleichen.[445] Bei Aufnahme der Regulierungstätigkeit stehe zwar noch die Verfolgung eines öffentlichen Interesses im Vordergrund, allmählich würden an dessen Stelle allerdings eigene Belange des Regulierers treten, bis er schließlich seine Aufgabe zuvorderst in der Aufrechterhaltung des Ist-Zustands als „recognized protector of the industry" sieht.[446] Ähnlich kritisch steht die maßgeblich auf Wirtschaftswissenschaftler der Chicagoer Schule um George J. Stigler zurückgehende Capture-Theorie der Regulierung dem Public-Interest-Ansatz gegenüber.[447] Sie geht im Wesentlichen davon aus, dass staatliche Regulierung von den wirtschaftlichen Interessen in den regulierten bzw. zu regulierenden Sektoren korrumpiert wird.[448] Um die – berechtigte – Kritik an der Capture-Theorie, sie stelle zu sehr auf den Einfluss der Industrie ab und vernachlässige andere Faktoren, abzuschwächen, reicherte Sam Peltzman das Modell um Konsumenteninteressen und deren Auswirkungen auf die Politik an.[449] Es bleibt aber beim Grundtenor, dass die Produzenten erfolgreich auf die Regulierungstätigkeit zulasten der Konsumenten einwirken.[450] Gary S. Becker schließlich be-

---

regulation, 1998, S. 286: „Politicians, like the rest of us, are presumed to be self-interested maximizers. This means that interest groups can influence the outcome of the regulatory process by providing financial or other support to politicians or regulators."; vgl. ferner *Leschke*, in: Fehling/Ruffert (Hrsg.), Regulierungsrecht, 2010, § 6 Rn. 71.

445 *Bernstein*, Regulating Business by Independent Commission, 2015 (Erstdruck 1955), S. 74 ff.; s. hierzu etwa *Baldwin/Cave/Lodge*, Understanding Regulation, 2012, S. 47 f.

446 *Bernstein*, Regulating Business by Independent Commission, 2015 (Erstdruck 1955), S. 92; vgl. auch *Ludwigs*, Unternehmensbezogene Effizienzanforderungen im Öffentlichen Recht, 2013, S. 74 f.

447 Prägend *Stigler*, The Bell Journal of Economics and Management Science 2 (1971), 3 (3 ff.); zuvor *Stigler/Friedland*, The Journal of Law & Economics 5 (1962), 1 (4 ff.); zu einzelnen Varianten der Theorie vgl. etwa *Posner*, The Bell Journal of Economics and Management Science 5 (1974), 335 (341 ff.); s. auch *Laffont/Tirole*, A Theory of Incentives in Procurement and Regulation, 1993, S. 475 ff.; *Viscusi/Harrington/Vernon*, Economics of Regulation and Antitrust, 4. Aufl. 2005, S. 379 ff.; *Krakowski*, in: Krakowski (Hrsg.), Regulierung in der Bundesrepublik Deutschland, 1988, S. 19 (96 ff.).

448 *Ludwigs*, Unternehmensbezogene Effizienzanforderungen im Öffentlichen Recht, 2013, S. 75 m. w. N.; *Masing*, AöR 128 (2003), 558 (591 f.).

449 Grundlegend *Peltzman*, The Journal of Law & Economics 19 (1976), 211 (214 ff.); *Peltzman*, Political participation and government regulation, 1998, S. 293 ff.; zur Kritik an der Capture-Theorie s. *Leschke*, in: Fehling/Ruffert (Hrsg.), Regulierungsrecht, 2010, § 6 Rn. 81; *Ludwigs*, Unternehmensbezogene Effizienzanforderungen im Öffentlichen Recht, 2013, S. 75.

450 *Ludwigs*, Unternehmensbezogene Effizienzanforderungen im Öffentlichen Recht, 2013, S. 75; *Leschke*, in: Fehling/Ruffert (Hrsg.), Regulierungsrecht, 2010, § 6 Rn. 86.

schreibt einen Wettbewerb zwischen Interessengruppen, der ein zu starkes Gewicht einzelner Vertreter von Partikularinteressen kompensiert bzw. korrigiert.[451] Das Konkurrieren unterschiedlicher Belange führe somit zu einer am gesamtgesellschaftlichen Erfolg ausgerichteten Politik.[452]

Auch wenn all diese Theorien in ihren konkreten Aussagen (noch) recht vage sind[453] und neben das Ziel eines größtmöglichen wirtschaftlichen Nutzens auch andere – etwa ideologische oder altruistische – Motive treten können,[454] stellen sie als Quintessenz zutreffend fest, dass staatliche Eingriffe in das Marktgeschehen zur Zielscheibe von Interessengruppen werden können.[455] Abzuwarten bleibt nun, wie sich die *Unabhängigkeitsvorgabe* auf die Effizienz der Regulierungsbehörden vor dem Hintergrund der vorstehenden Modelle auswirkt. Die Komponente der funktionellen Unabhängigkeit sorgt immerhin für eine Trennung von Regulierern und Regulierten. Die jüngere und weitreichendere Normierung der politischen Unabhängigkeit schirmt darüber hinaus vor einer Einflussnahme der Regierung oder anderer öffentlicher Stellen auf Sachentscheidungen ab. Dies bedeutet allerdings nicht automatisch, dass sich eine Regulierungsbehörde keinerlei Beeinflussung ausgesetzt sieht. Abgesehen von der zuvor skizzierten informellen Einwirkung ist nicht auszuschließen, dass die Industrielobby direkt an die Behörde herantritt und ihre Anliegen (erforderlichenfalls mit Nachdruck) geltend macht. Ein solches Gebaren ließe sich kaum verhindern und eine Unterbindung wäre mit Blick auf die dargelegten Vorzüge eines privilegierten Umweltkontakts[456] auch nicht unbedingt wünschenswert. Die Gefahr einer Vereinnahmung durch

---

451 *G. S. Becker*, The Quarterly Journal of Economics 98 (1983), 371 ff.; erläuternd *Leschke*, in: Fehling/Ruffert (Hrsg.), Regulierungsrecht, 2010, § 6 Rn. 87 ff.; s. auch die weiteren Nachweise bei *Ludwigs*, Unternehmensbezogene Effizienzanforderungen im Öffentlichen Recht, 2013, S. 76.

452 *G. S. Becker*, in: Pies (Hrsg.), Familie, Gesellschaft und Politik, 1996, S. 185 (192); *Ludwigs*, Unternehmensbezogene Effizienzanforderungen im Öffentlichen Recht, 2013, S. 76.

453 *Windisch*, in: Windisch (Hrsg.), Privatisierung natürlicher Monopole im Bereich von Bahn, Post und Telekommunikationsbereich, 1987, S. 1 (35 f.); s. auch *Krakowski*, in: Krakowski (Hrsg.), Regulierung in der Bundesrepublik Deutschland, 1988, S. 19 (95 ff.).

454 Vgl. etwa *Ogus*, Regulation, 2004, S. 73: „The broader and vaguer desires and needs which enter into the utility function of such individuals (e.g. altruism, ideology) cannot be ignored, but they pose problems for economists since they generate hypotheses which are not capable of being measured and tested by conventional means.".

455 *Windisch*, in: Windisch (Hrsg.), Privatisierung natürlicher Monopole im Bereich von Bahn, Post und Telekommunikationsbereich, 1987, S. 1 (35); zum Ganzen *Ludwigs*, Unternehmensbezogene Effizienzanforderungen im Öffentlichen Recht, 2013, S. 76.

456 Hierzu unter Kapitel 2, B.III.1., speziell Fn. 385.

ökonomische Partikularinteressen wird deshalb nicht kleiner, wohl aber fällt der Druck, politisch opportun handeln zu müssen. Stärker als bislang wird es nunmehr an den unabhängigen Regulierungsbehörden liegen, das öffentliche Interesse nicht aus den Augen zu verlieren und Interventionsversuchen, die einer effizienten Regulierung abträglich wären, zu widerstehen. Jedenfalls werden sich die Behörden bei Effizienzverlusten künftig nicht damit exkulpieren könne, sie seien nur „verlängerter Arm" der Regierung und von deren Linie abhängig.

Kritiker einer unabhängigen Ausgestaltung bringen schließlich vor, dass das Argument der stärkeren Unparteilichkeit von einem *grundsätzlichen Misstrauen gegen die politische Führung* zeugt. Wenn bereits die bloß abstrakte Gefahr einer Einflussnahme ausreichen soll, um Zweifel an einer unparteiischen Amtsausübung zu wecken und eine unabhängige Stellung zu rechtfertigen,[457] ohne dass der Nachweis einer tatsächlichen Gefährdung der Wirtschaftsaufsicht geführt wird, denunziere man das gesamte überkommene hierarchische Verwaltungsmodell.[458] Zugespitzt ausgedrückt werde die Politik unter den Generalverdacht sachfremder Interventionsversuche gestellt. Auch unter dem Blickwinkel des Schutzes der internationalen Wirtschaft lasse sich eine flächendeckende Unabhängigkeit der Aufsichtsbehörden nicht begründen. Nur wenn konkret die Gefahr „grenzüberschreitender negativer Regulierungseffekte mit nationalem Ausbeutungspotential" (sog. race to the bottom) besteht, sei eine Unabhängigstellung angezeigt.[459] Auf unionsrechtlicher Ebene böten zudem die europäischen Grundfreiheiten sowie Mechanismen der Verbundverwaltung[460] Kompensationsmöglichkeiten. Deshalb sei eine behördliche Unabhängigkeit nur ausnahmsweise erforderlich.

3. Zwischenergebnis

Bei gegenüberstellender Betrachtung der Gründe für und wider unabhängige Behörden, insbesondere im Regulierungs- und Kartellrecht, zeigt sich, dass beide „Lager" beachtliche Argumente ins Feld führen. Dies legt den

---

[457] So im Kontext der Datenschutzaufsicht EuGH, Urt. v. 9.3.2010, Rs. C-518/07, ECLI:EU:C:2010:125, Rn. 35 f. – Kommission/Deutschland, wo auch auf die Gefahr eines „vorauseilenden Gehorsams" hingewiesen wird.

[458] Deutlich *Masing*, in: Masing/Marcou (Hrsg.), Unabhängige Regulierungsbehörden, 2010, S. 181 (213 f.); *Bull*, EuZW 2010, 488 (492).

[459] *Steinbach*, Die Verwaltung 50 (2017), 507 (526 f.), der zwischen den (Netz-) Regulierungsbehörden und der Finanzaufsicht differenziert: Im Gegensatz zu Letzterer sei bei Ersteren kein „race to the bottom" zu diagnostizieren, weshalb dort die „sekundärrechtlich angeordnete Unabhängigkeit [...] nicht plausibel [scheint]".

[460] Vgl. zur Vermeidung von Konflikten im europäischen Regulierungsverbund *Franzius*, DÖV 2013, 714 (719 f.); s. noch näher unter Kapitel 3, B.II.3.

Schluss nahe, eine differenziertere Bewertung vorzunehmen. Unabhängigkeit als Organisationsform ist demzufolge im Vergleich zur hierarchischen Verwaltung weder *per se* vorzugswürdig noch nachteiliger. Es bedarf einer Beurteilung des Einzelfalles, ob und inwieweit es zweckmäßig ist, eine Behörde unabhängig zu stellen. Als Faustformel ließe sich an eine *Je-desto-Betrachtung* denken: Je anfälliger ein Bereich für eine sachwidrige politische Einflussnahme ist, desto wichtiger ist es, die Unabhängigkeit einer Institution zu gewährleisten. Treten weitere, plausibel dargelegte Positiveffekte hinzu, indiziert dies umso mehr ein höheres Maß an Verselbständigung.

Bei konkreter Beobachtung der im Rahmen dieser Arbeit untersuchten Rechtsgebiete ergibt sich folgendes Bild: Das Regulierungsrecht befasst sich ausweislich des zugrunde gelegten Begriffsverständnisses mit den systemrelevanten Infrastrukturen einer Volkswirtschaft. Behördliche Entscheidungen haben in diesen sensiblen Bereichen häufig naturgemäß eine erhebliche Tragweite und entfalten Breitenwirkung. Das Missbrauchspotenzial ist dort besonders groß, lassen sich doch durch die Steuerung von Querschnittssektoren spürbare ökonomische, arbeitsmarkt- oder sozialpolitische Effekte erzielen. So erscheint die Gewährleistung eines stabilen Preisniveaus in den Händen einer unabhängigen Zentralbank besser aufgehoben als bei einer von tagespolitischen Schwankungen abhängigen Regierung. Auch die Regulierung der netzgebundenen Sektoren erscheint anfällig dafür, von Interessengruppen vereinnahmt zu werden, um sich (Wettbewerbs-)Vorteile zulasten des öffentlichen Wohls, der Konkurrenz oder der Konsumenten zu verschaffen. Aufgrund der engen Verwandtschaft zum Regulierungsrecht mit dem gemeinsamen Ziel, einen fairen Interessenausgleich im Wettbewerb herzustellen,[461] lassen sich die Gründe für die Unabhängigstellung dort (ungeachtet spezifischer Besonderheiten im Einzelnen) grundsätzlich auch auf das Kartellrecht übertragen. Es spricht deshalb viel dafür, die Behördenstrukturen analog auszugestalten. Zwar ist eine Verselbständigung von Verwaltungseinheiten nicht frei von Nachteilen. Namentlich sind möglicherweise Einbußen im Hinblick auf die demokratische Verantwortlichkeit und die Einheit der Verwaltung ebenso hinzunehmen wie ein inkohärentes Nebeneinander von hierarchisch fest eingegliederten und unabhängigen Aufsichtsbehörden. Insgesamt dürften die durch die Unabhängigkeit erwarteten Vorteile jedoch die potenziellen Schwächen des Modells überwiegen, zumal Letztere – etwa durch einen Ausbau der parlamentarischen Kontrolle oder durch Behördennetzwerke und Verbundstrukturen – zumindest teilweise kompensiert werden können. Auch unter Zweckmäßigkeitsgesichtspunkten halten die Unabhängigkeitsvorgaben im Regulierungs- und Kartellrecht der vorgebrachten Kritik daher im Ergebnis stand.

---

461 S. hierzu bereits unter Kapitel 1, D.III.

Letztlich handelt es sich aber um eine (rechts)politische Entscheidung des Gesetzgebers, welche Form der Verwaltungsorganisation er für zweckdienlicher erachtet. Mit der Wahl des Konzepts einer unabhängigen Administrative kommt ein gewisses *technokratisches bzw. expertokratisches Staatsverständnis*[462] zum Ausdruck. Soweit der Politik deshalb eine Demokratieskepsis oder gar -feindlichkeit bescheinigt wird,[463] ist sorgfältig zu differenzieren, welches Demokratieverständnis konkret zugrunde gelegt wird. Eine möglichst hohe inhaltliche Qualität schließlich steht gerade im Zentrum outputbasierter Demokratiemodelle.[464] Der Schwerpunkt wird daher „lediglich" vom Modus der Entscheidungsfindung auf deren Ergebnis verlagert. Freilich entbindet die ergebnisorientierte Akzentverschiebung nicht von der Herstellung eines Legitimationszusammenhangs zum Volk.[465] Solange dieser aber – wenn auch möglicherweise ausgedünnt – vorhanden ist, ist zweitrangig, ob man ein technokratisches Ideal befürwortet oder ablehnt. Es sollte im Sinne einer *„judicial self-restraint"*[466] nicht Aufgabe der Rechtswissenschaft sein, verbindlich und legitim getroffene Richtungsentscheidungen zu hinterfragen, solange sie vertretbar sind bzw. sich im Rahmen des rechtlich Zulässigen bewegen. Vor diesem Hintergrund soll, nachdem rechtlich durchgreifende Bedenken zuvor nicht festgestellt werden konnten, die *de lege lata* normierte Unabhängigkeit als Ursache für Binnenkonflikte, mit allen etwaigen Konsequenzen, nachfolgend nicht weiter als unvereinbar mit höherrangigem Recht infrage gestellt werden.

---

[462] Zum expertokratischen Staatsverständnis „[z]wischen Herrschaft kraft Wissens und politischem Dezisionismus" (so der Untertitel) s. ausführlich *Münkler*, Expertokratie, 2020, S. 12 ff.

[463] In diese Richtung *Bull*, EuZW 2010, 488 (492); vor einer unzureichenden demokratischen Rückbindung ebenfalls warnend *Masing*, in: Masing/Marcou (Hrsg.), Unabhängige Regulierungsbehörden, 2010, S. 181 (218 f.).

[464] Hierzu näher unter Kapitel 2, B.II.1.b)bb).

[465] Deshalb wurde diese Lesart output-orientierter Legitimationsansätze zuvor auch abgelehnt; wie stattdessen die erforderliche demokratische Legitimation hergestellt werden kann, s. ebenfalls unter Kapitel 2, B.II.1.b)bb).

[466] Zum Postulat richterlicher Selbstbeschränkung (*judicial self-restraint*) grundlegend BVerfGE 36, 1 (14) – Grundlagenvertrag: „Der Grundsatz des judicial self-restraint, den sich das Bundesverfassungsgericht auferlegt, bedeutet nicht eine Verkürzung oder Abschwächung seiner eben dargelegten Kompetenz, sondern den Verzicht ‚Politik zu treiben', d. h. in den von der Verfassung geschaffenen und begrenzten Raum freier politischer Gestaltung einzugreifen."; hierzu näher *Schlaich/Korioth*, Das Bundesverfassungsgericht, 12. Aufl. 2021, Rn. 505; *Voßkuhle*, in: von Mangoldt/Klein/Starck (Hrsg.), GG, Bd. 3, 7. Aufl. 2018, Art. 93 Rn. 36.

C. Zusammenfassung

Im Ausgangspunkt des Kapitels stand die Fragestellung, warum Binnenkonflikte der Verwaltung im Regulierungs- und Kartellrecht entstehen können. Denn für die Entwicklung tragfähiger Lösungsansätze ist es zunächst erforderlich, die Hintergründe für das Aufkommen solcher Streitigkeiten nachzuvollziehen. Als Ursache für die Entstehung interner Konflikte wurde die unabhängige Stellung von Institutionen oder Teilen davon identifiziert. Im Gegensatz zum klassisch-hierarchischen Verwaltungsmodell fehlt es an einer übergeordneten Instanz, die dazu befugt ist, Streitigkeiten nachrangiger Behörden verbindlich zu entscheiden. In der Konsequenz bleibt unklar, wie und durch wen derartige Konflikte ausgeräumt oder verhindert werden. Trotz dieses *unabhängigen Stellen inhärenten, neuralgischen Konfliktpotenzials* handelt es sich bei der Unabhängigkeit der Verwaltung qualitativ wie quantitativ um ein an Bedeutung gewinnendes Phänomen, gerade in den untersuchten Referenzgebieten.[467] Verantwortlich hierfür ist in erster Linie das Unionsrecht, welches die Mitgliedstaaten sekundärrechtlich verpflichtet, bestimmte Behörden unabhängig zu stellen. Das nationale Recht in Deutschland hingegen steht einer solchen Konzeption tendenziell kritisch gegenüber. Dort kommen im Regulierungs- und Kartellrecht genuine Unabhängigkeitserfordernisse bislang allenfalls rudimentär vor.

Ursächlich für den in der Bundesrepublik zurückhaltenden Umgang mit in hohem Maße verselbständigten Verwaltungseinheiten ist insbesondere die – zum Teil scharf artikulierte – rechtliche Kritik an den europäischen Unabhängigkeitsvorgaben. Geltend gemacht werden auf unionsrechtlicher Ebene eine Verletzung der *mitgliedstaatlichen Verfahrensautonomie* sowie der *nationalen Identität*, auf Ebene des deutschen Rechts insbesondere eine Unvereinbarkeit mit dem *Demokratieprinzip*, das eine hinreichende Legitimation staatlichen Handelns verlangt. Im Ergebnis sind die jeweils geäußerten Vorbehalte zwar gewichtig. Jedenfalls können sie aber richtigerweise die Zulässigkeit einer Unabhängigstellung von Teilen der Verwaltungslandschaft nicht grundsätzlich erschüttern, solange für die Wahl dieser organisatorischen Ausgestaltung im Einzelfall eine ausreichende Rechtfertigung besteht. Insoweit ist dem Gesetzgeber jeweils ein gewisser Gestaltungsspielraum zuzugestehen, dessen Grenzen vorliegend nicht überschritten worden sind: Eine völlige Preisgabe der einzelnen Gewährleistungen ist bei bereichsspezifischen Organisationsregelungen nicht zu befürchten, wobei gegebenenfalls Mechanismen zur Kompensation (wie eine verstärkte parlamentarische Kontrolle

---

[467] Vgl. *Kahl*, NVwZ 2011, 449 (450): „Megatrend"; ausführlich und denselben Begriff für das Phänomen verwendend *Ruffert*, in: Trute/Groß/Röhl/Möllers (Hrsg.), Allgemeines Verwaltungsrecht – zur Tragfähigkeit eines Konzepts, 2008, S. 431 ff.

zur Erhöhung der demokratischen Legitimation) – soweit noch nicht vorhanden – geschaffen werden müssen.

Die rein juristische Perspektive verlassend wurde das Kapitel mit der Untersuchung abgerundet, welche rechtspolitischen *Zweckmäßigkeitserwägungen* für und gegen eine behördliche Unabhängigkeit, verglichen mit der hierarchischen Ministerialverwaltung, sprechen. Bei zusammenfassender Betrachtung erscheint keiner der beiden Idealtypen schlechthin dem anderen gegenüber vorzugswürdig. Vielmehr bietet es sich aus Sicht des Normgebers an, im jeweiligen Sektor die Vor- und Nachteile gegeneinander abzuwägen und sich zugunsten eines Modells zu entscheiden. Konkret im Regulierungs- und Kartellrecht erscheint die Wahl des Unabhängigkeitskonzepts trotz letzter verbleibender Bedenken nachvollziehbar.

Insgesamt ist festzuhalten: Eine unabhängige Stellung zeichnet verantwortlich für verwaltungsinterne Konflikte, sodass die Existenz verselbständigter Stellen kritisch hinterfragt werden muss. Die Normierung der Unabhängigkeit durch den deutschen oder europäischen Gesetzgeber ist sowohl politisch als auch juristisch vor dem Hintergrund der vorstehenden Ausführungen umstritten. Gleichwohl sind die Vorbehalte nicht derart durchschlagend, dass im Regulierungs- und Kartellrecht eine konsequente Rückkehr zur hierarchischen Ministerialverwaltung angezeigt wäre. Stattdessen können die Vorteile einer unabhängigen Administrative fruchtbar gemacht werden.

Kapitel 3

Erscheinungsformen von Binnenkonflikten unabhängiger Stellen im Regulierungs- und Kartellrecht

Im Anschluss an die Erforschung der Ursachen von Binnenkonflikten unabhängiger Stellen im Regulierungs- und Kartellrecht werden nunmehr die möglichen Streitigkeiten konkret dargestellt, bevor sich die Arbeit in Kapitel 4 der Herausarbeitung von Lösungsansätzen für die Beilegung und Verhütung interner Konflikte widmen kann. Die systematische Erfassung der denkbaren Konstellationen vollzieht sich in folgenden Abschnitten: Zunächst wird der Bestand an unabhängigen Stellen in den untersuchten Rechtsgebieten aufgezeigt (A.). Das Herzstück des Kapitels bildet dann eine Kategorisierung der möglichen Streitigkeiten, bei der nach der Art der Auseinandersetzungen sowie der Stellung der Konfliktparteien im Verwaltungsgefüge differenziert wird (B.). Ein Fazit bündelt die gewonnenen Ergebnisse (C.).

A. Unabhängige Stellen der Verwaltung im Regulierungs- und Kartellrecht

Eine unabhängige Organisationsstruktur kommt häufiger vor, als man angesichts der zuvor geäußerten Bedenken zunächst annehmen könnte. Es würde – soweit überhaupt vollständig abbildbar – den Rahmen dieser Arbeit sprengen, alle (zumindest teilweise) weisungsfreien Stellen in die Untersuchung mit einzubeziehen. Zu mannigfaltig ist ihre Verbreitung: Nur exemplarisch genannt seien die Bundesprüfstelle für jugendgefährdende Medien, verschiedene Wahlorgane, Personal- und Prüfungsausschüsse sowie auf Landesebene für verwaltungsrechtliche Widerspruchsverfahren nach § 73 Abs. 2 VwGO eingerichtete Gremien.[468] Hinzu treten seit jüngerer Zeit zahl-

---

[468] Ausführliche Beispiele und Systematisierungsansätze etwa bei *Vorbrugg*, Unabhängige Organe der Bundesverwaltung, 1965, S. 126 ff.; *Fichtmüller*, AöR 91 (1966), 297 (307 ff.); *Füßlein*, Ministerialfreie Verwaltung, 1972, S. 153 ff.; *E. Klein*, Die verfassungsrechtliche Problematik des ministerialfreien Raumes, 1974, S. 73 ff., 101 f.; *Oebbecke*, Weisungs- und unterrichtungsfreie Räume in der Verwaltung, 1986, S. 169 ff.; *Jestaedt*, Demokratieprinzip und Kondominialverwaltung, 1993, S. 114 f., jeweils mit zahlreichen weiteren Nachweisen und Beispielen.

reiche verselbständigte Unionsagenturen[469] und neue Rechtsgebiete, in denen europäisches Sekundärrecht die Errichtung unabhängiger Behörden vorsieht. Hierunter fallen beispielsweise das Datenschutz-, Statistik- und Atomrecht.[470]

Im *Öffentlichen Wirtschaftsrecht* bildet die „klassische" Aufsicht durch die hierarchisch strukturierte unmittelbare Staatsverwaltung – trotz neuerer Entwicklungstendenzen[471] – nach wie vor den Regelfall.[472] Hervorgegangen aus dem Ordnungs- bzw. Sicherheitsrecht, sind weite Teile der Wirtschaftsverwaltung geradezu prototypisch für die überkommene Ministerialverwaltung: Die feste Eingliederung der Gewerbe-, Gaststätten- oder Immissionsschutzaufsicht etwa steht außer Streit.[473] Abgesehen von wenigen Ausnahmen, in denen bereits bisher der politische Einfluss zurückgedrängt wurde und der Grad der Unabhängigkeit erhöht war,[474] ist die Verselbständigung der für die Wirtschaftsaufsicht zuständigen Behörden ein neuartiges Phänomen. Mit dem Regulierungs- (I.) und dem Kartellrecht (II.) werden zwei Referenzgebiete des Besonderen Verwaltungsrechts betrachtet, die mit der traditionellen Organisationsform brechen, indem sich dort unabhängige Strukturen herausgebildet haben und eine noch nicht abgeschlossene Entwicklung hin zu einer weitgehenden politischen Unabhängigkeit zu verzeichnen ist. Diese beiden Materien sollen daher nachfolgend im Mittelpunkt der Analyse stehen. In einem Zwischenfazit werden die identifizierten unabhängigen Stellen zusammengetragen (III.).

---

469 Zu Bestand, Typologie und Klassifizierungen von Unionsagenturen vgl. aus dem bereits mannigfaltig vorhandenen Schrifttum stellvertretend zuletzt *Orator*, Möglichkeiten und Grenzen der Einrichtung von Unionsagenturen, 2017, S. 23 ff., 63 ff., 101 ff.; s. auch noch unter Kapitel 3, B.II.3.

470 Vgl. *Kröger*, in: Kröger/Pilniok (Hrsg.), Unabhängiges Verwalten in der Europäischen Union, 2016, S. 1 (1); *Kröger*, Unabhängigkeitsregime im europäischen Verwaltungsverbund, 2020, S. 36 ff., 53 ff.; vgl. auch *Kahl*, in: Kahl/Ludwigs (Hrsg.), Handbuch des Verwaltungsrechts, Bd. I, 2021, § 30 Rn. 22.

471 Zur Öffnung der streng formalisierten, bürokratischen Organisationsstruktur vgl. *Schmidt-Aßmann*, Das allgemeine Verwaltungsrecht als Ordnungsidee, 2. Aufl. 2006, 5. Kapitel, Rn. 7.

472 *Gärditz*, in: Schmidt/Wollenschläger (Hrsg.), Kompendium Öffentliches Wirtschaftsrecht, 5. Aufl. 2019, § 4 Rn. 35; ausführlich *Masing*, in: Masing/Marcou (Hrsg.), Unabhängige Regulierungsbehörden, 2010, S. 181 (182 ff.).

473 *Masing*, in: Masing/Marcou (Hrsg.), Unabhängige Regulierungsbehörden, 2010, S. 181 (185 ff.).

474 Vgl. *Masing*, in: Masing/Marcou (Hrsg.), Unabhängige Regulierungsbehörden, 2010, S. 181 (189 ff.), der das BKartA, die Bundesbank sowie die Organisation des Rundfunkrechts nennt; s. auch bereits zu „traditionell" unabhängigen Bereichen unter Kapitel 2, B.II.2. und 3.

I. Regulierungsrecht

Unter Zugrundelegung des im einführenden Kapitel dargelegten Begriffsverständnisses von Regulierung[475] gilt es zunächst, die Rechtsgebiete der sektorspezifischen Netzregulierung auf unabhängige Stellen hin zu untersuchen (1.). Zur „Regulierung I" gehören in Anlehnung an die Zuständigkeit der BNetzA das Post-, Telekommunikations-, Energie- und Eisenbahnrecht.[476] Anschließend weitet sich der Blick in Richtung des extensiveren Regulierungsbegriffs („Regulierung II"), indem mit der Banken- und Finanzaufsicht ein elementarer volkswirtschaftlicher Querschnittssektor in die Analyse einbezogen wird (2.).

1. Netzregulierung

Um den Bestand unabhängiger Stellen in der netzgebundenen Regulierung systematisch zu erfassen, werden in einem ersten Schritt die einschlägigen sekundärrechtlichen Vorgaben untersucht (a)). Es folgt eine kritische Überprüfung, ob und inwieweit die europäischen Richtlinien ordnungsgemäß in nationales Recht umgesetzt worden sind (b)).

a) Sekundärrechtliche Vorgaben

Bei der Betrachtung des betreffenden Sekundärrechts soll der Fokus zu Beginn auf die jeweiligen Vorschriften gelegt werden, welche die Unabhängigkeit der nationalen Regulierungsbehörden fordern (aa)). Anschließend wird die Frage aufgeworfen, wie weit das Unabhängigkeitspostulat reicht (bb)). Drittens ist zu klären, ob die einschlägigen Normen für die Mitgliedstaaten nicht möglicherweise dispositiv sind (cc)).

aa) Normierung der Unabhängigkeit

Von der weiteren Untersuchung auszuklammern ist der *Postsektor*. Die einschlägige Richtlinie 1997/67/EG[477] sieht zwar in Art. 22 Abs. 1 eine funk-

---

[475] Zur Konturierung des Regulierungsbegriffs s. bereits die Ausführungen unter Kapitel 1, D.I.

[476] Vgl. § 2 Abs. 1 BEGTPG; *Ludwigs*, in: Schmidt/Wollenschläger (Hrsg.), Kompendium Öffentliches Wirtschaftsrecht, 5. Aufl. 2019, § 12 Rn. 1.

[477] RL 97/67/EG des Europäischen Parlaments und des Rates v. 15.12.1997 über gemeinsame Vorschriften für die Entwicklung des Binnenmarktes der Postdienste der Gemeinschaft und die Verbesserung der Dienstequalität, ABl. 1998, L 15/14; zuletzt geändert durch Art. 1 ÄndRL 2008/6/EG v. 20.2.2008, ABl. 2008, L 52/3.

tionelle Unabhängigkeit gegenüber den Marktteilnehmern vor. Eine weitergehende politische Unabhängigkeit normiert sie hingegen nach aktuellem Stand nicht.[478] Dies ist wohl dem Umstand geschuldet, dass eine Reform der mittlerweile in die Jahre gekommenen Richtlinie bislang nicht forciert wurde.[479] Daher besteht hier (noch) keine europarechtliche Notwendigkeit, von der überkommenen Verwaltungsorganisation abzuweichen.

Anders gestaltet sich die Situation in den übrigen Netzsektoren. Für den *Telekommunikationsbereich* formuliert Art. 8 Abs. 1 Satz 1 Kodex-RL (EU) 2018/1972 deutlich, dass die „nationalen Regulierungsbehörden [...] unabhängig und objektiv [handeln] [...] und [...] im Zusammenhang mit der laufenden Erfüllung der ihnen nach nationalem Recht zur Umsetzung des Unionsrechts übertragenen Aufgaben weder Weisungen einer anderen Stelle ein[holen] noch [...] sie solche entgegen[nehmen].“ Ausgeschlossen sind damit aufgrund des uneingeschränkten Wortlauts neben Einzelweisungen auch allgemeine Weisungen, die sich möglicherweise auf konkrete Regulierungsentscheidungen auswirken. Im *Energiesektor* (Strom und Gas) existieren ähnliche Regelungen in den Parallelnormen Art. 57 Abs. 4 Satz 2 lit. b) ii) Elektrizitäts-RL (EU) 2019/944 bzw. Art. 39 Abs. 4 Satz 2 lit. b) ii) Gas-RL 2009/73/EG. Ihnen zufolge ist zu gewährleisten, dass das Personal und Management der Regulierungsbehörde „bei der Wahrnehmung der Regulierungsaufgaben keine direkten Weisungen von Regierungsstellen oder anderen öffentlichen oder privaten Einrichtungen einholt oder entgegennimmt.“ Komplettiert werden die Unabhängigkeitsvorgaben der Netzregulierung mit dem für den *Eisenbahnsektor* einschlägigen Art. 55 Abs. 3 UAbs. 4 Eisenbahn-RL 2012/34/EU. Inhaltsgleich zu den anderen Vorschriften holen die zuständigen Regulierer „bei der Wahrnehmung der Aufgaben der Regulierungsstelle weder Weisungen von staatlichen, öffentlichen oder privaten Stellen ein noch nehmen sie welche entgegen [...].“ Flankierend erhalten die Richtlinien Bestimmungen zur funktionellen, persönlichen und finanziellen Unabhängigkeit.[480] Mit Ausnahme des Postsektors ist den Netzsektoren hin-

---

[478] Das Unionsrecht steht demzufolge Weisungen des federführenden Bundesministeriums für Wirtschaft und Energie an die BNetzA im Postsektor nicht entgegen, vgl. *Nübel*, in: Groebel/Katzschmann/Koenig/Lemberg (Hrsg.), Postrecht, 2014, Kap. E Rn. 21 ff. (deutlich Rn. 24).

[479] *Ludwigs*, in: Schmidt/Wollenschläger (Hrsg.), Kompendium Öffentliches Wirtschaftsrecht, 5. Aufl. 2019, § 12 Rn. 23; *Ludwigs*, in: Festschrift für M. Schmidt-Preuß, 2018, S. 689 (691); *Ludwigs*, in: Säcker/Schmidt-Preuß (Hrsg.), Grundsatzfragen des Regulierungsrechts, 2015, S. 251 (253); *Gundel*, EWS 2017, 301 (303); zu möglichem Reformbedarf vgl. Monopolkommission, Sondergutachten Nr. 79, 2017, Tz. 231.

[480] Zur *funktionellen* Unabhängigkeit: Art. 6 Abs. 1 Kodex-RL (EU) 2018/1972, Art. 57 Abs. 4 S. 2 lit. a) Elektrizitäts-RL (EU) 2019/944 bzw. Art. 39 Abs. 4 S. 2 lit. a) Gas-RL 2009/73/EG, Art. 55 Abs. 1 Eisenbahn-RL 2012/34/EU; zur *persönli-*

sichtlich der unionsrechtlichen Unabhängigkeitsvorgabe deshalb eine Konvergenz zu bescheinigen.[481] Zulässig bleiben einzig allgemeine politische Leitlinien der Regierung, die nicht mit den Aufgaben und Befugnissen der Regulierungsbehörde in Zusammenhang stehen. In den Energiesektoren ist dies in Art. 57 Abs. 4 Satz 2 lit. b) ii) Elektrizitäts-RL (EU) 2019/944 bzw. Art. 39 Abs. 4 Satz 2 lit. b) ii) Gas-RL 2009/73/EG ausdrücklich normiert. Im Lichte der soeben skizzierten Konvergenz kann für den Telekommunikations- und Eisenbahnsektor nichts anderes gelten.[482]

bb) Reichweite des Weisungs- und Unabhängigkeitsbegriffs

Klärungsbedürftig ist indes, wie umfassend der in den Richtlinien verwendete Begriff der Weisung zu verstehen sein soll. Konkret stellt sich die Frage, ob auch rechtliche Äußerungen mit Außenwirkung, namentlich der Erlass von Rechtsverordnungen, davon umfasst werden. Nach der klassischen deutschen Verwaltungsdogmatik betrifft eine Weisung nur den verwaltungsinternen Bereich; ihr kommt keine Außenwirkung zu.[483] Gleiches gilt für den allgemeineren Terminus der (normkonkretisierenden) Verwaltungsvorschriften, welche sich als abstrakt-generelle Regelungen des Binnenbereichs darstellen.[484] Auch die Literatur zu den Bestimmungen in den nationalen Fachgesetzen zum Regulierungs- und Kartellrecht geht offenbar wie selbstverständlich davon aus, Weisungen beträfen nur das staatliche Innenverhältnis, ohne die unionsrechtliche Begriffsverwendung kritisch zu reflektieren. Unterschieden wird zwar zwischen allgemeinen und Einzelfallweisungen, also zwischen abstrakt-generellen und konkret-individuellen Regelungen, nicht allerdings zwischen Innen- und Außenrechtskreis.[485]

---

chen Unabhängigkeit: Art. 7 Kodex-RL (EU) 2018/1972, Art. 57 Abs. 5 UAbs. 1 lit. d)–f) und UAbs. 2 Elektrizitäts-RL (EU) 2019/944 bzw. Art. 39 Abs. 5 UAbs. 1 lit. b) und UAbs. 2 Gas-RL 2009/73/EG, Art. 55 Abs. 3 UAbs. 1, 2 Eisenbahn-RL 2012/34/EU; zur *finanziellen* Unabhängigkeit: Art. 6 Abs. 2 S. 2 und Art. 9 Kodex-RL (EU) 2018/1972, Art. 57 Abs. 5 UAbs. 1 lit. b)–c) Elektrizitäts-RL (EU) 2019/944 bzw. Art. 39 Abs. 5 UAbs. 1 lit. a) Gas-RL 2009/73/EG, Art. 55 Abs. 3 UAbs. 1 S. 1 Eisenbahn-RL 2012/34/EU.

481 So treffend *Ludwigs*, in: Festschrift für M. Schmidt-Preuß, 2018, S. 689 (691 ff.).

482 Für den TK-Sektor so auch *Ludwigs*, Die Verwaltung 44 (2011), 41 (45); *Ludwigs*, in: Säcker/Schmidt-Preuß (Hrsg.), Grundsatzfragen des Regulierungsrechts, 2015, S. 251 (254); ähnlich inzwischen auch im Kartellrecht normiert in Art. 4 Abs. 2 lit. b) ECN+-RL (EU) 2019/1.

483 *Maurer/Waldhoff*, Allgemeines Verwaltungsrecht, 20. Aufl. 2020, § 9 Rn. 25.

484 *Maurer/Waldhoff*, Allgemeines Verwaltungsrecht, 20. Aufl. 2020, § 24 Rn. 1.

485 Vgl. *Attendorn/Geppert*, in: Geppert/Schütz (Hrsg.), Beck'scher TKG-Kommentar, 4. Aufl. 2013, § 117 Rn. 7 ff.; *Theobald/Werk*, in: Theobald/Kühling (Hrsg.),

Von vornherein zwingend erscheint es allerdings nicht, dass der nationale Weisungsbegriff und derjenige in den Infrastrukturrichtlinien deckungsgleich verwendet werden. Damit die Mitgliedstaaten nicht durch eine uneinheitliche Auslegung der Richtlinien deren effektive Durchsetzung unterminieren können, ist eine *unionsautonome Erschließung* der Begrifflichkeiten angezeigt. Auf eine Legaldefinition der Weisung in den einschlägigen Vorschriften kann dabei nicht zurückgegriffen werden. Auch setzen sich die Erwägungsgründe der Richtlinien nicht mit der Terminologie auseinander, sodass das zugrunde zu legende Verständnis im Wege der Auslegung zu ermitteln ist. Einerseits könnten teleologische Überlegungen auf eine extensive Interpretation hindeuten. So war es das Bestreben des Unionsgesetzgebers, eine effektivere Regulierung durch eine Stärkung der Unabhängigkeit der Regulierungsbehörden zu erzielen.[486] Ob die administrativen (Letzt-)Entscheidungsbefugnisse aber durch klassische Weisungen oder durch außenwirksame, detaillierte Rechtsverordnungen beeinträchtigt werden, macht vor diesem Hintergrund im Ergebnis keinen Unterschied. Das „Wie“ der Einflussnahme ist unerheblich, da sich ansonsten die Regierung durch einen Wechsel der Handlungsform der Unabhängigkeitsvorgabe entziehen könnte.

Andererseits darf die begriffliche Systematik der Richtlinien nicht außer Acht gelassen werden. Einleitend normieren die Vorschriften zur Organisation der nationalen Regulierungsbehörden allgemein deren Unabhängigkeit.[487] Darauf folgen jeweils Konkretisierungen, wie die unabhängige Stellung näher auszugestalten sein soll. Insbesondere findet dort die Freiheit von Weisungen Erwähnung.[488] Die Rechtsakte differenzieren also sorgfältig zwischen dem Begriff der Weisung und demjenigen der Unabhängigkeit. Letzterer fungiert als Oberbegriff für sämtliche Ausprägungen einer unabhängigen Gestaltung. Wie sich das Postulat der *Weisungsfreiheit und die Dimension der politischen Unabhängigkeit* – vor allem im Hinblick auf

---

Energierecht, 112. EL 2021, § 61 EnWG Rn. 6 ff.; zum Kartellrecht *Stockmann*, in: Immenga/Mestmäcker (Hrsg.), Wettbewerbsrecht, 6. Aufl. 2020, § 52 GWB Rn. 2.

486 Vgl. Erwägungsgrund Nr. 37 Kodex-RL (EU) 2018/1972; Erwägungsgrund Nr. 80 Elektrizitäts-RL (EU) 2019/944; Erwägungsgrund Nr. 29 Gas-RL 2009/73/EG; Erwägungsgründe Nr. 76 ff. Eisenbahn-RL 2012/34/EU; zu den (parallelen) Hintergründen der ECN+-RL (EU) 2019/1 im Kartellrecht s. noch unter Kapitel 3, A.II.2. mit Fn. 832.

487 Art. 8 Abs. 1 S. 1 Kodex-RL (EU) 2018/1972: „handeln die nationalen Regulierungsbehörden […] unabhängig […] *und* holen […] weder Weisungen einer anderen Stelle ein noch nehmen sie solche entgegen“; Art. 57 Abs. 4 S. 1 Elektrizitäts-RL (EU) 2019/944 bzw. Art. 39 Abs. 4 S. 1 Gas-RL 2009/73/EG; Art. 55 Abs. 1, 3 UAbs. 1 Eisenbahn-RL 2012/34/EU.

488 Art. 8 Abs. 1 S. 1 a. E. Kodex-RL (EU) 2018/1972; Art. 57 Abs. 4 lit. b) ii) Elektrizitäts-RL (EU) 2019/944 bzw. Art. 39 Abs. 4 lit. b) ii) Gas-RL 2009/73/EG; Art. 55 Abs. 3 UAbs. 4 RL 2012/34/EU.

Eingriffe im Wege exekutiver Normsetzung – *zueinander verhalten*, ist hingegen dogmatisch noch nicht abschließend geklärt. In einem gegen die Bundesrepublik geführten Vertragsverletzungsverfahren hat die EU-Kommission die Frage nach der Rechtmäßigkeit einer Verordnungsermächtigung im Energierecht zugunsten der Bundesregierung bei Art. 37 Abs. 1, 6 Strom-RL 2009/72/EG (jetzt: Art. 59 Abs. 1, 7 Elektrizitäts-RL [EU] 2019/944) bzw. Art. 41 Abs. 1, 6 Gas-RL 2009/73/EG verortet, bei denen es primär um die der nationalen Regulierungsbehörde zugewiesenen Zuständigkeiten geht.[489] Ein Rekurs auf Art. 35 Strom-RL 2009/72/EG (jetzt: Art. 57 Elektrizitäts-RL [EU] 2019/944) bzw. Art. 39 Gas-RL 2009/73/EG erfolgte nur mittelbar.[490] Offenbar unterscheidet die Kommission demnach zwischen den dort genannten Unabhängigkeitsaspekten einerseits und denjenigen, die infolge normativer Vorstrukturierung berührt werden, andererseits. Selbst wenn allerdings nicht direkt auf die Vorschriften abgestellt wird, die ausdrücklich von einer Unabhängigkeit sprechen, lassen sich sowohl die Weisungsfreiheit als auch normative oder sonstige Formen der Einflussnahme durch die Regierung[491] der Sache nach unter das weiter gefasste Stichwort der politischen Unabhängigkeit subsumieren. Diese systematische Zuordnung ändert gleichwohl nichts daran, dass Eingriffe durch Weisungen (oder als Minus durch informelle Kommunikationskanäle) und durch Gesetze im rein materiellen Sinne gesondert an der jeweils einschlägigen Norm zu messen sind, gegen die ein Verstoß geltend gemacht wird. Bei der sogleich aufgeworfenen Frage nach der ordnungsgemäßen Richtlinienumsetzung wird deshalb folgerichtig zwischen Weisungsfreiheit und normativer Vorstrukturierung differenziert.[492]

Somit bleibt festzuhalten: Grundsätzlich ist davon auszugehen, dass die Zulässigkeit des Erlasses von Rechtsverordnungen und sonstigen Außenrechtssätzen als Frage der politischen und erst recht der allgemeinen Unabhängigkeit verstanden werden können. Unter den Begriff der Weisung fallen diese Handlungsformen demgegenüber ebenso wenig[493] wie unter den Terminus der allgemeinen politischen Leitlinien der Regierung. Letztere werden von den Art. 57 Abs. 4 Satz 2 lit. b) ii) Elektrizitäts-RL (EU) 2019/944 bzw. Art. 39 Abs. 4 Satz 2 lit. b) ii) Gas-RL 2009/73/EG für zulässig erklärt, soweit sie „nicht mit den Regulierungsaufgaben und -befugnissen […] im Zu-

489 S. hierzu ausführlich sogleich unter Kapitel 3, A.I.1.b)bb)(1).

490 Vgl. Schlussanträge des GA *Pitruzzella* v. 14.1.2021, Rs. C-718/18, ECLI:EU:C:2021:20, Rn. 86 f., 99 f. – Kommission/Deutschland.

491 S. zu den mannigfaltigen Möglichkeiten der politischen Einflussnahme näher unter Kapitel 1, B.II.3. sowie B.IV.3.

492 S. hierzu unter Kapitel 3, A.I.1.b).

493 Ebenso *Gundel*, RdE 2019, 493 (495); *Hahn*, EnWZ 2020, 65 (66).

sammenhang stehen".[494] Sowohl Weisungen als auch allgemeine politische Leitlinien dienen der Regelung interner Angelegenheiten, wie das unionsrechtliche Begriffsverständnis außerhalb der Netzregulierung nahelegt.[495] Bei Regelungen durch außenwirksame Rechtsnormen handelt es sich – ungeachtet der Verwandtschaft zum Begriff der Unabhängigkeit – mithin um ein *aliud*.

cc) Nationale Reserveklausel?

Teilweise wird darüber hinaus unter Rekurs auf Art. 8 Abs. 1 Satz 2 Kodex-RL (EU) 2018/1972 der Versuch unternommen, die Reichweite der Unabhängigkeitsvorgabe zu relativieren. Dort ist normiert, dass die Weisungsfreiheit der nationalen Regulierungsbehörden „einer Aufsicht im Einklang mit dem nationalen Verfassungsrecht nicht entgegen[steht]." Interpretiert man diese Aussage als *„nationale Reserveklausel"* dahingehend, dass eine Aufsicht nach deutschem Verständnis möglich bleiben soll, ließe sich im Ergebnis dennoch eine Weisungsabhängigkeit für die Regulierungsbehörden der Bundesrepublik bezüglich des Telekommunikationssektors begründen.[496] Argumentiert wird wie folgt: Die Entstehungsgeschichte der Vorgängernorm Art. 3 Abs. 3a UAbs. 1 RL 2002/21/EG zeige, dass Satz 2 auf das Hinwirken Deutschlands Bestandteil der Vorschrift wurde.[497] Hinzu komme, dass Erwägungsgrund Nr. 11 RL 2002/21/EG (jetzt: Nr. 34 Kodex-RL [EU] 2018/1972) die institutionelle Autonomie der Mitgliedstaaten sowie deren verfassungsmäßigen Verpflichtungen unberührt lässt.[498] Vor diesem Hintergrund sowie dem Wortlaut „im Einklang mit dem nationalen Verfassungsrecht" soll für

---

[494] S. bereits unter Kapitel 3, A.I.1.a)aa) einschließlich der Nachweise in Fn. 482, dort auch zur Geltung in den anderen Netzsektoren im Sinne einer bestehenden Konvergenz des unionsrechtlichen Rahmens.

[495] Vgl. zu Leitlinien und Weisungen der EZB *Schulte*, in: von der Groeben/Schwarze/Hatje (Hrsg.), Europäisches Unionsrecht, 7. Aufl. 2015, Art. 132 AEUV Rn. 31, 41.

[496] *Kühling*, in: Hatje/Müller-Graff (Hrsg.), Enzyklopädie Europarecht, Bd. 5, 2. Aufl. 2020, § 4 Rn. 71, dort auch das wörtliche Zitat; eingehend *Lee*, Demokratische Legitimation der Vollzugsstruktur der sektorspezifischen Regulierungsverwaltung, 2017, S. 206 ff.

[497] *Kühling*, in: Hatje/Müller-Graff (Hrsg.), Enzyklopädie Europarecht, Bd. 5, 2. Aufl. 2020, § 4 Rn. 71.

[498] *Lee*, Demokratische Legitimation der Vollzugsstruktur der sektorspezifischen Regulierungsverwaltung, 2017, S. 206 ff.; *Lee* erkennt in Fn. 746, dass der in Rede stehende Satz des Erwägungsgrundes Nr. 11 bereits vor der Einfügung von Art. 3 Abs. 3a RL 2002/21/EG existierte. Aus dem Umstand, dass der Erwägungsgrund unverändert fortbesteht, folgert er indes eine Erstreckung auch auf die neu geforderte politische Unabhängigkeit.

die Auslegung des Aufsichtsbegriffs das nationale Verständnis maßgeblich sein. Hierunter sei aus deutscher Perspektive jedenfalls auch die verwaltungsinterne Aufsicht subsumierbar.[499] Unter den Befürwortern eines solchen Argumentationsansatzes besteht indes zusätzlich Uneinigkeit, ob lediglich die Fach- oder darüber hinausgehend auch die Rechtsaufsicht ausgeschlossen sein soll.[500]

Einer derartigen Lesart ist eine Absage zu erteilen. Die Formulierung weist lediglich deklaratorisch auf die fortbestehende *parlamentarische und gerichtliche Kontrollmöglichkeit* hin, ohne die Zulässigkeit einer verwaltungsinternen Aufsicht zu erlauben.[501] Bereits Erwägungsgrund Nr. 13 der Änderungs-Richtlinie 2009/140/EG[502], welche die TK-Rahmenrichtlinie 2002/21/EG modifizierte, deutet auf eine solche Interpretation hin, indem die „Unabhängigkeit der nationalen Regulierungsbehörden […] gestärkt" (Satz 1) und jene „vor äußerer Einflussnahme und politischem Druck geschützt werden [sollte]" (Satz 2). In dieses Bild passt auch Art. 8 Abs. 1 Satz 3 Kodex-RL (EU) 2018/1972, wonach *ausschließlich* unabhängige Beschwerdestellen

---

499 *Lee*, Demokratische Legitimation der Vollzugsstruktur der sektorspezifischen Regulierungsverwaltung, 2017, S. 206 ff.

500 Für die Zulässigkeit von sowohl Rechts- als auch Fachaufsicht *Lee*, Demokratische Legitimation der Vollzugsstruktur der sektorspezifischen Regulierungsverwaltung, 2017, S. 212 ff.; für die Zulässigkeit einer reinen Rechtsaufsicht *Ruffert/Schmidt*, in: Säcker (Hrsg.), TKG, 3. Aufl. 2013, § 117 Rn. 3; *Ruffert*, International Journal of Constitutional Law 11 (2013), 925 (935): „the new directives do not prevent a control of legality by the Department"; *Holznagel/Schumacher*, Jura 2012, 501 (506); *Gundel*, EWS 2017, 301 (306); unklar *Kühling*, in: Hatje/Müller-Graff (Hrsg.), Enzyklopädie Europarecht, Bd. 5, 2. Aufl. 2020, § 4 Rn. 71; s. auch *Bauer/Seckelmann*, DÖV 2014, 951 (956 f.); *Gonsior*, Die Verfassungsmäßigkeit administrativer Letztentscheidungsbefugnisse, 2018, S. 44 f.

501 Zutreffend *Ludwigs*, Die Verwaltung 44 (2011), 41 (45 f.); *Ludwigs*, in: Säcker/Schmidt-Preuß (Hrsg.), Grundsatzfragen des Regulierungsrechts, 2015, S. 251 (253 ff.); *Ludwigs*, in: Festschrift für M. Schmidt-Preuß, 2018, S. 689 (692); *Szydło*, ELJ 18 (2012), 793 (802); *Dechent*, NVwZ 2015, 767 (770); *Eifert*, in: Ehlers/Fehling/Pünder (Hrsg.), Besonderes Verwaltungsrecht, Bd. 1, 4. Aufl. 2019, § 24 Rn. 141; *Trute*, in: Hoffmann-Riem/Schmidt-Aßmann/Voßkuhle (Hrsg.), Grundlagen des Verwaltungsrechts, Bd. I, 2. Aufl. 2012, § 6 Rn. 68 mit Fn. 364; *Kröger*, Unabhängigkeitsregime im europäischen Verwaltungsverbund, 2020, S. 283 f.

502 RL 2009/140/EG des Europäischen Parlaments und des Rates v. 25.11.2009 zur Änderung der RL 2002/21/EG über einen gemeinsamen Rechtsrahmen für elektronische Kommunikationsnetze und -dienste, der RL 2002/19/EG über den Zugang zu elektronischen Kommunikationsnetzen und zugehörigen Einrichtungen sowie deren Zusammenschaltung und der RL 2002/20/EG über die Genehmigung elektronischer Kommunikationsnetze und -dienste, ABl. 2009, L 337/37; aufgehoben durch die Kodex-RL (EU) 2018/1972, die in Erwägungsgrund Nr. 37 S. 1 den Vorgang als abgeschlossen rekapituliert: „Die Unabhängigkeit der nationalen Regulierungsbehörden wurde mit der 2009 abgeschlossenen Überarbeitung des Rechtsrahmens für elektronische Kommunikation gestärkt […].".

im Sinne des Art. 31 der Richtlinie dazu befugt sind, Entscheidungen der nationalen Regulierungsbehörden auszusetzen oder aufzuheben.[503] Bestätigt wird die Auffassung durch die neuere Rechtsetzung in den übrigen Netzsektoren. In den Erwägungsgründen der Richtlinien im Energiesektor ist nunmehr klarstellend davon die Rede, dass die völlige Unabhängigkeit „weder gerichtlichen Überprüfungen noch der parlamentarischen Kontrolle [...] entgegen[steht]"[504] – im Umkehrschluss einer administrativen Aufsicht hingegen sehr wohl. Auch wurde dort auf einen Vorbehalt zugunsten des nationalen Verfassungsrechts nach dem Vorbild des Telekommunikationsrechts verzichtet. Es erscheint nicht plausibel, warum für die unterschiedlichen Sektoren abweichende Regelungen gelten sollten bzw. welcher sachliche Grund für eine gespaltene Auslegung zwischen dem TK-Sektor einerseits und dem Energie- und Eisenbahnsektor andererseits streitet. Daher ist einheitlich von einer uneingeschränkten politischen Unabhängigkeit in der netzgebundenen Regulierung auszugehen.[505]

b) (Nicht-)Umsetzung im nationalen Recht

Betrachtet man die einschlägigen Vorschriften im nationalen Recht, scheint sich ein weniger eindeutiges Bild zu ergeben. Zwar ist in Deutschland ausweislich des § 2 Abs. 1, 2 BEGTPG die BNetzA einheitlich als nationale Regulierungsbehörde für die Netzsektoren tätig, die als selbständige Bundesoberbehörde im Geschäftsbereich des Bundesministeriums für Wirtschaft und Energie (BMWi) [jetzt: Bundesministerium für Wirtschaft und Klimaschutz] angesiedelt ist (§ 1 Satz 2 BEGTPG). Auch ist inzwischen sektorenübergreifend das Beschlusskammersystem etabliert worden, wonach Sachentscheidungen grundsätzlich durch Kollegialspruchkörper getroffen werden (vgl. § 211 TKG [= § 132 TKG a.F.], § 59 EnWG, § 77 ERegG).[506] Gleichwohl wird die Frage nach der politischen Unabhängigkeit sektorspezifisch unterschiedlich beantwortet. Zugleich wird das Problem aufgeworfen, ob und inwieweit der deutsche Gesetzgeber den unionsrechtlichen Vorgaben Genüge

---

503 So bereits *Ludwigs*, Die Verwaltung 44 (2011), 41 (46); *Ludwigs*, in: Festschrift für M. Schmidt-Preuß, 2018, S. 689 (692); *Dechent*, NVwZ 2015, 767 (770) mit Fn. 48.

504 Erwägungsgrund Nr. 80 S. 2 Elektrizitäts-RL (EU) 2019/944; ebenso Erwägungsgrund Nr. 30 S. 2 Gas-RL 2009/73/EG; im Eisenbahnsektor vgl. Art. 56 Abs. 10 S. 1 Eisenbahn-RL 2012/34/EU: „Die Mitgliedstaaten gewährleisten die gerichtliche Nachprüfbarkeit von Entscheidungen der Regulierungsstelle.".

505 Überzeugend *Ludwigs*, in: Festschrift für M. Schmidt-Preuß, 2018, S. 689 (692 f.).

506 Auch im Postsektor sind Sachentscheidungen gemäß § 46 PostG den Beschlusskammern anvertraut; zum nunmehr – überfällig – eingeführten Beschlusskammersystem auch im Eisenbahnsektor s. *Ludwigs*, NVwZ 2016, 1665 (1669 f.).

getan hat. Zum einen ist das Problem der Weisungsfreiheit virulent (aa)), zum anderen bedarf der Aspekt der zulässigen gesetzlichen Vorstrukturierung, insbesondere durch die Regierung im Wege von Rechtsverordnungen, einer näheren Betrachtung (bb)).

aa) Weisungsfreiheit

Im *Telekommunikationssektor* formuliert § 193 Satz 1 TKG (= § 117 TKG a. F.), dass Weisungen des BMWi oder des Bundesministeriums für Verkehr und digitale Infrastruktur (BMVI) [jetzt: Bundesministerium für Digitales und Verkehr] grundsätzlich im Bundesanzeiger zu veröffentlichen sind. Der Gesetzgeber geht deshalb offenbar wie selbstverständlich von der generellen Zulässigkeit von Weisungen gegenüber der BNetzA aus. Auch wenn das Publizitätserfordernis einer Kontrolle durch die Öffentlichkeit dient und eine disziplinierende Wirkung zur zurückhaltenden Ausübung des Weisungsrechts anstrebt,[507] ändert dies nichts an der grundsätzlich bestehenden Weisungsabhängigkeit. Ohne Bedeutung ist dabei, ob es sich um eine Einzelweisung oder allgemeine Weisung handelt und ob das Tätigwerden rechts- oder fachaufsichtlicher Natur ist.[508] Ebenfalls unerheblich ist, ob die Einflussnahme auf eine Beschlusskammerentscheidung oder ein sonstiges Verfahren Bezug nimmt.[509] In Ermangelung einer Spezialregelung gelten im Übrigen die allgemeinen Grundsätze. So wird das Weisungsrecht durch das Rechtsstaats-

---

[507] *Attendorn/Geppert*, in: Geppert/Schütz (Hrsg.), Beck'scher TKG-Kommentar, 4. Aufl. 2013, § 117 Rn. 1 f. m. w. N.; *Fetzer*, in: Fetzer/Scherer/Graulich (Hrsg.), TKG, 3. Aufl. 2021, § 117 Rn. 2; ebenso im Kontext des § 61 EnWG *Zeidler*, in: Baur/Salje/Schmidt-Preuß (Hrsg.), Regulierung in der Energiewirtschaft, 2. Aufl. 2016, Kap. 39 Rn. 19; s. auch *Kröger*, Unabhängigkeitsregime im europäischen Verwaltungsverbund, 2020, S. 284 ff., der die bloße Publikationspflicht ebenfalls nicht als hinreichende Umsetzung der unionsrechtlichen Anforderungen an die Weisungsfreiheit ansieht; tendenziell anders *Britz*, in: Fehling/Ruffert (Hrsg.), Regulierungsrecht, 2010, § 21 Rn. 50: „Vielmehr läßt sich ein politischer ‚Mißbrauch' der ministeriellen Weisungsbefugnis durch Publikations- und Begründungspflichten prozedural wirksam verhindern.".

[508] *Ruffert/Schmidt*, in: Säcker (Hrsg.), TKG, 3. Aufl. 2013, § 117 Rn. 1 f.; *Mayen*, in: Scheurle/Mayen (Hrsg.), TKG, 3. Aufl. 2018, § 117 Rn. 3; *Attendorn/Geppert*, in: Geppert/Schütz (Hrsg.), Beck'scher TKG-Kommentar, 4. Aufl. 2013, § 117 Rn. 7 f.; durch den Wegfall der Beschränkung auf „allgemeine Weisungen" ist die noch zum TKG 1996 in der Literatur vertretene Auffassung, wonach Einzelweisungen unzulässig seien (stellvertretend *Oertel*, Die Unabhängigkeit der Regulierungsbehörde nach §§ 66 ff. TKG, 2000, S. 397 ff.), obsolet geworden; möglich sollen zudem informelle Einflussnahmen sein, vgl. hierzu *Bender*, K&R 2001, 506 (509); *Ruffert/Schmidt*, in: Säcker (Hrsg.), a. a. O., § 117 Rn. 8.

[509] *Ruffert/Schmidt*, in: Säcker (Hrsg.), TKG, 3. Aufl. 2013, § 117 Rn. 5; *Attendorn/Geppert*, in: Geppert/Schütz (Hrsg.), Beck'scher TKG-Kommentar, 4. Aufl. 2013, § 117 Rn. 9.

prinzip begrenzt.[510] Adressat der Weisungen ist die BNetzA, die insoweit nach außen durch ihren Präsidenten vertreten wird.[511] Festzuhalten ist, dass der Bundesgesetzgeber mit der Normierung eines grundsätzlich uneingeschränkten Weisungsrechts im TK-Sektor die europäische Unabhängigkeitsvorgabe dort offensichtlich ignoriert und selbst im Rahmen der Umsetzung der neuen Kodex-RL (EU) 2018/1972 eine substantielle Änderung des § 117 TKG a.F. nicht in Erwägung gezogen hat[512].

Für den Bereich des *Energierechts* enthält § 61 EnWG eine vergleichbare Regelung. Demnach gilt hinsichtlich allgemeiner Weisungen für den Erlass oder die Unterlassung von Verfügungen nach dem EnWG ebenfalls eine Veröffentlichungspflicht. Anders als Einzelweisungen betreffen allgemeine Weisungen als abstrakt-generelle Verwaltungsvorschriften Entscheidungen für eine unbestimmte Vielzahl von Fällen.[513] Bei näherer Betrachtung lassen sich Auslegungs- und Anwendungsrichtlinien differenzieren. Auslegungsrichtlinien legen eine einheitliche Gesetzesauslegung im Hinblick auf unbestimmte Rechtsbegriffe, Beurteilungsspielräume und Ermessen fest. Demgegenüber bestimmen Anwendungsrichtlinien, dass einzelne Normen auf bestimmte Sachverhalte (vorrangig oder nachrangig) anzuwenden sind oder nicht.[514] Daneben können allgemeine Weisungen auch Aussagen zur organisatorischen Ausgestaltung und Geschäftsverteilung einer Behörde tref-

---

[510] Vgl. *Ruffert/Schmidt*, in: Säcker (Hrsg.), TKG, 3. Aufl. 2013, § 117 Rn. 2; *Eschweiler*, K&R 2001, 238 (239 f.); in Bezug auf das Energierecht *Theobald/Werk*, in: Theobald/Kühling (Hrsg.), Energierecht, 112. EL 2021, § 61 EnWG Rn. 8; im kartellrechtlichen Kontext ebenso *Stockmann*, in: Immenga/Mestmäcker (Hrsg.), Wettbewerbsrecht, 6. Aufl. 2020, § 52 GWB Rn. 2; zu den Konsequenzen rechtswidriger Weisungen, insbesondere der Verwerfungskompetenz, s. noch unter Kapitel 3, B. II.1.b)bb)(2).

[511] Im Kontext des Energiesektors *Theobald/Werk*, in: Theobald/Kühling (Hrsg.), Energierecht, 112. EL 2021, § 59 EnWG Rn. 30; der Präsident hat – erforderlichenfalls mittels seines behördeninternen Weisungsrechts – dafür Sorge zu tragen, dass die zuständige Stelle die ministerielle Weisung umsetzt, vgl. *Hermes*, in: Britz/Hellermann/Hermes (Hrsg.), EnWG, 3. Aufl. 2015, § 59 Rn. 22.

[512] Dies (unter Rekurs auf § 183 TKG-E des Referentenentwurfs zur Umsetzung der Kodex-RL [EU] 2018/1972, der § 117 TKG nicht zu ändern vorsah) bereits im Entwurfsstadium zu Recht scharf kritisierend *Ludwigs*, NZKart 2020, 576 (578).

[513] *Theobald/Werk*, in: Theobald/Kühling (Hrsg.), Energierecht, 112. EL 2021, § 61 EnWG Rn. 7; *Hermes*, in: Britz/Hellermann/Hermes (Hrsg.), EnWG, 3. Aufl. 2015, § 61 Rn. 7; hinsichtlich der vergleichbaren kartellrechtlichen Vorschrift des § 52 GWB *Stockmann*, in: Immenga/Mestmäcker (Hrsg.), Wettbewerbsrecht, 6. Aufl. 2020, § 52 GWB Rn. 1.

[514] *Theobald/Werk*, in: Theobald/Kühling (Hrsg.), Energierecht, 112. EL 2021, § 61 EnWG Rn. 7; parallel für das Kartellrecht gleichermaßen differenzierend *Stockmann*, in: Immenga/Mestmäcker (Hrsg.), Wettbewerbsrecht, 6. Aufl. 2020, § 52 GWB Rn. 2.

fen.[515] Während die Zulässigkeit allgemeiner Weisungen des BMWi gegenüber der BNetzA angesichts des eindeutigen Gesetzeswortlauts im Schrifttum Anerkennung findet,[516] herrscht im Hinblick auf Einzelweisungen gegenüber den Beschlusskammern Uneinigkeit. Teilweise wird vertreten, dass Einzelweisungen bei Entscheidungen durch justizförmig ausgestaltete Kollegialorgane aufgrund ihrer verfahrens- und organisationsrechtlich besonderen Ausgestaltung ausgeschlossen seien.[517] Die wohl herrschende Gegenauffassung bejaht die Zulässigkeit von Einzelweisungen gegenüber Beschlusskammern.[518] Zum einen ergebe sich dies aus einer synoptischen Betrachtung zur Rechtslage im Kartellrecht nach § 51 GWB, wo angesichts des klassischen behördlichen Über-/Unterordnungsverhältnisses überwiegend von einer generellen Weisungsgebundenheit ausgegangen wird.[519] Zum anderen gebe es im EnWG keine tragfähigen Hinweise auf das Vorliegen eines ministerialfreien Raumes, was im Hinblick auf den Ausnahmecharakter der Freistellung von Weisungen angezeigt gewesen wäre.[520] Ungeachtet des Streitstands hat der Bundesgesetzgeber jedenfalls auch hier bislang keine

[515] *Theobald/Werk*, in: Theobald/Kühling (Hrsg.), Energierecht, 112. EL 2021, § 61 EnWG Rn. 9; für den TK-Sektor *Attendorn/Geppert*, in: Geppert/Schütz (Hrsg.), Beck'scher TKG-Kommentar, 4. Aufl. 2013, § 117 Rn. 10; auf die Vielzahl anderer Verständigungsmöglichkeiten der Regierung mit dem BKartA (z.B. Stellungnahmen und Schreiben) weist *Stockmann*, in: Immenga/Mestmäcker (Hrsg.), Wettbewerbsrecht, 6. Aufl. 2020, § 52 GWB Rn. 5 hin.

[516] *Schmidt-Preuß*, in: Säcker (Hrsg.), Berliner Kommentar zum Energierecht, Bd. 1/Hb. 2, 4. Aufl. 2019, § 59 EnWG Rn. 13; *Theobald/Werk*, in: Theobald/Kühling (Hrsg.), Energierecht, 112. EL 2021, § 59 EnWG Rn. 28.

[517] Ausführlich *Oertel*, Die Unabhängigkeit der Regulierungsbehörde nach §§ 66ff. TKG, 2000, S. 174ff., 397ff.; *Paulweber*, Regulierungszuständigkeiten in der Telekommunikation, 1999, S. 105f.; *Müller-Terpitz*, ZG 1997, 257 (271f.).

[518] *Schmidt-Preuß*, in: Säcker (Hrsg.), Berliner Kommentar zum Energierecht, Bd. 1/Hb. 2, 4. Aufl. 2019, § 59 EnWG Rn. 14, der unter Rn. 13 das Spannungsverhältnis von Weisungsfreiheit und der verfassungsrechtlich notwendigen Weisungsgebundenheit dahingehend auflösen will, die Weisungsbefugnis der Regierung auf grundsätzliche Zielvorgaben zu beschränken; *Theobald/Werk*, in: Theobald/Kühling (Hrsg.), Energierecht, 112. EL 2021, § 59 EnWG Rn. 31; *Gärditz*, in: Schmidt/Wollenschläger (Hrsg.), Kompendium Öffentliches Wirtschaftsrecht, 5. Aufl. 2019, § 4 Rn. 47; s. auch *Pöcker*, VerwArch 99 (2008), 380 (381f.); unzulässig hingegen ist ein unmittelbares Weisungsrecht des BMWi gegenüber einzelnen Mitgliedern der Beschlusskammern, vgl. *Theobald/Werk*, in: Theobald/Kühling (Hrsg.), a.a.O., § 59 EnWG Rn. 34; *Hermes*, in: Britz/Hellermann/Hermes (Hrsg.), EnWG, 3. Aufl. 2015, § 59 Rn. 22f., dort auch zum Bestehen eines Weisungsrechts des Präsidenten der BNetzA gegenüber den Beschlusskammern.

[519] Vgl. *Theobald/Werk*, in: Theobald/Kühling (Hrsg.), Energierecht, 112. EL 2021, § 59 EnWG Rn. 31; näher zum Streitstand im Kartellrecht s. unter Kapitel 3, A.II.1.a) und b)aa).

[520] *Schmidt-Preuß*, in: Säcker (Hrsg.), Berliner Kommentar zum Energierecht, Bd. 1/Hb. 2, 4. Aufl. 2019, § 59 EnWG Rn. 14.

Veranlassung gesehen, bestehende Weisungsrechte infrage zu stellen. Erstaunlicherweise wurden auf Länderebene die unionsrechtlichen Vorgaben zur Unabhängigkeit demgegenüber mustergültig umgesetzt.[521] Die auf Grundlage der § 54 Abs. 1, 2 EnWG errichteten Landesregulierungsbehörden üben ihre Tätigkeit im Rahmen der Gesetze unabhängig, unparteiisch und weisungsfrei aus.[522]

Erstmals spürbar bemüht an einer Umsetzung der unionsrechtlichen Vorgaben war der Bundesgesetzgeber in der *Eisenbahnregulierung*.[523] Zunächst stellt § 4 Abs. 1 Sätze 1 und 2 BEVVG[524] klar, dass die BNetzA bei der Überwachung der Einhaltung der Rechtsvorschriften über den Zugang zur Eisenbahninfrastruktur der Fachaufsicht des BMVI untersteht. Gemäß § 4 Abs. 3 Satz 1 BEVVG reduziert sich die Kontrolle der BNetzA hiervon abweichend hinsichtlich des Vollzuges der Rechtsvorschriften nach dem

---

[521] So auch *Ludwigs*, in: Säcker/Schmidt-Preuß (Hrsg.), Grundsatzfragen des Regulierungsrechts, 2015, S. 251 (259), der dort allerdings in verfassungsrechtlicher Perspektive auf die fehlende kompensatorische Etablierung einer unmittelbaren parlamentarischen Kontrolle hinweist; *Ludwigs*, in: Festschrift für M. Schmidt-Preuß, 2018, S. 689 (693); *Gundel*, EWS 2017, 301 (305); *Hermes*, in: Britz/Hellermann/Hermes (Hrsg.), EnWG, 3. Aufl. 2015, § 54 Rn. 14; zuvor war die organisatorische Ausgestaltung der Landesregulierungsbehörden mangels institutioneller Eigenständigkeit im Hinblick auf die unionsrechtlichen Vorgaben erkennbar defizitär, vgl. *Franke*, in: Baur/Salje/Schmidt-Preuß (Hrsg.), Regulierung in der Energiewirtschaft, 2. Aufl. 2016, Kap. 40 Rn. 7.

[522] So ähnlich im Wortlaut die einschlägigen Gesetze (bzw. in Mecklenburg-Vorpommern Verwaltungsvorschriften) der Länder mit eigener Landesregulierungsbehörde: vgl. beispielhaft für die Regulierungskammer des Freistaates Bayern Art. 2 Abs. 1, Abs. 2 S. 2 Nr. 1 ZustWiG (Bay. GVBl. 2020, 663); für die Regulierungskammer Nordrhein-Westfalen § 2 Abs. 1, 2 RegKG NRW (GV. NRW. 2016, 156 f.); *Bauer/Seckelmann*, DÖV 2014, 951 (957); umfassende Nachweise für zehn Bundesländer in chronologischer Abfolge bei *Gundel*, EWS 2017, 301 (305) unter Fn. 66; *Weyer*, N&R 2014, 84 (85); zum Sonderfall der Organleihe, bei dem die BNetzA leihweise den Aufgabenbereich anstelle eines Landes übernimmt (derzeit Berlin, Brandenburg, Bremen und Schleswig-Holstein), s. *Schmidt-Preuß*, in: Säcker (Hrsg.), Berliner Kommentar zum Energierecht, Bd. 1/Hb. 2, 4. Aufl. 2019, § 54 EnWG Rn. 22 ff.; *Bauer/Seckelmann*, DÖV 2014, 951 (954 f., 957 f.); eine Ausnahme bildet Hamburg, wo weder eine eigene Landesregulierungsbehörde existiert, noch eine Übertragung im Wege der Organleihe stattgefunden hat, da die lokal ansässigen Netzbetreiber ohnehin der BNetzA unterstehen; die übrigen energierechtlichen Aufgaben obliegen dort der Behörde für Umwelt, Klima, Energie und Agrarwirtschaft.

[523] Instruktiv zu den Neuerungen durch das „Gesetz zur Stärkung des Wettbewerbs im Eisenbahnbereich" *Ludwigs*, NVwZ 2016, 1665 ff.

[524] Gesetz über die Eisenbahnverkehrsverwaltung des Bundes (Bundeseisenbahnverkehrsverwaltungsgesetz – BEVVG) v. 27.12.1993, BGBl. I S. 2378; zuletzt geändert durch Art. 22 G zur Novellierung des BundespersonalvertretungsG v. 9.6.2021 (BGBl. I S. 1614).

ERegG[525] und dem Unionsrecht auf eine bloße Rechtsaufsicht durch das BMVI, soweit Gegenstände des ERegG in Rede stehen. Durch die Veröffentlichungspflicht im Bundesanzeiger erklärt § 4 Abs. 3 Satz 2 BEVVG allgemeine Weisungen im Rahmen der Rechtsaufsicht implizit für zulässig. Während fachaufsichtliche Weisungen im Hinblick auf die Durchsetzung des ERegG fortan versperrt sein sollen, verbleibt es bei der Möglichkeit einer eingeschränkten Rechtsaufsicht durch das BMVI. Beschränkt wird die Aufsicht hierbei durch einen innovativen Mechanismus: § 4 Abs. 3a Satz 1 BEVVG ermächtigt die BNetzA dazu, gegen Weisungen des BMVI im Rahmen der Rechtsaufsicht nach Abs. 3 Satz 1 Klage vor dem Verwaltungsgericht zu erheben, deren Modalitäten im Weiteren näher geregelt werden.[526] Mit diesem Ansatz scheint der Gesetzgeber einen Kompromiss gesucht zu haben, um das Dilemma aus unionsrechtlich gebotener Unabhängigkeit und verfassungsrechtlich verbürgter Weisungsgebundenheit gewissermaßen in praktischer Konkordanz aufzulösen. Wie aus den Gesetzgebungsmaterialien hervorgeht, können aus seiner Sicht „[b]eide Positionen […] nicht zugleich in vollem Umfang gewahrt werden."[527] Als logische Konsequenz fiel die Wahl auf den skizzierten Mittelweg einer „klagebewehrten" Rechtsaufsicht.

Fraglich erscheint, wie die (Nicht-)Umsetzung der unionsrechtlich geforderten Unabhängigkeit zu bewerten ist und welche Konsequenzen sich hieraus ergeben. Im *Energie-* und besonders im *Telekommunikationssektor* liegt ein *Umsetzungsdefizit* in der Bundesrepublik auf der Hand.[528] Wie bereits ausgeführt, ist eine grundsätzlich bestehende Weisungsgebundenheit der Regulierungsbehörden – wie sie § 193 Satz 1 TKG (= 117 TKG a. F.) und § 61 EnWG nahelegen – richtigerweise nicht mit den europäischen Vorgaben

---

525 Eisenbahnregulierungsgesetz (ERegG) v. 29.8.2016, BGBl. I S. 2082; zuletzt geändert durch Art. 1 G zur Weiterentwicklung des Eisenbahnregulierungsrechts v. 9.6.2021 (BGBl. I S. 1737).

526 § 4 Abs. 3a S. 2–5 BEVVG enthalten Regelungen zur Beteiligtenfähigkeit der BNetzA, Frist, statthaften Klageart und Zuständigkeit des Gerichts; s. auch *Ludwigs*, NVwZ 2016, 1665 (1670); näher zu dem Modell unter dem Gesichtspunkt der Konfliktlösung s. noch unter Kapitel 4, A.I.2.b)aa)(1).

527 BT-Drs. 18/8334, S. 82.

528 So bereits *Holznagel/Schumacher*, in: Gramlich/Manger-Nestler (Hrsg.), Europäisierte Regulierungsstrukturen und -netzwerke, 2011, S. 37 (40 f.); *Ludwigs*, RdE 2013, 297 (301); *Ludwigs*, in: Säcker/Schmidt-Preuß (Hrsg.), Grundsatzfragen des Regulierungsrechts, 2015, S. 251 (259); für den TK-Sektor *Eifert*, in: Ehlers/Fehling/Pünder (Hrsg.), Besonderes Verwaltungsrecht, Bd. 1, 4. Aufl. 2019, § 24 Rn. 141; für den Energiesektor *Ludwigs*, in: Hatje/Müller-Graff (Hrsg.), Enzyklopädie Europarecht, Bd. 5, 2. Aufl. 2020, §5 Rn. 173; a. A. *Schmidt-Preuß*, in: Säcker (Hrsg.), Berliner Kommentar zum Energierecht, Bd. 1/Hb. 2, 4. Aufl. 2019, § 59 EnWG Rn. 13 f.; insgesamt kritisch gegenüber einer unabhängigen Ausgestaltung *Gärditz*, in: Schmidt/Wollenschläger (Hrsg.), Kompendium Öffentliches Wirtschaftsrecht, 5. Aufl. 2019, § 4 Rn. 46.

vereinbar. Zur Korrektur des festgestellten Defizits kommen einerseits eine richtlinienkonforme Auslegung oder Rechtsfortbildung der nationalen Vorschriften, andererseits eine unmittelbare Anwendung der einschlägigen Bestimmungen aus den Richtlinien in Betracht. Für die „Auslegungslösung“ spricht, dass sie die mitgliedstaatliche Souveränität in stärkerem Maße schont.[529] Entscheidend dagegen ist allerdings anzuführen, dass weder Wortlaut noch Telos der vorgenannten Vorschriften eine solche Lesart zulassen.[530] Die Grenzen der Auslegung bzw. Rechtsfortbildung[531] sind mithin überschritten. Zielführender dürfte daher der Rekurs auf die Direktwirkung der jeweiligen Infrastrukturrichtlinie sein. Konkret ist insoweit auf die *objektive unmittelbare Wirkung* von Richtlinien abzustellen.[532] Diese Figur bzw. Kategorie, die Richtlinien losgelöst von subjektiven Rechten Einzelner eine umfassende objektiv-materiellrechtliche Maßstabsfunktion entnimmt, ist im Hinblick auf ihre Wirkungen in Rechtsprechung und Schrifttum inzwischen weitestgehend anerkannt.[533] Damit eine Richtlinienvorschrift unmittelbare Wirkung entfalten kann, müssen kumulativ drei Voraussetzungen erfüllt sein.[534] Erstens muss die Frist für eine ordnungsgemäße Umsetzung erfolglos

---

[529] So auch *Ludwigs*, in: Säcker/Schmidt-Preuß (Hrsg.), Grundsatzfragen des Regulierungsrechts, 2015, S. 251 (260), dort auch der zitierte Begriff; den Ansatz einer europarechtskonformen Auslegung wählend *Eifert*, in: Ehlers/Fehling/Pünder (Hrsg.), Besonderes Verwaltungsrecht, Bd. 1, 4. Aufl. 2019, § 24 Rn. 141; *Gundel*, EWS 2017, 301 (306): „[…] richtlinienkonform einschränkend dahin interpretiert werden, dass [der geltende Rechtsrahmen im Telekommunikations- und Energiesektor] nur Maßnahmen der Rechtsaufsicht erlaubt“.

[530] Zutreffend *Ludwigs*, in: Säcker/Schmidt-Preuß (Hrsg.), Grundsatzfragen des Regulierungsrechts, 2015, S. 251 (260).

[531] Für eine teleologische Reduktion des § 117 TKG a.F. plädiert allerdings *Gonsior*, Die Verfassungsmäßigkeit administrativer Letztentscheidungsbefugnisse, 2018, S. 72.

[532] *Ludwigs*, RdE 2013, 297 (301); *Ludwigs*, in: Säcker/Schmidt-Preuß (Hrsg.), Grundsatzfragen des Regulierungsrechts, 2015, S. 251 (260); *Ludwigs*, in: Festschrift für M. Schmidt-Preuß, 2018, S. 689 (694); *Ludwigs*, in: Schmidt/Wollenschläger (Hrsg.), Kompendium Öffentliches Wirtschaftsrecht, 5. Aufl. 2019, § 12 Rn. 24; hinsichtlich des Rechtsschutzes gegen rechtsaufsichtliche Weisungen im TK- und Energiesektor wohl auch *Gundel*, EWS 2017, 301 (306 f.); allgemein zur unmittelbaren Wirkung von Richtlinien vgl. *Herrmann*, Richtlinienumsetzung durch die Rechtsprechung, 2003, S. 31 ff.

[533] Wegweisend EuGH, Urt. v. 11.8.1995, Rs. C-431/92, ECLI:EU:C:1995:260, Rn. 24 ff. – Großkrotzenburg; aus der Lit. *Schroeder*, in: Streinz (Hrsg.), EUV/AEUV, 3. Aufl. 2018, Art. 288 AEUV Rn. 108; *Nettesheim*, in: Grabitz/Hilf/Nettesheim (Hrsg.), Das Recht der Europäischen Union, 74. EL 2021, Art. 288 Rn. 151; *Kahl*, in: Calliess/Ruffert (Hrsg.), EUV/AEUV, 6. Aufl. 2022, Art. 4 EUV Rn. 159 f. m.w.N.; kritisch *Ruffert*, in: Calliess/Ruffert (Hrsg.), a.a.O., Art. 288 AEUV Rn. 72.

[534] Vgl. stellvertretend *Schroeder*, in: Streinz (Hrsg.), EUV/AEUV, 3. Aufl. 2018, Art. 288 AEUV Rn. 91 ff.; hierauf basieren auch die nachfolgenden Erläuterungen.

verstrichen sein, d. h. ohne dass der Mitgliedstaat die Richtlinie vollständig und korrekt ins nationale Recht überführt hat. Zweitens muss die einschlägige Richtliniennorm inhaltlich unbedingt und hinreichend genau formuliert sein. Drittens schließlich darf die in Rede stehende Vorschrift nicht unmittelbar zulasten Privater angewendet werden. Vor dem Hintergrund der Anerkennung einer rein objektiven unmittelbaren Richtlinienwirkung ist nicht zu fordern, dass sich der Bestimmung zusätzlich ein subjektiv-öffentliches Recht oder der Schutz von Individualinteressen entnehmen lässt.[535] Die Frist zur Umsetzung der inhaltlich hinreichend bestimmten und unbedingten Unabhängigkeitsvorgaben im Telekommunikations- und Energiesektor, die ohne eine den Einzelnen belastende Wirkung sind, ist abgelaufen.[536] Wie soeben aufgezeigt, hat der nationale Gesetzgeber gleichwohl eine ordnungsgemäße Umsetzung versäumt. Mithin sind die Voraussetzungen für eine unmittelbare Wirkung erfüllt.[537] Als Rechtsfolge werden die kollidierenden nationalen Regelungen durch die direkt anwendbaren Richtlinienbestimmungen ersetzt,[538] sodass sich im Ergebnis rechtlich letzten Endes doch eine unabhängige Stellung der Regulierungsbehörde im TK- und Energiebereich herstellen lässt. Allerdings entbindet dies den deutschen Gesetzgeber – ebenso wie die Möglichkeit einer richtlinienkonformen Auslegung[539] – keineswegs von seiner Pflicht, die Richtlinien korrekt umzusetzen. Vielmehr gebieten Rechtssicherheit, Europarechtsfreundlichkeit des Grundgesetzes sowie die primärrechtlich verankerten Verpflichtungen in Art. 4 Abs. 3 EUV sowie Art. 288 Abs. 3 AEUV eine Nachbesserung im Sinne einer ausdrücklichen Normierung der geforderten Unabhängigkeit nach dem Vorbild der Landesregulierungsbehörden.[540]

---

[535] Zutreffend *Schroeder*, in: Streinz (Hrsg.), EUV/AEUV, 3. Aufl. 2018, Art. 288 AEUV Rn. 95 m. w. N.; a. A. beispielsweise *Klagian*, ZÖR 56 (2001), 305 (346 ff.).

[536] Die Umsetzungsfrist im TK-Sektor endete gemäß Art. 5 Abs. 1 UAbs. 1 RL 2009/140/EG am 25.5.2011. Im Energiesektor wären die Vorgaben ausweislich der Art. 49 Abs. 1 UAbs. 1 S. 1 Strom-RL 2009/72/EG bzw. Art. 54 Abs. 1 UAbs. 1 S. 1 Gas-RL 2009/73/EG bis zum 3.3.2011 umzusetzen gewesen. Auch die Umsetzungsfristen der an der Unabhängigkeit festhaltenden Nachfolgerichtlinien (Art. 124 Abs. 1 UAbs. 1 S. 1 Kodex-RL [EU] 2018/1972: 21.12.2020 sowie Art. 71 Abs. 1 UAbs. 1 S. 1 Elektrizitäts-RL [EU] 2019/944: 31.12.2020) sind fruchtlos verstrichen.

[537] Vgl. auch *Ludwigs*, in: Säcker/Schmidt-Preuß (Hrsg.), Grundsatzfragen des Regulierungsrechts, 2015, S. 251 (260).

[538] *Schroeder*, in: Streinz (Hrsg.), EUV/AEUV, 3. Aufl. 2018, Art. 288 AEUV Rn. 104.

[539] Ausdrücklich EuGH, Urt. v. 10.5.2001, Rs. C-144/99, ECLI:EU:C:2001:257, Rn. 21 – Kommission/Niederlande; aus der Lit. näher *Herrmann*, Richtlinienumsetzung durch die Rechtsprechung, 2003, S. 207 ff.; im Kontext des § 52 GWB *Ludwigs*, NZKart 2020, 576 (581) m. w. N.

[540] Vgl. auch *Ludwigs*, in: Festschrift für M. Schmidt-Preuß, 2018, S. 689 (694).

Im *Eisenbahnrecht* ist weniger eindeutig und deshalb klärungsbedürftig, ob der innovative Vorstoß in § 4 Abs. 3, 3a BEVVG den Unabhängigkeitsanforderungen genügt. Zum Teil wird eine ordnungsgemäße Umsetzung der Eisenbahn-RL 2012/34/EU bejaht und dem vermittelnden Ansatz Vorbildcharakter für die anderen Netzsektoren zugeschrieben.[541] Durch den bloßen Verweis der Rechtsaufsicht auf die Einhaltung der rechtlichen Grenzen werde die Unabhängigkeit der Behörde nicht eingeschränkt; für weitreichendere Weisungen stehe durch die Einräumung einer Klagemöglichkeit der Rechtsweg offen. Bei einer kritischen Würdigung ist anzumerken, dass das Unionsrecht nach hiesiger Auffassung nicht nur der Fachaufsicht, sondern auch einer reinen Rechtsaufsicht entgegensteht.[542] Vor diesem Hintergrund ließe sich allenfalls argumentieren, dass die gewählte Ausgestaltung zumindest *de facto* die Unabhängigkeit zu sichern vermag, indem der BNetzA ein Abwehrrecht gegen aufsichtliche Eingriffe zur Verfügung gestellt wird. Es erscheint aber bereits zweifelhaft, ob das bloße Klage*recht* der Regulierungsbehörde ein Garant für die Wahrung ihrer unabhängigen Stellung ist. Nicht überzeugen kann die Auffassung, der BNetzA sei zuzumuten, „den Mut und die Initiative [aufzubringen], ihre Unabhängigkeit gegenüber einer von ihr als rechtswidrig angesehenen Weisung durch Inanspruchnahme gerichtlichen Rechtsschutzes zu verteidigen".[543] Andernfalls würden die verbindlichen unionsrechtlichen Direktiven zur Disposition bzw. in das Ermessen der Behörde gestellt und somit entwertet, zumal die potenzielle Gefahr einer (Nicht-)Ausübung des Klagerechts aufgrund sachfremder Erwägungen besteht. Vorstellbar wäre noch eine richtlinienkonforme Auslegung (bzw. Normierung) einer darüber hinausgehenden Klage*pflicht* gegen für rechtswidrig erachtete Weisungen.[544] Abgesehen davon, dass damit möglicherweise eine mit erheblichem Aufwand verbundene Prüfpflicht im Vorfeld einhergeht, würde man der Regulierungsbehörde auch die aktive Verteidigung ihrer Unabhängigkeit aufbürden.[545]

---

[541] *Gundel*, EWS 2017, 301 (306).

[542] S. hierzu ausführlich unter Kapitel 3, A.I.1.a) mit den Nachweisen zum Streitstand in Fn. 500 und 501; anders *Ruffert*, in: Ehlers/Fehling/Pünder (Hrsg.), Besonderes Verwaltungsrecht, Bd. 1, 4. Aufl. 2019, § 21 Rn. 31, der eine Rechtsaufsicht für unproblematisch hält, da sie „der Durchsetzung der unionsrechtlich imprägnierten Vorgaben dient und nicht die Abhängigkeit von bestimmten Interessen hervorruft".

[543] So aber wörtlich *Gundel*, EWS 2017, 301 (306).

[544] Erwägend *Ludwigs*, NVwZ 2016, 1665 (1670), der zugleich noch zur Vermeidung einer Interimsbindung auf einen gegebenenfalls zu stellenden Antrag im einstweiligen Rechtsschutz nach § 123 VwGO hinweist.

[545] *Ludwigs*, NVwZ 2016, 1665 (1670); noch kritischer *Ludwigs*, in: Festschrift für M. Schmidt-Preuß, 2018, S. 689 (694): „Die nach nationalem Eisenbahnregulierungsrecht bestehende Obliegenheit der BNetzA zur aktiven Verteidigung ihrer Unabhängigkeit ist [mit der durch die Richtlinie ausgeschlossenen Rechtsaufsicht] schwerlich vereinbar.".

Dies widerspricht allerdings dem Umstand, dass die BNetzA *ipso iure* unabhängig von anderen öffentlichen Stellen ist (Art. 55 Abs. 1 Satz 2 Eisenbahn-RL 2012/34/EU). Darüber hinaus ordnet Art. 55 Abs. 3 UAbs. 4 der Richtlinie an, dass sie bei der Aufgabenwahrnehmung „weder Weisungen von staatlichen, öffentlichen oder privaten Stellen ein[holt] noch [...] welche entgegen[nimmt]". Das gerichtliche Vorgehen gegen eine Weisung setzt aber denknotwendig ihre vorherige Erteilung voraus, was kaum mit dem Wortlaut der Richtlinienbestimmung zu vereinbaren sein dürfte.[546] Vielmehr „therapiert" der Bundesgesetzgeber mit dem geschaffenen Mechanismus eine an sich nicht bestehende oder nur unvollkommene Unabhängigkeit, wohingegen das Unionsrecht von den Mitgliedstaaten Weisungen von vornherein ausschließt.[547] Deshalb ist auch im Eisenbahnsektor im Ergebnis von einem Umsetzungsdefizit auszugehen. Folgerichtig ist wiederum eine Korrektur vorzunehmen, wobei auch hier kein Raum für eine richtlinienkonforme Auslegung und Rechtsfortbildung bleibt, sodass auf die objektiv unmittelbare Richtlinienwirkung des Art. 55 Abs. 3 UAbs. 4 Eisenbahn-RL 2012/34/EU abzustellen ist. Ebenfalls ist aber *de lege ferenda* eine Anpassung durch den nationalen Gesetzgeber angezeigt, nicht zuletzt um einem Vertragsverletzungsverfahren zu entgehen.

Insgesamt ist die Umsetzung der europäischen Unabhängigkeitsvorgaben im nationalen Netzregulierungsrecht mithin als defizitär einzustufen. Mit Ausnahme der Landesregulierungsbehörden im Energiebereich hat der Gesetzgeber an einer grundsätzlichen Weisungsgebundenheit festgehalten. Wie die neuartige Regelung im Eisenbahnsektor zeigt, scheint er entgegen dem eindeutigen unionsrechtlichen Rechtsrahmen zumindest eine eingeschränkte Rechtsaufsicht für unabdingbar zu halten. Vor dem Hintergrund dieses Spannungsfelds wird in Kapitel 4 zu untersuchen sein, wie Binnenkonflikte unabhängiger Stellen europarechtskonform und in einer verfassungsrechtlich tragfähigen Weise aufgelöst werden können.

---

[546] Im Übrigen wird infolge der Statthaftigkeit der Feststellungsklage (§ 4 Abs. 3a S. 4 BEVVG) – eine Anfechtungsklage wäre mangels Außenwirkung und daher mangels Verwaltungsaktqualität der Weisung ohnehin nicht denkbar – die Weisung auch nicht rechtsgestaltend aufgehoben, sondern „nur" deren (Un-)Verbindlichkeit festgestellt; zur Feststellungswirkung der Feststellungsklage vgl. *Pietzcker*, in: Schoch/Schneider (Hrsg.), VwGO, 41. EL 2021, § 43 Rn. 1.

[547] Auch *Ludwigs*, NVwZ 2016, 1665 (1670) weist darauf hin, dass „der innovative Rechtsschutzmechanismus nichts am prinzipiellen Fortbestand der durch die Recast-Richtlinie gerade ausgeschlossenen Rechtsaufsicht ändert"; ebenso *Ludwigs*, in: Festschrift für M. Schmidt-Preuß, 2018, S. 689 (694).

bb) Normative Vorstrukturierung

Nicht nur die Umsetzung der Weisungsfreiheit in den Netzsektoren, sondern auch die Vereinbarkeit der vorhandenen normativen Vorstrukturierung durch Gesetze im materiellen Sinne steht auf dem Prüfstand des Unionsrechts. Die Unabhängigkeit der Regulierungsbehörde kann auch dadurch beschnitten werden, dass der Gesetz- bzw. Verordnungsgeber mittels detaillierter Regelungen Entscheidungen steuert.[548] Nachfolgend wird die Zulässigkeit der normierenden Regulierung anhand des Vertragsverletzungsverfahrens Rs. C-718/18 gegen die Bundesrepublik hinsichtlich der Rechtslage im Energiesektor untersucht (1), bevor Alternativen zum vorhandenen Steuerungskonzept aufgezeigt werden (2).

(1) Vereinbarkeit der normierenden Regulierung im Energiesektor mit dem Unionsrecht – die Diskussion und deren (vorläufiger) Schlusspunkt im Vertragsverletzungsverfahren Rs. C-718/18

Im *Energierecht* war die Verordnungsermächtigung des § 24 Satz 1 EnWG, auf deren Basis weite Teile der Anreizregulierungsverordnung (ARegV), der Strom- und Gasnetzentgeltverordnung (Strom- bzw. GasNEV) sowie der entsprechenden Zugangsverordnungen (Strom- bzw. GasNZV) erlassen wurden, Gegenstand eines Vertragsverletzungsverfahrens der EU-Kommission gegen Deutschland.[549] Nach *Ansicht der Kommission* hatte es die Bundesrepublik versäumt, den Vorschriften zu den Befugnissen und zur Unabhängigkeit der nationalen Regulierungsbehörde vollumfänglich gerecht zu werden. Gemäß Art. 37 Abs. 1 und 6 Strom-RL 2009/72/EG (jetzt: Art. 59 Abs. 1 und 7 Elektrizitäts-RL [EU] 2019/944) bzw. Art. 41 Abs. 1 und 6 Gas-RL 2009/73/EG würden die dort aufgeführten Bereiche explizit der Regulierungsbehörde zugewiesen. Insbesondere obliege ihr die Festlegung der Netzzugangsbedingungen samt den Methoden zur Bestimmung der Entgelte und für die Erbringung von Ausgleichsleistungen. Gleichwohl ermächtige § 24 EnWG die Bundesregierung, durch Rechtsverordnung mit Zustimmung des Bundesrates diesbezüglich Normen zu erlassen.[550] Die Kompetenzen und Befugnisse der Regulierungsbehörde, speziell die genuine Ausübung ihres Ermessens, wür-

---

548 S. näher unter Kapitel 1, B.IV.1. und 3.; zum Verhältnis von Weisungsfreiheit, normativer Vorstrukturierung und (politischer) Unabhängigkeit s. zuvor unter Kapitel 3, A.I.1.a)bb).

549 EuGH, Rs. C-718/18; Vertragsverletzungs-Nr. 2014/2285; vgl. auch die Pressemitteilung der Kommission IP/18/4487 v. 19.7.2018.

550 Vgl. die Schlussanträge des GA *Pitruzzella* v. 14.1.2021, Rs. C-718/18, ECLI:EU:C:2021:20, Rn. 85 – Kommission/Deutschland.

den dadurch auf unzulässige Weise eingeschränkt.[551] Jenseits der Erteilung von Weisungen bestehe so die Möglichkeit, dass die Regierung als Verordnungsgeberin durch stark detaillierte abstrakt-generelle Regelungen letztlich doch Einfluss auf die Unabhängigkeit der BNetzA nimmt. Die Feinsteuerung des Handelns der BNetzA verstoße daher gegen die sekundärrechtliche Aufgabenzuweisung an die nationale Regulierungsbehörde. Im Übrigen sei für die Verordnungsermächtigung auch nicht die Befugnis zum Erlass allgemeiner politischer Leitlinien nach Art. 35 Abs. 4 Satz 2 lit. b) ii) Strom-RL 2009/72/EG (jetzt: Art. 57 Abs. 4 Satz 2 lit. b) ii) Elektrizitäts-RL [EU] 2019/944) bzw. Art. 39 Abs. 4 Satz 2 lit. b) ii) Gas-RL 2009/73/EG einschlägig.[552] Schließlich seien die unionsrechtlichen Vorschriften zur Festlegung des erforderlichen Rechtsrahmens für das Verwaltungshandeln der Regulierungsbehörde auch ausreichend, was dem Gewaltenteilungsgrundsatz entspreche.[553] Nach Auffassung der Kommission ist für das deutsche normierende Regulierungskonzept im Energierecht im Lichte des zugrunde liegenden Sekundärrechts mithin kein Raum.

Ergänzend zu den Ausführungen der Kommission ist festzustellen, dass die Bundesregierung richtigerweise auch nicht unter den unionsrechtlichen Regulierungsbehördenbegriff subsumiert werden kann.[554] Zudem schimmert beim Vorwurf der unzureichenden Richtlinienumsetzung, wenngleich sich die Kommission in erster Linie auf eine Verletzung der Kompetenzregelung in Art. 37 Strom-RL 2009/72/EG (jetzt: Art. 59 Elektrizitäts-RL [EU] 2019/944) bzw. Art. 41 Gas-RL 2009/73/EG stützt, auch eine Verletzung der allgemeinen Unabhängigkeitsgarantie aus Art. 35 respektive Art. 39 der Strom-

---

[551] Vgl. die Schlussanträge des GA *Pitruzzella* v. 14.1.2021, Rs. C-718/18, ECLI:EU:C:2021:20, Rn. 87 – Kommission/Deutschland.

[552] Vgl. die Schlussanträge des GA *Pitruzzella* v. 14.1.2021, Rs. C-718/18, ECLI:EU:C:2021:20, Rn. 86 – Kommission/Deutschland; s. hierzu bereits unter Kapitel 3, A.I.1.a)bb).

[553] Vgl. die Schlussanträge des GA *Pitruzzella* v. 14.1.2021, Rs. C-718/18, ECLI:EU:C:2021:20, Rn. 89 – Kommission/Deutschland.

[554] In diese Richtung wohl auch *Britz/Herzmann*, in: Britz/Hellermann/Hermes (Hrsg.), EnWG, 3. Aufl. 2015, § 24 Rn. 4; für ein extensives Verständnis hingegen *Büdenbender/Rosin*, et 53 (2003), 746 (747f.); s. auch *Schneider*, ZWeR 2003, 381 (389ff., 393ff.); anders offenbar *Pielow*, DÖV 2005, 1017 (1019f.), der zwischen Regulierungsbehörden im engeren und weiteren Sinne differenziert; der EuGH schließt im Übrigen jedenfalls nicht von vornherein aus, dass der nationale *Gesetzgeber* als Regulierungsbehörde in Erscheinung treten kann, soweit im Übrigen die Anforderungen der Richtlinie gewahrt sind, vgl. Urt. v. 6.10.2010, Rs. C-389/08, ECLI:EU:C:2010:584, Rn. 22ff. – Base NV; ob dies allerdings vorliegend mit den Unabhängigkeitsvorgaben zu vereinbaren ist und auf den Verordnungsgeber ohne Weiteres übertragen werden kann, erscheint zweifelhaft; s. dazu sogleich.

bzw. Gasrichtlinie durch.[555] Nach deren jeweiligem Abs. 4 Satz 1 Hs. 1 gewährleisten die Mitgliedstaaten die Unabhängigkeit der Regulierungsbehörde. Abs. 5 UAbs. 1 lit. a) verpflichtet die Mitgliedstaaten insoweit „insbesondere“ dazu, sicherzustellen, dass „die Regulierungsbehörde unabhängig von allen politischen Stellen selbständige Entscheidungen treffen kann“. Auch wenn es sich vorliegend nicht um einen Verstoß gegen die Weisungsfreiheit im Sinne des jeweiligen Abs. 4 Satz 2 lit. b) ii) handelt,[556] steht dennoch eine Verletzung der Unabhängigkeit im Raum, da durch die Möglichkeit detailgenauer Vorgaben seitens der Gubernative der Entscheidungsspielraum der BNetzA eingeengt werden könnte.

Das *OLG Düsseldorf* hegte in einem Beschluss zu den EnWG-Regulierungszielen demgegenüber keine Zweifel an der Unionsrechtskonformität der Verordnungsermächtigung im Energierecht.[557] Es entnahm der Stromrichtlinie einen „außergewöhnlich weite[n]“ Spielraum zur Richtlinienumsetzung, wonach die Mitgliedstaaten frei – zumal hierzulande im Einklang mit dem Grundgesetz – entscheiden könnten, ob sie einen normativen oder administrativen Ansatz verfolgen wollen.[558] Dass die politische Unabhängigkeit der nationalen Regulierungsbehörde durch Art. 35 und 37 Strom-RL 2009/72/EG (erheblich) gestärkt wurde, ändere nichts an dieser Einschätzung. Weder könne noch wolle die Richtlinienkompetenz der EU die primärrechtlich abgesicherte mitgliedstaatliche Verfahrensautonomie beschränken.[559] Wenn Art. 32 Strom-RL 2009/72/EG (jetzt: Art. 6 Elektrizitäts-RL [EU] 2019/944)

---

[555] Vgl. die Schlussanträge des GA *Pitruzzella* v. 14.1.2021, Rs. C-718/18, ECLI:EU:C:2021:20, Rn. 86f., 90 – Kommission/Deutschland; die diesbezüglich erhobene Unzulässigkeitsrüge der Bundesrepublik wegen einer nachträglichen Erweiterung des Streitgegenstandes weist der Generalanwalt unter Rn. 98ff. zurück; ablehnend auch *Jacob*, N&R 2020, 107 (110f.).

[556] S. hierzu ebenfalls näher unter Kapitel 3, A.I.1.a)bb); normative Regelungen ebenfalls nicht als verbotene Weisungen betrachtend *Gundel*, RdE 2019, 493 (495); dem folgend *Hahn*, EnWZ 2020, 65 (66).

[557] OLG Düsseldorf, Beschl. v. 26.4.2018 – VI-5 Kart 2/16 (V) = EnWZ 2018, 267 (269ff.) Rn. 57ff.

[558] OLG Düsseldorf, Beschl. v. 26.4.2018 – VI-5 Kart 2/16 (V) = EnWZ 2018, 267 (270) Rn. 65f. unter Rekurs auf BVerfG, Beschl. v. 21.12.2009, 1 BvR 2738/08 Rn. 35 = NVwZ 2010, 373 (376f.), das die abstrakt-generelle Methodenbestimmung durch den Verordnungsgeber im Hinblick auf die mit Art. 37 Abs. 6 Strom-RL 2009/72/EG fast identische Vorgängerregelung unbeanstandet ließ; zur Möglichkeit eines Dispenses bei bestimmten Vorschriften der Strom- und Gas-Richtlinien s. auch *Schmidt-Preuß*, in: Säcker (Hrsg.), Berliner Kommentar zum Energierecht, Bd. 1/Hb. 1, 4. Aufl. 2019, Einl. B. Rn. 101.

[559] OLG Düsseldorf, Beschl. v. 26.4.2018 – VI-5 Kart 2/16 (V) = EnWZ 2018, 267 (270) Rn. 66; in diese Richtung auch *Pielow*, DÖV 2005, 1017 (1020); näher zum Gesichtspunkt der mitgliedstaatlichen Verfahrensautonomie s. unter Kapitel 2, B.I.2.a).

bzw. Art. 32 Gas-RL 2009/73/EG als Basisvorschrift zur Organisation des Netzzugangs die Mitgliedstaaten direkt adressiert, so könnte man argumentieren, spreche dies im Lichte der Verfahrensautonomie des Art. 291 Abs. 1 AEUV zugunsten „gewisse[r] Spielräume zur normativen Vorstrukturierung".[560] Darüber hinaus stehe die Achtung der nationalen Identität (Art. 4 Abs. 2 Satz 1 EUV), die Eingriffe in den Kernbereich der Staatsorganisation untersagt, der Einrichtung unabhängiger, ministerialfreier Regulierungsbehörden ebenfalls entgegen.[561] Gleiches gelte mit Blick auf das grundgesetzliche Demokratieprinzip, welches das Erreichen eines hinreichenden Legitimationsniveaus verlangt; demgemäß könne sich die Unabhängigkeit nur auf den Kernbereich der Entscheidung beziehen.[562] Jedenfalls trüge eine verstärkte sachlich-inhaltliche Legitimation auch dazu bei, das Problem der Weisungsfreiheit zu entschärfen.[563] Zugunsten einer stärkeren normativen Regulierung ließe sich zudem die erhöhte Rechtssicherheit in Stellung bringen, was zugleich eine Entlastung der Gerichte mit sich führen würde.[564] Dieses demokratie-, rechtsstaats- und mitgliedstaatsfreundliche Verständnis könnte aus Sicht der Bundesrepublik *prima facie* für die Beibehaltung ihrer normierenden Regulierung streiten.

Der auf nationaler Ebene letztinstanzlich mit der Sache befasste *Bundesgerichtshof* (BGH) hatte – durchaus fragwürdig[565] – auf eine Vorlage an den

---

560 *Ludwigs*, EnWZ 2019, 160 (161), der zutreffend feststellt, dass die dem Neue Märkte-Urteil zugrunde liegenden Normen des TK-Rechts keine vergleichbare Regelung enthielten; zugleich weist er darauf hin, dass für die Auffassung der Kommission spricht, dass die Richtlinien bei der Festlegung der konkreten Netzzugangsbedingungen gezielt von „Regulierungsbehörden" sprechen; vgl. ferner *Ludwigs*, in: Kühling/Zimmer (Hrsg.), Neue Gemeinwohlherausforderungen – Konsequenzen für Wettbewerbsrecht und Regulierung, 2020, S. 11 (17f.); zur Einordnung des Neue Märkte-Urteils s. bereits unter Kapitel 1, B.IV.1.

561 OLG Düsseldorf, Beschl. v. 26.4.2018 – VI-5 Kart 2/16 (V) = EnWZ 2018, 267 (270) Rn. 67; kritisch *Ludwigs*, EnWZ 2019, 160 (160); zum Problem der Vereinbarkeit mit der nationalen Identität s. ausführlich unter Kapitel 2, B.I.2.b).

562 OLG Düsseldorf, Beschl. v. 26.4.2018 – VI-5 Kart 2/16 (V) = EnWZ 2018, 267 (270f.) Rn. 68f. m.w.N.; der Senat sieht die Unabhängigkeit durch das Beschlusskammersystem gewahrt; ausführlich zu den demokratietheoretischen Bedenken und zum Streitstand unter Kapitel 2, B.II.1.b).

563 Vgl. *Burgi*, NVwZ 23/2018, Editorial.

564 OLG Düsseldorf, Beschl. v. 26.4.2018 – VI-5 Kart 2/16 (V) = EnWZ 2018, 267 (270) Rn. 64; *Burgi*, NVwZ 23/2018, Editorial, für den es deshalb vor dem EuGH „zu kämpfen [gilt]"; vgl. auch *Büdenbender/Rosin*, et 53 (2003), 746 (747f.), die sowohl eine ausschließlich normative Regulierung als auch eine Kombination aus normativem und administrativem Ansatz – freilich noch in Unkenntnis der neuen Rechtslage – für zulässig halten.

565 Vgl. *Ludwigs*, in: Kühling/Zimmer (Hrsg.), Neue Gemeinwohlherausforderungen – Konsequenzen für Wettbewerbsrecht und Regulierung, 2020, S. 11 (16) in Fn. 27.

EuGH nach Art. 267 AEUV verzichtet und konnte ebenfalls keinen Verstoß der normengeleiteten Regulierung gegen Unionsrecht erkennen.[566] Der zuständige Senat qualifizierte Verordnungsermächtigungen wie § 24 Satz 1 EnWG als zulässige Delegation der dem nationalen Gesetzgeber zustehenden Normsetzungsbefugnis, anstatt eine verbotene Zuständigkeitsübertragung zulasten der Regulierungsbehörde entgegen der Richtlinienvorgaben anzunehmen.[567] Nach Auffassung der Karlsruher Richter sei Art. 37 Abs. 6 Strom-RL 2009/72/EG nicht dahingehend zu verstehen, dass die Mitgliedstaaten sich jeglicher Normsetzung zu enthalten haben und alle regulatorischen Entscheidungen der Regulierungsbehörde überlassen müssen.[568] Dies zeige auch Art. 288 Abs. 3 AEUV, wonach den Mitgliedstaaten bei der Umsetzung von Richtlinien die Wahl der Form und der Mittel obliege; die „starke Stellung" der Regulierungsbehörde ändere hieran nichts.[569] Sodann legte der BGH Art. 37 Abs. 6 Strom-RL 2009/72/EG im Lichte des Art. 20 Abs. 1 bis 3 GG aus und gelangte dabei zu der Erkenntnis, dass der Gesetzgeber die wesentlichen Fragen selbst regeln müsse und deshalb die nach nationalem Recht dafür zuständigen Organe den Rechtsrahmen auch für das Tätigwerden unabhängiger Behörden zu schaffen hätten.[570] Darüber hinaus übe die Bundesregierung beim Verordnungserlass keine Verwaltungstätigkeit aus, sondern sei in dieser Funktion lediglich der verlängerte Arm des Gesetzgebers.[571] Die Argumentation des Höchstgerichts vermag indes kaum zu überzeugen.[572] Die Auslegung einer sekundärrechtlichen Vorschrift anhand des Grundgesetzes hinterlässt in methodischer Hinsicht mindestens Fragezeichen.[573] Wenn – und hierzu macht der Beschluss keinerlei Ausführungen – nicht einmal ein Verfassungsgebot zugunsten der normierenden Regulierung besteht,[574] kann erst recht nicht der Identitätskern des Art. 79 Abs. 3 GG (i. V. m. Art. 23 Abs. 1

---

566 BGH, Beschl. v. 8.10.2019 – EnVR 58/18 = EnWZ 2020, 61 (62 ff.) Rn. 17 ff., 41 ff., 60 ff.

567 BGH, Beschl. v. 8.10.2019 – EnVR 58/18 = EnWZ 2020, 61 (63) Rn. 41; zustimmend *Hahn*, EnWZ 2019, 65 (66); *Jacob*, N&R 2020, 107 (110).

568 BGH, Beschl. v. 8.10.2019 – EnVR 58/18 = EnWZ 2020, 61 (63) Rn. 42.

569 BGH, Beschl. v. 8.10.2019 – EnVR 58/18 = EnWZ 2020, 61 (63) Rn. 43.

570 BGH, Beschl. v. 8.10.2019 – EnVR 58/18 = EnWZ 2020, 61 (63) Rn. 44 f.

571 Vgl. BGH, Beschl. v. 8.10.2019 – EnVR 58/18 = EnWZ 2020, 61 (63) Rn. 46 ff.

572 Anders aber *Hahn*, EnWZ 2020, 65 (67): „überzeugender […] Debattenbeitrag"; *Jacob*, N&R 2020, 107 (110): „Der Beschluss des BGH überzeugt uneingeschränkt.".

573 Ebenso (schon beinahe euphemistisch) *Ludwigs*, in: Kühling/Zimmer (Hrsg.), Neue Gemeinwohlherausforderungen – Konsequenzen für Wettbewerbsrecht und Regulierung, 2020, S. 11 (16) in Fn. 27: „methodisch zweifelhaft".

574 Auch die im BGH-Beschluss in Bezug genommene (Beschl. v. 8.10.2019 – EnVR 58/18 = EnWZ 2020, 61 [63] Rn. 49) Entscheidung des BVerfG (Beschl. v. 21.12.2009, 1 BvR 2738/08 Rn. 35 = NVwZ 2010, 373 [376 f.] beanstandet die nor-

Satz 3 GG) berührt sein.[575] Auch die Frage, ob die Normsetzungskompetenz dem Gesetzgeber oder der Regulierungsbehörde zusteht, ist keineswegs so trivial zugunsten des Gesetzgebers zu beantworten, wie es der BGH apodiktisch und unter Ausblendung des Unionsrechts getan hat.[576] Eine solche methodisch unterkomplexe, einseitig verfassungs- und unionsprimärrechtlich argumentierende Verteidigungslinie ohne eingehende Würdigung des einschlägigen Sekundärrechts hatte vor dem EuGH – siehe sogleich – mit Recht keinen Bestand.

Im Vorfeld der Entscheidung des *Europäischen Gerichtshofs* im Vertragsverletzungsverfahren verdiente ein Urteil des Gerichtshofs aus dem Jahr 2009 zur Unabhängigkeit der belgischen Regulierungsbehörde CREG besondere Aufmerksamkeit.[577] Dem Königreich Belgien wurde von der Kommission vorgeworfen, gegen Richtlinienrecht zu verstoßen, wonach es Sache der Regulierungsbehörden sei, die Methoden zur Berechnung der Stromübertragungs- und -verteilungsentgelte festzulegen oder zu genehmigen. Art. 12 der *loi sur l'électricité* ermächtige stattdessen den König zur Festlegung besonderer Regeln.[578] Der EuGH gelangte in seinem Urteil zu der Feststellung, dass der belgische Staat gegen seine Verpflichtungen aus der Richtlinie verstoßen hat, indem er einer anderen Behörde als der Regulierungsbehörde die Befugnis erteilt hat, entscheidende Faktoren für die Berechnung der Tarife für bestimmte Stromübertragungsanlagen festzulegen. Nach Ansicht des Gerichtshofs wird durch die Verlagerung der Zuständigkeiten auf den König der Umfang der Befugnisse, die ausweislich der Richtlinie den Regulierungsbehörden zugewiesen wurden, verringert, da die CREG bei der Genehmigung von Tarifen an die vom König festgelegten Sonderregeln für die Bestimmung der Abschreibungen und der Gewinnsparte gebunden ist.[579]

Gegen eine Präjudizwirkung dieser Entscheidung auf das Vertragsverletzungsverfahren gegen Deutschland sprachen indes drei Gesichtspunkte. Erstens hatte das zur Vorgängerrichtlinie und ohne vorausgehende Schlussan-

---

mierende Regulierung zwar nicht, enthält aber auch keine Aussage zu einem etwaigen Verfassungs*gebot*.

575 Zutreffend *Ludwigs*, in: Kühling/Zimmer (Hrsg.), Neue Gemeinwohlherausforderungen – Konsequenzen für Wettbewerbsrecht und Regulierung, 2020, S. 11 (16).

576 Vgl. *Hahn*, EnWZ 2020, 65 (66); *Gundel*, RdE 2019, 493 (496 f.); *Ludwigs*, N&R 2018, 262 (264).

577 EuGH, Urt. v. 29.10.2009, Rs. C-474/08, ECLI:EU:C:2009:681 – Kommission/Belgien.

578 EuGH, Urt. v. 29.10.2009, Rs. C-474/08, ECLI:EU:C:2009:681, Rn. 24 f. – Kommission/Belgien; der geltend gemachte Verstoß bezog sich noch auf Art. 23 Abs. 2 lit. a) der Vorgänger-RL 2003/54/EG.

579 EuGH, Urt. v. 29.10.2009, Rs. C-474/08, ECLI:EU:C:2009:681, Rn. 30 f. – Kommission/Belgien.

träge ergangene Urteil selbst, das einzig in französischer Sprache vorliegt und nur auf wenigen Randnummern zu dem Problem Stellung bezieht, eher den Charakter eines Einzelfalljudikats denn einer Grundsatzentscheidung.[580] Zweitens dürfte die Eingriffsintensität der belgischen Regelungen nicht ohne Weiteres auf die Rechtslage in Deutschland übertragen werden können.[581] Schließlich müsste auch die Stellung des belgischen Königs im Staatsaufbau mit derjenigen der Bundesregierung im Hinblick auf den Erlass von Gesetzen bzw. Verordnungen vergleichbar sein. Insoweit ist zunächst festzustellen, dass Art. 36 der Belgischen Verfassung (BV) die föderale gesetzgebende Gewalt dem König, der Abgeordnetenkammer und dem Senat gemeinsam anvertraut. Für die nicht in den Art. 77f. BV angeführten Angelegenheiten obliegt die Gesetzgebung nach Art. 74 BV (nur) dem König und der Abgeordnetenkammer gemeinsam. Mithin wird das Staatsoberhaupt – neben der Zuweisung der ausführenden Gewalt in Art. 37 BV – auch der Legislative zugeordnet.[582] Im deutschen System der Gewaltenteilung wird die Bundesregierung demgegenüber (trotz ihrer Mitbeteiligung an der Gesetzgebung) nach allgemeiner Meinung der Exekutive zugeordnet, was sich aus der Entstehungsgeschichte des Grundgesetzes ableiten lässt.[583] Auch in Bezug auf die exekutive Normsetzung sind die deutsche und die belgische Verfassung nicht völlig deckungsgleich. Gemäß Art. 108 BV erlässt der König die zur Ausführung der Gesetze notwendigen Verordnungen und Erlasse, ohne dass er dazu befugt ist, die Gesetze auszusetzen oder von ihrer Ausführung zu entbinden. Einerseits bedingt das „zur Ausführung der Gesetze" notwendige Tätigwerden zwar eine akzessorische Ausrichtung der Verordnungsgebung am jewei-

---

580 Vgl. *Ludwigs*, EnWZ 2019, 160 (161): „Inwieweit die genannte, von einer Dreierkammer des EuGH zur BRL-Strom getroffene, allein in französischer Sprache vorliegende und im Begründungsteil auf fünf blasse Randnummern beschränkte Entscheidung für die aktuelle Debatte fruchtbar gemacht werden kann, erscheint nicht ganz eindeutig."; *Ludwigs*, in: Kühling/Zimmer (Hrsg.), Neue Gemeinwohlherausforderungen – Konsequenzen für Wettbewerbsrecht und Regulierung, 2020, S. 11 (18); zur Übersetzungspraxis des EuGH s. *Dittert*, in: von der Groeben/Schwarze/Hatje (Hrsg.), Europäisches Unionsrecht, 7. Aufl. 2015, Art. 37 EuGH-Satzung Rn. 7.

581 Vgl. *Ludwigs*, EnWZ 2019, 160 (161) unter Rekurs auf OLG Düsseldorf, BeckRS 2018, 7973, Rn. 56; demnach sind die deutschen Entgeltverordnungen eher technisch gehalten und lassen behördliche Abweichungen zu, während in Belgien etwa mit der Bestimmung einer Gewinnspanne der Regulierungsbehörde „entscheidende Faktoren […] entzogen worden [sind]"; *Ludwigs*, in: Kühling/Zimmer (Hrsg.), Neue Gemeinwohlherausforderungen – Konsequenzen für Wettbewerbsrecht und Regulierung, 2020, S. 11 (18f.); vgl. auch *Gundel*, RdE 2019, 493 (497).

582 Rechtsvergleichend *Classen*, Nationales Verfassungsrecht in der Europäischen Union, 2. Aufl. 2021, § 8 Rn. 530.

583 BVerfGE 9, 268 (282) – Bremer Personalvertretung; *M. Schröder*, in: Isensee/Kirchhof (Hrsg.), Handbuch des Staatsrechts, Bd. III, 3. Aufl. 2005, § 64 Rn. 2 m.w.N.; *Brinktrine*, in: Sachs (Hrsg.), GG, 9. Aufl. 2021, Art. 62 Rn. 18f.

ligen Gesetz und verbietet wesentliche inhaltlich selbständige Bestimmungen. Andererseits bedarf es für den Verordnungserlass keiner ausdrücklichen Ermächtigung durch den (parlamentarischen) Gesetzgeber.[584] Im Vergleich dazu fordert das Grundgesetz in Art. 80 Abs. 1 Satz 1 GG stets eine formellgesetzliche Grundlage, in der die Bundesregierung, ein Bundesminister oder die Landesregierungen zum Erlass von Rechtsverordnungen ermächtigt werden.[585] Auch müssen nach Art. 80 Abs. 1 Satz 2 GG Inhalt, Zweck und Ausmaß der erteilten Ermächtigung aus dem Parlamentsgesetz ersichtlich sein.

In die einschlägige EuGH-Rechtsprechung reihen sich zwei[586] weitere (jüngere) Entscheidungen, die für die vorliegende Debatte fruchtbar gemacht werden können. Zum einen haben die Luxemburger Richter in einem Urteil vom 11. Juni 2020 mit Nachdruck die politische Unabhängigkeit der nationalen Regulierungsbehörde bei der Entscheidungsfindung hervorgehoben.[587] Ministerielle Stellungnahmen in Entgeltverfahren wie die streitgegenständlichen dürften keinen verbindlichen Charakter besitzen und von der Regulierungsinstanz keinesfalls als Weisung verstanden werden.[588] Das zweite Judikat vom 3. Dezember 2020 betrifft wiederum das Königreich Belgien: Der Gerichtshof wertete es als Verstoß gegen die Strom- und Gas-Richtlinien 2009, dass der König Bedingungen festgelegt hatte, die von der Regulierungsbehörde selbst hätten aufgestellt oder genehmigt werden müssen.[589] Nach alledem offenbart der EuGH ein extensives Verständnis von Unabhängigkeit, die *jegliche* und sei es nur potenzielle Einflussnahme auf regulierungsbehördliche Entscheidungen als unzulässige Intervention qualifiziert; exklusiv qua Unionsrecht der Regulierungsbehörde zugewiesene Aufgaben erscheinen für andere nationale Stellen sakrosankt.

---

[584] *Classen*, Nationales Verfassungsrecht in der Europäischen Union, 2. Aufl. 2021, § 8 Rn. 533, § 9 Rn. 620.

[585] Im Verfassungsrechtsvergleich *Classen*, Nationales Verfassungsrecht in der Europäischen Union, 2. Aufl. 2021, § 9 Rn. 618; zum „gesetzlichen Totalvorbehalt" bei Rechtsverordnungen vgl. statt vieler *Mann*, in: Sachs (Hrsg.), GG, 9. Aufl. 2021, Art. 80 Rn. 6.

[586] Eine dritte Entscheidung des EuGH (Urt. v. 29.10.2009, Rs. C-274/08, ECLI:EU:C:2009:673, Rn. 26 ff. – Kommission/Schweden) spielt vorliegend allenfalls eine untergeordnete Rolle: Schweden hatte der nationalen Regulierungsbehörde nicht die Aufgabe einer ex-ante-Regulierung zugewiesen, was ersichtlich gegen das einschlägige Sekundärrecht verstieß.

[587] EuGH, Urt. v. 11.6.2020, Rs. C-378/19, ECLI:EU:C:2020:462, Rn. 47 ff. – Prezident Slovenskej republiky.

[588] EuGH, Urt. v. 11.6.2020, Rs. C-378/19, ECLI:EU:C:2020:462, Rn. 50 ff. – Prezident Slovenskej republiky.

[589] EuGH, Urt. v. 3.12.2020, Rs. C-767/19, ECLI:EU:C:2020:984, Rn. 98 ff. – Kommission/Belgien.

Schließlich wurden zur Vorbereitung der EuGH-Entscheidung am 14. Januar 2021 die *Schlussanträge des Generalanwalts* Giovanni Pitruzzella im Verfahren C-718/18 veröffentlicht.[590] Aus diesen geht hervor, dass sich der Generalanwalt dem Standpunkt der Kommission weitestgehend anschließt und die Aufsichtsklage hinsichtlich der vierten Rüge, welche die Verletzung der ausschließlichen Zuständigkeiten der nationalen Regulierungsbehörde zum Inhalt hat, für begründet hält. In diesem Zusammenhang betont er insbesondere, dass – wie sich aus einer Auslegung der einschlägigen Richtlinienvorgaben ergebe – die Unabhängigkeit gegenüber *allen* politischen Stellen einschließlich des Parlaments sicherzustellen ist und nicht auf „durch Form oder Inhalt bestimmte Handlungen beschränkt sein darf".[591] Die Verwirklichung der Richtlinienziele erfordere „die größtmögliche Gewährleistung der Unabhängigkeit".[592] Die unionsrechtliche Regelung scheine „keinen Raum für nationale Eingriffe zu lassen, die zwischen die Richtlinie und die Ausübung der Aufgabe durch die NRB [= nationale Regulierungsbehörde] […] treten".[593] Im Übrigen sei der unionale Rechtsrahmen hinreichend detailliert, sodass auch dem Vorbehalt des Gesetzes Genüge getan werde.[594] Demgegenüber seien die detailreichen nationalen Normen nicht als allgemeine politische Leitlinien zulässig und stünden überdies mit den Regulierungsaufgaben und -zuständigkeiten im Zusammenhang.[595] Seine Auffassung sieht der Generalanwalt darüber hinaus in der Rechtsprechung des Gerichtshofs bestätigt: Zum einen seien die beiden zuvor genannten Urteile zulasten des belgischen Königreichs auch auf die vorliegende Konstellation einer Steuerung durch materielle Gesetze übertragbar.[596] Zum anderen zeige auch das Judikat zur unabhängigen Datenschutzaufsicht sowie das Neue Märkte-

---

590 Schlussanträge des GA *Pitruzzella* v. 14.1.2021, Rs. C-718/18, ECLI:EU:C:2021:20 – Kommission/Deutschland; hierzu auch *Ludwigs*, in: Festschrift für F. J. Säcker, 2021, S. 609 (612 f.).

591 Schlussanträge des GA *Pitruzzella* v. 14.1.2021, Rs. C-718/18, ECLI:EU:C:2021:20, Rn. 105 – Kommission/Deutschland; kritisch *Kreuter-Kirchhof*, NVwZ 2021, 589 (589 ff.).

592 Schlussanträge des GA *Pitruzzella* v. 14.1.2021, Rs. C-718/18, ECLI:EU:C:2021:20, Rn. 112 – Kommission/Deutschland.

593 Schlussanträge des GA *Pitruzzella* v. 14.1.2021, Rs. C-718/18, ECLI:EU:C:2021:20, Rn. 120 – Kommission/Deutschland.

594 Schlussanträge des GA *Pitruzzella* v. 14.1.2021, Rs. C-718/18, ECLI:EU:C:2021:20, Rn. 114 ff., 140 ff. – Kommission/Deutschland.

595 Schlussanträge des GA *Pitruzzella* v. 14.1.2021, Rs. C-718/18, ECLI:EU:C:2021:20, Rn. 121 f. – Kommission/Deutschland.

596 Schlussanträge des GA *Pitruzzella* v. 14.1.2021, Rs. C-718/18, ECLI:EU:C:2021:20, Rn. 124 – Kommission/Deutschland, unter Rekurs auf EuGH, Urt. v. 29.10.2009, Rs. C-474/08, ECLI:EU:C:2009:681 – Kommission/Belgien und Urt. v. 3.12.2020, Rs. C-767/19,ECLI:EU:C:2020:984 – Kommission/Belgien.

Urteil ein extensives Unabhängigkeitsverständnis.[597] Schließlich verwirft Pitruzzella auch die von den Mitgliedstaaten vorgetragenen Einwände: Die nationale Verfahrensautonomie bestehe nur im Rahmen der Richtlinienvorgaben.[598] Zudem sei die weitreichende Unabhängigkeit mit der vom EuGH zum europäischen Agenturwesen entwickelten Meroni-Doktrin vereinbar.[599] Schließlich bleibe auch eine parlamentarische Kontrolle unabhängiger Stellen durch Rechenschaftspflichten („accountability") möglich, sodass die demokratietheoretischen Bedenken ebenfalls unbegründet seien.[600] Vor diesem Hintergrund stellt der Generalanwalt schlussendlich einen Verstoß der normierenden Regulierung gegen die sekundärrechtlichen Vorgaben fest.

In kritischer Perspektive fällt die Bewertung der Argumentation des Generalanwalts gemischt aus. Einerseits spricht in der Tat einiges dafür, dass die Art. 37 Abs. 1 lit. a), Abs. 6 lit. a) und b) Strom-RL 2009/72/EG bzw. Art. 41 Abs. 1 lit. a), Abs. 6 lit. a) und b) Gas-RL 2009/73/EG der direkt angesprochenen Regulierungsbehörde einen „Vorbehalt der Befugnisse" zugestehen, auch gegenüber dem nationalen Gesetzgeber.[601] Ein solches Verständnis legen sowohl die Richtlinienbestimmungen als auch die bisherige EuGH-Judikatur nahe. Darüber hinaus wird man im – im Telekommunikationssektor bereits geltenden[602] – administrativen Regulierungsansatz richtigerweise keinen Verstoß gegen das Demokratie- und Rechtsstaatsprinzip erblicken können. Der unionale Rechtsrahmen und die etwaige mitgliedstaatliche Umsetzung sind hinreichend konkret im Lichte des Vorbehalts des Gesetzes und der damit korrespondierenden gerichtlichen Kontrolldichte. Folgerichtig

---

597 Schlussanträge des GA *Pitruzzella* v. 14.1.2021, Rs. C-718/18, ECLI:EU:C:2021:20, Rn. 126 – Kommission/Deutschland, unter Rekurs auf EuGH, Urt. v. 9.3.2010, Rs. C-518/07, ECLI:EU:C:2010:125 – Kommission/Deutschland; zur Einordnung des Neue Märkte-Urteils s. unter Kapitel 1, B.IV.1.

598 Schlussanträge des GA *Pitruzzella* v. 14.1.2021, Rs. C-718/18, ECLI:EU:C:2021:20, Rn. 130 f. – Kommission/Deutschland.

599 Schlussanträge des GA *Pitruzzella* v. 14.1.2021, Rs. C-718/18, ECLI:EU:C:2021:20, Rn. 132 ff. – Kommission/Deutschland; zur Meroni-Rechtsprechung s. eingehend *Steger*, Zur Verselbständigung von Unionsagenturen, 2015, S. 81 ff.; *Orator*, Möglichkeiten und Grenzen der Einrichtung von Unionsagenturen, 2017, S. 288 ff.; vgl. auch *Ludwigs*, in: Festschrift für F. J. Säcker, 2021, S. 609 (613), der bereits die Anwendbarkeit der „zum Schutz des institutionellen Gleichgewichts *auf Unionsebene* entwickelt[en]" Grundsätze auf die vorliegende Konstellation für fraglich hält (Hervorh. im Original); der EuGH lässt die Frage der Übertragbarkeit der Rechtsprechung offen, s. dazu sogleich.

600 Schlussanträge des GA *Pitruzzella* v. 14.1.2021, Rs. C-718/18, ECLI:EU:C:2021:20, Rn. 139 – Kommission/Deutschland.

601 So die Schlussanträge des GA *Pitruzzella* v. 14.1.2021, Rs. C-718/18, ECLI:EU:C:2021:20, Rn. 120 – Kommission/Deutschland; zustimmend *Ludwigs*, in: Festschrift für F. J. Säcker, 2021, S. 609 (613).

602 S. bereits unter Kapitel 1, B.IV.1.

greift auch der Einwand der nationalen Identität (Art. 4 Abs. 2 Satz 1 EUV) nicht durch.[603] Zudem resultiert die verfängliche, möglicherweise drohende Kaskade aus Weisungsfreiheit, fehlender normativer Vorstrukturierung und gleichzeitig reduzierter Kontrolldichte nicht (nur) aus dem Unionsrecht: Im Hinblick auf eine Intensivierung der parlamentarischen und gerichtlichen Kontrolle steht dem nationalen Gesetzgeber das Europarecht nicht im Weg.[604]

Andererseits beinhalten die Schlussanträge auch argumentative Schwachstellen. So differenziert der Generalanwalt erstens nicht trennscharf zwischen den Problemfeldern der Weisungsunabhängigkeit (Art. 35 Abs. 4, 5 Strom-RL 2009/72/EG bzw. Art. 39 Abs. 4, 5 Gas-RL 2009/73/EG) und der Frage der normativen Vorstrukturierung (Art. 37/41 Abs. 1 lit. a, Abs. 6 lit. a und b).[605] Zweitens stellt sich das Vorbringen Pitruzzellas als einseitig am *effet utile* orientiert dar, während mitgliedstaatliche Belange regelmäßig ohne eingehende Würdigung zurückgewiesen werden. Gerade die primärrechtlich verankerte mitgliedstaatliche Verfahrensautonomie wird zum *nudum ius* degradiert.[606] Schließlich bleibt drittens auch die neuere Rechtsetzung der Union unberücksichtigt. Namentlich der Erwägungsgrund Nr. 87 der Elektrizitäts-RL (EU) 2019/944 hätte Gelegenheit für eine differenzierte(re) Betrachtung gegeben:[607] Demnach soll es den Mitgliedstaaten zwar unbenommen bleiben, „ihre nationale Energiepolitik festzulegen"; indes „soll mit den vom Mitgliedstaat herausgegebenen energiepolitischen Leitlinien nicht in die Unabhängigkeit oder Autonomie der Regulierungsbehörden eingegriffen werden". Auch wenn der Vorschlag des Generalanwalts durch seine Einfachheit besticht, erscheint eine nuancierte Lösung im Ergebnis vorzugswürdig. Die Grenze der zulässigen Vorstrukturierung ließe sich dann zwar kaum dogmatisch mit dem Lineal ziehen und müsste durch die Rechtsprechung sukzessive ausgelotet werden. Allerdings würde ein solcher Weg der komplexen Gemengelage und vor allem dem Spannungsverhältnis zwischen Union und mitgliedstaatlicher Autonomie besser gerecht als eine „Alles oder

---

603 Vgl. zur nationalen Identität (im allgemeinen Kontext der Unabhängigkeitsvorgaben) unter Kapitel 2, B.I.2.b).

604 Zutreffend *Ludwigs*, in: Kühling/Zimmer (Hrsg.), Neue Gemeinwohlherausforderungen – Konsequenzen für Wettbewerbsrecht und Regulierung, 2020, S. 11 (17).

605 So auch *Ludwigs*, in: Festschrift für F. J. Säcker, 2021, S. 609 (613 f.); vgl. hierzu unter Kapitel 3, A.I.1.a)bb).

606 Ebenso *Ludwigs*, in: Festschrift für F. J. Säcker, 2021, S. 609 (614); zum Problem der Vereinbarkeit der sekundärrechtlichen Anforderungen an die mitgliedstaatliche Verwaltungsorganisation mit der mitgliedstaatlichen Verfahrensautonomie vgl. bereits unter Kapitel 2, B.I.2.a).

607 So auch *Gundel*, RdE 2019, 493 (498); *Ludwigs*, in: Kühling/Zimmer (Hrsg.), Neue Gemeinwohlherausforderungen – Konsequenzen für Wettbewerbsrecht und Regulierung, 2020, S. 11 (19); *Ludwigs*, in: Festschrift für F. J. Säcker, 2021, S. 609 (614).

nichts"-Entscheidung, zumal dies zu neuen Verwerfungen in der belasteten Beziehung von BVerfG und EuGH führen könnte. Eingedenk dessen vermögen die Schlussanträge in der Rs. C-718/18 nur bedingt zu überzeugen.

Mit Urteil vom 2. September 2021 hat der *Europäische Gerichtshof* die Diskussion um die Zulässigkeit der normierenden Regulierung im Energiesektor nunmehr letztverbindlich entschieden.[608] Er attestiert der Bundesrepublik eine unzureichende Umsetzung der Richtlinienvorgaben betreffend die Befugnisse und Unabhängigkeit der Regulierungsbehörde. Im Wesentlichen führt der Gerichtshof aus, dass die Art. 37 Abs. 6 lit. a) und b) Strom-RL 2009/72/EG und Art. 41 Abs. 6 lit. a) und b) Gas-RL 2009/73/EG mit Blick auf deren Wortlaut der nationalen Regulierungsbehörde einen Katalog an Mindestaufgaben exklusiv zuweisen.[609] Im Anschluss wird auf Art. 35 Abs. 4 lit. a) und Abs. 5 lit. a) Strom-RL 2009/72/EG bzw. Art. 39 Abs. 4 lit. a) und Abs. 5 lit. a) Gas-RL 2009/73/EG rekurriert, welche eine von öffentlichen Einrichtungen bzw. politischen Stellen unabhängige Ausübung der Zuständigkeit der nationalen Regulierungsbehörden vorsehen.[610] Getreu seiner bisherigen Rechtsprechungslinie legt der EuGH den zentralen Terminus der Unabhängigkeit extensiv aus, indem er betont, dass die betreffende Stelle „völlig frei handeln kann und dabei vor jeglicher Weisung und Einflussnahme von außen geschützt ist".[611] Es müsse gewährleistet sein, dass die Entscheidungen im Rahmen der zugewiesenen Regulierungsaufgaben und -befugnisse selbständig und allein auf Basis des öffentlichen Interesses getroffen werden, ohne externen Weisungen anderer öffentlicher oder privater Stellen unterworfen zu sein.[612] Hieran ändere – wie sich aus Wortlaut und Entstehungsgeschichte[613] ergebe – nichts, dass die zuvor genannten Vorschriften allgemeine politische Leitlinien der Regierung ausdrücklich gestatten; denn diese dürfen

---

608 EuGH, Urt. v. 2.9.2021, Rs. C-718/18, ECLI:EU:C:2021:662 – Kommission/Deutschland = BeckRS 2021, 24362 = EnWZ 2021, 363 ff. = NVwZ 2021, 1441 ff. (Ls.) m. Anm. *Hoppe/Laboch-Semku*; s. zusammenfassend auch *Ludwigs*, N&R-Beilage 2/2021, 1 (4 f.).

609 EuGH, Urt. v. 2.9.2021, Rs. C-718/18, ECLI:EU:C:2021:662, Rn. 103 ff. – Kommission/Deutschland.

610 EuGH, Urt. v. 2.9.2021, Rs. C-718/18, ECLI:EU:C:2021:662, Rn. 107 – Kommission/Deutschland.

611 EuGH, Urt. v. 2.9.2021, Rs. C-718/18, ECLI:EU:C:2021:662, Rn. 108 – Kommission/Deutschland, unter Rekurs auf EuGH, Urt. v. 11.6.2020, Rs. C-378/19, ECLI:EU:C:2020:462, Rn. 32 f. – Prezident Slovenskej republiky.

612 EuGH, Urt. v. 2.9.2021, Rs. C-718/18, ECLI:EU:C:2021:662, Rn. 109 – Kommission/Deutschland, unter Rekurs auf EuGH, Urt. v. 11.6.2020, Rs. C-378/19, ECLI:EU:C:2020:462, Rn. 54 – Prezident Slovenskej republiky.

613 Vgl. EuGH, Urt. v. 2.9.2021, Rs. C-718/18, ECLI:EU:C:2021:662, Rn. 111 – Kommission/Deutschland, wo auf Erwägungsgrund Nr. 33 Strom-RL 2009/72/EG bzw. Nr. 29 Gas-RL 2009/73/EG verwiesen wird, aus denen die gesetzgeberische In-

gerade nicht mit den Regulierungsaufgaben und -befugnissen in Zusammenhang stehen.[614] In teleologischer Hinsicht weisen die Luxemburger Richter darauf hin, dass die „völlige Unabhängigkeit“ dazu dient, die Unparteilichkeit und Diskriminierungsfreiheit der Regulierungsmaßnahmen zu sichern und die Verfolgung einer langfristigen Perspektive des Handelns der Regulierungsbehörde im Einklang mit den Richtlinienzielen herzustellen.[615] Gemessen an diesen Maßstäben gelangt der Gerichtshof im Rahmen einer Subsumtion zu dem Ergebnis, dass die in Rede stehende Verordnungsermächtigung des § 24 Satz 1 EnWG den einschlägigen sekundärrechtlichen (Unabhängigkeits-)Vorgaben nicht standhält.[616] Schließlich werden die von der Bundesrepublik zur Verteidigung vorgebrachten Argumente verworfen. Der Grundsatz der mitgliedstaatlichen Verfahrensautonomie entbinde die Mitgliedstaaten nicht von ihrer Pflicht, bei der ihnen eingeräumten Autonomie die Ziele und Pflichten der einschlägigen Richtlinien zu beachten.[617] Zweitens sei das Vorbringen Deutschlands, die Richtlinien würden keine hinreichend genauen materiellen Vorgaben zu im Einzelnen näher spezifizierten Detailfragen machen (namentlich zu Kriterien für die Berechnung der Tarife auf nationaler Ebene), nicht nachvollziehbar. Vielmehr gäben die Richtlinien den Mitgliedstaaten ein umfangreiches Regelungsregime an die Hand, das durch weitere Rechtsakte und derivative Vorschriften ergänzt werde.[618] Weiterhin verfange das Argument nicht, dass die nach § 24 EnWG erlassenen Rechtsvorschriften gesetzgeberischer Natur seien, was mit Blick auf die Sicherstellung einer

---

tention hervorgeht, die Unabhängigkeit der nationalen Regulierungsbehörden gegenüber dem in der früheren Regelung vorgesehenen System zu stärken.

614 EuGH, Urt. v. 2.9.2021, Rs. C-718/18, ECLI:EU:C:2021:662, Rn. 110 – Kommission/Deutschland.

615 EuGH, Urt. v. 2.9.2021, Rs. C-718/18, ECLI:EU:C:2021:662, Rn. 112 – Kommission/Deutschland.

616 EuGH, Urt. v. 2.9.2021, Rs. C-718/18, ECLI:EU:C:2021:662, Rn. 114 ff. – Kommission/Deutschland.

617 EuGH, Urt. v. 2.9.2021, Rs. C-718/18, ECLI:EU:C:2021:662, Rn. 118 f. – Kommission/Deutschland, unter Rekurs auf EuGH, Urt. v. 19.10.2016, Rs. C-424/15, ECLI:EU:C:2016:780, Rn. 29 – Ormaetxea Garai sowie EuGH, Urt. v. 11.6.2020, Rs. C-378/19, ECLI:EU:C:2020:462, Rn. 38 – Prezident Slovenskej republiky, jeweils unter Einbeziehung der dort angeführten Rechtsprechung.

618 EuGH, Urt. v. 2.9.2021, Rs. C-718/18, ECLI:EU:C:2021:662, Rn. 120 ff. – Kommission/Deutschland; besonders deutlich in Rn. 123: „In Anbetracht eines derart detaillierten normativen Rahmens auf Unionsebene, aus dem sich […] ergibt, dass die Tarife und Berechnungsmethoden für den inländischen und den grenzüberschreitenden Handel auf der Grundlage einheitlicher Kriterien festzulegen sind, kann der Bundesrepublik Deutschland nicht darin gefolgt werden, dass es für die Umsetzung der Richtlinien 2009/72 und 2009/73 erforderlich sei, Kriterien für die Berechnung der Tarife auf nationaler Ebene aufzustellen.“; kritisch hierzu aber *Meinzenbach/Klein/Uwer*, N&R 2021, 304 (305 f.).

demokratischen Legitimation auch erforderlich sei. Denn auch die Union beruhe nach Art. 2 i. V. m. Art. 10 Abs. 1 EUV auf dem Grundsatz der repräsentativen Demokratie, dem beim Richtlinienerlass Rechnung getragen worden sei und an dem die auszulegenden Vorschriften zu messen seien.[619] Dessen ungeachtet seien unabhängige (Regulierungs-)Stellen mit dem Demokratieprinzip vereinbar, soweit sie an das Gesetz gebunden sind, einer judikativen Kontrolle unterworfen bleiben und nicht jeder parlamentarischen Einflussmöglichkeit entzogen sind.[620] Darüber hinaus werde der Grundsatz des (über Art. 47 GRCh auch unionsrechtlich abgesicherten) effektiven gerichtlichen Rechtsschutzes durch Art. 37 Abs. 17 Strom-RL 2009/72/EG und Art. 41 Abs. 17 Gas-RL 2009/73/EG realisiert.[621] Selbst wenn man die von der Bundesregierung erlassenen Rechtsverordnungen als materielle Gesetze qualifiziere, seien die den nationalen Regulierungsbehörden zugewiesenen Befugnisse und die Unabhängigkeit gegenüber allen politischen Stellen zu gewährleisten, also neben der Regierung auch gegenüber dem nationalen Gesetzgeber, dem es in der Folge verwehrt bleibe, einen Teil dieser Befugnisse der Regulierungsbehörde zu entziehen und anderen öffentlichen Stellen zuzuweisen.[622] Schließlich stünden die Art. 37 Strom-RL 2009/72/EG und Art. 41 Gas-RL 2009/73/EG so, wie sie durch den EuGH ausgelegt werden, unabhängig von der Frage, ob die Meroni-Rechtsprechung überhaupt auf die vorliegende Fallgestaltung Anwendung findet, jedenfalls mit dieser Rechtsprechung in Einklang. Sie verbiete es, einen Ermessensspielraum, der je nach der Art seiner Ausübung echte politische Entscheidungen ermöglichen kann, auf Verwaltungsstellen zu übertragen, sodass an die Stelle des Ermessens der übertragenden Behörde das Ermessen derjenigen Stelle tritt, der die

[619] EuGH, Urt. v. 2.9.2021, Rs. C-718/18, ECLI:EU:C:2021:662, Rn. 124 f. – Kommission/Deutschland, unter Rekurs auf EuGH, Urt. v. 19.12.2019, Rs. C-502/19, ECLI:EU:C:2019:1115, Rn. 63 – Junqueras Vies und EuGH, Urt. v. 9.3.2010, Rs. C-518/07, ECLI:EU:C:2010:125, Rn. 41 – Kommission/Deutschland; zum unionsrechtlichen Demokratieprinzip s. bereits unter Kapitel 2, B.II.1.a).

[620] EuGH, Urt. v. 2.9.2021, Rs. C-718/18, ECLI:EU:C:2021:662, Rn. 126 – Kommission/Deutschland, in Fortführung von EuGH, Urt. v. 9.3.2010, Rs. C-518/07, ECLI:EU:C:2010:125, Rn. 42, 43, 46 – Kommission/Deutschland; unter Rn. 127 des besprochenen Urteils verweist der EuGH exemplarisch zudem darauf, dass eine parlamentarische Kontrolle möglich bleibt und auch die Ernennung des Leitungspersonals der Regulierungsbehörden durch das Parlament oder die Regierung erfolgen darf.

[621] EuGH, Urt. v. 2.9.2021, Rs. C-718/18, ECLI:EU:C:2021:662, Rn. 128 – Kommission/Deutschland; zur Rolle der Rechtsschutzgarantie und Rechtsstaatlichkeit im vorliegenden Kontext s. *Kreuter-Kirchhof*, NVwZ 2021, 589 (592 ff.).

[622] EuGH, Urt. v. 2.9.2021, Rs. C-718/18, ECLI:EU:C:2021:662, Rn. 130 – Kommission/Deutschland; aus verfassungsrechtlicher Perspektive im Lichte der demokratischen Legitimation und des Wesentlichkeitsvorbehalts kritisch *Kreuter-Kirchhof*, NVwZ 2021, 589 (590 ff.); grundsätzlich zustimmend dagegen *Hoppe/Laboch-Semku*, NVwZ 2021, 1441 (1441 f.).

Befugnisse übertragen worden sind, was zu einer „tatsächliche[n] Verlagerung der Verantwortung“ führe.[623] Zulässig sei demgegenüber eine Übertragung genau umgrenzter Ausführungsbefugnisse, deren Ausübung einer strengen Kontrolle im Hinblick auf die Beachtung objektiver Tatbestandsmerkmale unterliegt, welche von der übertragenden Behörde festgesetzt werden.[624] Dies treffe auf die nationalen Regulierungsbehörden zu: Während deren exklusiv zugewiesenen Zuständigkeiten den Bereich der Durchführung auf Basis einer technisch-fachlichen Beurteilung der Wirklichkeit beträfen, unterlägen sie bei der Ausübung dieser Zuständigkeiten einem detaillierten normativen unionsrechtlichen Regelungsrahmen, der ihren Wertungsspielraum beschränke und sie daran hindere, politische Entscheidungen zu treffen.[625]

Nach alledem ist zu konstatieren, dass sich der EuGH die Sichtweise des Generalanwalts Pitruzzella trotz der vorgebrachten unionsrechtlichen und nationalen Vorbehalte im Grunde genommen zu eigen gemacht hat.[626] Die zuvor bereits vorgenommene, differenzierte Würdigung der Schlussanträge vom 14. Januar 2021 gilt mithin auch für die verfahrensbeendende Entscheidung des Gerichtshofs fort.[627] Festzuhalten bleibt letztlich, dass im Lichte eines extensiven Unabhängigkeitsverständnisses das vorhandene nationale energierechtliche Regelungsregime im Kontext des § 24 Satz 1 EnWG für mit geltendem Unionsrecht unvereinbar befunden wurde, während die nationale Rechtfertigungsstrategie vollumfänglich zurückgewiesen wurde.

---

[623] EuGH, Urt. v. 2.9.2021, Rs. C-718/18, ECLI:EU:C:2021:662, Rn. 131 – Kommission/Deutschland, wörtlich bezugnehmend auf EuGH, Urt. v. 13.6.1958, Rs. 9/56, ECLI:EU:C:1958:7 – Meroni/Hohe Behörde; kritisch zu einer Übertragbarkeit der Meroni-Doktrin *Ludwigs*, in: Festschrift für F. J. Säcker, 2021, S. 609 (613); allgemein zur Meroni-Rechtsprechung des EuGH vgl. zuletzt eingehend *Orator*, Möglichkeiten und Grenzen der Einrichtung von Unionsagenturen, 2017, S. 228 ff.

[624] EuGH, Urt. v. 2.9.2021, Rs. C-718/18, ECLI:EU:C:2021:662, Rn. 131 – Kommission/Deutschland; vgl. zuvor bereits EuGH, Urt. v. 22.1.2014, Rs. C-270/12, ECLI:EU:C:2014:18, Rn. 41, 42, 54 – Vereinigtes Königreich/Parlament und Rat.

[625] EuGH, Urt. v. 2.9.2021, Rs. C-718/18, ECLI:EU:C:2021:662, Rn. 132 – Kommission/Deutschland.

[626] Eine vollständige inhaltliche Übereinstimmung des Urteils mit den Schlussanträgen des Generalanwalts erkennen *Meinzenbach/Klein/Uwer*, N&R 2021, 304 (304) in Fn. 1.

[627] Eine gemeinsame Bewertung von Schlussanträgen und Urteil nimmt auch *Ludwigs*, N&R-Beilage 2/2021, 1 (5) vor.

(2) Alternativen zur normierenden Regulierung

Da der EuGH die gesetzliche Vorstrukturierung durch die Regierung in der vorgefundenen Weise für unionsrechtswidrig erklärt und insoweit erheblichen Reformbedarf angemeldet hat,[628] stellt sich die Frage, welche *Konsequenz* diese Erkenntnis zeitigt. Mit Blick auf die geforderte Unabhängigkeit innerhalb der Exekutive, also von Administrative und Gubernative, sollte die (Möglichkeit der) Einflussnahme auf das Handeln der Regulierungsbehörde im Wege von Rechtsverordnungen entschärft werden. Erkennt man allerdings der Staatsleitung die Verordnungsermächtigung vorliegend ab, ist fraglich, wie die dann entstehende Regelungslücke – den Verordnungen würde ihre Rechtsgrundlage entzogen – zu schließen ist. Neben einer Hochzonung auf die Ebene formeller Gesetze (a) kommt perspektivisch[629] insbesondere ein Erlass der Inhalte durch die BNetzA selbst in Betracht (b).[630]

(a) Hochzonung der bisherigen Verordnungsinhalte

Einen diskussionswürdigen Ansatz stellt die *Überführung in formelle Gesetze* dar. Ein solches Vorgehen böte den Vorteil, dass hierdurch die brisante Abhängigkeit von der regierenden politischen Spitze ausgemerzt würde. Eine Ausweitung des parlamentarischen Einflusses gilt demgegenüber im Hinblick auf Demokratieprinzip und Gewaltenteilung als grundsätzlich weniger intrikat: Der Bundestag gehört nicht der Exekutive an und genießt eine direkte demokratische Legitimation.[631] Neben der bereits angesprochenen erhöhten

---

[628] Vgl. *Ströder*, „EuGH zur Bundesnetzagentur – Experten sprechen von ‚epochalem Urteil'", JUVE-Mitteilung v. 2.9.2021, abrufbar unter https://www.juve.de/verfahren/eugh-zur-bundesnetzagentur-experten-sprechen-von-epochalem-urteil/ [zuletzt aufgerufen am 31.1.2022]; *Meinzenbach/Klein/Uwer*, N&R 2021, 304 (304): „ebenso bahnbrechend wie umstritten".

[629] Die nachfolgenden Ausführungen konzentrieren sich auf einen langfristigen unionsrechtskonformen Lösungsweg bei der Energieregulierung. Für die – freilich zunächst besonders bedeutsame – Frage einer Handlungsstrategie für die BNetzA im Interim s. eingehend *Ludwigs*, N&R-Beilage 2/2021, 1 ff.; eine unverzügliche Anpassung durch den nationalen Gesetzgeber „innerhalb kürzestmöglicher Frist" fordern *Meinzenbach/Klein/Uwer*, N&R 2021, 304 (306 f.).

[630] Die Option, das Urteil des EuGH nicht zu beachten mit dem Argument des Vorliegens eines ultra vires-Aktes, soll vorliegend nicht weiterverfolgt werden; vgl. hierzu *Schmidt-Preuß*, RdE 2021, 173 (179), der vom „status-quo-Modell" spricht und dies neben weiteren Handlungsmöglichkeiten diskutiert.

[631] *Burgi*, NVwZ 23/2018, Editorial; s. ferner *Hahn*, EnWZ 2020, 61 (67); *Schmidt-Preuß*, RdE 2021, 173 (178), der die Hochzonung als „Veredelungs-Modell" bezeichnet; vgl. ausführlich hierzu Kapitel 1, B.IV.1. sowie Kapitel 3, A.I.1.a)cc); zur parlamentarischen Kontrolle im Kontext des Demokratieprinzips s. unter Kapitel 2, B.II.1.b).

Rechtssicherheit würde der Lösungsansatz zudem dem verfassungsrechtlichen Gesetzes- und Wesentlichkeitsvorbehalt gerecht, der gerade bei – im Regulierungsrecht häufig auftretenden – intensiven Grundrechtseingriffen Bedeutung erlangt.[632]

Offen ist aber, ob die Verlagerung der Normen auf die Ebene des Parlamentsgesetzes einer Beurteilung durch die Luxemburger Richter standhält. Im *Telekommunikationssektor* beanstandete der EuGH in seinem „Neue Märkte"-Urteil aus dem Jahr 2009 die Vorschriften des § 9a TKG a. F., der neue Märkte grundsätzlich nicht der Regulierung unterwarf, und des § 3 Nr. 12b TKG a. F., der den Begriff des neuen Marktes legal definierte.[633] Aus Sicht des Gerichtshofs werde das der nationalen Regulierungsbehörde durch die Richtlinie eingeräumte Ermessen unzulässig eingeschränkt. Die BNetzA könne so nicht mehr selbständig und einzelfallbezogen die Regulierungsbedürftigkeit neuer Märkte prüfen, sondern sei an den vom Gesetzgeber (unrechtmäßigerweise) aufgestellten Grundsatz der Nichtregulierung gebunden.[634] Ob mit der Entscheidung allerdings generell konkretisierenden Parlamentsgesetzen eine Absage erteilt wurde, erscheint in dieser Pauschalität zweifelhaft. Bereits ein knappes Jahr später urteilte der EuGH, dass ein Tätigwerden des nationalen Gesetzgebers als Regulierungsbehörde nicht *per se* versperrt ist.[635] Unter Beachtung der in den Richtlinien aufgestellten Voraussetzungen – vorliegend insbesondere im Hinblick auf die Unabhängigkeit – sei es ihm nicht grundsätzlich verboten, als nationale Regulierungsbehörde zu handeln.[636] Konsequenterweise müsste dies dann auch für Regulierungsentscheidungen gelten mit dem Handlungsinstrument, das dem Parlament zur Verfügung steht: das formelle Gesetz.

---

632 Vgl. zum Wesentlichkeitsvorbehalt neben den Nachweisen in Fn. 76 grundlegend BVerfGE 33, 125 (158 f.) – Facharzt; aus der Lit. statt vieler *Schulze-Fielitz*, in: Dreier (Hrsg.), GG, Bd. II, 3. Aufl. 2015, Art. 20 (Rechtsstaat) Rn. 113 ff. mit zahlreichen Nachweisen zur gefestigten Judikatur des BVerfG; *Sachs*, in: Sachs (Hrsg.), GG, 9. Aufl. 2021, Art. 20 Rn. 117; *Gonsior*, Die Verfassungsmäßigkeit administrativer Letztentscheidungsbefugnisse, 2018, S. 164 ff.

633 EuGH, Urt. v. 3.12.2009, Rs. C-424/07, ECLI:EU:C:2009:749 – Kommission/Deutschland = MMR 2010, 119 ff. m. Anm. *Körber*; zur Entscheidung s. auch *Ufer*, K&R 2010, 100 ff.; zum normierenden und administrativen Ansatz in der Regulierung s. bereits unter Kapitel 1, B.IV.1.

634 EuGH, Urt. v. 3.12.2009, Rs. C-424/07, ECLI:EU:C:2009:749, Rn. 53 ff. – Kommission/Deutschland; zusammenfassend *Schütz*, in: Geppert/Schütz (Hrsg.), Beck'scher TKG-Kommentar, 4. Aufl. 2013, § 9 Rn. 11; umgangssprachlich wurde die Entscheidung auch unter dem Schlagwort „Regulierungsferien" für neue Märkte diskutiert.

635 EuGH, Urt. v. 6.10.2010, Rs. C-389/08, ECLI:EU:C:2010:584, Rn. 22 ff. – Base NV.

636 EuGH, Urt. v. 6.10.2010, Rs. C-389/08, ECLI:EU:C:2010:584, Rn. 27, 30 – Base NV.

Trotz dieses vagen „Zugeständnisses“ an den parlamentarischen Gesetzgeber dürfte eine *prima facie* plausibel anmutende Hochzonung der Verordnungen zu formellen Gesetzen als flächendeckende Lösung gleichwohl ausscheiden. Erstens ließe sich der richtlinienrechtlich gewollte Handlungsspielraum der Regulierungsbehörde andernfalls nicht effektiv realisieren, da sich die Problematik der fehlenden Unabhängigkeit durch den bloßen Austausch des Normsetzers lediglich verschieben würde.[637] Zweitens vermag das Parlament selbst angesichts der gestiegenen Anforderungen der Richtlinien kaum die Voraussetzungen zu erfüllen, welche der Gerichtshof an ein Tätigwerden des Gesetzgebers als Regulierungsbehörde aufstellt.[638] Zur Verwirklichung einer politisch unabhängigen Regulierung, die nicht vom aktuellen Tagesgeschäft und der Gunst der Wählerschaft abhängen soll, wäre es nachgerade absurd, Zuständigkeiten und Entscheidungen auf die unmittelbar gewählte Volksvertretung zu übertragen. Schließlich sehen drittens die Richtlinien jedenfalls im Energie- und Eisenbahnsektor ohnehin vor, nur *eine einzige* nationale Regulierungsbehörde einzurichten.[639] In Deutschland wurde die sektorspezifische Regulierung aber bereits der BNetzA anvertraut (vgl. §§ 1, 2 BEGTPG), sodass für ein Hinzutreten des Parlaments als nationale Regulierungsstelle kein Raum bleibt. Lediglich im Telekommunikationsrecht verzichtet das Sekundärrecht gegenwärtig auf ein ausdrückliches Singularitätserfordernis.[640] Mit Blick auf die zuvor attestierte unionsrechtliche Konvergenz der Netzsektoren wäre es allerdings kaum überzeugend, zwischen dem TK-Sektor und den übrigen Sektoren insoweit zu differenzieren und dort ein Nebeneinander mehrerer Regulierungsstellen zuzulassen. Zudem erscheint es unter dem Aspekt der Gewaltenteilung bedenklich, der Legislative und Exekutive gemeinsam die Regulierungstätigkeit zu überantworten.[641] Richtigerweise kommt

---

[637] In diese Richtung auch *Ludwigs*, EnWZ 2019, 160 (161); *Gundel*, RdE 2019, 493 (499); *Ludwigs*, in: Kühling/Zimmer (Hrsg.), Neue Gemeinwohlherausforderungen – Konsequenzen für Wettbewerbsrecht und Regulierung, 2020, S. 11 (19f.); *Ludwigs*, in: Festschrift für F. J. Säcker, 2021, S. 609 (615).

[638] So auch Erwägungsgrund Nr. 13 S. 3 RL 2009/140/EG: „Wegen einer derartigen äußeren Einflussnahme eignen sich nationale rechtssetzende Organe nicht dazu, als nationale Regulierungsbehörde […] zu fungieren.“; ebenso *Gundel*, RdE 2019, 493 (496).

[639] Art. 57 Abs. 1 Elektrizitäts-RL (EU) 2019/944; Art. 39 Abs. 1 Gas-RL 2009/73/EG; Art. 55 Abs. 1 S. 1 Eisenbahn-RL 2012/34/EU; s. auch *Gundel*, RdE 2019, 493 (496) m. w. N.

[640] Vgl. Art. 5 Abs. 1 Kodex-RL (EU) 2018/1972, wonach die in der Richtlinie festgelegten Aufgaben „von zuständigen Behörden wahrgenommen werden“ (UAbs. 1) und „die nationalen Regulierungsbehörden“ den in UAbs. 2 genannten Mindestaufgabenbestand haben.

[641] Vgl. allgemein zu den Gefahren und Grenzen der Gewaltenverschränkung und dem Gebot klarer Verantwortlichkeiten *Di Fabio*, in: Isensee/Kirchhof (Hrsg.), Handbuch des Staatsrechts, Bd. II, 3. Aufl. 2004, § 27 Rn. 39ff.

daher eine Umwandlung der bisherigen Rechtsverordnungen in formelle Gesetze insgesamt nicht in Betracht.

(b) Administrative Lösung

Für die einer Hochzonung unzugänglichen Inhalte[642] oder generell[643] wird deshalb im Schrifttum vorgeschlagen, durch eine *Verschiebung auf die Ebene der BNetzA* Abhilfe zu schaffen. Unterstellt, dem stehen keine durchgreifenden verfassungsrechtlichen Bedenken entgegen,[644] bliebe noch zu klären, mit welchem Handlungsinstrument die Normsetzung durch die nationale Regulierungsbehörde erfolgen soll. § 29 Abs. 1 EnWG ist zu entnehmen, dass die Regulierungsbehörde Entscheidungen gegenüber einem Netzbetreiber, einer Gruppe von Netzbetreibern oder sonstigen in der jeweiligen Vorschrift Verpflichteten durch Festlegung oder Genehmigung trifft. Dabei erscheint als „administrative Lösung" das Genehmigungsverfahren, welches den Antrag eines Netzbetreibers voraussetzt, von vornherein ungeeignet, die abstrakt-generellen Rechtsverordnungen ersetzen zu können. Die gesonderte Betrachtung jedes Einzelfalls würde die Effektivität der BNetzA, insbesondere angesichts der Vielzahl an Netzbetreibern, zu sehr beeinträchtigen.[645] Mit dem Mittel der als Allgemeinverfügung zu qualifizierenden (Rahmen-)Festlegung kann die Behörde demgegenüber einheitliche und allgemeine Netzzugangsbedingungen aufstellen und sie den Netzbetreibern anschließend auferlegen.[646] Für die Regelung einer Vielzahl von Fällen eignen sich aus dem bekannten Arsenal daneben grundsätzlich auch noch die Verwaltungsvorschrift

---

642 So *Burgi*, NVwZ 23/2018, Editorial, der vorrangig für eine Hochzonung der bisherigen Verordnungsinhalte plädiert, sollte der EuGH die bestehende Verordnungsermächtigung „kippen".

643 Für eine konsequente Verschiebung auf die BNetzA *Ludwigs*, EnWZ 2019, 160 (161), der zugleich darin die Gelegenheit erkennt, „den hypertrophen Rechtsrahmen [im Energiesektor] endlich grundlegend neu zu ordnen" (S. 162); *Ludwigs*, in: Kühling/Zimmer (Hrsg.), Neue Gemeinwohlherausforderungen – Konsequenzen für Wettbewerbsrecht und Regulierung, 2020, S. 11 (20).

644 *Burgi*, NVwZ 23/2018, Editorial, hält in diesem Fall eine Ausdehnung der parlamentarischen Kontrolle über die BNetzA für erforderlich. Dem ist vor dem Hintergrund zuzustimmen, dass das legitimationsstiftende Element formeller Gesetze für die sachlich-inhaltliche Komponente des Demokratieprinzips dann deutlich schwächer ausgeprägt wäre, sodass dieses Defizit kompensiert werden müsste; *Hoppe/Laboch-Semku*, NVwZ 2021, 1441 (1442 f.) halten es für den „am ehesten gangbare[n] Weg", „die Regelungsdichte der Rechtsverordnungen zurück[zu]nehmen und [zu] argumentieren, dass der nun erweiterte Ermessensspielraum die Unabhängigkeit der BNetzA sichert, zugleich aber ‚gerade noch' das Demokratieprinzip wahrt".

645 *Britz*, EuZW 2004, 462 (462); *Holznagel/Göge*, ZNER 2004, 218 (223).

646 *Britz*, EuZW 2004, 462 (462 f.); *Britz/Herzmann*, in: Britz/Hellermann/Hermes (Hrsg.), EnWG, 3. Aufl. 2015, § 29 Rn. 11.

sowie die Rechtsverordnung.[647] Es gilt nun, die Tauglichkeit dieser drei Handlungsformen für die Regulierungstätigkeit der BNetzA anstelle der bisherigen Verordnungsinhalte näher zu beleuchten.

Naheliegend wäre zunächst, die Form der *Rechtsverordnung* beizubehalten und statt der Bundesregierung schlicht die Regulierungsbehörde mit einer entsprechenden Verordnungsermächtigung auszustatten.[648] Diese Lösung begegnet allerdings verfassungsrechtlichen Hindernissen: Art. 80 Abs. 1 Satz 1 GG nennt als Delegatare abschließend die Bundesregierung, einen Bundesminister oder die Landesregierungen. Zwar eröffnet Art. 80 Abs. 1 Satz 4 GG die Möglichkeit zur Weiterübertragung der Verordnungsermächtigung. Ausweislich des Wortlauts der Vorschrift („Ermächtigung weiter übertragen werden *kann*") steht die Subdelegation allerdings hinsichtlich des „Ob" und des „Wie" im Ermessen des Erstermächtigten.[649] Um die Unabhängigkeit der Regulierungsbehörde effektiv zu gewährleisten, erscheint ein solcher Spielraum nicht hinnehmbar. Im Schrifttum wird deshalb gelegentlich das Modell einer *vorweggenommenen Subdelegation* vorgeschlagen.[650] Demnach würde zunächst (formal) die Regierung bzw. ein Bundesministerium zum Verordnungserlass ermächtigt und zugleich – eine juristische Sekunde später – die Weiterübertragung auf die Regulierungsbehörde normiert. Die überwiegende Auffassung lehnt demgegenüber die Zulässigkeit einer vorweggenommenen Subdelegation ab.[651] Andernfalls liefe der *Numerus clausus* des Art. 80 Abs. 1 Satz 1 GG faktisch leer. Durch die formell-gesetzlich vorgenommene mittelbare Erweiterung der Verordnungsgeber auf Stellen der Administrative würde der Gesetzgeber in das Recht der Regierung auf exekutive Normsetzung eingreifen, was zu einem spürbaren Kernkompetenzverlust der Guber-

---

647 *Holznagel/Göge*, ZNER 2004, 218 (223); ein Verwaltungsakt im Sinne des § 35 S. 1 VwVfG scheidet aufgrund seines konkret-individuellen Charakters offensichtlich aus, vgl. zutreffend *Britz*, EuZW 2004, 462 (463).

648 Vgl. auch bereits im Vorfeld zur Schaffung einer Verordnungsermächtigung für die BNetzA im Wege der Subdelegation *Pielow*, DÖV 2005, 1017 (1022 f.).

649 *Ludwigs*, EnWZ 2019, 160 (161) m. w. N.; ein Beispiel für die einfache Subdelegation des BMWi auf die BNetzA ist § 19a Abs. 3 S. 7 EnWG.

650 Vorausschauend *Britz*, EuZW 2004, 462 (463 f.); hierauf rekurrierend *Holznagel/Göge*, ZNER 2004, 218 (223 f.); erwägend auch *Ludwigs*, EnWZ 2019, 160 (161 f.); ablehnend hingegen *Burgi*, DVBl. 2006, 269 (274); *Pielow*, in: Baur/Salje/Schmidt-Preuß (Hrsg.), Regulierung in der Energiewirtschaft, 2. Aufl. 2016, Kap. 45 Rn. 19 f., der allerdings zu bedenken gibt, dass die BNetzA dessen ungeachtet in der Praxis bei der Ausarbeitung der Rechtsverordnungen stark involviert ist.

651 Vgl. nur *Ossenbühl*, in: Isensee/Kirchhof (Hrsg.), Handbuch des Staatsrechts, Bd. V, 3. Aufl. 2007, § 103 Rn. 37 m. w. N.; *Uhle*, in: Epping/Hillgruber (Hrsg.), BeckOK GG, 49. Edition 2021, Art. 80 Rn. 34; *Bauer*, in: Dreier (Hrsg.), GG, Bd. II, 3. Aufl. 2015, Art. 80 Rn. 22, 40; im vorliegenden Kontext *Jacob*, N&R 2020, 107 (111); *Schmidt-Preuß*, RdE 2021, 173 (177); a. A. *Obermayer*, DVBl. 1959, 354 (357 f.).

native im Hinblick auf den Gesetzesvollzug führen würde.[652] In Kenntnis dieser Einwände plädieren die Befürworter dennoch dafür, die antizipierte Weiterermächtigung hier ausnahmsweise für zulässig zu erklären. Auf diese Weise ließe sich die unionsrechtlich geforderte politische Unabhängigkeit vollständig realisieren. Das Recht der Regierung zur Steuerung der Administrative durch den Erlass von Rechtsverordnungen sei gerade von den Richtlinien nicht gewollt, sodass das Argument des drohenden Verlusts genuiner Kompetenzen der Exekutivspitze vorliegend nicht greife.[653] Darüber hinaus handle es sich bei der Delegation nur um ein derivatives Recht der Exekutive, das der parlamentarische Gesetzgeber nicht gewähren müsse.[654] Schließlich sprächen auch demokratietheoretische Erwägungen zugunsten einer vorweggenommenen Subdelegation: Mittels direkter Ermächtigung des Zweitdelegatars durch das unmittelbar demokratisch legitimierte Parlament würde sogar eine höhere Legitimation erreicht als über den Umweg der Ermächtigung durch den Erstdelegatar.[655]

Trotz dieser beachtlichen Replik vermag diese Konstruktion nicht vollends die bestehenden Bedenken auszuräumen. Sie pervertiert die verfassungsrechtlichen Anforderungen des Art. 80 Abs. 1 GG, indem der Wortlaut von Satz 4 über Gebühr strapaziert wird: Aus der Befugnis zur Subdelegation des Erstdelegatars wird eine Pflicht oder gar ein Automatismus, der den abschließenden Adressatenkreis aus Satz 1 zur bloßen Formalität degradiert. Ließe man dies zur Verwirklichung eines normierenden Konzepts für alle (auch künftigen) Fälle unionsrechtlich geforderter Behördenunabhängigkeit zu, würde die Ausnahme zunehmend zum Regelfall und die Vorschrift weitgehend ausgehöhlt. Aus diesem Grund erscheint es dogmatisch überzeugender,

---

652 *Ossenbühl*, in: Isensee/Kirchhof (Hrsg.), Handbuch des Staatsrechts, Bd. V, 3. Aufl. 2007, § 103 Rn. 37 m. w. N.; *Britz*, EuZW 2004, 462 (464); *Holznagel/Göge*, ZNER 2004, 218 (224).

653 Zum bereits in der Vorgängerrichtlinie zum Vorschein kommenden Leitbild einer politisch unabhängigen Regulierungsbehörde *Britz*, EuZW 2004, 462 (464); anknüpfend *Holznagel/Göge*, ZNER 2004, 218 (224), die auch den historischen Einwand entkräften, es sei ein Missbrauch der Gesetzgebungsbefugnisse durch die Exekutive wie in Zeiten des NS-Regimes zu befürchten; ihre Aussage, dass sich die Verfassungsgeber bei Kenntnis dieser Umstände einer vorweggenommenen Subdelegation wohl nicht versperrt hätten, ist allerdings rein spekulativ; zur aktuellen Rechtslage s. *Ludwigs*, EnWZ 2019, 160 (161 f.), der zudem auf die Europarechtsfreundlichkeit des Grundgesetzes hinweist.

654 BVerfGE 22, 330 (346); aus der Lit. stellvertretend *Mann*, in: Sachs (Hrsg.), GG, 9. Aufl. 2021, Art. 80 Rn. 1, 6, 8; in Bezug auf die konkrete Konstellation *Holznagel/Göge*, ZNER 2004, 218 (224); dem folgend *Ludwigs*, EnWZ 2019, 160 (162); *Ludwigs*, in: Festschrift für F. J. Säcker, 2021, S. 609 (617).

655 *Britz*, EuZW 2004, 462 (464); *Holznagel/Göge*, ZNER 2004, 218 (224); *Ludwigs*, EnWZ 2019, 160 (162); *Ludwigs*, in: Festschrift für F. J. Säcker, 2021, S. 609 (617).

das Grundgesetz stattdessen anzupassen und dadurch für Rechtssicherheit zu sorgen, will man das Instrument der Rechtsverordnung beibehalten.[656] Dem stünde die Änderungssperre des Art. 79 Abs. 3 GG im Hinblick auf Demokratie- und Rechtsstaatsprinzip nicht entgegen: die demokratische Legitimation würde durch eine vorweggenommene Subdelegation eher verstärkt und der Kernbereich der Gewaltentrennung als Gewährleistung des Rechtsstaatsprinzips nicht tangiert[657]. Durch die zulässige Verfassungsänderung wäre so der Gefahr einer (erneuten) Beanstandung der Art und Weise der normierenden Regulierung, diesmal durch das Bundesverfassungsgericht, begegnet.

Durch eine Verfassungsänderung müssten auch zwei weitere Probleme in den Blick genommen werden, denen bislang im hiesigen Kontext kaum Aufmerksamkeit geschenkt wurde, die aber mit Blick auf die unionsrechtlich geforderte Unabhängigkeit möglicherweise Probleme bereiten. Zum einen müssen gemäß Art. 80 Abs. 1 Satz 2 GG Inhalt, Zweck und Ausmaß der erteilten Ermächtigung bereits im Gesetz festgelegt werden.[658] Der EuGH stellt strenge Anforderungen an die Autonomie der Regulierungsbehörden,[659] sodass der Gesetzgeber im Ergebnis auch nicht mittels der Verordnungsermächtigung Einfluss auf den Normerlass nehmen darf. Dies widerspricht aber gerade dem Zweck des Bestimmtheitsgebotes, nämlich der parlamentarischen Steuerung der Verordnungsgebung durch die Exekutive sowie der Einhegung ihrer Befugnisse im Bereich des Normerlasses[660]. Zum anderen erscheint die für bestimmte Konstellationen in Art. 80 Abs. 2 GG vorgesehene Zustimmungsbedürftigkeit des Bundesrates intrikat. Demnach bedürfen vorbehaltlich anderweitiger bundesgesetzlicher Regelung Rechtsverordnungen der Bundesregierung oder eines Bundesministers in den in der Norm bezeichneten Varianten der Zustimmung des Bundesrates, wobei weitestgehend Einigkeit darüber besteht, dass dies auch für den Fall der Subdelegation

---

[656] Eine Anpassung des Art. 80 GG erwägt auch *Ludwigs*, EnWZ 2019, 160 (162) unter Fn. 33 als Konsequenz bei Zugrundelegung eines strengeren Maßstabs; *Britz*, EuZW 2004, 462 (464) räumt ebenfalls ein, dass es sich bei der vorweggenommenen Subdelegation lediglich um einen „Notbehelf" handelt, der sich nur schwer in die deutsche Verwaltungs- und Verfassungsrechtsdogmatik einfügt.

[657] Vgl. zu den Gewährleistungen des Rechtsstaatsprinzips im Rahmen der Ewigkeitsgarantie nur *Dietlein*, in: Epping/Hillgruber (Hrsg.), BeckOK GG, 49. Edition 2021, Art. 79 Rn. 42 ff.

[658] Vgl. zu diesem Bestimmtheitsgebot etwa *Uhle*, in: Epping/Hillgruber (Hrsg.), BeckOK GG, 49. Edition 2021, Art. 80 Rn. 17 ff.; *Bauer*, in: Dreier (Hrsg.), GG, Bd. II, 3. Aufl. 2015, Art. 80 Rn. 32 ff.; *Mann*, in: Sachs (Hrsg.), GG, 9. Aufl. 2021, Art. 80 Rn. 23 ff.; *Remmert*, in: Dürig/Herzog/Scholz (Hrsg.), GG, 95. EL 2021, Art. 80 Rn. 63 ff.

[659] Vgl. zuvor unter Kapitel 3, A.I.1.b)bb)(1).

[660] Deutlich *Uhle*, in: Epping/Hillgruber (Hrsg.), BeckOK GG, 49. Edition 2021, Art. 80 Rn. 18 m. w. N.

gilt[661]. Bei Anlegung eines rigiden Maßstabs – denkbar ist eine Subsumtion unter Art. 80 Abs. 2 Var. 4 oder 5 GG (Rechtsverordnungen auf Grund von Bundesgesetzen, die der Zustimmung des Bundesrates bedürfen oder die von den Ländern im Auftrage des Bundes oder als eigene Angelegenheit ausgeführt werden)[662] – stünde hierdurch wiederum eine Verletzung der Unabhängigkeit im Raum,[663] zumal der Bundesrat aus Mitgliedern der Länderregierungen besteht (Art. 51 Abs. 1 GG) und es sich insoweit nicht einmal um eine parlamentarische, sondern um eine exekutive Form der Kontrolle handelt. Eingedenk dessen sollten bei der Rechtsverordnung als Mittel der Wahl – zumindest vorsichtshalber – *de constitutione ferenda* die beiden Probleme entschärft werden, will man eine (erneute) Rüge durch den EuGH verhindern. Zwar ließe sich hinsichtlich des zweiten Problems auch an eine „bloße" Aktivierung des Vorbehalts anderweitiger bundesgesetzlicher Regelung in Art. 80 Abs. 2 GG denken. Diese bedarf aber ihrerseits ebenfalls der Zustimmung des Bundesrates und wäre mithin ein risikobehafteterer Weg als der Gang über eine Verfassungsänderung.[664]

Das gebräuchliche Mittel, mit denen eine Behörde abstrakt-generelle Regelungen erlassen kann, stellt die *Verwaltungsvorschrift* dar.[665] Im Gegensatz zur Rechtsverordnung greift für sie nicht der strengere Vorgaben enthaltende Art. 80 Abs. 1 GG, sondern ihr Erlass stützt sich auf die allgemeine Voll-

---

661 *Uhle*, in: Epping/Hillgruber (Hrsg.), BeckOK GG, 49. Edition 2021, Art. 80 Rn. 41; *Bauer*, in: Dreier (Hrsg.), GG, Bd. II, 3. Aufl. 2015, Art. 80 Rn. 59 m. w. N.; *Remmert*, in: Dürig/Herzog/Scholz (Hrsg.), GG, 95. EL 2021, Art. 80 Rn. 159 m. w. N. (mit Hinweis auf die vertretbare Gegenposition).

662 Vgl. zu den Varianten des Art. 80 Abs. 2 GG *Remmert*, in: Dürig/Herzog/Scholz (Hrsg.), GG, 95. EL 2021, Art. 80 Rn. 158 ff., speziell zu Variante 4 und 5 Rn. 166 ff. bzw. Rn. 171; die Einschlägigkeit dieser beiden (einzig in Betracht kommenden) Varianten offenlassend *Ludwigs*, in: Festschrift für F. J. Säcker, 2021, S. 609 (618); *Bauer*, in: Dreier (Hrsg.), GG, Bd. II, 3. Aufl. 2015, Art. 80 Rn. 59 ff. unterscheidet drei Gruppen, wobei die hier als Variante 4 und 5 klassifizierten Konstellationen der Gruppe 2 bzw. 3 entsprechen. Unter Rn. 62 wird (m. w. N.) klargestellt, dass Gruppe 3 Auffangcharakter hat und dazu beiträgt, „dass in der Verfassungswirklichkeit ein großer Teil der Bundesrechtsverordnungen mit Zustimmung des Bundesrates ergeht". Bei einer irgendwie gearteten Länderbeteiligung beim Vollzug der Rechtsverordnung wäre es mithin verfassungsrechtlich der sicherere Weg, die Zustimmung des Bundesrates einzuholen.

663 Näher *Ludwigs*, in: Festschrift für F. J. Säcker, 2021, S. 609 (618).

664 Vgl. hierzu *Uhle*, in: Epping/Hillgruber (Hrsg.), BeckOK GG, 49. Edition 2021, Art. 80 Rn. 42 f.; das Erfordernis einer Verfassungsänderung insoweit infrage stellend *Ludwigs*, in: Festschrift für F. J. Säcker, 2021, S. 609 (618), der aber ebenfalls mit Recht auf die Gefahr einer Blockademöglichkeit des Bundesrates hinweist.

665 *Maurer/Waldhoff*, Allgemeines Verwaltungsrecht, 20. Aufl. 2020, § 24 Rn. 1; *Ossenbühl*, in: Isensee/Kirchhof (Hrsg.), Handbuch des Staatsrechts, Bd. V, 3. Aufl. 2007, § 104 Rn. 4 f.

zugsbefugnis der Exekutive.[666] Mithin steht bei der Verwendung von Verwaltungsvorschriften die Verletzung von Verfassungsrecht nicht im Raum. Auch das Unionsrecht stellt für ihren Einsatz kein unüberwindbares Hindernis auf. Zwar erachtet der EuGH eine Richtlinienumsetzung durch Verwaltungsvorschriften für nicht ausreichend.[667] Vorliegend steht aber nicht die Umsetzung der Richtlinie, die durch die Anpassung des EnWG erfolgte, in Rede, sondern ihr administrativer Vollzug.[668] Die – angreifbare – Rechtsprechung ist also auf den hier zu beurteilenden Fall von vornherein nicht einschlägig, sodass sie einer normierenden Regulierung durch Verwaltungsvorschriften nicht entgegensteht. Zugunsten ihrer Tauglichkeit als Handlungsinstrument der BNetzA spricht weiterhin, dass die Abgrenzung zur Rechtsverordnung im Einzelfall ohnehin oft schwierig ist, da das herkömmliche Abgrenzungskriterium nach der Rechtswirkung (Innen- bzw. Außenrechtskreis) zunehmend verschwimmt sowie die Form der Rechtsverordnung und der Verwaltungsvorschrift in manchen Fällen inhalts- und wirkungsgleich ist und deshalb austauschbar erscheint.[669]

Problematisch ist allerdings, dass Verwaltungsvorschriften in erster Linie keine unmittelbare Rechtswirkung nach außen, sondern nur Innenwirkung entfalten.[670] Im Schrifttum wird deshalb ihre Eignung für den regulierungsbehördlichen Alltag überwiegend angezweifelt.[671] Diese pauschale ablehnende Haltung erscheint indes etwas vorschnell. Denn die deutsche Verwaltungsrechtsdogmatik kennt auch Konstellationen, in denen Verwaltungsvorschriften Außenwirkung erlangen können. Immerhin eine mittelbare Au-

---

[666] BVerwGE 26, 338 (396) – Eisenbahnkreuzungsgesetz; *Maurer/Waldhoff*, Allgemeines Verwaltungsrecht, 20. Aufl. 2020, § 24 Rn. 50; näher zur dogmatischen Herleitung (Vorbehalt des Gesetzes und Wesentlichkeitsdoktrin) s. *Ossenbühl*, in: Isensee/Kirchhof (Hrsg.), Handbuch des Staatsrechts, Bd. V, § 104 Rn. 12 f.

[667] St. Rspr., vgl. etwa EuGH, Urt. v. 30.5.1991, Rs. C-361/88, ECLI:EU:C:1991:224, Rn. 10 ff. – TA Luft; Urt. v. 20.3.1997, Rs. C-96/95, ECLI:EU:C:1997:165, Rn. 38; *Schroeder*, in: Streinz (Hrsg.), EUV/AEUV, 3. Aufl. 2018, Art. 288 AEUV Rn. 80; *Ruffert*, in: Calliess/Ruffert (Hrsg.), EUV/AEUV, 6. Aufl. 2022, Art. 288 AEUV Rn. 39 f., dort auch mit zahlreichen Nachweisen zur Kritik daran, dass der EuGH normkonkretisierende Verwaltungsvorschriften nicht für umsetzungstauglich hält und die Differenzierung der deutschen Dogmatik nicht aufgreift.

[668] Zutreffend *Britz*, EuZW 2004, 462 (463).

[669] Vgl. *Maurer/Waldhoff*, Allgemeines Verwaltungsrecht, 20. Aufl. 2020, § 24 Rn. 17 ff.; *Stern*, Das Staatsrecht der Bundesrepublik Deutschland, Bd. II, 1980, S. 654 ff.; s. auch *Lange*, NJW 1992, 1193 ff.

[670] BVerwG, NJW 1979, 2059 (2059); BVerwG, NJW 1996, 2046 (2047); *Maurer/Waldhoff*, Allgemeines Verwaltungsrecht, 20. Aufl. 2020, § 24 Rn. 22; *Ossenbühl*, in: Isensee/Kirchhof (Hrsg.), Handbuch des Staatsrechts, Bd. V, § 104 Rn. 44.

[671] *Britz*, EuZW 2004, 462 (463); *Holznagel/Göge*, ZNER 2004, 218 (223); *Burgi*, DVBl. 2006, 269 (273 f.); *Pielow*, in: Baur/Salje/Schmidt-Preuß (Hrsg.), Regulierung in der Energiewirtschaft, 2. Aufl. 2016, Kap. 43 Rn. 36.

ßenwirkung ergibt sich beispielsweise über die sog. Selbstbindung der Verwaltung, da eine sachgrundlose unterschiedliche Anwendung der Vorschriften auf gleichgelagerte Fälle bei einer etablierten Verwaltungspraxis gegen den Gleichheitssatz des Art. 3 Abs. 1 GG verstoßen würde.[672] Diese Konstruktion vermag die geäußerten praktischen Bedenken gleichwohl nicht auszuräumen. So führt nicht jeder Verstoß gegen eine Verwaltungsvorschrift – anders als wenn eine Gesetzesnorm missachtet wird – zu einer Verletzung von Art. 3 Abs. 1 GG, etwa wenn sich noch keine einheitliche Verwaltungspraxis herausgebildet hat oder wenn ein atypischer Fall vorliegt.[673] Damit ginge ein hohes Maß an Rechtsunsicherheit einher, was entscheidend gegen die Praxistauglichkeit der Lösung spricht. Zielführender erscheint daher ein Rekurs auf die in Rechtsprechung und Lehre anerkannte Figur der normkonkretisierenden Verwaltungsvorschrift, der eine unmittelbare Außenwirkung zugeschrieben wird.[674] Mit ihr können ausfüllungsbedürftige Vorschriften und Generalklauseln behördlich näher bestimmt werden, was sich gerade bei der Festlegung einheitlicher (technischer) Standards und Parameter im Sinne eines handhabbaren Gesetzesvollzugs anbietet.[675] Dennoch sollte die Verwendung normkonkretisierender Verwaltungsvorschriften nicht unreflektiert Zustimmung finden. Mit Blick auf ihre höchst unterschiedliche Funktion, Bedeutung und Reichweite in verschiedenen Rechtsgebieten scheidet eine generalisierende Betrachtung aus.[676] Nicht jeder unbestimmte Rechtsbegriff ist eines administrativen Konkretisierungsspielraums zugänglich, das Gesetz muss jedenfalls einen Anknüpfungspunkt für eine entsprechende Ausgestaltungsermächtigung bieten.[677] Da zudem die

---

[672] *Maurer/Waldhoff*, Allgemeines Verwaltungsrecht, 20. Aufl. 2020, § 24 Rn. 27ff., dort auch noch zur umstrittenen Fallgruppe einer Außenwirkung über den Vertrauensschutz sowie zu weiteren möglichen Konstellationen; eingehend zum Phänomen der mittelbaren und unmittelbaren Außenwirkung von Verwaltungsvorschriften und insbesondere der Außenwirkung kraft Selbstbindung der Verwaltung *Ossenbühl*, in: Isensee/Kirchhof (Hrsg.), Handbuch des Staatsrechts, Bd. V, § 104 Rn. 45ff., 48ff., 53ff.

[673] *Maurer/Waldhoff*, Allgemeines Verwaltungsrecht, 20. Aufl. 2020, § 24 Rn. 28f.

[674] BVerwG, NVwZ 2000, 440 (440); BVerwG, NVwZ 2008, 76 (76) Rn. 12; aus der Lit. statt vieler *Aschke*, in: Bader/Ronellenfitsch (Hrsg.), BeckOK VwVfG, 53. Edition 2021, § 40 Rn. 136; kritisch *Maurer/Waldhoff*, Allgemeines Verwaltungsrecht, 20. Aufl. 2020, § 24 Rn. 32.

[675] *Ossenbühl*, in: Isensee/Kirchhof (Hrsg.), Handbuch des Staatsrechts, Bd. V, 3. Aufl. 2007, § 104 Rn. 30; *Riese*, in: Schoch/Schneider (Hrsg.), VwGO, 41. EL 2021, § 114 Rn. 170; vgl. im vorliegenden Kontext auch *Ludwigs*, in: Festschrift für F. J. Säcker, 2021, S. 609 (619).

[676] *Ossenbühl*, in: Isensee/Kirchhof (Hrsg.), Handbuch des Staatsrechts, Bd. V, 3. Aufl. 2007, § 104 Rn. 31; s. auch *J. Wolf*, DÖV 1992, 849 (853ff.).

[677] *Ossenbühl*, in: Isensee/Kirchhof (Hrsg.), Handbuch des Staatsrechts, Bd. V, 3. Aufl. 2007, § 104 Rn. 32; näher zur Problematik des Gesetzesvorbehalts bei Verwaltungsvorschriften *Saurer*, DÖV 2005, 587ff.

Reichweite der Bindungswirkung und die Voraussetzungen für die Außenwirksamkeit im Einzelnen noch nicht abschließend geklärt, vage oder umstritten sind,[678] droht deshalb auch bei normkonkretisierenden Verwaltungsvorschriften eine nicht unerhebliche Rechtsunsicherheit. Die Praxistauglichkeit von Verwaltungsvorschriften der Regulierungsbehörde als Standardinstrument ist demnach insgesamt nach geltendem Recht zumindest fraglich.[679] Dessen ungeachtet führt es zu weit, sie als Handlungsform schlechthin abzuqualifizieren. Rechtlich ist ihr Einsatz jedenfalls nicht zu beanstanden und sie können den Pool an Mitteln, die der Regulierungsbehörde zur Regelung von Sachverhalten zur Verfügung stehen, erweitern und ergänzen. Es erscheint auch nicht ausgeschlossen, dass Verwaltungsvorschriften künftig bei hinreichend gesichertem dogmatischem Fundament in der Regierung flächendeckend praxistauglich sein werden. Im Sinne der Rechtssicherheit wäre hierzu allerdings wünschenswert, durch klare gesetzliche Regelungen Abhilfe zu schaffen.[680]

Schließlich sind auch Festlegungen als *Allgemeinverfügungen* im Sinne des § 35 Satz 2 VwVfG als Handlungsform denkbar.[681] Jedenfalls für die Regelung konkreter Sachverhalte gegenüber einer Vielzahl oder allen regulierten Marktteilnehmern eignen sie sich ohne Weiteres. Die (personenbezogene bzw. benutzungsregelnde) Allgemeinverfügung modifiziert den Verwaltungsaktbegriff nach § 35 Satz 1 VwVfG hinsichtlich des Adressatenkreises dahingehend, dass nicht nur konkret-individuelle, sondern auch konkret-generelle Regelungen für einen nach allgemeinen Merkmalen bestimmten oder

---

678 *Saurer*, DÖV 2005, 587 (587) hält die „Frage der Außen- und Bindungswirkung von Verwaltungsvorschriften" für „eine[...] der umstrittensten Fragen des Öffentlichen Rechts überhaupt".

679 Vgl. *Britz*, EuZW 2004, 462 (463): „[...] zu ungewiss, um hierin ohne weiteres ein geeignetes Regulierungsinstrument der Behörde erblicken zu können"; noch skeptischer *Holznagel/Göge*, ZNER 2004, 218 (223): „[...] so dass sich dieses Instrument für den ‚Normalbetrieb' einer normierenden Regulierung nicht eignet"; sehr zurückhaltend auch *Ludwigs*, in: Festschrift für F. J. Säcker, 2021, S. 609 (619 f.) m. w. N.: „Dies zugrunde gelegt, erscheint die Eignung gesetzeskonkretisierender Verwaltungsvorschriften als Ersatz für eine verordnungsrechtliche Normierung im Energiesektor höchst fragwürdig.".

680 Vgl. *Britz/Herzmann*, in: Britz/Hellermann/Hermes (Hrsg.), EnWG, 3. Aufl. 2015, § 29 Rn. 15: „[...] könnten die Methodenfestlegungen allerdings von Gesetzes wegen als eine jener Konstellationen angesehen werden, in denen der Verwaltungsvorschrift ausnahmsweise Außenwirkung zukommt"; a. A. *Burgi*, DVBl. 2006, 269 (274).

681 *Ludwigs*, EnWZ 2019, 160 (161); *Burgi*, NVwZ 23/2018, Editorial, plädiert „vorzugsweise" für den Erlass von Rahmen-Festlegungen als Allgemeinverfügungen i. S. d. § 35 S. 2 VwVfG, einschließlich eines Konzepts für Bestandskraft und Rechtsschutz; zuvor bereits *Burgi*, DVBl. 2006, 269 (274).

bestimmbaren Personenkreis getroffen werden können. Sie befindet sich daher an der Grenze zwischen Einzelakt und Rechtsnorm.[682]

Fraglich ist nun, ob die Allgemeinverfügung die Rechtsverordnung mit ihrem abstrakt-generellen Charakter vollumfänglich zu ersetzen imstande ist. Weil mit ihr grundsätzlich eine generelle und zugleich abstrakte Regelung weder möglich noch zulässig sein soll,[683] wird sie teilweise als hierfür ungeeignet erachtet.[684] Allenfalls konkrete Entscheidungen gegenüber mehreren oder allen Netzbetreibern seien über diese Handlungsform zu bewerkstelligen. Auch hier lohnt allerdings eine nähere, nicht generalisierende Betrachtung. Zum einen böte die Allgemeinverfügung in der Praxis für die Netzbetreiber Vorteile im Hinblick auf Rechtssicherheit und Rechtsschutzmöglichkeiten. Die Regulierung würde für die Marktakteure stabiler und vorhersehbarer, während gleichzeitig die Praxiserfahrung der BNetzA aus ihrem Alltagsgeschäft – anders als es bei einem Verordnungserlass durch die sachfernere Bundesregierung möglich wäre – in die Festlegungsentscheidung mit einfließen könnte.[685] Auch könnten die Netzbetreiber gegen Allgemeinverfügungen gerichtlich besser vorgehen als gegen Rechtsverordnungen.[686] Zum anderen überzeugen neben den praktischen Vorzügen ebenfalls die rechtlichen Argumente für die Lösung nach § 35 Satz 2 VwVfG. Der Gesetzgeber selbst qualifiziert in § 60a Abs. 2 Satz 1 EnWG Festlegungen nach § 29 Abs. 1 EnWG als Allgemeinverfügungen.[687] Dieser Sichtweise hat sich der BGH in mittlerweile gefestigter Rechtsprechung ange-

---

682 *Von Alemann/Scheffczyk*, in: Bader/Ronellenfitsch (Hrsg.), BeckOK VwVfG, 53. Edition 2021, § 35 Rn. 249f.

683 Vgl. OVG Saarlouis, NVwZ 2011, 190 (191); VGH Mannheim, NVwZ 2003, 115 (115); aus der Lit. etwa *von Alemann/Scheffczyk*, in: Bader/Ronellenfitsch (Hrsg.), BeckOK VwVfG, 53. Edition 2021, § 35 Rn. 251 m.w.N.

684 *Britz*, EuZW 2004, 462 (463); *Holznagel/Göge*, ZNER 2004, 218 (223); kritisch auch *Britz/Herzmann*, in: Britz/Hellermann/Hermes (Hrsg.), EnWG, 3. Aufl. 2015, § 29 Rn. 13.

685 *Burgi*, DVBl. 2006, 269 (274) unter Rekurs auf *Büdenbender*, RdE 2004, 284 (298).

686 *Burgi*, DVBl. 2006, 269 (274); *Pielow*, in: Baur/Salje/Schmidt-Preuß (Hrsg.), Regulierung in der Energiewirtschaft, 2. Aufl. 2016, Kap. 43 Rn. 39, der zudem hervorhebt, dass es sich um ein „[...] hinreichend konturiertes Instrument [handelt] [...], das sich positiv und rechtsstaatlich insbesondere auch gegenüber einem schillernden ‚informellen' Regulierungshandeln [...] abhebt"; *Ludwigs*, in: Festschrift für F. J. Säcker, 2021, S. 609 (621) verweist darauf, dass im Energiesektor bei Allgemeinverfügungen im Gegensatz zu Rechtsverordnungen unmittelbar die zivilen Kartellgerichte nach § 75 EnWG angerufen werden können; mit Blick auf die Bestandskraft allerdings kritisch *Jacob*, N&R 2020, 107 (111), wonach die Netzbetreiber dann prophylaktisch Beschwerde gegen die Rahmen-Festlegungen einlegen müssten.

687 Hierzu bereits BGH, NVwZ 2009, 195 (196) Rn. 12; *Stelkens*, in: Stelkens/Bonk/Sachs (Hrsg.), VwVfG, 9. Aufl. 2018, § 35 Rn. 297.

schlossen.[688] Das Höchstgericht zeigt am Beispiel der umstrittenen Rechtsnatur von Verkehrszeichen auf, dass die Unterscheidung der Allgemeinverfügung von der abstrakten Rechtsnorm mit einer gewissen Unschärfe verbunden ist. Bei der Bestimmung der „Grenze des generell-konkret durch Verwaltungsakt Regelbaren“ komme es auf die „Eigenart der geregelten Materie“ zur Ermöglichung einer sachgerechten Abgrenzung zwischen legislativer bzw. exekutiver Normsetzung und administrativem Normvollzug an.[689] Im Rahmen der sich anschließenden Subsumtion stellten die Karlsruher Richter sodann fest, dass sich das Handeln der Behörden im Regulierungsrecht – anders als im „klassischen“ Ordnungsrecht – nicht in der Regelung einzelner abgegrenzter Sachverhalte erschöpfe, sondern vielmehr auch auf die Konkretisierung allgemeiner Vorschriften aus Gesetzen oder Rechtsverordnungen zur Regelung typischer und regelmäßig wiederkehrender Geschäftsprozesse erstrecke. Der situativ-typisierende Bezug der Festlegung mache die Allgemeinverfügung deshalb zum vorzugswürdigen Vollzugsinstrument der Regulierungsbehörde, auch zur Abwicklung einer Vielzahl von Fällen.[690] Sie komme erst dann nicht mehr in Betracht, wenn unklar ist, ob ein Sachverhalt überhaupt eintreten wird oder in welcher Erscheinungsform.[691] Auch das BVerfG billigt die fachrechtliche Wahl der Allgemeinverfügung an einen im Anwendungszeitraum bestimmbaren Personenkreis anstelle der Rechtsnorm für abstrakt-generelle Fallgestaltungen, wenn hinreichend bestimmte gesetzliche Vorschriften vollzogen werden sollen und keine rechtsstaatlichen Bedenken entgegenstehen.[692] Ohnehin kommt den (Abgrenzungs-)Merkmalen des § 35 VwVfG kein Verfassungsrang zu, auch nicht an der Schwelle des Einzelfalls zur abstrakt-generellen Regelung.[693] Zudem wird Art. 80 Abs. 1 GG diesbezüglich keine Sperrwir-

---

[688] Deutlich BGH, NVwZ 2009, 195 (196ff.) Rn. 8ff.; BGH, EnWZ 2015, 180 (180) Rn. 19; zuletzt BGH NVwZ-RR 2018, 341 (342f.) Rn. 13ff.; *Pielow*, in: Baur/Salje/Schmidt-Preuß (Hrsg.), Regulierung in der Energiewirtschaft, 2. Aufl. 2016, Kap. 43 Rn. 38f.

[689] BGH, NVwZ 2009, 195 (196) Rn. 11, dort auch die wörtlichen Textpassagen und der im Satz zuvor genannte Vergleich mit dem Verkehrszeichen (unter Rekurs auf BVerwGE 27, 181 [183] und E 59, 221 [225]).

[690] BGH, NVwZ 2009, 195 (196f.) Rn. 13f.; prägnant *Pielow*, in: Baur/Salje/Schmidt-Preuß (Hrsg.), Regulierung in der Energiewirtschaft, 2. Aufl. 2016, Kap. 43 Rn. 38; so auch *Burgi*, DVBl. 2006, 269 (274).

[691] *Pielow*, in: Baur/Salje/Schmidt-Preuß (Hrsg.), Regulierung in der Energiewirtschaft, 2. Aufl. 2016, Kap. 43 Rn. 38.

[692] BVerfGE 106, 275 (307) – Arzneimittelfestbeträge; aus der Lit. zustimmend *Stelkens*, in: Stelkens/Bonk/Sachs (Hrsg.), VwVfG, 9. Aufl. 2018, § 35 Rn. 297, 306; *von Alemann/Scheffczyk*, in: Bader/Ronellenfitsch (Hrsg.), BeckOK VwVfG, 53. Edition 2021, § 35 Rn. 252.

[693] *Stelkens*, in: Stelkens/Bonk/Sachs (Hrsg.), VwVfG, 9. Aufl. 2018, § 35 Rn. 13; allgemeiner *Schmitz*, a.a.O., § 1 Rn. 41f., wonach das Verwaltungsrecht in Gänze

kung zugeschrieben.[694] Rechtsstaatliches Misstrauen ist ebenfalls nicht angezeigt. Im Gegenteil: Wie bereits zuvor erörtert, wären Allgemeinverfügungen den Rechtsschutzoptionen der Netzbetreiber sogar zuträglicher. Nach alledem eignen sie sich grundsätzlich als Handlungsinstrument für die Regulierung durch die BNetzA,[695] soweit sich die verbleibenden bestehenden gesetzlichen Vorschriften nicht im Einzelfall ausnahmsweise als zu unbestimmt erweisen werden.

Wie sich die Regulierungsverfügungen in § 35 Satz 2 VwVfG dogmatisch einfügen, ist aus praktischer Sicht letztlich zweitrangig. Teilweise wird eine personenbezogene Allgemeinverfügung nach § 35 Satz 2 Var. 1 VwVfG angenommen.[696] Bisweilen erfolgt auch eine Klassifizierung als Benutzungsregelung im Sinne des § 35 Satz 2 Var. 3 VwVfG.[697] Allerdings erscheint die Zuordnung in eine dieser vorhandenen Kategorien nicht gänzlich passend. Für die Bejahung einer Benutzungsregelung fehlt es am konkreten Netzbezug, da vielmehr alle Netze in Rede stehen. Die personenbezogene Allgemeinverfügung erfasst indes auch nur konkrete Sachverhalte.[698] Erachtet man die Allgemeinverfügung als zulässigen und vom Gesetzgeber offenbar präferierten „Rechtsnormersatz", bleibt deshalb angesichts der fehlenden

---

kein änderungsfestes „konkretisiertes Verfassungsrecht" ist, sondern dem Gesetzgeber viele Ausgestaltungsspielräume überlässt; dass der Gesetzgeber dabei rechtsstaatliche (Verfassungs-)Grundsätze beachten muss, versteht sich von selbst.

694 Vgl. BVerfGE 106, 275 (305 ff.) – Arzneimittelfestbeträge; *Stelkens*, in: Stelkens/Bonk/Sachs (Hrsg.), VwVfG, 9. Aufl. 2018, § 35 Rn. 13; a.A. wohl *Franke*, in: Schneider/Theobald (Hrsg.), Recht der Energiewirtschaft, 4. Aufl. 2013, § 19 Rn. 56.

695 Rahmen-Festlegungen in Gestalt von Allgemeinverfügungen scheinen auch für *Ludwigs*, in: Festschrift für F. J. Säcker, 2021, S. 609 (621) das Mittel der Wahl zu sein, um den unionsrechtswidrigen Zustand zu beseitigen und gleichsam „die Vorzüge des normierenden Regulierungskonzepts mit Blick auf Vorhersehbarkeit und Berechenbarkeit des Behördenhandelns zu bewahren".

696 Vgl. *Ludwigs*, EnWZ 2019, 160 (161); in diese Richtung auch *Britz*, EuZW 2004, 462 (463); *Burgi*, DVBl. 2006, 269 (274), der betont, dass der Adressatenkreis zum Zeitpunkt der Festlegungsentscheidung feststeht und deutlich überschaubarer als derjenige ist, der etwa von einem Flughafenplanfeststellungsbeschluss oder einem Verkehrszeichen betroffen ist; offen *Holznagel/Göge*, ZNER 2004, 218 (223); *Burgi*, NVwZ 23/2018, Editorial.

697 Dahingehend interpretiert *Stelkens*, in: Stelkens/Bonk/Sachs (Hrsg.), VwVfG, 9. Aufl. 2018, § 35 Rn. 297 mit Fn. 1543 eine undeutliche bzw. missverständliche Formulierung des BGH (NVwZ 2009, 195 [196 f.] Rn. 13 f.), lehnt aber selbst a. a. O. das Vorliegen einer Benutzungsregelung ab; im Ergebnis ebenso ablehnend *Burgi*, DVBl. 2006, 269 (274), der zutreffend feststellt, dass Netze nicht unter den Begriff der öffentlichen Sache zu subsumieren sind, aber immerhin hervorhebt, dass die „Benutzung von Sachen" durch andere grundsätzlich Gegenstand einer Allgemeinverfügung sein kann.

698 Vgl. statt vieler *von Alemann/Scheffczyk*, in: Bader/Ronellenfitsch (Hrsg.), BeckOK VwVfG, 53. Edition 2021, § 35 Rn. 256 m. w. N.

Zuordenbarkeit in das vorhandene Raster nur übrig, für eine Variante *sui generis* zu plädieren.[699]

Die vorstehenden Ausführungen zeigen, dass die Überführung der bisherigen Verordnungsinhalte in administrative Handlungsformen und mithin die Beibehaltung einer normierenden Regulierung zwar im Detail mit dogmatischen Unsicherheiten verbunden, aber mit dem herkömmlichen Instrumentarium zu realisieren ist. Vor diesem Hintergrund ist für den gelegentlich aufkeimenden Vorschlag, in Anerkennung der Einordnungsschwierigkeiten in das überkommene Schema für die vorliegende Konstellation eine neue und eigenständige Handlungsform *sui generis* zu etablieren,[700] kein Raum.[701] Im Ergebnis stehen (gegebenenfalls nach noch zu vollziehenden Weichenstellungen des Gesetzgebers) mit der Rechtsverordnung, Verwaltungsvorschrift und Festlegung bzw. Allgemeinverfügung grundsätzlich genügend Mittel zur Verfügung, um das möglicherweise durch einen festgestellten Verstoß der Verordnungsermächtigung gegen die sekundärrechtlichen Unabhängigkeitsvorgaben entstehende Vakuum im nationalen Recht zu schließen, ohne auf abstrakt-generelle Regelungen verzichten und mithin jeden Einzelfall individuell regeln zu müssen.

2. Banken- und Finanzaufsicht

Der Regulierung des Finanzsektors kommt in einer Volkswirtschaft überragende Bedeutung zu. Die Staatsaufsicht über Finanzunternehmen, Kapitalmärkte und Börsen, welche den Schutz von Ein- und Anlegern ebenso gewährleisten soll wie den Fortbestand eines funktionsfähigen Finanzsystems, ist von enormem öffentlichen Interesse.[702] Schließlich kann ein Verlust des Vertrauens in die Sicherheit und Stabilität des Systems bis hin zu einem Kollaps der Finanzwirtschaft führen, der weitreichende negative Konsequen-

---

[699] So auch *Stelkens*, in: Stelkens/Bonk/Sachs (Hrsg.), VwVfG, 9. Aufl. 2018, § 35 Rn. 13, 297, 306.

[700] Vgl. bereits *Britz*, EuZW 2004, 462 (464); *Britz/Herzmann*, in: Britz/Hellermann/Hermes (Hrsg.), EnWG, 3. Aufl. 2015, § 29 Rn. 16; s. auch *Pielow*, DÖV 2005, 1017 (1022); *Burgi*, DVBl. 2006, 269 (274).

[701] S. auch *Pielow*, in: Baur/Salje/Schmidt/Preuß (Hrsg.), Regulierung in der Energiewirtschaft, 2. Aufl. 2016, Kap. 43 Rn. 40: „kann schließlich dahinstehen"; ähnlich *Burgi*, DVBl. 2006, 269 (274); *Burgi*, NVwZ 23/2018, Editorial.

[702] *Kaufhold*, in: Schmidt/Wollenschläger (Hrsg.), Kompendium Öffentliches Wirtschaftsrecht, 5. Aufl. 2019, § 14 Rn. 1; zu den volkswirtschaftlichen Funktionen des Finanzsystems im Einzelnen a.a.O., Rn. 2ff.; ausführlich zu den Aufgaben und Zielen der Bankenaufsicht *Ohler*, in: Ehlers/Fehling/Pünder (Hrsg.), Besonderes Verwaltungsrecht, Bd. 1, 4. Aufl. 2019, § 32 Rn. 12ff.

zen für die Gesamtwirtschaft nach sich zöge.[703] Mithin trägt der Banken- und Finanzsektor den Stempel der *Systemrelevanz*, sodass dessen Regulierung unter den dieser Untersuchung zugrunde gelegten „Regulierungsbegriff II" fällt. Wie die europäische und nationale Finanzaufsicht organisiert ist, soll in einem Überblick konturiert werden (a)). Auf dessen Grundlage ist die Unabhängigkeit der zuständigen Stellen zu untersuchen (b)).

a) Überblick: Finanzaufsicht im europäischen Verbund

Kennzeichnend für den Finanzsektor ist die Aufsicht im europäischen Verbund.[704] Die Architektur des Aufsichtssystems hat sich, bedingt durch die EU-Integration und Globalisierungstendenzen, insbesondere aber durch die Erfahrungen aus Finanzkrisen wie derjenigen von 2007 bis 2009, von der nationalen zunehmend auf die supranationale Ebene verschoben.[705] Zur Intensivierung der Koordination der Aufsicht durch die nationalen Behörden schuf die Union mit der Europäischen Bankenaufsichtsbehörde (EBA), der Europäischen Aufsichtsbehörde für das Versicherungswesen und die betriebliche Altersversorgung (EIOPA) und der Europäischen Wertpapier- und Marktaufsichtsbehörde (ESMA) die Europäischen Aufsichtsbehörden (European Supervisory Authorities – ESAs).[706] Daneben wurden zur Makroaufsicht über das Finanzsystem in seiner Gesamtheit der Europäische Ausschuss für Systemrisiken (ESRB) sowie als deutsches Pendant der Ausschuss für Finanzstabilität (AFS) installiert,[707] die allerdings nur unverbindliche Warnungen und Empfehlungen abgeben können[708].[709] Gemeinsam mit den Auf-

---

[703] Vgl. BVerfGE 124, 235 (246 f.); BT-Drs. 3/1114, S. 19 (Begründung zum Regierungsentwurf des KWG); *Kaufhold*, in: Schmidt/Wollenschläger (Hrsg.), Kompendium Öffentliches Wirtschaftsrecht, 5. Aufl. 2019, § 14 Rn. 6 m. w. N.; *Röhl*, in: Fehling/Ruffert (Hrsg.), Regulierungsrecht, 2010, § 18 Rn. 7, 9 ff.

[704] Zur Europäischen Verbundverwaltung s. noch näher unter Kapitel 3, B.II.3.

[705] Vgl. *Kaufhold*, in: Schmidt/Wollenschläger (Hrsg.), Kompendium Öffentliches Wirtschaftsrecht, 5. Aufl. 2019, § 14 Rn. 10 f. (mit historischem Abriss des Finanz- und Börsenaufsichtsrechts), 55 ff. (u. a. auch zur Vermeidung der Gefahr einer „Aufsichtsarbitrage"); *Ohler*, in: Ehlers/Fehling/Pünder (Hrsg.), Besonderes Verwaltungsrecht, Bd. 1, 4. Aufl. 2019, § 32 Rn. 5; *Groß*, Die Verwaltung 47 (2014), 197 (209 ff.); näher zur Entwicklung der europäischen Finanzmarktaufsicht *van Aaken*, in: Möllers/Voßkuhle/Walter (Hrsg.), Internationales Verwaltungsrecht, 2007, S. 219 (237 ff.); *Lehmann*, in: Gramlich/Manger-Nestler (Hrsg.), Europäisierte Regulierungsstrukturen und -netzwerke, 2011, S. 131 (133 ff.).

[706] *Kämmerer*, NVwZ 2011, 1281 (1281 f.); *Kaufhold*, in: Schmidt/Wollenschläger (Hrsg.), Kompendium Öffentliches Wirtschaftsrecht, 5. Aufl. 2019, § 14 Rn. 77.

[707] Vgl. Art. 1 ESRB-VO (EU) 1092/2010 bzw. § 2 FinStabG.

[708] Vgl. Art. 16 ESRB-VO (EU) 1092/2010 bzw. § 3 FinStabG.

sichtsbehörden der Mitgliedstaaten bilden ESAs und ESRB das Europäische System der Finanzaufsicht (European System of Financial Supervision – ESFS).[710]

Den aktuellen Schlusspunkt der Entwicklung einer gemeinsamen Finanzaufsicht setzt aus deutscher Sicht die Mitgliedschaft in der *Europäischen Bankenunion*, die auf drei Säulen fußt: dem Einheitlichen Aufsichtsmechanismus (Single Supervisory Mechanism), dem Einheitlichen Abwicklungsmechanismus (Single Resolution Mechanism) für in ihrem Bestand gefährdete Banken sowie dem Einheitlichen Regelwerk (Single Rule Book) mit für alle Institute verbindlichen Regelungen, zu denen insbesondere die harmonisierten Vorschriften zur Einlagensicherung gehören.[711] Paradigmatisch soll am Beispiel des Einheitlichen Aufsichtsmechanismus das Zusammenspiel in der Europäischen Bankenunion skizziert werden, um die beteiligten Akteure und Verbundstrukturen anschließend hinsichtlich ihrer Unabhängigkeit analysieren zu können.[712]

Die rechtliche Grundlage für den *Einheitlichen Aufsichtsmechanismus* bildet die Single Supervisory Mechanism-Verordnung (SSM-VO).[713] Sie beansprucht Geltung für die Eurozone und diejenigen Mitgliedstaaten, die – ohne den Euro als Währung eingeführt zu haben – in enger Zusammenarbeit mit der EZB stehen (vgl. Art. 2 Nr. 1, Art. 7 SSM-VO). Die Bankenaufsicht soll prinzipiell arbeitsteilig erfolgen: Gemäß Art. 4 Abs. 1, 2 i. V. m. Art. 6 Abs. 4

---

709 *Kaufhold*, in: Schmidt/Wollenschläger (Hrsg.), Kompendium Öffentliches Wirtschaftsrecht, 5. Aufl. 2019, § 14 Rn. 11, 80, 103; *R. Schmidt*, a. a. O., § 5 Rn. 67 f.; näher zum ESRB s. noch *Kaufhold*, Die Verwaltung 46 (2013), 21 ff.

710 *Kämmerer*, NVwZ 2011, 1281 (1281 f.); *R. Schmidt*, in: Schmidt/Wollenschläger (Hrsg.), Kompendium Öffentliches Wirtschaftsrecht, 5. Aufl. 2019, § 5 Rn. 67; *Augsberg*, in: Ehlers/Fehling/Pünder (Hrsg.), Besonderes Verwaltungsrecht, Bd. 1, 4. Aufl. 2019, § 34 Rn. 27; *Hakenberg*, in: K. Weber (Hrsg.), Rechtswörterbuch, 27. Edition 2021, Stichwort „Europäisches System der Finanzaufsicht"; Rechtsgrundlagen für die europäischen Institutionen des ESFS sind die VO (EU) 1092–1095/2010 v. 24.11.2010, ABl. 2010, L 331/1–119.

711 Vgl. *Hakenberg*, in: K. Weber (Hrsg.), Rechtswörterbuch, 27. Edition 2021, Stichwort „Bankenunion"; *Kaufhold*, in: Schmidt/Wollenschläger (Hrsg.), Kompendium Öffentliches Wirtschaftsrecht, 5. Aufl. 2019, § 14 Rn. 11; zur Europäischen Bankenunion im Ganzen einführend etwa *Waldhoff/Dieterich*, EWS 2013, 72 ff.; *Peters*, WM 2014, 396 ff.

712 S. zum Einheitlichen Abwicklungsmechanismus bündig *Kaufhold*, in: Schmidt/Wollenschläger (Hrsg.), Kompendium Öffentliches Wirtschaftsrecht, 5. Aufl. 2019, § 14 Rn. 13, 72 ff.; ausführlich *Benzing*, in: Binder/Glos/Riepe (Hrsg.), Handbuch Bankenaufsichtsrecht, 2. Aufl. 2020, § 14 Rn. 1 ff.; zur Europäischen Bankenunion insgesamt s. bereits die Nachweise in Fn. 711.

713 Verordnung (EU) 1024/2013 des Rates v. 15.10.2013 zur Übertragung besonderer Aufgaben im Zusammenhang mit der Aufsicht über Kreditinstitute auf die Europäische Zentralbank, ABl. 2013, L 287/63.

SSM-VO beaufsichtigt die EZB die „bedeutenden“ Kreditinstitute unmittelbar selbst und kann darüber hinaus zur Gewährleistung der kohärenten Anwendung hoher Aufsichtsstandards auch die Aufsicht über sonstige Institute übernehmen (Art. 6 Abs. 5 lit. b SSM-VO).[714] Aus Art. 6 Abs. 6 SSM-VO geht hervor, dass im Übrigen die direkte Aufsicht grundsätzlich bei den nationalen Behörden verbleibt.[715] Auf die umstrittene Frage, ob die mitgliedstaatlichen Instanzen ihre bankenaufsichtlichen Aufgaben und Befugnisse kraft originärer Kompetenz oder nur aufgrund der Rückdelegation einer ausschließlichen Kompetenz der EZB wahrnehmen,[716] kommt es vorliegend nicht weiter an.

In Deutschland ist die Finanzaufsicht umfassend bei der Bundesanstalt für Finanzdienstleistungsaufsicht (BaFin) konzentriert.[717] Die genauen Gegenstände ihrer Aufsicht finden sich nach Maßgabe des § 4 Abs. 1 FinDAG in den einzelnen Fachgesetzen, u. a. dem Kreditwesengesetz (KWG), dem Versicherungsaufsichtsgesetz (VAG) sowie dem Wertpapierhandelsgesetz

---

[714] Zu den bedeutenden Banken gehören gemäß Art. 6 Abs. 4 UAbs. 2 SSM-VO u. a. solche mit einem Gesamtwert der Aktiva über 30 Milliarden Euro oder wenn die Aktiva im Gesamtwert von über 5 Milliarden Euro höher sind als 20 Prozent des Bruttoinlandsprodukts im Sitzstaat; s. näher *Kaufhold*, in: Schmidt/Wollenschläger (Hrsg.), Kompendium Öffentliches Wirtschaftsrecht, 5. Aufl. 2019, § 14 Rn. 59; *Glos/Benzing*, in: Binder/Glos/Riepe (Hrsg.), Handbuch Bankenaufsichtsrecht, 2. Aufl. 2020, § 2 Rn. 22 ff.

[715] Allerdings entscheidet die EZB stets über die Zulassung von Kreditinstituten und den Entzug ihrer Erlaubnis, Art. 4 Abs. 1 lit. a) i. V. m. Art. 6 Abs. 4 UAbs. 1 S. 1 SSM-VO, und kann – bis hin zu einem Selbsteintrittsrecht – auf die nationalen Verfahren einwirken, sodass sie letztlich eine indirekte Aufsicht ausübt, vgl. *Kaufhold*, in: Schmidt/Wollenschläger (Hrsg.), Kompendium Öffentliches Wirtschaftsrecht, 5. Aufl. 2019, § 14 Rn. 60; eingehend zum Modus der Bankenaufsicht im SSM s. auch *Ohler*, Bankenaufsicht und Geldpolitik in der Währungsunion, 2015, § 5.

[716] Das EuG nahm in seinem Urteil v. 16.5.2017, Rs. T-122/15, EU:T:2017:337, Rn. 54, 63 und 72 – Landeskreditbank Baden-Württemberg/EZB eine ausschließliche Kompetenz der Union an, sodass die Aufgaben und Befugnisse der nationalen Aufsichtsbehörden nur derivative seien; der EuGH bestätigte mit Urteil vom 8.5.2019, Rs. C-450/17 P, EU:C:2019:372 die Auffassung des EuG (Rn. 49), betonte allerdings zugleich, dass die nationalen zuständigen Behörden die Aufgaben bezüglich der „weniger bedeutenden“ Kreditinstitute wahrnehmen und für die Annahme aller einschlägigen Aufsichtsbeschlüsse verantwortlich sind (Rn. 40); das BVerfG (Urt. v. 30.7.2019, BVerfGE 151, 202 [317 ff.] Rn. 183 ff. m. w. N. – Europäische Bankenunion) geht – unter Rekurs auf das EuGH-Urteil – stattdessen von einer originären mitgliedstaatlichen Kompetenz aus und hält eine nur teilweise rückdelegierte unionale Zuständigkeit im Bereich der Bankenaufsicht für verfassungswidrig.

[717] Vgl. *Stern*, in: Festschrift für P. Selmer, 2004, S. 519 (519); *Ohler*, in: Ehlers/Fehling/Pünder (Hrsg.), Besonderes Verwaltungsrecht, Bd. 1, 4. Aufl. 2019, § 32 Rn. 30: „Allfinanzaufsicht“; *Kaufhold*, in: Schmidt/Wollenschläger (Hrsg.), Kompendium Öffentliches Wirtschaftsrecht, 5. Aufl. 2019, § 14 Rn. 81 f.; zur Entstehungsgeschichte der BaFin s. etwa *Fekonja*, BaFin-Verlautbarungen, 2014, S. 34 f.

(WpHG).[718] Gemäß § 1 Abs. 1 Satz 1 FinDAG wurde die BaFin im Geschäftsbereich des Bundesministeriums der Finanzen (BMF) als bundesunmittelbare, rechtsfähige Anstalt des öffentlichen Rechts errichtet. Die Schaffung einer solchen Institution erfordert allerdings nach Art. 87 Abs. 3 Satz 1 GG, dass die ihr obliegenden Aufgaben zentral zu erfüllen sind.[719] Nach ganz überwiegender Auffassung ist damit die Einrichtung eines Verwaltungsunterbaus bzw. von Außenstellen nicht vereinbar.[720] Der BaFin ist es also verwehrt, mit eigenen Verwaltungseinheiten direkt vor Ort ihrer Aufsichtstätigkeit nachzugehen. Um diese organisatorische Beeinträchtigung zu kompensieren, zieht die BaFin auf Basis des § 4 Abs. 3 FinDAG zum einen insbesondere Wirtschaftsprüfer als Verwaltungshelfer heran.[721] Zum anderen schafft § 7 KWG die Grundlage für eine Zusammenarbeit mit der Deutschen Bundesbank. Dies ermöglicht der BaFin, auf die Hauptverwaltungen und Filialen der Bundesbank zurückzugreifen, was ihre dezentrale Handlungsfähigkeit sicherstellt.[722] Dabei gebührt der Bundesbank nach § 7 Abs. 1 Satz 2 KWG vornehmlich die laufende Überwachung der Institute, bei der sie die Richtlinien der BaFin zu beachten hat (§ 7 Abs. 2 Satz 1 KWG)[723]. Resümie-

---

[718] Vgl. *Kaufhold*, in: Schmidt/Wollenschläger (Hrsg.), Kompendium Öffentliches Wirtschaftsrecht, 5. Aufl. 2019, § 14 Rn. 84 ff., die neben den oben genannten „sektoralen Finanzvorschriften" noch die CRR (Capital Requirements Regulation, VO [EU] 575/2013), die MAR (Market Abuse Regulation, VO [EU] 596/2014), die bereits angesprochene SRM-VO sowie das SAG (Sanierungs- und Abwicklungsgesetz) nennt.

[719] BVerfG, DVBl. 2009, 642 (645); aus der Lit. etwa *Suerbaum*, in: Epping/Hillgruber (Hrsg.), BeckOK GG, 49. Edition 2021, Art. 87 Rn. 28 m.w.N.; *Sachs*, in: Sachs (Hrsg.), GG, 9. Aufl. 2021, Art. 87 Rn. 65.

[720] *Suerbaum*, in: Epping/Hillgruber (Hrsg.), BeckOK GG, 49. Edition 2021, Art. 87 Rn. 28.1, der zu Recht darauf hinweist, dass die Notwendigkeit der Errichtung von Außenstellen ein Indiz für eine fehlende zentrale Erfüllbarkeit darstellt; *Ibler*, in: Dürig/Herzog/Scholz (Hrsg.), GG, 95. EL 2021, Art. 87 Rn. 264; wohl auch *Sachs*, in: Sachs (Hrsg.), GG, 9. Aufl. 2021, Art. 87 Rn. 65: „jedenfalls nicht unproblematisch"; im Kontext der BaFin *F. Becker*, DÖV 2010, 909 (914); *Ohler*, in: Ehlers/Fehling/Pünder (Hrsg.), Besonderes Verwaltungsrecht, Bd. 1, 4. Aufl. 2019, § 32 Rn. 30; differenzierend zwischen einem unzulässigen „Unterbau" und zulässigen „dislozierten Außenstellen" *Hermes*, in: Dreier (Hrsg.), GG, Bd. III, 3. Aufl. 2018, Art. 87 Rn. 86; a.A. *Zacher*, Sozialpolitik und Verfassung im ersten Jahrzehnt der Bundesrepublik Deutschland, 1980, S. 88, jeweils m.w.N.

[721] *Laars*, FinDAG, 4. Online-Aufl. 2017, § 4 Rn. 5; *Ohler*, in: Ehlers/Fehling/Pünder (Hrsg.), Besonderes Verwaltungsrecht, Bd. 1, 4. Aufl. 2019, § 32 Rn. 30.

[722] *Ohler*, in: Ehlers/Fehling/Pünder (Hrsg.), Besonderes Verwaltungsrecht, Bd. 1, 4. Aufl. 2019, § 32 Rn. 30; *Kaufhold*, in: Schmidt/Wollenschläger (Hrsg.), Kompendium Öffentliches Wirtschaftsrecht, 5. Aufl. 2019, § 14 Rn. 83; s. auch *Laars*, FinDAG, 4. Online-Aufl. 2017, Einleitung Rn. 3; zur konkreten Ausgestaltung der Zusammenarbeit *F. Becker*, DÖV 2010, 909 (911 f.).

[723] Die Richtlinien ergehen nach § 7 Abs. 2 S. 2 KWG im Einvernehmen mit der Deutschen Bundesbank; hierzu auch *Stern*, in: Festschrift für P. Selmer, 2004, S. 519

rend ist festzuhalten, dass im Rahmen des Einheitlichen Aufsichtsmechanismus die Finanzaufsicht in der Bundesrepublik durch EZB, ESAs und die BaFin in Kooperation mit der Bundesbank im Verbund wahrgenommen wird.

Die weitere Untersuchung hinsichtlich des Finanzsektors konzentriert sich auf den Bereich der *Bankenaufsicht*. Im Umkehrschluss bleiben die Felder der Börsen- und Versicherungsaufsicht samt ihrer Besonderheiten bewusst ausgeklammert. Was die Börsenaufsicht betrifft, übt diese zwar auch über Träger hoheitlicher Befugnisse die Aufsicht aus, sodass Binnenkonflikte in Betracht kommen könnten: Ausweislich von § 3 Abs. 1 Satz 1 BörsG[724] nimmt die zuständige oberste Landesbehörde als Börsenaufsichtsbehörde unter anderem[725] die Aufsicht über die Börse wahr, wobei nach der Legaldefinition des § 2 Abs. 1 BörsG Börsen als teilrechtsfähige Anstalten des öffentlichen Rechts zu qualifizieren sind[726]. Allerdings ist die zuständige oberste Landesbehörde (grundsätzlich das jeweilige Landeswirtschaftsministerium des Landes, in dem die Börse ihren rechtlichen Sitz hat)[727] in den klassisch-hierarchischen Verwaltungsaufbau integriert, ohne dass das Unions- oder Bundesrecht eine unabhängige Stellung vorsieht. Für das Verhältnis von Aufsicht und Aufsichtsobjekt besteht vielmehr im Ausgangspunkt eine Rechtsaufsicht, wie sie für die funktionale Selbstverwaltung typisch ist.[728] Für die hiesige Betrachtung ist die Börsenaufsicht deshalb – genauso wie etwa die Staatsaufsicht über die Kommunen – unergiebig. Die Grundstruktur

---

(531 f.); zu dem Konflikt, wenn ein Einvernehmen nicht erzielt werden kann, s. noch näher unter Kapitel 3, B.II.2.b)bb).

724 Börsengesetz v. 16.7.2007, BGBl. I S. 1330; zuletzt geändert durch Art. 6 G zur begleitenden Ausführung der VO (EU) 2020/1503 und der Umsetzung der RL (EU) 2020/1504 v. 3.6.2021 (BGBl. I S. 1568).

725 Die Aufsicht erstreckt sich zudem auf weitere Akteure wie insbesondere die Börsenorgane und Börsenträger (§ 3 Abs. 1 S. 2 BörsG) sowie auf die Börsengeschäftsabwicklung (§ 3 Abs. 1 S. 3 BörsG).

726 S. näher zu Organisation und Struktur von Börse und Börsenträgern *Burgi*, WM 2009, 2337 (2338 ff.).

727 *Kaufhold*, in: Schmidt/Wollenschläger (Hrsg.), Kompendium Öffentliches Wirtschaftsrecht, 5. Aufl. 2019, § 14 Rn. 115.

728 *Kaufhold*, in: Schmidt/Wollenschläger (Hrsg.), Kompendium Öffentliches Wirtschaftsrecht, 5. Aufl. 2019, § 14 Rn. 122 mit Fn. 178; *Kumpan*, in: Baumbach/Hopt (Hrsg.), HGB, 40. Aufl. 2021, § 3 BörsG Rn. 3, dort auch zur Reichweite der Aufsicht im Einzelnen; vereinzelt wird sogar vom Bestehen einer Fachaufsicht ausgegangen, ohne dass dies einen nennenswerten praktischen Unterschied machen würde, vgl. *Burgi*, WM 2009, 2337 (2343): „Die im Schrifttum teilweise diskutierte Frage, ob neben einer Rechts- auch eine auf reine Zweckmäßigkeitsüberlegungen hin ausgerichtete sog. Fachaufsicht besteht, ist […] müßig. Dort, wo wie hier ein sehr weitgefasster Rechtmäßigkeitsmaßstab besteht und mithin in sehr weitem Umfang rechtsaufsichtliche Maßnahmen getroffen werden können, verliert die Unterscheidung zwischen Rechts- und Fachaufsicht […] ihre Bedeutung.“.

der Versicherungsaufsicht unterscheidet sich partiell von der Börsenaufsicht. Wie Letztere obliegt die Aufsicht über die Versicherungsunternehmen zwar den nationalen Aufsichtsbehörden, die (lediglich) durch die EIOPA harmonisiert und koordiniert wird.[729] Indes teilen sich Bund und Länder nach Maßgabe der §§ 320 ff. VAG[730] die aufsichtlichen Aufgaben, wobei im Grundsatz je nach „Einflusssphäre" des Versicherungsunternehmens (Erstreckung der Tätigkeit auf Landesgebiet oder länderübergreifend) die zuständigen Landesbehörden oder die BaFin zuständig sind.[731] Auch wenn bei der Versicherungsaufsicht ebenfalls interne Streitigkeiten aufkeimen können – beispielsweise im Rahmen der Zusammenarbeit von BaFin und Landesaufsichtsbehörden nach § 324 VAG – sind diese Konstellationen in Ermangelung einer unabhängigen Stellung der Aufsichtsakteure gleichsam nicht Gegenstand der weiteren Analyse.

b) Unabhängigkeit der einschlägigen Behörden

Die herausgehobene Bedeutung der behördlichen Unabhängigkeit im Währungs- und Finanzwesen wurde bereits betont.[732] Fraglich ist nun, inwieweit die für die Bankenaufsicht zuständigen Stellen unabhängig sind: auf unionaler Ebene die Europäische Zentralbank und die Europäischen Aufsichtsbehörden (aa)), auf nationaler die Bundesbank (bb)) und die BaFin (cc)). Parallel zu den Netzsektoren ist auch vorliegend im Rahmen der Untersuchung der Unabhängigkeit zudem das Problem der normativen Vorstrukturierung zu berücksichtigen (dd)). Im Ergebnis wird erkennbar, dass sich die im Netzregulierungsrecht beobachtbare Konvergenz des Unabhängigkeitsregimes auf den erweiterten „Regulierungsbegriff II" erstreckt (ee)).

aa) Europäische Zentralbank (und ESAs)

Die Unabhängigkeit der Europäischen Zentralbank ist positivrechtlich relativ gut abgesichert. Im Primärrecht normiert Art. 130 Satz 1 AEUV, dass die EZB und die nationalen Zentralbanken bzw. ein Mitglied ihrer Beschluss-

---

729 *Lohse*, in: Weber (Hrsg.), Rechtswörterbuch, 27. Edition 2021, Stichwort „Versicherungsaufsicht".

730 Gesetz über die Beaufsichtigung der Versicherungsunternehmen (Versicherungsaufsichtsgesetz – VAG) v. 1.4.2015, BGBl. I S. 434; zuletzt geändert durch Art. 94 PersonengesellschaftsrechtsmodernisierungsG (MoPeG) v. 10.8.2021 (BGBl. I S. 3436).

731 Vgl. *Laars/Both*, VAG, 4. Online-Aufl. 2017, § 320 Rn. 2 f.; *Lohse*, in: Weber (Hrsg.), Rechtswörterbuch, 27. Edition 2021, Stichwort „Versicherungsaufsicht".

732 Zu den Gründen für eine unabhängige Ausgestaltung s. ausführlich unter Kapitel 2, B.III.1.

organe bei der Wahrnehmung der ihnen durch die Verträge und die E(S)ZB-Satzung übertragenen Befugnisse, Aufgaben und Pflichten keine Weisungen von Organen, Einrichtungen oder sonstigen Stellen der Union oder von mitgliedstaatlichen Regierungen oder anderen Stellen einholen oder entgegennehmen dürfen. Nach Satz 2 verpflichten sich diese Stellen zur Beachtung des Unabhängigkeitsgrundsatzes und zum Unterlassen von Beeinflussungsversuchen gegenüber den Mitgliedern der jeweiligen Beschlussorgane bei der Wahrnehmung ihrer Aufgaben.

Sachlich erstreckt sich die Garantie auf das Tätigwerden im Rahmen des Europäischen Systems der Zentralbanken (ESZB).[733] Dessen vorrangiges Ziel ist ausweislich des Art. 127 Abs. 1 Satz 1 AEUV, die Preisstabilität zu gewährleisten. Zu seinen grundlegenden Aufgaben gehören nach Art. 127 Abs. 2 AEUV die Festlegung und Ausführung der *Geldpolitik* der Union, die Durchführung von Devisengeschäften, die Verwaltung der offiziellen Währungsreserven der Mitgliedstaaten und die Förderung des reibungslosen Funktionierens der Zahlungssysteme. Der hohe Stellenwert der Unabhängigkeit der EZB kommt auch durch ihre Mehrfachnormierung zum Ausdruck: Neben der Bezugnahme auf Art. 130 AEUV in Art. 7 der EZB-Satzung erklärt Art. 282 Abs. 3 Satz 3 AEUV die Zentralbank in der Ausübung ihrer Befugnisse und der Verwaltung ihrer Mittel ebenfalls für unabhängig.[734] Zudem wiederholt auch Art. 88 Satz 2 GG die Unabhängigkeitsgarantie der EZB, ohne jedoch inhaltlich über die unionsrechtliche Gewährleistung hinauszugehen.[735]

Für ihre *aufsichtliche Tätigkeit* im Rahmen des Einheitlichen Aufsichtsmechanismus stattet Art. 19 SSM-VO die EZB mit Unabhängigkeit aus. Nach dessen Absatz 1 handeln die EZB und die nationalen zuständigen Behörden bei der Wahrnehmung der der EZB durch die Verordnung übertragenen Aufgaben unabhängig (Satz 1). Die Mitglieder des Aufsichtsgremiums und des Lenkungsausschusses sind unabhängig gestellt; sie dürfen von den Unions-

---

733 *Häde*, in: Calliess/Ruffert (Hrsg.), EUV/AEUV, 6. Aufl. 2022, Art. 130 AEUV Rn. 17; *Griller*, in: Grabitz/Hilf/Nettesheim (Hrsg.), Das Recht der Europäischen Union, 74. EL 2021, Art. 130 AEUV Rn. 5.

734 *Griller*, in: Grabitz/Hilf/Nettesheim (Hrsg.), Das Recht der Europäischen Union, 74. EL 2021, Art. 130 AEUV Rn. 2; die Beschränkung des Wortlauts auf die Ausübung der Befugnisse und die Verwaltung der Mittel bedeutet richtigerweise keine Einschränkung von Art. 130 AEUV, vgl. *Häde*, in: Calliess/Ruffert (Hrsg.), EUV/AEUV, 6. Aufl. 2022, Art. 130 AEUV Rn. 4 sowie *Häde*, a.a.O., Art. 282 AEUV Rn. 46; a.A. etwa *Gramlich/Manger-Nestler*, Kreditwesen 2005, 478 (481); Art. 282 Abs. 3 S. 4 AEUV verpflichtet wiederum ergänzend die Stellen der Union und die Regierungen der Mitgliedstaaten zur Achtung der Unabhängigkeit.

735 Zur verfassungsrechtlichen Unabhängigkeitsgarantie der EZB s. bereits unter Kapitel 2, B.II.2.a).

organen und -einrichtungen, von der Regierung eines Mitgliedstaats oder von öffentlichen oder privaten Stellen keine Weisungen anfordern und entgegennehmen (Satz 2). Art. 19 Abs. 2 SSM-VO hält alle Einrichtungen zur Achtung dieser Unabhängigkeit an. Die EZB in ihrer Funktion als Aufsichtsbehörde ist also jedenfalls kraft Sekundärrechts unabhängig gestellt. Entsprechendes gilt für die Europäischen Aufsichtsbehörden.[736]

Fraglich ist demgegenüber, ob die sich aus *Art. 130 AEUV ergebende Unabhängigkeit auch für die Aufsichtstätigkeit* Geltung beansprucht, welche der EZB durch die auf der Grundlage von Art. 127 Abs. 6 AEUV erlassene SSM-Verordnung zugewiesen wurde. Dies ist insofern zum einen nicht unerheblich, als bei einer Verankerung im Unionsprimärrecht beispielsweise die Abänderbarkeit der Vorschrift wesentlich erschwert wäre (vgl. Art. 48 EUV).[737] Zum anderen ist der Umstand für die Frage von Relevanz, ob Art. 19 SSM-VO seinerseits überhaupt primärrechtskonform und mit dem integrationsfesten Kern des Grundgesetzes (Art. 23 Abs. 1 Satz 3 i.V.m. Art. 79 Abs. 3 GG) vereinbar ist. Teile der Literatur erstrecken die primärrechtliche Gewährleistung auch auf die Rolle der EZB als Finanzaufsichtsbehörde.[738] Die Ermächtigung des Art. 127 Abs. 6 AEUV lasse bei systematischer Betrachtung keine Abkehr von der Unabhängigkeitsgarantie des Art. 130 AEUV zu – eine solche ließe sich nur durch eine Änderung des Primärrechts herbeiführen.[739] Die Gegenansicht dehnt Art. 130 AEUV dagegen nicht auf die Aufsicht über die Finanzinstitute aus.[740] Angemeldet werden vor allem Bedenken im Hinblick auf die Vereinbarkeit unabhängiger Finanzaufsichtsbehörden mit dem Demokratieprinzip.[741] Während zwischen der Unabhängigkeit der Zentralbank und der Währungsstabilität ein empi-

---

[736] Für die EBA Art. 42 VO (EU) 1093/2010; für die EIOPA Art. 42, 46, 49, 52, 59 VO (EU) 1094/2010; für die ESMA Art. 42, 46, 49, 52, 59 VO (EU) 1095/2010.

[737] Vgl. *Zilioli*, in: von der Groeben/Schwarze/Hatje (Hrsg.), Europäisches Unionsrecht, 7. Aufl. 2015, Art. 130 AEUV Rn. 21, dort auch zu weiteren Unterschieden.

[738] *Zilioli*, in: von der Groeben/Schwarze/Hatje (Hrsg.), Europäisches Unionsrecht, 7. Aufl. 2015, Art. 130 AEUV Rn. 22; *Wolfers/Voland*, CMLR 51 (2014), 1463 (1487).

[739] Auf diesen systematischen Aspekt hinweisend *Herdegen*, WM 2012, 1889 (1894); ebenso *Dinov*, EuR 2013, 593 (606); beide sprechen sich indes vor diesem Hintergrund gegen eine Betrauung der EZB mit der Aufgabe der Bankenaufsicht aus.

[740] Vgl. *Häde*, in: Calliess/Ruffert (Hrsg.), EUV/AEUV, 6. Aufl. 2022, Art. 130 AEUV Rn. 18 m.w.N.; *Griller*, in: Grabitz/Hilf/Nettesheim (Hrsg.), Das Recht der Europäischen Union, 74. EL 2021, Art. 130 AEUV Rn. 29f.; *Kempen*, in: Streinz (Hrsg.), EUV/AEUV, 3. Aufl. 2018, Art. 130 AEUV Rn. 8; *Siekmann*, in: Siekmann (Hrsg.), Kommentar zur Europäischen Währungsunion, 2013, Art. 130 AEUV Rn. 107, 110; *Kämmerer/Starski*, ZG 2013, 318 (328).

[741] Hierzu näher *Häde*, EuZW 2011, 662 (663 ff.); *Waldhoff/Dieterich*, EWS 2013, 72 (79); s. auch *Herdegen*, WM 2012, 1889 (1894 f.).

risch nachweisbarer Zusammenhang bestehe, die eine Durchbrechung des Demokratieprinzips rechtfertige, treffe dies auf die Bankenaufsicht nicht zu. Es fehle „an einer Spannung zwischen dem Stabilitätsinteresse und kurzfristigen politischen Renditen, wie sie bei der Steuerung der Geldmenge als währungshoheitlicher Aufgabe der EZB kennzeichnend ist".[742] Wenngleich ein Verstoß gegen Unionsprimärrecht, speziell gegen das europäische Demokratieprinzip, nicht zu befürchten sein dürfte,[743] hat das BVerfG in nationaler Perspektive Abstriche bei den Anforderungen an die demokratische Legitimation im Zusammenhang mit der Geldpolitik gebilligt, zugleich aber der Übertragung auf andere Politikbereiche eine Absage erteilt.[744] Ob dies allerdings der Einrichtung einer unabhängigen europäischen Finanzaufsicht generell entgegensteht, ist zweifelhaft. Ein hinreichendes Legitimationsniveau kann – gegebenenfalls erst durch zusätzliche kompensierende Faktoren wie begleitende Kontrollgremien – auch erreicht werden, wenn verfassungsrechtlich legitime Gründe die Unabhängigkeit einer Institution erfordern.[745] Auch für den Aufsichtsbereich lassen sich gute Gründe zugunsten einer Unabhängigstellung der Behörden anführen, die zum Teil an diejenigen im Bereich der Währungs- und Geldpolitik erinnern.[746] So kann das Bestreben der Aufsicht, für die Stabilität von Banken und des Finanzsystems zu sorgen, insgesamt etwa durch kurzfristige, tagespolitisch motivierte Einflüsse gefährdet werden. Ein Indiz dafür, dass die Unabhängigkeit einer effektiven Bankenaufsicht zuträglich ist, dürfte nicht zuletzt der internationale Vergleich sein, der eine globale Dominanz unabhängiger Finanzaufsichtsbehörden erkennen lässt.[747] Nunmehr hat auch das BVerfG die Vereinbarkeit der Europäischen

---

[742] *Herdegen*, WM 2012, 1889 (1894), dort auch das Zitat; dem folgend *Dinov*, EuR 2013, 593 (606).

[743] Vgl. *Kempen*, in: Streinz (Hrsg.), EUV/AEUV, 3. Aufl. 2018, Art. 130 AEUV Rn. 5; s. aber *Gormley/de Haan*, ELR 1996, 95 ff.; allgemein zur Vereinbarkeit unabhängiger Stellen mit dem unionsrechtlichen Demokratieprinzip s. unter Kapitel 2, B.II.1.a); zur Zulässigkeit einer unabhängigen Finanzaufsicht im Lichte der Meroni-Rechtsprechung des EuGH vgl. *Häde*, EuZW 2011, 662 (663 f.).

[744] BVerfGE 89, 155 (209) – Maastricht; bestätigend BVerfGE 134, 366 (399 f.) – OMT-Beschluss.

[745] BVerfGE 151, 202 (292) Rn. 131 m.w.N. – Europäische Bankenunion; s. hierzu bereits ausführlich Kapitel 2, B.II.1.b)bb); am Beispiel der Netzregulierung *Trute*, in: Hoffmann-Riem/Schmidt-Aßmann/Voßkuhle (Hrsg.), Grundlagen des Verwaltungsrechts, Bd. I, 2. Aufl. 2012, § 6 Rn. 68; im vorliegenden Kontext der Bankenaufsicht *Häde*, EuZW 2011, 662 (664).

[746] *Zilioli*, in: von der Groeben/Schwarze/Hatje (Hrsg.), Europäisches Unionsrecht, 7. Aufl. 2015, Art. 130 AEUV Rn. 18; deutliches Plädoyer für eine unabhängige Finanzdienstleistungsaufsicht auch bei *Forkel*, ZRP 2011, 100 (100 ff.); vgl. auch *Häde*, EuZW 2011, 662 (664 f.); *Blumer*, Bankenaufsicht und Bankenprüfung, 1996, S. 85.

[747] *Häde*, EuZW 2011, 662 (665): „Deutschland gehört zu der abnehmenden Zahl von Staaten, die ihrer Aufsichtsbehörde die Unabhängigkeit noch vorenthalten.".

Bankenunion mit dem Grundgesetz in seinem Urteil vom 30. Juli 2019 – wenn auch mit Bauchschmerzen – höchstrichterlich bestätigt.[748] Die den Bankenaufsichts- und Bankenabwicklungsbehörden durch die SSM- und SRM-Verordnung verliehene Unabhängigkeit verletze in ihrer konkreten Ausgestaltung zumindest den durch Art. 79 Abs. 3 GG geschützten Kern des Demokratieprinzips nicht.[749] In Bezug auf die der SSM-Verordnung zugrunde liegende unabhängige Ausgestaltung der europäischen Bankenaufsicht werden die zusätzlichen Vorkehrungen, welche eine Absenkung der demokratischen Legitimation verlangt, sowohl bei der EZB als auch bei BaFin und Bundesbank dank der Rechtsschutzmöglichkeiten, parlamentarischen Informationsrechte und der vorhandenen organisatorisch-personellen sowie sachlich-inhaltlichen Legitimation von den Richtern für ausreichend erachtet.[750] Mit Blick auf die SRM-Verordnung hält das Verfassungsgericht die kompensierenden Elemente zwar nur für teilweise ausreichend und arbeitet die demokratischen Bedenken deutlich heraus.[751] Dennoch würden – wie sich aus einer Gesamtschau ergebe – die unverbrüchlichen Grundsätze der Art. 20 Abs. 1, 2 i.V.m. 79 Abs. 3 GG durch die Einflussknicke dank der vorhandenen Sicherungsmechanismen nicht berührt, wenn deren Auslegung und Anwendung im Lichte des Demokratieprinzips erfolgt und die Möglichkeiten einer parlamentarisch-demokratischen Rückkoppelung voll ausgeschöpft werden.[752]

Insgesamt ist es überzeugender, einer unabhängigen Bankenaufsicht bereits *Primärrechtsrang* zu verleihen. Art. 130 AEUV differenziert systematisch nicht zwischen den unterschiedlichen Funktionen der Zentralbanken, sondern erstreckt die Unabhängigkeit auf alle durch die Verträge und die E(S)ZB-Satzung übertragenen Befugnisse, Aufgaben und Pflichten. Da die SSM-Verordnung ihre Ermächtigung und somit ihren Ausgangspunkt in Art. 127 Abs. 6 AEUV findet, handelt es sich auch bei der Bankenaufsicht

---

748 BVerfGE 151, 202 – Europäische Bankenunion; zu den allgemeinen Aussagen des Urteils zum Demokratieprinzip s. bereits unter Kapitel 2, B.II.1.b)bb).

749 BVerfGE 151, 202 (327ff., 337ff.) Rn. 207ff., 231ff. – Europäische Bankenunion.

750 BVerfGE 151, 202 (327ff., 333ff.) Rn. 207ff., 219ff. – Europäische Bankenunion.

751 BVerfGE 151, 202 (354ff., 361f.) Rn. 267ff., 291 – Europäische Bankenunion; prägnant a.a.O., Rn. 284: „Die Tätigkeit des einheitlichen Abwicklungsmechanismus ist von erheblicher politischer Tragweite […], so dass die Anordnung ihrer Unabhängigkeit zu einer empfindlichen Absenkung des demokratischen Legitimationsniveaus führt. Das gilt zumal mit Blick auf die Kumulation mit anderen Einflussknicken […], die eine strikte Gesetzesbindung zumindest erschweren".

752 BVerfGE 151, 202 (362) Rn. 292 – Europäische Bankenunion; näher *Ludwigs/Pascher/Sikora*, EWS 2020, 1 (7); s. hierzu auch bereits unter Kapitel 2, B.II.1.b)bb).

letztlich um eine „durch die Verträge" übertragene Aufgabe[753]. Aufgrund der sich zumindest teilweise überschneidenden Motive, die für eine Unabhängigkeit in beiden Bereichen sprechen, legen zudem teleologische Erwägungen nahe, die unabhängige Bankenaufsicht wie bei der Geldpolitik ebenfalls im Primärrecht anzusiedeln. Die von der Gegenauffassung geltend gemachten Einwände mit Blick auf das Demokratieprinzip vermögen an dieser Verortung nichts zu ändern, zumal das BVerfG im vorstehend skizzierten Bankenunion-Urteil die grundsätzliche Verfassungskonformität des bestehenden Systems letztverbindlich bejaht hat.

Selbst wenn man aber davon ausgeht, dass das Primärrecht der Bankenaufsicht keine Unabhängigkeit bescheinigt, ist daraus nicht notwendigerweise auf die Primärrechtswidrigkeit von Art. 19 SSM-VO zu schließen. Aufgrund der leichteren Abänderbarkeit einer lediglich sekundärrechtlich normierten Gewährleistung erscheint es vertretbar, die Anforderungen an die demokratische Legitimation zu reduzieren.[754] Auch leuchtet nicht ein, warum für die Bankenaufsicht etwas anderes gelten sollte als für die sektorspezifische Netzregulierung. Wie bereits festgestellt, hält die dort sekundärrechtlich angeordnete Unabhängigkeit der nationalen Regulierungsbehörden einer unionsprimär- und verfassungsrechtlichen Überprüfung stand.[755] Im Ergebnis sind jedenfalls auch inhaltlich keine nennenswerten Unterschiede zwischen den beiden normhierarchischen Abstufungen festzustellen: Art. 130 AEUV und Art. 19 SSM-VO gewährleisten bezüglich der Unabhängigkeit trotz des nicht vollkommen deckungsgleichen Wortlauts in der Regel einheitliche Schutzstandards.[756]

bb) Bundesbank

Für den *Bereich der Währungs- und Geldpolitik* sowie ihrer Mitwirkung im ESZB genießt die Bundesbank ebenfalls den Schutz der Art. 130 AEUV und Art. 7 EZB-Satzung.[757] Eine (jedenfalls unmittelbare) verfassungsrechtliche Verpflichtung, die Bundesbank unabhängig auszugestalten, entnimmt die

---

[753] Freilich wird auch in anderen Bestimmungen, etwa in Art. 258 Abs. 1 AEUV, durch den Rekurs auf die „Verträge" das Sekundärrecht miteinbezogen.

[754] *Häde*, in: Calliess/Ruffert (Hrsg.), EUV/AEUV, 6. Aufl. 2022, Art. 130 AEUV Rn. 18; näher *Häde*, EuZW 2011, 662 (664 f.); kritisch aber *Thiele*, Finanzaufsicht, 2014, S. 429 ff.

[755] S. hierzu bereits ausführlich unter Kapitel 2, B.I.2. und B.II.1.

[756] So auch *Zilioli*, in: von der Groeben/Schwarze/Hatje (Hrsg.), Europäisches Unionsrecht, 7. Aufl. 2015, Art. 130 AEUV Rn. 22, die zudem darauf hinweist, dass dieselbe Person in Personalunion geldpolitische und aufsichtliche Ämter bekleiden kann und in diesem Fall ohnehin der höhere Standard Anwendung findet.

[757] *Berger/Rübsamen*, Bundesbankgesetz, 2. Aufl. 2014, § 12 Rn. 10, 12.

überwiegende Auffassung Art. 88 GG indes nicht.[758] Auf einfachgesetzlicher Ebene statuiert § 12 Satz 1 BBankG allerdings, dass die Deutsche Bundesbank bei der Ausübung der ihr nach dem Bundesbankgesetz zustehenden Befugnisse von Weisungen der Bundesregierung unabhängig ist. Dies betrifft nach § 3 Sätze 1, 2 BBankG insbesondere ihre Aufgaben im Bereich der Währungs- und Geldpolitik im Rahmen des ESZB. Für ihre *Tätigkeit als Bankenaufsichtsbehörde*, namentlich der laufenden Überwachung gemäß § 7 KWG, verbleibt es hingegen beim Regelfall der Weisungsabhängigkeit.[759] Insoweit steht das nationale Recht in Widerspruch zu Art. 19 Abs. 2 SSM-VO, wonach u.a. die Regierungen der Mitgliedstaaten die in Absatz 1 skizzierte Unabhängigkeit zu achten haben.

Ob § 12 Satz 1 BBankG in dessen Anwendungsbereich, also der Währungs- und Geldpolitik, mit der unionsrechtlichen Unabhängigkeitsvorgabe in Einklang steht, hängt von der Reichweite des zugrunde liegenden Begriffsverständnisses ab. Einigkeit herrscht dahingehend, dass § 12 Satz 1 BBankG jedenfalls einer Fachaufsicht entgegensteht.[760] Ob die Vorschrift hingegen auch eine Rechtsaufsicht ausschließt, wird uneinheitlich beurteilt.[761] Befürworter einer Rechtsaufsicht der Bundesregierung über die Bundesbank[762] rekurrieren auf die Organisation als Anstalt des öffentlichen Rechts, die einer allgemeinen Rechtsaufsicht unterstehe. Zum einen verbiete § 12 Satz 1 BBankG lediglich die Fachaufsicht, zum anderen sei die Vorschrift auf den Aufgabenbereich des BBankG beschränkt.[763] Die Gegenansicht[764] argumentiert ebenfalls im Wesentlichen mit der Rechtsnatur der Bundesbank,

---

[758] Zu diesem Streitstand s. bereits unter Kapitel 2, B.II.2.b) mit den entsprechenden Nachweisen.

[759] *Berger/Rübsamen*, Bundesbankgesetz, 2. Aufl. 2014, § 12 Rn. 11 m.w.N.; *Haug*, in: Schimansky/Bunte/Lwowski (Hrsg.), Bankrechts-Handbuch, 5. Aufl. 2017, § 123 Rn. 23.

[760] *Brosius-Gersdorf*, Deutsche Bundesbank und Demokratieprinzip, 1997, S. 169; *Berger/Rübsamen*, Bundesbankgesetz, 2. Aufl. 2014, § 12 Rn. 10.

[761] Guter Überblick zum Streitstand bei *Brosius-Gersdorf*, Bundesbank und Demokratieprinzip, 1997, S. 169f.

[762] *Wolff/Bachof/Stober/Kluth*, Verwaltungsrecht II, 7. Aufl. 2010, § 86 Rn. 21; *Irrgang*, Die Rechtsnatur der Deutschen Bundesbank, 1969, S. 97ff.; *von Bonin*, Zentralbanken zwischen funktioneller Unabhängigkeit und politischer Autonomie, 1979, S. 186ff.; *Breuer*, VVDStRL 44 (1986), 211 (239).

[763] Vgl. *von Bonin*, Zentralbanken zwischen funktioneller Unabhängigkeit und politischer Autonomie, 1979, S. 188.

[764] *Berger/Rübsamen*, Bundesbankgesetz, 2. Aufl. 2014, § 12 Rn. 10; *Gaugenrieder*, Die rechtliche Stellung der deutschen Zentralnotenbank im Staatsgefüge in Geschichte und Gegenwart, 1960, S. 111ff.; *Uhlenbruck*, Die verfassungsmäßige Unabhängigkeit der Deutschen Bundesbank und ihre Grenzen, 1968, S. 32f., 40f.; s. zudem die weiteren Nachweise bei *Brosius-Gersdorf*, Deutsche Bundesbank und Demokratieprinzip, 1997, S. 169f. unter Fn. 73.

nimmt dabei allerdings eine andere Einordnung vor. § 2 Satz 1 BBankG qualifiziert die Bundesbank als bundesunmittelbare juristische Person des öffentlichen Rechts. Es handle sich aber um eine lediglich anstaltsähnliche Einrichtung oder eine juristische Person *sui generis*, für die keine Rechtsaufsicht bestehe.[765] Zudem würden Wortlaut und Telos von Art. 88 GG den Ausschluss der Rechtsaufsicht ebenso nahelegen[766] wie § 29 Abs. 1 Satz 1 BBankG, wonach der Vorstand mit der Zentrale am Sitz der Bank die Stellung einer obersten Bundesbehörde hat[767].

Einzig die letztere Auffassung, welche jede Form der Aufsicht für unzulässig erklärt, dürfte mit dem Unionsrecht vereinbar sein. Art. 130 AEUV und der hieran anknüpfende Art. 7 EZB-Satzung lassen Weisungen generell nicht zu. Dem Unionsgesetzgeber ist die deutsche Differenzierung zwischen Rechts- und Fachaufsicht fremd. Er misst der administrativen Unabhängigkeit grundsätzlich besondere Bedeutung bei, wie nicht zuletzt auch der Vergleich zum Netzregulierungsrecht zeigt[768].[769] Konsequenterweise ist daher vom Nichtbestehen einer Rechtsaufsicht auszugehen.

cc) BaFin

Die BaFin ist nach geltendem nationalen Recht nicht politisch unabhängig gestellt.[770] § 2 FinDAG begnügt sich mit dem ebenso lapidaren wie prägnanten Hinweis, dass die Bundesanstalt der Rechts- und Fachaufsicht des BMF

---

[765] Vgl. *von Spindler/Becker/Starke*, Die Deutsche Bundesbank, 4. Aufl. 1973, § 2 I.; *Uhlenbruck*, Die verfassungsmäßige Unabhängigkeit der Deutschen Bundesbank und ihre Grenzen, 1968, S. 40 f.

[766] *Berger/Rübsamen*, Bundesbankgesetz, 2. Aufl. 2014, § 12 Rn. 10; *Samm*, Die Stellung der Deutschen Bundesbank im Verfassungsgefüge, 1967, S. 179 ff.; *Uhlenbruck*, Die verfassungsmäßige Unabhängigkeit der Deutschen Bundesbank und ihre Grenzen, S. 24 ff.

[767] So jedenfalls *Gaugenrieder*, Die rechtliche Stellung der deutschen Zentralnotenbank im Staatsgefüge in Geschichte und Gegenwart, 1960, S. 113 f.: „Da jedoch die Bundesbank nicht einem Bundesressort untersteht, sondern in seinen (sic!) Leitungsorganen den obersten Bundesbehörden ranggleich und im [Ü]brigen bei Ausübung der ihr nach dem Gesetz zustehenden Befugnisse weder der Richtlinienkompetenz des Bundeskanzlers noch der Fach- oder Dienstaufsicht eines Bundesministers unterstellt ist, stellt sie eine anstaltsähnliche Einrichtung eigener Art mit – regelwidriger – kupierter Dienstaufsicht, auf die Art. 87 Abs. 3 GG nicht anwendbar ist, dar.".

[768] Zur Unabhängigkeitsvorgabe dort s. eingehend unter Kapitel 3, A.I.1.a).

[769] S. hierzu bereits die Ausführungen zur Unabhängigkeit als allgemeines unionsrechtliches Prinzip unter Kapitel 2, B.I.1.

[770] Eine ausführliche Untersuchung zur Unabhängigkeit der BaFin im organisationsrechtlichen Bereich findet sich bei *Han*, Die Unabhängigkeit der Bundesanstalt für Finanzdienstleistungsaufsicht, 2015, S. 41 ff.

untersteht. Ungeachtet eines etwaigen Verzichts auf dessen faktische Inanspruchnahme verfügt das BMF also über ein Auskunfts- und Weisungsrecht gegenüber der BaFin.[771] Mithin ist § 2 FinDAG mit Art. 19 Abs. 1, 2 SSM-VO (vorbehaltlich dessen Primärrechtskonformität seinerseits) im Rahmen seines Anwendungsbereichs, hinsichtlich des Bereichs der Bankenaufsicht, ebenfalls unvereinbar. Wenn ausweislich des für die Mitgliedstaaten unverbindlichen[772] Leitfadens der EZB zur Bankenaufsicht die „Wahrnehmung der aufsichtlichen Aufgaben [...] in vollständiger Unabhängigkeit [erfolgt]",[773] beschreibt dies die europarechtswidrige nationale Rechtslage insoweit unzutreffend. Zur Herstellung unionsrechtskonformer Zustände ist der nationale Gesetzgeber daher angehalten, auch im Bereich der Bankenaufsicht die europäische Unabhängigkeitsvorgabe konsequent zu verwirklichen und in den konkretisierenden Gesetzen zu fixieren.[774] Da und soweit die Unabhängigstellung – anders als bei der Netzregulierung – im Bereich der Bankenaufsicht auf Verordnungsebene statt durch Richtlinien erfolgt, erübrigt sich zwar eine Umsetzung in nationales Recht. Schließlich sind Verordnungen gemäß Art. 288 Abs. 2 Satz 2 AEUV in allen ihren Teilen verbindlich und gelten unmittelbar in jedem Mitgliedstaat. Trotz des ohnehin eingreifenden Anwendungsvorrangs gegenüber kollidierenden nationalen Vorschriften sind entgegenstehende Bestimmungen allerdings aufzuheben oder zu modifizieren, um die direkte Anwendbarkeit der Verordnung nicht zu beeinträchtigen.[775]

dd) Normative Vorstrukturierung

Parallel zur netzgebundenen Regulierung ist ferner neben der Frage der Weisungsgebundenheit wiederum auf das zulässige Maß einer normativen

---

[771] *Laars*, FinDAG, 4. Online-Aufl. 2017, § 2 Rn. 1 f.; *Groß*, Die Verwaltung 47 (2014), 197 (214) m. w. N.; *Fischer/Boegl*, in: Schimansky/Bunte/Lwowski (Hrsg.), Bankrechts-Handbuch, 5. Aufl. 2017, § 126 Rn. 19, die auf die allgemeinen Grundsätze des BMF für die Ausübung der Aufsicht über die BaFin hinweisen, die Vorgaben zur Aufgabenerfüllung der BaFin, zu ihren Informationspflichten, zur Zusammenarbeit mit dem Ministerium und zur Pressearbeit beinhalten; zur Intention des BMF, die Aufsicht zurückhaltend auszuüben, vgl. BT-Drs. 16/7078, S. 7; zur Unerheblichkeit eines faktischen Verzichts auf die Ausübung des Weisungsrechts s. bereits unter Kapitel 1, B.I. sowie Kapitel 2, B.III.2.

[772] *Dechent*, NVwZ 2015, 767 (771).

[773] EZB, Leitfaden zur Bankenaufsicht, November 2014, S. 8 Grundsatz 5.

[774] So auch *Dechent*, NVwZ 2015, 767 (771).

[775] Vgl. EuGH, Urt. v. 20.3.1986, Rs. 72/85, ECLI:EU:C:1986:144, Ls. 2 und Rn. 20 – Kommission/Niederlande; deutlich *Schroeder*, in: Streinz (Hrsg.), EUV/AEUV, 3. Aufl. 2018, Art. 288 AEUV Rn. 47; *Geismann*, in: von der Groeben/Schwarze/Hatje (Hrsg.), Europäisches Unionsrecht, 7. Aufl. 2015, Art. 288 AEUV Rn. 35.

Vorstrukturierung des behördlichen Tätigwerdens zu achten. Als Beispiel für eine gelungene Umsetzung unionsrechtlicher Vorgaben kann insoweit § 6b KWG angeführt werden, welcher der BaFin mit Blick auf Wortlaut und Historie der Vorschrift[776] administrative Letztentscheidungsspielräume zuerkennt:[777] *Die Behörde beurteilt* u.a. eigenständig die Risiken, denen ein Institut ausgesetzt ist oder sein könnte bzw. die es selbst für das Finanzsystem darstellt (Abs. 1). Zudem bewertet sie darauf basierend unter Berücksichtigung bestimmter Kriterien, ob die von einem Institut getroffenen Vorkehrungen ein angemessenes und wirksames Risikomanagement sowie eine solide Risikoabdeckung gewährleisten (Abs. 2). Hierdurch trägt der nationale Gesetzgeber den Vorgaben aus der Eigenkapitalanforderungs-RL 2013/36/EU („CRD IV")[778] Rechnung. Gemäß Art. 97 Abs. 1, 3 CRD IV nehmen „die zuständigen Behörden" die Risikobeurteilung und -bewertung vor – in Deutschland nach Art. 4 Abs. 1 Satz 1 CRD IV i.V.m. § 6 Abs. 1 KWG die BaFin. Unterstrichen wird die singuläre Kompetenz der BaFin durch Art. 4 Abs. 4 CRD IV, wonach die zuständigen Behörden u.a. über die zur Ausübung ihrer festgelegten Aufgaben erforderliche Unabhängigkeit verfügen müssen. Es obliegt demgemäß der BaFin, die entsprechenden Einschätzungen zu treffen.

Wie auch im Netzregulierungsrecht[779] ist es der Regierung deshalb richtigerweise hier ebenfalls untersagt, die ausdrücklich der Aufsichtsbehörde überantworteten Spielräume durch konkret-individuelle oder abstrakt-generelle Regelungen auszufüllen.[780] Es leuchtet nicht ein, warum zwischen einer Einflussnahme durch Weisungen und im Wege einer normativen Vorstrukturierung differenziert werden sollte. Denn beide Beeinträchtigungen werden

---

[776] Der Gesetzesbegründung zufolge stärkt die Normierung des aufsichtlichen Beurteilungs- und Evaluierungsprozesses den gesetzlichen Auftrag der zuständigen Aufsichtsbehörden, vgl. *Braun*, in: Boos/Fischer/Schulte-Mattler (Hrsg.), KWG/CRR-VO, 5. Aufl. 2016, § 6b KWG Rn. 5.

[777] Vgl. *Dechent*, NVwZ 2015, 767 (769 f.), der als negatives Gegenbeispiel § 9a TKG a.F. anführt.

[778] RL 2013/36/EU des Europäischen Parlaments und des Rates v. 26.6.2013 über den Zugang zur Tätigkeit von Kreditinstituten und die Beaufsichtigung von Kreditinstituten und Wertpapierfirmen, zur Änderung der RL 2002/87/EG und zur Aufhebung der RL 2006/48/EG und 2006/49/EG, ABl. 2013, L 176/338, zuletzt geändert durch Art. 3 RL (EU) 2021/338 v. 16.2.2021, ABl. 2021, L 68/14; „CRD IV" steht als Abkürzung für „Capital Requirements Directive IV".

[779] S. zur normativen Vorstrukturierung im Netzregulierungsrecht am Beispiel des im Energiesektor durchgeführten Vertragsverletzungsverfahrens eingehend unter Kapitel 3, A.I.1.b)bb).

[780] Vgl. *Dechent*, NVwZ 2015, 767 (770), der insoweit als unzulässige Handlungsinstrumente die Verwaltungsvorschrift und die Weisung nennt; für sonstige Beschränkungen des Beurteilungsspielraums der Aufsichtsbehörde durch die Gubernative dürfte nichts anderes gelten.

gleichermaßen vom (Ober-)Begriff der Unabhängigkeit erfasst.[781] Ferner ist nicht ersichtlich, dass der Unabhängigkeitsbegriff nach dem Verständnis des Unionsgesetzgebers bereichsspezifisch unterschiedlich weit auszulegen ist. Mit Blick auf teleologische Erwägungen ist vielmehr von einem Gleichlauf im Netzregulierungs- und Bankenaufsichtsrecht auszugehen, da die Gründe für die Unabhängigstellung dieser gleichermaßen systemrelevanten Bereiche jeweils vergleichbar sind[782]. Im Sinne des *administrativen Regulierungsansatzes* kann und sollte die BaFin nach alledem selbst konkretisierende Regelungen erlassen. So gestalten die „Mindestanforderungen an das Risikomanagement (Bankenaufsicht)“, kurz MaRisk (BA), als von der BaFin erlassene Verwaltungsvorschriften die Anforderungen des § 25a KWG an die beaufsichtigten Kreditinstitute näher aus.[783] Diskutiert wird zudem, Verwaltungsvorschriften zu Rechtsverordnungen hochzuzonen bzw. konsequent die Aufsichtsbehörde unmittelbar mit einer Normsetzungskompetenz im Wege einer Verordnungsermächtigung mit Subdelegationsmöglichkeit auszustatten.[784] Hinsichtlich der rechtlichen und praktischen Ausgestaltung kann insoweit auf die im Energiesektor zuvor geführte Debatte sinngemäß verwiesen werden.[785] Vorzugswürdig erscheint hier ebenfalls eine „administrative Lösung“, wobei auch den zuständigen nationalen Behörden hinreichende verwaltungsrechtliche Handlungsformen, namentlich normkonkretisierende Verwaltungsvorschriften und Allgemeinverfügungen, bereits *de lege lata* zur Verfügung stehen.

---

[781] S. bereits unter Kapitel 3, A.I.1.a)bb).

[782] S. hierzu näher unter Kapitel 2, B.III.1.

[783] Vgl. *Braun*, in: Boos/Fischer/Schulte-Mattler (Hrsg.), KWG/CRR-VO, 5. Aufl. 2016, § 25a KWG Rn. 68 ff.; *Ruthig*, in: Kahl/Ludwigs (Hrsg.), Handbuch des Verwaltungsrechts, Bd. I, 2021, § 22 Rn. 40; ausführlich *Sedlak*, Bankenaufsicht über Geschäftsorganisation, 2014, S. 157 ff.; zu Verlautbarungen der BaFin und ihrer Rechtsnatur eingehend *Fekonja*, BaFin-Verlautbarungen, 2014, S. 65 ff., 85 ff., der indes von einer Rechtsform *sui generis* ausgeht.

[784] Vgl. *Sedlak*, Bankenaufsicht über Geschäftsorganisation, 2014, S. 183 ff.; *Dechent*, NVwZ 2015, 767 (769), der noch in Fn. 39 die Frage aufwirft, ob man durch eine umfassende Hochzonung nicht die Vorzüge von Verwaltungsvorschriften preisgebe; von der Delegation der Verordnungsermächtigung auf die BaFin wurde bisher bereits ausgiebig Gebrauch gemacht, s. die Verordnung zur Übertragung von Befugnissen zum Erlass von Rechtsverordnungen auf die Bundesanstalt für Finanzdienstleistungsaufsicht v. 13.12.2002, BGBl. 2003, I S. 3; zuletzt geändert durch Art. 1 27. ÄndVO v. 22.12.2021 (BGBl. I S. 5256); s. hierzu *Gurlit*, ZHR 177 (2013), 862 (869 f.) unter Rekurs auf *Schädle*, Exekutive Normsetzung in der Finanzmarktaufsicht, 2007, S. 112 ff.; allgemein zum Erlass von Rechtsverordnungen und Verwaltungsvorschriften durch die BaFin s. *Han*, Die Unabhängigkeit der Bundesanstalt für Finanzdienstleistungsaufsicht, 2015, S. 32 ff.

[785] Hierzu Kapitel 3, A.I.1.b)bb).

ee) Teilergebnis

Bezieht man die sektorspezifische Netzregulierung in die Betrachtung mit ein, zeichnet sich nach alledem eine nicht nur auf die Netzsektoren Telekommunikation, Energie und Eisenbahnen beschränkte, sondern das gesamte Regulierungsrecht im Kontext dieser Arbeit (im Sinne des Regulierungsbegriffs II) übergreifende *Konvergenz* hinsichtlich des Unabhängigkeitsregimes ab.[786] Es wäre – nicht zuletzt um eine Intervention durch den EuGH zu vermeiden – zu begrüßen, diese auch im nationalen Recht zum Ausdruck zu bringen. Bis zu einer ordnungsgemäßen Umsetzung der unionsrechtlichen Vorgaben ergibt sich die Unabhängigkeit der hier betrachteten Behörden „nur" aus dem Anwendungsvorrang des Unionsrechts bzw. der objektiven unmittelbaren Wirkung der einschlägigen Richtlinien[787].

II. Kartellrecht

Bislang war im Kartellrecht die Unabhängigkeit der Wettbewerbsbehörden nur in Ansätzen ausgeprägt, wie ein Blick auf den vorzufindenden Status quo ante in Deutschland zeigt (1.). Durch neue unionsrechtliche Vorgaben, denen der nationale Gesetzgeber Rechnung tragen muss, wird die unabhängige Stellung indes erheblich ausgeweitet (2.).

1. Überkommene Rechtslage im nationalen Kartellrecht

Deutsche Kartellbehörden sind ausweislich des § 48 Abs. 1 GWB das BKartA, das BMWi sowie die nach Landesrecht zuständigen obersten Landesbehörden. Soweit nichts anderes geregelt, obliegt die Kartellaufsicht dem BKartA, wenn die Wirkung des wettbewerbsbeschränkenden oder diskriminierenden Verhaltens bzw. einer Wettbewerbsregel über das Gebiet eines Landes hinausreicht; andernfalls liegt die Zuständigkeit bei den entsprechenden obersten Landesbehörden (§ 48 Abs. 2 GWB). Während zunächst festgestellt wird, dass das BKartA nach geltendem deutschen Recht noch keine „echte" unabhängige Behörde darstellt (a)), sollen im Anschluss die bereits bisher bestehenden Elemente seiner Unabhängigkeit aufgezeigt werden (b)).[788]

---

[786] In diese Richtung ebenfalls *Dechent*, NVwZ 2015, 767 (771): „weitestgehender Gleichlauf mit dem Netzregulierungsrecht"; zur Konvergenz der Unabhängigkeitsvorgabe in der Netzregulierung (mit Ausnahme des Postsektors) s. unter Kapitel 3, A.I.1.a)aa).

[787] Zur objektiven unmittelbaren Wirkung von Richtlinien s. näher unter Kapitel 3, A.I.1.b)aa).

a) Das Bundeskartellamt als nachgeordnete, weisungsgebundene Behörde des Bundesministeriums für Wirtschaft und Energie

Gemäß § 51 Abs. 1 GWB ist das BKartA als selbständige Bundesoberbehörde ausgestaltet (Satz 1), die zum Geschäftsbereich des BMWi gehört (Satz 2). Angesichts dieser organisationsrechtlichen Zuordnung erscheint zunächst klärungsbedürftig, inwieweit das BKartA an Weisungen des übergeordneten Ministeriums gebunden ist. Das Gesetz bezieht explizit lediglich zu *allgemeinen Weisungen* in § 52 GWB Stellung, indem es für jene eine Veröffentlichungspflicht statuiert. Demnach setzt der Gesetzgeber ihre Zulässigkeit implizit voraus. Die Befugnis des BMWi zum Erlass allgemeiner Weisungen, auch gegenüber Beschlussabteilungen,[789] steht vor diesem Hintergrund außer Streit.

In Ermangelung einer ausdrücklichen Regelung bleibt fraglich, ob das BMWi darüber hinaus dazu berechtigt ist, dem BKartA *Einzelweisungen* zu erteilen. Im Schrifttum wird die Frage uneinheitlich beurteilt. Im Ausgangspunkt verweisen die Befürworter[790] eines Einzelweisungsrechts auf die verwaltungsorganisationsrechtliche Stellung des BKartA. Als dem BMWi nachgeordnete Behörde ergebe sich die grundsätzliche Weisungsgebundenheit aus der Leitungsbefugnis des Ressortministers nach Art. 65 Satz 2 GG. § 52 GWB beziehe sich nur auf die Veröffentlichungspflicht allgemeiner Weisungen und treffe insoweit keine Aussagen über die Zulässigkeit von Einzelfallweisungen, hinsichtlich derer es ohne entgegenstehende Vorschrift bei den allgemeinen Grundsätzen bleibe. Zudem sei das BKartA kein Gericht, sodass auch hieraus keine unabhängige Stellung resultiere.

Die Auffassung, die ein Einzelweisungsrecht im Ansatz ablehnt, verweist hingegen auf die Ministererlaubnis nach § 42 GWB im Rahmen der Fusions-

---

788 Zu diesem Befund einer bislang unvollkommenen Unabhängigkeit des BKartA gelangt auch *Masing*, in: Masing/Marcou (Hrsg.), Unabhängige Regulierungsbehörden, 2010, S. 181 (189).

789 Dennoch sind allgemeine Weisungen in der Praxis höchst selten, vgl. *Stockmann*, in: Immenga/Mestmäcker (Hrsg.), Wettbewerbsrecht, 6. Aufl. 2020, § 52 GWB Rn. 5; *Quellmalz*, in: Loewenheim/Meessen/Riesenkampff/Kersting/Meyer-Lindemann (Hrsg.), Kartellrecht, 4. Aufl. 2020, § 52 GWB Rn. 1; *Fries*, Die Berücksichtigung außerwettbewerblicher Interessen in der Fusionskontrolle, 2020, S. 238.

790 *Zuck*, NJW 1971, 1633 (1634 f.); *Zuck*, NJW 1972, 468 (470); *Ortwein*, Das Bundeskartellamt, 1998, S. 86; *Cappellari*, in: Jaeger et al. (Hrsg.), Frankfurter Kommentar zum Kartellrecht, 100. Lfg. 2021, § 51 GWB Rn. 22 f.; *Bechtold/Bosch*, GWB, 10. Aufl. 2021, § 52 Rn. 2 f.; *Krauser*, in: Säcker et al. (Hrsg.), Münchener Kommentar zum Wettbewerbsrecht, Bd. 2, 3. Aufl. 2020, § 51 GWB Rn. 4, die dann aber in Rn. 5 ff. die Reichweite des Einzelweisungsrechts einschränkt; differenzierend *Stockmann*, in: Immenga/Mestmäcker (Hrsg.), Wettbewerbsrecht, 6. Aufl. 2020, § 51 Rn. 18 f.

kontrolle.[791] Nur in diesem speziell ausgestalteten Verfahren sei Raum für politische Erwägungen, im Übrigen sei vom Gesetzgeber ein frei von politisch motivierter Einflussnahme gekennzeichnetes, an rein rechtlichen Parametern orientiertes Entscheidungssystem intendiert. Zudem widerspreche die Organisationsstruktur mit den Beschlussabteilungen des BKartA der Annahme einer Weisungsbefugnis im Einzelfall.[792]

Richtigerweise ist eine trennscharfe Differenzierung zwischen den Entscheidungen der Beschlussabteilungen und sonstigen Entscheidungen vorzunehmen. Mangels ausdrücklicher Normierung einer Unabhängigkeit des BKartA als Behörde, derer es für die Qualifikation als ministerialfreier Raum bedurft hätte, bleibt es zunächst beim Regelfall der weisungsgebundenen Verwaltung. Die Berufung auf das „beredte Schweigen" des § 52 GWB zu Einzelweisungen genügt nicht, um eine unabhängige Stellung mit dem Rudiment allgemeiner Weisungen zu begründen. Hiervon abzugrenzen sind die – in der Praxis freilich bedeutsameren – Entscheidungen der Beschlussabteilungen. Inwieweit hier ein Einzelweisungsrecht besteht, ist angesichts der besonderen Ausgestaltung gesondert zu beurteilen. Jedenfalls bezüglich Entscheidungen und Handlungen außerhalb der Beschlussabteilungen wird aber regelmäßig eine Weisungsbefugnis im Einzelfall anzunehmen sein,[793] sodass der Ansicht, die pauschal von einer Unabhängigkeit des BKartA ausgeht, eine Absage zu erteilen ist.

b) Bestehende Unabhängigkeitselemente in der Binnenorganisation

Wie bereits soeben angedeutet, erscheint es unangemessen, die Frage nach der Unabhängigkeit des BKartA „schwarz oder weiß" zu beantworten. Während nach hiesiger Auffassung die Behörde grundsätzlich in die hierarchische Ministerialbürokratie eingegliedert ist, existieren gleichwohl mit den Beschlussabteilungen (aa)) und den Vergabekammern (bb)) bereits nach geltendem Recht Elemente der Unabhängigkeit.

---

791 *Quellmalz*, in: Loewenheim/Meessen/Riesenkampff/Kersting/Meyer-Lindemann (Hrsg.), Kartellrecht, 4. Aufl. 2020, § 52 GWB Rn. 2; ein Einzelweisungsrecht ablehnend auch *Rittner*, in: Festschrift für H. Kaufmann, 1972, S. 307 (315 ff.); *Schneider*, in: Langen/Bunte (Hrsg.), Kartellrecht, Bd. 1, 13. Aufl. 2018, § 51 Rn. 1 f., 7, 16 f., § 52 Rn. 1 f.

792 Dazu sogleich unter Kapitel 3, A.II.1.b)aa).

793 *Stockmann*, ZWeR 2008, 137 (141); *Ludwigs*, NZKart 2020, 576 (576); differenzierend *Krauser*, in: Säcker et al. (Hrsg.), Münchener Kommentar zum Wettbewerbsrecht, Bd. 2, 3. Aufl. 2020, § 51 GWB Rn. 9 f.; a.A. jedenfalls in Bezug auf wettbewerbspolitisch relevante Äußerungen des BKartA im Tätigkeitsbericht *Quellmalz*, in: Loewenheim/Meessen/Riesenkampff/Kersting/Meyer-Lindemann (Hrsg.), Kartellrecht, 4. Aufl. 2020, § 52 GWB Rn. 3.

aa) Beschlussabteilungen des Bundeskartellamts

Gemäß § 51 Abs. 2 Satz 1 GWB werden die Entscheidungen des BKartA von den – aktuell zwölf[794] – Beschlussabteilungen getroffen, die nach Bestimmung des BMWi gebildet werden. Diese sind die zentralen Entscheidungsträger in Bezug auf Sachentscheidungen im Einzelfall.[795] Besetzt sind sie als Kollegialorgane mit einem oder einer Vorsitzenden und zwei Beisitzenden (§ 51 Abs. 3 GWB).[796] Die Argumentation, Beschlussabteilungen seien unabhängig, lässt sich auf zwei Säulen stützen: der justizähnlichen Ausgestaltung des Verfahrens sowie einer multidimensionalen Weisungsfreiheit.

Erstere legt den Fokus auf die Eigenschaft der Beschlussabteilungen als Kollegialspruchkörper bzw. die Entscheidung nach dem Kollegialprinzip, wonach Vorsitzende und Beisitzende die Sachentscheidung gleichrangig fällen.[797] Hierdurch wird der gesetzgeberische Wille, die „bürokratische Entscheidungspraxis durch die Einrichtung von [justizähnlichen] Beschluß- und Einspruchsabteilungen zu ersetzen", umgesetzt.[798] Aus der *justizähnlichen Ausgestaltung* allein ergibt sich indes noch keine Unabhängigkeit. Trotz der verfahrensrechtlichen und organisatorischen Parallelen zu Spruchkörpern der

---

[794] Vgl. das Organigramm des BKartA (Stand: 1.1.2022), aktualisiert einsehbar unter https://www.bundeskartellamt.de/DE/UeberUns/Bundeskartellamt/Organisation/organisation_node.html [zuletzt aufgerufen am 31.1.2022]; s. auch *Schneider*, in: Langen/Bunte (Hrsg.), Kartellrecht, Bd. 1, 13. Aufl. 2018, § 51 GWB Rn. 11.

[795] *Stockmann*, in: Immenga/Mestmäcker (Hrsg.), Wettbewerbsrecht, 6. Aufl. 2020, § 51 GWB Rn. 23; *Quellmalz*, in: Loewenheim/Meessen/Riesenkampff/Kersting/Meyer-Lindemann (Hrsg.), Kartellrecht, 4. Aufl. 2020, § 51 GWB Rn. 2; näher zum Begriff der „Entscheidungen" *Cappellari*, in: Jaeger et al. (Hrsg.), Frankfurter Kommentar zum Kartellrecht, 100. Lfg. 2021, § 51 GWB Rn. 6.

[796] Die Beschlussabteilungen können auch aus mehr als zwei beisitzenden Mitgliedern bestehen, regelmäßig sind es fünf bis sechs. An der Entscheidungsfindung wirken aber neben dem Vorsitzenden nur zwei von ihm bestimmte Beisitzende mit, sodass die Entscheidung stets zu dritt gefällt wird, vgl. *Bechtold/Bosch*, GWB, 10. Aufl. 2021, § 51 Rn. 2; ergänzend finden sich Regelungen zum rechtlichen Status und zur Inkompatibilität des Personals: Mitglieder der Beschlussabteilungen müssen Lebenszeitbeamte sein und die Befähigung zum Richteramt oder zum höheren Verwaltungsdienst haben (§ 51 Abs. 4 GWB). Zudem dürfen Mitglieder des BKartA weder ein Unternehmen innehaben oder leiten noch Mitglied des Vorstandes oder Aufsichtsrates eines Unternehmens, Kartells oder einer Wirtschafts- oder Berufsvereinigung sein (§ 51 Abs. 5 GWB).

[797] *Cappellari*, in: Jaeger et al. (Hrsg.), Frankfurter Kommentar zum Kartellrecht, 100. Lfg. 2021, § 51 GWB Rn. 9; *Krauser*, in: Säcker et al. (Hrsg.), Münchener Kommentar zum Wettbewerbsrecht, Bd. 2, 3. Aufl. 2020, § 51 GWB Rn. 13 f.

[798] Vgl. den Schriftlichen Bericht des Ausschusses für Wirtschaftspolitik v. 29.6.1957 zu BT-Drs. 2/3644, S. 34, dort auch das wörtliche Zitat.

Judikative sind Beschlussabteilungen keine Gerichte,[799] ihre Mitglieder keine Richter. Die einschlägigen verfassungs- und einfachgesetzlichen Vorschriften über die dritte Gewalt, etwa das Recht auf den gesetzlichen Richter nach Art. 101 Abs. 1 Satz 2 GG, sind folgerichtig weder direkt noch analog auf sie anwendbar.[800] Auch wenn die Entscheidung im Kollektiv bereits die Gefahr sachfremder Einflussnahme einhegt, bedarf es daher zusätzlich des Elements der *Weisungsfreiheit*, um eine unabhängige Stellung zu begründen. Dass insoweit der *Vorsitzende gegenüber den Beisitzenden* in der Sache über kein Weisungsrecht verfügt, versteht sich nahezu von selbst. Andernfalls würde das Kollegialprinzip *ad absurdum* geführt.[801] In der Konsequenz können die Beisitzenden den Vorsitzenden auch überstimmen.

Nach ganz überwiegender Meinung im kartellrechtlichen Schrifttum steht auch dem *Präsidenten des BKartA* im Hinblick auf Sachentscheidungen kein behördeninternes Weisungsrecht gegenüber den Beschlussabteilungen zu.[802]

---

[799] Die Einordnung der Beschlussabteilungen in den Verwaltungsaufbau ist streitig; für die Klassifizierung als *Ausschüsse* i.S.d. §§ 88ff. VwVfG: *Klaue*, in: Immenga/Mestmäcker (Hrsg.), Wettbewerbsrecht, 5. Aufl. 2014, § 52 GWB Rn. 5; für die Beschlusskammern der BNetzA vgl. nur *Gonsior*, Die Verfassungsmäßigkeit administrativer Letztentscheidungsbefugnisse, 2018, S. 61f. m.w.N.; für die Klassifizierung als funktionale Stelle innerhalb des BKartA und nicht als Ausschuss *Schneider*, in: Langen/Bunte (Hrsg.), Kartellrecht, Bd. 1, 13. Aufl. 2018, § 51 GWB Rn. 19; *Cappellari*, in: Jaeger et al. (Hrsg.), Frankfurter Kommentar zum Kartellrecht, 100. Lfg. 2021, § 51 GWB Rn. 9; offen nunmehr *Stockmann*, in: Immenga/Mestmäcker (Hrsg.), Wettbewerbsrecht, 6. Aufl. 2020, § 51 GWB Rn. 20: „zwar streitig, angesichts der Subsidiarität dieser Regelungen [der §§ 88ff. VwVfG] gegenüber den spezifischen Bestimmungen des § 51 letztlich aber unerheblich"; ebenso *Quellmalz*, in: Loewenheim/Meessen/Riesenkampff/Kersting/Meyer-Lindemann (Hrsg.), Kartellrecht, 4. Aufl. 2020, § 51 GWB Rn. 3.

[800] *Quellmalz*, in: Loewenheim/Meessen/Riesenkampff/Kersting/Meyer-Lindemann (Hrsg.), Kartellrecht, 4. Aufl. 2020, § 51 GWB Rn. 3 m.w.N.; *Schneider*, in: Langen/Bunte (Hrsg.), Kartellrecht, Bd. 1, 13. Aufl. 2018, § 51 GWB Rn. 18; *Stockmann*, in: Immenga/Mestmäcker (Hrsg.), Wettbewerbsrecht, 6. Aufl. 2020, § 51 GWB Rn. 20; *Krauser*, in: Säcker et al. (Hrsg.), Münchener Kommentar zum Wettbewerbsrecht, Bd. 2, 3. Aufl. 2020, § 51 GWB Rn. 14.

[801] Vgl. *Stockmann*, in: Immenga/Mestmäcker (Hrsg.), Wettbewerbsrecht, 6. Aufl. 2020, § 51 GWB Rn. 28 m.w.N.; *Quellmalz*, in: Loewenheim/Meessen/Riesenkampff/Kersting/Meyer-Lindemann (Hrsg.), Kartellrecht, 4. Aufl. 2020, § 51 GWB Rn. 3 (mit Nachweisen aus der Rechtsprechung) und § 52 GWB Rn. 2; *Bechtold/Bosch*, GWB, 10. Aufl. 2021, § 52 Rn. 4; *Krauser*, in: Säcker et al. (Hrsg.), Münchener Kommentar zum Wettbewerbsrecht, Bd. 2, 3. Aufl. 2020, § 51 GWB Rn. 13; *Könen*, Die Rolle des Bundeskartellamtes im Beschwerdeverfahren, 2014, S. 30.

[802] *Stockmann*, in: Immenga/Mestmäcker (Hrsg.), Wettbewerbsrecht, 6. Aufl. 2020, § 51 Rn. 27; *Bechtold/Bosch*, GWB, 10. Aufl. 2021, § 52 Rn. 4; *Krauser*, in: Säcker et al. (Hrsg.), Münchener Kommentar zum Wettbewerbsrecht, Bd. 2, 3. Aufl. 2020, § 51 GWB Rn. 11; *Quellmalz*, in: Loewenheim/Meessen/Riesenkampff/Kersting/Meyer-Lindemann (Hrsg.), Kartellrecht, 4. Aufl. 2020, § 51 GWB Rn. 6; *Schneider*,

Dies folge aus der eindeutigen Kompetenzverteilung in § 51 Abs. 2 GWB. Demnach obliegt die (Sach-)Entscheidungskompetenz den Beschlussabteilungen, während der Präsident „im Übrigen" die Verteilung und den Gang der Geschäfte durch eine Geschäftsordnung regelt. Er könne also nicht inhaltlich in die konkrete Entscheidungsfindung eingreifen. Unbenommen bleibe dem Präsidenten allerdings neben seinem allgemeinen Weisungsrecht als Behördenleiter, die interne Geschäftsverteilung zu modifizieren und die Zuständigkeiten insgesamt zu ändern oder einen zu entscheidenden Fall einer Beschlussabteilung zu entziehen und einer anderen zuzuweisen.[803] Einschränkend dürfte lediglich zu verlangen sein, dass die Änderung – was aber durchaus in der Praxis vorkommen mag[804] – nicht erkennbar missbräuchlich oder willkürlich entgegen des Fürsorgeprinzips vorgenommen wird.[805] Einer sachlichen Begründung für die Änderung der Geschäftsverteilung bedarf es nicht.[806]

Die vorherrschende Auffassung, welche ein behördeninternes Weisungsrecht gegenüber Beschlussabteilungen leugnet, erscheint jedoch nicht unangreifbar. Zwar besteht die latente Gefahr einer Obstruktion der Zuständigkeitsverteilung des § 51 Abs. 2 GWB und des Kollegialprinzips, billigt man dem Präsidenten eine entsprechende Möglichkeit der Einflussnahme auf Sachentscheidungen zu. Das Damoklesschwert einer faktischen Einwirkung des Präsidenten schwebt aber ohnehin bereits über den Beschlussabteilungen aufgrund der – auch von der herrschenden Meinung im Ansatz nicht bestrittenen – Befugnis zur Änderung der internen Geschäftsverteilung. Auch wenn die Unabhängigkeit der Kollegialspruchkörper gegenüber dem Präsidenten angesichts der Kompetenzregelung im GWB sinnvoll und rechtspolitisch erstrebenswert anmutet, kann nicht darüber hinweggesehen werden, dass es für die Annahme einer Weisungsfreiheit und somit einer Abweichung vom

in: Langen/Bunte (Hrsg.), Kartellrecht, Bd. 1, 13. Aufl. 2018, § 51 GWB Rn. 16; *Cappellari*, in: Jaeger et al. (Hrsg.), Frankfurter Kommentar zum Kartellrecht, 100. Lfg. 2021, § 51 GWB Rn. 9.

803 *Krauser*, in: Säcker et al. (Hrsg.), Münchener Kommentar zum Wettbewerbsrecht, Bd. 2, 3. Aufl. 2020, § 51 GWB Rn. 11; *Bechtold/Bosch*, GWB, 10. Aufl. 2021, § 52 Rn. 4; *Cappellari*, in: Jaeger et al. (Hrsg.), Frankfurter Kommentar zum Kartellrecht, 100. Lfg. 2021, § 51 GWB Rn. 7; a.A. (nur) im Hinblick auf ein allgemeines Weisungsrecht des Präsidenten *Schneider*, in: Langen/Bunte (Hrsg.), Kartellrecht, Bd. 1, 13. Aufl. 2018, § 51 GWB Rn. 16, der einen Umkehrschluss zu § 52 GWB zieht.

804 Ein praktisches Beispiel findet sich unter Kapitel 3, B.II.1.a)bb).

805 *Schneider*, in: Langen/Bunte (Hrsg.), Kartellrecht, Bd. 1, 13. Aufl. 2018, § 51 GWB Rn. 16.

806 So aber *Stockmann*, ZWeR 2008, 137 (141); zu Recht ablehnend *Schneider*, in: Langen/Bunte (Hrsg.), Kartellrecht, Bd. 1, 13. Aufl. 2018, § 51 GWB Rn. 16, der dies als „zu weitgehend" ansieht.

Grundsatz hierarchischer Verwaltung – wie bei den Vergabekammern[807] – einer klaren gesetzlichen Grundlage bedarf.[808] Dies gilt umso mehr, als dem Gesetzgeber der Streitstand bekannt ist und er dessen ungeachtet bislang auf eine Klarstellung verzichtet hat.[809] Zudem ließe sich durch ein präsidentielles Weisungsrecht auch eine einheitliche Spruchpraxis verwirklichen.[810] Vor diesem Hintergrund ist auch im Regulierungsrecht die Weisungsbefugnis des Präsidenten höchst streitig[811] und richtigerweise abzulehnen. Für das Kartellrecht kann wegen der parallelen gesetzlichen Regelungen nichts anderes gelten. Mithin kann der Präsident den Beschlussabteilungen *de lege lata* Weisungen erteilen.

Schließlich bleibt klärungsbedürftig, ob das *BMWi ein Weisungsrecht gegenüber den Beschlussabteilungen* innehat. Wie bereits festgestellt, sind ausweislich des § 52 GWB jedenfalls allgemeine Weisungen des Ministers zulässig, auch gegenüber Beschlussabteilungen.[812] Ob darüber hinaus das BMWi zu Einzelweisungen befugt ist, ist streitig. Eine Auffassung bejaht ein solches Weisungsverhältnis insbesondere unter Rekurs auf das prototypische Modell der Ministerialverwaltung, das bereits bei der generellen Frage der Weisungsabhängigkeit des BKartA bemüht wurde.[813] Für die Beschlussabtei-

---

807 S. dazu sogleich unter Kapitel 3, A.II.1.b)bb).

808 Für den TK-Sektor eine behördeninterne Unabhängigkeit daher ablehnend *Attendorn/Geppert*, in: Geppert/Schütz (Hrsg.), Beck'scher TKG-Kommentar, 4. Aufl. 2013, § 132 Rn. 13; für den Energiesektor vgl. *Schmidt-Preuß*, in: Säcker (Hrsg.), Berliner Kommentar zum Energierecht, Bd. 1/Hb. 2, 4. Aufl. 2019, § 59 EnWG Rn. 14 m.w.N.; im Kontext der Weisungsfreiheit im Bereich der Netzregulierung s. auch bereits unter Kapitel 3, A.I.1.b)aa).

809 Vgl. für den TK-Sektor *Attendorn/Geppert*, in: Geppert/Schütz (Hrsg.), Beck'scher TKG-Kommentar, 4. Aufl. 2013, § 132 Rn. 13.

810 Darauf weist *Hermes*, in: Britz/Hellermann/Hermes (Hrsg.), EnWG, 3. Aufl. 2015, § 59 Rn. 23 für den Energiesektor hin.

811 Für ein bestehendes Weisungsrecht etwa *Attendorn/Geppert*, in: Geppert/Schütz (Hrsg.), Beck'scher TKG-Kommentar, 4. Aufl. 2013, § 132 Rn. 13; *Hermes*, in: Britz/Hellermann/Hermes (Hrsg.), EnWG, 3. Aufl. 2015, § 59 Rn. 23; dagegen *Gurlit*, in: Säcker (Hrsg.), TKG, 3. Aufl. 2013, § 132 Rn. 7; s. noch näher unter Kapitel 3, B.II.1.a)aa).

812 Klarstellend *Bechtold/Bosch*, GWB, 10. Aufl. 2021, § 52 Rn. 2; *Schneider*, in: Langen/Bunte (Hrsg.), Kartellrecht, Bd. 1, 13. Aufl. 2018, § 51 GWB Rn. 16.

813 *Zuck*, NJW 1971, 1633 (1634 f.); *Zuck*, NJW 1972, 468 (470); *E. Klein*, Die verfassungsrechtliche Problematik des ministerialfreien Raumes, 1974, S. 77, 216 f.; *Bechtold/Bosch*, GWB, 10. Aufl. 2021, § 52 Rn. 2 f.; *Cappellari*, in: Jaeger et al. (Hrsg.), Frankfurter Kommentar zum Kartellrecht, 100. Lfg. 2021, § 51 GWB Rn. 23; im Grundsatz ebenso, dann aber differenzierend nach der Verfahrensart *Klaue*, in: Immenga/Mestmäcker (Hrsg.), Wettbewerbsrecht, 5. Aufl. 2014, § 51 Rn. 11 ff.; zuletzt *Ludwigs*, NZKart 2020, 576 (577), der auch noch die Gesetzgebungsgeschichte als Argument für die Weisungsgebundenheit anführt und weitere Nachweise zum Streitstand nennt.

lungen als unselbständige funktionelle Einheiten[814] der Behörde gälten insoweit keine Besonderheiten. Die Gegenansicht stellt hingegen die Weisungsgebundenheit in Abrede und geht vom Fehlen einer Rechts- und Fachaufsicht aus, soweit eine Beschlussabteilung sachlich zuständig ist. Die Sachentscheidungsfindung nach dem gesetzlich vorgesehenen Kollegialprinzip in Verbindung mit der Kompetenzzuweisung in § 51 Abs. 2 Satz 1 GWB sei nur dann sinnig, wenn das Resultat nicht wieder von einer höheren Instanz „kassiert" werden könne und zwar unabhängig davon, ob diese Stelle sich inner- oder außerhalb der Behörde befindet.[815] Zudem bleibe jenseits der Ministererlaubnis nach § 42 GWB aus Sicht des Gesetzgebers für eine politische Einmischung in Fusions-, Kartell- und Missbrauchsfälle kein Raum.[816] Überdies würde die Anerkennung einer Einzelweisungsbefugnis zu einem Wertungswiderspruch mit der privaten Durchsetzung des Kartellrechts führen.[817] Zuletzt lasse sich auch praktisch eine Weisung des BMWi an eine Beschlussabteilung kaum realisieren, da weder der Präsident gegenüber den jeweiligen Vorsitzenden noch Letztere gegenüber den Beisitzern über ein Weisungsrecht verfügten.[818] Eine Weisung über den Dienstweg an den Präsidenten bliebe womöglich aufgrund der behördeninternen Unabhängigkeit der Beschlussabteilungen wirkungslos. Ein direkter Durchgriff des BMWi auf die Abteilungen hingegen wäre systemwidrig.

Insgesamt sprechen die besseren Argumente dafür, auch gegenüber dem übergeordneten Ministerium eine Weisungsgebundenheit anzunehmen. Für eine Abweichung von dem in Art. 65 Satz 2 GG wurzelnden Grundsatz der Weisungsunterworfenheit hätte es einer eindeutigen gesetzlichen Regelung bedurft. Insoweit ergeben sich im Vergleich zum Präsidenten des BKartA

---

814 Vgl. die Nachweise zur genauen Klassifikation der Beschlussabteilungen in Fn. 799.

815 *Schneider*, in: Langen/Bunte (Hrsg.), Kartellrecht, Bd. 1, 13. Aufl. 2018, § 51 GWB Rn. 16f.; *Quellmalz*, in: Loewenheim/Meessen/Riesenkampff/Kersting/Meyer-Lindemann (Hrsg.), Kartellrecht, 4. Aufl. 2020, § 52 GWB Rn. 2; *Stockmann*, in: Immenga/Mestmäcker (Hrsg.), Wettbewerbsrecht, 6. Aufl. 2020, § 51 GWB Rn. 15f.; *Stockmann*, ZWeR 2008, 137 (141); *Rittner*, in: Festschrift für H. Kaufmann, 1972, S. 307 (319ff.); *Könen*, Die Rolle des Bundeskartellamtes im Beschwerdeverfahren, 2014, S. 33ff., dort auch unter Fn. 93 umfassende Nachweise zum Streitstand.

816 S. bereits unter Kapitel 3, A.II.1.a) mit den Nachweisen in Fn. 791; vgl. ferner *Podszun*, NJW 2016, 617 (619); s. auch *Bien*, NZKart 2016, 445 (446), der die Ministererlaubnis bemerkenswerterweise gerade als Absicherung der Unabhängigkeit des BKartA versteht; *Fries*, Die Berücksichtigung außerwettbewerblicher Interessen in der Fusionskontrolle, 2020, S. 37f.

817 *Quellmalz*, in: Loewenheim/Meessen/Riesenkampff/Kersting/Meyer-Lindemann (Hrsg.), Kartellrecht, 4. Aufl. 2020, § 52 GWB Rn. 2 unter Rekurs auf *Möschel*, ORDO 48 (1997), 241 (245).

818 *Krauser*, in: Säcker et al. (Hrsg.), Münchener Kommentar zum Wettbewerbsrecht, Bd. 2, 3. Aufl. 2020, § 51 GWB Rn. 8, 11, 13.

und zur Rechtslage im Regulierungsrecht keine durchgreifenden Besonderheiten. Die bloßen Verweise auf § 51 Abs. 2 GWB sowie auf die Ministererlaubnis rechtfertigen keine Abweichung. Das Problem der fehlenden Durchsetzbarkeit des Weisungsrechts stellt sich nach der hier vertretenen Auffassung nicht, die dem Präsidenten ja gerade seinerseits ebenfalls ein solches zuspricht. Daher besteht richtigerweise nach geltendem Recht eine Weisungsabhängigkeit der Beschlussabteilungen sowohl behördenintern gegenüber dem Präsidenten als auch gegenüber dem BMWi.

Geht man vom Bestehen eines (Einzel-)Weisungsrechts aus, bleibt die Frage nach dessen Reichweite zu klären. Bemerkenswerterweise wird in der kartellrechtlichen Literatur – anders als im Netzregulierungsrecht[819] – insoweit kaum trennscharf zwischen rechts- und fachaufsichtlichen Weisungen unterschieden.[820] Nach überkommener Rechtslage, d.h. bis zur Zäsur durch die ECN+-RL (EU) 2019/1, die eine Neubewertung erfordert,[821] ist in Ermangelung einer abweichenden Regelung im Lichte des Art. 65 Satz 2 GG folgerichtig vom Bestehen sowohl einer Rechts- als auch Fachaufsicht auszugehen. Für eine Differenzierung zwischen zulässiger Rechts- und unzulässiger Fachaufsicht existiert ohne eine ausdrücklich die staatliche Aufsicht einschränkende Vorschrift kein sachlicher Grund.

bb) Unabhängige Vergabekammern

Einen Sonderfall bilden die Vergabekammern des Bundes und der Länder, denen gemäß §§ 155, 156 Abs. 1 GWB die Nachprüfung der Vergabe öffentlicher Aufträge und die Vergabe von Konzessionen obliegt. Dass sie ihre Tätigkeit im Rahmen der Gesetze unabhängig und in eigener Verantwortung ausüben, wird im Gegensatz zu den Beschlussabteilungen in § 157 Abs. 1 GWB ausdrücklich festgeschrieben. Abs. 2 führt aus, dass die Kammern in der Besetzung mit einem Vorsitzenden und zwei Beisitzern, von denen einer ehrenamtlich ist, entscheiden (Satz 1), und enthält nähere Angaben zur Qualifikation der Kammermitglieder (Sätze 2 bis 4). Ergänzend erklärt § 157 Abs. 4 GWB die Mitglieder der Kammer auch für persönlich unabhängig. Sie werden für eine Amtszeit von fünf Jahren bestellt, entscheiden unabhän-

---

819 S. unter Kapitel 3, A.I.1.a)cc) mit den Nachweisen in Fn. 500.

820 In der Regel wird nur pauschal das Bestehen eines Einzelweisungsrechts bejaht oder verneint; als seltene Ausnahme verneint *Schneider*, in: Langen/Bunte (Hrsg.), Kartellrecht, Bd. 1, 13. Aufl. 2018, § 48 GWB Rn. 3 sowie § 51 GWB Rn. 2, 16 und § 52 GWB Rn. 1 f. explizit das Vorhandensein von Rechts- und Fachaufsicht; in diese Richtung wohl auch *Dreher/Kulka*, Wettbewerbs- und Kartellrecht, 11. Aufl. 2021, § 15 Rn. 1746: „Die Beschlussabteilung hat allein nach dem Gesetz zu entscheiden[.]"; s. auch *Ludwigs*, NZKart 2020, 576 (576).

821 Hierzu sogleich unter Kapitel 3, A.II.2.b).

gig und sind nur dem Gesetz unterworfen. Schließlich beinhaltet § 158 GWB Vorschriften zu Einrichtung und Organisation der Stellen, wobei sich Abs. 1 auf die beim BKartA angesiedelten Vergabekammern des Bundes und Abs. 2 auf die Nachprüfungsbehörden der Länder bezieht.[822] Mit dem Abschnitt des GWB über die Nachprüfungsbehörden wird zugleich die Vorgabe der einschlägigen Rechtsmittelrichtlinien, mit der Nachprüfung von Vergabeentscheidungen eine „unabhängige Stelle in erster Instanz" zu befassen, umgesetzt.[823]

Durch die Normierung der Unabhängigkeit werden die Vergabekammern nicht etwa zu Gerichten im Sinne des Art. 92 GG. Sie genießen keine hinreichende organisatorische Selbständigkeit, sondern sind trotz ihres Sonderstatus in die Verwaltungsorganisation integriert und mithin Teil der Exekutive.[824] Dessen ungeachtet entscheiden die Kammern sachlich unabhängig, sodass Weisungen und weniger intensive Formen der Einflussnahme (mit Ausnahme ordnungsgemäßer dienstlicher Beurteilungen) unzulässig sind. Dies gilt grundsätzlich sowohl für externe Beeinflussungen durch die Behördenleitung und das übergeordnete BMWi als auch hinsichtlich der Binnenstruktur der Vergabekammern.[825] Vor dem Hintergrund der eindeutigen und mehrfachen Regelung in § 157 Abs. 1 und Abs. 4 Satz 2 GWB steht die Unabhängigkeit der erstinstanzlichen Nachprüfungsbehörden, anders als die der Beschlussabteilungen, außer Streit.

[822] Näher im Einzelnen s. *Horn/Hofmann*, in: Burgi/Dreher (Hrsg.), Beck'scher Vergaberechtskommentar, Bd. 1, 3. Aufl. 2017, § 158 GWB Rn. 1 ff.

[823] Art. 2 Abs. 3 S. 1 RL 89/665/EWG des Rates v. 21.12.1989 zur Koordinierung der Rechts- und Verwaltungsvorschriften für die Anwendung der Nachprüfungsverfahren im Rahmen der Vergabe öffentlicher Liefer- und Bauaufträge, ABl. 1989, L 395/33; Art. 2 Abs. 3 S. 1 RL 92/13/EWG des Rates v. 25.2.1992 zur Koordinierung der Rechts- und Verwaltungsvorschriften für die Anwendung der Gemeinschaftsvorschriften über die Auftragsvergabe durch Auftraggeber im Bereich der Wasser-, Energie- und Verkehrsversorgung sowie im Telekommunikationssektor, ABl. 1992, L 76/14; beide in der Fassung der ÄndRL 2014/23/EU des Europäischen Parlaments und des Rates v. 26.2.2014 über die Konzessionsvergabe, ABl. 2014, L 94/1; im Übrigen macht das Unionsrecht keine weiteren Vorgaben zur Ausgestaltung, vgl. *Horn/Hofmann*, in: Burgi/Dreher (Hrsg.), Beck'scher Vergaberechtskommentar, Bd. 1, 3. Aufl. 2017, § 158 GWB Rn. 3.

[824] *Horn/Hofmann*, in: Burgi/Dreher (Hrsg.), Beck'scher Vergaberechtskommentar, Bd. 1, 3. Aufl. 2017, § 157 GWB Rn. 16 ff. m. w. N.; vgl. auch die Gesetzesmaterialien, BT-Drs. 12/4636, S. 12; BT-Drs. 13/9340, S. 20: „[nur] gerichtsähnliche Instanz".

[825] *Horn/Hofmann*, in: Burgi/Dreher (Hrsg.), Beck'scher Vergaberechtskommentar, Bd. 1, 3. Aufl. 2017, § 157 GWB Rn. 11 f., 14 f.

2. Unabhängige Stellung des Bundeskartellamts nach der ECN+-RL (EU) 2019/1

Die Europäische Union ist noch einen Schritt weitergegangen, indem sie die Unabhängigkeit der nationalen Kartellbehörden im Rahmen der Anwendung der Art. 101 f. AEUV[826] nunmehr[827] in der ECN+-RL (EU) 2019/1[828] ausdrücklich vorschreibt. Nachfolgend soll zunächst der einschlägige Inhalt der Richtlinie dargestellt werden (a)), bevor die Frage nach dem Umsetzungsbedarf im nationalen Recht zu erörtern ist (b)). Schließlich wird die konkrete Umsetzung im Zuge der 10. GWB-Novelle kritisch gewürdigt (c)).

a) Unabhängigkeitsvorgabe für die nationalen Wettbewerbsbehörden

Art. 4 Abs. 1 der ECN+-RL (EU) 2019/1 verpflichtet die Mitgliedstaaten, „die Unabhängigkeit der für Wettbewerb zuständigen nationalen Verwaltungsbehörden bei der Anwendung der Artikel 101 und 102 AEUV zu gewährleisten“. Ausweislich der Art. 1 Abs. 2 Satz 1 und Art. 2 Abs. 2 ECN+-RL (EU) 2019/1 (i. V. m. Art. 3 Abs. 1, 2 Kartell-VO [EG] 1/2003) erstreckt sich die Unabhängigkeitsvorgabe darüber hinaus auch auf die parallele Anwendung des nationalen Wettbewerbsrechts auf denselben Fall.[829] Einzig für rein innerstaatliche Sachverhalte gelten die Bestimmungen der Richtlinie nicht, wenngleich es aus Kohärenzgründen wünschenswert wäre, die deutschen Wettbewerbsbehörden auch in diesen Konstellationen einheitlich unabhängig zu stellen.[830]

---

826 Zum Anwendungsbereich der Art. 101 f. AEUV s. *Weiß*, in: Calliess/Ruffert (Hrsg.), EUV/AEUV, 6. Aufl. 2022, Art. 101 AEUV Rn. 1 ff. und Art. 102 AEUV Rn. 1 ff.

827 S. zu vorherigen Vorstößen in Richtung Unabhängigkeit *Cappellari*, in: Jaeger et al. (Hrsg.), Frankfurter Kommentar zum Kartellrecht, 100. Lfg. 2021, § 51 GWB Rn. 25 mit den entsprechenden Belegen; für *Ludwigs*, NZKart 2020, 576 (579) ist die ECN+-RL (EU) 2019/1 insoweit ein „Paradigmenwechsel“.

828 RL (EU) 2019/1 des Europäischen Parlaments und des Rates v. 11.12.2018 zur Stärkung der Wettbewerbsbehörden der Mitgliedstaaten im Hinblick auf eine wirksamere Durchsetzung der Wettbewerbsvorschriften und zur Gewährleistung des reibungslosen Funktionierens des Binnenmarkts, ABl. 2019, L 11/3.

829 Ausgenommen von der Anwendung der Art. 101 f. AEUV seitens der nationalen Wettbewerbsbehörden ist nach Art. 3 Abs. 3 Kartell-VO (EG) 1/2003 die Anwendung einzelstaatlicher Gesetze über die Kontrolle von Unternehmenszusammenschlüssen, vgl. auch *Ludwigs*, NZKart 2020, 576 (579); s. zuvor bereits *Chmeis*, NZKart 2017, 403 (405 f.), dort auch zu möglichen Auswirkungen auf rein innerstaatliche Sachverhalte.

830 So zutreffend *Ludwigs*, NZKart 2020, 576 (581), der insoweit auf Erwägungsgrund Nr. 10 S. 1 ECN+-RL (EU) 2019/1 hinweist, dem zufolge deklaratorisch „die Möglichkeit der Mitgliedstaaten unberührt […] [bleibt], weiterreichende Garantien

Art. 4 Abs. 2 ECN+-RL (EU) 2019/1 konkretisiert den zuvor postulierten *Unabhängigkeitsgrundsatz*. Die Mitgliedstaaten haben sicherzustellen, dass die Personen, die bei den zuständigen nationalen Behörden in Ausübung der Befugnisse nach Art. 10 bis 13 und 16 der Richtlinie Entscheidungen treffen – in Deutschland also die Mitglieder der Beschlussabteilungen des BKartA – „ihre Aufgaben und Befugnisse im Zusammenhang mit der Anwendung der Artikel 101 und 102 AEUV unabhängig von politischer und anderer externer Einflussnahme [wahrnehmen]" (lit. a). Insoweit dürfen sie „keinerlei Weisungen der Regierung oder einer anderen öffentlichen oder privaten Stelle einholen oder entgegennehmen", während lediglich „Vorschriften allgemeiner Art […], die sich nicht auf Untersuchungen einzelner Wirtschaftszweige oder bestimmte Durchsetzungsverfahren beziehen" durch die Regierung zulässig bleiben (lit. b). Zudem billigt Art. 4 Abs. 5 Satz 1 ECN+-RL (EU) 2019/1 den Wettbewerbsbehörden zu, bei der Wahrnehmung ihrer Aufgaben eigene Prioritäten zu setzen. Ergänzend enthält Art. 4 Abs. 2 lit. c) Regelungen zur Unparteilichkeit und Inkompatibilität des für Sachentscheidungen zuständigen Personals der Wettbewerbsbehörden. Schließlich wird die Konkretisierung der unabhängigen Stellung durch Aussagen zur persönlichen (Art. 4 Abs. 3 und 4) sowie finanziellen Unabhängigkeit (Art. 5) vervollständigt.[831] Hintergrund des unionsrechtlichen Vorstoßes war es, harmonisierte europäische Standards zur effektiven Durchsetzung des Kartellrechts herzustellen, derer es bislang teilweise ungeachtet erkennbarer Fortschritte ermangelte.[832] Neben den uneinheitlichen Kartellverfahrensrechtsordnungen würden externe, insbesondere politische Einflussnahmen die Arbeit der Wettbewerbsbehörden erschweren, sodass ihre Unabhängigstellung erforderlich sei.[833] Ersichtlich hat diesen Überlegungen, die nunmehr mit der Richtlinie Eingang in das geltende Recht gefunden haben, das Modell der Netzregulierung Pate gestanden.[834] Wie be-

---

für die Unabhängigkeit der für Wettbewerb zuständigen nationalen Verwaltungsbehörden einzuführen".

[831] Im Einzelnen geht es um Auswahl, Einstellung und Entlassung des Personals sowie um eine ausreichende personelle, finanzielle, technische und technologische Ausstattung.

[832] Vgl. die Erwägungsgründe Nrn. 3, 5, 8, 16ff., 25f. ECN+-RL (EU) 2019/1; *Chmeis*, NZKart 2017, 403 (403): „in der Vergangenheit erhebliche Durchsetzungsdefizite".

[833] Erwägungsgrund Nr. 17 ECN+-RL (EU) 2019/1; *König*, NZKart 2017, 397 (398); *Vestager*, NZKart 2017, 205 (205): „National competition authorities need to be able to take decisions without being pressurised by outside influences. However, several authorities do not benefit from the corresponding guarantees and some have faced attacks on their independence."; s. auch *Chmeis*, NZKart 2017, 403 (403); *Ost*, NZKart 2019, 69 (69f.).

[834] So auch *König*, NZKart 2017, 397 (398f.) mit Fn. 14 bis 16, der im Rahmen einer Gegenüberstellung auf punktuelle Nuancierungen hinweist; *Ludwigs*, NZKart 2020, 576 (577) mit Verweis auf COM (2017) 142 endg., S. 5; zur sekundärrecht-

reits herausgearbeitet, wurde auch dort die Einrichtung unabhängiger Behörden zur Gewährleistung einer effektiven Regulierung normiert. Somit wurde das Paradigma der Unabhängigkeit konsequent auf die Wettbewerbsbehörden im weiteren Sinne[835] erstreckt.

b) Umsetzungsbedarf für den deutschen Gesetzgeber

Den Mitgliedstaaten wurde gemäß Art. 34 Abs. 1 UAbs. 1 Satz 1 ECN+-RL (EU) 2019/1 eine Frist bis zum 4. Februar 2021 eingeräumt, um die Bestimmungen der Richtlinie ins nationale Recht umzusetzen. Fraglich ist, inwieweit für den deutschen Gesetzgeber überhaupt *Anlass zu Korrekturen* bestand. Im Hinblick auf das Erfordernis personeller Unabhängigkeit der Mitglieder der Beschlussabteilungen war ein Tätigwerden nicht angezeigt, da die in § 51 Abs. 4 GWB vorgesehene Lebenszeitverbeamtung, die beamtenrechtlichen Einstellungskriterien (vgl. Art. 33 Abs. 2 GG)[836] und das Beamtendisziplinarrecht (§§ 30 ff. BBG i. V. m. BDG) den unionsrechtlichen Einstellungs- sowie restriktiven Entlassungsvorgaben des Art. 4 Abs. 3 und 4 ECN+-RL (EU) 2019/1 bereits *de lege lata* entsprachen.[837] Gleiches gilt für das Recht aus Art. 4 Abs. 5 Satz 1 ECN+-RL (EU) 2019/1, Prioritäten zu setzen, dem das in § 54 Abs. 1 Satz 2 GWB normierte Opportunitätsprinzip Genüge leistet.[838] Zudem steht eine Verletzung der finanziellen Unabhängigkeitsgarantien aus Art. 5 Abs. 1 und 3 ECN+-RL (EU) 2019/1 auch ohne eine Änderung des GWB nicht zu erwarten; die Bereitstellung hinreichender Mittel im Haushaltsplan dürfte insoweit ausreichend sein.[839]

---

lichen Rechtslage auf dem Gebiet der sektorspezifischen Regulierung s. unter Kapitel 3, A.I.1.a).

[835] Zum Verhältnis von Regulierungs- und Kartellrecht als „Wettbewerbsrecht im weiteren Sinne" s. unter Kapitel 1, D.III.

[836] Zur Personalauswahl bei Bundesbeamten in Konkretisierung der verfassungsrechtlichen Vorgaben s. näher die Empfehlung des Präsidenten des Bundesrechnungshofes *Engels*, Gutachten zum Verfahren der internen und externen Personalauswahl in der Bundesverwaltung, 2014.

[837] Vgl. *König*, NZKart 2017, 397 (399), für den sich aus Art. 4 und 5 ECN+-RL (EU) 2019/1 „allenfalls ein geringer Umsetzungsbedarf" ergibt; *Ludwigs*, NZKart 2020, 576 (580), für den allerdings angesichts der fehlenden Veröffentlichungspflicht in § 51 Abs. 2 S. 2 GWB „Restzweifel" an der Unionsrechtskonformität bestehen, die im Wege einer richtlinienkonformen Auslegung auszuräumen wären; *Ludwigs*, in: Bien/Käseberg/Klumpe/Körber/Ost (Hrsg.), Die 10. GWB-Novelle, 2021, Kap. 2 Rn. 15.

[838] Ebenso bereits *König*, NZKart 2017, 397 (399); *Ludwigs*, NZKart 2020, 576 (580); *Ludwigs*, in: Bien/Käseberg/Klumpe/Körber/Ost (Hrsg.), Die 10. GWB-Novelle, 2021, Kap. 2 Rn. 15.

[839] Vgl. *Ludwigs*, NZKart 2020, 576 (580), der als Argument „nicht zuletzt die in Art. 5 Abs. 3 ECN+-RL verankerte Unbeschadetheitsklausel zugunsten des nationalen

In den Mittelpunkt bei der Untersuchung der Notwendigkeit einer Anpassung der Rechtslage rückt deshalb insbesondere[840] die Gretchenfrage der *Weisungsfreiheit der Beschlussabteilungen.* Wie bereits festgestellt, dürfen die Mitglieder der Beschlussabteilungen im Anwendungsbereich der Richtlinie ausweislich des Art. 4 Abs. 2 lit. b) Hs. 1 ECN+-RL (EU) 2019/1 „keinerlei Weisungen der Regierung oder einer anderen öffentlichen oder privaten Stelle einholen oder entgegennehmen“. Richtigerweise verbietet die Vorschrift demzufolge sowohl ein rechts- als auch ein fachaufsichtliches Einschreiten: Zum einen untersagt der Wortlaut („keinerlei“) jegliche Art von Weisungen.[841] Zum anderen erscheint ein Gleichlauf des Unabhängigkeitsregimes mit dem Netzregulierungsrecht als Vorbild für die kartellrechtliche Neuregelung für sachgerecht.[842]

Einzig zulässig bleiben mithin gemäß der (im Kommissionsvorschlag noch nicht vorhandenen, sondern erst im Laufe des Gesetzgebungsverfahrens eingefügten)[843] Unbeschadetheitsklausel des Art. 4 Abs. 2 lit. b) Hs. 2 ECN+-RL (EU) 2019/1 gubernative „Vorschriften allgemeiner Art [...], die sich nicht auf Untersuchungen einzelner Wirtschaftszweige oder bestimmte Durchsetzungsverfahren beziehen“. Unter den Begriff der Vorschriften allgemeiner Art fällt dabei – wie es die englische („general policy rules“) und

---

Haushaltsrechts“ anführt; zur zurückhaltenden Annahme eines Verstoßes gegen die finanzielle Unabhängigkeit s. bereits unter Kapitel 1, B.II.5.

840 *Chmeis*, NZKart 2017, 403 (405 f.) weist zudem auf mögliche Auswirkungen auf die Ministererlaubnis in Fällen hin, bei denen eine Unternehmensfusion auch wegen eines Kartellverstoßes untersagt wird: „Das letzte Wort zur deutschen Ministererlaubnis [...] ist jedenfalls noch nicht gesprochen.“.

841 Aus diesem Grund ebenfalls von einem Ausschluss von Rechts- und Fachaufsicht ausgehend *Ludwigs*, NZKart 2020, 576 (579); bemerkenswerterweise scheint das kartellrechtliche Schrifttum, das regelmäßig nur zwischen allgemeinen Weisungen und Einzelweisungen differenziert, für eine Unterscheidung von Rechts- und Fachaufsicht (noch) kaum sensibilisiert zu sein; umso erfreulicher ist daher die präzise Erkenntnis von *Schneider*, in: Langen/Bunte (Hrsg.), Kartellrecht, Bd. 1, 13. Aufl. 2018, § 51 GWB Rn. 16 u. a., wonach „keine Rechts- oder Fachaufsicht des BMWi über das BKartA“ besteht.

842 Hierfür spricht auch die Klarstellung in Erwägungsgrund Nr. 22 ECN+-RL (EU) 2019/1, die wie im Energie- und Eisenbahnsektor explizit nur eine parlamentarische und gerichtliche Kontrolle zulässt; s. hierzu unter Kapitel 3, A.I.1.a)cc).; zur Konvergenz der Unabhängigkeit in den Netzsektoren s. unter Kapitel 3, A.I.1.a) aa); zur Konvergenz der Unabhängigkeit im „erweiterten“ Regulierungsrecht einschließlich der Bankenaufsicht s. unter Kapitel 3, A.I.2.b)ee).

843 In Art. 4 Abs. 2 lit. b) des Entwurfsvorschlags der Kommission v. 22.3.2017 (COM[2017] 142 endg.) war ein Passus über die Zulässigkeit allgemeiner Weisungen noch nicht zu finden; nur aus der Begründung zum Vorschlag ergibt sich, dass ein Eingriff „in die Vorrechte der Mitgliedstaaten [...], die allgemeinen politischen Ziele festzulegen“, nicht beabsichtigt sei; den „Kompromisscharakter“ der ECN+-RL betonend auch *Ludwigs*, NZKart 2020, 576 (579).

französische Sprachfassung („orientations de politique générale") nahelegen – in erster Linie administratives Binnenrecht in der Gestalt von Verwaltungsvorschriften respektive allgemeinen Weisungen.[844] Darauf, dass einzelfallbezogene Interventionen der Regierung ausnahmslos unzulässig sind, deutet auch der relativierende Passus hin, dass sich die Vorschriften nicht auf „bestimmte Durchsetzungsverfahren" beziehen dürfen. Konsequenterweise müssen im Geltungsbereich der Richtlinie deshalb auch abstrakt-generelle Einwirkungen auf die laufende Kartellaufsicht ausscheiden, um ein Obsoletwerden dieses einschränkenden Zusatzes zu verhindern.[845] Ebenso sind Vorgaben in Bezug auf „Untersuchungen einzelner Wirtschaftszweige" im Sinne des § 32e Abs. 2 GWB nicht mehr gestattet.[846] Insgesamt reduziert sich also der Handlungsspielraum der Regierung zur Steuerung der Wettbewerbsbehörden spürbar.

c) Defizitäre Umsetzung und Korrektur

Vor diesem Hintergrund gilt es zu untersuchen, inwieweit die Umsetzung der umsetzungsbedürftigen Inhalte der ECN+-RL (EU) 2019/1 im Zuge der *10. GWB-Novelle*[847] geglückt ist. Was zunächst *allgemeine Weisungen* betrifft, hat der Gesetzgeber den Wortlaut des deren Zulässigkeit voraussetzenden § 52 GWB völlig unverändert gelassen. Einzig aus der Begründung zu § 82a des neuen Gesetzentwurfes, der die Befugnisse und Zuständigkeiten im gerichtlichen Bußgeldverfahren regelt, geht hervor, dass „die Kartellbehörden unabhängig von politischer und anderer externer Einflussnahme agieren und – abgesehen von § 52 [GWB] – keinerlei Weisungen der Regierung oder einer anderen öffentlichen oder privaten Stelle einholen oder entgegen-

---

[844] So auch *Ludwigs*, NZKart 2020, 576 (579); *Ludwigs*, in: Bien/Käseberg/Klumpe/Körber/Ost (Hrsg.), Die 10. GWB-Novelle, 2021, Kap. 2 Rn. 14; zum verwandten Begriff der „allgemeinen politischen Leitlinien" im Bereich der netzgebundenen Regulierung s. unter Kapitel 3, A.I.1.a)aa) und bb).

[845] Ebenso *Ludwigs*, NZKart 2020, 576 (579); *Ludwigs*, in: Bien/Käseberg/Klumpe/Körber/Ost (Hrsg.), Die 10. GWB-Novelle, 2021, Kap. 2 Rn. 14; zum Problem der Zulässigkeit einer normativen Vorstrukturierung im Regulierungsrecht s. unter Kapitel 3, A.I.1.b)bb) und A.I.2.b)dd).

[846] *Ludwigs*, NZKart 2020, 576 (579); *Ludwigs*, in: Bien/Käseberg/Klumpe/Körber/Ost (Hrsg.), Die 10. GWB-Novelle, 2021, Kap. 2 Rn. 14; vgl. auch Erwägungsgrund Nr. 23 ECN+-RL (EU) 2019/1, der von „branchenspezifische[n] Untersuchungen" spricht.

[847] Gesetz zur Änderung des Gesetzes gegen Wettbewerbsbeschränkungen für ein fokussiertes, proaktives und digitales Wettbewerbsrecht 4.0 und anderer Bestimmungen (GWB-Digitalisierungsgesetz) v. 18.1.2021, BGBl. I S. 2; s. für einen umfassenden Überblick zu den Neuerungen durch die 10. GWB-Novelle *Käseberg*, in: Bien/Käseberg/Klumpe/Körber/Ost (Hrsg.), Die 10. GWB-Novelle, 2021, Kap. 1 Rn. 1 ff.

nehmen".[848] Den Anforderungen an eine ordnungsgemäße Richtlinienumsetzung genügt dies trotz punktueller Verbesserungen[849] mitnichten. Der Gesetzgeber hätte die Richtlinieninhalte nach ständiger EuGH-Rechtsprechung hinreichend klar und bestimmt zum Ausdruck bringen müssen.[850] Dabei müssen die Umsetzungsakte umso klarer und bestimmter sein, je ausgeprägter die Regelungen der Richtlinie sind.[851] Eine Subsumtion unter diese Voraussetzungen zeigt schnell, dass von einer korrekten Transformation in nationales Recht keine Rede sein kann:[852] Die Unabhängigstellung der nationalen Wettbewerbsbehörden stellt ein Kernanliegen der ECN+-RL (EU) 2019/1 dar,[853] das mehrfach und an prominenten Stellen ausgewiesen ist (vgl. Art. 1 Abs. 1, Art. 4 sowie die Überschrift zu Kapitel III). Die Weisungsfreiheit bildet den Grundsatz, die Zulässigkeit allgemeiner Vorschriften die enge Ausnahme. Demgegenüber erwähnt die GWB-Novelle die Unab-

---

848 BR-Drs. 568/20, S. 158.

849 *Bien*, in: Bien/Käseberg/Klumpe/Körber/Ost (Hrsg.), Die 10. GWB-Novelle, 2021, Kap. 2 Rn. 2 verweist darauf, dass die Ermächtigung der Landeskartellbehörden, das Europäische Kartellrecht anzuwenden, wieder aufgehoben wurde, da diese nicht den vom Unionsrecht an die mitgliedstaatlichen Kartellbehörden aufgestellten hohen Anforderungen entsprächen. Auch sei die Rolle der Kartellbehörden durch § 82a GWB deutlich aufgewertet worden. Vor diesem Hintergrund sieht *Bien* die Richtlinie im Kern ordnungsgemäß umgesetzt.

850 Z.B. EuGH, Urt. v. 17.10.1991, Rs. C-58/89, ECLI:EU:C:1991:391, Rn. 13 – Kommission/Deutschland; Urt. v. 15.6.1995, Rs. C-220/94, ECLI:EU:C:1995:190, Rn. 10 – Kommission/Luxemburg; Urt. v. 10.5.2007, Rs. C-508/04, ECLI:EU:C:2007:274, Rn. 73 – Kommission/Österreich; aus der Lit. statt vieler *Nettesheim*, in: Grabitz/Hilf/Nettesheim (Hrsg.), Das Recht der Europäischen Union, 74. EL 2021, Art. 288 AEUV Rn. 120; die Anforderungen an die ordnungsgemäße Umsetzung gelten nicht nur für die vermittelten subjektiven Rechtspositionen, sondern auch für rein objektive Richtlinienteile, vgl. *Nettesheim*, Die mitgliedstaatliche Durchführung von EG-Richtlinien, 1999, S. 62.

851 Vgl. etwa EuGH, Urt. v. 23.5.1985, Rs. 29/84, ECLI:EU:C:1985:229, Rn. 31 – Kommission/Deutschland; Urt. v. 26.6.2003, Rs. C-233/00, ECLI:EU:C:2003:371, Rn. 80 f. – Kommission/Frankreich; aus der Lit. *Nettesheim*, in: Grabitz/Hilf/Nettesheim (Hrsg.), Das Recht der Europäischen Union, 74. EL 2021, Art. 288 AEUV Rn. 120; *Schroeder*, in: Streinz (Hrsg.), EUV/AEUV, 3. Aufl. 2018, Art. 288 AEUV Rn. 78; zu den gleitenden Anforderungen an die Bestimmtheit der Richtlinienumsetzung s. auch bereits *Gellermann*, Beeinflussung des bundesdeutschen Rechts durch Richtlinien der EG, 1994, S. 29.

852 Vgl. zutreffend *Ludwigs*, NZKart 2020, 576 (580 f.), an dessen Subsumtion auch die nachfolgenden Ausführungen angelehnt sind.

853 Zur Berücksichtigung des Regelungsanliegens bei den Bestimmtheitsanforderungen an die Richtlinienumsetzung z.B. EuGH, Urt. v. 10.5.2001, Rs. C-144/99, ECLI:EU:C:257, Rn. 21 – Kommission/Niederlande; *Nettesheim*, Die mitgliedstaatliche Durchführung von EG-Richtlinien, 1999, S. 64; zur Unabhängigkeit als zentralem Regelungsanliegen der ECN+-RL (EU) 2019/1 vgl. auch *Ludwigs*, NZKart 2020, 576 (580) m.w.N. zum Hintergrund.

hängigkeit mit keiner Silbe, sodass sich für den unbefangenen Leser die Weisungsgebundenheit des BKartA nachgerade aufdrängt. Beinahe grotesk – *sit venia verbo* – liest sich insoweit auch die oben zitierte Gesetzesbegründung an systematisch deplatzierter Stelle, die von einer Unabhängigkeit des BKartA ausgeht, wenn man bedenkt, dass § 82a GWB den Kartellbehörden im gerichtlichen Bußgeldverfahren die gleichen Rechte wie der Staatsanwaltschaft verleiht, die gerade nicht frei von Weisungen ist[854].[855] Nach alledem ist im nationalen Recht ein Umsetzungsdefizit festzustellen.

Abhilfe kann einstweilen im Wege der *richtlinienkonformen Auslegung*[856] geschaffen werden. Demnach ist § 52 GWB im Lichte des Art. 4 Abs. 2 lit. b) Hs. 2 ECN+-RL (EU) 2019/1 dahingehend zu deuten, dass sich bei Binnenmarktrelevanz (also nicht zwingend für rein nationale Verfahren)[857] allgemeine Weisungen nicht auf Untersuchungen einzelner Wirtschaftszweige und bestimmte Durchsetzungsverfahren im zuvor beschriebenen Sinne beziehen dürfen.[858] Eines Rekurses auf die Figur der objektiv unmittelbaren

---

[854] Vgl. hierzu *Achenbach*, wistra 2019, 257 (260); zur Weisungsabhängigkeit und Einordnung der Staatsanwaltschaft ins nationale Justizsystem vgl. *Gärditz*, GSZ 2019, 133 (134 ff.), insbesondere auch im unionsrechtlichen Kontext vor dem Hintergrund des EuGH-Urteils zum Europäischen Haftbefehl (Urt. v. 27.5.2019, verb. Rs. C-508/18 und C-82/19 PPU, ECLI:EU:C:2019:456 – OG und PI).

[855] Ebenso *Ludwigs*, NZKart 2020, 576 (581); *Ludwigs*, in: Bien/Käseberg/Klumpe/Körber/Ost (Hrsg.), Die 10. GWB-Novelle, 2021, Kap. 2 Rn. 17; anders aber *Bien*, in: Bien/Käseberg/Klumpe/Körber/Ost (Hrsg.), Die 10. GWB-Novelle, 2021, Kap. 2 Rn. 2, der zwar einräumt, dass „man […] das Fehlen eines klaren Bekenntnisses zur Unabhängigkeit des Bundeskartellamts [bedauern mag]", Art. 4 ECN+-RL (EU) 2019/1 dennoch „auch ohne eine positive Regelung […] Spuren im deutschen Recht [hinterlässt]. Zum einen erweitert der Gesetzgeber in § 82a GWB die Rechtsstellung der Kartellbehörden im Fall des Einspruchs gegen einen Bußgeldbescheid ganz wesentlich […]. Zum anderen hebt der Gesetzgeber die mit der 7. GWB-Novelle 2005 begründete Ermächtigung der Landeskartellbehörden, das Europäische Kartellrecht anzuwenden, wieder auf; sie erfüllen nicht die hohen Anforderungen, die das Unionsrecht mittlerweile an die mitgliedstaatlichen Kartellbehörden stellt".

[856] Zum Grundsatz der richtlinienkonformen Auslegung vgl. nur EuGH, Urt. v. 10.4.1984, Rs. 14/83, ECLI:EU:C:1984:153, Rn. 25 ff. – von Coslon und Kamann/Land Nordrhein-Westfalen; Urt. v. 10.4.1984, Rs. 79/83, ECLI:EU:C:1984:155, Rn. 25 ff. – Harz/Deutsche Tradax GmbH; aus nationaler Perspektive BVerfGE 75, 223 (237) – Kloppenburg-Beschluss; aus der Lit. *Ruffert*, in: Calliess/Ruffert (Hrsg.), EUV/AEUV, 6. Aufl. 2022, Art. 288 AEUV Rn. 78 ff.; *Schroeder*, in: Streinz (Hrsg.), EUV/AEUV, 3. Aufl. 2018, Art. 288 AEUV Rn. 110 ff.

[857] Die richtlinienkonforme Auslegung beschränkt sich auf den Regelungsgehalt der Richtlinie; hierzu s. allgemein *Ruffert*, in: Calliess/Ruffert (Hrsg.), EUV/AEUV, 6. Aufl. 2022, Art. 288 AEUV Rn. 85; *Mayer/Schürnbrand*, JZ 2004, 545 (548 f.).

[858] So auch *Ludwigs*, NZKart 2020, 576 (581), der ebenfalls eine richtlinienkonforme Auslegung nur im „Zusammenhang mit der Anwendung von Art. 101 und 102 AEUV" annimmt; *Ludwigs*, in: Bien/Käseberg/Klumpe/Körber/Ost (Hrsg.), Die 10. GWB-Novelle, 2021, Kap. 2 Rn. 18; in Rn. 19 stellt er zu Recht klar, dass die

Richtlinienwirkung bedarf es insoweit nicht, da der Wortlaut des § 52 GWB die souveränitätsschonendere Methode einer einschränkenden Auslegung zulässt.[859] Dessen ungeachtet befreit die Möglichkeit, nationale Rechtsvorschriften (vorübergehend) richtlinienkonform auszulegen, nicht von der mitgliedstaatlichen Pflicht zur ordnungsgemäßen Umsetzung.[860] Mit anderen Worten stellt sie keine Alternative zur Anpassung der nationalen Rechtslage dar.[861] Vielmehr ist der Gesetzgeber dazu aufgefordert, hinreichend klar und bestimmt die Richtlinieninhalte in das GWB zu überführen.

Nichts anderes kann für rechts- und fachaufsichtliche *Einzelweisungen* gelten. Während über das Nichtvorhandensein von Weisungsbefugnissen innerhalb des Kollegialspruchkörpers soweit ersichtlich Konsens herrscht, ist das Bestehen eines Einzelweisungsrechts des Präsidenten des BKartA sowie des BMWi lebhaft umstritten.[862] Jedenfalls nicht ausreichend ist, darauf zu verweisen, dass in der Praxis bislang nie ministerielle Weisungen, die Entscheidungen nach Art. 101 f. AEUV betreffen, ergangen sind. Zur ordnungsgemäßen Umsetzung einer Richtlinie bedarf es verbindlicher Rechtsakte; eine etablierte richtliniengetreue Verwaltungspraxis, die sich jederzeit wieder ändern kann, ist für sich genommen unzureichend.[863] Erst recht genügt es

---

„Pflicht zur normativen Nachbesserung" im Hinblick auf die Unabhängigkeit des BKartA für rein nationale Verfahren zwar nicht unionsrechtlich geboten ist, durchaus aber „zur Wahrung einer kohärenten Gesamtregelung rechtspolitisch sinnvoll" erscheint.

859 Vgl. demgegenüber im Kontext der Netzregulierung Kapitel 3, A.I.1.b)aa).

860 EuGH, Urt. v. 10.5.2001, Rs. C-144/99, ECLI:EU:C:2001:257, Rn. 21 – Kommission/Niederlande; Urt. v. 10.7.2014, Rs. C-421/12, ECLI:EU:C:2014:2064, Rn. 46 – Kommission/Belgien; *Ruffert*, in: Calliess/Ruffert (Hrsg.), EUV/AEUV, 6. Aufl. 2022, Art. 288 AEUV Rn. 83 m.w.N.: „Die richtlinienkonforme Auslegung dient nicht […] dem Normerhalt. […] Der zur Auslegung nationalen Rechts nicht befugte EuGH ist nicht in der Lage, mitgliedstaatliches Recht durch richtlinienkonforme Auslegung zu ‚retten'."; *Kroll-Ludwigs/Ludwigs*, ZJS 2009, 7 (13 f.) m.w.N.; im vorliegenden Kontext *Ludwigs*, NZKart 2020, 576 (581).

861 Deutlich auch *Herdegen*, WM 2005, 1921 (1926 f.): „Die richtlinienkonforme Auslegung ist kein Surrogat für die Umsetzung des Richtlinieninhalts durch Rechtsnormen.".

862 Vgl. zum Streitstand eingehend unter Kapitel 3, A.II.1.b)aa); *König*, NZKart 2017, 397 (399) hält nach der „wohl h.M." Einzelweisungen nach geltendem Recht für zulässig; nach *Klaue*, in: Immenga/Mestmäcker (Hrsg.), Wettbewerbsrecht, 5. Aufl. 2014, § 51 GWB Rn. 11 entspreche dies – angesichts der beachtlichen Zahl an Gegenstimmen schwer nachvollziehbar – gar der „ganz überragende[n] Meinung"; in der Folgeauflage ist hiervon auch nicht mehr die Rede, vgl. *Stockmann*, a.a.O., 6. Aufl. 2020, § 51 GWB Rn. 8.

863 St. Rspr. seit EuGH, Urt. v. 6.5.1980, Rs. 102/79, ECLI:EU:C:1980:120, Rn. 10 f. – Kommission/Belgien; aus jüngerer Zeit z.B. EuGH, Urt. v. 30.6.2016, C-648/13, ECLI:EU:C:2016:490, Rn. 78 f. – Kommission/Polen; aus der Lit. statt vieler *Ruffert*, in: Calliess/Ruffert (Hrsg.), EUV/AEUV, 6. Aufl. 2022, Art. 288 AEUV Rn. 38; im konkreten Kontext *König*, NZKart 2017, 397 (399).

nicht, auf Auffassungen zu rekurrieren, die bereits *de lege lata* von einer Weisungsunabhängigkeit der Beschlussabteilungen ausgehen. Zwar ließe sich auch bezüglich Einzelweisungen an eine richtlinienkonforme Auslegung durch einen Gegenschluss zu § 52 GWB denken, allerdings entbindet dies wiederum nicht von einer normativen Verankerung der Unabhängigkeit im nationalen Kartellrecht.[864] Der Gesetzgeber sollte deshalb die ECN+-RL (EU) 2019/1 zum Anlass nehmen, den durch die Richtlinie obsolet gewordenen Streit um die Einzelweisungsbefugnis nach dem Vorbild der Vergabekammern zugunsten ihres Nichtbestehens zu beenden.[865]

Bedauerlicherweise hat der Gesetzgeber die sich ihm angebotene Chance nicht genutzt, indem im Rahmen der 10. GWB-Novelle die unionsrechtlichen Unabhängigkeitsvorgaben bestenfalls halbherzig umgesetzt wurden.[866] Wie im Bereich der Regulierung zeigt sich abermals der Unwille oder zumindest das Unvermögen, den nationalen Behörden die geforderte Unabhängigkeit zu gewähren, sodass die Rechtswissenschaft – unabhängig von zusätzlich drohenden Vertragsverletzungsverfahren – dieses Umsetzungsdefizit behelfsweise methodisch korrigieren muss. War der Gesetzgeber im Eisenbahnsektor immerhin noch auf einem guten Weg,[867] ist er von diesem bei den Novellierungen im Telekommunikationssektor[868] und im Kartellrecht ohne (verfassungsrechtliche) Not[869] wieder abgekommen.[870] Es wäre wünschenswert, nicht erst unter dem Druck bevorstehender Aufsichtsklagen zügig unionsrechtskonforme Zustände herzustellen.

III. Zwischenfazit

Während im nationalen Verwaltungsrecht im Allgemeinen und im Öffentlichen Wirtschaftsrecht im Besonderen eine hierarchische Verwaltungsstruktur vorherrscht, etablieren sich im Regulierungs- und Kartellrecht zunehmend unabhängige Behörden. Mit Ausnahme des Postsektors wird in den Netzindustrien (Telekommunikation, Energie, Eisenbahnen) die *Unabhängigkeit der Regulierungsbehörden* sekundärrechtlich vorgeschrieben. Neben Vor-

---

[864] Zutreffend *Ludwigs*, NZKart 2020, 576 (581).

[865] So auch *König*, NZKart 2017, 397 (399).

[866] Ebenso deutlich *Ludwigs*, NZKart 2020, 576 (581).

[867] Vgl. hierzu näher unter Kapitel 3, A.I.1.b)aa).

[868] Vgl. ebenfalls unter Kapitel 3, A.I.1.b)aa) mit Fn. 512.

[869] Zur Kompensierbarkeit eines durch Unabhängigstellung abgesenkten demokratischen Legitimationsniveaus grundlegend BVerfGE 151, 202 (293 f.) Rn. 134 – Europäische Bankenunion; s. hierzu eingehend unter Kapitel 2, B.II.1.b)bb); eine Kompensation im vorliegenden Fall im Lichte des Bankenunion-Urteils für möglich erachtend *Ludwigs*, NZKart 2020, 576 (581).

[870] Vgl. *Ludwigs*, NZKart 2020, 576 (578, 581).

schriften zur funktionellen, persönlichen und finanziellen Unabhängigkeit liegt ein Schwerpunkt auf der politischen Autonomie. Zusätzlich zur allgemeinen Normierung der Unabhängigkeit wird gesondert auf die *Weisungsfreiheit* gegenüber anderen öffentlichen Stellen rekurriert, wobei sich der Weisungsbegriff aufgrund systematischer Erwägungen richtigerweise nur auf das exekutive Innenverhältnis bezieht und Handlungsformen mit Außenwirkung lediglich vom weiter gefassten Terminus der Unabhängigkeit umfasst sind. Der Passus in Art. 8 Abs. 1 Satz 2 Kodex-RL (EU) 2018/1972, wonach die Weisungsfreiheit „einer Aufsicht im Einklang mit dem nationalen Verfassungsrecht nicht entgegen[steht]", kann nicht im Sinne einer „nationalen Reserveklausel" als Relativierung der Unabhängigkeitsvorgabe fehlinterpretiert werden. Der Satz weist deklaratorisch auf die fortbestehende Möglichkeit (und Pflicht!) einer parlamentarischen und gerichtlichen Kontrolle hin. Dessen ungeachtet ist im nationalen Recht ein *Umsetzungsdefizit* im Hinblick auf die europäischen Direktiven zu attestieren. Zwar ist inzwischen in allen Sektoren ein Beschlusskammersystem bei der für die Regulierung einheitlich zuständigen BNetzA installiert worden. Allerdings hält der Bundesgesetzgeber weitgehend am Modell der Weisungsgebundenheit fest. Im TK-Sektor setzt § 193 Satz 1 TKG (= § 117 Satz 1 TKG a.F.) die Zulässigkeit von Weisungen voraus und auch im Energierecht werden – außer bei den Landesregulierungsbehörden – Weisungen überwiegend für zulässig erachtet (vgl. § 61 EnWG). Einzig im Eisenbahnsektor hat der Gesetzgeber reagiert, indem er in § 4 Abs. 3 BEVVG die Aufsicht auf eine reine Rechtskontrolle beschränkt und die BNetzA in Abs. 3a Satz 1 mit einer Klagebefugnis gegen in diesem Rahmen ergangene Weisungen ausgestattet hat. Auch ein solcher Kompromiss genügt den Unabhängigkeitsanforderungen aber nur unzureichend, setzt er doch das Vorhandensein einer unionsrechtlich explizit ausgeschlossenen Weisungsbefugnis voraus. Folglich besteht in der Netzregulierung legislativer Nachbesserungsbedarf, um die einschlägigen Richtlinien ordnungsgemäß umzusetzen. Einstweilen kann im Wege einer direkten Anwendung des Sekundärrechts über die anerkannte Figur der *objektiven unmittelbaren Wirkung* Abhilfe geschaffen werden.

Abgesehen vom Problemkomplex der Weisungsfreiheit bildet auch die *gesetzliche Vorstrukturierung* administrativen Handelns im Wege exekutiver Normsetzung, wie sie etwa in der Verordnungsermächtigung des § 24 Satz 1 EnWG zum Ausdruck kommt, einen möglichen Konfliktherd, der die Unabhängigkeit der Regulierungsbehörde zu bedrohen geeignet ist. Insoweit hat der EuGH im Rahmen einer Aufsichtsklage gegen die Bundesrepublik das vorhandene Ausmaß an untergesetzlichen Regelungen zur Regulierungstätigkeit (sog. normierender Ansatz) für unionsrechtswidrig erklärt. Angesichts der Unvereinbarkeit rein materieller Gesetze mit dem Richtlinienrecht müssten die bisherigen Verordnungsinhalte richtigerweise statt einer Hochzonung zu Parlamentsgesetzen konsequent auf die Administrative verlagert werden. Auf welchem Weg sich die Normsetzung durch die BNetzA im Einzelnen am besten verwirklichen lässt, ist dogmatisch noch nicht abschließend geklärt. Jedenfalls stehen der Regulierungsbehörde aber im Ergebnis mit der delegierten Rechtsverordnung, der Verwaltungsvorschrift und der Rahmen-Festlegung als Allgemeinverfügung *de lege lata* bzw. zumindest *de lege ferenda* verwaltungsrechtliche Handlungsformen für eine abstrakt-generelle Regulierungstätigkeit zur Verfügung.

Jenseits der sektorspezifischen Netzregulierung ist auf dem Feld der „Regulierung II" mit dem *Banken- und Finanzsektor* ein weiterer wichtiger Querschnittsbereich für die Volkswirtschaft vorhanden, in dem die Unabhängigkeit der Aufsichtsbehörden eine wichtige Rolle spielt. Die Aufsicht über die deutschen Finanzinstitute wird im europäischen Verbund im Wesentlichen durch die EZB und die Europäischen Aufsichtsbehörden (ESAs) sowie auf nationaler Ebene durch die BaFin in Kooperation mit der Bundesbank ausgeübt. Während Uneinigkeit darüber besteht, ob die primärrechtliche Verankerung der Unabhängigkeit der EZB und der nationalen Zentralbanken in Art. 130 AEUV und Art. 7 EZB-Satzung neben der geld- und währungspolitischen Funktion auch die aufsichtliche Tätigkeit umfasst, ist die *Autonomie* für letztere Funktion *jedenfalls sekundärrechtlich* in Art. 19 Abs. 1, 2 SSM-VO festgeschrieben. Die Rechtslage in Deutschland wird der unionsrechtlichen Unabhängigkeitsvorgabe indes nur teilweise gerecht. § 12 Satz 1 BBankG stellt die Bundesbank nur hinsichtlich ihrer Aufgaben in der Währungs- und Geldpolitik unabhängig, zumal offenbleibt, ob neben der Fachaufsicht auch – wie zu fordern ist – die bloße Rechtsaufsicht ausgeschlossen ist. § 2 FinDAG lässt die Aufsicht des BMF über die BaFin sogar gänzlich unangetastet. Insoweit ist der Gesetzgeber dazu aufgerufen, die nationalen Vorschriften europarechtskonform anzupassen; bis dahin erfolgt die Korrektur (nur) über den unionsrechtlichen Anwendungsvorrang. Zudem ist darauf zu achten, etwaige der Aufsichtsbehörde eingeräumten Letztentscheidungsbefugnisse nicht durch eine unzulässige normative Vorstrukturierung zu entwerten.

Das BKartA als grundsätzlich zuständige Behörde auf dem Gebiet des *Kartellrechts* ist nach § 51 Abs. 1 GWB im geltenden Recht als selbständige Bundesoberbehörde ausgestaltet, die dem Geschäftsbereich des BMWi untersteht. In Ermangelung einer expliziten entgegenstehenden Vorschrift bleibt es deshalb im Lichte des Art. 65 Satz 2 GG eigentlich beim Regelfall der hierarchischen, weisungsgebundenen Verwaltung, was § 52 GWB jedenfalls bezüglich allgemeiner Weisungen auch implizit bestätigt. Gleichwohl lassen sich beim BKartA bereits nach bisheriger Rechtslage unabhängige Elemente finden. Zum einen sind die für die Nachprüfung vergaberechtlicher Entscheidungen verantwortlichen *Vergabekammern* gemäß § 157 Abs. 1, 4 Satz 2

GWB ausdrücklich unabhängig bzw. weisungsfrei gestellt. Zum anderen sind die mit Sachentscheidungen befassten *Beschlussabteilungen* justizähnlich als Kollegialspruchkörper aufgebaut. Während ein Einzelweisungsrecht zwischen den Abteilungsmitgliedern untereinander anerkanntermaßen nicht besteht, ist die Weisungsabhängigkeit der einzelnen Beschlussabteilungen gegenüber dem Präsidenten des BKartA und dem BMWi streitig. Nach hiesiger Auffassung ist sie gleichwohl hinsichtlich rechts- und fachaufsichtlicher Weisungen zu bejahen, da für eine entsprechende Unabhängigstellung im Gesetz eine eindeutige Regelung wie bei den Vergabekammern erforderlich gewesen wäre, um von dem Grundmodell einer hierarchischen Verwaltung abzuweichen.

Die neue *ECN+-RL (EU) 2019/1* verlangt nunmehr im Anwendungsbereich der Art. 101 und 102 AEUV sowie bei der parallelen Anwendung von Bestimmungen des nationalen Wettbewerbsrechts auf denselben Fall eine weitreichende Unabhängigkeit, insbesondere gemäß Art. 4 Abs. 1, 2 lit. a) und b) die *Unabhängigkeit der nationalen Wettbewerbsbehörden* von politischer und anderer externer Einflussnahme bei der Wahrnehmung ihrer Aufgaben und Befugnisse. Rechts- und fachaufsichtliche Weisungen werden demnach vollständig verboten, einzig gubernative Vorschriften allgemeiner Art ohne Bezug zu Untersuchungen einzelner Wirtschaftszweige oder bestimmte Durchsetzungsverfahren bleiben zulässig. Indes hat der nationale Gesetzgeber keine hinreichende Anpassung des Kartellrechts vorgenommen, sodass das Umsetzungsdefizit *de lege lata* hinsichtlich der Unabhängigkeit der Beschlussabteilungen nur im Wege einer richtlinienkonformen Auslegung des § 52 GWB beseitigt werden kann. Freilich ist der Gesetzgeber dessen ungeachtet weiterhin zu einer ordnungsgemäßen Umsetzung der Richtlinienvorgaben verpflichtet. Es wäre wünschenswert, wenn sich die unionsrechtliche Konvergenz des Unabhängigkeitskonzepts im Regulierungs- und Kartellrecht auch auf nationaler Ebene durch ein klares Bekenntnis in den einschlägigen Fachgesetzen widerspiegeln würde.

B. Verwaltungsinterne Konflikte unabhängiger Stellen im Regulierungs- und Kartellrecht: Arten und Kategorisierung

Nachdem vorstehend aufgezeigt worden ist, welche unabhängigen Stellen in der Regulierungs- und Kartellverwaltung existieren bzw. geschaffen werden müssen, gilt es nun, das konkrete interne Konfliktpotenzial herauszuarbeiten. Hierzu geht die Untersuchung zunächst der Frage nach, welche Arten von Konflikten überhaupt in Betracht kommen können (I.). Im Anschluss werden die möglichen Streitigkeiten hinsichtlich der Ebene ihrer Entstehung kategorisiert (II.). Die entwickelte Systematisierung wird in einem Zwischenfazit komprimiert abgebildet (III.).

I. Arten von (Binnen-)Konflikten

Bereits eingangs wurde festgelegt, was im hiesigen Kontext unter einem Binnenkonflikt zu verstehen sein soll.[871] Das Präfix „Binnen-“ drückt aus, dass bei allen betrachteten Stellen Zurechnungsendsubjekt der Staat (oder die EU als Staatenverbund) einschließlich der mittelbaren Staatsverwaltung ist. Zur Bejahung eines Konfliktes bedarf es kumulativ dreier Voraussetzungen: Zuerst müssen denklogisch mindestens zwei voneinander strukturell abgrenzbare organisatorische Einheiten vorliegen, unabhängig davon, ob diese sich innerhalb derselben Behörde befinden oder nicht. Zu fordern ist darüber hinaus eine Meinungsverschiedenheit in sachlicher Hinsicht, d.h. zwei oder mehr nicht kongruente Auffassungen in Bezug auf denselben „Streitgegenstand“ stehen sich gegenüber. Schließlich werden lediglich solche Auseinandersetzungen in die Untersuchung einbezogen, bei denen sich die in Rede stehende Stelle im Rahmen einer rechtlich verbindlichen Entscheidung mit den gegensätzlichen Positionen auch befassen muss, d.h. diese nicht einfach ignorieren kann. Dies reicht von Stellungnahme- über Berücksichtigungs-, Einvernehmens- und Genehmigungspflichten bis hin zur Pflicht, Weisungen umsetzen zu müssen. Legt man die soeben aufgeführten Prämissen zugrunde, lassen sich im Kern thematisch zwei große Blöcke von Konfliktarten unterscheiden: Zuständigkeitskonflikte (1.) sowie Streitigkeiten, die aus unterschiedlichen inhaltlichen Auffassungen in Bezug auf dieselbe Sachentscheidung resultieren (2.).

1. Zuständigkeitskonflikte

Der erste Komplex umschließt Kompetenzstreitigkeiten. Hier geht es um die Frage, *wer* überhaupt mit der Entscheidung in einer Sache – ohne Blick auf deren Inhalt – betraut ist. Relevant sind (in Anlehnung an die allgemeine Regelung der örtlichen Zuständigkeit des § 3 Abs. 2 Sätze 1, 3 VwVfG) Konstellationen, in denen entweder tatsächlich eine Mehrfachzuständigkeit besteht oder die Zuständigkeit insofern zweifelhaft ist, als mehrere Akteure potenziell infrage kommen. Bei derartigen Unklarheiten kann grundlegend zwischen *positiven und negativen Kompetenzkonflikten* unterschieden werden: Im erstgenannten Fall halten sich (mindestens) zwei Be-

---

871 Vgl. unter Kapitel 1, C.; hierauf basieren die nachfolgenden Ausführungen.

hörden für zuständig, im letztgenannten für unzuständig.[872] Dabei sind Streitigkeiten sowohl die sachliche als auch die örtliche Komponente betreffend möglich.[873] Zweifel an der Zuständigkeit resultieren entweder aus unzutreffenden Tatsachenfeststellungen oder rechtlichen Bewertungsfehlern,[874] wobei missverständlich formulierte bzw. „handwerklich schlechte" Kompetenzregelungen durch ihre Anfälligkeit für Fehlinterpretationen Unklarheiten begünstigen.

Klassischerweise entscheidet im Konfliktfall – in Ermangelung besonderer gesetzlicher Konfliktlösungsregeln – die gemeinsame Aufsichtsbehörde, welche Stelle final zuständig ist.[875] Bei unabhängigen Institutionen stößt dieses auf Einheitlichkeit angelegte und als Ausprägung einer hierarchisch aufgebauten Verwaltung zu verstehende System[876] an seine Grenzen, da es dort regelmäßig bereits an einer übergeordneten Instanz fehlt bzw. jene zumindest in ihren Ingerenzmöglichkeiten eingeschränkt ist. Zur Veranschaulichung hilft das folgende Beispiel: BNetzA und BKartA sind gemäß § 1 Satz 2 BEGTPG bzw. § 51 Abs. 1 Satz 2 GWB beide im Geschäftsbereich des BMWi. Wären die Behörden nicht (teilweise) unabhängig gestellt, könnte das BMWi als übergreifende Aufsichtsbehörde Kompetenzkonflikte entscheiden, indem es die streitige Zuständigkeit verbindlich zuweist. Bei bestehender Unabhängigkeit erweisen sich derartige Zuweisungen indes als unzuläs-

---

872 *Aichberger/Groh/Schneil/Weber*, in: K. Weber (Hrsg.), Rechtswörterbuch, 27. Edition 2021, Stichwort „Zuständigkeitsstreit"; *Schmitz*, in: Stelkens/Bonk/Sachs (Hrsg.), VwVfG, 9. Aufl. 2018, § 3 Rn. 35; *Henkel*, in: Mann/Sennekamp/Uechtritz (Hrsg.), VwVfG, 2. Aufl. 2019, § 3 Rn. 66; *Battis*, Allgemeines Verwaltungsrecht, 3. Aufl. 2002, S. 63.

873 Während sich die sachliche Zuständigkeit regelmäßig aus dem materiellen Fachrecht ergibt, folgt die örtliche Zuständigkeit in Ermangelung einer Spezialregelung aus § 3 VwVfG; dieser kann erforderlichenfalls aber analog auf die sachliche Zuständigkeit angewendet werden, vgl. *Ronellenfitsch*, in: Bader/Ronellenfitsch (Hrsg.), BeckOK VwVfG, 53. Edition 2021, § 3 Rn. 5.1.

874 Vgl. *Henkel*, in: Mann/Sennekamp/Uechtritz (Hrsg.), VwVfG, 2. Aufl. 2019, § 3 Rn. 64.

875 Vgl. allgemein *Aichberger/Groh/Schneil/Weber*, in: K. Weber (Hrsg.), Rechtswörterbuch, 27. Edition 2021, Stichwort „Zuständigkeitsstreit"; *Jestaedt*, in: Hoffmann-Riem/Schmidt-Aßmann/Voßkuhle (Hrsg.), Grundlagen des Verwaltungsrechts, Bd. I, 2. Aufl. 2012, § 14 Rn. 50, der das „gestuft-differenzierte Konfliktlösungsregime" des § 3 Abs. 2 VwVfG als „richtungsweisend" bezeichnet; im Kontext der örtlichen Zuständigkeitsregelung des § 3 Abs. 2 VwVfG *Henkel*, in: Mann/Sennekamp/Uechtritz (Hrsg.), VwVfG, 2. Aufl. 2019, § 3 Rn. 64; *Schmitz*, in: Stelkens/Bonk/Sachs (Hrsg.), VwVfG, 9. Aufl. 2018, § 3 Rn. 35.

876 Vgl. *Henkel*, in: Mann/Sennekamp/Uechtritz (Hrsg.), VwVfG, 2. Aufl. 2019, § 3 Rn. 58, 62.

siger Eingriff,[877] sodass es weitaus komplexer ist, entsprechende Konflikte beizulegen[878].

Zwar steht auch im bisherigen Modell eine Lösung zur Verfügung, wenn keine *gemeinsame* Aufsichtsbehörde existiert: In diesem Fall treffen die jeweils fachlich zuständigen Aufsichtsbehörden die Entscheidung einvernehmlich.[879] Kann keine Einigung erzielt werden, soll die nächsthöhere Behörde über die Zuständigkeit entscheiden[880] – im Zweifel also letztverbindlich die Regierung. Steht allerdings eine unabhängige Stelle in Rede, versagt dieser Mechanismus bereits im Ansatz. Gibt es keine (handlungsfähige) Aufsichtsbehörde, besteht kaum eine andere unabhängigkeitswahrende Möglichkeit, als dass sich die Ausgangsbehörden miteinander verständigen.[881] Gelingt auch hier keine Einigung, ist fraglich, wie weiter zu verfahren ist bzw. wie die bestehende Regelungslücke[882] geschlossen werden kann. Unbefriedigend ist jedenfalls der bloße Verweis auf die nachträgliche gerichtliche Überprüfbarkeit der Zuständigkeit im Rahmen einer Inzidentprüfung der jeweiligen (nicht) erlassenen Maßnahme.[883] Bis zu einer rechtskräftigen Entscheidung können Jahre der Rechtsunsicherheit verstreichen, zumal Urteile die Verwal-

---

[877] Dies folgt bereits daraus, dass es sogar dem Gesetzgeber nicht (ohne Weiteres) gestattet ist, unabhängigen Behörden Aufgaben zuzuweisen oder zu entziehen, vgl. unter Kapitel 1, B.IV.1.; zur möglichen Änderung von Zuständigkeiten als Mittel der Konfliktlösung s. noch eingehend unter Kapitel 4, B.II.

[878] Hiervon zeugt eindrücklich die Problematik um die Abgrenzung von Regulierungs- und Kartellrecht, wie sie in Kapitel 3, B.II.2.b)aa)(1) noch aufgezeigt werden wird.

[879] Vgl. § 3 Abs. 2 S. 4 VwVfG; *Ronellenfitsch*, in: Bader/Ronellenfitsch (Hrsg.), BeckOK VwVfG, 53. Edition 2021, § 3 Rn. 14; *Henkel*, in: Mann/Sennekamp/Uechtritz (Hrsg.), VwVfG, 2. Aufl. 2019, § 3 Rn. 67; *Schmitz*, in: Stelkens/Bonk/Sachs (Hrsg.), VwVfG, 9. Aufl. 2018, § 3 Rn. 36; ein solcher Fall liegt etwa vor, wenn Behörden unterschiedlicher Rechtsträger – etwa verschiedener Länder – involviert sind.

[880] So jedenfalls *Ronellenfitsch*, in: Bader/Ronellenfitsch (Hrsg.), BeckOK VwVfG, 53. Edition 2021, § 3 Rn. 14 hinsichtlich der örtlichen Zuständigkeit: „Entscheidungsbefugt kann dann nur die nächsthöhere Behörde sein.“.

[881] Vgl. *Henkel*, in: Mann/Sennekamp/Uechtritz (Hrsg.), VwVfG, 2. Aufl. 2019, § 3 Rn. 68; *Schliesky*, in: Knack/Henneke (Hrsg.), VwVfG, 11. Aufl. 2020, § 3 Rn. 45, dem zufolge die Verständigung „bei begründetem Interesse nötigenfalls auf dem Klagewege erzwungen werden kann“; *Schmitz*, in: Stelkens/Bonk/Sachs (Hrsg.), VwVfG, 9. Aufl. 2018, § 3 Rn. 36; im Kontext der örtlichen Zuständigkeit soll insoweit § 3 Abs. 2 S. 4 VwVfG analog Anwendung finden.

[882] Vgl. für das Fehlen einer gemeinsamen Aufsichtsbehörde *Ronellenfitsch*, in: Bader/Ronellenfitsch (Hrsg.), BeckOK VwVfG, 53. Edition 2021, § 3 Rn. 14.

[883] Dies erwägt *Schmitz*, in: Stelkens/Bonk/Sachs (Hrsg.), VwVfG, 9. Aufl. 2018, § 3 Rn. 36; *Schliesky*, in: Knack/Henneke (Hrsg.), VwVfG, 11. Aufl. 2020, § 3 Rn. 46 spricht im Falle einer fehlenden Einigung bei vorhandenen Aufsichtsbehörden den „beteiligten Behörden das Recht zu, eine gerichtliche Entscheidung zu suchen“.

tung aufgrund ihrer *inter partes*-Wirkung in aller Regel nur für den streitgegenständlichen Einzelfall unmittelbar binden[884]. Einer solchen Lösung fehlt daher die nötige Praktikabilität. Soweit also nachfolgend Kompetenzkonflikte aufgezeigt werden, gilt es, insoweit etwaige Alternativen zu beleuchten.

2. Divergierende Auffassungen bezüglich der Sachentscheidung

Der zweite Komplex kreist um Konflikte, die aus divergierenden Auffassungen in Bezug auf die in Rede stehende Sachentscheidung resultieren. Mit anderen Worten geht es darum, *wie* im jeweiligen Fall zu entscheiden bzw. welche Entscheidung konkret zu treffen ist. Voraussetzung für die Entstehung einer Streitigkeit bezüglich des Inhalts einer behördlichen Maßnahme ist, dass mehrere Stellen an der Entscheidungsfindung beteiligt sind. Im Gegensatz zu Kompetenzkonflikten steht die zuständige Behörde vorliegend eindeutig fest. Diese ist aber in ihrem Votum nicht völlig frei, sondern auf die Beteiligung anderer Stellen angewiesen. Unter den Oberbegriff der *Beteiligung* fallen mehrere Formen der Teilhabe, die sich nach ihrer Intensität differenzieren lassen: Zweckmäßigerweise kann in Anknüpfung an Thorsten Siegel zwischen Mitteilung, Mitwirkung und Mitentscheidung unterschieden werden.[885] Bei der Mitteilung als schwächster Beteiligungsform ist eine Rückäußerung der federführenden Behörde nicht erforderlich, d.h. hier hat die Beteiligung lediglich informatorischen Charakter.[886] Deshalb bleibt sie für die hiesige Untersuchung außer Betracht. Anders als bei der Mitwirkung bedarf es bei der Mitentscheidung eines Konsenses im Sinne einer Willensübereinstimmung, sodass Letztere den stärkeren Beteiligungsmodus darstellt.[887]

---

[884] Vgl. § 121 VwGO („soweit über den Streitgegenstand entschieden worden ist") und als Ausnahme die *erga omnes*-Wirkung für Entscheidungen des Bundesverfassungsgerichts gemäß § 31 Abs. 1, 2 S. 1, 2 BVerfGG sowie die jeweils hierzu einschlägige Kommentarliteratur.

[885] Vgl. grundlegend zu dieser Kategorisierung *Siegel*, Die Verfahrensbeteiligung von Behörden und anderen Trägern öffentlicher Belange, 2001, S. 71 ff.; *Schmitt Glaeser*, VVDStRL 31 (1972), 179 (183 ff.) dichotomisiert hingegen nur zwischen Mitwirkung und Mitentscheidung.

[886] *Siegel*, Die Verfahrensbeteiligung von Behörden und anderen Trägern öffentlicher Belange, 2001, S. 74.

[887] *Siegel*, Die Verfahrensbeteiligung von Behörden und anderen Trägern öffentlicher Belange, 2001, S. 75 f. m.w.N.; vgl. auch BVerwG, NVwZ 1993, 890 (891); *Roters*, Kommunale Mitwirkung an höherstufigen Entscheidungsprozessen, 1975, S. 71 ff.; *Siegel* weist allerdings a.a.O. auf S. 76 f. auch zutreffend darauf hin, dass in der Praxis die Einwirkungsmöglichkeiten nicht zwingend deckungsgleich mit der formellen Intensitätsstufe sind: Beispielsweise kann kraft „Wissensvorsprungs" eine lediglich berücksichtigungspflichtige Stellungnahme eines Sachverständigen faktisch ausschlaggebend für die behördliche Entscheidung sein.

Unter die Kategorie der *Mitwirkung* fällt als deren Grundform die Anhörung, daneben gehören zu ihr – als weniger prominente Erscheinungsformen – die Erörterung, die Abstimmung, die Beratung und das Vorschlagsrecht.[888] Anhörung meint die Gelegenheit zur Äußerung für den bzw. die entsprechenden Beteiligten.[889] Richtigerweise umfasst die Anhörung auch unselbständige Unterformen der Mitwirkung, die bisweilen als eigenständige Kategorie geführt werden. Namentlich betrifft dies die Stellungnahme, gesteigerte Berücksichtigungs- und Bescheidungspflichten sowie das Benehmen.[890] Berücksichtigungspflichten können ihrerseits graduell abgestuft sein. So sprechen etwa die §§ 10 Abs. 2 Satz 1 und 11 Abs. 7 TKG von einer „weitestgehend[en]“ Berücksichtigung der einschlägigen Empfehlungen und Leitlinien der EU-Kommission, sodass die BNetzA hinsichtlich der Marktdefinition und -analyse im Telekommunikationssektor bei ihrer Beurteilung nicht völlig autonom entscheiden kann.[891] Beim Benehmen schließlich muss der beteiligten Stelle zum Zwecke der Verständigung die Gelegenheit zur Stellungnahme eingeräumt werden, während eine Bindung an deren Position (im Unterschied zum Einvernehmen) nicht besteht – wohl aber muss die federführende Behörde die Stellungnahme zur Kenntnis nehmen und sich mit ihr auseinandersetzen.[892] Inwieweit beim Modus des Benehmens eine gegenüber der schlichten Anhörung stärkere Kooperationsbemühung erwartet wird, ist nicht abschließend geklärt.[893] Ist eine Entscheidung „im Benehmen“ zu

---

[888] Vgl. *Siegel*, Die Verfahrensbeteiligung von Behörden und anderen Trägern öffentlicher Belange, 2001, S. 78 ff.; s. auch *Schmitt Glaeser*, VVDStRL 31 (1972), 179 (184 f.); *Roters*, Kommunale Mitwirkung an höherstufigen Entscheidungsprozessen, 1975, S. 73 ff.

[889] Vgl. allgemein *Siegel*, Die Verfahrensbeteiligung von Behörden und anderen Trägern öffentlicher Belange, 2001, S. 78 m. w. N.; im Rahmen des § 28 VwVfG vgl. etwa *Kallerhoff/Mayen*, in: Stelkens/Bonk/Sachs (Hrsg.), VwVfG, 9. Aufl. 2018, § 28 Rn. 34 ff.

[890] Ausführlich *Siegel*, Die Verfahrensbeteiligung von Behörden und anderen Trägern öffentlicher Belange, 2001, S. 86 ff.

[891] Das BVerwG gesteht im Rahmen von § 10 Abs. 2 S. 3 TKG dem Inhalt der Märkteempfehlung der Kommission die Wirkung einer *widerleglichen gesetzlichen Vermutung* zu, vgl. BVerwG, NVwZ 2008, 1359 (1361) Rn. 24 f.; diese Einordnung als verfassungskonform bestätigend BVerfG, NVwZ 2012, 694 (697) Rn. 43; näher s. noch unter Kapitel 3, B.II.3.

[892] *K. Weber*, in: K. Weber (Hrsg.), Rechtswörterbuch, 27. Edition 2021, Stichwort „Einvernehmen“; *Siegel*, Die Verfahrensbeteiligung von Behörden und anderen Trägern öffentlicher Belange, 2001, S. 89.

[893] Vgl. hierzu *Siegel*, Die Verfahrensbeteiligung von Behörden und anderen Trägern öffentlicher Belange, 2001, S. 90, der diesbezüglich mit Belegen auf die „nicht eindeutig[e]“ Rechtsprechung des BVerwG hinweist; s. auch exemplarisch im Bereich der Bankenaufsicht *Fischer/Boegl*, in: Schimansky/Bunte/Lwowski (Hrsg.), Bankrechts-Handbuch, 5. Aufl. 2017, § 126 Rn. 37: „Das Einvernehmen stellt dabei die stärkste Form, das Benehmen die mittlere Stufe und die Anhörung die schwächste

treffen, reicht dies aber jedenfalls nicht über eine (gesteigerte) Berücksichtigungspflicht hinaus.

Wie bereits in Abgrenzung zur Mitwirkung erörtert, zeichnet sich die *Mitentscheidung* durch das Erfordernis eines Konsenses mit der beteiligten Stelle aus, ohne den eine positive Entscheidung nicht ergehen kann.[894] Ausschlaggebend für die Einordnung als Art der Mitentscheidung ist also eine Bindung der federführenden Behörde.[895] Grundlegend sind zwei Varianten voneinander abzugrenzen: die simultane sowie die sequentielle Mitentscheidung. Bei ersterer nehmen die Beteiligten eine Maßnahme gemeinsam vor, wohingegen bei letzterer die federführende Behörde die Entscheidung außenwirksam letztverbindlich trifft und die Abstimmung im Innenverhältnis im Rahmen eines eigenständigen Verfahrens stattfindet.[896] Den Regelfall bildet die sequentielle Mitentscheidung, zu der insbesondere Einvernehmens-, Zustimmungs-, Genehmigungs- und Bestätigungserfordernisse zählen.[897] Unter Einvernehmen soll die Herbeiführung des Einverständnisses der genannten Stelle zu verstehen sein.[898] Während der Begriff des Einvernehmens überwiegend für eine Konsenserzielung im horizontalen Verhältnis gebräuchlich ist, verwendet man für vertikale Beziehungen eher den Begriff der Zustimmung.[899] Letztlich handelt es sich aber bei den Feingliederungen der sequen-

---

Form der Mitwirkung dar."; *Lindemann*, in: Boos/Fischer/Schulte-Mattler (Hrsg.), KWG/CRR-VO, 5. Aufl. 2016, § 7 KWG Rn. 14: „das Benehmen [ist] eine intensive Form der Anhörung".

894 *Siegel*, Die Verfahrensbeteiligung von Behörden und anderen Trägern öffentlicher Belange, 2001, S. 91.

895 *Siegel*, Die Verfahrensbeteiligung von Behörden und anderen Trägern öffentlicher Belange, 2001, S. 91; am Beispiel des öffentlich-rechtlichen Vertrages s. auch *Spieth*, in: Bader/Ronellenfitsch (Hrsg.), BeckOK VwVfG, 53. Edition 2021, § 58 Rn. 15; *Bonk/Neumann/Siegel*, in: Stelkens/Bonk/Sachs (Hrsg.), VwVfG, 9. Aufl. 2018, § 58 Rn. 25 ff.

896 Vgl. *Siegel*, Die Verfahrensbeteiligung von Behörden und anderen Trägern öffentlicher Belange, 2001, S. 92 f. m. w. N. in Anknüpfung an *Roters*, Kommunale Mitwirkung an höherstufigen Entscheidungsprozessen, 1975, S. 78 ff. und unter Rekurs auf BVerwGE 22, 342 (344) = NJW 1966, 513 (513 f.).

897 *Siegel*, Die Verfahrensbeteiligung von Behörden und anderen Trägern öffentlicher Belange, 2001, S. 93, der als Beispiel für eine simultane Mitentscheidungsregelung § 1 Abs. 1 des Richterwahlgesetzes anführt.

898 *K. Weber*, in: K. Weber (Hrsg.), Rechtswörterbuch, 27. Edition 2021, Stichwort „Einvernehmen"; s. auch *Schmidt-Volkmar*, Das Verhältnis von kartellrechtlicher Missbrauchsaufsicht und Netzregulierung, 2010, S. 126.

899 *Siegel*, Die Verfahrensbeteiligung von Behörden und anderen Trägern öffentlicher Belange, 2001, S. 93 f. (unter Rekurs auf *Gassner*, NuR 1996, 130 [133] und BVerwG, DVBl. 1983, 1002 [1003]): „Das Zustimmungsrecht stellt häufig eine Art Weisungsrecht in abgeschwächter Form dar. Verfahrensmäßige Besonderheiten sind damit indessen nicht verbunden, so daß nicht von zwei verschiedenen Beteiligungsformen gesprochen werden kann.".

tiellen Mitentscheidung lediglich um terminologische Variationen mit allenfalls unterschiedlicher Nuancierung, sodass eine weitergehende dogmatische Abgrenzung nicht zielführend erscheint.[900]

Erlässt die federführende Behörde eine Maßnahme ohne die gesetzlich angeordnete Mitwirkung oder trotz nicht erzielter Einigung, führt dies im Außenverhältnis zwar grundsätzlich „nur" zu deren Fehlerhaftigkeit bzw. Rechtswidrigkeit und lässt ihre Wirksamkeit unberührt.[901] Im verwaltungsinternen Verhältnis kann ein solcher Fall gleichwohl zu Spannungen führen, wenn dem Standpunkt einer beteiligten Stelle nicht hinreichend Rechnung getragen wird. Gerade bei der Beteiligung unabhängiger Akteure stellt sich die Frage, wie diesbezügliche Konflikte sachgerecht gelöst werden können, ohne den Unabhängigkeitsstatus – soweit dieser im Einzelnen reicht – zu untergraben. Umso mehr bedarf es der Entwicklung von Strategien für den Extremfall, in dem einseitige aufsichtliche Maßnahmen wie beispielsweise Weisungen umgesetzt werden müssen, sodass lediglich noch der Vollzug in den Händen der Ausgangsbehörde liegt.

II. Kategorisierung nach der Ebene des Konflikts

Um Struktur in die Mannigfaltigkeit der potenziellen Binnenkonflikte im Regulierungs- und Kartellrecht zu bringen, lohnt es, die Streitigkeiten hinsichtlich der Stellung der beteiligten Akteure im Verwaltungsaufbau sowie deren Beziehung zueinander zu kategorisieren. Grundlegend zu unterscheiden sind Konflikte im vertikalen (1.) und im horizontalen Verhältnis (2.). Innerhalb dieser beiden Rubriken kann jeweils weiter differenziert werden, ob es sich um Auseinandersetzungen abgrenzbarer Stellen innerhalb ein und derselben Behörde handelt (a)) oder ob unterschiedliche Behörden involviert sind (b)). Schließlich soll jenseits der nationalen Ebene die Zusammenarbeit im Europäischen Verwaltungsverbund beleuchtet werden (3.).

---

900 So auch *Siegel*, Die Verfahrensbeteiligung von Behörden und anderen Trägern öffentlicher Belange, 2001, S. 94 f., dort auch zu den unterschiedlichen Interpretationsweisen des Begriffs der Bestätigung.

901 Vgl. für Verwaltungsakte § 44 Abs. 3 Nr. 4 VwVfG sowie die Möglichkeit der Heilung nach § 45 Abs. 1 Nr. 5 VwVfG; s. hierzu *K. Weber*, in: K. Weber (Hrsg.), Rechtswörterbuch, 27. Edition 2021, Stichwort „Einvernehmen"; *Sachs*, in: Stelkens/Bonk/Sachs (Hrsg.), VwVfG, 9. Aufl. 2018, § 44 Rn. 188; *Leisner-Egensperger*, in: Mann/Sennekamp/Uechtritz (Hrsg.), VwVfG, 2. Aufl. 2019, § 44 Rn. 50; mit Blick auf die Außenwirksamkeit zustimmungs-, genehmigungs- oder bestätigungsbedürftiger Gemeinderatsbeschlüsse auf eine mögliche Differenzierung hinweisend *Siegel*, Die Verfahrensbeteiligung von Behörden und anderen Trägern öffentlicher Belange, 2001, S. 94.

1. Vertikale Konfliktlagen

a) Im behördeninternen Verhältnis

Zu den vertikalen behördeninternen Streitigkeiten gehören solche, die zwischen der Leitungsebene einer Behörde und einzelnen dieser untergeordneten Stellen (Abteilungen, Referate, Sachgebiete etc.) entstehen können. Grundvoraussetzung ist also zunächst, dass die in Betreff stehende Behörde kein monolithischer Block ist, sondern ihrerseits aus organisatorisch abgrenzbaren Untereinheiten besteht und jedenfalls architektonisch mindestens zwei Hierarchieebenen unterschieden werden können. Für die vorliegende Betrachtung von Interesse sind insbesondere diejenigen Konstellationen, in denen ein Behördenteil gegenüber der Behördenspitze (teilweise) unabhängig gestellt ist. Andernfalls lassen sich Konflikte, ebenso wie im behördenexternen vertikalen Verhältnis, unproblematisch zugunsten der hierarchisch höher angesiedelten Instanz auflösen: „Der Ober sticht den Unter."[902] Die Leitungsebene kann durch die ihr zur Verfügung stehenden Ingerenzmöglichkeiten – etwa die Erteilung von Weisungen oder eine Änderung der Geschäftsverteilung – ihrer Auffassung zur Durchsetzung verhelfen. Gegenüber ihr unabhängigen Untereinheiten ist dieser Weg gerade versperrt, sodass alternative Lösungswege gesucht werden müssen.

Dass eine Behörde im Außenverhältnis mit Unabhängigkeit versehen ist bzw. sein soll, bedeutet nicht zwingend, dass die konkreten Entscheidungsträger auch behördenintern völlig autonom handeln können. Soweit das Unionsrecht eine Unabhängigkeitsvorgabe enthält, bezieht sich diese in der Regel auf die Behörde als Gesamtheit im Verhältnis zu anderen, externen Stellen. Auf Untereinheiten wird kein Bezug genommen.[903] Da die Behördenspitze

---

902 S. hierzu bereits die Ausführungen zur Konfliktlösung im klassischen Staatsmodell unter Kapitel 2, A.II.1.

903 Vgl. Art. 8 Abs. 1 S. 1 Kodex-RL (EU) 2018/1972: „[…] handeln die nationalen Regulierungsbehörden […] unabhängig […]"; Art. 57 Abs. 4 S. 1, 2 lit. b) ii) Elektrizitäts-RL (EU) 2019/944 bzw. Art. 39 Abs. 4 S. 1, 2 lit. b) ii) Gas-RL 2009/73/EG: „Die Mitgliedstaaten gewährleisten die *Unabhängigkeit der Regulierungsbehörde* […]. Hierzu stellen die Mitgliedstaaten sicher, dass die Regulierungsbehörde […] keine direkten Weisungen von Regulierungsstellen oder *anderen* öffentlichen oder privaten Einrichtungen einholt oder entgegennimmt."; Art. 55 Abs. 3 UAbs. 4 Eisenbahn-RL 2012/34/EU: „[Die verantwortlichen Personen] holen bei der Wahrnehmung der Aufgaben *der Regulierungsstelle* weder Weisungen von staatlichen, öffentlichen oder privaten Stellen ein […]; Art. 19 Abs. 1 S. 1 SSM-VO: „[…] handeln die EZB und die nationalen zuständigen Behörden, die innerhalb des einheitlichen Aufsichtsmechanismus handeln, unabhängig"; Art. 4 Abs. 2 lit. a) ECN+-RL (EU) 2019/1: „[Die Mitgliedstaaten stellen sicher, dass die bei den nationalen Wettbewerbsbehörden zuständigen Entscheidungsträger in Ausübung der Befugnisse nach Art. 10 bis 13 und 16 der Richtlinie] in der Lage sind, ihre Aufgaben und Befugnisse im Zusam-

Organ der Institution selbst ist,[904] erstreckt sich die unionsrechtlich geforderte Unabhängigkeit nicht auf diese.[905] Stattdessen stellt eine hierarchische Struktur im Binnenbereich einer Behörde in Ermangelung eines diesbezüglichen europäischen Unabhängigkeitsgebots den Regelfall im nationalen Recht dar. Will der deutsche Gesetzgeber in Eigenregie die internen Hierarchien abflachen bzw. abschaffen, muss er dies an der Verfassung im Allgemeinen und dem Demokratieprinzip im Besonderen, das in diesem Fall nicht durch das Unionsrecht überlagert wird, messen lassen. Die Kappung von Weisungssträngen im Innenverhältnis erweist sich insoweit als rechtfertigungsbedürftige Ausnahme.[906] Erblickt man in der erhöhten personellen Legitimation der Behördenleitung eine wesentliche Säule zur Kompensation des vorhandenen Legitimationsdefizits, ist es rechtspolitisch auch nicht ratsam, eine behördeninterne Weisungsfreiheit zu etablieren.[907] Denn die verstärkte personelle Komponente geht ins Leere, wenn keine Einflussmöglichkeiten auf nachgeordnete Stellen innerhalb der Institution verbleiben. Wäre dies der Fall, ist fraglich, unter welchen Voraussetzungen das zu fordernde Legitimationsniveau noch erreicht werden könnte. Jedenfalls muss aber eine Abkehr vom Grundsatz der inneren Weisungsgebundenheit durch das einfache Recht positiv festgestellt werden.

Eine vertiefte Untersuchung verdienen im Hinblick auf behördeninterne Unabhängigkeiten die Besonderheiten der bei der BNetzA und dem BKartA angesiedelten Kollegialspruchkörper (aa)) sowie Änderungen der Geschäftsverteilung durch die Behördenleitung (bb)). Abschließend wird in einem Teilergebnis die Bedeutung vertikaler Konfliktlagen im behördlichen Innenverhältnis bewertet (cc)).

---

menhang mit der Anwendung der Artikel 101 und 102 AEUV unabhängig von politischer und *anderer externer* Einflussnahme wahrzunehmen".

[904] Vgl. etwa § 3 Abs. 1 BEGTPG; § 7 Abs. 1 S. 1 BBankG; § 51 Abs. 2 GWB; terminologisch können die Bezeichnungen der Behördenspitze variieren (Präsident, Vorstand, Direktorium etc.).

[905] So für das Verhältnis zwischen den Beschlusskammern und dem Präsidenten der BNetzA auch *Ludwigs*, Die Verwaltung 44 (2011), 41 (51); *Mayen*, in: Scheurle/Mayen (Hrsg.), TKG, 3. Aufl. 2018, § 132 Rn. 7 m. w. N.

[906] Hierzu bereits ausführlich unter Kapitel 2, B.II.1.b)aa).

[907] Am Beispiel der BNetzA deutlich *Ludwigs*, Die Verwaltung 44 (2011), 41 (51): „[Die innerbehördliche Weisungsgebundenheit] sollte, mit Blick auf das hierin liegende legitimationsstiftende Element, auch nicht etabliert werden."; zu den Rechtfertigungsansätzen im Zusammenhang mit einer Beeinträchtigung des Demokratieprinzips s. eingehend unter Kapitel 2, B.II.1.b)bb).

aa) Innerbehördliche Weisungsfreiheit von Kollegialspruchkörpern?

Im Regulierungs- und Kartellrecht bedarf im hiesigen Zusammenhang insbesondere die Situation der *Beschlusskammern der BNetzA und der Beschlussabteilungen des BKartA* einer näheren Betrachtung. In Anbetracht ihrer organisatorischen Stellung ist bei ihnen streitig, ob und inwieweit der Präsident über ein *innerbehördliches Weisungsrecht* verfügt. Wie bereits dargelegt, negiert die herrschende Lehre eine Weisungsbefugnis des Präsidenten des BKartA gegenüber den Beschlussabteilungen.[908] Andernfalls drohten das in § 51 Abs. 3 GWB zum Ausdruck kommende Kollegialprinzip und die Zuständigkeitsverteilung des § 51 Abs. 2 GWB unterlaufen zu werden, die zwischen den Beschlussabteilungen einerseits und dem Präsidenten andererseits differenziert. Das installierte Entscheidungsverfahren verfehle seinen Zweck, wenn der Präsident letztlich doch in den Prozess eingreifen könnte, um die gewünschten Ergebnisse zu erzielen.

Bemerkenswerterweise wird die Diskussion um ein behördeninternes Weisungsrecht bei der BNetzA deutlich kontroverser geführt, obwohl die Parallelen zu den Beschlussabteilungen des BKartA kaum zu übersehen sind. Teile der Literatur plädieren auch hier für die Unzulässigkeit präsidentieller (Einzel-)Weisungen.[909] Hierfür spreche zum einen die gesetzgeberische Intention, fachliche und entpolitisierte Regulierungsentscheidungen zu fällen, was zugleich den Präsidenten aus der politischen „Schusslinie“ nehme.[910] Zum anderen werde dies der gesetzlich zum Ausdruck kommenden Stellung der Beschlusskammern sowie ihres Aufgabenbereichs gerecht: Abweichend von der allgemeinen präsidentiellen Organisationshoheit sei dem Präsidenten die Bildung der Beschlusskammern, deren Kompetenzen sich unmittelbar aus dem Gesetz ergeben,[911] gänzlich entzogen (§ 3 Abs. 1 Satz 3 BEGTPG) und die Regelung der Geschäftsverteilung und -ordnung bedürfe der Bestätigung des BMWi im Benehmen mit dem BMVI (§ 3 Abs. 1 Satz 2 BEGTPG).[912] Eine innerbehördliche Weisungsgebundenheit könnte diese

---

908 Hierzu bereits unter Kapitel 3, A.II.1.b)aa); vgl. neben den umfangreichen Nachweisen in Fn. 802 auch *Oertel*, Die Unabhängigkeit der Regulierungsbehörde nach §§ 66ff. TKG, 2000, S. 407 m.w.N.; s. auch *Masing*, Gutachten D zum 66. Deutschen Juristentag, 2006, D 96 m.w.N.

909 *Trute*, in: Trute/Spoerr/Bosch (Hrsg.), TKG, 2001, § 66 Rn. 19; *Oertel*, Die Unabhängigkeit der Regulierungsbehörde nach §§ 66ff. TKG, 2000, S. 406f.; *Gonsior*, Die Verfassungsmäßigkeit administrativer Letztentscheidungsbefugnisse, 2018, S. 70f.

910 Vgl. *Masing*, Gutachten D zum 66. Deutschen Juristentag, 2006, D 98; ähnlich *Hermes*, in: Britz/Hellermann/Hermes (Hrsg.), EnWG, 3. Aufl. 2015, § 59 Rn. 23.

911 Vgl. § 211 Abs. 1, 2 TKG; § 59 Abs. 1 EnWG; § 77 Abs. 1 S. 1, 2 ERegG.

912 *Attendorn/Geppert*, in: Geppert/Schütz (Hrsg.), Beck’scher TKG-Kommentar, 4. Aufl. 2013, § 132 Rn. 13.

Konzeption konterkarieren.[913] Vertreten wird darüber hinaus, dem Präsidenten stehe kein Einzelweisungsrecht zu, im Übrigen bleibe es aber bei seiner Direktionsbefugnis.[914] So werde verhindert, dass er den Beschlusskammern zugewiesene Entscheidungen faktisch an sich ziehen kann und dadurch das besondere Verfahren mit dem Kollegialprinzip entwertet wird.[915] Die Gegenansicht schließlich räumt dem Präsidenten die „volle" Leitungsbefugnis einschließlich der Möglichkeit zum Erlass einzelner Weisungen ein.[916] Zum einen stelle das präsidentielle Weisungsrecht eine „einheitliche Spruchpraxis" sicher, deren Notwendigkeit partiell in § 211 Abs. 5 i.V.m. § 38 Abs. 5 Nr. 2 TKG (= § 132 Abs. 5 i.V.m. § 27 Abs. 2 TKG a.F.) zum Ausdruck kommt.[917] Zum anderen gelte das verfassungsrechtlich als Grundsatz verbürgte Hierarchieprinzip fort, solange und soweit eine gesetzliche Regelung nicht ausdrücklich und eindeutig eine weisungsfreie Stelle schafft.[918] Hieran fehlt es vorliegend, die behördeninterne Unabhängigkeit der Beschlusskammern ergibt sich allenfalls implizit. § 3 Abs. 1 Satz 1 BEGTPG betraut den Präsidenten mit der Leitung der BNetzA und schränkt diese im Innenverhältnis auch nicht ein. Hätte der Gesetzgeber eine entsprechende Unabhängigkeit etablieren wollen, hätte er die Weisungsfreiheit – auch unter dem Aspekt der Rechtssicherheit – nicht nur „zwischen die Zeilen" schreiben müssen, zumal ihm erstens der Streitstand bekannt war (bzw. hätte sein müssen)[919] und

[913] Vgl. *Oertel*, Die Unabhängigkeit der Regulierungsbehörde nach §§ 66ff. TKG, 2000, S. 407; *Attendorn/Geppert*, in: Geppert/Schütz (Hrsg.), Beck'scher TKG-Kommentar, 4. Aufl. 2013, § 132 Rn. 13.

[914] *Masing*, Gutachten D zum 66. Deutschen Juristentag, 2006, D 98, der einräumt, „[d]ie Entscheidung hierüber [falle] nicht leicht"; *Gurlit*, in: Säcker (Hrsg.), TKG, 3. Aufl. 2013, § 132 Rn. 7.

[915] *Gurlit*, in: Säcker (Hrsg.), TKG, 3. Aufl. 2013, § 132 Rn. 7 unter Rekurs auf Parallelkommentierungen im Kartellrecht; *Masing*, Gutachten D zum 66. Deutschen Juristentag, 2006, D 98.

[916] *Attendorn/Geppert*, in: Geppert/Schütz (Hrsg.), Beck'scher TKG-Kommentar, 4. Aufl. 2013, § 116 Rn. 38ff. und § 132 Rn. 13; *Hermes*, in: Britz/Hellermann/Hermes (Hrsg.), EnWG, 3. Aufl. 2015, § 59 Rn. 23; *Mayen*, in: Scheurle/Mayen (Hrsg.), TKG, 3. Aufl. 2018, § 132 Rn. 7; *Ludwigs*, Die Verwaltung 44 (2011), 41 (51).

[917] So *Attendorn/Geppert*, in: Geppert/Schütz (Hrsg.), Beck'scher TKG-Kommentar, 4. Aufl. 2013, § 116 Rn. 40; *Hermes*, in: Britz/Hellermann/Hermes (Hrsg.), EnWG, 3. Aufl. 2015, § 59 Rn. 23, der dieses Bedürfnis trotz fehlender ausdrücklicher Verankerung im EnWG auch auf das Energierecht überträgt; ebenso *Ludwigs*, Die Verwaltung 44 (2011), 41 (51).

[918] Vgl. *Attendorn/Geppert*, in: Geppert/Schütz (Hrsg.), Beck'scher TKG-Kommentar, 4. Aufl. 2013, § 132 Rn. 13; *Mayen*, in: Scheurle/Mayen (Hrsg.), TKG, 3. Aufl. 2018, § 132 Rn. 7; s. auch bereits die Ausführungen unter Kapitel 3, A.II.1.b) aa).

[919] So auch *Attendorn/Geppert*, in: Geppert/Schütz (Hrsg.), Beck'scher TKG-Kommentar, 4. Aufl. 2013, § 132 Rn. 13; im Ausgangspunkt ebenfalls *Gurlit*, in: Säcker (Hrsg.), TKG, 3. Aufl. 2013, § 132 Rn. 7; a.A. offenbar *Fetzer*, in: Fetzer/Sche-

zweitens die Vergabekammern in § 157 Abs. 1 GWB ebenfalls unabhängig gestellt sind[920]. Die letztgenannte Auffassung, die von einer uneingeschränkten Leitungskompetenz des Präsidenten der BNetzA gegenüber den Beschlusskammern ausgeht, verdient daher Zustimmung. Für das BKartA kann, entgegen der im Kartellrecht vorherrschenden Meinung, aus den besagten Gründen nichts anderes gelten. Die vorhandenen strukturellen Unterschiede[921] sind nicht derart gewichtig, dass sie eine differenzierende Betrachtung rechtfertigen würden. Es ist somit einheitlich davon auszugehen, dass der Präsident jeweils auch über ein Einzelweisungsrecht gegenüber den Kollegialspruchkörpern verfügt. Gleichwohl lässt die bisherige Behördenpraxis erwarten, dass der Präsident bei diesen Stellen eine weitgehende faktische Unabhängigkeit anerkennt und von seinem Weisungsrecht nur zurückhaltend Gebrauch machen wird.[922]

Dem Gesagten nach sind mangels eindeutiger gesetzlicher Normierung weder die Beschlusskammern der BNetzA noch die Beschlussabteilungen des BKartA im Binnenbereich unabhängig gestellt. Vertikale Konflikte lassen sich mithin ohne Schwierigkeiten zugunsten des Präsidenten auflösen. Übrig verbleiben die bereits angesprochenen, beim BKartA angesiedelten und nach § 157 Abs. 1 GWB explizit unabhängigen Vergabekammern. Sie unterliegen in Ausübung ihrer Tätigkeit weder Weisungen noch untergesetzlichen Normen.[923]

rer/Graulich (Hrsg.), TKG, 3. Aufl. 2021, § 132 Rn. 13: „Jede andere Sichtweise ist mit dem Wortlaut von § 132 Abs. 1 Satz 1 und Abs. 2 Satz 1 TKG [a. F.] unvereinbar und widerspricht der Konkretisierungs- und Bewertungsfunktion der Beschlusskammern […]“.

920 So bereits zutreffend *Ludwigs*, Die Verwaltung 44 (2011), 41 (51); *Hermes*, in: Britz/Hellermann/Hermes (Hrsg.), EnWG, 3. Aufl. 2015, § 59 Rn. 23; zur Unabhängigkeit der Vergabekammern s. unter Kapitel 3, A.II.1.b)bb).

921 So wird etwa dem Präsidenten der BNetzA durch das BEGTPG eine stärkere Position verliehen, als dies für den Präsidenten des BKartA im GWB normiert ist (vgl. §§ 3 f. BEGTPG mit konkreten Aussagen zu Amt und Rechtsstellung des Präsidiums der BNetzA, während das GWB zum Präsidenten des BKartA nur rudimentäre Ausführungen, z. B. in § 51 Abs. 2 S. 2 GWB, enthält); zudem entscheiden die Beschlusskammern der BNetzA, anders als die Beschlussabteilungen des BKartA, „nur“ in den gesetzlich bestimmten Fällen; vgl. hierzu *Attendorn/Geppert*, in: Geppert/Schütz (Hrsg.), Beck'scher TKG-Kommentar, 4. Aufl. 2013, § 116 Rn. 35.

922 *Attendorn/Geppert*, in: Geppert/Schütz (Hrsg.), Beck'scher TKG-Kommentar, 4. Aufl. 2013, § 116 Rn. 40; *Hermes*, in: Britz/Hellermann/Hermes (Hrsg.), EnWG, 3. Aufl. 2015, § 59 Rn. 23; nicht zu unterschätzen sind allerdings auch die informellen Möglichkeiten der Einflussnahme, s. dazu unter Kapitel 2, B.III.2.

923 *Horn/Hofmann*, in: Burgi/Dreher (Hrsg.), Beck'scher Vergaberechtskommentar, Bd. 1, 3. Aufl. 2017, § 157 Rn. 6, 11; s. auch bereits unter Kapitel 3, A.II.1.b)bb).

bb) Änderungen der Geschäftsverteilung

Jenseits der Erteilung von Weisungen besteht möglicherweise die Option, über Änderungen der Geschäftsverteilung Einfluss zu nehmen.[924] Eine Beeinflussung unabhängiger Stellen auf diese Weise mutet ebenso neuralgisch an. Konkretes Anschauungsmaterial liefert etwa der – eine große mediale Aufmerksamkeit zeitigende – Fall des mutmaßlichen Versuchs einer politischen Einflussnahme des seinerzeit amtierenden DFB-Präsidenten Egidius Braun auf ein Verfahren des Bundeskartellamts, in dessen Mittelpunkt das Modell des DFL für die Zentralvermarktung der Medienrechte sowie der Verdacht von Preisabsprachen standen.[925] Dem Vernehmen nach hatte Braun den damaligen Präsidenten des BKartA Bernhard Heitzer (gegen Widerstand aus den eigenen Reihen der Behörde) dazu veranlasst, einen kritischen Berichterstatter in eine für den Bereich Fußball nicht zuständige Beschlussabteilung umzusetzen.

Grundsätzlich umfasst die präsidentielle Leitungs- und Organisationsgewalt auch den Erlass einer Geschäftsordnung, in der die wahrzunehmenden Aufgaben behördenintern verteilt werden.[926] Zwar bedarf die Geschäftsordnung regelmäßig der Bestätigung durch das übergeordnete Ministerium,[927] im Innenverhältnis liegt die Verteilung der Geschäfte aber grundsätzlich in der Hand des Präsidenten. Allerdings darf sich dieser freilich nicht über bereits gesetzlich übertragene Zuständigkeiten hinwegsetzen, indem er etwa explizit an Beschlusskammern bzw. -abteilungen zugewiesene Entscheidungen an sich zieht oder ihnen zusätzliche Aufgaben überträgt.[928] Insoweit be-

---

[924] Dies erkennt auch *Oertel*, Die Unabhängigkeit der Regulierungsbehörde nach §§ 66 ff. TKG, 2000, S. 408.

[925] Vgl. *Mussler/Schwenn*, „Aufruhr im Bundeskartellamt", FAZ v. 11.4.2008, abrufbar unter https://www.faz.net/aktuell/sport/fussball/bundesliga/dfb-und-dfl-aufruhr-im-bundeskartellamt-1547426.html; Bundeskartellamt versetzt Chefermittler", SPIEGEL v. 11.04.2008, abrufbar unter https://www.spiegel.de/wirtschaft/dfb-verfahren-bundeskartellamt-versetzt-chefermittler-a-546739.html [beide zuletzt aufgerufen am 31.1.2022].

[926] Vgl. § 3 Abs. 1 S. 2 Hs. 1 BEGTPG für die BNetzA; § 51 Abs. 2 S. 2 Hs. 1 GWB für das BKartA; s. auch § 7 Abs. 1 BBankG für die Bundesbank.

[927] Vgl. § 3 Abs. 1 S. 2 Hs. 2 BEGTPG; § 51 Abs. 2 S. 2 Hs. 2 GWB; bei der BaFin wird das BMF gemäß § 5 Abs. 3 S. 1 FinDAG ermächtigt, die Satzung der Bundesanstalt durch Rechtsverordnung zu erlassen, wobei nach S. 2 Änderungen im Benehmen mit dem Verwaltungsrat der BaFin erfolgen; diesbezügliche Auseinandersetzungen sind eine behördenexterne vertikale Konstellation, s. dazu näher unter Kapitel 3, B.II.1.b)aa)(2).

[928] § 3 Abs. 1 S. 3 BEGTPG erklärt deklaratorisch, dass Bestimmungen in anderen Rechtsvorschriften über die Bildung von Beschlusskammern unberührt bleiben; *Fetzer*, in: Fetzer/Scherer/Graulich (Hrsg.), TKG, 3. Aufl. 2021, § 132 Rn. 13 unter Verweis auf Systematik, Entstehungsgeschichte und Regelungszweck des § 132 Abs. 1

steht ein *partieller (Bestands-)Schutz* gegenüber Änderungen der internen Organisation, der zwischen BKartA und BNetzA unterschiedlich stark ausgeprägt ist: Während § 51 Abs. 2 Satz 1 GWB lediglich festschreibt, dass die Entscheidungen des BKartA von den Beschlussabteilungen getroffen werden und deren Bildung dem BMWi überlässt, ist für die BNetzA zusätzlich enumerativ festgelegt, welche Entscheidungen durch Beschlusskammern zu treffen sind[929]. Wie die Geschäfte zwischen den einzelnen Kollegialspruchkörpern verteilt werden, kann der Präsident hingegen vorbehaltlich der ministeriellen Bestätigung frei bestimmen.[930] Da die Beschlusskammern und -abteilungen keine Gerichte sind und aus diesem Grund die Bestimmungen über den gesetzlichen Richter im Sinne des Art. 101 Abs. 1 Satz 2 GG weder direkt noch analog Anwendung finden, sind an Änderungen der Geschäftsverteilung vorliegend deutlich weniger strenge Anforderungen im Vergleich zur Gerichtsbarkeit zu stellen.[931] Es bedarf grundsätzlich keiner sachlichen Begründung, die Grenze der Unzulässigkeit wird nur bei erkennbarem Missbrauch bzw. Willkür zu ziehen sein (die aber im oben genannten Beispiel, sollte die Tatsachengrundlage zutreffend sein, überschritten wäre).[932] Vor diesem Hintergrund sind Streitigkeiten, die in der allgemeinen Organisationsgewalt des Präsidenten wurzeln, ebenfalls unproblematisch. Dieser kann die Geschäftsordnung innerhalb des gesetzlichen Rahmens im Innenverhältnis einseitig festlegen und demzufolge etwaige Kompetenzprobleme lösen.

S. 1 und Abs. 2 S. 1 TKG; *Gurlit*, in: Säcker (Hrsg.), TKG, 3. Aufl. 2013, § 132 Rn. 7 f.; *Oertel*, Die Unabhängigkeit der Regulierungsbehörde nach §§ 66 ff. TKG, 2000, S. 408, der noch darauf hinweist, dass der Präsident zu Jahresbeginn jeweils festlegen wird, wie sich die Mitglieder der Beschlusskammern gegenseitig vertreten.

[929] Vgl. § 211 Abs. 1, 2, § 212 TKG; § 59 Abs. 1 S. 1, 2 EnWG; § 77 Abs. 1 S. 1, 2 ERegG; die beiden letztgenannten Vorschriften gehen von einem Regel-Ausnahme-Verhältnis zugunsten der Entscheidung durch Beschlusskammern aus; s. auch für den (von der hiesigen Untersuchung ausgeklammerten) Postsektor § 46 PostG.

[930] *Attendorn/Geppert*, in: Geppert/Schütz (Hrsg.), Beck'scher TKG-Kommentar, 4. Aufl. 2013, § 132 Rn. 7; *Fetzer*, in: Fetzer/Scherer/Graulich (Hrsg.), TKG, 3. Aufl. 2021, § 132 Rn. 15; *Hermes*, in: Britz/Hellermann/Hermes (Hrsg.), EnWG, 3. Aufl. 2015, § 59 Rn. 19; für die Beschlussabteilungen des BKartA *Stockmann*, in: Immenga/Mestmäcker (Hrsg.), Wettbewerbsrecht, 6. Aufl. 2020, § 51 GWB Rn. 33.

[931] Ebenso *Stockmann*, in: Immenga/Mestmäcker (Hrsg.), Wettbewerbsrecht, 6. Aufl. 2020, § 51 GWB Rn. 20; s. auch *Attendorn/Geppert*, in: Geppert/Schütz (Hrsg.), Beck'scher TKG-Kommentar, 4. Aufl. 2013, § 116 Rn. 38 sowie die Nachweise unter Fn. 800.

[932] *Schneider*, in: Langen/Bunte (Hrsg.), Kartellrecht, Bd. 1, 13. Aufl. 2018, § 51 GWB Rn. 16; anders *Stockmann*, ZWeR 2008, 137 (141), der eine sachliche Begründung und die Vereinbarkeit mit der Fürsorgepflicht fordert.

cc) Teilergebnis

Mithin sind vertikale Konflikte im behördlichen Binnenbereich für die vorliegende Untersuchung in der Regel unergiebig, da sich die zuvor festgestellte Unabhängigkeitsvorgabe richtigerweise zumeist nicht auf die interne Behördenhierarchie erstreckt. Eine dahingehende Ausdehnung ist weder richtlinienrechtlich geboten noch verfassungsrechtlich erstrebenswert. Aufgrund der unverändert fortbestehenden Leitungsgewalt der Behördenspitze, welche Weisungsrechte ebenso umfasst wie die Befugnis zur Geschäftsverteilung, können auftretende Auseinandersetzungen konventionell abgewickelt werden.

Bei näherer Betrachtung erweist sich die Situation der gemäß § 157 Abs. 1 GWB unabhängig gestellten Vergabekammern ebenfalls als unkompliziert. Bezüglich Regelungen, welche Einrichtung und Organisation der Vergabekammern betreffen, ist der nationale Gesetzgeber frei von unionsrechtlichen Vorgaben.[933] § 158 Abs. 1 Satz 1 GWB bestimmt, dass der Bund die erforderliche Anzahl von Vergabekammern beim BKartA einrichtet, während nach Satz 2 deren Einrichtung und Besetzung sowie die Geschäftsverteilung der Präsident des BKartA bestimmt[934]. Dieser erlässt gemäß Satz 4 zudem eine Geschäftsordnung nach Genehmigung durch das BMWi. Etwaige Zuständigkeitskonflikte begegnen mithin auch bei den Vergabekammern keinen Schwierigkeiten. Ähnliches gilt hinsichtlich divergierender Auffassungen in Bezug auf Sachentscheidungen. Anders als in den oben genannten Konstellationen sind Auseinandersetzungen hier allerdings aufgrund der Unabhängigkeitsvorgabe zugunsten der Vergabekammern selbst aufzulösen. Entsprechende Weisungen und sonstige Einflussnahmeversuche seitens des Präsidenten sind grundsätzlich unzulässig, das betroffene Kammermitglied kann derartigen Interventionen seine Unabhängigkeit mit Erfolg entgegenhalten.[935]

b) Im behördenexternen Verhältnis

Behördenexterne Streitigkeiten im vertikalen Verhältnis scheinen bei unabhängigen Behörden auf den ersten Blick ein Widerspruch in sich zu sein.

---

933 *Horn/Hofmann*, in: Burgi/Dreher (Hrsg.), Beck'scher Vergaberechtskommentar, Bd. 1, 3. Aufl. 2017, § 158 GWB Rn. 3.

934 Näher hierzu *Horn/Hofmann*, in: Burgi/Dreher (Hrsg.), Beck'scher Vergaberechtskommentar, Bd. 1, 3. Aufl. 2017, § 158 GWB Rn. 6.

935 Vgl. *Horn/Hofmann*, in: Burgi/Dreher (Hrsg.), Beck'scher Vergaberechtskommentar, Bd. 1, 3. Aufl. 2017, § 157 GWB Rn. 12 m.w.N.; eine Ausnahme gilt lediglich für unabhängigkeitswahrende dienstliche Beurteilungen.

Schließlich zeichnet sich deren Unabhängigkeit gerade dadurch aus, dass herkömmliche, hierarchische Steuerungsmechanismen wie Weisungsbefugnisse unstatthaft sind bzw. sein sollen. Dessen ungeachtet wird im Rahmen einer differenzierteren Betrachtung deutlich, dass auch bei unabhängig gestellten Behörden vertikale Spannungen nicht ausgeschlossen sind. Grundvoraussetzung hierfür ist freilich zunächst, dass überhaupt eine zumindest *formal übergeordnete Instanz existiert*. Steht die beobachtete Stelle selbst an der Spitze einer Hierarchie, scheiden aufsichtliche Streitigkeiten denknotwendig aus. So ist die EZB gemäß Art. 13 Abs. 1 UAbs. 2 Spstr. 6 EUV als (Haupt-)Organ der Union zu qualifizieren, womit sie hierarchisch an höchster Stelle anzusiedeln ist und auf gleicher Stufe mit den übrigen in Art. 13 Abs. 1 UAbs. 2 EUV genannten Unionsorganen steht.[936] Demgegenüber sind die national zuständigen Behörden im Regulierungs- und Kartellrecht organisatorisch inmitten der Verwaltungshierarchie zu finden. Insbesondere ist die BNetzA nach § 1 Satz 2 BEGTPG selbständige Bundesoberbehörde im Geschäftsbereich des BMWi. Gleiches gilt für das BKartA gemäß § 51 Abs. 1 GWB. Die BaFin untersteht dem (unionsrechtswidrigen)[937] § 2 FinDAG zufolge der Aufsicht des BMF, während bei der Bundesbank die teilweise Unterordnung unter die Bundesregierung im Sinne eines Aufsichtsverhältnisses im Lichte des § 12 Satz 1 BBankG zumindest streitig ist[938]. In der Folge kann es dort jeweils theoretisch zu Auseinandersetzungen mit der Aufsichtsbehörde kommen.

Für Komplikationen im vertikalen Verhältnis können im Wesentlichen zwei Problemursachen verantwortlich gemacht werden, die einer näheren Untersuchung bedürfen: zum einen das Bestehen einer legislativ nur eingeschränkten Unabhängigkeit (aa)), zum anderen die Missachtung der Unabhängigkeitsvorgabe durch die Exekutive (bb)).

aa) Legislativ eingeschränkte Unabhängigkeit

Im Rahmen einer Einschränkung der administrativen Unabhängigkeit durch die Legislative kann ferner differenziert werden zwischen einer unzu-

---

[936] Vgl. *Calliess*, in: Calliess/Ruffert (Hrsg.), EUV/AEUV, 6. Aufl. 2022, Art. 13 EUV Rn. 4 m. w. N.; *Nettesheim*, in: Grabitz/Hilf/Nettesheim (Hrsg.), Das Recht der Europäischen Union, 74. EL 2021, Art. 13 EUV Rn. 5.

[937] S. hierzu unter Kapitel 3, A.I.2.b)cc); die unionsrechtlichen Unabhängigkeitsvorgaben schließen das Bestehen einer Rechts- und Fachaufsicht richtigerweise aus. Dass die BaFin formal-institutionell an das BMF „angedockt" ist, dürfte hingegen für sich genommen keinen Verstoß gegen die Unabhängigkeit der BaFin darstellen, zumal BNetzA und BKartA als selbständige Bundesoberbehörden auch dem Geschäftsbereich eines Ministeriums angehören.

[938] S. hierzu näher unter Kapitel 3, A.I.2.b)bb).

reichenden Umsetzung der unionsrechtlichen Vorgaben durch den nationalen Gesetzgeber einerseits (1) und zulässigen Vorbehalten andererseits, wie sie am Beispiel der Genehmigungspflicht von Geschäftsordnung und -verteilung durch das zuständige übergeordnete Ministerium zutage treten (2).

(1) Defizitäre Umsetzung der Unabhängigkeitsvorgaben im nationalen Recht

Für Spannungen könnte der Umstand sorgen, dass der deutsche Gesetzgeber den richtlinienrechtlichen Unabhängigkeitspostulaten bislang nicht oder nur unzureichend nachgekommen ist. Im ersten Abschnitt dieses Kapitels wurde die Diskrepanz zwischen den unionsrechtlichen Vorgaben und der nationalen Umsetzung bereits näher aufgezeigt. Bestehende Weisungsrechte und Aufsichtsverhältnisse ließ der Umsetzungsgesetzgeber in den einschlägigen Normen weitestgehend unangetastet.[939] Zudem ist fraglich, ob das vorhandene Ausmaß an normativer Vorstrukturierung des behördlichen Handelns, insbesondere durch exekutive Rechtsverordnungen, die Grenze des Zulässigen überschreitet.[940] Beruft sich die Aufsichtsbehörde oder die Regierung nun auf die unverändert fortbestehende nationale Rechtslage und macht den demnach ihr zustehenden Einfluss auf die „eigentlich“ unabhängig gestellten Behörden geltend, kann dies zu folgendem Dilemma führen: Entweder die Behörde widersetzt sich dem Einfluss und riskiert somit ihr Verhältnis zur Aufsichtsbehörde und die Einleitung etwaiger weiterer aufsichtlicher Konsequenzen, oder sie widersetzt sich dem Unionsrecht, indem sie dem (politischen) Druck nachgibt.

Theoretisch gesehen erscheint die Auflösung des Problems simpel. Aufgrund des Anwendungsvorrangs des Unionsrechts[941] scheidet eine Berufung der Aufsichtsbehörden auf entgegenstehendes nationales Recht aus. Im Falle eines Umsetzungsdefizits kommen die jeweiligen Richtlinienvorschriften

[939] Zum Umsetzungsdefizit im Netzregulierungsrecht s. ausführlich unter Kapitel 3, A.I.1.b)aa), dort auch zur Würdigung des bisher einzigen, eingeschränkten Umsetzungsversuchs im Eisenbahnsektor; zur Rechtslage im Bereich der Bankenaufsicht s. unter Kapitel 3, A.I.2.b)bb) und cc); zur unzureichenden Umsetzung im Kartellrecht s. unter Kapitel 3, A.II.2.c).

[940] Zur Diskussion um das zulässige Maß einer normativen Vorstrukturierung anhand der aktuellen Entwicklungen im Energiesektor s. eingehend unter Kapitel 3, A.I.1.b)bb); zur Situation im Bankensektor s. Kapitel 3, A.I.2.b)dd).

[941] Grundlegend EuGH, Urt. v. 15.7.1964, Rs. 6/64, ECLI:EU:C:1964:66 = Slg. 1964, 1259 (1269 ff.) – Costa/E.N.E.L.; aus der Lit. statt vieler *Ruffert*, in: Calliess/Ruffert (Hrsg.), EUV/AEUV, 6. Aufl. 2022, Art. 1 AEUV Rn. 16 m. w. N.; *Nettesheim*, in: Grabitz/Hilf/Nettesheim (Hrsg.), Das Recht der Europäischen Union, 74. EL 2021, Art. 288 AEUV Rn. 49 ff.

gegebenenfalls unmittelbar zum Tragen.[942] Selbst wenn man – wie das BVerfG in seiner Kontrollvorbehalte-Judikatur – diesen Vorrang zugunsten des Grundgesetzes partiell einschränken will, ist die Entscheidung, Unionsrecht in Deutschland im Einzelfall unangewendet zu lassen, beim BVerfG monopolisiert.[943] Umgekehrt dürfen hiesige Behörden (und Gerichte) kollidierendes nationales Recht *eo ipso* nicht anwenden, d.h. die Nichtanwendungskompetenz und -pflicht liegt ausweislich der Fratelli Costanzo-Rechtsprechung des EuGH bei ihnen.[944] In der Praxis kann es deshalb zu Gemengelagen durch eine heterogene Handhabung seitens der Aufsichtsbehörden kommen. Katalysierend wirkt hierfür zum einen der Umstand, dass sich noch keine abschließenden Anforderungen an den administrativen Prüfungsmaßstab im Rahmen der Nichtanwendung herauskristallisiert haben.[945] Im (deutschsprachigen) Schrifttum herrscht insoweit darüber Streit, ob die behördliche Nichtanwendungskompetenz auf evidente Fälle zu beschränken ist.[946] Der EuGH hat sich indes bislang nicht zum Kriterium der Evidenz

---

942 Zur objektiven unmittelbaren Richtlinienwirkung in einem solchen Fall s. bereits unter Kapitel 3, A.I.1.b)aa); zum Anwendungsvorrang im Bereich der Bankenaufsicht s. insbesondere unter Kapitel 3, A.I.2.b)cc); zur richtlinienkonformen Auslegung im Kartellrecht s. unter Kapitel 3, A.II.2.c).

943 Zentral BVerfGE 123, 267 (353 f.) – Lissabon; zur Kontrollvorbehalte-Judikatur näher *Nettesheim*, in: Grabitz/Hilf/Nettesheim (Hrsg.), Das Recht der Europäischen Union, 74. EL 2021, Art. 288 AEUV Rn. 55 ff.; *Streinz*, in: Streinz (Hrsg.), EUV/AEUV, 3. Aufl. 2018, Art. 4 EUV Rn. 21 ff.; *Streinz*, in: Isensee/Kirchhof (Hrsg.), Handbuch des Staatsrechts, Bd. X, 3. Aufl. 2012, § 218 Rn. 49 ff.; *Ludwigs/Sikora*, EWS 2016, 121 ff.; s. auch bereits im Kontext des Demokratieprinzips unter Kapitel 2, B.II.1.b)bb); näher noch vor dem Hintergrund einer Nichtanerkennung europäischer Unabhängigkeitsgebote unter Kapitel 4, B.I.1.b)cc).

944 *Streinz*, in: Streinz (Hrsg.), EUV/AEUV, 3. Aufl. 2018, Art. 4 EUV Rn. 39; zur Normverwerfungskompetenz unionsrechtswidrigen nationalen Rechts speziell von Verwaltungsbehörden vgl. grundlegend EuGH, Urt. v. 22.6.1989, Rs. 103/88, ECLI:EU:C:1989:256, Rn. 31 – Fratelli Costanzo; aus der Lit. etwa *Gärditz*, in: Rengeling/Middeke/Gellermann (Hrsg.), Handbuch des Rechtsschutzes in der Europäischen Union, 3. Aufl. 2014, § 35 Rn. 13 m. w. N.; *Streinz*, in: Isensee/Kirchhof (Hrsg.), Handbuch des Staatsrechts, Bd. X, 3. Aufl. 2012, § 218 Rn. 74; *Demleitner*, NVwZ 2009, 1525 ff.

945 *Streinz*, in: Streinz (Hrsg.), EUV/AEUV, 3. Aufl. 2018, Art. 4 EUV Rn. 39 mit Verweis auf EuGH, Urt. v. 19.5.2009, verb. Rs. C-171/07 und C-172/07, ECLI:EU:C:2009:316, Rn. 15, 62 – DocMorris II; eine entsprechend formulierte Vorlagefrage hat der EuGH (da es im zugrunde liegenden Rechtsstreit hierauf nicht mehr ankam) unbeantwortet gelassen.

946 Für eine Beschränkung auf evidente Fälle ausdrücklich *Ruffert*, in: Calliess/Ruffert (Hrsg.), EUV/AEUV, 6. Aufl. 2022, Art. 288 AEUV Rn. 74 f. m. w. N.; *Martini*, DVBl. 2007, 10 (17); dagegen *Nettesheim*, in: Grabitz/Hilf/Nettesheim (Hrsg.), Das Recht der Europäischen Union, 74. EL 2021, Art. 288 AEUV Rn. 167; *Schroeder*, in: Streinz (Hrsg.), EUV/AEUV, 3. Aufl. 2018, Art. 288 AEUV Rn. 105 unter Fn. 318; *Ludwigs*, N&R-Beilage 2/2021, 1 (16) m. w. N. zu beiden Positionen.

bekannt.[947] Gleichwohl wäre ein solches Bekenntnis mit Blick auf das vorstehend Angeführte in Bezug auf eine disparate Nichtanwendungspraxis durchaus wünschenswert. Das von der Gegenauffassung in Stellung gebrachte Argument, dadurch entstünde ein unerträgliches Maß an Rechtsunsicherheit bzw. die Evidenzthese sei schwerlich praktikabel,[948] wird jedenfalls im vorliegenden Fall geradezu *ad absurdum* geführt. Denn wenn man etwas zur Frage der Umsetzung der Unabhängigkeitsvorgabe im nationalen Recht sagen kann, dann, dass sie angesichts der kontroversen Diskussion darüber jedenfalls (bis zu einer finalen Entscheidung des EuGH) nicht evident unionsrechtswidrig sein kann.[949] Es dürfte also nicht nach Gutdünken jeder Anwender die Norm anwenden oder nicht, sondern die Entscheidung darüber wäre den Gerichten vorbehalten, die – siehe sogleich – den EuGH um eine Vorabentscheidung ersuchen könnten bzw. müssten.[950] Dies wäre der Rechtssicherheit im Gegenteil sogar zuträglich. Schließlich wird teilweise auch bei Ablehnung des Evidenzkriteriums eine „Überzeugungsgewissheit" von der Unionsrechtswidrigkeit der in Rede stehenden nationalen Vorschrift gefordert, während bloße Vermutungen nicht ausreichen sollen.[951] Wann diese Gewissheit vorliegt, ist – abgesehen von offensichtlichen Fällen – indes ebenso wenig kaum objektiv überprüfbar. Das vermeintliche Plus an Rechtssicherheit durch die Möglichkeit der Nichtanwendung aller etwaigen Unionsrechtsverstöße besteht mithin nicht wirklich. Die restriktive Handhabung des

---

947 *Nettesheim*, in: Grabitz/Hilf/Nettesheim (Hrsg.), Das Recht der Europäischen Union, 74. EL 2021, Art. 288 AEUV Rn. 167.

948 *Nettesheim*, in: Grabitz/Hilf/Nettesheim (Hrsg.), Das Recht der Europäischen Union, 74. EL 2021, Art. 288 AEUV Rn. 167; *Detterbeck*, Allgemeines Verwaltungsrecht, 19. Aufl. 2021, Rn. 134; ähnlich auch *Ludwigs*, N&R-Beilage 2/21, 1 (16), der zudem auf den Widerspruch hinweist, dass sich der Einzelne dann vor nationalen Gerichten uneingeschränkt auf den Vorrang des Unionsrechts berufen könnte, während „die Verwaltung selbst aber nur bei offenkundigen Verletzungen zu dessen Wahrung verpflichtet wäre".

949 S. aber hinsichtlich der normativen Vorstrukturierung *Ludwigs*, N&R-Beilage 2/21, 1 (16), der die Unionsrechtswidrigkeit der diesbezüglichen nationalen Umsetzungsvorschriften nunmehr für evident hält: „Zum gegenteiligen Ergebnis könnte man auf Basis der Evidenzthese nur gelangen, wollte man für die Ermittlung der Offenkundigkeit nicht auf den Verstoß gegen das Unionsrecht, sondern auf die komplexe Frage einer unmittelbaren Anwendbarkeit der Richtlinienbestimmungen abstellen.".

950 Diesen Schwachpunkt in der Argumentation erkennt auch *Nettesheim*, in: Grabitz/Hilf/Nettesheim (Hrsg.), Das Recht der Europäischen Union, 74. EL 2021, Art. 288 AEUV Rn. 167 an, der allerdings nicht daraus schließt, dass dies „zu einer Abschwächung oder Veränderung der materiellen Kollisionsregel [führt], sondern [nur] bedeutet […], dass [die Exekutivorgane] sich insofern der Methode des EU-Rechts zu bedienen und eine Prüfung vorzunehmen haben, wie sie vom EuGH zu erwarten wäre".

951 So etwa ausdrücklich OVG Saarlouis, NVwZ-RR 2008, 95 (101).

Erfordernisses einer Überzeugungsgewissheit gleicht letztlich der Einführung der „Evidenzthese durch die Hintertür“.

Zum anderen verstärkt sich der Effekt dadurch, dass Ausprägung und Reichweite der einschlägigen Unabhängigkeitsvorgaben höchst unterschiedlich bewertet werden. Die im Schrifttum vertretenen Auffassungen reichen von der Annahme einer umfassenden Rechts- und Fachaufsicht[952] über die Beschränkung auf eine reine Rechtskontrolle[953] bis hin zu einer Ablehnung jeglicher Form der Aufsicht[954]. Es ist daher noch nicht letztverbindlich geklärt, ob und inwieweit die nationalen Vorschriften dem Unionsrecht überhaupt entgegenstehen bzw. sie möglicherweise einer unionsrechtskonformen Auslegung zugänglich sind. In einem solchen Fall, in dem die Rechtslage nicht eindeutig ist, wäre es angezeigt, den EuGH im Wege des Vorabentscheidungsverfahrens nach Art. 267 AEUV anzurufen.[955] Allerdings fehlt es (Aufsichts-)Behörden bereits an der Vorlageberechtigung, da diese keine Gerichte im Sinne des Art. 267 Abs. 2 AEUV darstellen.[956] In der Folge dro-

---

952 So im Kontext des TK-Sektors *Lee*, Demokratische Legitimation der Vollzugsstruktur der sektorspezifischen Regulierungsverwaltung, 2017, S. 212 ff.; wohl auch *Ruffert*, in: Säcker (Hrsg.), Berliner Kommentar zum Telekommunikationsgesetz, 2006, § 116 Rn. 15: „Im Ergebnis muss es daher nach dem gegenwärtigen Entwicklungsstand bei der Weisungsabhängigkeit der Bundesnetzagentur bleiben.“; unklar *Kühling*, in: Hatje/Müller-Graff (Hrsg.), Enzyklopädie Europarecht, Bd. 5, 2. Aufl. 2020, § 4 Rn. 71: „[…] kann die Weisungsbefugnis zur Wahrung einer ‚geschlossenen demokratischen Legitimationskette‘ gegebenenfalls aufrecht erhalten bleiben“.

953 Im Kontext der Netzregulierung *Holznagel/Schumacher*, Jura 2012, 501 (506); *Ruffert*, International Journal of Constitutional Law 11 (2013), 925 (935); *Ruffert*, in: Ehlers/Fehling/Pünder (Hrsg.), Besonderes Verwaltungsrecht, Bd. 1, 4. Aufl. 2019, § 21 Rn. 31; *Gundel*, EWS 2017, 301 (306).

954 *Ludwigs*, Die Verwaltung 44 (2011), 41 (45 f.); *Ludwigs*, in: Säcker/Schmidt-Preuß (Hrsg.), Grundsatzfragen des Regulierungsrechts, 2015, S. 251 (253 ff.); *Ludwigs*, in: Festschrift für M. Schmidt-Preuß, 2018, S. 689 (692); *Eifert*, in: Ehlers/Fehling/Pünder (Hrsg.), Besonderes Verwaltungsrecht, Bd. 1, 4. Aufl. 2019, § 24 Rn. 141; *Trute*, in: Hoffmann-Riem/Schmidt-Aßmann/Voßkuhle (Hrsg.), Grundlagen des Verwaltungsrechts, Bd. I, 2. Aufl. 2012, § 6 Rn. 68; *Szydło*, ELJ 18 (2012), 793 (802); *Bauer/Seckelmann*, DÖV 2014, 951 (956 f.); *Kröger*, Unabhängigkeitsregime im europäischen Verwaltungsverbund, 2020, S. 282 ff.; vorsichtig auch *Masing*, Gutachten D zum 66. Deutschen Juristentag, 2006, D 96 ff.; (auch) für den Bereich der Bankenaufsicht *Dechent*, NVwZ 2015, 767 (770 ff.); zum Streitstand bezüglich einer Aufsicht über die Bundesbank s. unter Kapitel 3, A.I.2.b)bb); zum Streitstand hinsichtlich einer Aufsicht über das BKartA, bei dem zumeist nicht trennscharf zwischen Rechts- und Fachaufsicht differenziert wird, s. unter Kapitel 3, A.II.1.b)aa) und 2.b); von einer umfassenden politischen Unabhängigkeit geht auch die vorliegende Arbeit aus, vgl. ausführlich Kapitel 3, A. (zusammenfassend das Zwischenfazit unter III.).

955 *Streinz*, in: Streinz (Hrsg.), EUV/AEUV, 3. Aufl. 2018, Art. 4 EUV Rn. 39.

956 EuGH, Urt. v. 30.3.1993, Rs. C-24/92, ECLI:EU:C:1993:118, Rn. 15 f. – Corbiau; Urt. v. 19.10.1995, Rs. C-111/94, ECLI:EU:C:1995:340, Rn. 11 – Job Centre; aus der Lit. *Ehricke*, in: Streinz (Hrsg.), EUV/AEUV, 3. Aufl. 2018, Art. 267 AEUV

hen eine erhebliche Rechtsunsicherheit sowie eine uneinheitliche Aufsichtspraxis, die zu Konflikten zwischen beaufsichtigender und beaufsichtigter Behörden führen können. Der deutsche Gesetzgeber hat es versäumt, den unbefriedigenden Zustand durch eine hinreichende Anpassung des nationalen Rechts zu beseitigen.

(2) Genehmigungsvorbehalte hinsichtlich Geschäftsordnung und Geschäftsverteilung

Klärungsbedürftig erscheint ferner, wie Streitigkeiten zu behandeln sind, die aus Genehmigungsvorbehalten hinsichtlich der Geschäftsordnung und -verteilung unabhängiger Behörden resultieren. Gemäß § 3 Abs. 1 Satz 2 BEGTPG regelt der Präsident der BNetzA die Verteilung und den Gang ihrer Geschäfte durch eine Geschäftsordnung, welche der Bestätigung durch das BMWi im Benehmen mit dem BMVI bedarf. Ebenso statuiert § 51 Abs. 2 Satz 2 GWB, dass Geschäftsverteilung und -gang des BKartA durch eine Geschäftsordnung seitens des Präsidenten geregelt werden, welche der Bestätigung durch das BMWi bedarf. Für die BaFin findet sich in § 6 FinDAG eine vergleichbare Regelung: Das Direktorium beschließt für seine interne Zuständigkeits- und Aufgabenverteilung einstimmig ein Organisationsstatut (Abs. 1 Satz 3), wobei dieses sowie Änderungen an diesem dem BMF zur Genehmigung vorzulegen sind (Abs. 1 Satz 4). Darüber hinaus regelt es die innere Organisation der Bundesanstalt durch eine Geschäftsordnung (Abs. 2 Satz 4), während wiederum neben der Einstimmigkeit eine Genehmigung des BMF erforderlich ist (Abs. 2 Satz 5).[957] Die stark ausgeprägte Möglichkeit zur Einflussnahme des BMF auf die BaFin wird zudem in § 5 Abs. 3 FinDAG deutlich, der eine Verordnungsermächtigung zum Erlass der Satzung der Bundesanstalt durch Rechtsverordnung enthält, die u. a. Aufbau und Organisation der BaFin regelt (Satz 3 Nr. 1).[958] Anders verhält es sich lediglich bei der Bundesbank, wo § 7 Abs. 1 Satz 3 BBankG zufolge der Vorstand ein Organisationsstatut beschließt, ohne dass ein Genehmigungsvorbehalt

---

Rn. 28; *Wegener*, in: Calliess/Ruffert (Hrsg.), EUV/AEUV, 6. Aufl. 2022, Art. 267 AEUV Rn. 19 f.; *Gaitanides*, in: von der Groeben/Schwarze/Hatje (Hrsg.), Europäisches Unionsrecht, 7. Aufl. 2015, Art. 267 AEUV Rn. 40, 44.

[957] S. hierzu näher *Han*, Die Unabhängigkeit der Bundesanstalt für Finanzdienstleistungsaufsicht, 2015, S. 20, 82 ff.

[958] Von der Verordnungsermächtigung hat das BMF mit der Verordnung über die Satzung der Bundesanstalt für Finanzdienstleistungsaufsicht v. 29.4.2002 auch Gebrauch gemacht (BGBl. I S. 1499), vgl. *Laars*, FinDAG, 4. Online-Aufl. 2017, § 5 Rn. 2; zu den Einflussnahmemöglichkeiten des BMF auf die BaFin s. ausführlich *Han*, Die Unabhängigkeit der Bundesanstalt für Finanzdienstleistungsaufsicht, 2015, S. 82 ff.; *Fekonja*, BaFin-Verlautbarungen, 2014, S. 37 ff.

normiert ist. Insgesamt zeigen die vorstehenden Beispiele aber, dass Genehmigungsvorbehalte bezüglich der internen Organisation bei verselbständigten Verwaltungseinheiten nicht unüblich sind.

Spiegelbildlich zu der Frage, ob die Geschäftsverteilung durch die Behördenleitung im Rahmen ihrer inneren Organisationsgewalt einen Verstoß gegen die Unabhängigkeit der betroffenen Stellen darstellt,[959] ergibt sich vorliegend ebenfalls das Problem der *Vereinbarkeit solcher Genehmigungsvorbehalte mit den einschlägigen Unabhängigkeitsvorgaben.* Im Unterschied zum vertikalen behördeninternen Verhältnis erstreckt sich das Unabhängigkeitspostulat auf externe Stellen, worunter auch und gerade Aufsichtsbehörden zu subsumieren sind.[960] *Prima facie* erscheint daher das Erfordernis einer Genehmigung der Geschäftsordnung durch das übergeordnete Ministerium gegenüber deren präsidentiellen Erlass intrikater. Indes weist Johannes Masing zutreffend darauf hin, dass die Unabhängigkeit nicht um ihrer selbst willen existiert, sondern einer sachadäquaten Aufgabenwahrnehmung dient.[961] Eine Genehmigungspflicht für die Geschäftsordnung *en bloc* gefährde diesen Zweck nicht, sondern sei vielmehr zulässiger Ausfluss einer „politischen Gesamtaufsicht über eine rechtsstaatlich-ordnungsgemäße Ablauforganisation, die die entpolitisierte Aufgabenwahrnehmung selbst nicht in Frage stellt“.[962] Proaktiv werde nach wie vor nur die interne Behördenspitze tätig, welcher Initiative, Gestaltung und Handhabung der inneren Ordnung obliegen.[963] Dieser Sichtweise ist zuzustimmen, da und soweit sie ein unabhängiges regulierungs- bzw. kartellbehördliches Tätigwerden nicht oder allenfalls marginal[964] berührt. Insofern erscheint sinnvoll, es parallel zur Leitungsbefugnis im Innenverhältnis bei einer bloßen Missbrauchs- und Willkürgrenze zu belassen[965]. Unvereinbar mit dem Unionsrecht hingegen sind (jedenfalls für den Bereich der Bankenaufsicht) die weitreichenden Einflussnahmemöglichkeiten des BMF auf die Organisation der BaFin, speziell mit Blick auf die Verletzung der Satzungsautonomie der Bundesanstalt durch die Verord-

---

[959] S. hierzu bereits unter Kapitel 3, B.II.1.a)bb).

[960] S. ebenfalls unter Kapitel 3, B.II.1.a) mit den Normbelegen in Fn. 903.

[961] *Masing*, Gutachten D zum 66. Deutschen Juristentag, 2006, D 99.

[962] So wörtlich *Masing*, Gutachten D zum 66. Deutschen Juristentag, 2006, D 99.

[963] *Masing*, Gutachten D zum 66. Deutschen Juristentag, 2006, D 99.

[964] Insofern könnte man auf den im Recht vielfach anzutreffenden Grundsatz *de minimis non curat lex* (das Recht kümmert sich nicht um Kleinigkeiten) verweisen; eine vom Grundgedanken her vergleichbare Konstellation findet sich bei der Fallgruppe der geringen politischen Tragweite bzw. niedrigen Eingriffsintensität im Kontext der Frage der Vereinbarkeit von Unabhängigkeitsvorgaben mit dem Demokratieprinzip, hierzu s. unter Kapitel 2, B.II.1.b)bb).

[965] Zu den Grenzen der internen Organisationsgewalt der Behördenleitung s. näher unter Kapitel 3, B.II.1.a); speziell im Kontext des Kartellrechts s. Kapitel 3, A.II.1.b) aa).

nungsermächtigung des § 5 Abs. 3 FinDAG sowie die Ausübung der Rechts- und Fachaufsicht nach § 2 FinDAG.[966] Hier ist der Gesetzgeber dazu aufgerufen, der BaFin ihre anstaltliche Satzungshoheit nicht vorzuenthalten[967] und die Unabhängigkeit der BaFin auch in aufsichtsrechtlicher Hinsicht zu respektieren.[968] Reine ministerielle Genehmigungsvorbehalte zur Bestätigung einer Geschäftsordnung begegnen aber keinen weiteren Bedenken hinsichtlich ihres Konfliktpotenzials. Auch gestaltet sich die Situation der Behörden in den übrigen untersuchten Feldern, namentlich von BNetzA und BKartA, insoweit unproblematisch, als diese Teil der unmittelbaren Staatsverwaltung sind und als solcher keinen atypischen Organisationsformen unterliegen.

bb) Missachtung der Unabhängigkeitsvorgabe durch die Exekutive

Pragmatisch betrachtet können vertikale Konflikte auch daraus resultieren, dass übergeordnete Behörden die Unabhängigkeitsvorgaben schlichtweg missachten. Zu differenzieren ist insoweit zwischen informellen (1) und förmlichen Einflussnahmen (2).

(1) Informelle Einflussnahmen

Zunächst kann die Aufsichtsbehörde sich auch unterhalb der Schwelle förmlicher Maßnahmen über den Unabhängigkeitsstatus einer nachgeordneten Instanz hinwegsetzen, indem sie diese auf informellem Wege zu beeinflussen versucht.[969] Als „Minus" zu den formellen Instrumenten sind derartige Einflussnahmen im Lichte der Unabhängigkeitsvorgaben ebenfalls unzulässig. Zwar haben sie keinen zwingenden Charakter, da sie nicht auf das

---

[966] Näher zu den Einflussmöglichkeiten des BMF auf die BaFin *Sedlak*, Bankenaufsicht über Geschäftsorganisation, 2014, S. 33 f.; ausführlich *Han*, Die Unabhängigkeit der Bundesanstalt für Finanzdienstleistungsaufsicht, 2015, S. 60 ff., 72 ff., dessen Aufzählung u. a. Informationspflichten der BaFin und Erlaubnisvorbehalte (betreffend Rundschreiben zu einzelnen Regelungspunkten, eine beabsichtigte Änderung der Verwaltungspraxis, Dienstaufsichtsbeschwerden gegen BaFin-Mitarbeiter, Erlasse im Geschäftsbereich des BMF, die Pressearbeit der BaFin, Aussagegenehmigungen vor Gericht und Anfragen aus dem parlamentarischen Raum) beinhaltet; vgl. näher die Grundsätze für die Ausübung der Rechts- und Fachaufsicht des BMF über die BaFin v. 12.1.2005.

[967] Dies fordert auch *Han*, Die Unabhängigkeit der Bundesanstalt für Finanzdienstleistungsaufsicht, 2015, S. 87 f.

[968] Zum (allgemeinen) Umsetzungsdefizit der Unabhängigkeitsvorgabe des Art. 19 Abs. 1, 2 SSM-VO im Bereich der Bankenaufsicht bei der BaFin s. bereits unter Kapitel 3, A.I.2.b)cc).

[969] Vgl. hierzu insbesondere unter Kapitel 2, B.III.2.; s. auch mit Beispielen *Bender*, K&R 2001, 506 (509); *Möschel*, ORDO 48 (1997), 241 (241).

Setzen einer verbindlichen Rechtsfolge gerichtet sind und es mithin an der erforderlichen Regelungswirkung fehlt[970]. Gleichwohl darf ihre faktische Bedeutung nicht unterschätzt werden. Politikwissenschaftlichen Untersuchungen zufolge neigt die deutsche Verwaltung – ganz im Sinne des hierarchischen Grundmodells – zu einer gewissen Hörigkeit im Verhältnis zu übergeordneten Instanzen.[971] Davon auszugehen, es gäbe weder informelle Beeinflussungen noch das Phänomen des vorauseilenden Gehorsams, mutet demnach naiv an.[972] Hinzu kommt, dass der Übergang zu förmlichen Maßnahmen oftmals fließend ist und vom einzelnen Amtswalter nicht unbedingt ohne Weiteres trennscharf nachvollzogen werden kann.

Mit einem aktuellen Fall einer (mindestens) informellen Einflussnahme hatte sich das Bundesverwaltungsgericht in seinem Urteil vom 20. Oktober 2021 auseinanderzusetzen.[973] Die Leipziger Richter hielten es nach Lage der Akten für nicht ausgeschlossen, dass die auf das streitgegenständliche Vergabeverfahren bezogene Vorgehensweise des BMVI die (im konkreten Fall sich noch aus Art. 3 Abs. 3a UAbs. 1 Satz 1 RL 2002/21/EG ergebende) Unabhängigkeitsvorgabe für die Regulierungsbehörde verletzt hat. Anlass hierzu gab die Tatsache, dass der Präsident und der Vizepräsident der BNetzA am 18. Oktober 2018 an einer Besprechung mit den Bundesministern Braun, Altmaier und Scheuer sowie dem Staatssekretär Gatzer im BMVI teilgenommen hatten, die das Zurückbleiben der in dem Konsultationsentwurf vom 24. September 2018 vorgesehenen Versorgungsverpflichtungen hinter den Zielvorstellungen des Koalitionsvertrags der Parteien der Bundesregierung zum Gegenstand hatte. Im Rahmen der Besprechung wurde auch ein ministeriell ausgearbeitetes Papier verteilt, dessen ergebnisoffene Prüfung der BNetzA-Präsident zugesagt hatte. Aus den Akten ergaben sich Anhaltspunkte, dass die Präsidentenkammer der Regulierungsbehörde Teile dieser Ausarbeitung in ihren Beschluss vom 26. November 2018 aufgenommen hat.[974] Aus

---

970 Vgl. zur Regelungswirkung im Kontext von Verwaltungsakten *von Alemann/Scheffczyk*, in: Bader/Ronellenfitsch (Hrsg.), BeckOK VwVfG, 53. Edition 2021, § 35 Rn. 141 f.; *Stelkens*, in: Stelkens/Bonk/Sachs (Hrsg.), VwVfG, 9. Aufl. 2018, § 35 Rn. 142.

971 Hierzu etwa *Döhler*, Die Verwaltung 34 (2001), 59 (76); s. bereits ausführlich unter Kapitel 2, B.III.2.; hierauf beziehen sich auch die nachfolgenden politikwissenschaftlichen Ausführungen zur informellen Einflussnahme.

972 Vgl. auch *Schoch*, in: Isensee/Kirchhof (Hrsg.), Handbuch des Staatsrechts, Bd. III, 3. Aufl. 2005, § 37 Rn. 22: „Entformalisierte Erscheinungsformen staatlichen Handelns hat es schon immer gegeben. Die Annahme wäre naiv, im demokratischen Rechtsstaat komme derartiges nicht vor.“.

973 BVerwG, Urt. v. 20.10.2021, Az. 6 C 8.20 = BeckRS 2021, 44554.

974 BVerwG, BeckRS 2021, 44554, Rn. 82, dort zur Darstellung des gesamten Sachverhalts bezüglich des Gesprächs am 18.10.2018 unter Angabe der in den Akten befindlichen Unterlagen.

weiteren Unterlagen ging hervor, dass Minister Scheuer zuvor bereits am 3. September 2018 Druck auf den Präsidenten und Vizepräsidenten ausgeübt haben soll.[975] Schließlich haben sich dem Vernehmen nach die Minister Altmaier und Scheuer und der Chef des Bundeskanzleramts Braun am 11. Oktober 2018 verständigt, auf den Präsidenten der BNetzA in ihrem Sinne einzuwirken.[976] Das BVerwG forderte zwar zunächst eine weitere Sachverhaltsaufklärung ein, ließ aber erkennen, das Vorgehen der beteiligten Minister (als wahr unterstellt) als unzulässigen Eingriff in die Unabhängigkeit der Regulierungsbehörde zu qualifizieren. Zwar scheint der Senat eher zum Vorliegen einer formellen Weisung zu tendieren, die terminologischen Variationen (Einflussnahmeversuche, unzulässige Einflussnahme, konkrete Weisungen) deuten indes auf Unsicherheiten bei der Einordnung hin.[977] So ist es folgerichtig, dass das Gericht darauf hinweist, die Grenzziehung zwischen zulässiger und unzulässiger Einflussnahme sei angesichts der Vielgestaltigkeit denkbarer Fallkonstellationen abstrakt kaum zu bestimmen ist und harre gegebenenfalls einer Klärung durch den EuGH.[978] In einer Art Je-desto-Betrachtung unter Berücksichtigung der Reaktion der Behörde dürfte aber umso eher eine Verletzung der Unabhängigkeit vorliegen, je weiter sich eine „Weisung […] von den Merkmalen einer allgemeinen politischen Rahmenvorgabe entfernt und je detaillierter sie konkrete Entscheidungsinhalte vorgibt".[979] Die Umstände des geschilderten Falles (Äußerung einer eindringlichen Bitte, mündliche Besprechung, lückenhafte Dokumentation, Vorgespräch) sprechen eher für das Vorliegen einer informellen Einflussnahme als für eine förmliche Weisung, wobei die Einordnung freilich ohne Auswirkung auf die Frage der Zulässigkeit der Einflussnahme bleibt. Insofern lassen sich auch die

---

[975] BVerwG, BeckRS 2021, 44554, Rn. 83, unter Rekurs auf einen Sprechzettel von Verkehrsminister Scheuer in Vorbereitung auf das Gespräch am 3.9.2018 mit folgendem Inhalt: „Ich sage es in aller Deutlichkeit: Ich bitte Sie einen Weg zu finden, dass Ende September im Konsultationsentwurf ambitionierte Auflagen […] zur Anhörung gestellt werden. […] Bitte sehen Sie sich deshalb die Vorschläge […] [an], wie aus Sicht meines Hauses ein politisch vertretbares und nach unseren Erkenntnissen auch wirtschaftlich machbares Niveau für die Versorgungsauflagen […] aussehen könnte.".

[976] BVerwG, BeckRS 2021, 44554, Rn. 83, unter Rekurs auf einen weiteren Sprechzettel für ein Gespräch von Verkehrsminister Scheuer mit Kanzleramtschef Braun und Wirtschaftsminister Altmaier am 11.10.2018, auf dem es wörtlich heißt: „Wir müssen allerdings schnell agieren und unseren Optimierungskatalog schnellstmöglich an BNetzA übergeben. Zudem sollten wir von Präs. Homann einfordern [sic!], dass die Umsetzung dieser Punkte durch die BNetzA in enger Abstimmung mit unseren Fachabteilungen vorgenommen wird. Insofern hielte ich auch die Ankündigung eines ‚Kontrolltermins' Anfang November für angezeigt".

[977] Vgl. BVerwG, BeckRS 2021, 44554, Rn. 82 f., 87.

[978] BVerwG, BeckRS 2021, 44554, Rn. 87.

[979] Wörtlich BVerwG, BeckRS 2021, 44554, Rn. 87.

Zweifel des Gerichts daran, ob die Grenze des Zulässigen vorliegend überschritten wurde, allenfalls mit der noch unsicheren Tatsachengrundlage begründen. Sollte der dargestellte Sachverhalt zutreffend sein, ist das Verhalten der beteiligten Minister keine Grauzone, sondern unter Unabhängigkeitsgesichtspunkten entschieden zu missbilligen.

Wegen ihrer Unverbindlichkeit (und der damit einhergehenden fehlenden Erzwingbarkeit) kann die unabhängige Behörde derlei Maßnahmen eigentlich unbeachtet lassen bzw. sich ihnen widersetzen und darauf warten, ob und bis die Aufsichtsbehörde von förmlichen Mitteln Gebrauch macht. Gegen deren Einsatz könnte sich die betroffene Stelle, insbesondere im Wege des Remonstrationsverfahrens, zur Wehr setzen.[980] Dennoch kann die Missachtung einer geäußerten „Bitte", in einem bestimmten Sinne zu entscheiden, für den einzelnen Sachbearbeiter in der Praxis mit persönlichen Negativeffekten[981] verbunden sein. Erwähnung verdient in diesem Zusammenhang der sog. *„Edeka-Effekt"*, wobei „Edeka" das Akronym für Ende der Karriere ist.[982] Falls in dem jeweiligen Geschäftsbereich keine für Widerspruch und Kritik empfängliche, patente Umgebung vorzufinden ist, muss der widerspenstige Amtswalter Nachteile für seinen weiteren Werdegang fürchten.[983] Auch wenn es unzulässig ist, in dienstlichen Beurteilungen – die für Beförderungschancen eine maßgebliche Rolle spielen – nicht stromlinienförmiges Handeln negativ einfließen zu lassen und im Rechtsstaat erwartet werden darf, dass sich die Verwaltung daran hält,[984] erscheint es unangemessen, dem Betroffenen das Risiko abweichenden Verhaltens aufzubürden und ihn gegebenenfalls auf die Ergreifung von Rechtsschutz zu verweisen. Neben etwai-

[980] Dazu sogleich unter Kapitel 3, B.II.1.b)bb)(2).

[981] Zur persönlichen Komponente der Unabhängigkeit s. auch unter Kapitel 1, B.II.4.

[982] *Wichmann*, in: Wichmann/Langer (Hrsg.), Öffentliches Dienstrecht, 8. Aufl. 2017, Rn. 211.

[983] *Wichmann*, in: Wichmann/Langer (Hrsg.), Öffentliches Dienstrecht, 8. Aufl. 2017, Rn. 211: „Herrscht […] kein offenes, sachliches und vertrauensvolles Klima, und haben [die] Vorgesetzten (wie so oft) nicht die menschliche Größe, Widerspruch als notwendig und fruchtbar anzusehen, kann der Beamte zwar nicht existentiell gefährdet, wohl aber in seinem Fortkommen behindert werden.".

[984] Sehr deutlich (und idealistisch) BVerwG, NVwZ 1999, 542 (542): „Die Erklärung des Kl., er habe für den Fall der Inanspruchnahme von Rechtsschutz befürchten müssen, umgesetzt oder versetzt zu werden und auch später nicht befördert zu werden, entlastet ihn nicht. […] [D]ie – auch wiederholte – Inanspruchnahme von Rechtsschutz als solche [darf] bei künftigen Besetzungs- und Beförderungsentscheidungen nicht zum Nachteil des Beamten bewertet werden. Ein Verstoß hiergegen wäre grob rechtswidrig und seitens jedes beteiligten Amtsträgers grob pflichtwidrig. Einer an Gesetz und Recht gebundenen Verwaltung kann eine derartige künftige Rechtsverletzung nicht unterstellt werden. Sollte sie wider Erwarten erfolgen, wäre sie durch Rechtsbehelfe abzuwehren.".

gen Beweisproblemen ist festzustellen, dass die (gerichtliche) Kontrolle bei der Versagung von Begünstigungen gegenüber der Nachprüfbarkeit belastender Entscheidungen weit weniger stark ausgeprägt ist.[985] Deshalb bestehen *de facto* durchaus gewichtige Anreize im Sinne einer Obliegenheit, vom gewünschten Standpunkt übergeordneter Instanzen nicht abzuweichen. Dass hierin ein potenzieller Konflikt im Hinblick auf eine unabhängige Amtsausführung besteht, liegt auf der Hand. Bei der Betrachtung von vertikalen behördenexternen Binnenkonflikten sollten informelle Versuche der Einflussnahme mithin bei der Suche nach möglichen Lösungsansätzen[986] nicht gänzlich ausgeblendet werden.[987]

(2) Förmliche Einflussnahmen

Im Gegensatz zu informellen Beeinflussungen stellt sich bei förmlichen Eingriffen in die Unabhängigkeit die Frage, inwieweit die jeweilige Behörde ihnen Beachtung schenken muss. Konkret ist zu erörtern, wie mit aufsichtlichen Weisungen umzugehen ist, obwohl diese aufgrund unionsrechtlicher Unabhängigkeitsvorgaben nicht rechtmäßigerweise hätten ergehen dürfen. Nach zutreffender Auffassung sind sowohl Maßnahmen der Fachaufsicht als auch solche der Rechtsaufsicht im hiesigen Kontext unzulässig,[988] sodass sich das Problem bei jeder Intervention der übergeordneten Instanz ergibt. Parallel kann die Diskussion bei Einflussnahmen durch exekutive Normsetzung geführt werden.[989]

Gelegentlich suggerieren Stimmen im Schrifttum, rechtswidrige Weisungen seien unverbindlich, da das Weisungsrecht seine Grenze im Rechts-

---

[985] Zutreffend *Wichmann*, in: Wichmann/Langer (Hrsg.), Öffentliches Dienstrecht, 8. Aufl. 2017, Rn. 211, der als Erklärung hierfür die „durchweg gegebene[...] Kombination von Beurteilungsermächtigungen mit Ermessensspielräumen" anführt.

[986] S. etwa unter Kapitel 4, A.I.2.b)aa)(3), wo auf die Möglichkeit einer Feststellungsklage gegen eine informelle Maßnahme hingewiesen wird.

[987] Dies steht nicht in Widerspruch zu dem in Kapitel 1, C.I. zugrunde gelegten Konfliktbegriff, wonach sich die in Rede stehende Stelle im Zuge verbindlicher Entscheidungen mit der Position der anderen Stelle auseinandersetzen muss. Ungeachtet der fehlenden Verbindlichkeit informeller Maßnahmen ergehen diese in Bezug auf verbindliche Entscheidungen, welche die adressierte Behörde erlässt. Zudem muss sich jene zwar nicht rechtlich, wohl aber – wie aufgezeigt – faktisch mit dem informellen Kontakt befassen.

[988] Vgl. zur Diskussion ausführlich unter Kapitel 3, A.I.1.a)cc), 2.b)bb), cc), II.2.b) sowie B.II.1.b)aa)(1); für diejenigen, die eine Rechtsaufsicht für zulässig erachten, ist das Problem jedenfalls für fachaufsichtliche Weisungen von Bedeutung.

[989] S. zu Eingriffen in die Unabhängigkeit durch exekutive Normsetzung näher unter Kapitel 3, A.I.1.b)bb) und A.I.2.b)dd).

staatsprinzip finde.[990] Demnach könnten die Adressaten entsprechende Anordnungen schlicht ignorieren. Eine derart verkürzte und pauschale Aussage ist allerdings unterkomplex; ihr kann in dieser Form nicht zugestimmt werden. Sie verkennt, dass die Verwaltung bzw. der einzelne Amtswalter Weisungen grundsätzlich Folge zu leisten hat.[991] Diese sog. *Gehorsamspflicht* erstreckt sich im Regelfall auch auf rechtswidrige nationale Weisungen.[992] Ausgenommen sind lediglich evident rechtswidrige Anordnungen, namentlich solche, die die Begehung einer Straftat, Ordnungswidrigkeit oder Menschenwürdeverletzung verlangen.[993] Die in Art. 20 Abs. 3 GG verankerte Bindung der Verwaltung an Recht und Gesetz wird vielmehr über ein *Remonstrationsverfahren* abgesichert.[994] Dieses ist so ausgestaltet, dass der einzelne Beamte für die Rechtmäßigkeit seiner dienstlichen Handlungen die volle persönliche Verantwortung trägt,[995] bei Bedenken gegen die Rechtmäßigkeit dienstlicher Anordnungen diese aber zunächst beim unmittelbaren Vorgesetzten geltend zu machen hat.[996] Hält dieser die Weisung aufrecht,

---

990 *Eschweiler*, K&R 2001, 238 (239 f.); *Ruffert/Schmidt*, in: Säcker (Hrsg.), TKG, 3. Aufl. 2013, § 117 Rn. 2.

991 Vgl. § 62 Abs. 1 S. 2 BBG und § 35 Abs. 1 S. 2 BeamtStG; *Loschelder*, in: Isensee/Kirchhof (Hrsg.), Handbuch des Staatsrechts, Bd. V, 3. Aufl. 2007, § 107 Rn. 94; *Werres*, in: Brinktrine/Schollendorf (Hrsg.), BeckOK Beamtenrecht Bund, 24. Edition 2021, § 62 BBG Rn. 9.

992 BVerfG, NVwZ 1995, 680 (680 f.); *Werres*, in: Brinktrine/Schollendorf (Hrsg.), BeckOK Beamtenrecht Bund, 24. Edition 2021, § 62 BBG Rn. 12; hier kann eine Parallele zur Differenzierung zwischen wirksamen und rechtswidrigen Verwaltungsakten gezogen werden: auch rechtswidrige Verwaltungsakte sind grundsätzlich nicht unwirksam, vgl. § 43 Abs. 2, 3 VwVfG sowie *Schemmer*, in: Bader/Ronellenfitsch (Hrsg.), BeckOK VwVfG, 53. Edition 2021, § 43 Rn. 15; zu unionsrechtswidrigen Weisungen s. sogleich.

993 Vgl. § 63 Abs. 2 S. 4 BBG und § 36 Abs. 2 S. 4 BeamtStG; *Werres*, in: Brinktrine/Schollendorf (Hrsg.), BeckOK Beamtenrecht Bund, 24. Edition 2021, § 62 BBG Rn. 11 f.; *Grigoleit*, in: Battis (Hrsg.), Bundesbeamtengesetz, 5. Aufl. 2017, § 63 Rn. 6.

994 *Leppek*, in: Brinktrine/Schollendorf (Hrsg.), BeckOK Beamtenrecht Bund, 24. Edition 2021, § 63 BBG Rn. 1; *Grigoleit*, in: Battis (Hrsg.), Bundesbeamtengesetz, 5. Aufl. 2017, § 63 Rn. 2 f. m. w. N.; näher zum Remonstrationsverfahren *Loschelder*, in: Isensee/Kirchhof (Hrsg.), Handbuch des Staatsrechts, Bd. V, 3. Aufl. 2007, § 107 Rn. 98 ff.; monografisch *Felix*, Das Remonstrationsrecht und seine Bedeutung für den Rechtsschutz des Beamten, 1993.

995 Vgl. § 63 Abs. 1 BBG und § 36 Abs. 1 BeamtStG; *Leppek*, in: Brinktrine/Schollendorf (Hrsg.), BeckOK Beamtenrecht Bund, 24. Edition 2021, § 63 BBG Rn. 6 ff.; *Grigoleit*, in: Battis (Hrsg.), Bundesbeamtengesetz, 5. Aufl. 2017, § 63 Rn. 3; *Loschelder*, in: Isensee/Kirchhof (Hrsg.), Handbuch des Staatsrechts, Bd. V, 3. Aufl. 2007, § 107 Rn. 97.

996 Vgl. § 63 Abs. 2 S. 1 BBG und § 36 Abs. 2 S. 1 BeamtStG; *Leppek*, in: Brinktrine/Schollendorf (Hrsg.), BeckOK Beamtenrecht Bund, 24. Edition 2021, § 63 BBG Rn. 10 ff.; *Grigoleit*, in: Battis (Hrsg.), Bundesbeamtengesetz, 5. Aufl. 2017, § 63

kann gleichzeitig aber nicht die Bedenken des Beamten zerstreuen, hat jener sich an den nächsthöheren Vorgesetzten zu wenden. Wird auch im zweiten Schritt die Anordnung bestätigt, ist der handelnde Amtswalter zwar von der Verantwortung befreit, muss aber dessen ungeachtet der Weisung nachkommen.[997] Außer bei evidenter Rechts(staats)widrigkeit ist mithin auch „einfach" rechtswidrigen Befehlen Folge zu leisten, solange und soweit diese nicht im Remonstrationsverfahren aufgehoben wurden. Entsprechend ist bei Bedenken gegen die Gültigkeit von Rechtsnormen zu verfahren.[998] Etwas anderes gilt – wie bereits erörtert – zwar für unionsrechtswidrige Normen, welche nationale Verwaltungsbehörden gemäß der „Fratelli Costanzo"-Entscheidung des EuGH von sich aus unangewendet lassen dürfen und müssen.[999] Zum einen ist der Prüfungsmaßstab dieser Nichtanwendungskompetenz und -pflicht allerdings noch nicht im Einzelnen abschließend geklärt: Das von Teilen des Schrifttums geforderte Evidenzkriterium wurde vom EuGH bislang nicht berücksichtigt.[1000] Zum anderen steht eine Entscheidung zu der Konstellation aus, ob unionsrechtswidrige Weisungen in Anknüpfung an die EuGH-Rechtsprechung ebenfalls nicht anzuwenden sind, ob und inwieweit also diese Grundsätze auch auf den Binnenbereich der Verwaltung übertragen werden können.

Vom Umgang mit rechtswidrigen Weisungen und Normen zu trennen ist die Frage, ob die Gehorsamspflicht gegenüber bestimmten Stellen von vornherein überhaupt besteht. Eine Ausnahme von der Weisungsgebundenheit existiert in solchen Fällen, in denen die Beamten nach besonderen gesetzlichen Vorschriften von Weisungen freigestellt und nur dem Gesetz unterworfen sind.[1001] Hier lebt das Problem der Diskrepanz zwischen den unions-

---

Rn. 4; im Einzelnen zum Ablauf und den jeweiligen Schritten des Remonstrationsverfahrens *Felix*, Das Remonstrationsrecht und seine Bedeutung für den Rechtsschutz des Beamten, 1993, S. 62 ff., 68 ff., 73 ff.

[997] Vgl. § 63 Abs. 2 S. 2, 3 BBG und § 36 Abs. 2 S. 2, 3 BeamtStG; *Leppek*, in: Brinktrine/Schollendorf (Hrsg.), BeckOK Beamtenrecht Bund, 24. Edition 2021, § 63 BBG Rn. 10, 16 f.; *Grigoleit*, in: Battis (Hrsg.), Bundesbeamtengesetz, 5. Aufl. 2017, § 63 Rn. 4; *Loschelder*, in: Isensee/Kirchhof (Hrsg.), Handbuch des Staatsrechts, Bd. V, 3. Aufl. 2007, § 107 Rn. 97; näher *Felix*, Das Remonstrationsrecht und seine Bedeutung für den Rechtsschutz des Beamten, 1993, S. 76 ff.

[998] *Grigoleit*, in: Battis (Hrsg.), Bundesbeamtengesetz, 5. Aufl. 2017, § 63 Rn. 4.

[999] Vgl. EuGH, Urt. v. 22.6.1989, Rs. 103/88, ECLI:EU:C:1989:256, Rn. 31 – Fratelli Costanzo; s. hierzu bereits unter Kapitel 3, B.II.1.b)aa)(1) mit den Nachweisen in Fn. 944.

[1000] S. bereits näher unter Kapitel 3, B.II.1.b)aa)(1).

[1001] Vgl. § 62 Abs. 1 S. 3 BBG und § 35 Abs. 1 S. 3 BeamtStG; *Werres*, in: Brinktrine/Schollendorf (Hrsg.), BeckOK Beamtenrecht Bund, 24. Edition 2021, § 62 BBG Rn. 11, 14; *Grigoleit*, in: Battis (Hrsg.), Bundesbeamtengesetz, 5. Aufl. 2017, § 62 Rn. 6.

rechtlichen Vorgaben zur Unabhängigkeit und deren nationaler (Nicht-)Umsetzung[1002] in verändertem Gewand wieder auf. Wie oben bereits ausgeführt, wird man sich mit Blick auf den Anwendungsvorrang des Unionsrechts nicht darauf stützen können, dass Behörden nach nationalem Recht der Unabhängigkeitsstatus bislang verwehrt geblieben ist. Konsequenterweise muss es daher genügen, die Entbindung von der Befolgungspflicht auch dann anzunehmen, wenn die Unabhängigkeit „nur" im Unionsrecht Niederschlag gefunden hat.[1003] Schreitet die übergeordnete Instanz dennoch aufsichtlich ein, kann die unabhängige Behörde die Maßnahmen unbeachtet lassen.[1004] Dessen ungeachtet ist im vorliegenden Zusammenhang erneut darauf hinzuweisen, dass aufgrund der bestehenden Rechtsunsicherheit über die Reichweite der Unabhängigkeitsvorgaben im Einzelnen Konfliktsituationen entstehen können.

Prekär ist insbesondere der Fall, wenn die unabhängige Behörde außerhalb ihrer gesetzlichen Befugnisse handelt oder die ihr obliegenden Pflichten nicht erfüllt. Vereinfacht ausgedrückt: Ihr Tätigwerden oder Untätigbleiben ist rechtswidrig. Gerade in solch zugespitzten Konstellationen ist fraglich, wie die administrative Unabhängigkeit und der Grundsatz der Gesetzmäßigkeit der Verwaltung – der neben seiner verfassungsrechtlichen Verankerung in Art. 20 Abs. 3 GG auch im Unionsrecht anerkannt ist[1005] – miteinander in Einklang gebracht werden können. Ein überzeugender Vorschlag für die Auflösung dieses Spannungsverhältnisses ist bisher nicht entwickelt worden.[1006] Im Schrifttum wird zwar gelegentlich für eine einseitige Entscheidung zugunsten der Gesetzmäßigkeit der Verwaltung plädiert, indem die Zulässigkeit

---

[1002] S. hierzu unter Kapitel 3, B.II.1.b)aa)(1), dort auch die Nachweise zu den nachfolgenden Ausführungen hinsichtlich des unionsrechtlichen Anwendungsvorrangs und den Konflikten, die sich hieraus ergeben können.

[1003] Im Falle einer richtlinienrechtlich angeordneten Unabhängigkeit gilt dies freilich nur, soweit die Voraussetzungen einer unmittelbaren Richtlinienwirkung – insbesondere die nicht ordnungsgemäße Umsetzung innerhalb der vorgegebenen Frist – erfüllt sind, vgl. näher unter Kapitel 3, A.I.1.b)aa).

[1004] Im Kontext der richterlichen Unabhängigkeit *Morgenthaler*, in: Epping/Hillgruber (Hrsg.), BeckOK GG, 49. Edition 2021, Art. 97 Rn. 4; *Schulze-Fielitz*, in: Dreier (Hrsg.), GG, Bd. III, 3. Aufl. 2018, Art. 97 Rn. 19; deutlich auch *Werres*, DÖD 2012, 145 (146) im Zusammenhang von Beamtenbeisitzern im Disziplinarverfahren.

[1005] Vgl. bereits früh EuGH, Urt. v. 22.3.1961, verb. Rs. 42 u. 49/59, ECLI:EU:C:1961:5, Slg. 1961, 117 (172) – SNUPAT; *Mayer*, in: Grabitz/Hilf/Nettesheim (Hrsg.), Das Recht der Europäischen Union, 74. EL 2021, nach Art. 6 EUV Rn. 389; *Stettner*, in: Dauses/Ludwigs (Hrsg.), Handbuch des EU-Wirtschaftsrechts, 53. EL 2021, B.III. Rn. 63.

[1006] So auch am Beispiel der Bundesbank *Berger/Rübsamen*, Bundesbankgesetz, 2. Aufl. 2014, § 12 Rn. 10; *Wolff/Bachof/Stober/Kluth*, Verwaltungsrecht II, 7. Aufl. 2010, § 86 Rn. 21 m.w.N.

einer (jedenfalls eingeschränkten)[1007] Rechtsaufsicht für zulässig erachtet wird.[1008] Soweit es lediglich um die Sicherstellung der Einhaltung des Rechtsrahmens gehe, sei eine Beeinträchtigung der Unabhängigkeit nicht festzustellen.[1009] Wie zu Beginn dieses Kapitel eingehend untersucht, ist ein derartiges Verständnis allerdings mit den weitreichenden sekundärrechtlichen Unabhängigkeitsvorgaben unvereinbar, sodass einer dahingehenden Interpretation nicht gefolgt werden kann.[1010] Daher gilt es, im nachfolgenden Kapitel 4 Lösungsansätze zu entwickeln, die möglichst beiden Polen des Spannungsfeldes gerecht werden. Die Herausforderung besteht in der Wahrung der Unabhängigkeit, ohne dass die jeweilige Behörde gleichzeitig sehenden Auges ungeahndet Rechtsverstöße begehen kann.

2. Horizontale Konfliktlagen

a) im behördeninternen Verhältnis

Behördeninterne Streitigkeiten im horizontalen Verhältnis sind vergleichsweise selten. Am ehesten begegnet man ihnen bei binnenplural verfassten (Selbst-)Verwaltungskörperschaften und Anstalten, in denen Organe bzw. Organteile um Befugnisse streiten, die ihnen zur eigenständigen Wahrnehmung im kontrastierenden Zusammenspiel innerhalb eines Kollegialorgans zugewiesen wurden.[1011] In die Liste der Beispiele verwaltungsrechtlicher Organstreitverfahren reihen sich neben dem geläufigen Kommunalverfassungsstreit etwa interne Auseinandersetzungen in Universitäten, Rundfunkanstalten, Industrie- und Handelskammern, Innungen und Genossenschaften.[1012] Bei

---

[1007] Eine eingeschränkte Form der Rechtsaufsicht hat der Umsetzungsgesetzgeber im Eisenbahnsektor gewählt, indem er die BNetzA gemäß § 4 Abs. 3a BEVVG mit einem Klagerecht gegen rechtsaufsichtliche Weisungen ausstattet; s. hierzu ausführlich bereits unter Kapitel 3, A.I.1.b)aa); das Modell billigt insbesondere *Gundel*, EWS 2017, 301 (306).

[1008] S. die Nachweise derjenigen Stimmen, die (mindestens) eine Rechtsaufsicht für zulässig halten, in Fn. 952 und 953.

[1009] So *Gundel*, EWS 2017, 301 (306) m. w. N.; in diese Richtung auch *Ruffert*, in: Festschrift für D. Scheuing, 2011, S. 399 (412); *Ruffert*, in: Ehlers/Fehling/Pünder (Hrsg.), Besonderes Verwaltungsrecht, Bd. 1, 4. Aufl. 2019, § 21 Rn. 31.

[1010] S. hierzu ausführlich unter Kapitel 3, A.; zu den zahlreichen Stimmen im Schrifttum, die eine Aufsicht ebenfalls generell ablehnen, s. die Nachweise in Fn. 954; unvereinbar mit der Unabhängigkeitsvorgabe ist auch die Sonderregelung des § 4 Abs. 3a BEVVG für den Eisenbahnsektor, vgl. Kapitel 3, A.I.1.b)aa).

[1011] *Rennert*, in: Eyermann (Hrsg.), VwGO, 15. Aufl. 2019, § 40 Rn. 15; *Wysk*, in: Wysk (Hrsg.), VwGO, 3. Aufl. 2020, § 40 Rn. 83.

[1012] *Rennert*, in: Eyermann (Hrsg.), VwGO, 15. Aufl. 2019, § 40 Rn. 15; *Wysk*, in: Wysk (Hrsg.), VwGO, 3. Aufl. 2020, § 40 Rn. 84; s. auch *Bethge*, DVBl. 1980, 309

„klassischen" Behörden der staatsunmittelbaren Verwaltung ohne derartige organisatorische Eigenheiten stehen vergleichbare Konflikte hingegen regelmäßig nicht zu erwarten. Grundsätzlich ergibt sich hier – soweit nicht bereits aus dem Gesetz – aus dem Geschäftsverteilungsplan, welche Stelle konkret mit einer Sache befasst ist. Bei einer gelungenen, klaren Verteilung der Geschäfte wird es erwartungsgemäß kaum zu Schwierigkeiten hinsichtlich der Zuständigkeitsabgrenzung einzelner Funktionseinheiten (Abteilungen, Beschlusskammern etc.) kommen. Treten dennoch Kompetenzkonflikte auf, etwa weil der Behörde neue Aufgaben zugewiesen wurden oder sich Sachgebiete überschneiden, kann der Präsident die Geschäftsverteilung ändern bzw. eine direkte Zuteilung vornehmen.[1013] Behördliche Unabhängigkeitsvorgaben, welche in der Regel ohnehin nur das Außenverhältnis betreffen, werden hierdurch nicht tangiert. Übrig bleiben mithin in erster Linie inhaltliche Spannungsfelder, namentlich beim Aufeinanderprallen von Zielkonflikten. In diesem Fall wurden einer Behörde unterschiedliche Aufgaben bzw. Funktionen übertragen, bei deren Wahrnehmung sie (teilweise) konträre Ziele zu verfolgen hat. Wirken an der Aufgabenerfüllung mindestens zwei voneinander strukturell abgrenzbare Einheiten mit, kann es diesbezüglich zu Meinungsverschiedenheiten zwischen den beteiligten Akteuren kommen.[1014]

Ein solcher potenzieller Konfliktherd resultiert exemplarisch aus dem janusköpfigen Aufgabenspektrum der Europäischen Zentralbank. Einerseits obliegt der EZB nach Art. 127 Abs. 2 Spstr. 1 AEUV die Festlegung und Ausführung der Geldpolitik der Union. Andererseits wurden ihr gemäß Art. 127 Abs. 6 AEUV i.V.m. Art. 4 Abs. 1, 2 und Art. 6 Abs. 1 SSM-VO Aufgaben der Bankenaufsicht übertragen. Hierbei divergieren bzw. konkurrieren die jeweils zu verfolgenden Ziele. Während im Bereich der Geldpolitik die Preisstabilität vorrangig zu gewährleisten ist (Art. 127 Abs. 1 Satz 1 AEUV), dient die Bankenaufsicht in erster Linie der Stabilität des Finanzsystems[1015]. Durch die Konzentration der Letztverantwortung für beide Funktionen bei der EZB entsteht insoweit ein behördeninternes Spannungsverhältnis: Es besteht das Risiko, ein Ziel zulasten des anderen preiszugeben oder

(309) mit jeweils weiteren Nachweisen zu Hochschul-, Universitäts- und Rundfunkverfassungsstreit.

[1013] Vgl. neben den Nachweisen in Fn. 803 und 930 auch *Oertel*, Die Unabhängigkeit der Regulierungsbehörde nach §§ 66ff. TKG, 2000, S. 408; zur Organisationsgewalt des Präsidenten s. bereits unter Kapitel 3, B.II.1.a).

[1014] Liegt der Zielkonflikt hingegen bei ein und derselben Stelle oder gar bei einem einzelnen Amtswalter, liegen schon nicht die Voraussetzungen des unter Kapitel 1, C.I. zugrunde gelegten Konfliktbegriffs vor. In diesem Fall ist schlicht eine herkömmliche Abwägungsentscheidung zu treffen, wie sie beispielsweise auch § 1 Abs. 6, 7 BauGB kennt.

[1015] Vgl. unter Kapitel 3, A.I.2.

zumindest zu relativieren.[1016] Zur Vermeidung von Zielkonflikten strebt Art. 25 SSM-VO eine *strikte Trennung von aufsichtlichen Aufgaben und geldpolitischer Funktion* an. Gemäß dessen Abs. 2 UAbs. 1 Sätze 1 und 2 nimmt die EZB die ihr durch die SSM-Verordnung übertragenen Aufgaben unbeschadet und getrennt von ihren Aufgaben im Bereich der Geldpolitik und von sonstigen Aufgaben wahr und letztere dürfen auch nicht durch diese beeinträchtigt oder bestimmt werden. Das mit der Bankenaufsicht befasste Personal ist von dem mit anderen Aufgaben befassten Personal organisatorisch zu trennen (Abs. 2 UAbs. 2). Zudem betont Abs. 4, die EZB stelle sicher, dass der EZB-Rat seine geldpolitischen und aufsichtlichen Funktionen in vollkommen getrennter Weise wahrnimmt (Satz 1) und dass diese Unterscheidung eine strikte Trennung der Sitzungen und Tagesordnungen umfasst (Satz 2). Mithilfe der aufgezeigten Vorkehrungen sollte zwischen den Aufgaben der Geldpolitik und denjenigen der Bankenaufsicht innerhalb der EZB eine metaphorische „Firewall“[1017] bzw. „Chinesische Mauer“[1018] errichtet werden.

Die innerbehördliche horizontale Konfliktlage wird bei Betrachtung der konkreten Ausgestaltung deutlich. Ein eigens geschaffenes internes Organ, das sog. Aufsichtsgremium, soll die Trennung von geldpolitischen und bankaufsichtlichen Aufgaben gewährleisten.[1019] Dieses ist gemäß Art. 26 Abs. 1 UAbs. 1 Satz 1, Abs. 8 Satz 1 SSM-VO mit der Planung und Ausführung

---

[1016] Vgl. *Kämmerer/Starski*, ZG 2013, 318 (330f.); *Waldhoff/Dieterich*, EWS 2013, 72 (77); *Manger-Nestler/Böttner*, EuR 2014, 621 (630); *Peters*, WM 2014, 396 (399f.) m.w.N.; *Sacarcelik*, BKR 2013, 353 (355, 360); *Zagouras*, in: Schimansky/Bunte/Lwowski (Hrsg.), Bankrechts-Handbuch, 5. Aufl. 2017, § 124b Rn. 13 m.w.N.: „[…] musste die EZB einen Balanceakt vollführen, bei dem sie gleichermaßen sicherstellt, dass die mit der Verortung des SSM bei der EZB bezweckten Synergieeffekte nicht verloren gehen und dennoch organisatorische Rahmenbedingungen geschaffen werden, die das Risiko einer gegenseitigen Beeinflussung der Politikbereiche minimieren“; allgemein *Blumer*, Bankenaufsicht und Bankenprüfung, 1996, S. 134 m.w.N.

[1017] *Herdegen*, WM 2012, 1889 (1895).

[1018] *Kämmerer*, NVwZ 2013, 830 (832); *Manger-Nestler/Böttner*, EuR 2014, 621 (631): „chinese walls“; *R. Schmidt*, in: Schmidt/Wollenschläger (Hrsg.), Kompendium Öffentliches Wirtschaftsrecht, 5. Aufl. 2019, § 5 Rn. 72.

[1019] Art. 26 Abs. 1 UAbs. 1 S. 1 SSM-VO; s. ferner *Kämmerer/Starski*, ZG 2013, 318 (321f.); *Peters*, WM 2014, 396 (400); *Kaufhold*, in: Schmidt/Wollenschläger (Hrsg.), Kompendium Öffentliches Wirtschaftsrecht, 5. Aufl. 2019, § 14 Rn. 58; gemäß Art. 26 Abs. 12 S. 1 SSM-VO erlässt der EZB-Rat interne Vorschriften, in denen sein Verhältnis zum Aufsichtsgremium detailliert geregelt wird. Die horizontale Beziehung ergibt sich daraus, dass EZB-Rat und Aufsichtsgremium gemeinsam an der Beschlussfassung im Rahmen des Art. 26 SSM-VO mitwirken und insoweit nicht in einem Hierarchieverhältnis zueinander stehen. Andernfalls wäre das spezielle Verfahren der Art. 25 Abs. 5 und Art. 26 Abs. 8 SSM-VO obsolet.

aufsichtlicher Maßnahmen und Entscheidungen betraut. Dessen ungeachtet ist es der EZB-Rat, der ausweislich der Art. 12.1. Abs. 1 ESZB-Satzung und Art. 26 Abs. 8 Satz 3 SSM-VO die Beschlüsse letztverbindlich fasst: Beschlussentwürfen des Aufsichtsgremiums kann der EZB-Rat widersprechen. Dem EZB-Rat obliegt also die Letztentscheidung sowohl im Bereich der Geldpolitik als auch der Bankenaufsicht.[1020] Auch wenn Art. 25 Abs. 4 SSM-VO, wie soeben dargelegt, die strikte Trennung der beiden funktionalen Bereiche auf den EZB-Rat erstreckt sowie dort getrennte Sitzungen und Tagesordnungen vorschreibt, erscheint – um im Bild zu bleiben – die „Firewall" durch die Personenidentität der Entscheider in der Praxis durchlässig.[1021] Verschärft wird das Spannungsverhältnis durch personelle Friktionen im Aufsichtsgremium.[1022] Zwar darf der Vorsitzende des Gremiums gemäß Art. 26 Abs. 3 UAbs. 1 Satz 3 SSM-VO nicht Mitglied des EZB-Rates sein. Dessen Stellvertreter wird allerdings nach Art. 26 Abs. 3 UAbs. 1 Satz 4 SSM-VO aus den Mitgliedern des Direktoriums der EZB ausgewählt, welches ausweislich des Art. 12.1. Abs. 2 Satz 1 ESZB-Satzung die Geldpolitik gemäß den Leitlinien und Beschlüssen des EZB-Rates ausführt. Hinzu kommt, dass der EZB-Rat nach Art. 26 Abs. 5 Satz 1 SSM-VO vier weitere Vertreter in das Aufsichtsgremium entsendet, wenngleich diese immerhin keine Aufgaben im direkten Zusammenhang mit der geldpolitischen Funktion der EZB wahrnehmen (sollen). Mithin wurde die strikte Trennung beider Bereiche voneinander nur scheinbar konsequent vollzogen. Vielmehr birgt das vom Verordnungsgeber gewählte Modell ein Spannungsverhältnis mit nicht unerheblicher Sprengkraft.[1023]

[1020] Vgl. *Peters*, WM 2014, 396 (400); *Kämmerer*, NVwZ 2013, 830 (832); *Kämmerer/Starski*, ZG 2013, 318 (322, 324); *Kaufhold*, in: Schmidt/Wollenschläger (Hrsg.), Kompendium Öffentliches Wirtschaftsrecht, 5. Aufl. 2019, § 14 Rn. 58; *Winterfeld/Rümker*, in: Schimansky/Bunte/Lwowski (Hrsg.), Bankrechts-Handbuch, 5. Aufl. 2017, § 124a Rn. 98; näher zur Kooperation zwischen Aufsichtsgremium und EZB-Rat bei der Beschlussfassung s. *Glos/Benzing*, in: Binder/Glos/Riepe (Hrsg.), Handbuch Bankenaufsichtsrecht, 2. Aufl. 2020, § 2 Rn. 141 ff.

[1021] Pointiert *Manger-Nestler/Böttner*, EuR 2014, 621 (630 f.): „[Chinese walls geraten] an dieser Stelle an natürliche, weil menschliche Grenzen. Es ist praktisch kaum vorstellbar, dass die Ratsmitglieder ihre geldpolitische Expertise wie einen Hut an der Garderobe zurücklassen, um mit dem aufsichtsrechtlichen Hut zur nächsten Ratstagung zu erscheinen."; kritisch auch *Waldhoff/Dieterich*, EWS 2013, 72 (77).

[1022] Vgl. hierzu auch *Herdegen*, WM 2012, 1889 (1895); *Kämmerer*, NVwZ 2013, 830 (832); *Kämmerer/Starski*, ZG 2013, 318 (321 f.); *Sacarcelik*, BKR 2013, 353 (355).

[1023] So auch pointiert *Kämmerer*, NVwZ 2013, 830 (832): „Das präsentierte Modell errichtet zwischen Bankenaufsicht und geldpolitischer Funktion allerdings eher eine Spanische Wand denn eine ‚Chinesische Mauer' […]."; *R. Schmidt*, in: Schmidt/Wollenschläger (Hrsg.), Kompendium Öffentliches Wirtschaftsrecht, 5. Aufl. 2019, § 5 Rn. 72; *Zagouras*, in: Schimansky/Bunte/Lwowski (Hrsg.), Bankrechts-Handbuch,

Zur Sicherstellung der Trennung zwischen ihren geldpolitischen und aufsichtlichen Aufgaben errichtet die EZB gemäß Art. 25 Abs. 5 Satz 1 SSM-VO eine *Schlichtungsstelle*. Sie dient dazu, Meinungsverschiedenheiten der zuständigen Behörden aus den betroffenen teilnehmenden Mitgliedstaaten hinsichtlich Einwänden des EZB-Rates gegen einen Beschlussentwurf des Aufsichtsgremiums beizulegen (Satz 2). Besetzt ist sie mit einem Mitglied je teilnehmendem Mitgliedstaat, welches von diesem unter den Mitgliedern des EZB-Rates und des Aufsichtsgremiums ausgewählt wird (Satz 3 Hs. 1). Beschlüsse werden mit einfacher Mehrheit gefasst und jedes Mitglied verfügt über eine Stimme (Satz 3 Hs. 2), wobei Näheres durch eine Verordnung[1024] der EZB geregelt wird (Satz 4).

Die Konzeption des gewählten Schlichtungsmechanismus sieht sich ebenfalls der Kritik ausgesetzt.[1025] Moniert wird insbesondere, dass sich die Schlichtungsstelle aus Mitgliedern des EZB-Rates und des Aufsichtsgremiums zusammensetzt, also nicht aus unparteiischen Teilnehmern besteht.[1026] Faktisch stehe deshalb insgesamt ein geldpolitisches Übergewicht zu erwarten.[1027] In dieses Bild passt, dass nach Art. 3 Abs. 2 VO (EU) 673/2014 der stellvertretende Vorsitzende des Aufsichtsgremiums, der kein Mitglied der Schlichtungsstelle ist, deren Vorsitz führt. Wie vorstehend erörtert, entstammt der „Vize" dem für die Ausführung der Geldpolitik im Sinne des EZB-Rates zuständigen Direktorium der EZB. Ebenso für die Hegemonie der Geldpolitik spricht, dass die Begründung eines Widerspruchs des EZB-Rates gegen einen Beschlussentwurf des Aufsichtsgremiums gemäß Art. 26 Abs. 8 Satz 6 SSM-VO „insbesondere durch Verweis auf geldpolitische Erwägungen" erfolgen kann.[1028] Mit Blick auf Art. 127 Abs. 1 Satz 1 AEUV, der die Ge-

---

5. Aufl. 2017, § 124b Rn. 14 f. m. w. N.: „Während das Trennungsgebot in der Literatur anfangs noch als sog ‚Chinesische Mauer' wahrgenommen wurde, erweist es sich bei genauerer Betrachtung doch eher als eine Art Paravent."; zum Spannungsverhältnis s. auch *Kaufhold*, in: Schmidt/Wollenschläger (Hrsg.), a. a. O., § 14 Rn. 58; *Herdegen*, WM 2012, 1889 (1895); *Manger-Nestler/Böttner*, EuR 2014, 621 (630 f.); *Sacarcelik*, BKR 2013, 353 (355): „zahlreiche Schwachstellen"; *Winterfeld/Rümker*, in: Schimansky/Bunte/Lwowski (Hrsg.), a. a. O., § 124a Rn. 98: „[…] unterliegt dieses Verfahren grundlegenden Bedenken"; *Wolfers/Voland*, BKR 2014, 177 (182) m. w. N.

1024 Verordnung (EU) Nr. 673/2014 der Europäischen Zentralbank v. 2.6.2014 über die Einrichtung einer Schlichtungsstelle und zur Festlegung ihrer Geschäftsordnung (EZB/2014/26), ABl. 2014, L 179/72.

1025 S. noch näher unter dem Gesichtspunkt der Konfliktlösung unter Kapitel 4, A.II.2.b)bb).

1026 *Sacarcelik*, BKR 2013, 353 (355): „[u]nter Governance-Gesichtspunkten […] unbefriedigend"; s. auch *Kämmerer*, NVwZ 2013, 830 (832).

1027 Vorsichtiger *Kämmerer*, NVwZ 2013, 830 (832): „[…] lässt sich damit keineswegs ausschließen"; dem folgend *Sacarcelik*, BKR 2013, 353 (355).

1028 Vgl. *Manger-Nestler/Böttner*, EuR 2014, 621 (631).

währleistung der Preisstabilität zum vorrangigen Ziel des ESZB erklärt, erscheint die Forderung, aufsichtliche Maßnahmen dem uneingeschränkt unterzuordnen,[1029] zwar nachvollziehbar. Gleichwohl darf nicht verkannt werden, dass die Ermächtigung, der EZB Aufgaben im Bereich der Bankenaufsicht zu übertragen, in Art. 127 Abs. 6 AEUV und somit ebenfalls im Primärrecht wurzelt. Jedenfalls ist aber festzuhalten, dass die Konzentration von Geldpolitik und Bankenaufsicht unter dem Dach der EZB zu einer behördeninternen, horizontalen Gemengelage führen kann. Das Spannungsverhältnis wird durch die ausgewiesene strikte Trennung beider Bereiche voneinander angesichts der personellen und strukturell-konzeptionellen Überschneidungen nur notdürftig verhüllt.

b) Im behördenexternen Verhältnis

Auf horizontaler Ebene im behördenexternen Verhältnis ist für die Entstehung von Streitigkeiten gemeinsame Voraussetzung, dass mehrere Behörden bei einer Entscheidung involviert sind und diese zueinander nicht in einem Stufenverhältnis stehen, sondern auf gleicher Ebene angesiedelt sind. Für den weiteren Verlauf der Untersuchung bietet sich zur besseren Strukturierung der mannigfaltigen Erscheinungsformen die Beibehaltung der unter B.I. vorgenommenen Dichotomisierung der Konfliktarten an. Es gilt daher, zwischen Zuständigkeitskonflikten (aa)) und solchen, die aus inhaltlichen Divergenzen herrühren (bb)), zu unterscheiden. Ausgeklammert werden sollen im Rahmen der vorliegenden Betrachtung indes (Kompetenz-)Streitigkeiten zwischen Behörden und Gerichten, auch wenn Letztere wie bei der umstrittenen Frage der zivilgerichtlichen Billigkeitskontrolle von Netzentgelten nach § 315 BGB funktional behördliche Aufgaben wahrnehmen mögen[1030]. Bei formaler Betrachtung ändert dies nichts an ihrer Zugehörigkeit zur Judikative, während

[1029] So *Manger-Nestler/Böttner*, EuR 2014, 621 (622, 631); *Zagouras*, in: Schimansky/Bunte/Lwowski (Hrsg.), Bankrechts-Handbuch, 5. Aufl. 2017, § 124b Rn. 16.

[1030] Vgl. ausführlich zu dieser „hoch umstrittenen" Problematik *Ludwigs*, in: Festschrift für M. Schmidt-Preuß, 2018, S. 689 (697 ff.) m. w. N.; *Ludwigs*, in: Liber amicorum für U. Büdenbender, 2018, S. 533 ff.; *Baur*, in: Baur/Salje/Schmidt-Preuß (Hrsg.), Regulierung in der Energiewirtschaft, 2. Aufl. 2016, Kap. 117 Rn. 98 ff. Während eine zivilgerichtliche Billigkeitskontrolle regulierungsbehördlich genehmigter Vorleistungsentgelte im TK- und Postsektor anerkanntermaßen unzulässig ist und auch im Eisenbahnsektor – entgegen der früheren BGH-Rechtsprechung – nach der inzwischen bestehenden EuGH-Judikatur kein Raum sein dürfte, ist die Debatte im Energiesektor noch nicht weit fortgeschritten. Angesichts der unionsrechtlich vorgeschriebenen singulären Zuständigkeit der Regulierungsbehörde erscheint indes eine zivilgerichtliche Billigkeitskontrolle regulierungsbehördlich genehmigter Entgelte sektorenübergreifend nicht (mehr) haltbar.

sich die hiesige Untersuchung allein auf inneradministrative Konflikte konzentriert.

aa) Zuständigkeitskonflikte

Eine „klassische" Fallgruppe horizontaler Auseinandersetzungen bilden Zuständigkeitskonflikte. Während es im vertikalen Kontext zumeist um den Inhalt von Entscheidungen nachgeordneter Stellen geht, stellt sich vorliegend zunächst häufig die Frage, *welche* unter mehreren nebeneinander stehenden Behörden sich zum Handeln veranlasst sehen darf. Zum einen kann fraglich sein, welche Behörde fachlich bzw. thematisch einschlägig oder am sachnächsten ist, wie am Beispiel der Abgrenzungsproblematik von Netzregulierungs- und Wettbewerbsrecht deutlich wird (1). Zum anderen gilt es zu untersuchen, ob die Auswahl unter den gleichen Fachbehörden im Mehrebenensystem zu Problemen führt (2).

(1) Richtige Fachbehörde: Abgrenzung regulierungs- und kartellbehördlicher Zuständigkeiten

Paradigmatisch für Zuständigkeitskonflikte im horizontalen Verhältnis steht das Problem der *Abgrenzung von (Netz-)Regulierungs- und Kartellrecht*, welches im Schrifttum ungeachtet der bislang geringen praktischen Relevanz[1031] bereits eine beachtliche Resonanz erfahren hat[1032]. Da sich sowohl das Regulierungs- als auch das Wettbewerbsrecht mit marktmächtigen

---

[1031] Vgl. exemplarisch *Steinbeck*, in: Theobald/Kühling (Hrsg.), Energierecht, 112. EL 2021, § 111 EnWG Rn. 10: „Die praktischen Auswirkungen für das verpflichtete Unternehmen sind indes gering."; *Storr*, DVBl. 2006, 1017 (1025) erkennt ein Vertrauen des Gesetzgebers darauf, „dass sich BKartA und BNetzA irgendwie pragmatisch einigen werden".

[1032] S. aus der Vielzahl der Beiträge *Müller/Schuster*, MMR 1999, 507 (508); *Paulweber*, Regulierungszuständigkeiten in der Telekommunikation, 1999, S. 49 ff.; *Kühne*, in: Festschrift für U. Immenga, 2004, S. 243 ff.; *Storr*, DVBl. 2006, 1017 (1025); *Schmidt*, NVwZ 2006, 907 (907); eingehend *Ludwigs*, WuW 2008, 534 ff.; *Ludwigs*, in: Festschrift für M. Schmidt-Preuß, 2018, S. 689 (694 ff.) m. w. N.; *Petersen*, Die Verwaltung 48 (2015), 29 ff.; *Kersten*, VVDStRL 69 (2010), 288 (328) unter Fn. 170; *F. J. Säcker*, EnWZ 2015, 531 (535 f.); *Masing*, Gutachten D zum 66. Deutschen Juristentag, 2006, D 23, D 69 f.; monografisch *C. Säcker*, Der Einfluss der sektorspezifischen Regulierung auf die Anwendung des deutschen und gemeinschaftlichen Kartellrechts, 2006, S. 10 ff.; 236 ff., 254 ff., 275 ff.; *Schreiber*, Zusammenspiel der Regulierungsinstrumente in den Netzwirtschaften Telekommunikation, Energie und Eisenbahnen, 2009, S. 95 ff., 121 ff.; *Schmidt-Volkmar*, Das Verhältnis von kartellrechtlicher Missbrauchsaufsicht und Netzregulierung, 2010, S. 62 ff., 118 ff., 145 ff.; *Sennekamp*, Der Diskurs um die Abgrenzung von Kartell- und Regulierungsrecht, 2016, S. 19 ff., 47 ff., 55 ff., 72 ff.

Unternehmen konfrontiert sehen, bedarf es einer Abgrenzung der beiden Anwendungsbereiche – und somit im Wesentlichen der Zuständigkeit von BNetzA und BKartA – voneinander.[1033] Dessen ungeachtet scheint in nationaler Perspektive[1034] eine Auflösung des Problems durch den Gesetzgeber bisher einzig im *Energiesektor* forciert worden zu sein. Nach § 111 Abs. 1 Satz 1 EnWG sind die (zentralen) kartellrechtlichen Vorschriften der §§ 19, 20 und 29 GWB nicht anzuwenden, soweit durch das EnWG oder aufgrund des EnWG erlassener Rechtsverordnungen ausdrücklich abschließende Regelungen getroffen werden.[1035] § 111 Abs. 2 EnWG stellt fest, dass die Bestimmungen des Teiles 3 und die auf Grundlage dieser Bestimmungen erlassenen Rechtsverordnungen solche abschließenden Regelungen darstellen. Jedenfalls die zentralen Bereiche der Energieregulierung, namentlich die Regelungen über die Aufgaben der Netzbetreiber, den Netzanschluss, den Netzzugang sowie die Befugnis- und Sanktionsvorschriften der BNetzA, sind mithin zur Vermeidung von Anspruchskonkurrenzen und Doppelzuständigkeiten[1036] ausdrücklich der Kompetenz der Kartellbehörden entzogen und den Regulierungsbehörden zugewiesen.[1037] § 185 Abs. 3 GWB bestätigt diese Vorrangregelung zugunsten des insoweit spezielleren Regulierungsrechts, indem es die Anwendbarkeit der §§ 19, 20 und 29 GWB auf die Fälle beschränkt, in denen § 111 EnWG keine andere Regelung trifft. Außer Streit steht zudem, dass die anderen großen Blöcke des Kartellrechts neben der Missbrauchskon-

---

[1033] Für das Energierecht *Steinbeck*, in: Theobald/Kühling (Hrsg.), Energierecht, 112. EL 2021, § 111 EnWG Rn. 1; für das TK-Recht *Cornils*, in: Geppert/Schütz (Hrsg.), Beck'scher TKG-Kommentar, 4. Aufl. 2013, § 2 Rn. 91, dort auch unter Rn. 94 f. zu den konkreten Anwendbarkeits- und Zuständigkeitsproblemen; allgemein *Säcker*, EnWZ 2015, 531 (535).

[1034] Zur europäischen Dimension mit Blick auf das kartellrechtliche Missbrauchsverbot des Art. 102 AEUV s. sogleich unten.

[1035] Nebulös bleibt letztlich die Bedeutung von § 111 Abs. 1 S. 2 EnWG, wonach Aufgaben und Zuständigkeiten der Kartellbehörden unberührt bleiben. Richtigerweise dürfte er rein tautologischer Natur sein, da andernfalls die klare Regelung des Satzes 1 sinnentleert würde. Vgl. hierzu *Steinbeck*, in: Theobald/Kühling (Hrsg.), Energierecht, 112. EL 2021, § 111 EnWG Rn. 14; *Hölscher*, in: Britz/Hellermann/Hermes (Hrsg.), EnWG, 3. Aufl. 2015, § 111 Rn. 10.

[1036] *Steinbeck*, in: Theobald/Kühling (Hrsg.), Energierecht, 112. EL 2021, § 111 EnWG Rn. 10; *Hölscher*, in: Britz/Hellermann/Hermes (Hrsg.), EnWG, 3. Aufl. 2015, § 111 Rn. 1, 3; *Säcker*, N&R 2004, 46 (52) hält diese Abgrenzung von Kartell- und Regulierungsrecht für sinnvoll.

[1037] *Steinbeck*, in: Theobald/Kühling (Hrsg.), Energierecht, 112. EL 2021, § 111 EnWG Rn. 2, 7; *Hölscher*, in: Britz/Hellermann/Hermes (Hrsg.), EnWG, 3. Aufl. 2015, § 111 Rn. 3 ff.; *Ludwigs*, WuW 2008, 534 (535); *Ludwigs*, in: Festschrift für M. Schmidt-Preuß, 2018, S. 689 (695); *Petersen*, Die Verwaltung 48 (2015), 29 (31 f.); s. auch *Masing*, Gutachten D zum 66. Deutschen Juristentag, 2006, D 23, D 69 f.; *Sennekamp*, Der Diskurs um die Abgrenzung von Kartell- und Regulierungsrecht, 2016, S. 47 ff.

trolle, das Kartellverbot sowie die Fusionskontrolle, in allen Netzsektoren angewendet werden können.[1038]

Demgegenüber ist die Abgrenzung zum Anwendungsbereich des GWB von den einschlägigen Fachgesetzen der anderen Netzsektoren[1039] weniger gelungen. Im *Telekommunikationssektor* erklärt § 2 Abs. 4 Satz 1 TKG zwar auch die GWB-Vorschriften für anwendbar, soweit nicht durch das TKG ausdrücklich abschließende Regelungen getroffen werden. Es existiert allerdings keine dem § 111 Abs. 2 EnWG vergleichbare Vorschrift, die bestimmte Regelungen explizit für abschließend erklärt. Teile des Schrifttums nehmen daher an, dass das Wettbewerbsrecht neben den telekommunikationsrechtlichen Normen Anwendung findet (sog. Parallelitätsthese).[1040] Die Gegenauffassung geht stattdessen von einem zumindest partiellen Vorrang des Telekommunikationsrechts aus, soweit das TKG abschließend speziellere Regelungen enthält – also jedenfalls im Bereich der Zugangs- und Entgeltregulierung (sog. Spezialitätsthese).[1041] Der Passus „ausdrücklich abschließende

---

[1038] *Ludwigs*, in: Festschrift für M. Schmidt-Preuß, 2018, S. 689 (696 f.); s. auch *Steinbeck*, in: Theobald/Kühling (Hrsg.), Energierecht, 112. EL 2021, § 111 Rn. 12.

[1039] Der *Postsektor* bleibt bei der vorliegenden Untersuchung außer Betracht, da es für diesen bislang keine den übrigen Sektoren entsprechende Unabhängigkeitsvorgabe gibt (vgl. Kapitel 3, A.I.1.a)aa)). Allerdings ist auch im Postsektor die Zuständigkeitsabgrenzung zu den Kartellbehörden missglückt: § 2 Abs. 3 PostG erklärt lediglich, dass das GWB „unberührt [bleibt]"; näher hierzu *Ludwigs*, WuW 2008, 534 (542 ff.); *Petersen*, Die Verwaltung 48 (2015), 29 (33 f.).

[1040] *Attendorn*, MMR 2005, 543 (544); *Topel*, ZWeR 2006, 27 (46 f.); *Körber*, in: Festschrift für W. Möschel, 2011, S. 1043 (1048); *Heun*, in: Heun (Hrsg.), Handbuch Telekommunikationsrecht, 2. Aufl. 2007, Teil G, Rn. 249 ff.; *Gersdorf*, in: Spindler/Schuster (Hrsg.), Recht der elektronischen Medien, 4. Aufl. 2019, § 9 TKG Rn. 23; eingehend *C. Säcker*, Der Einfluss der sektorspezifischen Regulierung auf die Anwendung des deutschen und gemeinschaftlichen Kartellrechts, 2006, S. 239 ff.; s. daneben die umfangreichen Nachweise bei *Petersen*, Die Verwaltung 48 (2015), 29 (32) unter Fn. 9 und den Überblick zum Meinungsspektrum bei *Kühne*, in: Festschrift für U. Immenga, 2004, S. 243 (250 ff.); neben der strikt am Wortlaut des § 2 Abs. 4 TKG ausgerichteten Argumentation („ausdrücklich") sowie dem Umkehrschluss zu § 111 Abs. 2 EnWG wird zudem auf die in § 197 Abs. 1–5 TKG (= § 123 Abs. 1 TKG a. F.) normierte Pflicht zur Kooperation zwischen BNetzA und BKartA verwiesen, vgl. *Cornils*, in: Geppert/Schütz (Hrsg.), Beck'scher TKG-Kommentar, 4. Aufl. 2013, § 2 Rn. 97.

[1041] Ausführlich *Cornils*, in: Geppert/Schütz (Hrsg.), Beck'scher TKG-Kommentar, 4. Aufl. 2013, § 2 Rn. 98 ff.; *Schmidt-Volkmar*, Das Verhältnis von kartellrechtlicher Missbrauchsaufsicht und Netzregulierung, 2010, S. 105 ff.; *Säcker*, in: Säcker (Hrsg.), TKG, 3. Aufl. 2013, § 2 Rn. 24 ff., der allerdings in Rn. 25 zutreffend betont, dass „das TKG nicht generell als das ‚speziellere Gesetz' bezeichnet werden [kann]"; *Ludwigs*, WuW 2008, 534 (537 ff.); *Ludwigs*, in: Festschrift für M. Schmidt-Preuß, 2018, S. 689 (696); *Ricke*, in: Spindler/Schuster (Hrsg.), Recht der elektronischen Medien, 4. Aufl. 2019, § 2 TKG Rn. 26; *Fuchs*, in: Immenga/Mestmäcker (Hrsg.), Wettbewerbsrecht, 6. Aufl. 2020, § 19 GWB Rn. 320; wohl auch *Masing*, Gutach-

Regelungen“ des § 2 Abs. 4 Satz 1 TKG bedürfe einer Auslegung jenseits des starren Wortlauts, um zu verhindern, dass die Vorschrift ins Leere läuft.[1042] In diesem Sinne könnte man etwa „ausdrücklich“ als Synonym für „klar“, „zweifelsfrei“ oder „eindeutig“ verstehen.[1043] Der Wille des Gesetzgebers zur abschließenden Regelung müsse sich zumindest implizit erkennbar aus dem „beredten Schweigen“ der einschlägigen Norm ergeben.[1044] Eine solche Sichtweise ist allerdings wiederum dazu geeignet, Streitigkeiten über den gesetzgeberischen Willen im Einzelnen zu provozieren: Wann einem solchen qualifizierten Schweigen der Erklärungsgehalt einer abschließenden Normierung beizumessen ist, kann kaum rechtssicher bestimmt werden, sodass sich hinter der Formulierung letztlich eine Leerformel ohne inhaltliche Aussagekraft verbirgt, die zur individuellen Prüfung jeder Norm durch den Rechtsanwender zwingt. Hieran ändert auch § 197 Abs. 1 TKG (= § 123 Abs. 1 TKG a. F.) im Ergebnis nichts, der in bestimmten Fällen die Herstellung eines Einvernehmens zwischen BNetzA und BKartA vorsieht sowie wechselseitige Stellungnahmepflichten vorschreibt. Er setzt gerade voraus, dass die vorgelagerte Frage geklärt ist, wer für die Entscheidung zuständig ist.[1045] Im TK-Sektor ist das Problem regulierungs- und wettbewerbsbehördlicher Zuständigkeitskonflikte mithin bislang nicht überzeugend

ten D zum 66. Deutschen Juristentag, 2006, D 23; weitere Nachweise bei *Petersen*, Die Verwaltung 48 (2015), 29 (32) unter Fn. 11.

[1042] Vgl. etwa *Petersen*, Die Verwaltung 48 (2015), 29 (33) m. w. N.; *Schreiber*, Zusammenspiel der Regulierungsinstrumente in den Netzwirtschaften Telekommunikation, Energie und Eisenbahnen, 2009, S. 129; *Ludwigs*, in: Festschrift für M. Schmidt-Preuß, 2018, S. 689 (696), der (unter Rekurs auf BAG, NZA 2009, 361 [364]) zutreffend darauf hinweist, dass davon auszugehen ist, dass der Gesetzgeber weder sinnlose noch unanwendbare Normen schaffen will; vgl. auch *Fuchs*, in: Immenga/Mestmäcker (Hrsg.), Wettbewerbsrecht, 6. Aufl. 2020, § 19 GWB Rn. 320, dem zufolge „an den Begriff ‚ausdrücklich‘ nicht zu hohe Anforderungen gestellt werden, da es sich beim TKG um ein sehr detailliertes Regelungsgeflecht handelt“.

[1043] *Säcker*, in: Säcker (Hrsg.), TKG, 3. Aufl. 2013, § 2 Rn. 28; dem folgend *Ludwigs*, in: Festschrift für M. Schmidt-Preuß, 2018, S. 689 (696); kritisch noch *Säcker*, in: Säcker (Hrsg.), Berliner Kommentar zum Telekommunikationsgesetz, 2006, § 2 Rn. 19 f.; ausführlich zur Auslegung des Merkmals „ausdrücklich“ in § 2 Abs. 4 S. 1 TKG *Sennekamp*, Der Diskurs um die Abgrenzung von Kartell- und Regulierungsrecht, 2016, S. 20 ff.

[1044] *Säcker*, in: Säcker (Hrsg.), TKG, 3. Aufl. 2013, § 2 Rn. 29; *Cornils*, in: Geppert/Schütz (Hrsg.), Beck'scher TKG-Kommentar, 4. Aufl. 2013, § 2 Rn. 98: „implizite Vorrangbehauptung“.

[1045] Näher *Cornils*, in: Geppert/Schütz (Hrsg.), Beck'scher TKG-Kommentar, 4. Aufl. 2013, § 2 Rn. 100; s. auch *Ohlerich*, in: Säcker (Hrsg.), TKG, 3. Aufl. 2013, § 123 Rn. 10 ff.; *Storr*, DVBl. 2006, 1017 (1025): „Der Gesetzgeber verlässt sich darauf, dass sich BKartA und BNetzA über ihre Zuständigkeit irgendwie pragmatisch einigen werden.“.

gelöst worden,[1046] sodass insoweit der Gesetzgeber zu klarstellenden Nachjustierungen aufzufordern ist.[1047]

Im *Eisenbahnsektor* besteht die Problematik parallel. Nach § 9 Abs. 3 Satz 1 BEVVG bleiben die Aufgaben und Zuständigkeiten der Kartellbehörden nach dem GWB unberührt. Indem der Gesetzgeber im Zuge der letzten Novellierung des Eisenbahnrechts die Vorgängernorm des § 14b Abs. 2 Satz 1 AEG a. F. unverändert übernommen hat, ist eine Entschärfung des Abgrenzungsproblems ausgeblieben. Dahingehende Reformvorschläge vermochten sich im Gesetzgebungsverfahren letztlich nicht durchzusetzen.[1048] In der Konsequenz ist auch im Eisenbahnbereich lebhaft umstritten, ob BNetzA und BKartA parallel zuständig sind[1049] oder eine singuläre Zuständigkeit der BNetzA für abschließend geregelte Bereiche besteht[1050].

Mit Ausnahme des Energiesektors herrscht in der netzgebundenen Regulierung folglich eine beachtliche Rechtsunsicherheit bezüglich der Abgrenzung von Regulierungs- und Kartellrecht, die in Zuständigkeitskonflikten gipfeln kann. Hinzu kommt sektorenübergreifend, dass nationale Kollisionsregelungen Anwendungsvorrang genießende unionsrechtliche Bestimmungen nicht einzuschränken vermögen. Das *europäische Kartellrecht* (Art. 101 ff. AEUV, Fusionskotroll-VO [EG] 139/2004[1051]) und davon insbesondere das in Art. 102 AEUV enthaltene Verbot des Missbrauchs einer marktbeherrschenden Stellung, welches das Pendant der §§ 19 ff. GWB für binnenmarktrelevante Verhaltensweisen darstellt, beansprucht ungeachtet nationaler Kon-

---

1046 Auf einen Zuständigkeitskonflikt hinweisend auch *Ruffert/Schmidt*, in: Säcker (Hrsg.), TKG, 3. Aufl. 2013, § 116 Rn. 45.

1047 S. zu konkreten Lösungsvorschlägen sogleich sowie unter Kapitel 4, B.II.4.a).

1048 Vgl. die Reformbemühungen in BR-Drs. 559/12, S. 121 und BT-Drs. 17/12726, S. 63; an der alten Rechtslage festhaltend dagegen sodann BR-Drs. 22/16, S. 392 und BT-Drs. 18/8334, S. 266; näher hierzu *Ludwigs*, in: Festschrift für M. Schmidt-Preuß, 2018, S. 689 (695).

1049 So die herrschende Meinung: Vgl. *Kühling*, Sektorspezifische Regulierung in den Netzwirtschaften, 2004, S. 236 f. m. w. N.; *Kühling/Ernert*, NVwZ 2006, 33 (38); *C. Säcker*, Der Einfluss der sektorspezifischen Regulierung auf die Anwendung des deutschen und gemeinschaftlichen Kartellrechts, 2006, S. 281 f. m. w. N.; *Schreiber*, Zusammenspiel der Regulierungsinstrumente in den Netzwirtschaften Telekommunikation, Energie und Eisenbahnen, 2009, S. 173 f.; *Fehling*, in: Fehling/Ruffert (Hrsg.), Regulierungsrecht, 2010, § 10 Rn. 68 m. w. N.; *Fuchs*, in: Immenga/Mestmäcker (Hrsg.), Wettbewerbsrecht, 6. Aufl. 2020, § 19 GWB Rn. 319; zum Streitstand mit einigen weiteren Nachweisen s. ferner *Petersen*, Die Verwaltung 48 (2015), 29 (34).

1050 So etwa *Ludwigs*, WuW 2008, 534 (545 ff.); *Ludwigs*, in: Festschrift für M. Schmidt-Preuß, 2018, S. 689 (695 f.); *Gersdorf*, Entgeltregulierung im Eisenbahnsektor, 2007, S. 49.

1051 Verordnung (EG) Nr. 139/2004 des Rates v. 20.1.2004 über die Kontrolle von Unternehmenszusammenschlüssen („EG-Fusionskontrollverordnung"), ABl. 2004, L 24/1.

kurrenzvorschriften Geltung.[1052] Daher ist Art. 102 AEUV neben dem EnWG, TKG und ERegG grundsätzlich anwendbar, sodass insoweit eine behördliche Doppelzuständigkeit mit der Gefahr sich widersprechender Entscheidungen hinsichtlich ein und desselben Sachverhaltes besteht.[1053] Die Praxis der EU-Kommission, eigene wettbewerbsrechtliche Verfahren nur subsidiär zu betreiben,[1054] ändert hieran im Ansatz nichts, zumal die Kommission die Parallelität der Regelungswerke nicht anzweifelt und zumal die Bedeutung der selbst auferlegten Subsidiarität für die nationalen Kartellrechtsbehörden ungeklärt ist.[1055] Daneben tritt der neuralgische Umstand, dass die Anwendung des Art. 102 AEUV auf bestimmte Konstellationen im Lichte der vom EuGH aus dem US-amerikanischen Antitrust-Recht übernommenen[1056] *„State Action Defence"* infrage gestellt wird: Im Rahmen von Entgeltgenehmigungen der Regulierungsbehörde greife das kartellbehördliche Missbrauchsverbot „nur für wettbewerbswidrige Verhaltensweisen, die die Unternehmen aus eigener Initiative an den Tag legen".[1057] Voraussetzung für ein

---

[1052] *Ludwigs*, in: Festschrift für M. Schmidt-Preuß, 2018, S. 689 (696); *Petersen*, Die Verwaltung 48 (2015), 29 (43); ausführlich *Schmidt-Volkmar*, Das Verhältnis von kartellrechtlicher Missbrauchsaufsicht und Netzregulierung, 2010, S. 145 ff., 159 ff.; für das Energierecht *Steinbeck*, in: Theobald/Kühling (Hrsg.), Energierecht, 112. EL 2021, § 111 EnWG Rn. 13; für das TK-Recht *Säcker*, in: Säcker (Hrsg.), TKG, 3. Aufl. 2013, § 2 Rn. 30; *Cornils*, in: Geppert/Schütz (Hrsg.), Beck'scher TKG-Kommentar, 4. Aufl. 2013, § 2 Rn. 103 ff., dort auch Nachweise zur Rechtsprechung.

[1053] Eingehend *Schmidt-Volkmar*, Das Verhältnis von kartellrechtlicher Missbrauchsaufsicht und Netzregulierung, 2010, S. 177 f.; *Cornils*, in: Geppert/Schütz (Hrsg.), Beck'scher TKG-Kommentar, 4. Aufl. 2013, § 2 Rn. 103 bezeichnet diesen Zustand als „virulent" und „misslich"; demgegenüber positiv *Schütze/Salevic*, CR 2008, 483 (484 ff.); differenzierend *Petersen*, Die Verwaltung 48 (2015), 29 (43 ff.).

[1054] Vgl. *Säcker*, in: Säcker (Hrsg.), TKG, 3. Aufl. 2013, Einl. I Rn. 41 f. m. w. N., der dies u. a. der „Mitteilung über die Anwendung der Wettbewerbsregeln auf Zugangsvereinbarungen im Telekommunikationsbereich" v. 22.8.1998, ABl. 1998, C 265/2 (Rn. 11 ff., 23 ff.) entnimmt, wonach die „Notwendigkeit der Vermeidung von Doppelverfahren" (Rn. 12) zu berücksichtigen ist; *Riehmer*, MMR 1998, 59 (64); *Cornils*, in: Geppert/Schütz (Hrsg.), Beck'scher TKG-Kommentar, 4. Aufl. 2013, § 2 Rn. 105; umfassend *Petersen*, Die Verwaltung 48 (2015), 29 (43 ff.).

[1055] Vgl. *Cornils*, in: Geppert/Schütz (Hrsg.), Beck'scher TKG-Kommentar, 4. Aufl. 2013, § 2 Rn. 105 unter Rekurs auf Rn. 11, 13, 18, 19, 22, 29 f. der „Mitteilung über die Anwendung der Wettbewerbsregeln auf Zugangsvereinbarungen im Telekommunikationsbereich" (Fn. 1054); *Säcker*, in: Säcker (Hrsg.), TKG, 3. Aufl. 2013, Einl. I Rn. 42.

[1056] S. hierzu *Säcker*, AöR 130 (2005), 180 (213 ff.); *Ehricke*, Staatliche Eingriffe in den Wettbewerb – Kontrolle durch Gemeinschaftsrecht, 1994, S. 103 ff.; *Ludwigs*, WuW 2008, 534 (536) mit Nachweisen aus der Rechtsprechung des US Supreme Court in Fn. 14.

[1057] Vgl. grundlegend EuGH, Urt. v. 11.11.1997, verb. Rs. C-359/95 P und C-379/95 P, ECLI:EU:C:1997:531, Rn. 33 – Ladbroke Racing Ltd. (dort auch das Zitat); Urt. v. 14.10.2010, Rs. C-280/08 P, ECLI:EU:C:2010:603, Rn. 80 – Deutsche

Eingreifen der Kartellaufsicht ist demnach tatbestandlich, dass das in Rede stehende Verhalten dem regulierten Unternehmen als Missbrauch zurechenbar ist. Hierbei gilt allerdings insoweit ein restriktiver Maßstab, als eine Zurechenbarkeit nur verneint wird, wenn dem Unternehmen infolge normativer Vorgaben keinerlei anderweitiger Handlungsspielraum mehr verbleibt.[1058] Im Ergebnis ist festzuhalten, dass die Anwendbarkeit des europäischen Kartellrechts zwar insofern vorteilhafter geregelt ist, als über das grundsätzliche Nebeneinander zum Regulierungsrecht Einigkeit herrscht. Dies bedeutet indes nicht, dass dort im Detail nicht ebenfalls Kompetenzkonflikte auftreten können.

Insgesamt lassen die vorstehenden Ausführungen ein erhebliches Konfliktpotenzial erkennen, das aus unklaren Regelungen zur Kompetenzabgrenzung zwischen Regulierungs- und Kartellbehörden resultiert und durch normhierarchische Gegebenheiten zwischen Unionsrecht und nationalem Recht zusätzlich verstärkt wird. *Pro futuro* ist dem Gesetzgeber im Rahmen seiner Gestaltungsbefugnis daher anzuraten, durch unmissverständliche Zuweisungen Abhilfe zu schaffen. Während für rein nationale Konstellationen etwa eine Orientierung am Modell des Energiesektors vorgeschlagen wird,[1059] steht im Hinblick auf die Durchführung des europäischen Kartellrechts im Kontext regulierungsrechtlicher Situationen eine Konzentration der Zuständigkeit auf die BNetzA nach Maßgabe des Art. 35 Abs. 1 VO (EG) Nr. 1/2003[1060] zur

Telekom AG; Urt. v. 17.2.2011, Rs. C-52/09, ECLI:EU:C:2011:83, Rn. 49 – TeliaSonera Sverige; aus der Lit. *Ludwigs*, WuW 2008, 534 (536, 540f.); *Ludwigs*, in: Festschrift für M. Schmidt-Preuß, 2018, S. 689 (696) m.w.N.; *Gärditz*, in: Scheurle/Mayen (Hrsg.), TKG, 3. Aufl. 2018, § 2 Rn. 74; *Cornils*, in: Geppert/Schütz (Hrsg.), Beck'scher TKG-Kommentar, 4. Aufl. 2013, § 2 Rn. 106; speziell im Kontext des Deutsche Telekom AG-Urteils *Schütze/Salevic*, CR 2008, 483 (484ff.).

1058 Vgl. *Cornils*, in: Geppert/Schütz (Hrsg.), Beck'scher TKG-Kommentar, 4. Aufl. 2013, § 2 Rn. 106 m.w.N.; *Schwensfeier/Knauff*, in: Loewenheim/Meessen/Riesenkampff/Kersting/Meyer-Lindemann (Hrsg.), Kartellrecht, 4. Aufl. 2020, § 185 Abs. 1 GWB Rn. 41, beide auch mit Nachweisen zur Rechtsprechung; zur Subsumtion der §§ 30ff. TKG (Regulierung von Entgelten für Zugangsleistungen) s. etwa *Ludwigs*, WuW 2008, 534 (540ff.); *Gärditz*, in: Scheurle/Mayen (Hrsg.), TKG, 3. Aufl. 2018, § 2 Rn. 74; s. noch zu den alten Entgeltregulierungsvorschriften BGH, MMR 2004, 470 (471ff.).

1059 Dies fordern *Masing*, Gutachten D zum 66. Deutschen Juristentag, 2006, D 69f.; *Ludwigs*, WuW 2008, 534 (550); *Ludwigs*, in: Festschrift für M. Schmidt-Preuß, 2018, S. 689 (696); *Kersten*, VVDStRL 69 (2010), 288 (328) unter Fn. 170; a.A. – nämlich eine Orientierung an § 2 Abs. 4 TKG befürwortend – *H. C. Röhl*, JZ 2006, 831 (838).

1060 Verordnung (EG) Nr. 1/2003 des Rates v. 16.12.2002 zur Durchführung der in den Artikeln 81 und 82 des Vertrags niedergelegten Wettbewerbsregeln, ABl. 2003, L 1/1; zuletzt geändert durch Anh. I ÄndVO (EG) 487/2009 v. 25.5.2009, ABl. 2009, L 148/1.

Diskussion[1061]. So ließe sich die nach geltendem Recht prekäre Abgrenzung von Regulierungs- und Kartellrecht weniger konfliktträchtig gestalten.

(2) Zuständige Behörde im Mehrebenensystem

In der für das Mehrebenensystem – bestehend aus EU, Bund und Ländern – charakteristischen *dezentralen Vollzugsstruktur* ist neben der Auswahl der richtigen Fachbehörde eine weitergehende Bestimmung der Zuständigkeit erforderlich. Zu klären ist, welche unter mehreren sachlich einschlägigen Behörden zur Beurteilung eines Sachverhalts berufen ist. Aus deutscher Binnenperspektive steht die Bewertung der Zuständigkeitsabgrenzung von Bundes- und Landesbehörden im Zentrum.

Im *Energiesektor* existieren in Deutschland neben der BNetzA in den meisten Ländern nach Maßgabe des § 54 Abs. 1, 2 EnWG errichtete Landesregulierungsbehörden.[1062] Zwar benennt jeder EU-Mitgliedstaat auf nationaler Ebene ausweislich des Art. 57 Abs. 1 Elektrizitäts-RL (EU) 2019/944 bzw. Art. 39 Abs. 1 Gas-RL 2009/73/EG nur eine einzige Regulierungsbehörde. Die jeweiligen Absätze 2 und 3 eröffnen aber für bestimmte Konstellationen die Möglichkeit, weitere Regulierungsbehörden zu benennen, sodass das Unionsrecht einer dezentralen Organisation insoweit nicht entgegensteht.[1063] Nach der Konzeption des § 54 EnWG nimmt die BNetzA grundsätzlich die Aufgaben der Regulierungsbehörde wahr (Abs. 1). Den Landesregulierungsbehörden obliegt der enumerative Aufgabenkatalog des Abs. 2 Satz 1, soweit Energieversorgungsunternehmen betroffen sind, an deren Elektrizitäts- oder Gasverteilernetz jeweils weniger als 100.000 Kunden unmittelbar oder mittelbar angeschlossen sind und soweit das jeweilige Verteilernetz nicht über das Gebiet eines Landes hinausreicht (Abs. 2 Sätze 1, 2). Abs. 3 schließlich enthält eine Auffangzuständigkeit der BNetzA. Mithin sind die Zuständigkeiten von BNetzA und Landesregulierungsbehörden klar voneinander abgegrenzt,[1064] sodass diesbezügliche Konflikte unwahrschein-

---

1061 *Kühne*, in: Festschrift für U. Immenga, 2004, S. 243 (259); *Ludwigs*, WuW 2008, 534 (550); *Ludwigs*, in: Festschrift für M. Schmidt-Preuß, 2018, S. 689 (697); *Kersten*, VVDStRL 69 (2010), 288 (328) unter Fn. 170; allgemein für eine Zuständigkeitskonzentration bei einer Behörde *Storr*, DVBl. 2006, 1017 (1025); a.A. *Gärditz*, EWS 2005, 490 (497).

1062 S. die Einzelnachweise unter Kapitel 3, A.I.1.b)aa) in Fn. 522.

1063 Vgl. näher *Bauer/Seckelmann*, DÖV 2014, 951 (953), die aber zugleich betonen, dass dies eine Abweichung vom richtlinienrechtlich vorgesehenen Regelfall darstellt; zur (im Ergebnis positiven) verfassungsrechtlichen Beurteilung des § 54 EnWG zugrunde liegenden Konzepts a. a. O., S. 953 ff. m. w. N.

1064 *C. Schmidt*, NVwZ 2006, 907 (907); s. auch *Zeidler*, in: Baur/Salje/Schmidt-Preuß (Hrsg.), Regulierung in der Energiewirtschaft, 2. Aufl. 2016, Kap. 39 Rn. 22.

lich anmuten. Dennoch wird in rechtspolitischer Hinsicht der Nutzen der Schaffung von Landesregulierungsbehörden ambivalent beurteilt: Während einerseits die Nähe zu kleineren Netzbetreibern, die Kontrollfunktion und die positiven Wirkungen eines institutionellen Wettbewerbs einschließlich der Ermittlung von *„best practices"* hervorgehoben werden, werden andererseits der erhöhte Abstimmungs-, Bürokratie- und Ressourcenaufwand sowie die Gefahr einer uneinheitlichen, opportunistischen Regulierungspraxis moniert[1065].[1066] Jedenfalls der Sicherstellung eines bundeseinheitlichen Vollzugs soll durch einen bei der BNetzA nach § 60a EnWG i. V. m. § 8 BEGTPG eingerichteten Länderausschuss Rechnung getragen werden, der über Stellungnahme- und Auskunftsrechte verfügt, nicht aber über ein Weisungsrecht gegenüber der BNetzA.[1067]

Das Phänomen mehrerer potenziell zuständiger Behörden ist auch im *Kartellrecht* bekannt. Nach § 48 Abs. 1 GWB sind Kartellbehörden das BKartA, das BMWi und die nach Landesrecht zuständigen obersten Landesbehörden (sog. Landeskartellbehörden)[1068]. Während das BMWi für die Ministererlaubnis (§ 42 GWB) zuständig ist, vollzieht sich die Abgrenzung zwischen BKartA und den Landeskartellbehörden – soweit das BKartA nicht ausnahmsweise die ausschließliche Zuständigkeit innehat[1069] – nach der Grundregel des § 48 Abs. 2 GWB: Das BKartA nimmt die im GWB der Kartellbehörde übertragenen Aufgaben und Befugnisse wahr, wenn die Wirkung des wettbewerbsbeschränkenden oder diskriminierenden Verhaltens oder einer Wettbewerbsregel über das Gebiet eines Landes hinausreicht (Satz 1).[1070]

[1065] Deutliche Kritik bei *C. Schmidt*, NVwZ 2006, 907 (907); bereits *C. Schmidt*, DÖV 2005, 1025 (1032); *Kühling/el-Barudi*, DVBl. 2005, 1470 (1481): „äußerst unglückliche Konstruktion für die Regulierungspraxis"; vgl. zu Abgrenzungsproblemen in der Praxis *Neveling*, ZNER 2005, 263 (266 f.).

[1066] Gegenüberstellung der Argumente für und gegen die Einrichtung von Landesregulierungsbehörden bei *Bauer/Seckelmann*, DÖV 2014, 951 (958 ff.).

[1067] Vgl. *Zeidler*, in: Baur/Salje/Schmidt-Preuß (Hrsg.), Regulierung in der Energiewirtschaft, 2. Aufl. 2016, Kap. 39 Rn. 36 ff.; *Theobald/Werk*, in: Theobald/Kühling (Hrsg.), Energierecht, 112. EL 2021, § 60a EnWG Rn. 13 ff.

[1068] Die Landeskartellbehörden sind regelmäßig die jeweiligen Wirtschaftsminister bzw. -senatoren der Länder, vgl. stellvertretend *Stockmann*, in: Immenga/Mestmäcker (Hrsg.), Wettbewerbsrecht, 6. Aufl. 2020, § 48 GWB Rn. 4.

[1069] Hierunter fällt u. a. die Fusionskontrolle; zu den Fällen ausschließlicher Zuständigkeit s. *Stockmann*, in: Immenga/Mestmäcker (Hrsg.), Wettbewerbsrecht, 6. Aufl. 2020, § 48 GWB Rn. 7 ff.; *Krauser*, in: Säcker et al. (Hrsg.), Münchener Kommentar zum Wettbewerbsrecht, Bd. 2, 3. Aufl. 2020, § 48 GWB Rn. 6 ff.

[1070] Zur Abgrenzung, wann dies der Fall ist, s. *Stockmann*, in: Immenga/Mestmäcker (Hrsg.), Wettbewerbsrecht, 6. Aufl. 2020, § 48 GWB Rn. 16 ff.; *Krauser*, in: Säcker et al. (Hrsg.), Münchener Kommentar zum Wettbewerbsrecht, Bd. 2, 3. Aufl. 2020, § 48 GWB Rn. 16 ff.; der Schwerpunkt des kartellbehördlichen Tätigwerdens liegt in der Praxis beim BKartA.

Ergänzend normiert § 50 GWB n. F., dass für den Vollzug des Europäischen Kartellrechts ebenfalls das BKartA in den dort bezeichneten Fällen zuständig ist. Für alle anderen Fälle sind die Landeskartellbehörden zuständig (Satz 2). Die Abgrenzung der Zuständigkeit der Vergabekammern des Bundes und der Länder wird durch § 156 Abs. 1 GWB eigenständig geregelt, den § 159 GWB konkretisiert.[1071]

Ungeachtet dieser Vorschriften sind positive wie negative Kompetenzkonflikte nicht auszuschließen, für deren Auflösung das Gesetz keine ausdrückliche Aussage trifft. Erforderlich ist daher ein Rückgriff auf die allgemeinen verwaltungsrechtlichen Grundsätze unter Einbeziehung der übrigen GWB-Normen.[1072] Bei *positiven Kompetenzkonflikten* in Verwaltungsverfahren besteht für das BKartA immerhin die Möglichkeit, als Verfahrensbeteiligter eine Vorabentscheidung über die Zuständigkeit herbeizuführen und gegebenenfalls im Rahmen einer Beschwerde gegen die Entscheidung die Frage beantworten zu lassen (vgl. §§ 49, 54 Abs. 3, 55 GWB).[1073] Einer Landeskartellbehörde indessen bleibt diese Möglichkeit verwehrt, sodass sie notfalls eine Entscheidung nach § 32 GWB treffen müsste, gegen die das BKartA seinerseits die Zuständigkeit überprüfen lässt.[1074] Streiten Landeskartellbehörden untereinander über die Zuständigkeit, kann das BKartA als Verfahrensbeteiligter verbindlich Klärung herbeiführen.[1075] In Kartellbußgeldverfahren scheitern Doppelverfahren demgegenüber am Grundsatz *ne bis in idem*; nach Einleitung eines entsprechenden Verfahrens sind weitere Verfahren in derselben Sache ausgeschlossen.[1076] Bei *negativen Kompetenzkonflikten* droht ein Verweisungszirkel („Ping-Pong-Effekt"), da Verweisungsbeschlüsse keine Bindungswirkung zeitigen.[1077] Dies ist insbesondere in Amts-

---

1071 Vgl. eingehend *Horn/Hofmann*, in: Burgi/Dreher (Hrsg.), Beck'scher Vergaberechtskommentar, Bd. 1, 3. Aufl. 2017, § 159 GWB Rn. 1 ff.

1072 *Stockmann*, in: Immenga/Mestmäcker (Hrsg.), Wettbewerbsrecht, 6. Aufl. 2020, § 48 GWB Rn. 28; zu den allgemeinen Grundsätzen s. unter Kapitel 3, B.I.1.

1073 *Krauser*, in: Säcker et al. (Hrsg.), Münchener Kommentar zum Wettbewerbsrecht, Bd. 2, 3. Aufl. 2020, § 48 GWB Rn. 23; *Stockmann*, in: Immenga/Mestmäcker (Hrsg.), Wettbewerbsrecht, 6. Aufl. 2020, § 48 GWB Rn. 29; *Bracher*, in: Jaeger et al. (Hrsg.), Frankfurter Kommentar zum Kartellrecht, 100. Lfg. 2021, § 48 GWB Rn. 25.

1074 *Krauser*, in: Säcker et al. (Hrsg.), Münchener Kommentar zum Wettbewerbsrecht, Bd. 2, 3. Aufl. 2020, § 48 GWB Rn. 23.

1075 So *Stockmann*, in: Immenga/Mestmäcker (Hrsg.), Wettbewerbsrecht, 6. Aufl. 2020, § 48 GWB Rn. 29.

1076 Zutreffend *Krauser*, in: Säcker et al. (Hrsg.), Münchener Kommentar zum Wettbewerbsrecht, Bd. 2, 3. Aufl. 2020, § 48 GWB Rn. 24; *Stockmann*, in: Immenga/Mestmäcker (Hrsg.), Wettbewerbsrecht, 6. Aufl. 2020, § 48 GWB Rn. 30.

1077 Vgl. *Krauser*, in: Säcker et al. (Hrsg.), Münchener Kommentar zum Wettbewerbsrecht, Bd. 2, 3. Aufl. 2020, § 48 GWB Rn. 25; *Stockmann*, in: Immenga/Mestverfahren pathologisch, in denen die Einleitung eines Verfahrens im Vergleich zu Antragsverfahren nicht mit einer Untätigkeitsbeschwerde, sondern lediglich durch die benachteiligten Betroffenen angeregt und ein Untätigbleiben mit der Dienstaufsichtsbeschwerde gerügt werden kann.[1078] Die unmittelbaren Adressaten von Bußgeld- bzw. Missbrauchsverfahren profitieren indes von der geltend gemachten Unzuständigkeit insofern, als dass kein Verfahren eingeleitet und der im Raum stehende Verstoß ungeahndet bleibt.[1079]

bb) Divergierende Auffassungen bezüglich der Sachentscheidung

Selbst wenn die Zuständigkeiten aber klar verteilt sein sollten, sind weiterhin horizontale Konflikte zwischen Behörden möglich. Sie sind überall dort denkbar, wo mindestens zwei Stellen an der Entscheidungsfindung in irgendeiner Form beteiligt und dabei inhaltlich unterschiedlicher Auffassung sind.[1080]

Hat der Gesetzgeber seinerseits bereits etwaige Überschneidungen von Aufgaben und Zuständigkeiten erkannt oder gesehen, dass Entscheidungen einer Behörde Auswirkungen auf andere Stellen haben könnten, wurden – insbesondere auch zur Sicherstellung einer einheitlichen Rechtsanwendung – Regelungen zur behördlichen *Zusammenarbeit* getroffen.[1081] Im Einzelnen finden sich entsprechende spezialgesetzliche Vorschriften etwa in §§ 50a ff. GWB, §§ 197 f. TKG (= §§ 123 f. TKG a.F.), § 58 EnWG, § 9 BEVVG, §§ 7 ff. KWG und § 4 FinDAG. Die Reichweite der Kooperation ist dabei unterschiedlich. Aus Effizienzgründen ist regelmäßig ein Informationsaustausch zwischen den Behörden vorgesehen.[1082] Vielfach wird betroffenen

---

mäcker (Hrsg.), Wettbewerbsrecht, 6. Aufl. 2020, § 48 GWB Rn. 31; in anderem Kontext bemühen *Schütze/Salevic*, CR 2008, 483 (487) das Bild eines „,Slalomlauf[s]' für Rechtsschutzsuchende, die […] oftmals von einer Behörde zur nächsten geschickt [werden]".

1078 *Krauser*, in: Säcker et al. (Hrsg.), Münchener Kommentar zum Wettbewerbsrecht, Bd. 2, 3. Aufl. 2020, § 48 GWB Rn. 25, die in Antragsverfahren noch auf die Möglichkeit für den Antragsteller hinweist, „im Falle einer unberechtigten Verweisung nach § 55 eine Vorabentscheidung über die Zuständigkeit [zu] begehren"; *Stockmann*, in: Immenga/Mestmäcker (Hrsg.), Wettbewerbsrecht, 6. Aufl. 2020, § 48 GWB Rn. 31.

1079 *Krauser*, in: Säcker et al. (Hrsg.), Münchener Kommentar zum Wettbewerbsrecht, Bd. 2, 3. Aufl. 2020, § 48 GWB Rn. 25; *Stockmann*, in: Immenga/Mestmäcker (Hrsg.), Wettbewerbsrecht, 6. Aufl. 2020, § 48 GWB Rn. 31.

1080 S. ausführlich hierzu bereits unter Kapitel 3, B.I.2.

1081 Vgl. auch *Schmidt-Volkmar*, Das Verhältnis von kartellrechtlicher Missbrauchsaufsicht und Netzregulierung, 2010, S. 125.

1082 Vgl. z.B. § 50d Abs. 1 GWB; § 197 Abs. 5 S. 2 TKG (= § 123 Abs. 1 S. 5 TKG a.F.); § 58 Abs. 4 S. 1 EnWG; § 9 Abs. 2 S. 1, Abs. 3 S. 2, 3 BEVVG; § 7

Stellen auch die Gelegenheit zur Stellungnahme eingeräumt.[1083] Hiermit will der Gesetzgeber ermöglichen, dass außerhalb der federführenden Behörde angesiedelte Expertise in laufende Verfahren eingebracht sowie verschiedene Auffassungen ausgetauscht werden können.[1084] Zugleich ist dieses Erfordernis dem Bedürfnis nach einheitlicher Rechtsanwendung zuträglich, welches in § 197 Abs. 5 Satz 1 TKG (= § 123 Abs. 1 Satz 4 TKG a.F.) und § 58 Abs. 3 EnWG exemplarisch zum Ausdruck kommt[1085]. Die stärkste Zusammenarbeit wird den beteiligten Behörden von Vorschriften abverlangt, die den Erlass einer Entscheidung von der Erzielung eines Einvernehmens abhängig machen.[1086] Einvernehmenserfordernisse dienen in besonderem Maße dem Erreichen einer einheitlichen, behördenübergreifenden Verwaltungs- und Entscheidungspraxis, da sie eine vollständige Willensübereinstimmung voraussetzen.[1087] Der Behörde, von der das Einvernehmen einzuholen ist, kommt somit ein Vetorecht bei Entscheidungen der federführenden Behörde zu.[1088] Fraglich ist in diesem Zusammenhang, ob der Anforderung an das Einvernehmen Genüge getan wurde, wenn dieses zwar formal erteilt worden ist, um den Fortgang des Verfahrens nicht zu verhindern, die erteilende Behörde inhaltlich aber nicht hinter der Entscheidung steht.[1089] Mit Blick auf die ge-

---

Abs. 3–5 KWG; s. auch *Schmidt-Volkmar*, Das Verhältnis von kartellrechtlicher Missbrauchsaufsicht und Netzregulierung, 2010, S. 125 f., 135 f.

[1083] Vgl. z. B. § 197 Abs. 2, 3 TKG (= § 123 Abs. 1 S. 2, 3 TKG a.F.); § 58 Abs. 1 S. 2, Abs. 2, 2a EnWG; § 9 Abs. 2 S. 2–4, Abs. 3 S. 4 BEVVG.

[1084] *Schmidt-Volkmar*, Das Verhältnis von kartellrechtlicher Missbrauchsaufsicht und Netzregulierung, 2010, S. 133 f.

[1085] Demnach wirken BNetzA und BKartA auf eine einheitliche und den Zusammenhang mit dem GWB wahrende Auslegung des TKG bzw. EnWG hin. „Hinwirken" meint die vom ernsthaften Willen beider Behörden getragene Bemühung, „gemeinsame Auffassungen in Auslegungsfragen zu finden, und dass beide Seiten im Zweifel der Kompromissbereitschaft den Vorrang gegenüber ausgedehnten Kontroversen um die zutreffende Interpretation einräumen sollen", vgl. *Attendorn/Geppert*, in: Geppert/Schütz (Hrsg.), Beck'scher TKG-Kommentar, 4. Aufl. 2013, § 123 Rn. 27; ebenso *Ohlerich*, in: Säcker (Hrsg.), TKG, 3. Aufl. 2013, § 123 Rn. 38; *Theobald/Werk*, in: Theobald/Kühling (Hrsg.), Energierecht, 112. EL 2021, § 58 EnWG Rn. 41.

[1086] Einvernehmenserfordernisse statuieren z. B. § 197 Abs. 1 TKG (= § 123 Abs. 1 S. 1 TKG a.F.), § 58 Abs. 1 S. 1 EnWG und § 7 Abs. 2 S. 2 KWG; näher zum Hintergrund der Einvernehmensregelungen im Netzregulierungsrecht *Schmidt-Volkmar*, Das Verhältnis von kartellrechtlicher Missbrauchsaufsicht und Netzregulierung, 2010, S. 127 ff.

[1087] *Attendorn/Geppert*, in: Geppert/Schütz (Hrsg.), Beck'scher TKG-Kommentar, 4. Aufl. 2013, § 123 Rn. 10; *Schmidt-Volkmar*, Das Verhältnis von kartellrechtlicher Missbrauchsaufsicht und Netzregulierung, 2010, S. 126, jeweils m. w. N.

[1088] Vgl. *Hermes*, in: Britz/Hellermann/Hermes (Hrsg.), EnWG, 3. Aufl. 2015, § 58 Rn. 3.

[1089] Dieser Fall ereignete sich in einer Stellungnahme des BKartA v. 17.8.2005 in Bezug auf die Marktanalyse Markt 9 für Terminierungsleistungen alternativer Teilsetzgeberische Intention wird ein solches bloß formales „Abnicken“ teilweise für nicht ausreichend erachtet.[1090] Richtigerweise ist hingegen allein darauf abzustellen, ob das Einvernehmen erteilt wurde oder nicht. Innere Vorbehalte sind unbeachtlich, an einer nach außen abgegebenen Erklärung muss sich die abgebende Stelle, nicht zuletzt aus Gründen der Rechtssicherheit, messen lassen.[1091] Andernfalls entstünde eine unnatürliche Aufspaltung zwischen wahrem und erklärtem Willen, der für die auf Klarheit angewiesene Praxis kaum handhabbar wäre, zumal man denklogisch nicht zugleich zustimmen und ablehnen kann.

Von Bedeutung für die vorliegende Untersuchung wird die Situation vor allem dann, wenn die Zusammenarbeit zwischen den beteiligten Behörden nicht (mehr) „harmonisch“ verläuft, sie also keine Einigung erzielen können oder eine zu beteiligende Behörde übergangen wird. Für das Außenverhältnis ist die Frage nach der Konsequenz einer unterbliebenen, gesetzlich vorgesehenen Beteiligung vergleichsweise leicht zu beantworten. Die federführende Behörde darf eine Entscheidung dann – soweit keine spezialgesetzliche Regelung über ein gesondertes behördeninternes Verfahren existiert – grundsätzlich nicht erlassen.[1092] Handelt sie dem zuwider, ist die Entscheidung zwar wirksam, aber – unbeschadet einer etwaigen Heilung nach § 45 Abs. 1 Nr. 5, Abs. 2 VwVfG bzw. Unbeachtlichkeit nach § 46 VwVfG im Falle des Vorliegens eines Verwaltungsaktes – formell rechtswidrig.[1093] Für den Binnenbereich der Verwaltung hilft diese Überlegung indes allenfalls bedingt weiter. Einer zu Unrecht nicht oder nur unzureichend beteiligten Behörde

---

nehmernetzbetreiber, das sein Einvernehmen „nur zur Ermöglichung des Fortgangs des Verfahrens“ erteilte, vgl. *Attendorn/Geppert*, in: Geppert/Schütz (Hrsg.), Beck'scher TKG-Kommentar, 4. Aufl. 2013, § 123 Rn. 10.

[1090] So offenbar *Attendorn/Geppert*, in: Geppert/Schütz (Hrsg.), Beck'scher TKG-Kommentar, 4. Aufl. 2013, § 123 Rn. 10: „[…] dürfte dem Zweck des § 123 Abs. 1 Satz 1 [a. F.] nicht entsprechen“.

[1091] So auch überzeugend *Schmidt-Volkmar*, Das Verhältnis von kartellrechtlicher Missbrauchsaufsicht und Netzregulierung, 2010, S. 126 f.

[1092] *Attendorn/Geppert*, in: Geppert/Schütz (Hrsg.), Beck'scher TKG-Kommentar, 4. Aufl. 2013, § 123 Rn. 13; *Schmidt-Volkmar*, Das Verhältnis von kartellrechtlicher Missbrauchsaufsicht und Netzregulierung, 2010, S. 132 f., dort auch zur Kritik am Fehlen einer ausdrücklichen Verfahrensregelung bei nicht erzieltem Einvernehmen; s. auch *Ohlerich*, in: Säcker (Hrsg.), TKG, 3. Aufl. 2013, § 123 Rn. 21, die feststellt, dass das BKartA in der Vergangenheit im Rahmen des § 123 Abs. 1 S. 1 TKG a. F. sein Einvernehmen noch nie verweigert hat und der Gesetzgeber daher eine Regelung für diesen Fall offenbar für obsolet hielt.

[1093] *Attendorn/Geppert*, in: Geppert/Schütz (Hrsg.), Beck'scher TKG-Kommentar, 4. Aufl. 2013, § 123 Rn. 16; *Ohlerich*, in: Säcker (Hrsg.), TKG, 3. Aufl. 2013, § 123 TKG Rn. 23; *Schmidt-Volkmar*, Das Verhältnis von kartellrechtlicher Missbrauchsaufsicht und Netzregulierung, 2010, S. 137 f.; allgemein s. bereits unter Kapitel 3, B.I.2. mit Fn. 901.

wird es weniger um die Rechtmäßigkeit der Entscheidung (im Übrigen) denn um die Wahrung ihrer Beteiligungsrechte gehen, während die federführende Behörde insbesondere die Erzwingung einer unterlassenen Zustimmung im Blick haben wird.

Im Bereich der *Bankenaufsicht* hat der Gesetzgeber partiell einen Mechanismus zur Beilegung von Kontroversen zwischen BaFin und Bundesbank etabliert. Gemäß § 4a Satz 1 FinDAG sollen Meinungsverschiedenheiten von erheblicher Bedeutung zwischen Bundesanstalt und Bundesbank im Rahmen der laufenden Überwachung nach dem KWG und dem ZAG einvernehmlich beigelegt werden. Zunächst haben die beiden Behörden folglich darauf hinzuwirken, dass Auseinandersetzungen übereinstimmend und zeitnah aufgelöst werden, etwa durch einen „Eskalationsmechanismus" unter Einbeziehung der Behördenspitzen.[1094] Wenn ein Einvernehmen nicht hergestellt werden kann, entscheidet nach Satz 2 das BMF im Benehmen mit der Bundesbank.[1095] Die Norm weist also die Schlichtungshoheit in letzter Instanz dem BMF zu, welches bei seiner Entscheidung die Auffassung der Bundesbank zur Kenntnis zu nehmen hat. Das vom Gesetzgeber hier gewählte Modell ist vor dem Hintergrund des § 2 FinDAG zu verstehen, der die BaFin uneingeschränkt der Aufsicht durch das BMF unterstellt, sowie des § 12 Satz 1 i. V. m. § 3 Sätze 1, 2 BBankG, wonach sich die Unabhängigkeit der Bundesbank nur auf deren geld- und währungspolitische Aufgaben erstreckt und nicht auf den vorliegend in Rede stehenden Bereich der Bankenaufsicht. Die geltende nationale Regelung steht allerdings in Widerspruch zu Art. 19 Abs. 1, 2 SSM-VO, der auch für die Wahrnehmung bankenaufsichtlicher Aufgaben die Unabhängigkeit der zuständigen nationalen Behörden postuliert. Soweit sie an der Aufsicht über die BaFin und die Bundesbank festhalten, verstoßen die § 2 FinDAG und § 12 Satz 1 i. V. m. § 3 Sätze 1, 2 BBankG deshalb gegen europäisches Recht.[1096] Konsequenterweise erscheint vor die-

---

[1094] *Laars*, FinDAG, 4. Online-Aufl. 2017, § 4a Rn. 2; *Fischer/Boegl*, in: Schimansky/Bunte/Lwowski (Hrsg.), Bankrechts-Handbuch, 5. Aufl. 2017, § 126 Rn. 37, die zudem darauf hinweisen, dass unklar ist, wann eine „erhebliche Bedeutung" der Meinungsverschiedenheit vorliegt, und dass der Eskalationsmechanismus „eine Ultima Ratio [ist], die sicherstellen soll, dass die notwendigen Entscheidungen strittiger Fragen bei der laufenden Überwachung zeitnah erfolgen können und die Handlungsfreiheit der Aufsicht gewährleistet ist".

[1095] S. insbesondere auch für den Erlass der Aufsichtsrichtlinien der BaFin, den das BMF gemäß § 7 Abs. 2 S. 4 KWG im Falle eines gescheiterten Einvernehmens an sich ziehen kann, *Lindemann*, in: Boos/Fischer/Schulte-Mattler (Hrsg.), KWG/CRR-VO, 5. Aufl. 2016, § 7 KWG Rn. 48 ff., dort auch zur – inzwischen durch eine einvernehmlich mit der Bundesbank ergangene Aufsichtsrichtline der BaFin v. 19.12.2016 ersetzte – Aufsichtsrichtlinie des BMF v. 10.10.2003 (i. d. F. vom 21.5.2013); vgl. auch *Stern*, in: Festschrift für P. Selmer, 2004, S. 518 (532).

[1096] Hierzu bereits näher unter Kapitel 3, A.I.2.b)bb) und cc).

sem Hintergrund der in § 4a FinDAG beschrittene Weg zur Konfliktlösung zwischen unabhängigen Behörden ungeeignet, da bei ihnen gerade keine mit Ingerenzbefugnissen ausgestattete (gemeinsame) Spitze vorgesehen ist. Vorbildcharakter für unabhängige Stellen hat die Vorschrift nach alledem nicht.

3. Europäischer Verwaltungsverbund

Die behördliche Zusammenarbeit reicht über die nationalen Grenzen hinweg. In der EU haben sich in erheblichem Umfang Verwaltungsnetzwerke etabliert, für deren Wesen sich der Terminus des Europäischen Verwaltungsverbunds eingebürgert hat. Charakteristisch ist die Kooperation von Verwaltungseinheiten der Union und der Mitgliedstaaten, wobei die strikte Trennung von horizontaler und vertikaler Ebene in einem Geflecht aus Informations-, Kontroll- und Entscheidungssystemen verschwimmt.[1097] Für einzelne Sachbereiche werden eigene, speziellere Begriffe verwendet – im vorliegenden Kontext etwa der des Europäischen Regulierungsverbunds[1098] sowie der Europäischen Bankenunion[1099]. Der Sinn hinter der Schaffung administrativer Verbünde besteht in der Gewährleistung kohärenter Verwaltungspraktiken im Binnenmarkt, was durch den dezentralen Vollzug des Unionsrechts gefährdet wird.[1100] Das Prinzip der Trennung von direktem und indirektem Vollzug entwickelt sich vor diesem Hintergrund zunehmend hin zu einem Kooperationsprinzip, für dessen Erscheinungsformen je nach erreichter Integrationsstufe Kategorien wie „Netzwerk“, „Mehrebenensystem“, „fusionierte Verwaltung“ und „Verwaltungsverbund“ als Oberbegriffe – teils synonym, teils

---

[1097] Grundlegend zum Europäischen Verwaltungsverbund etwa *Schmidt-Aßmann*, in: Hoffmann-Riem/Schmidt-Aßmann/Voßkuhle (Hrsg.), Grundlagen des Verwaltungsrechts, Bd. I, 2. Aufl. 2012, § 5 Rn. 16 ff., 25 ff. mit zahlreichen weiteren Nachweisen; *Groß*, a. a. O., § 13 Rn. 36 ff.; *Schmidt-Aßmann*, in: Schmidt-Aßmann/Schöndorf-Haubold (Hrsg.), Der Europäische Verwaltungsverbund, 2005, S. 1 (1 ff.); *Weiß*, Der Europäische Verwaltungsverbund, 2010, S. 47 ff., 85 ff.; *Kahl*, Der Staat 50 (2011), 353 ff.; *Kröger*, Unabhängigkeitsregime im europäischen Verwaltungsverbund, 2020, S. 168 ff.; *Kahl*, in: Kahl/Ludwigs (Hrsg.), Handbuch des Verwaltungsrechts, Bd. I, 2021, § 30 Rn. 28 ff.

[1098] Vgl. grundlegend *Trute*, in: Festschrift für P. Selmer, 2004, S. 565 ff.; *Ladeur/Möllers*, DVBl. 2005, 525 ff.; *Britz*, EuR 2006, 46 ff. m. w. N.; *Kahl*, Der Staat 50 (2011), 353 (362 f., 377 ff.) m. w. N.; *Westermann*, Legitimation im europäischen Regulierungsverbund, 2017, S. 11 ff. m. w. N.

[1099] Hierzu s. bereits näher unter Kapitel 3, A.I.2.a).

[1100] Vgl. *Trute*, in: Festschrift für P. Selmer, 2004, S. 565 (568 ff.); *Britz*, in: Fehling/Ruffert (Hrsg.), Regulierungsrecht, 2010, § 21 Rn. 51, die durch die gegenseitige Kontrolle und Perspektivenpluralität eine der politischen Unabhängigkeit zuträgliche Distanz zu den mitgliedstaatlichen Regierungen beobachtet; die Funktionen der Verbundverwaltung prägnant zusammenfassend *Kahl*, Der Staat 50 (2011), 353 (357); ausführlich *Weiß*, Der Europäische Verwaltungsverbund, 2010, S. 27 ff.

mit unterschiedlichen Nuancen und Akzentuierungen[1101] – für die supranationale Zusammenarbeit in verschiedenen Rechtsgebieten stehen.[1102] Letztlich kann bei der Verbundverwaltung von einer besonders intensiven Form der behördlichen Zusammenarbeit in der EU gesprochen werden, die über eine schlichte horizontale, mitgliedstaatliche Verwaltungskooperation hinaus das Level einer verschränkten Verwaltungsorganisation erreicht hat.[1103]

In *vertikaler* Hinsicht fungiert zumeist die Europäische Kommission als Kontrollinstanz, welche die Rechtsanwendung in den einzelnen Mitgliedstaaten überprüft und je nach Sektor über Interventionsrechte unterschiedlicher Intensität verfügt.[1104] Zu ihrem Instrumentarium kann auch der Erlass abstrakt-genereller Empfehlungen und Leitlinien gehören, die das Handeln der nationalen Behörden vorstrukturieren.[1105] So hat beispielsweise die BNetzA im Telekommunikationssektor bei der Marktdefinition (§ 10 Abs. 2 Satz 1 TKG) und -analyse (§ 11 Abs. 7 TKG) sowie im sog. Harmonisierungsverfahren (§ 198 Abs. 4 Satz 3 TKG) den einschlägigen Leitlinien oder Empfehlun-

---

1101 Vgl. etwa *Haller*, Der Verwaltungsverbund in der Energieregulierung, 2013, S. 37 ff. m. w. N., der zufolge sich „keine klaren inhaltlichen Abgrenzungskriterien zwischen einem Verbund und einem Netzwerk ausmachen“ lassen und auch das Netzwerk der Europäischen Wettbewerbsbehörden als Verwaltungsverbund klassifiziert werden kann; ähnlich *Ruffert*, DÖV 2007, 761 (764); allgemein zum Netzwerkbegriff *Schuppert*, Verwaltungswissenschaft, 2000, S. 384 ff.; in Gegenüberstellung zum Hierarchiebegriff *Mager*, in: Trute/Groß/Röhl/Möllers (Hrsg.), Allgemeines Verwaltungsrecht – zur Tragfähigkeit eines Konzepts, 2008, S. 369 (372 ff.); vgl. auch *Kahl*, in: Kahl/Ludwigs (Hrsg.), Handbuch des Verwaltungsrechts, Bd. I, 2021, § 30 Rn. 32, 35.; *Ludwigs*, a. a. O., Bd. II, 2021, § 36 Rn. 22.

1102 Vgl. eingehend *Haller*, Der Verwaltungsverbund in der Energieregulierung, 2013, S. 28 ff., 35 ff., die die Frage aufwirft, ob der Verbund „Zwischenstufe zum zentralen Vollzug“ ist (S. 41); grundlegend zu Wesen und systematisierenden Modellen der unionalen Verwaltungskooperation (am Beispiel des Produktzulassungsrechts) *Sydow*, Verwaltungskooperation in der Europäischen Union, 2004, S. 21 ff., 118 ff.

1103 Vgl. ausführlich *von Arnauld/Martini*, in: Terhechte (Hrsg.), Verwaltungsrecht der Europäischen Union, 2. Aufl. 2022, § 2 Rn. 11 ff., mit der Darstellung der verschiedenen Dimensionen der unionalen Verwaltungsorganisation; *Ludwigs*, in: Kahl/Ludwigs (Hrsg.), Handbuch des Verwaltungsrechts, Bd. I, 2021, § 8 Rn. 14.

1104 *Westermann*, in: Kröger/Pilniok (Hrsg.), Unabhängiges Verwalten in der Europäischen Union, 2016, S. 63 (65); *Britz*, EuR 2006, 46 (52 ff.); *Weiß*, Der Europäische Verwaltungsverbund, 2010, S. 71, dort auch ein Vergleich zwischen der Ausgestaltung im TK- und Energiesektor; vgl. näher zu den Handlungsformen und Instrumententypen der Verbundverwaltung *Ludwigs*, in: Kahl/Ludwigs (Hrsg.), Handbuch des Verwaltungsrechts, Bd. II, 2021, § 36 Rn. 24 ff., 32 ff.

1105 *Groß*, DÖV 2004, 20 (21 ff.); *Britz*, EuR 2006, 46 (52 ff.); *Westermann*, in: Kröger/Pilniok (Hrsg.), Unabhängiges Verwalten in der Europäischen Union, 2016, S. 63 (65); *Gonsior*, Die Verfassungsmäßigkeit administrativer Letztentscheidungsbefugnisse, 2018, S. 55 f.; *Ludwigs*, in: Kahl/Ludwigs (Hrsg.), Handbuch des Verwaltungsrechts, Bd. II, 2021, § 36 Rn. 25 f.; eingehend *Weiß*, Der Europäische Verwaltungsverbund, 2010, S. 74 ff.

gen der Kommission „weitestgehend" Rechnung zu tragen. Zwar sind Empfehlungen und Stellungnahmen ausweislich des Art. 288 Abs. 5 AEUV gerade nicht verbindlich und auch dem sekundärrechtlich geschaffenen Rechtsakt der Leitlinie (vgl. Art. 10 Abs. 2, 64 Abs. 2 Kodex-RL [EU] 2018/1972) wird keine Verbindlichkeit zuteil. Dennoch müssen die zuständigen nationalen Stellen sie in ihre Überlegungen mit einbeziehen.[1106] Abweichungen – etwa unter Rekurs auf besondere nationale Umstände – sind zwar möglich, bedürfen aber jedenfalls einer eingehenden Begründung; die Reichweite der Bindungswirkung liegt zwischen einer bloßen Pflicht zur Kenntnisnahme und einer strikten Verbindlichkeit.[1107] Folgerichtig stuft das BVerwG im Rahmen von § 10 Abs. 2 Satz 3 a. F. TKG den Inhalt der Märkteempfehlung der Kommission als widerlegliche gesetzliche Vermutung ein.[1108] Stellungnahmen, Empfehlungen und Leitlinien beeinflussen mithin mindestens als *soft law*[1109] maßgeblich das

---

[1106] Bezüglich Empfehlungen s. EuGH, Urt. v. 13.12.1989, Rs. C-322/88, ECLI:EU:1989:646, Rn. 18 – Grimaldi; bezüglich der Leitlinien im Marktanalyseverfahren Art. 67 Abs. 1 UAbs. 1 S. 3 Kodex-RL (EU) 2018/1972; *Heinen-Hosseini/Woesler*, in: Säcker (Hrsg.), TKG, 3. Aufl. 2013, § 10 Rn. 28, 76, 79 ff. und § 11 Rn. 60 (Rs. Grimaldi als „vom Gedanken her ohne Weiteres auf die Leitlinien übertragbare[s] Urteil"); *Korehnke/Ufer*, in: Geppert/Schütz (Hrsg.), Beck'scher TKG-Kommentar, 4. Aufl. 2013, § 11 Rn. 76.

[1107] *Korehnke/Ufer*, in: Geppert/Schütz (Hrsg.), Beck'scher TKG-Kommentar, 4. Aufl. 2013, § 11 Rn. 76; *Heinen-Hosseini/Woesler*, in: Säcker (Hrsg.), TKG, 3. Aufl. 2013, § 10 Rn. 79 ff. mit einigen Nachweisen zum Meinungsspektrum zwischen einer reinen Wahrnehmungspflicht und einer faktischen Bindungswirkung; a. a. O., § 11 Rn. 60 f.; *Gersdorf*, in: Spindler/Schuster (Hrsg.), Recht der elektronischen Medien, 4. Aufl. 2019, § 10 TKG Rn. 59 f.; zu weitgehend *Bartosch*, EuZW 2002, 389 (392): „materielle Verbindlichkeit"; zu zurückhaltend dagegen *Loetz/Neumann*, German Law Journal 2003, 1307 (1315 f.); zweifelnd an der Vereinbarkeit mit den Unabhängigkeitsvorgaben *Kröger*, Unabhängigkeitsregime im europäischen Verwaltungsverbund, 2020, S. 206 f.

[1108] Vgl. BVerwG, NVwZ 2008, 1359 (1361) Rn. 24 f.; billigend BVerfG, NVwZ 2012, 694 (697) Rn. 43; aus der Lit. hierzu *Heinen-Hosseini/Woesler*, in: Säcker (Hrsg.), TKG, 3. Aufl. 2013, § 10 Rn. 82 f. m. w. N.; *Kirchner/Mayen/Käseberg*, in: Scheurle/Mayen (Hrsg.), TKG, 3. Aufl. 2018, § 10 Rn. 17–19, 37; s. auch bereits unter Kapitel 3, B.I.2.

[1109] Zum Begriff vgl. eingehend *Knauff*, in: Kahl/Ludwigs (Hrsg.), Handbuch des Verwaltungsrechts, Bd. II, 2021, § 41 Rn. 1 ff.; *Schroeder*, in: Streinz (Hrsg.), EUV/AEUV, 3. Aufl. 2018, Art. 288 AEUV Rn. 33 m. w. N.; näher *von Graevenitz*, EuZW 2013, 169 ff.; insbesondere unter dem nicht legaldefinierten Instrument der Leitlinie werden – beispielsweise im Kontext transeuropäischer Netze nach Art. 171 f. AEUV – teilweise auch rechtsverbindliche Akte verstanden, die über „bloßes" *soft law* hinausgehen, vgl. hierzu *Calliess*, in: Calliess/Ruffert (Hrsg.), EUV/AEUV, 6. Aufl. 2022, Art. 171 AEUV Rn. 3 f.; *M. Schröder*, in: Streinz (Hrsg.), EUV/AEUV, 3. Aufl. 2018, Art. 171 AEUV Rn. 6, jeweils m. w. N.; zur Abgrenzung verschiedener Leitlinien s. *Haller*, Der Verwaltungsverbund in der Energieregulierung, 2013, S. 174 ff.

Handeln nationaler Regulierungsbehörden.[1110] Gleiches gilt namentlich auch für die Bereiche der Bankenaufsicht und des Kartellrechts.[1111]

In *horizontaler* Hinsicht wird die Kooperation der nationalen Behörden mit denen anderer Mitgliedstaaten sowie mit Unionsorganen bereits an den entsprechenden fachgesetzlichen Vorschriften über die Zusammenarbeit deutlich. Als Beispiele sind die § 198 TKG (= § 123a TKG a.F.), § 57 EnWG, § 75 ERegG, §§ 7a ff. KWG und §§ 50a ff. GWB zu nennen. Die der Kohärenzsicherung dienende administrative Vernetzung erfährt auf europäischer Ebene häufig eine Institutionalisierung durch ein ausgeprägtes unionales (Regulierungs-)Agenturwesen. Hervorzuheben sind in den untersuchten Rechtsgebieten das Gremium Europäischer Regulierungsstellen für elektronische Kommunikation (GEREK), die Agentur für die Zusammenarbeit der Energieregulierungsbehörden (ACER) und die Europäische Bankenaufsichtsbehörde (EBA).[1112] Im Detail variiert die Ausgestaltung der sektorspezifischen Verbundstrukturen stark,[1113] insgesamt ist in den untersuchten Rechts-

---

1110 So auch *Westermann*, in: Kröger/Pilniok (Hrsg.), Unabhängiges Verwalten in der Europäischen Union, 2016, S. 63 (65); *Heinen-Hosseini/Woesler*, in: Säcker (Hrsg.), TKG, 3. Aufl. 2013, § 10 Rn. 81: „Ausgangspunkt und wichtigster Maßstab"; a.a.O., § 11 Rn. 54; *Kühling*, Sektorspezifische Regulierung in den Netzwirtschaften, 2004, S. 420 bezeichnet die EU-Kommission im TK-Sektor gar als „Oberregulierungsbehörde"; s. auch *Steger*, Zur Verselbständigung von Unionsagenturen, 2015, S. 522 ff.; allgemein zu Leitlinien und sonstigen Arten unionsrechtlicher Verwaltungsvorschriften *Ruffert*, in: Calliess/Ruffert (Hrsg.), EUV/AEUV, 6. Aufl. 2022, Art. 288 AEUV Rn. 104 ff. m.w.N.; *Schroeder*, in: Streinz (Hrsg.), EUV/AEUV, 3. Aufl. 2018, Art. 288 AEUV Rn. 33; *Haller*, Der Verwaltungsverbund in der Energieregulierung, 2013, S. 162 ff.; *Ludwigs*, in: Kahl/Ludwigs (Hrsg.), Handbuch des Verwaltungsrechts, Bd. II, 2021, § 36 Rn. 26.

1111 Zu „Rechtsakten" der Kommission im Wettbewerbsrecht vgl. *Schroeder*, in: Streinz (Hrsg.), EUV/AEUV, 3. Aufl. 2018, Art. 288 AEUV Rn. 33 m.w.N.; *Weiß*, Der Europäische Verwaltungsverbund, 2010, S. 76 f.; *Haller*, Der Verwaltungsverbund in der Energieregulierung, 2013, S. 289 f.; zu Leitlinien im Rahmen der Bankenaufsicht etwa *Schulte*, in: von der Groeben/Schwarze/Hatje (Hrsg.), Europäisches Unionsrecht, 7. Aufl. 2015, Art. 132 AEUV Rn. 28 ff.; *Glos/Benzing*, in: Binder/Glos/Riepe (Hrsg.), Handbuch Bankenaufsichtsrecht, 2. Aufl. 2020, § 2 Rn. 217 ff.

1112 Vgl. *Hoffmann-Riem*, in: Hoffmann-Riem/Schmidt-Aßmann/Voßkuhle (Hrsg.), Grundlagen des Verwaltungsrechts, Bd. I, 2. Aufl. 2012, § 10 Rn. 53a f.; *Westermann*, in: Kröger/Pilniok (Hrsg.), Unabhängiges Verwalten in der Europäischen Union, 2016, S. 63 (65 f.); umfangreiche Übersicht über die vorhandenen Regulierungsagenturen mit den Nachweisen zu den Rechtsakten über ihre Errichtung bei *Ruffert*, in: Calliess/Ruffert (Hrsg.), EUV/AEUV, 6. Aufl. 2022, Art. 298 AEUV Rn. 9; *Haller*, Der Verwaltungsverbund in der Energieregulierung, 2013, S. 104 ff.

1113 Vgl. *Hoffmann-Riem*, in: Hoffmann-Riem/Schmidt-Aßmann/Voßkuhle (Hrsg.), Grundlagen des Verwaltungsrechts, Bd. I, 2. Aufl. 2012, § 10 Rn. 53b; für einen Vergleich der Verbundstrukturen im Energie- und Wettbewerbsrecht s. *Haller*, Der Verwaltungsverbund in der Energieregulierung, 2013, S. 317 ff.; s. auch allgemein *Wittin-*

gebieten aber eine hohe Intensität der Zusammenarbeit im europäischen Netzwerk feststellbar.[1114] Zur Koordinierung der mitgliedstaatlichen Behörden sind speziell ausgestaltete Verfahren vorgesehen. Die Bandbreite der Möglichkeiten reicht von reziproken Informations- und Beratungspflichten über Anhörungs- und Stellungnahmerechte bis hin zu Vetopositionen und anderen Interventionsbefugnissen.[1115] Angesichts der intensiven vertikalen und horizontalen Verflechtung deutscher Behörden bei gleichzeitiger Zurückdrängung der nationalen Aufsicht ist eine signifikante Machtverschiebung auf die supranationale Ebene zulasten der Mitgliedstaaten feststellbar.

Die Einbettung nationaler Behörden in das Korsett europäischer Verbundstrukturen wirft die Frage auf, inwieweit deren *Unabhängigkeit* dadurch tangiert wird. Die grundsätzliche Zulässigkeit einer Verwaltung im europäischen Verbund ist zu bejahen, da das Unionsrecht kein Verbot der Mischverwaltung kennt und das System dem Vereinheitlichungsinteresse im Sinne einer effektiven Durchführung des Unionsrechts dient (vgl. Art. 197 AEUV).[1116] Gegenüber einer Zentralisierung in Form der EU-Eigenverwaltung stellt die Verbundverwaltung, auch mit Blick auf Art. 291 Abs. 1 AEUV, die souveränitätsschonendere Alternative dar. Anders als die kontrovers diskutierte Frage, inwieweit deutsche Aufsichtsstrukturen mit der Unabhängigkeit der Regulierungs- bzw. Kartellbehörden vereinbar sind, begegnet die Einschränkung der Autonomie durch europäische Verwaltungsverbünde keinen durchgreifenden Bedenken[1117]. Vielmehr wird der Übergang aufsichtlicher Mechanismen teilweise gar als Korrektiv zu nationalen Legitimationsdefiziten verstanden.[1118] Ein Verstoß der Verbundverwaltung gegen sekundärrechtliche

---

ger, EuR 2008, 609 ff.; zu den Möglichkeiten der Ausgestaltung s. *Ruffert*, in: Calliess/Ruffert (Hrsg.), 6. Aufl. 2022, Art. 298 AEUV Rn. 10.

[1114] Für die Netzregulierung einschließlich einer differenzierten Analyse der einzelnen Sektoren *Britz*, EuR 2006, 46 ff.; *Haller*, Der Verwaltungsverbund in der Energieregulierung, 2013, S. 37: „Verflechtung in diesen Sektoren tendenziell eher weit fortgeschritten"; *Westermann*, in: Kröger/Pilniok (Hrsg.), Unabhängiges Verwalten in der Europäischen Union, 2016, S. 63 (66) weist am Beispiel des GEREK darauf hin, dass die Rechtspositionen der Agenturen gegenüber den Vorgängerinstitutionen zunehmend gestärkt worden sind.

[1115] Vgl. *Britz*, EuR 2006, 46 (52); *Westermann*, in: Kröger/Pilniok (Hrsg.), Unabhängiges Verwalten in der Europäischen Union, 2016, S. 63 (66); ausführlich *Weiß*, Der Europäische Verwaltungsverbund, 2010, S. 47 ff., 65 ff.

[1116] *Schmidt-Aßmann*, in: Hoffmann-Riem/Schmidt-Aßmann/Voßkuhle (Hrsg.), Grundlagen des Verwaltungsrechts, Bd. I, 2. Aufl. 2012, § 5 Rn. 21a m. w. N.

[1117] S. aber differenzierend *Kröger*, Unabhängigkeitsregime im europäischen Verwaltungsverbund, 2020, S. 194 ff.

[1118] In diese Richtung *Dechent*, NVwZ 2015, 767 (772); *Trute*, in: Hoffmann-Riem/Schmidt-Aßmann/Voßkuhle (Hrsg.), Grundlagen des Verwaltungsrechts, Bd. I, 2. Aufl. 2012, § 6 Rn. 68; näher *Kröger*, Unabhängigkeitsregime im europäischen Verwaltungsverbund, 2020, S. 355 ff.; pointiert kritisch hingegen *Gärditz*, AöR 135

Unabhängigkeitsvorgaben scheitert bereits daran, dass diese für die (ebenfalls sekundärrechtliche) Errichtung europäischer Netzwerke von vornherein nicht einschlägig sind. So adressieren Richtlinien ausweislich des Art. 288 Abs. 3 AEUV nur die Mitgliedstaaten. Selbst wenn aber die Unabhängigkeit in einer Verordnung normiert wird, dürfte die Vorschrift nicht dahingehend auszulegen sein, dass sie auch eine Abschirmung gegenüber der Unionsverwaltung beinhaltet. Der europäische Gesetzgeber verfolgte gerade die Absicht, nationale Alleingänge zum Nachteil des Binnenmarktes zu verhindern, sodass er die Aufsichtsbehörden von den mitgliedstaatlichen Regierungen entkoppeln wollte.[1119] Eine vollständige Isolation der handelnden Behörden war nicht bezweckt. Darüber hinaus besteht auch nicht die vergleichbare Gefahr, dass die beteiligten Unionsstellen durch die Regulierten oder die Politik korrumpiert werden. Denn diese sind ihrerseits ebenfalls unabhängig gestellt.[1120] Im Ergebnis ist daher die Einrichtung europäischer Verbundverwaltungen nicht zu beanstanden. Dies bedeutet zugleich, dass die behördliche Zusammenarbeit, auch im Falle unterschiedlicher Auffassungen, gemäß der speziell geregelten Verfahren ablaufen kann und deshalb nachfolgend keiner gesteigerten Aufmerksamkeit bedürfen.

III. Zwischenfazit

Nähert man sich den Erscheinungsformen verwaltungsinterner Konflikte nach Maßgabe des dieser Arbeit zugrunde gelegten Begriffsverständnisses an, kann allgemein zwischen zwei Arten von Binnenkonflikten differenziert werden. Bei *Zuständigkeitskonflikten* halten sich entweder mehrere Stellen für sachlich bzw. örtlich zuständig (positiver Kompetenzkonflikt) oder es beansprucht überhaupt keine Institution die Zuständigkeit für sich (negativer Kompetenzkonflikt). Auslöser für solche Auseinandersetzungen sind sich überschneidende Aufgabenbereiche sowie mehrdeutige gesetzliche Regelungen. Die zweite Kategorie bilden *inhaltliche Divergenzen*, die auftreten kön-

---

(2010), 251 (268 ff.): „Statt das materielle Regulierungsrecht demokratisch und rechtsstaatlich zu domestizieren, werden bestehende Defizite letztlich in einem von Verantwortlichkeit weitgehend freigestellten und in seiner mehrebenenspezifischen horizontalen und vertikalen Vernetzung für die Betroffenen weitgehend intransparenten Behördenverbund noch vertieft." (S. 269).

[1119] Vgl. *Dechent*, NVwZ 2015, 767 (772); näher zu den Motiven für eine unabhängige Ausgestaltung der Verwaltung s. unter Kapitel 2, B.III.1.

[1120] Vgl. allgemein Art. 298 Abs. 1 AEUV und die Ausführungen unter Kapitel 2, B.I.1.; die Unabhängigkeit der EU-Kommission ergibt sich aus Art. 17 Abs. 3 UAbs. 3 EUV; zur Unabhängigkeit von Agenturen s. *Ruffert*, in: Calliess/Ruffert (Hrsg.), EUV/AEUV, 6. Aufl. 2022, Art. 298 AEUV Rn. 5 ff., 13; im Übrigen ist die Unabhängigkeit der Agenturen auch jeweils sekundärrechtlich normiert, vgl. z. B. Art. 8 GEREK-VO (EU) 2018/1971.

nen, wenn beim Treffen einer Sachentscheidung mehr als eine Behörde beteiligt ist. Als Grundtypen der Beteiligung lassen sich nach dem Grad ihrer Intensität Mitteilung, Mitwirkung und Mitentscheidung voneinander abgrenzen. Während die Mitteilung ausschließlich der Information anderer betroffener Stellen dient, tritt der Modus der Mitwirkung insbesondere durch Anhörungsrechte in Erscheinung, zu dem auch Stellungnahme-, (abgestufte) Berücksichtigungs- und Benehmenspflichten zu zählen sind. Bei der Form der sequentiellen Mitentscheidung ist die federführende Behörde auf das Plazet der zu beteiligenden Instanzen angewiesen. Typisch ist die Pflicht zur Herstellung eines Einvernehmens oder zur Einholung einer Zustimmung, Genehmigung oder Bestätigung. Eine unzureichende Beteiligung führt im Außenverhältnis zur Rechtswidrigkeit der Entscheidung, im Innenverhältnis bleibt indes fraglich, wie Streitigkeiten unter Berücksichtigung von Unabhängigkeitsgeboten am besten auflösbar sind.

Im Zuge einer differenzierteren Kategorisierung kann ferner zwischen den Kriterien vertikal/horizontal sowie behördenintern/-extern differenziert werden, sodass sich Streitigkeiten in ein „Koordinatensystem" einfügen. Auf *vertikaler behördeninterner Ebene* sind Auseinandersetzungen zwischen der Behördenleitung und ihr nachgeordneten Stellen zu nennen. Deren Auflösung ist grundsätzlich unproblematisch, da sich Unabhängigkeitsvorgaben in der Regel nur auf das Außenverhältnis zu anderen Behörden beziehen und es bei der Hierarchie im Binnenbereich belassen. Richtigerweise, wenngleich umstritten, verfügen auch die Präsidenten der BNetzA und des BKartA über innerbehördliche Weisungsrechte gegenüber den Beschlusskammern bzw. -abteilungen. Die präsidentielle Organisationsgewalt umfasst darüber hinaus die Hoheit über die Geschäftsverteilung, welche nur durch gesetzliche Vorgaben sowie eine Missbrauchsgrenze eingeschränkt wird. Mit Ausnahme der auch intern unabhängig gestellten Vergabekammern sind Streitigkeiten im Innenverhältnis daher zugunsten der Behördenspitze zu entscheiden.

In *vertikaler behördenexterner Hinsicht* entsteht Konfliktpotenzial mit etwaigen übergeordneten Instanzen zum einen, wenn legislativ die behördliche Unabhängigkeit eingeschränkt ist. Insbesondere hat der nationale Gesetzgeber Unabhängigkeitsvorgaben aus unionsrechtlichen Richtlinien bislang nur defizitär umgesetzt. Zwar setzt sich in der Theorie das vorrangig anzuwendende Unionsrecht durch. Allerdings führt dies in der Praxis jedenfalls dann nicht weiter, solange und soweit Uneinigkeit bezüglich der Reichweite der Unabhängigkeit und der korrekten Umsetzung in nationales Recht herrscht. Eine uneinheitliche Ausübung der Aufsicht wäre die mögliche Konsequenz. Allgemeine ministerielle Genehmigungsvorbehalte hinsichtlich Geschäftsordnung und -verteilung hingegen tangieren die Unabhängigkeit nicht und sind daher zulässig.[1121] Zum anderen kommt es zu Problemen, wenn sich die Exekutive über normierte Unabhängigkeitsvorgaben hinwegsetzt. Dies kann zunächst auf informelle Weise geschehen. Derartige Maßnahmen sind zwar rechtlich unverbindlich, ihre Nichtberücksichtigung kann allerdings mit persönlichen Nachteilen für den handelnden Amtswalter einhergehen. Demgegenüber ist förmlichen Akten grundsätzlich nachzukommen, nicht aber, wenn die Behörde von ihrer Gehorsamspflicht befreit, also explizit unabhängig gestellt ist. Neben der wiederum zu attestierenden Rechtsunsicherheit infolge der Diskrepanz zwischen nationalem Recht und Unionsrecht ist problematisch, wie trotz Unabhängigkeit sichergestellt werden kann, dass die Behörde nicht rechtswidrig handelt.

Horizontale behördeninterne Konflikte kommen nur vereinzelt vor, was sich durch eine klare Geschäftsverteilung und die Leitungsbefugnis der Behördenspitze erklären lässt. Am wahrscheinlichsten treten hier – abgesehen von den bekannten verwaltungsrechtlichen Organstreitigkeiten bei Kommunen sowie anderen Selbstverwaltungskörperschaften und Anstalten – Spannungen auf, wenn ein und dieselbe Behörde Aufgaben mit unterschiedlicher, womöglich konträrer Zielrichtung in sich vereint. Als Beispiel hervorzuheben ist die Europäische Zentralbank, die sowohl für die Geldpolitik als auch substantiell im Bereich der Bankenaufsicht verantwortlich ist. Die geforderte strikte Trennung beider Aufgaben stellt die Bank vor Herausforderungen und ist nach geltendem Recht nur unvollkommen ausgestaltet.

Mannigfaltig hingegen sind *horizontale behördenexterne Konflikte.* Die erste Unterkategorie stellen Kompetenzstreitigkeiten dar, wobei insoweit sowohl die Wahl der richtigen Fachbehörde als auch die Bestimmung der Entscheidungsebene Schwierigkeiten bereiten kann. Im erstgenannten Fall zeigt die Abgrenzungsproblematik von Netzregulierungs- und Kartellrecht plastisch, wie interpretationsbedürftige gesetzliche Regelungen für Zuständigkeitskonflikte verantwortlich zeichnen. Verstärkt werden unklare Kompetenzen möglicherweise noch durch den Umstand, dass nationale Konkurrenznormen unionsrechtliche Vorschriften nicht einzuschränken vermögen. Bei der Ermittlung der richtigen Entscheidungsebene (insbesondere Bundes- oder Landesebene) sind positive wie negative Kompetenzkonflikte ebenfalls nicht ausgeschlossen, zumal die Grundsatzfrage gestellt werden kann, ob und inwieweit eine föderale Dezentralisierung zweckmäßig ist. Zur zweiten Unterkategorie gehören inhaltliche Differenzen, die im Rahmen administrativer Zusammenarbeit auftreten. Relevant sind Konstellationen, in denen sich Behörden auf keine gemeinsame Position verständigen können oder zu beteiligende Stellen nicht hinreichend Gehör finden. Hier gilt es, unions- und ver-

[1121] Zum Sonderfall der zu weitreichenden Einwirkungsmöglichkeiten des BMF auf die BaFin s. Kapitel 3, B.II.1.b)aa)(2).

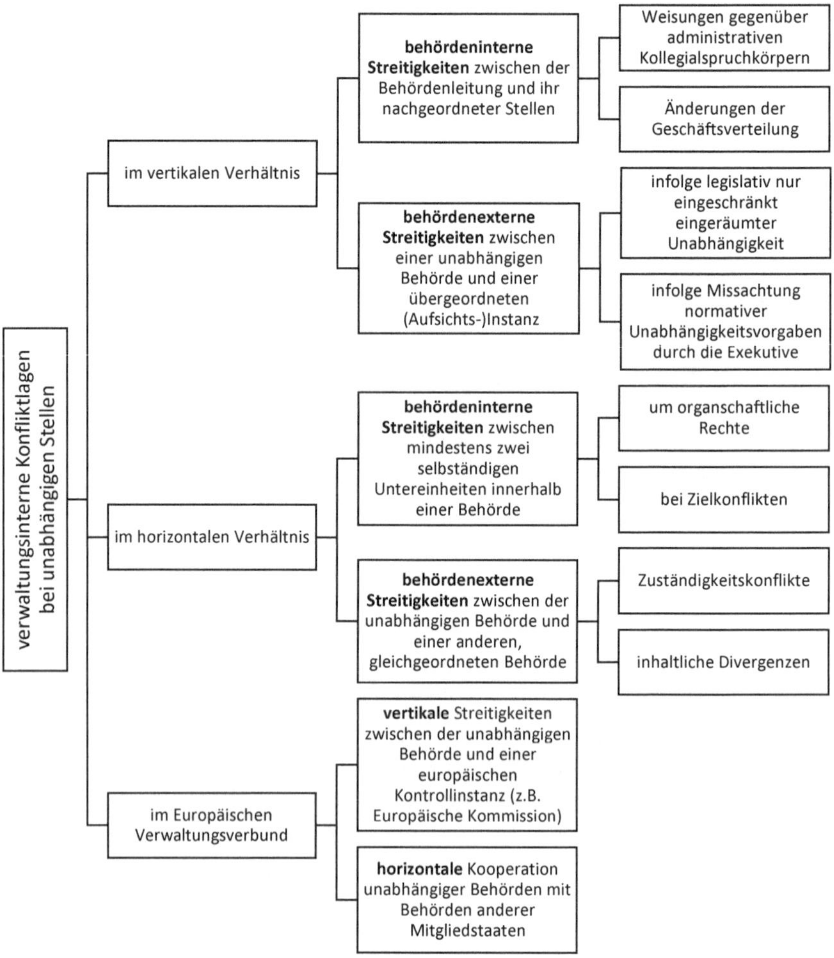

fassungsrechtskonforme, unabhängigkeitswahrende Mechanismen zu etablieren, mithilfe derer Kontroversen ausgeräumt und behördliche Beteiligungsrechte sichergestellt werden können.

Dass Streitigkeiten auch jenseits der Landesgrenzen denkbar sind, zeigt das Konzept des *Europäischen Verwaltungsverbunds*. Gemeint damit sind (im untechnischen Sinne) Netzwerke aus Unionsstellen und mitgliedstaatlichen Behörden, die im Sinne einer kohärenten Rechtsanwendung im Binnenmarkt zusammenarbeiten. Als vertikale Komponente kann beispielsweise die EU-Kommission Interventionsmaßnahmen ergreifen sowie mithilfe von Stellungnahmen, Empfehlungen und Leitlinien administratives Handeln abstrakt-generell vorstrukturieren, sodass die Spielräume nationaler Stellen zumindest faktisch eingeengt werden. Horizontal kooperieren die mitgliedstaatlichen Fachbehörden, wobei die Ausgestaltung in der Regel unter dem Dach europäischer Agenturen in speziell eingerichteten Verfahren erfolgt. Die Integration von Behörden in unionale Verwaltungsverbünde ist trotz der zum Teil intensiven Abstimmung mit ihrer Unabhängigkeit vereinbar, da sich die sekundärrechtlichen Vorgaben an die Mitgliedstaaten richten und eine Gefährdung der mit der Unabhängigkeit verfolgten Ziele nicht zu befürchten ist. Im Ergebnis verschieben sich die Machtverhältnisse von der mitgliedstaatlichen auf die unionale Ebene.

C. Zusammenfassung

Das vorstehende Kapitel, welches sich mit den Erscheinungsformen verwaltungsinterner Konflikte unabhängiger Stellen in den untersuchten Referenzgebieten beschäftigt, legt den Grundstein für den nachfolgenden Abschnitt, der mögliche Auswege aus den dargestellten Konflikten aufzeigen soll. Um sich zunächst einen Überblick über die in Rede stehenden Behörden zu verschaffen, befasste sich der erste Teil des Kapitels mit dem *Bestand an unabhängigen Stellen im Regulierungs- und Kartellrecht.* In den Netzsektoren Telekommunikation, Energie und Eisenbahnen sowie den Bereichen der Bankenaufsicht und des europäischen Kartellrechts enthält das Unionsrecht Vorgaben, nach denen die zuständigen nationalen Behörden (wie BNetzA, BKartA, BaFin und Bundesbank) unabhängig gestellt sind. Dies betrifft einerseits die Freiheit von Weisungen, andererseits den Problemkreis der normativen Vorstrukturierung administrativen Handelns. Gleichwohl blieb der deutsche Gesetzgeber bei der Umsetzung der Direktiven in nationales Recht weitestgehend untätig, sodass dieses hinter dem geforderten Unabhängigkeitsstandard zurückbleibt. Bis insoweit Abhilfe geschaffen worden ist, bleibt nichts anderes übrig, als gegebenenfalls durch die Direktwirkung von Richtlinien bzw. den Anwendungsvorrang unionsrechtskonforme Zustände herzustellen.

Der zweite Teil des Kapitels beleuchtete das *konkrete Konfliktpotenzial*, das den zuvor ausgewiesenen unabhängigen Stellen immanent ist. In Betracht kommen grundsätzlich zum einen Zuständigkeitskonflikte, zum anderen Differenzen in Bezug auf die inhaltliche Richtigkeit einer Sachentscheidung. Ferner kann zwischen Streitigkeiten auf vertikaler und horizontaler Ebene unterschieden werden, die wiederum jeweils innerhalb ein und derselben Behörde oder zwischen mehreren Behörden möglicherweise auftreten. So ergibt sich insgesamt ein mannigfaltiges Bild an denkbaren Konflikten im Zusammenhang mit unabhängigen Stellen, zumal mit der „Vernetzwerkung“

von Stellen in europäischen Verwaltungsverbünden eine zusätzliche Verflechtung einhergeht. Zu berücksichtigen ist auf jeder Ebene auch, inwieweit bzw. gegenüber wem die Unabhängigkeit gilt, denn nur für Akteure außerhalb des klassischen Hierarchiemodells bedarf es der Entwicklung von Konfliktlösungsstrategien jenseits der überkommenen Mechanismen. Vor diesem Hintergrund wird es Gegenstand des sich anschließenden Kapitels 4 sein, tragfähige Antworten auf die zuvor aufgezeigten Problemkonstellationen zu finden.

Kapitel 4

Lösungsansätze für Binnenkonflikte unabhängiger Stellen im Regulierungs- und Kartellrecht

In den vorangegangenen Kapiteln wurden die Ursachen und Erscheinungsformen verwaltungsinterner Konflikte unabhängiger Stellen im Regulierungs- und Kartellrecht erörtert. Nun gilt es schließlich, mögliche Lösungswege für die skizzierten Konflikte darzulegen, zu entwickeln und diese einer Bewertung zu unterziehen. Hierzu richtet sich der Fokus als erstes auf Modelle, welche die Beilegung bereits entstandener Streitigkeiten im Blick haben (A.). Im Anschluss daran wird der Frage nachgegangen, wie die Entstehung von Konflikten von vornherein vermieden oder zumindest entschärft werden kann (B.). Der Abschnitt schließt mit einer Zusammenfassung der gewonnenen Ergebnisse (C.).

A. Beilegung entstandener Kontroversen

Der erste Komplex, der im Rahmen der Erörterung von Lösungsansätzen betrachtet wird, könnte die Überschrift *„Krisenmanagement"* tragen. Er hat die Bewältigung bereits ausgebrochener Konflikte zum Gegenstand. Nachfolgend werden verschiedene Mechanismen auf ihre Tauglichkeit zur Beilegung von Binnenkonflikten unabhängiger Stellen, insbesondere im Regulierungs- und Kartellrecht, untersucht. Zu Beginn steht die gerichtliche Austragung von Streitigkeiten im Vordergrund (I.). Komplementär dazu befasst sich der zweite Block mit Mechanismen außergerichtlicher Streitbeilegung (II.). In einem Resümee werden die Erkenntnisse der vorgenommenen Analysen gesammelt (III.).

I. Gerichtliche Austragung von Konflikten

In der Rechtswissenschaft nimmt die gerichtliche Streitbeilegung eine prominente Rolle ein. Was für den Außenrechtskreis im Verhältnis zweier Bürger untereinander oder zwischen Bürger und Staat als Selbstverständlichkeit erscheint, wirft für die Anwendung auf den verwaltungsinternen Bereich nicht unerhebliche Probleme auf. Zunächst soll das Wesen des sog. Insichprozesses als Mittel zur justiziellen Auflösung von Binnenkonflikten der Verwaltung vorgestellt werden (1.), bevor dessen Zulässigkeit analysiert wird (2.). Sodann erfolgt eine Untersuchung der Zweckmäßigkeit von Insichprozessen (3.), woraufhin die verbleibenden Rechtsschutzmöglichkeiten in den Mittelpunkt rücken (4.). Ein Zwischenergebnis resümiert die Tauglichkeit von Insichprozessen zur Beilegung von Auseinandersetzungen innerhalb der Verwaltung (5.).

1. Insichprozesse als verwaltungsinterne Streitverfahren

Um den Begriff des Insichprozesses zu erschließen, sollen zunächst dessen Wesen und Ziel beleuchtet werden (a)). Zur besseren Handhabbarkeit werden im Anschluss die möglichen Fallgruppen herausgearbeitet (b)).

a) Wesen und Ziel von Insichprozessen

In Ermangelung einer Legaldefinition bedarf es zunächst der Klarstellung, was sich hinter dem Begriff *Insichprozess* verbirgt. Schrifttum und Rechtsprechung stellen mehrere Definitionen bereit, welche zum Teil unterschiedliche Akzentuierungen setzen.[1122] So sei beispielsweise ein Insichprozess gegeben, wenn die Parteien auf Kläger- und Beklagtenseite identisch sind.[1123] Andere umschreiben den Terminus als Verwaltungsstreitverfahren einer juristischen Person mit sich selbst.[1124] Vereinfacht ausgedrückt liegt demnach dann ein Insichprozess vor, wenn die Prozessbeteiligten demselben Rechtsträger angehören bzw. der Prozess gegen den eigenen Rechtsträger geführt wird.[1125] Dem Umstand, dass die Streit führenden Behörden nicht zwangsläufig dieselbe juristische Person als Zurechnungsendsubjekt haben müssen, es sich aber dennoch um eine verwaltungsinterne Auseinandersetzung handeln kann (etwa wenn Ausgangs- und Widerspruchsbehörde verschiedenen

---

[1122] Instruktiver Überblick bei *Löwer*, VerwArch 68 (1977), 327 (330ff.).

[1123] VG Kassel, DÖV 1957, 836 (837).

[1124] *Von Turegg*, DÖV 1953, 681 (681); ähnlich OVG Münster, DVBl. 1964, 633 (634), das von einem Insichprozess ausgeht, wenn der Kläger mit seiner Klage einen Teil seiner eigenen Körperschaft adressiert und diese somit gegen sich selbst richtet.

[1125] Soweit Behörden nach § 61 Nr. 3 VwGO die Beteiligtenfähigkeit zugesprochen wird, schließt dies die Annahme eines Insichprozesses nicht aus, da die Regelung die Zuordnung zum Rechtsträger unberührt lässt. Vielmehr liegt ein Fall der gesetzlichen Prozessstandschaft vor, in dem die jeweilige Behörde für und gegen ihren Rechtsträger handelt, vgl. nur *Bier/Steinbeiß-Winkelmann*, in: Schoch/Schneider (Hrsg.), VwGO, 41. EL 2021, § 61 Rn. 8; *Löwer*, VerwArch 68 (1977), 327 (331).

Rechtsträgern zugewiesen sind[1126]), hat Hans Julius Wolff in seiner Definition Rechnung getragen. Ein Insichprozess sei ein Verwaltungsstreitverfahren zwischen Organen und Organteilen desselben Trägers öffentlicher Verwaltung oder zwischen solchen verschiedener Träger, die lediglich in unterschiedlichen Verfahrensstationen öffentliche Interessen desselben Gegenstandsbereichs wahrzunehmen haben.[1127] Vor diesem Hintergrund erscheint es zur Klarstellung angezeigt, die unterschiedlich verstandene Reichweite des Begriffs Insichprozess auch durch eine sprachliche Präzisierung zum Ausdruck zu bringen: *Im engeren Sinne* sollen darunter nur Auseinandersetzungen innerhalb ein und derselben juristischen Person verstanden werden. *Im weiteren Sinne* umfasst der Terminus auch Konstellationen, in denen sich Behörden(teile) zweier juristischer Personen des öffentlichen Rechts im Sinne der Wolff'schen Definition gegenüberstehen.[1128]

Die einen Insichprozess anstrengende Behörde verfolgt in erster Linie das Ziel, die Entscheidung einer anderen Behörde auf ihre Rechtmäßigkeit hin gerichtlich überprüfen zu lassen, wobei sowohl die Einhaltung der Zuständigkeit als auch die materielle Richtigkeit in Rede stehen können.[1129] Fraglich ist, ob *verwaltungsrechtliche Organstreitverfahren* mit Blick auf ihre Entstehung, Grundstruktur und Zielsetzung einen Unterfall des Insichprozesses bilden[1130] oder als eigenständige Kategorie[1131] zu qualifizieren sind. Ge-

---

1126 Die Aufsichtskonstellation greift auch das BVerwG in seiner Definition (NJW 1955, 1410 [1410]) auf: „Verwaltungsrechtsstreit zweier derselben Aufsichtsinstanz unterstehenden Parteien".

1127 *H. J. Wolff*, Verwaltungsrecht III, 2. Aufl. 1967 (nicht mehr in späteren Auflagen), § 173 I b 4; rezipierend *Löwer*, VerwArch 68 (1977), 327 (332).

1128 *Bartsch*, Staat gegen Staat, 2018, S. 19 ff., 52 f. differenziert ebenfalls zwischen Streitigkeiten innerhalb einer juristischen Person und zwischen verschiedenen juristischen Personen des öffentlichen Rechts, ohne allerdings von Insichprozessen im engeren und weiteren Sinne zu sprechen.

1129 *Löwer*, VerwArch 68 (1977), 327 (333, 335); *Czybulka/Siegel*, in: Sodan/Ziekow (Hrsg.), VwGO, 5. Aufl. 2018, § 61 Rn. 41; *Redeker*, in: Redeker/von Oertzen (Hrsg.), VwGO, 16. Aufl. 2014, § 63 Rn. 8.

1130 So *Kisker*, Insichprozeß und Einheit der Verwaltung, 1968, S. 11 ff., 14 ff.; *Krebs*, VerwArch 68 (1977), 189 (192); *Bethge*, DVBl. 1980, 309 (314); *Herbert*, DÖV 1994, 108 (109) m. w. N. in Fn. 4; *Roth*, Verwaltungsrechtliche Organstreitigkeiten, 2001, S. 91 f., der allerdings dennoch auf den Begriff des Insichprozesses in seiner Arbeit verzichten will, da dieser „zumeist die Konnotation der Unzulässigkeit in sich trägt"; wohl auch *Czybulka/Siegel*, in: Sodan/Ziekow (Hrsg.), VwGO, 5. Aufl. 2018, § 61 Rn. 41: „Vom Organstreitverfahren zu unterscheiden sind (sonstige) Insichprozesse.".

1131 So die wohl h. M.: *Becker-Birck*, Der Insichprozess in der Verwaltungsgerichtsbarkeit, 1966, S. 30; *Lorenz*, AöR 93 (1968), 308 (309); *Tsatsos*, Der verwaltungsrechtliche Organstreit, 1969, S. 16 f., 31; *Löwer*, VerwArch 68 (1977), 327 (334 f.), s. dort auch die Nachweise in Fn. 42; *Redeker*, in: Redeker/von Oertzen rechtfertigt wird die Trennung beider Konstellationen insbesondere damit, dass es beim Organstreit im Sinne der Kontrast(organ)theorie einzig um die Rechtmäßigkeit des „organschaftlichen Funktionsablaufs“ gehe und nicht um die inhaltliche Richtigkeit der Behördenentscheidung.[1132] Zudem würden beim Insichprozess Behörden und nicht Organe streiten.[1133] Beide Argumente vermögen indes nicht zu überzeugen. Zum einen kann jede Behörde auch als Organ bezeichnet werden,[1134] der Begriff des Organs scheint im Bereich der staatsunmittelbaren Verwaltung lediglich seltener verwendet zu werden als etwa im Kontext von Selbstverwaltungskörperschaften.[1135] Zum anderen leuchtet nicht ein, warum die gerichtliche Durchsetzbarkeit spezifischer organschaftlicher Verfahrensrechte gegenüber anderen verwaltungsinternen Rechtspositionen pauschal privilegiert werden soll. Wie noch zu zeigen sein wird, hängt die Zulässigkeit von Streitigkeiten innerhalb der Verwaltung nicht davon ab, ob man die betroffenen Stellen als Organ oder Behörde bezeichnet, sondern ob dieser Stelle subjektive Rechte bzw. wehrfähige Rechtspositionen zugesprochen werden. Die Auffassung, (sonstige) Insichprozesse seien grundsätzlich unzulässig, während Organstreitigkeiten ausnahmsweise zulässig seien, ist nicht mehr zeitgemäß. Im Ergebnis sind daher richtigerweise administrative Organstreitigkeiten ebenfalls Insichprozesse, eine verwaltungsprozessuale Differenzierung erscheint nicht zweckmäßig.[1136] Dennoch sollte die dogmatische Frage des Verhältnisses von verwaltungsrechtlichen Organstreitverfahren zu Insichprozessen nicht überbewertet werden, da sich hieraus für die weitere Untersuchung letztlich kein Mehrwert ergibt. Entscheidend ist stattdessen – siehe sogleich – vor allem die Zulässigkeit von Verfahren, bei denen beide Parteien „dem Staat“ zuzurechnen sind.[1137]

(Hrsg.), VwGO, 16. Aufl. 2014, § 63 Rn. 8; s. ferner die Nachweise bei *Bartsch*, Staat gegen Staat, 2018, S. 72 in Fn. 142.

1132 Vgl. *Löwer*, VerwArch 68 (1977), 327 (334 f.); *Redeker*, in: Redeker/von Oertzen (Hrsg.), VwGO, 16. Aufl. 2014, § 63 Rn. 8; referierend *Bartsch*, Staat gegen Staat, 2018, S. 72 f., dort auch unter S. 69 ff. ausführlich und mit Nachweisen zur Kontrasttheorie; kritisch *Herbert*, DÖV 1994, 108 (109).

1133 *Schmitt Glaeser/Horn*, Verwaltungsprozeßrecht, 15. Aufl. 2000, Rn. 95; *Rottenwallner*, VerwArch 105 (2014), 212 (217).

1134 Vgl. *Maurer/Waldhoff*, Allgemeines Verwaltungsrecht, 20. Aufl. 2020, § 21 Rn. 32; *Detterbeck*, Allgemeines Verwaltungsrecht, 19. Aufl. 2021, Rn. 209.

1135 So *Bartsch*, Staat gegen Staat, 2018, S. 73 f.; da allerdings auch im Staatsorganisationsrecht der Begriff des Organs gängig ist, erscheint die Unterscheidung zwischen unmittelbarer und mittelbarer Staatsverwaltung hinsichtlich der Verwendung des Organbegriffs nicht wirklich überzeugend.

1136 Ebenso *Bartsch*, Staat gegen Staat, 2018, S. 73 f.; ähnlich *Herbert*, DÖV 1994, 108 (109).

1137 So auch zutreffend *Bartsch*, Staat gegen Staat, 2018, S. 74 f., der den einzigen Sinn hinter der Differenzierung darin sieht, dass man „den verwaltungsrechtlichen

b) Fallgruppen

Zur besseren Greifbarkeit des Phänomens Insichprozess empfiehlt sich eine Systematisierung anhand von Fallgruppen. Überwiegend werden unter das Begriffsverständnis im engeren Sinne drei Konstellationen subsumiert: (1) Zwei Behörden desselben Rechtsträgers klagen gegeneinander bzw. (2) eine Behörde und ihr Rechtsträger stehen sich gegenüber oder (3) der Rechtsträger ist zugleich Kläger und Beklagter, wobei er von verschiedenen Behörden gesetzlich vertreten wird.[1138] Eine differenziertere Einordnung, die auch mit der im vorigen Kapitel vorgenommenen Systematisierung der Konfliktebenen kompatibel ist und auch Insichprozesse im weiteren Sinne erfasst, nimmt Wolfgang Löwer vor.[1139] Er unterscheidet ausgehend von der abstrakten Definition grundlegend zwischen den Konstellationen, in denen die gegeneinander klagenden Behörden im vertikalen Verhältnis stehen, und denjenigen, in denen sie hierarchisch nebeneinander angesiedelt sind.[1140] Innerhalb dieser beiden Rubriken wird weitergehend nach der Zielrichtung des Klagebegehrens abgegrenzt: Sowohl im Über-/Unterordnungsverhältnis als auch im Gleichordnungsverhältnis kann die klagende Behörde entweder eine Kompetenzverletzung oder die inhaltliche Unrichtigkeit einer Verwaltungsentscheidung rügen. So entsteht eine Matrix aus vier zu unterscheidenden Kategorien, deren rechtliche Beurteilung unter Berücksichtigung der jeweiligen Spezifika getrennt voneinander erfolgen kann.[1141] Diesen Kategorien lassen sich dann wiederum Einzelbeispiele zuordnen, wie etwa der „Staat als Fiskus gegen den Staat als Staathoheitsträger“ oder die „Klage einer juristi-

---

Organstreit aus dem Dunstkreis des mit dem Beigeschmack des Unzulässigen behafteten Insichprozesses herausholen [wollte]“.

1138 BVerwGE 45, 207 (209) = NJW 1974, 1836 (1836); *Czybulka/Siegel*, in: Sodan/Ziekow (Hrsg.), VwGO, 5. Aufl. 2018, § 61 Rn. 41; *Wahl/Schütz*, in: Schoch/Schneider (Hrsg.), VwGO, 41. EL 2021, § 42 Abs. 2 Rn. 102.

1139 Vgl. *Löwer*, VerwArch 68 (1977), 327 (332), der zudem noch auf das Sonderproblem der Konfusion Bezug nimmt, auf das vorliegend mangels Relevanz nicht eingegangen wird.

1140 Daneben führt *Löwer* noch eigens eine Kategorie an, die er als „gesetzlich geregelte Fälle“ bezeichnet, deren Zulässigkeit er als unstreitig behandelt. Hierbei handelt es sich indes um keine dritte Fallgruppe neben horizontalen und vertikalen Auseinandersetzungen, da auch Insichprozesse in gesetzlich klar geregelten Fällen sich einer dieser beiden Kategorien zuordnen lassen. Es bot sich lediglich für *Löwer* aus strategischen Gründen an, diese Fälle gesondert zu betrachten, da im Gegensatz zu nicht gesetzlich geregelten Fällen die Zulässigkeit dort unproblematisch ist.

1141 Die Lösung zu den einzelnen Fallgruppen findet sich dann bei *Löwer*, VerwArch 68 (1977), 327 (338ff.), wobei die ausdrücklich gesetzlich zugelassenen Fälle als unproblematisch zu Beginn vorgeschoben werden.

schen Person […] gegen einen ihr zugehörigen weisungsfreien Ausschuß".[1142] Die von Löwer skizzierte Ordnung möglicher Insichprozesse nach den aufgeführten Fallgruppen überzeugt, ermöglicht sie doch eine nuancierte Beurteilung der Zulässigkeit und Zweckmäßigkeit solcher Verfahren mit Blick auf die im zurückliegenden Kapitel dargestellten Konfliktsituationen. Sie dient daher als stabile Grundlage für die nachfolgende Würdigung.

2. Zulässigkeit von Insichprozessen zur Konfliktbeilegung

Klärungsbedürftig erscheint, ob und inwieweit Insichprozesse aus rechtlicher Sicht ein probates Mittel sind, um Binnenkonflikte aufzulösen. Neben allgemeinen verwaltungsprozessualen Einwänden (a)) bestehen Bedenken im Hinblick auf die Vereinbarkeit mit den einschlägigen Unabhängigkeitsvorgaben (b)).

a) Allgemeine verwaltungsprozessuale Zulässigkeit

Jedenfalls wenn die Beteiligten demselben Rechtsträger angehören, bedarf es einer eingehenden Erörterung, ob Insichprozesse überhaupt prozessrechtlich zulässig sind.[1143] Denn der auf Außenrechtsbeziehungen zugeschnittenen Verwaltungsgerichtsordnung sind Konstellationen mit Personenidentität der Beteiligten fremd.[1144] Die in der frühen Verwaltungsrechtswissenschaft vorherrschende, auf Paul Laband und Georg Jellinek zurückzuführende Impermeabilitätstheorie[1145] verstand den staatlichen Innenbereich als rechtsfreien Raum. Der Staat besitze nur in seiner Gesamtheit Rechtspersönlichkeit, sodass Insichprozesse ausscheiden würden.[1146] Soweit verwaltungsinterne Streitigkeiten aufkeimen, seien diese von der gemeinsamen höheren Instanz

---

1142 Vgl. *Löwer*, VerwArch 68 (1977), 327 (332 [dort die wörtlichen Zitate], 339ff.).

1143 Streiten zwei unterschiedliche juristische Personen des öffentlichen Rechts, wird dies in der Regel als grundsätzlich unproblematisch angesehen. Allenfalls bei der Prüfung einzelner Sachentscheidungsvoraussetzungen ergeben sich Besonderheiten, vgl. *Bartsch*, Staat gegen Staat, 2018, S. 80ff.

1144 S. exemplarisch *Czybulka/Siegel*, in: Sodan/Ziekow (Hrsg.), VwGO, 5. Aufl. 2018, § 61 Rn. 41; *Schoch*, JuS 1987, 783 (784, 787, 793).

1145 Vgl. grundlegend *Laband*, Das Staatsrecht des Deutschen Reiches, Bd. II, 5. Aufl. 1911, S. 181f.; *Jellinek*, System der subjektiven öffentlichen Rechte, 2. Aufl. 1905, S. 194ff., 233; s. auch *Ossenbühl*, in: Isensee/Kirchhof (Hrsg.), Handbuch des Staatsrechts, Bd. V, 3. Aufl. 2007, § 100 Rn. 8ff.; ausführlich *Bartsch*, Staat gegen Staat, 2018, S. 56ff. m.w.N.

1146 Prägnant *Löwer*, VerwArch 68 (1977), 327 (328): „Die ‚Impermeabilitätstheorie' begünstigte die (verbildlichte) Vorstellung, bei dem Staat handele es sich um einen anorganischen Monolithen, dem die Rechtssubjektivität als Rechtsperson allein zu entscheiden.[1147] Unter der Ägide des Grundgesetzes, insbesondere aufgrund der Art. 1 Abs. 3 GG und Art. 20 Abs. 3 GG immanenten Bindung aller Staatsgewalt an Recht und Gesetz, ist indes sämtlichen rechtsfreien Bereichen – und somit auch dem *Impermeabilitätsdogma* – eine Absage zu erteilen.[1148]

In Anknüpfung an die anachronistische Lehre von der Impermeabilität der Verwaltung und darüber hinaus wurden bzw. werden mehrere generelle Einwände gegen die Zulässigkeit von Insichprozessen erhoben.[1149] Erstens wird zum Teil das zivilrechtliche Verbot, mit sich selbst zu prozessieren,[1150] auf den Verwaltungsprozess übertragen oder gar als allgemeiner prozessrechtlicher Grundsatz verstanden.[1151] Eine zweite „öffentlich-rechtliche" Argumentationslinie knüpft an die Idee der Einheit der Verwaltung an und hängt mithin noch eng mit dem überkommenen Bild einer impermeablen Administrative zusammen. Ihr zufolge bilde der Staat eine organisatorische Einheit, innerhalb derer Meinungsverschiedenheiten idealerweise entweder nicht entstehen oder jedenfalls intern durch hierarchische Strukturen oder zwischenbehördliche Verständigung unproblematisch beigelegt werden können.[1152] Verwandt mit dieser Argumentation ist die Ansicht, welche an einem

---

und ungeteilt zukomme […] – was Behörden und Verwaltungsorgane als Träger von Streitigkeiten mit rechtlicher Relevanz notwendig eliminierte.".

1147 Vgl. *Löwer*, VerwArch 68 (1977), 327 (328); bereits früh im Hinblick auf Kompetenzstreitigkeiten *von Seydel/von Graßmann/Piloty*, Bayerisches Staatsrecht, 2. Aufl. 1913, Bd. I, S. 482: „Man könnte nun vielleicht sagen, daß derartige Streitfälle naturgemäß von derjenigen Instanz zu entscheiden seien, welche allein den Streitteilen gemeinsam ist, vom Herrscher.".

1148 Vgl. BVerfGE 33, 1 (10 f.) – Strafgefangene; *Sodan*, in: Sodan/Ziekow (Hrsg.), VwGO, 5. Aufl. 2018, § 40 Rn. 169; *Bartsch*, Staat gegen Staat, 2018, S. 59; *Roth*, Verwaltungsrechtliche Organstreitigkeiten, 2001, S. 167 ff.

1149 Vgl. im Überblick *Löwer*, VerwArch 68 (1977), 327 (336 f.); s. auch *Lorenz*, AöR 93 (1968), 308 (310 ff.); *Kisker*, Insichprozeß und Einheit der Verwaltung, 1968, S. 23 ff.

1150 Vgl. nur lakonisch und apodiktisch *Gottwald*, in: Rosenberg/Schwab/Gottwald (Hrsg.), Zivilprozessrecht, 18. Aufl. 2018, § 40.

1151 Etwa OVG Hamburg, DVBl. 1951, 479 (480): „Es ist ein Grundsatz allgemeinen Verwaltungsrechts, daß Angehörige des gleichen Rechtsträgers nicht miteinander prozessieren können […]."; scharf *Bettermann*, VVDStRL 17 (1958), 118 (171 f.): „Perversion der Verwaltungsgerichtsbarkeit", welche „dem Rechtsschutz des Bürgers zu dienen bestimmt ist und nicht dem Austrag eines Behördenkriegs"; s. ferner die Nachweise bei *Löwer*, VerwArch 68 (1977), 327 (336) mit Fn. 44 bis 46 sowie *Bartsch*, Staat gegen Staat, 2018, S. 65 mit Fn. 101 und 102.

1152 Vgl. etwa *Löwer*, VerwArch 68 (1977), 327 (336) unter Rekurs auf OVG Münster, Urt. v. 28.11.1952, OVGE 6, 224 (227); *Bartsch*, Staat gegen Staat, 2018, S. 60 f., jeweils m. w. N.; s. auch zu hierarchischen Weisungen im Kontext von Organstreitigkeiten ausführlich *Roth*, Verwaltungsrechtliche Organstreitigkeiten, 2001, S. 215 ff.

Insichprozess beteiligten Behörden insoweit das Rechtsschutzbedürfnis abspricht.[1153] Verbreitet war zudem die Auffassung, Behörden stünden untereinander *per se* keine subjektiven Rechte im Sinne des § 42 Abs. 2 VwGO zu.[1154]

In kritischer Perspektive ist anzumerken, dass keiner der gängigen Einwände gegen die prinzipielle Zulässigkeit von Insichprozessen durchschlagendes Gewicht hat. Dem unreflektiert auf das Verwaltungsprozessrecht übertragenen Axiom, Kläger und Beklagter können nicht identisch sein, fehlt die Substanz.[1155] Es verkennt, dass juristische Personen des öffentlichen Rechts kein unteilbares Ganzes sind, sondern mit ihren Verästelungen durchaus Schauplatz widerstreitender Auffassungen sein können. Vor diesem Hintergrund kann auch die Berufung auf das Zweiparteienprinzip der §§ 61, 63 VwGO die Unzulässigkeit von Insichprozessen ebenso wenig belegen wie die Nichtberücksichtigung interner Streitigkeiten im Wortlaut der Verwaltungsgerichtsordnung und der Rekurs auf deren Gesetzesbegründung.[1156] Entsprechendes gilt für den in Stellung gebrachten vagen Grundsatz der Einheit der Verwaltung, hinter dem sich allenfalls eine verwaltungsorganisatorische Idealvorstellung denn eine normative Aussagekraft verbirgt.[1157] In Anbetracht eines fehlenden Bekenntnisses des Grundgesetzes zu einer einheitlichen Administrative könnte man gar die Berechtigung der These gänzlich in Zweifel ziehen.[1158] In der Rechtswirklichkeit spricht hierfür nicht zuletzt die steigende Zahl verselbständigter bzw. unabhängiger Stellen, die eine homogene Verwaltungspraxis zusätzlich erschwert.[1159] Sinngemäß lässt sich damit gleichermaßen die Auffassung ablehnen, die das Vorhandensein eines Rechtsschutzbedürfnisses generell in Abrede stellt: Wenn die Verwaltung weder ein monolithischer Block ist, noch eine zur Streitbeilegung kompe-

---

[1153] Hierzu *Löwer*, VerwArch 68 (1977), 327 (336); *Hoffmann*, BayVBl. 1959, 324 (324); *Bartsch*, Staat gegen Staat, 2018, S. 66.

[1154] *Löwer*, VerwArch 68 (1977), 327 (336) mit den entsprechenden Primärnachweisen; *Bartsch*, Staat gegen Staat, 2018, S. 94 (unter weiterem Rekurs auf *H. H. Rupp*, Grundfragen der heutigen Verwaltungsrechtslehre, 2. Aufl. 1991, S. 99).

[1155] S. auch *Bartsch*, Staat gegen Staat, 2018, S. 65: „[Die Ablehnung von Insichprozessen wurde anfangs] oft noch mit eher nebulösen Grundsätzen […] begründet […]".

[1156] Vgl. hierzu mit den jeweiligen Nachweisen *Bartsch*, Staat gegen Staat, 2018, S. 66 f.

[1157] Deutlich *Bartsch*, Staat gegen Staat, 2018, S. 61 ff.; *Oldiges*, NVwZ 1987, 737 ff.; *Schuppert*, DÖV 1987, 757 (757 ff., 761, 767 f.).

[1158] Zutreffend *Bartsch*, Staat gegen Staat, 2018, S. 63 f., der feststellt, dass das Grundgesetz eine Einheit der Verwaltung nicht fordert und teilweise sogar ausschließt (wie im Falle des Art. 28 Abs. 2 GG); überspitzt *Leisner*, Die undefinierbare Verwaltung, 2002, S. 196, 207.

[1159] S. hierzu bereits unter Kapitel 2, B.III.2.

tente Aufsicht existiert, kann sehr wohl ein Bedürfnis nach gerichtlichem Rechtsschutz gegeben sein. Schließlich entbehrt auch die Aussage, Behörden könnten wechselseitig keine subjektiven Rechte geltend machen, einer plausiblen Begründung bzw. es leuchtet jedenfalls nicht ein, warum angesichts des Bestehens von § 42 Abs. 2 Hs. 1 VwGO Insichprozesse deshalb von vornherein ausgeschlossen sein sollen.

Richtigerweise ist anstelle generalisierender Wertungen die Zulässigkeit von Insichprozessen im Einklang mit der Praxis des BVerwG[1160] lehrbuchartig an den konkreten verwaltungsprozessualen Sachentscheidungsvoraussetzungen zu messen.[1161] Dreh- und Angelpunkt ist hierbei das Erfordernis der Klagebefugnis gemäß § 42 Abs. 2 VwGO (analog) bzw. allgemeiner gewendet die Frage, inwieweit Behörden eine „subjektive Rechtsverletzung" geltend machen können.[1162] Dass sich die Rechtswissenschaft im Hinblick auf behördliche Rechtspositionen – soweit sie überhaupt Anerkennung finden[1163] – auf dogmatisch höchst unsicherem Terrain befindet[1164] und dies

[1160] Bereits BVerwGE 10, 145 = NJW 1960, 1267 ff. knüpfte an konkrete Sachentscheidungen an; deutlich BVerwGE 45, 207 = NJW 1974, 1836; *Löwer*, VerwArch 68 (1977), 327 (337).

[1161] Zum Übergang der Argumentation von generalisierenden Grundsätzen zur Anknüpfung an Sachentscheidungsvoraussetzungen *Bartsch*, Staat gegen Staat, 2018, S. 64 ff.

[1162] In der Rspr. (spätestens) seit BVerwGE 45, 207 = NJW 1974, 1836; *Lorenz*, AöR 93 (1968), 308 (312 f.); *Kisker*, Insichprozeß und Einheit der Verwaltung, 1968, S. 29 ff.; *Löwer*, VerwArch 68 (1977), 327 (337); *Herbert*, DÖV 1994, 108 (110); zu den erleichterten Voraussetzungen der Antragsbefugnis von Behörden im Rahmen der – allerdings nicht kontradiktorischen – prinzipalen Normenkontrolle des § 47 Abs. 2 VwGO s. *Giesberts*, in: Posser/Wolff (Hrsg.), BeckOK VwGO, 59. Edition 2021, § 47 Rn. 42; zu Besonderheiten bei den verbleibenden Sachentscheidungsvoraussetzungen s. *Bartsch*, Staat gegen Staat, 2018, S. 414 ff.; *Buchwald*, Der verwaltungsgerichtliche Organstreit, 1998, S. 27 ff., 74 ff., 152 ff.; *Roth*, Verwaltungsrechtliche Organstreitigkeiten, 2001, S. 906 ff.

[1163] Vgl. etwa *Doehring*, in: Merten/Morsey (Hrsg.), 30 Jahre Grundgesetz, 1979, S. 125 (134): „die Staatsgewalt hat keine Rechte, sondern Kompetenzen"; dass die Aussage, der Staat könne kein Rechteinhaber sein, unzutreffend ist, zeigt sich bereits daran, dass bestimmten Stellen kraft Gesetzes klagefähige Rechtspositionen (wie Gemeinden die Selbstverwaltungsgarantie aus Art. 28 Abs. 2 S. 1 GG) eingeräumt werden. Zu Recht steht *Bartsch*, Staat gegen Staat, 2018, S. 258 ff. daher dieser Aussage ablehnend gegenüber; s. auch *K. F. Röhl/H. C. Röhl*, Allgemeine Rechtslehre, 3. Aufl. 2008, S. 378 f.; *Scherzberg*, in: Ehlers/Pünder (Hrsg.), Allgemeines Verwaltungsrecht, 15. Aufl. 2016, § 12 Rn. 27; *Kröger*, Unabhängigkeitsregime im europäischen Verwaltungsverbund, 2020, S. 392 f.; *Lorenz*, AöR 93 (1968), 308 (313 ff.).

[1164] Vgl. erschöpfend *Bartsch*, Staat gegen Staat, 2018, S. 258 ff. mit zahlreichen Nachweisen; allgemein zum subjektiven öffentlichen Recht *Maurer/Waldhoff*, Allgemeines Verwaltungsrecht, 20. Aufl. 2020, § 8 Rn. 1 ff., die in Rn. 2 erkennen, dass subjektive öffentliche Rechte auch im Verhältnis juristischer Personen des öffentlichen Rechts untereinander existieren, sich aber nachfolgend nur mit dem Verhältnis auch in der unterschiedlichen Terminologie zum Ausdruck gelangt[1165], spielt für die vorliegende Untersuchung keine ausschlaggebende Rolle. Entscheidend ist, dass Behörden(teilen) grundsätzlich der Zugang zu gerichtlichem Rechtsschutz eröffnet werden kann. Hierzu hat der Gesetzgeber ohne Weiteres nach § 42 Abs. 2 Hs. 1 VwGO die Möglichkeit, vom Erfordernis der Geltendmachung einer subjektiven Rechtsverletzung abzusehen. Die Neueinführung von Klagerechten der Administrative ist nicht nur zulässig,[1166] sondern bereits punktuell im geltenden Recht vorzufinden[1167]. Das Verwaltungsprozessrecht steht Insichprozessen als Mittel zur Konfliktbeilegung mithin nicht *a priori* im Weg.

b) Zulässigkeit im Lichte der Unabhängigkeitsvorgaben

Nachdem festgestellt werden konnte, dass gegen die Zulässigkeit von Insichprozessen keine generellen verwaltungsprozessualen Einwände bestehen, stellt sich die Frage, inwieweit derartige Verfahren mit den geltenden Unabhängigkeitsvorgaben in Einklang zu bringen sind. Zu trennen sind hierbei vertikale (aa) und horizontale Streitigkeiten (bb). Schließlich können sich Insichprozesse auch unter dem Aspekt der finanziellen Unabhängigkeit als problematisch erweisen (cc).

Bürger/Staat befassen; *Scherzberg*, in: Ehlers/Pünder (Hrsg.), Allgemeines Verwaltungsrecht, 15. Aufl. 2016, § 12 Rn. 1 ff.; im Kontext von Organstreitverfahren *Roth*, Verwaltungsrechtliche Organstreitigkeiten, 2001, S. 287 ff., 329 ff.; s. auch den Überblick bei *Schmidt-Kötters*, in: Posser/Wolff (Hrsg.), BeckOK VwGO, 59. Edition 2021, § 42 Rn. 143 ff.; *Löwer*, VerwArch 68 (1977), 327 (338 ff.) m. w. N. nimmt eine kasuistische Bewertung behördlicher Klagerechte vor und stellt den Meinungsstand ausführlich dar.

1165 Das Spektrum der verwendeten Begriffe für Rechtspositionen (von Teilen) des Staates reicht von „Quasi-Rechte“, „rechtlich geschützte Interessen“ über „wehrfähige Innenrechtspositionen“ und „organschaftliche Rechte“ bis hin zur Einordnung als „subjektives öffentliches Recht“, ohne dass damit in der Sache zwangsläufig Unterschiede verbunden sein müssen, vgl. ausführlich *Bartsch*, Staat gegen Staat, 2018, S. 273 ff. m. w. N.; *Buchwald*, Der verwaltungsgerichtliche Organstreit, 1998, S. 45 ff.

1166 Prägnant etwa *Wahl/Schütz*, in: Schoch/Schneider (Hrsg.), VwGO, 41. EL 2021, § 42 Abs. 2 Rn. 37.

1167 Als Beispiel für einen gesetzlich zugelassenen Insichprozess im Regulierungsrecht kann der bereits genannte § 4 Abs. 3a BEVVG im Eisenbahnsektor angeführt werden, auf den sogleich noch zurückzukommen sein wird; zahlreiche weitere Beispiele bei *Wahl/Schütz*, in: Schoch/Schneider (Hrsg.), VwGO, 41. EL 2021, § 42 Abs. 2 Rn. 40 ff.; *Schmidt-Kötters*, in: Posser/Wolff (Hrsg.), BeckOK VwGO, 59. Edition 2021, § 42 Rn. 216; *Sodan*, in: Sodan/Ziekow (Hrsg.), VwGO, 5. Aufl. 2018, § 42 Rn. 402 ff.; *Jestaedt*, Demokratieprinzip und Kondominialverwaltung, 1993, S. 109 mit den weiterführenden Nachweisen aus dem Schrifttum in Fn. 361.

aa) Im vertikalen Verhältnis

Bei Insichprozessen im vertikalen Verhältnis können drei Konstellationen voneinander unterschieden werden. Zunächst ist denkbar, dass die unabhängige Behörde selbst Klage erhebt, um ihre unabhängige Stellung gegen aufsichtliche Maßnahmen zu verteidigen (1). Möglich ist aber auch der umgekehrte Fall, bei dem gegen eine unabhängige Behörde geklagt wird, um diese zu rechtmäßigem Handeln anzuhalten (2). Drittens können schließlich Insichprozesse im behördeninternen Verhältnis in Betracht gezogen werden (3).

(1) Insichprozess einer Behörde zur Absicherung ihrer unabhängigen Stellung

Als Beispiel für einen gesetzlich ausdrücklich normierten, vertikalen Insichprozess in den untersuchten Rechtsgebieten, bei dem die unabhängige Behörde gegen ihre Aufsichtsbehörde klagen kann, wurde das Modell des § 4 Abs. 3a BEVVG im Bereich der Eisenbahnregulierung bereits aufgeführt.[1168] Nach dessen Satz 1 ist die BNetzA befugt, gegen Weisungen des BMVI im Rahmen der Rechtsaufsicht (welche nach Abs. 3 Satz 1 im Anwendungsbereich des ERegG für zulässig erklärt wird) Klage vor dem Verwaltungsgericht zu erheben. Die Sätze 2 bis 5 regeln sodann die prozessualen Modalitäten: Für das Verfahren ist die BNetzA beteiligungsfähig und die als Feststellungsklage im Sinne des § 43 VwGO ausgestaltete Klage muss binnen eines Monats nach Bekanntgabe der Weisung an die BNetzA erhoben werden. Zuständig ist das VG Köln als das mit der Überprüfung von Entscheidungen der BNetzA zuständige Gericht.[1169]

Fraglich ist zunächst, ob es einer expliziten Regelung wie derjenigen des § 4 Abs. 3a BEVVG überhaupt bedurft hätte. Aus Satz 1 folgt jedenfalls im Ergebnis, dass die BNetzA im Sinne des § 42 Abs. 2 VwGO (analog)[1170] klagebefugt ist. Der Wortlaut lässt hingegen offen, ob dies als gesetzliche Ausnahme nach § 42 Abs. 2 Hs. 1 VwGO zu verstehen ist oder ob der Behörde ein subjektiv öffentliches Recht eingeräumt wird. Auch innerhalb der

---

[1168] S. bereits näher unter Kapitel 3, A.I.1.b)aa).

[1169] S. auch *Ludwigs*, NVwZ 2016, 1665 (1670), der noch auf die Möglichkeit einstweiligen Rechtsschutzes nach § 123 VwGO „zur Vermeidung einer Bindung im Interim" hinweist.

[1170] Zum Erfordernis einer Klagebefugnis bei der Feststellungsklage vgl. aus der Rechtsprechung etwa BVerwG, NVwZ 1991, 470 (471); BVerwG, NVwZ 2001, 1396 (1397); BayVGH, DVBl. 1995, 162 (162 ff.); aus der Lit. statt vieler *Möstl*, in: Posser/Wolff (Hrsg.), BeckOK VwGO, 59. Edition 2021, § 43 Rn. 20 ff., dort auch explizit im Kontext von Innenrechtsstreitigkeiten; zur Gegenansicht vgl. *Pietzcker*, in: Schoch/Schneider (Hrsg.), VwGO, 41. EL 2021, § 43 Rn. 30 m.w.N.

Verwaltung kann es grundsätzlich *wehrfähige Innenrechtspositionen* als subjektive öffentliche Rechte geben.[1171] Zu erörtern ist daher nun, ob die unionsrechtliche (und national allenfalls eingeschränkt normierte) Unabhängigkeitsgarantie den betroffenen Stellen eine solche Rechtsposition zu vermitteln vermag. Ausgangspunkt für die Ermittlung subjektiver öffentlicher Rechte ist die in der deutschen Dogmatik vorherrschende Schutznormtheorie, deren „Kanon von Methoden und Regeln" im Wesentlichen prüft, ob eine Norm nicht nur im öffentlichen Interesse erlassen wurde, sondern zumindest auch dem Schutz der Interessen Einzelner zu dienen bestimmt ist.[1172] Die für das Bürger-Staat-Verhältnis entwickelte Theorie erscheint in ihren Grundsätzen auch auf innerstaatliche Konstellationen übertragbar.[1173] Von zentraler Bedeutung ist die Frage, ob die in Rede stehende Vorschrift dem sie betreffenden Verwaltungsteil das Geltendmachen ihrer Einhaltung gewähren soll.[1174] Als Kontrollüberlegung bietet sich die Frage an, welchen Sinn eine Norm noch ergibt, wenn der Teil des Staates, dessen Belange berührt sind, nicht für ihre Befolgung eintreten kann.[1175] Mit Blick auf eine eingeräumte Unabhängigkeit liegt der Status als subjektiv öffentliche Rechtsposition besonders nahe, ist die gerichtliche Durchsetzbarkeit partikularer Interessen durch ein-

---

[1171] Vgl. BVerwGE 45, 207 (210) = NJW 1974, 1836 (1837); *Schmidt-Kötters*, in: Posser/Wolff (Hrsg.), BeckOK VwGO, 59. Edition 2021, § 42 Rn. 149; *Wahl/Schütz*, in: Schoch/Schneider (Hrsg.), VwGO, 41. EL 2021, § 42 Abs. 2 Rn. 102, die diese Rechtspositionen allerdings nicht als subjektive öffentliche Rechte bezeichnen wollen; *Sodan*, in: Sodan/Ziekow (Hrsg.), VwGO, 5. Aufl. 2018, § 42 Rn. 415a nennt als Beispiel den Deutschen Wetterdienst, der als Bundesoberbehörde eine immissionsschutzrechtliche Genehmigung von Windenergieanlagen anfechten kann, da er sich auf den Drittschutz des § 35 Abs. 3 S. 1 Nr. 8 BauGB berufen kann; erschöpfend zum subjektiven Recht im Verhältnis Staat/Staat vgl. *Bartsch*, Staat gegen Staat, 2018, S. 258 ff.; s. auch *Kisker*, Insichprozeß und Einheit der Verwaltung, 1968, S. 35 ff.; eingehend zu subjektiven Rechten bei administrativen Organstreitverfahren *Roth*, Verwaltungsrechtliche Organstreitigkeiten, 2001, S. 461 ff.

[1172] Vgl. aus jüngerer Zeit BVerwG, NVwZ 2019, 163 (164) Rn. 14; aus der Lit. statt vieler *Wahl*, in: Schoch/Schneider (Hrsg.), VwGO, 41. EL 2021, Vorb. § 42 Abs. 2 Rn. 95; *Schmidt-Aßmann*, in: Dürig/Herzog/Scholz (Hrsg.), GG, 95. EL 2021, Art. 19 Abs. 4 Rn. 127 ff.

[1173] Überzeugend *Bartsch*, Staat gegen Staat, 2018, S. 365 ff., 381, der als maßgebliche Kriterien etwa die Zuordnung der Norm, die Finalität des Interessenschutzes, die Schutzwürdigkeit sowie die herausgehobene Betroffenheit anführt; vgl. auch *Ruffert*, Subjektive Rechte im Umweltrecht der Europäischen Gemeinschaft, 1996, S. 224; *Buchwald*, Der verwaltungsgerichtliche Organstreit, 1998, S. 142.

[1174] *Bartsch*, Staat gegen Staat, 2018, S. 377; ähnlich auch *Kröger*, Unabhängigkeitsregime im europäischen Verwaltungsverbund, 2020, S. 394: „normatives Wollen"; *Lerche*, in: Festschrift für F. Knöpfle, 1996, S. 171 (173): „Unabdingbar für die Anerkennung einer Einklagbarkeit […] ist ferner das Vorhandensein *normativ gewollter* prozessualer Durchsetzungsmacht." (Hervorh. im Original).

[1175] *Bartsch*, Staat gegen Staat, 2018, S. 378.

zelne Verwaltungseinheiten doch gerade Ausdruck einer Durchbrechung des Hierarchieprinzips.[1176] Jedenfalls greift vorliegend von vornherein auch das Argument nicht, dass innerhalb einer Hierarchie keine Rechte nachgeordneter Institutionen bestehen könnten, da Streitigkeiten nicht gerichtlich, sondern stets entlang der Weisungspyramide aufzulösen seien[1177].

Dass die (zumeist sekundärrechtlich) verliehene Unabhängigkeit bereits *de lege lata* „Schutznormqualität“ hat, impliziert darüber hinaus auch das Unionsrecht selbst, das insoweit auf das nationale Verwaltungsprozessrecht einwirkt:[1178] Der in Art. 4 Abs. 3 EUV wurzelnde Gedanke der praktischen Wirksamkeit (sog. Effektivitätsgebot) erklärt, dass und warum die EU zur Sicherstellung der Einhaltung ihrer Rechtsordnung für eine Objektivierung des Rechtsschutzes plädiert und die Mitgliedstaaten dazu anhält, durch die Schaffung subjektiver öffentlicher Rechte oder anderweitig einen möglichst weitreichenden Zugang zu den Gerichten zu eröffnen.[1179] Im Gegensatz zum in Deutschland vorherrschenden Konzept des Individualrechtsschutzes und in Anknüpfung an das französische Modell liegt der EU-rechtliche Fokus verstärkt auf der effektiven Durchsetzung des Rechts, unabhängig von dessen subjektivem oder objektivem Gehalt.[1180] Denn gerade im europäischen Mehrebenensystem, in dem die Mitgliedstaaten möglicherweise gar kein Interesse an der Umsetzung bzw. Anwendung von bestimmten Unionsrechtssätzen haben,[1181] stellt ein höheres Maß an objektiver gerichtlicher Kontrolle

---

1176 In diese Richtung auch *Bartsch*, Staat gegen Staat, 2018, S. 370f.

1177 Zu dieser Auffassung etwa *Becker-Birck*, Der Insichprozess in der Verwaltungsgerichtsbarkeit, 1966, S. 76; *Herbert*, DÖV 1994, 108 (111); demgegenüber kritisch *Bartsch*, Staat gegen Staat, 2018, S. 366f.: „Überzeugender ist es allerdings, Rechte auch parallel zu Systemen der Hierarchie zu akzeptieren.“.

1178 Hierzu auch näher *Kröger*, Unabhängigkeitsregime im europäischen Verwaltungsverbund, 2020, S. 400ff. mit Blick auf das behördliche Organisationskonzept des Unionsrechts, die einschlägige EuGH-Rechtsprechung und darauf, dass das Vertragsverletzungsverfahren behördliche Klagerechte nicht ausschließt; vgl. zum subjektiv-öffentlichen Recht im Unionsrecht und dessen Problemfeldern *Scherzberg*, in: Ehlers/Pünder (Hrsg.), Allgemeines Verwaltungsrecht, 15. Aufl. 2016, § 12 Rn. 32ff.; vgl. auch *Pache*, Tatbestandliche Abwägung und Beurteilungsspielraum, 2001, S. 410ff.

1179 Vgl. *Happ*, in: Eyermann (Hrsg.), VwGO, 15. Aufl. 2019, § 42 Rn. 81a; *Wysk*, in: Wysk (Hrsg.), VwGO, 3. Aufl. 2020, § 42 Rn. 106, 108; zur Erweiterung der Rechtsschutzmöglichkeiten des Bürgers s. noch näher unter Kapitel 4, A.I.4.b)aa).

1180 Zum französischen Modell s. *Marsch*, Subjektivierung der gerichtlichen Verwaltungskontrolle in Frankreich, 2011, S. 33ff., S. 86ff.; *Masing*, Die Mobilisierung des Bürgers für die Durchsetzung des Rechts, 1997, S. 196ff.; zum europäischen Konzept s. *Masing*, a.a.O., S. 19ff., 215ff.; *Classen*, VerwArch 88 (1997), 645ff.; s. noch näher unter Kapitel 4, A.I.4.b)aa).

1181 Vgl. *Masing*, Die Mobilisierung des Bürgers für die Durchsetzung des Rechts, 1997, S. 41.

ein sinnvolles Korrektiv dar. Erreicht werden kann dies durch abgesenkte Eintrittsschwellen zu den Gerichten bzw. spiegelbildlich die Ausweitung justiziabler Rechtspositionen für den Bürger oder auch andere betroffene Stellen wie vorliegend unabhängige Behörden. Insbesondere in Bereichen, in denen Vollzugsdefizite – namentlich bei der Richtlinienumsetzung – zu beobachten sind, erscheint insoweit eine großzügigere Gewährung von Rechtsschutz erwägenswert.[1182] So ist vor allem dem Umweltrecht der sog. Interessenrechtsschutz mit der Möglichkeit von altruistischen Verbandsklagen bekannt.[1183] Da die Umwelt naturgemäß nicht die Einhaltung der (unionsrechtlich radizierten) Vorschriften zu ihrem Schutz geltend machen kann, müssen stellvertretend andere, etwa Naturschutzvereinigungen, darüber wachen. Dies ebnet den Weg von der Verletzten- zur Interessentenklage.[1184] Sinngemäß ist diese Konstruktion trotz vorhandener Divergenzen[1185] auch auf die Verteidigung unabhängiger Behörden im Wesentlichen anwendbar. Insofern ist eine vergleichbare „Gefährdungslage" begründet, als jeweils die Nichtbeachtung europäischen Rechts im Raum steht. Ob dabei der Außenrechtskreis oder lediglich der staatliche Binnenbereich betroffen ist, spielt ebenso wenig eine entscheidende Rolle wie die Frage, ob die Rüge der Beeinträchtigung einer eigenen oder fremden Rechtsposition geltend gemacht wird. Es geht um eine

---

[1182] Ähnlich *Wysk*, in: Wysk (Hrsg.), VwGO, 3. Aufl. 2020, § 42 Rn. 106; vgl. ferner *Dietz*, UPR 2016, 469 (470); *Guckelberger*, Deutsches Verwaltungsprozessrecht unter unionsrechtlichem Anpassungsdruck, 2017, S. 48, 53; s. auch bereits *Ruffert*, Subjektive Rechte im Umweltrecht der Europäischen Gemeinschaft, 1996, S. 101 ff. m. w. N.

[1183] Vgl. Art. 11 RL 2011/92/EU des Europäischen Parlaments und des Rates v. 13.12.2011 über die Umweltverträglichkeitsprüfung bei bestimmten öffentlichen und privaten Projekten („UVP-RL 2011/92/EU"), ABl. 2012, L 26/1, zuletzt geändert durch Art. 1 ÄndRL 2014/52/EU v. 16.4.2014, ABl. 2014, L 124/1; die nationale Umsetzung ist durch § 2 UmwRG erfolgt, der anerkannte Vereinigungen von der Geltendmachung einer subjektiven Rechtsverletzung befreit; s. hierzu etwa *Wahl/Schütz*, in: Schoch/Schneider (Hrsg.), VwGO, 41. EL 2021, § 42 Abs. 2 Rn. 228 ff. sowie *Schmidt-Aßmann/Schenk*, a. a. O., Einleitung, Rn. 172; *Sodan*, in: Sodan/Ziekow (Hrsg.), VwGO, 5. Aufl. 2018, § 42 Rn. 400a m. w. N.; *Wysk*, in: Wysk (Hrsg.), VwGO, 3. Aufl. 2020, § 42 Rn. 107; *Masing*, in: Hoffmann-Riem/Schmidt-Aßmann/Voßkuhle (Hrsg.), Grundlagen des Verwaltungsrechts, Bd. I, 2. Aufl. 2012, § 7 Rn. 93a; grundlegend zur Herleitung und Durchsetzung subjektiver Rechte auf dem Gebiet des Umweltschutzes *Ruffert*, Subjektive Rechte im Umweltrecht der Europäischen Gemeinschaft, 1996, S. 71 ff., 224 ff., 291 ff., speziell zur Verbandsklage S. 216 ff.

[1184] Hierzu *Schlacke*, DVBl. 2015, 929 ff.

[1185] Ein Unterschied liegt darin, dass bei der altruistischen Verbandsklage jemand anderes ein subjektives Recht geltend macht (z. B. eine Naturschutzvereinigung stellvertretend für die Rechtsinhaberin Umwelt), während die unabhängige Behörde ihre *eigene* Rechtsposition verteidigen würde. Freilich kann die Behörde allerdings nur durch ihre Organe bzw. Amtswalter handeln.

objektive Rechtsverletzung, an deren Abwendung möglicherweise einzig die Behörde selbst ein Interesse hat. Daher ist es nur konsequent, in den einschlägigen unionsrechtlichen Bestimmungen, die eine administrative Unabhängigkeit vorsehen, eine wehrfähige Innenrechtsposition zu erblicken, auf die sich die Behörde bzw. der Behördenteil berufen kann. Vor diesem Hintergrund hat eine Vorschrift wie diejenige des § 4 Abs. 3a Satz 1 BEVVG dahingehend deklaratorischen Charakter, ist aber unter dem Aspekt der Rechtssicherheit zu begrüßen. Die unmittelbar praktische (im wahrsten Sinne des Wortes *bahn*brechende) Auswirkung dieser Auffassung besteht darin, dass sich auch außerhalb des Eisenbahnsektors unabhängige Behörden ohne nationales „Zugeständnis“ vor Gericht auf ihre unionsrechtlich verbürgte Unabhängigkeit stützen können.

Die Einräumung der *Beteiligtenfähigkeit* der BNetzA in § 4 Abs. 3a Satz 2 BEVVG erübrigt des Weiteren den Streit, woraus sich diese normativ konkret ergeben soll. Erkennt man allerdings mit Recht die Unabhängigkeitsgarantie als wehrfähige Rechtsposition an, resultiert daraus zwingend im Ergebnis das Vorliegen der Beteiligtenfähigkeit. Denn wenn ein Verwaltungsteil das geltend gemachte subjektive Recht selbst innehat, ist er aufgrund der „Relativität der Rechtsfähigkeit im öffentlichen Recht“ stets auch beteiligtenfähig – mit anderen Worten ist insoweit der Schluss von der Klagebefugnis auf die Beteiligtenfähigkeit zulässig.[1186] In Ermangelung einer Regelung wie § 4 Abs. 3a Satz 2 BEVVG wäre aus dogmatischer Sicht noch klärungsbedürftig, unter welche Variante der allgemeinen Vorschrift des § 61 VwGO die in Rede stehenden Konstellationen subsumiert werden können[1187]. Auf § 61 Nr. 3 VwGO kann nur bei Landesbehörden rekurriert werden, sofern das Landesrecht dies ausdrücklich vorsieht. Für Bundesbehörden bedürfte es einer eigenständigen bundesrechtlichen Sonderrege-

---

[1186] *Bartsch*, Staat gegen Staat, 2018, S. 415 f.: „Steht fest, dass einem Teil der Verwaltung das im Prozess geltend gemachte Recht selbst zukommt, dann ist er auch automatisch beteiligtenfähig. Hier wirkt sich die Relativität der Rechtsfähigkeit im öffentlichen Recht aus, aufgrund derer mit einer Zuordnung eines Rechts auch die entsprechende Rechtsfähigkeit mit geregelt wird. Dadurch kann von einer Klagebefugnis auf die Beteiligtenfähigkeit geschlossen werden.“; zur Relativität der Rechtsfähigkeit näher a. a. O., S. 318 ff.; ähnlich *Bier/Steinbeiß-Winkelmann*, in: Schoch/Schneider (Hrsg.), VwGO, 41. EL 2021, § 61 Rn. 7; anders wohl im Bereich des Datenschutzrechts *Kienle/Wenzel*, ZD 2019, 107 (109 f.).

[1187] Zur Meinungsvielfalt hinsichtlich der Beteiligtenfähigkeit im Kontext verwaltungsrechtlicher Organstreitigkeiten s. *Roth*, Verwaltungsrechtliche Organstreitigkeiten, 2001, S. 909 f., der 14 (!) verschiedene Ansichten präsentiert; s. ferner *Wiese*, Zur Beteiligung des Staates im Verwaltungsprozess, 2014, S. 131 ff.; einen Vorschlag für eine Erweiterung des § 61 VwGO um einen Absatz 2 für Organstreitverfahren macht *Buchwald*, Der verwaltungsrechtliche Organstreit, 1998, S. 172.

lung.[1188] § 61 Nr. 1 Alt. 2 VwGO ist darüber hinaus nur auf juristische Personen des öffentlichen Rechts anwendbar; eine Erstreckung auf nicht rechtsfähige Behörden(teile) scheidet sowohl direkt als auch analog aus.[1189] Auch ein Rückgriff auf § 61 Nr. 1 Alt. 1 VwGO mit dem Argument, letzten Endes führe den Prozess ohnehin eine natürliche Person, kommt nicht in Betracht.[1190] Stellt man bei der Klagebefugnis auf eine wehrfähige Position des *Innen*rechts ab, bei der Beteiligtenfähigkeit hingegen auf die letztlich dahinterstehenden natürlichen Personen, werden Innen- und Außenrechtskreis unzulässigerweise miteinander vermengt. Die herrschende Meinung erachtet daher stattdessen zu Recht hinsichtlich der Beteiligtenfähigkeit von Verwaltungseinheiten bei Streitigkeiten innerhalb desselben Rechtsträgers § 61 Nr. 2 VwGO für einschlägig.[1191] Demnach sind Vereinigungen beteiligtenfähig, soweit ihnen ein Recht zustehen kann. Richtigerweise bedarf es einer analogen Anwendung der Vorschrift, da sie ihrem Wortlaut nach auf private bzw. freiwillige Zusammenschlüsse zugeschnitten ist. Der Gesetzgeber hatte bei der Konzeption der VwGO nur Außenrechtssubjekte im Blick, hätte aber nach heutigem Kenntnisstand die Beteiligtenfähigkeit sämtlichen Organisationsformen zugebilligt.[1192] Ist also keine Spezialregelung vorhanden, sind unabhängige Behörden, deren Klagebefugnis sich aus der Unabhängigkeit als wehrfähiger Innenrechtsposition ergibt, analog § 61 Nr. 2 VwGO beteiligtenfähig.

1188 *Kintz*, in: Posser/Wolff (Hrsg.), BeckOK VwGO, 59. Edition 2021, § 61 Rn. 19 mit Beispielen; *Bier/Steinbeiß-Winkelmann*, in: Schoch/Schneider (Hrsg.), VwGO, 41. EL 2021, § 61 Rn. 8.

1189 Ebenso *Bartsch*, Staat gegen Staat, 2018, S. 416.

1190 So aber BVerwG, BeckRS 2007, 20976; *Hoppe*, in: Eyermann (Hrsg.), VwGO, 15. Aufl. 2019, § 61 Rn. 5 m.w.N.; für eine analoge Anwendung des § 61 Nr. 1 VwGO *Gern*, VBlBW 1989, 449 (451); *Franz*, Jura 2005, 156 (160); zu Recht insgesamt ablehnend *Bartsch*, Staat gegen Staat, 2018, S. 416.

1191 *Bier/Steinbeiß-Winkelmann*, in: Schoch/Schneider (Hrsg.), VwGO, 41. EL 2021, § 61 Rn. 3 m.w.N.; *Czybulka/Siegel*, in: Sodan/Ziekow (Hrsg.), VwGO, 5. Aufl. 2018, § 61 Rn. 19 m.w.N.; *Bartsch*, Staat gegen Staat, 2018, S. 416; s. zudem die nachfolgenden Nachweise in Fn. 1192.

1192 Vgl. *Bartsch*, Staat gegen Staat, 2018, S. 416 f. m.w.N.; für eine analoge bzw. entsprechende Anwendung des § 61 Nr. 2 VwGO ebenfalls *Kintz*, in: Posser/Wolff (Hrsg.), BeckOK VwGO, 59. Edition 2021, § 61 Rn. 10 f.; *Bier/Steinbeiß-Winkelmann*, in: Schoch/Schneider (Hrsg.), VwGO, 41. EL 2021, § 61 Rn. 7 m.w.N. (auch zur Gegenansicht); *Czybulka/Siegel*, in: Sodan/Ziekow (Hrsg.), VwGO, 5. Aufl. 2018, § 61 Rn. 19 m.w.N.; für eine grundsätzlich unmittelbare Anwendung hingegen *W.-R. Schenke*, in: Kopp/Schenke (Hrsg.), VwGO, 27. Aufl. 2021, § 61 Rn. 5, 11, der allerdings zwischen Organstreitverfahren und Insichprozessen differenziert und für letztere Kategorie für die „Beteiligungsfähigkeit der allein beteiligten juristischen Person" auf § 61 Nr. 1 VwGO abstellt; offen *Hufen*, Verwaltungsprozessrecht, 12. Aufl. 2021, § 21 Rn. 6.

Vordergründig könnte man in Anbetracht der vorstehenden Ausführungen in der Regelung des § 4 Abs. 3a BEVVG einen gelungenen Mechanismus zur Konfliktlösung im *vertikalen Verhältnis zwischen unabhängiger Behörde und Aufsichtsinstanz* erblicken, die dazu geeignet ist, für die anderen regulierten Netzsektoren (und womöglich darüber hinaus) Pate zu stehen.[1193] Der mit Rücksicht auf die unionsrechtlich geforderte Unabhängigkeit einerseits und (vermeintliche)[1194] Zwänge des verfassungsrechtlichen Demokratiegebots andererseits gewählte vermittelnde Ansatz[1195] stelle eine salomonische Lösung dar, stattet er die betroffene Stelle doch mit einer Klagemöglichkeit gegen zu weitreichende *rechtsaufsichtliche Weisungen* aus. Hier wird aber bereits deutlich, woran das Modell leidet und im Ergebnis zum Scheitern verurteilt ist. Wie § 4 Abs. 3 Satz 1 BEVVG offenlegt, wird im Ausgangspunkt festgestellt, dass die BNetzA, soweit sie das ERegG vollzieht, der Rechtsaufsicht des BMVI untersteht. Geht man mit der hier vertretenen Auffassung zutreffend davon aus, dass das Unionsrecht – konkret Art. 55 Abs. 3 UAbs. 4 Eisenbahn-RL 2012/34/EU – auch einer „bloßen" Rechtskontrolle ablehnend gegenübersteht,[1196] wird dem Lösungsansatz die Grundlage entzogen. Er bekämpft lediglich die Symptome einer zu Unrecht vorenthaltenen uneingeschränkten Unabhängigkeit. Dies gilt losgelöst von der Frage, ob man das der BNetzA verliehene Klagerecht im Wege richtlinienkonformer Auslegung bzw. durch Normierung *de lege ferenda* zu einer Klagepflicht aufwertet.[1197] Wenn nach dem Wortlaut der soeben genannten Richtlinienvorschrift Weisungen weder eingeholt noch entgegengenommen werden dürfen, kann die unabhängige Behörde nicht darauf verwiesen werden, Weisungen zunächst hinzunehmen und diesen dann aktiv zu begegnen.[1198] Mithin eignet sich der im Eisenbahnsektor eingeschlagene Weg nicht als Vorbild für die

---

[1193] So ausdrücklich *Gundel*, EWS 2017, 301 (306).

[1194] Zum Spannungsverhältnis unabhängiger Stellen mit dem nationalen Demokratieprinzip, dessen Anforderungen und möglichen Rechtfertigungsansätzen s. bereits ausführlich unter Kapitel 2, B.II.1.b).

[1195] Vgl. BT-Drs. 18/8334, S. 82: „Beide Positionen können folglich nicht zugleich in vollem Umfang gewahrt werden."; s. ferner *Ludwigs*, in: Festschrift für M. Schmidt-Preuß, 2018, S. 689 (693); s. auch bereits unter Kapitel 3, A.I.1.b)aa).

[1196] S. ausführlich jeweils für die unabhängigen Stellen in den untersuchten Rechtsgebieten unter Kapitel 3, A. m.w.N.; im Kontext der vorliegenden Konstellation *Ludwigs*, NVwZ 2016, 1665 (1670); *Ludwigs*, in: Festschrift für M. Schmidt-Preuß, 2018, S. 689 (694); generell a.A. *Gundel*, EWS 2017, 301 (306) mit Nachweisen zum ganzen Meinungsspektrum in Fn. 76; *Ruffert*, in: Ehlers/Fehling/Pünder (Hrsg.), Besonderes Verwaltungsrecht, Bd. 1, 4. Aufl. 2019, § 21 Rn. 31.

[1197] In diese Richtung *Ludwigs*, NVwZ 2016, 1665 (1670), der allerdings selbst Bedenken anmeldet; an der Notwendigkeit einer solchen Klagepflicht zweifelnd *Gundel*, EWS 2017, 301 (306); zum Ganzen s. bereits näher unter Kapitel 3, A.I.1.b)aa).

[1198] Hierzu auch schon unter Kapitel 3, A.I.1.b)aa).

Konfliktlösung im vertikalen, behördenexternen Verhältnis gegenüber einer formal übergeordneten Behörde, da er sich im Lichte der unionsrechtlichen Unabhängigkeitsvorgaben als unzulässig erweist.

(2) Aufsichtsklage zur Absicherung rechtmäßigen Verwaltungshandelns der unabhängigen Behörde

Demgegenüber könnte die umgekehrte Konstellation tauglicher Gegenstand von Insichprozessen sein: Eine formal übergeordnete Behörde – etwa das Ministerium des einschlägigen Geschäftsbereichs – erhält die Möglichkeit der sog. *Aufsichtsklage*, mithilfe derer sie gerichtlich dagegen vorgehen kann, dass eine unabhängige Behörde der Rechtsordnung zuwiderhandelt. Hierdurch ließen sich, in Ergänzung zum Individualrechtsschutz des Bürgers, durch die Weisungsfreiheit bzw. fehlende Aufsicht entstandene Rechtsschutzdefizite tilgen.[1199] Es handelt sich mithin um ein Instrument, welches dem öffentlichen Interesse an der Rechtmäßigkeit administrativen Handelns losgelöst vom Erfordernis subjektiver öffentlicher Rechte zur Durchsetzung verhilft.[1200] Die Aufsichtsklage hat in Deutschland bisher zwar Seltenheitswert, ist aber nicht ohne Vorbilder. Neben historischen Beispielen wie Klagerechte gegen Ausschüsse für die Anerkennung von Asylbewerbern oder Kriegsdienstverweigerern existieren aktuell beispielsweise im Landesrecht des Saarlands und von Rheinland-Pfalz (jeweils § 17 AGVwGO) Aufsichtsklagen gegen weisungsfreie Widerspruchsausschüsse.[1201] Diese nehmen die Aufgaben wahr, die in anderen Ländern Widerspruchsbehörden obliegen. Gegen ihre Entscheidungen kann zulässigerweise eine Aufsichtsklage erhoben werden.[1202] Allgemein betrachtet ergeben sich gegen die Aufsichtsklage als Unterkategorie des Insichprozesses aus verwaltungsprozessualer Sicht keine Bedenken. Insoweit kann auf die vorstehenden Ausführungen verwiesen werden. Die Klagebefugnis zuständiger Stellen kann jedenfalls durch

---

[1199] *Kröger*, Unabhängigkeitsregime im europäischen Verwaltungsverbund, 2020, S. 413; in diese Richtung auch *Kahl*, Die Staatsaufsicht, 2000, S. 495 f. m. w. N.; zu den Rechtsschutzmöglichkeiten im Individualrechtsschutz s. noch unter Kapitel 4, A.I.4.b)aa).

[1200] *Kintz*, LKRZ 2009, 5 (6); *Guckelberger/Heimpel*, LKRZ 2012, 6 (8, 10); *Kröger*, Unabhängigkeitsregime im europäischen Verwaltungsverbund, 2020, S. 413.

[1201] Vgl. *Kröger*, Unabhängigkeitsregime im europäischen Verwaltungsverbund, 2020, S. 414, der als weitere historische Beispiele das ehemalige preußische Gesetz über die allgemeine Landesverwaltung sowie das ehemalige hamburgische Enteignungsgesetz nennt; s. ferner *Haas*, DÖV 1952, 135 (136 ff.); *Classen*, Demokratische Legitimation im offenen Rechtsstaat, 2009, S. 56, 60.

[1202] *Classen*, Demokratische Legitimation im offenen Rechtsstaat, 2009, S. 56, 60; *von Oertzen*, DVBl. 1961, 650 ff.; *Kintz*, LKRZ 2009, 5 (5 ff.); *Guckelberger/Heimpel*, LKRZ 2012, 6 (7 ff.).

eine gesetzliche Ausnahme nach § 42 Abs. 2 Hs. 1 VwGO konstruiert werden.[1203]

Fraglich ist jedoch, ob diese Form, rechtswidriges Handeln zu unterbinden, mit den *Unabhängigkeitsvorgaben in Einklang* steht. Hieran könnten Zweifel bestehen, da das Damoklesschwert einer möglichen Klageerhebung – gewissermaßen als Minus zur Weisungsbefugnis – geeignet ist, die beklagte Behörde unter Druck zu setzen. Indes gilt zu bedenken, dass eine Behörde mit Verleihung des Unabhängigkeitsstatus nicht in den rechtsfreien Raum entlassen wird. Selbstverständlich ist auch gegen unabhängige Behörden der Rechtsschutz eröffnet.[1204] Telos der die Unabhängigkeit garantierenden Normen ist es, die betroffenen Stellen gegen (sachfremde) Interessen der Regierung bzw. der Politik zu schützen; einen Freibrief für gesetzeswidriges Handeln erteilen die Vorschriften nicht. Mit der Zwischenschaltung von Gerichten zur Rechtmäßigkeitskontrolle existiert ein „Stoßdämpfer" zur Abfederung der Gefahr einer politisch motivierten Einflussnahme, da die Gerichte ihrerseits unabhängige Instanzen darstellen und nur dem Gesetz unterworfen sind.[1205] Dass die Aufsichtsklage mit der behördlichen Unabhängigkeit vereinbar ist, legt zugleich ein Vergleich mit dem Rechtsschutzsystem der EU nahe. Im Rahmen der Nichtigkeitsklage überwacht der Gerichtshof der EU auch die Rechtmäßigkeit der Gesetzgebungsakte und Handlungen der unabhängigen EZB (Art. 263 Abs. 1 Satz 1 Var. 3 AEUV) sowie der Einrichtungen oder sonstigen Stellen der EU mit Rechtswirkung gegenüber Dritten (Art. 263 Abs. 1 Satz 2 AEUV), zu denen u. a. auch unabhängige Unionsagenturen gehören, soweit diese über ein Mindestmaß an Handlungsautonomie verfügen.[1206] Es ist daher nur konsequent, analog hierzu auch den entsprechenden nationalen Stellen die Möglichkeit der Aufsichtsklage einzuräumen. Unabhängigkeitsvorgaben werden hierdurch jedenfalls nicht verletzt.[1207]

[1203] S. unter Kapitel 4, A.I.2.a); vgl. auch *Kröger*, Unabhängigkeitsregime im europäischen Verwaltungsverbund, 2020, S. 415 f., der noch auf Unstimmigkeiten zu § 79 Abs. 2 VwGO und § 113 Abs. 1 VwGO sowie zur Beteiligtenfähigkeit hinweist, hierin aber kein Hindernis bezüglich der Zulässigkeit der Aufsichtsklage sieht.

[1204] Vgl. klarstellend EuGH, Urt. v. 9.3.2010, Rs. C-518/07, ECLI:EU:C:2010:125, Rn. 42 – Kommission/Deutschland; *Kröger*, Unabhängigkeitsregime im europäischen Verwaltungsverbund, 2020, S. 416.

[1205] Ebenso *Kröger*, Unabhängigkeitsregime im europäischen Verwaltungsverbund, 2020, S. 417.

[1206] Vgl. *Gaitanides*, in: von der Groeben/Schwarze/Hatje (Hrsg.), Europäisches Unionsrecht, 7. Aufl. 2015, Art. 263 AEUV Rn. 14 f.; *Dörr*, in: Grabitz/Hilf/Nettesheim (Hrsg.), Das Recht der Europäischen Union, 74. EL 2021, Art. 263 AEUV Rn. 23 ff.

[1207] So auch *Kröger*, Unabhängigkeitsregime im europäischen Verwaltungsverbund, 2020, S. 417; im Kontext weisungsfreier Widerspruchsausschüsse *Siegmund*, NordÖR 2014, 209 (213).

Gleichwohl ist, soweit ersichtlich, im Regulierungs- und Kartellrecht eine nationale Aufsichtsklage bislang nicht vorgesehen. Überraschend ist diese Erkenntnis nicht, geht doch der (Bundes-)Gesetzgeber ohnehin weitestgehend vom Fortbestehen einer Rechtsaufsicht mit Weisungsbefugnissen aus. Ist, wie etwa bei den Landesregulierungsbehörden, die unabhängige Stellung hingegen vollständig anerkannt, sah die Legislative für eine Aufsichtsklage bisher offenbar keinen Bedarf. Dessen ungeachtet wäre ihre Einführung aus unions-[1208] und verfassungsrechtlicher Sicht ohne Weiteres möglich. Insoweit ist anerkannt, dass die Aufsichtsklage nicht vorhandene Steuerungsmöglichkeiten kompensieren und minimieren kann.[1209] Manche halten es gar aus Gründen der parlamentarischen Verantwortlichkeit und des Rechtsstaatsprinzips für verfassungsrechtlich geboten, bei unabhängigen Stellen grundsätzlich Aufsichtsklagen zuzulassen.[1210] Zwar würde dies einer unabhängigen Einrichtung in doppelter Hinsicht zusätzliche demokratische Legitimation verleihen: einerseits durch gerichtliche Kontrolle, andererseits dadurch, dass deren Anstoß die demokratisch lückenlos legitimierte Ministerialverwaltung gibt. Dennoch enthält das Grundgesetz richtigerweise keinen dahingehenden Auftrag an den Gesetzgeber.[1211] Ein Junktim zwischen der Schaffung weisungsfreier Behörden und von Klagerechten der Aufsichtsbehörde besteht nicht. Die Verfassung verlangt nicht die Herstellung rechtmäßiger Zustände um jeden Preis, wie die nicht infrage gestellten Prinzipien der Bestandskraft

---

1208 Zur unionsrechtlichen Zulässigkeit gerichtlichen Rechtsschutzes gegen unabhängige Behörden s. neben den Nachweisen in diesem Abschnitt insb. auch unter Kapitel 3, A.I.1.a)cc).

1209 Für die Bundesaufsicht beim Vollzug von Bundesgesetzen, wo der Bund-Länder-Streit nach Art. 93 Abs. 1 Nr. 3 GG fehlende Weisungsbefugnisse ersetzt, s. BVerfGE 8, 122 (131 f.) – Volksbefragung Hessen; im Kontext unabhängiger Musterungs- und Prüfungskammern für Kriegsdienstverweigerer, wo der zuständige Minister klagebefugt war, BVerwG, NJW 1958, 2032 (2032 f.); aus der Lit. *E. Klein*, Die verfassungsrechtliche Problematik des ministerialfreien Raumes, 1974, S. 214; im Kontext weisungsfreier Widerspruchsausschüsse *Guckelberger/Heimpel*, LKRZ 2012, 6 (6 f.); zum Ganzen *Kröger*, Unabhängigkeitsregime im europäischen Verwaltungsverbund, 2020, S. 418 f.

1210 In Bezug auf weisungsfreie Widerspruchsausschüsse OVG Koblenz, NVwZ-RR 2003, 75 (75); aus dem Schrifttum deutlich *E. Klein*, Die verfassungsrechtliche Problematik des ministerialfreien Raumes, 1974, S. 214: „Dies bedeutet, daß ministerialfreie Räume nur insoweit zuläßig sind, als der Exekutivspitze eine Rechtsaufsicht oder zumindest das Recht zusteht, gegen Entscheidungen weisungsfreier Stellen Klage zu erheben."; vgl. ferner *Haas*, VerwArch 49 (1958), 14 (22 f., 28 f.); *Seebode*, DVBl. 1968, 177 (177 f.); *Füßlein*, Ministerialfreie Verwaltung, 1972, S. 328; *Kintz*, LKRZ 2009, 5 (5 f.); *Guckelberger/Heimpel*, LKRZ 2012, 6 (7) m. w. N.

1211 So auch *von Oertzen*, DVBl. 1961, 650 (651); *Hinterseh*, Ausschüsse gem. § 73 Abs. 2 VwGO, 2002, S. 43.

und Opportunität zeigen.[1212] Auch dürften mit Blick auf die verbleibenden Rechtsschutzmöglichkeiten die Schutzlücken, welche die Aufsichtsklage schließen würde, überschaubar sein.[1213]

(3) Behördeninterne Konstellationen

Als Anwendungsbereich für Insichprozesse erscheinen ferner im vertikalen Verhältnis *behördeninterne Konstellationen* möglich. Allerdings besteht innerhalb einer Behörde grundsätzlich keine Unabhängigkeit.[1214] Daraus folgt zugleich die Erkenntnis, dass innerbehördlich überhaupt kein (Rechtsschutz-)Bedürfnis nach Insichprozessen vorhanden ist. Ist der Binnenbereich einer Institution hierarchisch organisiert, kann die Behördenspitze Streitigkeiten einseitig mithilfe ihrer herkömmlichen Steuerungsmittel beilegen. Dass sich betroffene interne Stellen dagegen gerichtlich zur Wehr setzen können, ist nicht angezeigt. Gegen rechtswidrige Weisungen ist der einzelne Amtswalter durch die Möglichkeit zur Remonstration ohnehin hinreichend geschützt.[1215] Sind Behördenteile – wie die Vergabekammern gemäß § 157 Abs. 1 GWB[1216] – ausnahmsweise auch im Innenverhältnis unabhängig gestellt, bedarf es ebenfalls keiner Konsultation der Justiz. Unzulässige Einflussnahmeversuche können von den adressierten Stellen unbeachtet bleiben, ohne dass (Verwaltungs-)Gerichte intervenieren müssen.[1217]

Im Ergebnis ist deshalb festzuhalten, dass Insichprozesse im Hinblick auf die bestehenden Unabhängigkeitsvorgaben im vertikalen Verhältnis „nach oben“ entweder unzulässig oder jedenfalls obsolet sind. Im umgekehrt vertikalen, behördenexternen Verhältnis sind sie hingegen grundsätzlich zulässig. Gleichwohl könnte man einer betroffenen Stelle zumindest die (freiwillige) Möglichkeit eröffnen, *Feststellungsklage gegen eine unzulässige Weisung* zu erheben. Auch wenn eine rechtswidrig ergangene Anordnung ohnehin nicht

---

[1212] Ähnlich *Kröger*, Unabhängigkeitsregime im europäischen Verwaltungsverbund, 2020, S. 419 f., der zudem (unter Rekurs auf *Oebbecke*, Weisungs- und unterrichtungsfreie Räume in der Verwaltung, 1986, S. 134 f.) betont, dass die Rechtsaufsicht „mit Art. 20 Abs. 3 GG auf einer schwachen normativen Basis“ steht; Gleiches gilt – auch im Hinblick auf Art. 19 Abs. 4 S. 1 GG – für den Individualrechtsschutz im Außenverhältnis, s. hierzu noch unter Kapitel 4, A.I.4.b)aa).

[1213] S. noch unter Kapitel 4, A.I.4.; *Kröger*, Unabhängigkeitsregime im europäischen Verwaltungsverbund, 2020, S. 420 weist noch darauf hin, „dass bei der Begünstigung einer Person eine erhebliche Wahrscheinlichkeit dafür besteht, dass mittelbar betroffene Personen Klage einreichen (Konkurrentenklage, Nachbarklage)“.

[1214] Hierzu ausführlich unter Kapitel 3, B.II.1.a).

[1215] Zum Remonstrationsverfahren s. im Einzelnen unter Kapitel 3, B.II.1.b)bb)(2).

[1216] Vgl. näher unter Kapitel 3, A.II.1.b)bb).

[1217] Im Kontext der Vergabekammern s. bereits unter Kapitel 3, B.II.1.a)cc).

zu befolgen ist, kann aus Gründen der Rechtssicherheit und zur Zerstörung eines etwaigen Rechtsscheins dennoch ein Interesse daran bestehen, eine gerichtliche Klärung herbeizuführen.

bb) Im horizontalen Verhältnis

Haben sich Insichprozesse zur Konfliktlösung auf vertikaler Ebene als teilweise ungeeignet erwiesen, ist weitergehend ihre „Anwendbarkeit" auf horizontale Konfliktlagen zu untersuchen. Für *behördeninterne Konstellationen* ist zunächst festzustellen, dass im Regulierungs- und Kartellrecht für Insichprozesse unabhängiger Verwaltungseinheiten grundsätzlich kein Raum ist. Die herkömmlich im Bereich der organschaftlich verfassten mittelbaren Staatsverwaltung auftretenden Organstreitigkeiten sind im vorliegenden Kontext nicht vorzufinden.[1218] Durch die hierarchische Binnenstruktur der untersuchten unabhängigen Behörden lassen sich Konflikte konventionell lösen, ohne dass einzelne Abteilungen oder Kollegialspruchkörper[1219] Partikularinteressen gerichtlich gegenüber anderen Stellen derselben Behörde durchsetzen müssen. Auch für den vorgestellten „Sonderfall", bei dem unterschiedliche Ziele innerhalb einer Behörde verfolgt werden (können), eignen sich Gerichte nicht als Austragungsort für aufkeimende Konflikte. Hat der Gesetzgeber eine Behörde mit der Wahrnehmung verschiedener Aufgaben mit gegebenenfalls konträrer Zielrichtung betraut, ist es untunlich, die finale Beilegung des Konflikts auf ein Gericht „outzusourcen", das weder über adäquate Ressourcen im Vergleich zur Behörde verfügt, noch zu einer politischen Entscheidung berufen ist. Ließe man im Falle der EZB, die sowohl über ein geldpolitisches als auch ein aufsichtliches Mandat verfügt, Klagen einzelner Organe (zum EuGH) gegeneinander zu, würde das spezielle Verfahren der Art. 25 f. SSM-VO[1220] konterkariert. Insbesondere das austarierte Verhältnis zwischen dem Aufsichtsgremium und dem EZB-Rat, der nach Art. 26 Abs. 8 Satz 3 SSM-VO Beschlussentwürfen widersprechen kann, sowie der besondere Schlichtungsmechanismus des Art. 25 Abs. 5 SSM-VO verlören ihren Sinn. Zusätzlich könnten die strukturellen und personellen Überlappungen von Aufsichtsgremium und EZB-Rat zu schwierigen prozessualen Verwerfungen führen. Dem Gesagten nach sind Insichprozesse konkret bei der EZB und allgemein bei unabhängigen Institutionen im Regulie-

[1218] S. unter Kapitel 3, B.II.2.a); zur (streitigen) Einordnung von Organstreitverfahren als Insichprozesse s. unter Kapitel 4, A.I.1.a).

[1219] Zur umstrittenen Frage der innerbehördlichen Abhängigkeit von Beschlusskammern und -abteilungen gegenüber der Behördenleitung s. insbesondere unter Kapitel 3, B.II.1.a).

[1220] Näher zu diesem Verfahren s. unter Kapitel 3, B.II.2.a) und Kapitel 4, A.II.2.b)bb).

rungs- und Kartellrecht weder zweckmäßig noch statthaft, solange und soweit ein solcher Fall nicht gesetzlich geschaffen wird.

In *behördenexterner Perspektive* sind Insichprozesse insbesondere denkbar, wenn die behördliche Zusammenarbeit misslingt.[1221] Namentlich geht es um die Rechtsschutzmöglichkeiten einer Behörde, die bei der Beteiligung an einer Entscheidung übergangen worden ist, oder – umgekehrt – um die Herbeiführung einer unterlassenen Mitwirkung bzw. -entscheidung. Im Zentrum steht die Frage, ob sich die klagende Behörde (ihre Beteiligten- und Prozessfähigkeit unterstellt) vor Gericht auf die Verletzung ihrer Mitwirkungsrechte berufen kann. Grundvoraussetzung für die Bejahung eines Rechtsschutzbedürfnisses ist, dass zwischen den beteiligten Behörden keine gemeinsame Spitze existiert, da sonst diese vorrangig Streitigkeiten entscheiden könnte.[1222] Dieses Erfordernis ist bei unabhängigen Behörden in der Regel unproblematisch erfüllt, da bei ihnen gerade keine Entscheidung durch eine Aufsichtsinstanz herbeigeführt werden kann.[1223] Problematischer ist der Gesichtspunkt, ob es jenen auch im Einzelfall möglich ist, mit Erfolg eine Verletzung in eigenen Rechten geltend zu machen.[1224] Im horizontalen Verhältnis ließe sich nach der Intensität der Beteiligungsform – Mitwirkung oder Mitentscheidung[1225] – abschichten.

Im intensiven Beteiligungsmodus des Einvernehmens, bei dem die federführende Behörde nicht ohne das „Okay“ einer anderen Behörde eine Entscheidung treffen kann und letzterer somit faktisch eine Vetoposition eingeräumt wird, wird in beide Richtungen eine justiziable Rechtsverletzung bejaht: Zum einen könne die übergangene Behörde gerichtlich die Beachtung des Einvernehmenserfordernisses erzwingen.[1226] Mit der Normierung eines

---

1221 Vgl. hierzu die Ausführungen unter Kapitel 3, B.II.2.b)bb); zur Problematik von Kompetenzkonflikten s. unter Kapitel 3, B.II.2.b)aa).

1222 Hierzu allgemein unter Kapitel 2, A.II.; im Kontext von Kompetenzkonflikten vgl. insbesondere Kapitel 3, B.I.1.

1223 Konkret am Beispiel von BNetzA und BKartA, wo das BMWi mangels Weisungsrechten gerade keine gemeinsame Entscheidungsspitze ist, *Schmidt-Volkmar*, Das Verhältnis von kartellrechtlicher Missbrauchsaufsicht und Netzregulierung, 2010, S. 139 f.; allgemein *Redeker*, in: Redeker/von Oertzen (Hrsg.), VwGO, 16. Aufl. 2014, § 63 Rn. 8a.

1224 Ausführlich zu subjektiven Rechten im staatlichen Binnenbereich *Bartsch*, Staat gegen Staat, 2018, S. 258 ff. (Staat als Rechtsinhaber), 270 ff. (Rechte des Staates aus dem öffentlichen Recht), 310 ff. (Teile des Staates als Rechtssubjekte), 355 ff. (Ermittlung von Rechten), 381 ff. (Umfang und Adressaten der Rechte); s. auch bereits oben unter Kapitel 4, A.I.2.a).

1225 Zu dieser Differenzierung s. näher unter Kapitel 3, B.I.2.

1226 Überzeugend *Schmidt-Volkmar*, Das Verhältnis von kartellrechtlicher Missbrauchsaufsicht und Netzregulierung, 2010, S. 140; *Lorenz*, AöR 93 (1968), 308 (320 f.); s. auch allgemein *Bartsch*, Staat gegen Staat, 2018, S. 410 f., der feststellt,

Einvernehmens habe der Gesetzgeber der begünstigten Stelle einen gewichtigen Einfluss sichern wollen, sodass im Falle der Missachtung zugewiesene Rechtspositionen verletzt würden. Besonders deutlich komme die gesetzgeberische Intention etwa bei der Marktanalyse bzw. -abgrenzung im Telekommunikationsrecht zum Ausdruck, wo die BNetzA gemäß § 197 Abs. 1 Nr. 1 TKG (= § 123 Abs. 1 Satz 1 TKG a. F.) auf das Einvernehmen des BKartA angewiesen ist. Hier solle die Beteiligung vor allem der Kompetenzwahrung dienen, d. h. verhindern, dass der Zuständigkeitsbereich des BKartA entgegen der gesetzlich vorgesehenen Aufteilung unzulässig eingeschränkt wird.[1227] Daraus leite sich eine kartellbehördliche Klagebefugnis ab. Zum anderen sei es andersherum auch der federführenden Behörde möglich, ein zu Unrecht verweigertes Einvernehmen per gerichtlicher Entscheidung zu ersetzen,[1228] soweit nicht das Gesetz die Ersetzungsbefugnis durch die hauptverantwortliche Behörde in einem speziellen Verfahren regelt[1229]. Schwächere Modi der Beteiligung wie die Stellungnahme sollen hingegen nicht zur Führung eines Insichprozesses berechtigen.[1230] Eine Verletzung eigener Rechte müsse ausscheiden, da die verfahrensleitende Behörde nicht einmal an den Inhalt der Stellungnahme gebunden ist.[1231]

Den dargestellten Standpunkten ist zuzustimmen, soweit sie für die Konstellationen der *Mitentscheidung* die Klagebefugnis für gegeben erachten.

---

dass auch die Verletzung von Beteiligungsrechten staatlicher Stellen durch diese rügefähig sein kann, es sich hierbei aber um „kein spezifisches Problem der Konstellation Staat gegen Staat“ handle.

[1227] Vgl. BT-Drs. 15/2316, S. 99; BT-Drs. 15/3917, S. 69; *Attendorn/Geppert*, in: Geppert/Schütz (Hrsg.), Beck'scher TKG-Kommentar, 4. Aufl. 2013, § 123 Rn. 17; *Schmidt-Volkmar*, Das Verhältnis von kartellrechtlicher Missbrauchsaufsicht und Netzregulierung, 2010, S. 140.

[1228] Vgl. *Siegel*, Die Verfahrensbeteiligung von Behörden und anderen Trägern öffentlicher Belange, 2001, S. 95, dort am Beispiel des § 4 WaStrG, der vorsieht, dass der Bund bei der Verwaltung der Bundeswasserstraßen die Bedürfnisse der Landeskultur und der Wasserwirtschaft im Einvernehmen mit den Ländern zu wahren hat.

[1229] So insbesondere die Ersetzung des rechtswidrig versagten Einvernehmens der Gemeinde durch die nach Landesrecht zuständige Behörde gemäß § 36 Abs. 2 S. 3 BauGB; näher hierzu *Hofmeister*, in: Spannowsky/Uechtritz (Hrsg.), BeckOK BauGB, 53. Edition 2021, § 36 Rn. 29 ff.; zur Ersetzungsbefugnis in den Landesbauordnungen *Siegel*, Die Verfahrensbeteiligung von Behörden und anderen Trägern öffentlicher Belange, 2001, S. 95 f., der deren Sinn darin sieht, „einer etwaig querulatorischen Versagung des Einvernehmens Einhalt zu gebieten“.

[1230] So *Schmidt-Volkmar*, Das Verhältnis von kartellrechtlicher Missbrauchsaufsicht und Netzregulierung, 2010, S. 140, der bei der Stellungnahme von der „[lediglich eröffneten] Möglichkeit zur passiven Einflussnahme“ spricht.

[1231] So argumentiert *Schmidt-Volkmar*, Das Verhältnis von kartellrechtlicher Missbrauchsaufsicht und Netzregulierung, 2010, S. 140; zu den Erscheinungsformen der Mitwirkung und deren Rechtsfolgen s. unter Kapitel 3, B.I.2.

Das Erfordernis des Einvernehmens würde ausgehöhlt, wenn ein Verstoß im Innenverhältnis[1232] folgenlos bliebe bzw. der eigentlich zu beteiligenden Behörde kein Rechtsschutz gewährt würde. Umgekehrt wäre es ebenso nur schwerlich zumutbar, das Einvernehmen als Blockadeinstrument zu missbrauchen, ohne dass die federführende Behörde bei rechtswidriger Versagung die positive Entscheidung ersetzen (lassen) kann. Deshalb ist es konsequent, der betroffenen Stelle in Ermangelung einer Aufsichtsinstanz und eines speziell normierten administrativen Verfahrens die Möglichkeit zur gerichtlichen Geltendmachung ihrer Rechte einzuräumen.

Die pauschale Ablehnung einer Klagebefugnis im Modus der *Mitwirkung* mutet hingegen kritisch an. Zwar trifft es zu, dass diese gegenüber der Mitentscheidung die schwächere Beteiligungsform darstellt. Verstöße gegen Mitwirkungspflichten intern als unbeachtlich abzuqualifizieren, würde jene allerdings ebenfalls in ihrer Bedeutung erheblich entwerten. Trotz ihrer formal geringeren Intensität hat der Gesetzgeber Anhörungsrechte[1233] regelmäßig nicht ohne Sachgrund normiert. Im Gegenteil: Bisweilen können Stellungnahmen für die federführende Behörde bei ihrer Entscheidung sogar maßgeblich sein, etwa wenn die zu beteiligende Stelle einen „Wissensvorsprung" besitzt.[1234] Auch wenn einer Stellungnahme nicht gefolgt werden muss, ist ihr Inhalt jedenfalls zu berücksichtigen. Dies kann nicht geschehen, wenn sie nicht einmal eingeholt wird, zumal die Möglichkeit besteht, dass die Entscheidung der verfahrensleitenden Behörde bei ordnungsgemäßer Beteiligung anders ausgefallen wäre. Daher erscheint es überzeugender, auch in solchen Konstellationen den zu beteiligenden Stellen eine einklagbare Rechtsposition zu verleihen. Für den umgekehrten Fall, in dem sich eine Behörde trotz Aufforderung der Mitwirkung verschließt, sollte mit Blick auf die Klagebefugnis differenziert werden. Räumt das Gesetz ausdrücklich oder nach seinem Telos lediglich die *Gelegenheit* zur Stellungnahme ein, dient die Beteiligung in erster Linie der Wahrung der Rechte bzw. Interessen der zu beteiligenden Behörde; die federführende Stelle ist insoweit nicht rechts-

---

1232 Im Außenverhältnis führt ein Verstoß gegen Beteiligungspflichten zur Rechtswidrigkeit der ergangenen Entscheidung, nicht jedoch zu deren Unwirksamkeit, vgl. unter Kapitel 3, B.I.2.

1233 Zur Anhörung als Grundform der Mitwirkung, die als Unterformen auch die Stellungnahme sowie Berücksichtigungspflichten und das Benehmen einschließt, s. näher unter Kapitel 3, B.I.2.

1234 Vgl. *Siegel*, Die Verfahrensbeteiligung von Behörden und anderen Trägern öffentlicher Belange, 2001, S. 76 f.: „So ist insbesondere bei der detaillierten Beratung durch Sachverständige anerkannt, daß diese im Einzelfalle faktisch einer ‚Mitentscheidung' gleichkommen kann, auch wenn es sich verfahrensrechtlich lediglich um eine Unterform der Mitwirkung handelt."; s. hierzu auch *Brohm*, in: Festschrift für E. Forsthoff, 1972, S. 37 (45).

schutzbedürftig. Ist hingegen Letztere auf die Anhörung angewiesen, etwa aufgrund eines eigenen Defizits an Information oder Sachverstand, ist es sachgerecht, die Mitwirkung notfalls auch gerichtlich erzwingen zu können. Darüber hinaus steht es dem Gesetzgeber frei, nach § 42 Abs. 2 Hs. 1 VwGO klarstellend oder zusätzlich Klagemöglichkeiten für Verwaltungseinheiten zu schaffen. Aus Gründen der Rechtssicherheit wäre ein solcher Vorstoß zu begrüßen.

cc) Finanzielle Unabhängigkeit

Bei unabhängigen Behörden ergibt sich im Zusammenhang mit Insichprozessen unter dem Blickwinkel der finanziellen Unabhängigkeit[1235] ein Sonderproblem. Indem § 154 Abs. 1 VwGO dem unterliegenden Teil die Verfahrenskosten auferlegt, ist mit dem Führen eines Prozesses immer auch ein *Kostenrisiko* verbunden. Die Vorschrift gilt auch für Beteiligten- und Prozessunfähige und ist auf Innenrechtsstreitigkeiten unmittelbar anwendbar.[1236] Wem in materieller Hinsicht die Kosten aufzuerlegen sind – dem Amtswalter als Privatperson, dem nicht vermögensfähigen Beteiligten oder dem vermögensfähigen Rechtsträger – ist streitig.[1237] Herrschend ist die Ansicht, welche der juristischen Person, der die klagende Stelle angehört, die Kosten auferlegt, sofern der Prozess nicht mutwillig aus sachfremden Gründen angestrengt wurde.[1238] Dies kann entweder die Behörde selbst sein, wenn sie eine rechtsfähige juristische Person des öffentlichen Rechts ist, oder aber wie im Bereich der unmittelbaren Staatsverwaltung der jeweilige Rechtsträger als Zurechnungsendsubjekt. Trägt die unabhängige Behörde selbst das Kostenrisiko (ohne dafür eine Kompensation zu erhalten) bzw. wird sie von der zahlungspflichtigen Stelle in Regress genommen, könnte die damit verbundene Abschreckungswirkung einen Verstoß gegen die garantierte finanzielle Unab-

[1235] Allgemein zur finanziellen Unabhängigkeit s. unter Kapitel 1, B.II.5.

[1236] *Hartung/Zimmermann-Kreher*, in: Posser/Wolff (Hrsg.), BeckOK VwGO, 59. Edition 2021, § 154 Rn. 3; *Olbertz*, in: Schoch/Schneider (Hrsg.), VwGO, 41. EL 2021, Vorb. § 154 Rn. 13.

[1237] Ausführlicher Überblick bei *Bartsch*, Staat gegen Staat, 2018, S. 349ff. m.w.N., der sich der Auffassung anschließt, die Kosten habe der vermögensfähige Rechtsträger zu tragen; zur Kostentragung in administrativen Organstreitverfahren eingehend *Roth*, Verwaltungsrechtliche Organstreitigkeiten, 2001, S. 992ff.

[1238] Aus der Rspr. OVG Saarlouis, NVwZ 1982, 140 (140f.); VG Darmstadt, NVwZ-RR 1999, 702 (703) m.w.N.; aus der Lit. *Hartung/Zimmermann-Kreher*, in: Posser/Wolff (Hrsg.), BeckOK VwGO, 59. Edition 2021, § 154 Rn. 3; *Bartsch*, Staat gegen Staat, 2018, S. 354f. mit Fn. 580; *Lange*, in: Festschrift für W.-R. Schenke, 2011, S. 959 (972); a.A. *Neumann/Schaks*, in: Sodan/Ziekow (Hrsg.), VwGO, 5. Aufl. 2018, § 154 Rn. 30 m.w.N.: „Bei nicht rechtsfähigen, aber beteiligtenfähigen Gebilden sind die Kosten des Verfahrens diesen aufzuerlegen.“.

hängigkeit suggerieren. Gleichwohl ist richtigerweise eine Beeinträchtigung derselben in aller Regel abzulehnen. Zum einen erschöpfen sich die einschlägigen Regelungen darin, dass der unabhängigen Behörde ausreichend finanzielle Ressourcen zur Verfügung gestellt werden,[1239] während für die Ausgabenseite (vorliegend in Form möglicherweise anfallender Prozesskosten) die Institution selbst verantwortlich zeichnet. Zum anderen legt auch der EuGH mit Blick auf die finanzielle Autonomie einen großzügigen Maßstab zugrunde: Ein unzulässiger Eingriff liege nur dann vor, wenn sich eine Maßnahme gezielt gegen die Behörde richtet oder eine konkrete Gefährdung ihrer Arbeitsfähigkeit im Raum steht.[1240] Vor diesem Hintergrund begegnen Insichprozesse insoweit keinen Bedenken, zumal das (Rest-)Risiko des Unterliegens jedem Prozess immanent ist. Eine Ausnahme wird allenfalls für Missbrauchskonstellationen zu machen sein, in denen die unabhängige Behörde gezielt zur Anstrengung von Verfahren provoziert wird, um deren personelle und finanzielle Mittel zu binden und dadurch ihre Funktionsfähigkeit zu beeinträchtigen.

3. Zweckmäßigkeit von Insichprozessen als Mittel zur Konfliktlösung

Soweit vorstehend Insichprozesse zur Konfliktlösung bei unabhängigen Stellen als zulässig erachtet wurden, ist zu erörtern, ob sich ihre Etablierung auch als zweckmäßig darstellt. Die – nicht empirisch belegte[1241] – Befürchtung, die jenseits rechtlicher Bedenken hinter der Zulassung von gerichtlichen Auseinandersetzungen im inneradministrativen Verhältnis steht, sind Beeinträchtigungen der Funktionsfähigkeit der Verwaltung. Vor Gericht ausgefochtene Binnenkonflikte könnten von „bloßen" Effizienzeinbußen bis hin zur Paralyse ganzer Verwaltungseinheiten bzw. zu einem „Behördenkrieg"[1242] führen.[1243] Mindestens unterschwellig schwingt dabei auch das Argument

---

1239 Zu den finanziellen Unabhängigkeitsgarantien vgl. etwa im Bereich der Netzregulierung Art. 6 Abs. 2 S. 2 und Art. 9 Kodex-RL (EU) 2018/1972, Art. 57 Abs. 5 UAbs. 1 lit. b–c) Elektrizitäts-RL (EU) 2019/944 bzw. Art. 39 Abs. 5 UAbs. 1 lit. a) Gas-RL 2009/73/EG, Art. 55 Abs. 3 UAbs. 1 S. 1 Eisenbahn-RL 2012/34/EU.

1240 Vgl. EuGH, Urt. v. 28.7.2016, Rs. C-240/15, ECLI:EU:C:2016:608, Rn. 36 ff. – Autorità per le Garanzie nelle Communicazioni; hierzu *Gundel*, EWS 2017, 301 (307); s. auch bereits unter Kapitel 1, B.II.5.

1241 Vgl. *Bartsch*, Staat gegen Staat, 2018, S. 96: „Auf empirischen Fakten beruhende Beweise für den Grad der Beeinträchtigung der Arbeit der Verwaltung sind jedoch in der Regel nicht zu finden.".

1242 Den Begriff verwendet beispielsweise explizit *Bettermann*, VVDStRL 17 (1958), 118 (172).

1243 Vgl. *Bartsch*, Staat gegen Staat, 2018, S. 95 f.; *Lorenz*, AöR 93 (1968), 308 (327): „[V]ollends wäre es eine Pervertierung der Rechtsschutzgarantie, wollte man diese als Waffe des Staates gegen sich selber, zum Schutz staatlicher Behörden gegen mit, derartige Prozesse würden zusätzliche Kosten verursachen, welche letztlich von der steuerzahlenden Allgemeinheit zu tragen wären: Zum einen würden Ressourcen der Verwaltungsgerichte gebunden, zum anderen aber auch personelle Mittel der Verwaltung zum Führen der Prozesse, die ansonsten für dringendere wahrzunehmende administrative Aufgaben eingesetzt werden könnten[1244].[1245] Hinzu komme in zeitlicher Hinsicht der Umstand, dass sich der Zeitpunkt bis zu einer bestands- bzw. rechtskräftigen Entscheidung durch die Einschaltung einer oder mehrerer Instanzen möglicherweise erheblich in die Länge zieht.[1246] Vor diesem Hintergrund seien staatliche Insichprozesse einem effizienten Verwaltungshandeln abträglich.

Relativiert werden diese Einwände durch die Erwartung, dass mit fachkundigem Personal ausgestattete Behörden ihnen eingeräumte Klagerechte maßvoller nutzen als (juristische) Laien, zumal die öffentliche Hand in der Regel nur Klagen mit aus ihrer Sicht realistischen Erfolgsaussichten erheben wird.[1247] Darüber hinaus muss dem höheren Ressourcenaufwand auch der Nutzen gegenübergestellt werden, der mit der gerichtlichen Überprüfung von Verwaltungsentscheidungen einhergeht. So können unrechtmäßige Akte berichtigt werden, was der als Ausfluss des Rechtsstaatsprinzips in Art. 20 Abs. 3 GG verankerten Bindung der Exekutive an Recht und Gesetz zur Durchsetzung verhilft.[1248] Zu berücksichtigen ist insoweit, dass auch Streitigkeiten innerhalb des Staates unmittelbare oder mittelbare Konsequenzen für betroffene Dritte bzw. die Allgemeinheit haben können, sodass die Möglichkeit einer Verwaltungseinheit, die von ihr wahrzunehmenden (Partikular-) Interessen vor Gericht zu verteidigen, potenziell auch dem Gemeinwohl

---

Eingriffe durch eben solche, einsetzen."; ablehnend *Kröger*, Unabhängigkeitsregime im europäischen Verwaltungsverbund, 2020, S. 413: „Die Befürchtung vor einer erheblichen Minderung der Effektivität des Behördenhandelns ist unbegründet, da Klagerechte auf unabhängige Behörden beschränkt sind und diese nur unter engen Voraussetzungen die Befugnis haben, Klage einzulegen.".

[1244] Vgl. *Schmidtchen/Bier*, in: Bork/Eger/Schäfer (Hrsg.), Ökonomische Analyse des Verfahrensrechts, 2009, S. 51 (62 ff., 73 ff.).

[1245] *K. F. Röhl/H. C. Röhl*, Allgemeine Rechtslehre, 3. Aufl. 2008, S. 391; *Bartsch*, Staat gegen Staat, 2018, S. 101.

[1246] So *Bartsch*, Staat gegen Staat, 2018, S. 96.

[1247] Vgl. *Bartsch*, Staat gegen Staat, 2018, S. 101, der aber zu Recht darauf hinweist, dass dennoch „sinnlos aufgewandte[...] Kosten für erfolglose Gerichtsprozesse" entstehen können, in denen „der finanzielle Aufwand [...] durch Gerichtsverfahren den Schaden übersteig[t], den es verursacht hätte, das rechtswidrige Verwaltungshandeln einfach unangetastet zu lassen – eine gerichtliche Korrektur kann sich also auch einfach nicht lohnen.".

[1248] Vgl. *Buchwald*, Der verwaltungsgerichtliche Organstreit, 1998, S. 22; *Roth*, Verwaltungsrechtliche Organstreitigkeiten, 2001, S. 561 ff.; *Bartsch*, Staat gegen Staat, 2018, S. 102.

dienlich ist.[1249] Der Replik, auch Gerichte seien nicht gegen Fehler immun und die Verwaltung sei ohnehin an Recht und Gesetz gebunden, lässt sich (in Anerkennung dieses Allgemeinplatzes) das Argument entgegenhalten, dass jene die klärungsbedürftigen Rechts- und Sachfragen womöglich objektiver beurteilen können als interessengeleitete Verwaltungsteile. Daraus resultiert idealerweise eine höhere Richtigkeitsgewähr von Entscheidungen.[1250] Ob im konkreten Fall bei einem Vergleich von Aufwand und Nutzen untechnisch gesprochen der *„Break-even-Point"* überschritten ist, wird man allerdings ökonomisch kaum sinnvoll ermitteln können.[1251] Es müsste, soweit überhaupt durchführbar, aufwendig untersucht werden, welchen wirtschaftlichen Wert qualitativ möglichst hochwertige (im Sinne von rechtlich beanstandungsfreie) Letztentscheidungen haben, zumal die Ergebnisse von Rechtsgebiet zu Rechtsgebiet oder gar von Sektor zu Sektor unterschiedlich ausfallen könnten. Ungeachtet der ohnehin bestehenden Bindung an Recht und Gesetz ist der Umfang der gerichtlichen Kontrolle für deren Einhaltung nicht zuletzt eine (rechts)politische Abwägung.[1252] Unter Zweckmäßigkeitsgesichtspunkten ergibt sich dem Gesagten nach weder für noch gegen die Etablierung von Insichprozessen ein belastbarer Befund.

4. Verbleibende Rechtsschutzmöglichkeiten

Jenseits von Insichprozessen ist der Blick schließlich auf sonstige gerichtliche Rechtsschutzmöglichkeiten als Lösungsmodell für Binnenkonflikte unabhängiger Stellen der Verwaltung zu richten. Sachgerecht erscheint nachfolgend eine Differenzierung zwischen dem Rechtsschutz *der* unabhängigen Behörde selbst (a)) und dem Rechtsschutz *gegen* die Behörde (b)).

[1249] *Bartsch*, Staat gegen Staat, 2018, S. 102; s. auch *Bryde*, VVDStRL 46 (1987), 182 (196) m. w. N.

[1250] *Bartsch*, Staat gegen Staat, 2018, S. 102.

[1251] Vgl. generell *Schmidtchen/Bier*, in: Bork/Eger/Schäfer (Hrsg.), Ökonomische Analyse des Verfahrensrechts, 2009, S. 51 (58): „Der Nutzen [einer funktionierenden Justiz] bestünde in den vermiedenen Kosten des Rückfalls in die Anarchie. Leider dürfte das Anarchie-Sozialprodukt nicht zu ermitteln sein."; *Bartsch*, Staat gegen Staat, 2018, S. 103, der ergänzt, dass dies für die Einhaltung einzelner Teile der Rechtsordnung umso mehr gelten dürfte.

[1252] In diese Richtung auch *Bartsch*, Staat gegen Staat, 2018, S. 103 mit Fn. 314: „Die Frage, […] wie viel die Einhaltung von Gesetzen wert ist, geht auch in den Bereich des Politischen hinein.".

a) *Rechtsschutz der unabhängigen Behörde*

Soweit eine Konfliktlösung durch kontradiktorische Streitverfahren nicht in Betracht kommt, ist weiterhin nach sonstigen Rechtsschutzmöglichkeiten der unabhängigen Behörde zu fragen. Während bei Beeinträchtigungen der Unabhängigkeit in Gestalt von (Einzel-)Maßnahmen einer anderen exekutiven Stelle auf die vorstehenden Ausführungen zu Insichprozessen verwiesen werden kann, können bei anderweitigen Eingriffen – insbesondere durch Gesetze im materiellen Sinne[1253] – stattdessen *objektive Prüf- bzw. Beanstandungsverfahren* erwogen werden. Anders als bei den zuvor betrachteten Verfahren bedarf es hier nicht (der Geltendmachung) einer subjektiven Rechtsverletzung. Vielmehr geht es einzig um die Überprüfbarkeit von Vorschriften, welche die Behörde in ihrer Arbeit tangieren und möglicherweise deshalb die Unabhängigkeitsgarantien oder sonstige Kompetenzen als höherrangiges Recht verletzen. Paradigmatisch hierfür stehen etwa die auf Grundlage des § 24 Satz 1 EnWG erlassenen, detaillierten Rechtsverordnungen im Energierecht, welche das Handeln der nationalen Regulierungsbehörde normativ vorstrukturieren.[1254]

De lege lata sind im Regulierungs- und Kartellrecht objektive behördliche Prüfverfahren nicht vorgesehen. Behörden können sich in Ermangelung einer Spezialregelung lediglich auf die allgemeine Möglichkeit der *prinzipalen Normenkontrolle nach § 47 VwGO* stützen. Nach dessen Abs. 2 Satz 1 Alt. 2 kann jede Behörde den Antrag auf Überprüfung einer Rechtsvorschrift stellen, wobei als ungeschriebene Voraussetzung allgemein einschränkend gefordert wird, dass die Behörde die Norm zu beachten bzw. auszuführen hat – eine (bereits der ursprünglichen Wortbedeutung nach schiefe) „Behörden-Popularklage" soll es nicht geben[1255]. Die tauglichen Gegenstände einer Normenkontrolle sind indes auf die in § 47 Abs. 1 VwGO genannten Varianten begrenzt: Während dessen ersichtlich nicht einschlägige Nr. 1 baurecht-

---

[1253] Etwaige Rechtsschutzmöglichkeiten gegen *formelle Gesetze* bleiben vorliegend außer Betracht, da sie das Verhältnis zur Legislative – also zum parlamentarischen Gesetzgeber – betreffen und insoweit keine administrativen Binnenkonflikte darstellen; für eine abstrakte (Art. 93 Abs. 1 Nr. 2 GG) bzw. konkrete Normenkontrolle (Art. 100 Abs. 1 GG) fehlt es Behörden nach geltendem Recht allerdings ersichtlich an einer Antragsberechtigung. Ähnlich verhält es sich mit Rechtsakten der EU: In aller Regel fehlt es *de lege lata* an einer behördlichen Klage- bzw. Vorlageberechtigung im Rahmen der Nichtigkeitsklage (Art. 263 AEUV) und des Vorabentscheidungsverfahrens (Art. 267 AEUV).

[1254] Hierzu eingehend unter Kapitel 3, A.I.1.b)bb).

[1255] Allg. Meinung, vgl. nur BVerwG, NVwZ 1989, 654 (654); BVerwG, BeckRS 2019, 19042, Rn. 7; *Giesberts*, in: Posser/Wolff (Hrsg.), BeckOK VwGO, 59. Edition 2021, § 47 Rn. 42; *Panzer*, in: Schoch/Schneider (Hrsg.), VwGO, 41. EL 2021, § 47 Rn. 78; *Hoppe*, in: Eyermann (Hrsg.), VwGO, 15. Aufl. 2019, § 47 Rn. 33.

liche Satzungen und Rechtsverordnungen betrifft, ermöglicht Nr. 2 die Überprüfung anderer im Rang unter dem Landesgesetz stehenden Rechtsvorschriften, sofern das Landesrecht dies bestimmt. Kontrollfähig sind insoweit nur untergesetzliche Rechtsvorschriften des Landesrechts, wenn dies der Landesgesetzgeber vorsieht[1256]. Uneinheitlich beurteilt wird, ob unter den Begriff der Rechtsvorschriften auch Binnenrecht der Verwaltung subsumiert werden kann. Überwiegend wird darauf abgestellt, ob eine abstrakt-generelle Regelung Verbindlichkeit nach außen beansprucht; rein innerorganisatorisches Recht wie verwaltungsinterne Geschäftsverteilungspläne und Verwaltungsvorschriften, die das Handeln nachgeordneter Behörden binden und lenken sollen, ist demzufolge kein tauglicher Prüfungsgegenstand.[1257] Selbst wenn aber eine überprüfbare Rechtsvorschrift vorliegt, dürfte § 47 VwGO in der Regel vorliegend nicht einschlägig sein. Das Handeln der Regulierungs- und Kartellbehörden als Teile der Bundesverwaltung wird nicht durch Landes-, sondern durch Bundes- bzw. Unionsrecht geprägt.[1258] Hierauf ist die prinzipale Normenkontrolle aber weder direkt noch mangels planwidriger Regelungslücke analog anwendbar. Will der jeweils kompetente Gesetzgeber die behördlichen Rechtsschutzmöglichkeiten auf das Bundes- oder Unionsrecht ausdehnen, müsste er dies ausdrücklich normieren.

Dieser Befund wirft die Frage auf, ob *de lege ferenda* erweiterte Rechtsschutzmöglichkeiten bzw. neue Rechtsbehelfsarten zu befürworten sind, um Binnenkonflikte unabhängiger Stellen beizulegen. In rechtspolitischer Hinsicht könnte insbesondere erwogen werden, administrative Klagerechte auszudehnen, das Instrument einer „objektiven Feststellungsklage" einzurichten, die keinen Klagegegner voraussetzt, oder die Anforderungen an die Klagebefugnis generell zu senken (oder sogar gänzlich darauf zu verzichten). Letzterer Vorschlag beinhaltet etwa die Überlegung, § 42 Abs. 2 VwGO als „Prozessfilter" zu modifizieren, unionsrechtskonform auszulegen oder zu streichen.[1259] Beim erstgenannten Gedanken käme beispielsweise konkret in Be-

---

[1256] Vgl. stellvertretend für Bayern Art. 5 AGVwGO; Nachweise zu allen Ländern bei *Giesberts*, in: Posser/Wolff (Hrsg.), BeckOK VwGO, 59. Edition 2021, § 47 Rn. 24.

[1257] BVerwG, NVwZ 1991, 262 (263); BVerwG, NVwZ 2004, 614 (615); BVerwG, NVwZ 2005, 602 (603); aus der Lit. *Giesberts*, in: Posser/Wolff (Hrsg.), BeckOK VwGO, 59. Edition 2021, § 47 Rn. 26 ff.; *Hoppe*, in: Eyermann (Hrsg.), VwGO, 15. Aufl. 2019, § 47 Rn. 21 ff.; *Wysk*, in: Wysk (Hrsg.), VwGO, 3. Aufl. 2020, § 47 Rn. 10 ff.; ausführlich *Panzer*, in: Schoch/Schneider (Hrsg.), VwGO, 41. EL 2021, § 47 Rn. 24 ff.

[1258] Der Fall, dass eine Landesregulierungsbehörde eine Norm im Sinne des § 47 Abs. 1 Nr. 2 VwGO erlässt oder eine solche Norm zu beachten hat, dürfte – soweit ersichtlich – kaum Praxisrelevanz haben.

[1259] Zu den mannigfaltigen rechtspolitischen Erwägungen im Einzelnen mit den jeweiligen Nachweisen *Guckelberger*, Deutsches Verwaltungsprozessrecht unter unionsrechtlichem Anpassungsdruck, 2017, S. 44 ff.

tracht, unabhängige Behörden in den Kreis der Vorlageberechtigten einer konkreten Normenkontrolle nach Art. 100 Abs. 1 GG bzw. eines Vorabentscheidungsverfahrens nach Art. 267 AEUV oder einer Nichtigkeitsklage nach Art. 263 AEUV[1260] aufzunehmen. Ferner könnte man nach dem *Vorbild des Datenschutzrechts* andenken, unabhängigen Stellen Rechtsschutz gegen bestimmte Entscheidungen anderer Stellen zu eröffnen: § 21 Abs. 1 BDSG ermöglicht – in Umsetzung des Art. 58 Abs. 5 DSGVO und als Reaktion auf die sog. Safe-Harbor-Entscheidung des EuGH[1261] – der unabhängigen Aufsichtsbehörde (vgl. Art. 52 DSGVO; § 10 BDSG), einen Antrag auf gerichtliche Entscheidung zu stellen, wenn sie einen Angemessenheitsbeschluss der EU-Kommission, einen Beschluss über die Anerkennung von Standardschutzklauseln oder über die Allgemeingültigkeit von genehmigten Verhaltensregeln, auf dessen Gültigkeit es für eine Entscheidung der Aufsichtsbehörde ankommt, für rechtswidrig hält. Die weiteren Absätze enthalten die näheren Modalitäten, u.a. eine aufdrängende Sonderzuweisung an die Verwaltungsgerichtsbarkeit (Abs. 2 Satz 1), die erst- und letztinstanzliche Zuständigkeit des BVerwG (Abs. 3) und die Beteiligtenfähigkeit der Aufsichtsbehörde (Abs. 4 Satz 1).[1262] Erachtet das BVerwG den streitgegenständlichen Beschluss für gültig, stellt es dies in seiner Entscheidung fest (Abs. 6 Satz 2). Andernfalls legt es – normhierarchisch und kompetenzrechtlich folgerichtig – die Frage nach der Gültigkeit dem EuGH zur Entscheidung nach Art. 267 AEUV vor (Abs. 6 Satz 3). So kann die Behörde letztlich eine höchstrichterliche Klärung der Gültigkeit der sie betreffenden Normen herbeiführen. Im datenschutzrechtlichen Schrifttum finden sich darüber hinaus Vorstöße, die Klagemöglichkeiten der Aufsichtsbehörde auszudehnen. Namentlich wird erwogen, gegen rechtsverbindliche Beschlüsse des Europäischen Datenschutzausschusses nach Art. 65 Abs. 1 DSGVO, der seinerseits Unabhängigkeit genießt (vgl. Art. 69 DSGVO), den adressierten Aufsichtsbehörden gerichtliche Verteidigungsmöglichkeiten an die Hand zu geben.[1263]

[1260] Zur Diskussion um die Etablierung eines Klagerechts zugunsten nationaler Gebietskörperschaften und sonstiger innerstaatlicher Einheiten im Rahmen des Art. 263 Abs. 4 AEUV s. *Gundel*, NVwZ 2019, 914ff.

[1261] EuGH, Urt. v. 6.10.2015, Rs. C-362/14, ECLI:EU:C:2015:650, Rn. 65 – Schrems; *Lapp*, in: Gola/Heckmann (Hrsg.), BDSG, 13. Aufl. 2019, § 21 Rn. 2; ausführlich zur Entstehung des § 21 BDSG und den Vorschlägen im Gesetzgebungsprozess *Guckelberger*, Deutsches Verwaltungsprozessrecht unter unionsrechtlichem Anpassungsdruck, 2017, S. 29ff.

[1262] Vgl. näher zu den einzelnen Voraussetzungen und Modalitäten die einschlägige Kommentarliteratur, etwa *Mundil*, in: Wolff/Brink (Hrsg.), BeckOK Datenschutzrecht, 38. Edition 2021, § 21 BDSG Rn. 1ff.; *Frenzel*, in: Paal/Pauly (Hrsg.), DS-GVO, 3. Aufl. 2021, § 21 BDSG Rn. 1ff.

[1263] Hierzu ausführlich *Kienle/Wenzel*, ZD 2019, 107ff., die eine gerichtliche Überprüfung für eine effektive Datenschutzkontrolle für erforderlich halten und

Einer inflationären Ausdehnung gerichtlicher Kontrollmöglichkeiten für unabhängige Verwaltungsbehörden ist gleichwohl mit Zurückhaltung zu begegnen. Zwar mag die Aussicht auf eine möglichst umfangreiche Absicherung der Gesetzmäßigkeit der Verwaltung durch die Judikative *prima facie* verlockend klingen. Allerdings meldet Klaus Rennert zu Recht Kritik an einem Funktionswandel der Verwaltungsgerichtsbarkeit in Richtung einer zunehmenden Objektivierung der Verwaltungskontrolle an, indem er feststellt, dass Verwaltungsprozesse grundsätzlich nicht für die „[o]bjektive Richtigkeit für und wider jedermann" ausgelegt sind.[1264] Versteht man den unionsrechtlichen Effektivitätsgrundsatz als allgemeines Optimierungsgebot zugunsten einer uneingeschränkten Kontrolle der Administrative mit der Konsequenz, dass jede Einschränkung der Überprüfung rechtfertigungsbedürftig wird, stößt der Verwaltungsprozess schnell an die Grenzen seiner Leistungsfähigkeit.[1265] Ein Systemwechsel, bei dem das Gericht immer stärker eine aufsichtliche Rolle annimmt, erfordert zwangsläufig Abstriche hinsichtlich Kontrolldichte und -genauigkeit, will man einen Kollaps vermeiden.[1266] Entscheidend wäre dann eine Ausrichtung am *Kontrollbedarf* unter Einbeziehung des Grundsatzes der Gewaltenteilung.[1267] Zu berücksichtigen ist ferner, dass da-

---

die vorhandenen Rechtsschutzmöglichkeiten für unzureichend bzw. untauglich halten.

[1264] *Rennert*, DVBl. 2015, 793 (795); zu den Aufgaben bzw. Funktionen des Verwaltungsprozesses s. ausführlich *Schmidt-Aßmann/Schenk*, in: Schoch/Schneider (Hrsg.), VwGO, 41. EL 2021, Einl. Rn. 164 ff. und *Stelkens/Panzer*, a. a. O., § 1 Rn. 15 m. w. N.; *Schmidt-Aßmann*, in: Festschrift für C.-F. Menger, 1985, S. 107 (109 ff.), der zutreffend darauf hinweist, dass Zusatzaufgaben (also andere Aufgaben als der Schutz subjektiver Rechte) die Gerichte „nicht überfremden" dürfen und der Richter „nicht zum bloßen Kontrollorgan werden [darf]" (S. 110) – die Verwaltungsgerichtsbarkeit sei nur eines unter mehreren Kontrollorganen, von denen keines ein die anderen Kontrollen verdrängendes Übergewicht bekommen dürfe; *P. Stelkens*, DVBl. 1995, 1105 (1111); betont wird stets der Individualrechtsschutz als wichtigste Funktion (vor der Kontroll-, Rechtsvereinheitlichungs- und -fortbildungs- sowie Akzeptanzfunktion beispielsweise).

[1265] *Rennert*, DVBl. 2015, 793 (797 ff.).

[1266] Vgl. *Rennert*, DVBl. 2015, 793 (798): „In der gebotenen Gesamtbetrachtung müsste mitbedacht werden, dass der Funktionswandel der Verwaltungsgerichtsbarkeit wohl nur mit Einschränkungen in Kontrolldichte und Kontrollgenauigkeit erkauft werden könnte und sich damit per saldo gar nicht als Kontrolleffektuierung erweist."; a. a. O., S. 798: „Soll das Gericht eine aufsichtliche Funktion übernehmen und der objektiven Gesetzmäßigkeit der Verwaltung dienen, dann ist jede Beschränkung seiner Kontrolle begründungsbedürftig. Solche Begründungen ließen sich denken, bis hin zum ‚minima non curat praetor' "; zum Problem der quantitativen und qualitativen Überforderung des Verwaltungsprozesses, auch in zeitlicher Hinsicht a. a. O., S. 799: „Es kann nicht verwundern, dass so ein Prozess nicht selten länger als ein Jahr in Anspruch nimmt, selbst wenn der Berichterstatter sich während dieser langen Zeit um nichts anderes kümmert als um diesen einen Prozess.".

[1267] *Rennert*, DVBl. 2015, 793 (798).

durch den Verwaltungsgerichten ihre Legitimität nicht abhandenkommt. Treffen die Richter letztverbindlich politisch bedeutsame Entscheidungen über Einzelfälle in kontradiktorischen Verfahren hinaus und verfügen dabei auch noch über erhebliche Auslegungsspielräume dank einer – wie es der administrative Ansatz vorsieht – relativ geringen Normdichte, verschwimmen die Grenzen zwischen Verwaltungsverfahren und -prozess; „der Richter wird vom nachgängigen Urteiler selbst zum proaktiven Sozialgestalter“, die richterliche Unabhängigkeit zum Legitimationsproblem.[1268]

Vor diesem Hintergrund ist es folgerichtig, erweiterte Kontrollmöglichkeiten zunächst allenfalls bereichsspezifisch und nur dann einzuräumen, wenn ein erkennbares, strukturelles rechtsstaatliches Defizit vorliegt.[1269] Ein solches ist im Regulierungs- und Kartellrecht bislang jedenfalls noch nicht erkennbar. Zwar ist, wie bereits mehrfach hervorgehoben, das normative Fundament der Unabhängigkeit nach hiesiger Auffassung hierzulande unzureichend. Angesichts der derzeit faktischen Respektierung der Autonomie erscheint es allerdings weder erforderlich noch geboten, die behördlichen Verteidigungsmöglichkeiten großzügig auszudehnen. Zur Behebung unionsrechtswidriger Eingriffe in die Sphäre unabhängiger Behörden ist in erster Linie das Vertragsverletzungsverfahren nach Art. 258 (oder 259) AEUV das vorgesehene Instrument. Dort kann mit *erga omnes*-Wirkung höchstrichterlich über zum Teil äußerst umstrittene Detailfragen entschieden werden. Die Schaffung einer Not- bzw. Reservekompetenz für Behörden zur Überprüfung sie beeinträchtigender Normen[1270] sollte mit Blick auf die vorstehend geäußerten Bedenken *ultima ratio* sein.

[1268] Vgl. *Rennert*, DVBl. 2015, 793 (800) m.w.N., dort auch das wörtliche Zitat; zum administrativen Ansatz s. unter Kapitel 1, B.IV.1., zu dessen Legitimationsproblemen Kapitel 2, B.II.1.b)bb); zu den Wechselwirkungen zwischen normativer Vorstrukturierung und gerichtlicher Überprüfung s. näher *Steinbach*, Die Verwaltung 50 (2017), 507 ff.

[1269] In diese Richtung auch im Kontext des Datenschutzrechts *Guckelberger*, Deutsches Verwaltungsprozessrecht unter unionsrechtlichem Anpassungsdruck, 2017, S. 32 f.; ähnlich zurückhaltend *Rennert*, DVBl. 2015, 793 (795), der angesichts der „spezifische[n] Durchsetzungsschwäche des Umweltrechts“ für diesen Bereich eine Ausweitung der gerichtlichen Verwaltungskontrolle ausnahmsweise für geboten hält; zur parallelen Gedankenführung hinsichtlich einer Objektivierung des Rechtsschutzes im Verhältnis Bürger/Staat s. zugleich unter Kapitel 4, A.I.4.b)aa).

[1270] Vgl. *Rennert*, DVBl. 2015, 793 (797): „Bleibt der Gesetzgeber untätig, obwohl er aus übergeordneten Rechtsgründen – etwa wegen zwingenden Unionsrechts – tätig werden muss, so ließe sich an eine richterliche Notkompetenz denken, wenn man nicht auf das (rechtliche und politische) Ergebnis eines Vertragsverletzungsverfahrens warten will.“; ähnlich *Berkemann*, DVBl. 2013, 1137 (1148).

b) Rechtsschutz gegen die unabhängige Behörde

Im vorausgehenden Kapitel als virulent identifiziert wurde die Situation, dass ein Handeln oder Unterlassen der unabhängigen Behörde rechtswidrig ist.[1271] Unter der Prämisse, dass der Aufsichtsbehörde zum Schutz der Unabhängigkeit die Hände gebunden sind, ist fraglich, wie die Gesetzesbindung der Verwaltung vorliegend auch ohne die Möglichkeit einer „klagebewehrten" Rechtsaufsicht[1272] sichergestellt werden kann. Als Rechtsschutzmöglichkeit gegen die unabhängige Behörde kommen – neben einer *de lege ferenda* möglichen nationalen Aufsichtsklage[1273] – einerseits Rechtsbehelfe belasteter Dritter (aa)), andererseits das Vertragsverletzungsverfahren (bb)) in Betracht.

aa) Rechtsschutz durch belastete Dritte

Soweit die Entscheidung einer unabhängigen Behörde im Außenverhältnis für die Adressaten eine belastende Wirkung entfaltet, steht diesen gemäß Art. 19 Abs. 4 Satz 1 GG der Rechtsweg offen. Handelt es sich – was den Regelfall darstellen dürfte – bei der Maßnahme um einen Verwaltungsakt, gegen den vorgegangen werden soll, existiert mit der Anfechtungsklage (§ 42 Abs. 1 Alt. 1 VwGO) die Möglichkeit der gerichtlichen Überprüfung. Ausweislich des § 113 Abs. 1 Satz 1 VwGO nimmt das Gericht dabei grundsätzlich eine umfassende rechtliche und tatsächliche Kontrolle vor, in deren Rahmen in formeller und materieller Hinsicht die objektive Rechtmäßigkeit des Verwaltungsaktes untersucht wird.[1274] So ist auch das Handeln einer unabhängigen Behörde durch die Judikative vor dem Hintergrund der Garantie effektiven Rechtsschutzes jedenfalls dann nachprüfbar, wenn es belastende Rechtswirkungen nach außen entfaltet. Zudem lassen sich mittelbar bzw. inzident Feststellungen treffen, die primär den Binnenbereich der Verwaltung betreffen, etwa wenn es darum geht, ob die zuständige Behörde tätig gewor-

---

1271 S. im Kontext der Kategorisierung der Konfliktlagen unter Kapitel 3, B.II.1.b) bb)(2).

1272 Zu diesem Modell im Eisenbahnsektor (§ 4 Abs. 3, 3a BEVVG) s. näher unter Kapitel 3, A.I.1.b)aa) sowie Kapitel 4, A.I.2.b)aa)(1).

1273 S. hierzu unter Kapitel 4, A.I.2.b)aa)(2).

1274 Vgl. auch *Decker*, in: Posser/Wolff (Hrsg.), BeckOK VwGO, 59. Edition 2021, § 113 Rn. 4 f.; *Riese*, in: Schoch/Schneider (Hrsg.), VwGO, 41. EL 2021, § 113 Rn. 20; in der Verpflichtungssituation prüft die ganz herrschende Rspr. hingegen – ungeachtet des missverständlichen Wortlauts des § 113 Abs. 5 S. 1 VwGO – zu Recht lediglich, ob der Kläger einen Anspruch auf die begehrte Leistung hat, ohne regelmäßig die vollständige Rechtmäßigkeit der ablehnenden Verwaltungsakte zu untersuchen, vgl. *Decker*, in: Posser/Wolff (Hrsg.), a. a. O., Rn. 69 f.

den ist[1275]. Durch die in Art. 20 Abs. 3 GG niedergelegte Bindung der vollziehenden Gewalt an Gesetz und Recht ist die Exekutive auch dazu angehalten, diesen Feststellungen Rechnung zu tragen.[1276]

Indes stößt die Überprüfbarkeit von Maßnahmen unabhängiger Behörden durch rechtsschutzsuchende Dritte an Grenzen, die aus der auf *Individualrechtsschutz* ausgerichteten Konzeption des deutschen Verwaltungsprozessrechts resultieren. Zum einen müssen die Gerichte zur Kontrolle der Rechtmäßigkeit aktiv angerufen werden, d.h. sie werden nicht von Amts wegen tätig: „Wo kein Kläger, da kein Richter." Zum anderen ergeht eine Entscheidung mit rechtsgestaltender Aufhebungswirkung nur dann, wenn beim Kläger auch eine subjektive Rechtsverletzung vorliegt (vgl. § 113 Abs. 1 Satz 1 Hs. 1 a.E. VwGO). Anders als beim Normenkontrollantrag nach § 47 VwGO sowie dem – sogleich zu erörternden – Vertragsverletzungsverfahren handelt es sich hier gerade nicht um ein objektives Beanstandungsverfahren, sondern die Rechtsschutzfunktion steht im Vordergrund.[1277] Plädiert wird deshalb zum Teil sogar dafür, bei fehlender subjektiver Rechtsverletzung die objektive Rechtmäßigkeit des Verwaltungsakts dahinstehen zu lassen.[1278] Hinzu kommt, dass der Amtsermittlungsgrundsatz des § 86 Abs. 1 VwGO den Gerichten nicht nahelegt, sich ungefragt auf Fehlersuche zu begeben.[1279] Zwar besteht kein Verbot, auch jenseits des Vorbringens der Beteiligten Fehler zu ermitteln. Es kann allerdings im Zweifel an einer sachgerechten Anwendung des Untersuchungsgrundsatzes fehlen, wenn das eigentliche Rechtsschutzbe-

---

[1275] Zu diesen die Zuständigkeit betreffenden Binnenkonflikten s. insbesondere unter Kapitel 3, B.I.1. und B.II.2.b)aa).

[1276] Vgl. statt vieler *Sachs*, in: Sachs (Hrsg.), GG, 9. Aufl. 2021, Art. 20 Rn. 110f. m.w.N.; zur Problematik sog. Nichtanwendungserlasse, von denen vorwiegend im Steuerrecht Gebrauch gemacht wird und die die strikte *inter partes*-Wirkung von Gerichtsentscheidungen betonen, s. etwa *Lange*, NJW 2002, 3657ff.

[1277] *Decker*, in: Posser/Wolff (Hrsg.), BeckOK VwGO, 59. Edition 2021, § 113 Rn. 16.

[1278] So *Riese*, in: Schoch/Schneider (Hrsg.), VwGO, 41. EL 2021, § 113 Rn. 22, der dadurch den Rechtsfrieden besser verwirklicht sieht und zudem darauf hinweist, dass bei einer Klageabweisung die Verwaltung in dieser Konstellation außerstande ist, die richterliche Würdigung durch Rechtsmittel überprüfen zu lassen: „Dennoch sollte das Gericht es in seinem Urteil vermeiden, einen Verwaltungsakt als objektiv rechtswidrig zu bezeichnen, wenn daraus keine subjektive Rechtsverletzung resultiert und stattdessen die Frage nach der objektiven Rechtswidrigkeit offen lassen."; anders BVerwG, NJW 1982, 2513 (2514f.).

[1279] BVerwG, NVwZ 2002, 83 (83); BVerwG, NVwZ 2002, 1123 (1125) m.w.N.; aus der Lit. *Riese*, in: Schoch/Schneider (Hrsg.), VwGO, 41. EL 2021, § 113 Rn. 24; *Bamberger*, in: Wysk (Hrsg.), VwGO, 3. Aufl. 2020, § 86 Rn. 15; s. auch *Jacob*, JuS 2011, 510 (511ff.); zum damit verbundenen Problem der Balance zwischen Exekutive und Judikative *Ossenbühl*, in: Festschrift für K. Redeker, 1993, S. 55 (56ff.).

gehren des Klägers aus dem Blick gerät.[1280] Im Ergebnis ist die gerichtliche Kontrolle unabhängiger Behörden im Wege des Rechtsschutzes durch belastete Dritte daher unvollkommen.

Ähnliches gilt für die Einlegung *formloser Rechtsbehelfe*, deren verfassungsrechtliche Wurzeln im Rechtsstaatsprinzip sowie dem in Art. 17 GG verbürgten Petitionsrecht liegen. Unter dem Oberbegriff firmieren die Gegenvorstellung, die Sach- und Dienstaufsichtsbeschwerde sowie die Petition.[1281] Die Sachaufsichtsbeschwerde kommt bei unabhängigen Behörden von vornherein nicht in Betracht. Sie richtet sich an die nächsthöhere Instanz und verfolgt das Ziel, die Entscheidung durch aufsichtliches Einschreiten zu korrigieren.[1282] Richtigerweise wurde aber sowohl eine Fach- als auch eine Rechtsaufsicht über unabhängige Stellen im vorliegenden Kontext abgelehnt. Demgegenüber adressiert die Dienstaufsichtsbeschwerde zwar den Dienstvorgesetzten eines Angehörigen des öffentlichen Dienstes, d.h. denjenigen, der gegenüber dem handelnden Amtswalter weisungsbefugt ist.[1283] Dieser wird in der Regel organisatorisch innerhalb der Behörde angesiedelt sein, sodass darin kein Verstoß gegen die Unabhängigkeitsvorgabe zu erblicken ist[1284]. Allerdings wendet sich die Dienstaufsichtsbeschwerde nur gegen das persönliche (Fehl-)Verhalten eines Amtsträgers mit dem Ziel einer dienst- bzw. disziplinarrechtlichen Sanktion.[1285] Die Überprüfung bzw. Abänderung einer getroffenen Entscheidung ist damit unmittelbar nicht verbunden.[1286]

[1280] BVerwGE 116, 188 (196f.) = NVwZ 2002, 1123 (1125); *Riese*, in: Schoch/Schneider (Hrsg.), VwGO, 41. EL 2021, § 113 Rn. 24; *Bamberger*, in: Wysk (Hrsg.), VwGO, 3. Aufl. 2020, § 86 Rn. 15.

[1281] *Hufen*, Verwaltungsprozessrecht, 12. Aufl. 2021, § 1 Rn. 45 ff.; ähnlich *Blanke*, in: Sodan/Ziekow (Hrsg.), VwGO, 5. Aufl. 2018, Vorb. zu §§ 124 ff. Rn. 7 f. m. w. N.; *Stern*, Verwaltungsprozessuale Probleme in der öffentlich-rechtlichen Arbeit, 8. Aufl. 2000, Rn. 51 ff.

[1282] *Hufen*, Verwaltungsprozessrecht, 12. Aufl. 2021, § 1 Rn. 47; *Blanke*, in: Sodan/Ziekow (Hrsg.), VwGO, 5. Aufl. 2018, Vorb. zu §§ 124 ff. Rn. 10; *Stern*, Verwaltungsprozessuale Probleme in der öffentlich-rechtlichen Arbeit, 8. Aufl. 2000, Rn. 52.

[1283] *Hufen*, Verwaltungsprozessrecht, 12. Aufl. 2021, § 1 Rn. 47; *Blanke*, in: Sodan/Ziekow (Hrsg.), VwGO, 5. Aufl. 2018, Vorb. zu §§ 124 ff. Rn. 11; *Schmitt Glaeser/Horn*, Verwaltungsprozeßrecht, 15. Aufl. 2000, Rn. 6.

[1284] S. zur behördeninternen Weisungsgebundenheit unter Kapitel 3, B.II.1.a)aa).

[1285] *Hufen*, Verwaltungsprozessrecht, 12. Aufl. 2021, § 1 Rn. 47; *Blanke*, in: Sodan/Ziekow (Hrsg.), VwGO, 5. Aufl. 2018, Vorb. zu §§ 124 ff. Rn. 11; *Stern*, Verwaltungsprozessuale Probleme in der öffentlich-rechtlichen Arbeit, 8. Aufl. 2000, Rn. 52.

[1286] S. aber *Krauser*, in: Säcker et al. (Hrsg.), Münchener Kommentar zum Wettbewerbsrecht, Bd. 2, 3. Aufl. 2020, § 48 GWB Rn. 25, die bei negativen Kompetenzkonflikten außerhalb des Antragsverfahrens formlose Rechtsbehelfe als einzigen „Ausweg“ ansieht: „[…] bleibt dem durch die Diskriminierung oder Behinderung Betroffenen nur der Weg über die Dienstaufsichtsbeschwerde“; s. hierzu näher unter Kapitel 3, B.II.2.b)aa)(2).

Die Gegenvorstellung schließlich ist gegen die Stelle gerichtet, welche die in Betreff stehende Maßnahme erlassen bzw. unterlassen hat, und verfolgt den Zweck, das gerügte Verwaltungshandeln auf seine Recht- und Zweckmäßigkeit durch dieselbe Behörde noch einmal überprüfen zu lassen („Anstoß zur Selbstkontrolle").[1287] Eine effektive Kontrolle unabhängiger Verwaltungsinstanzen vermag indes auch die Gegenvorstellung nicht zu leisten. Während zwar einerseits der Rechtsbehelfsführer keine Beschwer geltend machen muss, steht ihm andererseits lediglich ein Anspruch auf Verbescheidung zu; die Behörde muss demnach die Rüge nur inhaltlich prüfen und binnen angemessener Frist mitteilen, wie sie weiter zu verfahren gedenkt.[1288] Die pejorative Beschreibung formloser Rechtsbehelfe als „formlos, fristlos, fruchtlos" hat vor diesem Hintergrund zumindest einen wahren Kern.[1289]

Auf unionsrechtlichen Anstoß hin oder zumindest rechtspolitisch könnte in Betracht gezogen werden, die Rechtsschutzmöglichkeiten des Bürgers zu erweitern. Jenseits des Individualrechtsschutzes ist der Europarechtsdogmatik die *„funktionale Subjektivierung"* als Segment des Konzepts der Mobilisierung des Bürgers zugunsten der Durchsetzung des Rechts nicht unbekannt.[1290] Zur effektiven Implementierung des Unionsrechts kann dem Einzelnen eine „prokuratorische" Rechtsposition verliehen werden, die ihn in die Lage versetzt, eine objektive Rechtskontrolle zu forcieren; er schlüpft gewissermaßen im Dienste des Gemeinwohls in die Rolle eines „Sachwalter[s] des Rechts und der Gesetzmäßigkeit".[1291] Denn anders als in Deutschland ist der Zugang zu

---

[1287] *Hufen*, Verwaltungsprozessrecht, 12. Aufl. 2021, § 1 Rn. 46, dort auch das wörtliche Zitat; *Blanke*, in: Sodan/Ziekow (Hrsg.), VwGO, 5. Aufl. 2018, Vorb. zu §§ 124 ff. Rn. 9 m. w. N.; *Stern*, Verwaltungsprozessuale Probleme in der öffentlich-rechtlichen Arbeit, 8. Aufl. 2000, Rn. 52.

[1288] *Blanke*, in: Sodan/Ziekow (Hrsg.), VwGO, 5. Aufl. 2018, Vorb. zu §§ 124 ff. Rn. 7 m. w. N.; *Schmitt Glaeser/Horn*, Verwaltungsprozeßrecht, 15. Aufl. 2000, Rn. 15; *Stern*, Verwaltungsprozessuale Probleme in der öffentlich-rechtlichen Arbeit, 8. Aufl. 2000, Rn. 53; *W.-R. Schenke*, NVwZ 2005, 729 (732 f.).

[1289] Vgl. *Stern*, Verwaltungsprozessuale Probleme in der öffentlich-rechtlichen Arbeit, 8. Aufl. 2000, Rn. 51; *Hufen*, Verwaltungsprozessrecht, 12. Aufl. 2021, § 1 Rn. 45, der allerdings selbst der Auffassung ist, diese Attribute würden „weder der praktischen Bedeutung noch der verfassungsrechtlichen Lage gerecht"; ähnlich kritisch zur Herabwürdigung formloser Rechtsbehelfe („Papierkorbbeschwerde") *Schmitt Glaeser/Horn*, Verwaltungsprozeßrecht, 15. Aufl. 2000, Rn. 16.

[1290] Vgl. grundlegend *Ruffert*, Subjektive Rechte im Umweltrecht der Europäischen Gemeinschaft, 1996, S. 71 ff., 291 ff.; *Masing*, Die Mobilisierung des Bürgers für die Durchsetzung des Rechts, 1997, S. 19 ff., 175 ff.; *Masing*, in: Hoffmann-Riem/Schmidt-Aßmann/Voßkuhle (Hrsg.), Grundlagen des Verwaltungsrechts, Bd. I, 2. Aufl. 2012, § 7 Rn. 91 ff. m. w. N. in Fn. 195; *Classen*, VerwArch 88 (1997), 645 ff.

[1291] Vgl. *Enders*, in: Epping/Hillgruber (Hrsg.), BeckOK GG, 49. Edition 2021, Art. 19 Rn. 69, dort auch die wörtlichen Zitate; *Masing*, Die Mobilisierung des Bürgers für die Durchsetzung des Rechts, 1997, S. 225 ff.; *Masing*, in: Hoffmann-Riem/

den Gerichten etwa in Frankreich[1292] und der EU[1293] tendenziell großzügiger ausgestaltet: Statt dem deutschen „Nadelöhr" des § 42 Abs. 2 VwGO mit starker Betonung des subjektiven Rechtsschutzelements[1294] ist das französische und europäische Modell vom Leitbild einer objektiven Rechtskontrolle geprägt. Während hierzulande um Institute wie die Verbandsklage zäh gerungen wird, diese teilweise nur auf exogenen Druck hin etabliert[1295] und Popularklagen geradezu als Schreckgespenst angesehen werden,[1296] wird andernorts der Einzelne als willkommenes Instrument zur Einleitung einer gerichtlichen Überprüfung und mithin zur effektiven Anwendung geltenden Rechts angesehen[1297]. Selbst wenn man im hiesigen Verwaltungsprozessrecht keinen Paradigmenwechsel unter Aufgabe des Individualrechtsschutzes als Ausgangspunkt vollziehen möchte, wäre es denkbar, den Einzelnen zusätzlich über die Kontrolle unabhängiger Behörden wachen zu lassen und ihm die rechtlichen Hebel zur Verfügung zu stellen, um möglichst jede administrative Maßnahme überprüfen zu lassen. Eine solche Objektivierung des Rechtsschutzes nach internationalem Vorbild wäre verfassungsrechtlich mit Art. 19 Abs. 4 GG ohne

---

Schmidt-Aßmann/Voßkuhle (Hrsg.), Grundlagen des Verwaltungsrechts, Bd. I, 2. Aufl. 2012, § 7 Rn. 91 f.; *Wahl*, in: Schoch/Schneider (Hrsg.), VwGO, 41. EL 2021, Vorb. § 42 Abs. 2 Rn. 127 f.; *Hufen*, Verwaltungsprozessrecht, 12. Aufl. 2021, § 14 Rn. 80; vgl. ferner *Hong*, JZ 2012, 380 (381 ff.); aus der Rspr. BVerwG, NVwZ 2014, 64 (67 f.) Rn. 46 m. w. N.

1292 Zur Verwaltungsgerichtsbarkeit in Frankreich im Vergleich zum deutschen System s. eingehend *Marsch*, Subjektivierung der gerichtlichen Verwaltungskontrolle in Frankreich, 2011, S. 33 ff., S. 86 ff.; *Masing*, Die Mobilisierung des Bürgers für die Durchsetzung des Rechts, 1997, S. 196 ff.; im umweltrechtlichen Kontext *Ruffert*, Subjektive Rechte im Umweltrecht der Europäischen Gemeinschaft, 1996, S. 112 ff.

1293 S. hierzu bereits unter Kapitel 4, A.I.2.b)aa)(1); vgl. auch *Masing*, Die Mobilisierung des Bürgers für die Durchsetzung des Rechts, 1997, S. 215 ff.; *Classen*, VerwArch 88 (1997), 645 (645 ff.).

1294 Statt vieler *Wahl/Schütz*, in: Schoch/Schneider (Hrsg.), VwGO, 41. EL 2021, § 42 Abs. 2 Rn. 6 ff.; *Sodan*, in: Sodan/Ziekow (Hrsg.), VwGO, 5. Aufl. 2018, § 42 Rn. 365 ff.; zum subjektiven Rechtsschutz in Gegenüberstellung mit der objektiven Rechtskontrolle *Krebs*, in: Festschrift für C.-F. Menger, 1985, S. 191 ff.

1295 Zur „[s]ektorielle[n] Objektivierung des deutschen Rechtsschutzsystems aufgrund gemeinschaftsrechtlicher Einflüsse" vgl. nur *Marsch*, Subjektivierung der gerichtlichen Verwaltungskontrolle in Frankreich, 2011, S. 92 ff.

1296 Vgl. zu den objektiv-rechtlichen Elementen im deutschen Rechtssystem ausführlich *Masing*, Die Mobilisierung des Bürgers für die Durchsetzung des Rechts, 1997, S. 118 ff., dort u. a. der Hinweis auf § 47 VwGO, die bayerische Popularklage (Art. 98 S. 4 BV) „als Bestandteil des Bayerischen Kuriositätenkabinetts" und die Diskussion um die Verbandsklage. All diese Institute vermögen die Dominanz des Individualrechtsschutzes nicht ansatzweise infrage zu stellen.

1297 S. eingehend im europarechtlichen Kontext *Masing*, Die Mobilisierung des Bürgers für die Durchsetzung des Rechts, 1997, S. 19 ff.; *Ruffert*, Subjektive Rechte im Umweltrecht der Europäischen Gemeinschaft, 1996, S. 161 f.

Weiteres vereinbar und, soweit das Unionsrecht Entsprechendes vorsieht, auch europarechtlich geboten.[1298] Technisch könnte der nationale Gesetzgeber (sofern es einer Umsetzung bedarf) entweder eigene subjektive öffentliche Rechte für den Bürger kreieren, oder – und das würde die Funktion als objektives Kontrollinstrument unterstreichen – über § 42 Abs. 2 Hs. 1 VwGO bloß formale Initiativrechte schaffen.[1299]

Gleichwohl fremdelt die deutsche Verwaltungsprozessrechtswissenschaft mehrheitlich mit einer flächendeckenden Öffnung des Klagewegs im rein öffentlichen Interesse. Ausgangspunkt solle eine auf individuellen Rechtsschutz fokussierte Klagebefugnis bleiben, während Ergänzungen um objektive Prüfverfahren einer besonderen rechtfertigenden Begründung bedürften und nur bereichsspezifisch zu etablieren seien.[1300] Dem ist im Allgemeinen zuzustimmen. Gegenwärtig besteht kein Bedürfnis für eine grundsätzliche Abkehr vom System des Individualrechtsschutzes, auch nicht zur Absicherung der Gesetzmäßigkeit einer unabhängigen Verwaltung. Weder der Bürger als Initiator noch die Gerichte als Kontrollinstanz eignen sich als taugliche „Aufsichtssurrogate", die für das Fehlen einer Rechts- und Fachaufsicht einen adäquaten Ersatz darstellen. Gäbe man das Erfordernis einer subjektiven Rechtsverletzung auf, stünde zu erwarten, dass nahezu sämtliches Verwaltungshandeln auf den Prüfstand der Justiz gestellt und dadurch Gerichte wie Behörden über Gebühr belastet würden, zumal die stillschweigend vorausge-

---

[1298] Vgl. *Masing*, in: Hoffmann-Riem/Schmidt-Aßmann/Voßkuhle (Hrsg.), Grundlagen des Verwaltungsrechts, Bd. I, 2. Aufl. 2012, § 7 Rn. 95; *Enders*, in: Epping/Hillgruber (Hrsg.), BeckOK GG, 49. Edition 2021, Art. 19 Rn. 69 f.

[1299] Für Letzteres plädiert *Wahl*, in: Schoch/Schneider (Hrsg.), VwGO, 41. EL 2021, Vorb. § 42 Abs. 2 Rn. 128: „Dieses ‚Recht' erschöpft sich dann in der Möglichkeit, die mutmaßliche Rechtswidrigkeit der Verwaltungsmaßnahme vor ein Gericht zu bringen. […] Dabei ist stets im Auge zu behalten, daß der europarechtliche Ansatz, welcher Initiativrechte einsinnig im Interesse der Durchsetzung des Gemeinschaftsrechts verleiht, die mehrseitige Ausgleichsleistung gefährdet, welche die neuere Schutznormtheorie […] im multipolaren Verhältnis zwischen öffentlichen Belangen und konfligierenden Privatinteressen erbringt. […] Eine unreflektierte Maximierung, welche die großzügigere Initiativberechtigung des französischen und des europäischen Prozeßrecht (sic!) mit […] der Kontrolldichte des deutschen Rechts kombinieren wollte, würde die[…] Stimmigkeit [des Gesamtkonzepts zwischen den verschiedenen Problemkreisen im Verhältnis von Verwaltung und Verwaltungsgerichtsbarkeit] vermissen lassen."; zu diesen beiden Möglichkeiten auch *Enders*, in: Epping/Hillgruber (Hrsg.), BeckOK GG, 49. Edition 2021, Art. 19 Rn. 69.

[1300] So die weitestgehend einmütige Auffassung auf dem 71. Deutschen Juristentag in Essen, vgl. Ständige Deputation des Deutschen Juristentages (Hrsg.), Verhandlungen des 71. Deutschen Juristentages, 2017, Bd. II/1, N 159; s. auch *Hufen*, Verwaltungsprozessrecht, 12. Aufl. 2021, § 14 Rn. 80, der aber gleichzeitig eine Entwicklung in Richtung stärkere Objektivierung beobachtet; zu Reformansätzen bezüglich des „Prozessfilters" des § 42 Abs. 2 VwGO eingehend *Guckelberger*, Deutsches Verwaltungsprozessrecht unter unionsrechtlichem Anpassungsdruck, 2017, S. 44 ff.

setzte höhere Richtigkeitsgewähr gerichtlicher Entscheidungen erst noch zu beweisen wäre[1301]. Die Missbrauchsgefahr wäre enorm. Stattdessen dürfte der Verweis auf den Individualrechtsschutz in aller Regel ausreichend sein. Ist eine Maßnahme ausnahmsweise tatsächlich „lediglich“ objektiv rechtswidrig, erscheint dies hinnehmbar. Auch beim Vorhandensein einer verwaltungsinternen Aufsicht ist nicht gewährleistet, dass jene immer tätig wird.[1302] Hinzu kommt, dass grundsätzlich kein Anspruch des Einzelnen auf aufsichtliches Einschreiten besteht.[1303] Handelt eine unabhängige Behörde entgegen ihrer verfassungsmäßigen Pflicht aus Art. 20 Abs. 3 GG doch rechtswidrig, genügt es regelmäßig, auf die verbleibenden rechtsstaatlichen Kontrollmöglichkeiten zu rekurrieren.[1304] Häufen sich die Verstöße, kann der Gesetzgeber erforderlichenfalls *de lege ferenda* bereichsspezifisch mit der Einräumung liberalerer Klagemöglichkeiten reagieren. Insoweit kann auf die vorangegangenen Überlegungen zum Rechtsschutz der unabhängigen Behörde selbst einschließlich der Rolle der Verwaltungsgerichte in einem objektivierten Kontrollsystem sinngemäß verwiesen werden.[1305]

bb) Vertragsverletzungsverfahren

Bei Verstößen gegen Unionsrecht kann zudem stets ein Vertragsverletzungsverfahren, in der Regel in Form einer Aufsichtsklage der EU-Kommission gemäß Art. 258 AEUV,[1306] in Betracht gezogen werden. Mit ihm können Handlungen und Unterlassungen aller staatlichen Einrichtungen überprüft werden.[1307] Dies gilt auch für „verfassungsmäßig unabhängige Organe“, die

---

[1301] Hierzu s. unter Kapitel 4, A.I.3.

[1302] Vgl. etwa zum Opportunitätsprinzip im Rahmen der Kommunalaufsicht *Suerbaum*, in: Dietlein/Suerbaum (Hrsg.), BeckOK Kommunalrecht Bayern, 12. Edition 2021, Art. 116 GO Rn. 14 f.

[1303] Im Kontext der Kommunalaufsicht deutlich *Glaser/Gaß*, in: Widtmann/Grasser/Glaser (Hrsg.), Bayerische Gemeindeordnung, 31. EL 2021, Art. 108 BayGO Rn. 8.

[1304] Hierzu sogleich unter Kapitel 4, A.I.4.b)bb); ferner *Rennert*, DVBl. 2015, 793 (797 f.): „Schon mit engerem Blick auf die Verwaltungskontrolle kommen mehrere Instrumente in Betracht, unter denen eine externe gerichtliche Aufsicht nur eines ist; daneben stehen […] die parlamentarische Aufsicht (unter Einschluss etwa von Untersuchungsausschüssen), von der öffentlichen Kontrolle durch Presse und Informationsrechte zu schweigen.“.

[1305] S. unter Kapitel 4, A.I.4.a); ausführlich *Rennert*, DVBl. 2015, 793 ff.

[1306] Theoretisch ist auch eine Staatenklage nach Art. 259 AEUV denkbar, die in der Praxis allerdings nur eine sehr untergeordnete Rolle spielt, vgl. *Cremer*, in: Calliess/Ruffert (Hrsg.), EUV/AEUV, 6. Aufl. 2022, Art. 259 AEUV Rn. 1.

[1307] *Cremer*, in: Calliess/Ruffert (Hrsg.), EUV/AEUV, 6. Aufl. 2022, Art. 258 AEUV Rn. 27; *Wunderlich*, in: von der Groeben/Schwarze/Hatje (Hrsg.), Europäisches Unionsrecht, 7. Aufl. 2015, Art. 258 AEUV Rn. 7.

keinen Weisungen einer mitgliedstaatlichen Regierung unterliegen.[1308] Kraft Unionsrechts *unabhängig gestellte Einrichtungen haben insoweit keinen Sonderstatus*, zumal auch jene nach rechtsstaatlichen Grundsätzen an Recht und Gesetz (einschließlich unmittelbar anwendbares Europarecht[1309]) gebunden sind. So entspricht es der ständigen EuGH-Judikatur, dass die Verantwortlichkeit eines Mitgliedstaates bzw. dessen Regierung auch nicht bei unionsrechtswidrigem Handeln von unabhängigen Regionen, Parlamenten und Gerichten entfällt, selbst wenn die Gubernative gar keinen Einfluss darauf nehmen kann.[1310] Ein Mitgliedstaat kann mangelndes unionsrechtskonformes Verhalten nicht unter Verweis darauf rechtfertigen, dass dem interne Schwierigkeiten, nicht einmal verfassungsrechtliche, entgegenstehen.[1311] Der Gerichtshof lässt eine Rechtfertigung im Wesentlichen lediglich für Fälle der völligen Unmöglichkeit zu, an die strenge Voraussetzungen zu knüpfen sind.[1312] Zwar wird vereinzelt vorgeschlagen, bei durch das Unionsrecht weisungsfrei gestellten Behörden einen solchen Fall anzunehmen:[1313] Erstens sei die Unionsrechtsordnung, aus der die Unabhängigkeit resultiere, anders

---

[1308] Vgl. EuGH, Urt. v. 5.5.1970, Rs. 77/69, ECLI:EU:C:1970:34, Rn. 15/16 – Kommission/Belgien; Urt. v. 9.12.2003, Rs. C-129/00, ECLI:EU:C:2003:656, Rn. 29 – Kommission/Italien; aus der Lit. *Cremer*, in: Calliess/Ruffert (Hrsg.), EUV/AEUV, 6. Aufl. 2022, Art. 258 AEUV Rn. 28 m. w. N.; *Wunderlich*, in: von der Groeben/Schwarze/Hatje (Hrsg.), Europäisches Unionsrecht, 7. Aufl. 2015, Art. 258 AEUV Rn. 7; *Burgi*, in: Rengeling/Middeke/Gellermann (Hrsg.), Handbuch des Rechtsschutzes der Europäischen Union, 3. Aufl. 2014, § 6 Rn. 40 m. w. N.

[1309] Vgl. BFH, NJW 1985, 2103 (2103 f.); im Kontext der EMRK BVerfGE 74, 358 (370) – Unschuldsvermutung; aus der Lit. *Sachs*, in: Sachs (Hrsg.), GG, 9. Aufl. 2021, Art. 20 Rn. 107 m. w. N., auch aus der Rspr.; *Schulze-Fielitz*, in: Dreier (Hrsg.), GG, Bd. II, 3. Aufl. 2015, Art. 20 (Rechtsstaat) Rn. 93; *Grzeszick*, in: Dürig/Herzog/Scholz (Hrsg.), GG, 95. EL 2021, Art. 20 VI. Rn. 60; kritisch *Horn*, Die grundrechtsunmittelbare Verwaltung, 1999, S. 26 in Fn. 23.

[1310] Vgl. ausführlich *Kröger*, Unabhängigkeitsregime im europäischen Verwaltungsverbund, 2020, S. 429 ff. mit umfassenden Nachweisen zur Rechtsprechung in den einzelnen Bereichen; speziell zur mangelnden Änderungsbefugnis unionsrechtswidriger Urteile durch die Regierung a. a. O., S. 436 f. mit der Diskussion, die Vorschriften zu Wiederaufnahmeverfahren unionsrechtskonform auszulegen.

[1311] St. Rspr., vgl. nur EuGH, Urt. v. 8.4.2014, Rs. C-288/12, ECLI:EU:C:2014:237, Rn. 35 – Kommission/Ungarn; Urt. v. 5.2.2015, Rs. C-317/14, ECLI:EU:C:2015:63, Rn. 33 – Kommission/Belgien; aus der Lit. *Cremer*, in: Calliess/Ruffert (Hrsg.), EUV/AEUV, 6. Aufl. 2022, Art. 258 AEUV Rn. 35; *Ehricke*, in: Streinz (Hrsg.), EUV/AEUV, 3. Aufl. 2018, Art. 258 AEUV Rn. 35.

[1312] Vgl. etwa EuGH, Urt. v. 2.2.1988, Rs. 213/85, ECLI:EU:C:1988:39, Rn. 22 – Kommission/Niederlande; Urt. v. 29.1.1998, C-280/95, ECLI:EU:C:1998:28, Rn. 13 ff. – Kommission/Italien; *Cremer*, in: Calliess/Ruffert (Hrsg.), EUV/AEUV, 6. Aufl. 2022, Art. 258 AEUV Rn. 35; *Wunderlich*, in: von der Groeben/Schwarze/Hatje (Hrsg.), Europäisches Unionsrecht, 7. Aufl. 2015, Art. 258 AEUV Rn. 44.

[1313] So *Kröger*, Unabhängigkeitsregime im europäischen Verwaltungsverbund, 2020, S. 440 ff., dort auch die nachfolgende Argumentation.

als die nationale Rechtsordnung ein tauglicher Exkulpationsgrund. Zweitens erscheine es unbillig, das Risiko einer falschen Anwendung des Europarechts den Mitgliedstaaten aufzubürden, obwohl diesen weder eine prozedurale Möglichkeit zur verbindlichen Klärung einer Rechtsfrage zur Verfügung steht, noch sie auf das Handeln der unabhängigen Behörde einwirken können. Drittens würden die Behörden funktional betrachtet europäische Aufgaben wahrnehmen, sodass eine Maßnahme nicht ohne Weiteres den einzelnen Mitgliedstaaten zugerechnet werden könne. Schließlich zeige auch ein Vergleich zum ESZB die fehlende Verantwortlichkeit. Dort könne ebenfalls grundsätzlich kein Vertragsverletzungsverfahren eingeleitet werden, wenn eine nationale Zentralbank unionsrechtswidrig handelt. Aus den genannten Gründen bestehe lediglich dann ein Zurechnungszusammenhang, wenn der Mitgliedstaat – insbesondere durch die Anpassung der Rechtslage im Rahmen seiner Möglichkeiten[1314] – eine reelle Chance hat, den Unionsrechtsverstoß abzustellen. Mithin beschränke sich die Verantwortlichkeit auf ein Organisationsverschulden.[1315]

Der EuGH wird dieser Auffassung, sollte er einen solchen Fall zu entscheiden haben, allerdings aller Voraussicht nach mit guten Gründen nicht folgen. Es leuchtet nicht ein, warum für unabhängige Behörden etwas anderes gelten sollte als für Gerichte, da auch deren Unabhängigkeit unionsrechtlich garantiert ist (vgl. Art. 47 Abs. 2 GRCh). Eine formalistische Differenzierung nach den Rechtsgrundlagen ist schon angesichts der Verflechtung der unionalen und nationalen Rechtsordnungen wenig sinnvoll. Darüber hinaus bleiben mitgliedstaatliche Behörden nationale Stellen und sind national legitimiert, selbst wenn sie bei funktionaler Betrachtung Aufgaben der EU wahrnehmen. Auch hinkt der Vergleich mit dem ESZB: Dort scheidet ein Vertragsverletzungsverfahren deshalb aus, weil ein spezielleres Verfahren existiert. Die EZB kann vor dem EuGH gegen eine nationale Zentralbank klagen, wenn sich diese vertragswidrig verhält.[1316] Im Umkehrschluss bedeutet dies, dass im Übrigen in Ermangelung eines gesonderten Verfahrens eine Aufsichtsklage möglich sein muss. Schlussendlich ergibt sich bei dem gebotenen restriktiven Verständnis auch hinsichtlich der mangelnden Abänderbarkeit unionsrechtlicher Regelungen keine völlige Unmöglichkeit. Die Mitgliedstaaten verfügen auch über Einwirkungsmöglichkeiten auf den Unionsgesetzgeber. Selbst das BVerfG lässt in seinem Urteil zur Europäischen Banken-

---

[1314] Vgl. hierzu *Breuer*, EuZW 2004, 199 (200 f.); *Kokott/Henze/Sobotta*, JZ 2006, 633 (640); *Burgi*, in: Rengeling/Middeke/Gellermann (Hrsg.), Handbuch des Rechtsschutzes der Europäischen Union, 3. Aufl. 2014, § 6 Rn. 41.

[1315] *Kröger*, Unabhängigkeitsregime im europäischen Verwaltungsverbund, 2020, S. 444.

[1316] Vgl. *Gaiser*, EuR 2002, 517 (520 f.); *Kröger*, Unabhängigkeitsregime im europäischen Verwaltungsverbund, 2020, S. 441 f.

union bezüglich der SRM-Verordnung völlig rudimentäre Einflussoptionen von Bundesregierung und Bundestag auf die europäische Gesetzgebung im Kontext des Demokratieprinzips genügen.[1317] Nach alledem sprechen die überzeugenderen Argumente dafür, unionsrechtswidriges Verhalten nationaler, unabhängig gestellter Behörden in die mitgliedstaatliche Verantwortlichkeit einzubeziehen.

Geltend gemacht werden können Verstöße gegen jedwedes Unionsrecht, d.h. insbesondere auch gegen sekundärrechtliche Regelungen.[1318] Je detaillierter die Tätigkeit der Behörden im Regulierungs- und Kartellrecht durch europarechtliche Vorgaben – etwa über engmaschige Verordnungen oder umzusetzende Richtlinien – vorstrukturiert ist, desto dichter ist auch die Kontrolle, die im Wege des Vertragsverletzungsverfahrens erreicht werden kann. Verfolgt der Unionsgesetzgeber ein normierendes Steuerungskonzept[1319], lässt sich eine möglichst hohe objektive Rechtskontrolle bewerkstelligen.

Stellt der EuGH die Unionsrechtswidrigkeit des streitgegenständlichen Aktes fest, hat der Mitgliedstaat nach Art. 260 Abs. 1 AEUV die Maßnahmen zu ergreifen, die sich aus dem Urteil des Gerichtshofs ergeben. Mit anderen Worten stehen sämtliche staatlichen Einheiten in der Pflicht, den Verstoß abzustellen.[1320] Behörden dürfen für unionsrechtswidrig erklärte Normen nicht mehr anwenden und müssen entsprechende Verwaltungspraktiken bzw. Einzelmaßnahmen abändern oder unterlassen.[1321] Beseitigen die zuständigen Stellen den Vertragsverstoß nicht oder nur unzureichend, eröffnet Art. 260 Abs. 2 AEUV der Kommission die Möglichkeit, erneut den EuGH anzurufen

---

[1317] Vgl. BVerfGE 151, 202 (356 f.) Rn. 272 f. – Europäische Bankenunion.

[1318] Prägnant *Cremer*, in: Calliess/Ruffert (Hrsg.), EUV/AEUV, 6. Aufl. 2022, Art. 258 AEUV Rn. 34.

[1319] Zum normierenden und administrativen Regulierungsansatz s. unter Kapitel 1, B.IV.1.

[1320] EuGH, Urt. v. 14.12.1982, verb. Rs. 314–316/81 und 83/82, ECLI:EU:C:1982:430, Rn. 14 – Procureur de la République/Waterkeyn; *Cremer*, in: Calliess/Ruffert (Hrsg.), EUV/AEUV, 6. Aufl. 2022, Art. 260 AEUV Rn. 4; *Ehricke*, in: Streinz (Hrsg.), EUV/AEUV, 3. Aufl. 2018, Art. 260 AEUV Rn. 6; *Wunderlich*, in: von der Groeben/Schwarze/Hatje (Hrsg.), Europäisches Unionsrecht, 7. Aufl. 2015, Art. 260 AEUV Rn. 4 ff.

[1321] St. Rspr. seit EuGH, Urt. v. 13.7.1972, Rs. 48/71, ECLI:EU:C:1972:65, Rn. 5/10 – Kommission/Italien; *Cremer*, in: Calliess/Ruffert (Hrsg.), 6. Aufl. 2022, Art. 260 AEUV Rn. 5; *Ehricke*, in: Streinz (Hrsg.), EUV/AEUV, 3. Aufl. 2018, Art. 260 AEUV Rn. 6; *Wunderlich*, in: von der Groeben/Schwarze/Hatje (Hrsg.), Europäisches Unionsrecht, 7. Aufl. 2015, Art. 260 AEUV Rn. 6; vgl. auch differenzierend zur unmittelbaren Anwendbarkeit von Richtlinienbestimmungen und zur Nichtanwendungspflicht unionsrechtswidriger nationaler Rechtsnormen im Kontext der normierenden Regulierung *Ludwigs*, N&R-Beilage 2/2021, 1 (5 ff., 15 ff.).

und die Verhängung eines Pauschalbetrags und/oder[1322] Zwangsgelds gegen den Mitgliedstaat zu beantragen.[1323] Das Sanktions- bzw. „Vollstreckungsverfahren"[1324] soll eine Abschreckungswirkung entfalten und dient dazu, durch die Ausübung wirtschaftlichen Zwangs den Mitgliedstaat zur Herstellung unionsrechtskonformer Zustände zu bewegen.[1325]

Zwar könnte vorliegend im Extremfall die Konsequenz eintreten, dass sich die unabhängige Behörde weigert, einen Vertragsverstoß auszumerzen, während die Bundesrepublik die Kosten für das Versäumnis zu tragen hat, ohne dass ihr Einwirkungsmöglichkeiten verbleiben. Diese Situation ist aber schon bisher aus dem Verhältnis zwischen Bund und Ländern (und Kommunen) bekannt und kann auf die gleiche Weise entschärft werden: Nach Art. 104a Abs. 6 Satz 1 GG tragen „Bund und Länder [...] nach der innerstaatlichen Zuständigkeits- und Aufgabenverteilung die Lasten einer Verletzung von supranationalen oder völkerrechtlichen Verpflichtungen Deutschlands". Auf einfachgesetzlicher Ebene wurde die Vorschrift durch das Lastentragungsgesetz (LastG) im Zuge der Föderalismusreform I von 2006 konkretisiert.

1322 Entgegen dem Wortlaut des Art. 260 Abs. 2 UAbs. 1 S. 2, UAbs. 2 AEUV („oder") können Pauschalbetrag und Zwangsgeld auch kumulativ beantragt und verhängt werden, vgl. EuGH, Urt. v. 12.7.2005, Rs. C-304/02, ECLI:EU:C:2005:444, Rn. 80 ff. – Kommission/Frankreich; *Wunderlich*, in: von der Groeben/Schwarze/Hatje (Hrsg.), Europäisches Unionsrecht, 7. Aufl. 2015, Art. 260 AEUV Rn. 23; *Karpenstein*, in: Grabitz/Hilf/Nettesheim (Hrsg.), Das Recht der Europäischen Union, 74. EL 2021, Art. 260 AEUV Rn. 39 ff.

1323 Näher zum Sanktionsverfahren nach Art. 260 Abs. 2 AEUV s. *Cremer*, in: Calliess/Ruffert (Hrsg.), EUV/AEUV, 6. Aufl. 2022, Art. 260 AEUV Rn. 9 ff.; *Ehricke*, in: Streinz (Hrsg.), EUV/AEUV, 3. Aufl. 2018, Art. 260 AEUV Rn. 9 ff.; *Wunderlich*, in: von der Groeben/Schwarze/Hatje (Hrsg.), Europäisches Unionsrecht, 7. Aufl. 2015, Art. 260 AEUV Rn. 12 ff.

1324 Der Begriff des Vollstreckungsverfahrens im Kontext von Art. 260 Abs. 2 AEUV findet sich zwar in der Literatur (etwa bei *Cremer*, in: Calliess/Ruffert [Hrsg.], EUV/AEUV, 6. Aufl. 2022, Art. 260 AEUV Rn. 26 und *Wunderlich*, in: von der Groeben/Schwarze/Hatje [Hrsg.], Europäisches Unionsrecht, 7. Aufl. 2015, Art. 260 AEUV Rn. 14), ist aber streng genommen nicht richtig: Die EU kann Pauschalbetrag und Zwangsgeld nicht zwangsweise beitreiben, sie hat – vereinfacht formuliert – keinen Gerichtsvollzieher. Sollte ein Mitgliedstaat ernsthaft und endgültig die Zahlung verweigern, hat die EU (mit Ausnahme der Ausübung politischen Drucks oder der etwaigen Einleitung eines Verfahrens nach Art. 7 EUV, verbunden mit einer Aussetzung des Stimmrechts nach Art. 354 AEUV) grundsätzlich keine Handhabe, die Sanktionen durchzusetzen; vgl. *Karpenstein*, in: Grabitz/Hilf/Nettesheim (Hrsg.), Das Recht der Europäischen Union, 74. EL 2021, Art. 260 AEUV Rn. 75 f. m. w. N., der allerdings noch auf die Etablierung weiterer sanktionsähnlicher Mechanismen hinweist und auch die Möglichkeit einer Aufrechnung mit Zahlungen aus den verschiedenen Unionsfonds ins Spiel bringt.

1325 Vgl. EuGH, Urt. v. 12.7.2005, Rs. C-304/02, ECLI:EU:C:2005:444, Rn. 91 ff. – Kommission/Frankreich; *Wunderlich*, in: von der Groeben/Schwarze/Hatje (Hrsg.), Europäisches Unionsrecht, 7. Aufl. 2015, Art. 260 AEUV Rn. 14.

Dessen § 1 Abs. 1 sieht im Grundsatz vor, dass die Kosten „im Verhältnis von Bund und Ländern von derjenigen staatlichen Ebene getragen [werden], in deren innerstaatlichen Zuständigkeits- und Aufgabenbereich die lastenbegründende Pflichtverletzung erfolgt ist“.[1326] Eine entsprechende Regelung könnte man auch für unabhängige Behörden etablieren, sodass diese mit ihren zur Verfügung gestellten finanziellen Ressourcen an den Sanktionen beteiligt wären. Hierin läge richtigerweise auch kein Verstoß gegen eine etwaig bestehende finanzielle Unabhängigkeit, da die Behörde lediglich zur Einhaltung des Unionsrechts angehalten wird und es im Sinne des *effet utile* sachgerecht ist, insoweit unmittelbar Druck zu erzeugen. Der gesetzgeberisch relativ weite Spielraum bezüglich des Haushaltsrechts würde dadurch nicht überschritten.[1327] Jenseits der finanziellen Optionen verbleibt es bei den klassischen demokratischen Möglichkeiten, um querulatorische Behördenspitzen – soweit es deren persönliche Unabhängigkeit zulässt – zum Einlenken zu bewegen oder sie notfalls zu ersetzen bzw. nicht wieder für eine neue Amtszeit einzusetzen.[1328] Unabhängige Stellen bilden in dieser Hinsicht keinen Sonderfall.

5. Zwischenergebnis

Zunächst rückten als Möglichkeit der gerichtlichen Streitbeilegung von Binnenkonflikten unabhängiger Stellen *Insichprozesse* in den Fokus. Im engeren Sinne sollen darunter Streitigkeiten innerhalb ein und derselben juristischen Person zu verstehen sein. Im weiteren Sinne sind zusätzlich Auseinandersetzungen zwischen Teilen unterschiedlicher Rechtsträger umfasst, die lediglich in unterschiedlichen Verfahrensstadien öffentliche Interessen desselben Gegenstandsbereichs wahrzunehmen haben. In Insichprozessen kann die Rechtmäßigkeit einer administrativen Entscheidung durch eine andere Behörde überprüft werden. Bei einer Kategorisierung in Fallgruppen lassen sich vertikale und horizontale Konstellationen unterscheiden. Diese teilen sich wiederum jeweils thematisch auf in Verfahren, in denen eine Kompe-

---

[1326] Vgl. näher *Wunderlich*, in: von der Groeben/Schwarze/Hatje (Hrsg.), Europäisches Unionsrecht, 7. Aufl. 2015, Art. 260 AEUV Rn. 41 f., dort auch zur Abwälzung von Kosten auf verantwortliche Kommunen; hierzu auch *Schwarz*, KommJur 2010, 45 ff. Gegenüber der EU muss der Bund zwar die Sanktionen zahlen, § 5 LastG normiert aber folgerichtig einen entsprechenden Erstattungsanspruch. Zum Ganzen s. auch aus der verfassungsrechtlichen Kommentarliteratur *Kube*, in: Epping/Hillgruber (Hrsg.), BeckOK GG, 49. Edition 2021, Art. 104a Rn. 58 ff.; *Heun*, in: Dreier (Hrsg.), GG, Bd. III, 3. Aufl. 2018, Art. 104a Rn. 40 ff.

[1327] Vgl. EuGH, Urt. v. 28.7.2016, Rs. C-240/15, ECLI:EU:C:2016:608, Rn. 36 ff. – Autorità per le Garanzie nelle Communicazioni; *Gundel*, EWS 2017, 301 (307); s. auch bereits unter Kapitel 1, B.II.5.

[1328] S. hierzu unter Kapitel 1, B.II.4. sowie Kapitel 2, B.II.1.b).

tenzverletzung und/oder die sachliche Unrichtigkeit einer Entscheidung geltend gemacht werden kann.

Hinsichtlich der *Zulässigkeit* von Insichprozessen zur Konfliktlösung bestehen aus allgemeiner verwaltungsprozessualer Sicht keine durchgreifenden Einwände. Die Sachentscheidungsvoraussetzungen können schulmäßig geprüft werden mit der Klagebefugnis als zentralem Element. Möglich erscheint insoweit die Verletzung einer wehrfähigen Innenrechtsposition oder eine gesetzliche Exemtion nach § 42 Abs. 2 Hs. 1 VwGO. Bei der Frage, ob Insichprozesse auch mit den einschlägigen *Unabhängigkeitsvorgaben* zu vereinbaren sind, müssen im *vertikalen Verhältnis* drei Konstellationen gesondert betrachtet werden. Die erste Fallgruppe umfasst Klagen der unabhängigen Behörde gegen aufsichtliche Weisungen, wie sie etwa § 4 Abs. 3a BEVVG vorsieht. Zwar sind unabhängige Behörden klagebefugt, da ihr Unabhängigkeitsstatus eine wehrfähige Innenrechtsposition mit Schutznormcharakter darstellt, und (im Zweifel analog § 61 Nr. 2 VwGO) beteiligtenfähig. Dennoch verstößt ein solcher Insichprozess bei gleichzeitiger Anerkennung einer Rechts- bzw. Fachaufsicht gegen die Unabhängigkeitsvorgabe, setzt er doch unzulässigerweise die vorgeschaltete Erteilung einer Weisung voraus; möglich bleibt insoweit aber die Klage der unabhängigen Behörde gegen eine Weisung auf (deklaratorische) Feststellung ihrer Rechtswidrigkeit. Zulässig ist demgegenüber als zweite Fallgruppe der umgekehrte Fall einer sog. Aufsichtsklage, mit der das (vermeintlich) rechtswidrige Handeln einer unabhängigen Behörde gerichtlich überprüft werden kann. Sie ist indes weder *de lege lata* im Regulierungs- und Kartellrecht vorzufinden noch unions- und verfassungsrechtlich zwingend. Für die dritte Variante, die behördeninterne Konstellationen in den Blick nimmt, ist für Insichprozesse kein Raum. Mangels bestehender Unabhängigkeit im Innenverhältnis besteht kein Bedürfnis nach gerichtlicher Streitbeilegung. Wo ausnahmsweise unabhängige Strukturen innerhalb einer Behörde vorhanden sind, muss unzulässigen Beeinflussungen keine Beachtung geschenkt werden.

Insichprozesse im *horizontalen Verhältnis* kommen für behördeninterne Konstellationen grundsätzlich aufgrund der hierarchischen Binnenstruktur nicht in Betracht. Für den Sonderfall, dass unabhängige interne Einheiten untereinander Zielkonflikte austragen müssen, sind Gerichte ebenfalls nicht als Streitschlichter geeignet, zumal hierdurch möglicherweise besondere Einigungsverfahren umgangen würden. In behördenexterner Hinsicht sind Insichprozesse für Fälle relevant, in denen die behördliche Zusammenarbeit scheitert – sei es dadurch, dass eine Behörde übergangen oder die Beteiligung rechtswidrig verweigert wird. In solchen Fällen stellt sich die Frage, inwieweit die Verletzung von Mitwirkungsrechten justiziabel ist. Überwiegend wird die Klagebefugnis von der Intensität der Beteiligungsform abhängig gemacht. Während Mitentscheidungsrechte anerkanntermaßen geltend gemacht werden können, verbieten sich im Modus der Mitwirkung pauschale Maßstäbe. Jedenfalls sollte aber die Verletzung „bloßer" Mitwirkungsrechte nicht von vornherein als Gegenstand von Insichprozessen ausscheiden.

Unter dem Blickwinkel der *Zweckmäßigkeit* ist fraglich, ob Insichprozesse die Funktionsfähigkeit der Verwaltung gefährden. Gegen die Sinnhaftigkeit solcher Verfahren werden das Entstehen zusätzlicher, unnötiger Kosten sowie die Bindung sachlicher und personeller Ressourcen sowohl an den Gerichten als auch in den Behörden angeführt, die anderweitig eingesetzt werden könnten. Ferner bringen Kritiker das Argument überlanger Verfahrensdauern in Stellung. Andererseits wird von Behörden ein maßvoller Umgang mit ihnen gegebenen Klagerechten erwartet. Zudem hafte gerichtlich abgesicherten Entscheidungen eine höhere Richtigkeitsgewähr oder zumindest eine größere Objektivität an, was in der Regel auch dem Gemeinwohl zugutekomme. Inwieweit die einzelnen Argumente tragen, lässt sich indes im Einzelnen nur schwer beziffern, sodass die Entscheidung für oder gegen die Zulassung von Insichprozessen unter Zweckmäßigkeitsgesichtspunkten eher eine politische Abwägung erfordert. Die Behauptung, sie seien *per se* nicht sinnvoll, ist aber unplausibel.

Neben Insichprozessen kommen weitere Formen gerichtlichen Rechtsschutzes in Betracht. Zum einen betrifft dies die *Verteidigungsmöglichkeiten der unabhängigen Behörde* selbst. Insbesondere gegen Gesetze im materiellen Sinne, welche ihr Handeln normativ vorstrukturieren, können objektive Prüfverfahren erwogen werden. Nach geltendem Recht ist in den vorliegend untersuchten Bereichen allenfalls an eine prinzipale Normenkontrolle nach § 47 VwGO zu denken, die jedoch in aller Regel nicht einschlägig sein wird. Rechtspolitisch reichen die Vorschläge von der Schaffung einer objektiven Feststellungsklage über einen (Teil-)Verzicht auf das Erfordernis der Klagebefugnis bis hin zur Einräumung einer Vorlageberechtigung für konkrete Normenkontrollen und Vorabentscheidungsverfahren bzw. von besonderen Klagerechten zugunsten unabhängiger Behörden. Dessen ungeachtet ist bei einer weitergehenden Öffnung des Zugangs für Behörden zu Gericht Zurückhaltung geboten. Der in erster Linie auf Individualrechtsschutz ausgelegte Verwaltungsprozess würde bei einer allgemeinen Objektivierung an seine Kapazitätsgrenzen stoßen und hinsichtlich der Legitimation des Gerichts ergäben sich Bedenken. Daher ist es ratsam, Klagemöglichkeiten höchstens bereichsspezifisch und nur dort zu erweitern, wo ein strukturelles, rechtsstaatliches Defizit zu erkennen ist. Ein solches liegt im Regulierungs- und Kartellrecht (noch) nicht vor.

Zum anderen existieren zwei weitere *Rechtsschutzmöglichkeiten gegen das (rechtswidrige) Handeln einer unabhängigen Behörde*. Erstens können als Ausprägung des Art. 19 Abs. 4 Satz 1 GG im Außenverhältnis *belastete*

Dritte gegen Entscheidungen unabhängiger Behörden gerichtlich vorgehen, soweit sie in ihren subjektiven Rechten verletzt sind. Da eine solche Rechtmäßigkeitskontrolle wegen der Beschränkung auf individuelle Rechtsverletzungen unvollkommen ist und von der Initiative der Bürger abhängt, ließe sich an eine Ausdehnung der Rechtsschutzoptionen denken. Dem Einzelnen eine prokuratorische Rechtsstellung zu verleihen, will aber aus den gleichen Gründen wohlüberlegt sein, die gegen eine Extensivierung behördlicher Klagerechte sprechen. Eine flächendeckende Pervertierung der Bürger zu einer Art Ersatzaufsicht ist, ganz abgesehen von der immanenten Missbrauchsgefahr, weder sinnvoll noch erforderlich. Rein objektiv rechtswidrige Zustände sind in gewissem Maße hinnehmbar. Gegebenenfalls kann der Gesetzgeber punktuell entgegensteuern.

Übrig bleibt zweitens die Eröffnung eines *Vertragsverletzungsverfahrens* nach Art. 258 f. AEUV, in dessen Rahmen unionsrechtswidriges Handeln der Mitgliedstaaten überprüft und geahndet werden kann. Je dichter der normative Rahmen des Primär- und Sekundärrechts ist, desto engmaschiger kann auch eine Kontrolle durch den EuGH erfolgen. Richtigerweise erstreckt sich die mitgliedstaatliche Verantwortlichkeit auch auf nationale, kraft Unionsrechts unabhängige Behörden. Stellt das Feststellungsurteil des EuGH einen Verstoß fest, muss die Behörde diesen umgehend abstellen. Zwar treffen bei einer Zuwiderhandlung die (finanziellen) Sanktionen den Mitgliedstaat als Haftungseinheit. Das Haftungsrisiko lässt sich aber durch eine – zulässige – Abwälzung der Strafzahlungen auf die unabhängige Behörde sowie durch erlaubte Einflussmöglichkeiten, etwa die Abberufung von Behördenleitern, minimieren.

II. Außergerichtliche Streitbeilegung

Anstelle der gerichtlichen Austragung von Konflikten kann ferner in Betracht gezogen werden, Streitigkeiten außergerichtlich beizulegen. Zur Annäherung an diese Form der Konfliktlösung wird in einem ersten Schritt das Konzept der Schlichtung als Methode alternativer Streitbeilegung vorgestellt (1.). Im Anschluss beleuchtet die Untersuchung *de lege lata* bereits vorhandene Schlichtungsmechanismen (2.), bevor analysiert wird, ob und inwieweit sich die außergerichtliche Streitbeilegung zur Lösung von Binnenkonflikten unabhängiger Stellen der Verwaltung eignet (3.). Ein Zwischenergebnis fasst die gewonnenen Erkenntnisse zusammen (4.).

1. Schlichtung als alternative Streitbeilegung

Das Wortfeld der alternativen Streitbeilegung mutet unübersichtlich an. Begrifflichkeiten wie Verhandlung, Mediation, Schlichtung, Vergleich etc. werden im allgemeinen Sprachgebrauch teils synonym, teils unscharf verwendet.[1329] Daher bedarf es vorliegend zunächst eines Überblicks über die verschiedenen Formen, die unter dem Sammelbegriff der alternativen, außergerichtlichen Streitbeilegung firmieren. In Anlehnung an die die aus dem US-Amerikanischen stammende Einteilung der „Alternative Dispute Resolution" (zu Deutsch etwa: alternative Streitbeilegung)[1330] kategorisiert Hanns Prütting die Instrumente der Streitschlichtung in vier Stufen.[1331]

Unter den Oberbegriff des *Verhandelns* fallen demnach Formen des bi- oder multilateralen Austauschs wie Runde Tische und vergleichbare Gesprächsrunden, ohne dass es vorgeschriebene Verfahrensregeln und einen neutralen Mittler gibt.[1332]

Das Stichwort des *Vermittelns* fasst demgegenüber Varianten der Streitbeilegung zusammen, bei denen ein neutraler Dritter den Streitparteien behilflich ist, eine einvernehmliche Konfliktlösung herbeizuführen. Charakteristischerweise setzt er die Parteien dabei nicht unter Druck, fällt keine eigene Entscheidung und strebt nicht danach, den Parteien eigene Ideen und Vorschläge aufzuzwängen.[1333] Stattdessen geht es in erster Linie um eine moderierende Beratung beider Seiten zur Herstellung einer Verhandlungs- bzw. Kompromissbereitschaft.[1334] Das prominenteste (formalisierte) Vermittlungsverfahren bei Streitigkeiten ist die *Mediation*. Diese hat durch das Media-

---

[1329] So auch *Greger*, in: Greger/Unberath/Steffek (Hrsg.), Recht der alternativen Konfliktlösung, 2. Aufl. 2016, Teil A, Rn. 6.

[1330] Hierzu etwa *Risse*, Wirtschaftsmediation, 2003, § 1 Rn. 10 und § 15 Rn. 1 f.; *Tochtermann*, JuS 2005, 131 ff.; *Haft*, in: Festschrift für A. Söllner, 2000, S. 391 (391 ff.); ausführlich zum Begriff der alternativen Konfliktlösung *Greger*, in: Greger/Unberath/Steffek (Hrsg.), Recht der alternativen Konfliktlösung, 2. Aufl. 2016, Teil A, Rn. 1 ff.

[1331] *Prütting*, in: Prütting (Hrsg.), Außergerichtliche Streitschlichtung, 2003, Rn. 2, der sich auf die englischen Schlagworte „negotiation, mediation, conciliation, arbitration" bezieht; ähnliche Einteilung bei *Eckstein*, JuS 2014, 698 (698 f.); ausführlicher Überblick über die verschiedenen Verfahrensarten bei *Greger*, in: Greger/Unberath/Steffek (Hrsg.), Recht der alternativen Konfliktlösung, 2. Aufl. 2016, Teil D, Rn. 1 ff.

[1332] *Prütting*, AnwBl. 2000, 273 (274); *Prütting*, in: Prütting (Hrsg.), Außergerichtliche Streitschlichtung, 2003, Rn. 3.

[1333] *Prütting*, AnwBl. 2000, 273 (275); *Prütting*, in: Prütting (Hrsg.), Außergerichtliche Streitschlichtung, 2003, Rn. 4.

[1334] Vgl. *Jansen*, Die außergerichtliche obligatorische Streitschlichtung nach § 15a EGZPO, 2001, S. 38; *Prütting*, in: Prütting (Hrsg.), Außergerichtliche Streitschlichtung, 2003, Rn. 4.

tionsgesetz (MediationsG)[1335] von 2012 eine rechtliche Aufwertung und Konturierung erhalten und definiert sich ausweislich dessen § 1 Abs. 1 als „vertrauliches und strukturiertes Verfahren, bei dem Parteien mithilfe eines oder mehrerer Mediatoren freiwillig und eigenverantwortlich eine einvernehmliche Beilegung ihres Konflikts anstreben".[1336] Ein Mediator ist nach § 1 Abs. 2 MediationsG „eine unabhängige und neutrale Person ohne Entscheidungsbefugnis, die die Parteien durch die Mediation führt". Konkretisierend bestimmt § 2 Abs. 1 MediationsG, dass die Parteien den Mediator auswählen, und Abs. 3 Satz 1, dass er allen Parteien gleichermaßen verpflichtet ist. Nach § 2 Abs. 3 Satz 2 MediationsG fördert er die Kommunikation der Parteien und gewährleistet eine angemessene und faire Einbindung der Parteien in die Mediation. In den §§ 3 bis 5 MediationsG werden dem Mediator ferner bestimmte Offenbarungspflichten, Tätigkeitsbeschränkungen und sonstige Berufspflichten auferlegt, um das Gelingen des Mediationsverfahrens nicht zu gefährden.[1337] Der Ablauf des Mediationsverfahrens kann flexibel und individuell gestaltet werden, gleichwohl gilt es aber eine gewisse Struktur und Mindeststandards zu beachten, die sich aus den §§ 2 ff. MediationsG ergeben und die eine eigenverantwortliche und einvernehmliche Streitbeilegung gewährleisten sollen.[1338] Die Mediation basiert auf den Prinzipien der Freiwilligkeit (vgl. §§ 1 Abs. 1, 2 Abs. 2, Abs. 5 Satz 1 MediationsG), Selbstbestimmtheit und Informiertheit (vgl. § 2 Abs. 2, Abs. 3 Satz 2, Abs. 6 Sätze 1, 2 MediationsG) sowie Vertraulichkeit.[1339] Letzteres wird durch die Verschwiegenheitspflicht des Mediators (§ 4 MediationsG) und die Nichtöffentlichkeit des Verfahrens (vgl. § 2 Abs. 4 MediationsG) sowie durch die grundsätzliche Geheimhaltung der Mediationsergebnisse abgesichert und soll dazu dienen, dass eine offene Kommunikation zwischen

[1335] Mediationsgesetz v. 21.7.2012, BGBl. I S. 1577; geändert durch Art. 135 Zehnte ZuständigkeitsanpassungsVO v. 31.8.2015 (BGBl. I S. 1474).

[1336] S. auch näher zum Mediationsbegriff *Groh*, in: K. Weber (Hrsg.), Rechtswörterbuch, 27. Edition 2021, Stichwort „Mediation"; *Ulrici*, in: Krüger/Rauscher (Hrsg.), Münchener Kommentar zur ZPO, Bd. 1, 6. Aufl. 2020, §§ 1 ff. Mediationsgesetz Rn. 17 ff.; *Hess*, Gutachten F zum 67. Deutschen Juristentag, 2008, F 15 ff.; näher zur Entstehung des MediationsG *Ulrici*, a. a. O., Rn. 3 ff. sowie *Adolphsen*, Zivilprozessrecht, 7. Aufl. 2021, § 2 Rn. 25.

[1337] Vgl. näher *Ulrici*, in: Krüger/Rauscher (Hrsg.), Münchener Kommentar zur ZPO, Bd. 1, 6. Aufl. 2020, §§ 1 ff. Mediationsgesetz Rn. 22 ff., 25 f., 27 ff.

[1338] Vgl. BT-Drs. 17/5335, S. 13 f.; *Ulrici*, in: Krüger/Rauscher (Hrsg.), Münchener Kommentar zur ZPO, Bd. 1, 6. Aufl. 2020, §§ 1 ff. Mediationsgesetz Rn. 36, 39 m. w. N.; *Greger*, ZRP 2010, 209 (210); *Steffek*, ZEuP 2013, 528 (545); *Trossen*, in: Haft/von Schlieffen (Hrsg.), Handbuch Mediation, 3. Aufl. 2016, § 26 Rn. 8.

[1339] Diese abstrahierende Kategorisierung wählt *Ulrici*, in: Krüger/Rauscher (Hrsg.), Münchener Kommentar zur ZPO, Bd. 1, 6. Aufl. 2020, §§ 1 ff. Mediationsgesetz Rn. 39 ff.

den Konfliktparteien möglich ist und die wahren Absichten, Ziele und Interessen hinter der Auseinandersetzung zutage gefördert werden können.[1340] Idealiter lässt sich das Mediationsverfahren – im Einzelfall mehr oder minder deutlich – in unterschiedliche Phasen einteilen: (1) die Einleitung des Verfahrens mit der Vereinbarung von Regeln für die Durchführung der Mediation, (2) das Mediationsgespräch, in dem nach einer Bestandsaufnahme Lösungsansätze gesammelt und bewertet werden, sowie (3) den Verfahrensabschluss.[1341] Dieser kann auch im Scheitern des Mediationsversuchs bestehen, wenn die Parteien oder der Mediator das Verfahren einseitig oder einvernehmlich beenden (§ 2 Abs. 5 MediationsG). Gelingt hingegen eine konsensuale Konfliktbeilegung, ist das Verfahren erfolgreich beendet und die Parteien können fakultativ nach § 2 Abs. 6 Satz 3 MediationsG die erzielte Einigung in einer Abschlussvereinbarung dokumentieren, die auch rechtsverbindlich und vollstreckbar ausgestaltet werden kann[1342].

Bei der *Schlichtung* (im technischen Sinne) hingegen ist der neutrale Dritte mit der Autorität ausgestattet, den Konfliktparteien ein selbst erarbeitetes Schlichtungsergebnis zur Annahme zu unterbreiten.[1343] Schlichtung im engeren Sinne erfasst – in Abgrenzung des Schlichters zum Schiedsrichter – nur solche Konstellationen, bei denen im Falle des Misslingens einer Einigung zwischen den Parteien der Schlichter nicht die Kompetenz besitzt, den Streit zu entscheiden.[1344] Anders als vom Mediator wird vom Schlichter jedoch

---

[1340] *Ulrici*, in: Krüger/Rauscher (Hrsg.), Münchener Kommentar zur ZPO, Bd. 1, 6. Aufl. 2020, §§ 1 ff. Mediationsgesetz Rn. 44 m. w. N.; *Steffek*, ZEuP 2013, 528 (550 f.); näher *Hartmann*, in: Haft/von Schlieffen (Hrsg.), Handbuch Mediation, 3. Aufl. 2016, § 28 Rn. 1 ff.; s. auch *Adolphsen*, Zivilprozessrecht, 7. Aufl. 2021, § 2 Rn. 25.

[1341] Diese Dreiteilung orientiert sich an *Ulrici*, in: Krüger/Rauscher (Hrsg.), Münchener Kommentar zur ZPO, Bd. 1, 6. Aufl. 2020, §§ 1 ff. Mediationsgesetz Rn. 45 ff. mit zahlreichen weiteren Nachweisen; die Anzahl der Phasen und deren Bezeichnung variiert allerdings im Schrifttum – meist zwischen drei und sechs Phasen –, auch wenn in der Sache kaum Unterschiede bestehen, vgl. *Risse*, Wirtschaftsmediation, 2003, § 5 Rn. 3 ff.; *Tochtermann*, JuS 2005, 131 (132 ff.); *Nistler*, JuS 2010, 685 (686 ff.); *Eckstein*, JuS 2014, 698 (699 f.); *Stumpf*, Alternative Streitbeilegung im Verwaltungsrecht, 2006, S. 304 ff.

[1342] *Ulrici*, in: Krüger/Rauscher (Hrsg.), Münchener Kommentar zur ZPO, Bd. 1, 6. Aufl. 2020, §§ 1 ff. Mediationsgesetz Rn. 52.

[1343] *Prütting*, AnwBl. 2000, 273 (275); *Prütting*, in: Prütting (Hrsg.), Außergerichtliche Streitschlichtung, 2003, Rn. 5; *Eckstein*, JuS 2014, 698 (699).

[1344] *Prütting*, in: Prütting (Hrsg.), Außergerichtliche Streitschlichtung, 2003, Rn. 5 unter Rekurs auf *von Hoffmann*, in: Gilles (Hrsg.), Effektivität des Rechtsschutzes und verfassungsmäßige Ordnung, 1983, S. 217 (217); zur gleichermaßen fehlenden Entscheidungskompetenz des Mediators vgl. *Hess*, Gutachten F zum 67. Deutschen Juristentag, 2008, F 28, F 30 f.

eine aktivere Rolle bei der Konfliktbewältigung erwartet, beispielsweise durch die Ausarbeitung konkreter Lösungsvorschläge.[1345]

Mit dem *Richten* ist schließlich die vierte Kategorie der Konfliktlösung identifiziert. Beim Richten erfolgt die Lösung der Streitigkeit durch die Entscheidung eines Dritten, der kraft seines Amtes mit Autorität versehen ist, sodass sein Tätigwerden durch dessen Offizialstatus geprägt ist.[1346] Zuvorderst sind damit die Entscheidungen der gesetzlichen Richter im Rahmen der staatlichen Gerichtsbarkeit gemeint,[1347] deren Beitrag zur Lösung von Binnenkonflikten unabhängiger Stellen der Verwaltung im vorherigen Abschnitt dieses Kapitels (A.I.) bereits vertieft untersucht wurde. Ferner sollen im hiesigen Kontext unter der Rubrik des Richtens neben der autoritativen Entscheidung durch das Gericht sämtliche Formen der Prozessbeendigung zu verstehen sein, namentlich die konsensuale Beilegung eines Rechtsstreits durch gerichtlichen Vergleich (§ 106 VwGO) oder durch die Abgabe prozessualer Erklärungen wie einer Klagerücknahme.[1348]

Gleichwohl kann ein Streit auch jenseits staatlicher Gerichte verbindlich beigelegt werden. Genannt sei in diesem Zusammenhang die (private) *Schiedsgerichtsbarkeit*, insbesondere nach dem Zehnten Buch der ZPO (§§ 1025 ff.).[1349] Bei Schiedsverfahren erhoffen sich die Parteien im Vergleich zu den staatlichen Gerichten zeitliche Vorteile und eine höhere Expertise der Entscheider – was aufgrund der richterlichen Unabhängigkeit sowie des Rechts auf den gesetzlichen Richter und der damit einhergehenden starren Geschäftsverteilung bei der staatlichen Gerichtsbarkeit dem Einfluss der Parteien entzogen ist –, während private Schiedsverfahren hingegen in der Regel mit einem höheren finanziellen Aufwand verbunden sein dürften.[1350] Auch Staaten und rechtsfähige Einheiten der öffentlichen Hand können grundsätzlich Schiedsvereinbarungen abschließen (sog. subjektive Schieds-

---

1345 *Jansen*, Die außergerichtliche obligatorische Streitschlichtung nach § 15a EGZPO, 2001, S. 39; *Prütting*, in: Prütting (Hrsg.), Außergerichtliche Streitschlichtung, 2003, Rn. 5; *Ulrici*, in: Krüger/Rauscher (Hrsg.), Münchener Kommentar zur ZPO, Bd. 1, 6. Aufl. 2020, §§ 1 ff. Mediationsgesetz Rn. 20.

1346 *Prütting*, in: Prütting (Hrsg.), Außergerichtliche Streitschlichtung, 2003, Rn. 6.

1347 *Jansen*, Die außergerichtliche obligatorische Streitschlichtung nach § 15a EGZPO, 2001, S. 40; *Prütting*, in: Prütting (Hrsg.), Außergerichtliche Streitschlichtung, 2003, Rn. 6.

1348 Zu den Arten der Prozessbeendigung im Kontext von Streitentscheidung und -schlichtung vgl. den Überblick bei *Ortloff*, in: Schoch/Schneider (Hrsg.), VwGO, 41. EL 2021, § 106 Rn. 3 ff.

1349 *Prütting*, in: Prütting (Hrsg.), Außergerichtliche Streitschlichtung, 2003, Rn. 7, der noch auf Sonderformen wie das verbindliche Schiedsgutachten hinweist; *Adolphsen*, Zivilprozessrecht, 7. Aufl. 2021, § 2 Rn. 26.

1350 Vgl. *Adolphsen*, Zivilprozessrecht, 7. Aufl. 2021, § 2 Rn. 27.

fähigkeit)[1351] und so die Vorteile der Schiedsgerichtsbarkeit in Anspruch nehmen.

Die Ausführungen in diesem Abschnitt sollen sich vorwiegend *auf das Modell der Schlichtung konzentrieren.* Die Kategorie des Verhandelns ist zu mannigfaltig, vage und informell, um einheitliche Parameter herauszudestillieren und sie somit für die vorliegende Untersuchung fruchtbar zu machen. Es fehlt an normierten Verfahrenskodizes, sodass der Erfolg einer Verhandlung zu sehr vom Verhandlungsgeschick, den Interessen der Parteien und den Umständen des Einzelfalls abhängig ist. Vorliegend erscheint es wenig zielführend, wenn Teile des Staates Zuständigkeiten oder Rechtsauffassungen – pejorativ formuliert – „ausklüngeln", zumal diese Lösung gerichtsfest sein müsste und zu einem unübersichtlichen Flickenteppich bi- bzw. multilateraler Regelungen führen könnte. Auch das Vermitteln ist für die Konfliktlösung im staatlichen Binnenbereich der Natur der Sache nach wenig geeignet. Im Verhältnis Staat/Staat geht es nicht darum, affektive Interessen zu offenbaren und die wahren Absichten hinter einem Konflikt zu durchleuchten, sondern nüchtern um die Versöhnung divergierender Auffassungen hinsichtlich der Zuständigkeit oder des Inhalts einer bestimmten Entscheidung. Auch darf es – anders als unter der Flagge der Privatautonomie – nicht vom Wohlwollen einer Partei oder des Mediators abhängen, den Konflikt freiwillig beilegen zu wollen oder nicht. Das Richten durch staatliche Gerichte als Methode der Konfliktbeilegung wurde indes im vorigen Abschnitt (A.I.) bereits eingehend untersucht. Auf eine Erörterung der Schiedsgerichtsbarkeit hinsichtlich ihrer Eignung zur Lösung inneradministrativer Streitigkeiten soll hingegen verzichtet werden. Während diese angesichts der aufgezeigten Vorteile für die Austragung von Konflikten zwischen zwei Privaten, dem Staat und Privaten sowie insbesondere zwischen Staaten in Ermangelung einer effektiven internationalen Gerichtsbarkeit bisweilen vorzugswürdig sein mag, wäre es für den staatlichen Mikrokosmos doch befremdlich (um nicht zu sagen ein Offenbarungseid), die Lösung bei Schiedsgerichten zu erblicken. Jedenfalls müsste der Nachweis erbracht werden, warum ein demokratisch nicht hinreichend legitimiertes Schiedsgericht, dessen Besetzung und Verfahren keinen

---

[1351] Vgl. zur subjektiven Schiedsfähigkeit allgemein *Wolf/Eslami*, in: Vorwerk/Wolf (Hrsg.), BeckOK ZPO, 42. Edition 2021, § 1029 Rn. 7; *Voit*, in: Musielak/Voit (Hrsg.), ZPO, 18. Aufl. 2021, § 1029 Rn. 5; zur Beteiligten-, Prozess- und Schiedsfähigkeit hoheitlicher Parteien im Schiedsverfahren *Stumpf*, Alternative Streitbeilegung im Verwaltungsrecht, 2006, S. 69 ff.; ferner *Rosenau*, Die öffentliche Hand als Partei in verwaltungs- und zivilrechtlichen Schiedsverfahren, 2018, S. 44, 98 ff.; zur Aktualität der zwischenstaatlichen Schiedsgerichtsbarkeit am Beispiel der EU s. etwa den Tagungsbericht von *Kuhn*, EWS 2017, 334 ff. und eingehend den Tagungsband von *Ludwigs/Remien* (Hrsg.), Investitionsschutz, Schiedsgerichtsbarkeit und Rechtsstaat in der EU, 2018.

einheitlichen Regeln folgt, einem funktionierenden staatlichen Justizwesen vorzuziehen sein soll. Sollte Letzteres punktuell defizitär sein, wäre vielmehr der politische Auftrag in erster Linie, die vorhandenen Schwachstellen möglichst zu nivellieren, statt *de lege ferenda* für Auseinandersetzungen innerhalb der Verwaltung eine Paralleljustiz zu installieren. Demgegenüber verdient die Methode der Schlichtung, für die es auch *de lege lata* vorliegend relevante Beispiele gibt, als formalisierter Mechanismus erhöhte Aufmerksamkeit. Eine neutrale Instanz, die am Ende des Verfahrens einen Lösungsvorschlag anbietet, eignet sich grundsätzlich auch für die Streitbeilegung zwischen unabhängigen Stellen und könnte gegenüber einem aufwendige(re)n Gerichtsprozess Ressourcen schonen.

2. Bestehende Schlichtungsmechanismen im geltenden Recht

Die Idee, Konflikte außerhalb förmlicher Justizverfahren zu lösen, ist dem geltenden Recht nicht fremd. Dies zeigen die mannigfaltigen Bereiche, in denen alternative Streitbeilegung zur Anwendung kommt (a)). Auch im Öffentlichen Wirtschaftsrecht gibt es vereinzelt Beispiele, wie verselbständigte Stellen interne Streitigkeiten in speziellen Schlichtungsverfahren austragen (b)).

a) Anwendungsfelder alternativer Streitbeilegung

Die enorme praktische Relevanz alternativer Mechanismen zur Konfliktlösung lässt sich bereits erahnen, wenn man in eine Suchmaschine im Internet die Begriffe „Streitbeilegung" und „Schlichtung" eingibt.[1352] In der Tat lassen sich in den verschiedensten Rechtsgebieten Beispiele für alternative Konzepte der Streitbeilegung finden: Man denke nur an gütliche Einigungen im Verbraucherschutz und Nachbarrecht, Schlichtungen im Arbeitsrecht, konsensuale Lösungen im Familienrecht und sogar im Strafrecht existiert etwa mit dem Täter-Opfer-Ausgleich ein entsprechender Ansatz.[1353] Auch im Zivilprozessrecht wurde mit § 15a EGZPO für den Landesgesetzgeber die Möglichkeit geschaffen, die Zulässigkeit einer Klage in bestimmten Fällen – u. a. Streitigkeiten bis zu 750 Euro und nachbarschaftliche Auseinan-

---

[1352] Dieser Vorschlag stammt aus der Feder von *Adolphsen*, Zivilprozessrecht, 7. Aufl. 2021, § 2 Rn. 22.

[1353] Beispiele nach *Caspar*, DVBl. 1995, 992 (992), jeweils mit weiterführenden Nachweisen zu den einzelnen Feldern; weitere Beispiele bei *Prütting*, in: Prütting (Hrsg.), Außergerichtliche Streitschlichtung, 2003, Rn. 32 ff.; *Leutheusser-Schnarrenberger*, NJW 1995, 2441 (2444); *Hess*, Gutachten F zum 67. Deutschen Juristentag, 2008, F 36 ff., F 53 ff.

dersetzungen – vom erfolglosen Versuch einer einvernehmlichen Streitbeilegung vor einer Gütestelle abhängig zu machen.[1354] Im Öffentlichen Recht und speziell im Verwaltungsrecht gibt es ebenfalls zahlreiche (mögliche) Anwendungsfälle, die von der Planung umweltrechtlicher Großprojekte bis hin zu kleineren Vorhaben auf kommunaler Ebene reichen.[1355] Konkrete Anwendungsmöglichkeiten ergeben sich namentlich bei – für multipolare Konflikte prädestinierten – Planfeststellungsverfahren, im Bereich der Bauleitplanung, bei immissionsschutz- und baurechtlichen Genehmigungen, (fortwährend) aktuell im Rahmen der Energiewende sowie in zahlreichen weiteren Bereichen wie dem Beamten-, Gewerbe- und Naturschutzrecht.[1356] Für das Regulierungsrecht sei exemplarisch auf § 200 TKG verwiesen, wonach die BNetzA in geeigneten Fällen zur Beilegung telekommunikationsrechtlicher Streitigkeiten den Parteien einen einvernehmlichen Einigungsversuch vor einer Gütestelle im Wege eines Mediationsverfahrens vorschlagen kann.[1357]

Auch wenn sich alternative Konfliktlösungsmechanismen hierzulande zunehmender Popularität erfreuen, fristen sie allerdings gegenüber konventionellen kontradiktorischen Gerichtsverfahren – auch im internationalen Vergleich – eher ein Schattendasein.[1358] Für die alternative Streitbeilegung geeignete Fälle werden vielfach dennoch vor Gerichten ausgetragen, sodass das

---

[1354] Vollständiger Überblick zu den landesrechtlichen Ausgestaltungen bei *Greger*, NJW 2011, 1478 (1479 ff.); näher zur obligatorischen außergerichtlichen Streitschlichtung im Zivilrecht *Adolphsen*, Zivilprozessrecht, 7. Aufl. 2021, § 2 Rn. 23; monografisch *S. Maunz*, Der außergerichtliche obligatorische Schlichtungsversuch gemäß § 15a EGZPO, 1999; *Jansen*, Die außergerichtliche obligatorische Streitschlichtung nach § 15a EGZPO, 2001.

[1355] Vgl. *Caspar*, DVBl. 1995, 992 (993); *Hess*, Gutachten F zum 67. Deutschen Juristentag, 2008, F 64; ausführlich zur Mediation und Schlichtung im Verwaltungsrecht *Stumpf*, Alternative Streitbeilegung im Verwaltungsrecht, 2006, 273 ff., 308 ff.; allgemein zur außergerichtlichen Konfliktschlichtung im Verwaltungsrecht zwischen der Verwaltung und Privaten *Kaltenborn*, Streitvermeidung und Streitbeilegung im Verwaltungsrecht, 2007, passim.

[1356] Kategorisierung nach *Voß*, in: Johlen/Oerder (Hrsg.), MAH Verwaltungsrecht, 4. Aufl. 2017, § 3 Rn. 95 ff., dort auch eingehend zu den einzelnen Anwendungsfeldern; die außergerichtliche Konfliktbeilegung hat teilweise auch normativen Niederschlag im Gesetz gefunden, vgl. z. B. § 4b S. 2 BauGB.

[1357] Die Vorschrift hat richtigerweise nur deklaratorischen Charakter im Sinne einer Klarstellungs- und Appellfunktion, vgl. *Attendorn/Geppert*, in: Geppert/Schütz (Hrsg.), Beck'scher TKG-Kommentar, 4. Aufl. 2013, § 124 TKG (a. F.) Rn. 1 m. w. N., dort auch unter Rn. 4 zum Verhältnis zu anderen Streitbeilegungsverfahren.

[1358] Vgl. *Steffek*, in: Greger/Unberath/Steffek (Hrsg.), Recht der alternativen Konfliktlösung, 2. Aufl. 2016, Teil A, Rn. 11 ff.; *Greger*, a. a. O., Teil E, Rn. 5; eine einheitliche Statistik über die Zahl der Streitigkeiten, die mittels alternativer Methoden ausgefochten wurden, existiert, soweit ersichtlich, nicht.

Potenzial konsensualer Konfliktlösung nicht ausgeschöpft wird.[1359] Dass die in den letzten beiden Jahrzehnten sinkenden Eingangszahlen zivilrechtlicher Klagen bei den Gerichten auf den Erfolg anderer Verfahren zurückzuführen sind, ist wissenschaftlich nicht hinreichend belegt.[1360] Ursächlich für den vergleichsweise zurückhaltenden Einsatz alternativer Streitbeilegungsverfahren dürften unter anderem der ausbaufähige Bekanntheitsgrad solcher Möglichkeiten sowie die historisch bedingte offensive Ausrichtung der nationalen Rechtskultur sein.[1361] Mithin finden sich im geltenden Recht zwar vielfältige Alternativen zur herkömmlichen gerichtlichen Austragung von Konflikten. Ein ebenbürtiges Pendant zu ihnen stellen sie in der Rechtswirklichkeit indes (noch) nicht dar.

b) Vorkommen bei Binnenkonflikten verselbständigter Stellen im Umfeld der untersuchten Rechtsgebiete

Innerhalb der Verwaltung ist die alternative Streitbeilegung bislang, soweit ersichtlich, kaum etabliert. Zum einen lässt sich dies dadurch erklären, dass in der klassischen Behördenhierarchie kein Bedürfnis für eine konsensuale Konfliktlösung besteht, da die in der Weisungspyramide höher angesiedelte Stelle Streitigkeiten nachgeordneter Institutionen einseitig entscheiden kann.[1362] Schlichtung kommt daher vor allem bei autonom gestellten Einrichtungen in Betracht. Zum anderen konkurriert die alternative Streitbeilegung mit der – zuvor unter A.I. bereits gewürdigten – gerichtlichen Austra-

---

[1359] *Steffek*, in: Greger/Unberath/Steffek (Hrsg.), Recht der alternativen Konfliktlösung, 2. Aufl. 2016, Teil A, Rn. 12, der als Indiz hierfür auch die hohen Vergleichszahlen vor Gericht heranzieht; zum mäßigen Erfolg der außergerichtlichen obligatorischen Streitschlichtung im Zivilrecht s. auch *Adolphsen*, Zivilprozessrecht, 7. Aufl. 2021, § 2 Rn. 24 m. w. N.

[1360] *Steffek*, in: Greger/Unberath/Steffek (Hrsg.), Recht der alternativen Konfliktlösung, 2. Aufl. 2016, Teil A, Rn. 12; zu den rückläufigen Eingangszahlen bei den Zivilgerichten und den hierfür möglichen Ursachen (Wandel der Streitkultur vs. strukturelle Gründe) ausführlich *C. Wolf*, NJW 2015, 1656 (1656 ff., 1659 f.).

[1361] Vgl. *Steffek*, in: Greger/Unberath/Steffek (Hrsg.), Recht der alternativen Konfliktlösung, 2. Aufl. 2016, Teil A, Rn. 12; zur Wahrnehmung der Mediation in der Bevölkerung s. die Ergebnisse einer repräsentativen Umfrage bei *Bruttel/Timmesfeld*, ZKM 2011, 71 ff.; hinsichtlich der offensiven Streitkultur wird vielfach auf *Rudolf von Jherings* berühmte Schrift „Der Kampf um's Recht" (vgl. etwa die 18. Aufl. 1913 in der 1992 von *Ermacora* herausgegebenen Ausgabe) rekurriert, in der *Jhering* geradezu bellizistisch zur kämpferischen Verteidigung seiner Rechte aufruft: „Das Ziel des Rechts ist der Friede, das Mittel dazu der Kampf." (a. a. O., S. 61); eingehende Rezeption bei *Unberath*, JZ 2010, 975 (975 ff.); vgl. im Kontext der öffentlichen Verwaltung *Caspar*, DVBl. 1995, 992 (994 f.), der eine nur langsame Abkehr vom Bild des autoritativen Staates beschreibt.

[1362] S. hierzu näher unter Kapitel 2, A.

gung von Konflikten, die nach wie vor die konventionelle Form der Bewältigung von Auseinandersetzungen bildet. Gleichwohl existieren auch bei Binnenkonflikten im Öffentlichen Wirtschaftsrecht *de lege lata* Schlichtungsmechanismen. Als Exkurs soll zunächst das Handwerksrecht betrachtet werden, wo verselbständigte Stellen eine außergerichtliche Einigung anzustreben haben (aa). Dieses ist zwar nicht Teil des Regulierungsrechts, beide Gebiete stellen aber immerhin eine Teilmenge des Wirtschaftsverwaltungsrechts dar. Im Anschluss illustriert ein Beispiel direkt aus dem Regulierungsrecht das Vorhandensein eines Schlichtungssystems im untersuchten Kontext (bb).

aa) Exkurs: Handwerksordnung

Für die Untersagung eines zulassungspflichtigen Handwerksbetriebs, der entgegen den Vorschriften der Handwerksordnung ausgeübt wird, müssen zuvor gemäß § 16 Abs. 3 Satz 2 HwO die Handwerkskammer und die Industrie- und Handelskammer (IHK) grundsätzlich[1363] angehört worden sein und in einer gemeinsamen Erklärung mitgeteilt haben, dass sie die Voraussetzungen einer Untersagung als gegeben ansehen. Scheitert eine Verständigung über diese gemeinsame Erklärung, obliegt die Entscheidung nach § 16 Abs. 4 Satz 1 HwO einer vom Deutschen Industrie- und Handelskammertag und dem Deutschen Handwerkskammertag (Trägerorganisationen) gemeinsam gebildeten *Schlichtungskommission.*[1364] Das System ist Ausdruck des mit Handwerkskammer und IHK bestehenden *Kammerdualismus* im nationalen Handwerksrecht.[1365]

Die Schlichtungskommission setzt sich aus drei Mitgliedern zusammen, von denen jeweils ein Mitglied von jeder Trägerorganisation und ein Mitglied von beiden Trägerorganisationen gemeinsam zu benennen sind (§ 16 Abs. 5 Satz 1 HwO). Letzteres hat den Vorsitz inne (Satz 2). Wenn eine Trägerorganisation ihr Mitglied nicht binnen eines Monats nach Benennung des Mitglieds der anderen Trägerorganisation benannt hat, nimmt das BMWi die Ernennung vor (Satz 3). Analog verhält es sich mit der Benennung des oder der Vorsitzenden, sollten sich die Trägerorganisationen nicht binnen ei-

---

1363 Bei Gefahr im Verzug kann gemäß § 16 Abs. 8 HwO die Fortsetzung des Gewerbes auch ohne Einhaltung des Verfahrens nach § 16 Abs. 3 S. 2, Abs. 4 HwO vorläufig untersagt werden.

1364 Die Schlichtungskommission kann gemäß § 16 Abs. 10 S. 1 HwO ferner angerufen werden, wenn sich in den Fällen des § 90 Abs. 3 HwO die Handwerkskammer und die IHK nicht über die Zugehörigkeit eines Gewerbetreibenden zur Handwerkskammer oder zur IHK einigen können. Hält der Gewerbetreibende die Entscheidung der Kommission für rechtswidrig, entscheidet in diesem Fall nach Satz 3 die oberste Landesbehörde.

1365 *Leisner*, in: Leisner (Hrsg.), BeckOK HwO, 14. Edition 2021, § 16 Rn. 18.

nes Monats einigen können (Satz 4). Ferner gibt sich die Schlichtungskommission eine Geschäftsordnung (Satz 5).[1366]

Zur Regelung des Schlichtungsverfahrens hat das BMWi von der Verordnungsermächtigung des § 16 Abs. 6 HwO Gebrauch gemacht und eine entsprechende Verfahrensverordnung (HwOSchlichtVO) erlassen, die über wichtige Einzelfragen Aufschluss gibt.[1367] In *zeitlicher Hinsicht* ist die Schlichtungskommission unverzüglich von den Trägerorganisationen anzurufen, wenn diese sich nicht innerhalb eines Monats nach Zugang der Aufforderung zur Stellungnahme auf die gemeinsame Erklärung geeinigt haben; andernfalls kann die zuständige Behörde selbst die Schlichtungskommission einschalten (§ 1 Abs. 1 HwOSchlichtVO). Die Kommission fällt ihre Entscheidung binnen zwei Monaten nach Eingang des Anrufungsbegehrens und kann diese Frist um maximal zwei Wochen verlängern (§ 5 Abs. 1 Sätze 1, 3 HwOSchlichtVO).[1368] In *verfahrenstechnischer Hinsicht* ist insbesondere festzuhalten, dass die zuständige Behörde auf Anforderung des Vorsitzenden die Akten unverzüglich zur Verfügung zu stellen hat und eine Sachverhaltsermittlung durch die Schlichtungskommission nicht stattfindet (§ 2 Abs. 1 Sätze 1, 2 HwOSchlichtVO). In der Regel entscheidet das Gremium in einer gemeinsamen Sitzung ohne mündliche Verhandlung (§ 3 Abs. 1 HwOSchlichtVO), der Vorsitzende kann allerdings auch eine mündliche Verhandlung anberaumen (Abs. 2 Satz 1). Diese ist nicht öffentlich (Abs. 2 Satz 4) und im Anschluss trifft die Schlichtungskommission ihre Entscheidung in geheimer Beratung (Abs. 2 Satz 5). Ergänzt wird die Regelung durch eine an § 43 DRiG angelehnte Schweigepflicht der Mitglieder der Schlichtungskommission (§ 4 Abs. 2 HwOSchlichtVO). Beschlüsse fasst die Kommission mit Stimmenmehrheit, während eine Enthaltung nicht gestattet ist (§ 4 Abs. 1 HwOSchlichtVO). Bei drei Mitgliedern ist so eine Mehrheitsentscheidung sichergestellt.

Auch wenn die Handwerkskammer und die IHK als beliehene Selbstverwaltungskörperschaften[1369] verselbständigt sind, eignet sich das vorgestellte

[1366] Die Geschäftsordnung der Schlichtungskommission ist abgedruckt in GewA 2005, 470 ff.

[1367] Verordnung über das Schlichtungsverfahren nach § 16 der Handwerksordnung v. 22.6.2004, BGBl. I S. 1314; zuletzt geändert durch Art. 24 G zur Novellierung des Finanzanlagenvermittler- und Vermögensanlagenrechts v. 6.12.2011 (BGBl. I S. 2481).

[1368] Die Frist verlängert sich im Falle des § 2 Abs. 1 S. 3 HwOSchlichtVO, wenn nach Auffassung der Schlichtungskommission Fehler bei der Sachverhaltsermittlung oder beim Verfahren bestehen, um eine der zuständigen Behörde gesetzte angemessene Frist, innerhalb der sie Gelegenheit zur Stellungnahme hierzu erhält (§ 5 Abs. 1 S. 2 HwOSchlichtVO).

[1369] Vgl. *Leisner*, in: Leisner (Hrsg.), BeckOK HwO, 14. Edition 2021, § 16 Rn. 18.

Schlichtungsmodell allenfalls bedingt als Vorbild für die Lösung von Binnenkonflikten unabhängiger Stellen. Zum einen hat das BMWi bei der Besetzung der Schlichtungskommission nach § 16 Abs. 5 Sätze 3, 4 HwO das letzte Wort, wenn sich die Trägerorganisationen nicht einigen können.[1370] Zum anderen kann die für den Erlass der Untersagungsverfügung zuständige Behörde gemäß § 16 Abs. 7 HwO unmittelbar die Entscheidung der obersten Landesbehörde herbeiführen, wenn sie die gemeinsame Erklärung der Kammern oder die Entscheidung der Schlichtungskommission für rechtswidrig erachtet. Die zuständige Behörde ist also nicht an das (gegebenenfalls durch Schlichtung) gemeinsam zustande gekommene Ergebnis gebunden, sondern letztlich nur an die Entscheidung des zuständigen Landesministeriums.[1371] Rechtsschutzmöglichkeiten der Kammern gegen diese Entscheidung der obersten Landesbehörde bestehen nicht.[1372] Vor diesem Hintergrund sieht sich das aufwendige Schlichtungsverfahren berechtigter Kritik ausgesetzt.[1373] Es sei unverhältnismäßig mit Blick auf die gesetzgeberische Intention, dem Schutz des von der Untersagung betroffenen Gewerbetreibenden,[1374] zumal die Schlichtungskommission in erster Linie vielmehr der Ausräumung von Unstimmigkeiten zwischen den Auffassungen der beiden Kammern diene.[1375] Der vom Gesetzgeber vorgesehene Mechanismus sei „ein abwegiges Misstrauensvotum gegen die Judikative".[1376]

Dem ist insofern zuzustimmen, als das bestehende System den Nachweis schuldig bleibt, sachgerechtere und effizientere Lösungen sowohl für den

---

[1370] *Leisner*, in: Leisner (Hrsg.), BeckOK HwO, 14. Edition 2021, § 16 Rn. 19 hält diesen Bestellungsmodus ebenfalls für „bedenklich", zumal dies dazu führen kann, „dass ein in jeder Hinsicht sachfernerer Vorsitzender letztlich entscheidet".

[1371] *Knörr*, in: Honig/Knörr/Thiel (Hrsg.), Handwerksordnung, 5. Aufl. 2017, § 16 Rn. 22; *Leisner*, in: Leisner (Hrsg.), BeckOK HwO, 14. Edition 2021, § 16 Rn. 22, 25 („Der Obersten Verwaltungsbehörde steht dann jedenfalls die Letztentscheidung über die Betriebsuntersagung zu."); s. auch *Detterbeck*, Handwerksordnung, 3. Online-Aufl. 2016, § 16 Rn. 13.

[1372] *Detterbeck*, Handwerksordnung, 3. Online-Aufl. 2016, § 16 Rn. 12 f.; *Leisner*, in: Leisner (Hrsg.), BeckOK HwO, 14. Edition 2021, § 16 Rn. 18.

[1373] *Leisner*, in: Leisner (Hrsg.), BeckOK HwO, 14. Edition 2021, § 16 Rn. 18: „Die Gesamtkonstruktion ist […] handwerksrechtlich verunglückt[.]"; *Knörr*, in: Honig/Knörr/Thiel (Hrsg.), Handwerksordnung, 5. Aufl. 2017, § 16 Rn. 22: „Ob dies alles praktikabel und zweckmäßig ist, muss bezweifelt werden.".

[1374] Vgl. zur Gesetzesbegründung BT-Drs. 15/1206, S. 31: Unter anderem wird argumentiert, dass die Industrie- und Handelskammern in den Gerichtsverfahren nur unregelmäßig beigeladen würden und außerdem „der Zeitpunkt der gerichtlichen Auseinandersetzung regelmäßig auch zu spät [sei], um Abgrenzungsfragen für den betroffenen Betrieb möglichst unbürokratisch und ohne größere Kosten zu klären.".

[1375] *Leisner*, in: Leisner (Hrsg.), BeckOK HwO, 14. Edition 2021, § 16 Rn. 18.

[1376] So wörtlich *Leisner*, in: Leisner (Hrsg.), BeckOK HwO, 14. Edition 2021, § 16 Rn. 18.

Gewerbetreibenden als auch die beiden Kammern zu erzeugen, als dies bei einer gerichtlichen Auseinandersetzung möglich wäre. Vielmehr tritt an deren Stelle beim Scheitern der Schlichtung eine ministerielle Entscheidung, die für die Kammern nicht einmal justiziabel ist. Im Ergebnis kann das Schlichtungsmodell im Handwerksrecht daher nicht überzeugen. Zudem wäre es bei politisch unabhängigen Behörden ohnehin unzulässig, die Letztentscheidung dem aufsichtführenden Ministerium zu überantworten.

bb) Regulierungsrecht: Schlichtungsmechanismus im ESZB

Auch in einem der untersuchten Rechtsgebiete dieser Arbeit, dem Regulierungsrecht, findet sich ein Beispiel für alternative Streitbeilegung von Binnenkonflikten. Die Schlichtungsstelle der EZB wurde bereits an anderer Stelle kurz vorgestellt.[1377] Zur Sicherstellung der Trennung zwischen geldpolitischen und aufsichtlichen Aufgaben legt sie Meinungsverschiedenheiten der zuständigen Behörden der betroffenen teilnehmenden Mitgliedstaaten in Bezug auf Einwände des EZB-Rates gegen einen Beschlussentwurf des Aufsichtsgremiums bei (Art. 25 Abs. 5 Sätze 1, 2 SSM-VO). Die Schlichtungsstelle setzt sich aus einem Mitglied je Teilnehmerstaat zusammen, welches von jedem Mitgliedstaat unter den Mitgliedern des EZB-Rates sowie des Aufsichtsgremiums ausgewählt wird (Satz 3 Hs. 1). Ihre Beschlüsse fasst sie mit einfacher Mehrheit; jedes Mitglied verfügt über eine Stimme (Satz 3 Hs. 2).

Konkretisierend hat die EZB auf der Grundlage von Art. 25 Abs. 5 Satz 4 SSM-VO die Verordnung (EU) 673/2014 erlassen, welche nähere Regelungen zur Einrichtung und Geschäftsordnung der Schlichtungsstelle enthält.[1378] Im Wesentlichen beinhaltet sie Folgendes: In Ergänzung zu den Vorschriften der SSM-Verordnung bestimmt Art. 3 Abs. 2 VO (EU) 673/2014, dass der stellvertretende Vorsitzende des Aufsichtsgremiums, der kein Mitglied der Schlichtungsstelle ist, deren Vorsitz führt. Er wirkt darauf hin, ein Gleichgewicht zwischen den Mitgliedern des EZB-Rates und des Aufsichtsgremiums zu erzielen (Art. 4 Abs. 1 Satz 2). Neben weiteren Bestimmungen, etwa zur Amtszeit und Stellung der Mitglieder der Schlichtungsstelle, enthält die Verordnung in Art. 5 Abs. 1 die Maßgabe, dass die Teilnahme an Sitzungen der Schlichtungsstelle nur deren Mitgliedern, dem Vorsitzenden und ihrem Sekretariat gestattet ist, wobei erforderlichenfalls Sachverständige hinzugezogen werden können (Abs. 2). Sitzungen werden vom Vorsitzenden einberufen, wenn er dies für

---

[1377] S. unter Kapitel 3, B.II.2.a); vgl. auch *Glos/Benzing*, in: Binder/Glos/Riepe (Hrsg.), Handbuch Bankenaufsichtsrecht, 2. Aufl. 2020, § 2 Rn. 167f.

[1378] Verordnung (EU) Nr. 673/2014 der Europäischen Zentralbank v. 2.6.2014 über die Einrichtung einer Schlichtungsstelle und zur Festlegung ihrer Geschäftsordnung (EZB/2014/26), ABl. 2014, L 179/72.

notwendig erachtet (Art. 6 Abs. 1). Hinsichtlich der Beschlussfähigkeit der Schlichtungsstelle verlangt Art. 7 Abs. 1 Satz 1 ein Quorum von zwei Dritteln der Mitglieder, auf dessen Erfordernis allerdings im Rahmen einer außerordentlichen Sitzung durch Abstimmung verzichtet werden kann (Abs. 1 Satz 2). Ergänzend zur SSM-Verordnung legt Art. 7 Abs. 2 Satz 3 fest, dass bei Stimmengleichheit erst das Dienstalter und anschließend das Lebensalter den Ausschlag geben. Die von einem Widerspruch des EZB-Rates gegen einen Beschlussentwurf des Aufsichtsgremiums betroffenen mitgliedstaatlichen Behörden können binnen fünf Arbeitstagen beim Aufsichtsgremium ein Schlichtungsverfahren beantragen (Art. 8 Abs. 1 Satz 1). Das Aufsichtsgremium stellt dann innerhalb von zehn (weiteren) Arbeitstagen nach Zugang des Widerspruchs des EZB-Rates bei dessen Sekretariat einen Schlichtungsantrag (Abs. 5 Satz 1). Für jeden solchen Schlichtungsantrag setzt die Schlichtungsstelle innerhalb von fünf Arbeitstagen einen Sachausschuss ein (Art. 9 Abs. 2), der sich aus dem Vorsitzenden der Schlichtungsstelle als Ausschussvorsitzendem und vier weiteren Mitgliedern der Schlichtungsstelle zusammensetzt (Abs. 3 Satz 1); dabei ist auf ein Gleichgewicht zwischen Mitgliedern des EZB-Rates und jenen des Aufsichtsgremiums zu achten (Abs. 3 Satz 2). Nicht angehören dürfen dem Sachausschuss das von dem Teilnehmerstaat ernannte Mitglied, dessen zuständige Behörde eine abweichende Meinung nach Art. 8 Abs. 1 geäußert hat oder einem bereits gestellten Schlichtungsantrag nach Art. 8 Abs. 2 beigetreten ist (Abs. 3 Satz 3). Binnen 15 Arbeitstagen nach Zugang des Schlichtungsantrags bei der Schlichtungsstelle übermittelt der Sachausschuss einen Entwurf der Stellungnahme zum Schlichtungsantrag an den Vorsitzenden der Schlichtungsstelle, wenn dieser nicht aufgrund von Dringlichkeit eine kürzere Frist gesetzt hat (Abs. 4). Gemäß Art. 10 Abs. 1 berät die Schlichtungsstelle anschließend über diesen Entwurf und legt Aufsichtsgremium und EZB-Rat innerhalb von 20 Arbeitstagen nach Zugang des Schlichtungsantrags eine Stellungnahme vor, in dringenden Fällen wiederum früher. Diese Stellungnahme ist allerdings nach Art. 10 Abs. 3 für die Adressaten nicht bindend. Zum Abschluss des Verfahrens kann das Aufsichtsgremium unter Berücksichtigung der Stellungnahme spätestens innerhalb von zehn Arbeitstagen dem EZB-Rat einen neuen Beschlussentwurf übermitteln (Art. 11 Abs. 1), wobei nach Abs. 2 abermals in dringenden Fällen der Vorsitzende des Aufsichtsgremiums die Frist verkürzen kann. Zur Verhinderung einer Endlosschleife bzw. zur Vorbeugung einer möglicherweise bewussten Verschleppung des Verfahrens erklärt Art. 11 Abs. 3 ein erneutes Schlichtungsverfahren in Bezug auf einen Widerspruch des EZB-Rates gegen den neu übermittelten Beschlussentwurf für unzulässig.[1379] Schließlich hebt Art. 12 Abs. 1 Satz 1

[1379] Hierzu passt, dass Art. 8 Abs. 3 VO (EU) 673/2014 regelt, dass ein Widerspruch des EZB-Rates gegen einen Beschlussentwurf des Aufsichtsgremiums nur ein einziges Mal Gegenstand des Schlichtungsverfahrens sein kann.

hervor, dass die Aussprachen der Schlichtungsstelle vertraulich sind. Der Präsident der EZB kann allerdings vom EZB-Rat ermächtigt werden, das Ergebnis der Aussprachen zu veröffentlichen (Abs. 1 Satz 2).

Kritik an dem Schlichtungsmechanismus wird insbesondere dahingehend angemeldet, dass das ausweislich Art. 25 Abs. 5 Satz 1 SSM-VO mit ihm verfolgte Ziel, die Sicherstellung der Trennung zwischen geldpolitischen und aufsichtlichen Aufgaben der EZB, durch die Zusammensetzung der Schlichtungsstelle verfehlt werde. Diese sei – was unter Governance-Gesichtspunkten wichtig wäre – nicht mit neutralen Mitgliedern besetzt, sondern bestehe aus Mitgliedern des EZB-Rates und des Aufsichtsgremiums. Trotz des Bestrebens, ein Gleichgewicht zwischen den Mitgliedern des EZB-Rates und des Aufsichtsgremiums zu erzielen (vgl. Art. 4 Abs. 1 Satz 2 VO [EU] 673/2014), sei die Schlichtungsstelle nicht einmal zwangsläufig paritätisch besetzt. Stattdessen sei faktisch eine Vorherrschaft der Geldpolitik über die Bankenaufsicht zu erwarten, da die Mehrheit der nationalen Aufsichtsbehörden Zentralbanken sind, im EZB-Rat und Aufsichtsgremium teilweise Personenidentität herrscht und der stellvertretende Vorsitzende des Aufsichtsgremiums den Vorsitz der Schlichtungsstelle führt.[1380]

Insgesamt erscheint der Schlichtungsmechanismus zur Trennung von geldpolitischen und aufsichtlichen Aufgaben der EZB ebenfalls verunglückt. Wie beim Überblick über die alternative Streitbeilegung eingangs erörtert, bedarf es für eine (gelungene) Schlichtung grundsätzlich eines neutralen Dritten, der ein selbst erarbeitetes Schlichtungsergebnis zur Annahme unterbreitet.[1381] Vorliegend gehören der Schlichtungsstelle weder unparteiische Dritte an, noch existiert notwendigerweise ein ausgeglichenes Verhältnis an Mitgliedern mit geldpolitischem und solchen mit aufsichtlichem Mandat. Der Vorwurf einer möglichen Voreingenommenheit zugunsten der stärker vertretenen Seite ließe sich nicht von der Hand weisen. Fraglich ist zudem, ob ein derart aufwendiges Schlichtungsverfahren notwendig und sinnvoll ist, wenn die ausgearbeitete Stellungnahme der Schlichtungsstelle für das Aufsichtsgremium und den EZB-Rat nicht einmal verbindlich ist (vgl. Art. 10 Abs. 3 VO [EU] 673/2014). Vor dem Hintergrund dieser Kritik dient das vorgestellte

---

[1380] *Sacarcelik*, BKR 2013, 353 (355); *Kämmerer*, NVwZ 2013, 830 (832); s. auch *Herdegen*, WM 2012, 1889 (1895); *Manger-Nestler/Böttner*, EuR 2014, 621 (631) halten das Primat der Geldpolitik auch für primärrechtlich geboten; ebenso *Waldhoff/Dieterich*, EWS 2013, 72 (77); grundlegende Kritik am Mechanismus auch bei *Winterfeld/Rümker*, in: Schimansky/Bunte/Lwowski (Hrsg.), Bankrechts-Handbuch, 5. Aufl. 2017, § 124a Rn. 97 f. unter Verweis auf die mangelnde demokratische Legitimation sowie den bestehenden Zielkonflikt zwischen Geldpolitik und Bankenaufsicht; s. zum Ganzen auch bereits unter Kapitel 3, B.II.2.a).

[1381] S. unter Kapitel 4, A.II.1.

Schlichtungsmodell – ebenso wenig wie dasjenige in der Handwerksordnung – nicht als Muster für andere Bereiche.

3. Bewertung alternativer Streitbeilegungsmechanismen zur Konfliktlösung bei Binnenkonflikten unabhängiger Stellen der Verwaltung

Ungeachtet im Detail aufgezeigter Schwachstellen *de lege lata* ist nachfolgend die Schlichtung als alternative Streitbeilegung im Vergleich zur gerichtlichen Austragung von Konflikten zu bewerten. Mit anderen Worten: Die Validität der plakativen Aussage des Volksmunds „Schlichten ist besser als richten"[1382] soll überprüft werden. Die Untersuchung vollzieht sich in zwei Schritten: Während zunächst generell die Chancen und Risiken der Schlichtung gegenübergestellt werden sollen (a)), wird anschließend die Frage erörtert, ob bzw. inwieweit sich die Schlichtung auch für Binnenkonflikte unabhängiger Stellen der Verwaltung im Kontext der betrachteten Rechtsgebiete eignet (b)).

a) Allgemeine Chancen und Risiken

Bemerkenswert ist, dass selbst die höchstrichterliche Rechtsprechung eine konsensuale Konfliktbewältigung vorzuziehen scheint. Das BVerfG führt zur Verfassungsmäßigkeit des obligatorischen Schlichtungsverfahrens nach § 15a EGZPO aus: „Eine zunächst streitige Problemlage durch eine einverständliche Lösung zu bewältigen, ist auch in einem Rechtsstaat grundsätzlich vorzugswürdig gegenüber einer richterlichen Streitentscheidung."[1383]

Diese Aussage drückt aus, dass mit dem Konzept der Schlichtung offenbar erhebliche *Vorteile* in Verbindung gebracht werden. Im Wesentlichen werden wiederkehrend folgende Gründe genannt, warum der alternativen Streitbeilegung bzw. Schlichtung der Vorrang vor Gerichtsverfahren einzuräumen ist. Zunächst erhofft man sich Effizienzsteigerungen[1384] und Entlastungseffekte. Zum einen soll die Justiz selbst entlastet werden, was Ressourcen schonen

---

[1382] Zur wissenschaftlichen Rezeption dieses Allgemeinplatzes etwa *Prütting*, in: Prütting (Hrsg.), Außergerichtliche Streitschlichtung, 2003, Rn. 19f.; *Ortloff*, in: Schoch/Schneider (Hrsg.), VwGO, 41. EL 2021, § 106 Rn. 10; *Dolderer*, in: Sodan/Ziekow (Hrsg.), VwGO, 5. Aufl. 2018, § 106 Rn. 2; *Caspar*, DVBl. 1995, 992ff.

[1383] BVerfG, NJW-RR 2007, 1073 (1074).

[1384] Zur Bewertung der Effizienz alternativer Streitbeilegung aus ökonomischer Sicht s. *Kirstein*, in: Bork/Eger/Schäfer (Hrsg.), Ökonomische Analyse des Verfahrensrechts, 2009, S. 95ff.

und somit auch den öffentlichen Kassen zugutekäme.[1385] Zum anderen würden auch die Parteien profitieren, da Schlichtungsverfahren häufig schneller – eine Beschleunigung ist in herkömmlichen Gerichtsverfahren aufgrund der richterlichen Unabhängigkeit nur sehr eingeschränkt möglich[1386] – und kostengünstiger verliefen.[1387] Neben den rein quantitativen Aspekten betonen Befürworter aber auch qualitative Verbesserungen gegenüber förmlichen Gerichtsverfahren. Ein unbestreitbarer Vorteil liege in der Möglichkeit der Nichtöffentlichkeit bzw. Vertraulichkeit der Schlichtung, welche vor Gericht in der Regel nicht möglich ist (vgl. §§ 169 ff. GVG). Eine vertrauliche Atmosphäre erhöhe tendenziell die Kompromissbereitschaft, könne dadurch doch etwa eine Offenbarung von Interna oder der Gesichtsverlust einer Partei verhindert werden.[1388] Zudem zeichne sich das Schlichtungsverfahren durch ein höheres Maß an Flexibilität aus. Sowohl hinsichtlich der Verfahrens-

---

[1385] Vgl. *Prütting*, in: Prütting (Hrsg.), Außergerichtliche Streitschlichtung, 2003, Rn. 73; *Adolphsen*, Zivilprozessrecht, 7. Aufl. 2021, § 2 Rn. 20; im Kontext der Mediation *Weitz*, Gerichtsnahe Mediation in der Verwaltungs-, Sozial- und Finanzgerichtsbarkeit, 2008, S. 77 m. w. N.; *Wagner/Engelhardt*, NVwZ 2001, 370 (374); deutliches Plädoyer für die Justizentlastung durch außergerichtliche Streitbeilegung bei *Leutheusser-Schnarrenberger*, NJW 1995, 2441 (2444 ff.); s. auch *Wassermann*, NJW 1998, 1685 (1686); das Einsparpotenzial im Verwaltungsrecht gilt als besonders groß, vgl. *Caspar*, DVBl. 1995, 992 (993).

[1386] S. etwa *Schulze-Fielitz*, in: Dreier (Hrsg.), GG, Bd. III, 3. Aufl. 2018, Art. 97 Rn. 34 und *Detterbeck*, in: Sachs (Hrsg.), GG, 9. Aufl. 2021, Art. 97 Rn. 21, wonach (unter Rekurs auf die einschlägige Rechtsprechung) etwa der Vorhalt monatelanger Nichtbearbeitung oder einer verzögerten Erledigung von Amtsgeschäften, die Auflistung von Rückständen und die Urlaubsversagung zur fristgemäßen Absetzung der Urteilsgründe zulässig sein sollen.

[1387] Hierzu vgl. nur *Jansen*, Die außergerichtliche obligatorische Streitschlichtung nach § 15a EGZPO, 2001, S. 51 ff.; *Prütting*, in: Prütting (Hrsg.), Außergerichtliche Streitschlichtung, 2003, Rn. 72 f.; *Risse*, Wirtschaftsmediation, 2003, § 14 Rn. 2 ff.; *Weitz*, Gerichtsnahe Mediation in der Verwaltungs-, Sozial- und Finanzgerichtsbarkeit, 2008, S. 77 ff. m. w. N.; *Eckstein*, JuS 2014, 698 (700).

[1388] Vgl. *Prütting*, in: Prütting (Hrsg.), Außergerichtliche Streitschlichtung, 2003, Rn. 74: „[Die Nichtöffentlichkeit] dient der Wahrung von Geschäftsgeheimnissen, spätere Beziehungen zwischen den Streitparteien oder zu Dritten werden weniger belastet und man sieht sich in gewichtigeren Streitfällen nicht sogleich der Berichterstattung durch die Presse ausgesetzt."; *Weitz*, Gerichtsnahe Mediation in der Verwaltungs-, Sozial- und Finanzgerichtsbarkeit, 2008, S. 86 m. w. N.: „Diese Vertraulichkeit führt unter anderem dazu, dass eine unerwünschte Berichterstattung durch die Medien, eine negative Publicity, ein Imageschaden und Reputationsverlust sowie das Nachaußengelangen von Interna oder Geschäftsgeheimnissen verhindert werden kann. Insgesamt können die Parteien in einem vertraulichen Verfahren offener und freier über Tatsachen, Befindlichkeiten und hinter den jeweiligen Positionen verborgene Interessen informieren und kommunizieren, wodurch eine sach- und einzelfallgerechte Lösung des jeweiligen Konflikts ermöglicht wird."; *Löer*, ZZP 119 (2006), 199 (201 f.) m. w. N.; s. aber zum Risiko einer Ausnutzung der Vertraulichkeit *Eckstein*, JuS 2014, 698 (701).

regeln als auch des Ergebnisses sei man nicht an starre Regelungen und Rechtsfolgen gebunden; statt einer „Alles oder nichts"-Entscheidung respektive eines Nullsummenspiels könne so einfacher ein sachgerechter und einzelfallorientierter Kompromiss gefunden werden, der im Übrigen auch nicht zwingend auf den Streitgegenstand beschränkt sein muss und eine stärkere Zukunftsorientierung aufweisen kann.[1389] Aufgrund der höheren Eigenverantwortlichkeit der Parteien steige – und das gelte für das Verwaltungsrecht besonders – bei den Beteiligten die Akzeptanz[1390] der gefundenen Entscheidung mit dem positiven Nebeneffekt, dass zugleich durch ein formalisiertes Verfahren „auf Augenhöhe" rechtsstaatlich kritikwürdige informelle Absprachen eingehegt werden könnten.[1391] Es stehe zu erwarten, dass sich die Konfliktgegner an eine eigens getroffene Entscheidung eher halten als an eine oktroyierte, sodass auch der Vollstreckungsaufwand sinken dürfte.[1392] Nicht zuletzt erzeuge eine außergerichtliche Streitbeilegung auch für die Beteiligten eine positivere, angenehmere Gesprächsatmosphäre, zumal der Fokus nicht auf das Gewinnen eines Prozesses gerichtet sei, was zusätzlich deeskalierend und konstruktiv wirke.[1393]

In kritischer Perspektive sind zunächst die zugunsten der Schlichtung vorgetragenen Argumente zu relativieren. So gelten die Effizienzgewinne in

---

[1389] Vgl. *Prütting*, in: Prütting (Hrsg.), Außergerichtliche Streitschlichtung, 2003, Rn. 75; *Jansen*, Die außergerichtliche obligatorische Streitschlichtung nach § 15a EGZPO, 2001, S. 58 f.; hinsichtlich der Mediation *Löer*, ZZP 119 (2006), 199 (201): „Auch wirtschaftliche, persönliche und emotionale Aspekte können und sollen einbezogen werden."; *Weitz*, Gerichtsnahe Mediation in der Verwaltungs-, Sozial- und Finanzgerichtsbarkeit, 2008, S. 84 ff.; *Eckstein*, JuS 2014, 698 (700).

[1390] Vgl. *Jansen*, Die außergerichtliche obligatorische Streitschlichtung nach § 15a EGZPO, 2001, S. 59; (wiederum in erster Linie auf die Mediation bezogen) *Weitz*, Gerichtsnahe Mediation in der Verwaltungs-, Sozial- und Finanzgerichtsbarkeit, 2008, S. 88 f. m. w. N.; *Eckstein*, JuS 2014, 698 (700); zur Akzeptanz durch Verwaltungsverfahren näher *Würtenberger*, NJW 1991, 257 ff.

[1391] *Caspar*, DVBl. 1995, 992 (993): „Daneben besteht ein möglicher Nutzen im Hinblick auf Vermeidung von Akzeptanzdefiziten des Verwaltungshandelns. Schließlich wird erwartet, daß konsensuale Ansätze der Streitbeilegung den Wildwuchs der langjährigen informellen Aushandlungspraxis durch Entwicklung eines Verhandlungsmodells verfahrensrechtlich kanalisieren könnten.".

[1392] Vgl. *Risse*, Wirtschaftsmediation, 2003, § 14 Rn. 16; *Weitz*, Gerichtsnahe Mediation in der Verwaltungs-, Sozial- und Finanzgerichtsbarkeit, 2008, S. 89; *Stoecker*, ZKM 2000, 105 (108 f.); *Löer*, ZZP 119 (2006), 199 (201).

[1393] Vgl. *Weitz*, Gerichtsnahe Mediation in der Verwaltungs-, Sozial- und Finanzgerichtsbarkeit, 2008, S. 87 f., 90 f., der zusätzlich auf eine geringere Eintrittshemmschwelle hinweist und auch noch weitere psychologische bzw. erzieherische Faktoren anführt; zur „theoretisch-weltanschaulichen" Dimension alternativer Streitbeilegung s. *Caspar*, DVBl. 1995, 992 (993); s. auch *Löer*, ZZP 119 (2006), 199 (201); *Eckstein*, JuS 2014, 698 (700 f.): „Chance auf einen Fortbestand bzw. Wiederaufbau der Beziehung".

zeitlicher und finanzieller Dimension freilich nur im Falle eines erfolgreichen Abschlusses des Schlichtungsverfahrens. Scheitern die Bemühungen und es kommt dennoch anschließend zur Gerichtsverhandlung, erhöht sich der Gesamtaufwand an Dauer und Kosten.[1394] Die Erfahrungen mit der außergerichtlichen obligatorischen Schlichtung nach § 15a EGZPO hätten gezeigt, dass es an einer breiten gesellschaftlichen Akzeptanz der alternativen Streitbeilegung fehle und die Entlastungseffekte für die Justiz allenfalls marginal seien; die Inanspruchnahme außergerichtlicher Konfliktlösung sei zurückhaltend.[1395] Ferner wird kritisiert, ein Zwang zur Schlichtung sei kontraproduktiv: Ein „verordneter Dialog", bei dem womöglich von vornherein überhaupt keine Einigungsbereitschaft der Parteien besteht, könne kaum zu einem erfolgreichen Ergebnis führen und sei daher in der Regel sinnlos.[1396] Die negative Konnotation von Begriffen wie „Schlichtungsfalle", „Schattenjustiz" und „Zwangsmediation" bringen dieses Misstrauen zum Ausdruck.[1397] Darüber hinaus werden als weitere mögliche Nachteile unter anderem das drohende Versäumnis von (Verjährungs-)Fristen und eine fehlende Drittwirkung

[1394] So auch zu Recht relativierend BVerfG, NJW-RR 2007, 1073 (1074); *Prütting*, in: Prütting (Hrsg.), Außergerichtliche Streitschlichtung, 2003, Rn. 72f.; *Weitz*, Gerichtsnahe Mediation in der Verwaltungs-, Sozial- und Finanzgerichtsbarkeit, 2008, S. 78; *Wassermann*, NJW 1998, 1685 (1686); *Stadler*, NJW 1998, 2479 (2483 f.).

[1395] S. die erhellende Erhebung von *Lauer*, NJW 2004, 1280 (1281 f.): „Ein nennenswerter Entlastungseffekt für die Justiz ist mit [der obligatorischen Streitschlichtung] ebenfalls nicht verbunden."; *Prütting*, in: Prütting (Hrsg.), Außergerichtliche Streitschlichtung, 2003, Rn. 84ff.: „Im wohl günstigsten Falle werden sich nur solche Streitigkeiten vom Amtsgericht fern halten lassen, die sich auch vor Gericht schnell und unproblematisch durch Vergleich, Anerkenntnis oder Klagerücknahme hätten erledigen lassen." (Rn. 86); *Greger*, in: Greger/Unberath/Steffek (Hrsg.), Recht der alternativen Konfliktlösung, 2. Aufl. 2016, Teil E, Rn. 5: „Im deutschen Rechtssystem ist der Vorrang der außergerichtlichen Streitbeilegung sehr schwach ausgeprägt. […] Dazu trägt auch bei, dass die Angebote der außergerichtlichen Konfliktlösung Struktur und Transparenz vermissen lassen und teilweise noch wenig bekannt sind."; *Adolphsen*, Zivilprozessrecht, 7. Aufl. 2021, § 2 Rn. 24 mit dem Hinweis, zur Vermeidung des „oft als lästig empfundenen Schlichtungsverfahrens" werde die „Flucht in das Mahnverfahren" angetreten.

[1396] So *Prütting*, in: Prütting (Hrsg.), Außergerichtliche Streitschlichtung, 2003, Rn. 76ff., der darauf hinweist, dass vorhandene freiwillige Schlichtungseinrichtungen bislang kaum genutzt würden; *Stadler*, NJW 1998, 2479 (2482), dort auch die zitierte Phrase.

[1397] Vgl. nur *Greger*, in: Greger/Unberath/Steffek (Hrsg.), Recht der alternativen Konfliktlösung, 2. Aufl. 2016, Teil E, Rn. 4 m.w.N., der allerdings eine Lanze für die außergerichtliche Streitbeilegung bricht, indem er die Kritik teilweise als unbegründet ansieht und darauf verweist, dass „das oftmals als belastend empfundene Gerichtsverfahren viele Konfliktparteien an der Wahrnehmung ihrer Rechte hindert und dass sie selbst dort oftmals nur einen Vergleich erzielen […] oder wegen Beweisschwierigkeiten unterliegen".

der Einigung genannt.[1398] Schließlich melden Stimmen im Schrifttum weitere Kritik an, die man zusammenfassend als rechtsstaatliche Bedenken bezeichnen könnte. Neben einer Verkürzung des Rechtsschutzes wird teilweise eine Gefahr für die Einheitlichkeit der Rechtsordnung und die materielle Rechtsdurchsetzung bis hin zu einem möglichen Vertrauensverlust in die Rechtsordnung angeprangert, sollte die alternative Streitbeilegung zu häufig zum Einsatz kommen.[1399] Der Rechtsprechung würden Fälle entzogen, sodass Rechtsfragen im Allgemeininteresse nicht rechtskräftig und rechtssicher geklärt werden könnten sowie die Rechtsentwicklung und -fortbildung zum Erliegen käme.[1400] Dem kann allerdings als Replik entgegengehalten werden, dass auch vor Gericht das Verfahren in jeder Lage zur Disposition der Parteien steht.[1401] Weiter wird ein höheres Risiko der Übervorteilung einer Partei durch die Gegenseite angemahnt, welches in Gerichtsverfahren durch die richterliche Fürsorgepflicht eingehegt wird.[1402] Nicht zuletzt seien an die neutrale(n) Schlichtungsperson(en) hohe Anforderungen zu stellen, sodass sich deren Auswahl zum Zufriedenstellen aller Parteien als durchaus schwierig gestalte.[1403]

[1398] Hierzu *Eckstein*, JuS 2014, 698 (701); s. auch *Prütting*, in: Prütting (Hrsg.), Außergerichtliche Streitschlichtung, 2003, Rn. 80 ff. und *Stadler*, NJW 1998, 2479 (2482 f.), die zudem einen zu früh durchgeführten Güteversuch in vielen Fällen für aussichtslos halten; *Risse*, Wirtschaftsmediation, 2003, § 14 Rn. 38 ff.

[1399] *Weitz*, Gerichtsnahe Mediation in der Verwaltungs-, Sozial- und Finanzgerichtsbarkeit, 2008, S. 93 m. w. N.; *Gottwald*, in: Festschrift für A. Ishikawa, 2001, S. 137 (146 f.).

[1400] Vgl. *Gottwald*, in: Festschrift für A. Ishikawa, 2001, S. 137 (146); im Kontext des Prozessvergleichs *M. Wolf*, ZZP 89 (1976), 260 (264 f.), der allerdings in Fn. 17 ergänzt, dass dies „in manchen Fällen, insbesondere von der Verwaltung, auch als Vorteil empfunden [wird], um unangenehme Präzedenzentscheidungen zu vermeiden"; vgl. ferner *Risse*, NJW 2000, 1614 (1620); *Weitz*, Gerichtsnahe Mediation in der Verwaltungs-, Sozial- und Finanzgerichtsbarkeit, 2008, S. 93.

[1401] So auch etwa *Gottwald*, in: Festschrift für A. Ishikawa, 2001, S. 137 (146), der darüber hinaus betont, „[ü]ber mangelnde Präjudizien [könne] man sich in unserer Gesellschaft zudem nicht beklagen".

[1402] *Risse*, NJW 2000, 1614 (1620): „Im Gerichtsprozess ist die Fürsorge des Richters […] ein begrüßenswertes Korrektiv."; *Risse*, Wirtschaftsmediation, 2003, § 14 Rn. 28 ff.; *Weitz*, Gerichtsnahe Mediation in der Verwaltungs-, Sozial- und Finanzgerichtsbarkeit, 2008, S. 92 f., 95 f., dort auch noch zur Gefahr einer Extension und Vertiefung des Konflikts durch Mediation.

[1403] Vgl. *Stadler*, NJW 1998, 2479 (2483); zum Aufgabenprofil des Mittlers erhellend *Caspar*, DVBl. 1995, 992 (998): „Die verfahrensmoderierende Aufgabe eines Mittlers besteht darin, den Prozeß der Aushandlung multipolar zu strukturieren und für alle Beteiligten die Interessen transparent darzulegen, Barrieren und Vorurteile abzubauen, ein Klima des gegenseitigen Vertrauens zu schaffen und Konflikte bereits in einer frühen Phase zu entschärfen. Die Akzeptanz, die der Mittler bei den Verhandlungspartnern genießt, ist dabei entscheidend für einen positiven Verlauf der Verhandlungen. In Anbetracht der hohen Anforderungen, die im Hinblick auf die soziale

Die Argumente auf beiden Seiten ließen sich vermehren. Während Befürworter der außergerichtlichen Streitbeilegung auf die entscheidenden Vorteile gegenüber herkömmlichen Gerichtsverfahren abstellen und die Nachteile marginalisieren[1404], betonen Kritiker die für die Konfliktparteien und den Rechtsstaat potenziellen Gefahren alternativer Konfliktlösungen. Ohnehin ist aber festzuhalten, dass schon aus verfassungsrechtlichen Gründen die außergerichtliche Streitbeilegung die gerichtliche niemals vollständig ersetzen bzw. verdrängen wird. Der aus dem Rechtsstaatsprinzip hervorgehende allgemeine Justizgewährungsanspruch gewährleistet generell den Zugang zu staatlichen Gerichten und gibt Anspruch auf eine verbindliche Entscheidung durch die Judikative.[1405] Selbst wenn der Gesetzgeber Schlichtungsmodelle etabliert, darf der Zugang zu Gerichten nicht unzumutbar erschwert werden.[1406] Zumindest eine gerichtliche Evidenz- und Missbrauchskontrolle muss möglich bleiben.[1407] Vor diesem Hintergrund kann die alternative Streitbeilegung den herkömmlichen Rechtsschutz allenfalls – sinnvoll – ergänzen.[1408] Durchaus in Betracht gezogen werden kann auch eine Kombination aus (vorgeschalteter) außergerichtlicher und gerichtlicher Konfliktlösung,

---

Kompetenz und die fachlichen Kenntnisse eines Verfahrensmittlers zu stellen sind, kann es nicht verwundern, daß sich zusehends private Firmen auf die Durchführung von Mediationsverfahren spezialisieren."; s. auch *Unberath*, JZ 2010, 975 (980f.); *Risse*, Wirtschaftsmediation, 2003, § 11 Rn. 44ff.

1404 S. etwa *Weitz*, Gerichtsnahe Mediation in der Verwaltungs-, Sozial- und Finanzgerichtsbarkeit, 2008, S. 94: „Selbst der Umstand, dass im Falle einer Mediation eine Klärung von Rechtsfragen allgemeinen Interesses unterbleibt, ist kein spezifisches Phänomen der Mediation, sondern vielmehr ein Effekt, den jede Form der Streitbeilegung außerhalb gerichtlicher Verfahren – das heißt auch jedes noch so einfach gehaltene klärende Gespräch zwischen den Parteien – mit sich bringt.".

1405 St. Rspr., vgl. nur BVerfGE 85, 337 (345f.); 107, 395 (401) – Rechtsschutz gegen den Richter I; 117, 71 (121f.) – Strafrestaussetzung; aus der Lit. etwa *Huster/Rux*, in: Epping/Hillgruber (Hrsg.), BeckOK GG, 49. Edition 2021, Art. 20 Rn. 199; *Schulze-Fielitz*, in: Dreier (Hrsg.), GG, Bd. II, 3. Aufl. 2015, Art. 20 (Rechtsstaat) Rn. 211 m.w.N.; *Sachs*, in: Sachs (Hrsg.), GG, 9. Aufl. 2021, Art. 20 Rn. 162; ausführlich *Papier*, in: Isensee/Kirchhof (Hrsg.), Handbuch des Staatsrechts, Bd. VIII, 3. Aufl. 2010, § 176 Rn. 1ff.

1406 BVerfGE 54, 277 (292f.) – Ablehnung der Revision; 85, 337 (347); 118, 1 (23) – Begrenzung der Rechtsanwaltsvergütung; *Schulze-Fielitz*, in: Dreier (Hrsg.), GG, Bd. II, 3. Aufl. 2015, Art. 20 (Rechtsstaat) Rn. 212; *Sachs*, in: Sachs (Hrsg.), GG, 9. Aufl. 2021, Art. 20 Rn. 162.

1407 *Schmidt-Aßmann*, in: Isensee/Kirchhof (Hrsg.), Handbuch des Staatsrechts, Bd. II, 3. Aufl. 2004, § 26 Rn. 73; *Schulze-Fielitz*, in: Dreier (Hrsg.), GG, Bd. II, 3. Aufl. 2015, Art. 20 (Rechtsstaat) Rn. 212.

1408 So auch zu Recht *Caspar*, DVBl. 1995, 992 (1003): „Einen gänzlichen Ersatz des Gerichts- und Rechtswegestaats vermögen die hier diskutierten Modelle nicht zu leisten."; *Stadler*, NJW 1998, 2479 (2484, 2487): „Mediation und außergerichtliche Schlichtung können die staatliche Justiz nur ergänzen."; s. auch *Weitz*, Gerichtsnahe Mediation in der Verwaltungs-, Sozial- und Finanzgerichtsbarkeit, 2008, S. 92.

zumal beide Formen miteinander verzahnt sind.[1409] Allgemein empfiehlt es sich, auf konsensuale Lösungen hinzuwirken, wie es § 278 Abs. 1 ZPO lapidar formuliert: „Das Gericht soll in jeder Lage des Verfahrens auf eine gütliche Beilegung des Rechtsstreits oder einzelner Streitpunkte bedacht sein."

b) Im Kontext von Binnenkonflikten unabhängiger Stellen der Verwaltung

Nachdem das Für und Wider der Schlichtung im Allgemeinen nun beleuchtet worden ist, ist zu prüfen, inwieweit die gefundenen Ergebnisse auf Binnenkonflikte unabhängiger Stellen der Verwaltung mit den dort vorliegenden Besonderheiten übertragbar sind.

Am Beispiel der zuvor betrachteten Schlichtungsmechanismen im Handwerksrecht und bei der Europäischen Zentralbank fallen zunächst gewisse *Vorzüge* gegenüber der gerichtlichen Austragung von Konflikten auf. In zeitlicher Hinsicht kommt in vielen Vorschriften das Bemühen um Beschleunigung des Verfahrens zum Ausdruck, indem für bestimmte Vorgänge oder Entscheidungen Fristen festgesetzt werden.[1410] In dringenden Fällen können, wie etwa Art. 10 Abs. 1 Satz 2 VO (EU) 673/2014 zeigt, vorgegebene Fristen auch verkürzt werden. Wie bereits bei der allgemeinen Betrachtung festgestellt, lassen sich derartige Schlichtungsverfahren anders als Gerichtsprozesse zulässigerweise zeitlich deutlich straffen, ohne einen Verstoß gegen die verfassungsrechtlich verbriefte richterliche Unabhängigkeit befürchten zu müssen. Auch auf den umgekehrten Fall lässt sich flexibel durch Fristverlängerungen reagieren (vgl. § 5 Abs. 1 Sätze 2, 3 HwOSchlichtVO). Generell zeichnen sich die untersuchten Mechanismen hinsichtlich ihrer Verfahrensmodalitäten in der Regel durch eine höhere Flexibilität aus. Bei der Schlichtungskommission im Handwerksrecht kann der Vorsitzende beispielsweise abweichend vom Grundsatz eine mündliche Verhandlung anberaumen (§ 3 Abs. 2 Satz 1 HwOSchlichtVO). Auch die bei der EZB eingerichtete Schlichtungsstelle kann durch die zahlreichen dispositiven Vorschriften ihre Verfahren an die jeweiligen Umstände anpassen, etwa durch die Hinzuziehung von Sachverständigen, ein Abhalten der Sitzungen in Form von Telefonkonferen-

---

[1409] Vgl. *Greger*, in: Greger/Unberath/Steffek (Hrsg.), Recht der alternativen Konfliktlösung, 2. Aufl. 2016, Teil E, Rn. 1 ff., wonach das Verhältnis beider Grundtypen von dem Prinzip des Justizgewährungsanspruchs einerseits und dem *ultima ratio*-Prinzip (hoheitliche Konfliktlösung als letztes Mittel) bestimmt wird; zu den Schnittstellen zwischen alternativer Konfliktbehandlung und derjenigen durch die Justiz näher a. a. O., Rn. 9 ff.; zur gerichtlichen Kontrolle und Unterstützung der außergerichtlichen Schlichtung a. a. O., Rn. 12 f.

[1410] Vgl. § 1 Abs. 1 S. 1, § 5 Abs. 1 HwOSchlichtVO; Art. 8 Abs. 1 S. 1, Abs. 5 S. 1, Art. 9 Abs. 2, 4, Art. 10 Abs. 1 S. 1 VO (EU) 673/2014.

zen oder die Modifikation des Abstimmungsverfahrens und den Verzicht auf das erforderliche Quorum.[1411] Zudem dürften Schlichtungsstellen einfacher mit in der Materie kompetenten Entscheidern zu besetzen sein, als dies bei staatlichen Gerichten mit deren strikter Geschäftsverteilung möglich ist. Die Juristen dort sind zwar ausgebildete Rechtsexperten *(„iura novit curia“)*, möglicherweise gelangen Spezialisten – wie hier im Bereich des Handwerks oder der Geldpolitik und Bankenaufsicht – aber im Einzelfall zu sachgerechteren Lösungen. Einen Anspruch auf den „sachnäheren“ Richter hat der Kläger hingegen nicht.[1412]

Den beschriebenen Vorteilen stehen allerdings wiederum *Nachteile* der alternativen Streitbeilegung gegenüber bzw. diese stößt an *rechtliche Grenzen*. Während im Verhältnis Bürger/Bürger bzw. Bürger/Staat die außergerichtliche Streitschlichtung durch den allgemeinen Justizgewährungsanspruch als Korrektiv zum staatlichen Gewaltmonopol begrenzt wird,[1413] schränken im staatlichen Binnenbereich andere Parameter deren Zulässigkeit ein, von denen vorliegend insbesondere das Demokratie- und Rechtsstaatsprinzip eine Hervorhebung verdienen[1414]. Unabhängige Stellen der Verwaltung sehen sich dem – nicht von der Hand zu weisenden – Vorwurf ausgesetzt, ihre demokratische Legitimation sei defizitär bzw. zumindest schwach.[1415] Zur Herstellung eines hinreichenden Legitimationsniveaus trotz eines nur rudimentär vorhandenen sachlich-inhaltlichen Legitimationsstrangs wird vielfach, wenngleich nicht unumstritten, auf die Möglichkeit der gerichtlichen Kontrolle verwie-

---

[1411] Vgl. Art. 5 Abs. 2 (Einladung von Sachverständigen), Art. 6 Abs. 1 (Einberufung von Sitzungen durch den Vorsitzenden, wenn er dies für notwendig erachtet), Art. 6 Abs. 3 (grundsätzliche Zulässigkeit von Telefonkonferenzen), Art. 7 Abs. 1 (Beschlussfähigkeit ungeachtet der Mindestteilnehmerquote), Art. 7 Abs. 4 (Beschlussfassung im schriftlichen Verfahren) VO (EU) 673/2014.

[1412] Vgl. im Kontext der Fortsetzungsfeststellungsklage *Decker*, in: Posser/Wolff (Hrsg.), BeckOK VwGO, 59. Edition 2021, § 113 Rn. 93; *H. A. Wolff*, in: Sodan/Ziekow (Hrsg.), VwGO, 5. Aufl. 2018, § 113 Rn. 281.

[1413] Vgl. neben den Nachweisen in Fn. 1405 bis 1407 auch speziell zur Herleitung des allgemeinen Justizgewährungsanspruchs aus dem staatlichen Gewaltmonopol *Sachs*, in: Sachs (Hrsg.), GG, 9. Aufl. 2021, Art. 20 Rn. 162 m. w. N.; ausführlich *Isensee*, in: Isensee/Kirchhof (Hrsg.), Handbuch des Staatsrechts, Bd. II, 3. Aufl. 2004, § 15 Rn. 83 ff., 93: „Der Justizgewährleistungsanspruch ist der rechtsstaatliche Ausgleich für das Verbot, Richter in eigener Sache zu sein.“.

[1414] Vgl. *Caspar*, DVBl. 1995, 992 (996 f.), der aus dem Rechtsstaats- und Demokratiegebot konkret die Beachtung der Gesetzesbindung und des Vorbehalts des Gesetzes, den Grundsatz der Gewaltenteilung, das Gebot der staatlichen Letztverantwortlichkeit, die Einhaltung grundrechtlicher Schutzpflichten sowie die Pflicht zur Gleichbehandlung als zwingende Voraussetzungen ableitet.

[1415] Vgl. insbesondere bereits unter Kapitel 2, B.II.1.b), dort auch zu möglichen Rechtfertigungsansätzen.

sen.[1416] Würde man nun auch die judikative Überwachung weitgehend reduzieren, sodass der verwaltungsinterne Bereich (gegebenenfalls mit mittelbarer Außenwirkung) den Gerichten entzogen würde und Rechtsschutz ausschließlich durch klagewillige Bürger gegen sie belastende Einzelfallentscheidungen stattfinden könnte, wäre die demokratische Legitimation noch stärker ausgedünnt und rechtsstaatliche Standards würden herabgesenkt. Daher muss zumindest die Letztverantwortung in den Händen des Staates liegen. Mit Blick darauf erscheinen Schlichtungsgremien hauptsächlich zur Beratung und Unterstützung bei inneradministrativen Konflikten einsetzbar.[1417]

Im gleichen Atemzug verliert auch der allgemein dargelegte Vorteil der Nichtöffentlichkeit bzw. Vertraulichkeit der Schlichtung[1418], wie er sich beispielsweise aus § 3 Abs. 2 Sätze 4, 5 HwOSchlichtVO respektive Art. 12 Abs. 1 Satz 1 VO (EU) 673/2014 ergibt, hinsichtlich der Verwaltung seine Gültigkeit. Er widerspricht dem Transparenz- bzw. Öffentlichkeitsgebot der Verwaltung, einer demokratischen Selbstverständlichkeit.[1419] Die Pflicht zur Transparenz ist unter dem Schlagwort „Offenheit" auch im Unionsrecht bekannt: für die gesamte Union im Allgemeinen in Art. 1 Abs. 2 EUV sowie für die Unionsverwaltung im Besonderen in Art. 298 Abs. 1 AEUV; sie erstreckt sich auch auf deren Binnenbereich.[1420] Verlagert man den intra- und

---

[1416] So etwa EuGH, Urt. v. 9.3.2010, Rs. C-518/07, ECLI:EU:C:2010:125, Rn. 42 – Kommission/Deutschland; daneben exemplarisch auch Erwägungsgrund Nr. 80 S. 2 Elektrizitäts-RL (EU) 2019/944 bzw. Nr. 30 S. 2 Gas-RL 2009/73/EG; aus nationaler Perspektive BVerfGE 151, 202 (291, 357, 361) Rn. 130, 274, 289 – Europäische Bankenunion; s. näher auch unter Kapitel 2, B.II.1.a) und b)(2), dort auch allgemein zum Meinungsspektrum hinsichtlich der Vereinbarkeit unabhängiger Behörden mit dem Demokratieprinzip.

[1417] Ähnlich *Caspar*, DVBl. 1995, 992 (997).

[1418] S. oben unter Kapitel 4, A.II.3.a); exemplarisch *Prütting*, in: Prütting (Hrsg.), Außergerichtliche Streitschlichtung, 2003, Rn. 74.

[1419] Vgl. aus der st. Rspr. nur BVerfGE 70, 324 (358) – Haushaltskontrolle der Nachrichtendienste: „allgemeine[s] Öffentlichkeitsprinzip der Demokratie"; *Dreier*, in: Dreier (Hrsg.), GG, Bd. II, 3. Aufl. 2015, Art. 20 (Demokratie) Rn. 77 mit den Nachweisen in Fn. 280; für das insoweit parallele Demokratieprinzip des Unionsrechts statt vieler *Nettesheim*, in: Grabitz/Hilf/Nettesheim (Hrsg.), Das Recht der Europäischen Union, 74. EL 2021, Art. 1 EUV Rn. 36 m.w.N.; zum Zusammenhang von Demokratieprinzip, Kontrolle und Verantwortung s. *Scheuner*, in: Festschrift für G. Müller, 1970, S. 379 ff.; speziell zur Transparenz der Verwaltung *Scherzberg*, Die Öffentlichkeit der Verwaltung, 2000, S. 291 ff.; *Gröschner*, VVDStRL 63 (2004), 344 ff.; sogar konkrete Publizitätspflichten aus dem Demokratieprinzip ableitend *Voßkuhle*, in: Isensee/Kirchhof (Hrsg.), Handbuch des Staatsrechts, Bd. III, 3. Aufl. 2005, § 43 Rn. 73; zur Bedeutung der Transparenz für das Vertrauen in Rechtsstaat und Demokratie s. auch *Voßkuhle*, NJW 2018, 3154 (3158).

[1420] *Reithmann*, in: von der Groeben/Schwarze/Hatje (Hrsg.), Europäisches Unionsrecht, 7. Aufl. 2015, Art. 298 AEUV Rn. 9 f.; allgemein *Nettesheim*, in: Grabitz/Hilf/Nettesheim (Hrsg.), Das Recht der Europäischen Union, 74. EL 2021, Art. 1

interbehördlichen Diskurs ins sprichwörtliche Hinterzimmer, widerspräche das dem Typus einer transparenten Verwaltung. Vor diesem Hintergrund ist – neben den zuvor erörterten generellen Nachteilen alternativer Streitbeilegung – einem „Outsourcen" von inneren Streitigkeiten auf Schlichtungsgremien grundsätzlich mit Vorsicht zu begegnen.

Wie bereits im Kontext des Handwerksrechts dargelegt und auch implizit aus der Kritik des EZB-Schlichtungsmechanismus hervorgehend, wird die alternative Streitbeilegung im Schrifttum als ungerechtfertigtes Misstrauen in die Judikative gegeißelt.[1421] Mit anderen Worten sei die staatliche Rechtsprechung besser als ihr Ruf. Mit Blick auf die oben aufgezeigten rechtlichen Grenzen der außergerichtlichen Konfliktlösung, namentlich das Demokratie- und Rechtsstaatsprinzip, müssten Schlichtungsmodelle das Vertrauen, das in sie gesetzt wird, erst rechtfertigen, indem die Vorteile die Nachteile hinnehmbar erscheinen lassen. Allein schon aufgrund der zuvor geäußerten deutlichen demokratietheoretischen Vorbehalte kann dies als zweifelhaft gelten.

Ohnehin wäre der Anwendungsbereich der alternativen Streitbeilegung auf Grundlage der in dieser Arbeit vorgenommenen Kategorisierung verwaltungsinterner Konflikte[1422] stark eingeschränkt. Für *Zuständigkeitskonflikte* sind Alternativlösungen von vornherein nur schwer vorstellbar. Hier stehen sich zwei miteinander unversöhnliche Positionen gegenüber (zuständig oder nicht), die auf falschen Tatsachenfeststellungen oder rechtlichen Bewertungsfehlern beruhen – meist aufgrund missverständlich formulierter Normen –[1423] und bei denen ein gegenseitiges Nachgeben unwahrscheinlich ist. Ein Schlichter müsste nicht anders als ein Richter eine Entscheidung treffen und sich einer Seite anschließen. Da die Gefahr besteht, dass dann ein Gericht später die Kompetenzfrage letztverbindlich dennoch neu beurteilt, würde der Konflikt sogar noch in die Länge gezogen.

Ferner erscheinen *vertikale Konfliktlagen* grundsätzlich „schlichtungsfeindlich". Während unabhängige Behörden im Innenverhältnis in der Regel hierarchisch organisiert sind und eine konsensuale Konfliktlösung daher obsolet ist,[1424] eignen sich Streitigkeiten im vertikalen behördenexternen Verhältnis ihrem Inhalt nach kaum für Kompromisse. Zum einen muss eine un-

---

EUV Rn. 35 ff., der in Rn. 41 als Grenze des Transparenzgebots die Effizienz bzw. Funktionsfähigkeit der Union nennt.

1421 *Leisner*, in: Leisner (Hrsg.), BeckOK HwO, 14. Edition 2021, § 16 Rn. 18: „abwegiges Misstrauensvotum gegen die Judikative"; zur Kritik s. jeweils unter Kapitel 4, A.II.2.b)aa) bzw. bb).

1422 S. eingehend unter Kapitel 3, B.

1423 S. unter Kapitel 3, B.I.1.

1424 S. hierzu unter Kapitel 3, B.II.1.a).

abhängige Behörde Eingriffe in ihren Status nicht hinnehmen, selbst wenn eine Schlichtungskommission einen Mittelweg vorschlägt. Zum anderen wäre es rechtsstaatlich mit Blick auf Art. 20 Abs. 3 GG bedenklich, wenn die Aufsichtsbehörde sich bei (vermeintlich) rechtswidrigem Handeln der unabhängigen Behörde auf einen „Deal" einlassen würde, zumal dieser seinerseits eine Verletzung der Unabhängigkeit darstellen könnte.[1425] Stattdessen wäre in einem solchen Fall die – zulässige – Aufsichtsklage der bessere Weg.[1426] Es überrascht daher nicht, dass die beiden angeführten Beispiele von Schlichtung im Rahmen von administrativen Binnenkonflikten *inhaltliche Differenzen in horizontalen Konfliktlagen* zu lösen versuchen. Da horizontale Auseinandersetzungen im behördeninternen Verhältnis bis auf wenige Ausnahmen (wie der vorgestellte Schlichtungsmechanismus im ESZB) wegen der inneren Hierarchie nicht vorkommen, beschränkt sich also der Anwendungsbereich der alternativen Streitbeilegung weitestgehend auf horizontale, behördenexterne Streitigkeiten in Bezug auf Sachentscheidungen.[1427] Ob und inwieweit Schlichtungsmechanismen Gerichtsverfahren hier vorzuziehen sind, hängt von der konkreten Ausgestaltung im Einzelfall ab. Sinnvollerweise müsste man die Justiziabilität einer Schlichtungsentscheidung jedenfalls einschränken, sonst hätte man nur eine weitere Instanz geschaffen. Vereinbar mit dem Demokratieprinzip wäre dies allenfalls dann, wenn das Schlichtungsgremium seinerseits über eine besondere demokratische Legitimation verfügt. Im Ergebnis begegnet die alternative Streitbeilegung im Kontext von Binnenkonflikten unabhängiger Verwaltungsstellen erheblichen Bedenken. Dies könnte auch der Grund sein, warum bislang – soweit ersichtlich – kaum derartige Modelle dort zu finden sind und auch nicht ernsthaft über ihre Einrichtung diskutiert wird. Regulierungs- und Kartellrecht bilden insoweit keinen Sonderfall gegenüber anderen unabhängigen Stellen im Allgemeinen oder Besonderen Verwaltungsrecht.

4. Zwischenergebnis

Unter den *Sammelbegriff der Streitbeilegung* lassen sich verschiedene Konfliktlösungsmethoden subsumieren. Grob vereinfacht sind als Strategien das informelle Verhandeln, das Vermitteln, das Schlichten sowie das Richten voneinander abzugrenzen. Während die gerichtliche Austragung von Binnenkonflikten Gegenstand des vorherigen Abschnitts war, konzentrierte sich der

---

1425 Vgl. zu Einflussnahmen der Exekutive auf unabhängige Behörden unter Kapitel 3, B.II.1.b)bb).

1426 Zur Aufsichtsklage der Aufsichtsbehörden s. unter Kapitel 4, A.I.2.b)aa)(2); zur Aufsichtsklage der Europäischen Kommission s. unter Kapitel 4, A.I.4.b)bb).

1427 Zum „Sonderfall" des Europäischen Verwaltungsverbundes s. unter Kapitel 3, B.II.3.

hiesige Abschnitt auf die außergerichtliche Streitbeilegung unter Einschaltung einer dritten Instanz. Der Unterschied zwischen dem Vermitteln mit der Mediation als bekanntester Ausprägung und dem Schlichten besteht darin, dass bei Ersterem der neutrale Dritte eine nur unterstützende, moderierende Rolle einnimmt und die Konfliktparteien freiwillig und eigenständig eine einvernehmliche Lösung finden sollen. Beim Schlichten, auf dem vorliegend der Schwerpunkt liegt, hat der unparteiische Dritte hingegen eine aktivere Stellung, indem er ein selbst erarbeitetes Schlichtungsergebnis zur Annahme unterbreitet. Anders als ein Schiedsrichter hat der Schlichter aber bei einem Scheitern der Einigung keine eigene Entscheidungskompetenz.

Im geltenden Recht findet sich quer durch die Rechtsgebiete eine *Vielzahl an Konzepten alternativer Streitbeilegung*. Gleichwohl wird das Potenzial der außergerichtlichen Konfliktlösung in Deutschland bislang nicht ausgeschöpft; die Hegemonie der Gerichte ist insoweit ungebrochen. Wegen der hierarchischen Entscheidungskette der klassischen Verwaltung kommt bei administrativen Binnenkonflikten Schlichtung sinnvollerweise von vornherein nur bei verselbständigten Stellen in Betracht, *de lege lata* allerdings auch dort nur vereinzelt. Im Bereich des Öffentlichen Wirtschaftsrechts sind als Beispiele zum einen die dem handwerksrechtlichen Kammerdualismus geschuldete Schlichtungskommission zur Beilegung von Meinungsverschiedenheiten zwischen Handwerks- und Industrie- und Handelskammer bei der Untersagung eines Handwerksbetriebs und zum anderen die Schlichtungsstelle der EZB zur Sicherstellung der Trennung ihrer geldpolitischen und aufsichtlichen Aufgaben zu nennen.

Bei einer *allgemeinen Betrachtung von Schlichtungsmodellen*, insbesondere im Bereich des Zivilrechts, werden einige Vorteile gegenüber herkömmlichen Gerichtsverfahren sichtbar. Eine erfolgreiche Schlichtung sei mit Effizienzsteigerungen und Entlastungseffekten für die Justiz (und den Steuerzahler) verbunden, aber auch die Konfliktparteien würden von einer zu erwartenden schnelleren und günstigeren Erledigung profitieren. Hinsichtlich des Verfahrens und der Ergebnisfindung seien alternative Modelle flexibler, die Einigung auf einen für alle Seiten tragbaren Kompromiss werde wahrscheinlicher. Auch stehe eine höhere Akzeptanz der Schlichtungsentscheidung zu erwarten sowie eine angenehmere Gesprächsatmosphäre, nicht zuletzt bedingt durch die regelmäßig vorhandene Vertraulichkeit der Sitzungen.

Demgegenüber bringen Kritiker hervor, bei einem Scheitern der Bemühungen erhöhe sich der Gesamtaufwand. In der Rechtswirklichkeit seien der Erfolg und die Akzeptanz der außergerichtlichen Konfliktlösung verhalten, Entlastungseffekte daher allenfalls gering. Ein Zwang zur Schlichtung, auch in aussichtslosen Fällen, erscheine ferner kontraproduktiv. In rechtsstaatlicher Hinsicht wird in der alternativen Streitbeilegung eine Gefahr für die Einheitlichkeit der Rechtsordnung gesehen sowie eine mögliche Behinderung einer geordneten Rechtsentwicklung und -fortbildung, indem der Justiz Fälle im Allgemeininteresse zur Entscheidung vorenthalten würden. Schließlich müsse bei der Schlichtung wie bei Gerichten gewährleistet werden, dass die Schlichtungsperson qualifiziert und unparteiisch entscheidet, keine Partei übervorteilt wird und wesentliche Verfahrensprinzipien eingehalten werden. Verfassungsrechtlich verbietet der im Rechtsstaatsprinzip wurzelnde allgemeine Justizgewährungsanspruch eine vollständige Ablösung der Gerichte, der Zugang zur staatlichen Justiz darf nicht unzumutbar erschwert werden. Möglich wäre daher nur eine Ergänzung zur klassischen Gerichtsbarkeit.

Bei der *spezifischen Betrachtung von Binnenkonflikten unabhängiger Stellen der Verwaltung* lässt sich als Vorzug im Vergleich zu Gerichtsverfahren zum einen die stärkere Tendenz zur Verfahrensbeschleunigung anführen, die in gesetzlich festgelegten Fristen für bestimmte Verfahrensschritte oder Ergebnisse Niederschlag findet. Bei Bedarf lassen sich die Fristen auch in der Regel verlängern oder bei Dringlichkeit verkürzen. Hinsichtlich des Verfahrens herrscht oft eine höhere Flexibilität, indem Ort, Zeit bzw. Turnus und Modalitäten der Sitzungen vergleichsweise frei gestaltbar sind. Auch können einfacher sachnähere Schlichter eingesetzt werden, als dies vor Gericht wegen des Rechts auf den gesetzlichen Richter möglich wäre.

Bedenklich mutet hingegen im Zusammenhang mit unabhängigen Stellen die weitere Absenkung der demokratischen Legitimation an, die mit der Reduzierung der gerichtlichen Kontrolle einherginge. Will man Schlichtungsgremien über die bloß beratende Unterstützung in Konflikten hinaus zum Treffen verbindlicher Entscheidungen befähigen, müsste eine solche Kommission ihrerseits hinreichend legitimiert sein. Zudem zeichnet sich ein Spannungsfeld zwischen der Vertraulichkeit von Schlichtungsverfahren und dem Transparenzgebot der Verwaltung ab. Mit Blick auf die erheblichen rechtlichen Vorbehalte ist nicht erkennbar, dass die Vorteile der alternativen Streitbeilegung vorliegend deren Nachteile aufwiegen bzw. die rechtlichen Hürden überwinden können. Ohnehin eignen sich konsensuale Konfliktlösungsstrategien bei Zugrundelegung der in Kapitel 3, B. vorgenommenen Kategorisierung allenfalls für die Beilegung inhaltlicher Differenzen in horizontalen Konfliktlagen, wobei insoweit behördeninterne Konstellationen die Ausnahme bilden. Für Kompetenzkonflikte liefert die außergerichtliche Streitbeilegung hingegen keinen Mehrwert gegenüber einer verbindlichen gerichtlichen Klärung. Vergleichbares gilt für Auseinandersetzungen im vertikalen Verhältnis: Mangels behördeninterner Unabhängigkeit werden Streitigkeiten im Behördeninneren grundsätzlich entlang der Hierarchie entschieden. In vertikaler behördenexterner Hinsicht sind Kompromisslösungen nicht zielführend – sowohl bei Eingriffen in die Unabhängigkeit durch die Aufsichtsbehörde als auch bei (vermutetem) rechtswidrigem Handeln der unabhängigen Behörde.

III. Resümee zur Beilegung entstandener Kontroversen

Die vorstehende Analyse stellt im Kontext von Binnenkonflikten unabhängiger Stellen der Verwaltung im Regulierungs- und Kartellrecht die zwei generellen Möglichkeiten gegenüber, wie sich Streitigkeiten beilegen lassen: die gerichtliche Austragung von Auseinandersetzungen einerseits und die außergerichtliche Streitbeilegung andererseits. Die zentralen Kriterien, die beiden Varianten vorliegend zu empfehlen bzw. von ihrer Anwendung abzuraten, sind zum einen deren Zulässigkeit und zum anderen ihre Zweckmäßigkeit.

Hinsichtlich der *Zulässigkeit* bestehen gegen die gerichtliche Konfliktlösung auch in der Form von Insichprozessen keine grundsätzlichen Bedenken. Die verwaltungsprozessualen Hürden sind überwindbar, indem man im Unabhängigkeitsstatus eine wehrfähige Innenrechtsposition erblickt und/oder vom Erfordernis einer subjektiven Rechtsverletzung absieht. Problematischer ist die Vereinbarkeit von Insichprozessen mit den Unabhängigkeitsvorgaben im Einzelfall. Während eine Klage gegen aufsichtliche Weisungen richtigerweise unzulässig ist, da Weisungen von vornherein nicht erteilt werden dürfen, kommt der umgekehrte Fall einer – *de lege lata* im nationalen Regulierungs- und Kartellrecht nicht vorhandenen – Aufsichtsklage zur Herstellung rechtmäßiger Zustände in Betracht. Für behördeninterne Konstellationen ist indes wegen der regelmäßig fehlenden Unabhängigkeit im Innenverhältnis kein Raum. Für horizontale behördenexterne Konflikte ist im Einzelnen streitig, inwieweit eine Verletzung von Beteiligungsrechten und -pflichten justiziabel ist. Weitere gerichtliche Rechtsschutzoptionen sowohl für als auch gegen die unabhängige Behörde sind möglich: Gegen sie besteht Rechtsschutz durch Klagen im Außenverhältnis belasteter Dritter sowie (mittelbar) durch das unionsrechtliche Vertragsverletzungsverfahren. Zugunsten unabhängiger Behörden wäre rechtspolitisch denkbar, im Bedarfsfall punktuell Verteidigungsmöglichkeiten auszubauen.

Der zulässige Umfang der außergerichtlichen Streitbeilegung wird vor allem durch das Rechtsstaats- und das Demokratieprinzip begrenzt. Der allgemeine Justizgewährungsanspruch erfordert einen nicht unzumutbar erschwerten Zugang zu staatlichen Gerichten. Zudem muss sichergestellt sein, dass wesentliche Verfahrensprinzipien beachtet werden sowie das Verfahren und die Entscheidungsfindung neutral sind. Da die gerichtliche Kontrolle als Korrektiv der bei unabhängigen Stellen geschwächten demokratischen Legitimation dient, müsste ein Schlichtungsgremium seinerseits gewichtig legitimiert sein. Vor diesem Hintergrund eignet sich die alternative Streitbeilegung vorwiegend zur unterstützenden Beratung und Ergänzung des gerichtlichen Rechtsschutzes, nicht aber als dessen Ersatz.

Die Beurteilung der *Zweckmäßigkeit* der beiden Alternativen der Konfliktlösung fällt ambivalent aus. Gegen die Durchführung von Insichprozessen wird ein unnötig hoher Ressourcenaufwand angeführt, was im Extremfall zu einer Gefährdung der Funktionsfähigkeit des Staates führen könnte. Auch mit Blick auf die Kosten, die bei administrativen Binnenkonflikten letztlich von der Allgemeinheit zu tragen wären, sowie die Verfahrensdauer würden sich Gerichtsverfahren als nachteilig erweisen. Demgegenüber sei allerdings von einem maßvollen Umgang mit Klagerechten durch die öffentliche Hand auszugehen und Gerichtsentscheidungen seien mit einer höheren Richtigkeitsgewähr und größeren Objektivität behaftet.

Alternative Methoden der Konfliktlösung sollen in der Theorie die mit Gerichtsverfahren einhergehenden Nachteile beseitigen. Namentlich werden mit der außergerichtlichen Streitbeilegung Attribute wie Effizienzsteigerungen und Beschleunigung, Entlastungseffekte für die Justiz, Flexibilität des Verfahrens, höhere Sachkunde der Schlichter, Vertraulichkeit und Akzeptanz des Ergebnisses assoziiert. Allerdings weisen Kritiker darauf hin, dass sich bei einem Scheitern der Bemühungen der Gesamtaufwand sogar erhöht, die Resonanz der alternativen Streitbeilegung in der Praxis eher verhalten ist und die Entlastungseffekte für die Justiz gering sind. Ein erzwungener Kompromiss sei darüber hinaus kontraproduktiv. Außerdem würden möglicherweise durch eine zu weitreichende Schlichtung die Einheitlichkeit der und das Vertrauen in die Rechtsordnung sowie die Rechtssicherheit und -durchsetzung gefährdet.

Insgesamt ist weder die gerichtliche noch die außergerichtliche Konfliktlösung für sich genommen die bessere oder schlechtere Wahl. Zugeschnitten auf die konkrete Streitigkeit ergeben sich aber gleichwohl Vorbehalte und Bedenken bei der jeweiligen Methode hinsichtlich ihrer Recht- und Zweckmäßigkeit. Die alternative, konsensuale Streitbeilegung kann vor allem für die Ausmerzung inhaltlicher Differenzen in horizontalen Konfliktsituationen herangezogen werden und sollte bei Binnenkonflikten unabhängiger Stellen der Verwaltung aus rechtsstaatlichen und demokratietheoretischen Gründen allenfalls eine beratende und ergänzende Funktion einnehmen. Als Regelfall erscheint daher die gerichtliche Austragung von Konflikten vorzugswürdig. Ob und inwieweit der Rechtsschutz durch Gerichte zugunsten alternativer Konzepte reduziert oder umgekehrt sogar noch intensiviert oder extensiviert wird, bleibt im Rahmen des rechtlich Zulässigen aber letztlich eine (rechts-)politische Entscheidung.

B. Prävention und Eindämmung von Streitigkeiten

Eleganter, als sich über die Beilegung von Streitigkeiten Gedanken zu machen, ist es, Gemengelagen erst gar nicht entstehen oder zumindest nicht eskalieren zu lassen. Daher verfolgt der zweite Komplex dieses Kapitels einen völlig anderen Ansatz als der erste: Erforscht werden verschiedene Möglichkeiten, wie man Konflikten vorbeugen, sie entschärfen oder ihre Lösung vereinfachen kann. Zunächst könnte man erwägen, die Unabhängigkeit der in Rede stehenden Stellen wieder zu beseitigen (I.). Eine weitere Variante wäre, auf die bestehende Zuständigkeitsordnung einzuwirken (II.). Schließlich ist in Betracht zu ziehen, die vorhandenen Kontrollmöglichkeiten unabhängiger Behörden zu modifizieren (III.). In einem Resümee werden die Ergebnisse dieses zweiten Ansatzes zusammenfassend dargelegt (IV.).

I. Beseitigung der Unabhängigkeit

Die Idee dahinter, den betroffenen Behörden ihren Unabhängigkeitsstatus zu entziehen, ist einfach. Ist eine Verwaltungseinheit nicht mehr unabhängig, sondern wird in die klassische Behördenhierarchie überführt, vollzieht sich die Konfliktlösung auf herkömmliche Weise „von oben nach unten". Die mit der Unabhängigkeit einhergehenden spezifischen Probleme wären hierdurch gelöst.[1428] Allerdings kann eine verliehene Unabhängigkeit in der Regel nicht wieder ohne Weiteres durch den Gesetzgeber „kassiert" werden. Bei unionsrechtlichen Vorgaben gestaltet sich eine Änderung zuungunsten unabhängiger Behörden schwierig (1.). Soweit eine Abkehr von der Unabhängigkeit – etwa in rein nationalen, einfachrechtlichen Bestimmungen – denkbar ist, gilt es zu prüfen, inwieweit diese Option gegenüber dem Status quo tatsächlich umsetzbar und vorzugswürdig ist (2.). Die abschließende Bilanz wird in einem Zwischenergebnis dargestellt (3.).

1. Fälle mit Unionsrechtsbezug

Bereits im Kapitel über die Ursachen für die Einrichtung unabhängiger Stellen wurde festgestellt, dass in aller Regel das Unionsrecht hierfür verantwortlich zeichnet. Im Regulierungs- und Kartellrecht sind es sekundärrechtliche Vorschriften, die den Mitgliedstaaten die Verpflichtung zur Schaffung unabhängiger Behörden auferlegen.[1429] Bei der Beseitigung der Unabhängigkeit ist danach zu unterscheiden, wer die rechtlichen Grundlagen ändern bzw.

[1428] Vgl. näher zur Konfliktlösung im klassischen Staatsaufbau und den Systemgrenzen bei unabhängigen Behörden unter Kapitel 2, A.II.

[1429] Hierzu näher unter Kapitel 2, B.I.2. und im Einzelnen Kapitel 3, A.

infrage stellen möchte: der Unionsgesetzgeber selbst (a)) oder die Mitgliedstaaten (b)).

a) Änderungen durch den Unionsgesetzgeber

Die einfachste Möglichkeit, die Unabhängigkeitsgebote wieder zu beseitigen, besteht darin, dass der Unionsgesetzgeber, der die Vorschriften erlassen hat, diese wieder ändert bzw. aufhebt. Bis auf die SSM-VO (EU) 1024/2013, die gestützt auf Art. 127 Abs. 6 AEUV einstimmig durch den Rat gemäß einem besonderen Gesetzgebungsverfahren nach Anhörung des Europäischen Parlaments und der EZB erlassen wurde, ergingen alle anderen in dieser Arbeit betrachteten Sekundärrechtsquellen – die Kodex-RL (EU) 2018/1972, die Elektrizitäts-RL (EU) 2019/944, die Gas-RL 2009/73/EG, die Eisenbahn-RL 2012/34/EU, die ECN+-RL (EU) 2019/1 sowie die SRM-VO (EU) 806/2014 – im ordentlichen Gesetzgebungsverfahren. In diesem verabschieden nach Art. 289 Abs. 1, 294 AEUV das Europäische Parlament und der Rat einen Sekundärrechtsakt auf Vorschlag der Kommission.[1430] Die genannten Akteure könnten demnach im Zusammenspiel die einschlägigen Vorschriften zur Unabhängigkeit wieder aufheben.

Indes steht ein solcher Paradigmenwechsel nicht zu erwarten. Auch wenn sich das Gebot einer unabhängigen Verwaltung nach Art. 298 AEUV grundsätzlich nur auf die Eigenverwaltung der Union bezieht, stellt es doch ein primärrechtlich verankertes, allgemeines Idealprinzip der EU dar.[1431] Darüber hinaus hat der EuGH im Datenschutz-Urteil die Unionsrechtskonformität unabhängiger Verwaltungsstrukturen bestätigt.[1432] Zudem ist für den Erlass eines Gesetzgebungsaktes gemäß Art. 289 Abs. 1 Satz 1, 294 Abs. 2 AEUV nur die Kommission initiativberechtigt.[1433] Die Europäische Kommission hat sich allerdings bislang als besondere Verfechterin der bestehenden Unabhängigkeitsvorgaben erwiesen, wie nicht zuletzt das Vertragsverletzungsverfahren Rs. C-718/18 gegen die Bundesrepublik im Kontext der energierechtlichen Verordnungsermächtigung des § 24 Satz 1 EnWG

1430 Überblick zum Gesetzgebungsverfahren in der EU etwa bei *Schroeder*, Grundkurs Europarecht, 7. Aufl. 2021, § 7 Rn. 25 ff.

1431 S. hierzu bereits unter Kapitel 2, B.I.1.

1432 EuGH, Urt. v. 9.3.2010, Rs. C-518/07, ECLI:EU:C:2010:125, Rn. 42 ff. – Kommission/Deutschland; zur Vereinbarkeit der Unabhängigkeitsvorgaben mit dem Unionsrecht s. unter Kapitel 2, B.I.2. und B.II.1.a).

1433 S. auch *Gellermann*, in: Streinz (Hrsg.), EUV/AEUV, 3. Aufl. 2018, Art. 294 AEUV Rn. 9 f., dort auch zu ausnahmsweise anderen Initiativberechtigten; *Krajewski/Rösslein*, in: Grabitz/Hilf/Nettesheim (Hrsg.), Das Recht der Europäischen Union, 74. EL 2021, Art. 294 AEUV Rn. 16 ff.

zeigt.[1434] Vor diesem Hintergrund dürfte es mehr als unwahrscheinlich sein, dass die EU aus Eigeninitiative die vorhandenen Regeln wieder rückgängig machen wird. Ein dahingehender politischer Wille der legislativen Unionsorgane ist nicht zu erkennen.

Noch unwahrscheinlicher erscheint es, dass der vertragsändernde Gesetzgeber das Primärrecht dahingehend ändern wird, die dortigen Unabhängigkeitsgebote aufzuheben. Zu nennen sind insbesondere Art. 130 AEUV und Art. 282 Abs. 3 AEUV für das ESZB, Art. 16 Abs. 2 UAbs. 1 Satz 2 AEUV für die Datenschutzaufsicht sowie generell Art. 298 Abs. 1 AEUV für die (unionseigene) Verwaltung. Selbst wenn ein entsprechender Wille vorhanden wäre, würde sich eine *Vertragsänderung nach Art. 48 EUV* als sehr schwierig darstellen. Das ordentliche Änderungsverfahren nach Art. 48 Abs. 1 Satz 1, Abs. 2–5 EUV ist aufwendig und mit hohen Hürden versehen:[1435] So muss auf Initiative einer mitgliedstaatlichen Regierung, des Europäischen Parlaments oder der Kommission dem Rat ein Änderungsentwurf vorgelegt werden, den dieser dem Europäischen Rat und den nationalen Parlamenten zur Kenntnis übermittelt (Abs. 2). Nach dem mit einfacher Mehrheit ergangenen Beschluss über die Prüfung der Vertragsänderungen durch den Europäischen Rat beruft dessen Präsident grundsätzlich[1436] einen Konvent von Vertretern der nationalen Parlamente, der Staats- und Regierungschefs der Mitgliedstaaten, des Europäischen Parlaments und der Kommission ein (Abs. 3 UAbs. 1 Satz 1). Bei institutionellen Änderungen im Währungsbereich ist auch die EZB zu hören (Abs. 3 UAbs. 1 Satz 2). Dieser Konvent richtet eine Empfehlung an die vom Präsidenten des Europäischen Rates einzuberufende Konferenz der Vertreter der Regierungen der Mitgliedstaaten (Regierungskonferenz), welche die Vertragsänderungen vereinbaren soll (Abs. 4 UAbs. 1). Schließlich müssen die vereinbarten Änderungen noch von allen Mitgliedstaaten nach Maßgabe ihrer verfassungsrechtlichen Vorschriften ratifiziert werden (Abs. 4 UAbs. 2). Für eine ordentliche Vertragsänderung bedarf es also der Zustimmung aller Mitgliedstaaten.

[1434] EuGH, Rs. C-718/18; Vertragsverletzungs-Nr. 2014/2285; vgl. auch die Pressemitteilung der Kommission IP/18/4487 v. 19.7.2018; ausführlich hierzu unter Kapitel 3, A.I.1.b)bb)(1).

[1435] Vgl. zum ordentlichen Änderungsverfahren näher *Schroeder*, Grundkurs Europarecht, 7. Aufl. 2021, § 2 Rn. 48; im Detail *Cremer*, in: Calliess/Ruffert (Hrsg.), EUV/AEUV, 6. Aufl. 2022, Art. 48 EUV Rn. 3 ff.; *Pechstein*, in: Streinz (Hrsg.), EUV/AEUV, 3. Aufl. 2018, Art. 48 EUV Rn. 15 ff.; *Meng*, in: von der Groeben/Schwarze/Hatje (Hrsg.), Europäisches Unionsrecht, 7. Aufl. 2015, Art. 48 EUV Rn. 13 ff.

[1436] Nach Art. 48 Abs. 3 UAbs. 2 EUV kann der Europäische Rat mit einfacher Mehrheit nach Zustimmung des Europäischen Parlaments beschließen, keinen Konvent einzuberufen, wenn seine Einberufung aufgrund des Umfangs der geplanten Änderungen nicht gerechtfertigt ist. Dann legt der Europäische Rat das Mandat für eine Konferenz der Vertreter der Regierungen der Mitgliedstaaten fest.

Die Existenz eines vereinfachten Änderungsverfahrens nach Art. 48 Abs. 1 Satz 2, Abs. 6 und 7 EUV[1437] verändert die Einschätzung, Änderungen des Primärrechts – vorliegend im Kontext einer Beseitigung der Unabhängigkeit – seien äußerst schwierig, nur unwesentlich. Erstens ist sein sachlicher Anwendungsbereich begrenzt: Während Art. 48 Abs. 6 EUV „nur" die Bestimmungen des Dritten Teils des AEUV über die internen Politikbereiche der Union, also die Art. 26 bis 197 AEUV, dem vereinfachten Verfahren unterwirft, bezieht sich Art. 48 Abs. 7 EUV lediglich auf Vertragsänderungen, die den Übergang zur Beschlussfassung mit qualifizierter Mehrheit bzw. zum ordentlichen Gesetzgebungsverfahren betreffen. Eine Modifikation der Art. 16 Abs. 2 Satz 2, 282 Abs. 3 und 298 AEUV wäre im vereinfachten Verfahren daher von vornherein nicht möglich. Zweitens kann der Europäische Rat die geplante Vertragsänderung gemäß Art. 48 Abs. 6 UAbs. 2 Satz 2 respektive Abs. 7 UAbs. 4 EUV nur einstimmig beschließen, sodass – da laut Art. 15 Abs. 2 Satz 1 EUV alle Staats- und Regierungschefs der Mitgliedstaaten im Europäischen Rat repräsentiert sind – eine Primärrechtsänderung ebenfalls nicht gegen den Willen eines Mitgliedstaates herbeigeführt werden kann. Drittens müssen schließlich im Falle des Art. 48 Abs. 6 EUV die Mitgliedstaaten zustimmen (UAbs. 2 Satz 3), bei Abs. 7 haben die nationalen Parlamente binnen sechs Monaten ein Vetorecht (UAbs. 3 Satz 2). Auch im vereinfachten Änderungsverfahren, das auf einen Konvent und eine Regierungskonferenz verzichtet, ist es deshalb enorm schwierig, eine Modifikation des Primärrechts zu erreichen. Ein Abrücken vom Ideal einer unabhängigen Verwaltung, wie es Art. 298 Abs. 1 AEUV vorschwebt, ist nicht absehbar.

b) Möglichkeiten für die Mitgliedstaaten

Steht also nicht zu erwarten, dass der Unionsgesetzgeber eine Kehrtwende vollziehen und das „Unabhängigkeitsdogma" aufgeben wird, ist nach den mitgliedstaatlichen Möglichkeiten zu fragen, die Unabhängigkeit wieder zu beseitigen. Ungeachtet der Frage nach der praktischen Umsetzbarkeit wäre zumindest vorstellbar, die Europäische Union zu verlassen (aa)). Ein Mitgliedstaat könnte darüber hinaus auf eine Änderung der europäischen Rechtslage hinwirken (bb)). Schließlich erkennt in Deutschland das BVerfG im Einzelfall einschlägige europäische Rechtsakte im nationalen Recht möglicherweise nicht an (cc)).

1437 Zum vereinfachten Änderungsverfahren s. näher *Cremer*, in: Calliess/Ruffert (Hrsg.), EUV/AEUV, 6. Aufl. 2022, Art. 48 EUV Rn. 10 ff.; *Pechstein*, in: Streinz (Hrsg.), EUV/AEUV, 3. Aufl. 2018, Art. 48 EUV Rn. 18 ff.; *Meng*, in: von der Groeben/Schwarze/Hatje (Hrsg.), Europäisches Unionsrecht, 7. Aufl. 2015, Art. 48 EUV Rn. 17 ff.

aa) Austritt aus der EU

Nur kurz soll auf die theoretische Option eines Austritts der Bundesrepublik aus der Europäischen Union („*Dexit*") hingewiesen werden mit der Folge, dass Unionsrecht dann keine Anwendung mehr fände (vgl. Art. 50 Abs. 3 EUV). Gemäß Art. 50 Abs. 1 EUV kann jeder Mitgliedstaat im Einklang mit seinen verfassungsrechtlichen Vorschriften beschließen, aus der Union auszutreten. Zwar wird gelegentlich vertreten, ein Austritt aus der EU sei mit dem Integrationsauftrag des Art. 23 Abs. 1 Satz 1 Hs. 1 GG unvereinbar.[1438] Dieser Ansicht ist zuzugestehen, dass die Staatszielbestimmung des Art. 23 Abs. 1 Satz 1 Hs. 1 GG dem EU-Austritt Schranken setzt, sodass zumindest ein grundloses Verlassen des Staatenverbundes unzulässig ist.[1439] Das BVerfG hält es hingegen unter bestimmten Voraussetzungen mit Recht für verfassungsrechtlich zulässig, die Union zu verlassen, insbesondere wenn vom vertraglichen Integrationsprogramm erheblich abgewichen wird.[1440] Auch wenn man sich der in dieser Arbeit aufgezeigten Spannungsfelder zwischen unabhängigen Behörden und etwa dem Demokratieprinzip, der mitgliedstaatlichen Verfahrensautonomie und der nationalen Identität besinnt, wäre ein Austritt im vorliegenden Kontext allenfalls dann verfassungsrechtlich zu rechtfertigen, wenn die nationale Verwaltungslandschaft flächendeckend unabhängig gestellt würde und sich einer demokratischen Verantwortlichkeit durch parlamentarische und gerichtliche Kontrolle gänzlich oder weitestgehend entzöge. Ein Austritt Deutschlands aus der Union ist weder (geo)politisch wünschenswert noch – nach menschlichem Ermessen – auf absehbare Zeit vorstellbar. Er wäre *ultima ratio*, wenn die europäische Integration scheitert. Unabhängige Behörden dürften hierfür nicht den Ausschlag geben.

1438 So etwa *Frowein*, EuR 1995, 315 (320); *Bruha/Nowak*, AVR 42 (2004), 1 (22) mit Fn. 110; *Everling*, in: Festschrift für R. Bernhardt, 1995, S. 1161 (1174 ff.); weitere Nachweise bei *Calliess*, in: Calliess/Ruffert (Hrsg.), EUV/AEUV, 6. Aufl. 2022, Art. 50 EUV Rn. 5.

1439 Vgl. *Calliess*, in: Calliess/Ruffert (Hrsg.), EUV/AEUV, 6. Aufl. 2022, Art. 50 EUV Rn. 5; *Streinz*, in: Streinz (Hrsg.), EUV/AEUV, 3. Aufl. 2018, Art. 50 EUV Rn. 5; restriktiver *Meng*, in: von der Groeben/Schwarze/Hatje (Hrsg.), Europäisches Unionsrecht, 7. Aufl. 2015, Art. 50 EUV Rn. 9: „enge Grenzen"; aus verfassungsrechtlicher Perspektive s. nur *Streinz*, in: Sachs (Hrsg.), GG, 9. Aufl. 2021, Art. 23 Rn. 10 m. w. N.

1440 BVerfGE 89, 155 (190, 204) – Maastricht; 123, 267 (350) – Lissabon.

bb) Hinwirken auf eine Änderung der europäischen Rechtslage

Ein im Vergleich zum EU-Austritt minimal-invasiver Versuch, die Unabhängigkeitsvorgaben zu tilgen, wäre zum einen die Erhebung einer *Nichtigkeitsklage* gegen die einschlägigen unionsrechtlichen Bestimmungen. Gemäß Art. 263 Abs. 1 Satz 1 AEUV überwacht der Gerichtshof der Europäischen Union u. a. die Rechtmäßigkeit der unionalen Gesetzgebungsakte. Als privilegierter Kläger kann ein Mitgliedstaat im Falle einer Unzuständigkeit, Verletzung wesentlicher Formvorschriften, Verletzung der Verträge oder einer bei ihrer Durchführung anzuwendenden Rechtsnorm oder wegen Ermessensmissbrauchs Klage erheben (Abs. 2). Die geltenden Unabhängigkeitsvorschriften aus dem Sekundärrecht ließen sich somit grundsätzlich höchstrichterlich durch den EuGH am Maßstab des Primärrechts überprüfen, etwa im Hinblick auf das Demokratieprinzip oder die Verfahrensautonomie der Mitgliedstaaten.[1441] Ein solches Vorgehen gegen die sekundärrechtlichen Normen im Regulierungs- und Kartellrecht hätte allerdings kaum Aussicht auf Erfolg: Die Klagefrist von zwei Monaten nach Art. 263 Abs. 6 AEUV ist für die bereits erlassenen, untersuchten Vorschriften (längst) verstrichen.[1442] Eine Nichtigkeitsklage wäre demnach von vornherein nur für neue Rechtsakte zulässig, sodass für ältere nur noch eine gerichtlich induzierte Gültigkeitsvorlage nach Art. 267 Abs. 1 lit. b) AEUV in Betracht käme[1443]. Aber auch der Sache nach spricht wenig dafür, dass der EuGH die Verpflichtung zur Schaffung unabhängiger Stellen missbilligen würde. Sogar bei der besonders ausgeprägten Unabhängigkeit der nationalen Datenschutzaufsicht konnte der Gerichtshof keinen Verstoß gegen Unionsrecht erkennen.[1444] Eine Rechtsprechungsänderung um 180 Grad erscheint unwahrscheinlich, zumal auch nach der in dieser Untersuchung vertretenen Auffassung die Schwelle zur Primärrechtswidrigkeit noch nicht als überschritten angesehen wird[1445]. Mithilfe der europäischen Gerichtsbarkeit ist eine Beseitigung der behördlichen Unabhängigkeit daher nur schwer vorstellbar.

[1441] Vgl. näher zum Prüfungsmaßstab statt vieler *Cremer*, in: Calliess/Ruffert (Hrsg.), EUV/AEUV, 6. Aufl. 2022, Art. 263 AEUV Rn. 87 ff.

[1442] Zum Datum des Erlasses der einschlägigen Vorschriften s. die einzelnen Nachweise in Kapitel 3, A.; näher zur Klagefrist *Ehricke*, in: Streinz (Hrsg.), EUV/AEUV, 3. Aufl. 2018, Art. 263 AEUV Rn. 31 ff., der darauf hinweist, dass die (Ausschluss-)Frist „der Rechtssicherheit dienen und verhindern [soll], dass ein Akt wieder und wieder in Frage gestellt wird" (Rn. 31).

[1443] Vgl. statt vieler *Wegener*, in: Calliess/Ruffert (Hrsg.), EUV/AEUV, 6. Aufl. 2022, Art. 267 AEUV Rn. 13 ff.

[1444] EuGH, Urt. v. 9.3.2010, Rs. C-518/07, ECLI:EU:C:2010:125, Rn. 38 ff. – Kommission/Deutschland.

[1445] Vgl. unter Kapitel 2, B.I.2. und B.II.1.a).

Darüber hinaus könnte ein Mitgliedstaat versuchen, auf *legislativer Ebene* seinen Einfluss geltend zu machen. Auch das BVerfG hat in seinem Bankenunion-Urteil auf die Möglichkeit zur „Letztkontrolle durch eine Änderung oder Aufhebung der Rechtsgrundlagen" hingewiesen.[1446] Der Idee nach vollzieht sich dies wie folgt: Gemäß Art. 16 Abs. 1 Satz 1 Alt. 1 EUV wird der Rat gemeinsam mit dem Europäischen Parlament als Gesetzgeber tätig. Er besteht nach Art. 16 Abs. 2 EUV aus je einem Vertreter jedes Mitgliedstaats auf Ministerebene, der befugt ist, für die Regierung des von ihm vertretenen Mitgliedstaats verbindlich zu handeln und das Stimmrecht auszuüben. Auf diesem Weg kann die Bundesregierung Einfluss auf das Gesetzgebungsverfahren auf europäischer Ebene nehmen. Mittelbar trifft dies auch auf den Bundestag (und Bundesrat) zu, da jener in Angelegenheiten der EU mitwirkt (Art. 23 Abs. 2 Satz 1 GG), von der Bundesregierung umfassend und frühestmöglich zu unterrichten ist (Abs. 2 Satz 2) und ihm vorab die Gelegenheit zur Stellungnahme eingeräumt wird (Abs. 3). Die Unterrichtung hat dergestalt zu erfolgen, dass „das Parlament nicht in eine bloß nachvollziehende Rolle gerät".[1447] Gleichwohl bleiben die Möglichkeiten für den einzelnen Mitgliedstaat, auf die unionale Rechtsetzung einzuwirken, überschaubar. Art. 16 Abs. 3 EUV bestimmt, dass der Rat mit qualifizierter Mehrheit beschließt, soweit in den Verträgen nichts anderes festgelegt ist.[1448] Im Ergebnis ist ein Hinwirken auf den Unionsgesetzgeber durch einen Mitgliedstaat mit dem Ziel einer Aufhebung oder Änderung der Rechtsgrundlagen, um hierdurch eine Beseitigung der Unabhängigkeit zu erreichen, zwar möglich, angesichts der relativ hohen Hürden einer qualifizierten Mehrheit allerdings in der Praxis eher fernliegend und jedenfalls nicht im Alleingang durchsetzbar.

[1446] BVerfGE 151, 202 (291 f.) Rn. 130 – Europäische Bankenunion, unter Rekurs auf *Epron*, RFDA 2011, 1007 (1017 f.).

[1447] BVerfGE 151, 202 (356) Rn. 273 – Europäische Bankenunion, mit Verweis auf BVerfGE 131, 152 (202 f.) – Unterrichtungspflicht.

[1448] Hierauf weist auch das BVerfG (E 151, 202 [356] Rn. 272 – Europäische Bankenunion) zutreffend hin. Art. 16 Abs. 4 EUV legt im Einzelnen (relativ technisch) fest, wann eine qualifizierte Mehrheit vorliegt. Grundsätzlich gilt demnach als qualifizierte Mehrheit eine Mehrheit von mindestens 55 % der Ratsmitglieder, gebildet aus mindestens 15 Mitgliedern, sofern die von diesen vertretenen Mitgliedstaaten zusammen mindestens 65 % der Bevölkerung der Union ausmachen (UAbs. 1). Vier Mitglieder des Rates können eine Sperrminorität bilden (UAbs. 2). Beispiel für ein Einstimmigkeitserfordernis im Rat ist etwa Art. 218 Abs. 8 UAbs. 2 AEUV (vgl. hierzu auch BVerfGE 143, 65 [97, Rn. 64]).

cc) Nichtanerkennung europäischer Rechtsakte durch das BVerfG

Zuletzt erscheint es auch nicht außerhalb aller Wahrscheinlichkeit, dass das BVerfG „die Reißleine ziehen“ und die unionsrechtlichen Vorschriften, welche eine behördliche Unabhängigkeit statuieren, für im nationalen Recht unanwendbar erklären wird. Zwar besteht im Ausgangspunkt Einigkeit, dass das Unionsrecht Anwendungsvorrang vor nationalen Rechtsnormen genießt. Während aber der EuGH von einem uneingeschränkten Vorrang – auch gegenüber dem Verfassungsrecht – ausgeht,[1449] leitet das BVerfG die Legitimation des Unionsrechts aus der nationalen Übertragung von Hoheitsrechten ab und behält sich als Konsequenz eine subsidiäre Kontrolle vor (sog. Kontrollvorbehalte-Judikatur)[1450]. Im vorliegenden Kontext steht neben der *Ultra vires-Kontrolle* insbesondere die *Identitätskontrolle* in Rede, bei der das Verfassungsgericht überprüft, ob der „unantastbare Kerngehalt der Verfassungsidentität des Grundgesetzes“ als äußerste Integrationsgrenze nach Art. 23 Abs. 1 Satz 3 GG i. V. m. Art. 79 Abs. 3 GG berührt wird.[1451] Was der verfassungsändernde Gesetzgeber nicht zu ändern vermag, kann er auch nicht durch eine Übertragung auf eine supranationale Institution preisgeben. Dies betrifft ausweislich der Ewigkeitsgarantie des Art. 79 Abs. 3 GG die in Art. 1 (Menschenwürde) und Art. 20 GG (insbesondere die Staatsstrukturprinzipien) niedergelegten Grundsätze.

Fraglich ist nun, ob das BVerfG hinsichtlich der unabhängigen Behörden im Regulierungs- und Kartellrecht die Identitätskontrolle aktivieren wird. Nach der hier vertretenen Auffassung bestehen zwar durchaus nicht unerhebliche Bedenken gegen die Vereinbarkeit unabhängiger Stellen mit dem Demokratieprinzip. Eine Verletzung des Demokratiegebots mit der damit ein-

---

[1449] Grundlegend EuGH, Urt. v. 15.7.1964, Rs. 6/64, ECLI:EU:C:1964:66 = Slg. 1964, 1259 (1269 ff.) – Costa/E.N.E.L.; ausdrücklich auch bezüglich des nationalen Verfassungsrechts EuGH, Urt. v. 17.12.1970, Rs. 11/70, ECLI:EU:C:1970:114, Rn. 3 – Internationale Handelsgesellschaft; aus der Lit. statt vieler *Walter*, in: Dürig/Herzog/Scholz (Hrsg.), GG, 95. EL 2021, Art. 93 Rn. 160 f.; *Ruffert*, in: Calliess/Ruffert (Hrsg.), EUV/AEUV, 6. Aufl. 2022, Art. 1 AEUV Rn. 19 ff.

[1450] Vgl. BVerfGE 123, 267 (353 f.) – Lissabon; *Wollenschläger*, in: Dreier (Hrsg.), GG, Bd. II, 3. Aufl. 2015, Art. 23 Rn. 169: „subsidiäre Kontrolle mit Ultima-ratio-Funktion“; *Walter*, in: Dürig/Herzog/Scholz (Hrsg.), GG, 95. EL 2021, Art. 93 Rn. 162 ff.; *Streinz*, in: Streinz (Hrsg.), EUV/AEUV, 3. Aufl. 2018, Art. 4 EUV Rn. 21 ff.; zum Spannungsverhältnis zwischen den beiden Perspektiven von EuGH und BVerfG vgl. *Ludwigs/Sikora*, EWS 2016, 121 ff.; s. zudem die weiteren Nachweise in Fn. 943.

[1451] Vgl. BVerfGE 123, 267 (353 ff.) – Lissabon; *Calliess*, in: Dürig/Herzog/Scholz (Hrsg.), GG, 95. EL 2021, Art. 24 Abs. 1 Rn. 208 f.; *Streinz*, in: Streinz (Hrsg.), EUV/AEUV, 3. Aufl. 2018, Art. 4 EUV Rn. 21 ff.; zur Ultra-vires-Kontrolle als verwandtem Kontrollvorbehalt, der sich gegen „ausbrechende Rechtsakte“ richtet, z. B. *Calliess*, in: Dürig/Herzog/Scholz (Hrsg.), a. a. O., Art. 24 Abs. 1 Rn. 201 ff.

hergehenden möglichen Aktivierung der Identitätskontrolle konnte gleichwohl (noch) nicht festgestellt werden.[1452] Diese Einschätzung hat das Karlsruher Verfassungsgericht in seinem *Urteil zur Europäischen Bankenunion* vom 30. Juli 2019[1453] grundsätzlich bestätigt. Einerseits bringt der Zweite Senat seine Vorbehalte unverblümt zum Ausdruck.[1454] Andererseits wurden die zugrunde liegenden Verordnungen, wenn auch erkennbar mit Bauchschmerzen, für nicht verfassungswidrig befunden.[1455] Die Richter sind also nicht den letzten Schritt gegangen und haben die Vorschriften für in Deutschland unanwendbar erklärt. Vor diesem Hintergrund könnte man eigentlich erwarten, dass das BVerfG seiner europarechtsfreundlichen Linie auch in dieser Sache treu geblieben ist bzw. bleiben wird und die Ausübung der Identitätskontrolle als bloßes Reserveinstrument ansieht.

Parallel mehren sich allerdings die Anzeichen, dass das BVerfG eine offensivere, weniger versöhnliche Linie gegenüber dem EuGH einschlägt und seine Kontrollverantwortung intensiver wahrzunehmen scheint. Konkretes Beispiel ist die Rechtsprechung zu den beiden EZB-Anleihekaufprogrammen *Outright Monetary Transactions* (OMT) und *Public Sector Purchase Programme* (PSPP). Im (dem Bankenunion-Urteil zeitlich freilich vorangegangenen) OMT-Verfahren haben die Karlsruher Richter ihre Luxemburger Kollegen um Vorabentscheidung ersucht, da der Zweite Senat erhebliche Zweifel an der Unionsrechtskonformität des OMT-Programms hegte. Der Vorlagebeschluss vom 14. Januar 2014 glich eher einem Diktat denn einer ergebnisoffenen Frage,[1456] in der Wissenschaft fasste man ihn als Drohgebärde auf, den Ultra-vires-Vorbehalt zu aktivieren.[1457] Nachdem der EuGH im *Gauweiler-Urteil* vom 16. Juni 2015 dem BVerfG in mehreren Punkten „Zugeständnisse" gemacht hatte,[1458] änderte das Verfassungsgericht im verfahrensbeendenden Urteil vom 21. Juni 2016 allerdings seine Einschätzung

---

[1452] Hierzu umfassend unter Kapitel 2, B.II.1.b)bb).

[1453] BVerfGE 151, 202 – Europäische Bankenunion.

[1454] Vgl. exemplarisch BVerfGE 151, 202 (203, 295, 333, 360) – Europäische Bankenunion, Ls. 3 und Rn. 138: „aus Sicht des Demokratiegebotes prekär"; Rn. 219: „Probleme im Hinblick auf das Legitimationsniveau"; Rn. 284: „Unabhängigkeit [führt] zu einer empfindlichen Absenkung des demokratischen Legitimationsniveaus".

[1455] Vgl. stellvertretend BVerfGE 151, 202 (203) Ls. 3 und 5 – Europäische Bankenunion; näher s. auch bereits unter Kapitel 2, B.II.1.b)bb).

[1456] BVerfGE 134, 366 (398, 404 ff., 411 ff.) – OMT I; deutlich *Mayer*, EuR 2014, 473 (481 ff.).

[1457] Vgl. *Sikora*, EWS 2019, 139 (141) m. w. N.; in Bezug auf die „besonders deutliche Sprache" des Vorlagebeschlusses vgl. die Schlussanträge des GA *Cruz Villalón* v. 14.1.2015, Rs. C-62/14,ECLI:EU:C:2015:7, Rn. 65 – Gauweiler u. a.

[1458] EuGH, Urt. v. 16.6.2015, Rs. C-62/14, ECLI:EU:C:2015:400, Rn. 81 ff., 93 ff. – Gauweiler; näher *Sikora*, EWS 2019, 139 (141).

und verwarf die geltend gemachten Einwände gegen die Verfassungsmäßigkeit des OMT-Programms.[1459]

Konnte eine Eskalation des Verhältnisses zwischen den beiden Gerichten im OMT-Verfahren noch abgewendet werden, ist in der Rechtssache PSPP eine Zuspitzung des Konflikts zu beobachten. Erneut hatte das BVerfG mit Beschluss vom 18. Juli 2017 dem EuGH mehrere Fragen zur Vorabentscheidung vorgelegt.[1460] Die Antwort aus Luxemburg folgte am 11. Dezember 2018 im *Weiss-Urteil*[1461], das allerdings wenig zur Deeskalation beitrug. Einen Teil der Vorlagefragen mit fragwürdiger Begründung als unzulässig unbeantwortet zu lassen,[1462] dürfte in Karlsruhe als Affront verstanden worden sein.[1463] Auch die inhaltlichen Monita des BVerfG an den Anleihekäufen der EZB hinsichtlich der Vereinbarkeit mit dem Verbot monetärer Haushaltsfinanzierung sowie der Einhaltung des geldpolitischen Mandats wies der EuGH, wenn auch mit vergleichsweise sorgfältiger Argumentation, zurück.[1464] Inzwischen hat das BVerfG in seinem mit Spannung erwarteten *PSPP-Urteil* vom 5. Mai 2020 den zumindest vorläufigen Schlusspunkt in der Auseinandersetzung gesetzt.[1465] Das kontrovers diskutierte[1466] Urteil der

---

[1459] BVerfGE 142, 123 – OMT II; zur Rezeption des Urteils etwa *Classen*, EuR 2016, 529 ff.; *Ludwigs/Sikora*, EWS 2016, 215 ff.; *Sander*, EuZW 2016, 614 ff.; *Steinbach*, JZ 2016, 1045 ff.; weitere Nachweise bei *Sikora*, EWS 2019, 139 (141) unter Fn. 42.

[1460] BVerfGE 146, 216 – PSPP I; anders als der OMT-Vorlagebeschluss gleicht die PSPP-Vorlage eher einer Dialogbitte denn einer „Kriegserklärung", vgl. *Ludwigs*, NJW 2017, 3563 (3567); *Sikora*, EWS 2019, 139 (142) mit dem Vergleich zum OMT-Verfahren.

[1461] EuGH, Urt. v. 11.12.2018, Rs. C-493/17, ECLI:EU:C:2018:1000 – Weiss; zum Verfahrensgang bis zum Urteil s. *Sikora*, EWS 2019, 139 (142 f.).

[1462] EuGH, Urt. v. 11.12.2018, Rs. C-493/17, ECLI:EU:C:2018:1000, Rn. 159 ff. – Weiss; hierzu auch näher *Sikora*, EWS 2019, 139 (144 f.): „prozessrechtlicher Paukenschlag".

[1463] Vgl. *Ludwigs*, EWS 1/2019, Die erste Seite: „Provokation der Eskalation"; ähnlich *Ruffert*, JuS 2019, 181 (182).

[1464] Hierzu ausführlich mit den Belegen aus dem Urteil *Sikora*, EWS 2019, 139 (146 ff.).

[1465] BVerfG, Urt. v. 5.5.2020 – 2 BvR 859/15 u. a. = NJW 2020, 1647 ff. = NVwZ 2020, 857 ff. – PSPP II; die Entscheidung hat im Schrifttum ein regelrechtes Erdbeben ausgelöst: aus der Reihe der Sekundärliteratur, die auch die Nachwirkungen des Urteils in den Blick nehmen, ohne Anspruch auf Vollständigkeit s. etwa *Nettesheim*, NJW 2020, 1631 ff.; *Calliess*, NVwZ 2020, 897 ff.; *Haltern*, NVwZ 2020, 817 ff.; *Hilpold*, EWS 2020, 181 ff.; *Ludwigs*, EWS 2020, 186 ff.; *Ludwigs*, EuZW 2020, 530 ff.; *Wegener*, EuR 2020, 347 ff.; *Simon/Rathke*, EuZW 2020, 500 ff.; *Dietze/Kellerbauer/Klamert/Malferrari/Scharf/Schnichels*, EuZW 2020, 525 ff.; *Kahl*, NVwZ 2020, 824 ff.

[1466] Vgl. stellvertretend *Nettesheim*, NJW 2020, 1631 (1634): „Die Entscheidung des BVerfG hat teilweise wütende Proteste ausgelöst, vor allem im EU-Ausland, teils auch in der deutschen Rechtswissenschaft.".

Karlsruher Richter qualifizierte die Entscheidung des EuGH an entscheidenden Stellen als „schlechterdings nicht mehr nachvollziehbar“, mithin „objektiv willkürlich“ und als „insoweit ultra vires ergangen“.[1467] Zugleich hätten Bundesregierung und Bundestag in Missachtung ihrer Integrationsverantwortung die in Art. 20 Abs. 1 und 2 i.V.m. Art. 79 Abs. 3 GG verankerte Verfassungsidentität verletzt, indem und soweit sie es unterlassen haben, geeignete Maßnahmen zu ergreifen, dass die EZB in den in Rede stehenden Beschlüssen weder geprüft noch dargelegt hat, dass die beschlossenen Maßnahmen dem Verhältnismäßigkeitsgrundsatz entsprechen.[1468] Das BVerfG hat folglich – bislang singulär – seine Ultra vires-Kontrolle aktiviert und es der Bundesbank grundsätzlich untersagt, sich an Umsetzung und Vollzug der Ultra vires-Beschlüsse, also an den Anleihekäufen im Rahmen des PSPP-Programms, zu beteiligen.[1469]

Das PSPP-Urteil stellt eine ernsthafte Belastungsprobe für die Beziehung zwischen den beiden Höchstgerichten und folglich auch zwischen der EU und der Bundesrepublik im Ganzen dar. Von dem vom BVerfG am 12. Oktober 1993 im Maastricht-Urteil selbst heraufbeschworenen *„Kooperationsverhältnis“* der beiden Gerichte[1470] ist wenig zu spüren.[1471] Die Europäische Kommission leitete ein – inzwischen wieder eingestelltes – Vertragsverletzungsverfahren gegen Deutschland aufgrund des Urteils ein.[1472] Im Schrift-

---

[1467] BVerfG, Urt. v. 5.5.2020 – 2 BvR 859/15 u.a. = NJW 2020, 1647 (1652f.) Rn. 116ff.; die dem Urteil zugrunde liegenden und durch den EuGH bestätigten Beschlüsse der EZB stuft das BVerfG konsequenterweise ebenfalls als ausbrechende Rechtsakte ein (a.a.O.); s. hierzu auch *Ludwigs*, NJW 2017, 3563 (3564).

[1468] BVerfG, Urt. v. 5.5.2020 – 2 BvR 859/15 u.a. = NJW 2020, 1647 (1652) Rn. 116; zur Rolle des Identitätsvorbehalts im vorliegenden Kontext s. auch *Ludwigs*, NJW 2017, 3563 (3564f.); *Siekmann*, EuZW 2020, 491 (497f.).

[1469] BVerfG, Urt. v. 5.5.2020 – 2 BvR 859/15 u.a. = NJW 2020, 1647 (1652) Rn. 116; vgl. auch im Vorfeld der Entscheidung *Sikora*, EWS 2019, 139 (145), dort auch zu alternativen Reaktionsmöglichkeiten des BVerfG auf das Weiss-Urteil des EuGH.

[1470] BVerfGE 89, 155 (175, 178 sowie Ls. 7) – Maastricht.

[1471] Pointiert *Ludwigs*, FAZ Einspruch v. 15.5.2020, abrufbar unter https://www.faz.net/einspruch/das-kooperationsverhaeltnis-von-bverfg-und-eugh-gab-es-nie-16771513.html [zuletzt aufgerufen am 31.1.2022]: „Das vielbeschworene ‚Kooperationsverhältnis‘ von BVerfG und EuGH bildete von der ersten Begriffsverwendung an wenig mehr als eine Leerformel, eine Camouflage-Strategie zur eigenen richterlichen Selbstbehauptung. […] Ein dauerhaft funktionierendes Kooperationsverhältnis zwischen BVerfG und EuGH hat es nie gegeben.“; *Kahl*, NVwZ 2020, 824 (824): „Dieses ‚Kooperationsverhältnis‘ war seit jeher ein weitgehender Euphemismus.“.

[1472] Vgl. die Erklärung der Kommissionspräsidentin *von der Leyen* v. 10.5.2020, STATEMENT/20/846; hierzu näher *Ludwigs/Sikora*, EWS 3/2020, Die erste Seite; *Ludwigs*, EuZW 2020, 530 (532f.) m.w.N.; *Hilpold*, EWS 2020, 181 (184ff.); zur Einstellung des Verfahrens vgl. die Entscheidungen der Kommission in Vertragsverletzungsverfahren v. 2.12.2021, abrufbar unter https://ec.europa.eu/commission/

tum wurde die Entscheidung des BVerfG vielfach rezipiert und insbesondere auch (scharf) kritisiert.[1473] Gleichzeitig wurden Lösungsvorschläge unterbreitet, wie die angespannte Situation wieder entspannt werden könnte.[1474] Selbst nachdem aber zwischen den beteiligten Gerichten, Organen und Behörden im konkreten PSPP-Verfahren inzwischen ein (vom BVerfG gebilligter)[1475] Kompromiss gefunden werden konnte,[1476] ist es im Interesse der Union geboten, einen breiten, öffentlichen und lösungsorientierten Diskurs über das Verhältnis der Union zu ihren Mitgliedstaaten zu führen, um die sichtbar gewordenen Risse nicht nur notdürftig zu übertünchen, sondern nachhaltig zu kitten.

Inwieweit sich vor diesem Hintergrund das belastete Verhältnis zwischen BVerfG und EuGH konkret auf den vorliegenden Kontext der Unabhängigkeit auswirken wird, bleibt abzuwarten. Zwar hat das Verfassungsgericht im Bankenunion-Urteil die Anforderungen an unabhängige Behörden konturiert und die Organisationsarchitektur des ESZB für unter dem Strich noch verfassungskonform befunden. Angesichts der soeben aufgezeigten Entwicklung erscheint es allerdings offen, ob beim Überschreiten einer kritischen Grenze – namentlich wenn immer mehr Bereiche der Verwaltung unionsrechtlich unabhängig gestellt werden ohne eine hinreichende Kompensation der defizitären demokratischen Legitimation – das BVerfG in Ausübung seiner Kontroll-

---

presscorner/detail/de/inf_21_6201 [zuletzt aufgerufen am 31.1.2022]; s. hierzu auch *Ruffert*, VerfBlog 2021/12/07.

[1473] Sehr kritisch z.B. *Mayer*, VerfBlog 2020/5/07; *Meier-Beck*, D'Kart v. 11.5.2020; *Siekmann*, EuZW 2020, 491 (499): „Die öffentliche Kritik an der Entscheidung des BVerfG hat in Form und Wortwahl Maß und Mitte teilweise verloren."; *Ludwigs*, EuZW 2020, 530 (530) m.w.N.: „Das Urteil hat regelrechte Schockwellen ausgelöst […]."; befürwortend dagegen z.B. *Grimm*, FAZ v. 18.5.2020, abrufbar unter https://www.faz.net/aktuell/feuilleton/debatten/ezb-urteil-jetzt-war-es-so-weit-16773982.html; *Kahl*, FAZ Einspruch v. 19.5.2020, abrufbar unter https://www.faz.net/einspruch/ezb-urteil-ein-befreiungsschlag-16776946.html [beide zuletzt aufgerufen am 31.1.2022]; s. daneben die Nachweise in Fn. 1465.

[1474] S. etwa *Siekmann*, EuZW 2020, 491 (499f.); *Simon/Rathke*, EuZW 2020, 500 (502f.); *Dietze/Kellerbauer/Klamert/Malferrari/Scharf/Schnichels*, EuZW 2020, 525 (530); *Ludwigs*, EuZW 2020, 530 (533); *Ludwigs*, EWS 2020, 186 (191).

[1475] Vgl. die erfolglosen Vollstreckungsanträge zum PSPP-Urteil: BVerfG, Beschl. v. 29.4.2021 – 2 BvR 1651/15 und 2 BvR 2006/15 = NJW 2021, 2187ff.; *Budras*, FAZ v. 18.5.21, abrufbar unter https://www.faz.net/aktuell/finanzen/bundesverfassungsgericht-legt-streit-um-ezb-anleihekaufprogramm-bei-17346624.html [zuletzt aufgerufen am 31.1.2022]: „Verfassungsgericht legt Streit um EZB-Anleihekaufprogramm bei".

[1476] Die EZB hat der Bundesbank die Weitergabe von Dokumenten an Bundesregierung und Bundestag gestattet, die zu den wirtschaftspolitischen Auswirkungen des PSPP näher Stellung nehmen. Die Anforderungen des BVerfG sind demnach erfüllt; vgl. *Ludwigs*, EWS 2020, 186 (187).

vorbehalte unionale Rechtsakte bzw. Entscheidungen, die eine Unabhängigkeit begründen, „kassieren" wird mit einem möglichen Domino-Effekt zulasten anderer unabhängiger Stellen. Dies würde gleichsam zu neuen Verwerfungen zwischen der Bundesrepublik und der EU führen, die voraussichtlich weitere Vertragsverletzungsverfahren zur Folge hätten.

2. Rein nationale Konstellationen

Des Weiteren ist die Situation zu untersuchen, bei der das Unionsrecht einer Rückführung von Behörden aus der Unabhängigkeit nicht entgegensteht. Zum einen könnte dies der Fall sein, wenn den Mitgliedstaaten hinsichtlich der Unabhängigstellung bestimmter Stellen ein *Umsetzungsspielraum* verbleibt. Ein solcher ist allerdings im Regulierungs- und Kartellrecht, soweit ersichtlich, nicht vorhanden. Die untersuchten sekundärrechtlichen Bestimmungen schreiben den Mitgliedstaaten verbindlich vor, unabhängige Behörden einzurichten, ohne ihnen einen spürbaren Spielraum hinsichtlich des Ob (und meist auch des Wie aufgrund detaillierter Vorschriften) zu belassen.[1477] Auch eine Aussage wie diejenige in Art. 8 Abs. 1 Satz 2 Kodex-RL (EU) 2018/1972, wonach die Weisungsfreiheit der nationalen Regulierungsbehörden „einer Aufsicht im Einklang mit dem nationalen Verfassungsrecht nicht entgegen[steht]", bedeutet richtigerweise nicht im Sinne einer „nationalen Reserveklausel", dass eine verwaltungsinterne Rechts- oder gar Fachaufsicht möglich ist. Verwiesen wird lediglich auf die Zulässigkeit einer parlamentarischen und gerichtlichen Kontrolle.[1478] Die Möglichkeit, infolge eines Umsetzungsspielraums auf die behördliche Unabhängigkeit zu verzichten, besteht also vorliegend nicht.

Zum anderen konnte bereits festgestellt werden, dass die *Unabhängigkeit aufgrund genuin nationaler Normen* wegen des durch das Demokratiegebot bedingten Hierarchieprinzips die verfassungsrechtlich rechtfertigungsbedürftige Ausnahme bildet.[1479] Lediglich in seltenen Fällen statuiert das Grundgesetz ein Unabhängigkeitspostulat, wie etwa für die Mitglieder des Bundesrechnungshofs (Art. 114 Abs. 2 Satz 1 GG) und die Europäische Zentralbank (Art. 88 Satz 2 GG).[1480] Nur einfachgesetzlich als unabhängig ausgewiesene

---

[1477] Vgl. hierzu bereits unter Kapitel 2, B.I.2.; umfassende Einzelnachweise zu den einschlägigen Vorschriften einschließlich einer Auslegung des Unabhängigkeitsbegriffs unter Kapitel 3, A.I.1.a)aa), A.I.2.b) und A.II.2.a).

[1478] Vgl. näher zum Diskussionsstand um die „nationale Reserveklausel" im TK-Recht unter Kapitel 3, A.I.1.a)cc) mit umfassenden Nachweisen zu den hierzu vertretenen (gegensätzlichen) Positionen.

[1479] S. hierzu ausführlich unter Kapitel 2, A.I. und B.II.1.b)aa).

[1480] S. näher unter Kapitel 2, B.II.2.; zum Meinungsstand über den umstrittenen Fall einer verfassungsrechtlich garantierten Unabhängigkeit der Bundesbank s. unter

Stellen sind zwar möglich, wie beispielsweise die Existenz weisungsfreier Prüfungs-, Widerspruchs- oder Personalausschüsse zeigt, im Regulierungs- und Kartellrecht nach geltendem Recht indes nicht vorhanden.[1481]

Sollte der nationale Gesetzgeber – was in den untersuchten Rechtsgebieten allerdings nur möglich sein dürfte, wenn die europäischen Rechtsgrundlagen geändert werden oder in Deutschland nicht mehr anzuwenden sind – im Rahmen des rechtlich Zulässigen Behörden aus ihrer Unabhängigkeit „entlassen", wäre es ratsam, auch nicht den Aspekt der *Zweckmäßigkeit* außer Acht zu lassen. Insoweit wurde an anderer Stelle bereits aufgezeigt, dass mit einer unabhängigen Stellung durchaus erhebliche Vorteile verbunden werden, an dem Unabhängigkeitsmodell aber gleichwohl auch Kritik geübt wird.[1482] Da kein Grundtypus, weder Hierarchieprinzip noch Unabhängigkeit, *per se* besser als der andere erscheint, sollte von Fall zu Fall sorgfältig abgewogen werden, ob eine Reintegration in den klassischen Staatsaufbau tatsächlich sinnvoll und geboten ist. Hierbei ist darüber hinaus zu berücksichtigen, dass sich gegebenenfalls verfassungsrechtlich eine andere Beurteilung hinsichtlich der Zulässigkeit einer Unabhängigstellung von Behörden ergibt, wenn das Unionsrecht ausgeblendet wird. Soweit die Unabhängigkeit nicht mehr unionsrechtlich zwingend ist, ist der einfache Gesetzgeber ohne etwaige Modifikationen bzw. Überlagerungen an die Parameter des Grundgesetzes – namentlich des Demokratieprinzips – gebunden. Notwendig, aber zugleich hinreichend wäre in jedem Fall das Vorliegen einer verfassungsrechtlichen Rechtfertigung der unabhängigen Ausgestaltung im Einzelfall.

3. Zwischenergebnis

Eine erste trivial anmutende Möglichkeit, Streitigkeiten unabhängiger Behörden zu verhindern, wäre die Beseitigung der unabhängigen Stellung von Verwaltungseinheiten. Hierdurch würde man die Rückkehr zur bekannten klassisch-hierarchischen Konfliktlösung ermöglichen. Die Umsetzung dieses *prima facie* schlüssigen Gedankens begegnet aber in der Praxis enormen Schwierigkeiten. Da im Regulierungs- und Kartellrecht die Unabhängigkeitsgebote aus dem Unionsrecht resultieren, bedürfte es einer Änderung des zugrunde liegenden europäischen Rechts. Insoweit ist festzustellen, dass Primär- und Sekundärrechtsänderungen das Durchlaufen eines relativ aufwendigen Gesetzgebungsverfahrens erfordern, wobei gegenwärtig kein ent-

---

Kapitel 2, B.II.2.b); selbständige Bundesoberbehörden gemäß Art. 87 Abs. 3 S. 1 GG sind hingegen nicht automatisch unabhängig, vgl. Kapitel 2, B.II.2.c).

[1481] Vgl. unter Kapitel 2, B.II.3.

[1482] Eingehend zum Für und Wider einer Unabhängigstellung von Behörden unter dem Gesichtspunkt der Zweckmäßigkeit s. unter Kapitel 2, B.III.

sprechender Wille der beteiligten Unionsorgane – insbesondere der EU-Kommission – erkennbar ist, die geltende Rechtslage diesbezüglich zu ändern. Auf Ebene der Mitgliedstaaten würde sich eine Abkehr von der unionsrechtlich determinierten Unabhängigkeit der Verwaltung ebenfalls schwierig gestalten. Der Austritt Deutschlands aus dem Staatenverbund („*Dexit*") ist politisch nicht opportun und hätte weitreichende Konsequenzen. Die Erhebung einer Nichtigkeitsklage gegen die einschlägigen Normen wäre wegen Verfristung bereits unzulässig und im Übrigen, folgt man der bisherigen EuGH-Rechtsprechung, auch unbegründet. Zudem ist der Einfluss der Bundesregierung und (mittelbar) des Bundestags auf die europäische Gesetzgebung über den Rat angesichts der dortigen Mehrheitserfordernisse begrenzt. Am realistischsten wäre noch, dass das BVerfG im Rahmen seiner Kontrollvorbehalte-Judikatur die Identitätskontrolle aktivieren und einzelne Unabhängigkeitsvorschriften für im nationalen Recht unanwendbar erklären wird, sollte eine kritische Schwelle überschritten werden. Die in den Judikaten zur Europäischen Bankenunion sowie zu den EZB-Anleihekaufprogrammen OMT und PSPP zum Ausdruck gekommene Rechtsauffassung des BVerfG ist allerdings ambivalent, zumal die Ausübung der Identitätskontrolle eine erhebliche Sprengkraft für das Verhältnis zum EuGH bergen würde. Überdies enthalten die Sekundärrechtsakte im Regulierungs- und Kartellrecht hinsichtlich der Unabhängigkeit keine Umsetzungsspielräume zugunsten der Mitgliedstaaten, während genuine Unabhängigkeitsgebote im nationalen Recht die Ausnahme darstellen. Ferner wäre seitens des Gesetzgebers auch die Zweckmäßigkeit einer Reintegration unabhängiger Behörden in den hierarchischen Verwaltungsapparat unter Berücksichtigung der möglicherweise neu zu beurteilenden verfassungsrechtlichen Schranken zu bedenken. Nach alledem ist eine Beseitigung der Unabhängigkeit kaum zu erwarten.

II. Änderung von Zuständigkeiten

Für die Entstehung von (Binnen-)Konflikten der Verwaltung sowie deren Ausräumung spielt die Zuständigkeitsordnung eine zentrale Rolle. Zum einen bilden Kompetenzkonflikte selbst eine bedeutende Kategorie von Streitigkeiten innerhalb der in Kapitel 3 entwickelten Systematisierung.[1483] Zum anderen ist auch für inhaltliche Auseinandersetzungen als zweiter Kategorie unabdingbare Voraussetzung, dass mehrere Stellen in irgendeiner Form mit derselben Sache befasst sind. Es lohnt daher, nachfolgend zu überprüfen, inwieweit drohenden Streitigkeiten über die Änderung von Zuständigkeiten wirksam begegnet werden kann. Hierzu wird in einem ersten Schritt das Problem konkurrierender Kompetenzen kurz erläutert und die allgemein

[1483] Vgl. insbesondere unter Kapitel 3, B.I.1. und B.II.2.b)aa).

denkbaren Alternativen werden vorgestellt (1.). Anschließend beschäftigt sich die Untersuchung mit dem verfassungs- und unionsrechtlichen Rahmen, innerhalb dessen sich Zuständigkeitsänderungen zu bewegen haben (2.). Nach Erörterung der rechtlichen Rahmenbedingungen werden grundlegende Zweckmäßigkeitsfragen im Zusammenhang mit Zuständigkeitsverteilungen diskutiert (3.), bevor der Befund im Regulierungs- und Kartellrecht analysiert wird (4.). Der Abschnitt schließt mit einem Zwischenergebnis (5.).

1. Problemstellung und allgemeine Lösungsmöglichkeiten

Will man Konflikte über das Einwirken auf die administrative Kompetenzverteilung verhindern, muss zunächst näher nachvollzogen werden, inwieweit die Zuständigkeitsordnung[1484] für Streitigkeiten verantwortlich zeichnen kann. Ausgangspunkt ist die Überlegung, dass es grundsätzlich keine (problematischen) internen Auseinandersetzungen gäbe, wenn jede Stelle einen klar umrissenen Zuständigkeitsbereich besäße, ohne mit anderen Verwaltungseinheiten konkurrieren oder interagieren zu müssen.

Die Rechtswirklichkeit ist indes eine andere, wie im vorangegangenen Kapitel nachgewiesen werden konnte. Statt eindeutiger Aufgabenzuweisungen sind *de lege lata* Mehrfachzuständigkeiten, unklare Kompetenzregelungen und damit verbundene Abgrenzungsschwierigkeiten[1485] sowie behördliche Beteiligungsrechte bzw. -pflichten[1486] bekannt. Mithin kann es in Bezug auf denselben Streitgegenstand zu unterschiedlichen Auffassungen kommen, wer überhaupt zuständig oder wie zu entscheiden ist. Allgemein lassen sich hinsichtlich der Zuständigkeit grundsätzlich zwei Möglichkeiten zur Auflösung potenzieller oder vorhandener Kompetenzprobleme diskutieren: Konzentration und Dekonzentration[1487]. Einerseits könnte man bisher getrennt wahrgenommene *Aufgaben bei einer einzigen Behörde bündeln*, wie dies bei der BNetzA für die netzgebundene Regulierung erfolgt ist und auch für an-

---

[1484] S. auch allgemein zur Zuständigkeitsordnung im Kontext des Verwaltungsorganisationsrechts *Schmidt-Aßmann*, Das allgemeine Verwaltungsrecht als Ordnungsidee, 2. Aufl. 2006, S. 248 f.

[1485] S. insbesondere die in Kapitel 3, B.II.2.b)aa)(1) dargestellte, kontrovers diskutierte Zuständigkeitsproblematik von Regulierungs- und Kartellbehörden.

[1486] Hierzu näher unter Kapitel 3, B.I.2. und B.II.2.b)bb).

[1487] Vgl. etwa *B. Becker*, Öffentliche Verwaltung, 1989, S. 212 ff.; *Wallerath*, Allgemeines Verwaltungsrecht, 6. Aufl. 2009, § 6 Rn. 4; *Bull/Mehde*, Allgemeines Verwaltungsrecht mit Verwaltungslehre, 9. Aufl. 2015, Rn. 395 f.; *Burgi*, in: Ehlers/Pünder (Hrsg.), Allgemeines Verwaltungsrecht, 15. Aufl. 2016, § 8 Rn. 26 f.; *N. Müller*, Rechtsformenwahl bei der Erfüllung öffentlicher Aufgaben, 1993, S. 162 ff., dort auch zu den jeweiligen Vor- und Nachteilen.

dere Bereiche erwogen wird.[1488] So stand die Vorgängerin der BNetzA, die 1998 gegründete Regulierungsbehörde für Post und Telekommunikation (RegTP), geradezu prototypisch für eine sektorspezifische Regulierungsbehörde,[1489] ehe ihr 2005 auch die Zuständigkeit für die Energie- und Eisenbahnregulierung übertragen wurde (vgl. § 2 Abs. 1 BEGTPG).[1490] Einher ging damit die Umbenennung in „Bundesnetzagentur für Elektrizität, Gas, Telekommunikation, Post und Eisenbahnen" (vgl. § 1 Satz 1 BEGTPG), die den Übergang zu einer sektorenübergreifenden Regulierungsbehörde verdeutlicht.

Demgegenüber wäre es andererseits denkbar, die *Aufteilung von Aufgaben auf mehrere Behörden* beizubehalten oder sogar bisher zentral wahrgenommene Aufgaben aufzuspalten, gleichzeitig die unterschiedlichen Zuständigkeiten aber durch klare Regelungen strikt voneinander abzugrenzen. Am Beispiel der BNetzA würde das bedeuten, die Behörde zu „zerschlagen" und für die einzelnen Netzsektoren spezifische Behörden zu installieren.[1491] Damit wären nicht *a priori* Kompetenzkonflikte vorprogrammiert. Pathologisch werden solche Maßnahmen regelmäßig nur dann, wenn sich in der Folge Zuständigkeitsbereiche überschneiden oder Abgrenzungsschwierigkeiten aufkeimen. Haben die Tätigkeitsfelder beider Behörden hingegen überhaupt

---

1488 Vgl. *von Lewinski*, DVBl. 2013, 339 (344), der zusätzlich die Zusammenlegung der Datenschutzaufsicht für den öffentlichen und nicht-öffentlichen Bereich und die Verschmelzung von BaFin und Bundesbank als Beispiele anführt; zur sektorenübergreifenden Regulierung durch die BNetzA näher *Masing*, Gutachten D zum 66. Deutschen Juristentag, 2006, D 41 ff.; s. auch *Berringer*, Regulierung als Erscheinungsform der Wirtschaftsaufsicht, 2004, S. 107 f.; im Kontext von BNetzA und BKartA s. *Schmidt-Volkmar*, Das Verhältnis von kartellrechtlicher Missbrauchsaufsicht und Netzregulierung, 2010, S. 121 f., der feststellt, dass dem BKartA auch die Zuständigkeit für die sektorspezifische Regulierung hätte zugewiesen werden können.

1489 Vgl. *Kühling*, Sektorspezifische Regulierung in den Netzwirtschaften, 2004, S. 366: „Paradebeispiel der umfassenden sektorspezifischen Regulierungsbehörde".

1490 Zum Übergang von der RegTP zur BNetzA s. etwa *Schmidt*, DÖV 2005, 1025 (1025 f.); *Masing*, in: Festschrift für R. Schmidt, 2006, S. 521 (522 f.); *Gonsior*, Die Verfassungsmäßigkeit administrativer Letztentscheidungsbefugnisse, 2018, S. 49 f.

1491 Hierfür plädiert z. B. *von Lewinski*, DVBl. 2013, 339 (344); kritisch hingegen *Kühling*, Sektorspezifische Regulierung in den Netzwirtschaften, 2004, S. 425 ff.; s. hierzu noch eingehend unter Kapitel 4, B.II.4.a)bb); es käme überdies auch der Unabhängigkeit der übrigen Sektoren zugute, wenn man die (noch) nicht unabhängig gestellte Regulierung des Postsektors von der BNetzA abspalten würde, um eine (latente) politische Einflussnahme auf die Behörde zu verhindern; vgl. allgemein zum Einfluss der Organisationsform auf die Ministerialfreiheit auch *Müller*, JuS 1985, 497 (505), wonach „[o]rganisatorische Mischformen […] zweckmäßig sein [können], […] aber die Gefahr [bergen], daß weisungsgebundene Verwaltung auf die weisungsfreie Tätigkeit durchschlägt und umgekehrt an unabhängiges Verwalten gewohnte Stellen im weisungsabhängigen Bereich die Bindung an Weisungen zu unterlaufen geneigt sein könnten".

keine Berührungspunkte, erscheinen Binnenkonflikte ausgeschlossen. Pointiert mathematisch formuliert: Parallelen schneiden sich allenfalls in der Unendlichkeit.

Bezüglich Problemen, die aus der Mitbeteiligung mehrerer Stellen resultieren, käme schließlich entweder die Beseitigung bzw. Abschwächung von Beteiligungsrechten in Betracht (etwa durch den Verzicht auf Einvernehmenserfordernisse) oder – im Gegenteil – deren Ausweitung. Um Streitigkeiten über die Justiziabilität von Beteiligungsrechten zu verhindern, wäre es darüber hinaus hilfreich, seitens des Gesetzgebers diejenigen Fälle klar zu normieren, in denen er eine entsprechende Einklagbarkeit wünscht.

2. Rahmenbedingungen im höherrangigen Recht

Bevor konkret über das Änderungspotenzial hinsichtlich der Zuständigkeitsordnung nachgedacht werden kann, ist es erforderlich, den rechtlichen Rahmen hierfür abzustecken. Zu erörtern ist, inwieweit sich Direktiven für die Festlegung von Zuständigkeiten aus dem Verfassungs- (a)) und dem Unionsrecht (b)) ergeben.

a) Verfassungsrecht

Bedenken gegen Mehrfachzuständigkeiten und unklare Zuständigkeiten werden aus verfassungsrechtlicher Sicht insbesondere[1492] mit dem Demokratie- und Rechtsstaatsprinzip in Verbindung gebracht. Mit Blick auf das *Demokratiegebot* wird angeführt, dieses verlange klare Verantwortlichkeiten. Unklare und mehrfache Kompetenzen würden insofern eine effektive parlamentarische Kontrolle gefährden.[1493] In Rede steht damit ein Eingriff in die Legitimationsfunktion von Zuständigkeiten.[1494] Zu Recht hält Janbernd

---

[1492] Daneben ergeben sich weitere verfassungsrechtliche Parameter, etwa zum Verhältnis zwischen Bund und Ländern sowie aus der kommunalen Selbstverwaltungsgarantie und den Landesverfassungen, vgl. *Oebbecke*, in: Festschrift für W. Stree und J. Wessels, 1993, S. 1119 (1125); ausführlich zu den Anforderungen des Grundgesetzes an die Verwaltungsorganisation *Wißmann*, in: Hoffmann-Riem/Schmidt-Aßmann/Voßkuhle (Hrsg.), Grundlagen des Verwaltungsrechts, Bd. I, 2. Aufl. 2012, § 15 Rn. 1 ff.

[1493] Vgl. *Oebbecke*, in: Festschrift für W. Stree und J. Wessels, 1993, S. 1119 (1126) m. w. N.; *Brohm*, DÖV 1983, 525 (525); *Pitschas*, Verwaltungsverantwortung und Verwaltungsverfahren, 1990, S. 42 f.; *Wallerath*, Allgemeines Verwaltungsrecht, 6. Aufl. 2009, § 5 Rn. 41.

[1494] Zur Legitimations- und Auftragsfunktion von Kompetenzen vgl. näher *Stettner*, Grundfragen einer Kompetenzlehre, 1983, S. 327 ff. m. w. N.; s. auch noch die nachfolgenden Nachweise zur Problematik eines Handelns ohne oder außerhalb einer Kompetenz in Fn. 1498.

Oebbecke die Zweifel allerdings für im Ergebnis nicht überzeugend:[1495] Auch bei Mehrfachzuständigkeiten sei eine Zuordnung der Verantwortlichkeit uneingeschränkt möglich, indem bei positivem Tun der Handelnde, bei unrechtmäßigem Unterlassen jeder Zuständigkeitsträger rechenschaftspflichtig sei. Schwieriger erweise sich eine Zuordnung bei unklaren Kompetenzregelungen und Zuständigkeitsverbünden, doch auch hierdurch werde eine parlamentarische Kontrolle nicht unmöglich. Die Verfassung kenne ebenfalls in Art. 72 und 74 GG konkurrierende Zuständigkeiten bei der Gesetzgebung und mute dem Wahlvolk zu, die Zuständigkeitsordnung zwischen Bund und Ländern nachzuvollziehen[1496]. Dies könne auf die parlamentarische Verantwortlichkeit der Verwaltung übertragen werden.[1497] Der Argumentation folgend bestehen gegen Mehrfachzuständigkeiten und im Rahmen der weit gezogenen Grenzen gegen unklare Zuständigkeiten keine grundsätzlichen Zweifel an der Vereinbarkeit mit dem Demokratieprinzip. Gleichwohl darf es nicht zu einem Handeln ohne Zuständigkeit oder zu einem Tätigwerden außerhalb der Zuständigkeit kommen, denn ein solches Handeln wäre nicht mehr demokratisch legitimiert.[1498]

[1495] Vgl. *Oebbecke*, in: Festschrift für W. Stree und J. Wessels, 1993, S. 1119 (1126 f.), worauf auch die nachfolgenden Argumente fußen.

[1496] So muss sich der rechtsschutzsuchende Bürger gegebenenfalls auch gerichtlich simultan gegen das Handeln mehrerer staatlicher Stellen wenden, auch z. B. gegen Bundes- und Landesbehörden; hierzu vgl. etwa BVerfGE 56, 54 (68) – Fluglärm, wo die Beschwerdeführer ihre Verfassungsbeschwerden gegen „die zuständigen Behörden des Bundes und des Landes Nordrhein-Westfalen“ richteten.

[1497] So *Oebbecke*, in: Festschrift für W. Stree und J. Wessels, 1993, S. 1119 (1127): „Wenn das Grundgesetz keine Bedenken gehabt hat, dem Wahlvolk die Herstellung von Verantwortlichkeit bei konkurrierenden Zuständigkeiten zuzumuten, wird man schwerlich einen Verstoß gegen das Demokratieprinzip annehmen können, wenn die Volksvertreter sich mit konkurrierenden Verwaltungszuständigkeiten zurechtfinden müssen.“.

[1498] Zutreffend *Oebbecke*, Weisungs- und unterrichtungsfreie Räume in der Verwaltung, 1986, S. 84; *Oebbecke*, in: Festschrift für W. Stree und J. Wessels, 1993, S. 1119 (1127); *Schmidt-Aßmann*, AöR 116 (1991), 329 (339): „Art. 20 Abs. 2 GG geht es um Rechtfertigung, nicht um die Ausdehnung staatlicher Herrschaft.“; zum Zusammenhang zwischen Zuständigkeit und Legitimation *Czybulka*, Die Legitimation der öffentlichen Verwaltung, 1989, S. 189 f.; *Stettner*, Grundfragen einer Kompetenzlehre, 1983, S. 188 ff.; augenfällig ist auch die Parallele zur Ultra-vires-Kontrolle des BVerfG, in deren Rahmen „ausbrechende Rechtsakte“ als nicht mehr vom nationalen Übertragungsakt von Hoheitsrechten gedeckt und mithin als *ultra vires* deklariert werden; s. hierzu näher unter Kapitel 4, B.I.1.b)cc); den Kontext zur Demokratie deutlich aufzeigend *Haltern*, NVwZ 2020, 817 (823): „Ultra-vires-Kontrolle als demokratieermöglichend“.

Die Unzulässigkeit unklarer und mehrfacher Zuständigkeiten entnehmen weite Teile aus Rechtsprechung und Schrifttum dem *Rechtsstaatsprinzip*.[1499] Zum einen gebiete es die Transparenz, dass der einzelne Bürger erkennen kann, wer für seine Angelegenheit zuständig ist.[1500] In der Tat müssen Kompetenzvorschriften (wie jede andere Rechtsnorm auch) hinreichend klar formuliert sein.[1501] Während verständlich normierte Mehrfachkompetenzen daher den rechtsstaatlichen Transparenzanforderungen genügen, sind ausschließliche, aber unscharf geregelte Zuständigkeitsbestimmungen problematisch[1502] und sollten daher möglichst vermieden werden. Zugleich wohnt der rechtsstaatlichen Zuständigkeitsordnung auch eine Schutzfunktion inne, die einen Missbrauch staatlicher Macht verhindert.[1503]

Zum anderen wird vorgebracht, sich widersprechende Entscheidungen unterschiedlicher Behörden in Bezug auf dieselbe Sache müssten ausgeschlossen sein.[1504] Dem kann entgegengehalten werden, dass diese Gefahr „nur" bei bestimmten Verwaltungshandlungen besteht, namentlich in Fällen imperativen Tätigwerdens sowie bei feststellenden und gestaltenden Verwaltungsakten, nicht aber beispielsweise im Bereich der Leistungsverwaltung.[1505]

[1499] BVerwG, NJW 1987, 1713 (1715); VGH Kassel, Urt. v. 2.12.2004 – 4 UE 2874/02 Tz. 37 (juris); aus der Lit. *Krüger*, Allgemeine Staatslehre, 2. Aufl. 1966, S. 108 ff.; *Rasch*, Die staatliche Verwaltungsorganisation, 1967, S. 131 f.; *Gaentzsch*, NJW 1986, 2787 (2788 ff.); *Stettner*, Grundfragen einer Kompetenzlehre, 1983, S. 293 f.; *Kühne*, in: Festschrift für U. Immenga, 2004, S. 243 (255); *Ludwigs*, WuW 2008, 534 (534); einige weitere Nachweise bei *Petersen*, Die Verwaltung 48 (2015), 29 (35) unter Fn. 26; s. auch *Sennekamp*, Der Diskurs um die Abgrenzung von Kartell- und Regulierungsrecht, 2016, S. 170 f.

[1500] *Brohm*, DÖV 1983, 525 (525); *Maurer/Waldhoff*, Allgemeines Verwaltungsrecht, 20. Aufl. 2020, § 21 Rn. 46; *Oebbecke*, in: Festschrift für W. Stree und J. Wessels, 1993, S. 1119 (1127).

[1501] Vgl. BVerwG, NJW 1987, 1713 (1715): „gebotene Bestimmtheit der gesetzlichen Zuständigkeitsordnung"; *Schulze-Fielitz*, in: Dreier (Hrsg.), GG, Bd. II, 3. Aufl. 2015, Art. 20 (Rechtsstaat) Rn. 142: „Gebot der Kompetenzklarheit"; *Kunig*, Das Rechtsstaatsprinzip, 1986, S. 396 f.; *Wißmann*, in: Hoffmann-Riem/Schmidt-Aßmann/Voßkuhle (Hrsg.), Grundlagen des Verwaltungsrechts, Bd. I, 2. Aufl. 2012, § 15 Rn. 56, der allerdings darauf hinweist, dass dem Gesetzgeber „im Rahmen dieser Vorgaben ein erheblicher Spielraum zukommt".

[1502] So auch *Oebbecke*, in: Festschrift für W. Stree und J. Wessels, 1993, S. 1119 (1128).

[1503] Vgl. nur *Stettner*, Grundfragen einer Kompetenzlehre, 1983, S. 320 f. m. w. N.

[1504] Vgl. *Rasch*, Die staatliche Verwaltungsorganisation, 1967, S. 132; *Seibert*, Die Bindungswirkung von Verwaltungsakten, 1989, S. 259; *Heintzen*, NJW 1990, 1448 (1448); *Oebbecke*, in: Festschrift für W. Stree und J. Wessels, 1993, S. 1119 (1127 f.), der dieses Gebot aus der „rechtsstaatliche[n] Forderung nach Verläßlichkeit des staatlichen Handelns" als Ausprägung des Vertrauensschutzes herleitet; *Petersen*, Die Verwaltung 48 (2015), 29 (35).

[1505] *Oebbecke*, in: Festschrift für W. Stree und J. Wessels, 1993, S. 1119 (1128).

Selbst wenn aber eine neuralgische Konstellation vorliegt, gibt es neben der Kompetenzordnung andere verwaltungsrechtliche Mechanismen, um divergierenden behördlichen Entscheidungen vorzubeugen. In Betracht kommen zur Vermeidung von Konflikten etwa Vorrangregelungen zugunsten der zuerst (Priorität) oder zuletzt handelnden Stelle (Posteriorität),[1506] wobei bei Beteiligung unterschiedlicher Behörden einzig das Prioritätsprinzip sinnhaft bzw. praxistauglich erscheint[1507]. Rechtstechnisch ließe sich ein solcher Vorrang insbesondere über die *Bindungswirkung von Verwaltungsakten* begründen: Im Umfang ihrer Tatbestands-[1508] und Feststellungswirkung[1509] sind die zuerst erlassenen Verwaltungsakte grundsätzlich bindend, auch für andere Behörden.[1510] Ohne Rücksicht auf spezifische dogmatische und terminologi-

---

[1506] Vgl. *Oebbecke*, in: Festschrift für W. Stree und J. Wessels, 1993, S. 1119 (1129), der u.a. noch das Beispiel anführt, dass eine zweite ordnungsrechtliche Verfügung bereits nicht erforderlich und somit unverhältnismäßig und materiell rechtswidrig sein kann, wenn die erste Verfügung zur Beseitigung der Gefahr ausreicht; ebenso *Petersen*, Die Verwaltung 48 (2015), 29 (36); *Jestaedt*, in: Hoffmann-Riem/Schmidt-Aßmann/Voßkuhle (Hrsg.), Grundlagen des Verwaltungsrechts, Bd. I, 2. Aufl. 2012, § 14 Rn. 50; allgemeiner noch *Stettner*, Grundfragen einer Kompetenzlehre, 1983, S. 376: „Lassen sich Zuständigkeitskonflikte nicht auf interpretatorischem Weg beseitigen, ohne die in Frage stehenden Normen zu vergewaltigen, liegen also Normwidersprüche vor, so ist nach Vorrangregeln vorzugehen.“.

[1507] Die für Gesetze anwendbare Kollisionsregel *lex posterior derogat legi priori* ist insoweit nur bedingt auf verwaltungsrechtliche Handlungsformen übertragbar. Für zeitlich gestufte Maßnahmen derselben Behörde ist auf die Aufhebungsvorschriften (für Verwaltungsakte z.B. §§ 48ff. VwVfG) zu rekurrieren. Im Verhältnis zu anderen Behörden wäre es widersinnig und mit Blick auf die Rechtssicherheit bzw. den Vertrauensschutz kritikwürdig, wenn eine andere Behörde jederzeit später eine neue Entscheidung erlassen könnte, welche den früheren Akt derogieren würde. Ebenso ist eine „antizipierte“ Bindung der zuerst tätig werdenden Behörde an eine – möglicherweise – später ergehende Maßnahme einer Zweitbehörde kaum vorstellbar.

[1508] Der Begriff der Tatbestandswirkung meint im Verwaltungsverfahrensrecht grundsätzlich, dass eine Entscheidung mit einem bestimmten Inhalt ergangen und deren Existenz und Gestaltungswirkung typischerweise zu beachten ist, vgl. *Clausing/Kimmel*, in: Schoch/Schneider (Hrsg.), VwGO, 41. EL 2021, § 121 Rn. 38 mit dem Hinweis, dass der Begriff der Tatbestandswirkung sehr disparat verwendet wird; *Lindner*, in: Posser/Wolff (Hrsg.), BeckOK VwGO, 59. Edition 2021, § 121 Rn. 27.

[1509] Von Feststellungswirkung ist regelmäßig die Rede, wenn die in der Entscheidung getroffenen tatsächlichen Feststellungen oder rechtlichen Würdigungen, die grundsätzlich nicht an der Rechtskraft teilnehmen, für die Entscheidung in einem weiteren Verfahren verbindlich sind, vgl. statt vieler *Clausing/Kimmel*, in: Schoch/Schneider (Hrsg.), VwGO, 41. EL 2021, § 121 Rn. 39 m.w.N.

[1510] Vgl. *Leisner-Egensperger*, in: Mann/Sennekamp/Uechtritz (Hrsg.), VwVfG, 2. Aufl. 2019, § 43 Rn. 37f., 39f., 44; *Sachs*, in: Stelkens/Bonk/Sachs (Hrsg.), VwVfG, 9. Aufl. 2018, § 43 Rn. 137ff., 154ff., 160ff.; *Schemmer*, in: Bader/Ronellenfitsch (Hrsg.), BeckOK VwVfG, 53. Edition 2021, § 43 Rn. 25f.; *Petersen*, Die Verwaltung 48 (2015), 29 (36) mit zahlreichen weiteren Nachweisen; *S. Becker*, Die sche Detailfragen[1511] bedeutet die Bindungswirkung – deren Umfang und Reichweite richtigerweise vom Regelungsgehalt des Verwaltungsaktes abhängt, was allerdings im Einzelnen umstritten ist und schwer zu bestimmen sein kann[1512] – im Ausgangspunkt ein Aufhebungs- und Abweichungsverbot für zeitlich später ergangene Entscheidungen (materielle Bestandskraft).[1513] Von zentraler Bedeutung ist hierbei der (sich regelmäßig aus der Ermächtigungsgrundlage ergebende) Prüfungsumfang der Erstbehörde, wobei dahingehend Uneinigkeit herrscht, ob Prüfungsumfang und Bindungswirkung deckungsgleich oder noch andere Kriterien wie die Gesetzeskonzeption und die Sachnähe der Behörde zu berücksichtigen sind.[1514] Dessen ungeachtet soll die Figur der Bindungswirkung im Kern widersprüchliche Maßnahmen der Administrative verhindern. Die Kritik an dieser Konstruktion besteht demgegenüber darin, dass hierdurch eine rechtsstaatlich fragwürdige Zufälligkeit geschaffen wird, wer zuerst eine andere bindende Entscheidung trifft, die in einem regelrechten Behördenwettlauf gipfeln könnte.[1515]

Bevor man allerdings vorschnell die pauschale Gefahr eines Behördenwettlaufs annimmt, ist zu hinterfragen, ob in der konkreten Konstellation ein solcher überhaupt infrage kommt. Es mag Fälle geben, in denen das beschriebene „Rennen“ droht, allerdings steht bei anderen Sachverhalten ein derartiges Prioritätsproblem nicht zu erwarten. Vor dem Hintergrund sich

---

Bindungswirkung von Verwaltungsakten im Schnittpunkt von Handlungsformenlehre und materiellem öffentlichen Recht, 1997, S. 49 ff.

[1511] Vgl. auch zur Irrelevanz terminologischer Einzelfragen im vorliegenden Kontext *Sennekamp*, Der Diskurs um die Abgrenzung von Kartell- und Regulierungsrecht, 2016, S. 97 f.

[1512] *Schemmer*, in: Bader/Ronellenfitsch (Hrsg.), BeckOK VwVfG, 53. Edition 2021, § 43 Rn. 26; *Sachs*, in: Stelkens/Bonk/Sachs (Hrsg.), VwVfG, 9. Aufl. 2018, § 43 Rn. 55, 119 ff.; ausführlich *Seibert*, Die Bindungswirkung von Verwaltungsakten, 1989, S. 203 ff., 304 ff.; *S. Becker*, Die Bindungswirkung von Verwaltungsakten im Schnittpunkt von Handlungsformenlehre und materiellem öffentlichen Recht, 1997, S. 84 ff.; *Schmidt-Volkmar*, Das Verhältnis von kartellrechtlicher Missbrauchsaufsicht und Netzregulierung, 2010, S. 185 ff.; *Sennekamp*, Der Diskurs um die Abgrenzung von Kartell- und Regulierungsrecht, 2016, S. 100 ff., jeweils m. w. N.

[1513] *Sachs*, in: Stelkens/Bonk/Sachs (Hrsg.), VwVfG, 9. Aufl. 2018, § 43 Rn. 17 m. w. N.; *Seibert*, Die Bindungswirkung von Verwaltungsakten, 1989, S. 63 f., 195 ff.; *S. Becker*, Die Bindungswirkung von Verwaltungsakten im Schnittpunkt von Handlungsformenlehre und materiellem öffentlichen Recht, 1997, S. 52.

[1514] Vgl. *Sachs*, in: Stelkens/Bonk/Sachs (Hrsg.), VwVfG, 9. Aufl. 2018, § 43 Rn. 56 ff.; *Sennekamp*, Der Diskurs um die Abgrenzung von Kartell- und Regulierungsrecht, 2016, S. 101 m. w. N.; *Schmidt-Volkmar*, Das Verhältnis von kartellrechtlicher Missbrauchsaufsicht und Netzregulierung, 2010, S. 186 ff. m. w. N.; *Ludwigs*, WuW 2008, 534 (544).

[1515] So BVerwG, NJW 1987, 1713 (1715); hierauf rekurrieren auch *Ludwigs*, WuW 2008, 534 (534) in Fn. 1 und *Petersen*, Die Verwaltung 48 (2015), 29 (36).

überlappender und umstrittener Kompetenzen[1516] bedarf in den untersuchten Rechtsgebieten insbesondere das Verhältnis von Regulierungs- und Wettbewerbsbehörde einer besonderen Betrachtung. Auch hier ist zu differenzieren: Trifft die Regulierungsbehörde eine *ex ante*-Entscheidung, während die Kartellbehörde (sofern sie noch zuständig ist) *ex post* tätig wird, wie dies bei der kartellbehördlichen Überprüfung eines regulierungsbehördlich genehmigten Zugangsentgelts der Fall ist, ist ein Behördenwettlauf nach dem Zufallsprinzip nicht zu befürchten – die BNetzA handelt vor dem BKartA.[1517] Inwieweit die Wettbewerbsbehörde dann an die Regulierungsentscheidung gebunden ist, ist eine Frage der Reichweite ihrer Bindungswirkung.[1518] Darüber hinaus fällt im Rahmen der wettbewerblichen Missbrauchsaufsicht nur eine bindende Entscheidung bei Feststellung eines Missbrauchs; ein sog. Negativattest gibt es nicht[1519]. Im Übrigen ist ein Behördenwettlauf hingegen denkbar,[1520] der dann um der Verhinderung widersprüchlicher Entscheidungen willen hinzunehmen wäre. Um dies zu vermeiden, müsste der Gesetzgeber durch eindeutige Zuständigkeitszuweisungen Abhilfe schaffen.

Im Ergebnis lässt sich der Verfassung richtigerweise weder aus dem Demokratie- noch dem Rechtsstaatsprinzip ein generelles Verbot konkurrierender Zuständigkeiten entnehmen.[1521] Das Rechtsstaatsprinzip erfordert aber

---

1516 S. unter Kapitel 3, B.II.2.b)aa)(1).

1517 So auch *Petersen*, Die Verwaltung 48 (2015), 29 (37); vgl. auch *Sennekamp*, Der Diskurs um die Abgrenzung von Kartell- und Regulierungsrecht, 2016, S. 102 ff., die zwischen der Entgeltgenehmigung und nachträglichen Regulierungsanordnungen differenziert.

1518 *Petersen*, Die Verwaltung 48 (2015), 29 (37 f.); zur komplexen und umstrittenen Frage der Bindungswirkung regulierungsbehördlicher Verwaltungsakte vgl. näher *C. Säcker*, Der Einfluss der sektorspezifischen Regulierung auf die Anwendung des deutschen und gemeinschaftlichen Kartellrechts, 2006, S. 74 ff.; *Schmidt-Volkmar*, Das Verhältnis von kartellrechtlicher Missbrauchsaufsicht und Netzregulierung, 2010, S. 181 ff.; *Sennekamp*, Der Diskurs um die Abgrenzung von Kartell- und Regulierungsrecht, 2016, S. 97 ff.

1519 Vgl. *Bach*, in: Immenga/Mestmäcker (Hrsg.), Wettbewerbsrecht, 6. Aufl. 2020, § 61 GWB Rn. 3; weitere Nachweise bei *Petersen*, Die Verwaltung 48 (2015), 29 (36) in Fn. 39; a.A. hingegen *Wertenbruch*, BB 1992, 219 (221), der einen Anspruch auf Erteilung eines Negativattests aus der Verfassung herleiten will; s. auch *C. Säcker*, Der Einfluss der sektorspezifischen Regulierung auf die Anwendung des deutschen und gemeinschaftlichen Kartellrechts, 2006, S. 84 f.

1520 Vgl. *Ludwigs*, WuW 2008, 534 (545); anders offenbar *Petersen*, Die Verwaltung 48 (2015), 29 (36): „Im Verhältnis zwischen Wettbewerbs- und Regulierungsbehörde kann es nicht zur Situation eines Behördenwettlaufs kommen.".

1521 Ebenso *Jestaedt*, in: Hoffmann-Riem/Schmidt-Aßmann/Voßkuhle (Hrsg.), Grundlagen des Verwaltungsrechts, Bd. I, 2. Aufl. 2012, § 14 Rn. 50; *Petersen*, Die Verwaltung 48 (2015), 29 (36); ausführlich *Oebbecke*, in: Festschrift für W. Stree und J. Wessels, 1993, S. 1119 (1125 ff.); zur Kritik s. die Nachweise in Fn. 1499.

im Kollisionsfall ein Mindestmaß an Koordination bzw. geeignete Konfliktlösungsmechanismen.[1522] Vor diesem Hintergrund ist aus der Sicht des Grundgesetzes gegen klar umrissene Mehrfachzuständigkeiten nichts einzuwenden. Sehr viel problematischer sind demgegenüber missglückte Zuständigkeitsregelungen wie die bereits an anderer Stelle aufgezeigte Abgrenzung regulierungs- und kartellbehördlicher Kompetenzen[1523]. In solchen Fällen ist dem Gesetzgeber von Verfassungs wegen eine klarstellende Nachjustierung der Kompetenzordnung anzuraten.

b) Unionsrecht

Auch aus dem Unionsrecht können sich – im Einklang mit der mitgliedstaatlichen Verfahrensautonomie nach Art. 291 Abs. 1 AEUV[1524] – Einschränkungen für die Mitgliedstaaten ergeben, ihre Zuständigkeitsordnung frei zu bestimmen. Zum einen betrifft dies die *Anzahl der nationalen Behörden* im jeweiligen Bereich. In einigen der untersuchten Gebiete hält sich der Unionsgesetzgeber zwar dahingehend zurück und achtet die Souveränität bei der innerstaatlichen Verwaltungsorganisation: In den einschlägigen Richtlinien zur Telekommunikation[1525], zur Bankenaufsicht[1526] und zum Kartellrecht[1527] wird insoweit lediglich auf die zuständigen nationalen Behörden abgestellt. In anderen Sektoren hingegen, namentlich Energie und Eisenbahnen, verengt sich der Handlungsspielraum für die Mitgliedstaaten, da dort qua Unionsrecht lediglich eine einzige nationale Verwaltungsinstanz vorgesehen ist.[1528] Nur im Rahmen der normierten Ausnahmen kann der nationale

---

[1522] Vgl. *Oebbecke*, in: Festschrift für W. Stree und J. Wessels, 1993, S. 1119 (1128 f.); *Petersen*, Die Verwaltung 48 (2015), 29 (36); *Jestaedt*, in: Hoffmann-Riem/Schmidt-Aßmann/Voßkuhle (Hrsg.), Grundlagen des Verwaltungsrechts, Bd. I, 2. Aufl. 2012, § 14 Rn. 50.

[1523] Hierzu eingehend unter Kapitel 3, B.II.2.b)aa)(1).

[1524] S. hierzu unter Kapitel 2, B.I.2.a).

[1525] Art. 5 Abs. 1 UAbs. 1 Kodex-RL (EU) 2018/1972: „Die Mitgliedstaaten sorgen dafür, dass alle in dieser Richtlinie festgelegten Aufgaben von zuständigen Behörden wahrgenommen werden.“.

[1526] Art. 19 Abs. 1 S. 1 SSM-VO: „die EZB und die nationalen zuständigen Behörden“; Art. 47 Abs. 1 SRM-VO: „der Ausschuss und die nationalen Abwicklungsbehörden“.

[1527] Art. 4 Abs. 1 ECN+-RL (EU) 2019/1: „[die] für Wettbewerb zuständigen nationalen Verwaltungsbehörden“.

[1528] Art. 57 Abs. 1 Elektrizitäts-RL (EU) 2019/944 sowie wortgleich Art. 39 Abs. 1 Gas-RL 2009/73/EG: „Jeder Mitgliedstaat benennt auf nationaler Ebene *eine einzige* nationale Regulierungsbehörde.“; Art. 55 Abs. 1 S. 1 Eisenbahn-RL 2012/34/EU: „Jeder Mitgliedstaat richtet für den Eisenbahnsektor eine einzige nationale Regulierungsstelle ein.“.

Gesetzgeber davon abweichen, wie es hierzulande im Energiesektor auf Basis des Art. 57 Abs. 2 Elektrizitäts-RL (EU) 2019/944 bzw. Art. 39 Abs. 2 Gas-RL 2009/73/EG mit der Schaffung von Landesregulierungsbehörden europarechtskonform erfolgt ist.[1529] Im Übrigen wäre in diesen Sektoren eine Modifikation der Anzahl bestehender Behörden ohne eine Änderung des zugrunde liegenden Unionsrechts nur in begrenztem Umfang möglich.

Nicht nur die Anzahl der jeweils zuständigen nationalen Behörden, sondern auch deren *(Mindest-)Aufgabenbestand* kann unionsrechtlich vorgeprägt sein. Enumerativ benennen die Art. 59 Abs. 1 Elektrizitäts-RL (EU) 2019/944 und Art. 41 Abs. 1 Gas-RL 2009/73/EG die Aufgaben der nationalen Regulierungsbehörde. Soweit nicht ausdrücklich zugelassen, kann der deutsche Gesetzgeber den Aufgabenkatalog nicht nach Belieben modifizieren, indem er beispielsweise der BNetzA Regulierungsaufgaben entzieht. Auch Art. 56 Eisenbahn-RL 2012/34/EU trägt die plakative Überschrift „Aufgaben der Regulierungsstelle". Die Kompetenzverteilung zwischen EZB und nationalen Behörden im Rahmen des Einheitlichen Aufsichtsmechanismus ergibt sich, wenn auch normtechnisch komplizierter, ebenfalls bereits aus Art. 4 i.V.m. Art. 6 SSM-VO. Für den Telekommunikationssektor enthält Art. 5 Abs. 1 UAbs. 2 Kodex-RL (EU) 2018/1972 ein Minimum an regulierungsbehördlichen Aufgaben („zumindest folgende Aufgaben"), während gemäß der Unterabsätze 3 und 4 auf die Behörde(n) weitere Aufgaben übertragen werden können. Zugleich wird durch eine Festlegung der Zuständigkeiten durch höherrangiges Recht die Unabhängigkeit gegenüber der nationalen Legislative respektive dem einfachen Gesetzgeber gestärkt, da auf die Behörde nicht ohne Weiteres durch eine (angedrohte) Kompetenzänderung eingewirkt werden kann.[1530] Im Umkehrschluss reduzieren sich allerdings auch die Möglichkeiten, Konflikte durch die Neuordnung von Zuständigkeiten zu entschärfen, wenn die Aufgabenverteilung durch nur schwer abänderbare Vorschriften petrifiziert ist.

3. Zweckmäßigkeit der Änderung von Zuständigkeiten

Unterstellt man die rechtliche Zulässigkeit (oder gar Gebotenheit) einer Änderung der bestehenden Zuständigkeitsordnung, ist richtigerweise im Anschluss nach deren Zweckmäßigkeit zu fragen. In diesem Zusammenhang

---

[1529] Vgl. *Hermes*, in: Britz/Hellermann/Hermes (Hrsg.), EnWG, 3. Aufl. 2015, § 54 Rn. 3; *Franke/Schütte*, in: Schneider/Theobald (Hrsg.), Recht der Energiewirtschaft, 5. Aufl. 2021, § 21 Rn. 3; die Eisenbahn-RL 2012/34/EU sieht in Art. 55 Abs. 2 S. 1 lediglich die Möglichkeit der Einrichtung „integrierte[r] Regulierungsstellen" vor, „die für mehrere regulierte Wirtschaftszweige zuständig sind".

[1530] S. hierzu bereits unter Kapitel 1, B.IV.1.

sollen allgemein zwei Aspekte hervorgehoben werden: die Beurteilung von Mehrfach- und unklaren Zuständigkeiten (a)) sowie die Grundentscheidung für einen zentralen oder dezentralen Vollzug (b)).

a) Mehrfachzuständigkeiten und unklare Zuständigkeiten

Unabhängig von dem die Zuständigkeitsordnung betreffenden rechtlichen Rahmen legen auch verwaltungswissenschaftliche und rechtspolitische Erwägungen nahe, dass eine wohlüberlegte Kompetenzverteilung keinen Selbstzweck darstellt. Neben dem bereits angesprochenen Interesse des Bürgers, zu wissen, wer für sein Anliegen zuständig ist, hat auch die Verwaltung ein nicht unerhebliches Eigeninteresse an geordneten Zuständigkeiten. Zur Sicherstellung der „guten Ordnung der Verwaltung“[1531] gilt es, Reibungsverluste, Kompetenzstreitigkeiten und Doppelarbeit zu unterbinden sowie die Einheit der Verwaltung zu gewährleisten.[1532] Zu Recht wird in der Literatur darauf verwiesen, dass schon aufgrund der Unmenge an Behörden klare Zuständigkeitsregelungen „unerlässlich“ sind und ihre Einhaltung kein „bloßer Formalismus“ ist: Die Wahrscheinlichkeit für das Treffen einer in der Sache richtigen Entscheidung dürfte bei der zuständigen Behörde am höchsten sein, da diese am ehesten über die personellen und materiellen Ressourcen verfügt, um kompetent entscheiden zu können.[1533]

Konkret wird gegen Mehrfachzuständigkeiten vorgebracht, sie würden die Spezialisierung in der Verwaltung verhindern, was wiederum der Rechtmäßigkeit und Sachgerechtigkeit ihrer Entscheidungen abträglich wäre.[1534] Für sich genommen stellt die Gefahr einer erschwerten Spezialisierung indes kein überzeugendes Argument gegen mehrfache (und eingeschränkt gegen unklare) Zuständigkeiten dar. Schließlich kann sich die Verwaltung auch externen Sachverstandes bedienen, zumal mit der Spezialisierung darüber

---

[1531] *Mayer/Kopp*, Allgemeines Verwaltungsrecht, 5. Aufl. 1985, S. 205.

[1532] *Maurer/Waldhoff*, Allgemeines Verwaltungsrecht, 20. Aufl. 2020, § 21 Rn. 46; ähnlich *Oebbecke*, in: Festschrift für W. Stree und J. Wessels, 1993, S. 1119 (1123 f.) m. w. N., der unter Rekurs auf *Krüger*, Allgemeine Staatslehre, 2. Aufl. 1966, S. 108 zudem auf die historische Dimension von Mehrfachzuständigkeiten als Instrument zum Machterhalt und -ausbau hinweist (S. 1125); vgl. ferner *Stettner*, Grundfragen einer Kompetenzlehre, 1983, S. 19, 306 f.

[1533] Deutlich *Maurer/Waldhoff*, Allgemeines Verwaltungsrecht, 20. Aufl. 2020, § 21 Rn. 46; zuvor bereits *Mayer/Kopp*, Allgemeines Verwaltungsrecht, 5. Aufl. 1985, S. 205; vgl. auch *Czybulka*, Die Legitimation der öffentlichen Verwaltung, 1989, S. 189 f.; *Gonsior*, Die Verfassungsmäßigkeit administrativer Letztentscheidungsbefugnisse, 2018, S. 222 f. m. w. N.

[1534] *Battis*, Allgemeines Verwaltungsrecht, 3. Aufl. 2002, S. 62; *Wallerath*, Allgemeines Verwaltungsrecht, 6. Aufl. 2009, § 5 Rn. 41; s. auch *Oebbecke*, in: Festschrift für W. Stree und J. Wessels, 1993, S. 1119 (1123).

hinaus etwaige Nachteile wie eine verengte Sicht auf die Dinge einhergehen können und ohnehin nicht feststeht, ob tatsächlich Verluste bei der Spezialisierung auftreten.[1535] Gewichtiger erscheint dagegen der Einwand, eine Doppelzuständigkeit oder eine unklare Kompetenzverteilung führe auch zu einer Verdoppelung der Arbeit und sei daher zu vermeiden.[1536] Doch hier ist ebenfalls fraglich, ob aus einer Doppelzuständigkeit auch zwangsläufig Doppelarbeit resultiert. So können beispielsweise Eilzuständigkeiten im Gegenteil Mehrarbeit verhindern und Entlastungseffekte sowie Effizienzsteigerungen[1537] für andere Behörden erzielen.[1538] Solange also nicht tatsächlich eine zuständigkeitsbedingte Mehrbelastung eintritt, ist gegen Mehrfachkompetenzen *a priori* nichts einzuwenden. Unklare Zuständigkeitsregelungen bleiben hingegen problematisch, begünstigen sie doch gerade Effizienzverluste durch Streitigkeiten und überflüssige Arbeit.

b) Zentralisierung versus Dezentralisierung

Gerade im föderalen[1539] Mehrebenensystem (EU, Bund, Länder) stellt sich bei einer Festlegung von Zuständigkeiten im Rahmen der Zweckmäßigkeit die grundsätzliche Frage, ob ein *zentraler oder dezentraler Verwaltungsvollzug*[1540] vorzugswürdig ist. In den untersuchten Referenzgebieten bietet sich eine Diskussion anhand der Aufteilung des Regulierungsvollzugs auf BNetzA

1535 So zutreffend *Oebbecke*, in: Festschrift für W. Stree und J. Wessels, 1993, S. 1119 (1124); vgl. auch *Stettner*, Grundfragen einer Kompetenzlehre, 1983, S. 294.

1536 In diese Richtung *Battis*, Allgemeines Verwaltungsrecht, 3. Aufl. 2002, S. 62; *Wallerath*, Allgemeines Verwaltungsrecht, 6. Aufl. 2009, § 5 Rn. 41; *Bull/Mehde*, Allgemeines Verwaltungsrecht mit Verwaltungslehre, 9. Aufl. 2015, Rn. 386; *Maurer/Waldhoff*, Allgemeines Verwaltungsrecht, 20. Aufl. 2020, § 21 Rn. 46; im Kontext von BNetzA und BKartA *Ackermann/Petzold*, in: Baur/Salje/Schmidt-Preuß (Hrsg.), Regulierung in der Energiewirtschaft, 2. Aufl. 2016, Kap. 8 Rn. 17: „praktische[s] Bedürfnis nach der Vermeidung von Doppelzuständigkeiten unabweisbar"; *Oebbecke*, in: Festschrift für W. Stree und J. Wessels, 1993, S. 1119 (1124) misst diesem Einwand in bestimmten Fällen sogar verfassungsrechtliche Relevanz bei, soweit überflüssige Doppelarbeit mit dem – über Art. 114 Abs. 2 GG beachtlichen – Grundsatz der Wirtschaftlichkeit kollidiert.

1537 Allgemein zum verfassungsrechtlichen Gebot der Effizienz staatlichen Handelns *Mayer/Kopp*, Allgemeines Verwaltungsrecht, 5. Aufl. 1985, S. 306 m. w. N.

1538 Anschaulich *Oebbecke*, in: Festschrift für W. Stree und J. Wessels, 1993, S. 1119 (1124 f.).

1539 Zum deutschen Föderalismus s. allgemein z. B. *Isensee*, in: Isensee/Kirchhof (Hrsg.), Handbuch des Staatsrechts, Bd. VI, 3. Aufl. 2008, § 126 Rn. 1 ff.; zum Bundesstaatsprinzip als konkrete Ausprägung des Föderalismus s. *Jestaedt*, a. a. O., Bd. II, 3. Aufl. 2004, § 29 Rn. 1 ff.

1540 Zu den beiden Grundtypen Zentralisation und Dezentralisation s. eingehend *B. Becker*, Öffentliche Verwaltung, 1989, S. 193 ff.

und Landesregulierungsbehörden an; die ins Feld geführten Argumente sind aber in ihrem Ausgangspunkt verallgemeinerungsfähig. *Zugunsten eines dezentralen Vollzugs* spricht am offensichtlichsten die Möglichkeit, die regionalen und lokalen Gegebenheiten und Besonderheiten besser berücksichtigen zu können.[1541] Die räumliche Nähe zu den kleineren Netzbetreibern lässt ortsspezifische Kenntnisse der Behörde erwarten und erleichtert die Kontrolle der Beaufsichtigten vor Ort sowie die Kommunikation und Kooperation mit ihnen.[1542] Qualitätssichernd wirken zudem zwei weitere Aspekte der dezentralen Vollzugsstruktur: Zum einen erfüllt die Aufteilung der Aufgaben auf mehrere Stellen eine Kontrollfunktion, indem die Behörden ihr Verhalten und ihre Entscheidungen und Standpunkte wechselseitig, etwa durch Informations- und Anhörungspflichten wie in § 60a Abs. 2 EnWG, darlegen (und gegebenenfalls verteidigen) müssen.[1543] Zum anderen wird – anknüpfend an die ökonomische Theorie des Föderalismus[1544] – mit der zusätzlichen Schaffung von Landes(regulierungs)behörden die Erwartung verbunden, es entstehe ein konstruktiver institutioneller Wettbewerb zwischen den Ländern, bei dem im Rahmen vorhandener Spielräume verschiedene Varianten getestet werden und sich „best practices" auf der Grundlage des „trial and error"-Prinzips feststellen lassen können.[1545] So ergeben sich auch von wirtschafts-

[1541] Vgl. im konkreten Kontext des Verwaltungsaufbaus *Wallerath*, Allgemeines Verwaltungsrecht, 6. Aufl. 2009, § 6 Rn. 2 f.; *N. Müller*, Rechtsformenwahl bei der Erfüllung öffentlicher Aufgaben, 1993, S. 165 f.; allgemein zu den Vorzügen der föderalen Vielfalt *Grzeszick*, in: Dürig/Herzog/Scholz (Hrsg.), GG, 95. EL 2021, Art. 20 IV. Rn. 19 ff. m. w. N.; *Sachs*, in: Sachs (Hrsg.), GG, 9. Aufl. 2021, Art. 20 Rn. 56 m. w. N.; *Masing*, Gutachten D zum 66. Deutschen Juristentag, 2006, D 71 m. w. N.; *Haug*, DÖV 2004, 190 (190, 197); der bundesstaatliche Föderalismus nach deutschem Muster wird überwiegend positiv bewertet, vgl. etwa *Bauer*, in: Dreier (Hrsg.), GG, Bd. II, 3. Aufl. 2015, Art. 20 (Bundesstaat) Rn. 26 m. w. N.; *Schulze-Fielitz*, in: Henneke (Hrsg.), Verantwortungsteilung zwischen Kommunen, Ländern, Bund und EU, 2001, S. 117 (130 f.); *Kloepfer*, DÖV 2004, 566 (571); *Härtel*, in: Härtel (Hrsg.), Handbuch Föderalismus, Bd. IV, 2012, S. 995 (995).

[1542] *Bauer/Seckelmann*, DÖV 2014, 951 (958).

[1543] *Bauer/Seckelmann*, DÖV 2014, 951 (960): „Ein generelles Argument für die Aufteilung von Vollzugsaufgaben auf mehrere Behörden ist, dass diese sich voreinander für ihr Vollzugsverhalten rechtfertigen müssen. Insofern besitzt die Aufteilung der Vollzugsaufgaben zwischen BNetzA und Landesregulierungsbehörden auch eine *Kontrollfunktion* […]." (Hervorh. im Original).

[1544] Vgl. zur ökonomischen Theorie des Föderalismus näher *M. Neumann*, Kyklos 24 (1971), 493 ff.; *Hausner*, Wirtschaftsdienst 2005, 55 ff.; vgl. auch *Ludwigs*, Rechtsangleichung nach Art. 94, 95 EG-Vertrag, 2004, S. 45 ff., dort u. a. zum evolutorischen Modell des Systemwettbewerbs.

[1545] *Bauer/Seckelmann*, DÖV 2014, 951 (960), die als Beispiel „die Möglichkeit zur Berücksichtigung struktureller Besonderheiten nach § 15 ARegV [anführen], die durch die Regulierungsbehörden unterschiedlich ausgelegt werden können"; *Ludwigs*, Rechtsangleichung nach Art. 94, 95 EG-Vertrag, 2004, S. 50 m. w. N., der den Wettbewissenschaftlicher Warte aus betrachtet im Verwaltungsföderalismus grundsätzliche Vorteile, von der bestmöglichen Berücksichtigung regionaler Präferenzen über die Produktion eines öffentlichen Leistungsangebots mit minimalem Kostenaufwand bis zu einem begrüßenswerten Innovationswettbewerb und einer höheren Anpassungsfähigkeit der föderalen Subsysteme.[1546] Was für den zwischenstaatlichen (System-)Wettbewerb zutrifft, gilt *en miniature* für die Rivalität innerstaatlicher Teilterritorien.[1547] Kurzum: Die Binsenweisheit, dass Konkurrenz das Geschäft belebt, wird auch von den Befürwortern einer dezentralen Vollzugsstruktur in Stellung gebracht.

Gegen eine Dezentralisierung wird zunächst auf die Gefahr einer uneinheitlichen Rechtsanwendung im föderalen Staat hingewiesen, was zu einer Bevorzugung oder Diskriminierung regulierter Unternehmen führen könnte.[1548] Um die Einheitlichkeit der Rechtsanwendung speziell im Energiesektor zu gewährleisten, wird gemäß § 8 BEGTPG bei der BNetzA ein Länderausschuss eingerichtet, der aus einem Vertreter je Landesregulierungsbehörde besteht. Dieser dient nach § 60a Abs. 1 EnWG der Abstimmung zwischen BNetzA und den Landesregulierungsbehörden mit dem Ziel der Sicherstellung eines bundeseinheitlichen Vollzugs.[1549] Nach Abs. 2 ist der Länderausschuss vor dem Erlass von Allgemeinverfügungen, Verwaltungsvorschriften, Leitfäden und vergleichbaren informellen Regelungen durch die BNetzA nach den Teilen 2

werb insofern als „Entdeckungsverfahren" bei der „Entdeckung und Ausbreitung neuer und besserer Lösungen" bezeichnet; s. auch im föderalen Kontext *Schneider*, NJW 1998, 3757 (3758); *Henneke*, DVBl. 2003, 845 (850 f.).

[1546] Vgl. *Färber*, DÖV 2001, 485 (487 ff.) m. w. N.; näher zu diesem „Wettbewerb der Systeme" (im zwischenstaatlichen, insbesondere europäischen Kontext) *Ludwigs*, Rechtsangleichung nach Art. 94, 95 EG-Vertrag, 2004, S. 35 ff., 45 ff.

[1547] Vgl. nur *Ludwigs*, Rechtsangleichung nach Art. 94, 95 EG-Vertrag, 2004, S. 39 ff., der als Wirkungsbereiche des Systemwettbewerbs den Wettbewerb auf den Gütermärkten sowie denjenigen um Direktinvestitionen, um Finanzkapital und um mobile Bürger anführt. Die Staaten könnten auf den Wettbewerb einwirken durch ihre Ordnungs-, (negative) Prozess-, Handels- und Steuerpolitik. Im innerstaatlichen Bereich sind die jeweiligen „Handlungsvariablen" indes entsprechend der föderalen Kompetenzverteilung eingeschränkt.

[1548] *Bauer/Seckelmann*, DÖV 2014, 951 (958, 960); kritisch auch *Masing*, Gutachten D zum 66. Deutschen Juristentag, 2006, D 71 f.; *N. Müller*, Rechtsformenwahl bei der Erfüllung öffentlicher Aufgaben, 1993, S. 165 nennt als Vorteile der Zentralisation u. a. auch die Bewahrung der politischen Einheit des Gesamtwesens und die Förderung einheitlichen Handelns der Verwaltung; zur Gefahr eines Unterbietungswettbewerbs („race to the bottom") vgl. *Ludwigs*, Rechtsangleichung nach Art. 94, 95 EG-Vertrag, 2004, S. 54 ff.; s. auch zu den prinzipiellen Schwächen der institutionellen Verwaltungsorganisation *B. Becker*, Öffentliche Verwaltung, 1989, S. 269 ff.

[1549] S. auch *Theobald/Werk*, in: Theobald/Kühling (Hrsg.), Energierecht, 112. EL 2021, § 60a EnWG Rn. 16 f.: „eine Art Generalklausel für die innerhalb des Länderausschusses vorzunehmende Koordinierungsaufgabe"; *Franke/Schütte*, in: Schneider/Theobald (Hrsg.), Recht der Energiewirtschaft, 5. Aufl. 2021, § 21 Rn. 10.

und 3 des EnWG grundsätzlich anzuhören. In der Anfangszeit regte sich aus der Praxis zunächst Kritik gegen den dezentralen Regulierungsvollzug. So hat die Monopolkommission dessen Uneinheitlichkeit bemängelt und den Landesregulierungsbehörden Überforderung attestiert.[1550] Dies mag allerdings insbesondere auf Startschwierigkeiten zurückzuführen sein; mittlerweile ist eine weitgehende Angleichung durch gemeinsame Anwendungs- und Auslegungsgrundsätze erfolgt, zuweilen auch durch gerichtliche Entscheidungen.[1551] Solange und soweit eine angemessene Koordination im dezentralen Vollzug langfristig gelingt, erscheint die Gefahr einer uneinheitlichen Rechtsanwendung und den damit einhergehenden Folgeproblemen gering.

Ein weiterer Kritikpunkt gegen die Einrichtung mehrerer (Landes-)Behörden hängt mit der Capture-Theorie der Regulierung[1552] zusammen. Kleinere Behörden könnten demnach einfacher durch Vertreter partikularer Interessen infiltriert werden als eine einzige „starke" (supra)nationale Instanz, da erstere infolge geringerer Kapazitäten stärker auf die Kooperation mit den Regulierten angewiesen seien.[1553] Demgegenüber gilt es zu bedenken, dass im Falle der Vereinnahmung einer großen Behörde wie der BNetzA (*„agency capture"*) die Konsequenzen wesentlich weitreichender wären als bei lediglich regionalen Auswirkungen.[1554] Mit Blick auf die Capture-Hypothese kann daher nicht der Schluss gezogen werden, dass eine stärkere Zentralisierung

---

[1550] Vgl. das Sondergutachten der Monopolkommission gemäß § 62 Abs. 1 EnWG v. 20.11.2007, Strom und Gas 2007, BT-Drs. 16/7087, Rn. 371, 375 ff., 396 ff.; sehr deutlich das Sondergutachten der Monopolkommission gemäß § 62 Abs. 1 EnWG v. 15.9.2009, Strom und Gas 2009, BT-Drs. 16/14060, Rn. 37, 282 f.: „Die Monopolkommission ist besorgt über diese uneinheitliche Rechtsanwendung. [...] Die Monopolkommission ist daher äußerst skeptisch gegenüber der Regulierung durch die Landesregulierungsbehörden und fordert eine Regulierung anhand einheitlicher Maßstäbe, um Verzerrungen auf den Energiemärkten zu vermeiden." (Rn. 283).

[1551] So *Bauer/Seckelmann*, DÖV 2014, 951 (959): „sicherlich einer Einschwingphase geschuldet"; in den späteren Sondergutachten v. 12.9.2011 (BT-Drs. 17/7181) und v. 5.9.2013 (BT-Drs. 17/14742) hat die Monopolkommission die diesbezügliche Kritik auch nicht weiter aufgegriffen.

[1552] Hierzu bereits näher unter Kapitel 2, B.III.2.; zur Capture-Theorie der Regulierung vgl. grundlegend *Stigler*, The Bell Journal of Economics and Management Science 2 (1971), 3 (3 ff.); *Laffont/Tirole*, A Theory of Incentives in Procurement and Regulation, 1993, S. 475 ff.; *Viscusi/Harrington/Vernon*, Economics of Regulation and Antitrust, 4. Aufl. 2005, S. 379 ff.; instruktiv *Ludwigs*, Unternehmensbezogene Effizienzanforderungen im Öffentlichen Recht, 2013, S. 75; konzis *Knieps*, Netzökonomie, 2007, S. 185.

[1553] Vgl. *Bauer/Seckelmann*, DÖV 2014, 951 (958, 960); dies als Vorteil des dezentralen Modells demgegenüber interpretierend *N. Müller*, Rechtsformenwahl bei der Erfüllung öffentlicher Aufgaben, 1993, S. 165: „dezentrale Organisationen erlauben eine intensivere Einflußnahme der Betroffenen und damit größere Bürgernähe".

[1554] Zutreffend *Bauer/Seckelmann*, DÖV 2014, 951 (958).

a priori vorzugswürdig ist, zumal auch die Landesregulierungsbehörden im Energiesektor inzwischen (ungeachtet einer etwaigen faktischen Einflussnahme)[1555] rechtlich unabhängig gestellt wurden und keinen Weisungen anderer Stellen unterliegen[1556]. Das Risiko sachfremder Einflussnahme lässt sich eher durch andere Faktoren einhegen, namentlich durch die Einengung von Ermessensspielräumen, eine sinnvolle Aufgabenverteilung zwischen Bundes- und Landesbehörden sowie – im Sinne des normativen Regulierungskonzepts – durch einen möglichst detaillierten Rechtsrahmen.[1557]

Schließlich ist zweifelhaft, ob und inwieweit bei der Konzentration auf eine Behörde Effizienzsteigerungen erwartet werden können. Die Hypothese bedürfte einer einzelfallorientierten Untersuchung. Denn einerseits sind zwar angesichts weniger Ansprechpartner Vorgaben leichter durchsetzbar und größere Behörden zeichnet eine höhere Durchschlagskraft aus, andererseits sind kleinere Behörden dafür einfacher und effektiver zu steuern.[1558] Wenn aber lediglich Bereiche auf eine zentrale Behörde verlagert werden ohne gleichzeitige Stellenkürzungen, spricht dies wiederum tendenziell gegen spürbare Effekte zugunsten einer höheren Effizienz.[1559] Im Ergebnis verhält es sich bei der Frage nach einem zentralen oder dezentralen Vollzugssystem so, wie es häufig bei einer Zweckmäßigkeitsbetrachtung – auch im Rahmen der vorliegenden Arbeit[1560] – festzustellen ist: Es sprechen gute Gründe sowohl für als auch gegen beide Varianten, sodass letztlich eine Entscheidung des Gesetzgebers herbeizuführen ist. Je nach Fokussierung und individueller Neigung lassen sich Plädoyers für zentrale und föderale Strukturen gleichermaßen rechtfertigen.[1561]

1555 Zu informellen Einwirkungen auf unabhängige Behörden s. insbesondere unter Kapitel 2, B.III.2. und Kapitel 3, B.II.1.b)bb)(1).

1556 Vgl. zur Unabhängigkeit der Landesregulierungsbehörden bereits unter Kapitel 3, A.I.1.b)aa).

1557 Ähnlich *Bauer/Seckelmann*, DÖV 2014, 951 (960); zum normativen Steuerungsmodell s. näher unter Kapitel 1, B.IV.1.

1558 *N. Müller*, Rechtsformenwahl bei der Erfüllung öffentlicher Aufgaben, 1993, S. 163.

1559 Vgl. *Bauer/Seckelmann*, DÖV 2014, 951 (960): „Mit Blick auf Erfahrungen mit der Zusammenlegung von Behörden in anderen Bereichen sollte man sich hiervon allerdings keine allzu großen Effizienzgewinne versprechen, da lediglich eine Verlagerung von Stellen auf die BNetzA und kein Stellenabbau zu erwarten ist."; eine bessere Bewältigung der Aufgaben durch eine zentrale Bundesbehörde erwartend hingegen *Masing*, Gutachten D zum 66. Deutschen Juristentag, 2006, D 71 f.

1560 Vgl. im Kontext der Schaffung unabhängiger Behörden unter Kapitel 2, B.III.3.; im Kontext der Zweckmäßigkeit von Insichprozessen zur Konfliktlösung Kapitel 4, A.I.3.

1561 So auch speziell für den Energiesektor *Bauer/Seckelmann*, DÖV 2014, 951 (960): „Insofern lässt sich versöhnlich schließen, dass die Beurteilung der Frage nach der Verteilung der Verwaltungskompetenzen im Energiebereich im deutschen Bundes-

4. Befund im Regulierungs- und Kartellrecht

Nach den vorangegangenen, allgemeinen Überlegungen zur Recht- und Zweckmäßigkeit der Änderung von Zuständigkeiten können nun konkrete Reformvorschläge in den untersuchten Bereichen des Regulierungs- und Kartellrechts diskutiert werden. In diesem Zusammenhang soll einerseits der Komplex der Netzregulierung und des Kartellrechts (a)), andererseits das Feld der Banken- und Finanzaufsicht beleuchtet werden (b)).

a) Reformüberlegungen im Bereich der netzgebundenen Regulierung und des Kartellrechts

In den verwandten Bereichen der sektorspezifischen Netzregulierung und des Kartellrechts soll sich die Diskussion auf vier grundlegende Reformansätze konzentrieren, die eine Veränderung der bestehenden Kompetenzordnung im Blick haben. Zunächst kann über eine Aufwertung der selbständigen Bundesoberbehörden BNetzA und BKartA zu obersten Bundesbehörden nachgedacht werden (aa)). Diskussionswürdig erscheint zweitens die Aufspaltung der BNetzA als zentraler Regulierungsbehörde in ihre Teilsektoren (bb)). Umgekehrt ist drittens denkbar, BNetzA und BKartA zu einer einzigen Wettbewerbsbehörde zu „fusionieren“ bzw. eine Behörde in die andere zu integrieren (cc)). Schließlich soll viertens zu dem Gedanken Stellung genommen werden, das Recht der Netzregulierung übergreifend zu kodifizieren (dd)).

aa) Aufwertung der BNetzA bzw. des BKartA zur obersten Bundesbehörde

Wie bereits festgestellt, sind BNetzA und BKartA ausweislich der § 1 Satz 2 BEGTPG bzw. § 51 Abs. 1 GWB nach Art. 87 Abs. 3 Satz 1 GG errichtete *selbständige Bundesoberbehörden* im Geschäftsbereich des für sie zuständigen Ministeriums.

Einerseits ist es grundsätzlich zu begrüßen, dass die Regulierungs- und Kartellbehörden organisatorisch aus der Ministerialbürokratie ausgelagert sind. Durch die Verortung auf einer technokratischen Subebene wird die Wettbewerbsaufsicht dem nicht unerheblichen, direkten politischen Druck

---

staat letztlich eine der persönlichen Präferenzen für stärkere Kontrollmechanismen und Wettbewerbsföderalismus oder für mehr Zentralisierung ist.“; s. auch allgemein zu den prinzipiellen Stärken und Schwächen der institutionellen Verwaltungs- und Behördenorganisation *B. Becker*, Öffentliche Verwaltung, 1989, S. 258 ff.; zu den Vor- und Nachteilen einer Dekonzentration bündig *Burgi*, in: Ehlers/Pünder (Hrsg.), Allgemeines Verwaltungsrecht, 15. Aufl. 2016, § 8 Rn. 27.

entzogen; die Wahrscheinlichkeit für das Treffen sachgerechter und nicht partikular orientierter Entscheidungen steigt.[1562] Die unionsrechtlich gebotene Unabhängigkeit der Aufsichtsbehörden wird darüber hinaus zumindest faktisch durch zwei Faktoren jenseits der intrikaten Problematik um die Weisungsfreiheit (als stärkster Ausprägung der Eigenständigkeit) begünstigt: Zum einen stärkt die institutionelle Verselbständigung der Behörde ihre autonome Position,[1563] zum anderen sorgt die räumliche Distanz[1564] zum übergeordneten Ministerium für ein gewisses Maß an Entkoppelung.[1565] Dies reduziert die Gefahr, dass auf dem „kurzen Dienstweg" politischer Einfluss auf die Behörde genommen wird. Eine vollständige Wiedereingliederung in die Ministerialverwaltung – gewissermaßen die Umwandlung der Regulierungs- und Kartellbehörden in Abteilungen der einschlägigen Ministerien – sollte deshalb unterbleiben. Andernfalls könnte auch die erforderliche Weisungsfreiheit praktisch nur noch schwer umgesetzt werden. Ein solcher Schritt wäre der Vermeidung vertikaler Binnenkonflikte kaum dienlich.

Andererseits verbleiben die selbständigen Bundesoberbehörden ungeachtet ihrer Verselbständigung im Geschäftsbereich des jeweiligen Ministeriums. Der Vorschlag, die Regulierungsbehörde für Telekommunikation und Post (RegTP) als Vorgängerin der BNetzA als *ressortfreie oberste Bundesbehörde* – ähnlich der Bundesbank gemäß § 2 Satz 1 BBankG – in Form einer

---

[1562] Vgl. bereits eingehend unter Kapitel 2, B.III.1.; s. auch im Kontext der Regulierung speziell *Masing*, Gutachten D zum 66. Deutschen Juristentag, 2006, D 46 f.

[1563] S. hierzu *Dreier*, Hierarchische Verwaltung im demokratischen Staat, 1991, S. 246 f. m. w. N.; *Welz*, Ressortverantwortung im Leistungsstaat, 1988, S. 20, 111 ff.; *Wagener*, in: Wagener (Hrsg.), Verselbständigung von Verwaltungsträgern, 1976, S. 31 (40); *Breuer*, VVDStRL 44 (1986), 211 (228) m. w. N.: „[D]ie [...] Verselbständigung [wird] vielfach dadurch motiviert und begründet, daß ein spezialisierter und dadurch qualifizierter Verwaltungsapparat seine Fachaufgaben innerhalb eines normativen Rahmens in *begrenzter technokratischer Eigenregie* erledigen soll" (Hervorh. im Original); *N. Müller*, Rechtsformenwahl bei der Erfüllung öffentlicher Aufgaben, 1993, S. 440.

[1564] Während die Bundesministerien – vorliegend sind insbesondere das BMWi und das BMVI (sowie für die BaFin mit Sitz in Frankfurt am Main und Bonn das BMF) relevant – grundsätzlich ihren (Haupt-)Sitz in Berlin haben, sind die BNetzA (§ 1 S. 2 BEGTPG) und das BKartA (§ 51 Abs. 1 S. 1 GWB) in Bonn beheimatet, sodass insoweit auch geografisch eine Distanz zur politischen Spitze besteht. Relativiert wird diese Distanz allerdings dadurch, dass die Ministerien regelmäßig einen zweiten Dienstsitz in Bonn unterhalten, der zum Teil sogar personell stärker besetzt ist als der Hauptsitz.

[1565] *Oertel*, Die Unabhängigkeit der Regulierungsbehörde nach §§ 66 ff. TKG, 2000, S. 202 f.: „Schon diese rechtsgebotene Auslagerung schafft faktische Autonomie. Denn die Einflußnahme des Ministers muß eine institutionelle Sperre überwinden, bildlich gesprochen sich ‚außer Haus' begeben. Die institutionelle Verselbständigung trägt also ein Moment zur politischen Verselbständigung in sich."; s. ferner *N. Müller*, Rechtsformenwahl bei der Erfüllung öffentlicher Aufgaben, 1993, S. 438 ff.

bundesunmittelbaren juristischen Person des öffentlichen Rechts zu konzipieren, wurde nicht weiterverfolgt.[1566] Aus historischer Perspektive erscheint dies einleuchtend. Seinerzeit sahen die europäischen Infrastrukturrichtlinien lediglich eine funktionelle, nicht aber eine politische Unabhängigkeit vor.[1567] Demnach war es europarechtlich unbedenklich und verfassungsrechtlich sogar unter Demokratiegesichtspunkten naheliegend[1568], die Aufsicht weiterhin der ministeriellen bzw. politischen Kontrolle zu unterwerfen.[1569]

Mittlerweile hat sich die unionale Rechtslage dahingehend geändert, dass sich die Unabhängigkeitsanforderungen auch auf eine sachliche Dimension erstrecken, sodass beispielsweise Einzelweisungen generell unzulässig sind. In Anbetracht dessen ließe sich über eine Neubewertung der Organisationsform der BNetzA und des BKartA dergestalt nachdenken, die bis dato als selbständige Bundesoberbehörden firmierenden Institutionen in oberste Bundesbehörden umzuwandeln. Zwingend wäre eine solche „Hochzonung“ nicht, da die Frage der sachlichen Unabhängigkeit nicht in erster Linie mit der Organisationsform zusammenhängt bzw. auch selbständige Bundesoberbehörden weisungsfrei gestellt werden können[1570]. Gleichwohl wäre es ein politisches Signal, die – ohnehin gebotene – behördliche Unabhängigkeit in diesen Bereichen zu stärken und durch Ausgliederung aus den Geschäftsbe-

---

[1566] Vgl. *Kühling*, Sektorspezifische Regulierung in den Netzwirtschaften, 2004, S. 376 mit Fn. 38, in der auf § 68 Abs. 1 S. 1 des Referentenentwurfs für ein Telekommunikationsgesetz (Stand: 6.10.1995) verwiesen wird, der die Einrichtung einer obersten Bundesbehörde vorsah; *Geppert*, in: Büchner et al. (Hrsg.), Beck'scher TKG-Kommentar, 2. Aufl. 2000, § 66 TKG Rn. 4, der darauf hinweist, dass „diese Konzeption aufgrund der damit verbundenen fachlichen Unabhängigkeit und Politikferne von allen angehörten Verbänden begrüßt wurde“; *Müller-Terpitz*, ZG 1997, 257 (262); *Müller/Schuster*, MMR 1999, 507 (507); s. näher *Windthorst*, Der Universaldienst im Bereich der Telekommunikation, 1997, S. 440 ff.; *Oertel*, Die Unabhängigkeit der Regulierungsbehörde nach §§ 66 ff. TKG, 2000, S. 200 f.; *Holznagel/Schumacher*, in: Gramlich/Manger-Nestler (Hrsg.), Europäisierte Regulierungsstrukturen und -netzwerke, 2011, S. 37 (52); zu den internationalen Beispielen in den USA und dem Vereinigten Königreich, wo die Stellung der zuständigen Behörden vergleichbar ist mit ressortfreien obersten Bundesbehörden, s. *Oertel*, a.a.O., S. 279 ff.; *Kühling*, a.a.O., S. 376 m.w.N.; *Windthorst*, a.a.O., S. 517 f.

[1567] Zu den unterschiedlichen Komponenten der Unabhängigkeit s. unter Kapitel 1, B.II.; zur Entwicklung von einer rein funktionellen hin zu einer auch politischen Unabhängigkeit in den Infrastruktursektoren s. unter Kapitel 2, B.III.1.

[1568] S. zum Spannungsverhältnis von unabhängigen Behörden und dem verfassungsrechtlichen Demokratieprinzip eingehend unter Kapitel 2, B.II.1.b).

[1569] Vgl. insoweit *Kühling*, Sektorspezifische Regulierung in den Netzwirtschaften, 2004, S. 376 ff., dessen Ausführungen sich noch auf die alte Rechtslage beziehen: „Angesichts der Einordnung in den Geschäftsbereich des Bundeswirtschaftsministeriums stellt sich die Frage nach der sachlichen Unabhängigkeit der RegTP. Diese hängt ganz wesentlich vom Ausmaß der Weisungsfreiheit ab.“ (S. 376).

[1570] S. hierzu bereits näher unter Kapitel 2, B.II.2.c).

reichen der übergeordneten Ministerien die Gefahr einer politischen Einflussnahme zu minimieren.[1571]

Auf der anderen Seite würde eine organisatorisch-institutionelle Reform das in der Praxis funktionierende Modell insoweit wieder infrage stellen, als dadurch zumindest für einen Übergangszeitraum bzw. eine Erprobungsphase erneut Rechtsunsicherheit bestünde.[1572] Darüber hinaus könnte die Entfernung aus der technokratischen Subebene sogar zu einer – gerade nicht gewollten – stärkeren Politisierung des Handelns der Regulierungs- und Kartellbehörden führen.[1573] Im ungünstigsten Fall käme es zu keiner Ausräumung von Binnenkonflikten, sondern lediglich zu einer Verschiebung der Ebene: Aus vertikalen Streitigkeiten würden horizontale, da die Wettbewerbsbehörden dann auf gleicher Stufe mit den Bundesministerien, aus deren Geschäftsbereich sie entstammen, angesiedelt wären. Ferner müsste darauf geachtet werden, dass die Behördenspitzen von BNetzA und BKartA nicht den Status eines Bundesministers erhielten, damit die behördliche Unabhängigkeit nicht in das „Fadenkreuz" der Richtlinienkompetenz des Bundeskanzlers gemäß Art. 65 Satz 1 GG gerät. Denn die Kanzlerrichtlinien binden ausweislich des § 1 Abs. 1 Satz 2 GOBReg als konkretisiertes Verfassungsrecht die Bundesminister.[1574] Nicht gut, sondern allenfalls gut gemeint wäre die Idee, die unabhängigen Behörden aus dem Zugriffsbereich eines Ministeriums herauszulösen um den Preis, dann direkt der Richtlinienkompetenz des Kanzlers zu unterstehen. Mit den unionsrechtlichen Unabhängigkeitsvorgaben wäre dies gleichermaßen unvereinbar und möglicherweise ein kontraproduktiver Schritt,[1575] der zwangsläufig in der Etablierung einer staatsorganisations-

[1571] In diese Richtung auch schon vor Normierung einer weitreichenden politischen Unabhängigkeit *Windthorst*, Der Universaldienst im Bereich der Telekommunikation, 1997, S. 441 f.

[1572] Ablehnend daher *Masing*, Gutachten D zum 66. Deutschen Juristentag, 2006, D 44, der deshalb die Debatte ausspart, ob die BNetzA als oberste Bundesbehörde ausgestaltet werden sollte: „Eine Reform sollte schon um der Kontinuität willen von diesem Ausgangspunkt ohne Not nicht wieder abrücken."; s. auch zur RegTP „als Paradefall einer effektiven sektorspezifischen Regulierungsbehörde" *Kühling*, Sektorspezifische Regulierung in den Netzwirtschaften, 2004, S. 381 ff.

[1573] Vgl. auch *Masing*, in: Festschrift für R. Schmidt, 2006, S. 521 (533).

[1574] Hierzu *Detterbeck*, in: Isensee/Kirchhof (Hrsg.), Handbuch des Staatsrechts, Bd. III, 3. Aufl. 2005, § 66 Rn. 22; *Epping*, in: Epping/Hillgruber (Hrsg.), BeckOK GG, 49. Edition 2021, Art. 65 Rn. 4; *Hermes*, in: Dreier (Hrsg.), GG, Bd. II, 3. Aufl. 2015, Art. 65 Rn. 25 f.; *Brinktrine*, in: Sachs (Hrsg.), GG, 9. Aufl. 2021, Art. 65 Rn. 16, 24; *Herzog*, in: Dürig/Herzog/Scholz (Hrsg.), GG, 95. EL 2021, Art. 65 Rn. 18.

[1575] Dies ergibt sich bereits daraus, dass die Richtlinien rechtliche Verbindlichkeit genießen und befolgt werden müssen, vgl. statt vieler *Herzog*, in: Dürig/Herzog/Scholz (Hrsg.), GG, 95. EL 2021, Art. 65 Rn. 17; in diesem Zusammenhang ist die Frage nach der Reichweite und der Durchsetzbarkeit der Richtlinien nur von untergeordneter Bedeutung.

rechtlich und demokratietheoretisch bedenklichen Nebenregierung münden müsste[1576]. Statt einer dahingehenden Reform der Verwaltungsorganisation sollte daher besser die Unabhängigkeit im nationalen Recht stärker bzw. überhaupt verankert werden; die Aufwertung zu obersten Bundesbehörden (allein) ist kein Surrogat für eine einfachgesetzlich vorenthaltene Unabhängigkeit. Dem Vorschlag einer „Hochzonung" selbständiger Bundesoberbehörden ist deshalb richtigerweise eine Absage zu erteilen.

bb) Abkehr von einer sektorenübergreifenden Behörde

Anknüpfend an den Grundgedanken, bisher gebündelt wahrgenommene Aufgaben auf mehrere Behörden aufzuspalten und die Zuständigkeiten klar voneinander abzugrenzen, könnte man im Netzregulierungsrecht auch erwägen, die BNetzA in ihre einzelnen Sektoren zu zerschlagen. Diese Überlegung ist keineswegs so unplausibel, wie sie *prima facie* erscheinen mag, wenn man sich zwei Aspekte vor Augen führt: Erstens stellt der Typus einer sektorenübergreifenden Regulierungsbehörde, wie sie hierzulande vorzufinden ist, weder im europäischen noch im internationalen Vergleich den Standard dar.[1577] Zweitens ist das deutsche Modell nicht das Ergebnis eines im Vorfeld wissenschaftlich durchdachten, wohlüberlegten und weitsichtigen Konzepts, sondern vielmehr das Produkt kurzfristiger pragmatischer Erwägungen und politischer Kompromissbildung.[1578] Seinerzeit galt die Regulie-

---

[1576] Zutreffend *Masing*, in: Festschrift für R. Schmidt, 2006, S. 521 (533): „Die Regulierungsbehörde darf keine Nebenregierung werden, sondern muss als Ganze, abgeschichtet und abgeschirmt, in die Regierungsverantwortung doch eingebunden werden.".

[1577] Vgl. im europäischen Kontext *Koenig/Kühling/Rasbach*, ZNER 2003, 3 ff.; *Schneider*, Liberalisierung der Stromwirtschaft durch regulative Marktorganisation, 1999, S. 175 ff.; *Schneider*, ZHR 164 (2000), 513 (527 ff., 543); *Spreng*, Netzzugang im deutschen und britischen Gasmarkt, 2005, S. 35 ff., 62 ff., 104 f.; zum Vergleich mit dem US-amerikanischen System s. *Masing*, AöR 128 (2003), 558 (584 ff., 602 ff.): „Es gibt keine *allgemeinen* Behörden, sondern nur fachlich spezialisierte Organisationseinheiten, in begrenzter Weise eingesetzt zur Lösung spezifischer Probleme. [...] Die Organisation steht damit in Analogie zu dem eher topischen Ansatz des *Common Law* überhaupt. [...] So [...] bilden die [...] Behörden nicht ein geschlossenes Netz zur allgemeinen Herstellung staatlicher Handlungsfähigkeit, sondern einen Verbund an Fachkabinetten." (Hervorh. im Original); zum Ganzen *Masing*, Gutachten D zum 66. Deutschen Juristentag, 2006, D 52; s. auch *Holznagel*, in: Holznagel (Hrsg.), 20 Jahre Verantwortung für Netze, 2018, S. 3 (6) mit Fn. 14, der als Beispiele für das Modell eines übergreifenden Regulierers („Multi-Sector-Regulator") neben Deutschland die Staaten Dänemark, Estland, Lettland, die Niederlande und Spanien anführt.

[1578] Vgl. BT-Drs. 15/1510, S. 31: „Nach den EU-Vorgaben muss die Regulierungsbehörde zum 1. Juli 2004 benannt werden. Es ist sachgerecht, u. a. wegen dieses engen Zeitrahmens eine bestehende Bundesoberbehörde im Geschäftsbereich des BMWA mit der zusätzlichen Regulierungsaufgabe für den Strom- und Gasbereich zu rungsbehörde für Telekommunikation und Post (RegTP) als Vorgängerin der BNetzA immerhin noch als „Paradebeispiel“ einer sektorspezifischen Regulierungsinstanz.[1579]

Eingedenk dessen fällt der Blick zunächst auf die *Bedenken*, die mit der Netzregulierung durch eine übergreifende Behörde verbunden werden. In den netzgebundenen Sektoren herrschen jeweils zumindest im Detail stark unterschiedliche Gegebenheiten vor, alleine bereits in technisch-infrastruktureller Hinsicht.[1580] Es bedarf einer fachlich hoch spezialisierten Behörde, um den monopolistischen Netzbetreibern mit naturgemäß eher an Gewinnmaximierung denn am Gemeinwohl orientierten Zielen auf Augenhöhe und ohne Defizite im Know-how entgegentreten zu können.[1581] Umso höher ist der Begründungsaufwand für eine sektorenübergreifende Behörde. Vor diesem Hintergrund mag sich erklären, dass die Übertragung sektorspezifischer Aufgaben auf andere Behörden keine Idee aus der metaphorischen „Mottenkiste“ darstellt, sondern mit Blick auf die rasant fortschreitende Digitalisierung wenig an Aktualität eingebüßt hat. So gibt es Forderungen nach der Gründung einer Digitalagentur, die anstelle der vorhandenen Regulierungs- und Wettbewerbsbehörden „Think-Tank-Aufgaben“ wahrnehmen und Rechtsverstöße auf Internetplattformen zügig und effektiv bekämpfen soll.[1582] Insoweit

---

beauftragen, deren Infrastruktur entsprechend genutzt werden kann. Die RegTP befasst sich mit der wettbewerbsorientierten Regulierung des ebenfalls netzgebundenen Telekommunikationsbereichs. Aus diesen Gründen schlägt das BMWA die RegTP als Regulierungsbehörde vor.“; zur Position der Länder s. a. a. O., S. 39: „Die RegTP wäre aufgrund ihrer Fachorientierung und der Art ihrer Aufgabenwahrnehmung, die vornehmlich auf die Regulierung eines einzigen Unternehmens zugeschnitten ist, nicht für Aufgaben im Energiebereich mit einer Vielzahl von Netzbetreibern konzipiert. Sie würde insbesondere nicht über das erforderliche Spezialwissen verfügen.“; *Masing*, Gutachten D zum 66. Deutschen Juristentag, 2006, D 53, D 57 f.: „freilich nicht […] das Ergebnis eines großen konzeptionellen Wurfes“ bzw. „Produkt heftigen politischen Ringens und zum Teil kurz entschlossener punktueller Kompromisse“; vgl. ferner *Röger*, DÖV 2004, 1025 (1034), der die Zuweisung des Energiesektors auf die damalige RegTP rechtfertigt; *Masing*, in: Festschrift für R. Schmidt, 2006, S. 521 (523): „Konzeptionslosigkeit des Gesetzgebungsverfahrens“.

1579 So *Kühling*, Sektorspezifische Regulierung in den Netzwirtschaften, 2004, S. 366; von der Entwicklung der RegTP zur BNetzA s. unter Kapitel 4, B.II.1.

1580 S. *Masing*, Gutachten D zum 66. Deutschen Juristentag, 2006, D 17 ff., D 53; s. zudem die weiteren Nachweise unten in Fn. 1632; s. auch *Henseler-Unger*, in: Gramlich/Manger-Nestler (Hrsg.), Europäisierte Regulierungsstrukturen und -netzwerke, 2011, S. 55 (57).

1581 Vgl. *Masing*, Gutachten D zum 66. Deutschen Juristentag, 2006, D 53.

1582 So *Bundesministerium für Wirtschaft und Energie*, Weißbuch Digitale Plattformen, 2017, S. 113 (dort auch der zitierte Begriff); plakativ *Schwintowski*, DRiZ 2018, 341, der für die Einrichtung einer Digitalagentur nach dem Vorbild von BNetzA, BKartA oder BaFin eintritt: „Deutschland braucht eine Digitalagentur“; vgl. hierzu auch *Holznagel*, in: Holznagel (Hrsg.), 20 Jahre Verantwortung für Netze, 2018, S. 3

bestehen offenbar Zweifel daran, dass eine sektorenübergreifende Behörde wie die BNetzA mit der gleichen Effektivität neue Bereiche regulieren kann wie eine hierauf spezifizierte und fokussierte eigenständige Behörde.

Den erhöhten Rechtfertigungsanforderungen an eine sektorenübergreifende Behörde kann gerecht werden, wenn die Vorteile einer gemeinsamen Behörde deren mögliche Probleme überwiegen. Insbesondere ist dies zu bejahen, wenn die Regulierung der unterschiedlichen Sektoren erkennbare Parallelen aufweist, etwa hinsichtlich ihrer Ziele, ihrer Aufgaben und ihres zur Verfügung stehenden Instrumentariums. Dieses kann mit Johannes Masing ungeachtet der fortbestehenden Divergenzen zwischen den einzelnen Netzen für den Bereich der netzgebundenen Regulierung grundsätzlich festgestellt werden: „Der übergreifende Kernbestand der Netzregulierung liegt in den Aufgaben der Netzzugangs- und Netzanschlusssicherung einschließlich der Entflechtungs- und Entgeltkontrolle sowie in einer wettbewerbskompatiblen Sicherstellung von Gemeinbelangen.“[1583] Die parallelen ökonomischen Gegebenheiten ergeben einen hinreichenden Sachzusammenhang.[1584] Den (kleinsten) gemeinsamen Nenner bilden die in den Netzwirtschaften allenthalben – sieht man von gegenläufigen, insbesondere durch technischen Fortschritt bedingten Entwicklungstendenzen wie im Bereich der nicht leitungsgebundenen Telekommunikation einmal ab[1585] – vorzufindenden Monopole, sodass einheitliches Ziel der Regulierung die Ausmerzung von Marktab-

---

(24 f.); für eine Betrauung der BNetzA mit diesen Aufgaben hingegen (als Vizepräsident der BNetzA aber möglicherweise nicht ganz objektiv) *Eschweiler*, a. a. O., S. 399 (400, 407).

[1583] Prägnant *Masing*, Gutachten D zum 66. Deutschen Juristentag, 2006, D 54 m. w. N. und Erläuterungen zu den Aufgaben im Einzelnen; s. auch *Storr*, DVBl. 2006, 1017 (1020), der drei Ziele der Regulierungsverwaltung anführt: die Sicherstellung von Wettbewerb, die Gewährleistung einer hinreichenden Grundversorgung und die Wahrung der Interessen der öffentlichen Sicherheit und Ordnung; eingehend zu den Zielen der Regulierung *Lepsius*, in: Fehling/Ruffert (Hrsg.), Regulierungsrecht, 2010, § 19 Rn. 1 ff., 9 ff.

[1584] *Ruffert*, in: Ehlers/Fehling/Pünder (Hrsg.), Besonderes Verwaltungsrecht, Bd. 1, 4. Aufl. 2019, § 22 Rn. 40, der auf die „besonders hohen ökonomischen Vorteile aus dem Betrieb von Netzen […], echten Netzwerkeffekten […], einer besonderen Kostenstruktur […] sowie der hochgradig eingeschränkten Duplizierbarkeit“ abstellt.

[1585] Vgl. grundlegend *Fetzer*, Staat und Wettbewerb in dynamischen Märkten, 2013, insb. S. 132 ff., 319 ff.; ferner zur dynamischen Regulierung und zum möglichen „Phasing-Out“ regulierter Bereiche *Lepsius*, in: Fehling/Ruffert (Hrsg.), Regulierungsrecht, 2010, § 19 Rn. 6: „Regulierte Branchen können aus dem Regulierungsrecht entlassen werden, weil die rein marktwirtschaftliche Leistungserbringung zu einem flächendeckenden, zuverlässigen und preisgünstigen Angebot geführt hat (denkbar etwa im Bereich der nicht leitungsgebundenen Handy-Telekommunikation). Umgekehrt können neue Branchen ins Regulierungsrecht überführt werden […].“; s. auch *Haucap/Coenen*, in: Festschrift für W. Möschel, 2011, S. 1005 (1014 ff.);

schottung und Wettbewerbsverhinderung ist.[1586] Sektorenübergreifende Problemstellungen – namentlich „asymmetrische Kommunikationsbeziehungen, Informationsdefizite, die Verwiesenheit auf die Beurteilung unternehmensinterner Entscheidungen in Bezug auf Investitionen, Kosten oder Effizienz, die Fundierung wirtschaftspolitischer Einschätzung und Prognosen, die solchen Entscheidungen entgegengesetzt werden können oder die Notwendigkeit schneller Entscheidungen" – haben zur Folge, dass sich das Handlungsinstrumentarium, die Verfahren[1587] und die Organisation[1588] in den jeweiligen Sektoren weitgehend ähneln, sodass eine gemeinsame Behörde auf einem soliden Fundament hinsichtlich der Erledigung ihrer Aufgaben fußt.[1589]

Neben gewichtigen Gemeinsamkeiten hinsichtlich der Regulierung der Netzsektoren lassen sich weitere Vorzüge identifizieren, die mit der Aufsicht „aus einer Hand" einhergehen. Zunächst kann banal festgestellt werden, dass die Strukturen bei lediglich einer Behörde insgesamt schlanker und flexibler sind: Benötigt wird nur eine Infrastruktur sowie nur ein Personal- und Leitungsstab; Abteilungen können im Sinne einer höheren Effizienz Aufgaben bündeln und Mitarbeiter können vergleichsweise unkompliziert im Bedarfsfall bei entsprechender Auslastung Referate wechseln.[1590] Auch in materieller Hinsicht ergeben sich darüber hinaus *Synergieeffekte*: Im Rahmen des recht-

---

Gonsior, Die Verfassungsmäßigkeit administrativer Letztentscheidungsbefugnisse, 2018, S. 36 ff.

[1586] *Masing*, Gutachten D zum 66. Deutschen Juristentag, 2006, D 54; ausführlich *Kühling*, Sektorspezifische Regulierung in den Netzwirtschaften, 2004, S. 66 ff., 133 ff.; *Hermes*, Staatliche Infrastrukturverantwortung, 1998, S. 256 ff.; *Braun*, Der Zugang zu wirtschaftlicher Netzinfrastruktur, 2003, S. 66 ff.; in jüngerer Zeit vgl. etwa *Mengering*, Die Entgeltregulierung im Telekommunikations- und Energierecht, 2017, S. 38 ff., 141 ff. im Kontext der Entgeltregulierungsdogmatik im Telekommunikations- und Energierecht.

[1587] Zu den allgemeinen und spezifischen Instrumenten und Verfahren im Regulierungsrecht s. eingehend *Fehling*, in: Fehling/Ruffert (Hrsg.), Regulierungsrecht, 2010, § 20 Rn. 1 ff.; *Ruffert*, in: Ehlers/Fehling/Pünder (Hrsg.), Besonderes Verwaltungsrecht, Bd. 1, 4. Aufl. 2019, § 22 Rn. 34 ff., 40 ff.

[1588] Zur Systematisierung der Verwaltungsorganisation im Regulierungsrecht näher *Britz*, in: Fehling/Ruffert (Hrsg.), Regulierungsrecht, § 21 Rn. 1 ff., speziell für den Bereich der Netzregulierung vgl. Rn. 32 ff.

[1589] *Masing*, Gutachten D zum 66. Deutschen Juristentag, 2006, D 54 f.: „starke Klammer über die verschiedenen Sektoren hinweg"; dort auch das in der Parenthese im Fließtext Zitierte; näher *Ludwigs*, in: Festschrift für M. Schmidt-Preuß, 2018, S. 689 ff.

[1590] So *Masing*, Gutachten D zum 66. Deutschen Juristentag, 2006, D 55, der Einschränkungen lediglich bei technisch hoch spezialisierten Mitarbeitern sieht und noch darauf hinweist, dass gerade der Regulierungsbereich aufgrund der dynamischen Wettbewerbsstrukturen einer wechselnden Intensität unterliegt, was zu kurzfristigen Kapazitätsänderungen führen kann; *Holznagel*, in: Holznagel (Hrsg.), 20 Jahre Verantwortung für Netze, 2018, S. 3 (30).

lich und tatsächlich Möglichen können Erfahrungsschätze aus dem einen Sektor unkompliziert und unbürokratisch in andere Sektoren transferiert sowie verschiedene Ansätze erprobt, verglichen und bewertet werden.[1591] Nicht zuletzt wird durch eine gemeinsame Aufsichtsbehörde der Gefahr eines *regulatory capture*[1592] entgegengewirkt; das Risiko einer verengten Sichtweise und Vereinnahmung durch die Regulierten wird durch die „sektorale Symbiose“ möglichst klein gehalten.[1593]

Auch wenn die Einrichtung einer sektorenübergreifenden Behörde seinerzeit als Experiment anmutete, kann sie sich doch durch die bisherigen Erfahrungen aus der Praxis bestätigt sehen.[1594] Es besteht, gerade auch mit Blick auf die skizzierten Vorteile und mit diesem Schritt verbundenen Nachteile wie das Entstehen neuer Kompetenzkonflikte, keine Notwendigkeit, die effizient arbeitende BNetzA zu zerschlagen.[1595] Zugleich sollten neu anfallende

---

[1591] *Masing*, Gutachten D zum 66. Deutschen Juristentag, 2006, D 56; *Henseler-Unger*, in: Gramlich/Manger-Nestler (Hrsg.), Europäisierte Regulierungsstrukturen und -netzwerke, 2011, S. 55 (56f.); *Holznagel*, in: Holznagel (Hrsg.), 20 Jahre Verantwortung für Netze, 2018, S. 3 (30).

[1592] Näher zur Capture-Theorie s. unter Kapitel 2, B.III.2. und die Nachweise in Fn. 1552.

[1593] Vgl. *Masing*, Gutachten D zum 66. Deutschen Juristentag, 2006, D 56: „Das Risiko einer Einbindung des Regulierers in partikulare Branchenperspektiven gilt seit jeher als gravierendes Problem sektoraler Regulierungsbehörden, da hier die fachliche Verengung und intensive, einseitige Kontakte zwischen Regulierern und Regulierten leicht zu einer Interessenidentifikation führen. [...] Indem die Behörde ähnliche Probleme in verschiedenen Sachbereichen lösen muss und damit ein gewisser sektorenübergreifender Konsistenzdruck entsteht, ist einer Identifizierung mit Einzelinteressen durch Perspektivenverengung wesentlich vorgebaut [...].“; vgl. ferner *Kühling*, Sektorspezifische Regulierung in den Netzwirtschaften, 2004, S. 373; *Holznagel*, in: Holznagel (Hrsg.), 20 Jahre Verantwortung für Netze, 2018, S. 3 (30); im Kontext einer Verlagerung der Aufgaben auf das BKartA s. *Böge/Lange*, WuW 2003, 870 (879f.) sowie den nachfolgenden Abschnitt; s. aber auch *Bauer/Seckelmann*, DÖV 2014, 951 (958), die im Zusammenhang mit der Diskussion um einen zentralen oder dezentralen Regulierungsvollzug darauf aufmerksam machen, dass die Auswirkungen eines *agency capture* gegenüber einer Vereinnahmung von nur einer unter mehreren Behörden mit regionaler Zuständigkeit deutlich weitreichender wären; zur parallelen Problematik des *regulatory capture* bei der Bankenaufsicht vgl. *Kämmerer/Starski*, ZG 2013, 318 (330f.).

[1594] Rückblickend anlässlich des 20-jährigen Jubiläums der Regulierungsbehörde *Holznagel*, in: Holznagel (Hrsg.), 20 Jahre Verantwortung für Netze, 2018, S. 3 (9): „Die BNetzA hat die Öffnung der Märkte in den Netzsektoren mit Bravour bewältigt.“; *Eschweiler*, a.a.O., S. 399 (408): „Die Bundesnetzagentur hat als sektorspezifische Wettbewerbsaufsicht in den vergangenen zwanzig Jahren in der öffentlichen Wahrnehmung die Herausforderungen zur Gestaltung von Märkten beantwortet und sich einen guten Ruf im In- und Ausland erarbeitet.“.

[1595] In diese Richtung auch *Masing*, Gutachten D zum 66. Deutschen Juristentag, 2006, D 57: „aufgabenadäquat“; *Holznagel*, in: Holznagel (Hrsg.), 20 Jahre Verantregulatorische Aufgaben auch der Regulierungsbehörde zugewiesen werden, bevor man eine – womöglich neue Probleme schaffende – Institution wie eine Digitalagentur ins Leben ruft. Dies gilt jedenfalls für solche neuen Aufgaben, die sich ihrer Art nach gut in das Spektrum der vorhandenen Regulierungsbehörde(n) einfügen lassen, sodass Synergieeffekte (vorhandenes Wissen, Erfahrungsschätze, Personal und Infrastruktur) fruchtbar gemacht werden können.

cc) Zusammenlegung von BNetzA und BKartA zu einer umfassenden Wettbewerbsbehörde

Die aufgezeigten (potenziellen) Spannungen zwischen BNetzA und BKartA, namentlich hinsichtlich der Abgrenzung ihrer Zuständigkeit und der wechselseitigen Verfahrensbeteiligung,[1596] ließen sich auch dadurch auflösen, dass man die beiden Behörden in einer einzigen „Superbehörde" zusammenfasst. Dahingehende Vorstöße, dass etwa das BKartA die regulierungsbehördlichen Aufgaben im Sinne einer *allgemeinen Wettbewerbsaufsicht* übernimmt, sind nicht neu.[1597] Immerhin fußen Regulierungs- und Kartellrecht mit dem Ziel der Wettbewerbssicherung auf einer gemeinsamen Basis und besitzen zumindest bei entsprechend hohem Abstraktionsgrad identische Maßstäbe; beiden ist gemein, zu verhindern, dass marktbeherrschende Stellungen missbraucht werden.[1598] Als (anfängliche) Kritik an der Einrichtung einer separaten Regulierungsbehörde fasst Jürgen Kühling die folgenden Aspekte zusammen: das Ausbleiben von Synergieeffekten bei der

---

wortung für Netze, 2018, S. 3 (31), der es angesichts der immer stärkeren Verzahnung der Netzwirtschaften für „wenig hilfreich [hält], wenn die Zuständigkeiten auf unterschiedliche Behörden verteilt wären".

1596 S. hierzu unter Kapitel 3, B.II.2.b).

1597 Vgl. die zahlreichen Nachweise bei *Masing*, Gutachten D zum 66. Deutschen Juristentag, 2006, D 47f. in Fn. 84, dort auch weiterführend zu im Gesetzgebungsverfahren diskutierten, aber nicht umgesetzten Vorschlägen; für den Energiesektor *Koenig/Kühling*, WuW 2001, 810 (817ff.); *Böge*, et 53 (2003), 652 (655); für den Telekommunikations- und – vorliegend mangels Unabhängigkeit nicht weiter relevanten – Postsektor *Kühling*, Sektorspezifische Regulierung in den Netzwirtschaften, 2004, S. 372ff. m.w.N., insbesondere auch zu den Plädoyers der Monopolkommission, des BKartA und des BMWi für eine einheitliche Kompetenz; vgl. ferner *Ulmen/Gump*, CR 1997, 396 (397f.); *Knieps*, ORDO 48 (1997), 253 (262ff.); *Müller-Terpitz*, ZG 1997, 257 (261); *Paulweber*, Regulierungszuständigkeiten in der Telekommunikation, 1999, S. 201ff.

1598 *Säcker*, AöR 130 (2005), 180 (189); *Masing*, Gutachten D zum 66. Deutschen Juristentag, 2006, D 48; *Kühne*, in: Bartsch/Röhling/Salje/Scholz (Hrsg.), Stromwirtschaft, 2. Aufl. 2008, Kap. 21 Rn. 1; zum Verhältnis von Regulierungs- und Kartellrecht s. bereits näher unter Kapitel 1, D.III.

Regulierung;[1599] die mögliche Etablierung eines sektorspezifischen Sonderwettbewerbsrechts; die erhöhte Gefahr eines *regulatory capture* sowie einer Vereinnahmung durch die Politik bei einer nicht branchenübergreifend agierenden Behörde;[1600] das Risiko einer Petrifizierung und Verselbständigung der Regulierungsaufsicht[1601].[1602] Vor diesem Hintergrund erklärt sich die in der Vergangenheit lebhaft geführte Debatte, ob es neben dem bereits existenten BKartA einer zusätzlichen, eigenständigen Regulierungsbehörde bedurfte.

Dennoch hat sich der Gesetzgeber seinerzeit mit der Schaffung der BNetzA für die *Koexistenz zweier selbständiger Behörden* für die Regulierungs- und Kartellaufsicht entschieden. Ungeachtet der vordergründigen Gemeinsamkeiten der beiden Rechtsgebiete verdient die Entscheidung Zustimmung.[1603] Zwar schienen die Kritiker mit ihren geäußerten Vorbehalten in der Anfangszeit der noch jungen BNetzA zunächst Recht behalten zu haben: Ausdruck der Unstimmigkeiten zwischen den Behörden waren etwa die vom BKartA beklagte mehrfache, rechtswidrige Nichteinholung des Einvernehmens, die Gewährung zu kurzer Fristen für Stellungnahmen[1604] und in materieller Hinsicht unterschiedliche Standpunkte[1605].[1606] In der Folgezeit verbesserte sich

---

1599 Unter Rekurs auf die – inzwischen dahingehend revidierte – Einschätzung der Monopolkommission, Wettbewerbspolitik in Zeiten des Umbruchs (11. Hauptgutachten 1994/1995), 1996, Ziffer 56.

1600 S. auch schon im vorigen Abschnitt unter Kapitel 4, B.II.4.a)bb) zur parallelen Problematik eines *regulatory capture* bei einer nicht sektorenübergreifend agierenden Regulierungsbehörde; vgl. ferner hierzu *Koenig/Kühling*, WuW 2001, 810 (818).

1601 Unter Rekurs auf *Paulweber*, Regulierungszuständigkeiten in der Telekommunikation, 1999, S. 201 ff.

1602 *Kühling*, Sektorspezifische Regulierung in den Netzwirtschaften, 2004, S. 372 f.

1603 So auch deutlich *Masing*, Gutachten D zum 66. Deutschen Juristentag, 2006, D 48; retrospektiv *Kühling*, Sektorspezifische Regulierung in den Netzwirtschaften, 2004, S. 374: „Die positiven Erfahrungen mit der Tätigkeit der RegTP haben gezeigt, dass ein Großteil der Bedenken gegenüber einer sektorspezifischen Regulierungsbehörde unbegründet waren.“; mit Verweis auf die positiven Erfahrungen in Großbritannien und den USA *Windthorst*, Der Universaldienst im Bereich der Telekommunikation, 1997, S. 438 f.

1604 S. hierzu *Rädler*, MMR 1/1999, S. X f.; *Müller/Schuster*, MMR 1999, 507 (507 f.); vgl. zur Einordnung als horizontale, behördenexterne Konfliktlage bereits allgemein unter Kapitel 3, B.I.2. und B.II.2.b)bb).

1605 *Kühling*, Sektorspezifische Regulierung in den Netzwirtschaften, 2004, S. 375 nennt beispielhaft – jeweils mit weiteren Nachweisen – die Abgrenzung relevanter Märkte, die angemessene Festsetzung des monatlichen Mietpreises für die Teilnehmeranschlussleitungen sowie die Neugliederung der Warenkörbe der Price-Cap-Regulierung.

1606 Vgl. insgesamt *Kühling*, Sektorspezifische Regulierung in den Netzwirtschaften, 2004, S. 374 f.; *Paulweber*, Regulierungszuständigkeiten in der Telekommunikation, 1999, S. 223 f.

das Verhältnis allerdings merklich, sodass auch die Kritik – ihrer Grundlage entzogen – allmählich verstummte.[1607]

Auch im Übrigen spricht einiges dafür, die Regulierungs- und Kartellaufsicht nicht unter einem Dach zu konzentrieren. Zu Recht weist Johannes Masing darauf hin, dass sich die Aufgaben des allgemeinen Wettbewerbs- und des Regulierungsrechts zu sehr voneinander unterscheiden.[1608] Während das allgemeine Wettbewerbs- bzw. Kartellrecht von einem sich selbst herstellenden und tragenden Wettbewerb ausgehe, in den die Verwaltung grundsätzlich nur subsidiär, punktuell und (mit Ausnahme der Fusionskontrolle) *ex post* eingreife, verhalte es sich im Bereich der Regulierungsaufsicht anders. Letztere beruhe auf der Grundannahme, Wettbewerb müsse durch den Staat überhaupt erst geschaffen oder ermöglicht werden; der Markt reguliere sich gerade nicht von selbst. Folgerichtig sei die Sicherstellung von Wettbewerb – insbesondere in den von natürlichen Monopolen geprägten Netzwirtschaften – eine langfristige und permanente Aufgabe, die im Gegensatz zum allgemeinen Wettbewerbsrecht eine proaktive, vorausschauende und gestalterische Herangehensweise mit dem Steuerungsinstrument der *ex ante*-Genehmigung erfordere.[1609] Mithin würden die kartellrechtlichen Missbrauchsvorschriften, so Masing, in erster Linie die Rechtsverhältnisse der Marktteilnehmer untereinander adressieren, die Aufsicht verstehe sich insoweit „eher als Annex zu den grundsätzlich selbstläufigen Bürger-Bürger-Beziehungen“, sodass die Zuordnung zur Zivilgerichtsbarkeit konsequent sei.[1610] Demgegenüber handle es sich bei der Regulierungsaufsicht um genuines, „wettbewerbsbezogenes Verwaltungsrecht“.[1611] Mit Blick auf diese substantiellen Unter-

---

1607 Vgl. *Schmittmann/Busemann*, K&R 2000, 217 (218 f.); *Kühling*, Sektorspezifische Regulierung in den Netzwirtschaften, 2004, S. 375, der allerdings dazu aufruft, „die künftige Entwicklung weiterhin kritisch zu begleiten“.

1608 *Masing*, Gutachten D zum 66. Deutschen Juristentag, 2006, D 48; zustimmend *Burgi*, NJW 2006, 2439 (2439); s. auch *Röhl*, JZ 2006, 831 (838); *Windthorst*, Der Universaldienst im Bereich der Telekommunikation, 1997, S. 438 f.

1609 Vgl. *Säcker*, AöR 130 (2005), 180 (189); *Säcker*, in: Oberender (Hrsg.), Wettbewerb in der Energiewirtschaft, 2009, S. 65 (74 ff.); *Ludwigs*, in: Baur/Salje/Schmidt-Preuß (Hrsg.), Regulierung in der Energiewirtschaft, 2. Aufl. 2016, Kap. 42 Rn. 5 ff.; s. auch bereits unter Kapitel 1, D.III.

1610 Zur Zwitterstellung des Kartellrechts, das überwiegend als Teilgebiet des Privatrechts angesehen wird, aber auch als Teil des Verwaltungsrechts eingeordnet werden könnte, s. *Terhechte*, in: Ehlers/Fehling/Pünder (Hrsg.), Besonderes Verwaltungsrecht, Bd. 1, § 37 Rn. 4 f.

1611 Vgl. ausführlich *Masing*, Gutachten D zum 66. Deutschen Juristentag, 2006, D 48 ff., worauf sich auch die vorstehenden Ausführungen beziehen; die wörtlichen Zitate sind auf den Seiten D 49 und D 51 zu finden; freilich besteht aber im Energiesektor nach § 75 Abs. 4 EnWG eine abdrängende Sonderzuweisung zu den ordentlichen Gerichten, vgl. hierzu auch *Boos*, in: Theobald/Kühling (Hrsg.), Energierecht, 112. EL 2021, § 75 EnWG Rn. 63 ff.

schiede in ihrem Verständnis, welche elementare Auswirkungen auf Instrumentarium, Verfahren und den Rechtsweg zeitigen, sollte die Aufteilung von allgemeinen Wettbewerbs- und spezifischen Regulierungsaufgaben auf zwei selbständige Behörden beibehalten werden.

Dessen ungeachtet und unbeeindruckt von der vorstehenden Stellungnahme bliebe es dem Bundesgesetzgeber – unter Wahrung der Unabhängigkeitsgarantien und Inkaufnahme nachteiliger Konsequenzen – freilich nicht verwehrt, die getrennt wahrgenommenen Aufgaben in einer Behörde zu bündeln.[1612] Dies hätte indes den Preis, in ein (gegebenenfalls mit Abstrichen) funktionierendes System mit unabsehbaren Konsequenzen einzugreifen. Man würde ohne Not Aufgaben und Funktion der zu bestimmenden Behörde erheblich verändern, was nicht zuletzt den bisherigen Aufgabenbereich beeinträchtigen könnte. Stattdessen kann eine zusätzliche, eigenständige Behörde ohne Rücksicht auf eine bisherige Praxis unvoreingenommen neue Akzente setzen und durch eine (auch unionsrechtlich geforderte) Zusammenarbeit mit der jeweils anderen Behörde die Verwaltungslandschaft insgesamt bereichern.[1613]

dd) Übergreifende Kodifikation der Netzregulierung

Das Ziel, zur Vorbeugung von Konflikten die Kompetenzordnung zu optimieren, könnte auch durch ein rechtspolitisches Großprojekt anvisiert werden: die Ersetzung des vorhandenen normativen Flickenteppichs durch ein *übergreifendes Regulierungsgesetz* für die Netzsektoren. Im Zuge einer Vereinheitlichung und im positiven Sinne verstandenen Deregulierung ließen sich die teils widersprüchlichen, teils unklaren Vorschriften beseitigen.

Einen ersten Vorstoß in diese Richtung wagte Johannes Masing in seinem Gutachten zum 66. Deutschen Juristentag im Jahr 2006. Darin plädiert er für ein „Netzregulierungsgesetz des Bundes“, welches dem Wildwuchs bestehender Vorschriften begegnet, indem es diesen durch eine systematische Neukodifikation ablöst bzw. ergänzt.[1614] Zu Recht verwirft er dabei zunächst den Gedanken einer Gesamtkodifikation im Sinne eines „Einheitsmodell[s]“,

---

1612 Hierfür etwa deutlich *Böge*, et 53 (2003), 652 (655); s. auch bereits die (weiteren) Nachweise in Fn. 1597.

1613 Zutreffend *Masing*, Gutachten D zum 66. Deutschen Juristentag, 2006, D 51 f.

1614 Grundlegend *Masing*, Gutachten D zum 66. Deutschen Juristentag, 2006, D 58 f.; s. darüber hinaus die Referate von *Henseler-Unger*, *Mayen* und *Pernice*, in: Ständige Deputation des Deutschen Juristentages (Hrsg.), Verhandlungen des 66. Deutschen Juristentages, 2006, Bd. II/1, O 9, O 45, O 85; vgl. ferner die Begleitaufsätze: *Burgi*, NJW 2006, 2439 ff.; *Röhl*, JZ 2006, 831 ff.; *Storr*, DVBl. 2006, 1017 ff.; die anhaltende Aktualität der Diskussion um eine Vereinheitlichung (trotz oder vielleicht gerade auch wegen einer beobachtbaren Herausbildung von Konverwelches bereits allein aufgrund der völlig unterschiedlichen technischen Gegebenheiten in den einzelnen Netzsektoren „notwendig unterkomplex“ sei.[1615] Erst recht muss deshalb ein gemeinsamer Kodex für alle Bereiche des dieser Arbeit zugrunde liegenden Regulierungsbegriffs II, der die systemrelevanten Infrastrukturen einer Volkswirtschaft umfasst,[1616] einschließlich des Kartellrechts ausscheiden. Die sachlich-materiellen Voraussetzungen sind offenkundig derart unterschiedlich, dass sich weder ein einheitliches Gesetzbuch noch eine mehrbändige Textsammlung mit vorangestelltem Allgemeinen Teil (wie etwa im Bereich des Sozialrechts) empfehlen[1617]. Wohl aber könne, so Masing, jedenfalls für die netzgebundene Regulierung ein gemeinsamer Kern den Gegenstand eines entsprechenden Gesetzes bilden, welches Regelungen zur (unabhängigen) Behördenstruktur, materielle Vorschriften zum aufsichtlichen Instrumentarium und zum Regulierungsermessen sowie Vorschriften zu Verfahren und Rechtsschutz beinhalte.[1618] Der Sinn einer solchen übergreifenden Normierung bestehe zusammengefasst vor allem in einer substantiellen Verbesserung der Regulierung sowie konsequenteren Durchsetzung und Ausgestaltung des Regulierungskonzepts, der Herstellung einer systematischen Konsistenz und schließlich in erhofften Synergieeffekten infolge der Regulierung aus einer Hand.[1619]

Die nach 2006 zwischenzeitlich etwas eingeschlafene Diskussion um einen sektorenübergreifenden Regulierungskodex scheint in jüngerer Zeit eine Renaissance zu erleben. Auslöser ist das vor allem im Energiesektor vorzufindende, stetig gewachsene und weiterhin wachsende Regelungsdickicht,

---

genzen in den Netzsektoren) betonend *Ludwigs*, in: Festschrift für M. Schmidt-Preuß, 2018, S. 689 (689, 711).

1615 *Masing*, Gutachten D zum 66. Deutschen Juristentag, 2006, D 58; eingehend zum Begriff und zur Typologie der Kodifikation *Kahl/Hilbert*, RW 2012, 453 (454 ff.).

1616 S. hierzu unter Kapitel 1, D.I.

1617 So auch *Masing*, Gutachten D zum 66. Deutschen Juristentag, 2006, D 58 f.

1618 Vgl. *Masing*, Gutachten D zum 66. Deutschen Juristentag, 2006, D 59; die jeweiligen Bereiche werden später a. a. O. im Einzelnen näher beleuchtet; zusammenfassend *Burgi*, NJW 2006, 2439 (2440); für eine „übergreifende Regelung jedenfalls für die Grundlagen des Regulierungsverwaltungsrechts“ plädiert auch *Röhl*, JZ 2006, 831 (839).

1619 Vgl. *Masing*, Gutachten D zum 66. Deutschen Juristentag, 2006, D 12, D 39, D 55 f.; diese Aspekte als die drei wesentlichen genannten Gründe für eine Reform herausarbeitend *Burgi*, NJW 2006, 2439 (2440); s. auch kritisch zum beschrittenen Weg der Einzelgesetzgebung *Säcker*, AöR 130 (2005), 180 (181 ff.): „[Es] existieren [auch] keine Einzelgesetze über den Schutz von Hunden oder Katzen, sondern ein einheitliches Tierschutzgesetz. Bei den jetzt vorliegenden singulären, sektorspezifischen Netzregulierungsgesetzen ist der Gesetzgeber den bequemen Weg der Einzelgesetzgebung statt den mühseligen Weg der Findung gemeinsamer netzinfrastruktureller Regelungen auf der Grundlage einer einheitlichen kohärenten Dogmatik gegangen.“ (S. 182 f.).

das nicht nur von vielen als ästhetische Zumutung empfunden wird, sondern auch die praktische Handhabbarkeit des Rechtsrahmens erschwert.[1620] Die Idee einer (Bereichs-)Kodifikation ist daher von der Hoffnung beseelt, dem hypertrophen Normenregime Einhalt zu gebieten.[1621] Gleichwohl sind Wissenschaft und Gesetzgebung bisher nicht über Ansätze einer Reform hinausgekommen.[1622] Dessen ungeachtet wird sowohl innerhalb des Energierechts[1623] als auch für das Netzregulierungsrecht insgesamt Vereinheitlichungspotenzial im Sinne eines einheitlichen, deregulierteren Regelungsgefüges geltend gemacht.[1624] Begünstigt wird dieses Potenzial durch eine fortgeschrittene Rechtsentwicklung, die in den Netzsektoren zur Herausbildung deutlich erkennbarer Konvergenzen in Bezug auf Organisation, Verfahren und Rechtsschutz geführt hat.[1625] Vor diesem Hintergrund ist es durchaus

---

[1620] Besonders pointiert *Schneidewindt*, „EnWG + EEG = EGB" – Plädoyer für ein vereinigtes Energierecht, Tagesspiegel BACKGROUND v. 13.9.2018, abrufbar unter https://background.tagesspiegel.de/enwg-eeg-egb-plaedoyer-fuer-ein-vereinigtes-energierecht [zuletzt aufgerufen am 31.1.2022]; anschaulich *Ludwigs*, in: Kühling/Zimmer (Hrsg.), Neue Gemeinwohlherausforderungen – Konsequenzen für Wettbewerbsrecht und Regulierung, 2020, S. 11 (37); zuvor bereits *Ludwigs*, EnWZ 2019, 160 (162); *Holznagel*, in: Holznagel (Hrsg.), 20 Jahre Verantwortung für Netze, 2018, S. 3 (31); allgemein zur Obliegenheit einer guten Gesetzgebung *Herzog*, NJW 1999, 25 ff.

[1621] Vgl. die begleitende Präsentation „Inhalt und Grenzen eines Handlungskonzepts der Verwaltung in Anwendung auf die Energieregulierung" von *Burgi* v. 27.9.2018 zum Vortrag bei der Wissenschaftlichen Tagung „20 Jahre Bundesnetzagentur", abrufbar unter https://www.bundesnetzagentur.de/SharedDocs/Downloads/DE/Sachgebiete/Energie/Unternehmen_Institutionen/VortraegeVeranstaltungen/Hannover18_Burgi.pdf?__blob=publicationFile&v=1 [zuletzt aufgerufen am 31.1.2022], Folie 10, 1. Spstr.: „Neuere Impulse zugunsten eines sektorenübergreifenden Regulierungsgesetzes im Umfeld des Jubiläums der Bundesnetzagentur und mit dem (neuen) Anliegen, die ausufernde Komplexität eindämmen zu können"; s. daneben die Nachweise in Fn. 1620.

[1622] S. insoweit für den Vorschlag eines modernen Energiegesetzbuchs (EGB) *Schneidewindt*, Plädoyer für ein vereinigtes Energierecht (Fn. 1620); *Ludwigs*, in: Kühling/Zimmer (Hrsg.), Neue Gemeinwohlherausforderungen – Konsequenzen für Wettbewerbsrecht und Regulierung, 2020, S. 11 (37 f.), der auf die (mittlerweile vollzogene) Bündelung von EnEG, EnEV und EEWärmeG in einem übergreifenden Gebäudeenergiegesetz (GEG) hinweist.

[1623] Vgl. etwa *Hilpert*, Die Systemverantwortung der Übertragungsnetzbetreiber im Strommarkt 2.0, 2018, S. 164 f., 426, der die vom Gesetzgeber geschaffene „unnötige Komplexität" kritisiert.

[1624] *Ludwigs*, in: Kühling/Zimmer (Hrsg.), Neue Gemeinwohlherausforderungen – Konsequenzen für Wettbewerbsrecht und Regulierung, 2020, S. 11 (38 f.); für eine Normierung von Grundprinzipien des Regulierungsrechts auch *Ludwigs*, in: Festschrift für M. Schmidt-Preuß, 2018, S. 689 (711 f.); *Holznagel*, in: Holznagel (Hrsg.), 20 Jahre Verantwortung für Netze, 2018, S. 3 (26 ff., 31 f.).

[1625] Eingehend *Ludwigs*, in: Festschrift für M. Schmidt-Preuß, 2018, S. 689 ff.; *Holznagel*, in: Holznagel (Hrsg.), 20 Jahre Verantwortung für Netze, 2018, S. 3

angebracht, die Debatte um eine sektorenübergreifende Kodifikation unter veränderten Rahmenbedingungen neu zu führen.[1626]

Die rechtliche Zulässigkeit einer solchen Kodifikation – unabhängig von deren Reichweite – unterstellt (wogegen keine grundsätzlichen Einwände ersichtlich sind),[1627] schließt sich die Frage nach deren *Sinnhaftigkeit* an. Wie bereits zuvor erörtert, scheidet eine Großkodifikation für das gesamte Regulierungsrecht angesichts der kaum überbrückbaren Divergenzen von vornherein aus. Aber auch an einer Teilbereichskodifikation für die Netzregulierung wurden im Schrifttum Zweifel geäußert.[1628] Mögen die Vorzüge eines übersichtlichen, bereichsübergreifenden Regelungskomplexes verlockend sein,[1629] so gilt gleichsam zu bedenken, dass eine Reform angesichts eines ohnehin überlasteten Gesetzgebers und einer auf Kontinuität und Stabilität angewiesenen Regulierungsverwaltung wohlüberlegt sein will[1630]. Im schlimmsten Fall könnte eine Neujustierung des Regelungsregimes sogar kontraproduktiv sein. Martin Burgi macht daher zu Recht die Kriterien der Kodifikationsfähigkeit und Kodifikationsbedürftigkeit zum Maßstab, ob ein sektorenübergreifendes Regulierungsgesetz zu befürworten ist.[1631] Mit anderen Worten muss sich also zum einen die Materie aufgrund vergleichbarer Problemstellungen „unter einen Hut" bringen lassen, zum anderen müssen Aufwand und Ertrag einer Reform qualitativ wie quantitativ in angemessenem oder zumindest vertretbarem Verhältnis zueinander stehen.

Ob die genannten Kriterien in den Netzwirtschaften im Einzelnen erfüllt sind, kann im Rahmen dieser Arbeit nicht letztverbindlich geklärt werden, sondern bedürfte einer eingehenden gesonderten Untersuchung. Mit Blick auf die *Kodifikationsfähigkeit* ist einerseits auf die unterschiedlichen Marktstrukturen und technischen Voraussetzungen in den Sektoren hinzuwei-

---

(31 f.); *Ludwigs*, in: Kühling/Zimmer (Hrsg.), Neue Gemeinwohlherausforderungen – Konsequenzen für Wettbewerbsrecht und Regulierung, 2020, S. 11 (38 f.).

1626 Ebenso *Holznagel*, in: Holznagel (Hrsg.), 20 Jahre Verantwortung für Netze, 2018, S. 3 (32); *Ludwigs*, in: Kühling/Zimmer (Hrsg.), Neue Gemeinwohlherausforderungen – Konsequenzen für Wettbewerbsrecht und Regulierung, 2020, S. 11 (38 f.).

1627 Vgl. etwa *Masing*, Gutachten D zum 66. Deutschen Juristentag, 2006, D 59 ff.; soweit ersichtlich, wird die Zulässigkeit einer übergreifenden Kodifikation im Schrifttum nicht angezweifelt.

1628 Vgl. nur *Burgi*, NJW 2006, 2439 (2440 ff.); *Storr*, DVBl. 2006, 1017 (1020 ff.).

1629 Für eine differenzierende Betrachtung der Kodifikationsidee, die auch die Vorzüge einer Kodifikation hervorhebt und Einwände gegen sie zum Teil zurückweist, s. grundlegend *Kahl/Hilbert*, RW 2012, 453 (453, 459 ff., 474 ff.).

1630 Vgl. *Burgi*, NJW 2006, 2439 (2440, 2442).

1631 *Burgi*, NJW 2006, 2439 (2442 f.); vgl. auch ähnlich *Kahl*, in: Hoffmann-Riem/Schmidt-Aßmann (Hrsg.), Verwaltungsverfahren und Verwaltungsverfahrensgesetz, 2002, S. 67 (101 ff.).

sen,[1632] sodass eine vollständige Vereinheitlichung in materieller Hinsicht nur auf einer hohen Abstraktionsebene erreichbar wäre. Andererseits sind im Laufe der Zeit, wie zuvor erörtert, in der Netzregulierung spürbare Konvergenzen entstanden.[1633] Insofern ergibt sich ein ambivalentes Bild. Hinsichtlich der *Kodifikationsbedürftigkeit* wäre aufwendig zu überprüfen, ob eine „kritische Masse" an Vorschriften erreicht ist und inhaltlich die Vorteile einer Kodifikation deren Nachteile überwiegen.[1634] Während sich die erste Voraussetzung jedenfalls für das Energierecht noch relativ unproblematisch bejahen lässt, würde gerade Letzteres eine differenziertere Untersuchung erfordern, die in eine Grundsatzdiskussion über das generelle Für[1635] und Wider[1636] einer (Bereichs-)Kodifikation gipfeln könnte.[1637] Da darüber hinaus das politische Umfeld, insbesondere im europäischen Mehrebenensystem, ohnehin ein schwieriges ist und Reformen nicht unbedingt begünstigt sowie möglichst auf unionalem Parkett eine sektorenübergreifende Richtlinie für den Regulierungsbereich angestrebt werden müsste, gestaltet sich eine umfassende Reform auch aus praktischen Gründen als Herausforderung.[1638]

In Anbetracht dessen erscheint der Aufwand für eine Gesamtkodifikation angesichts deren fraglichen Mehrwerts (zu) hoch, zumal in anderen Bereichen des Besonderen Verwaltungsrechts Kodifikationsbemühungen erfolglos

---

[1632] S. bereits unter Kapitel 4, B.II.4.a)bb); ferner *Koenig/Rasbach*, DÖV 2004, 733 (733); *Burgi*, NJW 2006, 2439 (2442); *Röhl*, JZ 2006, 831 (836, 839); näher *Masing*, Gutachten D zum 66. Deutschen Juristentag, 2006, D 15 ff., D 50 f., D 58 ff.

[1633] Vgl. die Nachweise in Fn. 1625.

[1634] Vgl. *Burgi*, NJW 2006, 2439 (2442).

[1635] S. nur *Kahl*, in: Hoffmann-Riem/Schmidt-Aßmann (Hrsg.), Verwaltungsverfahren und Verwaltungsverfahrensgesetz, 2002, S. 67 (89 ff.), der zahlreiche vorteilhafte Funktionen einer Kodifikation auflistet: Rechtsvereinheitlichungs-, Deregulierungs-, Innovations-, Akzeptanz-, Effektivierungs-, Orientierungs-, Stabilisierungs-, Entlastungs-, Maßstabs-, Modell-, Rezeptionsleitungs- und Impulsfunktion.

[1636] Vgl. kritisch *Esser*, in: Vogel/Esser (Hrsg.), 100 Jahre oberste deutsche Justizbehörde, 1977, S. 13 ff.; *Breuer*, Gutachten B zum 59. Deutschen Juristentag, 1992, B 36 ff., B 86 ff.; im sozialrechtlichen Kontext *Merten*, VSSR 2 (1974), 324 ff.; *Kahl*, in: Hoffmann-Riem/Schmidt-Aßmann (Hrsg.), Verwaltungsverfahren und Verwaltungsverfahrensgesetz, 2002, S. 67 (98 ff.), der als Einwände gegen Kodifikationen eine Zerschneidungs-, Nivellierungs-, Zementierungs-, Überholungs- und Entföderalisierungsgefahr identifiziert; *Kahl/Hilbert*, RW 2012, 453 (459 ff.) führen eine Reihe an Einwänden gegen die Kodifikationsidee an sich und speziell im Öffentlichen Recht an und setzen sich kritisch mit diesen auseinander.

[1637] Vgl. auch *Burgi*, NJW 2006, 2439 (2442).

[1638] Vgl. die begleitende Präsentation „Inhalt und Grenzen eines Handlungskonzepts der Verwaltung in Anwendung auf die Energieregulierung" von *Burgi* v. 27.9.2018 zum Vortrag bei der Wissenschaftlichen Tagung „20 Jahre Bundesnetzagentur" (Fn. 1621), Folie 10, 2. Spstr.

blieben.[1639] Insoweit bildet die Netzregulierung lediglich einen Unterfall im Rahmen der allgemeinen Debatte um eine Kodifikation im Verwaltungsrecht, die zwar keineswegs „obsolet“ erscheint, allerdings differenziert geführt werden muss und nicht erkennen lässt, dass die Stärken einer solchen Vereinheitlichung deren Schwächen überwiegen.[1640] Überdies sind für die Bereiche Verwaltungsverfahren und Rechtsschutz mit dem Verwaltungsverfahrensgesetz (VwVfG) und der Verwaltungsgerichtsordnung (VwGO) bereits abschließende Generalkodifikationen vorhanden, sodass die Etablierung eines Sonderrechtsregimes mindestens zu Abgrenzungsschwierigkeiten führen würde.[1641] Vor diesem Hintergrund ist es eher vorzugswürdig, (zunächst) sektorspezifisch die materiellen Regelungen zusammenzuführen.[1642] Insbesondere aber gemeinsame organisationsrechtliche Vorschriften, namentlich die Normierung einer flächendeckenden Unabhängigkeit der BNetzA,[1643]

1639 Vgl. *Breuer*, Gutachten B zum 59. Deutschen Juristentag, 1992, B 41 f.; ebenso *Burgi*, NJW 2006, 2439 (2440); *Storr*, DVBl. 2006, 1017 (1026): „Der Gewinn einer übergreifenden Regelung des Regulierungsverwaltungsrechts sollte gegenwärtig nicht überbewertet werden.“; zum Misslingen eines bereits weit fortgeschrittenen Entwurfs des Allgemeinen Teils eines Umweltgesetzbuchs („UGB I“) in den 1990er Jahren *Wasielewski*, in: Dolde (Hrsg.), Umweltrecht im Wandel, 2001, S. 213 ff.; zum frühen Vorschlag *Ernst Forsthoffs* für ein Daseinsvorsorgegesetz s. *Forsthoff*, Rechtsfragen der leistenden Verwaltung, 1959, S. 45 f.; *Storr* stellt a. a. O. fest, dass ein solches Gesetz „nie ernsthaft in Angriff genommen“ wurde; s. auch zu Dekodifizierungen und aktuellen Problemfeldern der Kodifikationsdiskussion (Umwelt-, Wirtschafts-/Gewerbe, Informationsgesetzbuch) *Kahl*, in: Hoffmann-Riem/Schmidt-Aßmann (Hrsg.), Verwaltungsverfahren und Verwaltungsverfahrensgesetz, 2002, S. 67 (71 ff., 105 ff.).

1640 Vgl. grundlegend *Kahl/Hilbert*, RW 2012, 453 (458 ff., 488).

1641 So *Burgi*, NJW 2006, 2439 (2443 f.), der vergleichbare Problemstellungen auch in anderen Rechtsgebieten wie dem Umweltrecht sieht.

1642 Vgl. die begleitende Präsentation „Inhalt und Grenzen eines Handlungskonzepts der Verwaltung in Anwendung auf die Energieregulierung“ von *Burgi* v. 27.9.2018 zum Vortrag bei der Wissenschaftlichen Tagung „20 Jahre Bundesnetzagentur“ (Fn. 1621), Folie 13, wo dieser ein Energiegesetzbuch für „nachdenkenswert“ hält, während er davon ausgeht, dass eine Gesamtkodifikation die Komplexität eher nicht reduzieren würde und allenfalls „um den Preis erhöhter Abstraktheit und neuer Zuordnungsprobleme zwischen dann bestehendem übergreifenden Regulierungsgesetz und unverändert notwendigerweise teilweise fortbestehendem Fach-Regulierungsgesetz“; konkret eine Reform des Energierechts fordert *Schneidewindt*, Plädoyer für ein vereinigtes Energierecht (Fn. 1620).

1643 Anders aber *Burgi*, NJW 2006, 2439 (2443), der offenbar nur von einer partiellen Unabhängigkeit ausgeht und diese in den Fachgesetzen verortet wissen will; zutreffend hingegen *Masing*, Gutachten D zum 66. Deutschen Juristentag, 2006, D 59, D 85, der organisations- und verfahrensrechtliche Vorschriften in ein allgemeines Netzregulierungsgesetz aufnehmen will; tendenziell auch *Röhl*, JZ 2006, 831 (837 f.); *Holznagel*, in: Holznagel (Hrsg.), 20 Jahre Verantwortung für Netze, 2018, S. 3 (31 f.).

ließen sich vergleichsweise einfach „vor die Klammer ziehen",[1644] beispielsweise durch eine Integration in das fragmentarische BEGTPG. Im konkreten Kontext dieses Abschnitts, der nach einer Ausräumung von Konfliktlagen durch Zuständigkeitsänderungen fragt, ist die Ausbeute bei einer solchen Kodifikation indes recht verhalten. Die neuralgische Kompetenzabgrenzung zwischen Regulierungs- und Wettbewerbsbehörden[1645] ist materiell-rechtlicher Natur und sollte daher den Spezialgesetzen vorbehalten bleiben.[1646] Es ist besser, dort unmittelbar anzusetzen und punktuelle Verbesserungen durch aufeinander abgestimmte, eindeutige sowie klar verständliche Normen zu schaffen.

b) Restrukturierung der Banken- und Finanzaufsicht

Die organisatorisch-kompetenziellen Reformvorschläge beschränken sich nicht nur auf das Kartellrecht und das Feld der Netzregulierung, das Gegenstand des engen Regulierungsbegriffs I[1647] ist. Auch auf dem Gebiet der in dieser Arbeit relevanten Banken- und Finanzaufsicht (als Teilmenge des Regulierungsbegriffs II) sollen im vorliegenden Kontext zwei Problemkreise bzw. Ansätze für Umgestaltungen diskutiert werden, die Binnenkonflikte einhegen könnten: einerseits die „Fusion" der BaFin mit der Bundesbank (aa)), andererseits eine Entbindung der EZB von ihrem bankaufsichtlichen Mandat (bb)).

aa) Zusammenlegung von BaFin und Bundesbank

Vorschläge für eine Zusammenführung von Geldpolitik und Bankenaufsicht auf nationaler Ebene bei der Deutschen Bundesbank sind keineswegs neu. Bereits zur Jahrtausendwende, als es die BaFin als Allfinanzaufsichtsbehörde noch nicht gab, wurde ein solcher Schritt auch seitens der Bundesbank selbst erwogen[1648] und im Koalitionsvertrag zwischen den Unionsparteien

---

[1644] In diese Richtung auch *Ludwigs*, in: Kühling/Zimmer (Hrsg.), Neue Gemeinwohlherausforderungen – Konsequenzen für Wettbewerbsrecht und Regulierung, 2020, S. 11 (39).

[1645] Hierzu ausführlich unter Kapitel 3, B.II.2.b)aa)(1).

[1646] Ebenso *Burgi*, NJW 2006, 2439 (2443); s. auch *Storr*, DVBl. 2006, 1017 (1021).

[1647] Zu den verschiedenen Regulierungsbegriffen und deren Reichweite s. unter Kapitel 1, D.I.

[1648] Vgl. *Pöhl et al.*, Bericht zur Strukturreform der Deutschen Bundesbank, 2000, S. 8, abrufbar unter https://www.bundesbank.de/resource/blob/680356/59a36023d73759748d07cd8e8160f191/mL/2000-07-05-strukturreform-download.pdf [zuletzt aufgerufen am 31.1.2022]: „Die Entwicklung der Kapitalmärkte legt es […] nahe, die und der FDP im Jahr 2009 (nach zwischenzeitlicher Gründung der BaFin zum 1. Mai 2002) angekündigt[1649].[1650] Dennoch liegt die Finanzaufsicht hierzulande weiterhin – entsprechende Vorstöße vermochten sich nicht durchzusetzen[1651] – in den Händen der BaFin, die allerdings nach Maßgabe des § 7 Abs. 1 KWG von der Bundesbank unterstützt wird und mit dieser eng zusammenarbeitet.[1652]

Wird in neueren Diskussionen eine Aufsichtsreform im Sinne einer Konzentration der Aufsicht in einem Haus erwogen, könnte man erwarten, dass Hintergrund eine defizitäre Zusammenarbeit von BaFin und Bundesbank in der Vergangenheit gewesen ist. Dem ist aber offenbar nicht so; vielmehr scheint die Zusammenarbeit zwischen beiden Behörden sogar konstruktiv gewesen zu sein, wie der Bericht eines Untersuchungsausschusses des Bundestages zur Rettung der Bank *Hypo Real Estate* im Rahmen der Aufarbeitung der Finanzkrise von 2007 bis 2009 nahelegt.[1653] Ob also eine Bündelung der Aufsichtsaufgaben tatsächlich zu einer effektiveren Aufsicht gegenüber

---

überkommene Aufgabenteilung zwischen Bankenaufsicht und Geldpolitik zu überdenken. […] Aus einer funktionalen Sicht gehören die geldpolitische und die aufsichtliche Aufgabe wegen ihrer stark komplementären Bezüge zusammen.“; Der Bericht wurde von einem Expertengremium um den damaligen Bundesbankpräsidenten *Karl Otto Pöhl* verfasst.

[1649] Vgl. den Koalitionsvertrag zwischen CDU, CSU und FDP zur 17. Legislaturperiode v. 26.10.2009, S. 54, abrufbar unter https://www.kas.de/c/document_library/get_file?uuid=83dbb842-b2f7-bf99-6180-e65b2de7b4d4&groupId=252038 [zuletzt aufgerufen am 31.1.2022]: „Regulierung braucht eine effektive Aufsicht. […] Wir werden die Bankenaufsicht in Deutschland bei der Deutschen Bundesbank zusammenführen.“.

[1650] Vgl. *F. Becker*, DÖV 2010, 909 (909); für eine „Zentralbanklösung“ vor Gründung der BaFin auch *Kösters/Paul/Süchting*, Zeitschrift für das gesamte Kreditwesen 2001, 457 (461 ff.); zu der im Vorfeld der Etablierung einer integrierten Finanzdienstleistungsaufsicht kontrovers geführten Diskussion um die Arbeitsteilung zwischen BaFin und Bundesbank s. etwa *Hagemeister*, WM 2002, 1773 (1779 f.); zusammenfassend hierzu *Lindemann*, in: Boos/Fischer/Schulte-Mattler (Hrsg.), KWG/CRR-VO, 5. Aufl. 2016, § 7 KWG Rn. 13 m. w. N.

[1651] *Ohler*, in: Ehlers/Fehling/Pünder (Hrsg.), Besonderes Verwaltungsrecht, Bd. 1, 4. Aufl. 2019, § 32 Rn. 35: „Politische Überlegungen zu einer Zusammenlegung von Bundesbank und Bankenaufsicht sind bislang gescheitert.“.

[1652] Hierzu näher unter Kapitel 3, A.I.2.a); s. ferner *Geerlings*, DÖV 2003, 322 (326 f.); *Fischer/Boegl*, in: Schimansky/Bunte/Lwowski (Hrsg.), Bankrechts-Handbuch, 5. Aufl. 2017, § 126 Rn. 35; *Röhl*, in: Fehling/Ruffert (Hrsg.), Regulierungsrecht, 2010, § 18 Rn. 97.

[1653] Vgl. Beschlussempfehlung und Bericht des 2. Untersuchungsausschusses nach Artikel 44 des Grundgesetzes, BT-Drs. 16/14000, S. 100 f.: „Die Beweisaufnahme hat ergeben, dass die Kommunikation zwischen der Deutschen Bundesbank und der BaFin funktionierte und beide Säulen der Bankenaufsicht kooperativ zusammengearbeitet haben.“; s. ferner *F. Becker*, DÖV 2010, 909 (912).

der „bloßen" Zusammenarbeit nach § 7 Abs. 1 KWG[1654] führt, darf bezweifelt werden. Dies wirft die Frage auf, warum eine Zusammenführung der Finanzaufsicht und somit eine Preisgabe bestehender Strukturen auch nach jahrelanger Existenz der BaFin immer wieder diskutiert wird.

Florian Becker nennt zugunsten der Bundesbank als einheitlicher Aufsichtsinstanz zwei strategisch-institutionelle Gründe: Zum einen könnte die Bundesbank besser als die BaFin für die „Integration in ein europäisches Aufsichtssystem geeignet" sein, welches „zunehmend die Stabilität des Gesamtsystems im Auge hat". Zum anderen sei es möglicherweise vorteilhaft, die Bankenaufsicht an der institutionellen Unabhängigkeitsgarantie der Bundesbank teilhaben zu lassen, gerade auch um bei unpopulären Maßnahmen nicht politischem Druck ausgesetzt zu sein.[1655] Während eine Auflösung der Bundesbank schon wegen der Bestandsgarantie des Art. 88 GG[1656] ausscheiden würde, sei eine Auflösung der BaFin in Verbindung mit einer vollständigen Aufgabenübertragung auf die Bundesbank ebenfalls zumindest schwierig, um die Trennung zwischen geldpolitischem und aufsichtlichem Mandat – ähnlich wie auf europäischer Ebene bei der EZB – zu gewährleisten.[1657] In Betracht käme deshalb insbesondere das Modell einer „Holding" oder einer (un)selbständigen „Anstalt in der Anstalt".[1658]

Der Idee, die nationale Bankenaufsicht bei der Deutschen Bundesbank zu vereinen, ist eine Absage zu erteilen. Sie gestaltet sich bereits aus verfassungsrechtlicher Sicht schwierig mit Blick auf die (Verwaltungs-)Kompetenzen. Ihre Vereinbarkeit mit dem Grundgesetz, insbesondere mit Art. 87 Abs. 3 GG sowie Art. 88 GG, wird unterschiedlich beurteilt; die diesbezügliche Diskussion soll hier nicht ausgebreitet bzw. im Einzelnen wiederholt wer-

---

1654 Es war bereits Ziel der Regelung des § 7 KWG, „Doppelarbeit [zwischen BaFin und Bundesbank] zu vermeiden, die aufsichtsrelevanten Erkenntnisse zu verbessern sowie die Effizienz der praktischen Handhabung zu steigern", vgl. *Lindemann*, in: Boos/Fischer/Schulte-Mattler (Hrsg.), KWG/CRR-VO, 5. Aufl. 2016, § 7 KWG Rn. 14; *Geerlings*, DÖV 2003, 322 (327).

1655 *F. Becker*, DÖV 2010, 909 (912), dort auch die Zitate im vorherigen Satz.

1656 Vgl. hierzu statt vieler *Heun*, in: Dreier (Hrsg.), GG, Bd. III, 3. Aufl. 2018, Art. 88 Rn. 14 m. w. N.

1657 Vgl. *F. Becker*, DÖV 2010, 909 (912); da die Aufgaben im Bereich der Bankenaufsicht allerdings ebenfalls gemäß Art. 19 Abs. 1, 2 SSM-VO bzw. Art. 47 Abs. 1 SRM-VO nunmehr unabhängig wahrzunehmen sind, verfängt die Argumentation von *Becker*, dass schon deshalb eine vollständige Übertragung der Aufgaben auf die Bundesbank nicht möglich wäre, da sonst nicht zwischen in Unabhängigkeit wahrzunehmenden und sonstigen Aufgaben getrennt werden könnte, insoweit nicht (mehr).

1658 *F. Becker*, DÖV 2010, 909 (912); zu den verschiedenen Ausgestaltungsmöglichkeiten s. *Häde*, JZ 2001, 105 (108); im internationalen Vergleich s. *Blumer*, Bankenaufsicht und Bankenprüfung, 1996, S. 133 ff.

den.[1659] Im Kern herrscht Streit über das Vorliegen einer kompetenziellen Grundlage für eine integrierte Finanzaufsicht. Auf Basis des Art. 88 GG wurde die Bundesbank als juristische Person mit eigenem Verwaltungsunterbau errichtet, während die BaFin gestützt auf Art. 87 Abs. 3 GG als juristische Person ohne eigenen Verwaltungsunterbau errichtet wurde: „Aber auf welcher Grundlage soll nun eine Bankenaufsichtsbehörde mit einem Verwaltungsunterbau in eine zwingend weisungsunabhängige Bundesbank integriert werden?"[1660] Ob der Uneinigkeit im Hinblick auf die Tauglichkeit als Kompetenznormen bzw. als verfassungsrechtliche Rechtfertigung zur Konzentration der Bankenaufsicht auf die Bundesbank ließe sich eine rechtssichere dahingehende Umstrukturierung der Aufsichtsarchitektur daher wohl nur durch eine Verfassungsänderung bewerkstelligen.

Dessen ungeachtet ist eine Verlagerung der Aufsicht in Richtung Bundesbank auch in der Sache nicht überzeugend. Dass die Verortung von Geldpolitik und Bankenaufsicht unter einem Dach (potenzielle) Probleme aufwirft, zeigt die Situation bei der EZB.[1661] Ob durch etwaige Synergien positive Effekte hinsichtlich der Effizienz zu erwarten sind, ist mithin fraglich. Auch das Argument einer Stärkung der Unabhängigkeit der Bankenaufsichtsbehörde, wonach diese von der unabhängigen Stellung der Bundesbank profitieren würde, schlägt nicht durch. Vielmehr ist der Gesetzgeber gefragt, die unionsrechtlich eingeforderte Unabhängigkeit der BaFin – endlich! – auch im nationalen Recht zu verankern und den unionsrechtswidrigen[1662] § 2 FinDAG, der die BaFin der Rechts- und Fachaufsicht des BMF unterstellt, zu modifizieren. Nicht ausreichend ist insoweit der schlichte Verweis auf den

---

1659 Für die Zulässigkeit der vollständigen Betrauung der Bundesbank mit der Bankenaufsicht *Hirdina*, BKR 2001, 135 (137 ff.); *Geerlings*, DÖV 2003, 322 (327 f.); gegen die Zulässigkeit *Häde*, JZ 2001, 105 (109 ff.); *F. Becker*, DÖV 2010, 909 (913 ff.); s. auch *Lindemann*, in: Boos/Fischer/Schulte-Mattler (Hrsg.), KWG/CRR-VO, 5. Aufl. 2016, § 7 KWG Rn. 13.

1660 So wörtlich die prägnante Problemdarstellung von *Becker*, DÖV 2010, 909 (913).

1661 S. hierzu unter Kapitel 3, B.II.2.a) und Kapitel 4, A.II.2.b)bb) sowie den nachfolgenden Abschnitt; *F. Becker*, DÖV 2010, 909 (915) weist mit Recht darauf hin, dass eine Zusammenlegung von BaFin und Bundesbank und somit eine Konzentration von geldpolitischen und bankaufsichtlichen Aufgaben erforderte, „dass nunmehr innerhalb ein und derselben Institution umfangreiche organisatorische Abschirmungsmaßnahmen eingerichtet werden müssen, um die verfassungsrechtliche Grenzverletzung zu vermeiden. Dies würde die Effizienz der Zusammenlegung weiter verringern."; die Möglichkeit von Zielkonflikten bei der Beteiligung der Zentralbank an der Bankenaufsicht erkennt auch *Ohler*, in: Ehlers/Fehling/Pünder (Hrsg.), Besonderes Verwaltungsrecht, Bd. 1, § 32 Rn. 33, der diese Gefahr allerdings – gerade „in wirtschaftlichen Normallagen" – bei dem derzeitigen Modell der Zusammenarbeit zwischen BaFin und Bundesbank als gering einstuft.

1662 S. hierzu unter Kapitel 3, A.I.2.b)cc).

unmittelbaren Anwendungsvorrang des Unionsrechts, da dieser die Mitgliedstaaten nicht davon entbindet, kollidierendes nationales Recht aufzuheben oder abzuändern.[1663] Die Integration der BaFin in die Bundesbank wäre demnach für sich genommen nicht zielführend, da sich deren Unabhängigkeit gemäß § 12 Satz 1 i.V.m. § 3 Sätze 1, 2 BBankG einfachgesetzlich im Wesentlichen nur auf den Bereich der Währungs- und Geldpolitik erstreckt[1664] (was sich freilich rechtspolitisch anpassen ließe). Stattdessen würde eine Aufgabenkonzentration die symbiotische, funktionierende Zusammenarbeit von BaFin und Bundesbank infrage stellen, ohne dass erkennbar wäre, dadurch mögliche Streitigkeiten zu entschärfen oder nicht entstehen zu lassen.

bb) Abspaltung der bankaufsichtlichen Aufgaben von der EZB

Die Übertragung der obigen Ausführungen auf die europäische Ebene erinnert an eine bekannte Konstellation. Die Vereinigung von Geldpolitik und Bankenaufsicht unter einem Dach ist bei der EZB bereits vorzufinden. Vor dem Hintergrund, dass eine Konzentration auf nationaler Ebene bei der Bundesbank soeben richtigerweise abgelehnt worden ist und das europäische EZB-Modell im Schrifttum deutlicher Kritik begegnet[1665], stellt sich nun umgekehrt die Frage, ob die Bankenaufsicht nicht stärker vom geldpolitischen Mandat der EZB entkoppelt werden sollte.

Anknüpfend an die in der wirtschaftswissenschaftlichen Literatur geführte Debatte, ob Zentralbanken auch bankenaufsichtliche Aufgaben wahrnehmen sollten,[1666] ließe sich zugunsten einer institutionellen Trennung beider Bereiche anführen, dass sich die (möglicherweise konträren) Ziele auf diese Weise nicht vermischen würden, sodass es nicht zu behördeninternen horizontalen Auseinandersetzungen käme. Allerdings könnten stattdessen behördenexterne Konflikte entstehen, da die Auslagerung der Bankenaufsicht nichts am Fortbestand divergierender Ziele ändert.[1667] Darüber hinaus sei die Ausgestaltung

---

[1663] S. ebenfalls unter Kapitel 3, A.I.2.b)cc).

[1664] Vgl. näher unter Kapitel 3, A.I.2.b)bb).

[1665] S. bereits ausführlich und mit Nachweisen unter Kapitel 3, B.II.2.a) sowie Kapitel 4, A.II.2.b)bb).

[1666] Dafür z.B. *Goodhart/Schoenmaker*, in: Goodhart (Hrsg.), The Central Bank and the Financial System, 1995, S. 333 (345 ff.); *Andenas/Panourgias*, in: Norton/Andenas (Hrsg.), International Monetary and Financial Law Upon Entering the New Millennium, 2002, S. 119 (138 ff.); eher dagegen *Gianviti*, in: Giovanoli/Devos (Hrsg.), International Monetary and Financial Law, 2010, S. 449 (482); s. auch im Überblick *Lehmann*, ORDO 2013, 327 (341 ff.); knapp *Lehmann/Manger-Nestler*, ZBB 2014, 2 (8 f.).

[1667] Ebenso *Lehmann*, ORDO 2013, 327 (342), der zudem darauf hinweist, dass sich die Ziele „ohnehin nur in der Theorie sauber voneinander trennen lassen".

einer unabhängigen Zentralbank als „Superwährungs- und Aufsichtsbehörde" mit der damit einhergehenden Machtkonzentration in Anbetracht des Kontrolldefizits seitens des Souveräns über einen eminent wichtigen volkswirtschaftlichen Akteur unter demokratischen Gesichtspunkten bedenklich.[1668] Nimmt man aber die bestehende Trennung von Geldpolitik und Bankenaufsicht ernst, ist der aufsichtliche Bereich der EZB *de facto* ohnehin als „Behörde in der Behörde" quasi-selbständig.[1669] Der Gewinn einer physischen Abkoppelung vom geldpolitischen Bereich hätte vor diesem Hintergrund allenfalls marginale Vorteile.

Eine vollständige Abspaltung des bankaufsichtlichen Bereichs von der Zentralbank ist auch im Übrigen zumindest zum gegenwärtigen Zeitpunkt kritisch zu sehen. Insoweit ist hervorzuheben, dass in Deutschland – wie im vorigen Abschnitt nachgewiesen – BaFin und Bundesbank trotz Eigenständigkeit eng und konstruktiv zusammenarbeiten. Die Bankenaufsicht auf supranationaler Ebene tut ebenfalls gut daran, auf die vorhandenen personellen und sachlichen Ressourcen der EZB zurückgreifen zu können.[1670] Will man die europäische Finanzaufsicht verselbständigen, müsste zunächst eine entsprechend adäquate Infrastruktur aufgebaut werden, was (vorübergehend) zu Rechtsunsicherheit und möglicherweise zu Kontrolldefiziten führen könnte. Ungeachtet der Kritik an der bestehenden Architektur bleiben die Literaturstimmen dahingehend auch zurückhaltend und vage.[1671] Alternativvorschläge wie eine Übertragung der Aufsicht über Kreditinstitute auf die bereits existente Europäische Bankenaufsichtsbehörde EBA begegnen primärrechtlichen

---

1668 Vgl. *Lehmann/Manger-Nestler*, ZBB 2014, 2 (9), dort auch das wörtliche Zitat; *Lehmann*, ORDO 2013, 327 (342).

1669 Zutreffend *Lehmann*, ORDO 2013, 327 (343): „Werden diese Anforderungen erfüllt, so ist gegen eine Bankenaufsicht durch die Zentralbank nichts einzuwenden. Allerdings handelt es sich dann bei der EZB nur noch dem Namen nach um eine einheitliche Institution."; ebenso *Lehmann/Manger-Nestler*, ZBB 2014, 2 (9) mit dem wörtlichen Zitat.

1670 Vgl. *Blumer*, Bankenaufsicht und Bankenprüfung, 1996, S. 135 m.w.N., der auf die Ausnutzung von Synergieeffekten von Zentralbank- und Aufsichtsaufgaben hinweist, gleichzeitig aber relativierend hinzufügt, dass „die erwähnten Synergien auch durch eine Zusammenarbeit der Zentralbank mit einer eigenständigen Aufsichtsbehörde erzielt werden können. Die Frage, ob die Bankenaufsicht von der Zentralbank oder einer eigenständigen Behörde ausgeübt werden soll, lässt sich somit nicht eindeutig beantworten."; *Lehmann/Manger-Nestler*, ZBB 2014, 2 (9).

1671 Vgl. etwa *Manger-Nestler/Böttner*, EuR 2014, 621 (631) in Bezug auf den EZB-Rat: „Eine unmittelbar demokratisch legitimierte Instanz wäre indes geeigneter gewesen, Interessenskonflikte von derartig politischer Brisanz zu schlichten."; *Herdegen*, WM 2012, 1889 (1895): „Erwägungen der Funktionsgerechtigkeit legen es nahe, dass nicht der EZB-Rat als Leitungsgremium der EZB als Europäische Bankaufsichtsbehörde agiert, sondern ein neu zu schaffendes Gremium, in dem die Mitgliedstaaten durch die Leiter der nationalen Bankaufsichtsbehörden vertreten sind.".

Bedenken (Errichtung einer Behörde mit weitreichenden Entscheidungsbefugnissen auf Grundlage der Binnenmarktkompetenz des Art. 114 AEUV; Anwendbarkeit der Kompetenzergänzungsklausel des Art. 352 AEUV) und sind mit Blick auf erhebliche praktische (Koordinations-)Schwierigkeiten ebenfalls wenig überzeugend.[1672] Selbst wenn man aber eine eigenständige Bankenaufsichtsinstanz schaffen würde, wäre ein Mindestmaß an Kooperation mit der Zentralbank unentbehrlich und im Sinne der Herstellung von Synergieeffekten auch wünschenswert.[1673] Eine Preisgabe von Kontinuität in Erwartung eher geringer Effekte auf die Deeskalation hypothetischer Zielkonflikte mutet vor diesem Hintergrund mindestens fragwürdig an.[1674]

Vorzugswürdig erscheint daher – entscheidet sich die EU nicht für eine umfassende Reform –, die Trennung des geldpolitischen und bankaufsichtlichen Bereichs *innerhalb* der EZB besser zu vollziehen, wie es Art. 25 Abs. 2, Abs. 4 SSM-VO eigentlich auch vorsehen[1675]. Die nicht mit neutralen Mitgliedern und unter Umständen nicht einmal paritätisch besetzte Schlichtungsstelle vermag dies nicht zu leisten.[1676] Hier sollte der Unionsgesetzgeber zunächst ansetzen und personelle Friktionen ausschließen. Eine auch institutionelle Entgrenzung der Bankenaufsicht von der EZB ist demgegenüber nicht geboten. Erst bei einer ernsthaften Gefährdung bzw. Beeinträchtigung der einen Aufgabe durch die andere sollte ein solcher Schritt erwogen werden.

5. Zwischenergebnis

Kompetenzfragen sind im Zusammenhang mit der Entschärfung und Auflösung verwaltungsinterner Konflikte von maßgeblicher Bedeutung. Mit Blick auf Mehrfachzuständigkeiten sowie unklare Kompetenzregelungen und Beteiligungsvorschriften stellt sich die Frage, inwieweit sich Streitigkeiten durch eine *Änderung der bestehenden Zuständigkeitsordnung* verhindern

---

[1672] *Lehmann/Manger-Nestler*, ZBB 2014, 2 (9).

[1673] Vgl. *Blumer*, Bankenaufsicht und Bankenprüfung, 1996, S. 136 m. w. N.; *Kämmerer/Starski*, ZG 2013, 318 (330).

[1674] In diese Richtung auch *Blumer*, Bankenaufsicht und Bankenprüfung, 1996, S. 135: „Es stellt sich aber die Frage, ob die allfälligen Interessenkonflikte wirklich so schwerwiegend sind, dass die beiden Funktionen getrennt werden müssten.".

[1675] Zum Trennungsprinzip im Einzelnen vgl. auch näher *Zagouras*, in: Schimansky/Bunte/Lwowski (Hrsg.), Bankrechts-Handbuch, 5. Aufl. 2017, § 124b Rn. 13 ff. m. w. N.; *Riso/Zagouras*, in: Grieser/Heemann (Hrsg.), Europäisches Bankaufsichtsrecht, 2020, S. 71 (89 ff.) m. w. N.

[1676] S. bereits näher unter Kapitel 4, A.II.2.b)bb); ferner *Kämmerer*, NVwZ 2013, 830 (832); *Sacarcelik*, BKR 2013, 353 (355); *Manger-Nestler/Böttner*, EuR 2014, 621 (630 f.).

lassen. Grundsätzlich sind hierbei *zwei konträre Ansatzpunkte* denkbar: einerseits eine Bündelung von Aufgaben bei einer gemeinsamen Behörde, andererseits eine strikte Trennung von Aufgaben bei zugleich klar abgegrenzten Zuständigkeiten.

Aus *verfassungsrechtlicher Sicht* steht weder das Demokratie- noch das Rechtsstaatsprinzip Mehrfachzuständigkeiten entgegen, während sich eine unklare Kompetenzverteilung als prekär darstellt. Das Grundgesetz verbietet ein Tätigwerden ohne und außerhalb der Zuständigkeit und fordert im Kollisionsfall ein Mindestmaß an Koordination und Konfliktlösungsmechanismen. Das *Unionsrecht* überlässt vielfach den Mitgliedstaaten die konkrete Ausgestaltung der Verwaltungsorganisation, trifft aber in einigen Bereichen auch verbindliche Vorgaben bezüglich der Anzahl der einzurichtenden nationalen Behörden und deren (Mindest-)Aufgabenbestands. Gegebenenfalls ist hierdurch der mitgliedstaatliche Handlungsspielraum hinsichtlich der Änderung von Zuständigkeiten eingeengt.

Auf Ebene der *Zweckmäßigkeit* liegt es auf der Hand, dass eindeutige Kompetenzregelungen keinen Selbstzweck darstellen, sondern sachlich rechtmäßige und inhaltlich überzeugende Entscheidungen gewährleisten sowie redundante Doppelarbeit verhindern sollen. Im Einzelfall gilt es zu überprüfen, inwieweit diesbezüglich Optimierungspotenzial besteht. Hinsichtlich der Grundentscheidung, ob eine zentrale oder dezentrale Vollzugsstruktur favorisiert werden sollte, lassen sich für beide Modelle jeweils gewichtige Vor- und Nachteile ins Feld führen. Daher ist es ratsam, diese Entscheidung dem Gesetzgeber zu überlassen.

Widmet man sich unter Berücksichtigung der vorstehenden Parameter konkreten Verbesserungsvorschlägen, ist für den Bereich der *Netzregulierung und des Kartellrechts* dem Ansatz, die BNetzA in ihre einzelnen Sektoren aufzuspalten, wie auch der Idee, die BNetzA mit dem BKartA als allgemeine Wettbewerbsbehörde zu „fusionieren", eine Absage zu erteilen. Ohne erkennbaren Mehrwert in Bezug auf die Beilegung potenzieller Konflikte würde eine *in praxi* funktionierende Ordnung infrage gestellt. Auch eine Aufwertung der beiden Bundesoberbehörden zu obersten Bundesbehörden zur Vermeidung vertikaler Binnenkonflikte ist nicht zielführend. Ferner ist eine übergreifende Kodifikation des Rechts der Netzwirtschaften wenig geeignet, Kompetenzstreitigkeiten und materielle Divergenzen auszuräumen. Eine sektorspezifische Kodifikation erscheint erfolgversprechender, während allenfalls gemeinsame organisationsrechtliche Regelungen wie Unabhängigkeitsgebote „vor die Klammer" gezogen werden sollten.

Auf dem Gebiet der *Finanzaufsicht* sollte hierzulande eine Konzentration der bislang durch die BaFin wahrgenommenen aufsichtlichen Aufgaben bei der Bundesbank nicht erfolgen, um die kooperative Zusammenarbeit beider

Institutionen nicht zu beenden. Abgesehen von verfassungsrechtlichen Hürden böte eine Zusammenlegung kaum nennenswerte Vorteile, insbesondere sind hierdurch – wie ein Seitenblick auf die EZB zeigt, die ihr geldpolitisches und aufsichtliches Mandat hermetisch voneinander abschirmen muss – keine beachtlichen Effizienzgewinne zu erwarten. Umgekehrt möge indes eine Rückführung der EZB auf allein geldpolitische Aufgaben ebenfalls nicht vorschnell forciert werden, sondern vielmehr die Trennung zwischen den Aufgabenbereichen konsequent umgesetzt bzw. verbessert werden.

Insgesamt sollten anstelle umfassender Reformen seitens des Gesetzgebers punktuelle Nachjustierungen erfolgen („Evolution statt Revolution"). Dies betrifft insbesondere eine Klarstellung unscharfer Zuständigkeitsregelungen sowie eine unionsrechtskonforme Normierung des geforderten Unabhängigkeitsstatus der einschlägigen Behörden. Vor dem Hintergrund, dass in der Praxis (offen ausgetragene) administrative Binnenkonflikte die Ausnahme bilden, erscheinen demgegenüber grundlegende Veränderungen der Kompetenzordnung nicht erforderlich.

III. Verwaltungsinterne und -externe Kontrolle: Modifikation der Kontrollmöglichkeiten

Nicht nur durch eine Änderung der Zuständigkeitsordnung lassen sich verwaltungsinterne Konflikte unabhängiger Stellen abmildern oder ausmerzen, sondern möglicherweise auch durch eine Einwirkung auf die vorhandenen Kontrollmöglichkeiten. Schließlich zeichnet gerade die Herauslösung unabhängiger Behörden aus der klassischen Ministerialbürokratie dafür verantwortlich, dass neue Konflikte entstehen (können), die nicht mithilfe der herkömmlichen Mechanismen entlang der Hierarchiekette lösbar sind.[1677] Ob bzw. inwieweit vertikale und horizontale Binnenkonflikte durch eine Anpassung der Kontrollmechanismen ausräumbar sind, wird folgendermaßen analysiert: In einem ersten Schritt sollen – teilweise wiederholend – die Ausgangslage für die nachfolgende Betrachtung beleuchtet und dabei gleich diejenigen Modifikationen der Kontrolle ausgeschieden werden, die von vornherein nicht infrage kommen (1.). Anschließend werden die verbleibenden Kontrollmöglichkeiten diskutiert (2.). Ein Zwischenergebnis rundet die Untersuchung ab (3.).

[1677] S. hierzu ausführlich unter Kapitel 2, A.

1. Ausgangssituation: gestörte Kontrolle im herkömmlichen Sinne

Um über Modifikationen der Kontrolle unabhängiger Stellen nachdenken zu können, muss man sich die vorzufindenden Rahmenbedingungen erneut vergegenwärtigen. Die vorliegende Arbeit hat das Spannungsfeld zwischen Unabhängigkeit und (demokratischer) Legitimation, zwischen Übergriffen in die Unabhängigkeit einerseits und der Absicherung rechtmäßigen Handelns andererseits zutage gefördert.[1678] Im Ausgangspunkt ist festzuhalten, dass das überkommene Aufsichtsregime in den untersuchten Rechtsgebieten infolge weitreichender unionsrechtlicher Unabhängigkeitsvorgaben nachhaltig gestört ist. Weder für eine Fach- noch eine (eingeschränkte) Rechtsaufsicht ist insoweit nach zutreffender Auffassung Raum.[1679]

Von vornherein zum Scheitern verurteilt sind daher Ansätze, die Konflikte dadurch zu lösen versuchen, indem man die administrative, *aufsichtliche Kontrolle ausdehnt*,[1680] sodass Streitigkeiten beispielsweise durch Weisungen einer übergeordneten Stelle entschieden werden könnten. Gleiches gilt entsprechend für Vorstöße, die Verteidigungsmöglichkeiten von unabhängigen Behörden gegen Eingriffe in ihre Autonomie zu beschneiden, etwa durch eine Streichung des – ohnehin nicht weit genug reichenden – § 4 Abs. 3a BEVVG, der eine Klagemöglichkeit gegen rechtsaufsichtliche Weisungen im Eisenbahnsektor eröffnet.[1681] Beides wäre mit dem Gebot der politischen Unabhängigkeit nicht vereinbar. Zur Überprüfung rechtmäßigen Verwaltungshandelns durch eine übergeordnete Instanz erscheint lediglich die Aufsichtsklage zulässig, die allerdings im Regulierungs- und Kartellrecht *de lege*

1678 Zum Spannungsverhältnis zwischen Unabhängigkeit und Demokratieprinzip s. eingehend unter Kapitel 2, B.II.1.; zum Spagat zwischen der Absicherung der Rechtmäßigkeit von Maßnahmen unabhängiger Behörden, ohne die Unabhängigkeit zu verletzen, s. unter Kapitel 3, B.II.1.b)bb)(2).

1679 Vgl. hierzu ausführlich und nach Rechtsgebieten differenziert unter Kapitel 3, A., dort auch zum gesamten Meinungsspektrum bezüglich der Reichweite der unionsrechtlichen Unabhängigkeitsvorgaben.

1680 Vgl. exemplarisch für die BaFin den Koalitionsvertrag von CDU, CSU und SPD v. 11.11.2005 „Gemeinsam für Deutschland. Mit Mut und Menschlichkeit.", S. 87 (zuletzt aufgerufen am 31.1.2022 unter https://www.cdu.de/artikel/gemeinsam-fuer-deutschland-mit-mut-und-menschlichkeit-koalitionsvertrag-2005): „Die Rechts- und Fachaufsicht über die BaFin ist zu verstärken."; hierzu *Döhler*, in: Bogumil/Jann/Nullmeier (Hrsg.), Politik und Verwaltung, 2006, S. 208 (217); zum Ganzen s. unter Kapitel 2, B.III.2.; Gleiches gilt für Stimmen, die bereits *de lege lata* vom Bestehen einer weitreichenden Aufsicht ausgehen, vgl. im Kontext der Netzregulierung etwa besonders weitreichend *Lee*, Demokratische Legitimation der Vollzugsstruktur der sektorspezifischen Regulierungsverwaltung, 2017, S. 212 ff.

1681 Maßgeblich ist in diesem Zusammenhang, inwieweit man den Rechtsschutz für (unabhängige) Behörden eröffnet und ihnen justiziable Rechtspositionen zuweist, vgl. näher unter Kapitel 4, A.I.2.b)aa)(1), bb) und 4.a).

lata nicht vorgesehen und verfassungs- sowie unionsrechtlich auch nicht geboten ist.[1682]

Umgekehrt ist es aus rechtlicher Sicht ebenso wenig zielführend, die Unabhängigkeit der einschlägigen Behörden *ad infinitum* zu stärken, mit anderen Worten ihre *Kontrolle zu lockern* bzw. ihre Überwachung auch außerhalb der exekutiv-hierarchischen Aufsicht, namentlich durch Parlamente und Gerichte, einzuschränken. Sosehr es (nicht zuletzt aus Gründen der Rechtssicherheit) geboten ist, die unionsrechtlichen Unabhängigkeitsgarantien konsequent in nationales Recht zu überführen, ist es gleichermaßen essentiell, unabhängige Behörden nicht in den rechtsfreien Raum zu entlassen. Ohnehin ist deren ausgedünnte Kontrolle, wie oben festgestellt, bereits jetzt verfassungsrechtlich mit Blick auf demokratische und rechtsstaatliche Prinzipien prekär.[1683] Eine weitere Rücknahme der „Aufsicht" in einem weit verstandenen Sinne[1684] – wodurch sich freilich Binnenkonflikte vermeiden ließen – scheidet deshalb offenkundig aus. Mithin ist eine Verschiebung der Kontrollskala im herkömmlichen Sinne in beide Richtungen versperrt: Weder die Ausdehnung noch die stärkere Einschränkung der klassischen Supervision sind bei unabhängigen Behörden ein gangbarer Schritt.

2. Verbleibende Kontrollmöglichkeiten

Eingedenk der soeben aufgezeigten, stark eingeschränkten Gestaltungsmöglichkeiten des Gesetzgebers stellt sich die Frage, welche alternativen Kontrollmöglichkeiten im Kontext unabhängiger Behörden verbleiben. Differenziert werden kann zwischen behördeninternen (a)) sowie behördenexternen Anknüpfungspunkten (b)).

a) Behördeninterne Kontrolle

Scheidet die Aufsicht durch eine andere, in der Regel hierarchisch höher angesiedelte und politisch verantwortliche Instanz wie ein Ministerium aus bzw. ist hier wenig Spielraum für eine Veränderung der Kontrolle vorhanden,

---

1682 S. unter Kapitel 4, A.I.2.b)aa)(2); s. insbesondere auch *Kröger*, Unabhängigkeitsregime im europäischen Verwaltungsverbund, 2020, S. 414 ff.

1683 S. die Verweise in Fn. 1678; vgl. ferner zum Zusammenhang zwischen Kontrolle und demokratischer Legitimation sowie dem Rechtsstaatsprinzip *Kahl*, in: Hoffmann-Riem/Schmidt-Aßmann/Voßkuhle (Hrsg.), Grundlagen des Verwaltungsrechts, Bd. III, 2. Aufl. 2013, § 47 Rn. 63 ff.

1684 Den Begriff der Aufsicht weit verstehend z. B. *Schuppert*, Verwaltungswissenschaft, 2000, S. 887 ff.; vgl. hierzu auch *Schmidt-Aßmann*, Das allgemeine Verwaltungsrecht als Ordnungsidee, 2. Aufl. 2006, 4. Kapitel, Rn. 90.

drängt sich die nächste in Betracht zu ziehende Option nachgerade auf: eine *Kontrolle durch die unabhängige Stelle selbst.* Bevor anhand konkreter Beispiele bei der EZB und der Generaldirektion Wettbewerb eine Überprüfung durch behördeninterne Kontrollgremien näher untersucht werden soll (aa)), sind zunächst allgemein die Formen der (Selbst-)Kontrolle zu beleuchten (bb)). Zuletzt wird ein Blick auf Selbstbeobachtungs- und Evaluierungspflichten unabhängiger Behörden geworfen (cc)).

aa) Formen der (Selbst-)Kontrolle

Das bisher in dieser Untersuchung zum Ausdruck gekommene Verständnis von Kontrolle war relativ einseitig. Die vorstehenden Ausführungen kreisten im Wesentlichen um die Möglichkeiten parlamentarischer und gerichtlicher Kontrolle sowie um die Aufsicht innerhalb der Exekutive. Eine derartige Sichtweise blendet indes aus, dass Kontrolle ein deutlich umfassenderer Begriff ist. Unter ihr versteht man letztlich den „Vergleich zwischen Ist und Soll".[1685] Einen solchen Vergleich können neben den eingangs genannten klassischen Kontrolleuren die unterschiedlichsten Akteure, gegebenenfalls mit jeweils unterschiedlicher Schwerpunktsetzung im Kontrollmaßstab, anstellen. Erwähnt seien vor allem die – in diesem Abschnitt noch näher zu betrachtende – demokratische Öffentlichkeit, die insbesondere durch die Rechnungshöfe wahrgenommene Finanzkontrolle und die Kontrolle durch andere externe Institutionen.[1686] Die einzelnen Elemente der Kontrolle greifen dabei ineinander und ergänzen sich wechselseitig, sodass grundsätzlich ein möglichst lückenloses Kontrollgefüge staatlichen Handelns entsteht.[1687]

1685 *P. Kirchhof,* in: Isensee/Kirchhof (Hrsg.), Handbuch des Staatsrechts, Bd. V, 3. Aufl. 2007, § 99 Rn. 224; zum facettenreichen Kontrollbegriff (u. a. auch „Kontrolle als Vergleich") vgl. *Krebs*, Kontrolle in staatlichen Entscheidungsprozessen, 1984, S. 4ff.; *Hoffmann-Riem,* in: Schmidt-Aßmann/Hoffmann-Riem (Hrsg.), Verwaltungskontrolle, 2001, S. 325 (326ff.).; *Kahl,* in: Hoffmann-Riem/Schmidt-Aßmann/Voßkuhle (Hrsg.), Grundlagen des Verwaltungsrechts, Bd. III, 2. Aufl. 2013, § 47 Rn. 1ff.

1686 Vgl. *P. Kirchhof,* in: Isensee/Kirchhof (Hrsg.), Handbuch des Staatsrechts, Bd. V, 3. Aufl. 2007, § 99 Rn. 226, dort auch zur Unterscheidung zwischen Fremd- und Selbstkontrolle; *Poscher,* in: Hoffmann-Riem/Schmidt-Aßmann/Voßkuhle (Hrsg.), Grundlagen des Verwaltungsrechts, Bd. I, 2. Aufl. 2012, § 8 Rn. 24, dort ebenfalls zu den im vorherigen Satz genannten unterschiedlichen Kontrollakzentuierungen; s. im Einzelnen zu den Akteuren einer behördenexternen Kontrolle nachfolgend unter Kapitel 4, B.III.2.b).

1687 Vgl. *P. Kirchhof,* in: Isensee/Kirchhof (Hrsg.), Handbuch des Staatsrechts, Bd. V, 3. Aufl. 2007, § 99 Rn. 243ff.; *Schmidt-Aßmann*, Das allgemeine Verwaltungsrecht als Ordnungsidee, 2. Aufl. 2006, 4. Kapitel, Rn. 57 m. w. N.; *Krebs*, Kontrolle in staatlichen Entscheidungsprozessen, 1984, S. 38ff., 220ff.; *Voßkuhle*, Rechtsschutz gegen den Richter, 1993, S. 45ff.; *Schulze-Fielitz*, in: Schmidt-Aßmann/Hoffmann-

Jenseits des bekannten aufsichtlichen Instrumentariums stehen als Mittel der Überwachung beispielsweise Beobachtungsaufgaben, Berichtspflichten, Mitwirkungsvorbehalte, Nachbesserungs- und Ausgleichspflichten zur Verfügung.[1688]

Bevor aber behördenexterne Kontrollelemente näher betrachtet werden, richtet sich der Blick zunächst auf die interne Kontrolle. Es mag banal klingen, doch zuvorderst nimmt die *Selbstkontrolle* der handelnde Amtswalter vor, indem er (bestenfalls) im Vorfeld „die Rechtmäßigkeit und Erfolgsdienlichkeit seines Handelns prüft und stetig das Verbleiben seines Handelns und Wirkens in diesem Handlungsrahmen überwacht".[1689] Diese rechtsstaatliche Selbstverständlichkeit kann dadurch optimiert werden, dass über die Auswahl sowie die Aus- und Weiterbildung des Personals die fachliche Expertise und somit auch die Wahrscheinlichkeit der sachlichen Richtigkeit einer Entscheidung erhöht und sichergestellt wird.[1690] Die Selbstkontrolle verstärkt sich zudem, wenn an die Stelle eines einzelnen Entscheiders bzw. einer monokratisch organisierten Behördenleitung ein Kollegialorgan tritt: Die Beteiligung mehrerer Personen an der Entscheidungsfindung, gegebenenfalls in einem abgestuften Verfahren, lässt eine höhere Qualität respektive Richtigkeit der getroffenen Entscheidung erwarten.[1691] Dies stellt sogar eine Art „Gewalten-

---

Riem (Hrsg.), Verwaltungskontrolle, 2001, S. 291 ff.; *Kahl*, in: Hoffmann-Riem/Schmidt-Aßmann/Voßkuhle (Hrsg.), Grundlagen des Verwaltungsrechts, Bd. III, 2. Aufl. 2013, § 47 Rn. 141 spricht von einem „Kontrollmix", der statt einer „Totalkontrolle" auf einen „brauchbare[n] Kontrollpluralismus" hin ausgerichtet sein sollte.

[1688] *P. Kirchhof*, in: Isensee/Kirchhof (Hrsg.), Handbuch des Staatsrechts, Bd. V, 3. Aufl. 2007, § 99 Rn. 224; zu den vielfältigen Kontrollparametern vgl. *Schmidt-Aßmann*, Das allgemeine Verwaltungsrecht als Ordnungsidee, 2. Aufl. 2006, 4. Kapitel, Rn. 87; *Hoffmann-Riem*, in: Schmidt-Aßmann/Hoffmann-Riem (Hrsg.), Verwaltungskontrolle, 2001, S. 325 (345 ff.); *Kahl*, in: Hoffmann-Riem/Schmidt-Aßmann/Voßkuhle (Hrsg.), Grundlagen des Verwaltungsrechts, Bd. III, 2. Aufl. 2013, § 47 Rn. 35 ff. m. w. N.

[1689] *P. Kirchhof*, in: Isensee/Kirchhof (Hrsg.), Handbuch des Staatsrechts, Bd. V, 3. Aufl. 2007, § 99 Rn. 231; vgl. hierzu auch *Kahl*, in: Hoffmann-Riem/Schmidt-Aßmann/Voßkuhle (Hrsg.), Grundlagen des Verwaltungsrechts, Bd. III, 2. Aufl. 2013, § 47 Rn. 196 f.

[1690] *Kröger*, Unabhängigkeitsregime im europäischen Verwaltungsverbund, 2020, S. 382; zum beamtenrechtlichen Leistungsprinzip sowie dem Prinzip der Bestenauslese vgl. etwa BVerfG, NVwZ 2013, 1603 (1604) Rn. 15; *Brosius-Gersdorf*, in: Dreier (Hrsg.), Bd. II, 3. Aufl. 2015, Art. 33 Rn. 73 m. w. N.; monografisch z. B. *M. Wagner*, Das Prinzip der Bestenauslese im öffentlichen Dienst, 2009, S. 25 ff., 59 ff.

[1691] Vgl. *Groß*, Das Kollegialprinzip in der Verwaltungsorganisation, 1999, S. 205 ff. m. w. N.; *Schulze-Fielitz*, in: Schmidt-Aßmann/Hoffmann-Riem (Hrsg.), Verwaltungskontrolle, 2001, S. 291 (305); *P. Kirchhof*, in: Isensee/Kirchhof (Hrsg.), Handbuch des Staatsrechts, Bd. V, 3. Aufl. 2007, § 99 Rn. 231; *Kröger*, Unabhängigkeitsregime im europäischen Verwaltungsverbund, 2020, S. 382 f., der als Vorzüge der kollegialen Entscheidungsfindung unterschiedliche Erfahrungen, verschiedene Wisteilung innerhalb der Gewalten" dar.[1692] So kann durch institutionelle Vorkehrungen bereits ein gewisses Maß an Selbstkontrolle erreicht werden, welche die – bei unabhängigen Behörden eingeschränkte – externe Kontrolle ergänzt[1693] und sogar bereichert[1694].

bb) Speziell: Interne Kontrolleinheiten am Beispiel der EZB und der Generaldirektion Wettbewerb

Als bereits im geltenden Recht[1695] vorhandene Beispiele für eine behördeninterne Kontrolle in den vorliegend untersuchten Rechtsgebieten können zum einen Kontrollgremien im bankaufsichtlichen Bereich bei der EZB dienen. Gemäß Art. 24 Abs. 1 Satz 1 SSM-VO richtet die EZB einen *administrativen Überprüfungsausschuss* ein, der auf Antrag[1696] einer unmittelbar und individuell betroffenen natürlichen oder juristischen Person (Abs. 5 Satz 1) eine interne administrative Überprüfung der Beschlüsse vornimmt, welche die EZB im Rahmen der Ausübung der ihr durch die SSM-Verordnung übertragenen Befugnisse erlassen hat.[1697] Der vorzufindende Mechanismus äh-

---

sensbestände, Diskussion und gegenseitige Kontrolle anführt; die Gefahr von Blockadesituationen könne man abmildern, in dem man statt Einstimmigkeit Majoritätsentscheidungen zuließe.

1692 So der plakative Titel des Beitrags von *Leisner*, in: Festgabe für T. Maunz, 1971, S. 267 ff.; im vorliegenden Kontext aufgegriffen von *P. Kirchhof*, in: Isensee/Kirchhof (Hrsg.), Handbuch des Staatsrechts, Bd. V, 3. Aufl. 2007, § 99 Rn. 231; vgl. auch *Schlink*, Die Amtshilfe, 1982, S. 11 ff.

1693 Vgl. *Schmidt-Aßmann*, Das allgemeine Verwaltungsrecht als Ordnungsidee, 2. Aufl. 2006, 4. Kapitel, Rn. 91: „Unübersehbar ist die große Bedeutung administrativer *Eigenkontrollen*, vor allem solcher im Innenbereich der Behörden, Ämter und anderer Leistungseinheiten." (Hervorh. im Original).

1694 Vgl. hierzu *P. Kirchhof*, in: Isensee/Kirchhof (Hrsg.), Handbuch des Staatsrechts, Bd. V, 3. Aufl. 2007, § 99 Rn. 232 ff., insbesondere Rn. 232: „Die Selbstkontrolle in institutioneller Identität von Kontrolleur und Entscheidendem bringt Verfassungsrecht in anderer Weise zur Wirkung als das Prüfen und Beanstanden aus der Distanz der Gewaltenteilung. [...] Selbstkontrolle vermeidet, nachherige Fremdkontrolle korrigiert den Verfassungsverstoß.".

1695 Vorschläge für eine Intensivierung der verwaltungsinternen Kontrolle bei der BNetzA *de lege ferenda* unterbreitet *Gonsior*, Die Verfassungsmäßigkeit administrativer Letztentscheidungsbefugnisse, 2018, S. 326 ff., speziell zur Einrichtung eines internen Kontrollorgans S. 329 ff.

1696 Dass der administrative Überprüfungsausschuss nicht von Amts wegen tätig wird, schließt die Einordnung als Form der Selbstkontrolle nicht aus. Nach Art. 24 Abs. 4 S. 1 SSM-VO handeln die Mitglieder des administrativen Überprüfungsausschusses unabhängig und im öffentlichen Interesse. Trotz der individualrechtsschützenden Komponente steht (auch) das Element der Selbstkontrolle im Vordergrund.

1697 S. zum administrativen Überprüfungsausschuss weiterführend *Zagouras*, in: Schimansky/Bunte/Lwowski (Hrsg.), Bankrechts-Handbuch, 5. Aufl. 2017, § 124b nelt[1698] dem im nationalen Verwaltungsrecht bekannten *Widerspruchsverfahren.*[1699] Ermöglicht werden soll eine preiswerte und schnelle Überprüfung von Entscheidungen der EZB.[1700] Für den Bereich der Bankenabwicklung ordnet Art. 85 Abs. 1 SRM-VO vergleichbar die Einrichtung eines *Beschwerdeausschusses* an, der über Beschwerden von betroffenen natürlichen oder juristischen Personen einschließlich der Abwicklungsbehörden in bestimmten Fällen (Abs. 3 UAbs. 1) beschließt.[1701] Beide Ausschüsse setzen sich jeweils aus fünf Personen mit hohem Ansehen aus den Mitgliedstaaten zusammen, die nachweislich im Bereich der Bankenaufsicht bzw. -abwicklung qualifiziert und erfahren sind und nicht zum Personal gehören, das mit der Wahrnehmung der Aufgaben der SSM-VO respektive SRM-VO betraut ist.[1702] Die Ausschussmitglieder sind an keinerlei Weisungen gebunden,[1703] sie handeln unabhängig und im öffentlichen Interesse[1704]. Darüber hinaus werden u. a. Regelungen zur Beschlussfassung, Antragstellung, zum Verfahren und zu Fristen getroffen. Die eingerichteten Gremien bzw. Mechanismen stellen ein Element der behördlichen Selbstkontrolle dar.

Zum anderen ist im Bereich des Kartellrechts die Position des Anhörungsbeauftragten der Generaldirektion (GD) Wettbewerb zu nennen, dem eine

---

Rn. 21 ff.; *Lehmann/Manger-Nestler*, ZBB 2014, 2 (11); *Wolfers/Voland*, CMLR 51 (2014), 1463 (1480 f.); *Glos/Benzing*, in: Binder/Glos/Riepe (Hrsg.), Handbuch Bankenaufsichtsrecht, 2. Aufl. 2020, § 2 Rn. 163 ff., 240 ff.

[1698] Anders als bei einer kassatorischen Widerspruchsentscheidung hat die abzugebende Stellungnahme des administrativen Überprüfungsausschusses allerdings keine imperative Bindungswirkung gegenüber der EZB, den EZB-Rat trifft nur eine Berücksichtigungspflicht; vgl. hierzu *Zagouras*, in: Schimansky/Bunte/Lwowski (Hrsg.), Bankrechts-Handbuch, 5. Aufl. 2017, § 124b Rn. 25.

[1699] Zutreffend *Berger*, WM 2015, 501 (505); *Winterfeld/Rümker*, in: Schimansky/Bunte/Lwowski (Hrsg.), Bankrechts-Handbuch, 5. Aufl. 2017, § 124a Rn. 99; *Zagouras*, a. a. O., § 124b Rn. 21.

[1700] *Zagouras*, in: Schimansky/Bunte/Lwowski (Hrsg.), Bankrechts-Handbuch, 5. Aufl. 2017, § 124a Rn. 21.

[1701] Vgl. näher zum Beschwerdeausschuss *Skauradszun*, WM 2017, 1041 ff.; *Skauradszun*, WM 2017, 1085 ff.; *Wojcik*, in: Hopt/Binder/Böcking (Hrsg.), Handbuch Corporate Governance von Banken und Versicherungen, 2. Aufl. 2020, § 24 Rn. 263 ff.; *Benzing*, in: Binder/Glos/Riepe (Hrsg.), Handbuch Bankenaufsichtsrecht, 2. Aufl. 2020, § 14 Rn. 27 ff., 104 ff.

[1702] Art. 24 Abs. 2 SSM-VO bzw. Art. 85 Abs. 2 SRM-VO, dort auch jeweils zu weiteren Einzelheiten bezüglich Ernennung und Amtszeit der Mitglieder sowie den Ressourcen der Ausschüsse.

[1703] Art. 24 Abs. 2 S. 4 SSM-VO bzw. Art. 85 Abs. 2 S. 4 SRM-VO.

[1704] Art. 24 Abs. 4 S. 1 SSM-VO bzw. Art. 85 Abs. 5 S. 1 SRM-VO; nach Satz 2 müssen die Ausschussmitglieder hierzu offenlegen, welche direkten oder indirekten Interessen gegebenenfalls vorhanden sind, die als ihre Unabhängigkeit beeinträchtigend angesehen werden könnten.

vergleichbare Stellung zukommt. Die (derzeit zwei) Anhörungsbeauftragten sind im Rahmen der Fusionskontrolle aufgrund des ihnen von der EU-Kommission erteilten Mandats zuständig für die Vorbereitung und ordnungsgemäße Durchführung der Anhörung und der Akteneinsicht sowie für den Schutz vertraulicher Informationen (vgl. Art. 18 Fusionskontroll-VO [EG] 139/2004). Ihre Aufgabe ist es, die effektive Wahrung von Verfahrensrechten in allen Stadien des Verfahrens zu gewährleisten (Art. 1 Abs. 2 und Art. 4 Abs. 1 Mandat[1705]).[1706] Bei insoweit auftretenden Problemen haben sich die Beteiligten gemäß Art. 3 Abs. 7 Satz 1 Mandat zunächst an die GD Wettbewerb zu wenden. Ist die Lösung der Probleme oder die Beantwortung der Fragen nach wie vor nicht möglich, steht den Beteiligten nach Satz 2 der Weg zum Anhörungsbeauftragten offen. Dieser ist ausweislich der Vorschrift zur „unabhängige[n] Prüfung" der Anliegen berufen. Neben der Einhaltung der Verfahrensrechte und -regeln dient die Rolle des Anhörungsbeauftragten zugleich dazu, die Qualität der Entscheidungsfindung in der Sache hinsichtlich Objektivität, Transparenz und Effizienz zu optimieren.[1707] Dass der Anhörungsbeauftragte, dessen Stellung im Rahmen der Erneuerung seines Mandats 2011 aufgewertet wurde,[1708] grundsätzlich Unabhängigkeit genießt, ergibt sich deutlich auch aus Art. 3 Abs. 1 Mandat: „Der Anhörungsbeauftragte ist bei der Wahrnehmung seiner Aufgaben unabhängig."[1709] Gleichwohl ist nicht zu verkennen, dass die Anhörungsbeauftragten als Kommissionsbedienstete direkt dem Wettbewerbskommissar unterstellt sind und ihr Einfluss letztlich begrenzt bleibt.[1710]

1705 Beschluss des Präsidenten der Europäischen Kommission v. 13.10.2011 über Funktion und Mandat des Anhörungsbeauftragten in bestimmten Wettbewerbsverfahren (2011/695/EU), ABl. 2011, L 275/29.

1706 *Körber*, in: Immenga/Mestmäcker (Hrsg.), Wettbewerbsrecht, 6. Aufl. 2020, Art. 18 FKVO Rn. 4; *Ablasser-Neuhuber*, in: Loewenheim/Meessen/Riesenkampff/Kersting/Meyer-Lindemann (Hrsg.), Kartellrecht, 4. Aufl. 2020, Art. 18 FKVO Rn. 7.

1707 Vgl. *Dittert*, in: von der Groeben/Schwarze/Hatje (Hrsg.), Europäisches Unionsrecht, 7. Aufl. 2015, Art. 18 FKVO Rn. 44 unter Verweis auf Erwägungsgrund Nr. 3 sowie Art. 1 Abs. 2 und Art. 3 Abs. 1 und 2 Mandat. Hierzu erstellt der Anhörungsbeauftragte regelmäßig einen Zwischenbericht zum Ablauf der Anhörung und einen Abschlussbericht zum Entscheidungsentwurf der Kommission.

1708 Vgl. hierzu näher *Bueren*, WuW 2012, 684 (684 ff.); *Kellerbauer*, EuZW 2013, 10 (10 ff.); s. auch *Körber*, in: Immenga/Mestmäcker (Hrsg.), Wettbewerbsrecht, 6. Aufl. 2020, Art. 18 FKVO Rn. 4 unter Fn. 12.

1709 *Körber*, in: Immenga/Mestmäcker (Hrsg.), Wettbewerbsrecht, 6. Aufl. 2020, Art. 18 FKVO Rn. 4 m. w. N. weist zusätzlich auf Art. 2 Mandat hin, der Regelungen zur persönlichen Unabhängigkeit (Ernennung, Abberufung, Vertretung) enthält.

1710 Deutlich *Kellerbauer*, EuZW 2013, 10 (14): „Allerdings sind die Empfehlungen des Anhörungsbeauftragten rein kommissionsintern und rechtlich unverbindlich. […] Der Einfluss des Anhörungsbeauftragten auf den Inhalt der Kommissionsentscheidung bleibt von seiner Überzeugungskraft als Berater des für Wettbewerbsfragen

Das BVerfG billigt die Ausschusstätigkeit als legitimationsstiftendes Element durch eine verwaltungsinterne Kontrolle und stellt diese offenbar auf eine Stufe mit der Überprüfung von Entscheidungen durch die Gerichte.[1711] Hinzu kommt, dass eine zusätzliche behördeninterne Kontrolle den gerichtlichen Rechtsschutz nicht versperrt. Art. 24 Abs. 11 SSM-VO erklärt deklaratorisch, dass das Recht unberührt bleibt, „gemäß den Verträgen ein Verfahren vor dem EUGH (sic!) anzustrengen".[1712] Aus Sicht betroffener Dritter ergibt sich somit auch kein Problem mit der Rechtsschutzgarantie des Art. 19 Abs. 4 Satz 1 GG bzw. dem Rechtsstaatsprinzip. Insofern liegt kein kritikwürdiger Atavismus vor, der an die Zeiten der Administrativjustiz vor Etablierung einer unabhängigen Verwaltungsgerichtsbarkeit[1713] erinnern würde: Die in Rede stehenden innerbehördlichen Stellen ersetzen den verwaltungsgerichtlichen Rechtsschutz – ungeachtet etwaiger gerichtsähnlicher Elemente – nicht, sondern ergänzen ihn vielmehr.

Darüber hinaus erweisen sich interne Kontrollgremien auch mit Blick auf die behördliche Unabhängigkeit als unproblematisch. Während zur Sicherung der Unabhängigkeit auf verwaltungsrechtliche Vorverfahren auf nationaler Ebene nach § 68 Abs. 1 Satz 2 VwGO regelmäßig verzichtet wird, da eine höhere Instanz die Entscheidung wieder „kassieren" könnte,[1714] stellt sich dieses Problem bei einer behördeninternen Überprüfung gerade nicht. Wird eine Maßnahme durch die Behörde selbst wieder aufgehoben, geht damit keine Verletzung ihrer Unabhängigkeit einher.[1715] Mithin sind solche Ausschüsse bzw. Beauftragte innerhalb unabhängiger Behörden ein geeignetes Modell, die Rechtmäßigkeit des Handelns oder Unterlassens von Stellen des

zuständigen Kommissionsmitglieds abhängig. Die Schaffung eines ‚*administrative law judge*' (Hervorh. im Original) nach US-amerikanischem Vorbild, der die Gesamtheit der rechtlichen und tatsächlichen Grundlagen einer Verwaltungsentscheidung in unabhängiger Stellung prüft, würde einen Fremdkörper in das EU-Wettbewerbsverfahren einführen, der letztlich die Grenzen zu den Unionsgerichten verwischen und die abschließende Entscheidungsfindung erheblich verzögern könnte."; kritisch zur Reichweite der Unabhängigkeit auch *Bueren*, WuW 2012, 684 (687 f.).

1711 BVerfGE 151, 202 (357) Rn. 274 f. – Europäische Bankenunion.

1712 S. hierzu auch näher *Berger*, WM 2015, 501 (505); *Zagouras*, in: Schimansky/Bunte/Lwowski (Hrsg.), Bankrechts-Handbuch, 5. Aufl. 2017, § 124a Rn. 21; *Müller-Graff*, EuZW 2018, 101 (106).

1713 Zur historischen Entwicklung der deutschen Verwaltungsgerichtsbarkeit s. stellvertretend *Würtenberger/Heckmann*, Verwaltungsprozessrecht, 4. Aufl. 2018, Rn. 38 ff., speziell zur Administrativjustiz im 19. Jahrhundert und deren Überwindung Rn. 42 ff.

1714 Vgl. hierzu unter Kapitel 1, B.II.3.b).

1715 Vgl. insoweit auch Kapitel 3, B.II.1.a), wo klargestellt wird, dass sich die Unabhängigkeitsgarantien auf eine *externe* Einflussnahme auf die unabhängige Stelle beziehen.

eigenen Hauses zusätzlich abzusichern, ohne dass ein unzulässiger Eingriff in die Unabhängigkeit besteht.

Klärungsbedürftig erscheint indes noch die Frage, ob – wie vorliegend bei der EZB und der GD Wettbewerb – die Kontrollgremien *ihrerseits unabhängig* sein sollten. Präziser müsste die Frage eigentlich lauten, *gegenüber wem* diese Instanzen unabhängig sein sollten. Ohne Weiteres leuchtet ein, dass eine (Weisungs-)Abhängigkeit gegenüber einer behördenexternen Stelle, namentlich einer Aufsichtsbehörde, nicht bestehen darf.[1716] Andernfalls könnte diese mittelbar über den Kontrollausschuss Einfluss auf die Entscheidungen der unabhängigen Ausgangsinstanz nehmen, was kaum mit den einschlägigen Unabhängigkeitsvorgaben in Einklang zu bringen wäre. Darüber hinaus liegt es in der Natur der Sache, dass die kontrollierende Stelle gegenüber der ursprünglich entscheidenden ebenfalls autonom ist;[1717] sonst wäre eine unabhängige, unparteiische und unvoreingenommene Überprüfung der Sachentscheidung kaum möglich bzw. wäre es fraglich, worin überhaupt der Sinn dieses zusätzlichen Mechanismus bestünde. Somit ist allenfalls diskussionswürdig, ob die betreffenden Posten auch gegenüber der eigenen Behördenspitze unabhängig gestellt sein sollten[1718]. Wie bereits im Kontext der Systematisierung der Konfliktlagen festgestellt, ist eine hausinterne Unabhängigkeit gegenüber der Leitungsebene unionsrechtlich weder geboten noch verfassungsrechtlich unter demokratietheoretischen Gesichtspunkten wünschenswert.[1719] Auch im klassischen Verwaltungs(prozess)recht, wo auf ad-

---

1716 Ebenso *Gonsior*, Die Verfassungsmäßigkeit administrativer Letztentscheidungsbefugnisse, 2018, S. 330.

1717 Deutlich *Poscher*, in: Hoffmann-Riem/Schmidt-Aßmann/Voßkuhle (Hrsg.), Grundlagen des Verwaltungsrechts, Bd. I, 2. Aufl. 2012, § 8 Rn. 25: „Das dem Kontrollbegriff inhärente Distanzgebot verlangt eine Grenzziehung zwischen der Kontrollinstanz, dem zu kontrollierenden Vorgang und den Kontrollierten."; *Hoffmann-Riem*, a.a.O., § 10 Rn. 70 mit Verweis auf die Etymologie („Gegen-Rolle"/*cont-rôle*); *Scheuner*, in: Festschrift für G. Müller, 1970, S. 379 (392); *Hoffmann-Riem*, in: Schmidt-Aßmann/Hoffmann-Riem (Hrsg.), Verwaltungskontrolle, 2001, S. 325 (326ff.); *Schmidt-Aßmann*, a.a.O., S. 9 (10f.); *P. Kirchhof*, in: Isensee/Kirchhof (Hrsg.), Handbuch des Staatsrechts, Bd. V, 3. Aufl. 2007, § 99 Rn. 235.

1718 Allerdings muss für eine wirksame Kontrolle die kontrollierende Instanz auch in irgendeiner Form in das Verfahren eingebunden werden. Zu dieser Gratwanderung zwischen Nähe und Distanz und möglichen Konzepten der Ausgestaltung am Beispiel der BNetzA s. *Gonsior*, Die Verfassungsmäßigkeit administrativer Letztentscheidungsbefugnisse, 2018, S. 331ff.; s. auch *Kahl*, in: Hoffmann-Riem/Schmidt-Aßmann/Voßkuhle (Hrsg.), Grundlagen des Verwaltungsrechts, Bd. III, 2. Aufl. 2013, § 47 Rn. 37: „Zu große Distanz führt indes dazu, dass, zumal dort, wo konkretes Handeln kontrolliert werden soll, der genaue Einblick des Kontrolleurs in das zu kontrollierende Geschehen fehlen kann.".

1719 S. wiederum unter Kapitel 3, B.II.1.a)aa); das Problem der demokratischen Legitimation unabhängiger Kontrolleure erkennt auch *Gonsior*, Die Verfassungsmäministrative Unabhängigkeiten grundsätzlich keine Rücksicht zu nehmen ist, ist es der Arbeit der Widerspruchsbehörden – soweit ersichtlich – nicht abträglich, dass diese intern (und extern) hierarchisch eingegliedert sind. Damit die ohnehin dünne demokratische Legitimationskette nicht überstrapaziert wird und am Ende, um im Bild zu bleiben, reißt, ist die Unabhängigstellung behördeninterner Kontrollgremien gegenüber der eigenen Behördenleitung höchstens dann zu befürworten, wenn derartige Stellen ihrerseits hinreichend stark demokratisch legitimiert sind. Dies kann beispielsweise durch eine erhöhte personelle Legitimation der Amtsinhaber, eine begleitende parlamentarische Kontrolle oder ein gesetzlich vorstrukturiertes und gerichtlich überprüfbares Prüfprogramm der in Rede stehenden Instanz gelingen.[1720]

cc) Selbstbeobachtung, Monitoring und Evaluierung

Anstelle der oder zusätzlich zur Einrichtung „kassatorischer" interner Gremien kann auch über die *behördeneigene Selbstreflexion* nachgedacht werden. Anders als die noch zu erörternden Berichtspflichten richten sich Normen, die eine Selbstbeobachtung bzw. Strategiereflexion vorschreiben, nicht an andere Instanzen, sondern an die (unabhängige) Behörde selbst.[1721] Hierdurch „soll eine hinter die je aktuellen Einzelentscheidungen hinaus fragende Reflexion auf Metaebene initiiert werden. Die Behörde wird [...] auf eine Globalperspektive verpflichtet, die ihr Distanz zum Tagesgeschäft verschafft und eine Erstarrung in sich verselbstständigende Verwaltungsroutine verhindern soll."[1722] Über diese Form der Rückmeldung bzw. Evaluation werden die mit Sachentscheidungen befassten Gremien in die Lage versetzt, ihre Entscheidungen zu koordinieren und gegebenenfalls zu korrigieren.[1723] Teilweise wird für das Phänomen auch der neudeutsche Begriff *Monitoring* verwendet als „systematische, zumindest regelmäßige Beobachtung und Auswertung der Verhältnisse und der Entwicklungen komplexer, veränderlicher Systeme durch eine Behörde [...], an deren Ergebnis

ßigkeit administrativer Letztentscheidungsbefugnisse, 2018, S. 330 („Dies führt [...] geradewegs hinein in die Problematik ministerialfreier Räume."), der die Unabhängigkeit allerdings „zur Gewährleistung einer effektiven Kontrolle [für] unabdingbar" hält.

1720 Zu den Rechtfertigungsansätzen für ein demokratisches Legitimationsdefizit s. eingehend unter Kapitel 2, B.II.1.b)bb).

1721 Vgl. *Masing*, Gutachten D zum 66. Deutschen Juristentag, 2006, D 182.

1722 Wörtliches Zitat nach *Masing*, Gutachten D zum 66. Deutschen Juristentag, 2006, D 182.

1723 Vgl. *Masing*, Gutachten D zum 66. Deutschen Juristentag, 2006, D 182 im Kontext der Beschlusskammern der BNetzA.

keine Rechtsfolge geknüpft ist".[1724] Die Verwaltung macht durch Monitoring und Evaluation eine „rechtlich institutionalisierte Lernerfahrung"[1725], die zu einer „Wirkungskontrolle" ihrer Tätigkeit und deren Rechtsgrundlagen führt[1726].[1727]

Im nationalen Recht sind im Kontext der vorliegenden Untersuchung Selbstbeobachtungspflichten exemplarisch in §§ 35 i.V.m. 63 Abs. 3 EnWG, §§ 48 Abs. 3 i.V.m. 53 Abs. 3 GWB und § 196 TKG (= § 122 TKG a.F.) mehr oder minder umfangreich verwirklicht. § 35 Abs. 1 EnWG verpflichtet die Regulierungsbehörde zur Durchführung eines Monitorings über die in der Vorschrift enumerativ aufgezählten Bereiche. Ergänzend formuliert § 63 Abs. 3 Satz 1 EnWG, dass die BNetzA jährlich einen Bericht über ihre Tätigkeit sowie – soweit wettbewerbliche Aspekte betroffen sind, im Einvernehmen mit dem BKartA – über das Ergebnis ihrer Monitoring-Tätigkeit veröffentlicht und ihn der EU-Kommission und der Europäischen Agentur für die Zusammenarbeit der Energieregulierungsbehörden vorlegt.[1728] Eine vergleichbare Regelung enthält § 48 Abs. 3 Satz 1 GWB, der das BKartA zu einem Monitoring über die dort genannten Felder aufruft; gemäß § 53 Abs. 3 Satz 1 GWB hat es – bei Bezug zur Regulierung der Leitungsnetze im Einvernehmen mit der BNetzA – einen Monitoringbericht zu erstellen und der BNetzA zuzuleiten.[1729] Diese wiederum integriert gemäß § 63 Abs. 3 Satz 2 EnWG den ihr übermittelten Bericht der Kartellbehörde in ihren Monitoring-

---

[1724] Instruktiv zum Begriff des Monitorings *Herzmann*, DVBl. 2007, 670ff., dort auch der wörtlich wiedergegebene Versuch einer Definition (S. 673) und die Abgrenzung zu anderen verwandten Begriffen (Überwachung, Aufsicht und Regulierung, Planung, Kontrolle); *Herzmann*, in: Britz/Hellermann/Hermes (Hrsg.), EnWG, 3. Aufl. 2015, § 35 Rn. 3ff.; s. auch *Lecheler/Gundel*, EuZW 2003, 621 (625): „systematische Beobachtung".

[1725] *Spiecker gen. Döhmann*, DVBl. 2007, 1074 (1076).

[1726] *Herzmann*, in: Britz/Hellermann/Hermes (Hrsg.), EnWG, 3. Aufl. 2015, § 35 Rn. 8.

[1727] Grundlegend zur Nachsteuerung durch Beobachtung, Evaluation und Lernen *Franzius*, in: Hoffmann-Riem/Schmidt-Aßmann/Voßkuhle (Hrsg.), Grundlagen des Verwaltungsrechts, Bd. I, 2. Aufl. 2012, § 4 Rn. 88ff., 97ff.; *Kahl*, a.a.O., Bd. III, 2. Aufl. 2013, § 47 Rn. 199ff.

[1728] S. näher etwa *Theobald*, in: Theobald/Kühling (Hrsg.), Energierecht, 112. EL 2021, § 35 EnWG Rn. 1ff. sowie *Theobald/Werk*, a.a.O., § 63 Rn. 13ff.; *Herzmann*, in: Britz/Hellermann/Hermes (Hrsg.), EnWG, 3. Aufl. 2015, § 35 Rn. 1ff. sowie *Hermes*, a.a.O., § 63 Rn. 15ff.

[1729] Hierzu näher *Stockmann*, in: Immenga/Mestmäcker (Hrsg.), Wettbewerbsrecht, 6. Aufl. 2020, § 48 Rn. 35f. und § 53 Rn. 9f.; *Quellmalz*, in: Loewenheim/Meessen/Riesenkampff/Kersting/Meyer-Lindemann (Hrsg.), Kartellrecht, 4. Aufl. 2020, § 48 GWB Rn. 13ff. und § 53 GWB Rn. 5.

bericht. In der Praxis arbeiten Regulierungs- und Kartellbehörde insoweit eng zusammen.[1730]

Im Telekommunikationssektor hat die BNetzA gemäß § 196 Satz 1 TKG (= § 122 Abs. 1 TKG a. F.) einmal jährlich einen Bericht über die Entwicklung des TK-Marktes (mit bestimmten Mindestvorgaben) zu veröffentlichen. Nach Satz 2 berichtet die BNetzA in dem Jahresbericht auch über ihre zukünftigen Vorhaben.[1731] Während also das Monitoring im Energiesektor „seinen Schwerpunkt in einer gesetzlich genau strukturierten Anamnese der Wettbewerbsverhältnisse und ihrer gesellschaftspolitischen Implikationen sowie in der kritischen Erfassung des Umsetzungsstandes, der Wirkungen sowie des Erfolgs der Regulierungspolitik" hat, ist „§ 122 TKG [a. F.] in den Analysekriterien offener und legt den Akzent deutlicher auf die künftige Ausrichtung der Behördenarbeit".[1732] Die Vorschrift des § 196 TKG geht mithin in ihrem Regelungsgehalt über die vorgenannten Normen hinaus.

Zwar ist vor diesem Hintergrund einzuräumen, dass *de lege lata* mehr als nur Spurenelemente einer Selbstbeobachtung unabhängiger Behörden vorhanden sind. Bereichsspezifisch erscheint die Überwachung sogar besonders engmaschig.[1733] Allerdings wäre es nicht zuletzt im Sinne einer stärkeren Selbstkontrolle und systematischen Vereinfachung angebracht, eine möglichst flächendeckende und *allgemeine Monitoringpflicht* unabhängigen Stellen aufzuerlegen. So könnten die bisher disparaten Regelungen (soweit über-

---

[1730] Vgl. *Stockmann*, in: Immenga/Mestmäcker (Hrsg.), Wettbewerbsrecht, 6. Aufl. 2020, § 53 GWB Rn. 9: „Praktisch ergibt sich aus der engen Kooperation beider Behörden eine nahezu gemeinsame Erstellung des Berichts nach § 63 Abs. 3 S. 1 EnWG."; ebenso *Stockmann*, a. a. O., § 48 Rn. 35; *Krauser*, in: Säcker et al. (Hrsg.), Münchener Kommentar zum Wettbewerbsrecht, Bd. 2, 3. Aufl. 2020, § 53 GWB Rn. 13.

[1731] Vgl. ausführlicher zum Jahresbericht und Vorhabenplan im TK-Sektor einschließlich Systematik, Normzweck und Gesetzgebungshistorie *Attendorn/Geppert*, in: Geppert/Schütz (Hrsg.), Beck'scher TKG-Kommentar, 4. Aufl. 2013, § 122 Rn. 1 ff.; *Gramlich*, in: Scheurle/Mayen (Hrsg.), TKG, 3. Aufl. 2018, § 122 Rn. 1 ff.; in § 122 Abs. 2 S. 1 TKG a. F. waren die Vorgaben zum Vorhabenplan noch näher konkretisiert: „In den Jahresbericht ist nach öffentlicher Anhörung auch ein Vorhabenplan aufzunehmen, in dem die im laufenden Jahr von der Bundesnetzagentur zu beachtenden grundsätzlichen rechtlichen und ökonomischen Fragestellungen enthalten sind.".

[1732] *Masing*, Gutachten D zum 66. Deutschen Juristentag, 2006, D 183.

[1733] Vgl. *Schneider*, in: Langen/Bunte (Hrsg.), Kartellrecht, Bd. 1, 13. Aufl. 2018, § 53 GWB Rn. 10: „Die Berichtspflichten zum Monitoring nach Abs. 3 erscheinen damit insgesamt betrachtet fast schon überzogen[.]"; *Stockmann*, in: Immenga/Mestmäcker (Hrsg.), Wettbewerbsrecht, 6. Aufl. 2020, § 53 Rn. 10: „Ob die weiter intensivierte Überwachung über die mit ihr verbundene, demonstrative Anerkennung der wirtschaftlichen Bedeutung des Wettbewerbs im Energiesektor hinaus von Nutzen ist, kann bezweifelt werden.".

haupt vorhanden), die sich teils aus der Umsetzung von Unionsrecht ergeben[1734] und teils aus dem – dem Demokratieprinzip entstammenden[1735] – allgemeinen verwaltungsrechtlichen Transparenzgebot[1736] herleiten, auf einen gemeinsamen Nenner gebracht werden. Es leuchtet nicht ein, warum beispielsweise innerhalb der Netzsektoren insoweit differenziert werden sollte. Als Vorbild könnte nach dem Vorschlag Johannes Masings das Modell des § 196 TKG dienen, wobei eine noch stärkere Anreicherung mit Monitoringelementen denkbar wäre. Selbstredend müsste eine solche Vorschrift abstrakt formuliert sein; notwendige Konkretisierungen sollten fachgesetzlichen Ergänzungen sowie einer Einschätzungsprärogative der unabhängigen Behörde vorbehalten bleiben.[1737] Eine rechtlich abgesicherte, kritische Selbstreflexion trägt dazu bei, eine möglicherweise für sich genommen unzureichende externe Kontrolle zu kompensieren.

b) Behördenexterne Kontrolle

Die alternativen Kontrollmöglichkeiten unabhängiger Behörden jenseits der staatlichen Aufsicht erschöpfen sich nicht in der behördeninternen Revision. Nachfolgend sollen im Einzelnen weitere Mechanismen untersucht werden, welche die Tätigkeit unabhängiger Stellen überwachen (können), wobei zugleich darauf zu achten ist, dass diese ihrerseits die garantierte Unabhängigkeit nicht beeinträchtigen. Als Kontrolleure in Betracht kommen insoweit namentlich die demokratische Öffentlichkeit (aa)) sowie andere öffentliche Institutionen ohne Ingerenzmöglichkeiten (bb)). Außerdem ist auch eine mitgestaltende Kontrolle denkbar (cc)).

[1734] Vgl. Art. 41 Abs. 1 lit. e) Gas-RL 2009/73/EG; Art. 59 Abs. 1 lit. i) Elektrizitäts-RL (EU) 2019/944.

[1735] Vereinzelt werden aus dem Demokratieprinzip direkt sogar konkrete Publizitätspflichten abgeleitet, vgl. *Voßkuhle*, in: Isensee/Kirchhof (Hrsg.), Handbuch des Staatsrechts, Bd. III, 3. Aufl. 2005, § 43 Rn. 73; ablehnend dagegen *Kloepfer*, a. a. O., § 42 Rn. 55 f.; *Dreier*, in: Dreier (Hrsg.), GG, Bd. II, 3. Aufl. 2015, Art. 20 (Demokratie) Rn. 77 in Fn. 280; in diese Richtung auch BVerfGE 97, 350 (370) – Euro.

[1736] Vgl. zum Transparenzgebot aus der Rspr. exemplarisch BVerfGE 70, 324 (358) – Haushaltskontrolle der Nachrichtendienste; aus der Lit. stellvertretend *Dreier*, in: Dreier (Hrsg.), GG, Bd. II, 3. Aufl. 2015, Art. 20 (Demokratie) Rn. 77 m. w. N.; s. zudem die weiteren Nachweise in Fn. 1419, dort u. a. auch speziell zur Transparenz der Verwaltung; im vorliegenden Kontext etwa *Attendorn/Geppert*, in: Geppert/Schütz (Hrsg.), Beck'scher TKG-Kommentar, 4. Aufl. 2013, § 122 Rn. 1 f., die auf das unionsrechtliche Transparenzgebot abstellen.

[1737] *Masing*, Gutachten D zum 66. Deutschen Juristentag, 2006, D 183.

aa) Demokratische Öffentlichkeit und Medien

Die vielschichtigen Topoi Öffentlichkeit und Medien im Kontext demokratischer Kontrollverantwortung sollen schrittweise erschlossen werden. Ausgehend von der parlamentarischen Kontrolle und der Öffentlichkeitsfunktion des Bundestages einschließlich der vorhandenen Schwächen (1) wird untersucht, inwieweit die demokratische Öffentlichkeit jenseits des Parlaments für eine Kontrolle unabhängiger Behörden bemüht werden kann (2). Spiegelbildlich ist zu hinterfragen, welche Rolle unabhängige Stellen selbst bei der Information der Öffentlichkeit spielen (3).

(1) Parlamentarische Kontrolle und deren Schwächen als Ausgangspunkt

Nähert man sich der Frage nach einer Kontrolle durch die demokratische Öffentlichkeit, fällt der Blick zunächst (erneut und vertieft) auf die Rolle des Parlaments. In einem System repräsentativer Demokratie, bei dem das Volk als souveräner Träger der Staatsgewalt seine Macht grundsätzlich im Wahlakt auf Volksvertreter überträgt (Art. 20 Abs. 2 GG), obliegt dem unmittelbar demokratisch legitimierten Parlament die Kontrolle der Exekutive; genauer gesagt der Regierung, die im Rahmen ihrer Leitungsbefugnisse auf die nachgeordnete Administrative einwirken kann (vgl. Art. 65 GG).[1738] Indes kann die Regierung auf unabhängige Behörden gerade keinen steuernden Einfluss nehmen, während sich die direkte parlamentarische Kontrolle grundsätzlich nur auf die Gubernative selbst bezieht[1739]. Das Parlament hat also in diesem Fall über die Regierung keinen mittelbaren Zugriff auf die Arbeit autonomer Stellen, sodass insoweit eine Herstellung des demokratischen Verantwortungszusammenhangs nicht möglich ist. Aus diesem Grund muss sich – geradezu denknotwendig – die Kontrolle ohne Umwege auf die unabhängigen Institutionen gleichermaßen erstrecken, zumal die parlamentarische Kontrolle als Kompensation der fragilen demokratischen Legitimation weisungsfreier Stellen essentiell ist.[1740]

1738 S. hierzu bereits näher unter Kapitel 2, A.I.; vgl. ferner BVerfGE 67, 100 (130) – Flick-Untersuchungsausschuss; *Hermes*, in: Dreier (Hrsg.), GG, Bd. II, 3. Aufl. 2015, Art. 65 Rn. 38 ff.; *H. H. Klein*, in: Isensee/Kirchhof (Hrsg.), Handbuch des Staatsrechts, Bd. III, 3. Aufl. 2005, § 50 Rn. 33 m. w. N.: Ausübung der parlamentarischen Kontrolle als „Kehrseite der parlamentarischen Verantwortlichkeit der Regierung".

1739 Vgl. *Jestaedt*, Demokratieprinzip und Kondominialverwaltung, 1993, S. 312, 334 f.; *Emde*, Die demokratische Legitimation der funktionalen Selbstverwaltung, 1991, S. 78 f.; zuvor bereits *Fichtmüller*, AöR 91 (1966), 297 (330 f.); vgl. auch *Schwarz*, BayVBl. 2012, 161 ff.

1740 S. bereits unter Kapitel 2, B.II.1.b)bb).

Die parlamentarische Kontrolle beschränkt sich dabei keineswegs auf die Verabschiedung von Gesetzen, welche die Exekutive dann gemäß Art. 20 Abs. 3 GG zu beachten hat und worüber das Parlament bereits im Vorfeld verbindlich das Verwaltungshandeln steuern kann (sog. dirigierende Kontrolle)[1741].[1742] Vielmehr sichert eine Reihe an Faktoren und Instrumenten die *Einwirkungsmöglichkeiten* der gesetzgebenden auf die ausführende Gewalt. Zum einen findet eine mitwirkende Kontrolle der Exekutive durch die – von der Opposition kritisch begleitete – dauerhafte und wechselseitige Kommunikation zwischen Parlament und Regierung (respektive unabhängigen Behörden direkt) statt, deren Ergebnisse regelmäßig Niederschlag im Handeln der Verwaltung finden.[1743] Zum anderen verfügen die Abgeordneten über sanktionierende und informative Instrumente gegenüber der vollziehenden Gewalt, namentlich etwa neben dem Budgetrecht Informations-, Zitier-, Interpellations- und Untersuchungsrechte.[1744] Noch einen Schritt weiter geht

---

1741 Vgl. nur *H. H. Klein*, in: Isensee/Kirchhof (Hrsg.), Handbuch des Staatsrechts, Bd. III, 3. Aufl. 2005, § 50 Rn. 33 m. w. N.

1742 Vgl. zur Rolle des Gesetzes als primärer parlamentarischer Lenkungs- und Kontrollmechanismus *Jestaedt*, Demokratieprinzip und Kondominialverwaltung, 1993, S. 335 ff. m. w. N.; *Böckenförde*, Die Organisationsgewalt im Bereich der Regierung, 1964, S. 89; *Scheuner*, DÖV 1969, 585 (588 ff.); *Stern*, Das Staatsrecht der Bundesrepublik Deutschland, Bd. III/1, 1988, S. 1349: „Das Gesetz ist maßgebliches, aber nicht strangulierendes Bindungsinstrument der vollziehenden Gewalt.“; lesenswert auch die fast schon lyrisch-verklärende Zusammenschau mit unzähligen Nachweisen bei *Dreier*, Hierarchische Verwaltung im demokratischen Staat, 1991, S. 160 f.: „An der zentralen Rolle des Gesetzes […] bestehen keine Zweifel. Gleichgültig, ob man in ihm den ‚Zentralpunkt im Regierungssystem der Bundesrepublik‘ sieht, es als ‚Gravitationszentrum des demokratischen Verfassungsstaates‘ bezeichnet, ihm eine ‚Schlüsselstellung‘ oder ‚Spitzenstellung‘ zuweist, in ihm den ‚Angelpunkt‘ der Gewaltenteilung wie der Demokratie erblickt, es als ‚zentrale rechtliche Handlungsform des demokratischen Rechtsstaates‘ tituliert oder schlicht vom ‚Kernstück der Rechtsordnung‘ spricht: Stets ist gemeint, daß das mit besonderer Dignität ausgestattete, weil vom Parlament als der zentralen und durch direkte Wahlen vom Volk bestimmten Repräsentativkörperschaft in einem besonderen Verfahren beschlossene Gesetz vornehmster und ranghöchster Ausdruck des Mehrheitswillens, Medium der Sozialgestaltung und Richtpunkt der gesamtstaatlichen Entwicklung ist.“.

1743 *H. H. Klein*, in: Isensee/Kirchhof (Hrsg.), Handbuch des Staatsrechts, Bd. III, 3. Aufl. 2005, § 50 Rn. 34 f.

1744 Vgl. ausführlich *H. H. Klein*, in: Isensee/Kirchhof (Hrsg.), Handbuch des Staatsrechts, Bd. III, 3. Aufl. 2005, § 50 Rn. 36 ff.; *Stern*, Das Staatsrecht der Bundesrepublik Deutschland, Bd. II, 1980, S. 51 ff.; *Achterberg*, Parlamentsrecht, 1984, S. 434 ff.; *Emde*, Die demokratische Legitimation der funktionalen Selbstverwaltung, 1991, S. 67 ff.; *Jestaedt*, Demokratieprinzip und Kondominialverwaltung, 1993, S. 334 f.; *Morlok*, in: Dreier (Hrsg.), GG, 3. Aufl. 2015, Bd. II, Art. 38 Rn. 45 m. w. N.; im Kontext unabhängiger Behörden eingehend *Kröger*, Unabhängigkeitsregime im europäischen Verwaltungsverbund, 2020, S. 367 ff.; *Ludwigs*, Die Verwaltung 44 (2011), 41 (51 ff.); s. auch *Kersten*, DVBl. 2011, 585 (590 f.); die parlamentarischen die unmittelbare Überwachung durch – gegebenenfalls erst noch neu zu schaffende – *parlamentarische Gremien*, welche auch innerhalb der unabhängigen Behörde angesiedelt und mit Parlamentariern besetzt werden können.[1745] Exemplarisch[1746] steht hierfür der bei der BNetzA eingerichtete Beirat, der sich aus 16 Mitgliedern des Bundestages und der gleichen Anzahl an Vertretern oder Vertreterinnen des Bundesrates zusammensetzt (§ 5 Abs. 1 Satz 1 Hs. 1 BEGTPG). Der Beirat berät und kontrolliert die Regulierungsbehörde und sichert hierdurch dem Parlament in gewissem Umfang unmittelbare Einwirkungsmöglichkeiten auf die Behörde.[1747] Ihm stehen dabei vergleichbare Instrumente wie dem Bundestag zu, beispielsweise das Recht zur Einholung von Auskünften und Stellungnahmen (§ 194 Abs. 4 TKG; § 60 Sätze 2, 3 EnWG) sowie ein Zitierrecht gegenüber dem Präsidenten und dessen Stellvertretern (§ 6 Abs. 7 Satz 3 BEGTPG). Mithin verfügt das Parlament im Ausgangspunkt über hinreichende, *in concreto* erforderlichenfalls noch einfachgesetzlich zu normierende Möglichkeiten, um eine wirksame Kontrolle über unabhängige Behörden ausüben zu können.

Trotz der vorgenannten mannigfaltigen Instrumente würde die parlamentarische Kontrolle ihrer demokratischen Verantwortung nicht gerecht, wenn sie im Verborgenen stattfände: „Repräsentative Demokratie muß kommunikative Demokratie sein."[1748] Die politische Willensbildung ist keine Einbahnstraße vom Volk zu den Staatsorganen, sondern umgekehrt müssen Letztere die

---

Kontrollrechte als Rechtfertigung für ein demokratisches Legitimationsdefizit betrachtend BVerfGE 151, 202 (293) Rn. 134 – Europäische Bankenunion.

[1745] Vgl. *Kröger*, Unabhängigkeitsregime im europäischen Verwaltungsverbund, 2020, S. 374; *Schmidt-Aßmann*, in: Schmidt-Aßmann/Hoffmann-Riem (Hrsg.), Verwaltungskontrolle, 2001, S. 9 (20); zur Stärkung der demokratischen Legitimation durch parlamentarische Kontrollgremien in Bezug auf weisungsfreie Stellen s. *Füßlein*, Ministerialfreie Verwaltung, 1972, S. 310 f.; im Kontext des Beirats der Regulierungsbehörde *Oertel*, Die Unabhängigkeit der Regulierungsbehörde nach §§ 66 ff. TKG, 2000, S. 342: „Der Beirat kann dank seiner Rechte die parlamentarische Kontrolle in die Regulierungsbehörde hinein erstrecken und somit ihre Effektivität steigern. […] Er besitzt das Potential, sich zum politischen Gewissen der Regulierungsbehörde zu entwickeln.".

[1746] Außerhalb der untersuchten Rechtsgebiete sind noch die Datenschutzkommissionen bei Landesdatenschutzbeauftragten als Beispiel zu nennen, vgl. Art. 17 BayDSG.

[1747] Der Beirat hat gemäß § 7 BEGTPG die ihm durch Gesetz oder auf Grund eines Gesetzes zugewiesenen Aufgaben. Diese ergeben sich aus den regulierungsrechtlichen Fachgesetzen, vgl. insbesondere § 194 TKG und § 60 EnWG. Näher zu Zusammensetzung, Aufgaben, Befugnissen und Rechtsstellung des Beirats s. neben den §§ 5 ff. BEGTPG *Theobald/Werk*, in: Theobald/Kühling (Hrsg.), Energierecht, 112. EL 2021, § 60 EnWG Rn. 1 ff.; *Attendorn/Geppert*, in: Geppert/Schütz (Hrsg.), Beck'scher TKG-Kommentar, 4. Aufl. 2013, § 120 Rn. 1 ff.

[1748] So treffend *Oberreuter*, Aus Politik und Zeitgeschichte, B 2/1983, 19 (29).

Bürgerinnen und Bürger über ihr Handeln unterrichten und sie mit Informationen versorgen.[1749] Insbesondere die Ergebnisse der parlamentarischen Willensbildung sind der Öffentlichkeit zugänglich zu machen, weshalb u.a. die Sitzungen des Bundestages gemäß Art. 42 Abs. 1 GG grundsätzlich öffentlich sind.[1750] Dessen ungeachtet scheint das Parlament seinem Auftrag zur Öffentlichkeitsarbeit – sei es aufgrund von Missständen oder hartnäckigen Fehlvorstellungen der Bevölkerung von Stellung und Arbeitsweise des Bundestags – nicht immer gerecht zu werden,[1751] was die sogleich zu beantwortende Frage nach einer alternativen öffentlichen Kontrolle lauter werden lässt.

Wie bereits an anderer Stelle festgestellt, ist die parlamentarische Kontrolle unabhängiger Behörden darüber hinaus auch aus anderen – rechtlichen und faktischen – Gründen indes unvollkommen. In rechtlicher Hinsicht findet die Aufsicht des Parlaments ihre Grenzen im Kernbereich exekutiver Eigenverantwortung, der etwa die Etablierung eines Vetos der Legislative verbietet.[1752] Insoweit bleibt die Kontrolle hinter derjenigen der ministeriellen

---

1749 Vgl. BVerfGE 44, 125 (147f.) – Öffentlichkeitsarbeit; *H. H. Klein*, in: Isensee/Kirchhof (Hrsg.), Handbuch des Staatsrechts, Bd. III, 3. Aufl. 2005, § 50 Rn. 42 m.w.N.; *Dreier*, in: Dreier (Hrsg.), GG, Bd. II, 3. Aufl. 2015, Art. 20 (Demokratie) Rn. 76f.; *Scherzberg*, in: Hoffmann-Riem/Schmidt-Aßmann/Voßkuhle (Hrsg.), Grundlagen des Verwaltungsrechts, Bd. III, 2. Aufl. 2013, § 49 Rn. 13ff.; deutlich auch im Ausgangspunkt *Schwarz/Fuchs*, DVBl. 2017, 541 (545): „Keine (legitime) Repräsentation ohne Publizität.“.

1750 *H. H. Klein*, in: Isensee/Kirchhof (Hrsg.), Handbuch des Staatsrechts, Bd. III, 3. Aufl. 2005, § 50 Rn. 42.

1751 Deutlich *H. H. Klein*, in: Isensee/Kirchhof (Hrsg.), Handbuch des Staatsrechts, Bd. III, 3. Aufl. 2005, § 50 Rn. 43, der auch die Rolle des Bundestags als Arbeitsparlament betont: „Auf diesem Sektor der Aufgaben des Bundestages besteht ein offenkundiges Leistungsdefizit. [...] Er hat Schwierigkeiten mit seiner Selbstdarstellung. Leere Bänke, Zeitungslektüre im Plenum, eine oft abstoßende Polemik der Redner bestimmen das vom Fernsehen geflissentlich in die Wohnstuben übertragene Bild. Ursächlich dafür sind nur teilweise objektive Mißstände – wie etwa unter den Augen der Fernsehkameras zur Schau getragene Langeweile, ermüdende Rhetorik, Beschimpfung des politischen Gegners, Mangel an Niveau, zur Routine erstarrte Debattenabwicklung u.a. mehr. Gefährlicher sind zählebige Mißverständnisse über die Rolle des Parlaments [...]. Eine Erklärung für seine Schwächen in der Beurteilung durch die öffentliche Meinung ist auch die, daß er auch nach eigenem Selbstverständnis noch immer ständig zu sein versucht, was ein Parlament allenfalls in seinen Sternstunden zu sein vermag: die nationale Stätte eines individuell ungebundenen Argumentationsaustauschs über Gegenstände von über den Tag hinausweisender Bedeutung.“; *Klein* führt a.a.O. unter Rn. 44f. zudem Verbesserungsvorschläge an.

1752 Vgl. *Ludwigs*, Die Verwaltung 44 (2011), 41 (54); näher *Lorz*, Interorganrespekt im Verfassungsrecht, 2001, S. 242f., 516f.; s. auch *Lörler*, ZRP 1996, 361 (364f.); allgemein zum Kernbereich exekutiver Eigenverantwortung s. die Nachweise in Fn. 285.

Aufsicht zurück. In tatsächlicher Hinsicht kann es kapazitätsbedingt und in Ermangelung struktureller Voraussetzungen ebenfalls zu Einschränkungen kommen: Dem Vernehmen nach erschöpfte sich die parlamentarische Aufsicht unabhängiger Behörden bisher darin, „einzelne Fehlentwicklungen aufzugreifen und politisch zu diskutieren, um im Anschluss mittels gesetzlicher Änderungen die gewonnenen Erfahrungen einzusetzen, um derartige Entwicklungen zukünftig zu verhindern".[1753]

(2) Kontrolle durch die außerparlamentarische Öffentlichkeit

Hat sich die parlamentarische Kontrolle als zumindest stellenweise defizitär erwiesen, könnte auch die Öffentlichkeit außerhalb der Mauern des Parlaments eine wirksame Kontrolle unabhängiger Behörden vornehmen. Hier ist indes bereits klärungsbedürftig, was sich hinter den schillernden Begriffen *(demokratische) Öffentlichkeit bzw. öffentliche Meinung* verbirgt.[1754] Bis dato existiert keine allgemeingültige Definition; ähnlich wie beim Verwaltungsbegriff spricht sogar einiges dafür, öffentliche Meinung lasse sich nicht definieren, sondern nur beschreiben.[1755] Auch an dieser Stelle wäre es falscher

---

[1753] So wörtlich *Kröger*, Unabhängigkeitsregime im europäischen Verwaltungsverbund, 2020, S. 375; eingehend zu den Grenzen parlamentarischer Kontrollen *Krebs*, Kontrolle in staatlichen Entscheidungsprozessen, 1984, S. 138 ff.; vgl. ferner *Scheuner*, in: Festschrift für G. Müller, 1970, S. 379 (398 f.), dem zufolge die Kontrollhinter der Gesetzgebungsfunktion (auch nach der Einschätzung der Abgeordneten) zurücktritt und eine „effektive Kontrolle der ungemein ausgedehnten und hochspezialisierten Regierungs- und Verwaltungstätigkeit […] heute [bereits 1970!] für die Volksvertretung unmöglich [ist]"; *Kahl*, in: Hoffmann-Riem/Schmidt-Aßmann/Voßkuhle (Hrsg.), Grundlagen des Verwaltungsrechts, Bd. III, 2. Aufl. 2013, § 47 Rn. 74 ff.

[1754] S. zu den Deutungsvarianten des Öffentlichkeitsbegriffs *Schmidt-Aßmann*, Das allgemeine Verwaltungsrecht als Ordnungsidee, 2. Aufl. 2006, 2. Kapitel, Rn. 113; *Kahl*, in: Hoffmann-Riem/Schmidt-Aßmann/Voßkuhle (Hrsg.), Grundlagen des Verwaltungsrechts, Bd. III, 2. Aufl. 2013, § 47 Rn. 135 f.; *B. Peters*, in: Neidhardt (Hrsg.), Öffentlichkeit, öffentliche Meinung, soziale Bewegungen, 1994, S. 42 (42 f.); *Scherzberg*, Die Öffentlichkeit der Verwaltung, 2000, S. 175 ff. m.w.N.; s. auch *Krüger*, Allgemeine Staatslehre, 2. Aufl. 1966, S. 439 ff.; *Gröschner*, VVDStRL 63 (2004), 344 (355 f.); *Kröger*, Unabhängigkeitsregime im europäischen Verwaltungsverbund, 2020, S. 375 erblickt im Terminus der Transparenz einen Oberbegriff.

[1755] Vgl. *Oncken*, in: Oncken (Hrsg.), Historisch-politische Aufsätze und Reden, Bd. 1, 1914, S. 203 (235 f.), der dort versucht, öffentliche Meinung zu beschreiben, denn „[…] das dünkt uns nützlicher zu sein als ein Versuch, da eine Definition zu geben, wo keine gegeben werden kann"; ausführlich zu Definitionsschwierigkeiten und -versuchen einschließlich historischer und interdisziplinärer Interpretationsansätze *Kloepfer*, in: Isensee/Kirchhof (Hrsg.), Handbuch des Staatsrechts, Bd. III, 3. Aufl. 2005, § 42 Rn. 1 ff.; zum ähnlichen Phänomen beim Verwaltungsbegriff s. unter Kapitel 1, A.I.

Ehrgeiz, den möglicherweise von vornherein zum Scheitern verurteilten Versuch zu unternehmen, eine Definition zu erarbeiten. Für die vorliegende Untersuchung ist es ohnehin nachrangig, alle Teilmengen zu erfassen, aus denen sich die öffentliche Meinung potenziell zusammensetzt, solange nur eine hinreichend große Kontrolle vorhanden ist. So begnügt sich Malte Kröger mit der zutreffenden Feststellung, dass Öffentlichkeit „unter anderem die an gesellschaftlichen Fragen interessierten Bürger und die Medien erfasst".[1756] Rein quantitativ jedenfalls wäre eine Kontrolle unabhängiger Behörden hierdurch möglich. Wiederum auslegungsbedürftig ist allerdings der Begriff der *(Massen-)Medien*, wobei der Differenzierung zwischen Medien und Massenmedien[1757] für die vorliegende Betrachtung keine gesteigerte Relevanz zukommt. Ohne auf Detailfragen zu den einzelnen Termini „Medium" und – in der Regel negativ konnotiert – „Masse" näher eingehen zu wollen, sind unter Massenmedien bzw. Massenkommunikationsmitteln „technische Verbreitungsmittel" zu verstehen, „die indirekt, öffentlich und einseitig an einen großen Personenkreis Informationen, Meinungen und Unterhaltung vermitteln".[1758] Zu den unstreitig hierunter fallenden tradierten Medien Presse, Rundfunk und Film gesellen sich die durch technischen Fortschritt entstandenen (und entstehenden) sog. Neuen Medien wie etwa als jüngere Erscheinungsformen das Internet, Smartphones und Tablets, wobei bisweilen die Einbeziehung neuer Informationsquellen im Einzelnen streitig ist.[1759] Auch hinsichtlich des Begriffs der (Massen-)Medien ist es in der hiesigen Untersu-

---

1756 *Kröger*, Unabhängigkeitsregime im europäischen Verwaltungsverbund, 2020, S. 376; in ähnlicher Weise Öffentlichkeit als (jedenfalls) „aktive Beteiligtenöffentlichkeit" interpretierend *Schmidt-Aßmann*, Das allgemeine Verwaltungsrecht als Ordnungsidee, 2. Aufl. 2006, 4. Kapitel, Rn. 98; *Rossen-Stadtfeld*, in: Schmidt-Aßmann/Hoffmann-Riem (Hrsg.), Verwaltungskontrolle, 2001, S. 117 (146f., 189ff.); insgesamt zu den möglichen Akteuren einer Öffentlichkeitskontrolle *Scherzberg*, in: Hoffmann-Riem/Schmidt-Aßmann/Voßkuhle (Hrsg.), Grundlagen des Verwaltungsrechts, Bd. III, 2. Aufl. 2013, § 49 Rn. 47ff.

1757 Vgl. hierzu auch *Rossen-Stadtfeld*, in: Schmidt-Aßmann/Hoffmann-Riem (Hrsg.), Verwaltungskontrolle, 2001, S. 117 (172ff.).

1758 *Kloepfer*, in: Isensee/Kirchhof (Hrsg.), Handbuch des Staatsrechts, Bd. III, 3. Aufl. 2005, § 42 Rn. 7 m.w.N., dort auch das wiedergegebene Zitat; *Jarass*, Die Freiheit der Massenmedien, 1978, S. 29ff.; vgl. auch *Schulze-Fielitz*, in: Dreier (Hrsg.), GG, Bd. I, 3. Aufl. 2013, Art. 5 Abs. 1–2 Rn. 86 m.w.N.; *Scherzberg*, in: Hoffmann-Riem/Schmidt-Aßmann/Voßkuhle (Hrsg.), Grundlagen des Verwaltungsrechts, Bd. III, 2. Aufl. 2013, § 49 Rn. 48f.

1759 Vgl. nur *Kloepfer*, in: Isensee/Kirchhof (Hrsg.), Handbuch des Staatsrechts, Bd. III, 3. Aufl. 2005, § 42 Rn. 7, 10; zur Einbeziehung neuer Massenkommunikationstechniken in den Schutzbereich des Art. 5 Abs. 1 S. 2 GG s. etwa *Bethge*, in: Sachs (Hrsg.), GG, 9. Aufl. 2021, Art. 5 Rn. 73a; der Begriff der Neuen Medien ist dynamisch: seinerzeit waren beispielsweise auch Radio, Fernsehen und Videotext darunter zu subsumieren, während diese mittlerweile unstreitig zu den traditionellen Medien zu zählen sind.

chung nicht angezeigt, weiteren terminologischen und dogmatischen Einzelfragen nachzugehen.

Stattdessen ist entscheidend, welche Funktion diese – wie auch immer sich zusammensetzende – Öffentlichkeit vorliegend hat: die (zusätzliche) Kontrolle staatlichen Handelns durch öffentliche Kritik.[1760] In Anknüpfung an das von Jürgen Habermas maßgeblich geprägte Modell einer *deliberativen Demokratie* wird der bürgerlichen Öffentlichkeit ein legitimationsstiftendes Element zuteil; ihr obliegt die Klärung, was im öffentlichen Interesse ist.[1761] Durch den „Zwang des besseren Arguments" im Diskurs entsteht dieser Theorie folgend im Ausgangspunkt kommunikative Rationalität.[1762] Als Plattform und Übertragungsmittel für den Meinungs- und Informationsaustausch kommt den Medien dabei überragende Bedeutung zu. Auch wenn diese aus verfassungsrechtlicher Sicht systematisch gesehen keine Staatsgewalt ausüben, sondern Ausdruck grundrechtlich geschützter Freiheiten (Art. 5 Abs. 1 Satz 2 GG) sind, werden sie nicht ohne Grund landläufig als „Vierte Gewalt"[1763] bezeichnet.[1764] Gerade im digitalen Zeitalter, in dem Informationen ubiquitär und Medien omnipräsent sind, wirken Massenkommunikationsmittel prägend auf die Gesellschaft ein und vermögen hierdurch mehr oder weniger unmittelbar Entscheidungen der öffentlichen Hand spürbar zu

---

[1760] Vgl. *Kloepfer*, in: Isensee/Kirchhof (Hrsg.), Handbuch des Staatsrechts, Bd. III, 3. Aufl. 2005, § 42 Rn. 18; ähnlich *Badura*, a.a.O., Bd. II, 3. Aufl. 2004, § 25 Rn. 31, 41; *Dreier*, in: Dreier (Hrsg.), GG, Bd. II, 3. Aufl. 2015, Art. 20 (Demokratie) Rn. 77 mit Fn. 276; *C. Bamberger*, in: Demel et al. (Hrsg.), Funktionen und Kontrolle der Gewalten, 2001, S. 307 (310ff.).

[1761] Vgl. grundlegend *Habermas*, Faktizität und Geltung, 1992, S. 367ff.; aus der Sekundärliteratur s. *Benhabib*, DZPhil 43 (1995), 3ff.; *Suntrup*, Der Staat 49 (2010), 605ff.; *Scherzberg*, in: Hoffmann-Riem/Schmidt-Aßmann/Voßkuhle (Hrsg.), Grundlagen des Verwaltungsrechts, Bd. III, 2. Aufl. 2013, § 49 Rn. 67ff. m.w.N., dort auch zur Kritik; speziell zur Öffentlichkeit als Medium demokratischer Legitimation *Scherzberg*, Die Öffentlichkeit der Verwaltung, 2000, S. 295ff.

[1762] Vgl. nur *Scherzberg*, in: Hoffmann-Riem/Schmidt-Aßmann/Voßkuhle (Hrsg.), Grundlagen des Verwaltungsrechts, Bd. III, 2. Aufl. 2013, § 49 Rn. 69 m.w.N.; näher *Münkler*, Expertokratie, 2020, S. 364ff.

[1763] Zum Begriff s. etwa *C. Bamberger*, in: Demel et al. (Hrsg.), Funktionen und Kontrolle der Gewalten, 2001, S. 307 (307, 313ff.) m.w.N.; *Löffler*, Der Verfassungsauftrag der Presse, 1963, S. 4f.; *Schäuble*, RuP 1996, 66 (68f.); zum Teil wird der Begriff für die Medien oder die Massenmedien insgesamt verwendet, zum Teil auch nur *pars pro toto* für die Presse.

[1764] *Schulze-Fielitz*, in: Dreier (Hrsg.), GG, 3. Aufl. 2015, Bd. II, Art. 20 (Rechtsstaat) Rn. 80 m.w.N.; *Poscher*, in: Hoffmann-Riem/Schmidt-Aßmann/Voßkuhle (Hrsg.), Grundlagen des Verwaltungsrechts, Bd. I, 2. Aufl. 2012, § 8 Rn. 18 m.w.N., dort auch noch zum Einfluss anderer Akteure außerhalb der unmittelbaren Staatsgewalt wie Parteien, Lobbyorganisationen, Verbände und NGOs; *Starck*, in: Görres-Gesellschaft (Hrsg.), Staatslexikon, Bd. 2, 8. Aufl. 2018, Stichwort „Gewaltenteilung" a.E.

beeinflussen.[1765] Infolge medialer Aufmerksamkeit werden Themen nicht selten auch Gegenstand politischer Debatten.[1766] Insoweit kann festgestellt werden, dass die Öffentlichkeit auch qualitativ grundsätzlich dazu in der Lage wäre, neben anderen Akteuren das Handeln unabhängiger Behörden zu kontrollieren.

Gleichwohl darf eine Kontrolle durch die Öffentlichkeit nicht als Allheilmittel für eine möglicherweise unzureichende demokratische Legitimation missverstanden werden. Auch ihr haften *Schwächen* an, welche die Kompensationsfunktion der öffentlichen Meinung relativieren. So ist die öffentliche Meinung ihrerseits kaum rechtlich zugänglich und in Ermangelung einer Normierbarkeit nur schwerlich einzuhegen.[1767] Es mutet unter demokratietheoretischen Gesichtspunkten bedenklich an, wenn mit der Öffentlichkeit ein wenig greifbarer Akteur[1768] mit selbst zweifelhafter demokratischer Legitimation ein Kontrollsurrogat für ministerialfreie Stellen darstellen soll. Hinzu kommt – was allerdings auf die parlamentarische Kontrolle gleichermaßen zutrifft –, dass die öffentliche Meinung von Partikularinteressen korrumpiert werden kann und möglicherweise kein repräsentatives Bild der tat-

---

[1765] Vgl. *Kloepfer*, in: Isensee/Kirchhof (Hrsg.), Handbuch des Staatsrechts, Bd. III, 3. Aufl. 2005, § 42 Rn. 19; zur „Macht der Medien" näher *C. Bamberger*, in: Demel et al. (Hrsg.), Funktionen und Kontrolle der Gewalten, 2001, S. 307 (316 ff.), unter Verweis auf die Ohnmacht des einzelnen Bürgers zur Kontrolle der Staatsgewalten; zurückhaltender *Scherzberg*, in: Hoffmann-Riem/Schmidt-Aßmann/Voßkuhle (Hrsg.), Grundlagen des Verwaltungsrechts, Bd. III, 2. Aufl. 2013, § 49 Rn. 79 ff.; s. ferner *Herzog*, Staat und Recht im Wandel, 1993, S. 66, der auf die Gefahren einer Beeinflussung staatlicher Entscheidungen durch eine „Poll-Demokratie" hinweist; zur Gefahr einer konzentrierten Medienmacht auch *C. Bamberger*, a. a. O., S. 333 f.; *Scherzberg*, a. a. O., § 49 Rn. 93; allgemein zu Wirkungen und Nutzen der Medien *Jarass*, Die Freiheit der Massenmedien, 1978, S. 46 ff.

[1766] Vgl. *Lübbe-Wolff*, VVDStRL 60 (2001), 246 (276 f.), die insofern von einer „*potentiellen* Politisierbarkeit" (Hervorh. im Original) spricht; s. auch *Kröger*, Unabhängigkeitsregime im europäischen Verwaltungsverbund, 2020, S. 375 f.

[1767] Vgl. *Kloepfer*, in: Isensee/Kirchhof (Hrsg.), Handbuch des Staatsrechts, Bd. III, 3. Aufl. 2005, § 42 Rn. 19: „Kontrolle durch öffentliche Meinung entfaltet sich vielmehr vornehmlich im gesellschaftlich-politischen Bereich, der sich weitgehend einer Normierung entzieht."; *Schmidt-Aßmann*, Das allgemeine Verwaltungsrecht als Ordnungsidee, 2. Aufl. 2006, 4. Kapitel, Rn. 98: „Im Gegensatz zu den institutionell und rechtlich fest ausgeprägten Finanzkontrollen erscheinen Öffentlichkeitskontrollen bisher eher amorph. Öffentlichkeit [...] bleibt ein unstetes Medium."; in diese Richtung auch BVerfGE 8, 104 (115) – Volksbefragung.

[1768] So auch *Schmidt-Aßmann*, Das allgemeine Verwaltungsrecht als Ordnungsidee, 2. Aufl. 2006, 2. Kapitel, Rn. 116: „Die Öffentlichkeit ist ein sehr unstetes Beziehungsgefüge zwischen Akteuren, Medien und Publikum."; *Neidhardt*, in: Neidhardt (Hrsg.), Öffentlichkeit, öffentliche Meinung, soziale Bewegungen, 1994, S. 7 (7 ff.); *Scherzberg*, Die Öffentlichkeit der Verwaltung, 2000, S. 201; *Rossen-Stadtfeld*, in: Schmidt-Aßmann/Hoffmann-Riem (Hrsg.), Verwaltungskontrolle, 2001, S. 117 (177 ff.).

sächlich vorhandenen Meinungsvielfalt widerspiegelt.[1769] Darüber hinaus ist nicht von der Hand zu weisen, dass die Öffentlichkeit bei der Wahrnehmung ihrer Kontrollfunktion eine Stringenz vermissen lässt. Häufig richtet sich der Fokus auf ausgewählte Einzelprobleme, deren Sachverhalte vereinfacht und zugespitzt durch die Medien präsentiert werden, und die nach kurzer Zeit wieder aus dem Zentrum der Aufmerksamkeit verschwinden.[1770] Diese Umstände wecken Zweifel, ob die Kontrolle durch die öffentliche Meinung im vorliegenden Kontext eine tragfähige Alternative darstellt.

Schließlich ist auch fraglich, ob und inwieweit die öffentliche Meinung hinsichtlich der behördlichen *Unabhängigkeit* Probleme aufwirft. Soweit ersichtlich, schweigen die einschlägigen Vorschriften hierzu, abgesehen davon, dass allgemein die Unabhängigkeit der betroffenen Stellen normiert ist. Einen Anhaltspunkt für die mögliche (Un-)Zulässigkeit öffentlicher Einwirkung könnte ein Vergleich mit der Situation von Richtern geben, deren Unabhängigkeit in Art. 97 Abs. 1 GG ausdrücklich normiert ist. Dort ist streitig, inwieweit das Unabhängigkeitsgebot Richter vor gesellschaftlicher Einflussnahme abschirmt; die wohl herrschende Meinung entnimmt der objektiven Wertentscheidung des Art. 97 Abs. 1 GG im Grundsatz einen entsprechenden Schutzgehalt im Sinne einer „Drittwirkung“ (nicht im grundrechtstechnischen Sinne), also einer unmittelbaren Bindung Privater.[1771] Soweit hierdurch aller-

---

[1769] Vgl. *Kröger*, Unabhängigkeitsregime im europäischen Verwaltungsverbund, 2020, S. 376; *Neidhardt*, in: Neidhardt (Hrsg.), Öffentlichkeit, öffentliche Meinung, soziale Bewegungen, 1994, S. 7 (13): „Im Regelfall ist Publikum alles andere als bevölkerungsrepräsentativ.“.

[1770] Vgl. *Schmidt-Aßmann*, Das allgemeine Verwaltungsrecht als Ordnungsidee, 2. Aufl. 2006, 2. Kapitel, Rn. 116: „Themenwahl und Reaktionen sind oft von eher beiläufigen Bedingungen abhängig, schwer vorhersehbar und wenig beständig.“; *P. Kirchhof*, in: Isensee/Kirchhof (Hrsg.), Handbuch des Staatsrechts, Bd. V, 3. Aufl. 2007, § 99 Rn. 244: „[D]ie Kontrolle des Staates durch die ‚Öffentlichkeit‘ richtet sich auf Einzelgegenstände zeitabhängiger Aufmerksamkeit […].“; *Kröger*, Unabhängigkeitsregime im europäischen Verwaltungsverbund, 2020, S. 376: „Dies kann dazu führen, dass die Aufmerksamkeitsfelder der Öffentlichkeit selektiv und vereinfacht, teilweise unter zweifelhaften Prämissen ausgestaltet sind.“; s. auch bereits früh *Oncken*, in: Oncken (Hrsg.), Historisch-politische Aufsätze und Reden, Bd. 1, 1914, S. 203 (237); *Scheuner*, in: Festschrift für G. Müller, 1970, S. 379 (400); *Scherzberg*, Die Öffentlichkeit der Verwaltung, 2000, S. 183 ff., 201; *C. Bamberger*, in: Demel et al. (Hrsg.), Funktionen und Kontrolle der Gewalten, 2001, S. 307 (319 f.); *Scherzberg*, in: Hoffmann-Riem/Schmidt-Aßmann/Voßkuhle (Hrsg.), Grundlagen des Verwaltungsrechts, Bd. III, 2. Aufl. 2013, § 49 Rn. 61 ff.

[1771] Dafür *Morgenthaler*, in: Epping/Hillgruber (Hrsg.), BeckOK GG, 49. Edition 2021, Art. 97 Rn. 13; *Schulze-Fielitz*, in: Dreier (Hrsg.), GG, Bd. III, 3. Aufl. 2018, Art. 97 Rn. 45: „Rundumschutz“; *Detterbeck*, in: Sachs (Hrsg.), GG, 9. Aufl. 2021, Art. 97 Rn. 17; *Sodan*, in: Isensee/Kirchhof (Hrsg.), Handbuch des Staatsrechts, Bd. V, 3. Aufl. 2007, § 113 Rn. 27; *Classen*, in: v. Mangoldt/Klein/Starck (Hrsg.), GG, Bd. 3, 7. Aufl. 2018, Art. 97 Rn. 33, jeweils mit umfassenden Nachweisen; *von* dings ein „Rundum-sorglos-Paket“ für Richter mit dem Staat als starkem Patron suggeriert wird, ist dem zu widersprechen. Der Staat in Gestalt des Gesetzgebers kann lediglich Rahmenbedingungen schaffen, welche die Unabhängigkeit der Richter absichern (etwa das Beratungsgeheimnis nach § 43 DRiG und die Unzulässigkeit von Ton- und Fernseh-Rundfunk- bzw. Filmaufnahmen zum Zwecke der öffentlichen Vorführung oder Veröffentlichung ihres Inhalts nach § 169 Abs. 1 Satz 2 GVG).[1772] Diesem vergleichsweise bescheidenen Beitrag steht die Amtspflicht der Richter, ihre Unabhängigkeit aktiv zu verteidigen, gegenüber.[1773] Die Bürde, Eingriffen durch Außenstehende ausgesetzt zu sein, kann ihnen nicht abgenommen werden. Gefragt sind insoweit insbesondere ein ausgeprägtes Amtsethos sowie eine starke Persönlichkeit der Amtsträger,[1774] deren Fehlen auch eine staatliche Schutzpflicht nicht zu ersetzen imstande ist.

Selbst wenn man aber mit den bejahenden Stimmen die richterliche Unabhängigkeit hinsichtlich des Schutzes vor gesellschaftlichen Einwirkungen extensiv versteht, besteht dahingehend Einigkeit, dass die Vorschrift – und das ist auf jegliche Ausübung von Staatsgewalt übertragbar – nicht vor öffentlicher Kritik schlechthin schützt.[1775] Private sind, wie oben festgestellt,

---

Coelln, Zur Medienöffentlichkeit der Dritten Gewalt, 2005, S. 206; ablehnend *Heusch*, in: Schmidt-Bleibtreu/Hofmann/Henneke (Hrsg.), GG, 15. Aufl. 2022, Art. 97 Rn. 34; *Hillgruber*, in: Dürig/Herzog/Scholz (Hrsg.), GG, 95. EL 2021, Art. 97 Rn. 24, der aber in Rn. 93 auf eine staatliche Schutzpflicht gegen private Übergriffe hinweist; *Sendler*, NJW 2001, 1909 ff.; tendenziell auch *Papier*, NJW 2001, 1089 (1091).

1772 Vgl. *Classen*, in: v. Mangoldt/Klein/Starck (Hrsg.), GG, Bd. 3, 7. Aufl. 2018, Art. 97 Rn. 33.

1773 *Meyer*, in: v. Münch/Kunig (Hrsg.), GG, Bd. 2, 7. Aufl. 2021, Art. 97 Rn. 102: „Die Richter haben die Amtspflicht, ihre Unabhängigkeit zu verteidigen und müssen sich gegen alle Versuche unzulässiger Einflussnahme, von wem auch immer, wehren. Sie müssen sich freimachen von Einflüssen und Erwartungshaltungen Dritter, seien es Parteien, Amtswalter der […] ‚Öffentlichkeit‘ […] etc. Sie dürfen und müssen nur für das von ihnen als recht- und gesetzmäßig Erkannte eintreten.“.

1774 Vgl. *Schulze-Fielitz*, in: Dreier (Hrsg.), GG, Bd. III, 3. Aufl. 2018, Art. 97 Rn. 46; prägnant *Meyer*, in: v. Münch/Kunig (Hrsg.), GG, Bd. 2, 7. Aufl. 2021, Art. 97 Rn. 105: „Es hängt von der Persönlichkeit und vom Amtsethos des Richters gleichermaßen ab, ob er dieser lebenslangen Daueraufgabe in einem dieser Amtspflicht oft nicht ‚wohlgesonnenen‘ Umfeld gerecht wird. Die richterliche Tätigkeit verlangt jedoch von jedem Richter ein grundsätzlich anderes Rollenverständnis als die Tätigkeit eines weisungsabhängigen und in eine Hierarchie eingeordneten Beamten, dem jedenfalls nach geltendem Recht das Bemühen um sachliche Gesetzesorientierung in Neutralität und in gewisser Unabhängigkeit ebenfalls nicht völlig fremd sein sollte.“; s. auch in Rn. 152: „Hier wird die Urteilskraft, die innere Unabhängigkeit, der Mut, nicht zu gefallen, und die Demut des Richters vor dem Gesetz besonders gefordert.“.

1775 S. aus der Vielzahl der diese Selbstverständlichkeit festhaltenden Stimmen etwa *Schulze-Fielitz*, in: Dreier (Hrsg.), GG, Bd. III, 3. Aufl. 2018, Art. 97 Rn. 46

gerade kein Teil staatlicher Gewalt, sondern können sich auf die Kommunikationsfreiheiten (Art. 5 Abs. 1 GG) berufen. Auch in laufenden Verfahren ist eine kritische Berichterstattung zulässig, bei geäußerter Kritik an bereits ergangenen Entscheidungen soll sogar eine Vermutung für die Zulässigkeit sprechen.[1776] Im Lichte der Herstellung praktischer Konkordanz unterliegt die öffentliche Kritik allerdings Grenzen, die etwa im Einzelfall bei gezielten Schmutzkampagnen, übertriebener Urteilsschelte, Schmähkritik und Vorverurteilungen überschritten sein dürften.[1777] Insoweit ist richtigerweise auf die Schranken des Art. 5 Abs. 1 GG abzustellen, die in den straf- (§§ 185 ff. StGB) und zivilrechtlichen Vorschriften (§§ 823, 1004 BGB) des Persönlichkeits- bzw. Ehrschutzes einfachgesetzliche Konkretisierungen erfahren.[1778] Im Lichte des verfassungsrechtlichen Stellenwerts der Kommunikationsfreiheiten und ihres Bezugs zum Demokratieprinzip wird öffentliche Kritik indes nur ausnahmsweise unzulässig sein, insbesondere wenn jeglicher Sachbezug fehlt und sich persönliche Ehrverletzungen der hinter den Entscheidungen stehenden Amtswalter im Vordergrund befinden.

Diese für Richter entwickelten Maßstäbe lassen sich auf unabhängige Behörden übertragen. Letztere üben ebenfalls Staatsgewalt aus und sind mithin einer demokratischen Kontrolle unterworfen. Dass die in Rede stehenden Stellen keine richterliche Unabhängigkeit genießen, ist insoweit unschädlich. Die Interessenlage eines weisungsfreien Entscheiders ist mit der eines Richters durchaus vergleichbar, zumal unabhängige Verwaltungseinheiten häufig justizähnlich verfasst sind[1779]. Ein sachlicher Grund für eine Differenzierung nach der Art der Staatsgewalt (Judikative oder Exekutive) ist nicht erkennbar und im Grundgesetz auch nicht angelegt. Folglich ist festzustellen, dass hinsichtlich der Kontrolle unabhängiger Behörden durch die Öffentlichkeit

---

m. w. N.; *Detterbeck*, in: Sachs (Hrsg.), GG, 9. Aufl. 2021, Art. 97 Rn. 19 m. w. N.; *Sodan*, in: Isensee/Kirchhof (Hrsg.), Handbuch des Staatsrechts, Bd. V, 3. Aufl. 2007, § 113 Rn. 27; *Degenhart*, a. a. O., § 115 Rn. 42; ausführlich *Mishra*, Zulässigkeit und Grenzen der Urteilsschelte, 1997, S. 98 ff.

1776 *Schulze-Fielitz*, in: Dreier (Hrsg.), GG, Bd. III, 3. Aufl. 2018, Art. 97 Rn. 46; *Detterbeck*, in: Sachs (Hrsg.), GG, 9. Aufl. 2021, Art. 97 Rn. 19; *Morgenthaler*, in: Epping/Hillgruber (Hrsg.), BeckOK GG, 49. Edition 2021, Art. 97 Rn. 13.

1777 Vgl. *Detterbeck*, in: Sachs (Hrsg.), GG, 9. Aufl. 2021, Art. 97 Rn. 19; *Schulze-Fielitz*, in: Dreier (Hrsg.), GG, Bd. III, 3. Aufl. 2018, Art. 97 Rn. 46; näher *Kiener*, Richterliche Unabhängigkeit, 2001, S. 209 ff.

1778 Hierzu eingehend *Mishra*, Zulässigkeit und Grenzen der Urteilsschelte, 1997, S. 123 ff., 149 ff.

1779 S. hierzu auch unter Kapitel 1, B.III., wo eine Einordnung unabhängiger Behörden in das Gewaltenteilungsschema vorgenommen wird, was angesichts der gelegentlich vorhandenen justizähnlichen Elemente nicht von vornherein völlig eindeutig erscheint.

gleichermaßen gilt: Öffentliche Kritik an sich ist zulässig[1780] und durch Art. 5 Abs. 1 GG geschützt. Gleichwohl kann die Kritik gegebenenfalls die Grenzen des Zulässigen im Ausnahmefall überschreiten.

Eingedenk der vorstehenden Überlegungen vermögen weder Öffentlichkeit noch (Massen-)Medien eine staatliche Kontrolle unabhängiger Behörden, insbesondere durch die anderen Staatsgewalten, zu ersetzen. Zwar stellt die öffentliche Kritik – von Einzelfällen abgesehen – keinen Eingriff in die garantierte behördliche Unabhängigkeit dar. Allerdings ist ihre eigene demokratische Legitimation zumindest fraglich und ihren Vorzügen stehen nicht unerhebliche Nachteile gegenüber. Gleichwohl kann (und soll) die Öffentlichkeit idealiter die staatliche Kontrolle unabhängiger Stellen punktuell ergänzen und unterstützen.[1781] So leistet sie ihren Beitrag dazu, dass entstandene Legitimationslücken geschlossen werden können.

(3) Öffentlichkeitsarbeit unabhängiger Behörden: Transparenz-, Beobachtungs-, Rechenschafts- und Berichtspflichten

Die Kehrseite der Kontrolle ist die Bereitstellung von Informationen durch die kontrollierte Stelle, wodurch überhaupt erst eine effektive Überwachung – sei es durch die Öffentlichkeit, das Parlament oder sonstige (auch europäische) Institutionen – ermöglicht wird. Folgerichtig korrespondiert daher beispielsweise mit dem Frage- bzw. Interpellationsrecht der Bundestagsabgeordneten auch eine grundsätzliche aktive Mitwirkungs- und Antwortpflicht der Bundesregierung.[1782] Im Einklang mit den vorstehenden

---

[1780] In diese Richtung auch mit Blick auf die Unabhängigkeit der Verwaltung *Scherzberg*, Die Öffentlichkeit der Verwaltung, 2000, S. 200: „Im Spiegel der Öffentlichkeit hat die Verwaltung die Auswahl der nach ihrer politischen Opportunität beachtlichen Umweltimpulse zu treffen. […] Die Unabhängigkeit der Exekutive gerät dabei nicht in Gefahr.“.

[1781] So auch *Kröger*, Unabhängigkeitsregime im europäischen Verwaltungsverbund, 2020, S. 376 m.w.N., 381; *Scherzberg*, in: Hoffmann-Riem/Schmidt-Aßmann/Voßkuhle (Hrsg.), Grundlagen des Verwaltungsrechts, Bd. III, 2. Aufl. 2013, § 49 Rn. 125f.; zum Zusammenwirken verschiedener Kontrollen *P. Kirchhof*, in: Isensee/Kirchhof (Hrsg.), Handbuch des Staatsrechts, Bd. V, 3. Aufl. 2007, § 99 Rn. 243ff.; s. daneben die Nachweise in Fn. 1687.

[1782] Vgl. nur BVerfGE 13, 123 (125) – Fragestunde; aus der Lit. statt vieler *Brocker*, in: Epping/Hillgruber (Hrsg.), BeckOK GG, 49. Edition 2021, Art. 43 Rn. 9f.; *Morlok*, in: Dreier (Hrsg.), GG, Bd. II, 3. Aufl. 2015, Art. 38 GG Rn. 158 und Art. 43 Rn. 11ff.; *H. H. Klein*, in: Isensee/Kirchhof (Hrsg.), Handbuch des Staatsrechts, Bd. III, 3. Aufl. 2005, § 50 Rn. 38, alle m.w.N.; im Einzelnen sind Inhalt und Grenzen der Antwortpflicht streitig.

Ausführungen müsste sich eine solche Pflicht auf unabhängige Behörden als „Informationsschuldner"[1783] sinngemäß erstrecken.

Weitergehender wäre es, wenn die unabhängigen Behörden von sich bzw. aus einer gesetzlichen Verpflichtung heraus demokratische Öffentlichkeit und Medien mit Informationen über sich versorgen. Transparenz kann hierbei etwa durch diverse Rechtfertigungs-/Rechenschafts-, Berichts- und Veröffentlichungspflichten, die Aufschluss über die Organisation und das Tätigwerden der Behörden geben, erzeugt werden.[1784] Hierdurch können Diskussionen über ihr Handeln angestoßen[1785] und der Gesetzgeber kann in die Lage versetzt werden, gegebenenfalls die einschlägigen Rechtsgrundlagen korrigierend anzupassen[1786]. So wird die demokratische Legitimation unabhängiger Behörden gleichzeitig gestärkt,[1787] ohne in ihre Unabhängigkeit einzugreifen[1788].

Derartige Ansätze sind in den untersuchten Feldern bereits im geltenden Recht vorhanden. Zum einen gewähren die Ansprüche aus den Informationsfreiheitsgesetzen von Bund und Ländern über das Akteneinsichtsrecht für Verfahrensbeteiligte nach § 29 VwVfG hinaus allgemeinen Zugang zu amt-

---

[1783] Begriff nach *Morlok*, in: Dreier (Hrsg.), GG, Bd. II, 3. Aufl. 2015, Art. 38 Rn. 158 unter Rekurs auf *Brüning*, Der Staat 43 (2004), 511 (526 ff.).

[1784] Näher s. *Masing*, Gutachten D zum 66. Deutschen Juristentag, 2006, D 180 ff.; *Kröger*, Unabhängigkeitsregime im europäischen Verwaltungsverbund, 2020, S. 378 ff.

[1785] *Kröger*, Unabhängigkeitsregime im europäischen Verwaltungsverbund, 2020, S. 379; in diese Richtung auch *Trute*, in: Festschrift für P. Selmer, 2004, S. 565 (573).

[1786] Vgl. BVerfGE 151, 202 (292 f.) Rn. 130, 134 – Europäische Bankenunion; *Epron*, RFDA 2011, 1007 (1017 f.); *Masing*, Gutachten D zum 66. Deutschen Juristentag, 2006, D 184.

[1787] Vgl. neben den Nachweisen in Fn. 1786 auch *Franzius*, in: Hoffmann-Riem/Schmidt-Aßmann/Voßkuhle (Hrsg.), Grundlagen des Verwaltungsrechts, Bd. I, 2. Aufl. 2012, § 4 Rn. 91 m. w. N.; in Ansätzen zuvor bereits *Hermes*, in: Festschrift für M. Zuleeg, 2005, S. 410 (424); *Kröger*, Unabhängigkeitsregime im europäischen Verwaltungsverbund, 2020, S. 379 ff. m. w. N., der aber auf S. 380 die „demokratische Wirkung von Berichtspflichten" als begrenzt ansieht, da „fachliche Ausführungen zumeist nur wenig Aufmerksamkeit in der Öffentlichkeit erhalten – es sei denn[,] diese eignen sich zur politischen Diskussion. An dieser Stelle könnten Medien einen bedeutenden Vermittlungsbeitrag leisten, wenn sie komplexe fachliche Fragen auf politisch bedeutsame Entscheidungen herunterbrechen. Aus Sicht demokratischer Legitimation ist es aber bereits förderlich, wenn die Möglichkeit besteht, Entscheidungen einer Behörde zum Gegenstand der öffentlichen Diskussion zu machen.".

[1788] S. etwa im Kontext des Zugangs zu Informationen des unabhängigen Bundesrechnungshofs BVerwG, NVwZ 2013, 431 (432 ff.); allgemein zum Bestehen von Informationsansprüchen gegenüber unabhängigen Behörden *Kröger*, Unabhängigkeitsregime im europäischen Verwaltungsverbund, 2020, S. 380 f.

lichen Dokumenten, auch zu solchen unabhängiger Behörden[1789].[1790] Zum anderen treffen die unabhängigen Behörden verschiedene Transparenzpflichten. So müssen BNetzA[1791] und BKartA[1792] in regelmäßigen Abständen den gesetzgebenden Körperschaften bzw. der Bundesregierung Tätigkeitsberichte vorlegen und ihre Verwaltungsgrundsätze veröffentlichen, um Debatten über Optimierungsmöglichkeiten zu ermöglichen und gegebenenfalls rechtspolitische Denkanstöße zu geben.[1793] Zusätzlich erstellt die aus unabhängigen Experten bestehende Monopolkommission[1794] im Turnus von zwei Jahren jeweils ein Gutachten, in dem sie aus fachlich-wettbewerbspolitischer Perspektive die Wettbewerbsentwicklung und die Regulierungsarbeit evaluiert.[1795] Die von der Monopolkommission zu veröffentlichenden Gutachten werden an die Bundesregierung zugeleitet, die sie mit einer eigenen Stel-

---

[1789] Vgl. *Debus*, in: Gersdorf/Paal (Hrsg.), BeckOK Informations- und Medienrecht, 34. Edition 2021, § 1 IFG Rn. 138 ff.; im Einzelnen für Bundesoberbehörden und speziell Bundesbank, Bundesrechnungshof und den Bundesdatenschutzbeauftragten erörternd *Schoch*, IFG, 2. Aufl. 2016, § 1 Rn. 143 ff., 153 ff.; *Kugelmann*, NJW 2005, 3609 (3611); s. daneben die Nachweise in Fn. 1788.

[1790] Vgl. § 1 Abs. 1 IFG; in Bayern restriktiver Art. 39 BayDSG; aus der Lit. *Kröger*, Unabhängigkeitsregime im europäischen Verwaltungsverbund, 2020, S. 380 f.; *Masing*, Gutachten D zum 66. Deutschen Juristentag, 2006, D 180; zum Akteneinsichtsrecht nach § 29 VwVfG s. statt vieler *Kallerhoff/Mayen*, in: Stelkens/Bonk/Sachs (Hrsg.), VwVfG, 9. Aufl. 2018, § 29 Rn. 1 ff.; zur Gegenüberstellung von § 29 VwVfG und § 1 IFG vgl. *Assenbrunner*, DÖV 2012, 547 (550); darüber hinaus existieren fachgesetzliche Kodifizierungen wie auf dem Gebiet des Umweltrechts das Umweltinformationsgesetz (UIG); umfassend zum Ganzen s. auch *Masing*, VVDStRL 63 (2003), 377 ff.

[1791] Vgl. §§ 195 f. TKG; § 63 Abs. 3 EnWG; § 71 ERegG; vgl. weiterführend die jeweils einschlägige fachgesetzliche Kommentarliteratur.

[1792] Vgl. § 53 GWB; näher s. etwa *Stockmann*, in: Immenga/Mestmäcker (Hrsg.), Wettbewerbsrecht, 6. Aufl. 2020, § 53 GWB Rn. 1 ff.

[1793] Vgl. näher *Masing*, Gutachten D zum 66. Deutschen Juristentag, 2006, D 184 f.; *Attendorn/Geppert*, in: Geppert/Schütz (Hrsg.), Beck'scher TKG-Kommentar, 4. Aufl. 2013, § 121 Rn. 1 unter Verweis auf BR-Drs. 80/96, S. 52 und BT-Drs. 15/2316, S. 99; knapp auch *Kröger*, Unabhängigkeitsregime im europäischen Verwaltungsverbund, 2020, S. 379 f., der auf § 122 TKG a. F. und § 15 BDSG abstellt.

[1794] Allgemein zu Aufgaben, Zusammensetzung und Arbeitsweise der Monopolkommission s. etwa *Dreher/Kulka*, Wettbewerbs- und Kartellrecht, 11. Aufl. 2021, § 15 Rn. 1755 ff.; *Emmerich/Lange*, Kartellrecht, 15. Aufl. 2021, § 37 Rn. 14 f.

[1795] Vgl. § 195 Abs. 2 TKG; § 62 Abs. 1 EnWG; § 78 Abs. 1 ERegG; § 44 Abs. 1 GWB; ferner *Masing*, Gutachten D zum 66. Deutschen Juristentag, 2006, D 185 ff.: „[Die unabhängigen Experten] messen – ergebnisorientiert in einer Außenperspektive – Regulierung an deren eigenen Zielen. Von daher kommt, im Vorfeld der gesamtpolitischen Würdigung, die hierüber dann hinausgehen muss, diesem Gutachten große Bedeutung zu." (D 186); a. a. O. macht *Masing* weitere Verbesserungsvorschläge zur Arbeit der Monopolkommission.

lungnahme versehen den gesetzgebenden Körperschaften vorlegt.[1796] Neben den gesetzlich vorgesehenen Hauptgutachten erstellt die Monopolkommission ferner Sondergutachten im Auftrag der Bundesregierung (§ 44 Abs. 1 Satz 3 GWB) oder nach ihrem eigenen Ermessen (§ 44 Abs. 1 Satz 4 GWB).[1797] Hiervon hat die Kommission in der Vergangenheit reichlich, geradezu abundant Gebrauch gemacht.[1798] Die Monopolkommission evaluiert also engmaschig das Handeln der BNetzA und des BKartA und erfüllt insoweit eine wichtige Kontrollaufgabe. Zur Wahrnehmung dieser Funktion wurden ihr durch die 10. GWB-Novelle noch stärkere Instrumente an die Hand gegeben, sodass sie im Sinne einer effektiven Kontrolle detailliert Einsicht in Akten des BKartA nehmen kann (vgl. § 46 Abs. 2a und 2b GWB).[1799]

Abseits dieser umfassenden Berichte respektive Gutachten existieren weitere Berichtspflichten, die sich etwa auf Teilbereiche der Arbeit beschränken oder z. B. „lediglich" an das Ministerium des Geschäftsbereichs oder die Europäische Kommission richten.[1800] Darüber hinaus sehen einige spezialgesetzliche Vorschriften – im Detail leicht variierende – Veröffentlichungspflichten für bestimmte Entscheidungen, Verfahrensschritte, Verfügungen o. Ä. der Regulierungsbehörden vor.[1801] Mit Blick auf Transparenz-, Rechen-

---

[1796] Vgl. § 195 Abs. 3 S. 4 TKG; § 62 Abs. 2 EnWG; § 78 Abs. 2 ERegG; § 44 Abs. 3 GWB.

[1797] Vgl. hierzu *Thomas*, in: Immenga/Mestmäcker (Hrsg.), Wettbewerbsrecht, 6. Aufl. 2020, § 44 GWB Rn. 4 ff.; *Scholl*, in: Säcker et al. (Hrsg.), Münchener Kommentar zum Wettbewerbsrecht, Bd. 2, 3. Aufl. 2020, § 44 GWB Rn. 20 f.; *Wiedemann*, in: Wiedemann (Hrsg.), Handbuch des Kartellrechts, 4. Aufl. 2020, § 1 Rn. 48; *Theobald/Werk*, in: Theobald/Kühling (Hrsg.), Energierecht, 112. EL 2021, § 62 EnWG Rn. 5 ff.; *Attendorn/Geppert*, in: Geppert/Schütz (Hrsg.), Beck'scher TKG-Kommentar, 4. Aufl. 2013, § 121 TKG Rn. 9 ff.

[1798] Zu den – Stand Januar 2022 – insgesamt bereits über 100 Gutachten der Monopolkommission s. unter https://www.monopolkommission.de/de/gutachten/ [zuletzt aufgerufen am 31.1.2022]; s. auch *Scholl*, in: Säcker et al. (Hrsg.), Münchener Kommentar zum Wettbewerbsrecht, Bd. 2, 3. Aufl. 2020, § 44 GWB Rn. 27.

[1799] Vgl. näher zur Rolle der Monopolkommission und den Änderungen im Zuge der 10. GWB-Novelle *Holthoff-Frank*, in: Bien/Käseberg/Klumpe/Körber/Ost (Hrsg.), Die 10. GWB-Novelle, 2021, Kap. 2 Rn. 115 ff., speziell zum Akteneinsichtsrecht und Datenzugang unter Rn. 117, 124 ff.

[1800] Vgl. *Masing*, Gutachten D zum 66. Deutschen Juristentag, 2006, D 187 f.; es gibt insoweit zahlreiche fachgesetzliche Pflichten, vgl. nur – ohne Anspruch auf Vollständigkeit – §§ 227 TKG, 93 EnWG (Jahresüberblick über die Verwaltungskosten), § 199 TKG (Bereitstellung von Informationen u. a. gegenüber der EU-Kommission), §§ 111d ff., 112 f. EnWG (Transparenzvorschriften und Berichtspflichten); § 47h (Berichtspflichten der Markttransparenzstelle gegenüber dem BMWi), § 184 GWB (Unterrichtungspflicht der Vergabekammern gegenüber dem BMWi über Anzahl und Ergebnisse der Nachprüfungsverfahren).

[1801] Vgl. deutlich § 74 S. 1 EnWG für die obligatorische Veröffentlichungspflicht bei der Einleitung von Verfahren nach § 29 Abs. 1 und 2 sowie § 74 S. 2 EnWG für schafts- und Berichtspflichten unabhängiger Behörden ergeben sich Mindeststandards in den untersuchten Rechtsgebieten vielfach bereits aus unionsrechtlichen Vorgaben, zumal im Bereich der Bankenaufsicht und -abwicklung unmittelbar auf die SSM- bzw. SRM-Verordnung abzustellen ist.[1802] Schließlich können einer unabhängigen Stelle auch Rechtfertigungspflichten auferlegt werden mit der Option einer Veröffentlichung(spflicht) der Rechtfertigungsgründe, etwa wenn eine nationale Behörde von den Empfehlungen der Europäischen Kommission abweichen will.[1803]

Angesichts dieses Befunds erscheint das demokratische Gebot, die Öffentlichkeit zu informieren, für unabhängige Behörden bereits *de lege lata* grundsätzlich gut abgesichert, sodass Parlament und Öffentlichkeit ihrer Kontrollmitverantwortung gerecht werden können. Gleichzeitig wird die Legislative durch die Rechenschaftspflichten in die Lage versetzt, eine etwaige Änderung der Rechtsgrundlagen unabhängiger Stellen herbeizuführen, was auch nach der neueren Rechtsprechung des BVerfG ein kompensatorisches Element für eine Absenkung des demokratischen Legitimationsniveaus dar-

die fakultative Veröffentlichung von Entscheidungen im Übrigen; ähnlich § 61 Abs. 3 GWB (§ 62 GWB a. F.) für Entscheidungen der Kartellbehörde; im TK-Sektor s. exemplarisch §§ 36, 48 Abs. 1 TKG; s. auch *Masing*, Gutachten D zum 66. Deutschen Juristentag, 2006, D 181 m. w. N.; eine Ausweitung der Informations- und Berichtspflichten der BNetzA erwägen *Meinzenbach/Klein/Uwer*, N&R 2021, 304 (308).

1802 Vgl. Art. 4 Abs. 1 ECN+-RL (EU) 2019/1: „verhältnismäßige[…] Rechenschaftspflichten"; Art. 8 Abs. 2 Kodex-RL (EU) 2018/1972: „Die nationalen Regulierungsbehörden berichten jährlich unter anderem über den Stand des Marktes der elektronischen Kommunikation, ihre Entscheidungen, ihre personellen und finanziellen Ressourcen und wie diese Ressourcen zugewiesen werden sowie ihre zukünftigen Pläne. Diese Berichte werden veröffentlicht."; s. ferner Art. 59 Abs. 1 lit. i) Elektrizitäts-RL (EU) 2019/144 bzw. Art. 41 Abs. 1 lit. e) Gas-RL 2009/73/EG (Tätigkeitsbericht); Art. 56 Abs. 11 Eisenbahn-RL 2012/34/EU: „Die Mitgliedstaaten stellen sicher, dass Entscheidungen der Regulierungsstelle veröffentlicht werden."; Art. 20 f. SSM-VO (Rechenschafts- und Berichtspflichten der EZB gegenüber europäischen Stellen und nationalen Parlamenten); parallel Art. 45 f. SRM-VO; Art. 21 Abs. 4 SSM-VO bzw. Art. 46 Abs. 4 SRM-VO stellen deklaratorisch klar, dass Rechenschaftspflichten der nationalen zuständigen Behörden gegenüber ihren nationalen Parlamenten im Übrigen unberührt bleiben.

1803 Vgl. *Kröger*, Unabhängigkeitsregime im europäischen Verwaltungsverbund, 2020, S. 379: „Die Veröffentlichung ist geeignet, Sichtbarkeit herzustellen und den Verdacht der Parteilichkeit durch die Herstellung von Öffentlichkeit zu minimieren. Allerdings sollte die Veröffentlichung nicht in das Ermessen einer Institution gestellt werden, sondern verpflichtend sein, da sich ansonsten durch eine gezielte Veröffentlichungspraxis die Kontrolle unterlaufen ließe."; als Beispiel nennt *Kröger* Art. 17 Abs. 4 und 5 EBA-VO (EU) 1093/2010; zu den Berücksichtigungspflichten im Kontext von Empfehlungen der EU-Kommission s. bereits unter Kapitel 3, B.I.2. und B.II.3.

stellt.[1804] Die vorhandenen Berichtspflichten sind zudem ausreichend, vielmehr sollte sogar von einer inflationären Normierung abgesehen werden[1805]. Andernfalls stünden ein unangemessen hoher Verwaltungsaufwand sowie die Gefahr von Abnutzungseffekten zu erwarten.[1806]

Gleichwohl ist rechtspolitisches *Optimierungspotenzial* feststellbar. Wie aus den Normbelegen im vorherigen Abschnitt hervorgeht, sind insbesondere die Veröffentlichungspflichten disparat; die Normierung gleicht einem Flickenteppich. In der Folge kann es zu einer inkohärenten Veröffentlichungspraxis der unabhängigen Behörden kommen, die eine Kontrolle durch die Öffentlichkeit zumindest erschwert und im Lichte umfassender Transparenz kritikwürdig ist.[1807] Es wäre daher zu begrüßen, wenn der Gesetzgeber über die unionsrechtlich zwingenden Vorgaben hinaus einheitliche Regelungen schaffen würde. Als Vorbild könnte die energierechtliche Vorschrift des § 74 Satz 1 EnWG dienen, die für die Einleitung von Verfahren nach § 29 Abs. 1 und 2 und Entscheidungen der Regulierungsbehörde auf der Grundlage des Teiles 3 des EnWG – also solche im Zusammenhang mit Netzanschluss, -zugang und Entgeltkontrolle – eine allgemeine, gebundene Veröffentlichungspflicht (mit Ausnahme von Betriebs- und Geschäftsgeheimnissen[1808]) vorsehen.[1809] Die Publikation sonstiger Maßnahmen könnte parallel zu § 74

[1804] BVerfGE 151, 202 (293) Rn. 134 – Europäische Bankenunion.

[1805] Kritisch zu (ausufernden) Evaluationsklauseln *Schulze-Fielitz*, in: Hoffmann-Riem/Schmidt-Aßmann (Hrsg.), Innovation und Flexibilität des Verwaltungshandelns, 1994, S. 139 (163 ff.); *H. Schneider*, Gesetzgebung, 2. Aufl. 1991, Rn. 152 ff.; *Huster*, ZfRSoz 24 (2003), 3 (22): „Aufmerksamkeit ist aber eine knappe Ressource; der Gesetzgeber kann nicht alle Rechts- und Lebensbereiche gleichzeitig beobachten und optimieren, sondern muß Prioritäten setzen. Die Frage ist nun, ob diese Prioritäten politisch oder (verfassungs-)rechtlich gesetzt werden sollen. Hier sprechen mehrere Gründe dafür, grundsätzlich dem politischen Prozeß zu vertrauen und […] Beobachtungspflichten nur sehr zurückhaltend zu postulieren".

[1806] So zutreffend *Masing*, Gutachten D zum 66. Deutschen Juristentag, 2006, D 187; in diese Richtung auch *Franzius*, in: Hoffmann-Riem/Schmidt-Aßmann/Voßkuhle (Hrsg.), Grundlagen des Verwaltungsrechts, Bd. I, 2. Aufl. 2012, § 4 Rn. 92: „So bewegen sich die Bemühungen um eine Evaluation der Steuerungswirkungen zwischen der Skylla bloßer Symbolik und der Charybdis einer Überlastung des politischen Prozesses.".

[1807] Vgl. exemplarisch im TK-Sektor *Geppert/Attendorn*, in: Geppert/Schütz (Hrsg.), Beck'scher TKG-Kommentar, 4. Aufl. 2013, § 26 Rn. 3 ff.

[1808] Vgl. deklaratorisch § 26 TKG.

[1809] So bereits *Masing*, Gutachten D zum 66. Deutschen Juristentag, 2006, D 181, der die allgemeine Veröffentlichungspflicht in einem sektorenübergreifenden Netzregulierungsgesetz verankern würde mit der Option fachgesetzlicher Ergänzungen; ähnlich die Regelung in § 61 Abs. 3 GWB (§ 62 GWB a. F.); zur Veröffentlichungspflicht des § 74 S. 1 EnWG s. näher *Theobald/Werk*, in: Theobald/Kühling (Hrsg.), Energierecht, 112. EL 2021, § 74 Rn. 1 ff.; *Hanebeck*, in: Britz/Hellermann/Hermes (Hrsg.), EnWG, 3. Aufl. 2015, Rn. 1 f.; *Bruhn*, in: Säcker (Hrsg.), Berliner Kommen-

Satz 2 EnWG als behördliche Ermessensentscheidung ausgestaltet werden.[1810] So ließen sich sowohl die Rechtsgrundlagen als auch die Veröffentlichungspraxis vereinheitlichen und vereinfachen.

bb) Beratende bzw. beanstandende Kontrolle durch andere öffentliche Institutionen

Außerhalb der Staatsaufsicht gibt es neben der begleitenden Kontrolle durch die Öffentlichkeit noch weitere Kontrollmöglichkeiten. Bekannte Beispiele sind der Bundesrechnungshof (Art. 114 Abs. 2 GG)[1811], dessen landesrechtlichen Entsprechungen und verschiedene Ombudsleute.[1812] Den in diesem Zusammenhang betrachteten Kontrollinstanzen ist gemein, dass sie im Gegensatz zur klassischen Aufsicht nur eine „*beratende und beanstandende Kontrollhilfe*" darstellen, deren Empfehlungen und Einwendungen keinen rechtsverbindlichen Charakter haben und daher allenfalls eine eingeschränkte bzw. faktische Bindungswirkung entfalten.[1813] Ein willkommener Nebeneffekt einer solchen *externen öffentlichen Kontrolle* ist, dass sie trotz ihrer begrenzten Ingerenzmöglichkeiten – sie können (Rechts-)Verstöße und Missstände lediglich öffentlich anprangern – gleichwohl dazu geeignet sind, die Legitimation unabhängiger Behörden im Zusammenwirken mit anderen legitimationsstiftenden Faktoren wie der zuvor behandelten demokratischen Öffentlichkeit[1814] zu erhöhen.[1815]

---

tar zum Energierecht, Bd. 1/Hb. 2, 4. Aufl. 2019, § 74 Rn. 1 ff.; zur kartellrechtlichen Vorschrift s. etwa *Ost*, in: Säcker et al. (Hrsg.), Münchener Kommentar zum Wettbewerbsrecht, Bd. 2, 3. Aufl. 2020, § 62 GWB Rn. 1 ff.; *Bach*, in: Immenga/Mestmäcker (Hrsg.), Wettbewerbsrecht, 6. Aufl. 2020, § 62 GWB Rn. 1 ff.

1810 Ebenso *Masing*, Gutachten D zum 66. Deutschen Juristentag, 2006, D 181.

1811 Zur Finanzkontrolle näher und weiterführend *Heintzen*, in: Isensee/Kirchhof (Hrsg.), Handbuch des Staatsrechts, Bd. V, 3. Aufl. 2007, § 120 Rn. 84 ff.; *Heun/Thiele*, in: Dreier (Hrsg.), GG, Bd. III, 3. Aufl. 2018, Art. 114 Rn. 19 ff.; *Siekmann*, in: Sachs (Hrsg.), GG, 9. Aufl. 2021, Art. 114 Rn. 1 ff.; *Kube*, in: Dürig/Herzog/Scholz (Hrsg.), GG, 95. EL 2021, Art. 114 Rn. 47 ff.

1812 Vgl. auch *Kröger*, Unabhängigkeitsregime im europäischen Verwaltungsverbund, 2020, S. 383; s. daneben die Nachweise in Fn. 1686.

1813 *P. Kirchhof*, in: Isensee/Kirchhof (Hrsg.), Handbuch des Staatsrechts, Bd. V, 3. Aufl. 2007, § 99 Rn. 234, dort auch das wörtliche Zitat; konkret für den Bundesrechnungshof BVerfGE 20, 56 (96) – Parteienfinanzierung I; *Heintzen*, in: Isensee/Kirchhof (Hrsg.), a. a. O., § 120 Rn. 89, 91; *Isensee*, JZ 2005, 971 (980).

1814 Vgl. im Kontext des Bundesrechnungshofs *Heintzen*, in: Isensee/Kirchhof (Hrsg.), Handbuch des Staatsrechts, Bd. V, 3. Aufl. 2007, § 120 Rn. 88: „Neben interner und externer, fachlicher und politischer Finanzkontrolle steht die Kontrolle durch die demokratische Öffentlichkeit, die von Medien oder gesellschaftlichen Organisationen wie dem Bund der Steuerzahler ausgeübt wird. [...] [S]ie ist vor allem in Be-

Von zentraler Bedeutung ist auch hier die Frage, ob eine externe Kontrolle durch öffentliche Institutionen die administrative *Unabhängigkeit verletzt*. Dies hat der EuGH für den Fall des Europäischen Amtes für Betrugsbekämpfung (Office Européen de Lutte Anti-Fraude, kurz OLAF) im Hinblick auf Untersuchungsbefugnisse gegenüber der unabhängigen EZB zu Recht verneint.[1816] Der Gerichtshof stellt klar, dass die „Zuerkennung einer solchen Unabhängigkeit […] nicht zur Folge [hat], dass die EZB völlig von der Europäischen Gemeinschaft gesondert und von jeder Bestimmung des Gemeinschaftsrechts ausgenommen wäre. […] Sodann unterliegt die EZB […] verschiedenen Gemeinschaftskontrollen, insbesondere der Kontrolle durch den Gerichtshof und den Rechnungshof."[1817] Die Einrichtung des OLAF und dessen Untersuchungsbefugnisse seien demnach – auch nach dem klaren Willen des Unionsgesetzgebers[1818] – nicht geeignet, die EZB in ihrer Unabhängigkeit zu beeinträchtigen.[1819]

Die Ausführungen des EuGH in seiner Entscheidung zur europäischen Antikorruptionsbehörde gelten für vergleichbare öffentliche Kontrollstellen sinngemäß. Zu verlangen ist „nur", dass diese Stellen ihrerseits der politischen Kontrolle (der Regierung) entzogen sind und im Rahmen ihrer gesetzlichen Kompetenzen und Befugnisse handeln.[1820] Dies trifft beispielsweise auf die nationalen Rechnungshöfe[1821] ebenso in der Regel ohne Weiteres zu

---

reichen wichtig, in denen alle politischen Parteien ein gemeinsames Interesse an möglichst wenig Kontrolle haben.".

[1815] So auch *Kröger*, Unabhängigkeitsregime im europäischen Verwaltungsverbund, 2020, S. 383; *Görisch*, Demokratische Verwaltung durch Unionsagenturen, 2009, S. 360 f.; zur Effektivität der Kontrolle durch den Rechnungshof auch ohne unmittelbare Ingerenzmittel vgl. *Isensee*, JZ 2005, 971 (980): „Die bloße Existenz des Rechnungshofes und die Möglichkeit der Kontrolle sind Ansporn zu wirtschaftlichem und ordnungsgemäßem Finanzgebaren. Die virtuelle Allgegenwart des Rechnungsprüfers hält das Amtsgewissen eines jeden, der mit öffentlichen Mitteln umgeht, in heilsamer Unruhe. Der Rechnungsprüfer ist gefürchtete Autorität."; ferner *Krebs*, Kontrolle in staatlichen Entscheidungsprozessen, 1984, S. 213 f., 216 ff.

[1816] EuGH, Urt. v. 10.7.2003, Rs. C-11/00, ECLI:EU:C:2003:395, Rn. 130 ff. – Kommission/EZB.

[1817] EuGH, Urt. v. 10.7.2003, Rs. C-11/00, ECLI:EU:C:2003:395, Rn. 135 – Kommission/EZB.

[1818] Vgl. EuGH, Urt. v. 10.7.2003, Rs. C-11/00, ECLI:EU:C:2003:395, Rn. 135 ff. – Kommission/EZB.

[1819] EuGH, Urt. v. 10.7.2003, Rs. C-11/00, ECLI:EU:C:2003:395, Rn. 138 – Kommission/EZB.

[1820] So zutreffend *Kröger*, Unabhängigkeitsregime im europäischen Verwaltungsverbund, 2020, S. 383.

[1821] Vgl. für den Bundesrechnungshof Art. 114 Abs. 2 S. 1 GG sowie z. B. *Siekmann*, in: Sachs (Hrsg.), GG, 9. Aufl. 2021, Art. 114 Rn. 35 m. w. N., in Fn. 129 auch zu den Landesverfassungen; *Heun/Thiele*, in: Dreier (Hrsg.), GG, Bd. III, 3. Aufl.

wie auf – siehe sogleich – Datenschutzaufsichtsbehörden sowie das zuvor in Rede stehende OLAF, trotz dessen organisatorischer Zugehörigkeit zur EU-Kommission[1822]. Insoweit stellt auch die neuere Gesetzgebung für unabhängige Datenschutzbehörden klar, dass „jede Aufsichtsbehörde einer Finanzkontrolle unterliegt, die ihre Unabhängigkeit nicht beeinträchtigt" (Art. 52 Abs. 6 DSGVO). In (korrekter) Umsetzung dessen formuliert § 10 Abs. 2 BDSG, dass der bzw. die Bundesbeauftragte für den Datenschutz und die Informationsfreiheit der Rechnungsprüfung durch den Bundesrechnungshof unterliegt, soweit hierdurch ihre oder seine Unabhängigkeit nicht beeinträchtigt wird. Sollte der Gesetzgeber weitere öffentliche, behördenexterne Kontrollinstitutionen schaffen, müssten diese gleichermaßen autonom sein.

In der Kontrolle unabhängiger Stellen durch ihrerseits unabhängige Stellen liegt aber ein Doppelproblem, wenn nicht gar ein Dilemma. Denn einerseits darf die Unabhängigkeit der kontrollierten Behörde nicht beeinträchtigt werden. Andererseits vermag eine *selbst demokratisch prekär legitimierte Institution* kaum die Legitimation des Kontrollierten zu stärken. Es würde sich die Frage stellen, ob man nicht den sprichwörtlichen Bock zum Gärtner machte, wenn man eine Instanz über eine unabhängige Behörde wachen lässt, die für sich ebenfalls das Prädikat (völliger) Unabhängigkeit reklamiert. Eine solche Kontrolle kann unter Legitimationsgesichtspunkten nur geeignet sein, wenn der Kontrolleur den Anforderungen des Demokratieprinzips[1823] entspricht – je höher dessen Legitimationsniveau, desto höher die Eignung. Deshalb sind die potenziellen Kontrollstellen auf das Vorhandensein kompensatorischer demokratischer Elemente zu untersuchen. Hinsichtlich der oben angeführten Beispiele ist insoweit festzustellen: Für die Datenschutzaufsicht, die als unabhängige Behörde auch über die Einhaltung des Datenschutzes bei anderen unabhängigen Behörden wacht, hat der EuGH selbst auf die verbleibenden Möglichkeiten parlamentarischer und gerichtlicher

---

2018, Art. 114 Rn. 20, 23; *Schwarz*, in: v. Mangoldt/Klein/Starck (Hrsg.), GG, Bd. 3, 7. Aufl. 2018, Art. 114 Rn. 110 ff.; vgl. stellvertretend auf Landesebene für den Bayerischen Obersten Rechnungshof die Unabhängigkeitsgarantie in Art. 80 Abs. 1 S. 2 BV.

1822 Vgl. Art. 15 und Art. 17 OLAF-VO (EU, Euratom) 883/2013; näher *Satzger*, in: Streinz (Hrsg.), EUV/AEUV, 3. Aufl. 2018, Art. 325 AEUV Rn. 36; *Waldhoff*, in: Calliess/Ruffert (Hrsg.), EUV/AEUV, 6. Aufl. 2022, Art. 325 AEUV Rn. 25.

1823 S. hierzu eingehend unter Kapitel 2, B.II.1.b)bb); die Anforderungen an die demokratische Legitimation unabhängiger Stellen hat das BVerfG in seiner Entscheidung zur Europäischen Bankenunion (E 151, 202 [293] Rn. 134) in einem „Zwei-Stufen-Test" konturiert: Demnach muss ein Demokratiedefizit in Form verfassungsrechtlich legitimer Gründe spezifisch gerechtfertigt werden, bevor zu prüfen ist, ob gegebenenfalls das festgestellte Defizit hinreichend kompensiert wird; vgl. instruktiv *Ludwigs/Pascher/Sikora*, EWS 2020, 1 (4 ff.).

Kontrolle hingewiesen.[1824] Beim OLAF ist der unter Beteiligung mehrerer Unionsorgane ernannte Generaldirektor des Amtes gegenüber dem Europäischen Parlament, dem Rat, der Kommission und dem Rechnungshof gemäß Art. 17 Abs. 4 OLAF-VO (EU, Euratom) 883/2013 berichtspflichtig, während allerdings unmittelbarer gerichtlicher Rechtsschutz gegen Maßnahmen der Antikorruptionsbehörde nur ausnahmsweise möglich ist.[1825] Die verstärkte personelle Legitimation des Bundesrechnungshofs neben der Regelung zur Amtszeit in § 3 Abs. 2 BRHG ergibt sich aus § 5 Abs. 1 BRHG, wonach Bundestag und Bundesrat jeweils ohne Aussprache auf Vorschlag der Bundesregierung den Präsidenten und den Vizepräsidenten wählen (Satz 1), diese vom Bundespräsidenten ernannt werden (Satz 3) und eine Wiederwahl ausgeschlossen ist (Satz 4).[1826] Demgegenüber ist streitig, ob ein Rechnungshof Antragsgegner in einem Organstreitverfahren sein kann.[1827] Nach alledem dürften die untersuchten Kontrollstellen zwar unproblematisch mit dem Demokratieprinzip vereinbar sein. Angesichts eigener legitimatorischer Schwächen eignen sie sich gleichwohl nur bedingt für eine demokratisch unbedenkliche Überwachung unabhängiger Stellen. Eine unmittelbare parlamentarische und gerichtliche Kontrolle erscheint daher vorzugswürdig, was indes nicht bedeutet, dass auf die *ergänzende* Überprüfung durch adäquate, externe Institutionen verzichtet werden sollte. Letztlich lässt sich die Problematik als dreifache Gratwanderung plastisch zum Ausdruck bringen: Es muss (1) die hinreichende Legitimation der unabhängigen Stelle gewährleistet werden, während (2) auch die Kontrolleure hinlänglich demokratisch legitimiert sein müssen, ohne dass diese (3) die Unabhängigkeit der beaufsichtigten Behörde verletzen. Damit dieser Spagat nicht einer Quadratur des Kreises gleichkommt, sollten die jeweiligen Anforderungen aller drei Dimensionen allerdings nicht allzu überhöht werden.

[1824] EuGH, Urt. v. 9.3.2010, Rs. C-518/07, ECLI:EU:C:2010:125, Rn. 42 ff. – Kommission/Deutschland.

[1825] Vgl. *Satzger*, in: Streinz (Hrsg.), EUV/AEUV, 3. Aufl. 2018, Art. 325 AEUV Rn. 36 f.; s. auch zum Generaldirektor *Magiera*, in: Grabitz/Hilf/Nettesheim (Hrsg.), Das Recht der Europäischen Union, 74. EL 2021, Art. 325 AEUV Rn. 49.

[1826] Nach § 5 Abs. 2 BRHG ernennt der Bundespräsident auch die übrigen Mitglieder des Bundesrechnungshofs und die übrigen Beamten auf Vorschlag des Präsidenten, soweit das Ernennungsrecht nicht dem Präsidenten übertragen ist; vgl. auch *Erb*, Bundesrechnungshofgesetz, 2012, § 5 Rn. 1, der darauf hinweist, dass gewährleistet werden soll, „dass sich die Leitung des BRH auf ein breites Vertrauen des Parlaments stützen kann“ und im Übrigen „die Entscheidungen für die Personalpolitik des BRH allein bei dessen Präsidentin oder dessen Präsidenten“ liegen.

[1827] Offengelassen von BVerfGE 92, 130 (133); dafür *Heun/Thiele*, in: Dreier (Hrsg.), GG, Bd. III, 3. Aufl. 2018, Art. 114 Rn. 20; *Siekmann*, in: Sachs (Hrsg.), GG, 9. Aufl. 2021, Art. 114 Rn. 25, jeweils mit umfangreichen Nachweisen, auch zur Gegenansicht; a.A. beispielsweise *Schlaich/Korioth*, Das Bundesverfassungsgericht, 12. Aufl. 2021, Rn. 87.

cc) Mitgestaltende Kontrolle

Einen Schritt weiter als die nur beratende und beanstandende geht die *mitgestaltende Kontrolle*. Gemeint sind damit Konstellationen, in denen die Entscheidung der federführenden Behörde ohne den verbindlichen Mitwirkungsakt einer anderen Behörde nicht oder zumindest so nicht ergehen kann. Erfasst sind mithin Fälle der Mitentscheidung, namentlich solche, bei denen es auf das Einvernehmen einer anderen Stelle ankommt.[1828] Insoweit ist anzumerken, dass sich Kooperation und Kontrolle nicht notwendigerweise gegenseitig ausschließen.[1829] Auch muss die Kontrolle nicht als eigenständige Instanz oder selbständiges Verfahren ausgestaltet sein; es genügt bereits, wenn sie Teil bzw. integrierter Verfahrensschritt ist, solange zwischen Kontrolleur und Kontrolliertem nur eine hinreichende Distanz in personeller, organisatorischer und/oder prozeduraler Hinsicht vorhanden ist.[1830]

Bislang wurden im Kontext der vorliegenden Arbeit die pathologischen Aspekte der mitgestaltenden Kontrolle betont: Sind mehrere Stellen bzw. Behörden an einer Entscheidung beteiligt, können aufgrund unterschiedlicher inhaltlicher Auffassungen Streitigkeiten entstehen,[1831] für die es bei unabhängigen Behörden Lösungen außerhalb des überkommenen Hierarchiemodells zu entwickeln galt[1832]. Die Einbeziehung Mehrerer lässt sich aber durchaus auch in einem positiveren Lichte sehen. Die Zusammenarbeit führt zu einem „gegenseitige[n] Beobachten, Bewerten, Lenken und Bestimmen".[1833] In den Worten von Paul Kirchhof: Bei der Kontrolle durch Mitentscheidung „fügen sich zwei Entscheidungsabläufe in gegenseitiger Anregung, Ergänzung und Korrektur zu einer verbindlichen Entscheidung des Staates zusammen. Die mäßigende und ausgleichende Wirkung dieses nicht auf Arbeitsteilung, sondern auf wiederholende Vergewisserung angelegten Zusammenwirkens wird durch die Sichtbarkeit staatlichen Handelns für die Allgemeinheit der Wähler

---

1828 S. näher unter Kapitel 3, B.I.2., dort auch zu den anderen Formen der Beteiligung.

1829 *Hoffmann-Riem*, in: Schmidt-Aßmann/Hoffmann-Riem (Hrsg.), Verwaltungskontrolle, 2001, S. 325 (366); *Schulze-Fielitz*, a.a.O., S. 291 (298 ff.); *Schmidt-Aßmann*, Das allgemeine Verwaltungsrecht als Ordnungsidee, 2. Aufl. 2006, 4. Kapitel, Rn. 86.

1830 Zutreffend *Schmidt-Aßmann*, Das allgemeine Verwaltungsrecht als Ordnungsidee, 2. Aufl. 2006, 4. Kapitel, Rn. 86.

1831 Hierzu s. unter Kapitel 3, B.I.2. und insbesondere B.II.2.b)bb).

1832 Zu den möglichen Lösungsansätzen im konkreten Zusammenhang vgl. unter Kapitel 4, A.I.2.b)bb) sowie A.II.3.b) und B.II.

1833 *P. Kirchhof*, in: Isensee/Kirchhof (Hrsg.), Handbuch des Staatsrechts, Bd. V, 3. Aufl. 2007, § 99 Rn. 227.

gefestigt. Diese demokratische Verantwortlichkeit [...] macht eine Kontrolle durch die ‚Öffentlichkeit' wirksam."[1834]

Vor diesem Hintergrund wird der behördlichen Zusammenarbeit auch ein legitimationsstiftendes Element zuteil. Zwar entbindet dieser Umstand nicht davon, Lösungen für ausgebrochene Binnenkonflikte unabhängiger Behörden zu entwickeln. Allerdings ist es auch nicht kritikwürdig, die Kompetenzordnung so zu gestalten, *dass* solche Streitigkeiten überhaupt entstehen können. Beabsichtigt der Gesetzgeber – vorbehaltlich der Vereinbarkeit mit höherrangigem Recht –, Behördenkooperationen (etwa zugunsten der Stärkung der Unabhängigkeit) aufzukündigen, wäre dies gleichzeitig mit einem Verlust an Kontrolle verbunden. Im Ergebnis ist daher insoweit von rechtspolitischen „Korrekturen" abzuraten, soweit dies nicht ausnahmsweise unter Unabhängigkeitsgesichtspunkten zukünftig geboten sein wird. Umgekehrt formuliert kann ein Ausbau der mitgestaltenden Kontrolle in demokratietheoretisch besonders prekären Konstellationen sogar dazu dienen, ein hinreichendes Legitimationsniveau überhaupt erst zu erreichen oder zu stabilisieren, solange und soweit eine zwingende Unabhängigkeitsvorgabe nicht entgegensteht. Das im vorherigen Abschnitt herausgearbeitete Spannungsfeld zwischen der doppelten Legitimationsbedürftigkeit von Kontrolleur und Kotrolliertem bei gleichzeitiger Wahrung der Unabhängigkeit[1835] lässt sich nicht vollkommen sauber auflösen. Zum Erreichen eines hinreichenden Legitimationsniveaus[1836] können durchaus hierdurch erst hervorgerufene Binnenkonflikte als „notwendiges Übel" in Kauf genommen werden.

3. Zwischenergebnis

Weil eine imperative Lösung von Binnenkonflikten unabhängiger Behörden durch die klassische Staatsaufsicht nicht möglich ist und sowohl eine Ausdehnung der aufsichtlichen Kontrolle als auch eine zusätzliche Lockerung bestehender Kontrollmechanismen aus Unabhängigkeits- bzw. Demokratieerwägungen ausscheiden, bedarf es anderer Mittel und Wege, um die Rechtmäßigkeit des Handelns autonomer Stellen zu überwachen. Hierbei ist denkbar, dass verschiedene Kontrollakteure mit unterschiedlicher Schwerpunktsetzung zusammenwirken und sich gegenseitig ergänzen.

1834 *P. Kirchhof*, in: Isensee/Kirchhof (Hrsg.), Handbuch des Staatsrechts, Bd. V, 3. Aufl. 2007, § 99 Rn. 228.

1835 Vgl. unter Kapitel 4, B.III.2.b)bb).

1836 Die Wendung des „hinreichenden Legitimationsniveaus" drückt auch aufseiten des Demokratieprinzips die Notwendigkeit von Zugeständnissen und Kompromissen aus; würde man stets eine „volle" demokratische Legitimation voraussetzen, wäre die Existenz unabhängiger Stellen schlechterdings unvorstellbar.

Als Elemente der *internen Selbstkontrolle* können – abgesehen von der originären Überprüfung der Rechtmäßigkeit durch die handelnden Amtswalter selbst – zum einen innerhalb der Behörde angesiedelte Kontrollstellen eingerichtet werden, die als eine Art Widerspruchsinstanz die Entscheidungen der unabhängigen Sachbearbeiter (zusätzlich) überprüfen können. Solche Gremien verstoßen als behördeninterne Einheiten weder gegen Unabhängigkeitsgebote noch gegen die Garantie effektiven Rechtsschutzes, soweit sie die gerichtliche Kontrolle lediglich ergänzen. Ihrerseits sollten sie grundsätzlich selbst unabhängig gestellt sein, unter Legitimationsgesichtspunkten gegenüber der Behördenleitung allerdings nur dann, wenn sie selbst hinreichend demokratisch legitimiert sind. Zum anderen kann der Behörde über Evaluationsvorschriften die Pflicht zur Selbstreflexion auferlegt werden, damit sie sich mit ihrem eigenen Handeln kritisch auseinandersetzen und erforderlichenfalls Korrekturen vornehmen kann. Rechtspolitisch sollten die vorhandenen, eine Selbstbeobachtung partiell vorschreibenden Normen zu einer allgemeinen Monitoringpflicht für unabhängige Behörden erweitert werden.

Eine *behördenexterne Kontrolle* hat in Ermangelung der Zulässigkeit einer ministeriellen Aufsicht zuvorderst durch das Parlament als unmittelbar demokratisch legitimiertes Staatsorgan zu erfolgen, wofür ihm mannigfaltige Einwirkungsmöglichkeiten zur Verfügung stehen. Insbesondere kommt auch eine unmittelbare Kontrolle unabhängiger Behörden durch den Einsatz parlamentarischer Gremien in Betracht. Angesichts rechtlicher und faktischer Defizite der (öffentlichen) parlamentarischen Kontrolle kann indes auch die *demokratische Öffentlichkeit* einen unterstützenden legitimatorischen Beitrag leisten. Trotz des nicht unerheblichen Einflusses insbesondere der Massenmedien auf Gesellschaft und Politik und der grundsätzlichen Unbedenklichkeit öffentlicher Kritik im Lichte der Unabhängigkeitsvorgaben darf die Kompensationsfunktion der Kontrolle durch die demokratische Öffentlichkeit nicht überschätzt werden: Ihr Wesen und ihre eigene Legitimation sind fraglich, sie stellt möglicherweise kein repräsentatives Bild dar und ihre Überwachung ist notwendigerweise unterkomplex. Zur Ermöglichung einer wirksamen Kontrolle müssen die unabhängigen Behörden die betroffenen Akteure über ihre Tätigkeiten informieren und ihr Handeln transparent offenlegen. Hierzu sieht das geltende Recht Rechtfertigungs-, Rechenschafts-, Berichts- und Veröffentlichungspflichten vor, die eine Grundlage für öffentliche bzw. parlamentarische Diskussionen bieten und dadurch die demokratische Legitimation steigern. Zur Vereinheitlichung und Vereinfachung wäre es wünschenswert, im Regulierungs- und Kartellrecht generelle Transparenzpflichten zu normieren.

Außerhalb von Parlament und Öffentlichkeit kann die Kontrolle unabhängiger Behörden auch durch *andere öffentliche Stellen* institutionalisiert wahrgenommen werden. Dies geschieht entweder rein beratend und beanstandend wie etwa durch die Rechnungshöfe, deren Empfehlungen bzw. Einwendungen rechtsunverbindlichen Charakter haben, oder sogar mitgestaltend wie im Falle von Einvernehmenserfordernissen anderer Einrichtungen. Beides trägt zu einer Erhöhung des Legitimationsniveaus bei. Eine Verletzung der Unabhängigkeit besteht dann grundsätzlich nicht, wenn die zur Kontrolle berufenen Stellen ihrerseits politische Unabhängigkeit genießen. Dies relativiert allerdings wiederum den demokratischen Kompensationsfaktor besagter Instanzen, weshalb auf ihre eigene hinreichende Legitimation zu achten ist.

IV. Resümee zur Prävention und Eindämmung von Streitigkeiten

Bei der Überlegung, wie Binnenkonflikten unabhängiger Stellen – insbesondere im Regulierungs- und Kartellrecht – idealerweise vor ihrer Entstehung begegnet werden kann, stößt man vor allem auf drei präventive und deeskalierende Ansätze.

Erstens wäre eine *Beseitigung der unabhängigen Stellung* denkbar, sodass die Behörden wieder in die Ministerialbürokratie eingebettet würden und Streitigkeiten nach allgemeinen Maßstäben hierarchisch entschieden werden könnten. Vor dem Hintergrund, dass die Unabhängigkeitsgebote in aller Regel im Unionsrecht wurzeln, wäre eine Änderung der Rechtsgrundlagen auf europäischer Ebene erforderlich. Für die Mitgliedstaaten bliebe in weitgehender Ermangelung eigener Handlungsspielräume nur der wenig erfolgversprechende Weg, auf eine Änderung der zugrunde liegenden Vorschriften hinzuwirken, oder die EU zu verlassen. Ansonsten könnte allenfalls das BVerfG die einschlägigen Rechtsakte für hierzulande unanwendbar erklären, was allerdings erhebliche Weiterungen mit sich brächte. Die Idee, die Unabhängigkeit zu annullieren, sollte angesichts der unabsehbaren Konsequenzen daher möglichst verworfen werden.

Durch eine geschickte *Einwirkung auf die Kompetenzordnung* könnten zweitens verwaltungsinterne Streitigkeiten ebenfalls vermieden werden. Unter Beachtung der Vorgaben aus höherrangigem Recht wäre es allgemein denkbar, Aufgaben bei einer einzigen Behörde zu konzentrieren oder Kompetenzen strikt voneinander zu trennen bei eindeutiger Zuständigkeitsverteilung. Klare Regelungen sichern die Qualität und Rechtmäßigkeit von Entscheidungen ab. Ambivalent zu beurteilende Fragen (wie nach einer zentralen oder dezentralen Vollzugsstruktur) hat indes der Gesetzgeber zu beantworten. Im Regulierungs- und Kartellrecht sollten missverständliche Kompetenznormen punktuell nachgeschärft werden. Grundsätzlicher organisatorischer Reformbedarf ist hingegen nicht angezeigt.

Schließlich könnte drittens die *Kontrolle über unabhängige Stellen* modifiziert werden, wobei weder eine Ausdehnung der aufsichtlichen Kontrolle noch eine weitere Lockerung der Überwachung zulässig erscheint. Möglich bleibt zum einen die Selbstkontrolle unabhängiger Instanzen, sei es durch verwaltungsinterne kassatorische Kontrollstellen oder durch Selbstbeobachtung im Wege von Monitoring- und Evaluationspflichten. Zum anderen ist auch eine Extensivierung der behördenexternen Kontrolle – soweit nicht ohnehin bereits ausreichend vorhanden – aus demokratietheoretischen Erwägungen sinnvoll. Die stellenweise defizitäre parlamentarische Kontrolle wird zumindest ergänzt durch eine kritische Begleitung der Arbeit unabhängiger Behörden seitens der Öffentlichkeit sowie durch die beratende, beanstandende und mitgestaltende Kontrolle durch andere öffentliche Stellen. Voraussetzung für eine effektive Kontrolle ist, dass die unabhängige Einrichtung die nötigen Informationen bereitstellt, was durch entsprechende gesetzliche Transparenzpflichten abzusichern ist.

C. Zusammenfassung

So mannigfaltig die Erscheinungsformen von Binnenkonflikten unabhängiger Stellen der Verwaltung im Regulierungs- und Kartellrecht sind, so zahlreich sind auch ihre möglichen Lösungsansätze. Eine grundlegende Differenzierung erfolgt zwischen der Beilegung entstandener und der Verhinderung bzw. Eindämmung interner Streitigkeiten.

Bei der *Lösung bereits existenter Konflikte* kann wiederum zwischen einer gerichtlichen Austragung einerseits und der außergerichtlichen Streitbeilegung andererseits unterschieden werden. Da beide Alternativen jeweils Vor- und Nachteile mit sich bringen, kommt dem Aspekt der Zweckmäßigkeit nur eine nachgeordnete Bedeutung zu. Die Zulässigkeit der ersten Variante ist selbst im Falle sog. Insichprozesse grundsätzlich gegeben, wobei sich für manche Konstellationen im Lichte der Unabhängigkeitsvorgaben Besonderheiten ergeben. Rechtsschutzmöglichkeiten sowohl für als auch gegen unabhängige Stellen sind vorhanden oder zumindest *de lege ferenda* herstellbar. Die Zulässigkeit der außergerichtlichen Streitbeilegung ist mit Blick auf Rechtsstaats- und Demokratieprinzip intrikater, sodass sie sich nur bedingt als Konfliktlösungsmechanismus innerhalb der Verwaltung eignet, gleichwohl aber eine unterstützende Funktion wahrnehmen kann. Vor diesem Hintergrund sollte – wo möglich – der gerichtlichen Austragung entstandener Streitigkeiten der Vorrang eingeräumt werden.

Hinsichtlich der *Verhinderung und Entschärfung von Streitigkeiten* erscheint es erstens *prima facie* denkbar, die Beseitigung der unabhängigen Stellung zu forcieren – angesichts der hohen Hürden und weitreichenden

Folgen allerdings kein empfehlenswerter Schritt. Zweitens können durch die Änderung von Zuständigkeiten Kompetenz- und inhaltliche Konflikte eingedämmt werden. Anstelle grundsätzlicher Reformen sollten insoweit indes in erster Linie unklare Regelungen ausgemerzt werden. Zuletzt kann drittens die Kontrolle unabhängiger Stellen in zweierlei Weise ausgedehnt werden: zum einen durch die Auferlegung einer Pflicht zur Selbstkontrolle und -beobachtung, zum anderen durch eine die Unabhängigkeit nicht beeinträchtigende behördenexterne Kontrolle seitens des Parlaments, der Öffentlichkeit und (sonstiger) öffentlicher Institutionen. Flankiert wird die Kontrolle durch besondere Transparenz- und Veröffentlichungspflichten.

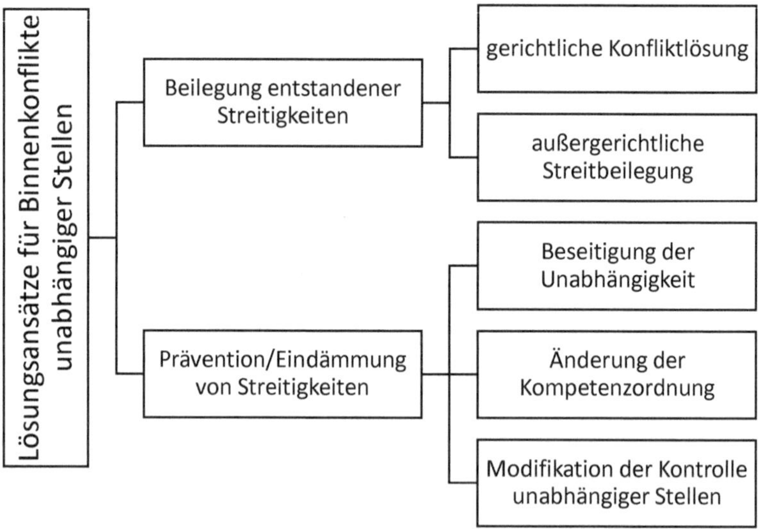

Schlussbetrachtung und Zusammenfassung in Thesen

Die Ruhe in der Praxis ist trügerisch. Dass derzeit in der Rechtswirklichkeit Streitigkeiten unabhängiger Stellen innerhalb der Verwaltung – nicht nur im Regulierungs- und Kartellrecht – offen ausgetragen werden, ist (noch) die Ausnahme. Die vorliegende Arbeit hat gleichwohl den Versuch unternommen, das durchaus vorhandene Konfliktpotenzial sichtbar zu machen. Eine dreistufige Analyse erfasst die Problematik systematisch: Ausgehend von der Unabhängigkeit als Ursache neuralgischer Binnenkonflikte zeigt die Untersuchung die denkbaren Erscheinungsformen verwaltungsinterner Auseinandersetzungen unabhängiger Behörden auf, um schließlich recht- und zweckmäßige Lösungsvorschläge anbieten zu können. In der Gesamtschau zeichnet sich ein Konzept, wie konfliktträchtigen Konstellationen, die aus dem scheinbar unaufhaltsamen „Megatrend“[1837] zur Etablierung unabhängiger Behörden resultieren, in der Rechtsordnung begegnet werden kann.

Die Quintessenz der Untersuchungsergebnisse soll im Einzelnen in den nachfolgenden Kernthesen kompakt zusammengefasst werden. Sie orientieren sich an der klugen Erkenntnis Albert Einsteins, man solle die Dinge so einfach wie möglich machen, aber nicht einfacher.

I. Begrifflich-konzeptionelle Grundlagen

1. Unter *Verwaltung* soll im Kontext der vorliegenden Untersuchung von Binnenkonflikten die öffentliche Verwaltung zu verstehen sein, die sich aus der unmittelbaren und mittelbaren Staatsverwaltung zusammensetzt. Eine *Behörde* ist jede Organisationseinheit innerhalb des staatlichen Verwaltungsaufbaus mit einer gewissen Selbständigkeit, die dazu berufen ist, unter öffentlicher Autorität für die Erreichung öffentlicher Zwecke zu agieren.[1838]
2. Der für diese Arbeit zentrale Terminus der *Unabhängigkeit* bezieht sich auf eine rechtlich abgesicherte, nicht rein faktische Unabhängigkeit. Er hat eine institutionelle, funktionelle, politisch-sachliche, persönliche und

[1837] *Kahl*, NVwZ 2011, 449 (450); ausführlich *Ruffert*, in: Trute/Groß/Röhl/Möllers (Hrsg.), Allgemeines Verwaltungsrecht – zur Tragfähigkeit eines Konzepts, 2008, S. 431 ff.

[1838] Kapitel 1, A.I. (Verwaltungsbegriff) und A.II. (Behördenbegriff).

finanzielle Komponente. Die Unabhängigkeit von Behörden kann gegenüber Legislative, Judikative und anderen exekutiven Stellen bestehen. Der Schwerpunkt der hiesigen Betrachtung liegt in der Autonomie gegenüber der Gubernative, die unter anderem durch die Freiheit von Weisungen zum Ausdruck kommt.[1839]

3. Der Begriff *Konflikt* meint im vorliegenden Zusammenhang eine sachgerichtete Meinungsverschiedenheit mindestens zweier voneinander strukturell abgrenzbarer Stellen mit der Maßgabe, dass sich die zuständige Stelle mit der abweichenden Auffassung der anderen Stelle(n) in Bezug auf eine verbindliche behördliche Entscheidung auseinandersetzen muss. Bei einem *Binnenkonflikt* ist bei allen Streitparteien ein Träger öffentlicher Verwaltung das Zurechnungsendsubjekt.[1840]

4. Beim Terminus der *Regulierung* als Gegenstand des Regulierungsrechts wird ein mittleres Begriffsverständnis zugrunde gelegt, das die staatliche Aufsicht über die systemrelevanten Infrastrukturen einer Volkswirtschaft einschließt. Neben den Netzsektoren (Post, Telekommunikation, Energie, Eisenbahnen) zählen hierzu vor allem auch Banken, Versicherungen und Börsen. Das *Kartellrecht* umfasst diejenigen Normen im Zusammenhang mit der Bekämpfung privat veranlasster Wettbewerbsbeschränkungen. Regulierungs- und Kartellrecht verbindet die gleiche Zielsetzung: der Schutz des Wettbewerbs.[1841]

II. Ursachen für die Entstehung von Binnenkonflikten unabhängiger Stellen im Regulierungs- und Kartellrecht

5. Für die *Entstehung pathologischer Binnenkonflikte* zeichnet die behördliche Unabhängigkeit verantwortlich. Anders als im klassisch-hierarchischen Staatsaufbau fehlt es an einer gemeinsamen Spitze, die Streitigkeiten nachgeordneter Stellen autoritär auflösen kann.[1842]

6. Behördliche Unabhängigkeitsgebote in den untersuchten Rechtsgebieten wurzeln in aller Regel im *Unionsrecht*, wo das Prinzip einer unabhängigen Verwaltung – bezogen auf den direkten Vollzug durch die unionseigene Administrative – Primärrechtsrang genießt (Art. 298 Abs. 1 AEUV). Verschiedene Vorschriften des einschlägigen Sekundärrechts

[1839] Kapitel 1, B. (insbesondere B.II. zu den einzelnen Komponenten und B.IV. zu den Adressaten der Unabhängigkeit).

[1840] Kapitel 1, C.I. (Konfliktbegriff) und C.II. (interne Streitigkeit).

[1841] Kapitel 1, D.I. (Regulierungsrecht), D.II. (Kartellrecht) und D.III. (Verhältnis zueinander).

[1842] Kapitel 2, A.

verpflichten die Mitgliedstaaten, auf den Gebieten des Regulierungs- und Kartellrechts national unabhängige Behörden einzurichten.[1843]

7. Die Konzeption unabhängiger Behörden stößt auf breite unions- und verfassungsrechtliche *Vorbehalte*, die allerdings im Ergebnis (noch) nicht durchgreifen.

   – Im Rahmen der Grundsätze von Äquivalenz und Effektivität darf der Unionsgesetzgeber auf das Verwaltungsorganisationsrecht der Mitgliedstaaten einwirken, ohne dass damit ein Verstoß gegen die *mitgliedstaatliche Verfahrensautonomie* des Art. 291 Abs. 1 AEUV einhergeht. Die in Art. 4 Abs. 2 Satz 1 EUV verankerte *nationale Identität* wird ebenfalls nicht verletzt. Beide Prinzipien sind einer Abwägung zugänglich, sodass sie einem gleichermaßen legitimen Ziel wie der Unabhängigkeit von Behörden nicht pauschal entgegengehalten werden können.[1844]

   – Kontrovers wird das Spannungsverhältnis zwischen unabhängigen Behörden und dem verfassungsrechtlichen *Demokratieprinzip* (Art. 20 Abs. 1, 2 GG) bewertet. Die Unabhängigkeit führt zwar zu einer Absenkung des demokratischen Legitimationsniveaus, mithilfe kompensierender Faktoren kann allerdings gleichwohl *de constitutione lata* eine hinreichende Legitimation erreicht werden.[1845]

8. Die Beurteilung des Unabhängigkeitskonzepts aus *soziologischer, politikwissenschaftlicher und ökonomischer Perspektive* fällt ambivalent aus. Guten Gründen zugunsten einer unabhängigen Ausgestaltung von Behörden stehen deren Nachteile und Risiken gegenüber. Der Gesetzgeber sollte deshalb bereichsspezifisch abwägen, in welchen Sektoren welches Modell vorzugswürdig erscheint. Generell ist die Unabhängigkeit umso naheliegender, je anfälliger ein Bereich für sachfremde politische Einflussnahme ist.[1846]

III. Erscheinungsformen von Binnenkonflikten unabhängiger Stellen im Regulierungs- und Kartellrecht

9. Im Regulierungs- und Kartellrecht ist für die Netzsektoren Telekommunikation, Energie und Eisenbahnen die *Unabhängigkeit* der nationalen Regulierungsbehörden sekundärrechtlich vorgeschrieben. Gleiches gilt

---

1843 Kapitel 2, B.I.

1844 Kapitel 2, B.I.2.a) (mitgliedstaatliche Verfahrensautonomie) und B.I.2.b) (nationale Identität).

1845 Kapitel 2, B.II.1.b).

1846 Kapitel 2, B.III.

für die Behörden im Bereich der Bankenaufsicht sowie die Wettbewerbsbehörden im Zusammenhang mit der Anwendung des europäischen Kartellrechts (Art. 101 und 102 AEUV).[1847]

10. In erster Linie adressieren die sekundärrechtlichen Vorgaben die *Weisungsfreiheit* der nationalen Regulierungs- und Wettbewerbsbehörden gegenüber anderen öffentlichen Stellen. Der Begriff der Weisungsfreiheit bezieht sich dabei auf verwaltungsinterne Maßnahmen, während Handlungsformen mit Außenwirkung (nur) dem allgemeinen Unabhängigkeitsbegriff unterliegen. Abgesehen von Weisungen kann indes auch im Wege der *gesetzlichen Vorstrukturierung* administrativen Handelns durch legislative oder exekutive Normsetzung in die Unabhängigkeit und Kompetenz der Behörden eingegriffen werden. Der EuGH hat insoweit die normierende Regulierung im Energierecht in ihrer bisherigen Form für unionsrechtswidrig erklärt.[1848]

11. Der deutsche Bundesgesetzgeber hat die unionsrechtlichen Unabhängigkeitsvorgaben weitestgehend nicht oder nur unzureichend im nationalen Recht umgesetzt. Die Fachgesetze halten am grundsätzlichen Fortbestand der Weisungsgebundenheit von BNetzA, BKartA und BaFin fest oder setzen diese voraus. Immerhin wurde im Eisenbahnsektor die ministerielle Einflussnahme auf rechtsaufsichtliche Weisungen, gegen welche die BNetzA klagen kann, beschränkt – was allerdings ebenfalls hinter den unionsrechtlichen Bestimmungen zurückbleibt. Die *Umsetzungsdefizite* können je nach Fallgestaltung durch die Figuren der richtlinienkonformen Auslegung und Rechtsfortbildung sowie der objektiven unmittelbaren Richtlinienwirkung bzw. den Anwendungsvorrang des Unionsrechts korrigiert werden. Dies entbindet den Gesetzgeber indes nicht von einer Anpassung der Rechtslage im Sinne der Herstellung unionsrechtskonformer Zustände.[1849]

12. Der Art nach lassen sich zwei potenzielle Binnenkonflikte unterscheiden: Zum einen gibt es (positive und negative) *Kompetenzkonflikte*, die durch sich überschneidende Aufgabengebiete und unscharfe gesetzliche Regelungen hervorgerufen werden können. Zum anderen bestehen möglicherweise *inhaltliche Divergenzen* in Bezug auf dieselbe Sachentscheidung, an der mehrere Stellen beteiligt sind. Als Modi der Beteiligung kommen

---

[1847] Kapitel 3, A.I.1.a) und A.I.1.b)bb)(1) für die Netzregulierung; A.I.2.b) für die Banken- und Finanzaufsicht; A.II.2.a) für das Kartellrecht.

[1848] Zur Weisungsfreiheit Kapitel 3, A.I.1.a) für die Netzregulierung, A.I.2.b)aa) bis cc) für die Banken- und Finanzaufsicht sowie A.II.2.a) für das Kartellrecht; zur normativen Vorstrukturierung Kapitel 3, A.I.1.b)bb) und A.I.2.b)dd).

[1849] Kapitel 3, A.I.1.b)aa) für die Netzregulierung; A.I.2.b)bb) und cc) für die Banken- und Finanzaufsicht; A.II.2.c) für das Kartellrecht.

nach aufsteigender Intensität die Mitteilung, Mitwirkung und Mitentscheidung in Betracht.[1850]

13. Binnenkonflikte unabhängiger Stellen *im vertikalen Verhältnis* können sowohl behördenintern als auch behördenextern auftreten.
    - Da die Unabhängigkeitsvorgaben nur auf die Verhinderung externer Einflussnahme abzielen, sind Streitigkeiten zwischen der Behördenspitze und nachgeordneten Stellen (mit Ausnahme der unabhängigen Vergabekammern) zugunsten ersterer zu entscheiden. Neben dem *innerbehördlichen Weisungsrecht* verfügt die Behördenleitung auch über eine weitreichende Organisationsgewalt einschließlich der Regelung der Geschäftsverteilung.[1851]
    - Konflikte mit einer *übergeordneten (Aufsichts-)Behörde* resultieren entweder aus Rechtsunsicherheit bzw. Uneinigkeit über die Reichweite nicht oder nur defizitär umgesetzter Unabhängigkeitsvorgaben oder daraus, dass sich die höhere Instanz über vorhandene Garantien hinwegsetzt. Informelle wie formelle Beeinflussungsversuche sind für unabhängige Stellen zwar rechtlich unverbindlich, können für den einzelnen Amtswalter aber bei Nichtbeachtung mit persönlichen Nachteilen verbunden sein. Umgekehrt ist fraglich, wie sichergestellt werden kann, dass unabhängige Behörden nicht unter den Augen der Aufsicht rechtswidrige Entscheidungen treffen.[1852]
14. Auch *im horizontalen Verhältnis* sind wiederum behördeninterne und -externe Konstellationen zu unterscheiden.
    - Aufgrund der *innerbehördlichen* Geschäftsverteilung und Hierarchie sind horizontale behördeninterne Streitigkeiten selten. Möglich sind sie in Fällen, in denen voneinander unabhängige Stellen derselben Behörde Aufgaben mit unterschiedlicher (konträrer) Zielrichtung verfolgen, wie es bei der EZB mit der Geldpolitik einerseits und der Bankenaufsicht andererseits der Fall ist.[1853]
    - In *behördenexterner Perspektive* sind zum einen Kompetenzkonflikte infolge unklarer Vorschriften denkbar, wie die schwierige Abgrenzung der Zuständigkeiten von BNetzA und BKartA zeigt. Eine dezentrale Vollzugsstruktur im Mehrebenensystem kann derartige Streitigkeiten

---

[1850] Kapitel 3, B.I.1. (Zuständigkeitskonflikte) und B.I.2. (inhaltliche Divergenzen).

[1851] Kapitel 3, B.II.1.a).

[1852] Zu Beeinträchtigungen der Unabhängigkeit durch die Legislative Kapitel 3, B.II.1.b)aa); zu Eingriffen in die Unabhängigkeit durch die Exekutive B.II.1.b)bb)(1) (informelle Einflussnahmen) und B.II.1.b)bb)(2) (förmliche Einflussnahmen).

[1853] Kapitel 3, B.II.2.a).

zusätzlich anheizen. Zum anderen kann es zu inhaltlichen Auseinandersetzungen in Bezug auf die Sachentscheidung kommen, wenn sich die einschlägigen Behörden nicht einigen können oder eine zu beteiligende Stelle nicht berücksichtigt wird.[1854]

15. Nationale Regulierungs- und Kartellbehörden sind in *Europäische Verwaltungsverbünde* integriert, die sich als verflochtene Netzwerke horizontaler und vertikaler Behördenkooperation verstehen (z. B. EU-Kommission und Behörden anderer Mitgliedstaaten). Der zum Teil enge Austausch, welcher sich auch auf das Handeln der nationalen Behörden auswirkt, ist meist detailliert geregelt. Ein Verstoß gegen die Unabhängigkeit liegt darin nicht: Die sekundärrechtlichen Vorgaben adressieren nur die Mitgliedstaaten, vor deren politischer Einflussnahme sie die unabhängigen Behörden abschirmen sollen. Mit der Einbindung von Behörden in unionale Verbundstrukturen bei gleichzeitigem Verlust nationaler Zugriffsmöglichkeiten geht eine spürbare Machtverschiebung auf die europäische Ebene zum Nachteil der Mitgliedstaaten einher.[1855]

IV. Lösungsansätze für Binnenkonflikte unabhängiger Stellen im Regulierungs- und Kartellrecht

16. Zunächst können bereits entstandene Binnenkonflikte *gerichtlich* ausgetragen werden. Auch Verwaltungsstreitverfahren innerhalb eines Rechtsträgers sind als Insichprozesse grundsätzlich zulässig.[1856]

   - Entscheidend ist, ob die klagende Behörde eine Klagebefugnis aufweisen kann, wobei die Unabhängigkeitsgarantien wehrfähige Innenrechtspositionen darstellen.[1857]
   - Im Lichte der Unabhängigkeitsvorgaben scheiden im Kontext *vertikaler Streitigkeiten* Klagen gegen aufsichtliche Weisungen ebenso aus wie Konstellationen im behördeninternen Verhältnis. In Betracht kommen hingegen Aufsichtsklagen gegen (vermeintlich) rechtswidrige Entscheidungen der unabhängigen Stelle.[1858] Im *horizontalen Verhält-*

[1854] Kapitel 3, B.II.2.b)aa) (Zuständigkeitskonflikte) und B.II.2.b)bb) (inhaltliche Divergenzen).

[1855] Kapitel 3, B.II.3., dort auch zu den terminologischen Variationen (Verwaltungsverbund, Netzwerk etc.).

[1856] Zum Begriff Insichprozess Kapitel 4, A.I.1.; zu dessen allgemeiner verwaltungsprozessualer Zulässigkeit Kapitel 4, A.I.2.a).

[1857] Insbesondere Kapitel 4, A.I.2.a) und A.I.2.b)aa)(1).

[1858] Kapitel 4, A.I.2.b)aa)(1) zu Insichprozessen der Behörde als Verteidigung gegen Eingriffe in die Unabhängigkeit; A.I.2.b)aa)(2) zur Aufsichtsklage; A.I.2.b)aa)(3) zu behördeninternen Konstellationen.

nis sind Klagen grundsätzlich nur in behördenexterner Hinsicht, d. h. nicht innerhalb ein und derselben Institution, zulässig. Das Vorliegen einer Klagebefugnis im Falle einer *gescheiterten Zusammenarbeit* der Behörden richtet sich nach der Intensität der Beteiligungsform.[1859]

17. Über die Schaffung objektiver Prüfverfahren zur Beanstandung materieller, in die Unabhängigkeit eingreifender Gesetze könnten der unabhängigen Behörde weitere *Verteidigungsmöglichkeiten* an die Hand gegeben werden. Umgekehrt besteht bereits *de lege lata Rechtsschutz gegen Entscheidungen einer unabhängigen Stelle* durch Klagen belasteter Dritter sowie durch das Vertragsverletzungsverfahren nach Art. 258 f. AEUV.[1860]

18. Ergänzend kann in manchen Fällen auch die *außergerichtliche Streitbeilegung*, vor allem im Wege der Schlichtung, verwaltungsinterne Streitigkeiten beilegen.[1861]

    – *Allgemein* betrachtet besticht die Schlichtung durch mögliche Effizienzsteigerungen, Entlastungseffekte sowie Gewinne an Akzeptanz und Flexibilität. Dem steht gegenüber, dass ein Scheitern der Schlichtung den Gesamtaufwand erhöht, ein Schlichtungszwang kontraproduktiv erscheint und die erwarteten positiven Effekte im Einzelfall zweifelhaft sind. In rechtlicher Hinsicht bestehen Probleme mit einer Gefährdung der Einheitlichkeit der Rechtsordnung sowie dem allgemeinen Justizgewährungsanspruch.[1862]

    – Im *spezifischen Kontext* von Binnenkonflikten sind zwar einerseits Verfahrensbeschleunigungen und positive Effekte in puncto Flexibilität und Sachkunde im Vergleich zu gerichtlichen Verfahren zu erwarten. Andererseits bestehen Spannungsverhältnisse zur demokratischen Legitimation und im Falle einer vertraulichen Entscheidungsfindung zum Transparenzgebot.[1863]

    – Schlichtungsmodelle eignen sich prinzipiell nur für Konflikte im horizontalen (in der Regel behördenexternen) Verhältnis, nicht hingegen für vertikale Streitigkeiten.[1864]

1859 Kapitel 4, A.I.2.b)bb).

1860 Kapitel 4, A.I.4.a) (Rechtsschutz der unabhängigen Behörde); A.I.4.b) (Rechtsschutz gegen die unabhängige Behörde).

1861 Zu den Formen der außergerichtlichen Streitbeilegung Kapitel 4, A.II.1.; zu den Anwendungsfeldern A.II.2.a); zu *de lege lata* vorhandenen Beispielen in den untersuchten Rechtsgebieten A.II.2.b).

1862 Kapitel 4, A.II.3.a); demgegenüber zur Zweckmäßigkeit von Insichprozessen A.I.3.

1863 Kapitel 4, A.II.3.b).

1864 Kapitel 4, A.II.3.b).

19. Kaum zielführend erscheint es, durch *Beseitigung der unabhängigen Stellung* Binnenkonflikte dahingehend zu entschärfen, dass sie wieder auf hierarchischem Wege entschieden werden können. Eine Abschaffung der unionsrechtlichen Unabhängigkeitsgebote gestaltet sich als äußerst schwierig aus mitgliedstaatlicher Sicht, die (möglicherweise unerwünschten) Nebenwirkungen wären immens.[1865]
20. Durch eine *Änderung der Kompetenzordnung* kann die Entstehung von Binnenkonflikten verhindert werden, indem Überlappungen und missverständliche Zuständigkeiten nivelliert werden. Die Notwendigkeit umfassender Reformen ist kritisch zu hinterfragen. Kleinere Korrekturen im Rahmen des unions- und verfassungsrechtlich Zulässigen entfalten hingegen bereits eine spürbare Wirkung, dienen der Rechtssicherheit und tragen zur Prävention potenzieller Konflikte bei.[1866]
21. Eine *Ausdehnung der alternativen Kontrollmöglichkeiten* unabhängiger Behörden kann das „gestörte" Verhältnis zur staatlichen Aufsicht begradigen, ohne dass dies gegen Unabhängigkeitsgebote verstößt.[1867]
    - Durch die Auferlegung von Pflichten zu Eigenbeobachtung, Monitoring und interner Evaluation wird die unabhängige Behörde im Sinne einer *Selbstkontrolle* dazu angehalten, ihr Handeln reflektiert zu überwachen und fortzuentwickeln.[1868]
    - Eine ihrerseits von der Regierung unabhängige, *behördenexterne Kontrolle* durch Parlamente, Gerichte, Öffentlichkeit, Medien und (andere) öffentliche Institutionen wie Rechnungshöfe trägt zur Kompensation des Kontrolldefizits seitens der staatlichen Aufsicht bei. Ob eine hinreichende Kompensation gelingt, ist im Rahmen einer Gesamtbetrachtung des jeweiligen Einzelfalles festzustellen. Für eine effektive Überwachung sind der unabhängigen Stelle Transparenz- und Veröffentlichungspflichten aufzulasten.[1869]

[1865] Kapitel 4, B.I.1. (Fälle mit Unionsrechtsbezug) und B.I.2. (rein nationale Konstellationen).

[1866] Kapitel 4, B.II.; insbesondere B.II.2. (verfassungs- und unionsrechtliche Rahmenbedingungen), B.II.3. (Zweckmäßigkeitsgesichtspunkte) und B.II.4. (konkreter Befund in den untersuchten Rechtsgebieten).

[1867] Insbesondere Kapitel 4, B.III.1.

[1868] Kapitel 4, B.III.2.a).

[1869] Zur Kontrolle durch die demokratische Öffentlichkeit Kapitel 4, B.III.2.b)aa)(1) und (2); zur Öffentlichkeitsarbeit der unabhängigen Behörden B.III.2.b)aa)(3); zur begleitenden und mitgestaltenden Kontrolle B.III.2.b)bb) bzw. cc).

Literaturverzeichnis

Aaken, Anne van: Transnationales Kooperationsrecht nationaler Aufsichtsbehörden als Antwort auf die Herausforderung globalisierter Finanzmärkte, in: Christoph Möllers/Andreas Voßkuhle/Christian Walter (Hrsg.), Internationales Verwaltungsrecht, Tübingen, 2007, S. 219–257.

Achenbach, Hans: Die „ECN+"-Richtlinie (EU) 2019/1 und das deutsche Kartellordnungswidrigkeitenrecht, in: wistra 2019, S. 257–263.

Achterberg, Norbert: Parlamentsrecht, Tübingen, 1984.

Ackermann, Thomas/*Petzold*, Daniel: Energieregulierung und Kartellaufsicht, in: Jürgen F. Baur/Peter Salje/Matthias Schmidt-Preuß (Hrsg.), Regulierung in der Energiewirtschaft, Köln, 2. Aufl. 2016, Kapitel 8.

Adolphsen, Jens: Zivilprozessrecht, Baden-Baden, 7. Aufl. 2021.

Andenas, Mads/*Panourgias*, Lazaros E: Applied Monetary Policy and Bank Supervision by the ECB, in: Joseph J. Norton/Mads Andenas (Hrsg.), International Monetary and Financial Law Upon Entering the New Millennium, London, 2002, S. 119–170.

Arnauld, Andreas von/*Martini*, Stefan: Zum Status quo des europäischen Verwaltungsrechts, in: Jörg Philipp Terhechte (Hrsg.), Verwaltungsrecht der Europäischen Union, Baden-Baden, 2. Aufl. 2022, § 2.

Arnim, Hans Herbert von: Gemeinwohl und Gruppeninteressen – Die Durchsetzungsschwäche allgemeiner Interessen in der pluralistischen Demokratie. Ein Beitrag zu verfassungsrechtlichen Grundfragen der Wirtschaftsordnung, Frankfurt am Main, 1977.

Assenbrunner, Benedikt: Bürgerbeteiligung bei der Kontrolle der Ausübung von Regierungsgewalt – Zur Anwendbarkeit des Informationsfreiheitsgesetzes auf das Regierungshandeln oberster Bundesbehörden, in: DÖV 2012, S. 547–555.

Attendorn, Thorsten: Anmerkung zu OLG Düsseldorf, Beschluss vom 13.4.2005 – VI-Kart 3/05 (V) – Parallelzuständigkeit von RegTP und BKartA, in: MMR 2005, S. 543–545.

Augsberg, Steffen: Wertpapieraufsichtsrecht, in: Dirk Ehlers/Michael Fehling/Hermann Pünder (Hrsg.), Besonderes Verwaltungsrecht, Band 1 (Öffentliches Wirtschaftsrecht), Heidelberg, 4. Aufl. 2019, § 34.

Bader, Johann/*Ronellenfitsch*, Michael (Hrsg.): BeckOK VwVfG (mit VwVG und VwZG), Stand: 53. Edition vom 01.10.2021, München, 2021.

Badura, Peter: Die parlamentarische Demokratie, in: Josef Isensee/Paul Kirchhof (Hrsg.), Handbuch des Staatsrechts der Bundesrepublik Deutschland, Band II, Heidelberg, 3. Aufl. 2004, § 25.

Baldwin, Robert/*Cave*, Martin/*Lodge*, Martin: Understanding Regulation – Theory, Strategy, and Practice, Oxford u.a., 2012.

Ball, Albert: Die Errichtung von Bundesoberbehörden – Verfassungsrechtliche Lage und Praxis, Mannheim, 1964.

Bamberger, Christian: Die „vierte Gewalt“: Medien als Wächter und Bewachte, in: Michael Demel/Carola Hausotter/Claudia Heybein/Oliver Hendrischke/Sebastian Heselhaus/Arnim Karthaus/Matthias Mayer/Frank Neumark/Arndt Schmehl/Astrid Wallrabenstein (Hrsg.), Funktionen und Kontrolle der Gewalten – 40. Tagung der Wissenschaftlichen Mitarbeiterinnen und Mitarbeiter der Fachrichtung „Öffentliches Recht“, Stuttgart u.a., 2001, S. 307–341.

Bartosch, Andreas: Europäisches Telekommunikationsrecht in den Jahren 2000 und 2001, in: EuZW 2002, S. 389–397.

Bartsch, Gero: Staat gegen Staat – Eingeschränkter Zugang zu verwaltungsgerichtlichem Rechtsschutz, Berlin, 2018.

Battis, Ulrich: Allgemeines Verwaltungsrecht, Heidelberg, 3. Aufl. 2002.

Battis, Ulrich (Hrsg.): Bundesbeamtengesetz, Kommentar, München, 5. Aufl. 2017.

Bauer, Christian/*Seckelmann*, Margit: Zentral, dezentral oder egal? – Eine rechtliche und verwaltungswissenschaftliche Analyse der Aufteilung der Regulierungsaufgaben zwischen Bundesnetzagentur und Landesregulierungsbehörden, in: DÖV 2014, S. 951–960.

Baumbach, Adolf/*Hopt*, Klaus J./*Kumpan*, Christoph/*Leyens*, Patrick C./*Merkt*, Hanno/*Roth*, Markus (Hrsg.): Handelsgesetzbuch – mit GmbH & Co., Handelsklauseln, Bank- und Kapitalmarktrecht, Transportrecht (ohne Seerecht), Beck'sche Kurz-Kommentare, Band 9, München, 40. Aufl. 2021.

Baur, Jürgen F.: Die Preiskontrolle durch die Zivilgerichte auf der Grundlage des Zivilrechts, in: Jürgen F. Baur/Peter Salje/Matthias Schmidt-Preuß (Hrsg.), Regulierung in der Energiewirtschaft, Köln, 2. Aufl. 2016, Kapitel 117.

Bechtold, Rainer/*Bosch*, Wolfgang: GWB – Gesetz gegen Wettbewerbsbeschränkungen (§§ 1–96, 185, 186), Kommentar, München, 10. Aufl. 2021.

Becker, Bernd: Öffentliche Verwaltung – Lehrbuch für Wissenschaft und Praxis, Percha am Starnberger See, 1989.

Becker, Florian: Die Reform der Finanzmarktaufsicht – Verfassungsrechtliche Vorgaben für eine Neuordnung der Bankenaufsicht, in: DÖV 2010, S. 909–916.

Becker, Gary S.: A Theory of Competition Among Pressure Groups for Political Influence, in: The Quarterly Journal of Economics 98 (1983), S. 371–400.

Becker, Gary S.: Politischer Wettbewerb zwischen Interessengruppen (1989), in: Ingo Pies (Hrsg.), Familie, Gesellschaft und Politik – die ökonomische Perspektive, Tübingen, 1996, S. 185–196.

Becker, Stephan: Die Bindungswirkung von Verwaltungsakten im Schnittpunkt von Handlungsformenlehre und materiellem öffentlichen Recht – Dargestellt am Beispiel des gestuften Verfahrens im Atom- und Immissionsschutzrecht, Berlin, 1997.

Becker-Birck, Hans-Henning: Der Insichprozess in der Verwaltungsgerichtsbarkeit, München, 1966.

Bender, Gunnar: Regulierungsbehörde quo vadis? – Bestandsaufnahme aktueller Vollzugsdefizite und Reformvorschläge, in: K&R 2001, S. 506–515.

Benhabib, Seyla: Ein deliberatives Modell demokratischer Legitimität, in: DZPhil 43 (1995), S. 3–29.

Benzing, Markus: Institutioneller Rahmen: SRM, SRB und nationale Abwicklungsbehörden, in: Jens-Hinrich Binder/Alexander Glos/Jan Riepe (Hrsg.), Handbuch Bankenaufsichtsrecht, Köln, 2. Aufl. 2020, § 14.

Berger, Henning: Der einheitliche Aufsichtsmechanismus (SSM) – Bankenaufsicht im europäischen Verbund, in: WM 2015, S. 501–506.

Berger, Henning/*Rübsamen*, Katrin: Bundesbankgesetz (Kommentar), Baden-Baden, 2. Aufl. 2014.

Berkemann, Jörg: Der slowakische Braunbär im deutschen Prozessrecht – Eine Analyse von EuGHE 2011 I-1255, in: DVBl. 2013, S. 1137–1147.

Bernstein, Marver H.: Regulating Business by Independent Commission, Princeton, 2015 (Erstdruck: 1955).

Berringer, Christian: Regulierung als Erscheinungsform der Wirtschaftsaufsicht, München, 2004.

Bethge, Herbert: Grundfragen innerorganisationsrechtlichen Rechtsschutzes – Einige Bemerkungen zu aktuellen Kontroversen über den dogmatischen Standort des verwaltungsrechtlichen Organstreits, in: DVBl. 1980, S. 309–315.

Bettermann, Karl August: Das Verwaltungsverfahren, in: VVDStRL 17 (1958), S. 118–182.

Bien, Florian: Die Berücksichtigung nichtwettbewerblicher Aspekte in der Fusionskontrolle – Gibt es Alternativen zur Ministererlaubnis?, in: NZKart 2016, S. 445–446.

Bien, Florian: Kartellrechtsdurchsetzung im Verwaltungsverfahren – Überblick, in: Florian Bien/Thorsten Käseberg/Gerhard Klumpe/Torsten Körber/Konrad Ost (Hrsg.), Die 10. GWB-Novelle – Das neue Kartellrecht, München, 2021, S. 115–116.

Binder, Reinhart/*Vesting*, Thomas (Hrsg.): Beck'scher Kommentar zum Rundfunkrecht (Rundfunkstaatsvertrag, Jugendmedienschutz-Staatsvertrag, Rundfunkbeitragsstaatsvertrag, Rundfunkfinanzierungsstaatsvertrag), München, 4. Aufl. 2018.

Blumer, Andreas: Bankenaufsicht und Bankenprüfung – Grundkonzepte, Problembestand und Perspektiven der institutionellen Ausgestaltung ausgewählter Bankenüberwachungssysteme, Bern u. a., 1996.

Böckenförde, Ernst-Wolfgang: Die Organisationsgewalt im Bereich der Regierung – Eine Untersuchung zum Staatsrecht der Bundesrepublik Deutschland, Berlin, 1964.

Böckenförde, Ernst-Wolfgang: Demokratie als Verfassungsprinzip, in: Josef Isensee/Paul Kirchhof (Hrsg.), Handbuch des Staatsrechts der Bundesrepublik Deutschland, Band II, Heidelberg, 3. Aufl. 2004, § 24.

Bogdandy, Armin von/*Schill*, Stefan: Die Achtung der nationalen Identität unter dem reformierten Unionsvertrag – Zur unionsrechtlichen Rolle nationalen Verfassungsrechts und zur Überwindung des absoluten Vorrangs, in: ZaöRV 2010, S. 701–734.

Böge, Ulf: Kartellrechtliche Aufsicht über die Netzmonopole im leitungsgebundenen Energiebereich, in: et 53 (2003), S. 652–655.

Böge, Ulf/*Lange*, Markus: Die zukünftige Energiemarkt-Regulierung im Lichte der Erfahrungen und der europarechtlichen Vorgaben, in: WuW 2003, S. 870–880.

Böllhoff, Dominik: Ministerielle Steuerung von Regulierungsbehörden – Ein britisch-deutscher Vergleich der Telekommunikationsregulierer OFTEL und RegTP, in: Werner Jann/Marian Döhler (Hrsg.), Agencies in Westeuropa, Wiesbaden, 2007, S. 79–99.

Bonin, Konrad von: Zentralbanken zwischen funktioneller Unabhängigkeit und politischer Autonomie – Dargestellt an der Bank von England, der Bank von Frankreich und der Deutschen Bundesbank, Baden-Baden, 1979.

Boos, Karl-Heinz/*Fischer*, Reinfrid/*Schulte-Mattler*, Hermann (Hrsg.): KWG · CRR-VO, Kommentar zu Kreditwesengesetz, VO (EU) Nr. 575/2013 (CRR) und Ausführungsvorschriften, Band 1, München, 5. Aufl. 2016.

Braun, Sebastian: Der Zugang zu wirtschaftlicher Netzinfrastruktur – Telekommunikation, Schienenverkehr und Energiewirtschaft im Spannungsfeld staatlicher Interessen und deren Regulierung durch sektorspezifisches Recht auf einem Wettbewerbsmarkt, Herbolzheim, 2003.

Bredt, Stephan: Die demokratische Legitimation unabhängiger Institutionen – Vom funktionalen zum politikfeldbezogenen Demokratieprinzip, Tübingen, 2006.

Breuer, Marten: Urteile mitgliedstaatlicher Gerichte als möglicher Gegenstand eines Vertragsverletzungsverfahrens gem. Art. 226 EG?, in: EuZW 2004, S. 199–201.

Breuer, Rüdiger: Die öffentlichrechtliche Anstalt, in: VVDStRL 44 (1986), S. 211–247.

Breuer, Rüdiger: Empfiehlt es sich, ein Umweltgesetzbuch zu schaffen, gegebenenfalls mit welchen Regelungsbereichen? – Gutachten B zum 59. Deutschen Juristentag (Hannover 1992), München, 1992.

Brinktrine, Ralf/*Schollendorf*, Kai (Hrsg.): BeckOK Beamtenrecht Bund, Stand: 24. Edition vom 01.11.2021, München, 2021.

Britz, Gabriele: Erweiterung des Instrumentariums administrativer Normsetzung zur Realisierung gemeinschaftsrechtlicher Regulierungsaufträge, in: EuZW 2004, S. 462–464.

Britz, Gabriele: Vom Europäischen Verwaltungsverbund zum Regulierungsverbund? – Europäische Verwaltungsentwicklung am Beispiel der Netzzugangsregulierung bei Telekommunikation, Energie und Bahn, in: EuR 2006, S. 46–77.

Britz, Gabriele: Energie, in: Michael Fehling/Matthias Ruffert (Hrsg.), Regulierungsrecht, Tübingen, 2010, § 9.

Britz, Gabriele: Organisation und Organisationsrecht der Regulierungsverwaltung in der öffentlichen Versorgungswirtschaft, in: Michael Fehling/Matthias Ruffert (Hrsg.), Regulierungsrecht, Tübingen, 2010, § 21.

Britz, Gabriele/*Hellermann*, Johannes/*Hermes*, Georg (Hrsg.): EnWG (Energiewirtschaftsgesetz), Kommentar, München, 3. Aufl. 2015.

Brohm, Winfried: Sachverständige und Politik – Rechtsfragen der Beratung in der Wirtschafts- und Sozialpolitik der BRD, in: Roman Schnur (Hrsg.), Festschrift für Ernst Forsthoff zum 70. Geburtstag, München, 1972, S. 37–75.

Brohm, Winfried: Kompetenzüberschneidungen im Bundesstaat, in: DÖV 1983, S. 525–531.

Brosius-Gersdorf, Frauke: Deutsche Bundesbank und Demokratieprinzip – Eine verfassungsrechtliche Studie zur Bundesbankautonomie vor und nach der dritten Stufe der Europäischen Währungsunion, Berlin, 1997.

Bruha, Thomas/*Nowak*, Carsten: Recht auf Austritt aus der Europäischen Union? – Anmerkungen zu Artikel I-59 des Entwurfs eines Vertrages über eine Verfassung für Europa, in: AVR 42 (2004), S. 1–25.

Brüning, Christoph: Der informierte Abgeordnete – Die Informationspflicht der Regierung als „Bringschuld" gegenüber dem Parlament, in: Der Staat 43 (2004), S. 511–541.

Bruttel, Oliver/*Timmesfeld*, Andrea: Das Potenzial der Mediation aus Sicht der Bevölkerung – Ergebnisse einer repräsentativen Befragung, in: ZKM 2011, S. 71–74.

Bryde, Brun-Otto: Die Einheit der Verwaltung als Rechtsproblem, in: VVDStRL 46 (1988), S. 181–216.

Büchner, Wolfgang/*Ehmer*, Jörg/*Geppert*, Martin/*Kerkhoff*, Bärbel/*Piepenbrock*, Hermann-Josef/*Schütz*, Raimund/*Schuster*, Fabian (Hrsg.): Beck'scher TKG-Kommentar, München, 2. Aufl. 2000.

Buchwald, Katja: Der verwaltungsgerichtliche Organstreit – Eine verwaltungsprozessuale und normtheoretische Studie, Berlin, 1998.

Büdenbender, Ulrich: Die Ausgestaltung des Regulierungskonzeptes für die Elektrizitäts- und Gaswirtschaft – Überlegungen zum gegenwärtigen Stand der Diskussion über die Energierechtsreform, in: RdE 2004, S. 284–300.

Büdenbender, Ulrich/*Rosin*, Peter: Gesetzentwurf für eine Umsetzung der Beschleunigungsrichtlinien Strom und Gas in eine EnWG-Novelle 2004, in: et 53 (2003), S. 746–757.

Budras, Corinna: Beschluss aus Karlsruhe – Verfassungsgericht legt Streit um EZB-Anleihekaufprogramm bei, in: Frankfurter Allgemeine Zeitung (FAZ) vom 18.05.2021, abrufbar unter: https://www.faz.net/aktuell/finanzen/bundesverfassungsgericht-legt-streit-um-ezb-anleihekaufprogramm-bei-17346624.html (letzter Abruf: 31.01.2022).

Bueren, Eckart: Reform des Mandats des Anhörungsbeauftragten in Wettbewerbsverfahren – Kleiner Schritt oder großer Wurf?, in: WuW 2012, S. 684–699.

Bull, Hans Peter: Die „völlig unabhängige" Aufsichtsbehörde – Zum Urteil des EuGH vom 9.3.2010 in Sachen Datenschutzaufsicht, in: EuZW 2010, S. 488–494.

Bull, Hans Peter/*Mehde*, Veith: Allgemeines Verwaltungsrecht mit Verwaltungslehre, Heidelberg, 9. Aufl. 2015.

Bunte, Hermann-Josef/*Stancke*, Fabian: Kartellrecht – mit Vergaberecht und Beihilfenrecht, München, 4. Aufl. 2022.

Burchardt, Dana: Kehrtwende in der Grundrechts- und Vorrangrechtsprechung des EuGH? – Anmerkung zum Urteil des EuGH vom 5.12.2017 in der Rechtssache M.A.S. und M.B. (C-42/17, „Taricco II"), in: EuR 2018, S. 248–264.

Burgi, Martin: Das subjektive Recht im Energie-Regulierungsverwaltungsrecht, in: DVBl. 2006, S. 269–277.

Burgi, Martin: Übergreifende Regelung des Rechts der Regulierungsverwaltung – Realisierung der Kodifikationsidee?, in: NJW 2006, S. 2439–2444.

Burgi, Martin: Börse, Börsenträger und Börsenaufsicht im System des Wirtschaftsverwaltungsrechts, in: WM 2009, S. 2337–2343.

Burgi, Martin: Regulierung: Inhalt und Grenzen eines Handlungskonzepts der Verwaltung, in: Peter Friedrich Bultmann (Hrsg.), Allgemeines Verwaltungsrecht: Institute, Kontexte, System – Festschrift für Ulrich Battis zum 70. Geburtstag, München, 2014, S. 329–345.

Burgi, Martin: Vertragsverletzungsverfahren, in: Hans-Werner Rengeling/Andreas Middeke/Martin Gellermann (Hrsg.), Handbuch des Rechtsschutzes in der Europäischen Union, München, 3. Aufl. 2014, § 6.

Burgi, Martin: Verwaltungsorganisationsrecht, in: Dirk Ehlers/Hermann Pünder (Hrsg.), Allgemeines Verwaltungsrecht, Berlin/Boston, 15. Aufl. 2016, § 8.

Burgi, Martin: Verkehrte Welt: Vorbehalt der Verwaltung im Regulierungsrecht?, in: NVwZ 23/2018, Editorial.

Burgi, Martin/*Dreher*, Meinrad (Hrsg.): Beck'scher Vergaberechtskommentar, Band 1 (Gesetz gegen Wettbewerbsbeschränkungen – GWB – 4. Teil –), München, 3. Aufl. 2017.

Burgsmüller, Klaus: Die Errichtung selbständiger Bundesoberbehörden gemäß Art. 87 Abs. 3 Satz 1 GG, ihre Stellung innerhalb der Bundesverwaltung und ihr Verhältnis zu den Behörden der Länder, Köln, 1967.

Busse, Volker: Geschäftsordnung Bundesregierung, Stand: 1296. Lieferung der Loseblattsammlung „Das deutsche Bundesrecht" (8/2018) vom 01.08.2018, Baden-Baden, 3. Online-Aufl. 2018.

Calliess, Christian: Konfrontation statt Kooperation zwischen BVerfG und EuGH? – Zu den Folgen des Karlsruher PSPP-Urteils, in: NVwZ 2020, S. 897–904.

Calliess, Christian/*Ruffert*, Matthias (Hrsg.): EUV/AEUV (Das Verfassungsrecht der Europäischen Union mit Europäischer Grundrechtecharta), Kommentar, München, 5. Aufl. 2016.

Calliess, Christian/*Ruffert*, Matthias (Hrsg.): EUV/AEUV (Das Verfassungsrecht der Europäischen Union mit Europäischer Grundrechtecharta), Kommentar, München, 6. Aufl. 2022.

Caspar, Johannes: Schlichten statt richten – Möglichkeiten und Wege außergerichtlicher Streitbeilegung, in: DVBl. 1995, S. 992–1003.

Chmeis, Ahmad: Der Richtlinien-Vorschlag der Kommission zur Stärkung der nationalen Wettbewerbsbehörden im ECN – Eine Kommentierung unter Berücksichtigung des deutschen Kartellverfahrensrechts, in: NZKart 2017, S. 403–407.

Classen, Claus Dieter: Der einzelne als Instrument zur Durchsetzung des Gemeinschaftsrechts? – Zum Problem der subjektiv-öffentlichen Rechte kraft Gemeinschaftsrechts, in: VerwArch 88 (1997), S. 645–678.

Classen, Claus Dieter: Demokratische Legitimation im offenen Rechtsstaat – Zur Beeinflussung des Demokratieprinzips durch Rechtsstaatlichkeit und internationale Offenheit, Tübingen, 2009.

Classen, Claus Dieter: Nationales Verfassungsrecht in der Europäischen Union – Eine integrierte Darstellung von 27 Verfassungsordnungen, Baden-Baden, 2. Aufl. 2021.

Classen, Claus Dieter: Europäische Rechtsgemeinschaft à l'allemande? – Anmerkung zum Urteil des BVerfG vom 21.06.2016, 2 BvR 2728/13 u.a., in: EuR 2016, S. 529–544.

Coelln, Christian von: Zur Medienöffentlichkeit der Dritten Gewalt – Rechtliche Aspekte des Zugangs der Medien zur Rechtsprechung im Verfassungsstaat des Grundgesetzes, Tübingen, 2004.

Czada, Roland: Die Treuhandanstalt im politischen System der Bundesrepublik, in: Aus Politik und Zeitgeschichte, B 43–44/1994, S. 31–42.

Czybulka, Detlef: Die Legitimation der öffentlichen Verwaltung – unter Berücksichtigung ihrer Organisation sowie der Entstehungsgeschichte zum Grundgesetz, Heidelberg, 1989.

Danwitz, Thomas von: Europäisches Verwaltungsrecht, Berlin u.a., 2008.

Dauses, Manfred/*Ludwigs*, Markus (Hrsg.): Handbuch des EU-Wirtschaftsrechts, Band 1, Stand: 53. Ergänzungslieferung Juli 2021, München, 2021.

Dechent, Fabian Arne: Bundesanstalt für Finanzdienstleistungsaufsicht und Bundesanstalt für Finanzmarkstabilisierung – Unabhängige Behörden in der Bankenaufsicht?, in: NVwZ 2015, S. 767–772.

Degenhart, Christoph: Gerichtsverfahren, in: Josef Isensee/Paul Kirchhof (Hrsg.), Handbuch des Staatsrechts der Bundesrepublik Deutschland, Band V, Heidelberg, 3. Aufl. 2007, § 115.

Demleitner, Andreas: Die Normverwerfungskompetenz der Verwaltung bei entgegenstehendem Gemeinschaftsrecht, in: NVwZ 2009, S. 1525–1531.

Detterbeck, Steffen: Innere Ordnung der Bundesregierung, in: Josef Isensee/Paul Kirchhof (Hrsg.), Handbuch des Staatsrechts der Bundesrepublik Deutschland, Band III, Heidelberg, 3. Aufl. 2005, § 66.

Detterbeck, Steffen: Handwerksordnung (Erläuterungen), Baden-Baden, 3. Online-Aufl. 2016.

Detterbeck, Steffen: Allgemeines Verwaltungsrecht (mit Verwaltungsprozessrecht), München, 19. Aufl. 2021.

Di Fabio, Udo: Gewaltenteilung, in: Josef Isensee/Paul Kirchhof (Hrsg.), Handbuch des Staatsrechts der Bundesrepublik Deutschland, Band II, Heidelberg, 3. Aufl. 2004, § 27.

Diederichsen, Lars/*Renner*, Ingo: Vergaberecht, in: Reiner Schmidt/Ferdinand Wollenschläger (Hrsg.), Kompendium Öffentliches Wirtschaftsrecht, Berlin, 5. Aufl. 2019, § 7.

Dietlein, Johannes/*Suerbaum*, Joachim (Hrsg.): BeckOK Kommunalrecht Bayern, Stand: 12. Edition vom 01.11.2021, München, 2021.

Dietz, Andreas: Klagebefugnisse gegen Planfeststellungsbeschlüsse: Einzelne – Gemeinden – Umweltverbände, in: UPR 2016, S. 469–478.

Dietze, Jan/*Kellerbauer*, Manuel/*Klamert*, Marcus/*Malferrari*, Luigi/*Scharf*, Tibor/*Schnichels*, Dominik: Europa – Quo Vadis? Ein kritischer Kommentar zum EZB-Urteil des BVerfG, in: EuZW 2020, S. 525–530.

Dinov, Stanyo: Europäische Bankenaufsicht im Wandel, in: EuR 2013, S. 593–609.

Dix, Alexander: Unabhängige Datenschutzkontrolle als vorgezogener Grundrechtsschutz, in: Malte Kröger/Arne Pilniok (Hrsg.), Unabhängiges Verwalten in der Europäischen Union, Tübingen, 2016, S. 121–129.

Doehring, Karl: Alternativen des Sozialstaats, in: Detlef Merten/Rudolf Morsey (Hrsg.), 30 Jahre Grundgesetz – Vorträge und Diskussionsbeiträge der 47. Staatswissenschaftlichen Fortbildungstagung 1979 der Hochschule für Verwaltungswissenschaften Speyer, Berlin, 1979, S. 125–141.

Döhler, Marian: Das Modell der unabhängigen Regulierungsbehörde im Kontext des deutschen Regierungs- und Verwaltungssystems, in: Die Verwaltung 34 (2001), S. 59–91.

Döhler, Marian: Die politische Steuerung der Verwaltung – Eine empirische Studie über politisch-administrative Interaktionen auf der Bundesebene, Baden-Baden, 2007.

Döhler, Marian: Regulative Politik und die Transformation der klassischen Verwaltung, in: Jörg Bogumil/Werner Jann/Frank Nullmeier (Hrsg.), Politik und Verwaltung, Wiesbaden, 2006, S. 208–227.

Dreher, Meinrad/*Kulka*, Michael/*Rittner*, Fritz: Wettbewerbs- und Kartellrecht – Eine systematische Darstellung des deutschen und europäischen Rechts, Heidelberg, 11. Aufl. 2021.

Dreier, Horst: Hierarchische Verwaltung im demokratischen Staat – Genese, aktuelle Bedeutung und funktionelle Grenzen eines Bauprinzips der Exekutive, Tübingen, 1991.

Dreier, Horst (Hrsg.): Grundgesetz, Kommentar, Band I (Artikel 1–19), Tübingen, 3. Aufl. 2013.

Dreier, Horst (Hrsg.): Grundgesetz, Kommentar, Band II (Artikel 20–82), Tübingen, 3. Aufl. 2015.

Dreier, Horst (Hrsg.): Grundgesetz, Kommentar, Band III (Artikel 83–146), Tübingen, 3. Aufl. 2018.

Dudenredaktion (Hrsg.): Duden – Deutsches Universalwörterbuch, Berlin, 9. Aufl. 2019.

Dürig, Günter/*Herzog*, Roman/*Scholz*, Rupert/*Herdegen*, Matthias/*Klein*, Hans Hugo (Hrsg.): Grundgesetz, Kommentar, Stand: 95. Lieferung Juli 2021, München, 2021.

Eckstein, Daniel: Mediation und weitere alternative Konfliktlösungsinstrumente, in: JuS 2014, S. 698–702.

Ehlers, Dirk: Verwaltung und Verwaltungsrecht im demokratischen und sozialen Rechtsstaat, in: Dirk Ehlers/Hermann Pünder (Hrsg.), Allgemeines Verwaltungsrecht, Berlin/Boston, 15. Aufl. 2016, § 1.

Ehricke, Ulrich: Staatliche Eingriffe in den Wettbewerb – Kontrolle durch Gemeinschaftsrecht. Ein rechtsvergleichender Beitrag zu den Grenzen staatlicher Wirtschaftslenkungsmaßnahmen im Gemeinschaftsrecht und US-amerikanischen Recht, Baden-Baden, 1994.

Eifert, Martin: Die gerichtliche Kontrolle der Entscheidungen der Bundesnetzagentur, in: ZHR 174 (2010), S. 449–485.

Eifert, Martin: Regulierungsstrategien, in: Wolfgang Hoffmann-Riem/Eberhard Schmidt-Aßmann/Andreas Voßkuhle (Hrsg.), Grundlagen des Verwaltungsrechts, Band I, München, 2. Aufl. 2012, § 19.

Eifert, Martin: Telekommunikationsrecht, in: Dirk Ehlers/Michael Fehling/Hermann Pünder (Hrsg.), Besonderes Verwaltungsrecht, Band 1 (Öffentliches Wirtschaftsrecht), Heidelberg, 4. Aufl. 2019, § 24.

Ellwein, Thomas: Regieren und Verwalten – eine kritische Einführung, Opladen, 1976.

Emde, Ernst Thomas: Die demokratische Legitimation der funktionalen Selbstverwaltung – Eine verfassungsrechtliche Studie anhand der Kammern, der Sozialversicherungsträger und der Bundesanstalt für Arbeit, Berlin, 1991.

Emmerich, Volker/*Lange*, Knut Werner: Kartellrecht – Ein Studienbuch, München, 15. Aufl. 2021.

Engels, Dieter (Hrsg.): Gutachten zum Verfahren der internen und externen Personalauswahl in der Bundesverwaltung, Stuttgart u. a., 2014.

Epping, Volker/*Hillgruber*, Christian (Hrsg.): BeckOK Grundgesetz, Stand: 49. Edition vom 15.11.2021, München, 2021.

Epron, Quentin: Le statut des autorités de régulation et la separation des pouvoirs, in: RFDA 2011, S. 1007–1018.

Erb, Horst: Bundesrechnungshofgesetz, Kommentar, Baden-Baden, 2012.

Eschweiler, Wilhelm: Die Regulierungsbehörde im Spannungsfeld zwischen Unabhängigkeit und Weisungsunterworfenheit, in: K&R 2001, S. 238–242.

Eschweiler, Wilhelm: Noch zu Leistendes – ein Ausblick, in: Bernd Holznagel (Hrsg.), 20 Jahre Verantwortung für Netze – Bestandsaufnahme und Perspektiven, München, 2018, S. 399–408.

Esser, Josef: Gesetzesrationalität im Kodifikationszeitalter und heute, in: Hans-Jochen Vogel/Josef Esser (Hrsg.), 100 Jahre oberste deutsche Justizbehörde – Vom Reichsjustizamt zum Bundesministerium der Justiz, Tübingen, 1977, S. 13–40.

Everling, Ulrich: Zur Stellung der Mitgliedstaaten der Europäischen Union als „Herren der Verträge", in: Ulrich Beyerlin/Michael Bothe/Rainer Hofmann/Ernst-Ulrich Petersmann (Hrsg.), Recht zwischen Umbruch und Bewahrung – Festschrift für Rudolf Bernhardt, Berlin u. a., 1995, S. 1161–1176.

Eyermann, Erich (Hrsg.): Verwaltungsgerichtsordnung, Kommentar, München, 15. Aufl. 2019.

Färber, Gisela: Effizienzprobleme des Verwaltungsföderalismus, in: DÖV 2001, S. 485–496.

Fehling, Michael: Öffentlicher Verkehr (Bahn, ÖPNV), in: Michael Fehling/Matthias Ruffert (Hrsg.), Regulierungsrecht, Tübingen, 2010, § 10.

Fehling, Michael: Instrumente und Verfahren, in: Michael Fehling/Matthias Ruffert (Hrsg.), Regulierungsrecht, Tübingen, 2010, § 20.

Fekonja, Benjamin: BaFin-Verlautbarungen – Möglichkeiten und Grenzen der rechtlichen Bindungswirkung, Baden-Baden, 2014.

Felix, Dagmar: Das Remonstrationsrecht und seine Bedeutung für den Rechtsschutz des Beamten, Köln u. a., 1993.

Fetzer, Thomas: Staat und Wettbewerb in dynamischen Märkten – Eine juristisch-ökonomische Untersuchung unter besonderer Berücksichtigung der sektorspezifischen Telekommunikationsregulierung in Deutschland und den USA, Tübingen, 2013.

Fetzer, Thomas/*Scherer*, Joachim/*Graulich*, Kurt (Hrsg.), TKG (Telekommunikationsgesetz Kommentar), Berlin, 3. Aufl. 2021.

Fichtmüller, Carl Peter: Zulässigkeit ministerialfreien Raums in der Bundesverwaltung, in: AöR 91 (1966), S. 297–355.

Forkel, Hans-Walter: Für eine unabhängige Bankenaufsicht, in: ZRP 2011, S. 100–102.

Forsthoff, Ernst: Lehrbuch des Verwaltungsrechts, Erster Band (Allgemeiner Teil), München, 10. Aufl. 1973.

Forsthoff, Ernst: Rechtsfragen der leistenden Verwaltung, Stuttgart, 1959.

Franke, Peter: Energieregulierungsbehörden und behördliche Verfahren, in: Jens-Peter Schneider/Christian Theobald (Hrsg.), Recht der Energiewirtschaft – Praxishandbuch, München, 4. Aufl. 2013, § 19.

Franke, Peter: Die Landesregulierungsbehörden (einschl. Organleihe), in: Jürgen F. Baur/Peter Salje/Matthias Schmidt-Preuß (Hrsg.), Regulierung in der Energiewirtschaft, Köln, 2. Aufl. 2016, Kapitel 40.

Franke, Peter: Rechtsschutzfragen der Regulierungsverwaltung, in: Die Verwaltung 49 (2016), S. 25–54.

Franke, Peter/*Schütte*, Christian: Energieregulierungsbehörden und behördliche Verfahren, in: Jens-Peter Schneider/Christian Theobald (Hrsg.), Recht der Energiewirtschaft – Praxishandbuch, München, 5. Aufl. 2021, § 21.

Franz, Thorsten: Der Kommunalverfassungsstreit, in: Jura 2005, S. 156–161.

Franzius, Claudio: Modalitäten und Wirkungsfaktoren der Steuerung durch Recht, in: Wolfgang Hoffmann-Riem/Eberhard Schmidt-Aßmann/Andreas Voßkuhle (Hrsg.), Grundlagen des Verwaltungsrechts, Band I, München, 2. Aufl. 2012, § 4.

Franzius, Claudio: Die Bundesnetzagentur zwischen politischer Steuerung und gerichtlicher Kontrolle, in: DÖV 2013, S. 714–721.

Frenzel, Eike Michael: „Völlige Unabhängigkeit" im demokratischen Rechtsstaat, in: DÖV 2010, S. 925–931.

Frenzel, Eike Michael: Die Tradition unabhängiger Verwaltungsbehörden in Deutschland – Rekonstruktion und Modellierung, in: Malte Kröger/Arne Pilniok (Hrsg.), Unabhängiges Verwalten in der Europäischen Union, Tübingen, 2016, S. 45–62.

Fries, Lukas: Die Berücksichtigung außerwettbewerblicher Interessen in der Fusionskontrolle – Überlegungen zur Reformbedürftigkeit der Ministererlaubnis nach § 42 GWB, Baden-Baden, 2020.

Frowein, Jochen A.: Die Verfassung der Europäischen Union aus der Sicht der Mitgliedstaaten, in: EuR 1995, S. 315–333.

Fükblein, Peter: Ministerialfreie Verwaltung – Begriff, Erscheinungsformen und Vereinbarkeit mit dem Grundgesetz, Bonn, 1972.

Gaentzsch, Günter: Konkurrenz paralleler Anlagengenehmigungen, in: NJW 1986, S. 2787–2795.

Gaiser, Anja Sofia: Gerichtliche Kontrolle im Europäischen System der Zentralbanken, in: EuR 2002, S. 517–539.

Gärditz, Klaus Ferdinand: EG-Wettbewerbsrecht und Postmarktliberalisierung, in: EWS 2005, S. 490–498.

Gärditz, Klaus Ferdinand: Regulierungsrechtliche Auskunftsanordnungen als Instrument der Wissensgenerierung, in: DVBl. 2009, S. 69–77.

Gärditz, Klaus Ferdinand: „Regulierungsermessen" und verwaltungsgerichtliche Kontrolle, in: NVwZ 2009, S. 1005–1011.

Gärditz, Klaus Ferdinand: Europäisches Regulierungsverwaltungsrecht auf Abwegen, in: AöR 135 (2010), S. 251–288.

Gärditz, Klaus Ferdinand: Die Verwaltungsdimension des Lissabon-Vertrags, in: DÖV 2010, S. 453–465.

Gärditz, Klaus Ferdinand: Verhältnis des Unionsrechts zum Recht der Mitgliedstaaten, in: Hans-Werner Rengeling/Andreas Middeke/Martin Gellermann (Hrsg.), Handbuch des Rechtsschutzes in der Europäischen Union, München, 3. Aufl. 2014, § 35.

Gärditz, Klaus Ferdinand: Die Organisation der Wirtschaftsverwaltung, in: Reiner Schmidt/Ferdinand Wollenschläger (Hrsg.), Kompendium Öffentliches Wirtschaftsrecht, Berlin, 5. Aufl. 2019, § 4.

Gärditz, Klaus Ferdinand: Unionsrechtliches Ende der weisungsabhängigen Staatsanwaltschaft?, in: GSZ 2019, S. 133–139.

Gassner, Erich: Zur Kompetenz in Sachen Naturschutz, in: NuR 1996, S. 130–135.

Gaugenrieder, Carl A.: Die rechtliche Stellung der deutschen Zentralnotenbank im Staatsgefüge in Geschichte und Gegenwart, Würzburg, 1960.

Geerlings, Jörg: Die neue Rolle der Bundesbank im Europäischen System der Zentralbanken – Von der Reichsbank zur Europäischen Zentralbank, in: DÖV 2003, S. 322–328.

Geiger, Rudolf/*Khan*, Daniel-Erasmus/*Kotzur*, Markus (Hrsg.): EUV/AEUV (Vertrag über die Europäische Union, Vertrag über die Arbeitsweise der Europäischen Union), Kommentar, München, 6. Aufl. 2017.

Gellermann, Martin: Beeinflussung des bundesdeutschen Rechts durch Richtlinien der EG – dargestellt am Beispiel des europäischen Umweltrechts, Köln u. a., 1994.

Gentzsch, Markus/*Brade*, Alexander: Die Bankenunion vor dem Bundesverfassungsgericht. Neue Impulse für grundlegende Fragestellungen des Verfassungs- und Unionsrechts, in: EuR 2019, S. 602–637.

Geppert, Martin/*Schütz*, Raimund (Hrsg.): Beck'scher TKG-Kommentar, München, 4. Aufl. 2013.

Gern, Alfons: Das Kommunalverfassungsstreitverfahren, in: VBlBW 1989, S. 449–452.

Gersdorf, Hubertus: Entgeltregulierung im Eisenbahnsektor, Berlin, 2007.

Gersdorf, Hubertus/*Paal*, Boris P. (Hrsg.): BeckOK Informations- und Medienrecht, Stand: 34. Edition vom 01.11.2021, München, 2021.

Gianviti, François: The Objectives of Central Banks, in: Mario Giovanoli/Diego Devos (Hrsg.), International Monetary and Financial Law – The Global Crisis, 2010, Oxford/New York, S. 449–483.

Gielen, Nico/*Uphues*, Steffen: Digital Markets Act und Digital Services Act – Regulierung von Markt- und Meinungsmacht durch die Europäische Union, in: EuZW 2021, S. 627–637.

Glos, Alexander/*Benzing*, Markus: Institutioneller Rahmen: SSM, EZB und nationale Aufsichtsbehörden, in: Jens-Hinrich Binder/Alexander Glos/Jan Riepe (Hrsg.), Handbuch Bankenaufsichtsrecht, Köln, 2. Aufl. 2020, § 2.

Gola, Peter/*Heckmann*, Dirk (Hrsg.): Bundesdatenschutzgesetz, Kommentar, München, 13. Aufl. 2019.

Gonsior, Florian: Die Verfassungsmäßigkeit administrativer Letztentscheidungsbefugnisse – Behördenorganisation und Verwaltungsverfahren als Mittel zur Kompensation materiell-rechtlicher Defizite am Beispiel der Bundesnetzagentur im Telekommunikationsrecht, Tübingen, 2018.

Goodhart, Charles A. E./*Schoenmaker*, Dirk: Institutional Separation between Supervisory and Monetary Agencies (1993), in: Charles A. E. Goodhart (Hrsg.), The Central Bank and the Financial System, 1995, S. 333–413.

Görisch, Christoph: Demokratische Verwaltung durch Unionsagenturen – Ein Beitrag zur Konkretisierung der europäischen Verfassungsstrukturprinzipien, Tübingen, 2009.

Gormley, Laurence/*de Haan*, Jakob: The democratic deficit of the European Central Bank, in: ELR 1996, S. 95–112.

Görres-Gesellschaft/Verlag Herder (Hrsg.): Staatslexikon, Recht · Wirtschaft · Gesellschaft, Zweiter Band (Eid – Hermeneutik), Freiburg im Breisgau u. a., 8. Aufl. 2018.

Gottwald, Peter: Mediation und gerichtlicher Vergleich: Unterschiede und Gemeinsamkeiten, in: Gerhard Lüke/Takehiko Mikami/Hanns Prütting (Hrsg.), Festschrift für Akira Ishikawa zum 70. Geburtstag am 27. November 2001, Berlin, 2001, S. 137–156.

Grabitz, Eberhard/*Hilf*, Meinhard/*Nettesheim*, Martin (Hrsg.): Das Recht der Europäischen Union, Band I, EUV/AEUV, Stand: 74. Ergänzungslieferung September 2021, München, 2021.

Graevenitz, Albrecht von: Mitteilungen, Leitlinien, Stellungnahmen – Soft Law der EU mit Lenkungswirkung, in: EuZW 2013, S. 169–173.

Gramlich, Ludwig: Ohne Regulierung kein Wettbewerb – Zum Start der Regulierungsbehörde für Telekommunikation und Post, in: CR 1998, S. 463–473.

Gramlich, Ludwig/*Manger-Nestler*, Cornelia: Währungsrechtliche Aspekte des Reformprojekts „Europäische Verfassung", in: Zeitschrift für das gesamte Kreditwesen 2005, S. 478–483.

Greger, Reinhard: Die Reglementierung der Selbstregulierung – Zum Referentenentwurf eines Mediationsgesetzes, in: ZRP 2010, S. 209–213.

Greger, Reinhard: Die von der Landesjustizverwaltung anerkannten Gütestellen: Alter Zopf mit Zukunftschancen, in: NJW 2011, S. 1478–1482.

Greger, Reinhard/*Unberath*, Hannes/*Steffek*, Felix (Hrsg.): Recht der alternativen Konfliktlösung (Mediationsgesetz, Verbraucherstreitbeilegungsgesetz), Kommentar, München, 2. Aufl. 2016.

Grimm, Dieter: Jetzt war es so weit – EZB-Urteil und die Folgen, in: Frankfurter Allgemeine Zeitung (FAZ) vom 18.05.2020, abrufbar unter: https://www.faz.net/aktuell/feuilleton/debatten/ezb-urteil-jetzt-war-es-so-weit-16773982.html (letzter Abruf: 31.01.2022).

Groeben, Hans von der/*Schwarze*, Jürgen/*Hatje*, Armin (Hrsg.): Europäisches Unionsrecht (Vertrag über die Europäische Union, Vertrag über die Arbeitsweise der Europäischen Union, Charta der Grundrechte der Europäischen Union), Baden-Baden, 7. Aufl. 2015.

Gröschner, Ralf: Transparente Verwaltung: Konturen eines Informationsverwaltungsrechts, in: VVDStRL 63 (2004), S. 344–376.

Groß, Thomas: Das Kollegialprinzip in der Verwaltungsorganisation, Tübingen, 1999.

Groß, Thomas: Was bedeutet „Fachaufsicht"?, in: DVBl. 2002, S. 793–800.

Groß, Thomas: Exekutive Vollzugsprogrammierung durch tertiäres Gemeinschaftsrecht?, in: DÖV 2004, S. 20–26.

Groß, Thomas: Unabhängige EU-Agenturen – eine Gefahr für die Demokratie?, in: JZ 2012, S. 1087–1093.

Groß, Thomas: Die Verwaltungsorganisation als Teil organisierter Staatlichkeit, in: Wolfgang Hoffmann-Riem/Eberhard Schmidt-Aßmann/Andreas Voßkuhle (Hrsg.), Grundlagen des Verwaltungsrechts, Band I, München, 2. Aufl. 2012, § 13.

Groß, Thomas: Ist die Wirtschaftskrise ein Katalysator für das Entstehen unabhängiger Behörden? – Reformen der Bankaufsicht im Vergleich, in: Die Verwaltung 47 (2014), S. 197–219.

Guckelberger, Annette: Deutsches Verwaltungsprozessrecht unter unionsrechtlichem Anpassungsdruck – Überlegungen de lege lata und de lege ferenda, Baden-Baden, 2017.

Guckelberger, Annette/*Heimpel*, Silvia: Die Aufsichts- bzw. Beanstandungsklage, in: LKRZ 2012, S. 6–11.

Gundel, Jörg: Konturen eines europäischen Status der nationalen (Infrastruktur-)Regulierungsbehörden: Reichweite und Konsequenzen der Unabhängigkeitsvorgabe, in: EWS 2017, S. 301–309.

Gundel, Jörg: Ein neues Klagerecht nationaler Gebietskörperschaften gegen Rechtssetzungsakte der EU-Kommission? – Überlegungen zu EuG, 13.12.2018 verb. Rs. T-339/16 u.a., BeckRS 2018, 32925 – Stadt Paris, Stadt Brüssel und Stadtverwaltung Madrid/Kommission, in: NVwZ 2019, S. 914–920.

Gundel, Jörg: Zur unionsrechtlichen Zulässigkeit normativer Vorgaben der Mitgliedstaaten für die nationalen Energie-Regulierungsbehörden, in: RdE 2019, S. 493–499.

Günther, Eberhard: Zehn Jahre Bundeskartellamt: Rückblick und Ausblick, in: Zehn Jahre Bundeskartellamt – Beiträge zu Fragen und Entwicklungen auf dem Gebiet des Kartellrechts, Köln u.a., 1968, S. 11–37.

Gurlit, Elke: Handlungsformen der Finanzmarktaufsicht, in: ZHR 177 (2013), S. 862–901.

Haas, Diether: Ausschüsse in der Verwaltung, in: VerwArch 49 (1958), S. 14–32.

Haas, Diether: Verwaltungsstreit zwischen Behörden des gleichen Rechtsträgers, in: DÖV 1952, S. 135–138.

Habermas, Jürgen: Faktizität und Geltung – Beiträge zur Diskurstheorie des Rechts und des demokratischen Rechtsstaats, Frankfurt am Main, 1992.

Häde, Ulrich: Bankenaufsicht und Grundgesetz – Zur Übertragung von Aufgaben auf bestehende Bundesbehörden nach Art. 87 Abs. 3 GG, in: JZ 2001, S. 105–114.

Häde, Ulrich: Jenseits der Effizienz: Wer kontrolliert die Kontrolleure? – Demokratische Verantwortlichkeit und rechtsstaatliche Kontrolle der europäischen Finanzaufsichtsbehörden, in: EuZW 2011, S. 662–665.

Haft, Fritjof: Mediation – ein Weg zur außergerichtlichen Konfliktbeilegung in Europa, in: Gerhard Köbler/Meinhard Heinze/Wolfgang Hromadka (Hrsg.), Europas universale rechtsordnungspolitische Aufgabe im Recht des dritten Jahrtausends – Festschrift für Alfred Söllner zum 70. Geburtstag, München, 2000, S. 391–405.

Hagemeister, Hans-Otto: Die neue Bundesanstalt für Finanzdienstleistungsaufsicht, in: WM 2002, S. 1773–1780.

Hahn, Paula: Anmerkung zu BGH, Beschl. v. 8.10.2019 – EnVR 58/18 – Normativer Regulierungsrahmen, in: EnWZ 2020, S. 65–67.

Haller, Janine: Der Verwaltungsverbund in der Energieregulierung – Eine Untersuchung der Entwicklungstendenzen im Energierecht mit vergleichender Betrachtung des Wettbewerbsrechts, Baden-Baden, 2013.

Haltern, Ulrich: Ultra-vires-Kontrolle im Dienst europäischer Demokratie, in: NVwZ 2020, S. 817–823.

Han, Myeongjin: Die Unabhängigkeit der Bundesanstalt für Finanzdienstleistungsaufsicht – Unter besonderer Berücksichtigung ihrer Organisation als rechtsfähige Anstalt des öffentlichen Rechts, Frankfurt am Main, 2015.

Härtel, Ines: Föderalismus und Neugier, in: Ines Härtel (Hrsg.), Handbuch Föderalismus – Föderalismus als demokratische Rechtsordnung und Rechtskultur in Deutschland, Europa und der Welt, Band IV (Föderalismus in Europa und der Welt), Berlin u. a., 2012, S. 995–1002.

Hartmann, Christoph: Sicherung der Vertraulichkeit, in: Fritjof Haft/Katharina Gräfin von Schlieffen (Hrsg.), Handbuch Mediation, München, 3. Aufl. 2016, § 28.

Haucap, Justus/*Coenen*, Michael: Regulierung und Deregulierung in Telekommunikationsmärkten: Theorie und Praxis, in: Stefan Bechtold/Joachim Jickell/Mathias Rohe (Hrsg.), Recht, Ordnung und Wettbewerb – Festschrift zum 70. Geburtstag von Wernhard Möschel, Baden-Baden, 2011, S. 1005–1026.

Haug, Volker: Die Föderalismusreform – Zum Ringen von Bund und Ländern um die Macht im Staat, in: DÖV 2004, S. 190–197.

Hausner, Karl Heinz: Die Ökonomische Theorie des Föderalismus, in: Wirtschaftsdienst 2005, S. 55–60.

Häußermann, Hartmut: Die Politik der Bürokratie – Einführung in die Soziologie der staatlichen Verwaltung, Frankfurt/New York, 1977.

Heintzen, Markus: Hoheitliche Warnungen und Empfehlungen im Bundesstaat, in: NJW 1990, S. 1448–1451.

Heintzen, Markus: Staatshaushalt, in: Josef Isensee/Paul Kirchhof (Hrsg.), Handbuch des Staatsrechts der Bundesrepublik Deutschland, Band V, Heidelberg, 3. Aufl. 2007, § 120.

Henneke, Hans-Günter: Föderalismusreform kommt in Fahrt, in: DVBl. 2003, S. 845–851.

Henseler-Unger, Iris: Soll das Recht der Regulierungsverwaltung übergreifend geregelt werden?, Referat, in: Ständige Deputation des Deutschen Juristentages (Hrsg.), Verhandlungen des Sechsundsechzigsten Deutschen Juristentages (Stuttgart 2006), Band II/1 (Sitzungsberichte – Referate und Beschlüsse), München, 2006, O 9–O 43.

Henseler-Unger, Iris: Organisatorisch-prozedurale Aspekte von sektorübergreifenden Regulierungsstrukturen, in: Ludwig Gramlich/Cornelia Manger-Nestler (Hrsg.), Europäisierte Regulierungsstrukturen und -netzwerke – Basis einer künftigen Infrastrukturvorsorge, Baden-Baden, 2011, S. 55–64.

Herbert, Alexander: Die Klagebefugnis von Gremien – Ein Beitrag zur Diskussion des In-sich-Prozesses, in: DÖV 1994, S. 108–114.

Herdegen, Matthias: Richtlinienkonforme Auslegung im Bankrecht: Schranken nach Europa- und Verfassungsrecht, in: WM 2005, S. 1921–1932.

Herdegen, Matthias: Europäische Bankenunion: Wege zu einer einheitlichen Bankenaufsicht, in: WM 2012, S. 1889–1898.

Hermes, Georg: Staatliche Infrastrukturverantwortung – Rechtliche Grundstrukturen netzgebundener Transport- und Übertragungssysteme zwischen Daseinsvorsorge und Wettbewerbsregulierung am Beispiel der leitungsgebundenen Energieversorgung in Europa, Tübingen, 1998.

Hermes, Georg: Gemeinschaftsrecht, „neutrale" Entscheidungsträger und Demokratieprinzip, in: Charlotte Gaitanides/Stefan Kadelbach/Gil Carlos Rodriguez Iglesias (Hrsg.), Europa und seine Verfassung – Festschrift für Manfred Zuleeg zum siebzigsten Geburtstag, 2005, S. 410–428.

Herrmann, Christoph: Richtlinienumsetzung durch die Rechtsprechung, Berlin, 2003.

Herzmann, Karsten: Monitoring als Verwaltungsaufgabe, in: DVBl. 2007, S. 670–674.

Herzog, Roman: Staat und Recht im Wandel – Einreden zur Verfassung und ihrer Wirklichkeit, Goldbach, 1993.

Herzog, Roman: Gesetzgebung und Einzelfallgerechtigkeit, in: NJW 1999, S. 25–28.

Hess, Burkhard: Mediation und weitere Verfahren konsensualer Streitbeilegung – Regelungsbedarf im Verfahrens- und Berufsrecht? – Gutachten F zum 67. Deutschen Juristentag (Erfurt 2008), München, 2008.

Heun, Sven-Erik (Hrsg.): Handbuch Telekommunikationsrecht, Köln, 2. Aufl. 2007.

Hilpert, Johannes: Die Systemverantwortung der Übertragungsnetzbetreiber im Strommarkt 2.0 – Zur Gewährleistung der netzseitigen Versorgungssicherheit unter den Herausforderungen von Liberalisierung und Energiewende, Berlin, 2018.

Hilpold, Peter: Ein EU-Vertragsverletzungsverfahren gegen Deutschland wegen des PSPP-Urteils? Eine Abwägung von Für und Wider, in: EWS 2020, S. 181–186.

Hinterseh, Sven: Ausschüsse gem. § 73 Abs. 2 VwGO – Funktion, Bedeutung und Perspektiven im Widerspruchsverfahren, auch unter Berücksichtigung der verwaltungswissenschaftlichen Gesichtspunkte, Speyer, 2002.

Hirdina, Ralph: Verfassungsrechtliche Aspekte zur Funktion einer reformierten Bundesbank bei der Allfinanzaufsicht, in: BKR 2001, S. 135–139.

Hoffmann, Bernd von: Privatrechtliche Schlichtung in der Bundesrepublik Deutschland, in: Peter Gilles (Hrsg.), Effektivität des Rechtsschutzes und verfassungsmäßige Ordnung – Die deutschen Landesberichte zum VII. Internationalen Kongreß für Prozeßrecht in Würzburg 1983, Köln u. a., 1983, S. 217–238.

Hoffmann, Horst: Die Beiladung des Staates – ein Problem des Insichprozesses, in: BayVBl. 1959, S. 324–330.

Hoffmann-Riem, Wolfgang: Verwaltungskontrolle – Perspektiven, in: Eberhard Schmidt-Aßmann/Wolfgang Hoffmann-Riem (Hrsg.), Verwaltungskontrolle, Baden-Baden, 2001, S. 325–366.

Hoffmann-Riem, Wolfgang: Eigenständigkeit der Verwaltung, in: Wolfgang Hoffmann-Riem/Eberhard Schmidt-Aßmann/Andreas Voßkuhle (Hrsg.), Grundlagen des Verwaltungsrechts, Band I, München, 2. Aufl. 2012, § 10.

Holthoff-Frank, Klaus: Monopolkommission: Anpassung der §§ 44, 46 und 75 Abs. 5 GWB, in: Florian Bien/Thorsten Käseberg/Gerhard Klumpe/Torsten Körber/Konrad Ost (Hrsg.), Die 10. GWB-Novelle – Das neue Kartellrecht, München, 2021, S. 152–157.

Holznagel, Bernd: Zukunftsfähigkeit der Regulierungskonzeption, in: Bernd Holznagel (Hrsg.), 20 Jahre Verantwortung für Netze – Bestandsaufnahme und Perspektiven, München, 2018, S. 3–32.

Holznagel, Bernd/*Göge*, Marc-Stefan: Die Befugnisse der REGTP zur Regulierung des Netzzugangs nach dem EnWG-KE 2004, in: ZNER 2004, S. 218–224.

Holznagel, Bernd/*Schumacher*, Pascal: Die politische Unabhängigkeit der Bundesnetzagentur, in: Ludwig Gramlich/Cornelia Manger-Nestler (Hrsg.), Europäisierte Regulierungsstrukturen und -netzwerke – Basis einer künftigen Infrastrukturvorsorge, Baden-Baden, 2011, S. 37–53.

Holznagel, Bernd/*Schumacher*, Pascal: Regulierung ohne Regierung – Zur Vereinbarkeit unabhängiger Regulierungsbehörden mit dem Demokratieprinzip, in: Jura 2012, S. 501–506.

Hong, Mathias: Subjektive Rechte und Schutznormtheorie im europäischen Verwaltungsrechtsraum, in: JZ 2012, S. 380–388.

Honig, Gerhart/*Knörr*, Matthias/*Thiel*, Markus (Hrsg.): Handwerksordnung (mit Berufsausbildungsrecht), Kommentar, München, 5. Aufl. 2017.

Hoppe, Tilman/*Laboch-Semku*, Lea: Anmerkung zum Urteil des EuGH vom 02.09.2021, Rs. C-718/18, in: NVwZ 2021, S. 1441–1443.

Höreth, Marcus: Die Europäische Union als Legitimationstrilemma, Baden-Baden, 1999.

Horn, Hans-Detlef: Die grundrechtsunmittelbare Verwaltung – Zur Dogmatik des Verhältnisses zwischen Gesetz, Verwaltung und Individuum unter dem Grundgesetz, Tübingen, 1999.

Huber, Peter M.: Die entfesselte Verwaltung, in: StWiss 1997, S. 423–459.

Huber, Peter M.: Das institutionelle Gleichgewicht zwischen Rat und Europäischem Parlament in der künftigen Verfassung für Europa, in: EuR 2003, S. 574–599.

Huber, Peter M.: Überwachung, in: Wolfgang Hoffmann-Riem/Eberhard Schmidt-Aßmann/Andreas Voßkuhle (Hrsg.), Grundlagen des Verwaltungsrechts, Band III, München, 2. Aufl. 2013, § 45.

Hufen, Friedhelm: Verwaltungsprozessrecht, München, 12. Aufl. 2021.

Huster, Stefan: Die Beobachtungspflicht des Gesetzgebers – Ein neues Instrument zur verfassungsrechtlichen Bewältigung des sozialen Wandels?, in: ZfRSoz 24 (2003), S. 3–26.

Immenga, Ulrich/*Mestmäcker*, Ernst-Joachim/*Körber*, Torsten (Hrsg.): Wettbewerbsrecht, Band 2. GWB, Kommentar zum Deutschen Kartellrecht, München, 5. Aufl. 2014.

Immenga, Ulrich/*Mestmäcker*, Ernst-Joachim/*Körber*, Torsten/*Schweitzer*, Heike/*Zimmer*, Daniel (Hrsg.): Wettbewerbsrecht, Band 2. GWB, Kommentar zum Deutschen Kartellrecht, München, 6. Aufl. 2020.

Immenga, Ulrich/*Mestmäcker*, Ernst-Joachim/*Körber*, Torsten/*Schweitzer*, Heike/*Zimmer*, Daniel (Hrsg.): Wettbewerbsrecht, Band 3. Fusionskontrolle, Kommentar zum Europäischen und Deutschen Kartellrecht, München, 6. Aufl. 2020.

Irrgang, Klaus: Die Rechtsnatur der Deutschen Bundesbank, Köln, 1969.

Isensee, Josef: Staat und Verfassung, in: Josef Isensee/Paul Kirchhof (Hrsg.), Handbuch des Staatsrechts der Bundesrepublik Deutschland, Band II, Heidelberg, 3. Aufl. 2004, § 15.

Isensee, Josef: Budgetrecht des Parlaments zwischen Schein und Sein, in: JZ 2005, S. 971–981.

Isensee, Josef: Idee und Gestalt des Föderalismus im Grundgesetz, in: Josef Isensee/Paul Kirchhof (Hrsg.), Handbuch des Staatsrechts der Bundesrepublik Deutschland, Band VI, Heidelberg, 3. Aufl. 2008, § 126.

Jacob, Martin: Anmerkung zum Beschluss des BGH vom 8. Oktober 2019 – Az. EnVR 58/18, in: N&R 2020, S. 107–112.

Jacob, Peter: Der Amtsermittlungsgrundsatz vor dem Verwaltungsgericht, in: JuS 2011, S. 510–515.

Jacoby, Henry: Die Bürokratisierung der Welt, Frankfurt/New York, 2. Aufl. 1984.

Jaeger, Wolfgang/*Kokott*, Juliane/*Pohlmann*, Petra/*Schroeder*, Dirk (Hrsg.): Frankfurter Kommentar zum Kartellrecht – Mit Kommentierung des EU-Kartellrechts, des GWB und einer Darstellung ausländischer Kartellrechtsordnungen, Köln, Stand: 100. Lieferung November 2021.

Jansen, Nicola: Die außergerichtliche obligatorische Streitschlichtung nach § 15a EGZPO, St. Augustin, 2001.

Jarass, Hans D.: Politik und Bürokratie als Elemente der Gewaltenteilung, München, 1975.

Jarass, Hans D.: Die Freiheit der Massenmedien – Zur staatlichen Einwirkung auf Presse, Rundfunk, Film und andere Medien, Baden-Baden, 1978.

Jellinek, Georg: System der subjektiven öffentlichen Rechte, Tübingen, 2. Aufl. 1905.

Jestaedt, Matthias: Demokratieprinzip und Kondominialverwaltung – Entscheidungsteilhabe Privater an der öffentlichen Verwaltung auf dem Prüfstand des Verfassungsprinzips Demokratie, Berlin, 1993.

Jestaedt, Matthias: Bundesstaat als Verfassungsprinzip, in: Josef Isensee/Paul Kirchhof (Hrsg.), Handbuch des Staatsrechts der Bundesrepublik Deutschland, Band II, Heidelberg, 3. Aufl. 2004, § 29.

Jestaedt, Matthias: Grundbegriffe des Verwaltungsorganisationsrechts, in: Wolfgang Hoffmann-Riem/Eberhard Schmidt-Aßmann/Andreas Voßkuhle (Hrsg.), Grundlagen des Verwaltungsrechts, Band I, München, 2. Aufl. 2012, § 14.

Jestaedt, Matthias: Maßstäbe des Verwaltungshandelns, in: Dirk Ehlers/Hermann Pünder (Hrsg.), Allgemeines Verwaltungsrecht, Berlin/Boston, 15. Aufl. 2016, § 11.

Jhering, Rudolf von: Der Kampf um's Recht, Wien, 18. Aufl. 1913, abgedruckt in: Felix Ermacora (Hrsg.), Rudolf von Jhering, Der Kampf um's Recht – Zum hundertsten Todesjahr des Autors, Frankfurt am Main/Berlin, 1992.

Kahl, Wolfgang: Die Staatsaufsicht – Entstehung, Wandel und Neubestimmung unter besonderer Berücksichtigung der Aufsicht über die Gemeinden, Tübingen, 2000.

Kahl, Wolfgang: Das Verwaltungsverfahrensgesetz zwischen Kodifikationsidee und Sonderrechtsentwicklungen, in: Wolfgang Hoffmann-Riem/Eberhard Schmidt-Aßmann (Hrsg.), Verwaltungsverfahren und Verwaltungsverfahrensgesetz, Baden-Baden, 2002, S. 67–134.

Kahl, Wolfgang: Kooperative Rechtsangleichung, in: Jörn Bernreuther/Robert Freitag/Stefan Leible/Harald Sippel/Ulrike Wanitzek (Hrsg.), Festschrift für Ulrich Spellenberg zum 70. Geburtstag, 2010, S. 697–715.

Kahl, Wolfgang: Der Europäische Verwaltungsverbund: Strukturen – Typen – Phänomene, in: Der Staat 50 (2011), S. 353–387.

Kahl, Wolfgang: 35 Jahre Verwaltungsverfahrensgesetz – 35 Jahre Europäisierung des Verwaltungsverfahrensrechts, in: NVwZ 2011, S. 449–457.

Kahl, Wolfgang: Begriff, Funktionen und Konzepte von Kontrolle, in: Wolfgang Hoffmann-Riem/Eberhard Schmidt-Aßmann/Andreas Voßkuhle (Hrsg.), Grundlagen des Verwaltungsrechts, Band III, München, 2. Aufl. 2013, § 47.

Kahl, Wolfgang: Optimierungspotenzial im „Kooperationsverhältnis" zwischen EuGH und BVerfG, in: NVwZ 2020, S. 824–828.

Kahl, Wolfgang: EZB-Urteil: Ein Befreiungsschlag, in: Frankfurter Allgemeine (FAZ) Einspruch vom 19.05.2020, abrufbar unter: https://www.faz.net/einspruch/ezb-urteil-ein-befreiungsschlag-16776946.html (letzter Abruf: 31.01.2022).

Kahl, Wolfgang: Verwaltung unter den Bedingungen überstaatlicher Verflechtung, in: Wolfgang Kahl/Markus Ludwigs (Hrsg.), Handbuch des Verwaltungsrechts, Band I (Grundstrukturen des deutschen Verwaltungsrechts), Heidelberg, 2021, § 30.

Kahl, Wolfgang/*Hilbert*, Patrick: Die Bedeutung der Kodifikation im Verwaltungsrecht, in: RW 2012, S. 453–488.

Kaltenborn, Markus: Streitvermeidung und Streitbeilegung im Verwaltungsrecht – Verfassungsrechtlicher Rahmen und verfahrensrechtliche Ausgestaltung der außergerichtlichen Konfliktschlichtung im Verhältnis zwischen Verwaltung und Privaten, Baden-Baden, 2007.

Kämmerer, Jörn Axel: Das neue Europäische Finanzaufsichtssystem (ESFS) – Modell für eine europäisierte Verwaltungsarchitektur?, in: NVwZ 2011, S. 1281–1287.

Kämmerer, Jörn Axel: Bahn frei der Bankenunion? – Die neuen Aufsichtsbefugnisse der EZB im Lichte der EU-Kompetenzordnung, in: NVwZ 2013, S. 830–836.

Kämmerer, Jörn Axel: Privatisierung, in: Dirk Ehlers/Michael Fehling/Hermann Pünder (Hrsg.), Besonderes Verwaltungsrecht, Band 1 (Öffentliches Wirtschaftsrecht), Heidelberg, 4. Aufl. 2019, § 13.

Kämmerer, Jörn Axel/*Starski*, Paulina: Die Europäische Zentralbank in der Bankenunion oder: Vor Risiken und Nebenwirkungen wird gewarnt, in: ZG 2013, S. 318–338.

Karpenstein, Ulrich/*Langner*, Olaf: Das Urteil des BVerfG zur Bankenunion: Bis hierher und nicht weiter?, in: EuZW 2020, S. 270–274.

Käseberg, Thorsten: Einleitung: Genese der 10. GWB-Novelle, in: Florian Bien/Thorsten Käseberg/Gerhard Klumpe/Torsten Körber/Konrad Ost (Hrsg.), Die 10. GWB-Novelle – Das neue Kartellrecht, München, 2021, S. 1–9.

Kaufhold, Ann-Katrin: Systemaufsicht – Der Europäische Ausschuss für Systemrisiken im Finanzsystem als Ausprägung einer neuen Aufsichtsform, in: Die Verwaltung 46 (2013), S. 21–57.

Kaufhold, Ann-Katrin: Finanz- und Börsenaufsicht, in: Reiner Schmidt/Ferdinand Wollenschläger (Hrsg.), Kompendium Öffentliches Wirtschaftsrecht, Berlin, 5. Aufl. 2019, § 14.

Kellerbauer, Manuel: Das neue Mandat des Anhörungsbeauftragten für EU-Wettbewerbsverfahren, in: EuZW 2013, S. 10–15.

Kersten, Jens: Herstellung von Wettbewerb als Verwaltungsaufgabe, in: VVDStRL 69 (2010), S. 288–340.

Kersten, Jens: Was kann das Verfassungsrecht vom Verwaltungsrecht lernen?, in: DVBl. 2011, S. 585–591.

Kiener, Regina: Richterliche Unabhängigkeit – Verfassungsrechtliche Anforderungen an Richter und Gerichte, Bern, 2001.

Kienle, Thomas/*Wenzel*, Michael: Das Klagerecht der Aufsichtsbehörden – Gerichtlicher Rechtsschutz gegen Beschlüsse des Europäischen Datenschutzausschusses, in: ZD 2019, S. 107–112.

Kintz, Roland: Die Beanstandungsklage nach § 17 RhPfAGVwGO, in: LKRZ 2009, S. 5–11.

Kirchhof, Paul: Die Identität der Verfassung, in: Josef Isensee/Paul Kirchhof (Hrsg.), Handbuch des Staatsrechts der Bundesrepublik Deutschland, Band II, Heidelberg, 3. Aufl. 2004, § 21.

Kirchhof, Paul: Mittel staatlichen Handelns, in: Josef Isensee/Paul Kirchhof (Hrsg.), Handbuch des Staatsrechts der Bundesrepublik Deutschland, Band V, Heidelberg, 3. Aufl. 2007, § 99.

Kirstein, Roland: Effizienzaspekte alternativer Streitbeilegung, in: Reinhard Bork/Thomas Eger/Hans-Bernd Schäfer (Hrsg.), Ökonomische Analyse des Verfahrensrechts – Beiträge zum XI. Travemünder Symposium zur ökonomischen Analyse des Rechts (26. bis 29. März 2008), Tübingen, 2009, S. 95–122.

Kisker, Gunter: Insichprozeß und Einheit der Verwaltung – Zur Frage der Zulässigkeit von Insichprozessen vor den Verwaltungsgerichten, Baden-Baden, 1968.

Kisker, Gunter: Abbau politischer Konfliktüberlastung durch Dezentralisierung, in: Frido Wagener (Hrsg.), Verselbständigung von Verwaltungsträgern, Bonn, 1976, S. 73–89.

Klagian, Wilhelm: Die objektiv unmittelbare Wirkung von Richtlinien – Zugleich ein Beitrag zu Geltung, Wirkung und Anwendbarkeit, in: ZÖR 56 (2001), S. 305–372.

Klein, Eckart: Die verfassungsrechtliche Problematik des ministerialfreien Raumes – Ein Beitrag zur Dogmatik der weisungsfreien Verwaltungsstellen, Berlin, 1974.

Klein, Hans Hugo: Stellung und Aufgaben des Bundestages, in: Josef Isensee/Paul Kirchhof (Hrsg.), Handbuch des Staatsrechts der Bundesrepublik Deutschland, Band III, Heidelberg, 3. Aufl. 2005, § 50.

Kling, Michael/*Thomas*, Stefan: Kartellrecht, München, 2. Aufl. 2016.

Kloepfer, Michael: Bemerkungen zur Föderalismusreform, in: DÖV 2004, S. 566–572.

Kloepfer, Michael: Öffentliche Meinung, Massenmedien, in: Josef Isensee/Paul Kirchhof (Hrsg.), Handbuch des Staatsrechts der Bundesrepublik Deutschland, Band III, Heidelberg, 3. Aufl. 2005, § 42.

Knack, Hans Joachim/*Henneke*, Hans-Günter (Hrsg.): Verwaltungsverfahrensgesetz (VwVfG), Kommentar, Köln, 11. Aufl. 2020.

Knauff, Matthias: Die wirtschaftliche Betätigung der öffentlichen Hand, in: Reiner Schmidt/Ferdinand Wollenschläger (Hrsg.), Kompendium Öffentliches Wirtschaftsrecht, Berlin, 5. Aufl. 2019, § 6.

Knauff, Matthias: Soft Law im europäischen und internationalen Verwaltungsrecht, in: Wolfgang Kahl/Markus Ludwigs (Hrsg.), Handbuch des Verwaltungsrechts, Band II (Grundstrukturen des europäischen und internationalen Verwaltungsrechts), Heidelberg, 2021, § 41.

Knieps, Günter: Ansätze für eine ‚schlanke' Regulierungsbehörde für Post und Telekommunikation in Deutschland, in: ORDO 48 (1997), S. 253–268.

Knieps, Günter: Netzökonomie (Grundlagen – Strategien – Wettbewerbspolitik), Wiesbaden, 2007.

Knupfer, Jörg: JuSchG (Onlinekommentar), Köln, 2017.

Koenig, Christian/*Kühling*, Jürgen: Institutionelle Regulierungsordnung in der Eisenbahn- und Energiewirtschaft – sektorspezifische Regulierungsbehörden oder Bundeskartellamt?, in: WuW 2001, S. 810–820.

Koenig, Christian/*Kühling*, Jürgen/*Rasbach*, Winfried: Versorgungssicherheit im Wettbewerb – Ein Vergleich der gemeinschaftsrechtlichen, französischen und deutschen Energierechtsordnungen, in: ZNER 2003, S. 3–12.

Koenig, Christian/*Rasbach*, Winfried: Trilogie komplementärer Regulierungsinstrumente: Netzzugang, Unbundling, Sofortvollzug, in: DÖV 2004, S. 733–739.

Kokott, Juliane/*Henze*, Thomas/*Sobotta*, Christoph: Die Pflicht zur Vorlage an den Europäischen Gerichtshof und die Folgen ihrer Verletzung, in: JZ 2006, S. 633–641.

Könen, Daniel: Die Rolle des Bundeskartellamtes im Beschwerdeverfahren – Eine Untersuchung insbesondere in Bezug auf Nachermittlungen, Baden-Baden, 2014.

König, Carsten: Zur geplanten Stärkung der nationalen Wettbewerbsbehörden bei der Durchsetzung des EU-Kartellrechts, in: NZKart 2017, S. 397–402.

Kopp, Ferdinand O./*Schenke*, Wolf-Rüdiger (Hrsg.): Verwaltungsgerichtsordnung, Kommentar, München, 27. Aufl. 2021.

Körber, Torsten: Regulierung der Netzindustrien: Übergangsstadium oder Daueraufgabe des Staates? – zum Verhältnis von Kartell- und Regulierungsrecht, in: Stefan Bechtold/Joachim Jickeli/Mathias Rohe (Hrsg.), Recht, Ordnung und Wettbewerb – Festschrift zum 70. Geburtstag von Wernhard Möschel, 2011, S. 1043–1056.

Korte, Stefan: Behördenorganisation im Wettbewerb – Behördliche Entscheidungen in eigener Sache im Lichte höheren Rechts, in: Die Verwaltung 51 (2018), S. 187–226.

Kösters, Wim/*Paul*, Stephan/*Süchting*, Joachim: Ein Effizienzmodell zur Strukturreform der Deutschen Bundesbank, in: Zeitschrift für das gesamte Kreditwesen 2001, S. 457–465.

Krakowski, Michael: Theoretische Grundlagen der Regulierung, in: Michael Krakowski (Hrsg.), Regulierung in der Bundesrepublik Deutschland – Die Ausnahmebereiche des Gesetzes gegen Wettbewerbsbeschränkungen, Hamburg, 1988, S. 19–116.

Krebs, Walter: Rechtsprobleme des Kommunalverfassungsstreits, in: VerwArch 68 (1977), S. 189–196.

Krebs, Walter: Kontrolle in staatlichen Entscheidungsprozessen – Ein Beitrag zur rechtlichen Analyse von gerichtlichen, parlamentarischen und Rechnungshof-Kontrollen, Heidelberg, 1984.

Krebs, Walter: Subjektiver Rechtsschutz und objektive Rechtskontrolle, in: Hans-Uwe Erichsen/Werner Hoppe/Albert v. Mutius (Hrsg.): Festschrift für Christian-Friedrich Menger zum 70. Geburtstag, Köln u. a., 1985, S. 191–210.

Krebs, Walter: Verwaltungsorganisation, in: Josef Isensee/Paul Kirchhof (Hrsg.), Handbuch des Staatsrechts der Bundesrepublik Deutschland, Band V, Heidelberg, 3. Aufl. 2007, § 108.

Kreuter-Kirchhof, Charlotte: Unabhängigkeit der Regulierungsbehörde? – Verfassungsrechtliche Anforderungen an die Rechtsbindung der Verwaltung, in: NVwZ 2021, S. 589–594.

Kröger, Malte: Unabhängiges Verwalten in der Europäischen Union – eine Einführung, in: Malte Kröger/Arne Pilniok (Hrsg.), Unabhängiges Verwalten in der Europäischen Union, Tübingen, 2016, S. 1–18.

Kröger, Malte: Unabhängigkeitsregime im europäischen Verwaltungsverbund – Eine europa- und verfassungsrechtliche Untersuchung unionsrechtlicher Organisationsregelungen für Mitgliedstaaten anhand von Regulierungsagenturen, Datenschutzbehörden sowie statistischen Ämtern, Baden-Baden, 2020.

Kroll-Ludwigs, Kathrin/*Ludwigs*, Markus: Die richtlinienkonforme Rechtsfortbildung im Gesamtsystem der Richtlinienwirkungen – Zugleich Besprechung von BGH, Urt. v. 26.11.2008 – VIII ZR 200/05 (Quelle), in: ZJS 2009, S. 7–14.

Krüger, Herbert: Allgemeine Staatslehre, Stuttgart u.a., 2. Aufl. 1966.

Krüger, Wolfgang/*Rauscher*, Thomas (Hrsg.): Münchener Kommentar zur Zivilprozessordnung (mit Gerichtsverfassungsgesetz und Nebengesetzen), Band 1 (§§ 1–354), München, 6. Aufl. 2020.

Kugelmann, Dieter: Das Informationsfreiheitsgesetz des Bundes, in: NJW 2005, S. 3609–3613.

Kühling, Jürgen: Sektorspezifische Regulierung in den Netzwirtschaften, München, 2004.

Kühling, Jürgen: Telekommunikationsrecht, in: Armin Hatje/Peter-Christian Müller-Graff (Gesamthrsg.), Enzyklopädie Europarecht, Band 5 (Matthias Ruffert [Hrsg.], Europäisches Sektorales Wirtschaftsrecht), Baden-Baden, 2. Aufl. 2020, § 4.

Kühling, Jürgen/*el-Barudi*, Stefan: Das runderneuerte Energiewirtschaftsgesetz – Zentrale Neuerungen und erste Probleme, in: DVBl. 2005, S. 1470–1482.

Kühling, Jürgen/*Ernert*, Alexander: Das neue Eisenbahnwirtschaftsrecht – Hochgeschwindigkeitstrasse für den Wettbewerb?, in: NVwZ 2006, S. 33–39.

Kuhn, Daniel: Investitionsschutz, Schiedsgerichtsbarkeit und Rechtsstaat in der EU – 23. Würzburger Europarechtstage am 10./11.11.2017, in: EWS 2017, S. 334–337.

Kühne, Gunther: Das Verhältnis zwischen allgemeinem und sektorspezifischem (Sonder-)Kartellrecht beim Zugang zu wesentlichen Einrichtungen, in: Andreas Fuchs/Hans-Peter Schwintowski/Daniel Zimmer (Hrsg.), Wirtschafts- und Privatrecht im Spannungsfeld von Privatautonomie, Wettbewerb und Regulierung – Festschrift für Ulrich Immenga zum 70. Geburtstag, München, 2004, S. 243–259.

Kühne, Gunther: Abgrenzung von Energieaufsicht und Kartellaufsicht, in: Michael Bartsch/Andreas Röhling/Peter Salje/Ulrich Scholz (Hrsg.), Stromwirtschaft – Ein Praxishandbuch, Köln/München, 2. Aufl. 2008, Kapitel 21.

Kunig, Philip: Das Rechtsstaatsprinzip – Überlegungen zu seiner Bedeutung für das Verfassungsrecht der Bundesrepublik Deutschland, Tübingen, 1986.

Laars, Reinhard: Finanzdienstleistungsaufsichtsgesetz (Erläuterungen), Baden-Baden, 4. Online-Aufl. 2017.

Laars, Reinhard/*Both*, David: Versicherungsaufsichtsgesetz (Erläuterungen), Baden-Baden, 4. Online-Aufl. 2017.

Laband, Paul: Das Staatsrecht des Deutschen Reiches, Zweiter Band, Tübingen, 5. Aufl. 1911.

Ladenburger, Clemens: Evolution oder Kodifikation eines allgemeinen Verwaltungsrechts in der EU, in: Hans-Heinrich Trute/Thomas Groß/Hans Christian Röhl/Christoph Möllers (Hrsg.), Allgemeines Verwaltungsrecht – zur Tragfähigkeit eines Konzepts, Tübingen, 2008, S. 109–133.

Ladeur, Karl-Heinz/*Möllers*, Christoph: Der europäische Regulierungsverbund der Telekommunikation im deutschen Verwaltungsrecht, in: DVBl. 2005, S. 525–535.

Laffont, Jean-Jacques/*Tirole*, Jean: A Theory of Incentives in Procurement and Regulation, Cambridge (Massachusetts), 1993.

Lange, Hans-Friedrich: Die Nichtanwendung von Urteilen des BFH durch die Finanzverwaltung – Nichtanwendungserlass und Nichtveröffentlichung, in: NJW 2002, S. 3657–3661.

Lange, Klaus: Ermessens- und Beurteilungsspielräume als Transformatoren von Innen- und Außenrecht, in: NJW 1992, S. 1193–1197.

Lange, Klaus: Der Kommunalverfassungsstreit, in: Peter Baumeister/Wolfgang Roth/Josef Ruthig (Hrsg.), Staat, Verwaltung und Rechtsschutz – Festschrift für Wolf-Rüdiger Schenke zum 70. Geburtstag, Berlin, 2011, S. 959–974.

Lange, Knut Werner/*Pries*, Thorsten: Einführung in das europäische und deutsche Kartellrecht, Frankfurt am Main, 2. Aufl. 2011.

Langen, Eugen/*Bunte*, Hermann-Josef (Hrsg.): Kartellrecht, Kommentar, Band 1 (Deutsches Kartellrecht), Köln, 13. Aufl. 2018.

Lauer, Jürgen: Erfahrungen mit der außergerichtlichen Streitbeilegung in Ausführung des § 15a EGZPO, in: NJW 2004, S. 1280–1282.

Lecheler, Helmut/*Gundel*, Jörg: Ein weiterer Schritt zur Vollendung des Energie-Binnenmarktes: Die Beschleunigungs-Rechtsakte für den Binnenmarkt für Strom und Gas, in: EuZW 2003, S. 621–628.

Lee, Jae-Hoon: Demokratische Legitimation der Vollzugsstruktur der sektorspezifischen Regulierungsverwaltung – Eine Untersuchung am Beispiel der Telekommunikationsordnung, Baden-Baden, 2017.

Lehmann, Matthias: Grundstrukturen der Regulierung der Finanzmärkte nach der Krise, in: Ludwig Gramlich/Cornelia Manger-Nestler (Hrsg.), Europäisierte Regulierungsstrukturen und -netzwerke, Baden-Baden, 2011, S. 131–143.

Lehmann, Matthias: Die Ausgestaltung grenzüberschreitender Bankenaufsicht als ordnungspolitisches Problem, in: ORDO 2013, S. 327–348.

Lehmann, Matthias/*Manger-Nestler*, Cornelia: Einheitlicher Europäischer Aufsichtsmechanismus: Bankenaufsicht durch die EZB, in: ZBB 2014, S. 2–21.

Leisner, Walter: Gewaltenteilung innerhalb der Gewalten – Ein Beitrag zum Problem der Hierarchie, in: Hans Spanner/Peter Lerche/Hans Zacher/Peter Badura/Axel Frhr. v. Campenhausen (Hrsg.), Festgabe für Theodor Maunz zum 70. Geburtstag am 1. September 1971, München, 1971, S. 267–283.

Leisner, Walter: Die undefinierbare Verwaltung – Zerfall der vollziehenden Gewalt, Berlin, 2002.

Leisner, Walter Georg (Hrsg.): BeckOK HwO, Stand: 14. Edition vom 01.08.2021, München, 2021.

Lepsius, Oliver: Ziele der Regulierung, in: Michael Fehling/Matthias Ruffert (Hrsg.), Regulierungsrecht, Tübingen, 2010, § 19.

Lerche, Peter: Strukturfragen des verwaltungsgerichtlichen Organstreits, in: Detlef Merten/Reiner Schmidt/Rupert Stettner (Hrsg.), Der Verwaltungsstaat im Wandel – Festschrift für Franz Knöpfle zum 70. Geburtstag, 1996, S. 171–184.

Leschke, Martin: Regulierungstheorie aus ökonomischer Sicht, in: Michael Fehling/Matthias Ruffert (Hrsg.), Regulierungsrecht, Tübingen, 2010, § 6.

Leutheusser-Schnarrenberger, Sabine: Wege zur Justizentlastung – Erkenntnisse aus der Strukturanalyse der Rechtspflege (SAR), in: NJW 1995, S. 2441–2448.

Lewinski, Kai von: „Völlige Unabhängigkeit“ von Aufsichts- und Regulierungsbehörden – Umsetzungsmöglichkeiten für ministerialfreie Eingriffsverwaltung im deutschen Verwaltungsrecht, in: DVBl. 2013, S. 339–347.

Liesching, Marc: Jugendschutz-Gesetz (Erläuterungen), Baden-Baden, 1. Online-Aufl. 2018.

Loening, Hellmuth: Der ministerialfreie Raum in der Staatsverwaltung, in: DVBl. 1954, S. 173–180.

Löer, Lambert: Richterliche Mediation – Möglichkeiten der Einbindung von Mediation in das Gerichtsverfahren am Beispiel des Zivilprozesses, in: ZZP 119 (2006), S. 199–210.

Loetz, Sascha/*Neumann*, Andreas: The Scope of Sector-specific Regulation in the European Regulatory Framework for Electronic Communications, in: German Law Journal 2013, S. 1307–1334.

Loewenheim, Ulrich/*Meessen*, Karl M./*Riesenkampff*, Alexander/*Kersting*, Christian/*Meyer-Lindemann*, Hans Jürgen (Hrsg.): Kartellrecht, Kommentar zum Deutschen und Europäischen Recht, München, 4. Aufl. 2020.

Löffler, Martin: Der Verfassungsauftrag der Presse – Modellfall SPIEGEL, Karlsruhe, 1963.

Lorenz, Dieter: Zur Problematik des verwaltungsgerichtlichen Insichprozesses, in: AöR 93 (1968), S. 308–340.

Lörler, Sighart: Normenerlaßrecht und Gewaltenteilung, in: ZRP 1996, S. 361–366.

Lorz, Ralph Alexander: Interorganrespekt im Verfassungsrecht – Funktionenzuordnung, Rücksichtnahmegebote und Kooperationsverpflichtungen. Eine rechtsvergleichende Analyse anhand der Verfassungssysteme der Bundesrepublik Deutschland, der Europäischen Union und der Vereinigten Staaten, Tübingen, 2001.

Loschelder, Wolfgang: Weisungshierarchie und persönliche Verantwortung in der Exekutive, in: Josef Isensee/Paul Kirchhof (Hrsg.), Handbuch des Staatsrechts der Bundesrepublik Deutschland, Band V, Heidelberg, 3. Aufl. 2007, § 107.

Löwer, Wolfgang: Der Insichprozeß in der Verwaltungsgerichtsbarkeit, in: VerwArch 68 (1977), S. 327–360.

Lübbe-Wolff, Gertrude: Europäisches und nationales Verfassungsrecht, in: VVDStRL 60 (2001), S. 246–289.

Ludwigs, Markus: Rechtsangleichung nach Art. 94, 95 EG-Vertrag – Eine kompetenzrechtliche Untersuchung unter besonderer Berücksichtigung des Europäischen Privatrechts, Baden-Baden, 2004.

Ludwigs, Markus: Die Rolle der Kartellbehörden im Recht der Regulierungsverwaltung, in: WuW 2008, S. 534–550.

Ludwigs, Markus: Die Bundesnetzagentur auf dem Weg zur Independent Agency? – Europarechtliche Anstöße und verfassungsrechtliche Grenzen, in: Die Verwaltung 44 (2011), S. 41–74.

Ludwigs, Markus: Unternehmensbezogene Effizienzanforderungen im Öffentlichen Recht – Unternehmenseffizienz als neue Rechtskategorie, Berlin, 2013.

Ludwigs, Markus: Regulierungsermessen: Spielräume gerichtlich eingeschränkter Kontrolle im Regulierungsrecht, in: RdE 2013, S. 297–306.

Ludwigs, Markus: EU-rechtliche Vorgaben und nationale Gestaltungsspielräume – Behördenunabhängigkeit und Regulierungsermessen als Sicherung der effektiven Umsetzung von EU-Recht?, in: Franz Jürgen Säcker/Matthias Schmidt-Preuß (Hrsg.), Grundsatzfragen des Regulierungsrechts, Baden-Baden, 2015, S. 251–278.

Ludwigs, Markus: Die unterschiedliche Rolle von Energie- und Kartellaufsicht, in: Jürgen F. Baur/Peter Salje/Matthias Schmidt-Preuß (Hrsg.), Regulierung in der Energiewirtschaft, Köln, 2. Aufl. 2016, Kapitel 42.

Ludwigs, Markus: Gesetz zur Stärkung des Wettbewerbs im Eisenbahnbereich – Welches Gesicht gibt das Artikelgesetz der Regulierung?, in: NVwZ 2016, S. 1665–1672.

Ludwigs, Markus: Die Krisenpolitik der EZB zwischen Verfassungs- und Unionsrecht, in: NJW 2017, S. 3563–3567.

Ludwigs, Markus: Konvergenz oder Divergenz der Regulierung in den Netzwirtschaften – Zur Herausbildung allgemeiner Grundsätze im Recht der Regulierungsverwaltung, in: Markus Ludwigs (Hrsg.), Regulierender Staat und konfliktschlichtendes Recht – Festschrift für Matthias Schmidt-Preuß zum 70. Geburtstag, Berlin, 2018, S. 689–712.

Ludwigs, Markus: Zivilgerichtliche Billigkeitskontrolle von Netzentgelten auf dem Prüfstand des Verfassungs- und Unionsrechts, in: Peter Rosin/Arnd Uhle (Hrsg.), Recht und Energie – Liber amicorum für Ulrich Büdenbender zum 70. Geburtstag, Berlin, 2018, S. 533–547.

Ludwigs, Markus: Gemeinwohlverfolgung und Regulierungsrecht vor neuen Herausforderungen?, in: N&R 2018, S. 262–267.

Ludwigs, Markus: Die Verfahrensautonomie der Mitgliedstaaten – Euphemismus oder Identitätsfaktor?, in: NVwZ 2018, S. 1417–1422.

Ludwigs, Markus: Das PSPP-Urteil des EuGH als Provokation der Eskalation, in: EWS 1/2019, Die erste Seite.

Ludwigs, Markus: Zeitenwende der nationalen Energieregulierung? – Das normierende Steuerungskonzept auf dem Prüfstand des EuGH, in: EnWZ 2019, S. 160–162.

Ludwigs, Markus: Netzregulierungsrecht (mit Schwerpunkt TKG), in: Reiner Schmidt/Ferdinand Wollenschläger (Hrsg.), Kompendium Öffentliches Wirtschaftsrecht, Berlin, 5. Aufl. 2019, § 12.

Ludwigs, Markus: Kommunale Selbstverwaltung als Teil der nationalen Identität im Prozess der Europäisierung, in: Eric Hilgendorf (Hrsg.), Solidarität, Subsidiarität und Freiheit – Festgabe zum 80. Geburtstag von Franz-Ludwig Knemeyer, Baden-Baden, 2019, S. 63–75.

Ludwigs, Markus: Energierecht, in: Armin Hatje/Peter-Christian Müller-Graff (Gesamthrsg.), Enzyklopädie Europarecht, Band 5 (Matthias Ruffert [Hrsg.], Europäisches Sektorales Wirtschaftsrecht), Baden-Baden, 2. Aufl. 2020, § 5.

Ludwigs, Markus: Scherbenhaufen oder Chance? – Zwölf Thesen zum PSPP-Urteil des BVerfG vom 5.5.2020, in: EuZW 2020, S. 530–533.

Ludwigs, Markus: Gemeinwohlverfolgung und Regulierungsrecht vor neuen Herausforderungen?, in: Jürgen Kühling/Daniel Zimmer (Hrsg.), Neue Gemeinwohlherausforderungen – Konsequenzen für Wettbewerbsrecht und Regulierung (Tagung der Wissenschaftlichen Vereinigung für das gesamte Regulierungsrecht in Regensburg am 11./12. September 2018), Baden-Baden, 2020, S. 11–40.

Ludwigs, Markus: Die Konsequenzen des PSPP-Urteils für die Kompetenzordnung der EU, in: EWS 2020, S. 186–191.

Ludwigs, Markus: Zeit für Ehrlichkeit, in: Frankfurter Allgemeine (FAZ) Einspruch vom 15.05.2020, abrufbar unter: https://www.faz.net/einspruch/das-kooperations verhaeltnis-von-bverfg-und-eugh-gab-es-nie-16771513.html (letzter Abruf: 31.01.2022).

Ludwigs, Markus: Unionalisierung der Unabhängigkeit nationaler Kartellbehörden – Der Regierungsentwurf zur 10. GWB-Novelle als Vorbote defizitärer Richtlinienumsetzung, in: NZKart 2020, S. 576–581.

Ludwigs, Markus: Unabhängigkeit der Kartellbehörden, Art. 4 Abs.1 ECN+-Richtlinie, in: Florian Bien/Thorsten Käseberg/Gerhard Klumpe/Torsten Körber/Konrad Ost (Hrsg.), Die 10. GWB-Novelle – Das neue Kartellrecht, München, 2021, S. 117–123.

Ludwigs, Markus: Energieregulierung nach der Zeitenwende – Handlungsmöglichkeiten der Bundesnetzagentur nach dem EuGH-Urteil zur normierenden Regulierung, in: N&R-Beilage 2/2021, S. 1–24.

Ludwigs, Markus: Paradigmenwechsel in der Energieregulierung – Modelle eines Wandels von der normierenden zur administrativen Regulierung, in: Detlev Joost/Hartmut Oetker/Marian Paschke (Hrsg.), Selbstverantwortete Freiheit und Recht – Festschrift für Franz Jürgen Säcker zum 80. Geburtstag, München, 2021, S. 609–622.

Ludwigs, Markus: Europäisierung des Verwaltungsrechts, in: Wolfgang Kahl/Markus Ludwigs (Hrsg.), Handbuch des Verwaltungsrechts, Band I (Grundstrukturen des deutschen Verwaltungsrechts), Heidelberg, 2021, § 8.

Ludwigs, Markus: Europäischer Verwaltungsverbund, in: Wolfgang Kahl/Markus Ludwigs (Hrsg.), Handbuch des Verwaltungsrechts, Band II (Grundstrukturen des europäischen und internationalen Verwaltungsrechts), Heidelberg, 2021, § 36.

Ludwigs, Markus: Verwaltung als Teil der nationalen Identität, in: Wolfgang Kahl/Markus Ludwigs (Hrsg.), Handbuch des Verwaltungsrechts, Band II (Grundstrukturen des europäischen und internationalen Verwaltungsrechts), Heidelberg, 2021, § 44.

Ludwigs, Markus/*Pascher*, Tobias/*Sikora*, Patrick: Das Bankenunion-Urteil als judikativer Kraftakt des BVerfG – Wegweisendes zu Kontrollvorbehalten und Europäischem Verwaltungsrecht (Teil I), in: EWS 2020, S. 1–7.

Ludwigs, Markus/*Pascher*, Tobias/*Sikora*, Patrick: Das Bankenunion-Urteil als judikativer Kraftakt des BVerfG – Detailanalyse von SSM und SRM im Karlsruher Alleingang (Teil II), in: EWS 2020, S. 85–93.

Ludwigs, Markus/*Remien*, Oliver (Hrsg.): Investitionsschutz, Schiedsgerichtsbarkeit und Rechtsstaat in der EU, Baden-Baden, 2018.

Ludwigs, Markus/*Sikora*, Patrick: Der Vorrang des Unionsrechts unter Kontrollvorbehalt des BVerfG, in: EWS 2016, S. 121–131.

Ludwigs, Markus/*Sikora*, Patrick: Der Zweite Senat zwischen Selbstbehauptung und Kooperation – Das OMT-Urteil des BVerfG vom 21.6.2016, in: EWS 2016, S. 215–222.

Ludwigs, Markus/*Sikora*, Patrick: Vertragsverletzung durch Verfassungsgerichtsurteil?, in: EWS 3/2020, Die erste Seite.

Mager, Ute: Die europäische Verwaltung zwischen Hierarchie und Netzwerk, in: Hans-Heinrich Trute/Thomas Groß/Hans Christian Röhl/Christoph Möllers (Hrsg.), Allgemeines Verwaltungsrecht – zur Tragfähigkeit eines Konzepts, Tübingen, 2008, S. 369–397.

Majone, Giandomenico: From the Positive to the Regulatory State: Causes and Consequences of Changes in the Mode of Governance, in: Journal of Public Policy 1997, S. 139–167.

Manger-Nestler, Cornelia/*Böttner*, Robert: Ménage à trois? – Zur gewandelten Rolle der EZB im Spannungsfeld zwischen Geldpolitik, Finanzaufsicht und Fiskalpolitik, in: EuR 2014, S. 621–638.

Mangoldt, Hermann von/*Klein*, Friedrich/*Starck*, Christian/*Huber*, Peter M./*Voßkuhle*, Andreas (Hrsg.): Grundgesetz, Kommentar, Band 3, München, 7. Aufl. 2018.

Mann, Thomas/*Sennekamp*, Christoph/*Uechtritz*, Michael (Hrsg.): Verwaltungsverfahrensgesetz, Großkommentar, Baden-Baden, 2. Aufl. 2019.

Marsch, Nikolaus: Subjektivierung der gerichtlichen Verwaltungskontrolle in Frankreich – Eilverfahren und Urteilsimplementation im objektiv-rechtlich geprägten Kontrollsystem, Baden-Baden, 2011.

Martini, Mario: Doc. Morris ante portas – zu Risiken und Nebenwirkungen der Niederlassungsfreiheit des Art. 48 EG für das Berufsrecht der Apotheker, in: DVBl. 2007, S. 10–18.

Masing, Johannes: Die Mobilisierung des Bürgers für die Durchsetzung des Rechts – Europäische Impulse für eine Revision der Lehre vom subjektiv-öffentlichen Recht, Berlin, 1997.

Masing, Johannes: Transparente Verwaltung: Konturen eines Informationsverwaltungsrechts, in: VVDStRL 63 (2003), S. 377–441.

Masing, Johannes: Die US-amerikanische Tradition der *Regulated Industries* und die Herausbildung eines europäischen Regulierungsverwaltungsrechts – *Constructed Markets on Networks* vor verschiedenen Rechtsnormen, in: AöR 128 (2003), S. 558–607.

Masing, Johannes: Die Regulierungsbehörde im Spannungsfeld von Unabhängigkeit und parlamentarischer Verantwortung, in: Hartmut Bauer/Detlef Czybulka/Wolfgang Kahl/Andreas Voßkuhle (Hrsg.), Wirtschaft im offenen Verfassungsstaat – Festschrift für Reiner Schmidt zum 70. Geburtstag, München, 2006, S. 521–534.

Masing, Johannes: Soll das Recht der Regulierungsverwaltung übergreifend geregelt werden? – Gutachten D zum 66. Deutschen Juristentag (Stuttgart 2006), München, 2006.

Masing, Johannes: Organisationsdifferenzierung im Zentralstaat – unabhängige Verwaltungsbehörden in Frankreich, in: Hans-Heinrich Trute/Thomas Groß/Hans Christian Röhl/Christoph Möllers (Hrsg.), Allgemeines Verwaltungsrecht – zur Tragfähigkeit eines Konzepts, Tübingen, 2008, S. 399–429.

Masing, Johannes: Unabhängige Behörden und ihr Aufgabenprofil, in: Johannes Masing/Gérard Marcou (Hrsg.), Unabhängige Regulierungsbehörden, Tübingen, 2010, S. 181–219.

Masing, Johannes: Der Rechtsstatus des Einzelnen im Verwaltungsrecht, in: Wolfgang Hoffmann-Riem/Eberhard Schmidt-Aßmann/Andreas Voßkuhle (Hrsg.), Grundlagen des Verwaltungsrechts, Band I, München, 2. Aufl. 2012, § 7.

Maunz, Stefan Jochen: Der außergerichtliche obligatorische Schlichtungsversuch gemäß § 15a EGZPO, Würzburg, 1999.

Maurer, Hartmut/*Waldhoff*, Christian: Allgemeines Verwaltungsrecht, München, 20. Aufl. 2020.

Mayen, Thomas: Verwaltung durch unabhängige Einrichtungen, in: DÖV 2004, S. 45–56.

Mayen, Thomas: Soll das Recht der Regulierungsverwaltung übergreifend geregelt werden? Rechtsschutz und Verwaltungsverfahren, Referat, in: Ständige Deputation des Deutschen Juristentages (Hrsg.), Verhandlungen des Sechsundsechzigsten Deutschen Juristentages (Stuttgart 2006), Band II/1 (Sitzungsberichte – Referate und Beschlüsse), München, 2006, O 45–O 83.

Mayer, Christian/*Schürnbrand*, Jan: Einheitlich oder gespalten? – Zur Auslegung nationalen Rechts bei überschießender Umsetzung von Richtlinien, in: JZ 2004, S. 545–551.

Mayer, Franz/*Kopp*, Ferdinand: Allgemeines Verwaltungsrecht, Stuttgart u.a., 5. Aufl. 1985.

Mayer, Franz C.: Rebels without a cause? Zur OMT-Vorlage des Bundesverfassungsgerichts, in: EuR 2014, S. 473–514.

Mayer, Franz C.: Auf dem Weg zum Richterfaustrecht? – Zum PSPP-Urteil des BVerfG, in: Verfassungsblog, veröffentlicht am 07.05.2020, abrufbar unter: https://verfassungsblog.de/auf-dem-weg-zum-richterfaustrecht/ (letzter Abruf: 31.01.2022).

Mayer, Otto: Deutsches Verwaltungsrecht, Erster Band, München/Leipzig, 3. Aufl. 1924.

Meessen, Karl M.: Prinzip Wettbewerb, in: JZ 2009, S. 697–706.

Meier-Beck, Peter: Ultra vires?, in: D'Kart, veröffentlicht am 11.05.2020, abrufbar unter: https://www.d-kart.de/blog/2020/05/11/ultra-vires/ (letzter Abruf: 31.01.2022).

Meinzenbach, Jörg/*Klein*, Rebecca/*Uwer*, Dirk: Anmerkung zum Urteil des EuGH vom 2. September 2021 – Rs. C-718/18, in: N&R 2021, S. 304–308.

Mengering, Kim Sophie: Die Entgeltregulierung im Telekommunikations- und Energierecht – Ermittlungsmethoden, Regulierungsermessen, Kontrolldichte, Baden-Baden, 2017.

Merten, Detlef: Die Vereinheitlichung des Sozialrechts und die Kodifikation des Sozialgesetzbuchs, in: VSSR 2 (1974), S. 324–345.

Mestmäcker, Ernst-Joachim/*Schweitzer*, Heike: Europäisches Wettbewerbsrecht, München, 3. Aufl. 2014.

Mishra, Robin: Zulässigkeit und Grenzen der Urteilsschelte, Berlin, 1997.

Möllers, Christoph: Demokratie – Zumutungen und Versprechen, Berlin, 3. Aufl. 2012.

Monopolkommission: Wettbewerbspolitik in Zeiten des Umbruchs, Elftes Hauptgutachten der Monopolkommission 1994/1995, Baden-Baden, 1996.

Möschel, Wernhard: Die Unabhängigkeit des Bundeskartellamtes, in: ORDO 48 (1997), S. 241–251.

Möschel, Wernhard: Strompreis und kartellrechtliche Kontrolle, in: WuW 1999, S. 5–14.

Müller, Nikolaus: Rechtsformenwahl bei der Erfüllung öffentlicher Aufgaben (Institutional choice), Köln u.a., 1993.

Müller, Ulf/*Schuster*, Fabian: 18 Monate Regulierungsbehörde – eine kritische Bestandsaufnahme, in: MMR 1999, S. 507–516.

Müller, Wolfgang: Ministerialfreie Räume, in: JuS 1985, S. 497–508.

Müller-Graff, Peter-Christian: Rechtsschutz von Kreditinstituten in der Bankenaufsicht der Europäischen Zentralbank, in: EuZW 2018, S. 101–107.

Müller-Terpitz, Ralf: Die Regulierungsbehörde für den Telekommunikationsmarkt, in: ZG 1997, S. 257–274.

Münch, Ingo von/*Kunig*, Philip/*Kämmerer*, Jörn Axel/*Kotzur*, Markus: Grundgesetz, Kommentar, Band 2: Art. 70 bis 146, München, 7. Aufl. 2021.

Münkler, Laura: Expertokratie – Zwischen Herrschaft kraft Wissens und politischem Dezisionismus, Tübingen, 2020.

Musielak, Hans-Joachim/*Voit*, Wolfgang (Hrsg.): ZPO – Zivilprozessordnung (mit Gerichtsverfassungsgesetz), Kommentar, München, 18. Aufl. 2021.

Mussler, Werner/*Schwenn*, Kerstin: DFB und DFL – Aufruhr im Bundeskartellamt, in: Frankfurter Allgemeine Zeitung (FAZ) v. 11.04.2008, abrufbar unter: https://www.faz.net/aktuell/sport/fussball/bundesliga/dfb-und-dfl-aufruhr-im-bundeskartellamt-1547426 (letzter Abruf: 31.01.2022).

Neidhardt, Friedhelm: Öffentlichkeit, öffentliche Meinung, soziale Bewegungen, in: Friedhelm Neidhardt (Hrsg.), Öffentlichkeit, öffentliche Meinung, soziale Bewegungen, Opladen, 1994, S. 7–41.

Nettesheim, Martin: Die mitgliedstaatliche Durchführung von EG-Richtlinien – Eine Untersuchung am Beispiel der Luftqualitätsrahmenrichtlinie, Berlin, 1999.

Nettesheim, Martin: Das PSPP-Urteil des BVerfG – ein Angriff auf die EU?, in: NJW 2020, S. 1631–1634.

Neumann, Manfred: Zur ökonomischen Theorie des Föderalismus, in: Kyklos 24 (1971), S. 493–510.

Neveling, Stefanie: Die Bundesnetzagentur – Aufbau, Zuständigkeiten und Verfahrensweisen, in: ZNER 2005, S. 263–270.

Niermann, Erwin: Die Errichtung selbständiger Bundesoberbehörden und ihr Verhältnis zu Landesbehörden nach Art. 87 Abs. III Satz 1 des Grundgesetzes, Münster/Westf., 1961.

Nistler, Eva: Die Mediation, in: JuS 2010, S. 685–689.

Nübel, Sören: Aufbau, Rolle und Verfahren des Regulierers, in: Annegret Groebel/Tobias Katzschmann/Christian Koenig/Nils H. Lemberg (Hrsg.), Postrecht – Praxishandbuch für Regulierungsfragen, Frankfurt am Main, 2014, Kapitel E.

Obermayer, Klaus: Das Bundesverfassungsgericht und der Vorbehalt des Gesetzes – Kritische Bemerkungen zum Beschluß des BVerfG vom 6.5.1958 über die Vereinbarkeit des § 346 Satz 1 LAG mit dem Grundgesetz, in: DVBl. 1959, S. 354–358.

Oberreuter, Heinrich: Abgesang auf einen Verfassungstyp? – Aktuelle Herausforderungen und Mißverständnisse der parlamentarischen Demokratie, in: Aus Politik und Zeitgeschichte, B 2/1983, S. 19–31.

Oebbecke, Janbernd: Weisungs- und unterrichtungsfreie Räume in der Verwaltung, Köln u. a., 1986.

Oebbecke, Janbernd: Mehrfachzuständigkeiten in der Verwaltung als Verfassungsproblem, in: Wilfried Küper (Hrsg.), Festschrift für Walter Stree und Johannes Wessels zum 70. Geburtstag, Heidelberg, 1993, S. 1119–1134.

Oertel, Klaus: Die Unabhängigkeit der Regulierungsbehörde nach §§ 66 ff. TKG – Zur organisationsrechtlichen Verselbständigung staatlicher Verwaltungen am Beispiel der Privatisierung in der Telekommunikation, Berlin, 2000.

Oertzen, Hans Joachim von: Zur Zulässigkeit der Aufsichtsklage nach der Verwaltungsgerichtsordnung, in: DVBl. 1961, S. 650–654.

Ogus, Anthony I.: Regulation: Legal Form and Economic Theory, Oxford, Portland (Oregon), 2004.

Ohler, Christoph: Bankenaufsicht und Geldpolitik in der Währungsunion, München, 2015.

Ohler, Christoph: Bankenaufsichtsrecht, in: Dirk Ehlers/Michael Fehling/Hermann Pünder (Hrsg.), Besonderes Verwaltungsrecht, Band 1 (Öffentliches Wirtschaftsrecht), Heidelberg, 4. Aufl. 2019, § 32.

Oldiges, Martin: Einheit der Verwaltung als Rechtsproblem, in: NVwZ 1987, S. 737–744.

Oncken, Hermann: Politik, Geschichtschreibung und öffentliche Meinung (1904), in: Hermann Oncken (Hrsg.), Historisch-politische Aufsätze und Reden, 1. Band, München/Berlin, 1914, S. 203–243.

Orator, Andreas: Möglichkeiten und Grenzen der Einrichtung von Unionsagenturen, Tübingen, 2017.

Ortwein, Edmund: Das Bundeskartellamt – Eine Politische Ökonomie deutscher Wettbewerbspolitik, Baden-Baden, 1998.

Ossenbühl, Fritz: Gedanken zur Kontrolldichte in der verwaltungsgerichtlichen Rechtsprechung, in: Bernd Bender/Rüdiger Breuer/Fritz Ossenbühl/Horst Sendler (Hrsg.), Rechtsstaat zwischen Sozialgestaltung und Rechtsschutz – Festschrift für Konrad Redeker zum 70. Geburtstag, München, 1993, S. 55–70.

Ossenbühl, Fritz: Gesetz und Recht – Die Rechtsquellen im demokratischen Rechtsstaat, in: Josef Isensee/Paul Kirchhof (Hrsg.), Handbuch des Staatsrechts der Bundesrepublik Deutschland, Band V, Heidelberg, 3. Aufl. 2007, § 100.

Ossenbühl, Fritz: Rechtsverordnung, in: Josef Isensee/Paul Kirchhof (Hrsg.), Handbuch des Staatsrechts der Bundesrepublik Deutschland, Band V, Heidelberg, 3. Aufl. 2007, § 103.

Ossenbühl, Fritz: Autonome Rechtsetzung der Verwaltung, in: Josef Isensee/Paul Kirchhof (Hrsg.), Handbuch des Staatsrechts der Bundesrepublik Deutschland, Band V, Heidelberg, 3. Aufl. 2007, § 104.

Ost, Konrad: Die Richtlinie 1/2019: Ein Meilenstein für die Rechtsdurchsetzung im European Competition Network, in: NZKart 2019, S. 69–70.

Paal, Boris P./*Pauly*, Daniel A. (Hrsg.): Datenschutz-Grundverordnung – Bundesdatenschutzgesetz, Beck'sche Kompakt-Kommentare, München, 3. Aufl. 2021.

Pache, Eckhard: Tatbestandliche Abwägung und Beurteilungsspielraum – Zur Einheitlichkeit administrativer Entscheidungsfreiräume und zu deren Konsequenzen im verwaltungsgerichtlichen Verfahren – Versuch einer Modernisierung, Tübingen, 2001.

Papier, Hans-Jürgen: Die richterliche Unabhängigkeit und ihre Schranken, in: NJW 2001, S. 1089–1094.

Papier, Hans-Jürgen: Justizgewähranspruch, in: Josef Isensee/Paul Kirchhof (Hrsg.), Handbuch des Staatsrechts der Bundesrepublik Deutschland, Band VIII, Heidelberg, 3. Aufl. 2010, § 176.

Paulweber, Michael: Regulierungszuständigkeiten in der Telekommunikation – Sektorspezifische Wettbewerbsaufsicht nach dem TKG durch die Regulierungsbehörde im Verhältnis zu den allgemeinen kartellrechtlichen Kompetenzen des Bundeskartellamts und der Europäischen Kommission, Baden-Baden, 1999.

Pechstein, Matthias/*Nowak*, Carsten/*Häde*, Ulrich (Hrsg.): Frankfurter Kommentar zu EUV, GRC und AEUV, Band IV (AEUV, Artikel 216–358), Tübingen, 2017.

Peltzman, Sam: Toward a More General Theory of Regulation, in: The Journal of Law & Economics 19 (1976), S. 211–240.

Peltzman, Sam: Political participation and government regulation, Chicago, 1998.

Pernice, Ingolf: Soll das Recht der Regulierungsverwaltung übergreifend geregelt werden? Europarechtliche Aspekte, Referat, in: Ständige Deputation des Deutschen Juristentages (Hrsg.), Verhandlungen des Sechsundsechzigsten Deutschen Juristentages (Stuttgart 2006), Band II/1 (Sitzungsberichte – Referate und Beschlüsse), München, 2006, O 85–O 142.

Pernice, Ingolf: Der Schutz nationaler Identität in der Europäischen Union, in: AöR 136 (2011), S. 185–221.

Peters, Bernhard: Der Sinn von Öffentlichkeit, in: Friedhelm Neidhardt (Hrsg.), Öffentlichkeit, öffentliche Meinung, soziale Bewegungen, Opladen, 1994, S. 42–76.

Peters, Kerstin: Die geplante europäische Bankenunion – eine kritische Würdigung, in: WM 2014, S. 396–404.

Petersen, Niels: Wettbewerbsbehörden als subsidiäre Regulierungsbehörden, in: Die Verwaltung 48 (2015), S. 29–54.

Pfetsch, Frank R.: Einleitung: Konflikt und Konfliktbewältigung, in: Frank R. Pfetsch (Hrsg.), Konflikt, Berlin u. a., 2005.

Pielow, Johann-Christian: Wie „unabhängig“ ist die Netzregulierung im Strom- und Gassektor?, in: DÖV 2005, S. 1017–1025.

Pielow, Johann-Christian: Die Festlegungsentscheidung, in: Jürgen F. Baur/Peter Salje/Matthias Schmidt-Preuß (Hrsg.), Regulierung in der Energiewirtschaft, 2. Aufl. 2016, Kapitel 43.

Pielow, Johann-Christian: Verordnungen im nationalen Recht, in: Jürgen F. Baur/Peter Salje/Matthias Schmidt-Preuß (Hrsg.), Regulierung in der Energiewirtschaft, Köln, 2. Aufl. 2016, Kapitel 45.

Pielow, Johann-Christian: Beurteilungsspielraum und Kontrolldichte, in: Jürgen F. Baur/Peter Salje/Matthias Schmidt-Preuß (Hrsg.), Regulierung in der Energiewirtschaft, Köln, 2. Aufl. 2016, Kapitel 57.

Pitschas, Rainer: Verwaltungsverantwortung und Verwaltungsverfahren – Strukturprobleme, Funktionsbedingungen und Entwicklungsperspektiven eines konsensualen Verwaltungsrechts, München, 1990.

Pöcker, Markus: Unabhängige Regulierungsbehörden und die Fortentwicklung des Demokratieprinzips, in: VerwArch 99 (2008), S. 380–400.

Podszun, Rupprecht: Die Ministererlaubnis – Einbruch der Politik ins Recht der Wirtschaft, in: NJW 2016, S. 617–619.

Pöhl, Karl Otto/*Berger*, Roland/*Gaddum*, Johann Wilhelm/*Henzler*, Herbert/*Hesse*, Helmut/*Hungenberg*, Harald/*Nemitz*, Kurt/*Rudolph*, Bernd: Bericht zur Strukturreform der Deutschen Bundesbank, veröffentlicht am 04.07.2000, abrufbar unter: https://www.bundesbank.de/resource/blob/680356/59a36023d73759748d07cd8e81 60f191/mL/2000-07-05-strukturreform-download.pdf (letzter Abruf: 31.01.2022).

Poscher, Ralf: Funktionenordnung des Grundgesetzes, in: Wolfgang Hoffmann-Riem/ Eberhard Schmidt-Aßmann/Andreas Voßkuhle (Hrsg.), Grundlagen des Verwaltungsrechts, Band I, München, 2. Aufl. 2012, § 8.

Posner, Richard A.: Theories of economic regulation, in: The Bell Journal of Economics and Management Science 5 (1974), S. 335–358.

Posser, Herbert/*Wolff*, Heinrich Amadeus (Hrsg.): BeckOK VwGO, Stand: 59. Edition vom 01.10.2021, München, 2021.

Prütting, Hanns: Richterliche Gestaltungsspielräume für alternative Streitbehandlung, in: AnwBl. 2000, S. 273–278.

Prütting, Hanns: 1. Teil (Einführung), in: Hanns Prütting (Hrsg.), Außergerichtliche Streitschlichtung – Ein Handbuch für die Praxis, München, 2003, S. 1–31.

Rädler, Peter: TK-Recht aus Brüssel und Bonn, in: MMR 1999, S. X–XII.

Rasch, Ernst: Die staatliche Verwaltungsorganisation (Allgemeines – Rechtliche Grundlagen – Aufbau), Köln u. a., 1967.

Redeker, Konrad/*Oertzen*, Hans-Joachim von/*Redeker*, Martin/*Kothe*, Peter/*Nicolai*, Helmuth von (Hrsg.): Verwaltungsgerichtsordnung, Stuttgart, 16. Aufl. 2014.

Rennert, Klaus: Funktionswandel der Verwaltungsgerichtsbarkeit?, in: DVBl. 2015, S. 793–801.

Riehmer, Klaus W.: Konfliktlösung bei Netzzugang und Zusammenschaltung in der Telekommunikation, in: MMR 1998, S. 59–65.

Riso, Antonio Luca/*Zagouras*, Georgios: Single Supervisory Mechanism (SSM), in: Simon G. Grieser/Manfred Heemann (Hrsg.), Europäisches Bankaufsichtsrecht, Frankfurt am Main, 2. Aufl. 2020, S. 71–110.

Risse, Jörg: Wirtschaftsmediation, in: NJW 2000, S. 1614–1620.

Risse, Jörg: Wirtschaftsmediation, München, 2003.

Rittner, Fritz: Die Rechtssicherheit im Kartellrecht, in: WuW 1969, S. 65–78.

Rittner, Fritz: Das Ermessen der Kartellbehörde, in: Horst Bartholomeyczik/Kurt H. Biedenkopf/Helmuth von Hahn (Hrsg.), Festschrift für Heinz Kaufmann zum 65. Geburtstag, Köln, 1972, S. 307–325.

Röger, Ralf: Die Regulierungsbehörde für Telekommunikation und Post als zukünftiger Energiemarktregulierer, in: DÖV 2004, S. 1025–1035.

Röhl, Hans Christian: Soll das Recht der Regulierungsverwaltung übergreifend geregelt werden?, in: JZ 2006, S. 831–839.

Röhl, Hans Christian: Finanzmarktaufsicht, in: Michael Fehling/Matthias Ruffert (Hrsg.), Regulierungsrecht, Tübingen, 2010, § 18.

Röhl, Klaus F./*Röhl*, Hans Christian: Allgemeine Rechtslehre – Ein Lehrbuch, Köln/München, 3. Aufl. 2008.

Rosenau, René: Die öffentliche Hand als Partei in verwaltungs- und zivilrechtlichen Schiedsverfahren, Berlin u. a., 2018.

Rosenberg, Leo/*Schwab*, Karl Heinz/*Gottwald*, Peter: Zivilprozessrecht, München, 18. Aufl. 2018.

Rossen-Stadtfeld, Helge: Kontrollfunktion der Öffentlichkeit – ihre Möglichkeiten und ihre (rechtlichen) Grenzen, in: Eberhard Schmidt-Aßmann/Wolfgang Hoffmann-Riem (Hrsg.), Verwaltungskontrolle, Baden-Baden, 2001, S. 117–203.

Roßnagel, Alexander: Anmerkung zu EuGH, Urt. v. 9.3.2010, Rs. C-518/07 – Kommission/Deutschland, in: EuZW 2010, S. 299–301.

Roters, Wolfgang: Kommunale Mitwirkung an höherstufigen Entscheidungsprozessen – Zur künftigen Rolle der kommunalen Selbstverwaltung im politisch-administrativen System der Bundesrepublik Deutschland, Köln u. a., 1975.

Roth, Wolfgang: Verwaltungsrechtliche Organstreitigkeiten – Das subjektive Recht im innerorganisatorischen Verwaltungsrechtskreis und seine verwaltungsgerichtliche Geltendmachung, Berlin, 2001.

Rottenwallner, Thomas: Der verwaltungsrechtliche Organstreit – Vom Sammelbegriff für eine Vielzahl von Einzeldogmatiken zu einer Gesamtdogmatik, in: VerwArch 105 (2014), S. 212–239.

Ruffert, Matthias: Subjektive Rechte im Umweltrecht der Europäischen Gemeinschaft – Unter besonderer Berücksichtigung ihrer prozessualen Durchsetzung, Heidelberg, 1996.

Ruffert, Matthias: Regulierung im System des Verwaltungsrechts – Grundstrukturen des Privatisierungsfolgenrechts der Post und Telekommunikation, in: AöR 124 (1999), S. 237–281.

Ruffert, Matthias: Von der Europäisierung des Verwaltungsrechts zum Europäischen Verwaltungsverbund, in: DÖV 2007, S. 761–770.

Ruffert, Matthias: Verselbständigte Verwaltungseinheiten: Ein europäischer Megatrend im Vergleich, in: Hans-Heinrich Trute/Thomas Groß/Hans Christian Röhl/Christoph Möllers (Hrsg.), Allgemeines Verwaltungsrecht – zur Tragfähigkeit eines Konzepts, Tübingen, 2008, S. 431–457.

Ruffert, Matthias: Institutionen, Organe und Kompetenzen – der Abschluss eines Reformprozesses als Gegenstand der Europarechtswissenschaft, in: Jürgen Schwarze/Armin Hatje (Hrsg.), Der Reformvertrag von Lissabon, EuR-Beiheft 1/2009, Baden-Baden, 2009, S. 31–49.

Ruffert, Matthias: Begriff, in: Michael Fehling/Matthias Ruffert (Hrsg.), Regulierungsrecht, Tübingen, 2010, § 7.

Ruffert, Matthias: Die neue Unabhängigkeit: Zur demokratischen Legitimation von Agenturen im europäischen Verwaltungsrecht, in: Peter-Christian Müller-Graff/Stefanie Schmahl/Vassilios Skouris (Hrsg.), Europäisches Recht zwischen Bewährung und Wandel – Festschrift für Dieter H. Scheuing, Baden-Baden, 2011, S. 399–414.

Ruffert, Matthias: Rechtsquellen und Rechtsschichten des Verwaltungsrechts, in: Wolfgang Hoffmann-Riem/Eberhard Schmidt-Aßmann/Andreas Voßkuhle (Hrsg.), Grundlagen des Verwaltungsrechts, Band I, München, 2. Aufl. 2012, § 17.

Ruffert, Matthias: Die organisatorische Pluralität der EU, in: Marten Breuer/Astrid Epiney/Andreas Haratsch/Stefanie Schmahl/Norman Weiß (Hrsg.), Der Staat im Recht – Festschrift für Eckart Klein zum 70. Geburtstag, Berlin, 2013, S. 643–654.

Ruffert, Matthias: Public law and the economy: A comparative view from the German perspective, in: International Journal of Constitutional Law 11 (2013), S. 925–939.

Ruffert, Matthias: Grundfragen der Wirtschaftsregulierung, in: Dirk Ehlers/Michael Fehling/Hermann Pünder (Hrsg.), Besonderes Verwaltungsrecht, Band 1 (Öffentliches Wirtschaftsrecht), Heidelberg, 4. Aufl. 2019, § 22.

Ruffert, Matthias: Europarecht: Anleihekäufe der EZB – Die massiven Käufe von Staatsanleihen durch das ESZB seit Januar 2015 sind unionsrechtskonform, in: JuS 2019, S. 181–184.

Ruffert, Matthias: Verfahren eingestellt, Problem gelöst? – Die EU-Kommission und das Bundesverfassungsgericht, in: Verfassungsblog, veröffentlicht am 07.12.2021, abrufbar unter: https://verfassungsblog.de/verfahren-eingestellt-problem-gelost/ (letzter Abruf: 31.01.2022).

Rump, Jürgen: Die Errichtung selbständiger Bundesoberbehörden und des ihnen unterstellten Verwaltungsunterbaus nach Art. 87 Abs. 3 GG, Köln, 1978.

Rupp, Hans Heinrich: Grundfragen der heutigen Verwaltungsrechtslehre – Verwaltungsnorm und Verwaltungsrechtsverhältnis, Tübingen, 2. Aufl. 1991.

Ruthig, Josef: Gewährleistungs- und Regulierungsverwaltung, in: Wolfgang Kahl/Markus Ludwigs (Hrsg.), Handbuch des Verwaltungsrechts, Band I (Grundstrukturen des deutschen Verwaltungsrechts), Heidelberg, 2021, § 22.

Sacarcelik, Osman: Europäische Bankenunion: Rechtliche Rahmenbedingungen und Herausforderungen der einheitlichen europäischen Bankenaufsicht, in: BKR 2013, S. 353–360.

Sachs, Michael (Hrsg.): Grundgesetz, Kommentar, München, 9. Aufl. 2021.

Säcker, Christopher: Der Einfluss der sektorspezifischen Regulierung auf die Anwendung des deutschen und gemeinschaftlichen Kartellrechts, Berlin, 2006.

Säcker, Franz Jürgen: Der Referentenentwurf zum Energiewirtschaftsgesetz – ordnungspolitische und rechtsdogmatische Grundsatzbemerkungen, in: N&R 2004, S. 46–53.

Säcker, Franz Jürgen: Das Regulierungsrecht im Spannungsfeld von öffentlichem und privatem Recht – Zur Reform des deutschen Energie- und Telekommunikationsrechts, in: AöR 130 (2005), S. 180–224.

Säcker, Franz Jürgen: Die Strom- und Gasmärkte zwischen Wettbewerbs- und Regulierungsaufsicht: Ist die bestehende Arbeitsteilung zwischen Kartellamt und Bundesnetzagentur sinnvoll?, in: Peter Oberender (Hrsg.), Wettbewerb in der Energiewirtschaft, Berlin, 2009, S. 65–84.

Säcker, Franz Jürgen (Hrsg.): Berliner Kommentar zum Telekommunikationsgesetz, Frankfurt am Main, 2006.

Säcker, Franz Jürgen (Hrsg.): TKG – Telekommunikationsgesetz, Kommentar, Frankfurt am Main, 3. Aufl. 2013.

Säcker, Franz Jürgen: Das Verhältnis von Wettbewerbs- und Regulierungsrecht, in: EnWZ 2015, S. 531–536.

Säcker, Franz Jürgen (Hrsg.): Berliner Kommentar zum Energierecht, Band 1 (Halbband 1), Energiewirtschaftsrecht – Energieplanungsrecht – Energiesicherungsgesetz, Frankfurt am Main, 4. Aufl. 2019.

Säcker, Franz Jürgen (Hrsg.): Berliner Kommentar zum Energierecht, Band 1 (Halbband 2), Energiewirtschaftsrecht – Energieplanungsrecht – Energiesicherungsgesetz, Frankfurt am Main, 4. Aufl. 2019.

Säcker, Franz Jürgen/*Meier-Beck*, Peter (Hrsg.): Münchener Kommentar zum Wettbewerbsrecht, Band 2 (Gesetz gegen Wettbewerbsbeschränkungen [GWB]; §§ 1–96, 185, 186; Verfahren vor den europäischen Gerichten), München, 3. Aufl. 2020.

Samm, Carl-Theodor: Die Stellung der Deutschen Bundesbank im Verfassungsgefüge, Berlin, 1967.

Sander, Florian: BVerfG, EuGH und EZB im OMT-Verfahren – Wer bietet der Notenbank die Stirn?, in: EuZW 2016, S. 614–617.

Sauer, Heiko: Kompetenz- und Identitätskontrolle von Europarecht nach dem Lissabon-Urteil – Ein neues Verfahren vor dem Bundesverfassungsgericht?, in: ZRP 2009, S. 195–198.

Saurer, Joachim: Verwaltungsvorschriften und Gesetzesvorbehalt – Zur Entscheidung des Bundesverwaltungsgerichts vom 17. Juni 2004 (Az.: 2 C 50.02, BVerwGE 121, 103), in: DÖV 2005, S. 587–594.

Schädle, Anne: Exekutive Normsetzung in der Finanzmarktaufsicht – Ein Rechtsvergleich der deutschen und britischen Regelungen, Baden-Baden, 2007.

Scharpf, Fritz W.: Demokratietheorie zwischen Utopie und Anpassung, Kronberg/Ts., 1975.

Schäuble, Thomas: Gewaltenteilung und Bundesverfassungsgericht, in: RuP 1996, S. 66–70.

Schenke, Wolf-Rüdiger: Außerordentliche Rechtsbehelfe im Verwaltungsprozessrecht nach Erlass des Anhörungsrügengesetzes, in: NVwZ 2005, S. 729–739.

Scherzberg, Arno: Die Öffentlichkeit der Verwaltung, Baden-Baden, 2000.

Scherzberg, Arno: Öffentlichkeitskontrolle, in: Wolfgang Hoffmann-Riem/Eberhard Schmidt-Aßmann/Andreas Voßkuhle (Hrsg.), Grundlagen des Verwaltungsrechts, Band III, München, 2. Aufl. 2013, § 49.

Scherzberg, Arno: Subjektiv-öffentliche Rechte, in: Dirk Ehlers/Hermann Pünder (Hrsg.), Allgemeines Verwaltungsrecht, Berlin/Boston, 15. Aufl. 2016, § 12.

Scheuner, Ulrich: Das Gesetz als Auftrag der Verwaltung, in: DÖV 1969, S. 585–593.

Scheuner, Ulrich: Verantwortung und Kontrolle in der demokratischen Verfassungsordnung, in: Theo Ritterspach/Willi Geiger (Hrsg.), Festschrift für Gebhard Müller – Zum 70. Geburtstag des Präsidenten des Bundesverfassungsgerichts, Tübingen, 1970, S. 379–402.

Scheurle, Klaus-Dieter/*Mayen*, Thomas (Hrsg.): TKG – Telekommunikationsgesetz, Kommentar, München, 3. Aufl. 2018.

Schimansky, Herbert/*Bunte*, Hermann-Josef/*Lwowski*, Hans-Jürgen (Hrsg.): Bankrechts-Handbuch, Band I, München, 5. Aufl. 2017.

Schlacke, Sabine: (Auf)Brüche des Öffentlichen Rechts: von der Verletztenklage zur Interessentenklage, in: DVBl. 2015, S. 929–937.

Schlaich, Klaus/*Korioth*, Stefan: Das Bundesverfassungsgericht – Stellung, Verfahren, Entscheidungen, München, 12. Aufl. 2021.

Schliesky, Utz: Souveränität und Legitimität von Herrschaftsgewalt – Die Weiterentwicklung von Begriffen der Staatslehre und des Staatsrechts im europäischen Mehrebenensystem, Tübingen, 2004.

Schlink, Bernhard: Die Amtshilfe – Ein Beitrag zu einer Lehre von der Gewaltenteilung in der Verwaltung, Berlin, 1982.

Schmidt, Christian: Von der RegTP zur Bundesnetzagentur: Der organisationsrechtliche Rahmen der neuen Regulierungsbehörde, in: DÖV 2005, S. 1025–1032.

Schmidt, Christian: Neustrukturierung der Bundesnetzagentur – Verfassungs- und verwaltungsrechtliche Probleme, in: NVwZ 2006, S. 907–909.

Schmidt, Reiner: Wirtschafts- und Währungspolitik, in: Reiner Schmidt/Ferdinand Wollenschläger (Hrsg.), Kompendium Öffentliches Wirtschaftsrecht, Berlin, 5. Aufl. 2019, § 5.

Schmidt-Aßmann, Eberhard: Funktionen der Verwaltungsgerichtsbarkeit, in: Hans-Uwe Erichsen/Werner Hoppe/Albert v. Mutius (Hrsg.): Festschrift für Christian-Friedrich Menger zum 70. Geburtstag, Köln u. a., 1985, S. 107–123.

Schmidt-Aßmann, Eberhard: Verwaltungslegitimation als Rechtsbegriff, in: AöR 116 (1991), S. 329–390.

Schmidt-Aßmann, Eberhard: Verwaltungskontrolle: Einleitende Problemskizze, in: Eberhard Schmidt-Aßmann/Wolfgang Hoffmann-Riem (Hrsg.), Verwaltungskontrolle, Baden-Baden, 2001, S. 9–44.

Schmidt-Aßmann, Eberhard: Der Rechtsstaat, in: Josef Isensee/Paul Kirchhof (Hrsg.), Handbuch des Staatsrechts der Bundesrepublik Deutschland, Band II, Heidelberg, 3. Aufl. 2004, § 26.

Schmidt-Aßmann, Eberhard: Einleitung: Der Europäische Verwaltungsverbund und die Rolle des Europäischen Verwaltungsrechts, in: Eberhard Schmidt-Aßmann/ Bettina Schöndorf-Haubold (Hrsg.), Der Europäische Verwaltungsverbund, Tübingen, 2005, S. 1–23.

Schmidt-Aßmann, Eberhard: Das allgemeine Verwaltungsrecht als Ordnungsidee – Grundlagen und Aufgaben der verwaltungsrechtlichen Systembildung, Berlin u. a., 2. Aufl. 2006.

Schmidt-Aßmann, Eberhard: Verfassungsprinzipien für den Europäischen Verwaltungsverbund, in: Wolfgang Hoffmann-Riem/Eberhard Schmidt-Aßmann/Andreas Voßkuhle (Hrsg.), Grundlagen des Verwaltungsrechts, Band I, München, 2. Aufl. 2012, § 5.

Schmidt-Bleibtreu, Bruno/*Hofmann*, Hans/*Henneke*, Hans-Günter (Hrsg.): GG, Kommentar zum Grundgesetz, Köln, 15. Aufl. 2022.

Schmidt-Bleibtreu, Bruno/*Klein*, Franz/*Bethge*, Herbert et al. (Hrsg.): Bundesverfassungsgerichtsgesetz, Band 1, Stand: 61. Ergänzungslieferung Juli 2021, München, 2021.

Schmidt-Preuß, Matthias: Das Regulierungsrecht als interdisziplinäre Disziplin – am Beispiel des Energierechts, in: Jürgen F. Baur/Otto Sandrock/Boris Scholtka (Hrsg.), Festschrift für Gunther Kühne zum 70. Geburtstag, Frankfurt am Main, 2009, S. 329–342.

Schmidt-Preuß, Matthias: Aktuelles zur Zukunft der normierenden Regulierung im Energiesektor – Empfehlungen an den Gesetz- und Verordnungsgeber, in: RdE 2021, S. 173–179.

Schmidt-Volkmar, Florian: Das Verhältnis von kartellrechtlicher Missbrauchsaufsicht und Netzregulierung – Eine Untersuchung am Beispiel des EnWG und TKG, Baden-Baden, 2010.

Schmidtchen, Dieter/*Bier*, Christoph: Die Kosten und der Nutzen der Justiz aus volkswirtschaftlicher Sicht, in: Reinhard Bork/Thomas Eger/Hans-Bernd Schäfer (Hrsg.), Ökonomische Analyse des Verfahrensrechts – Beiträge zum XI. Travemünder Symposium zur ökonomischen Analyse des Rechts (26. bis 29. März 2008), Tübingen, 2009, S. 51–83.

Schmitt Glaeser, Walter: Partizipation an Verwaltungsentscheidungen, in: VVDStRL 31 (1972), S. 179–265.

Schmitt Glaeser, Walter/*Horn*, Hans-Detlef: Verwaltungsprozeßrecht – Kurzlehrbuch mit Systematik zur Fallbearbeitung, Stuttgart u. a., 15. Aufl. 2000.

Schmittmann, Michael/*Busemann*, Jan Rudolf: Regulierung der letzten Meile, in: K&R 2000, S. 217–225.

Schneider, Hans: Gesetzgebung – Ein Lehrbuch, Heidelberg, 2. Aufl. 1991.

Schneider, Hans-Peter: Nehmen ist seliger als Geben. Oder: Wieviel „Förderalismus“ verträgt der Bundesstaat?, in: NJW 1998, S. 3757–3759.

Schneider, Jens-Peter: Liberalisierung der Stromwirtschaft durch regulative Marktorganisation – Eine vergleichende Untersuchung zur Reform des britischen, US-amerikanischen, europäischen und deutschen Energierechts, Baden-Baden, 1999.

Schneider, Jens-Peter: Flexible Wirtschaftsregulierung durch unabhängige Behörden im deutschen und britischen Telekommunikationsrecht, in: ZHR 164 (2000), S. 513–544.

Schneider, Jens-Peter: Kooperative Netzzugangsregulierung und europäische Verbundverwaltung im Elektrizitätsbinnenmarkt, in: ZWeR 2003, S. 381–410.

Schneider, Jens-Peter: Rechtsschutz im Regulierungsverwaltungsrecht, in: Michael Fehling/Matthias Ruffert (Hrsg.), Regulierungsrecht, Tübingen, 2010, § 22.

Schneidewindt, Holger: „EnWG + EEG = EGB" – Plädoyer für ein vereinigtes Energierecht, in: Tagesspiegel Background, veröffentlicht am 13.09.2018, abrufbar unter: https://background.tagesspiegel.de/enwg-eeg-egb-plaedoyer-fuer-ein-vereinigtes-energierecht (letzter Abruf: 31.01.2022).

Schoch, Friedrich: Der Kommunalverfassungsstreit im System des verwaltungsgerichtlichen Rechtsschutzes – OVG Koblenz, NVwZ 1985, 283, in: JuS 1987, S. 783–793.

Schoch, Friedrich: Entformalisierung staatlichen Handelns, in: Josef Isensee/Paul Kirchhof (Hrsg.), Handbuch des Staatsrechts der Bundesrepublik Deutschland, Band III, Heidelberg, 3. Aufl. 2005, § 37.

Schoch, Friedrich: Informationsfreiheitsgesetz, Kommentar, München, 2. Aufl. 2016.

Schoch, Friedrich/*Schneider*, Jens-Peter (Hrsg.): Verwaltungsrecht – VwGO, Band I, Kommentar, Stand: 41. Ergänzungslieferung Juli 2021, München, 2021.

Scholz, Rupert: Parlamentarischer Untersuchungsausschuß und Steuergeheimnis, in: AöR 105 (1980), S. 564–622.

Schorkopf, Frank: Regulierung nach den Grundsätzen des Rechtsstaates – Zielvorstellungen guter Ordnung im neueren Verwaltungsrecht, in: JZ 2008, S. 20–29.

Schreiber, Kristina: Zusammenspiel der Regulierungsinstrumente in den Netzwirtschaften Telekommunikation, Energie und Eisenbahnen, München, 2009.

Schröder, Meinhard: Grundfragen der Aufsicht in der öffentlichen Verwaltung, in: JuS 1986, S. 371–375.

Schröder, Meinhard: Aufgaben der Bundesregierung, in: Josef Isensee/Paul Kirchhof (Hrsg.), Handbuch des Staatsrechts der Bundesrepublik Deutschland, Band III, Heidelberg, 3. Aufl. 2005, § 64.

Schröder, Meinhard: Die Bereiche der Regierung und der Verwaltung, in: Josef Isensee/Paul Kirchhof (Hrsg.), Handbuch des Staatsrechts der Bundesrepublik Deutschland, Band V, Heidelberg, 3. Aufl. 2007, § 106.

Schröder, Ulrich Jan: Das Demokratieprinzip des Grundgesetzes, in: JA 2017, S. 809–818.

Schroeder, Werner: Grundkurs Europarecht, München, 7. Aufl. 2021.

Schulze-Fielitz, Helmuth: Zeitoffene Gesetzgebung, in: Wolfgang Hoffmann-Riem/Eberhard Schmidt-Aßmann (Hrsg.), Innovation und Flexibilität des Verwaltungshandelns, Baden-Baden, 1994, S. 139–198.

Schulze-Fielitz, Helmuth: Stärkung des Bundesstaats durch Herabzonung von Gesetzgebungskompetenzen?, in: Hans-Günter Henneke (Hrsg.), Verantwortungsteilung zwischen Kommunen, Ländern, Bund und Europäischer Union – Professorengespräch 2001 des Deutschen Landkreistages am 22. und 23. März 2001 in Syke/Landkreis Diepholz, Stuttgart u. a., 2001, S. 117–146.

Schulze-Fielitz, Helmuth: Zusammenspiel von öffentlich-rechtlichen Kontrollen der Verwaltung, in: Eberhard Schmidt-Aßmann/Wolfgang Hoffmann-Riem (Hrsg.), Verwaltungskontrolle, Baden-Baden, 2001, S. 291–323.

Schuppert, Gunnar Folke: Die Einheit der Verwaltung als Rechtsproblem, in: DÖV 1987, S. 757–768.

Schuppert, Gunnar Folke: Staatsaufsicht im Wandel, in: DÖV 1998, S. 831–838.

Schuppert, Gunnar Folke: Verwaltungswissenschaft – Verwaltung, Verwaltungsrecht, Verwaltungslehre, Baden-Baden, 2000.

Schuppert, Gunnar Folke: Verwaltungsorganisation und Verwaltungsorganisationsrecht als Steuerungsfaktoren, in: Wolfgang Hoffmann-Riem/Eberhard Schmidt-Aßmann/Andreas Voßkuhle (Hrsg.), Grundlagen des Verwaltungsrechts, Band I, München, 2. Aufl. 2012, § 16.

Schütze, Marc/*Salevic*, Marc: Die Eingriffsbefugnisse/-pflichten von Kartellbehörden bei sektorspezifisch regulierten Entgelten – Zugleich eine Besprechung von EuG, Urt. v. 10.4.2008 – Rs. T-271/03 – Deutsche Telekom/EU-Kommission, in: CR 2008, S. 483–487.

Schwarz, Kyrill-Alexander: Regressmöglichkeiten des Landes gegen Kommunen bei Verletzung von Gemeinschaftsrecht?, in: KommJur 2010, S. 45–49.

Schwarz, Kyrill-Alexander: Grund und Grenzen der parlamentarischen Kontrolle der Regierung – Zugleich eine Anmerkung zu BayVerfGH, Entsch. v. 6.6.2011 Vf. 49-Iva-10 (BayVBl. 2011, 662 ff.), in: BayVBl. 2012, S. 161–166.

Schwarz, Kyrill-Alexander/*Fuchs*, Andreas: Transparenz im Deutschen Bundestag – Credo ohne Grenzen?, in: DVBl. 2017, S. 541–546.

Schwarze, Jürgen/*Becker*, Ulrich/*Hatje*, Armin/*Schoo*, Johann (Hrsg.): EU-Kommentar, Baden-Baden, 4. Aufl. 2019.

Schwintowski, Hans-Peter: Deutschland braucht eine Digitalagentur, in: DRiZ 2018, S. 341.

Sedlak, Benedikt: Bankenaufsicht über Geschäftsorganisation, Baden-Baden, 2014.

Seebode, Manfred: Anmerkung zu BVerfG, Beschluß des Zweiten Senats vom 20.6.1967 – 2 BvL 10/64 –, in: DVBl. 1968, S. 177–178.

Seibert, Max-Jürgen: Die Bindungswirkung von Verwaltungsakten, Baden-Baden, 1989.

Sendler, Horst: Politikermeinung und richterliche Unabhängigkeit, in: NJW 2001, S. 1909–1911.

Sennekamp, Irmela: Der Diskurs um die Abgrenzung von Kartell- und Regulierungsrecht – Ein juristischer Streit zwischen gesetzgeberischem Steuerungsanspruch und rechtsdogmatischem Ordnungsdenken, Tübingen, 2016.

Seydel, Max von/*Graßmann*, Josef von/*Piloty*, Robert: Bayerisches Staatsrecht, Erster Band (Die Staatsverfassung – nebst geschichtlicher Einleitung.), Tübingen, 2. Aufl. 1913.

Siegel, Thorsten: Die Verfahrensbeteiligung von Behörden und anderen Trägern öffentlicher Belange – Eine Analyse der rechtlichen Grundlagen unter besonderer Berücksichtigung der Beschleunigungsgesetzgebung, Berlin, 2001.

Siegmund, Julian: Die Vorlagenberechtigung von Widerspruchsausschüssen an den EuGH, in: NordÖR 2014, S. 209–214.

Siekmann, Helmut (Hrsg.): Kommentar zur Europäischen Währungsunion, Tübingen, 2013.

Siekmann, Helmut: Gerichtliche Kontrolle der Käufe von Staatsanleihen durch das Eurosystem – Anmerkungen zum PSPP-Urteil des BVerfG vom 5.5.2020, in: EuZW 2020, S. 491–500.

Sikora, Patrick: PSPP auf dem Prüfstand – Das Weiss-Urteil des EuGH, in: EWS 2019, S. 139–149.

Simon, Dieter: Die Unabhängigkeit des Richters, Darmstadt, 1975.

Simon, Sven/*Rathke*, Hannes: „Schlechterdings nicht mehr nachvollziehbar" – Warum?, in: EuZW 2020, S. 500–503.

Skauradszun, Dominik: Europäisches Bankenabwicklungsrecht: Das Verfahren vor dem Beschwerdeausschuss nach Art. 85 SRM-VO – Teil I –, in: WM 2017, S. 1041–1047.

Skauradszun, Dominik: Europäisches Bankenabwicklungsrecht: Das Verfahren vor dem Beschwerdeausschuss nach Art. 85 SRM-VO – Teil II –, in: WM 2017, S. 1085–1090.

Sodan, Helge: Der Status des Richters, in: Josef Isensee/Paul Kirchhof (Hrsg.), Handbuch des Staatsrechts der Bundesrepublik Deutschland, Band V, Heidelberg, 3. Aufl. 2007, § 113.

Sodan, Helge/*Ziekow*, Jan: Verwaltungsgerichtsordnung, Großkommentar, Baden-Baden, 5. Aufl. 2018.

Spannowsky, Willy/*Uechtritz*, Michael (Hrsg.): BeckOK BauGB, Stand: 53. Edition vom 01.08.2021, München, 2021.

Spiecker genannt Döhmann, Indra: Das Verwaltungsrecht zwischen klassischem dogmatischem Verständnis und steuerungswissenschaftlichem Anspruch, in: DVBl. 2007, S. 1074–1083.

Spindler, Gerald/*Schuster*, Fabian (Hrsg.): Recht der elektronischen Medien, Kommentar, München, 4. Aufl. 2019.

Spindler, Joachim von/*Becker*, Willy/*Starke*, Otto-Ernst: Die Deutsche Bundesbank – Grundzüge des Notenbankwesens und Kommentar zum Gesetz über die Deutsche Bundesbank (Für Wissenschaft und Praxis), Stuttgart u. a., 4. Aufl. 1973.

Spreng, Nicole: Netzzugang im deutschen und britischen Gasmarkt – Rechtsfragen im Vergleich, München, 2005.

Stadler, Astrid: Außergerichtliche obligatorische Streitschlichtung – Chance oder Illusion?, in: NJW 1998, S. 2479–2487.

Ständige Deputation des Deutschen Juristentages (Hrsg.): Verhandlungen des 71. Deutschen Juristentages (Essen 2016), Band II/1 (Sitzungsberichte – Referate und Beschlüsse), München, 2017.

Starke, Otto-Ernst: Das Gesetz über die Deutsche Bundesbank und seine wichtigsten öffentlich-rechtlichen Probleme, in: DÖV 1957, S. 606–612.

Steffek, Felix: Rechtsfragen der Mediation und des Güterichterverfahrens – Rechtsanwendung und Regulierung im Spiegel von Rechtsvergleich und Rechtstatsachen, in: ZEuP 2013, S. 528–564.

Steger, Martin A.: Zur Verselbständigung von Unionsagenturen – Eine Untersuchung am Beispiel der Energie-Agentur ACER und ihrer Mitwirkung beim Erlass tertiären Unionsrechts, Baden-Baden, 2015.

Steinbach, Armin: Die EZB-Krisenpolitik nach dem OMT-Urteil des Bundesverfassungsgerichts, in: JZ 2016, S. 1045–1049.

Steinbach, Armin: Das behördliche Unabhängigkeitsparadigma im Wirtschaftsverwaltungsrecht – eine funktionell-rechtliche Betrachtung, in: Die Verwaltung 50 (2017), S. 507–536.

Steinberg, Rudolf: Faktoren bürokratischer Macht, in: Die Verwaltung 11 (1978), S. 309–334.

Stelkens, Paul: Verwaltungsgerichtsbarkeit in der Krise, in: DVBl. 1995, S. 1105–1114.

Stelkens, Paul/*Bonk*, Heinz Joachim/*Sachs*, Michael/*Schmitz*, Heribert (Hrsg.): Verwaltungsverfahrensgesetz, Kommentar, München, 9. Aufl. 2018.

Stern, Klaus: Das Staatsrecht der Bundesrepublik Deutschland, Band II (Staatsorgane, Staatsfunktionen, Finanz- und Haushaltsverfassung, Notstandsverfassung), München, 1980.

Stern, Klaus: Das Staatsrecht der Bundesrepublik Deutschland, Band III (Allgemeine Lehren der Grundrechte), 1. Halbband (Grundlagen und Geschichte, nationaler und internationaler Grundrechtskonstitutionalismus, juristische Bedeutung der Grundrechte, Grundrechtsberechtigte, Grundrechtsverpflichtete), München, 1988.

Stern, Klaus: Das reformierte Bankenaufsichtssystem der Bundesrepublik Deutschland, in: Lerke Osterloh/Karsten Schmidt/Hermann Weber (Hrsg.), Staat, Wirtschaft, Finanzverfassung – Festschrift für Peter Selmer zum 70. Geburtstag, Berlin, 2004, S. 519–538.

Stern, Klaus: Verwaltungsprozessuale Probleme in der öffentlich-rechtlichen Arbeit, München, 8. Aufl. 2000.

Stettner, Rupert: Grundfragen einer Kompetenzlehre, Berlin, 1983.

Stigler, George J.: The theory of economic regulation, in: The Bell Journal of Economics and Management Science 2 (1971), S. 3–21.

Stigler, George J./*Friedland*, Claire: What Can Regulators Regulate? The Case of Electricity, in: The Journal of Law & Economics 5 (1962), S. 1–16.

Stockmann, Kurt: Das Bundeskartellamt im 51. Jahr – Zur Entscheidungsunabhängigkeit seiner Spruchkörper, in: ZWeR 2008, S. 137–145.

Stoecker, Felix William: Die obligatorische Streitschlichtung nach § 15a EGZPO im Vergleich zur Mediationspraxis in den USA, in: ZKM 2000, S. 105–109.

Storr, Stefan: Soll das Recht der Regulierungsverwaltung übergreifend geregelt werden?, in: DVBl. 2006, S. 1017–1026.

Streinz, Rudolf (Hrsg.): EUV/AEUV (Vertrag über die Europäische Union, Vertrag über die Arbeitsweise der Europäischen Union, Charta der Grundrechte der Europäischen Union), Beck'sche Kurz-Kommentare, Band 57, München, 3. Aufl. 2018.

Streinz, Rudolf: Vollzug des europäischen Rechts durch deutsche Staatsorgane, in: Josef Isensee/Paul Kirchhof (Hrsg.), Handbuch des Staatsrechts der Bundesrepublik Deutschland, Band X, 3. Aufl. 2012, § 218.

Streinz, Rudolf: Grundsätze des indirekten Vollzugs und der Verfahrensautonomie, in: Wolfgang Kahl/Markus Ludwigs (Hrsg.), Handbuch des Verwaltungsrechts, Band II (Grundstrukturen des europäischen und internationalen Verwaltungsrechts), Heidelberg, 2021, § 45.

Streinz, Rudolf/*Ohler*, Christoph/*Herrmann*, Christoph: Der Vertrag von Lissabon zur Reform der EU – Einführung mit Synopse, München, 3. Aufl. 2010.

Ströder, Martin: EuGH zur Bundesnetzagentur – Experten sprechen von „epochalem Urteil", in: JUVE (Online-Mitteilung), veröffentlicht am 02.09.2021, abrufbar unter: https://www.juve.de/verfahren/eugh-zur-bundesnetzagentur-experten-sprechen-von-epochalem-urteil/ (letzter Abruf: 31.01.2022).

Stumpf, Christoph A.: Alternative Streitbeilegung im Verwaltungsrecht. Schiedsgerichtsbarkeit – Schiedsgutachten – Mediation – Schlichtung, Tübingen, 2006.

Suerbaum, Joachim: Kommunale und sonstige öffentliche Unternehmen, in: Dirk Ehlers/Michael Fehling/Hermann Pünder (Hrsg.), Besonderes Verwaltungsrecht, Band 1 (Öffentliches Wirtschaftsrecht), Heidelberg, 4. Aufl. 2019, § 16.

Suntrup, Jan Christoph: Zur Verfassung der deliberativen Demokratie, in: Der Staat 49 (2010), S. 605–629.

Sydow, Gernot: Verwaltungskooperation in der Europäischen Union – Zur horizontalen und vertikalen Zusammenarbeit der europäischen Verwaltungen am Beispiel des Produktzulassungsrechts, Tübingen, 2004.

Szydło, Marek: Independent Discretion or Democratic Legitimisation? The Relations between National Regulatory Authorities and National Parliaments under EU Regulatory Framework for Network-Bound Sectors, in: European Law Journal 18 (2012), S. 793–820.

Terhechte, Jörg Philipp: Equal or Diverse? – Richterliche und exekutive Unabhängigkeit im Vergleich, in: Malte Kröger/Arne Pilniok (Hrsg.), Unabhängiges Verwalten in der Europäischen Union, Tübingen, 2016, S. 35–44.

Terhechte, Jörg Philipp: Europäisches und deutsches Kartellrecht, in: Dirk Ehlers/Michael Fehling/Hermann Pünder (Hrsg.), Besonderes Verwaltungsrecht, Band 1 (Öffentliches Wirtschaftsrecht), Heidelberg, 4. Aufl. 2019, § 37.

Theobald, Christian/*Kühling*, Jürgen (Hrsg.): Energierecht (Energiewirtschaftsgesetz mit Verordnungen, EU-Richtlinien, Gesetzesmaterialien, Gesetze und Verordnungen zu Energieeinsparung und Umweltschutz sowie andere energiewirtschaftlich relevante Rechtsregelungen), Kommentar, Band 1, Stand: 112. Ergänzungslieferung Juni 2021, München, 2021.

Thiele, Alexander: Finanzaufsicht – Der Staat und die Finanzmärkte, Tübingen, 2014.

Tochtermann, Peter: Alternative Dispute Resolution – Einführung in die alternative Streitbeilegung, in: JuS 2005, S. 131–135.

Topel, Julia: Das Verhältnis zwischen Regulierungsrecht und allgemeinem Wettbewerbsrecht nach dem europäischen Rechtsrahmen in der Telekommunikation und dem TKG, in: ZWeR 2006, S. 27–49.

Trossen, Arthur: Das Mediationsgesetz, in: Fritjof Haft/Katharina Gräfin von Schlieffen (Hrsg.), Handbuch Mediation, München, 3. Aufl. 2016, § 26.

Trute, Hans-Heinrich/*Spoerr*, Wolfgang/*Bosch*, Wolfgang (Hrsg.): Telekommunikationsgesetz mit FTEG, Kommentar, Berlin u. a., 2001.

Trute, Hans-Heinrich: Die demokratische Legitimation der Verwaltung, in: Wolfgang Hoffmann-Riem/Eberhard Schmidt-Aßmann/Andreas Voßkuhle (Hrsg.), Grundlagen des Verwaltungsrechts, Band I, München, 2. Aufl. 2012, § 6.

Trute, Hans-Heinrich: Der europäische Regulierungsverbund in der Telekommunikation – ein neues Modell europäisierter Verwaltung, in: Lerke Osterloh/Karsten Schmidt/Hermann Weber (Hrsg.), Staat, Wirtschaft, Finanzverfassung – Festschrift für Peter Selmer zum 70. Geburtstag, Berlin, 2004, S. 565–586.

Tsatsos, Dimitris Th.: Der verwaltungsrechtliche Organstreit, Bad Homburg v. d. H./Berlin/Zürich, 1969.

Turegg, Kurt Egon von: Insichprozesse – Beitrag zur Lehre von der Parteifähigkeit, in: DÖV 1953, S. 681–686.

Ufer, Frederic: Rechtsverstoß durch Grundsatz der Nichtregulierung – „Lex Telekom“, in: K&R 2010, S. 100–103.

Uhlenbruck, Dirk: Die verfassungsmäßige Unabhängigkeit der Deutschen Bundesbank und ihre Grenzen, München, 1968.

Ulmen, Winfried/*Gump*, Thomas Klaus: Die neue Regulierungsbehörde für Telekommunikation und Post, in: CR 1997, S. 396–402.

Unberath, Hannes: Auf dem Weg zu einer differenzierten Streitkultur – Neue gesetzliche Rahmenbedingungen für die alternative Konfliktlösung, in: JZ 2010, S. 975–981.

Unger, Sebastian: Das Verfassungsprinzip der Demokratie – Normstruktur und Norminhalt des grundgesetzlichen Demokratieprinzips, Tübingen, 2008.

Vestager, Margrethe: Empowering national competition authorities, in: NZKart 2017, S. 205–206.

Viscusi, W. Kip/*Harrington*, Joseph E., Jr./*Vernon*, John M.: Economics of Regulation and Antitrust, Cambridge (Massachusetts)/London, 4th Edition, 2005.

Vorbrugg, Georg: Unabhängige Organe der Bundesverwaltung, München, 1965.

Vorwerk, Volkert/*Wolf*, Christian (Hrsg.): BeckOK ZPO, Stand: 42. Edition vom 01.09.2021, München, 2021.

Voß, Rainer: Mediation im öffentlichen Bereich, in: Heribert Johlen/Michael Oerder (Hrsg.), Münchener Anwalts-Handbuch Verwaltungsrecht, München, 4. Aufl. 2017, § 3.

Voßkuhle, Andreas: Rechtsschutz gegen den Richter – Zur Integration der Dritten Gewalt in das verfassungsrechtliche Kontrollsystem vor dem Hintergrund des Art. 19 Abs. 4 GG, München, 1993.

Voßkuhle, Andreas: Das Kompensationsprinzip – Grundlagen einer prospektiven Ausgleichsordnung für die Folgen privater Freiheitsbetätigung – Zur Flexibilisierung des Verwaltungsrechts am Beispiel des Umwelt- und Planungsrechts, Tübingen, 1999.

Voßkuhle, Andreas: Sachverständige Beratung des Staates, in: Josef Isensee/Paul Kirchhof (Hrsg.), Handbuch des Staatsrechts der Bundesrepublik Deutschland, Band III, Heidelberg, 3. Aufl. 2005, § 43.

Voßkuhle, Andreas: Rechtsstaat und Demokratie, in: NJW 2018, S. 3154–3159.

Wagener, Frido: Typen der verselbständigten Erfüllung öffentlicher Aufgaben, in: Frido Wagener (Hrsg.), Verselbständigung von Verwaltungsträgern, Bonn, 1976, S. 31–50.

Wagner, Marc: Das Prinzip der Bestenauslese im öffentlichen Dienst – Art. 33 II GG: Eine Untersuchung der materiell- und verfahrensrechtlichen Eigenheiten besonders gelagerter Anwendungsfälle, Hamburg, 2009.

Wagner, Volkmar/*Engelhardt*, Matthias: Mediation im Umwelt- und Planungsrecht als Alternative zur behördlichen oder gerichtlichen Streitentscheidung, in: NVwZ 2001, S. 370–374.

Waigel, Christian: Die Unabhängigkeit der Europäischen Zentralbank – Gemessen am Kriterium demokratischer Legitimation, Baden-Baden, 1999.

Waldhoff, Christian/*Dieterich*, Peter: Einführung einer gemeinsamen Bankenaufsicht auf EU-Ebene – ein Überblick über die Rechtsprobleme, in: EWS 2013, S. 72–80.

Wallerath, Maximilian: Allgemeines Verwaltungsrecht – Lehrbuch, Berlin, 6. Aufl. 2009.

Wasielewski, Andreas: Die versuchte Umsetzung der IVU-Richtlinie in das deutsche Recht – Eine Bilanz, in: Klaus-Peter Dolde (Hrsg.), Umweltrecht im Wandel – Bilanz und Perspektiven aus Anlass des 25-jährigen Bestehens der Gesellschaft für Umweltrecht (GfU), Berlin, 2001, S. 213–233.

Wassermann, Rudolf: Neue Streitkultur?, in: NJW 1998, S. 1685–1686.

Weber, Klaus (Hrsg.): Rechtswörterbuch, Stand: 27. Edition vom 01.10.2021, München, 2021.

Weber, Max: Wirtschaft und Gesellschaft – Grundriß der verstehenden Soziologie, Tübingen, 5. Aufl. 1972 (besorgt von Johannes Winckelmann).

Weber, Werner: Staats- und Selbstverwaltung in der Gegenwart, Göttingen, 1967.

Wegener, Bernhard B.: Karlsruher Urteil – Das Urteil des Bundesverfassungsgerichts vom 5. Mai 2020 (2 BvR 859/15) in Sachen Staatsanleihekäufe der Europäischen Zentralbank, in: EuR 2020, S. 347–364.

Wehmhörner, Christian: Das BVerfG, der EuGH und die Europäische Bankenunion, in: NVwZ 2020, S. 342–347.

Weikart, Thomas: Die Änderung des Bundesbank-Artikels im Grundgesetz im Hinblick auf den Vertrag von Maastricht – Entstehen und Rechtswirkungen einer reformierten Norm, in: NVwZ 1993, S. 834–841.

Weiß, Wolfgang: Der Europäische Verwaltungsverbund – Grundfragen, Kennzeichen, Herausforderungen, Berlin, 2010.

Weitz, Tobias Timo: Gerichtsnahe Mediation in der Verwaltungs-, Sozial- und Finanzgerichtsbarkeit, Frankfurt am Main, 2008.

Welz, Wolfgang: Ressortverantwortung im Leistungsstaat – Zur Organisation, Koordination und Kontrolle der selbständigen Bundesoberbehörden unter besonderer Berücksichtigung des Bundesamtes für Wirtschaft, Baden-Baden, 1988.

Werres, Stefan: Der Beamtenbeisitzer im Disziplinarverfahren – Rechtliche Stellung und verfahrensrechtliche Anforderungen, in: DÖD 2012, S. 145–151.

Wertenbruch, Johannes: Der Anspruch des Unternehmens auf Erteilung eines kartellbehördlichen Negativattestes – Art. 12 Abs. 1 und Art. 20 Abs. 3 GG als Rechtsgrundlage, in: BB 1992, S. 219–222.

Westermann, Eike: Administrative Unabhängigkeit im europäischen Regulierungsverbund – Funktionale und normative Betrachtungen zum administrativen Unabhängigkeitsmodell des europäischen Regulierungsverbunds für elektronische Kommunikation, in: Malte Kröger/Arne Pilniok (Hrsg.), Unabhängiges Verwalten in der Europäischen Union, Tübingen, 2016, S. 63–95.

Westermann, Eike: Legitimation im europäischen Regulierungsverbund – Zur demokratischen Verwaltungslegitimation im europäischen Regulierungsverbund für elektronische Kommunikation, Tübingen, 2017.

Weyer, Hartmut: Das Energiewirtschaftsrecht im Jahr 2013, in: N&R 2014, S. 84–95.

Wichmann, Manfred/*Langer*, Karl-Ulrich: Öffentliches Dienstrecht – Das Beamten- und Arbeitsrecht für den öffentlichen Dienst, Stuttgart, 8. Aufl. 2017.

Widtmann, Julius/*Grasser*, Walter/*Glaser*, Erhard (Hrsg.): Bayerische Gemeindeordnung (mit Verwaltungsgemeinschaftsordnung, Landkreisordnung und Gesetz über die kommunale Zusammenarbeit), Kommentar, Stand: 31. Ergänzungslieferung vom 1. Februar 2021, München, 2021.

Wiedemann, Gerhard (Hrsg.): Handbuch des Kartellrechts, München, 4. Aufl. 2020.

Wiedemann, Richard: Unabhängige Verwaltungsbehörden und die Rechtsprechung des Bundesverfassungsgerichts zur demokratischen Legitimation, in: Johannes Masing/Gérard Marcou (Hrsg.), Unabhängige Regulierungsbehörden, Tübingen, 2010, S. 39–49.

Wiese, Anja: Zur Beteiligung des Staates im Verwaltungsprozess, Frankfurt am Main, 2014.

Windisch, Rupert: Privatisierung natürlicher Monopole: Theoretische Grundlagen und Kriterien, in: Rupert Windisch (Hrsg.), Privatisierung natürlicher Monopole im Bereich von Bahn, Post und Telekommunikationsbereich, Tübingen, 1987.

Windthorst, Kay: Der Universaldienst im Bereich der Telekommunikation – Eine öffentlichrechtliche Betrachtung unter Einbezug des amerikanischen Rechts, München, 1997.

Wißmann, Hinnerk: Verfassungsrechtliche Vorgaben der Verwaltungsorganisation, in: Wolfgang Hoffmann-Riem/Eberhard Schmidt-Aßmann/Andreas Voßkuhle (Hrsg.), Grundlagen des Verwaltungsrechts, Band I, München, 2. Aufl. 2012, § 15.

Wittinger, Michaela: „Europäische Satelliten“: Anmerkungen zum Europäischen Agentur(un)wesen und zur Vereinbarkeit Europäischer Agenturen mit dem Gemeinschaftsrecht, in: EuR 2008, S. 609–627.

Wojcik, Karl-Philipp: Corporate Governance und Insolvenzabwicklung, in: Klaus J. Hopt/Jens-Hinrich Binder/Hans-Joachim Böcking (Hrsg.), Handbuch Corporate Governance von Banken und Versicherungen, München, 2. Aufl. 2020, § 24.

Wolf, Christian: Zivilprozess versus außergerichtliche Konfliktlösung, in: NJW 2015, S. 1656–1661.

Wolf, Joachim: Die Kompetenz der Verwaltung zur „Normsetzung“ durch Verwaltungsvorschriften, in: DÖV 1992, S. 849–860.

Wolf, Manfred: Normative Aspekte richterlicher Vergleichstätigkeit, in: ZZP 89 (1976), S. 260–293.

Wolfers, Benedikt/*Voland*, Thomas: Level the playing field: The new supervision of credit institutions by the European Central Bank, in: CMLR 51 (2014), S. 1463–1495.

Wolfers, Benedikt/*Voland*, Thomas: Europäische Zentralbank und Bankenaufsicht – Rechtsgrundlage und demokratische Kontrolle des Single Supervisory Mechanism, in: BKR 2014, S. 177–185.

Wolff, Hans Julius: Verwaltungsrecht III (Ordnungs- und Leistungsrecht, Verfahrens- und Prozessrecht) – Ein Studienbuch, München/Berlin, 2. Aufl. 1967.

Wolff, Hans Julius/*Bachof*, Otto: Verwaltungsrecht I – Ein Studienbuch, München, 9. Aufl. 1974.

Wolff, Hans Julius/*Bachof*, Otto/*Stober*, Rolf/*Kluth*, Winfried: Verwaltungsrecht I – Ein Studienbuch, München, 13. Aufl. 2017.

Wolff, Hans Julius/*Bachof*, Otto/*Stober*, Rolf/*Kluth*, Winfried: Verwaltungsrecht II – Ein Studienbuch, München, 7. Aufl. 2010.

Wolff, Heinrich Amadeus/*Brink*, Stefan (Hrsg.): BeckOK Datenschutzrecht, Stand: 38. Edition vom 01.11.2021, München, 2021.

Würtenberger, Thomas: Akzeptanz durch Verwaltungsverfahren, in: NJW 1991, S. 257–263.

Würtenberger, Thomas/*Heckmann*, Dirk: Verwaltungsprozessrecht – Ein Studienbuch, München, 4. Aufl. 2018.

Wysk, Peter (Hrsg.): Verwaltungsgerichtsordnung, Beck’sche Kompakt-Kommentare, München, 3. Aufl. 2020.

Zacher, Hans F.: Sozialpolitik und Verfassung im ersten Jahrzehnt der Bundesrepublik Deutschland, Berlin, 1980.

Zeidler, Anne Christine: Die Bundesnetzagentur, in: Jürgen F. Baur/Peter Salje/Matthias Schmidt-Preuß (Hrsg.), Regulierung in der Energiewirtschaft, Köln, 2. Aufl. 2016, Kapitel 39.

Ziekow, Jan: Öffentliches Wirtschaftsrecht – Ein Studienbuch, München, 5. Aufl. 2020.

Zuck, Rüdiger: Bundeskartellamt und Wirtschaftspolitik, in: NJW 1971, S. 1633–1636.

Zuck, Rüdiger: Bundeskartellamt, Dienstaufsicht und Regreß, in: NJW 1972, S. 468–472.

Züll, Thomas: Regulierung im politischen Gemeinwesen, Tübingen, 2014.

Stichwortverzeichnis